/// SS COVWR ILLUST ///

MINAMINO AOI

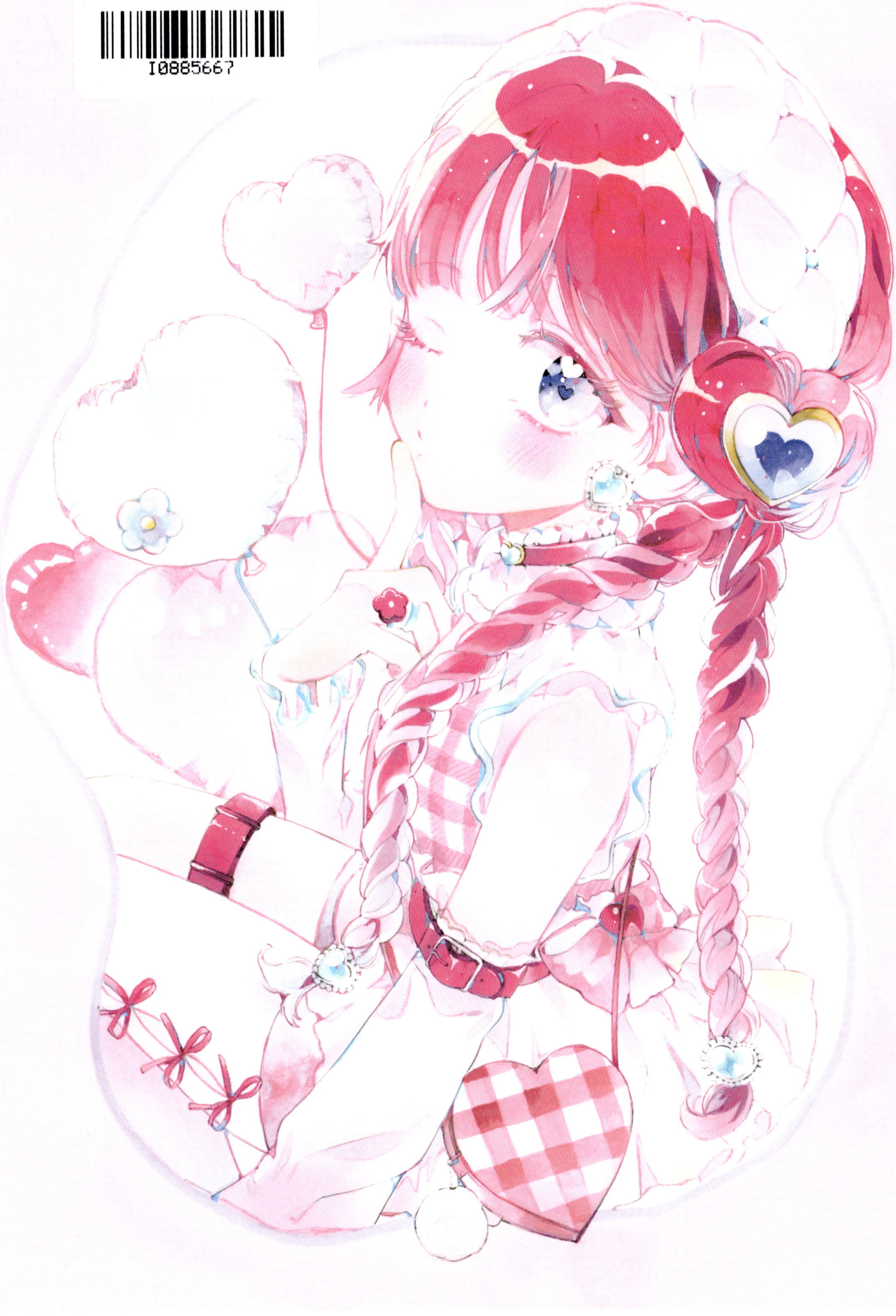

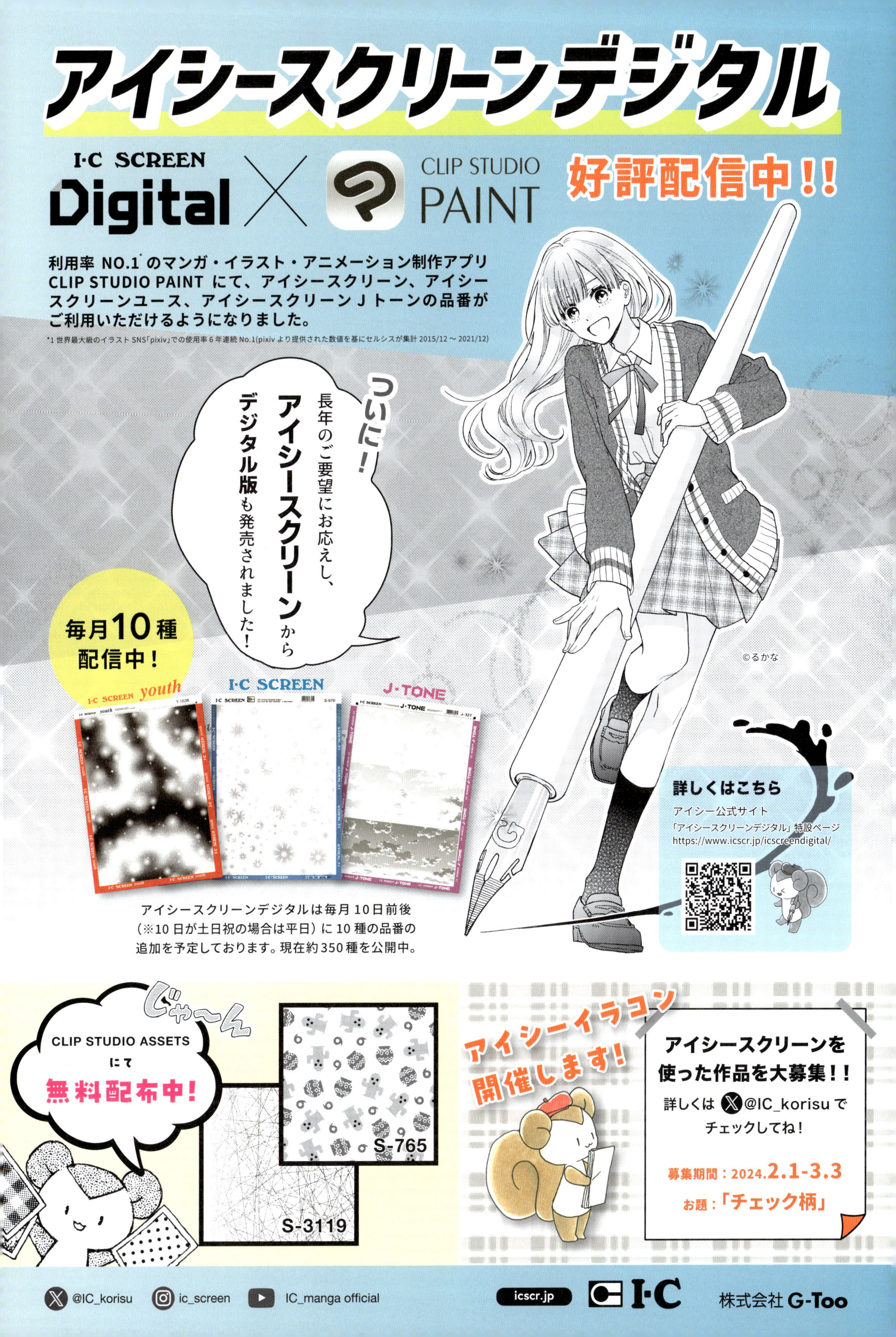
アイシースクリーンデジタル
I·C SCREEN Digital × CLIP STUDIO PAINT
好評配信中!!
利用率 NO.1*のマンガ・イラスト・アニメーション制作アプリ CLIP STUDIO PAINT にて、アイシースクリーン、アイシースクリーンユース、アイシースクリーン J トーンの品番がご利用いただけるようになりました。
*1 世界最大級のイラスト SNS「pixiv」での使用率 6 年連続 No.1(pixiv より提供された数値を基にセルシスが集計 2015/12 〜 2021/12)
ついに！
長年のご要望にお応えし、
アイシースクリーンから
デジタル版も発売されました！
毎月10種
配信中！
I·C SCREEN youth
I·C SCREEN
J·TONE
©るかな
アイシースクリーンデジタルは毎月 10日前後（※10 日が土日祝の場合は平日）に 10 種の品番の追加を予定しております。現在約 350 種を公開中。
詳しくはこちら
アイシー公式サイト
「アイシースクリーンデジタル」特設ページ
https://www.icscr.jp/icscreendigital/
じゃ〜ん
CLIP STUDIO ASSETS
にて
無料配布中！
S-765
S-3119
アイシーイラコン
開催します！
アイシースクリーンを
使った作品を大募集!!
詳しくは @IC_korisu で
チェックしてね！
募集期間：2024.2.1-3.3
お題：「チェック柄」
@IC_korisu
ic_screen
IC_manga official
icscr.jp
I·C
株式会社 G-Too

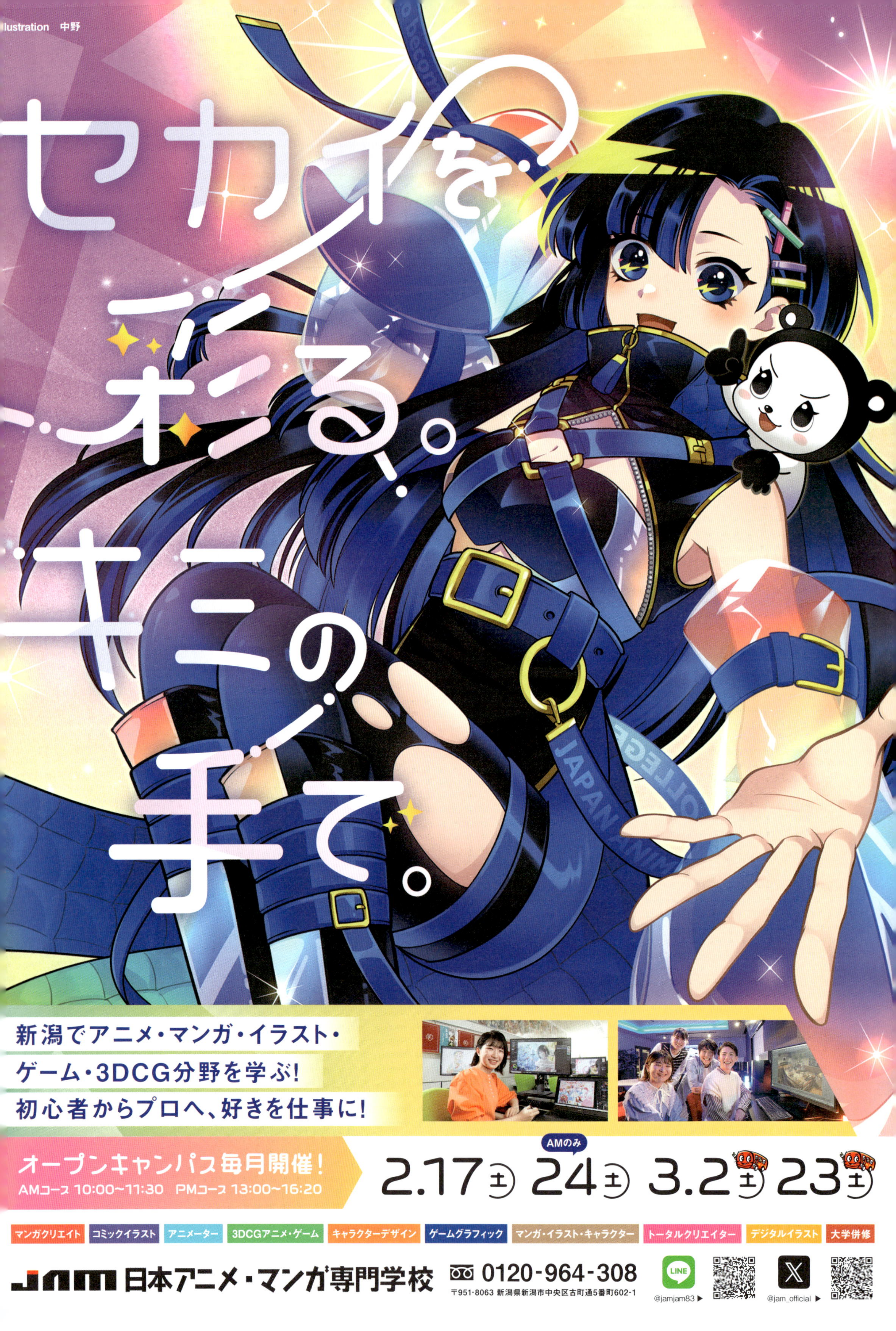

llustration 中野
セカイを彩る。
キミの手で。
新潟でアニメ・マンガ・イラスト・
ゲーム・3DCG分野を学ぶ!
初心者からプロへ、好きを仕事に!
オープンキャンパス毎月開催!
AMコース 10:00~11:30 PMコース 13:00~16:20
2.17(土) AMのみ 24(土) 3.2(土) 23(土)
マンガクリエイト
コミックイラスト
アニメーター
3DCGアニメ・ゲーム
キャラクターデザイン
ゲームグラフィック
マンガ・イラスト・キャラクター
トータルクリエイター
デジタルイラスト
大学併修
JAM 日本アニメ・マンガ専門学校
0120-964-308
〒951-8063 新潟県新潟市中央区古町通5番町602-1
LINE @jamjam83
@jam_official

結果発表

第21回 高校生マンガ・イラストグランプリ

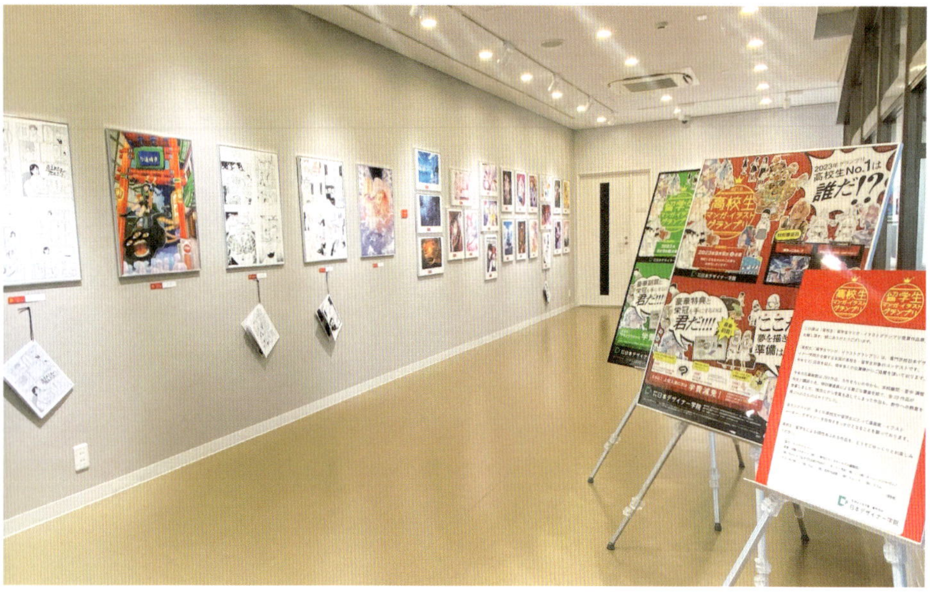

今年も専門学校日本デザイナー学院主催による高校生を対象にした漫画とイラストのコンテストである「高校生マンガ・イラストグランプリ」が行われました。第21回目となる本コンテストの審査員には、漫画家で学院顧問の里中満智子先生をはじめとする専門学校日本デザイナー学院の講師たちが担当。また特別審査員には集英社のりぼん編集部やLINEマンガ編集部、大人気イラストレーターの藤ちょこさんも！　また、応募前に学校の体験授業を受け、絵を描くコツやポイントを身につけながら制作することも可能。ブラッシュアップのために、制作途中の作品に講師からのアドバイスを受けることもできます。興味のある方は次回の応募に向けてチャレンジしてみてはいかがでしょうか。

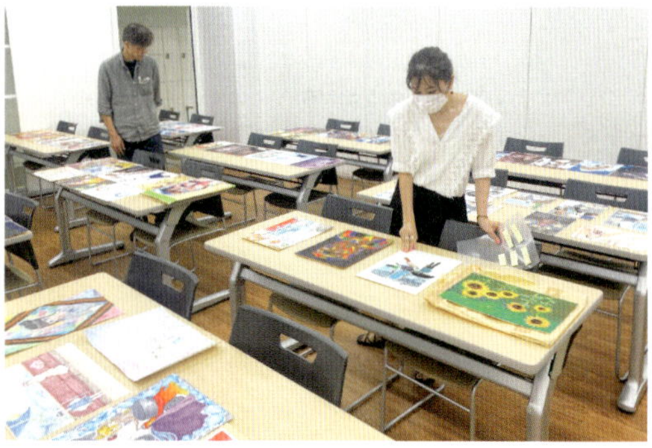

授賞作品展示会の様子

専門学校日本デザイナー学院の東京校にあるギャラリーにて、受賞した作品を展示。応募作品は、8ページマンガ部門と4コママンガ部門、イラスト部門があり、部門ごとに作品が並びます。アナログ・デジタル両作品が揃っていてとても賑やかなイラストと、漫画作品も全ページ読めるように展示されじっくり見ることができます。

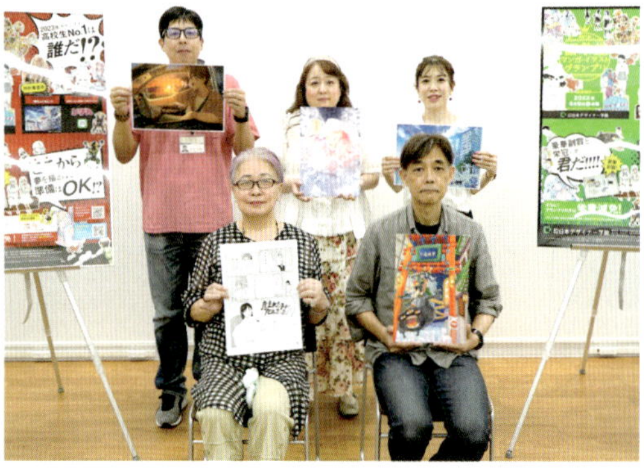

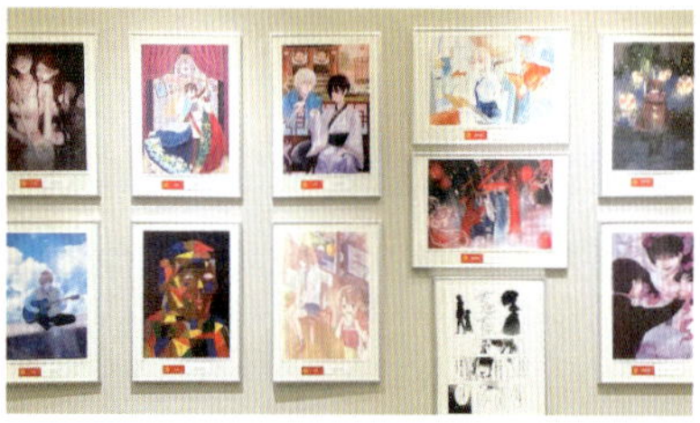

CHECK! 次回予告

次回の高校生マンガ・イラストグランプリ作品募集！

高校生マンガ・イラストグランプリ

応募締切
2024年9月9日(月)

詳細は4月以降
学校のホームページをご確認ください。

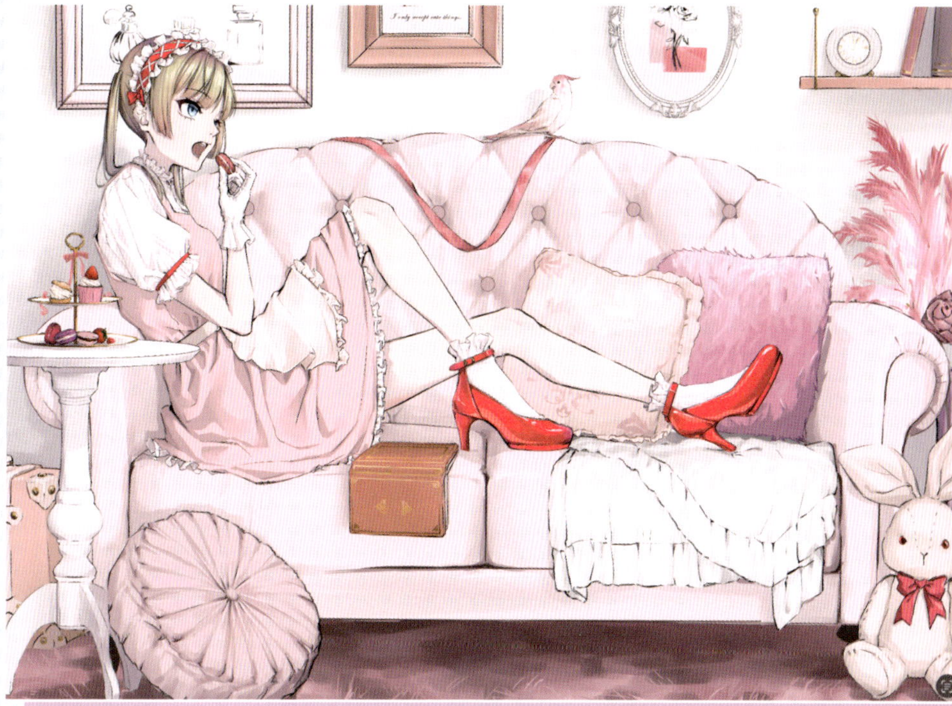

ASO高等部
2年生

PN.**れんげ**さん

タイトル
「自尊心」

自分の好きなものや理想を詰め込みました。好きなものに囲まれているときの幸福感や自信が表現できていたらいいなと思います。

画材
Wacom One・CLIP STUDIO PAINT

制作時間
ラフ：約1時間半／線画：約6時間
彩色～仕上げまで：約20時間

受賞 季刊エス賞

れんげさんへ受賞作品についてお話を伺いました！

――受賞おめでとうございます！　今回応募された作品「自尊心」の、好きなものに囲まれる女の子の姿が印象的でした。どのように着想されたのか教えていただけますか？

れんげ　女の子が好きなものに囲まれて自分の機嫌をとっているというイメージです。弱い自分を隠して強くあろうと一生懸命な姿を表現したくて描きました。

――応募作品はれんげさん自身が好きなものや理想を詰め込んだとありました。描くときに大事にされたこと、描いていて楽しかったところをお聞きしたいです。

れんげ　かわいい部屋になるように家具や小物などの配置にはかなりこだわりました。描いていて楽しかったのは女の子の服や靴です。

――とても丁寧に描き込まれていて、部屋の雰囲気が伝わってきました。コンテストの作品に限らず、描くのが好きな題材やモチーフを教えてください！

れんげ　女の子は表現できる幅が広くて描いていて楽しいですね。モチーフでいうと洋服やフリルを描くのが好きです。

――どんなときに自分の作品を制作していますか？

れんげ　休日に1日中作業していることが多いです。たまにiPadを学校に持参して休み時間に描いたりもしています。――時間を見つけて手を動かしているのですね。それでは最後に今後の作品づくりで挑戦したい題材や、創作活動でしてみたいことは何ですか？

れんげ　異世界ファンタジー系のイラストは描いたことがないので挑戦してみたいです。創作活動でいうとLive2Dでの制作をしてみたいです。

――ありがとうございます。今後の作品も楽しみにしています！　頑張ってください！

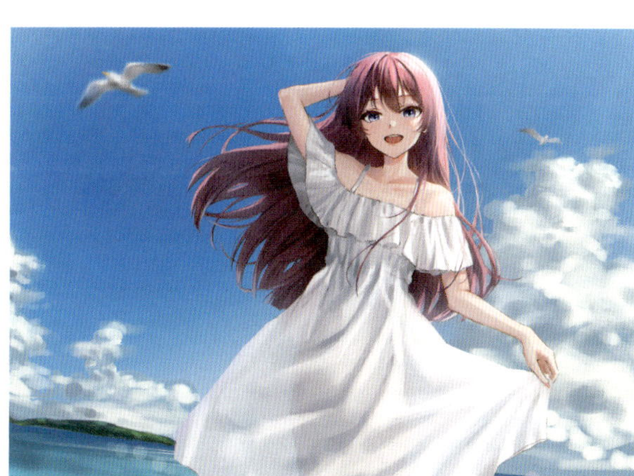

れんげさんが最近描いたイラスト「海」。夏空のなかこちらを見つめる女の子の爽やかな笑顔に引き込まれます！

CONTENTS

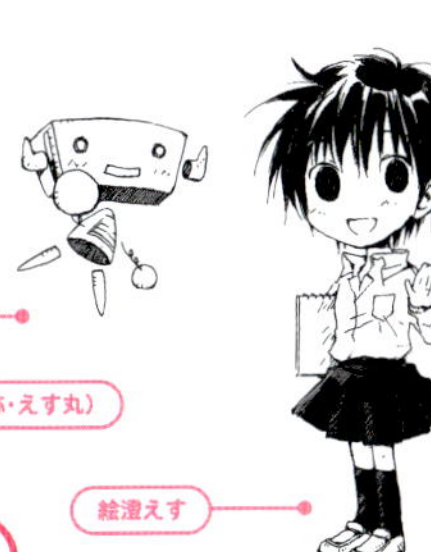

SS ナビゲーター キャラクターデザイン：水谷ゆたか

スモールエス 2024 Vol.76
SS第76号／2024年3月1日発行
年4回発行（1,4,7,10月発売）

COVER 南野 葵

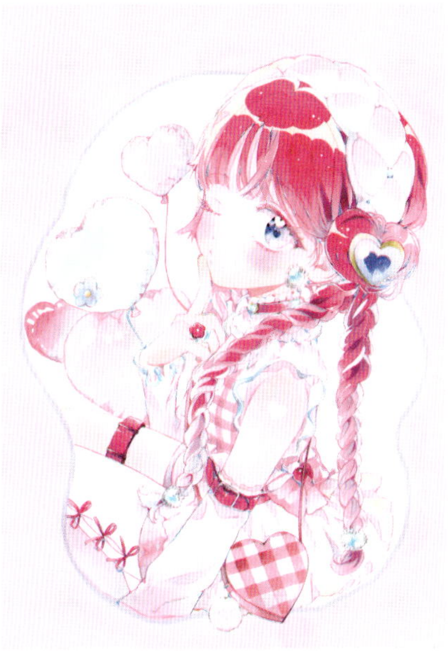

今号のえす丸背表紙

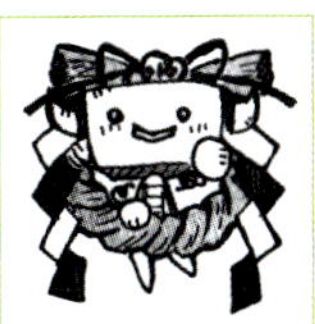

SSの背表紙に掲載されるえす丸は投稿イラストのなかから採用しています！今号は【兵庫県・しゃけくらげ。】さんが描いてくださった、しめ縄をくぐるえす丸です⋈ 新年にぴったりの縁起の良いえす丸から2024年がはじまります！

STAFF

Editor-in-Chief
天野昌直

Editor
高橋祐美
水谷文香
草野友美加
中村穂乃香

Design
佐々木弥生

Support Staff
斉藤真子
杉本歩美
紺野恵未
今井野乃歌
大城麻優美
篠田侑里
新井日和

Publisher
三芳寛要

Printing Director
加藤弘貴（広済堂ネクスト）

●発売＝株式会社 パイ インターナショナル
〒170-0005
東京都豊島区南大塚2-32-4
TEL：03-3944-3981（代表）

●制作＝株式会社 パイ インターナショナル　エス編集部
〒150-0041
東京都渋谷区神南1-13-3アーク神南ビル2F
TEL：03-6455-0223（編集部直通電話）

●印刷＝株式会社広済堂ネクスト

PIE International Inc.
2-32-4 Minami-Otsuka, Toshima-ku, Tokyo 170-0005
email international@pie.co.jp
www.pie.co.jp/english

Printed in Japan

SSは季刊エスの「妹」雑誌です。小さなSでスモールエス。1号目はSS(エスエス)と表記してましたが、正式名はスモールエス。通称はこれまで通りSS(エスエス)です。よろしくお願いします～。

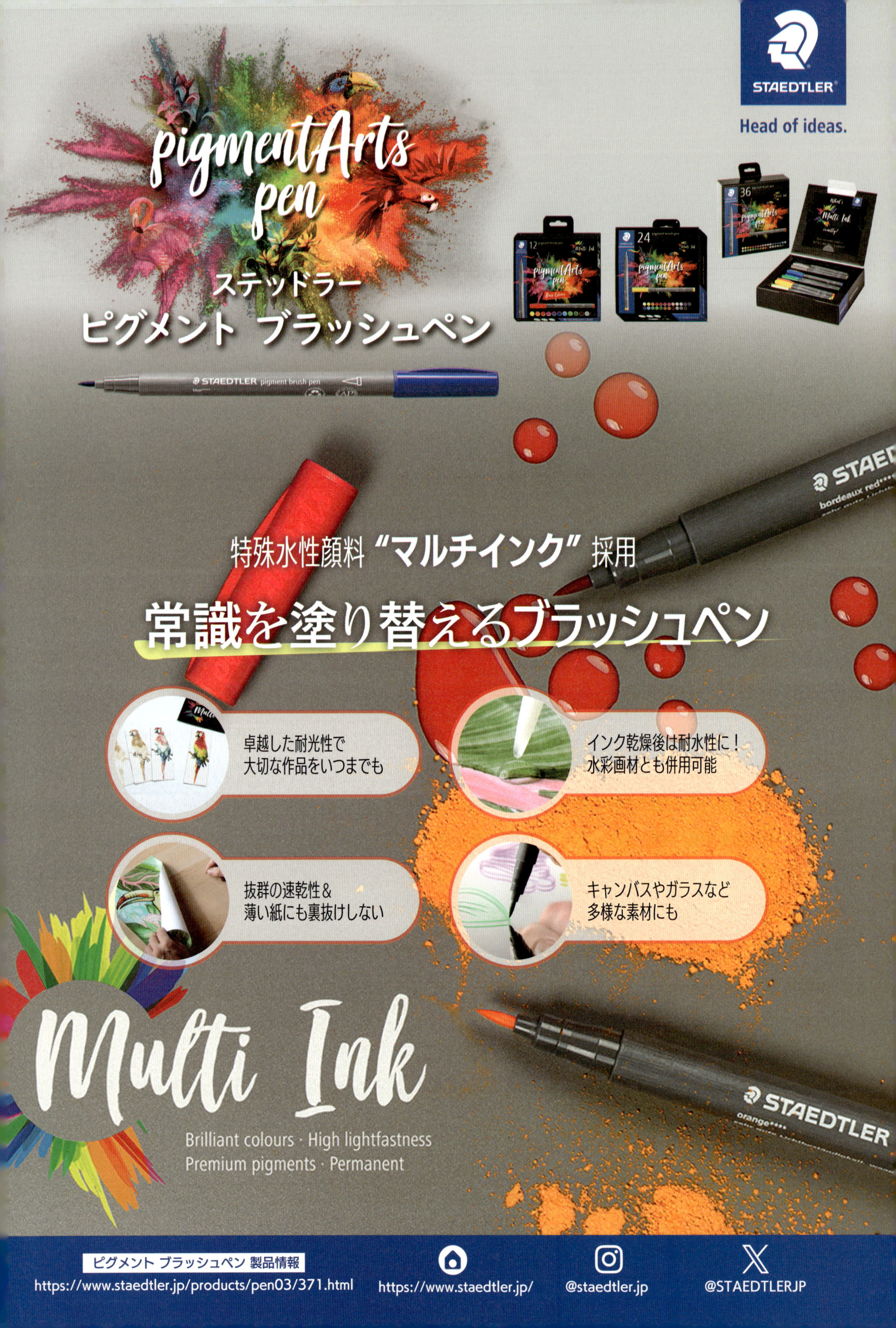

STAEDTLER
Head of ideas.
pigmentArts pen
ステッドラー
ピグメント ブラッシュペン
特殊水性顔料 "マルチインク" 採用
常識を塗り替えるブラッシュペン
卓越した耐光性で
大切な作品をいつまでも
インク乾燥後は耐水性に！
水彩画材とも併用可能
抜群の速乾性＆
薄い紙にも裏抜けしない
キャンバスやガラスなど
多様な素材にも
Multi Ink
Brilliant colours · High lightfastness
Premium pigments · Permanent
ピグメント ブラッシュペン 製品情報
https://www.staedtler.jp/products/pen03/371.html
https://www.staedtler.jp/
@staedtler.jp
@STAEDTLERJP

SS-mono　Software Hardware Materials etc

水彩画や色鉛筆などにオススメのコットン100%国産水彩紙!!

Doアートペーパー/Beアートペーパー

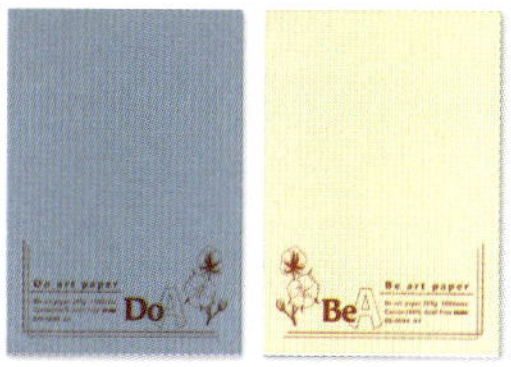

コットン100%ペーパー
209g/㎡・中性紙
ナチュラルホワイト色
(各紙共通)
パッド:
サイズ、価格、天糊・15枚入
A3規格:2,970円(税込)
A4規格:1,650円(税込)
B5規格:1,100円(税込)
シート:サイズ、価格
4/6判(1,091mm×788mm)
Y目 726円(税込)

Do art paper［ドゥーアートペーパー］(左)
適度なザラつきのある紙肌と柔軟性を持った風合いある表面が特徴で、自然な水彩表現が可能です。

Be art paper［ビィーアートペーパー］(右)
滑らかな紙肌(細目)と柔軟性を持った表面が特徴で、絵具も適度に吸い込み、発色に優れます。

ミューズ
オンラインショップ

● 株式会社ミューズ ☎03-3877-0123(代)
● www.muse-paper.co.jp

「Wacom One ペンタブレット small / medium」新発売！

デジタルクリエイティブに挑戦したい人に向けた新しい「Wacom Oneシリーズ」が登場。
購入してから開封、使い始め、さらにスキルを磨くところまで、Wacom Oneが寄り添ってサポート。
多彩なチュートリアルやサービスが付いた、初心者にぴったりのモデルです。

■製品情報
・製品名：Wacom One ペンタブレット small / medium
・型番：CTC4110WL / CTC6110WL
・外形寸法 (L×W×H)：
188 x 141 x 8 mm / 252 x 181 x 8 mm
・筆圧レベル：4096 レベル
・接続方法：USB Type-C もしくは Bluetooth
・価格：オープン価格
・対応システム
Windows® 10 以降（最新の SP 適用 /64bit のみ）
macOS 11 以降
最新バージョンの Chrome™ * に対応したデバイス
Android™ OS バージョン 8.0 以降

*1 コンピュータに標準装備されたUSBポート以外での動作は保証していません。
*2 専用ペンによる入力が可能なタブレットPCなどのコンピュータでの動作は保証していません。
*3 電子マニュアルのダウンロードにインターネット接続が必要です。
*4 Chrome™ OSは特定の地域または国では使用できない場合があります。

●株式会社ワコム ☎0120-056-814(平日9:00～20:00／土曜日10:00～18:00※日祝を除く) ● www.wacom.com

---

特殊水性顔料「マルチインク」採用 大切な作品、もう色褪せない、ブラッシュペン

ステッドラー ピグメント ブラッシュペン

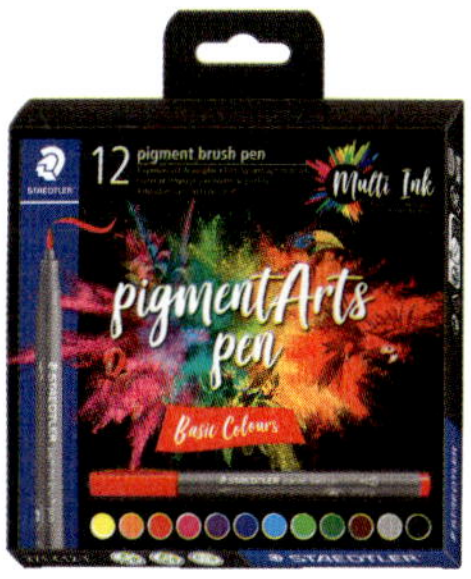

卓越した耐光性、速乾性、耐水性を兼ね備え、描いた作品も永くお楽しみいただける「マルチインク」は、APマークに準拠し、身体にも安全な無臭で長時間でも安心して描いていただける「特殊水性顔料インク」です。

色数:単色全36色　1本 価格:330円(税込)／12色セット 価格:3,960円(税込)
24色セット 価格:7,920円(税込)／36色セット 価格:11,880円(税込) *ドイツ製

● ステッドラー日本株式会社
● https://www.staedtler.jp

彩色用のカラー筆ぺんと線描き用ペンのセット！

リアルブラッシュ＋MANGAKA

リアルブラッシュ22本 MANGAKA2本のセット

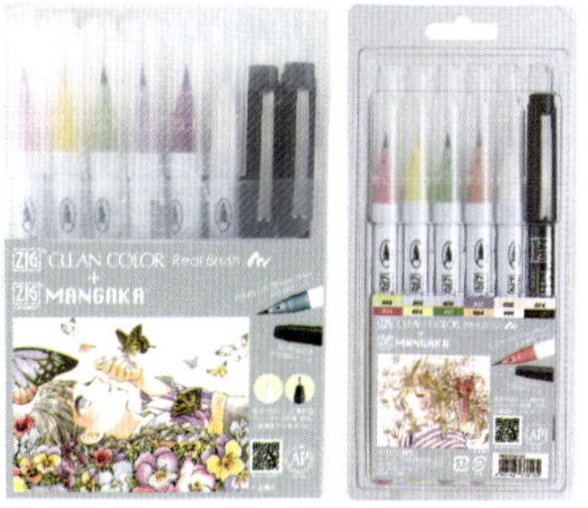

リアルブラッシュ11本 MANGAKA1本のセット

淡く透き通った色彩で可憐な少女のイラストを描く、イラストレーター友風子さんとコラボしたセット♪　描きおろしイラストは、各セット内の商品を使って描かれています!

右・リアルブラッシュ＋MANGAKA／12V　価格:2,860(税込)
左・リアルブラッシュ＋MANGAKA／24V　価格:5,720(税込)

● 株式会社 呉竹　☎0742-50-2050
● https://www.kuretake.co.jp/

スマホ・タブレット パソコンで描ける

CLIP STUDIO PAINT PRO

クリップスタジオペイント プロ

デジタルでお絵描きするなら
みんなが使っている安心定番のペイントアプリ！
[Windows/macOS/iPad/iPhone/Galaxy/Android/Chromebook]

CLIP STUDIO PAINT PRO
［一括払い］Windows / macOS
5,000 円(税込)
［月額利用プラン］Windows / macOS
iPad / iPhone / Galaxy / Android / Chromebook
初回申込み時最大 3ヶ月無料
年間契約で最大 7ヶ月分お得
100 円 / 月(税込)～

- リアルで自然、思い通りの描き味
- ペンも UI も自由自在にカスタマイズ
- 無限に追加される数万点のブラシ・素材
- スマホなら毎月30時間ずっと無料

【CLIP STUDIO PAINT 公式サイト】www.clipstudio.net/

● 株式会社セルシス　● www.celsys.com/

厳選された原料による鮮やかな発色 ターレンスの最高級ブランド

レンブラント透明水彩絵具

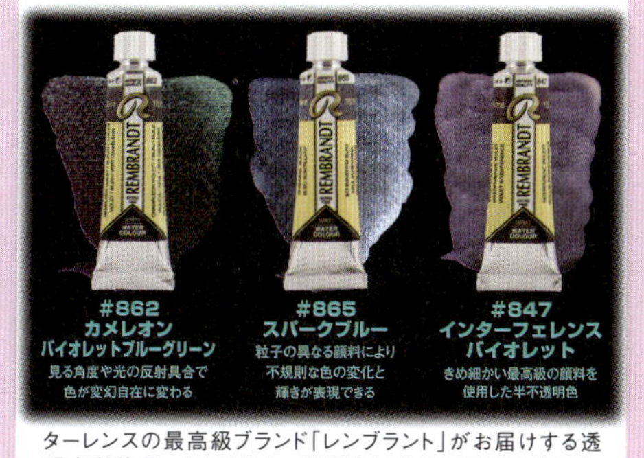

ターレンスの最高級ブランド「レンブラント」がお届けする透明水彩絵具。きめが細かい顔料と無色のアラビアゴムが、輝きのある純粋な透明感を表現します。

色数：全 120 色
価格：10ml チューブ　各 770 円～990 円(税込)

● 株式会社ターレンスジャパン　● www.talens.co.jp/
X @talensjapan　@talens_japan

同人誌からオリジナルグッズまで 高品質・格安印刷でお届けします！

同人誌印刷・同人グッズ制作なら コミグラ

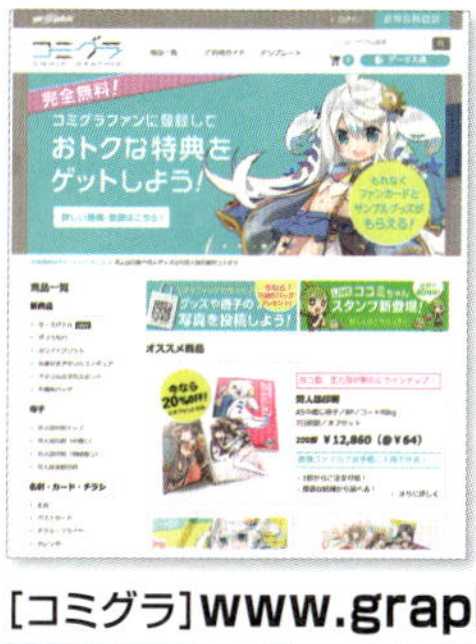

同人誌やイラスト集はもちろん、iPhoneケースやアクリルバッジ、キャンバスプリントなど様々なグッズが作れます。各種イベントでも多くの絵師様にご愛用いただいております。当社自慢のフルカラー印刷であなたの創作活動を応援します!

24時間いつでも
注文・入稿受付 OK

［コミグラ］www.graphic.jp/comic/

新規会員登録ですぐに使える500円分のポイントをプレゼント！さらに初回ご注文納品時のアンケートに回答して500ポイント！

● 株式会社グラフィック
● www.graphic.jp/

小部屋を取って、組みかえて、カスタマイズできる水彩パレット

ホルベイン 小部屋が取り外せる水彩パレット

小部屋(シャーレ)が取り外せるので色を並べかえることができる、まったく新しい水彩パレットが登場!　たとえば同系色でまとめてみたり、制作内容によって色の並び順を変えてみたり…制作が捗ります!　シャーレをすべて外して洗えるのでお手入れもカンタン!

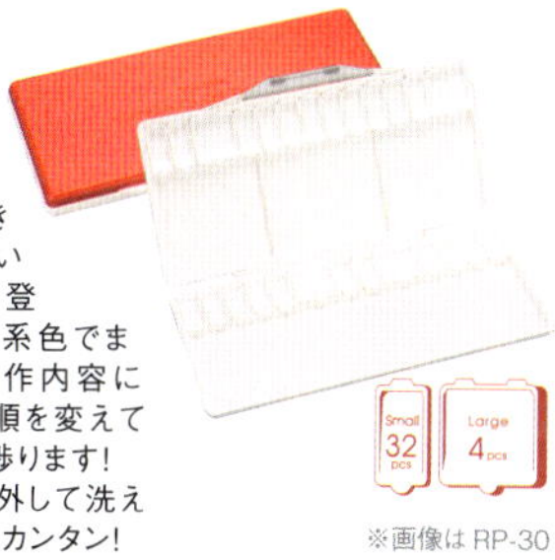

※画像は RP-30

サイズは 2 種類、シャーレも大・小の 2 種類をご用意

RP-24 24 仕切(シャーレ 小：26ヶ、大：4ヶ)　3,080 円(税込)
RP-30 30 仕切(シャーレ 小：32ヶ、大：4ヶ)　3,630 円(税込)

● ホルベイン カスタマーセンター　0120-941-423
● 受付時間:平日 10:00～16:00(土日祝日・お盆・年末年始を除く)
● https://www.holbein.co.jp/

OSAKA SOGO DESIGN

コミックアートコース

卒業制作展

開催のご案内

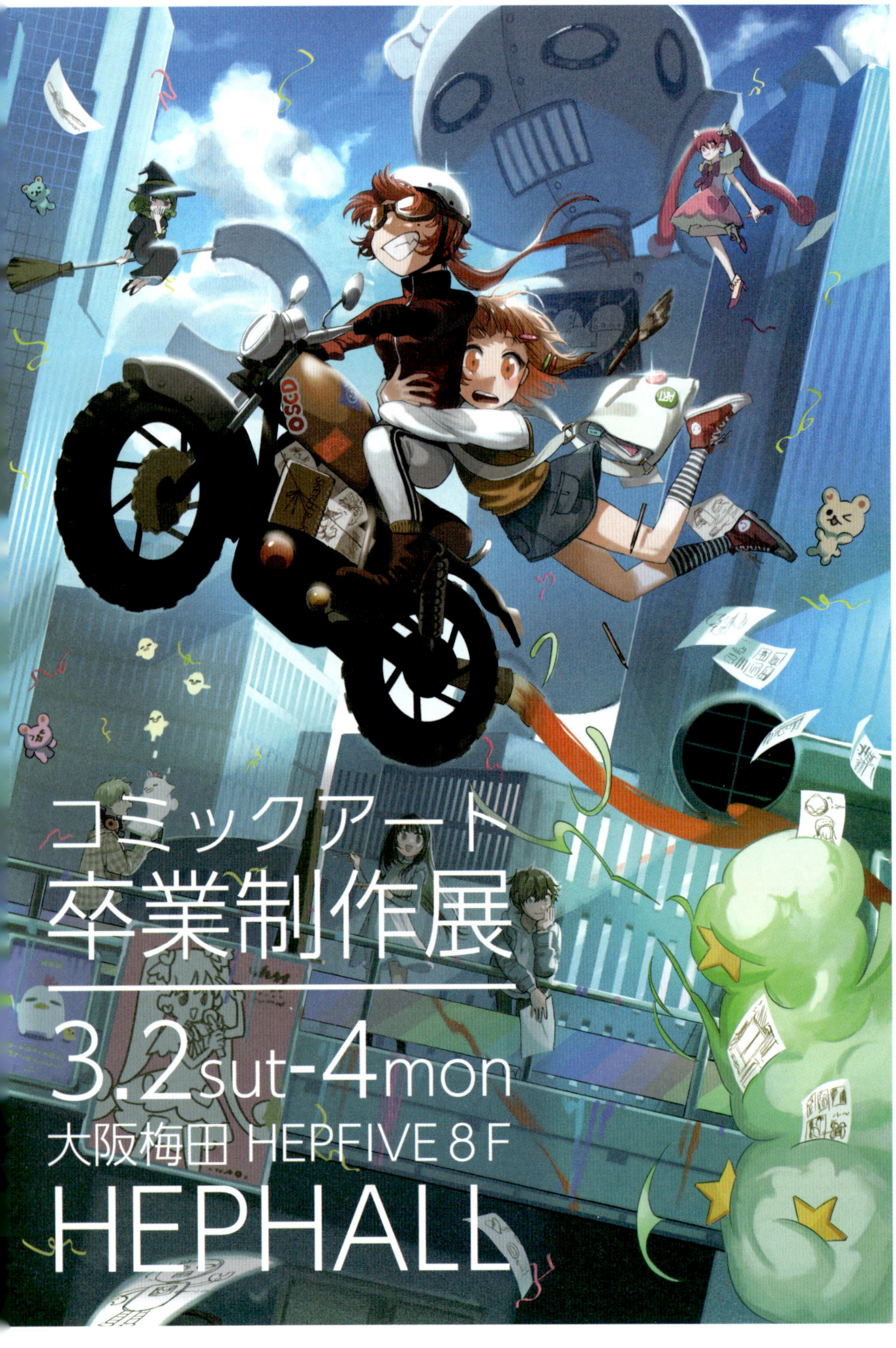

恒例の大阪総合デザイン専門学校クリエイティブ学科コミックアートコースの卒業制作展が例年同様、大阪梅田のHEPFIVE8F HEPHALLにて開催されます。
百数十点の卒業制作作品は単にイラストを展示するだけにとどまらず、イラストの世界観を展示空間全体で感じてもらえるような工夫を施しています。
その他イラストグッズ販売の大きなコーナーや万博に向けての特別コンテンツの展示も行います。
コロナ禍がおわり入場制限を伴わずようやく本格的な展示を行うことができることもあり、多くの皆さんに作品をご覧いただけることを楽しみにしております。

大阪総合デザイン専門学校
コミックアートコース　卒業制作展
実施概要

■日時
2024年3月2日(土)～3月4日(月)
13時～20時（最終日は18時終了）

■会場
HEPFIVE 8F　HEPHALL

■内容
・コミックアート２年生卒業作品展示
・イラストグッズ販売（コミックアート１年・２年）
・万博特別コンテンツの予告展示

【２０２３高校生イラストコンテスト上位作品発表】

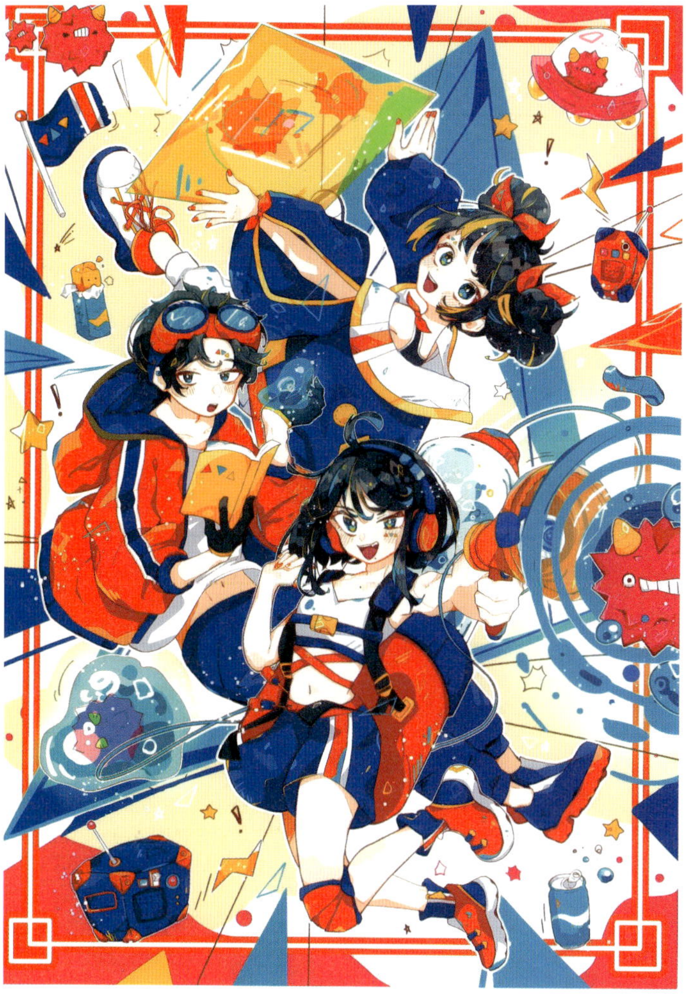

【金賞】
うといぺんこさん（千葉県立千葉高等学校２年）

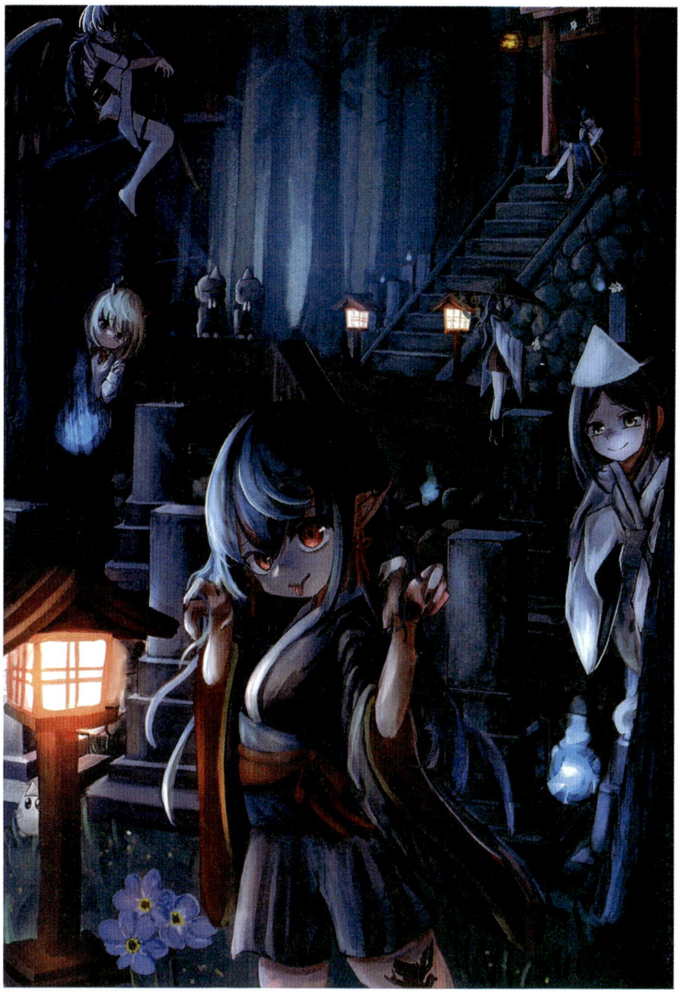

【銀賞・ジョン平賞】
高橋　愛実さん（川西明峰高等学校３年）

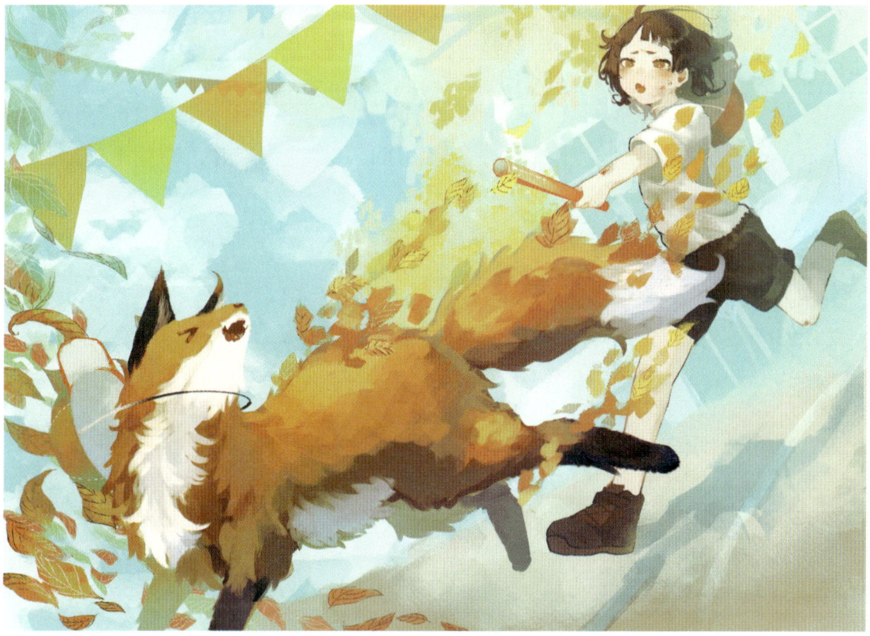

【銅賞】
めだかさん（高松中央高等学校３年）

2023年度高校生イラストコンテストの上位３作品のご紹介します。
他の賞については大阪総合デザイン専門学校ホームページに掲載しておりますので、副賞などの詳細も併せて掲載しておりますのでよろしくお願いいたします。
次年度も同様に開催いたしますので奮ってご参加いただけますようお願いいたします。

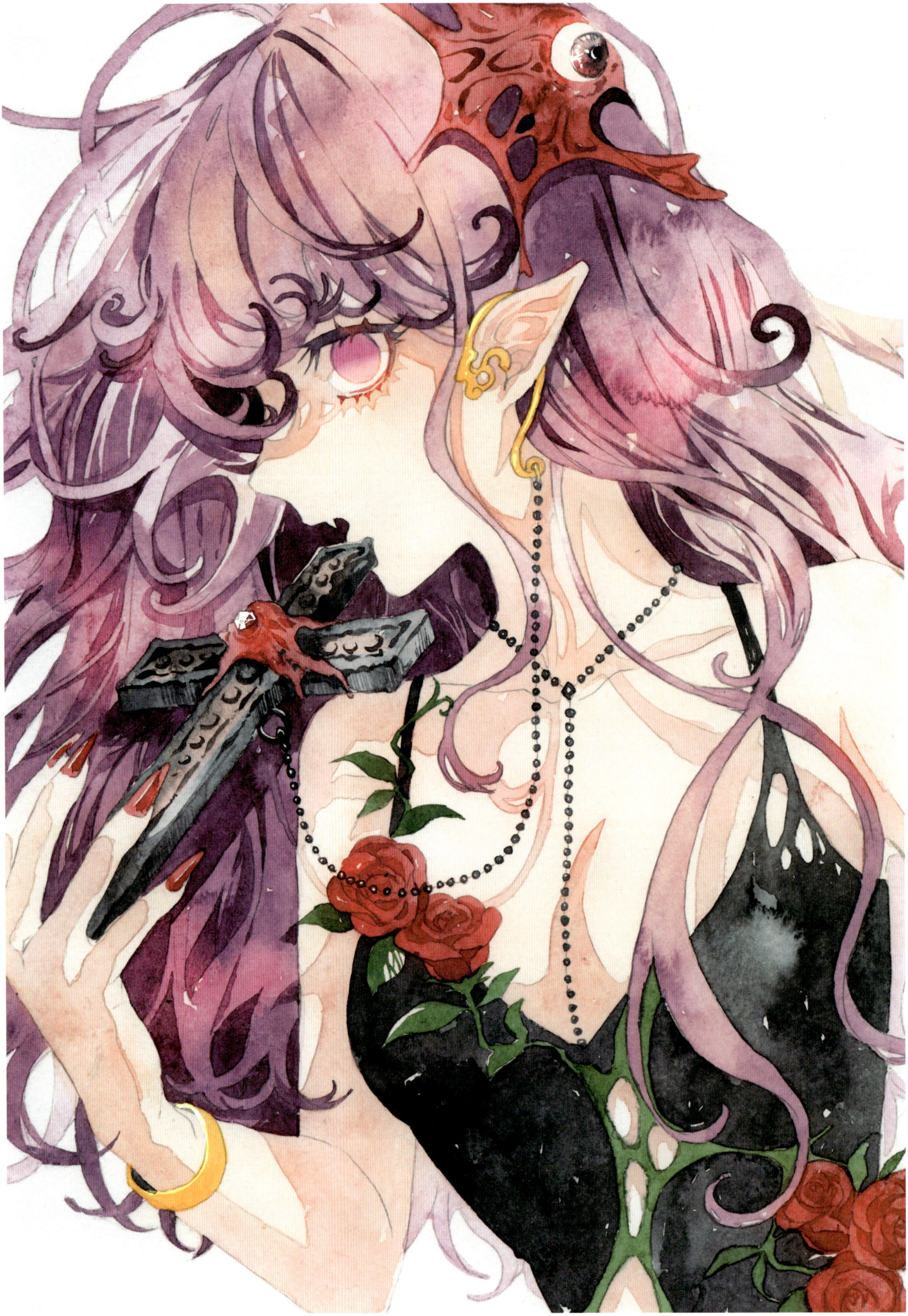

画材：透明水彩、シャープペンシル、CLIP STUDIO PAINT
X（旧：Twitter）【@momonagisrn】

Nagisa「Luda」

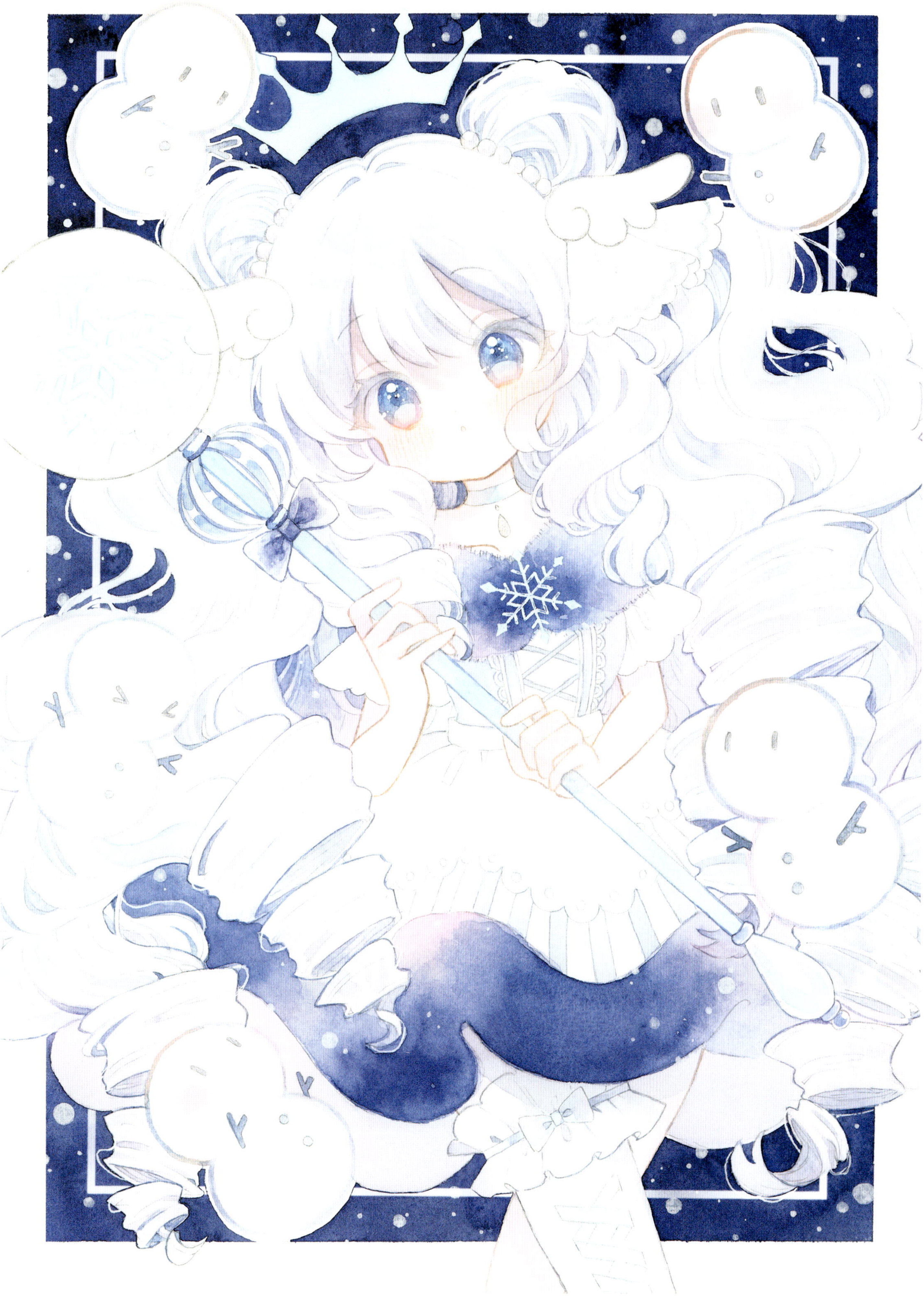

くりせゆう「雪の精霊使い」

画材：透明水彩、エコライン、ウォーターフォード水彩紙（中目）
X（旧：Twitter）【@kuriseyuu_ps】

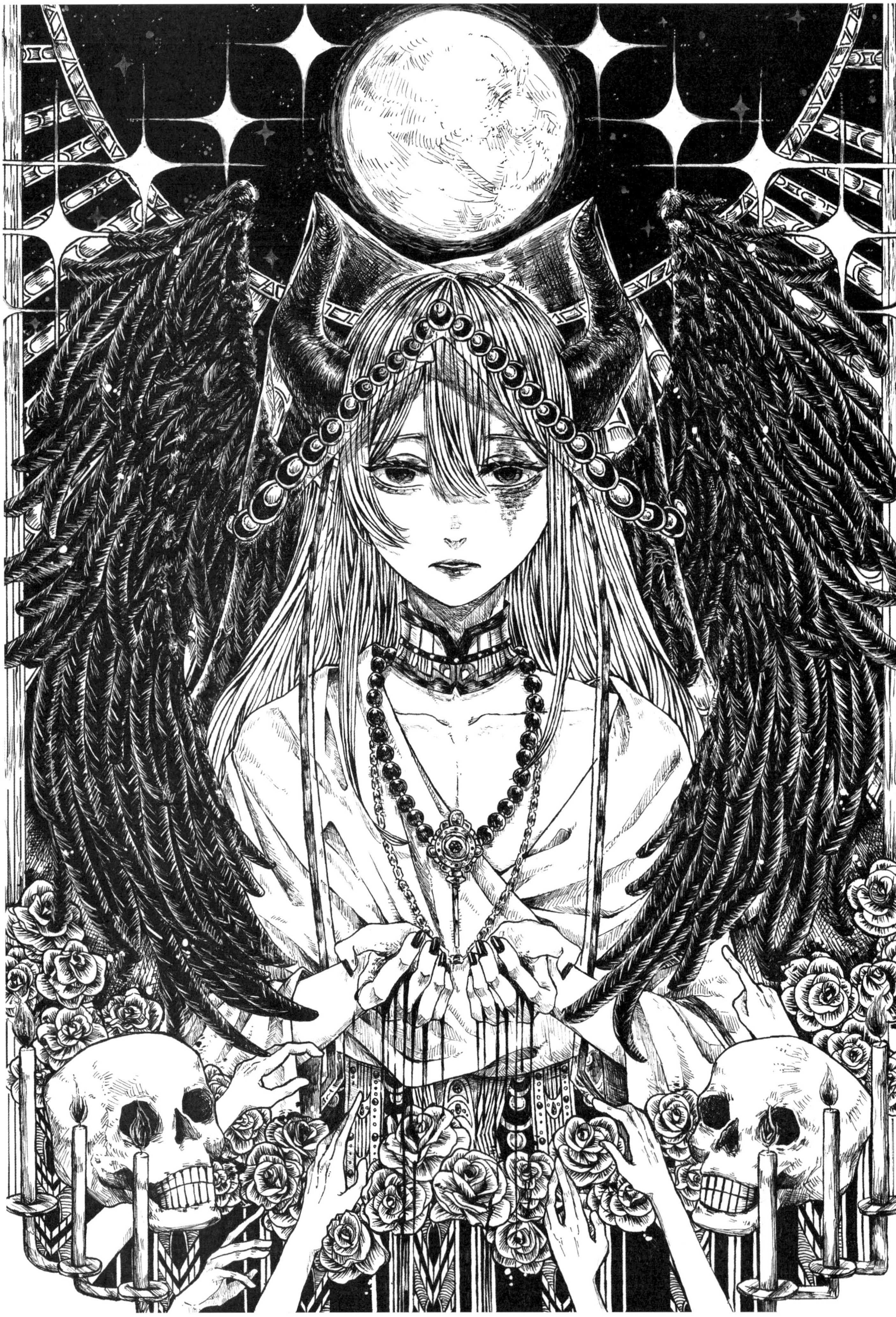

画材：ピグマ、ホワイト

桃っ子「どれだけ着飾っても」

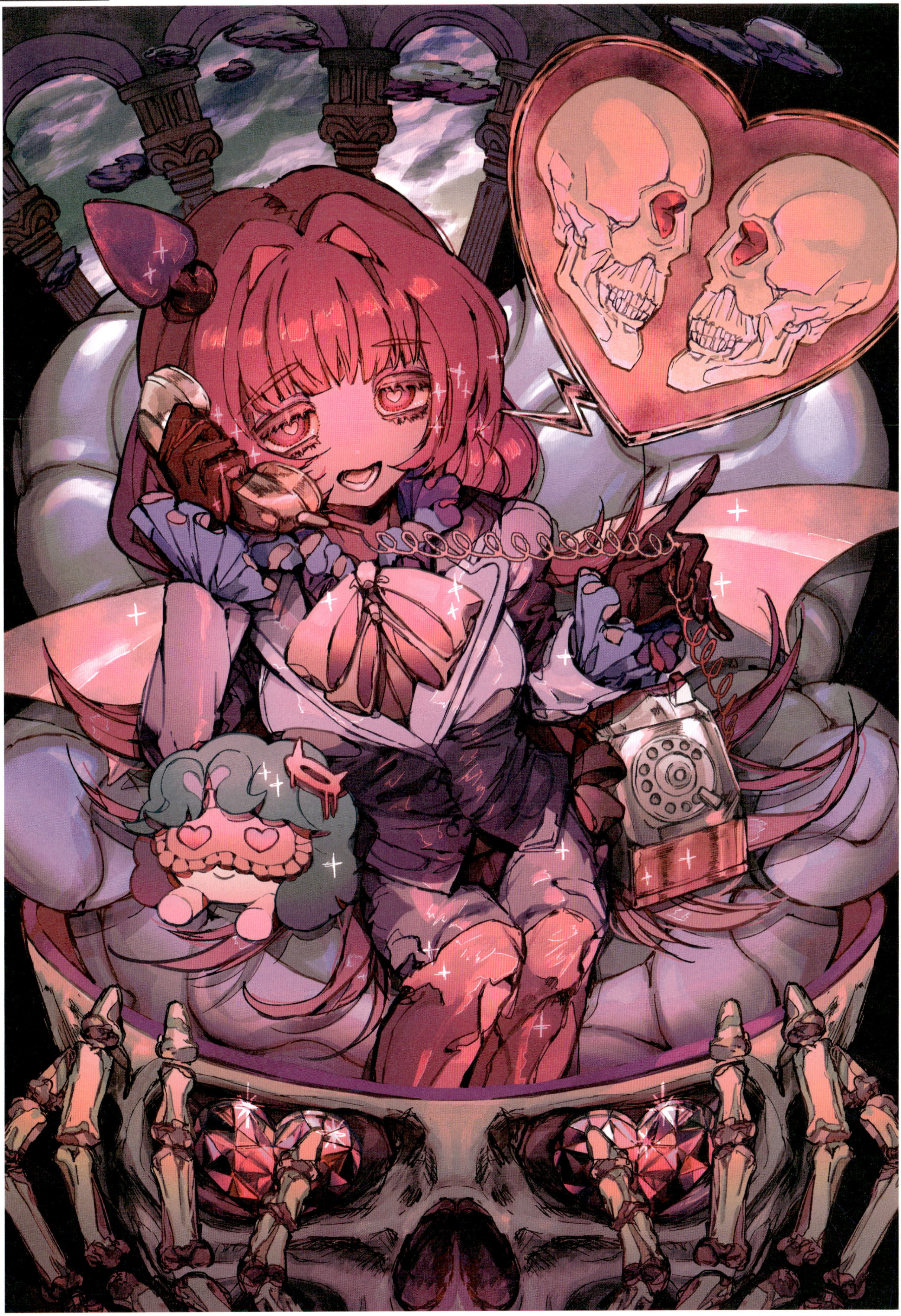

針尾 pipi「脳内恋愛相談所」

画材：CLIP STUDIO PAINT PRO
X（旧：Twitter）【@hariopipixxx】

南野 葵

making of コピック

今月の「スモールエス」の表紙に、ピンク色にときめくキュートな女の子を描いてくれた南野 葵さん。ぱっちりとした瞳にはハート模様のハイライトがウルウルとしており、とても印象的です。また、ギンガムチェック柄やリボン、ハートのアクセサリー・バルーンなど可愛らしいモチーフも散りばめられています。コピックを使い描かれた表紙イラストが完成するまでをたっぷりお届け！

画材　コピック／コピックマルチライナー（ピンク、ブラック、ウォームグレー…0.05）／シャープペンシル／カラーシャー芯（ピンク色、青色）／タチカワ ピュアメタルシャイン（08）／タチカワ ピュアホワイト（01）／ゼブラ サラサクリップ（ミルクピンク、ミルクブルー…0.5）
用紙　コピックペーパーセレクション 画学紙

南野 葵
X（旧Twitter）【@mnmnaoi】

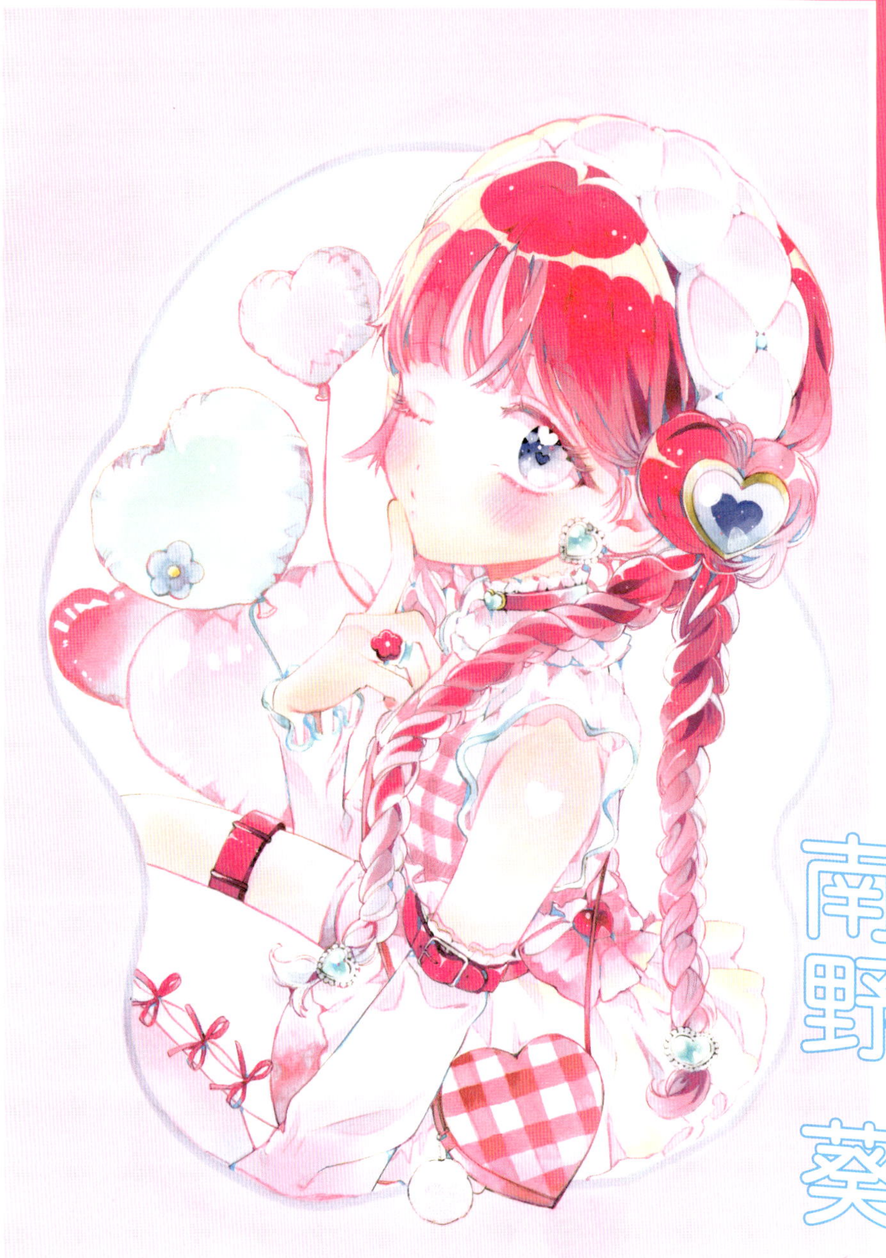

線画

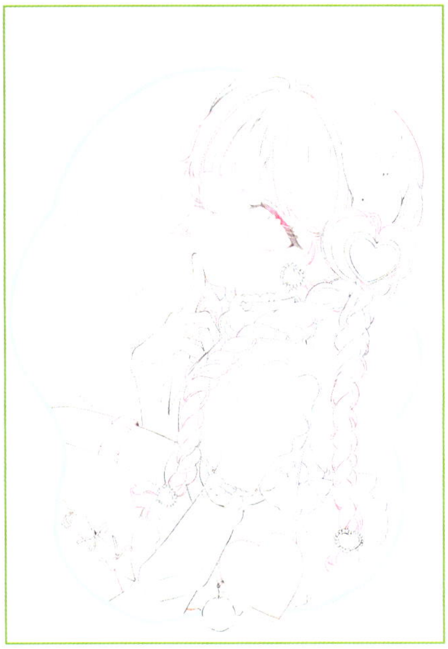

デジタルで描かれた線画。レーザープリンタを使用して、画学紙に印刷している。デジタルで描いた線画はやや薄めに印刷しており、コピックとなじみを良くしている。

南野 葵　画学紙はコピックの吸い込みが良く、発色と伸びが綺麗にできるのでお気に入りです！

表紙のラフ案

頬に指を当ててウインクをする女の子が描かれたラフ。女の子の顔が一番目立つカメラワークになっており上目づかいが可愛らしい。顔、肩、バルーンの三角形を意識した視線誘導がされているそう。左上には「SS」のロゴが入ることを想定して構図が練られており、バルーンもパステルトーンで奥側に感じられる。また、女の子のヘアカラーは3パターンあり、髪色に対応して瞳や袖のフリルなど細かな配色が異なっている。今回はパッと可愛らしさに惹きつけられる、③のビビッドなピンク色の案に決定。表紙イラストは南野さん個展のメインビジュアルと対になるイメージで描かれているそうだ。

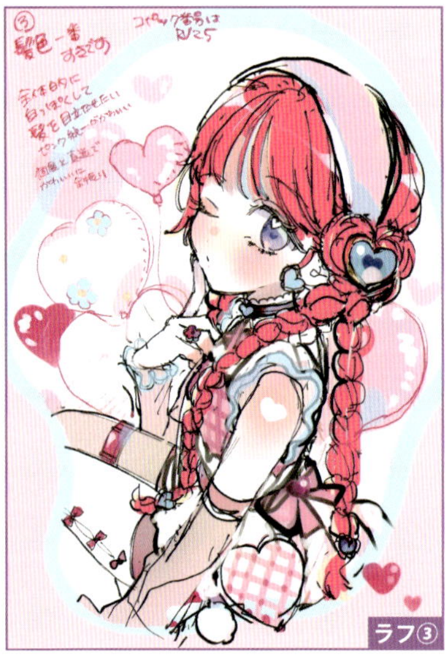

ラフ③

南野 葵　髪色が一番すきです。全体的に白っぽくして髪を目立たせたい。ピンク統一がかわいい。個展と真逆でかわいいに全振り。

コピック番号／RV25

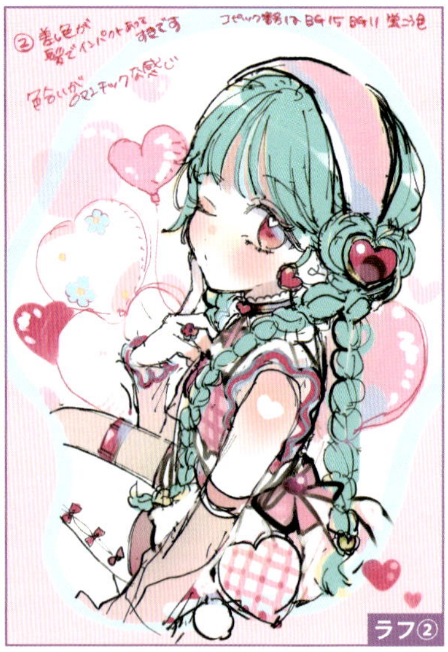

ラフ②

南野 葵　差し色が髪でインパクトがあってすきです。色合いがロマンチックな感じ。

コピック番号／BG15、BG11

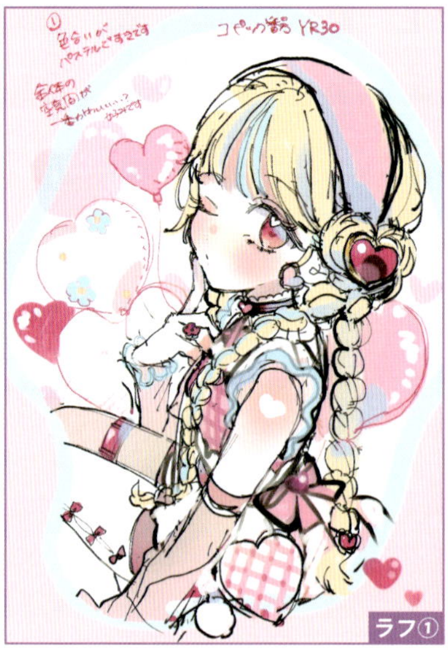

ラフ①

南野 葵　色合いがパステルですきです。全体の空気感が一番かわいい？　好みです。

コピック番号／YR30

肌を塗る

使用色…RV000、E0000、RV00、RV11、B60　使用画材…ピュアホワイト（01）

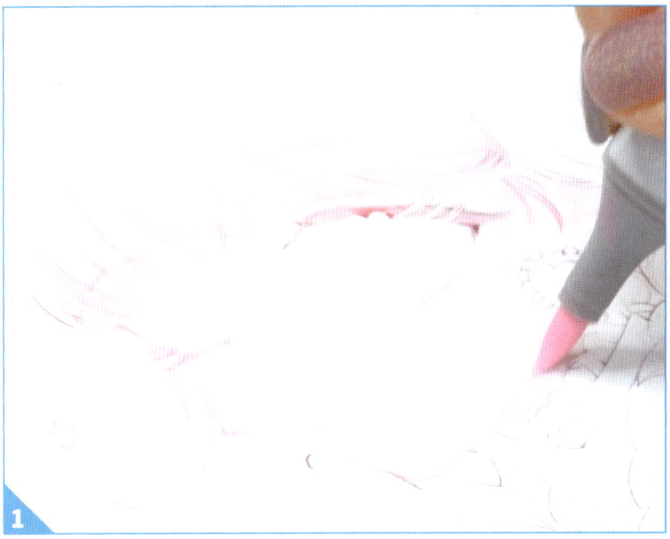

1
肌を下塗りする。とても薄い明るいピンク色RV000を使い、顔の立体感に合わせて肌を塗る。頬や首元、おでこはインクを重ねて色を濃くしている。

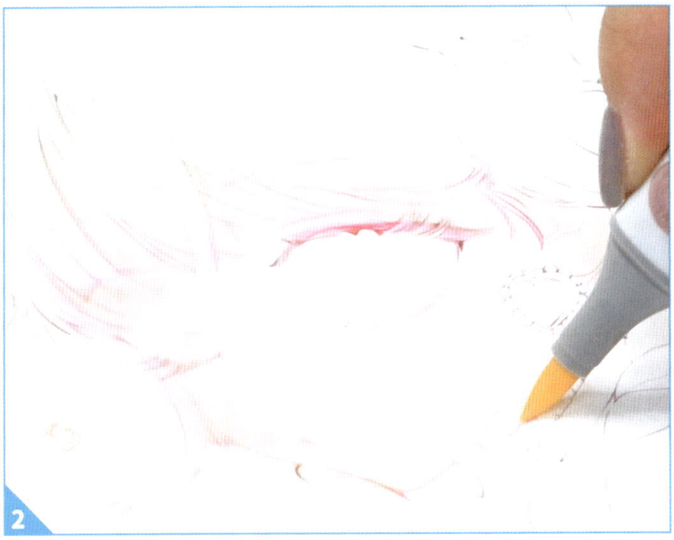

2
①が乾いていることを確認したら、極めて薄いベージュ色E0000を下塗りに重ねる。ピンク肌にするので、E0000のインクをベタっと塗らないようにコントロールする。

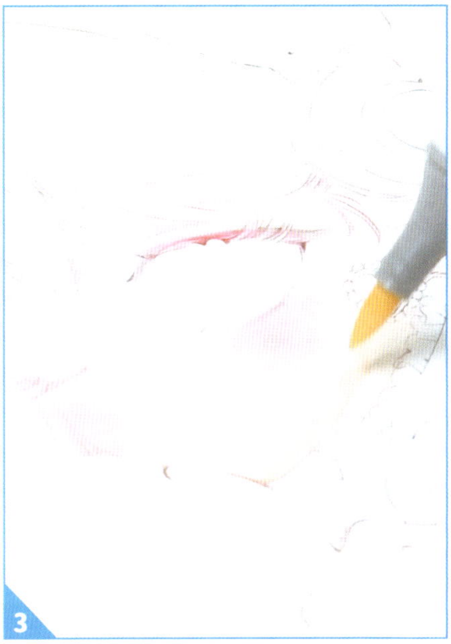

3
頬を塗る。頬や涙袋のあたりにE0000を塗り、乾かないうちに明るいピンク色RV00を重ねる。RV00のフチはE0000でなじませて、ほわほわした頬にする。

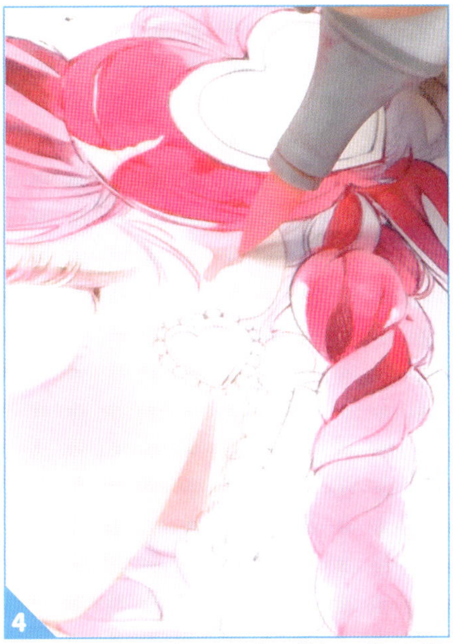

4
ピンクがかったベージュRV11を使い、首や耳に濃いカゲを入れる。耳は淡い水色B60を重ねて、肌の透明感を表現する。

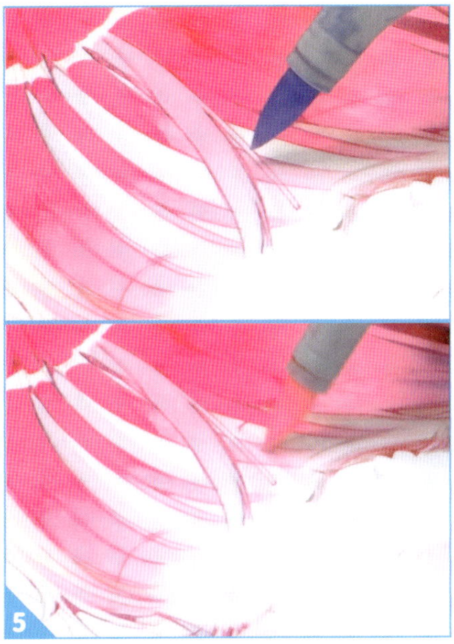

5
おでこに落ちる前髪のカゲを描く。軽い毛束を表現するために、B60でふわっと浮いているカゲを入れる。また、RV00で肌になじませる。

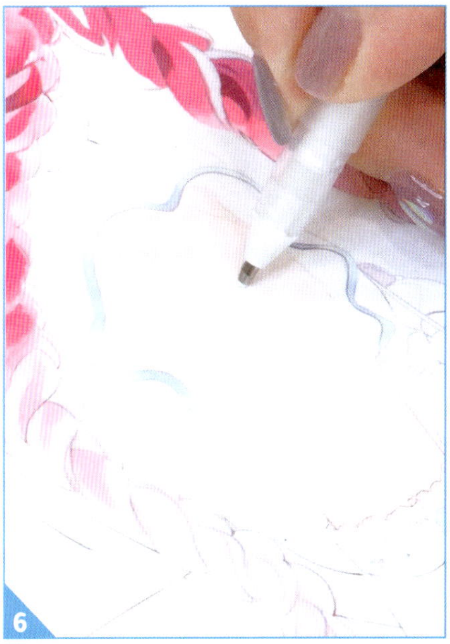

6
肩のツヤを描く。ピュアホワイト（01）を使い、ベタ塗りで肩にハートの模様を描く。インクが乾かないうちに指で表面を軽くたたき、紙になじませる。

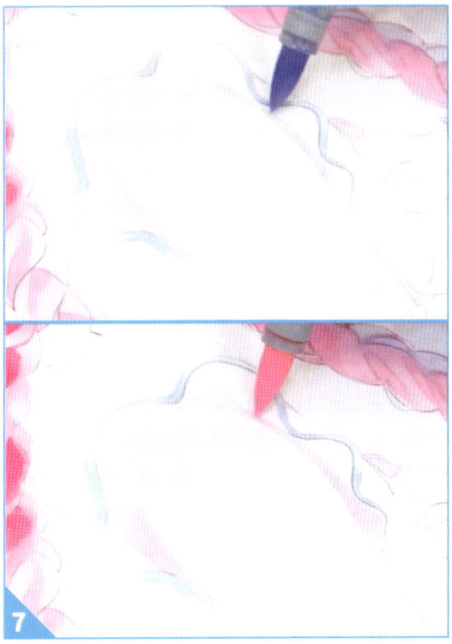

7
肩の付け根のラインをB60で描き、RV00でグラデーションにしつつなじませる。肩のラインを描くことで、女の子の華奢な体型を表現する。

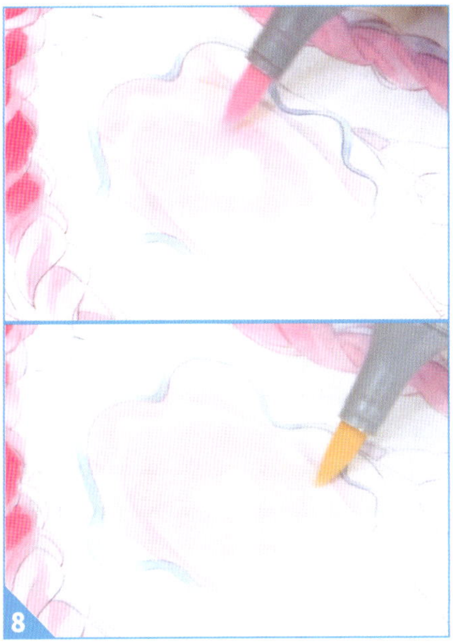

8
ハートのハイライトを避けつつ、肩の丸みに合わせてRV000で赤みを塗る。乾かないうちにE0000を使い、下に向かってグラデーションにする。また、ハートのハイライトを囲う。

髪を塗る

使用色…YR30、BV0000、RV00、南野さん調合色【RV25＋RV06】、RV04、RV02、RV66、RV09、B60
使用画材…コピックマルチライナー（ピンク…0.05）、サラサクリップ（ミルクブルー…0.5）、シャープペンシル（ピンク色）、ピュアホワイト（01）

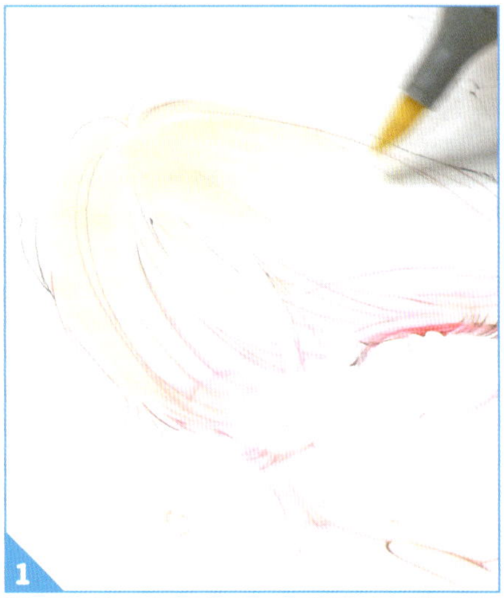

1

髪を下塗りする。明るい黄色YR30を塗る。つむじから毛先に向かってインクの量をコントロールして、グラデーションにする。

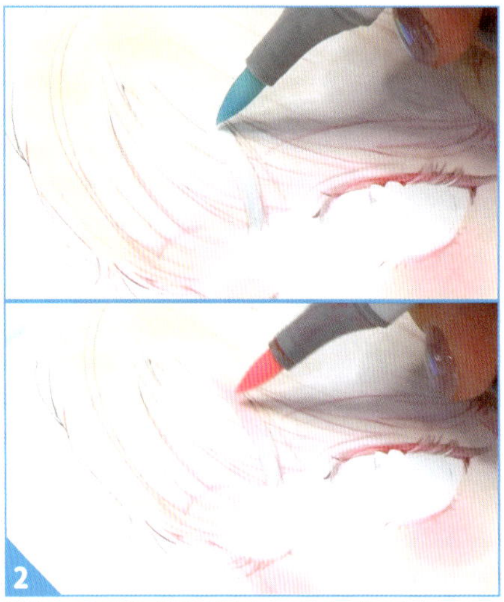

2

前髪で一番手前にある毛束を塗る。極めて薄い水色BV0000を毛先に塗り、RV00でグラデーションにする。透明感のある色を使い、前髪の抜け感を表現する。

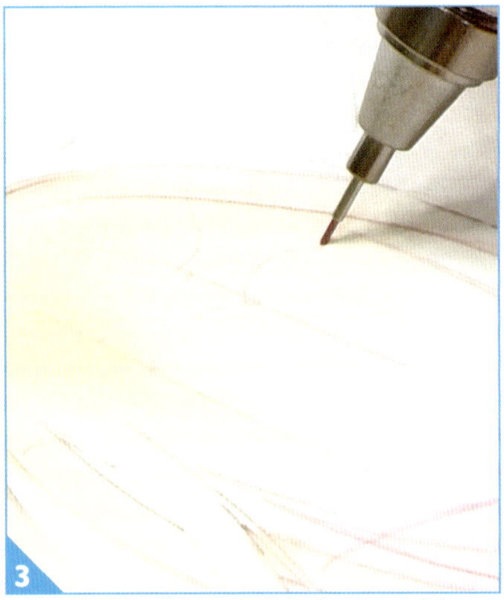

3

ハイライトの線画を描き足す。ピンク色のシャープペンシルを使い、トゲトゲとしたハイライトのシルエットを描く。

南野 葵　ピンク色のシャープペンシルなので、コピックに溶けてもなじみます。

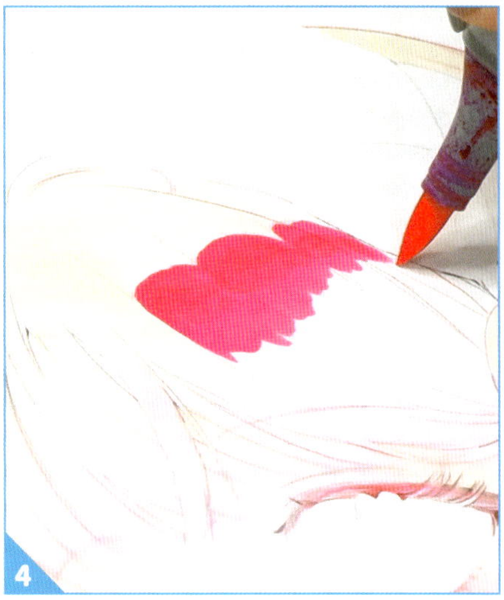

4

前髪を塗る。南野さんが調合したビビッドなピンク色【RV25＋RV06】を使い、描き足したハイライトの線画に沿いつつ塗る。ムラになりそうな部分はインクを重ねている。

南野 葵　調合した色は強いピンク色に赤みを足して色を落ち着かせています。

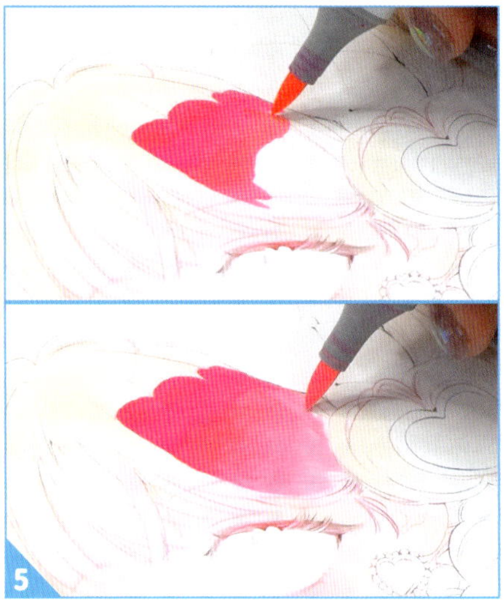

5

④が乾かないうちに、紫がかったサーモンピンク色RV04や紫がかった薄いサーモンピンク色RV02でグラデーションを作る。ムラはアナログならではのタッチとして、今後の工程で活かしていく。

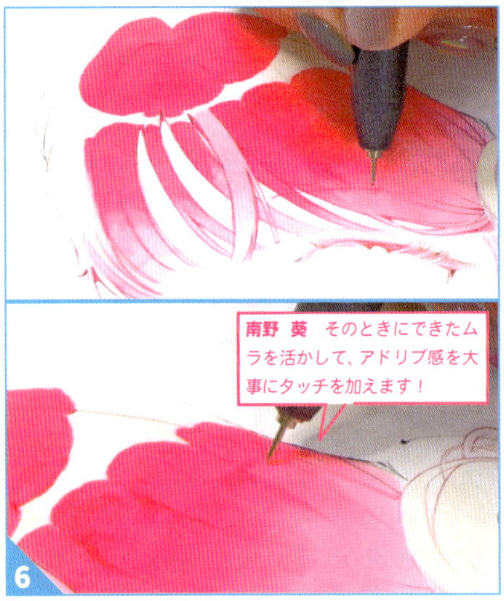

6

毛束の線画を加筆する。コピックマルチライナーのピンク（0.05）を使い、毛束を囲うように線画を描く。また、ムラができた部分に、ジャギジャギと細かな斜線を描いて水彩境界風に仕上げる。毛束が重なる部分はインク溜まりのようなタッチを加え、ツヤ感を表現する。

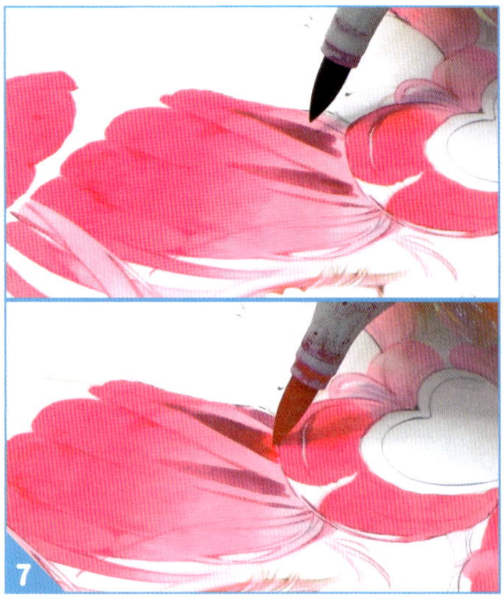

7

結び目の毛束を描く。濃い赤紫色RV66を使い、毛束を表現する。また、紅色RV09でグラデーションにする。インクが乾いたらB60を上に重ね、髪の透明感を表現する。

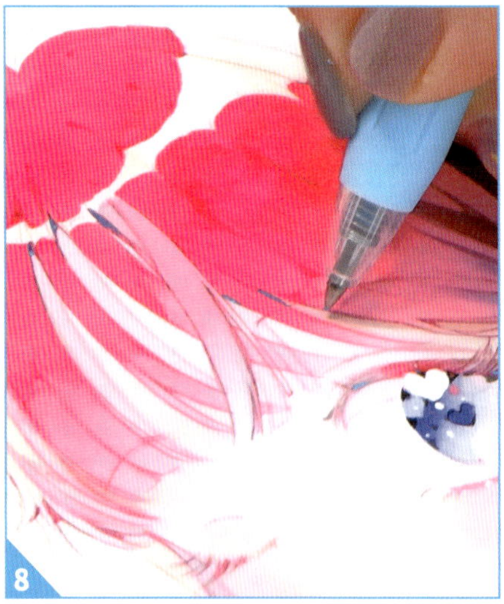

8

サラサクリップのミルクブルー（0.5）やコピックマルチライナーのピンク（0.05）、ピンク色のシャープペンシルを使い、毛束のミゾやツヤを描く。

南野 葵　サラサクリップは不透明色なのでくっきりとしたきらめきを追加できます！　コピックが乾いてからのほうが綺麗に乗りますよ。

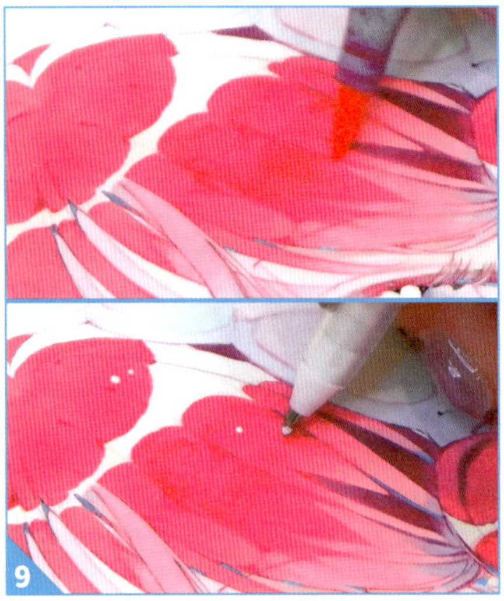

9

RV09を使い、毛束のツヤとツヤをザクザクとつないで、髪の表面にツヤやきらめきを描く。また、ピュアホワイト（01）でちょんちょんと光の粒を散らす。粒が散らされたことで、グッとキラキラ感が増した。

瞳を塗る

使用色…B60、RV00、B63、RV000、RV06、B66　使用画材…コピックマルチライナー（ブラック、ウォームグレー、ピンク…0.05）、ピュアホワイト（01）、サラサクリップ（ミルクピンク、ミルクブルー…0.5）、シャープペンシル（ピンク色）

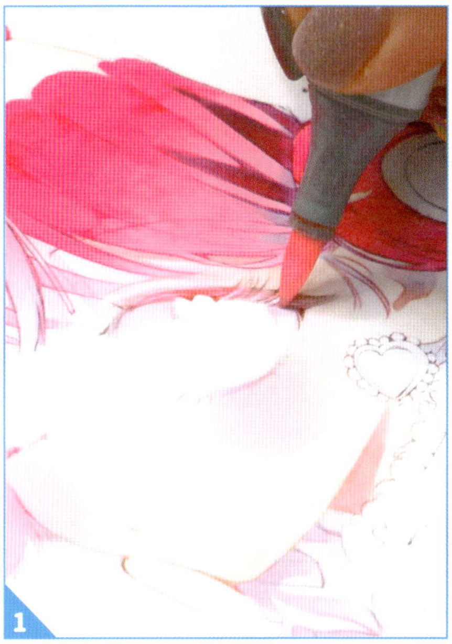

1 白目を塗る。B60を使い、白目に落ちるまつ毛のカゲを塗る。インクが乾いたら、上からRV00を重ね、ピンクがかったカゲ色にする。

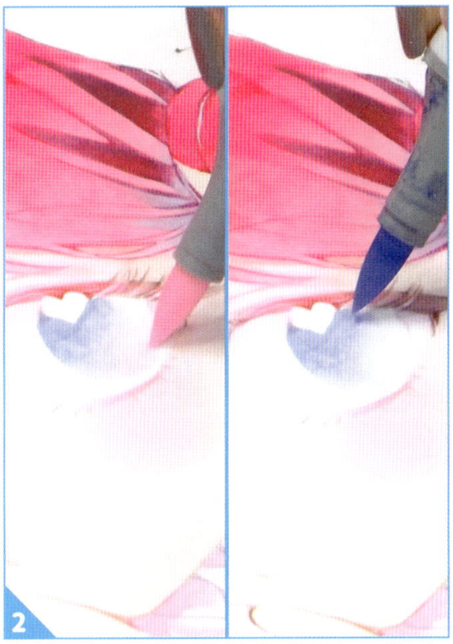

2 瞳を塗る。青色B63を左上部あたりに塗り、B60でグラデーションにする。また、右斜めあたりにRV000を塗り、ピンクの反射光を重ねる。またB63やB60で瞳の中にタッチをつける。

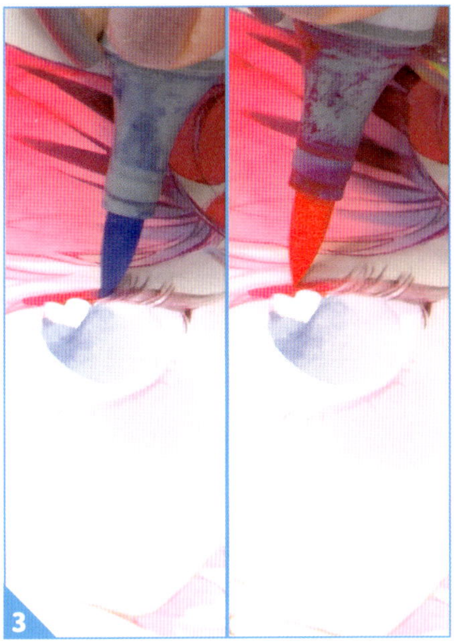

3 まつ毛を塗る。ハートのハイライトの上にあるまつ毛にRV06をベタ塗り。フチをB60でぼかしつつ、目尻や目頭側のまつ毛を軽く塗る。

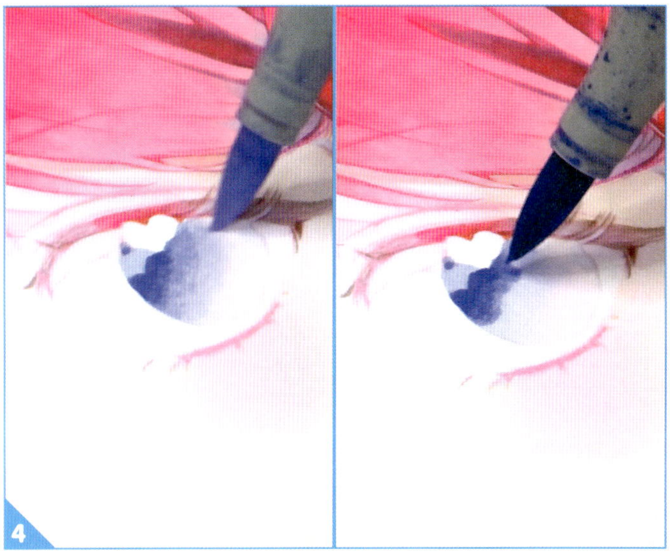

4 瞳の模様を描く。藍色B66を使い、左上部あたりにもよもよとしたタッチをつける。模様のフチはB63でぼかしつつ、下地となじませる。

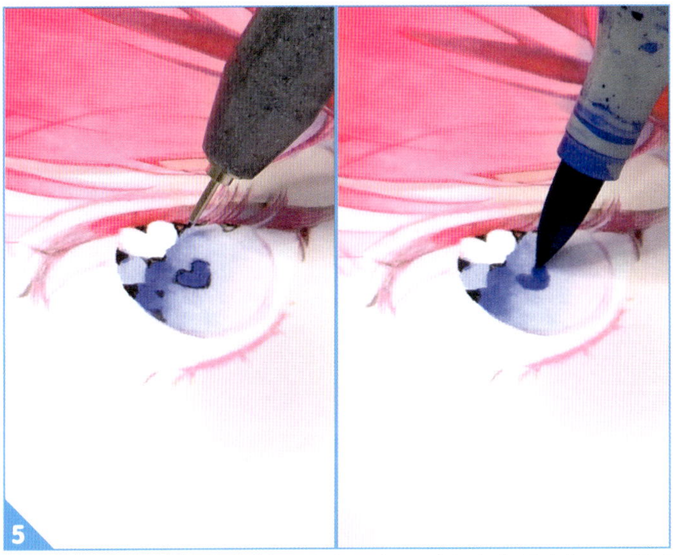

5 B66を使い、ハートの瞳孔を描く。また、マルチライナーのブラック（0.05）を使い、ハイライトを三角の形で囲う。瞳孔の線画も加筆した。

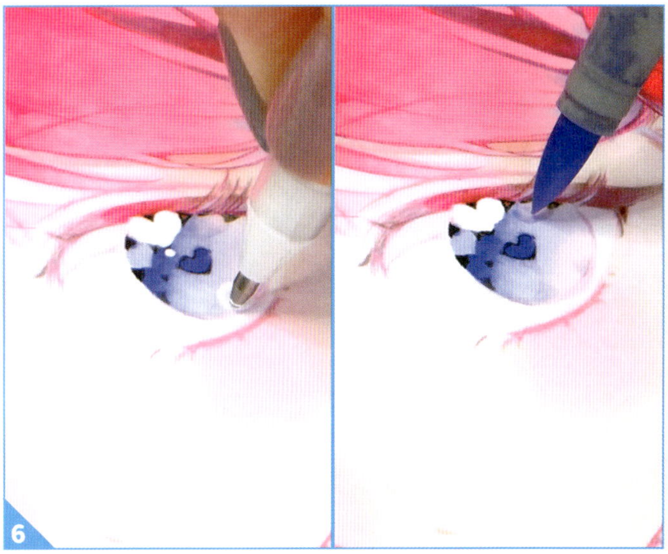

6 瞳にさらに模様を加える。B63やRV000で大きめの三角の模様をアドリブで描き込む。また、ピュアホワイト（01）で下部の真ん中辺りにハイライトを描く。インクが乾かないうちに指で表面を軽くたたいたり塗ったりを繰り返し、ホワイトの濃度を調整する。

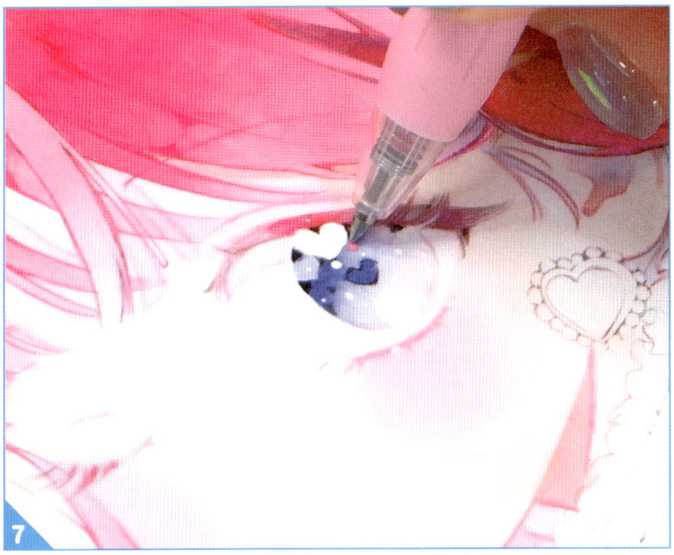

7 サラサクリップのミルクピンク（0.5）やミルクブルー（0.5）で瞳にきらめきをプラス。また、マルチライナーのウォームグレー（0.05）で小さな三角を描く。細部はピンク色のシャープペンシルやマルチライナーのピンク（0.05）で微調整をおこなう。

服のチェック柄を描く

使用色…RV52　使用画材…シャープペンシル（ピンク色）

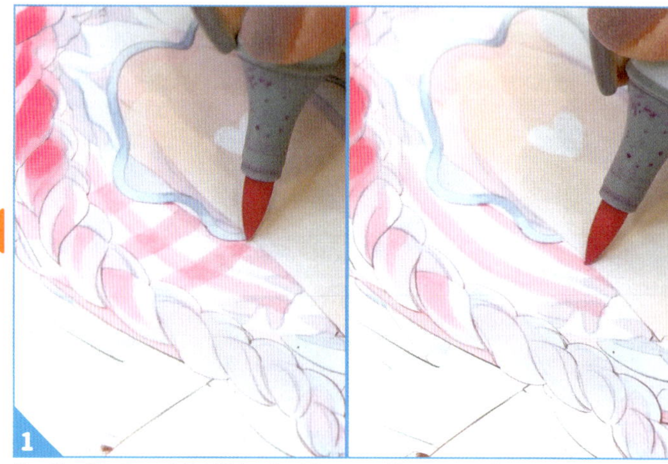

1

服のギンガムチェック柄を描く。ピンク色RV52で縦ラインを一定の間隔で描く。インクをしっかりと乾かしてから、横線も同じ間隔で描く。

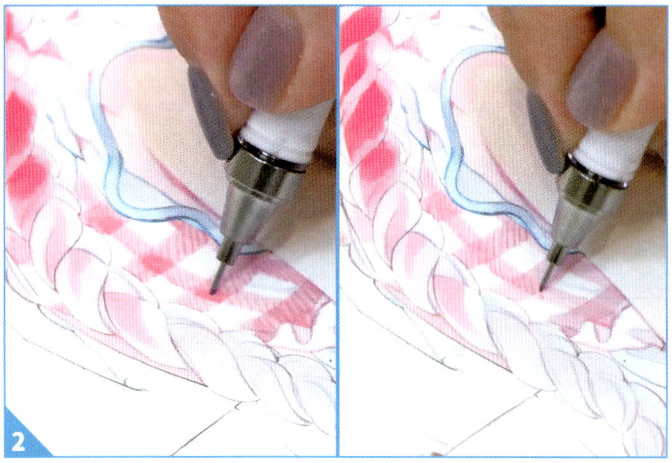

2

布の質感を描く。チェックの上にピンク色のシャープペンシルで均一な斜線を描く。また、ラインが重なっている左下の角を塗りつぶし立体感をつけた。細かな斜線を描くことで、ニット生地のような手触りが生まれる。

アルミ製のバルーンを描く

使用色…B60、RV000、B0000　使用画材…シャープペンシル（ピンク色）、ピュアホワイト（01）

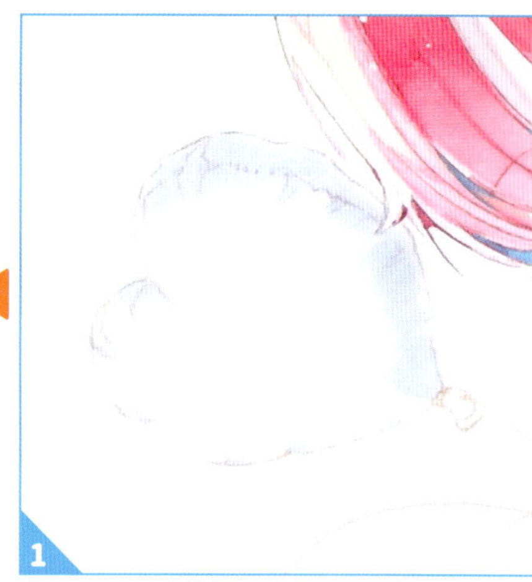

1

バルーンのシワを描く。B60を使い、ニブ先をさっとはらうようにしてフチのシワを描く。細かなシワを加えるとリアリティが増す。

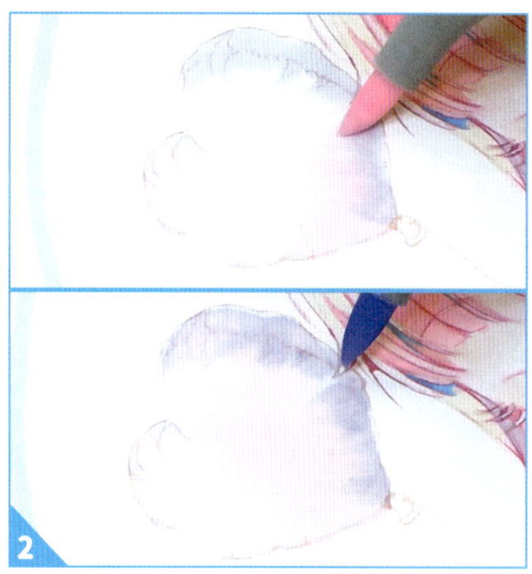

2

ベースを塗る。上部に四角いハイライトを塗り残しつつ、RV000を塗る。さらに①のカゲにB0000やRV000を重ねてにじみのタッチをつけつつ、色を濃くする。

南野 葵　シワのところに反射色を置くと、アルミの反射したニュアンスを表現できます。

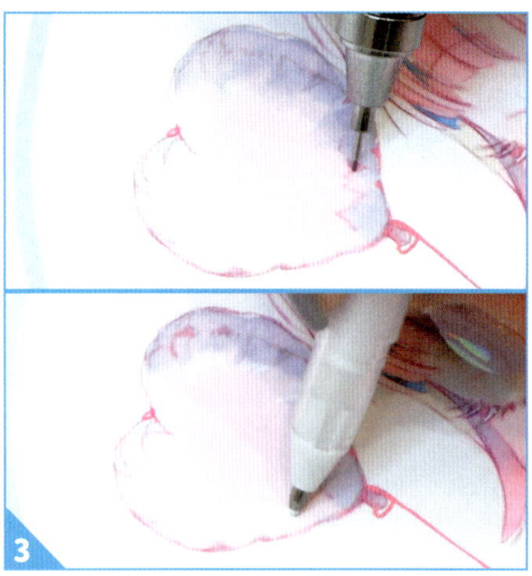

3

シワやツヤを描く。ピンク色のシャープペンシルを使い、固めのシワを描く。またバルーンのアウトラインを囲った。ピュアホワイト（01）を使い、表面に大ぶりのツヤをザクザクと描く。

南野 葵　背景にあるものなので、あまり描き込みすぎないように全体とのバランスをとっています。

背景をベタ塗りする

使用色…V0000のコピックインク、V0000

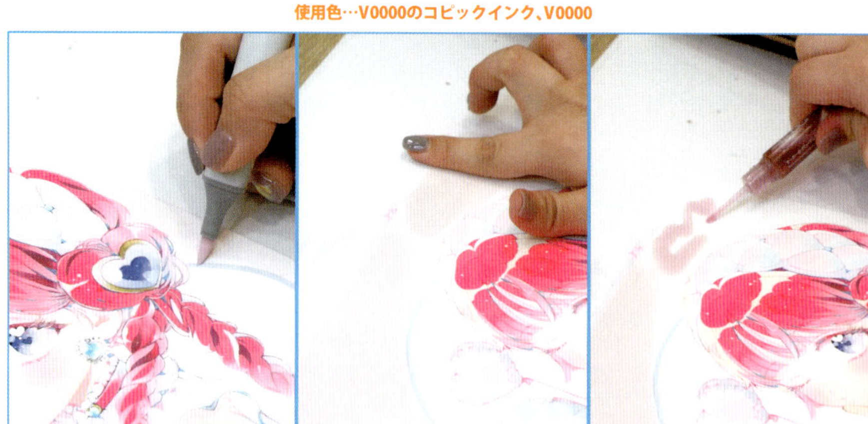

背景を1色でベタ塗りする。極めて薄い紫色V0000のコピックインクのノズルから直接インクを垂らし、素早く指の腹で塗り広げる。隣接するインクが乾かないうちにインクを少量垂らして、とにかく手早く、指の腹でなじませるとムラになりにくい。また、インクは惜しまずたっぷりと使う。塗り残ったフチは、同じ色のペンタイプで埋めている。南野さんはニブにコピックインクのノズルから直接インクを垂らしこんで、ヒタヒタにしながらベタ塗りしている。このベタ塗りで紙が波打ってしまうので、一番最後の仕上げとしておこなう。

まとめ

ギンガムチェック柄やリボン、ハートモチーフがあしらわれたオシャレな洋服。ウインクの表情がとってもキュートな女の子の、ときめき溢れる作品の完成！　フレームの中に女の子を配置することで、ぎゅっと詰め込まれるような可愛らしさが生まれています。また、南野さんは作品の中で色が散らばってしまわないように、近い番号や同じ色を使用して着彩を進めています。そしてアナログ画材ならではの、偶然に生まれたタッチを活かして魅力的に仕上げています。みなさんも南野 葵さんのメイキングを参考に、コピックでガーリーな女の子を描いてみてくださいね！

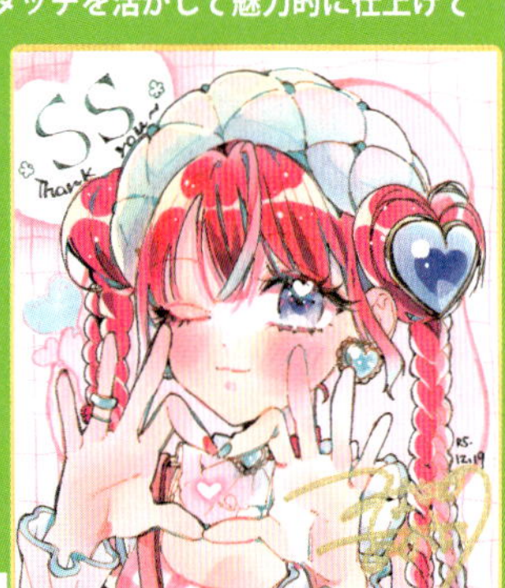

色紙プレゼント

SS INTERVIEW
南野 葵 インタビュー

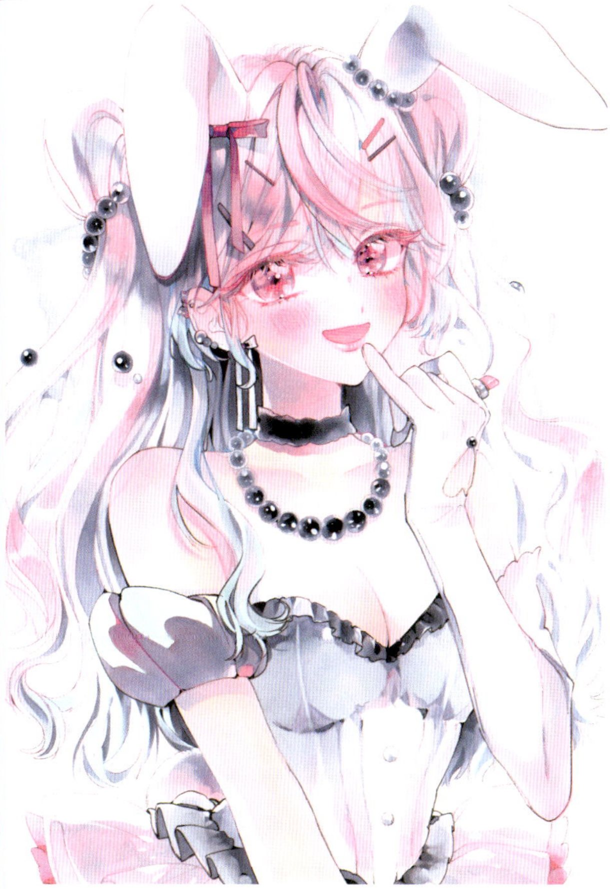

宝石のようにうるうるときらめく瞳を持つ女の子。ふわりと髪をなびかせ、可愛らしい笑顔を降り注ぐ。そしてギンガムチェック柄やリボンのついたオシャレな衣装デザイン、繊細にあしらわれるアクセサリーはキャラクターの魅力を最大限に引きだしている。そんな作品を描きだす、南野 葵さんにインタビューを敢行！
表紙のイラストの着想について、南野 葵さんの幼少期から学生時代、好きな作品、描かれている漫画『手に余るあい』、南野さんのフェチについてなど伺った。

南野 葵／Minamino Aoi／漫画家、イラストレーター。〈マーガレット第12回まんがゼミナール〉にて『sleepな恋！』が準入選。「マーガレット」(集英社)にて初掲載される。これまでに、同誌にて読切『今日も好きです！京先輩』、『シトラスとカヌレ』、『手に余るあい』を掲載。ほかにも、『黒騎士様から全力で溺愛されていますが、すごもり聖女は今日も引きこもりたい！』(原作：来栖千依)の作画を担当。現在、「Berry's Fantasy」にて連載中！書籍に、『ミラクルハピネス♡ 誕生日&うらない大全』(西東社)、『10色で塗れる！コピックイラストのきほんレッスン』(マイナビ出版)がある。
X(旧Twitter)【@mnmnaoi】
Instagram【minaminoaoi】

「bunny」(2022.1)
ウサギ耳のある女の子を描いた作品。大きく垂れるウサ耳やふわふわと波打つ髪に、うるうるときらめく瞳がとても可愛らしい。ピンク色や水色など柔らかなカラーリングで彩られた女の子に黒いアクセサリーが映えている。また、小指で口紅を塗る仕草も相まってツヤっぽさを感じる。
南野　ここ最近、犬耳や猫耳などケモミミが好きだということに気づきました。ケモミミだけでなく、人間の耳もあるほうがアクセサリーをつけることができるのでついつい描いてしまいます。

――この度は「SS(スモールエス)」の表紙、付録のイラスト集「petiranto」のために作品を描き下ろししてくださり本当にありがとうございます…！

南野　こちらこそありがとうございます！　SSの表紙だけでなく、イラスト集も作っていただき、可愛いデザインで嬉しいです。

――南野さんが可愛い作品をたくさん描き下ろしてくださって、ずっと感動しています…！
今回のインタビューでは、南野さんが絵を描き始められた頃のお話や作画についてなど、色々と伺えたらと思っています。まず、表紙はどのように着想されたのでしょうか？

南野　「魔法少女」を見たときのようなトキメキを感じられる可愛らしい作品になったらと思い、描き始めました。私のイメージカラーでもあるピンク色を使いたいとも思いました。メイキングになることも意識して塗りやすい技術と色合いを考えつつ、髪色のようなビビッドなピンク色のつかい方も見せられたらと思って。カラフルで賑やかな一枚にしたかったので、下地に淡い黄色や青色、ピンク色を塗りつつ、引きで見たときにはピンク色にまとまって見えるように工夫しています。ピンク色と言ってもオレンジ系や紫系など様々あるので、色の系統を絞ってごちゃごちゃしないように着彩しました。色を絞ると作品の透明感が保たれて、キャラクターに目線がいきやすくなる気がします。今回はとにかく女の子の顔を見てほしかったので文字が入ることを想像しながら構図を考えました。漫画の扉絵を描かせてもらうようになってから、タイトルや名前をデザインしてもらえるのがすごく楽しかったこともあり、デザインごと楽しめる一枚にできたらと思ったんです。

――女の子のきらめきにグッと惹きつけられます。表情やポーズはどのように考えられましたか？

南野　瞳をとにかく可愛く見せたくて上目づかいにしました。両目を開けた案もあったのですが、青色が多すぎるとメインのピンク色が分かりにくくなってしまうため、片目をウインクにして色合いのバランスを取りました。ウインクにしたことで青い髪飾りとのバランスが良くなったと思います。また、背中にあるリボンやハートのカバンをどうしても描きたかったので、角度のついた斜めのポーズにしました。

――指を唇に当てた仕草も可愛らしいです。また、指輪やヘッドドレス、二つに分かれ

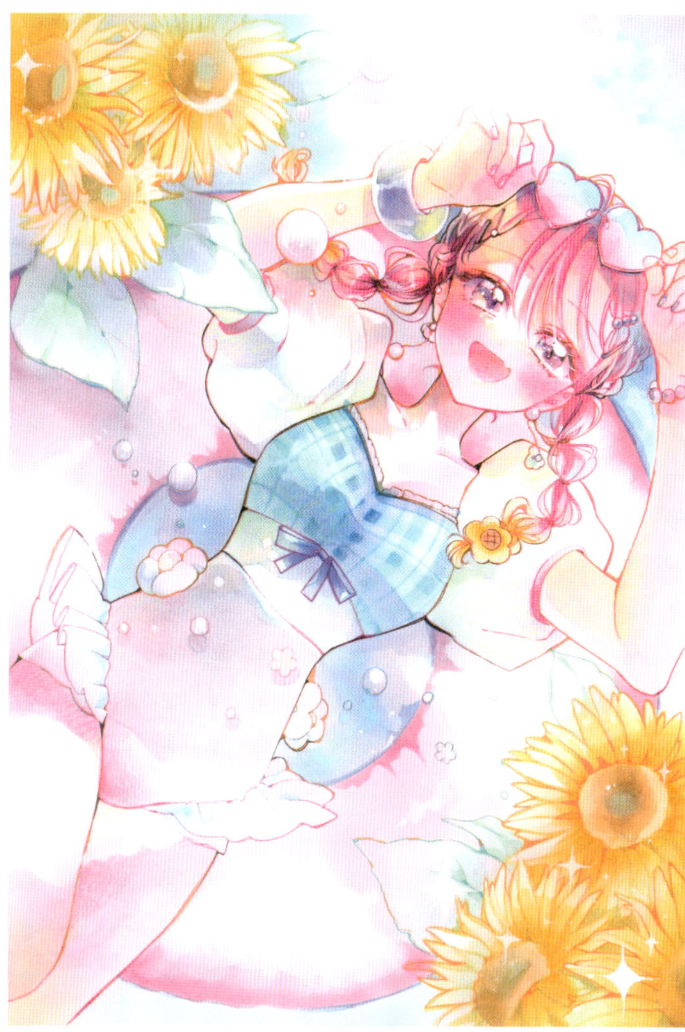

「夏色」(2021.8)
夏の日差しを浴びながら、キラキラとした笑顔を見せる「SS学園」の小夏陽。ぷかぷかと浮き輪で水面に浮かぶ姿からは、ゆったりとしたくつろぎの時間を感じられる。向日葵が水に濡れ光に照らされてきらめく情景はロマンチック。また、ハートのサングラスにモノキニの水着姿、微笑んだ口元からのぞく八重歯がとってもキュート♡

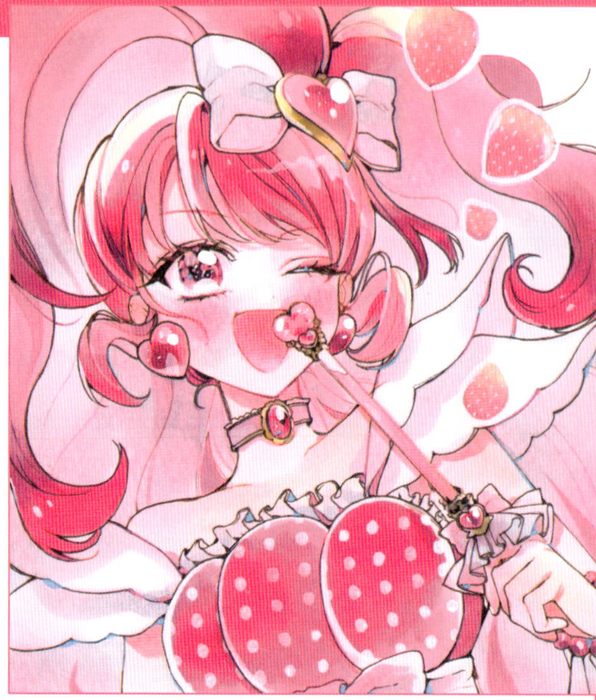

「魔法少女・フレーズ」（2022.8）
とびきりの笑顔にいちごの香りが華やぐ、フレッシュな一枚♡　大きなポニーテールがくるんと揺れ動き、明るく元気な様子が伝わってくる。

ている三つ編みもオシャレで素敵です！

南野　手で表情を作るとキャラクターが分かりやすくなるし、顔周りに手を持ってくる仕草は究極の可愛さが出るので大好きです。手の甲の骨っぽさを描くのも好きです。手の甲を描けばアクセサリーも着けられますからね！　三つ編みもすごく好きなので、女児らしいツヤっとしたアクセサリーと組み合わせたいと思いました。個展「ぽ～り～ぽっく！」のメインビジュアルと対にしたかったので、表紙はガーリーに、個展はカジュアルでスポーティーに仕上げています。

――二枚が並んだときの、賑やかで明るい雰囲気がとても好きです。では、ここからは南野さんの幼少期についてお聞かせください。絵を描き始めたのはいつ頃でしたか？

南野　三歳ぐらいの頃からボールペンやクーピーを使って絵を描いていたと思います。両親は全く絵を描いていませんでしたが、『それいけ！アンパンマン』や『美少女戦士セーラームーン』のキャラクターを描いてもらったり。五歳になると『幽☆遊☆白書』のアニメにハマって、赤髪で長髪の人に一目惚れして「くらま」と名前をメモしてました。実は私の「南野」という名字は蔵馬からきているんです（笑）。中性的なビジュアルに惹かれたんでしょうね！

――長髪キャラにお目覚めがお早い（笑）。描いた絵はご家族に見せたりしていましたか？

南野　勉強も何もかもをリビングでしていたので、絵を描いているところも家族全員が常に見ている環境でした。祖父母がすごく褒め上手だったこともあり、上手に描けると絵を見せに行ったりしていました。今でも私の絵を携帯に保存してくれていて、入院中も見てくれているんです。なので、実家に行くと私の絵がたくさん飾ってあります！

――ご家族みなさんが南野さんの大ファンなんですね！　小学校に進級してからは、いかがでしょうか？

南野　小学生になると創作に興味を持ち始めました。一つ上の先輩が描いたオリジナルキャラクターの絵が、廊下に飾られていて。マフラーを巻いている女の子のモノクロ絵だったのですが、マフラーが透けているという質感の表現もすごく上手で。「こんな風にオリジナルを描いてもいいんだ！」と衝撃を受けました。その子と帰る方向が一緒だったのですが、プロフィール帳のフリースペースに描いてもらったり（笑）。

――欲望への勢いが（笑）。実際に南野さんが初めて描いたオリジナルキャラクターはどんな子でしたか？

南野　ピアスバチバチのギャルです!!　ボールペンで色をちょこっとのせたモノクロ絵でした。女の子が一番身近で想像しやすくて、描きやすかったんだと思います。ピアスを描いたのは、母親が常にキラキラなピアスを着けていて、すごく綺麗だったのが影響しているんじゃないかな。

――当時からキラキラしたものが好きだったのですね。

南野　そうですね。それと、昔のアニメ『カードキャプターさくら』、『ぴちぴちピッチ』のような女児の心をくすぐるキラキラも大好きです。小学生の頃は自分の日本人形みたいな黒髪が嫌で「好きにしたらいい」と母親が金髪にしてくれました。中学生になったとき、担任の先生から「金髪やめろ」と指摘されましたが、「お前が黒に染めてきたら、私も黒にしてやる」と啖呵を切ったら、次の日、先生が本当に髪を黒にしてきたんですよ（笑）。自分も黒にしましたが、一回染めたことで〝可愛い〟に火がつき、現在はブリーチしています。

――先生とのやりとりが漫画のようです（笑）。ファッションは近くにいるお母さんを見て、オシャレだなという感覚があったのでしょうか？

南野　そうですね。母親が学年の中でもトップに若くて可愛くて綺麗で、私の自慢だったんです。

――素敵です。話は戻りますが、南野さんが小学校高学年になると、絵に対する意識に変化はありましたか？

南野　従兄弟や妹の影響で『HUNTER×HUNTER』など少年漫画を読みはじめるようになり、明確に絵が上手くなりたいと思いはじめました。『BLEACH』の色合いや、『NARUTO-ナルト-』の背景、魚眼やフカンといったアングル技術に感銘を受けて…。『SLAM DUNK』や『鋼の錬金術師』にどハマりしてからは、中学二年生になるまで延々と模写を続けて、エドとアル、マスタング大佐など描いていました（笑）。漫画やアニメを模写したノートは、中学一年生の頃だけ所属していた美術部で展示したことがあります。

――模写を続けるモチベーションはどんなものでしたか？

南野　自分がかなり、原作を忠実に再現したいというアニメーター思考だったこともあり、上手に描けると嬉しかったんです。大きな目標を持って闇雲に突っ込むよりも、小さな目標をたくさん達成できると、ちょっとずつ絵が上手になっているんだろうという感覚がありました。当時、絵を描く仕事に就きたいとぼんやりと思っていましたが、イラストレーターやアニメーター、漫画家になりたいという目標は無く、ただただ絵が上手くなりたいという一心でした。というのも、私自身、かなり諦め癖があって、ある程度自分が満足できると辞めてしまうんです…。ですが絵だけは上手にできたと思っても満足できなかった。ずっと昨日の自分と戦っているような感覚があって苦しいし、もう二度と描くものかと思うのに、気がついたらペンを握っていたんです。

――苦しいけれど、辞めずにはいられないものが絵だったと。中学生は模写をたくさんしましたが、高校生になるといかがでしょうか？

南野　バンド活動を始めてドラムを叩いていました。一ヶ月に一回ぐらい、バンドの練習や友達との予定が無いときにコピックでイラストを描いてましたね。あと、高校生の思い出でいうとピアスを開けたくて高身長で黒髪眼鏡インテリの

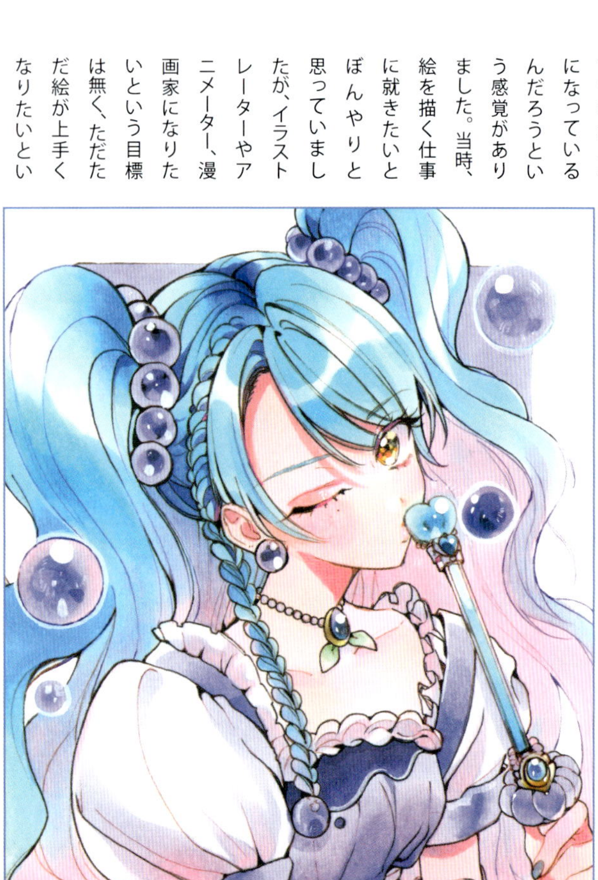

「魔法少女・ミルティーユ」（2022.8）
ステッキの宝石に唇を寄せる仕草にドキリ。爽やかな水色に、シックなパープル色、黄金色の瞳がきらめく様子からは気品を感じられる。

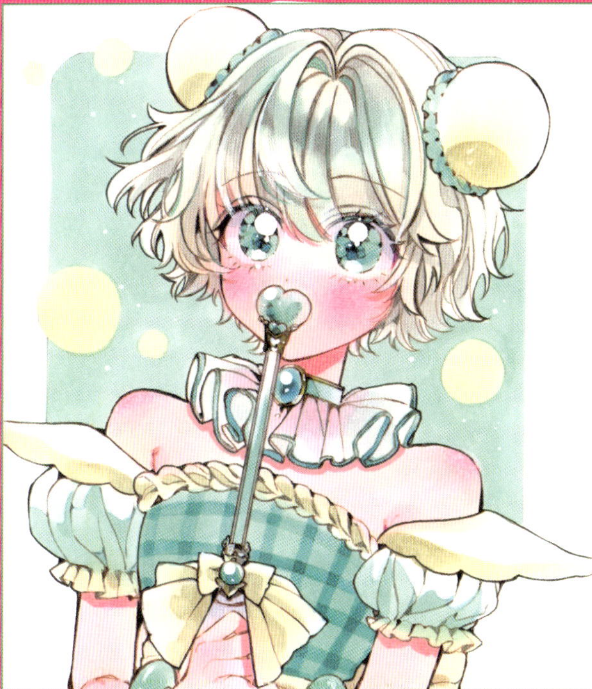

「魔法少女・ムロン」(2022.8)

クリーミーな緑色のコスチュームに銀色のショートヘアーがふわりと揺れる。ポヤンとした空気をまとうムロンの、ツインお団子もとっても可愛い♡

彼氏に開けてもらったり。

――わぁーッ!? もしかして、国宝級イケメンの目●蓮さま似…!?

南野 いえ（笑）。勉強ができる剣道部の部長です。男子のワイワイしているグループの中でも、女の子の椅子に勝手に座らずちゃんと断りを入れたり、膝掛けをよけて座ってくれたり。ちょっとした気づかいが見えて、私が好きになっていました。アタックはしたけれど、高校三年生になるまで明確なお付き合いはなくて。でも、彼が警察官になる試験に落ちてしまったときに、付き合ってもない私が泣いてしまったんです（笑）。それから、明確に気持ちを伝え合って三年間お付き合いを続けました。

――南野さん…キュンキュン♡ 話は戻りますが、それから再び絵をたくさん描くようになったのはいつ頃でしたか？

南野 高校卒業のときに『スマイルプリキュア！』が始まり、青木れいかという青髪の子に出会いました…！ 青木れいかを可愛く描きたい気持ちが芽生えたのですが、妹に「お姉ちゃんが描く女の子は不細工やで」と言われてしまい…。火がついて再び筆を握り、一ヶ月間、女の子を描き続ける研究を始めたんです。その後は「みかん」という別名義で活動していた交流目的のTwitterアカウントに落書きを投稿したり、フォロワーさんとお互いのイメージからオリジナルキャラクターを描く企画が盛り上がっていたこともあって、こけしさんや雲丹。さん、にど（優樹ユキ）さんらと仲良くさせていただき、創作をかじり始めました。それからコピックを使っているなら一緒に展示をしませんかと、mrkさんからお声掛けいただいて…！ 展示をキッカケに、「コピックを使って塗る」ということに向き合うようになりました。そして、展示でたくさんの絵を見る中、ほかの作家さんたちの小物の配置に驚かされました。それまで私はキャラクターを可愛く描くために「人体を上手に描くこと」に重きを置いていたのですが、展示されている作品のキャラクターは小物で可愛く装飾されていて。そのキャラクターが好きなもの、例えばお菓子やお花だったりが並べられていて、幸せな空間が一枚に詰まっていたんです。それから、私も、キャラクターも、好きなものがあるんだとハッとしました。小物の配置を考えてからは塗りにくさを解決するために絵を大きくしたり、作家さんに塗り方について聞くようにもなりました。色々と試す中で、私の絵柄は私に沁みているものだから、向いてないやり方もあるんだと気づくこともあって。自分で描けるものと自分が求めているものが違うといった、想像通りに描けない苦しさを感じた時期がしばらくありました。

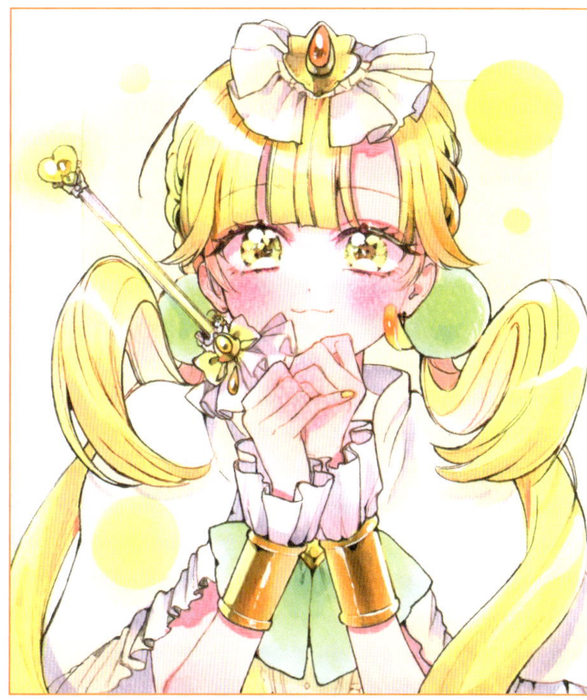

「魔法少女・シトロン」(2022.8)

おっとりとした眼差しで優しく微笑むシトロン。きゅっと口元に手を寄せたポーズに癒される♡

――その苦しい時期を抜け出した瞬間があるわけですよね。

南野 そこで一度、自分が何を好きなのかを振り返ってみたんです。「やっぱり人体を描くのが好きだな。漫画家さんや漫画作品が好きだな。小学生の頃は漫画家になりたかったな…」と。それから漫画を描いてみようと思い、二〇一六年になって妹が原作の漫画を初めて描きました。「ようやくやりたかったことが全部できた！」と思えたんです。漫画はページ数もコマ数もたくさんあるから、キャラの心情によってフカンにしたりアオリにしたり、いろんな視点の人体を描くことができて「絵をいっぱい描けて楽しい！」と思いました。それから漫画を描きたい気持ちが強くなり、勉強するためにも一度Twitterを辞めました。ですが、漫画描いていくタイミングで、就職するんです…。就職中も読切を描かせてもらったのですが、仕事が本当に辛くて。余暇の気力もなく、帰ってきたら仕事の予習復習で全く絵が描けなくなってしまいました。ようやく振り絞って描けたのが、「プリキュア」の二次創作。疲れたまま「プリキュア可愛いなぁ」だけで筆が進んで。そのときたまたま「プリキュア」が十五周年だったこともあり、コピックで描いた絵の途中経過を投稿してみたらいろんな人からたくさん反応をいただけてビックリしました…！ みんなが応援してくれて、最後まで絵を完成させることができたんです。それまで一人で戦っていたから、SNSのみんなの温かさがすごく嬉しくて…。それから仕事に余裕ができたら、創作や二次創作を描きました。二次創作をキッカケにカラーイラストのお仕事もい

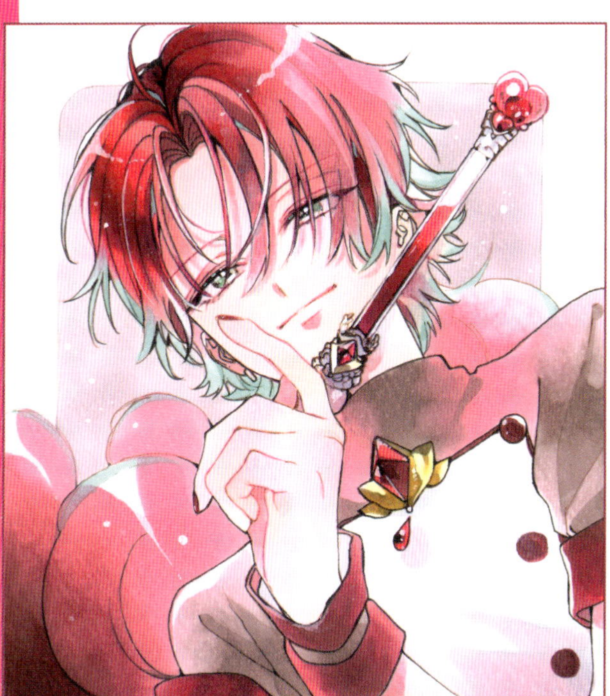

「魔法少女・ドラゴン」(2022.8)

ステッキを顔に添えたポーズがとても麗しい。赤々と燃えるような髪色に、ネオングリーンの優しい瞳が輝き、心を奪われる。

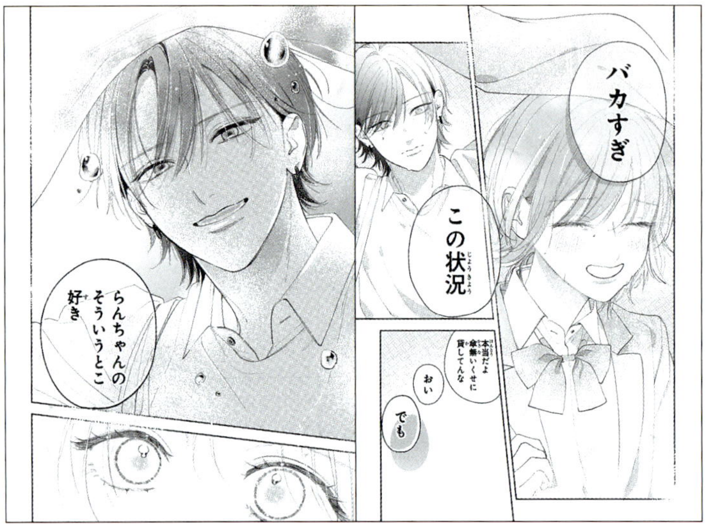

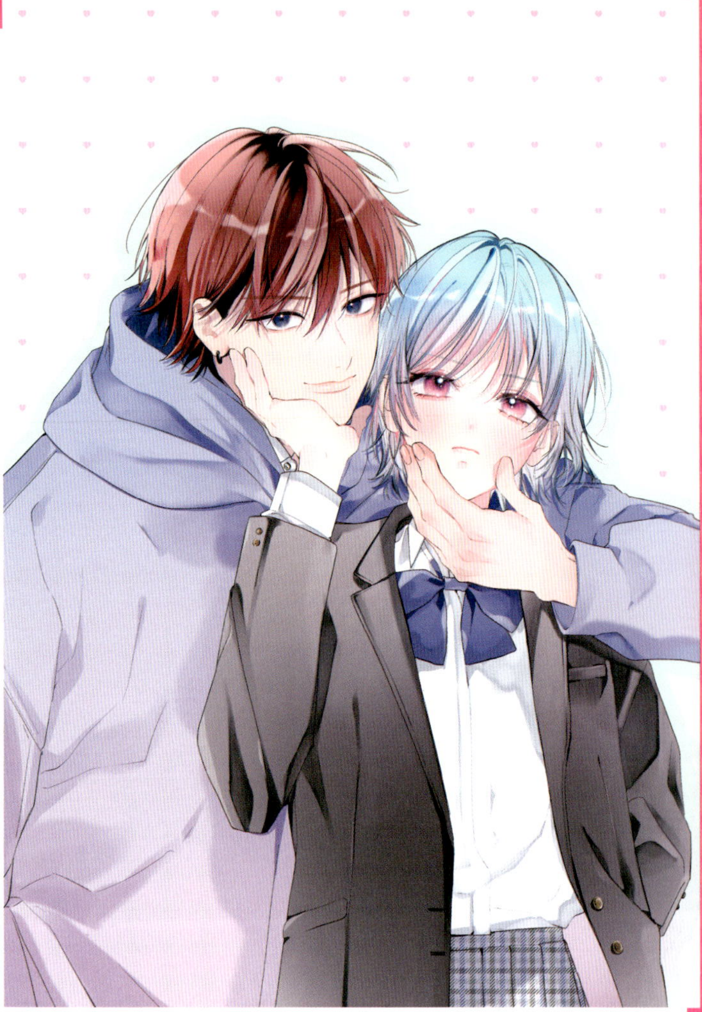

ただくようになり、最近ようやく描きたいものを描けるようになった感覚があります。

――描けるようになったと思われる、ターニングポイントはありますか？

南野　漫画を描き始めるようになってから、キャラクターを深掘りする機会が増えました。それこそ「SS学園」の小夏陽を掘り下げたことで、「この子はこういうのが好きなんだ」という感覚を知りました。陽は私の光でしかない。いろんな表情をしてくれるから描きやすいし、お菓子や犬、可愛いものが好きだから、絵としてもまとめやすくなったと思います。例えばメイド服でも、私と陽では好きなデザインが違うんだといったように、自分の好きとキャラクターの好きを分けて考えられるようになったことで描けるものが増えました。

――陽ちゃんは芯のあるブレない強さが魅力的だなと思います。

南野　外から見ると弱そうだけど、芯はしっかりしている強い女の子が私の好みです。『Go！プリンセスプリキュア』に出てくる天ノ川きららという女の子の性格もすごく好きで…！　自分の弱みだと思っていた部分が強みになるんだという、一本筋が通った性格に憧れがあります。

――南野さんの漫画『手に余るあい』に登場する藍ちゃんは、性格や雰囲気が南野さんに似ているなと感じました。

南野　感情は動かされているけど表情に出ない部分が似ている気がします（笑）。そ

漫画『手に余るあい』（雑誌「マーガレット」2024年1号 読切）

天邪鬼な性格の藍（ラン）は、超生意気な後輩・藍（アイ）に放課後、偶然出会う。同じ漢字の名前を持つことを知ったアイは「なんか同じ漢字とか、運命みてぇ」となんだか距離感が変で…!?　ちょっぴり素直になれないランの心をほんのりと温める、アイの素直な優しさに胸キュンしっぱなしの凸凹ラブストーリー♡　雨の中を走りランとアイの心の距離が近くなるシーンは、きらめきに溢れる幻想的なタッチで描かれている。また、赤面するランのウブな反応に注目！

漫画『シトラスとカヌレ』
（雑誌「マーガレット」2023年19号 読切）

高校三年最後の席替えを楽しみにする、溝口みのり。だけども隣の席になったのはなんだか感じの悪くて仲良くなれなさそうな多々良嵐だった。そんな中、みのりの実家が営むカフェに新しくバイトで入ってきたのは、お菓子作りの手際が良すぎる多々良くんで…!?　日常を共にすることで多々良の魅力に徐々に惹かれる、みのりの豊かな表情が魅力的に描かれる。

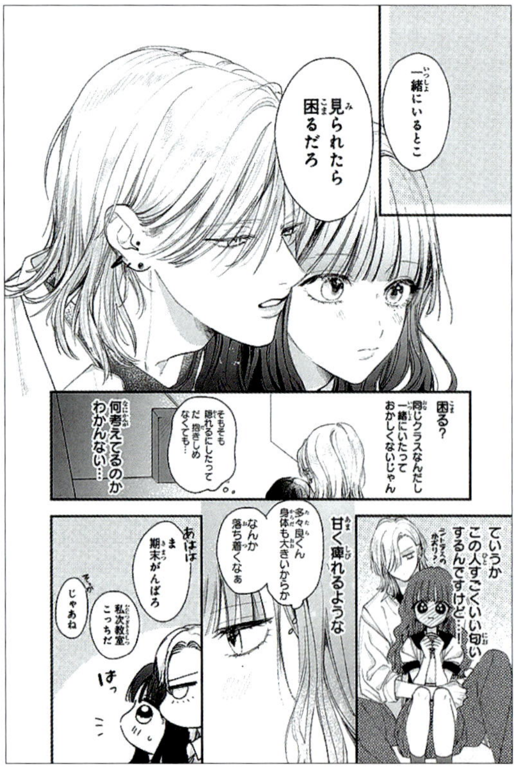

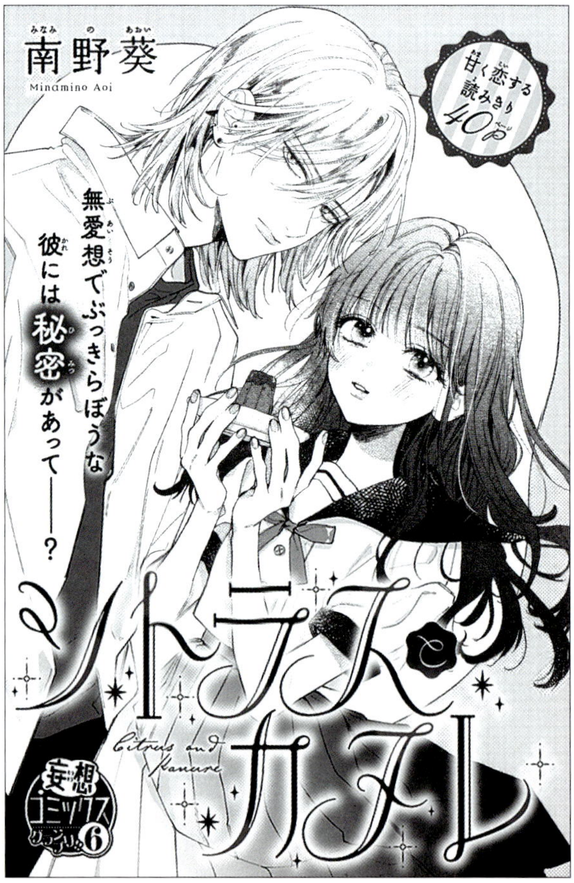

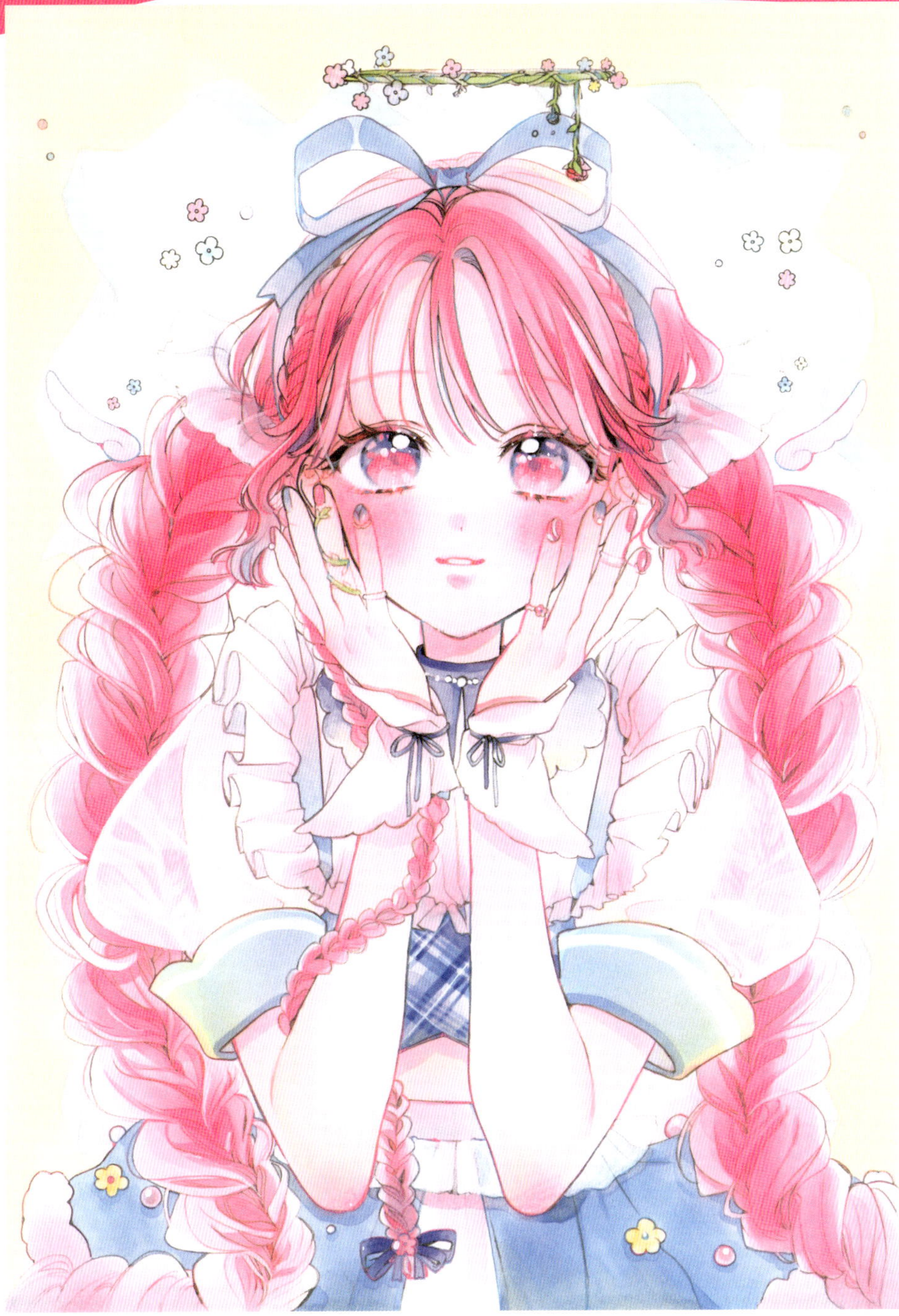

個展【あおいいろtwo】
メインビジュアル「花心」(2022.9)

コピックで描かれている一枚。頬に手を添えて、やわらかな微笑みを見せる女の子。ふんわりと広がるピンク色に、水色のリボンや透け素材のフリルがマッチしている。また、抜け感のある前髪や、ゆるく結ばれた大きな三つ編みに、編み込みのヘアスタイルが素晴らしい。少し骨ばった指先に華奢な指輪がきらめき、ネイルもとても素敵だ。

れまで描いてきた漫画では、好きなCPを壁打ち的に描き続けていたのですが、『手に余るあい』は自分とキャラをすり合わせて考えた作品でした。担当さんに、「この子の可愛いところは何ですか?」と聞かれたとき、困惑してしまって。藍はどうして素っ気ない態度をとってしまうんだろう、自分も他人に甘えられないのはなんでだろう? とかなり悩みました…。藍や自分と向き合ってく中で、「こうしてほしい」という気持ちを男側に託し、全力で藍を引っ張ってあげたいと思い始めました。自分では言えないことを、男の子がサッと気づいてくれる。一番に自分のことを理解してもらえる人になってくれたら良いなと思って…。初めて自分の気持ちを入れた作品だったので、たくさん考えさせられました。

——南野さんが自分に向き合い悩まれたからこそ、藍ちゃんの可愛さと魅力がより伝わってくる漫画になったのだと思います。また、南野さんが描かれる男の子たちはたいへん色気に溢れてますよね。

南野 漫画の編集さんからも何を描いても「南野さんの描く男子はエロい」と言われてます(笑)。たしかに、真紀に関しては言い逃れできない癖が…。

——明確に言葉にしていきましょう。

南野 ……黒髪のセンターパートです。

一同 (大拍手)

南野 どうしても黒髪で前髪を分けさせてくださいと担当さんに言うほど好きなんです!!! 顔の良さを引き立たせるアイテムじゃないですか!? 黒髪をセンター分けにすることで色気の出方が尋常じゃない…散らかってるわけではなくピタッとしてる。しかもちょっと毛がフワフワとしていたりするとエアリー感もありお洒落になる…。そして二重幅が広い、少し余裕感のある流し目が死ぬほど好き…主人公の隣にいるような男…。

——『手に余るあい』の藍くんも前髪が濡れて分けられていましたよね。また、ホクロもよく描かれている印象です。

南野 バレましたか(笑)。常に前髪がある男の分けたときの色気は半端ないですから…! ホクロに関しては無自覚でしたがほんとに好きなんだなって途中で気づきました。真紀にも描いていますが無意識です。

——無自覚でセクシーを生み出していらっしゃる。ちなみにCPでいうと、どのような関係性がお好きですか?

南野 両片想いやケンカップル、幼馴染、過保護です。ケンカップル好きは『らんま1/2』からですね…。女の子はできる・できない関係なく一生懸命な姿が好きです!! 男の子は手先が器用で、完璧な余裕を見せたあとの不意打ちの照れ顔も好きですね!!

——今のお話を聞いて南野さんへの理解が深まりました……。では、南野さんが絵に関することで、ここ最近意識されていることについて教えてください。また、上達する近道もありましたら知りたいです。

南野 最近は街を歩いて眺めながら、好きな色の組み合わせを探しています。少し意識するだけで、自然と好みの色合いが分かり、好きなものも増え、描きたいものが出てくるようになったと思います。外に出て、今まで見たことないものを見るという何気ないことがとても大切です! また、自分の作品を見返すことも大事だと思います。漫画を描いているときのページと、実際に裁ち落としされて印刷されたものでは全然違って見えることがあって。出来上がったものを客観視することは難しいことですが、少し距離を置いて引いて見ることが上達する近道になるのではと思います!

——好きをたくさん貯めながら、自分の作品を見つめなおすことがとても大事ですね。では最後に、南野さんが今後してみたいことや、告知できることがありましたら教えてください。

南野 一月末に「Berry's Fantasy」にて『黒騎士様から全力で溺愛されていますが、すごもり聖女は今日も引きこもりたい!』(原作：来栖千依)の第二話が掲載予定です。そして過去にさかのぼってになりますが、「マーガレット」1号掲載の『手に余るあい』を読んでいただけたら嬉しいです!! 皆さんが応援、ファンレターやアンケートを送っていただけたからこそ、カラーイラストを担当できるまでに辿り着きました。本当にありがとうございます! これからもたくさん絵を描いて、漫画も上手くなりたいですし、いつか単行本も出せたらと思っていますので、楽しみにしていただけたらと思います!!

——これからも南野さんのご活躍、楽しみにしています! 本日はインタビューをありがとうございました。

作家名

waki

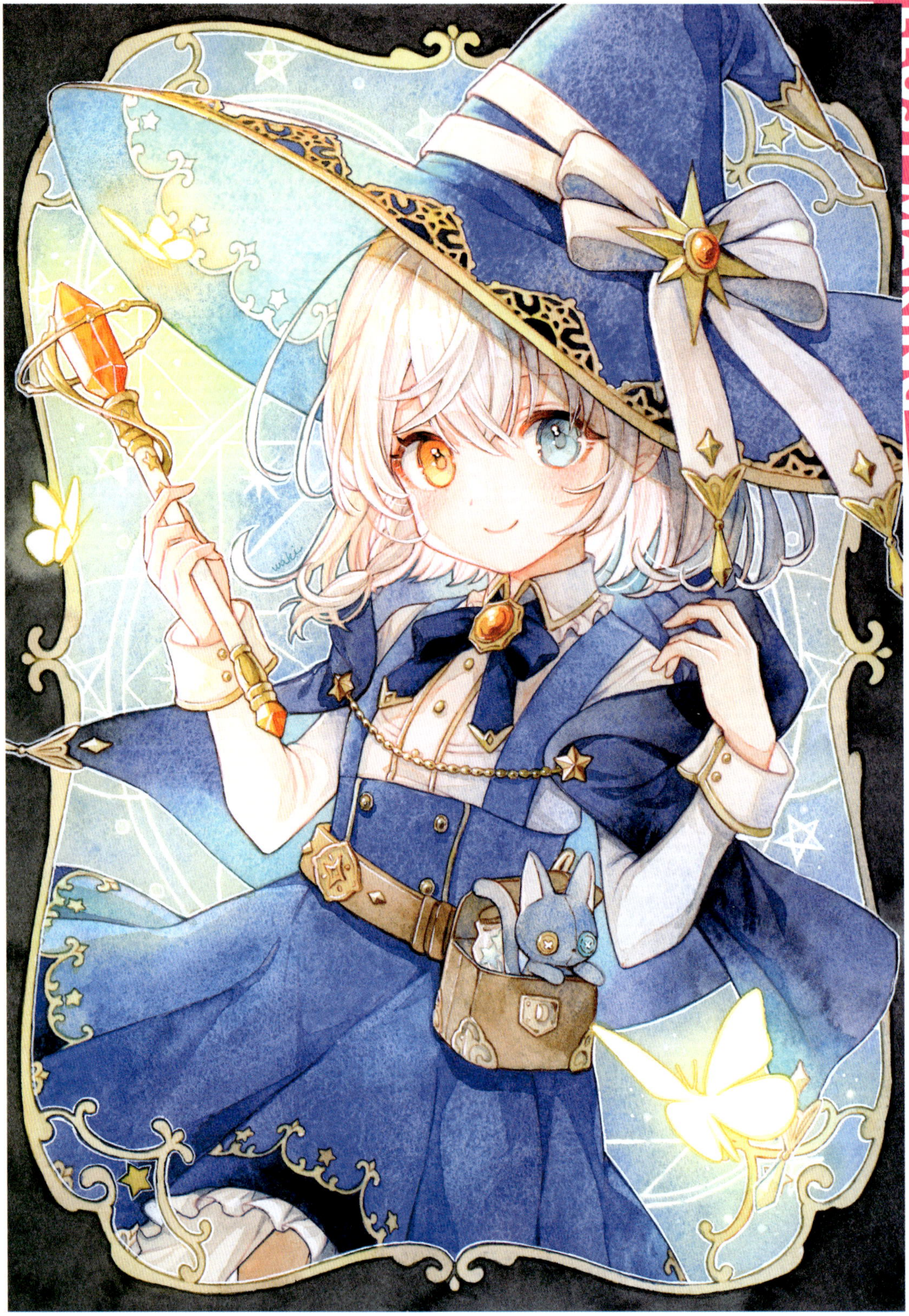

主に透明水彩をつかい、光の表現によって美しい作品を描き出すwakiさん。SS71号の巻頭描き下ろしで登場した魔法使いの女の子の、キュートな見習い時代を描いた作品をメイキング。美しい発色が魅力的なレンブラント透明水彩絵具の普通色に加え、ラメの入ったスペシャルエフェクトカラーをポイントに使用して、魔法がきらめくファンタジックな一枚に仕上げる。また、マスキングをつかってハイライトを生み出す工程にも注目！

【レンブラント透明水彩絵具】
ネープルスイエローディープ(223)／ネープルスイエローレッド(224)／ローシェンナ(234)／アゾイエローディープ(248)／パーマネントレモンイエロー(254)／パーマネントマダーレーキ(336)／パーマネントレッドミディアム(377)／グリニッシュアンバー(410)／バーントシェンナ(411)／フレンチウルトラマリン(503)／ウルトラマリンバイオレット(507)／セルリアンブルー(534)／コバルトターコイズブルー(586)／ランプブラック(702)／スパークグリーン(864)／スパークブルー(865)／スパークピンク(867)／ヴァンゴッホ ビジュアル筆セット／シャープペンシル／シュミンケ マスキングインク(ペンタイプ)／使い捨て細筆／リキテックス リキッド／コピックマルチライナー／紙パレット／色辞典(色鉛筆)／スポイト／ラバークリーナー／アイシープレミアムホワイト／ギター てづくりペン 無色彩色
用紙 アルシュ(ホワイト、細目)

waki
X(旧Twitter)【@yachi_waki】
Instagram【waki020604】

making of REMBRANDT The Professional Choice レンブラント透明水彩絵具

レンブラント透明水彩絵具 10ml
ダスクカラー全3色／スペシャルエフェクトカラー全15色
(※価格は色によって異なりますが、おおよそ990〜1,210円程度)

レンブラント透明水彩絵具には、通常のカラーの他にも、スペシャルエフェクトカラーと呼ばれるラメの絵具や、ダスクカラーと呼ばれる落ち着きを持った独自の質感あるカラーも販売されている。

【カメレオンカラーの特長】

見る角度によって色が変わる、ある意味"生きた"色です。色材の色を生かす、無色に近いアラビアゴムとの組み合わせで、その特長がより引き立つ絵具になっています。

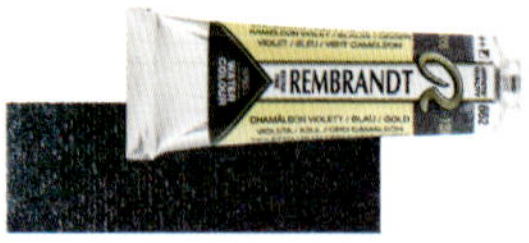

カメレオンバイオレットブルーグリーン(862)
価格:1,210円(税込)

【ダスクカラーの特長】

ダスクカラーは、黒のグラニュレーション(粒状色)と水彩絵具本来の透明な色を組み合わせて調合されています。鮮やかな色に暗いグラニュレーションを加えることで、均一で独特の落ち着きを持ったグラニュレーションを作り出しています。

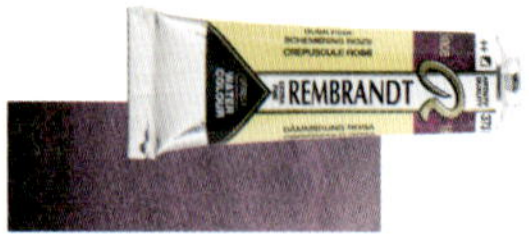

ダスクピンク(373)
価格:990円(税込)

今回wakiさんが使用する画材

レンブラント透明水彩絵具

【レンブラント透明水彩絵具の特長】

レンブラント透明水彩はすべてオランダで製造しています。純度の高い顔料と色材の色を生かす無色のアラビアゴムを原料にしています。そのため、輝きのある透明感が特長です。

レンブラント透明水彩絵具 10ml
普通色 全92色
(※価格は色によって異なりますが、おおよそ990〜1,210円程度)

インダンスレンブルー(585)
価格:1,100円(税込)

販売はこちら！

実店舗については、QRコードより検索できます！　検索後、各店舗名下部のアイコンで、「RW」と表示されている店舗がレンブラント透明水彩絵具取扱店です。その他、Amazon、世界堂、ゆめ画材、笹部洋画材店の通販サイトでも販売中！
(※必ずしも特殊色を取り扱っているわけではありません。予めご了承ください)

取り扱い店舗　Amazon

発売元:ターレンスジャパン
https://www.talens.co.jp/brand/rembrandt

※価格は税込表示です。
※価格は色によって異なります。

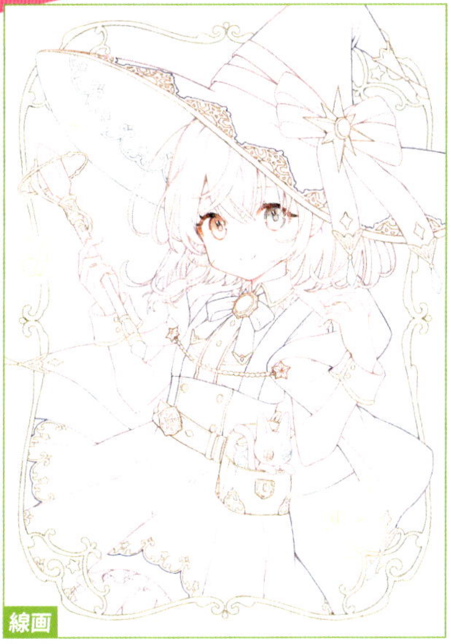
線画

waki　インクジェットの水に溶ける性質を利用して、線画を水彩紙に薄く印刷し、アタリや下書きにしています。透明水彩を重ねると印刷した線は溶けて消える仕組みです。またギター てづくりペン無色彩色にリキテックスのリキッドの原液や水で薄めたものを入れて、コピックマルチライナーと併用して上から線画を描いています。リキテックスのリキッドは液状のアクリル絵具なので、乾くと耐水性になり透明水彩を重ねても溶け出さず、しっかり定着します。

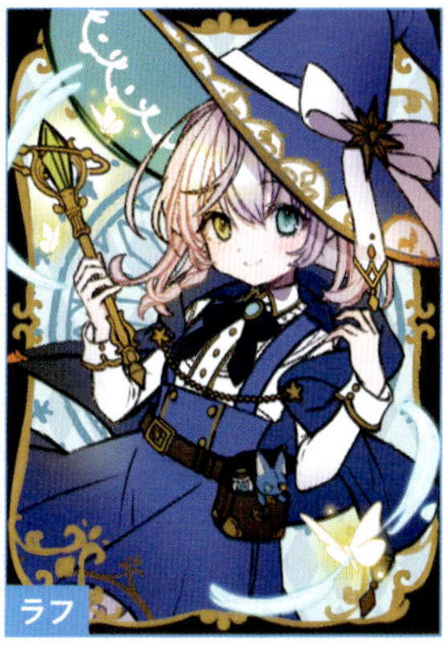
ラフ

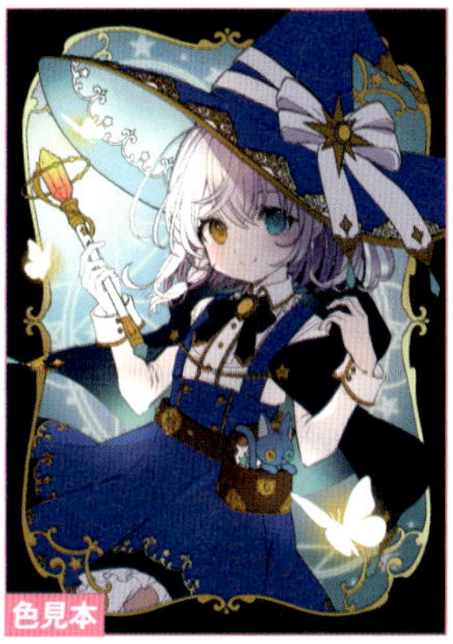
色見本

デジタルで描いたラフと色見本。魔法使いの見習い服と大きな帽子を被った銀髪の女の子が描かれており、杖をかざし魔法を唱える姿が可愛らしい。背景は魔法陣が描かれ、金のフレームが施された、アンティークで幻想的なイメージがされている。wakiさんは色塗りで迷わないように、普段から色見本を用意して確認している。

waki　着彩で、特に光源が分からなくなってしまうので必ず色見本は作ります。色見本があることで、安心して塗り進められます。

使用画材

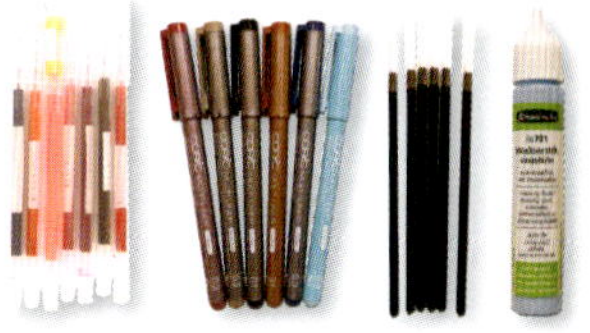

wakiさんは「ギター てづくりペン無色彩色」という空のペン軸に、リキテックス リキッドを入れて線画を描いている。また、常に穂先が尖った状態をキープできる使い捨てタイプの筆を使い、マスキング液やホワイトを塗っている。

wakiさんのお気に入りカラー＆使ってみた感想

(411) ●バーントシェンナ(411)
waki　肌を塗るのに使用しました。

(503) ●フレンチウルトラマリン(503)
waki　絵具の粒子感があるので布など質感表現に向いています。

(586) ●コバルトターコイズブルー(586)
waki　爽やかな色味で綺麗です。空気感を出すのに使用しています。

waki　レンブラント透明水彩絵具はどの色も発色が鮮やかで綺麗です。単一顔料のものが多く、混色しても綺麗でとても扱いやすかったです。今回の作品で一部使用したスペシャルエフェクトカラーのラメも特別感のある色が多く、輝きも美しいため絵のワンポイントにピッタリです！　また、絵具の水溶けも良く、今回はチューブから使用しましたが、パレットで乾かした場合も溶けやすい印象です。

マスキング保護＆下塗り

使用色…ローシェンナ(234)、アゾイエローディープ(248)、パーマネントレモンイエロー(254)、パーマネントレッドミディアム(377)、バーントシェンナ(411)、フレンチウルトラマリン(503)、セルリアンブルー(534)　使用画材…シュミンケ マスキングインク(ペンタイプ)、使い捨て細筆

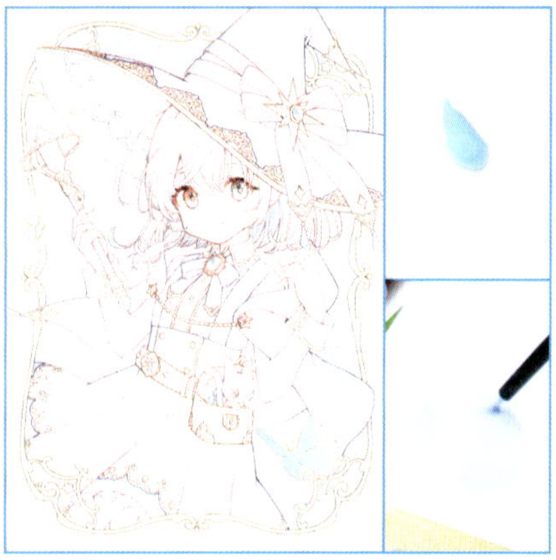

紙パレットにマスキング液を出し、少量の水と混ぜサラサラの状態にする。マスキング液に水を混ぜることで、青色が紙に残ってしまうのを和らげる。また、水に混ぜることで塗り広げやすくなる。塗り残したい細かな装飾だけでなく、顔のりんかくや髪などハイライトを作りたい部分を保護する。乾くとゴム状になり筆が傷みやすいので、wakiさんは使い捨ての細筆を使用。また、パネルにマスキングで紙を固定する。

waki　私はマスキング液を多用するので表面強度のあるアルシュ水彩紙を使っています。

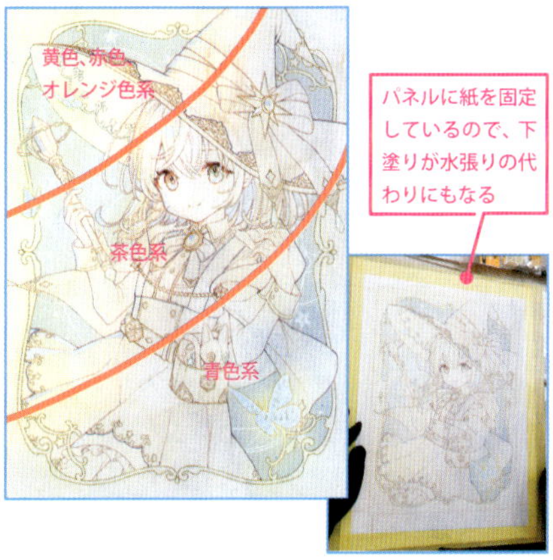

マスキング液が乾いたら、びしゃびしゃになるほど水を使い透明水彩で下塗りをする。左上の光源付近は、黄色や赤系のアゾイエローディープ(248)、パーマネントレモンイエロー(254)、パーマネントレッドミディアム(377)を、中間は茶色系としてローシェンナ(234)、バーントシェンナ(411)、右下は青色系のフレンチウルトラマリン(503)、セルリアンブルー(534)を使う。左上から光が降り注いでいるイメージ。下塗りはしっかりと乾かす。

肌を塗る①

レンブラント透明水彩使用色…ネープルスイエローレッド(224)、パーマネントレッドミディアム(377)、バーントシェンナ(411)
使用画材…ラバークリーナー、シュミンケ マスキングインク(ペンタイプ)、使い捨て細筆

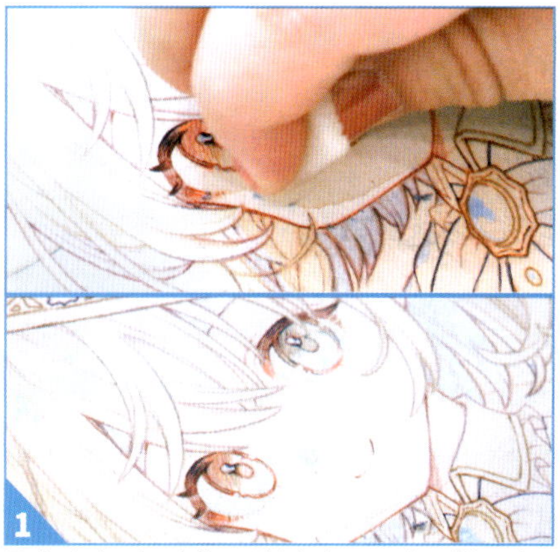
1

ラバークリーナーを使い、りんかくのマスキングをこすってはがす。クッキリとしたハイライトが生まれた。また、【マスキング保護】と同様の手順で鼻の頭やおでこ、白目を保護する。

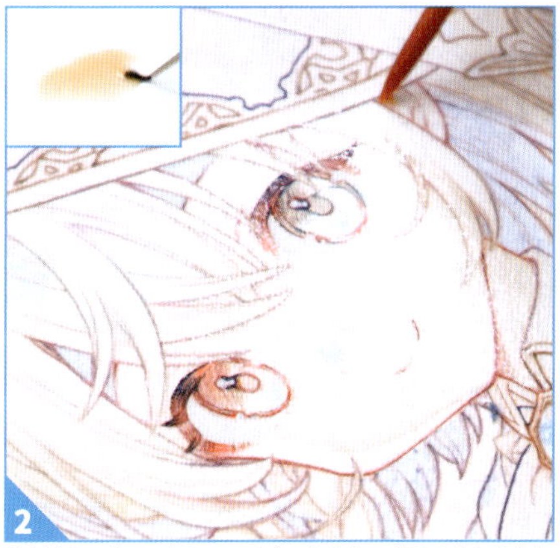
2

肌を塗る。バーントシェンナ(411)をたっぷりの水に溶かし中筆に取ったら、顔全体に塗り広げる。紙の表面がてらてらとするほどの水分量だ。

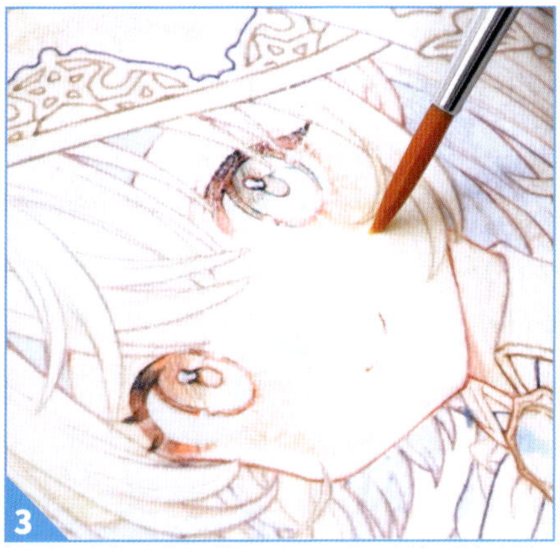
3

頬の赤みを塗る。ネープルスイエローレッド(224)を中量の水にしっかりと溶かす。また、(224)とパーマネントレッドミディアム(377)を混色し、オレンジ色を作る。②が乾かないうちに2色を目の下にちょんとのせる。じわっと赤みが広がった。

肌を塗る②

レンブラント透明水彩使用色…ネープルスイエローレッド（224）、パーマネントレッドミディアム（377）、セルリアンブルー（534）
使用画材…シャープペンシル（オレンジ色）、色鉛筆（色辞典のスカーレット、ヨークイエロー）

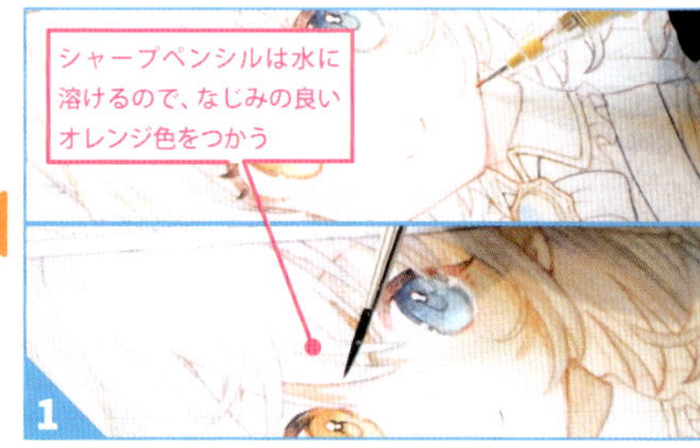

顔にカゲを描く。オレンジ色のシャープペンシルをつかい、毛束から落ちるカゲのラインを描く。ネープルスイエローレッド（224）、パーマネントレッドミディアム（377）、セルリアンブルー（534）を同じ量、水に混ぜベージュ色を作る。カゲのラインの内側を塗り埋める。

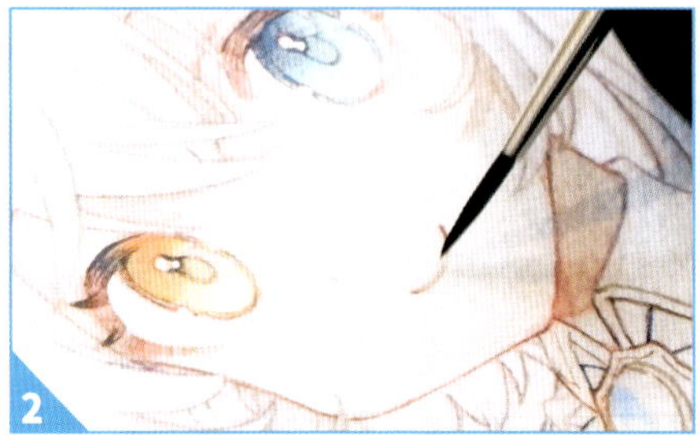

①と同じ色をつかい、まつ毛をなぞる。また、鼻のカゲや唇のツヤを描いた。表情がパッと印象的に。首のカゲは、向かって左から①で作ったベージュ→（224）→【（534）を少し多め、（224）＋水】を混色した青みがかったベージュでグラデーションにする。

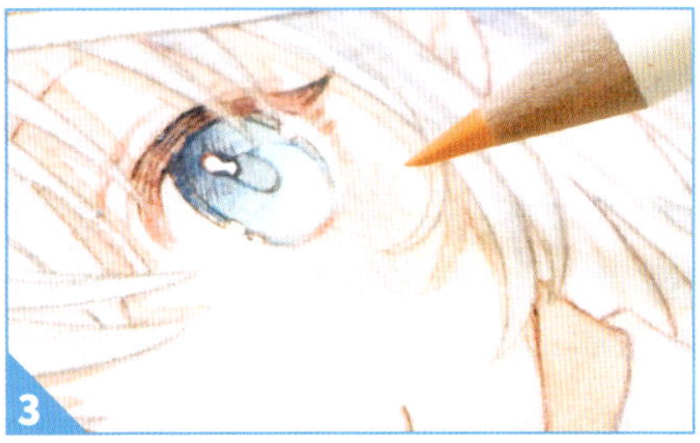

頬に赤みをつける。赤やオレンジの色鉛筆を使い、ササッとなでて赤みをプラスする。ふわっと色づく、あたたかな頬が描けた。

瞳を塗る

レンブラント透明水彩使用色…ネープルスイエローレッド（224）、アゾイエローディープ（248）、パーマネントレモンイエロー（254）、パーマネントレッドミディアム（377）、フレンチウルトラマリン（503）、セルリアンブルー（534）、コバルトターコイズブルー（586）、スパークグリーン（864）、スパークブルー（865）、スパークピンク（867）
使用画材…ラバークリーナー、コピックマルチライナー（セピア…0.1）、使い捨て細筆

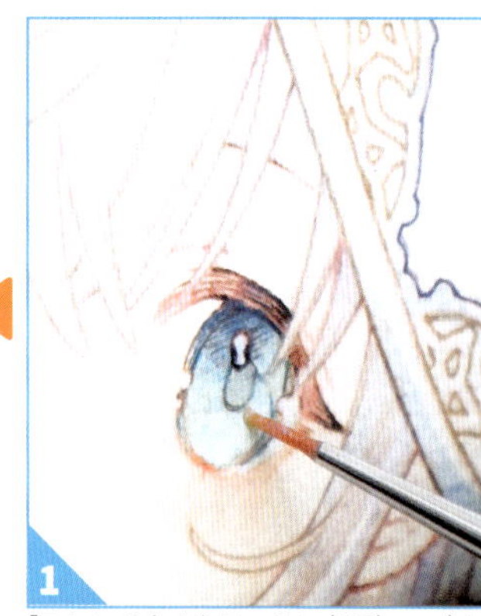

【フレンチウルトラマリン（503）、コバルトターコイズブルー（586）】を混ぜ小筆に濃いめに取ったら、向かって右目の上部に塗る。次に（586）を多めの水で溶き、下部に向かってグラデーションにする。

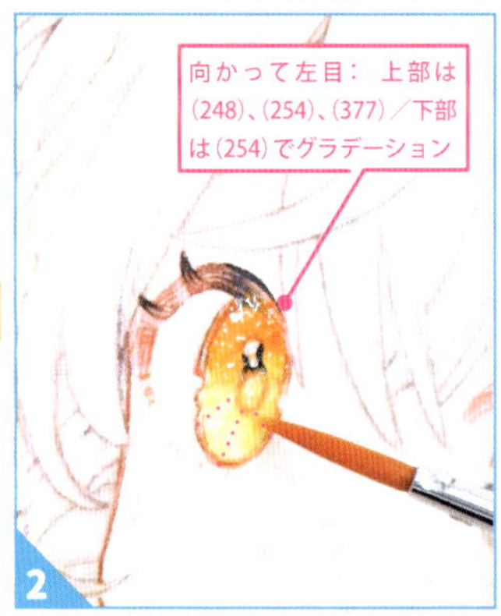

ラメの入っている絵具を使い、瞳の下部に光のスジを入れる。図のように左斜めにスパークグリーン（864）、真ん中にスパークピンク（867）、右斜めにスパークブルー（865）で線を描く。

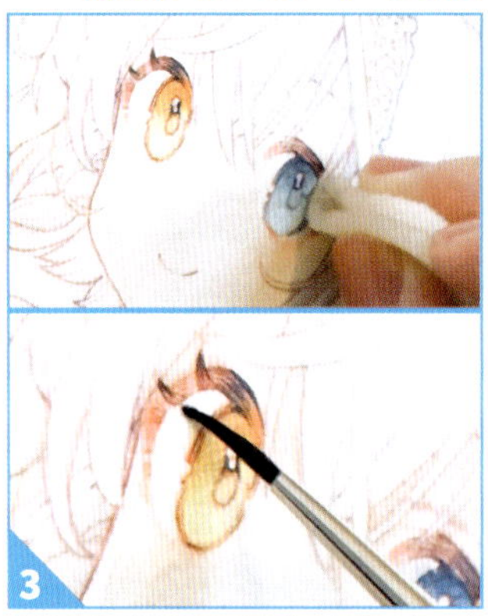

白目のカゲを塗る。ラバークリーナーを使い、白目部分のマスキングをはがす。【（534）、（224）】を混ぜ灰色を作り、白目にカゲを塗る。

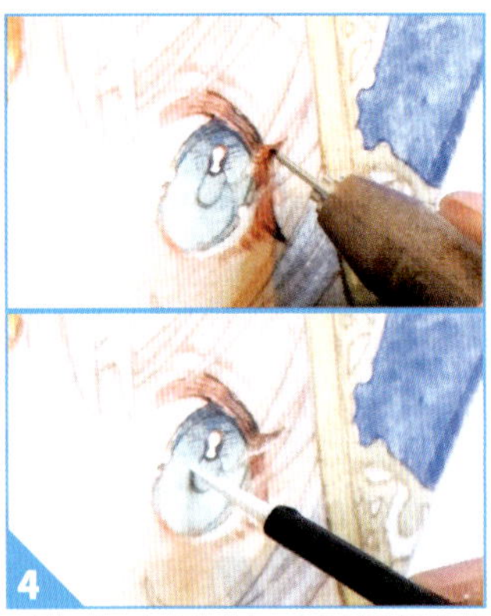

コピックマルチライナーのセピア（0.1）を使い、まつ毛を描き足す。また使い捨て細筆にホワイトを取り、まつ毛のツヤや瞳のハイライトを描く。キラキラとした輝きが増した。

髪を塗る

レンブラント透明水彩使用色…ネープルスイエローディープ（223）、ネープルスイエローレッド（224）、パーマネントマダーレーキ（336）、パーマネントレッドミディアム（377）、ウルトラマリンバイオレット（507）、セルリアンブルー（534）　使用画材…ラバークリーナー

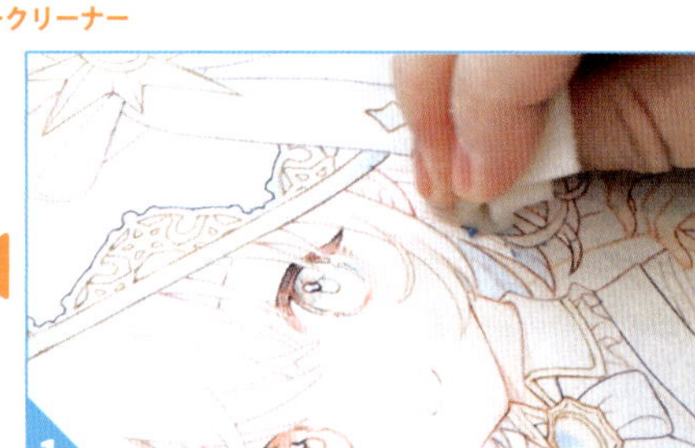

ラバークリーナーを使い、毛束のマスキングをはがす。マスキングをはがしたことで、髪のツヤやハイライトができた。後ろ髪の内側を明るくすることで逆行の演出が出る。

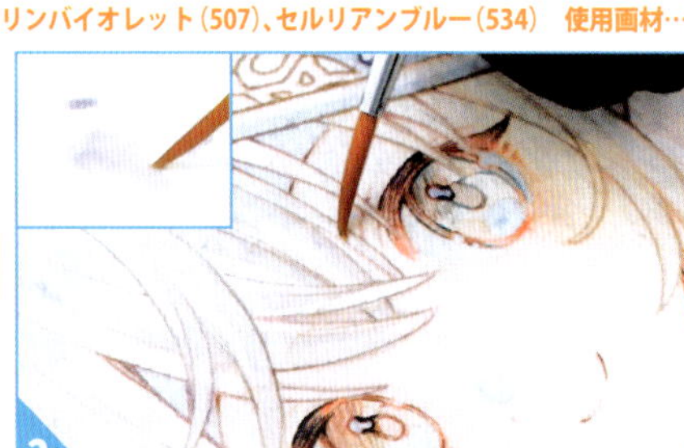

毛束を塗る。多めの水にウルトラマリンバイオレット（507）を溶かし、真ん中あたりの毛束を描く。また、向かって右側は【（507）、セルリアンブルー（534）】を混ぜた青紫色で毛束を塗る。毛先は（224）を重ねてグラデーションにしている。

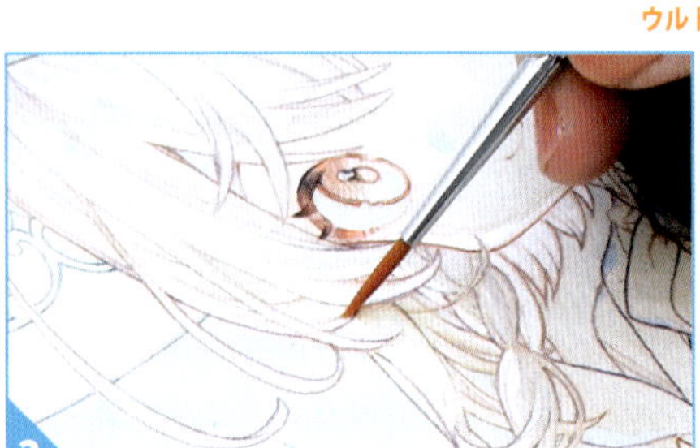

【（224）、（507）、（534）、（377）】を混ぜた紫がかった灰色で向かって右側の毛束を描く。光源が近いので、頭の側面や毛先は【（224）、パーマネントマダーレーキ（336）】の暖色でグラデーションにする。

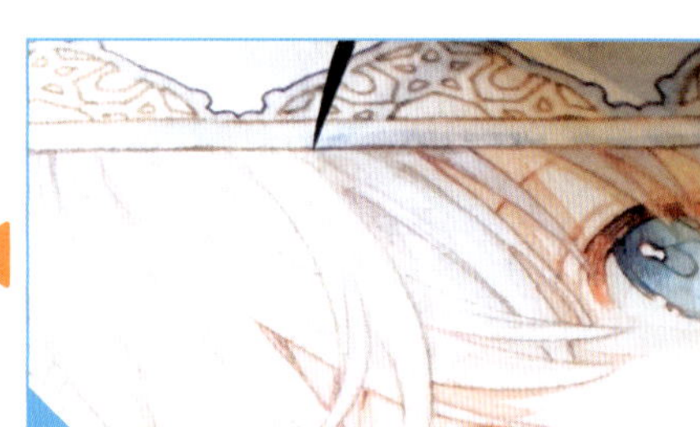

③の境目を水に溶かしたネープルスイエローディープ（223）を取った筆でなでつつ、ぼかしなじませる。ふわっと広がる髪が表現できる。

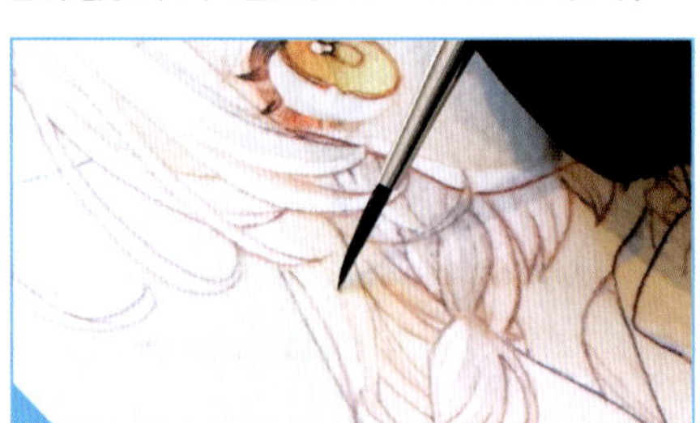

③で作った色をつかい、毛束の流れをさらに描写する。銀髪に光が当たっている表現ができた。

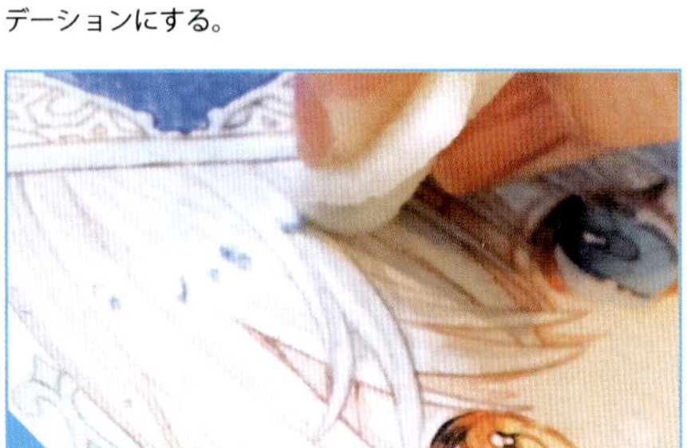

毛束の描写を終えたらラバークリーナーを使い、髪のマスキングをはがす。ツヤツヤとしたハイライトが生まれた。

帽子を塗る

レンブラント透明水彩使用色…ネープルスイエローディープ(223)、ネープルスイエローレッド(224)、アゾイエローディープ(248)、パーマネントレモンイエロー(254)、パーマネントレッドミディアム(377)、グリニッシュアンバー(410)、バーントシェンナ(411)、フレンチウルトラマリン(503)、コバルトターコイズブルー(586)、ランプブラック(702)
使用画材…シュミンケ マスキングインク(ペンタイプ)、使い捨て細筆、ラバークリーナー

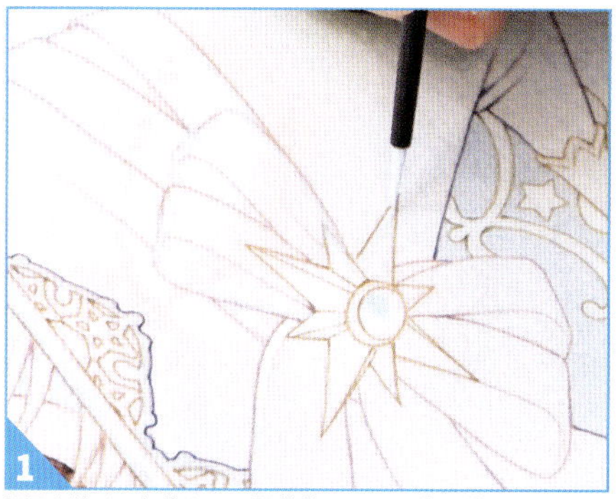

帽子を塗る。まずは、P33掲載【マスキング保護】と同様の手順で、帽子の金属部分やリボンのフチなどをしっかりと保護する。

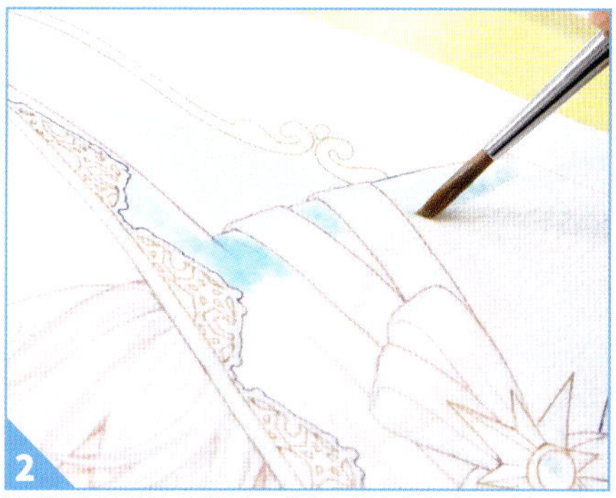

光が当たる帽子の側面に、多めに溶かしたネープルスイエローレッド(224)で下塗りをする。塗りムラを作らないために、乾かないうちにコバルトターコイズブルー(586)をサッと重ねる。

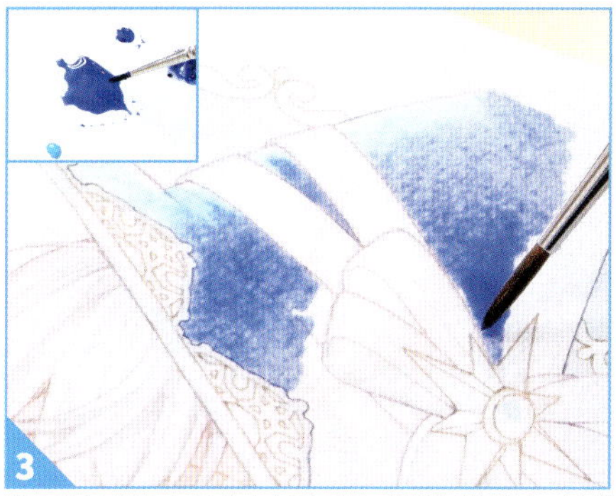

多めの水にフレンチウルトラマリン(503)を溶かし、リボンを避けつつ②の境目から塗り広げる。境目は筆で触らず、自然なにじみを作る。また、【(586)、ランプブラック(702)】を混ぜたくすんだ青色をフチにちょんと置く。

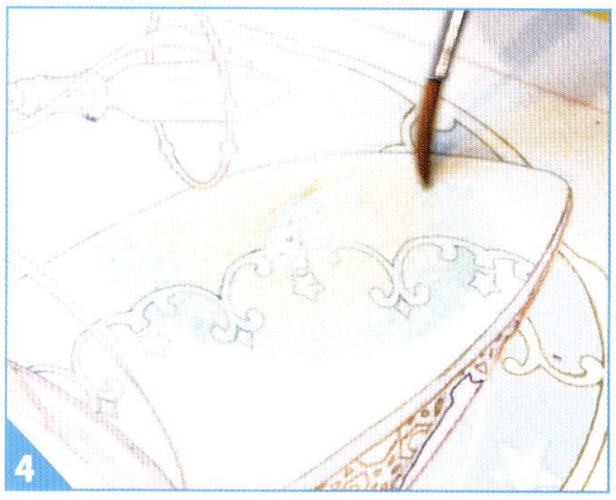

紙を塗りやすい方向に回転しつつ、帽子の裏側を塗る。蝶の周りは、多めの水に溶かしたネープルスイエローディープ(223)を塗る。乾かないうちに素早く(586)をフチに塗り、グラデーションにする。

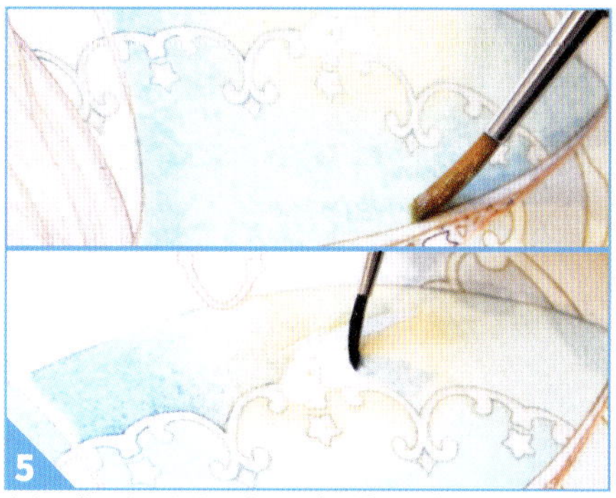

さらに乾かないうちに素早く裏側全体に(586)を塗り広げる。さらに帽子の切り返し部分に色を重ねつつ、蝶に向かって抜けていくグラデーションにする。

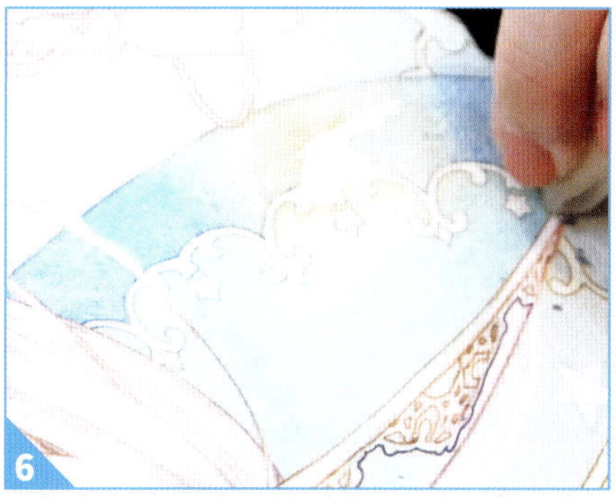

ラバークリーナーを使い、帽子全体のマスキングをはがす。蝶のシルエットが白く浮かび上がる、幻想的な表現ができた。

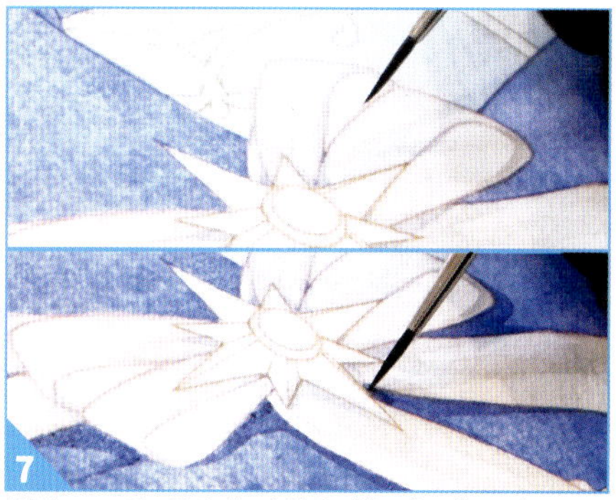

帽子についているリボンを塗る。【(224)、バーントシェンナ(411)、(586)】を混ぜて青みがかった灰色を作り、リボンのカゲやツヤを描く。また、【(503)、(702)】を混ぜて紺色を作り、帽子全体にパキッとしたカゲを入れる。

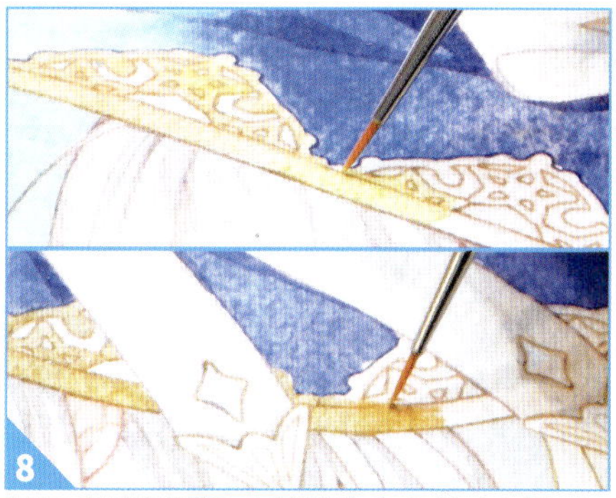

帽子の金属部分を塗る。中央辺りはパーマネントレモンイエロー(254)を、向かって左側は【ローシェンナ(234)、(254)】を混ぜた明るい茶色を塗る。また、向かって右側は【グリニッシュアンバー(410)、(503)、(702)】を混ぜた黄金色を塗る。

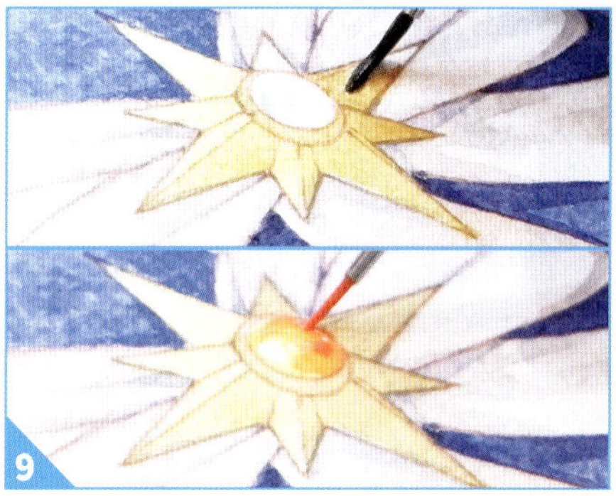

リボンの装飾を塗る。星部分の全体に(254)を塗る。カゲになる部分は【(254)、(410)】を混ぜたくすんだ黄色を重ねる。中央の宝石は、アゾイエローディープ(248)、(254)、パーマネントレッドミディアム(377)を塗り、ツヤを描く。

仕上げ

使用画材…コピックマルチライナー、ギター てづくりペン 無色彩色(リキテックス リキッド)

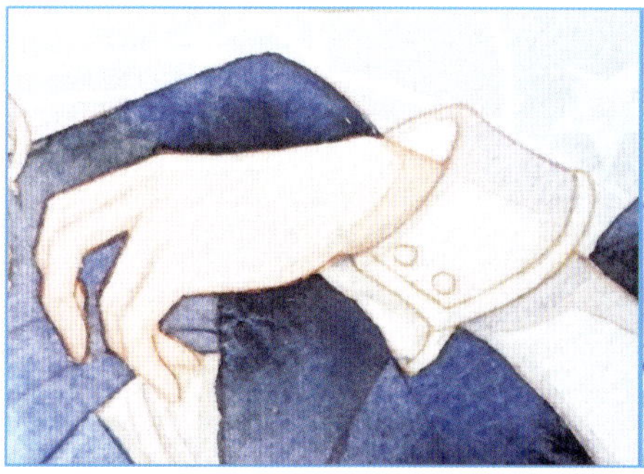

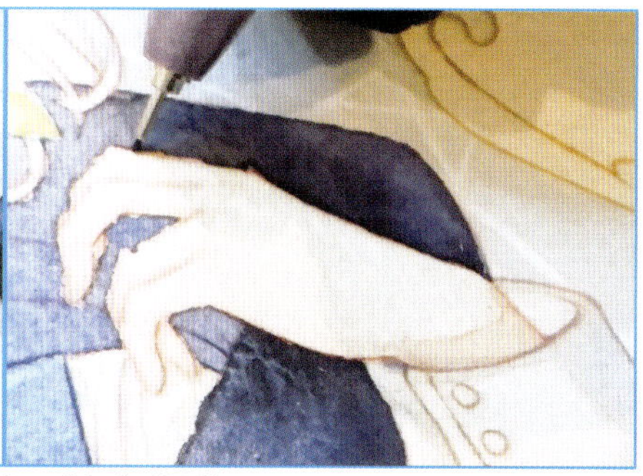

絵具がはみ出してしまった部分は、ミリペンでなぞり形を整える。仕上げで線を整えることで、はみ出しを修正できるだけでなく、シルエットもハッキリとする。

waki 色を塗り重ねると線画の主張が弱まるので、仕上げにミリペンなどでなぞることで作品が締ります。遠くて見たときの印象を一番大事にしています。

まとめ

魔法にきらめく、可愛らしい魔女見習いの女の子が描かれた作品の完成！ wakiさんは光源に近いほど明るく黄色に、遠くなるほど青系になるように色を選んでいます。また、マスキング保護を細かくおこない、パキッとしたハイライトを生み出した り幻想的な光の演出をおこなっています。みなさんもwakiさんのメイキングを参考に、レンブラント透明水彩絵具で光を感じる作品を描いてみてくださいね！

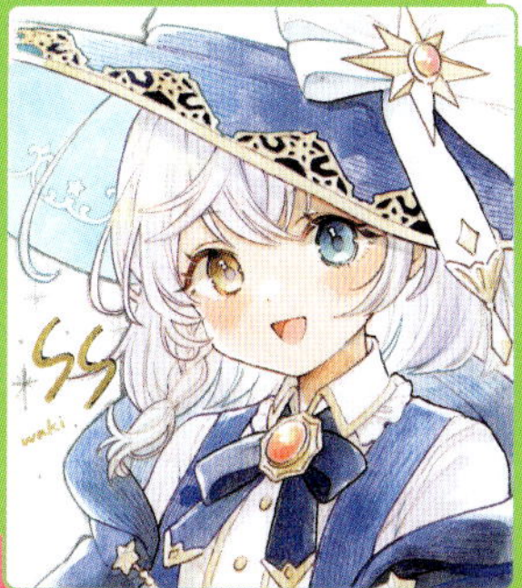

色紙プレゼント

作家名

potato

幻想的な世界観を、にじみを活かした華やかな色彩とドラマチックな光で演出するpotatoさん。普段は主に透明水彩で作品を描くpotatoさんが、呉竹リアルブラッシュの30色セットAを使って、禍々しくも美しい海の守神と亡霊の世界を描きます。

画材　ZIGクリーンカラーリアルブラッシュ 30色セットA・呉竹フィス水筆ぺん・デリーターホワイト2・ユニボール シグノ 極細 0.38mm（ブラウンブラック）・ユニボール シグノ 太字 1.0mm（ホワイト）
用紙　アルビレオ水彩紙
potatoX（旧Twitter）【@popopopopo623】

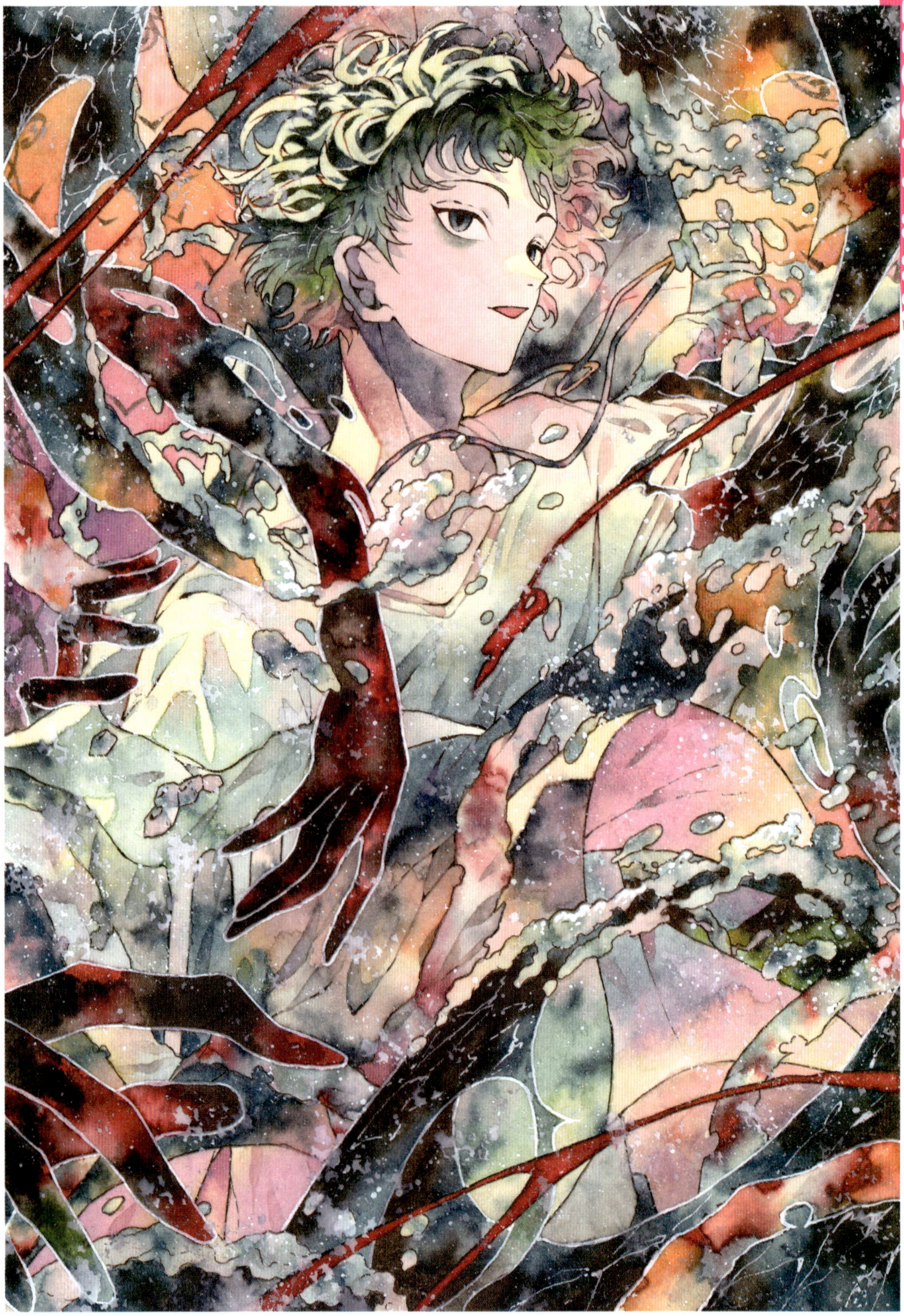

making of 呉竹 ZIG クリーンカラーリアルブラッシュ

今回使用する画材

【ZIGクリーンカラーリアルブラッシュの特徴】

●豊富な色数でイラストやデザイン、漫画など幅広い用途に使える。
●毛筆タイプのカラーペンなので細描き、ベタ塗り自由自在！
●インクの伸びが良く、テクニック要らずでグラデーションができる。

リアルブラッシュ　各価格：242円（税込）

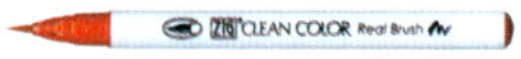

色数：180色
成分：水性染料インキ

30色セットA　各価格：7,260円（税込）

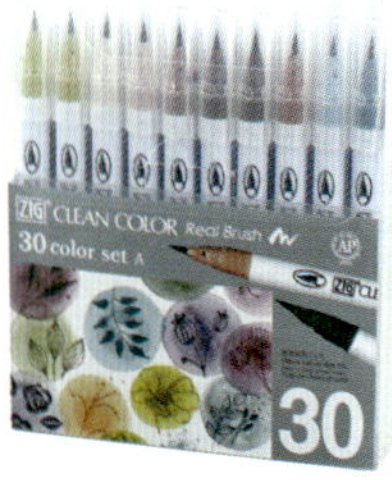

くすみ系カラー・グレイカラーでイラストに合わせやすい30色のセット。

呉竹フィス水筆ぺん

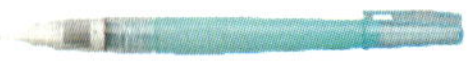

大：550円・中：440円・小：330円（税込）

発売元：株式会社呉竹
https://kuretake.co.jp
※価格は税込表示です

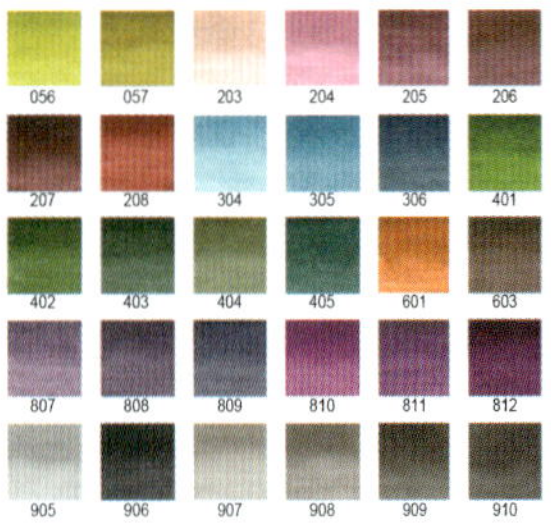

30色セットA
カラーチャート

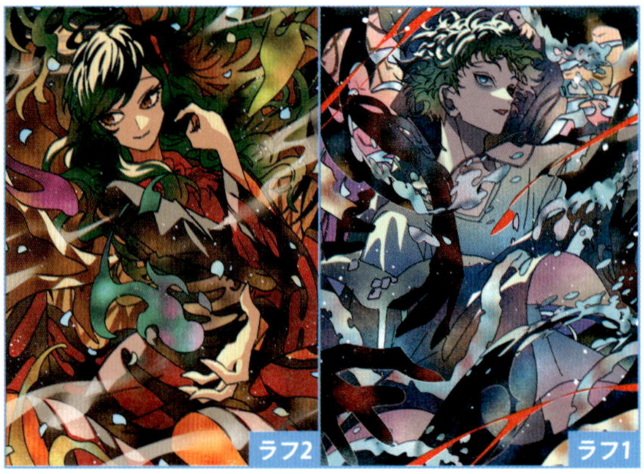

ラフ

過去に描いたオリジナルキャラクターの中から「ダークファンタジー」というテーマに合わせて男女それぞれのアイデアを出してくれたpotatoさん。決定稿は、海の守神の青年を描いたラフ1に。亡霊の赤黒い腕が伸びる作品には、大好きな海の、少し怖いイメージも盛り込んだそう。

線画

線画はシャープペンシル＋ユニボール シグノ 極細 0.38mm（ブラウンブラック）。波など、手前にある目立たせたいモチーフはペン、奥にあるモチーフはシャープペンシル。最終的なペン入れは仕上げ段階で行う。

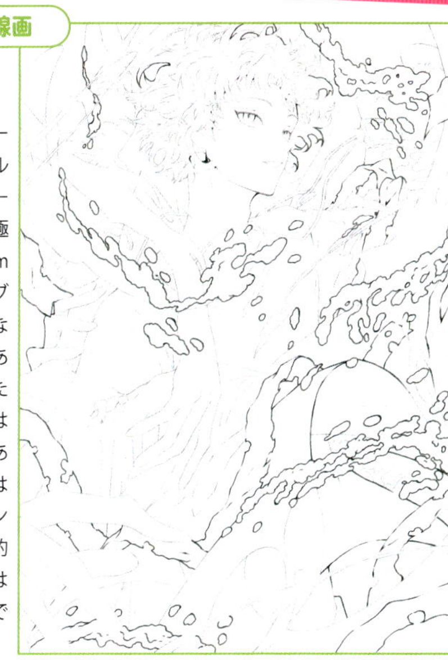

下塗り

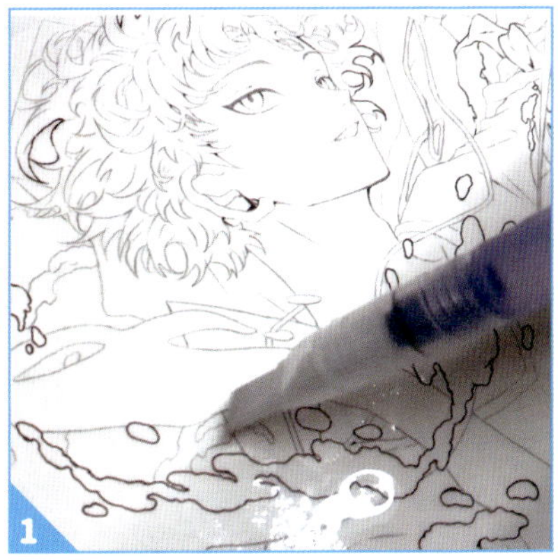

1 水彩紙はにじみ止めの加工がされているため、のせた絵具やインクをはじいてしまうことがある。そのため最初に紙に水をひたひたに敷いて、洗い流す。これは毎回やっていることだそう。

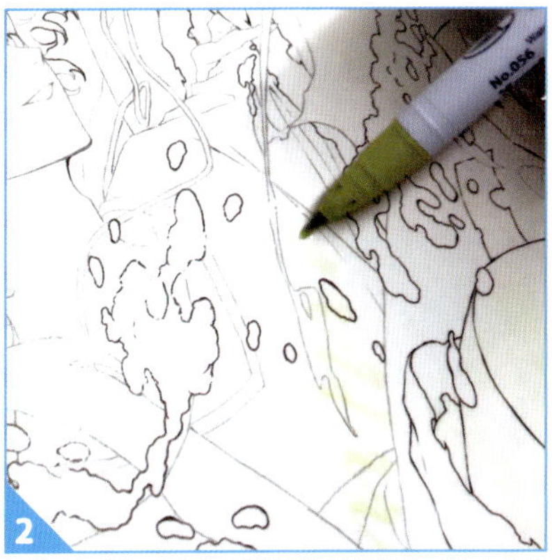

2 下塗りをする。056 SMOKY YELLOWをランダムに全体にのせる。そのままペンで直塗りしたり、パレットに塗りつけたインクを水筆に取って広げたり。画面が全体的にくすんで、クラシックなムードに。

亡霊の腕を塗る

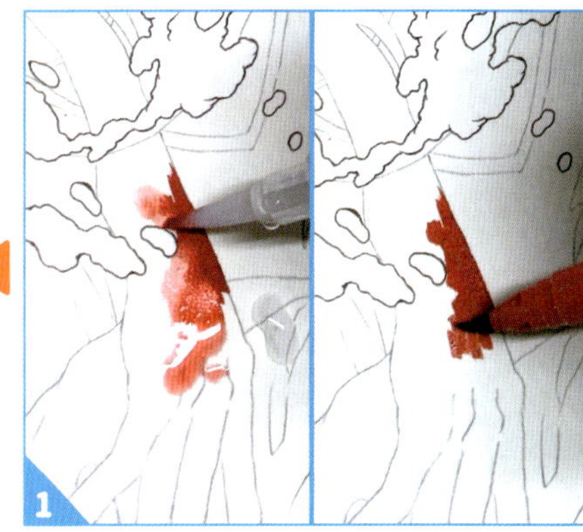

1 亡霊の手の甲に、208 DEEP VERMILLIONをペンで直接塗りつけたら、水筆で水をぽたりとたらし、溶かしながら伸ばし広げる。

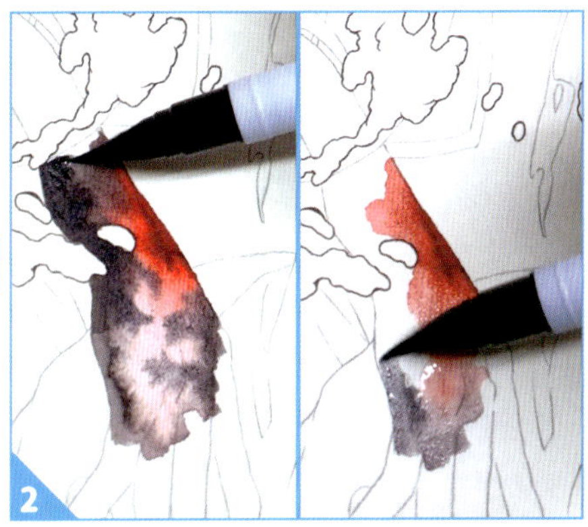

2 906 COOL GRAY 6を上から重ねる。水をたっぷりと敷いてあるので、綺麗なにじみになりながら、2色が絶妙に混ざり合う。

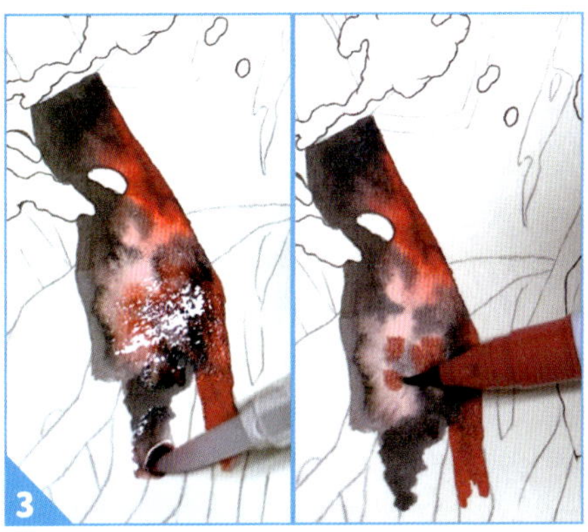

3 手の甲に、208 DEEP VERMILLIONをちょんちょんとのせたら、水筆で溶かして他の色と混ぜる。

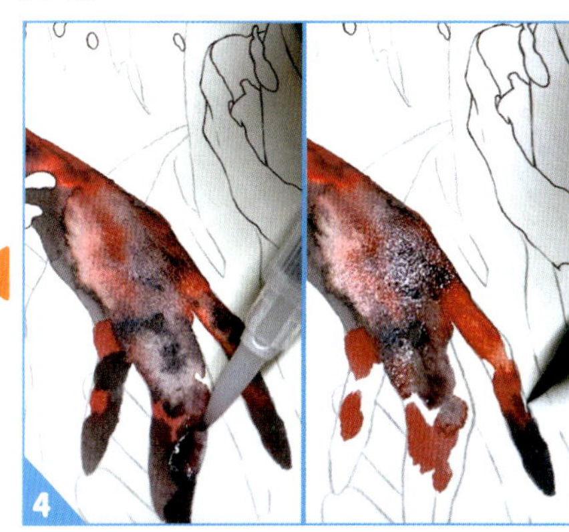

4 再び、208 DEEP VERMILLIONを重ねて水筆で混ぜたら、指先には906 COOL GRAY 6を重ねて、水筆で伸ばし広げる。

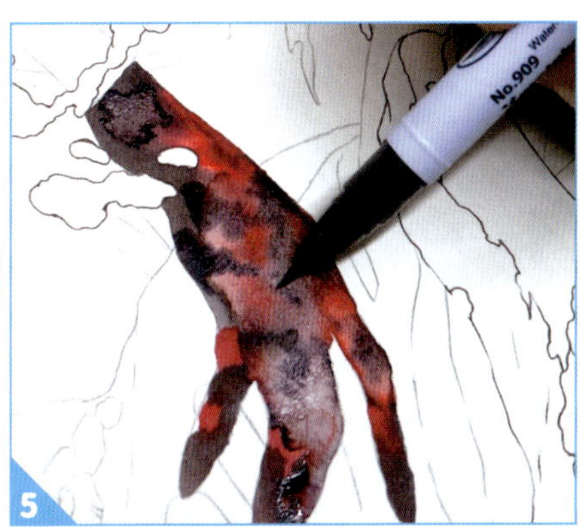

5 手の甲に910 WARM GRAY 6、909 WARM GRAY 5を置いて、にじみをつくる。

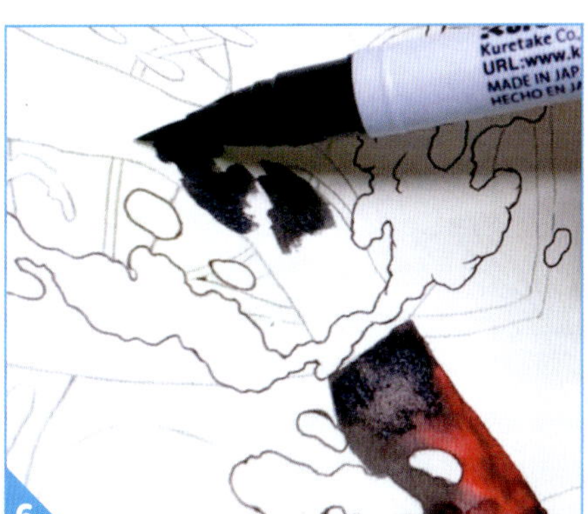

6 手首に906 COOL GRAY 6を重ねて濃くしたら、腕の上部もそのまま906 COOL GRAY 6でタッチをつけて塗る。

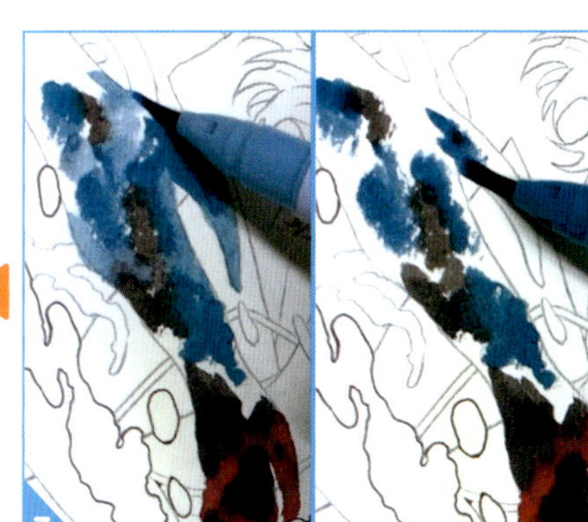

7 腕の上部に、くすんだ青色の305 SMOKY TEALをタッチをつけてのせたら、隙間を304 AQUAMARINE BLUEで埋める。

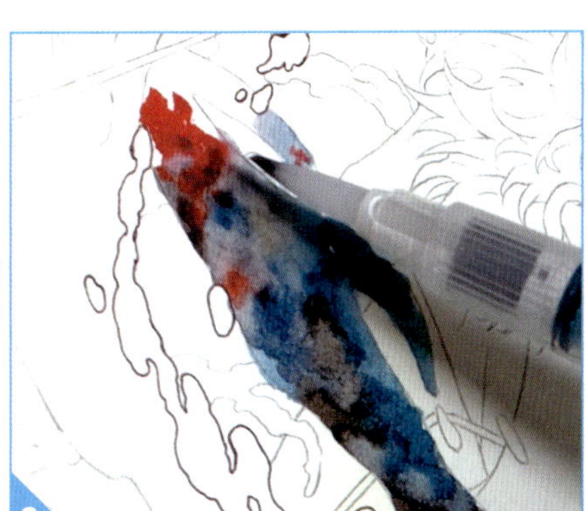

8 バランスを見ながら、208 DEEP VERMILLIONなども置いていき、水筆で混ぜたり、水筆に906 COOL GRAY 6を取って重ねたりする。

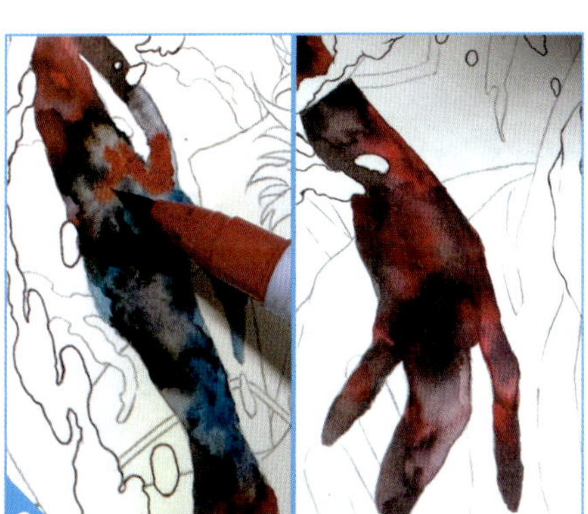

9 ここまでに使った色を重ねては水筆で混ぜたり溶かしたりを繰り返して、にじみをどんどんつくっていく。ふわふわとした美しい色彩になった。

守神の青年の肌と髪を塗る

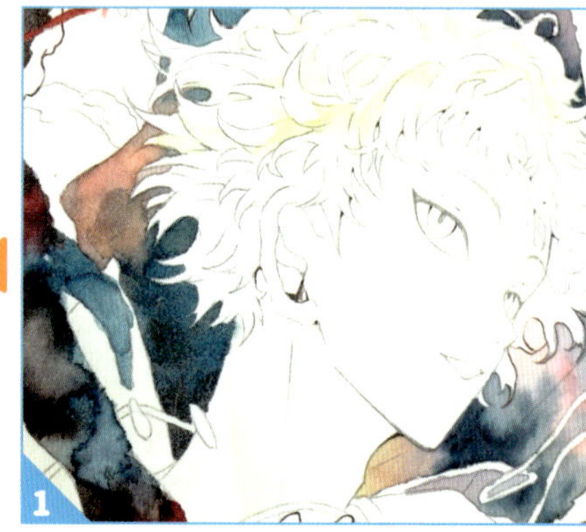

1

肌と髪に下塗りをする。全体に水を敷いてから、056 SMOKY YELLOWを水筆に取って、カゲになる部分に淡く塗る。

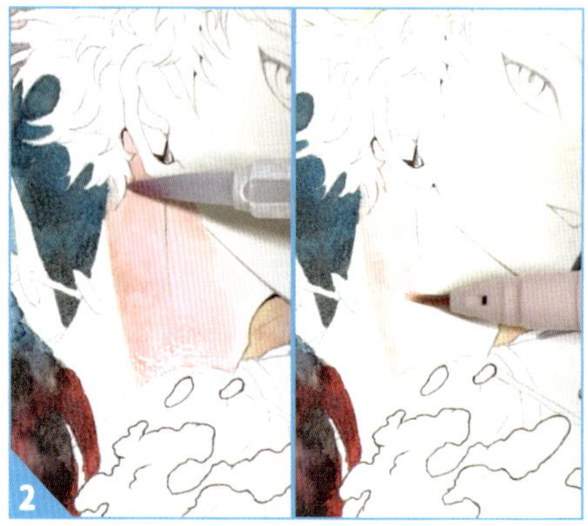

2

首にカゲを入れる。203 SHADOW PINKをペンで直接塗り、水筆で伸ばしたら、混色した紫色（※）を水筆で重ねてグラデーションにする。（※305 SMOKY TEAL＋304 AQUAMARINE BLUE＋205 DARK BLOSSOM PINK＋204 BLOSSOM PINK＋203 SHADOW PINK）

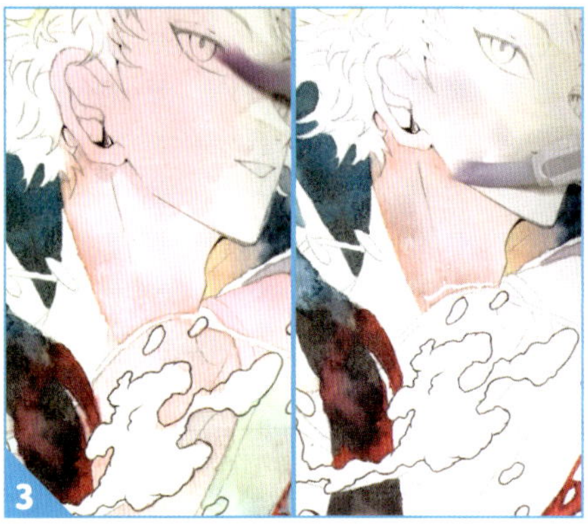

3

顔にカゲを入れる。②でつくった紫色を水筆に取って、頬の向かって左側に淡く塗り広げる。一度乾かしてから、再び塗り重ねて濃くする。

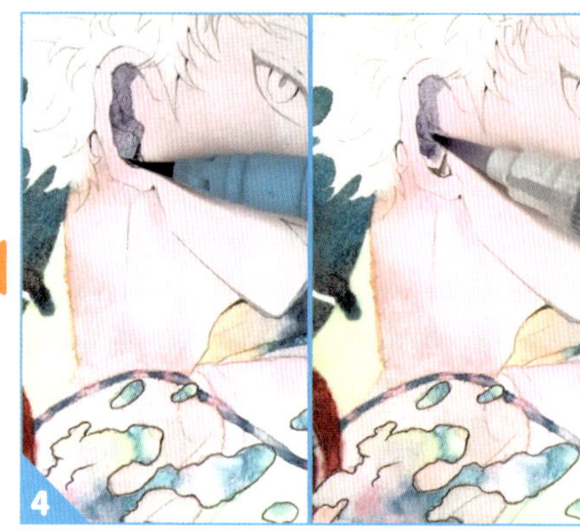

4

首の塗り残した部分を056 SMOKY YELLOWで塗り、耳にカゲを入れる。耳のカゲにも②でつくった紫色を使用。水筆で塗るため淡く色づくので、耳の下側と外側にはペンで直接、304 AQUAMARINE BLUEを重ねて濃く発色させる。

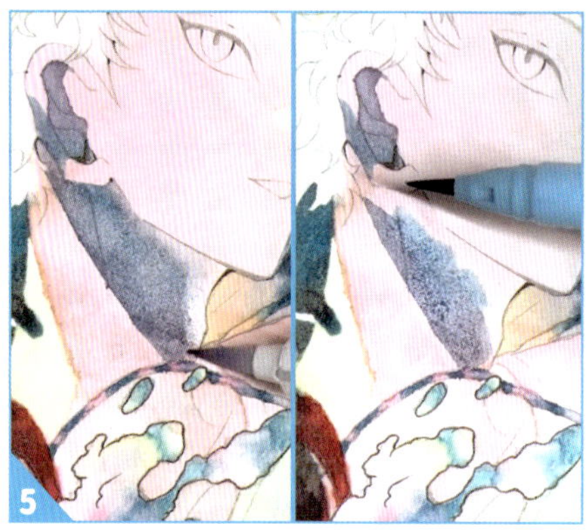

5

首にも濃いカゲを入れる。②でつくった紫色を濃いめに取って首の中央斜めに塗り、その上に304 AQUAMARINE BLUEを重ねる。再び上から紫色を重ねて混ぜて、グラデーションにする。

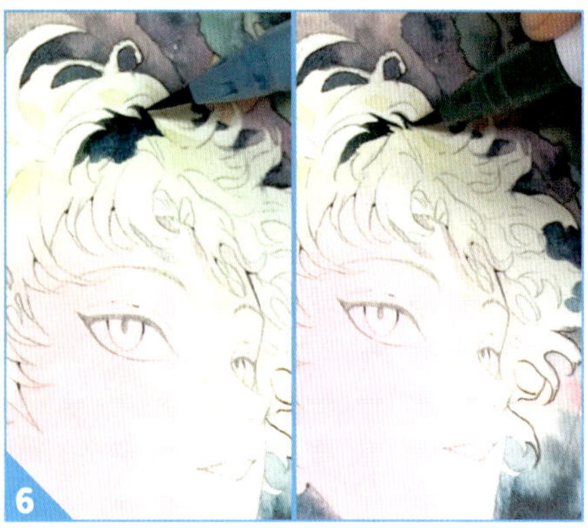

6

髪の毛を塗る。前髪の奥のほうの、暗くカゲが落ちる部分から。線画に沿って、405 DARK GREENを塗り、306 DARK AGATEと305 SMOKY TEALで伸ばす。エメラルドっぽい発色にするため、305をメインで使用したそう。

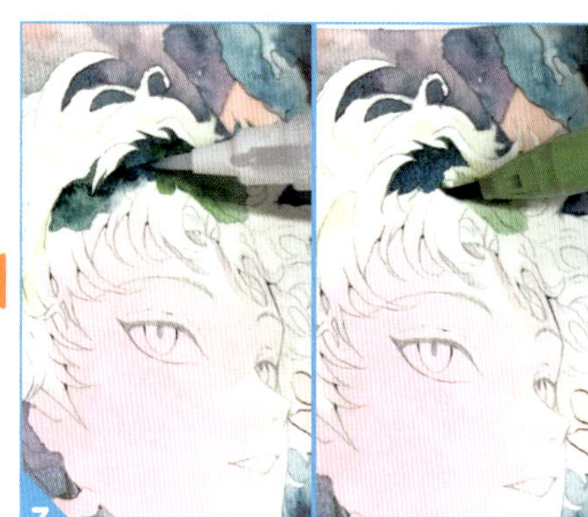

7

前髪の毛先のほうに401 EVER GREENをペンで直塗りし、⑥で塗った暗い部分との間を水筆でぼかして、なじませる。

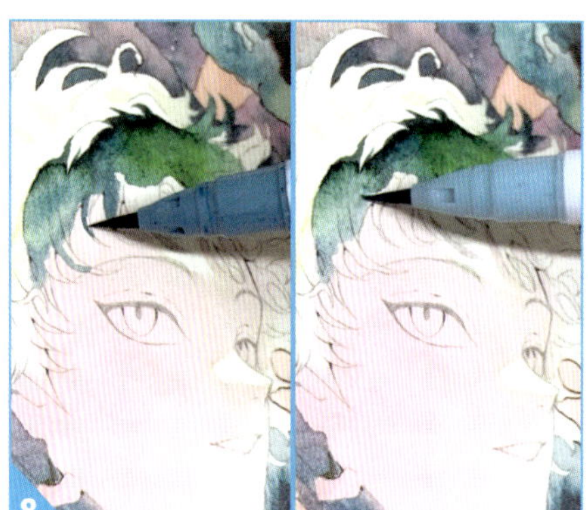

8

⑦で塗った部分をなじませるため、304 AQUAMARINE BLUEを重ねて、毛先は305 SMOKY TEALで形を整える。

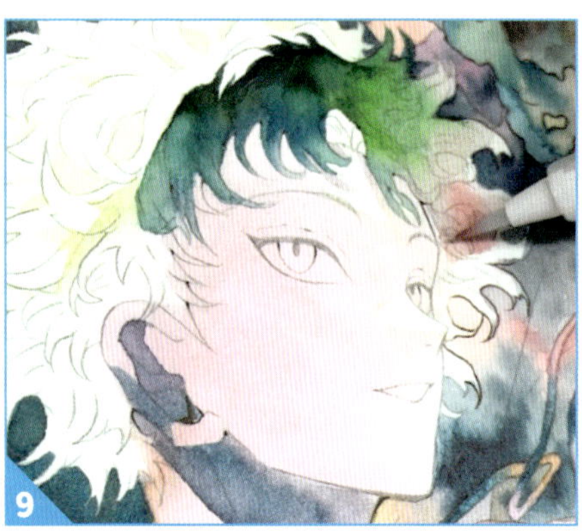

9

緑髪のキャラクターだが、サイドの髪には差し色として、赤く光の照り返しを入れる。208 DEEP VERMILLIONを水筆に取って淡く塗り広げ、上から水筆に取った204 BLOSSOM PINKをちょんちょんと重ねる。

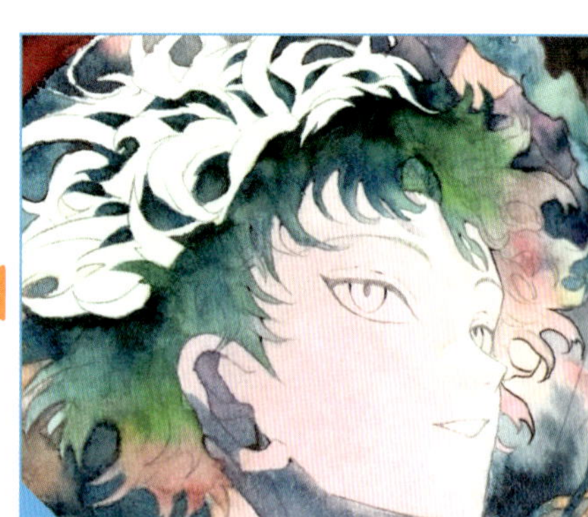

10

髪の毛のハイライトとシャドウを塗り分けた状態。サイドは赤、中央は青、緑、黄色の美しいグラデーションに。

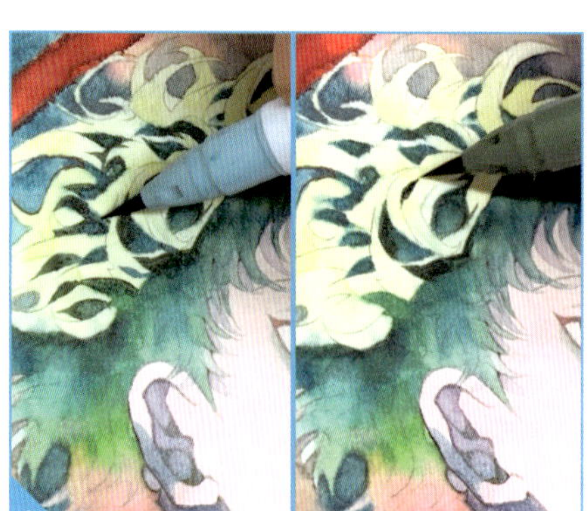

11

⑩までの工程が乾いたら、濃いカゲを入れていく。使う色は工程⑥からの色分けに使った色と同じ。ハイライト部分には色差を付けてパキッとしたカゲを入れる。

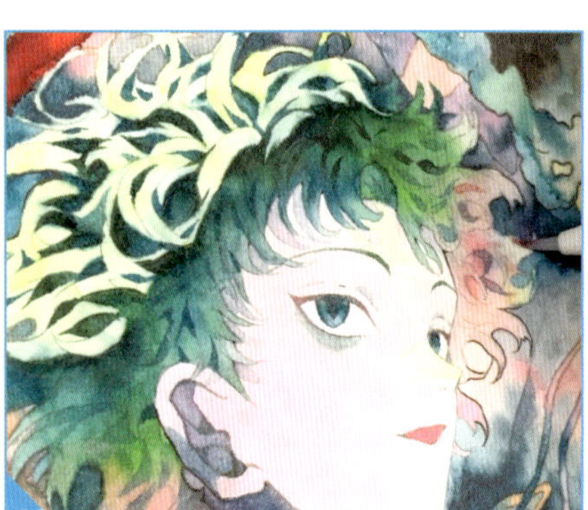

12

シャドウ部分のカゲはあまりコントラスを強くせず、なじむように。カゲがほぼ塗り終わった状態。

シャツを塗る

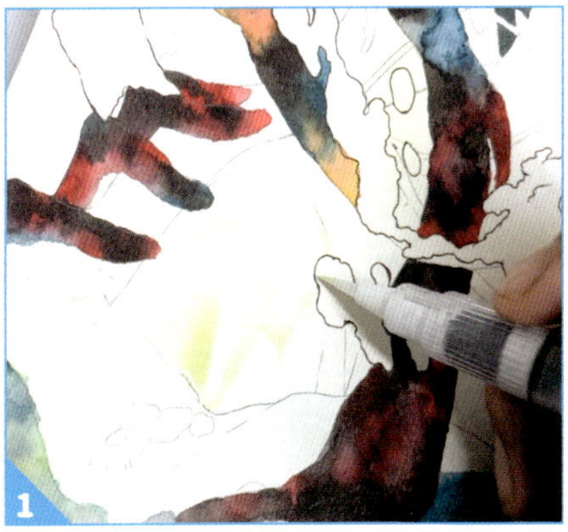

1

056 SMOKY YELLOWを水筆に取って、袖部分のシワの下塗りをする。

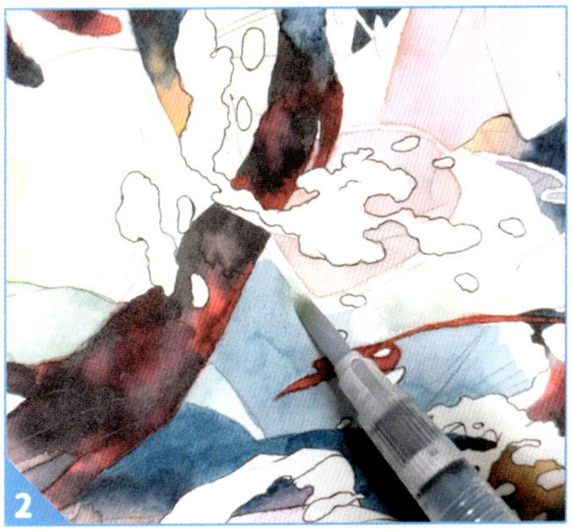

2

前身頃を塗る。305 SMOKY TEAL、304 AQUAMARINE BLUEを水筆やペンで伸ばしてカゲになる部分を塗ったら、上部に056 SMOKY YELLOWを水筆で広げてグラデーションに。

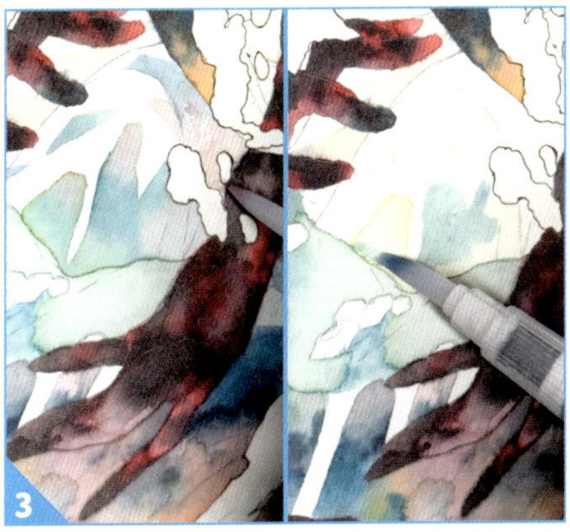

3

①で下塗りしたシワ部分をベースにして、色をのせていく。305 SMOKY TEAL、304 AQUAMARINE BLUE、肌の塗りでつくった紫色を水筆で淡く広げてグラデーションにする。

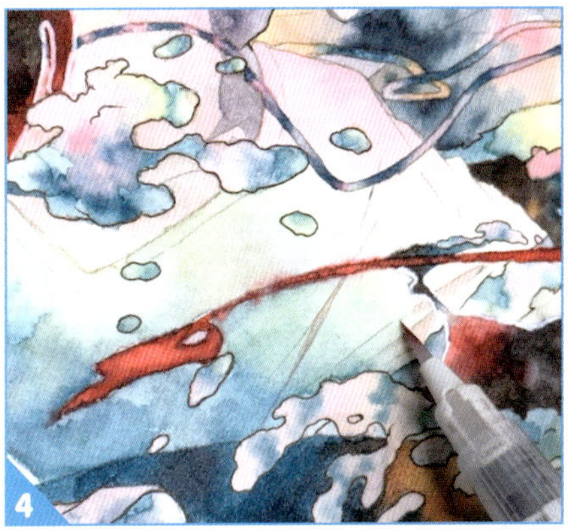

4

向かって右の肩部分にも、肌の塗りでつくった紫色で差し色の光を入れる。細いシワも同じく混色した紫色で塗る。

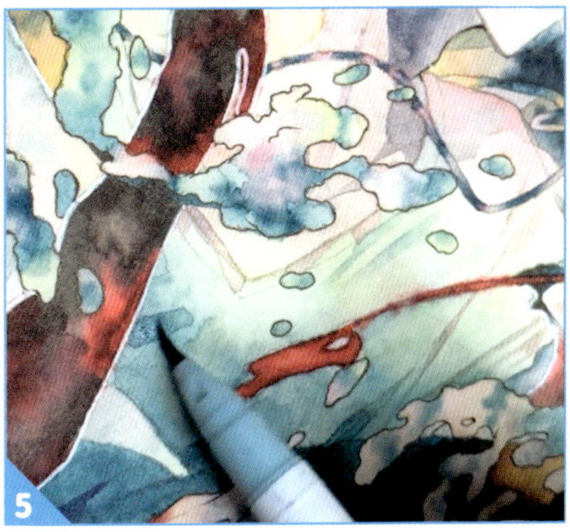

5

襟ぐりにも紫色を足した。向かって左側の太いシワは305 SMOKY TEAL、304 AQUAMARINE BLUEを直接ペンで塗りつける。

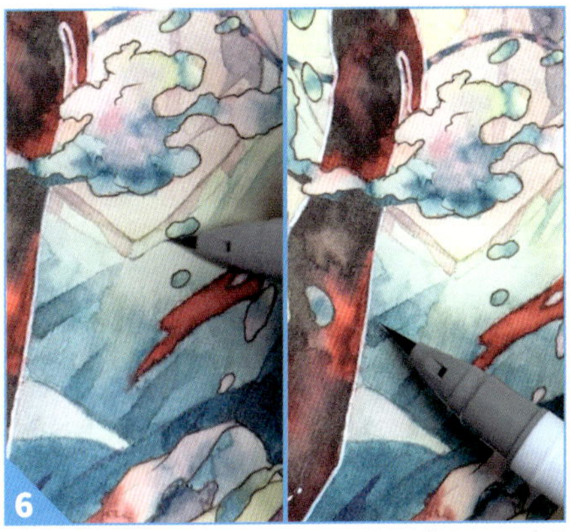

6

⑤の太いシワに905 COOL GRAY 3を重ねて濃くしつつ水彩境界のようなものをつくったら、そのまま襟ぐり部分の線画をなぞる。

仕上げ

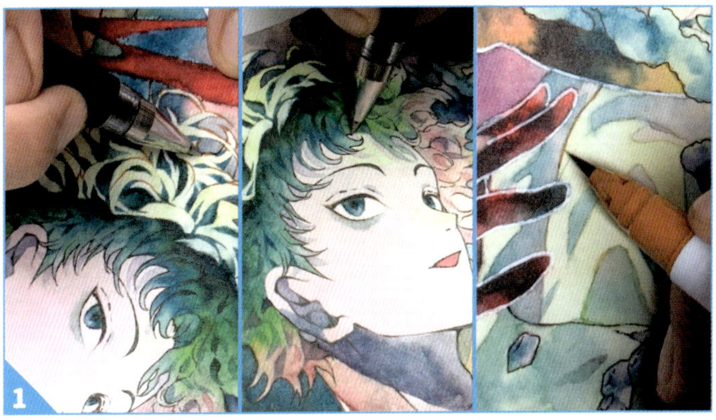

1

ペン入れをする。キャラクターから背景まで、各モチーフの輪郭線をユニボール シグノのブラウンブラックでなぞる。モチーフによってはリアルブラッシュのみ、あるいはリアルブラッシュ＋シグノでなぞる。シャツの袖は601 SAND、髪のハイライト部分は601 SAND＋シグノ。

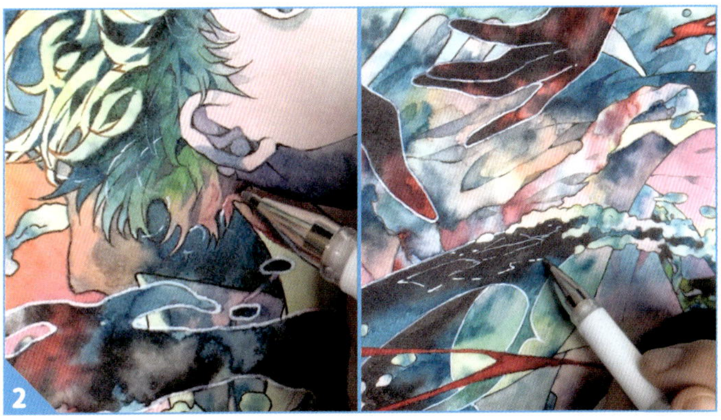

2

ホワイトを入れる。ユニボール シグノ 太字のホワイトを使用。ペン入れのような形でモチーフの輪郭をなぞったり、模様を入れたり、光を受けて反射する髪の毛を描き足したりした。

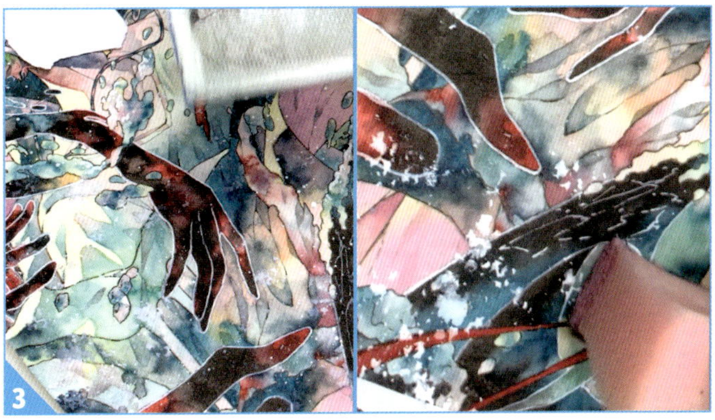

3

最後にエフェクトのようなイメージで、ホワイトを散らす。スポンジで下のほうに押し付けたり、顔をガードしてスパッタリングしたり。これで完成！

まとめ

Potatoさんらしい美しいにじみが活きた海の守神の青年のイラストが完成！「呉竹リアルブラッシュは単色でもグラデーションがつくりやすいです」とpotatoさんが話すように、今回はほとんど混色せず単色使用で、濃く塗りたい時は直接ペンで塗り、淡く塗りたい時は水筆に取って薄く伸ばしたり、水筆でぼかしたりしながら着彩を進めていました。唯一の混色は肌のメインのカゲとして使っていた紫色ですが、5色混ぜても濁ることなく綺麗な発色でした。また、毛筆状のペン先は慣れれば細い線も引きやすいとのことで、細かい絵にも向いています。ぜひ、みなさんも色々塗り試してみてくださいね。

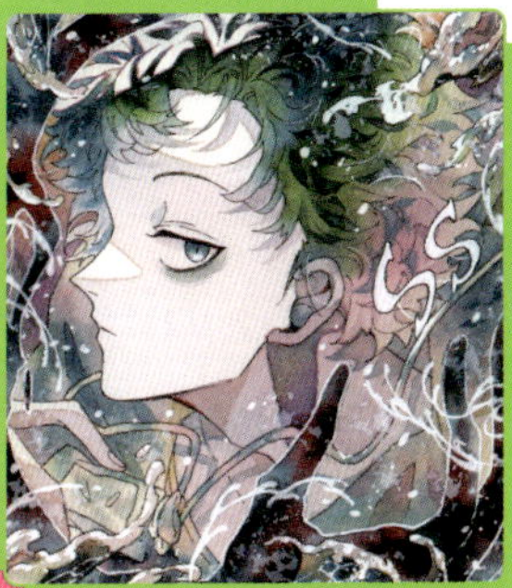

色紙プレゼント

作家名

夏目レモン

夏目レモンさんに色々な画材でイラストを描いてもらう画材試し連載・第26回！今回は、ヘンゼルとグレーテルを題材にしたメルヘンな作品を、ステッドラー ピグメントブラッシュペンで塗っていきます。

画材 ステッドラー ピグメントブラッシュペン・ステッドラー ウォーターブラシ（水筆）・ステッドラー マルス ルモグラフ 高級鉛筆・コピックマルチライナー

用紙 アルシュ水彩紙（細目）

夏目レモン

X（旧Twitter）
【@Natsume_Lemon0】
Instagram
【natsume_lemon0】
YouTube【夏目レモン】

今回使用する画材

【ステッドラー ピグメントブラッシュペンの特徴】

- 長期間日光に当たっても色褪せない脅威の耐光性。
- 描いてすぐに乾き、乾燥後は耐水性に。
- 重ねて塗っても鮮やかな発色で、一本で美しいグラデーションが可能。
- 細かい描写がしやすいブラッシュ芯。
- 紙以外にも木材、ガラスなど様々な素材に描くことができ、裏写りしない。

ステッドラー ピグメントブラッシュペン
各価格：330円（税込）

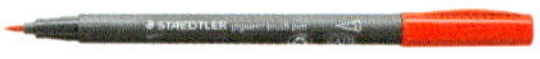

色数：36色
成分：特殊水性顔料インク

ステッドラー マルス ルモグラフ 高級鉛筆
各価格：187円（税込）

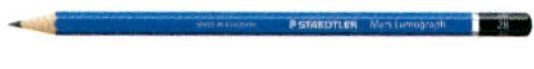

ステッドラー ウォーターブラシ（水筆）

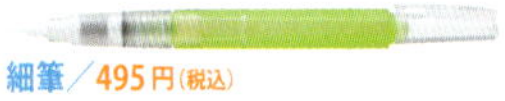

細筆／495円（税込）

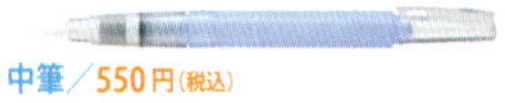

中筆／550円（税込）

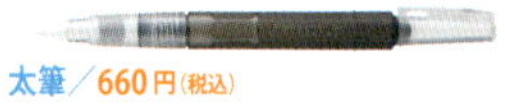

太筆／660円（税込）

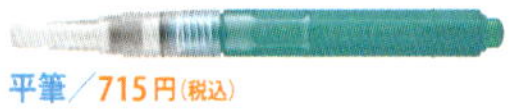

平筆／715円（税込）

発売元：ステッドラー日本株式会社
https://www.staedtler.jp
※価格は税込表示です

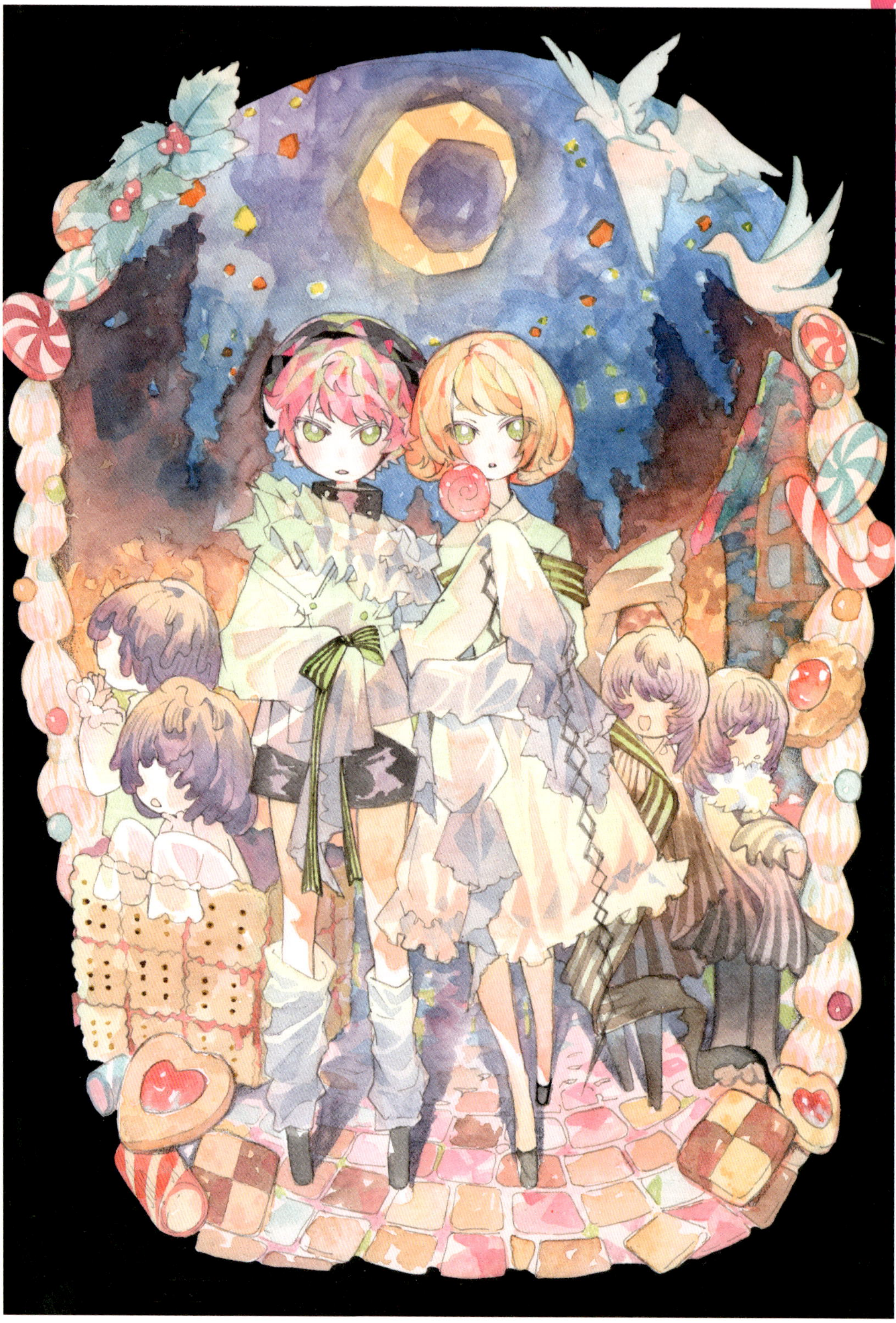

レモンの色んな画材をつかってみよう！
ステッドラーピグメントブラッシュペン編

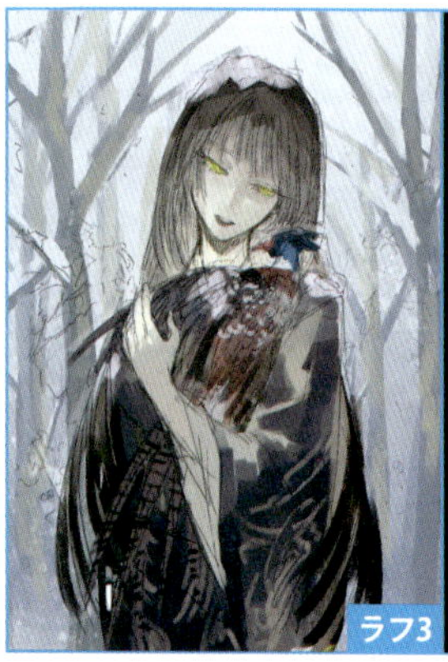

ラフ3

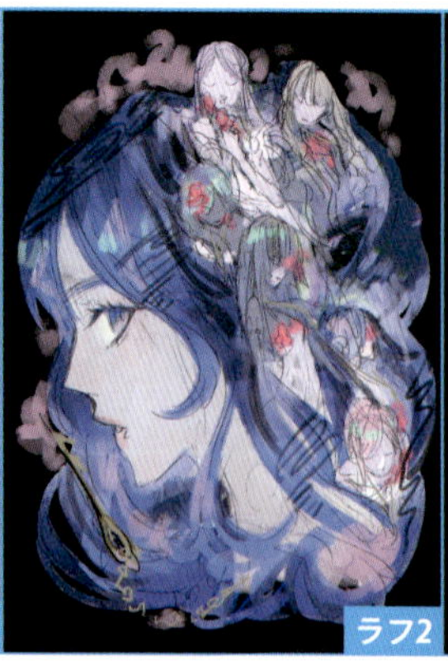

ラフ2

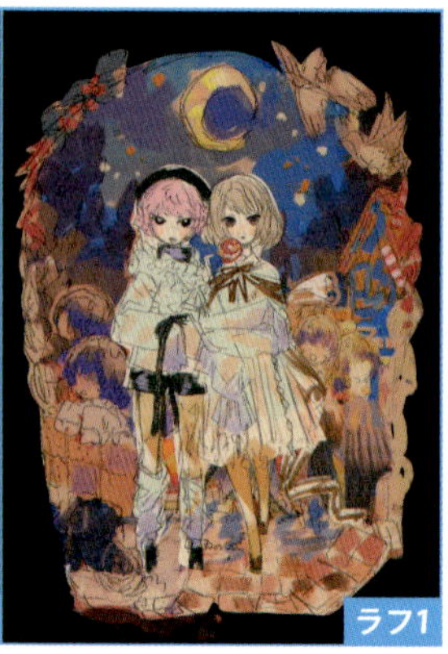

ラフ1

ラフ

「ダークファンタジー」という今号のテーマに合わせて、ラフ1ではグリム童話の「ヘンゼルとグレーテル」、ラフ2ではシャルル・ペローの童話「青ひげ」、そしてラフ3では長野県の民話「キジも鳴かずば」をもとしたアイデアを考えてくれたレモンさん。かなり雰囲気の異なる三つのラフのなかから、デフォルメキャラが愛らしいラフ1が決定稿に。

肌を塗る

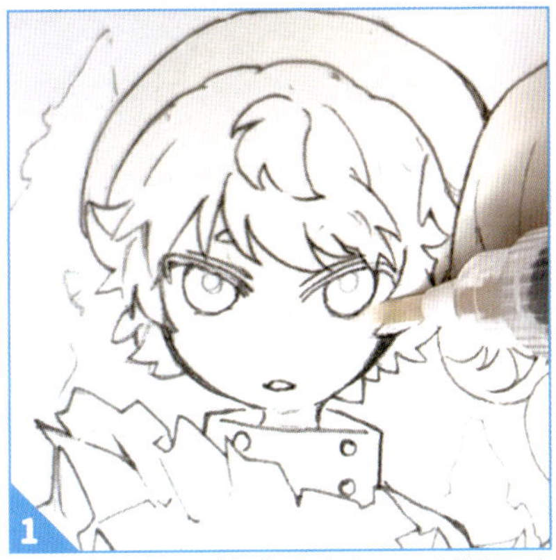

1
肌の下塗り。オレンジとパステルイエローを混色し、水筆（＝ステッドラー　ウォーターブラシ）に取って広げる。今回は基本的な塗りは細筆で行う。

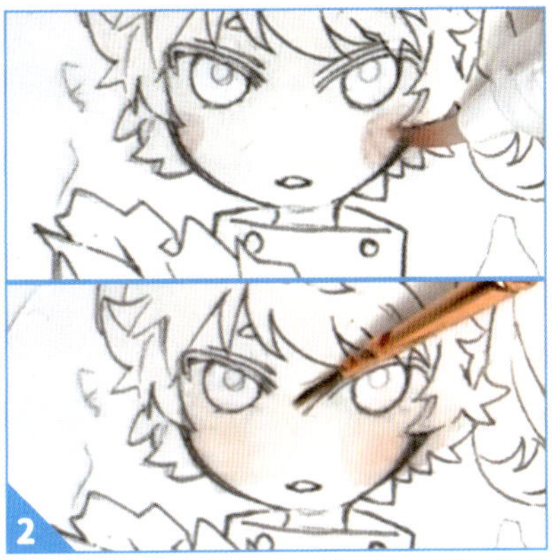

2
頬に赤みを入れる。ライトローズとオレンジを混色したピンク色を水筆に取って丸く塗り、水だけ含ませた水筆でぼかし、極細筆で顔全体に伸ばす。これをもう一度繰り返し、色みを調整。

線画

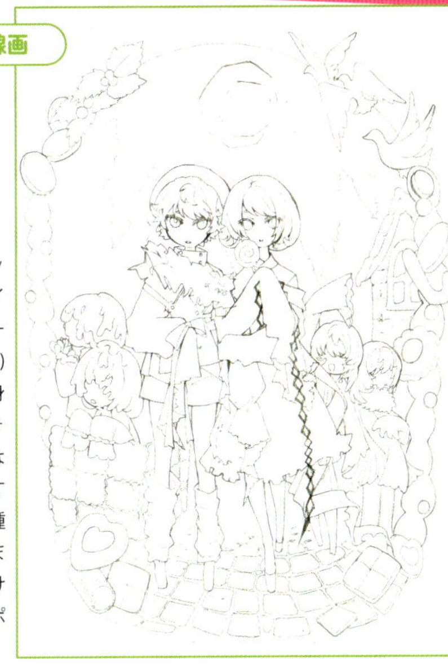

線画はコピックマルチライナーのウォームグレー(0.3)で描く。等身の低いデフォルメキャラなので、使用する線幅は1種類のみ。あまり強弱をつけないことがポイント。

ヘンゼルの髪と帽子を塗る

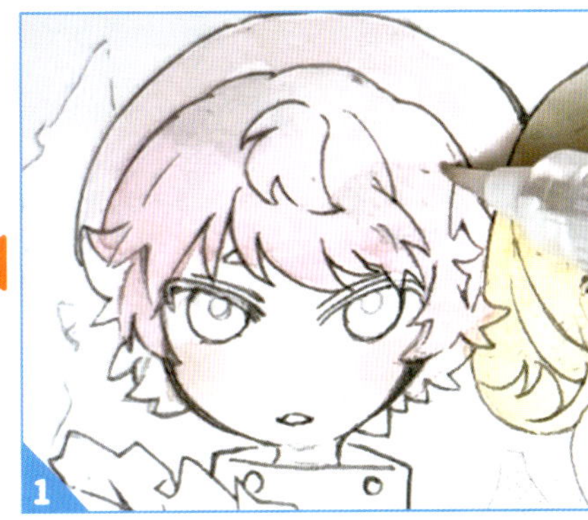

1
まずは髪と帽子をローズピンクでベタ塗り。天使の輪を残すようにして、ウォームグレイミディアムでカゲを入れる。

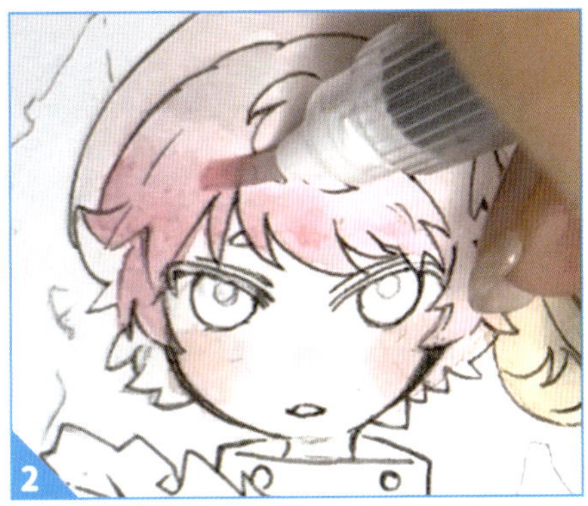

2
水筆にローズピンクを取って、髪と帽子に重ねる。前髪の毛先や襟足に向かって濃くなるよう、グラデーションにする。

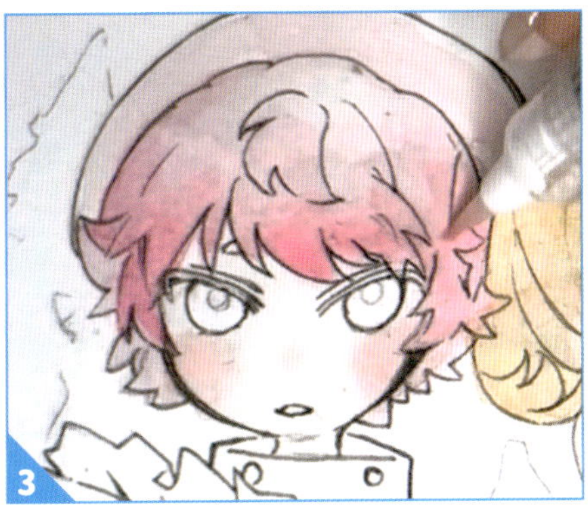

3
襟足をゴールデンオークルで少し暗くしたら、前髪の毛先に再びローズピンクを重ねて、より濃くする。

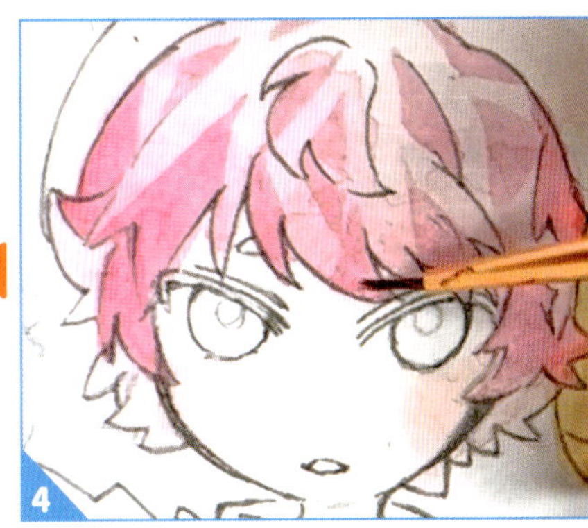

4
ここからはカゲ入れ。極細筆にマゼンタを取り、濃いめのカゲを三角形でデザイン的に入れていく。

夏目レモン　三角形で立体をつくるようなイメージです。絵本やステンドグラスのようなメルヘンなムードが出るように…！　顔などの細かい部分は極細筆で塗ります。

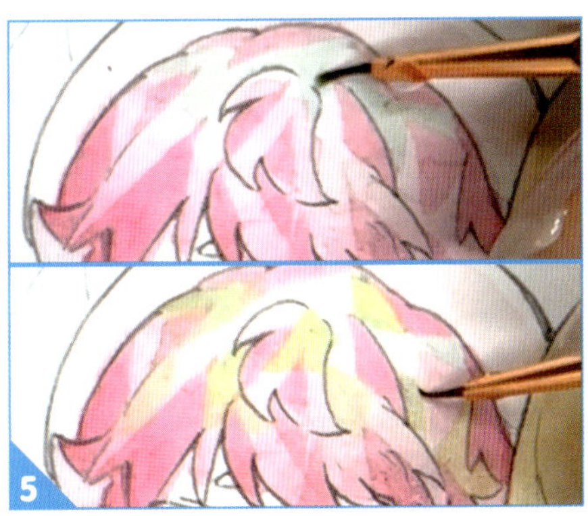

5
④で塗り残した前髪の中央部分に、ジェイドグリーン、さらにはライムグリーンを重ねる。

夏目レモン　ピンクだけだと単調で面白くないので、差し色としてグリーン系の2色を加えました。

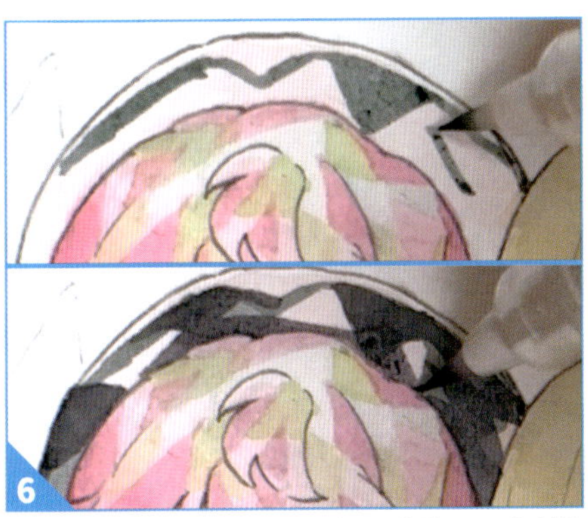

6
帽子にカゲを入れる。髪と同じように三角形でシワを表現。ますは薄いグレー（ライトブラック＋ターコイズ）で形を取り、濃いグレー（ライトブラック＋ターコイズ＋ブルー）を部分的に重ねる。

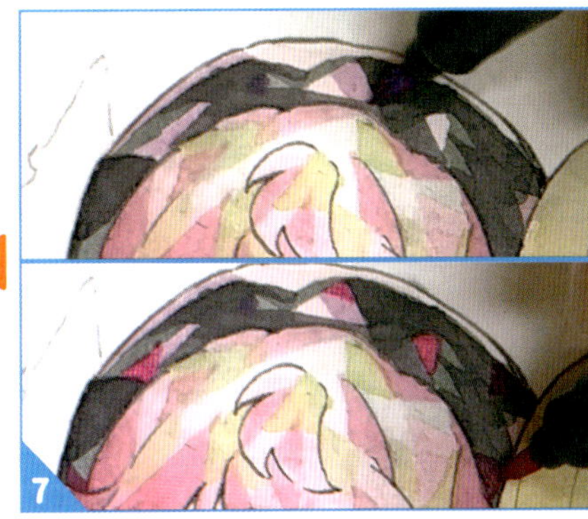

7
帽子にも差し色を入れる。ライトラベンダー、ローズピンクをペンで直接重ねて、濃く発色させる。

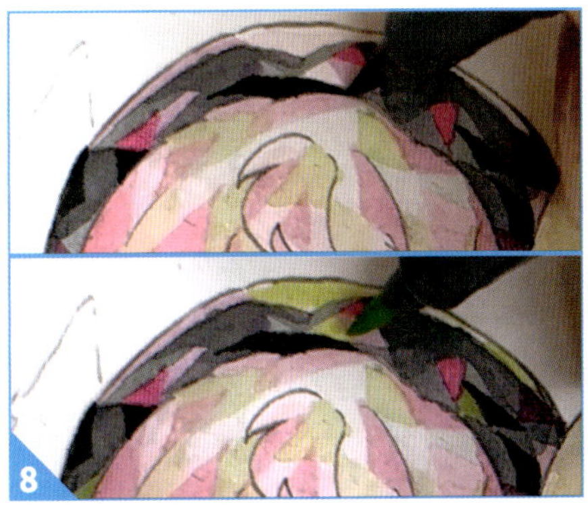

8
インテンスブラックでさらにカゲを入れ、カゲを入れた状態で、まだ色みが足りないと感じて、差し色としてライムグリーンを追加した。

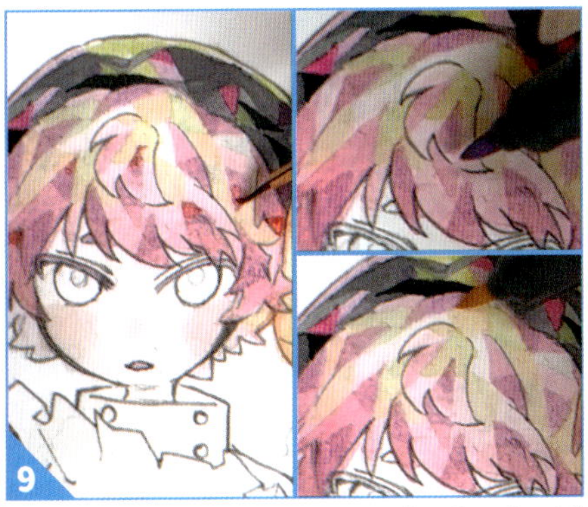

9
④でカゲを塗った箇所にライトラベンダー、⑤でジェイドグリーンを塗った箇所にライトピーチを部分的にペンで塗り、最後に奥まった濃いカゲにローシエンナを重ねる。

顔を描く

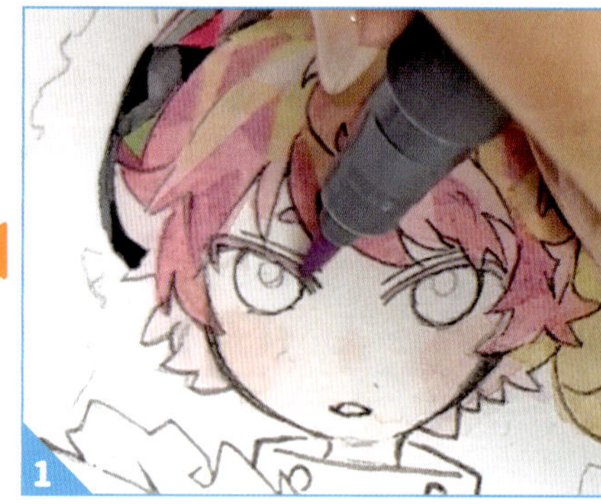

まゆげ、まつげ、口をライトラベンダーで塗る。

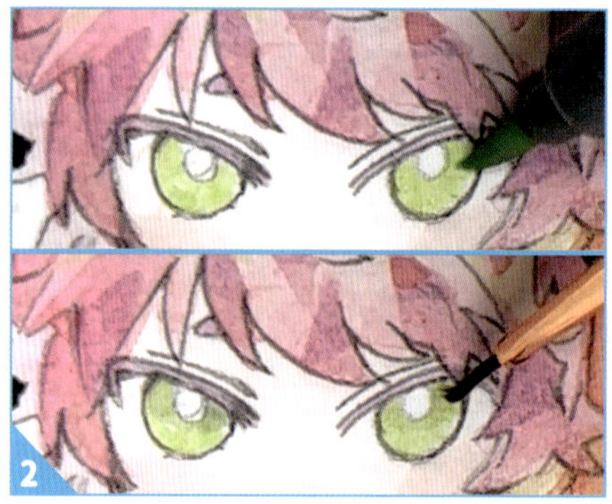

瞳をライムグリーンで直塗りしたあと、瞳の上半分に、カゲとしてクールグレイミディアムを極細筆で塗る。

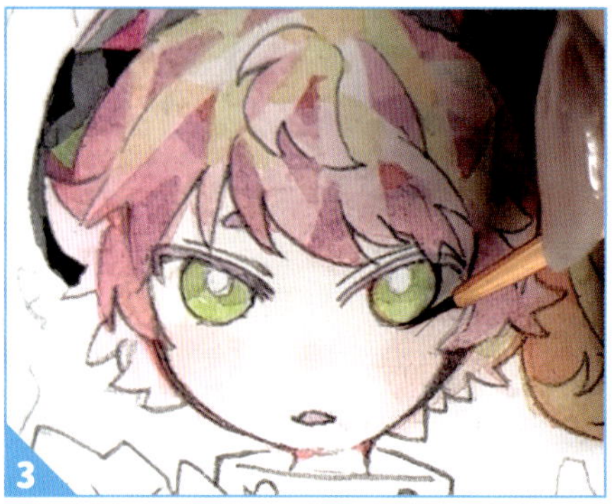

レッドで、顔と瞳の輪郭をふちどる。デフォルメキャラなので、顔の描写は普段よりシンプルにする。

服を塗る

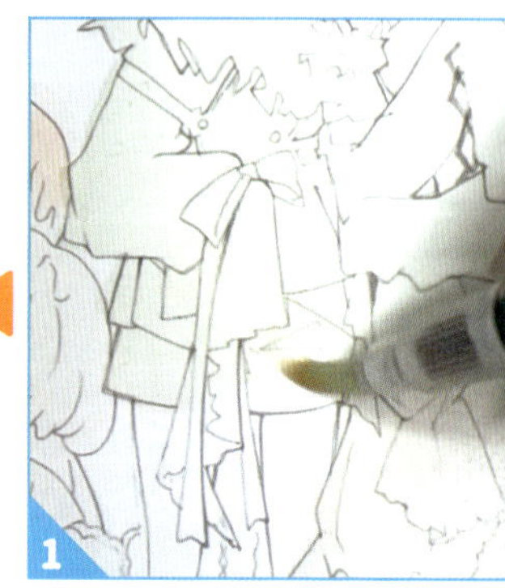

イエロー、ジェイドグリーン、パシフィックブルーの3色を混ぜた黄緑色で、服全体を下塗りする。範囲が広いので、水筆は太筆。

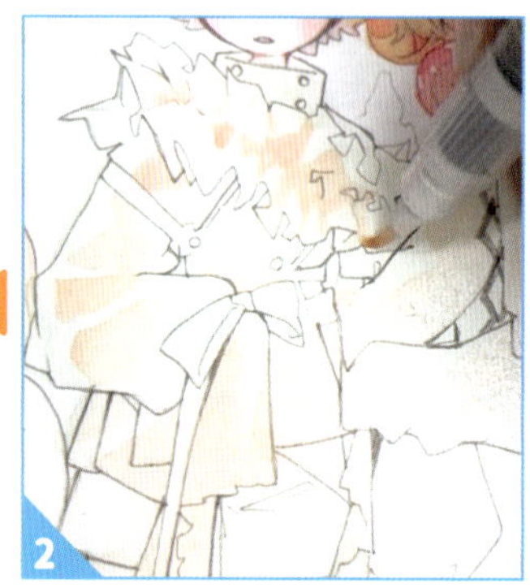

マゼンタ+オレンジの混色でカゲを入れる。

夏目レモン　光源は上にあるので、下側にしっかりカゲを落とすイメージで塗ります。

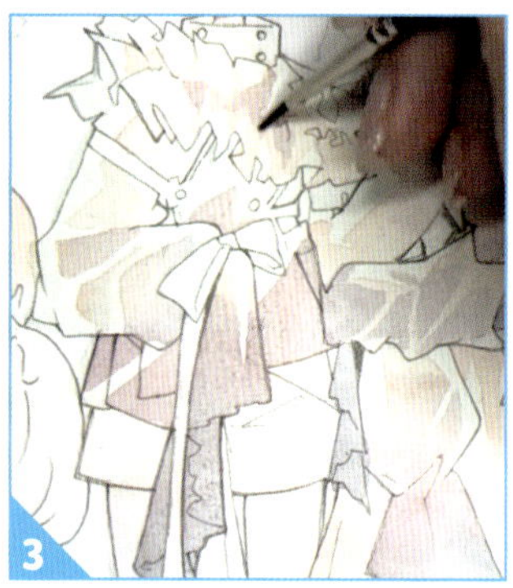

ラベンダー+ライトブルーの混色でさらにカゲを塗る。少しずつ重ねて濃くする。

夏目レモン　②のカゲのなかで、シワが多く寄る部分を集中的に塗ります。

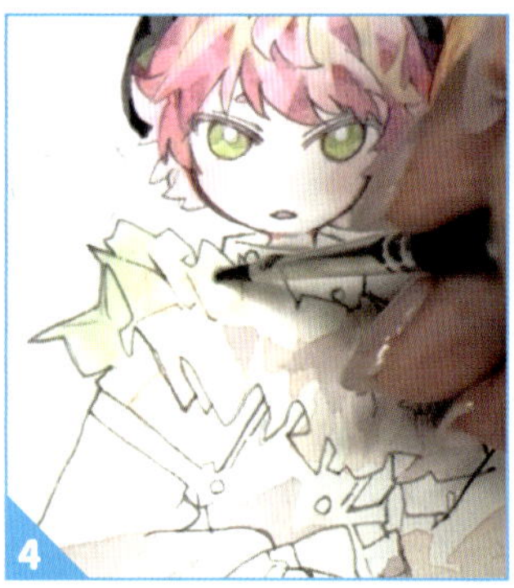

肩など、部分的にライムグリーンを重ねる。

夏目レモン　色がまとまりすぎていて目立たないと感じたので、差し色を入れました。

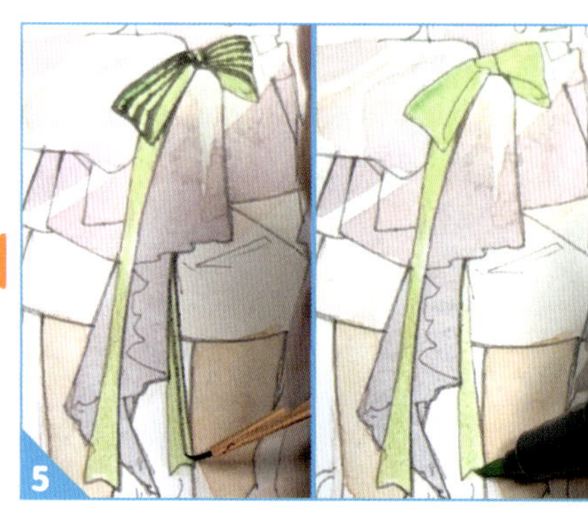

ヘンゼルのリボンを塗る。ライムグリーンでリボンの地色をベタ塗りし、インテンスブラックでストライプを描く。

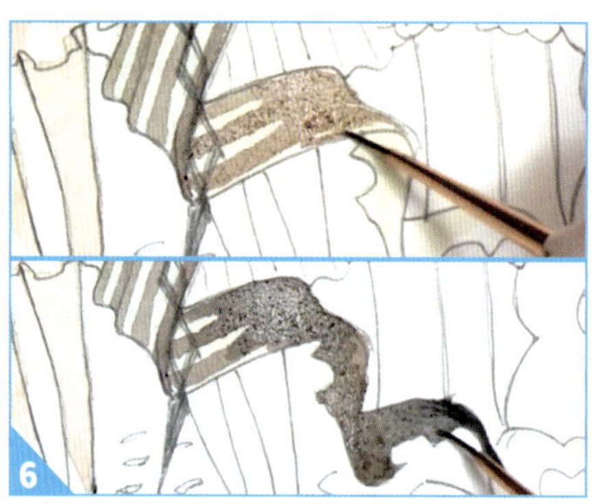

グレーテルのリボンは、ブラウンでストライプを塗ったあと、先端はインテンスブラックを混ぜてグラデーションに。

夏目レモン　長いリボンなので、先端に行くほど汚れている、というイメージで塗っています。

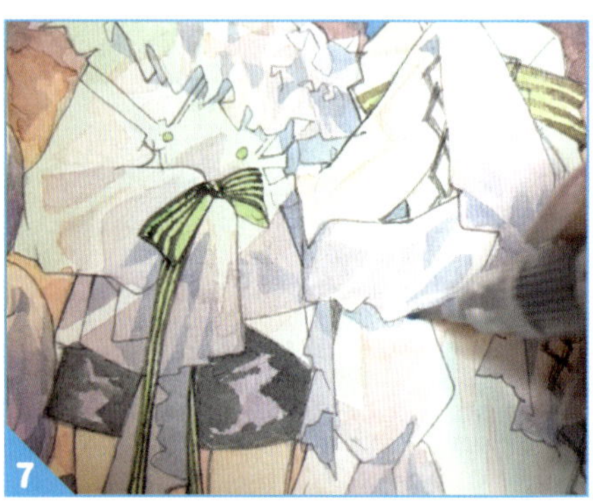

⑥までの工程を乾かしてから、青色(ライトブルー+ライトラベンダー少し)で一番濃いカゲを入れる。③と同じように、シワが多く寄ってカゲが濃く落ちる部分を塗る。

ビスケットを塗る

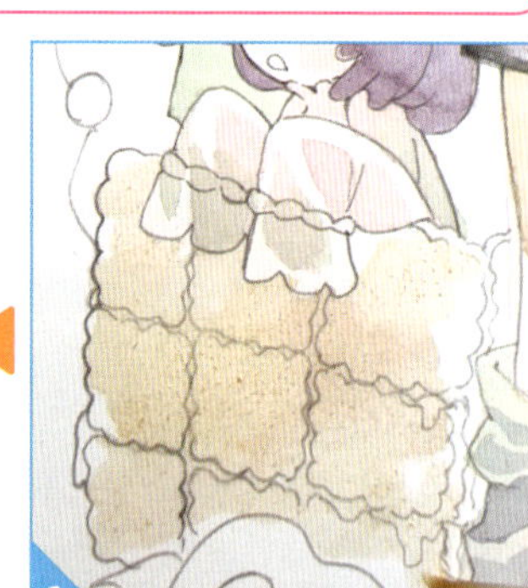

全体にゴールデンオークル+ブラウンを水筆の太筆で伸ばし、端っこにミントを少し入れる。

夏目レモン　子供の服がミント色なので、

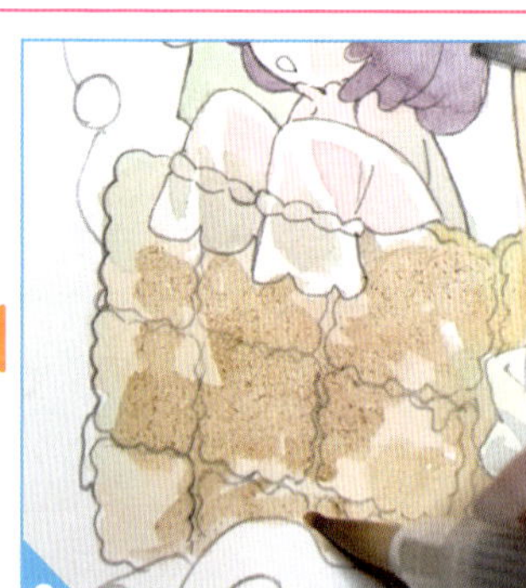

カゲを入れる。①のゴールデンオークル+ブラウンの混色を、ブラウンの分量を多めにしてザザッと塗る。

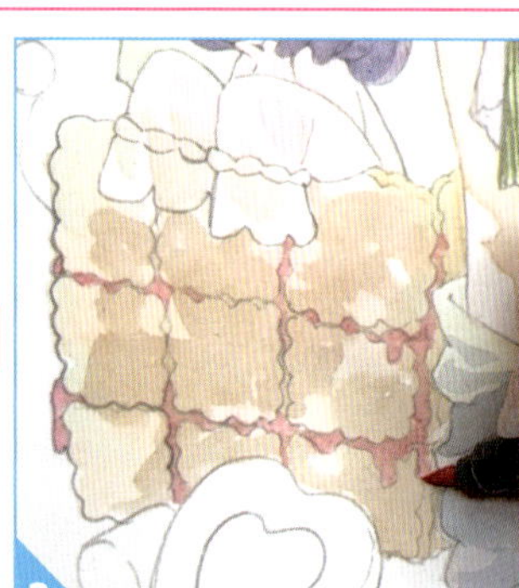

ビスケットの間からあふれるジャムを、ライトローズのペンで直塗りする。

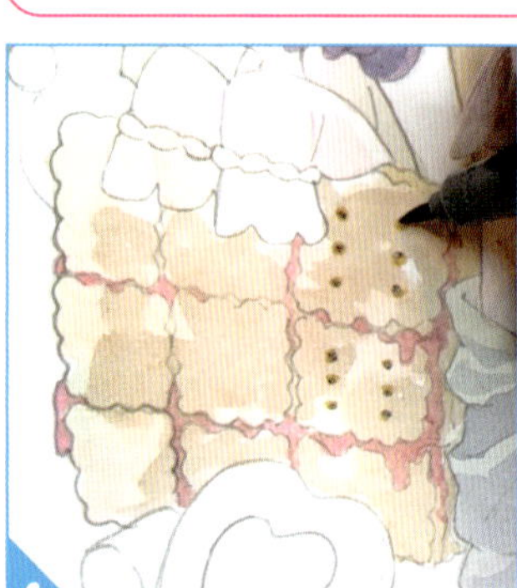

ビスケットについているプツプツとした穴を塗る。ゴールデンオークルを塗った上に、ブラウンでカゲを入れる。

空を塗る

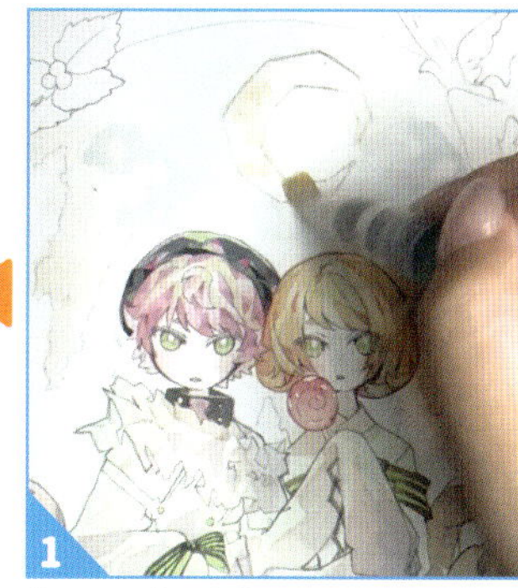

空、月の下塗りをする。月と月明かりはイエロー、空の青い部分はパシフィックブルー。タッチをつけたいので水筆は平筆を使用。

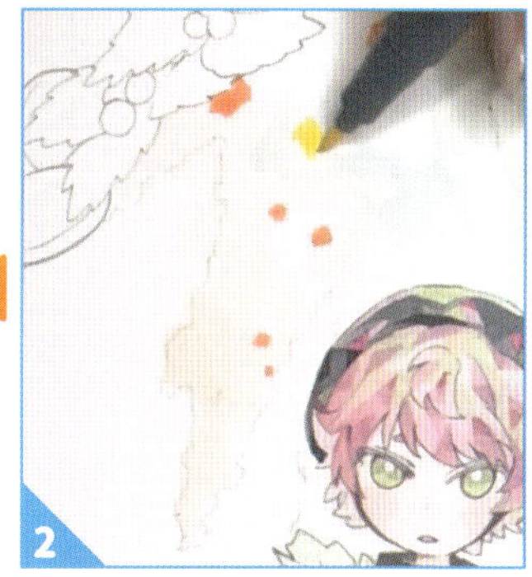

星を描く。イエローとオレンジを、交互にペンで直塗り。

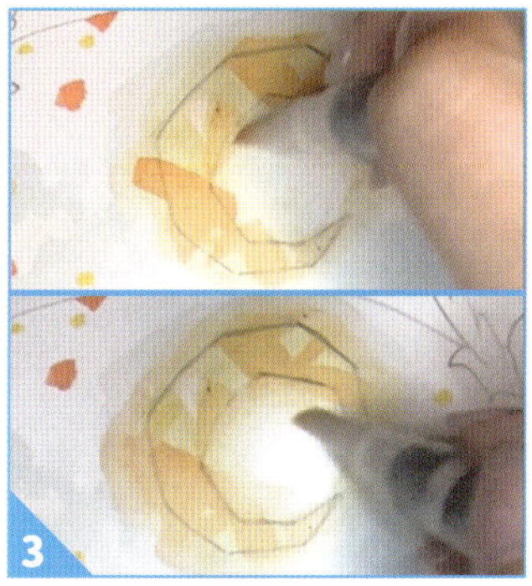

月を塗る。イエロー、オレンジの順に水筆の平筆でカクカクと重ね、水を含めた水筆でぼかす。絵本のような独特のタッチになった。

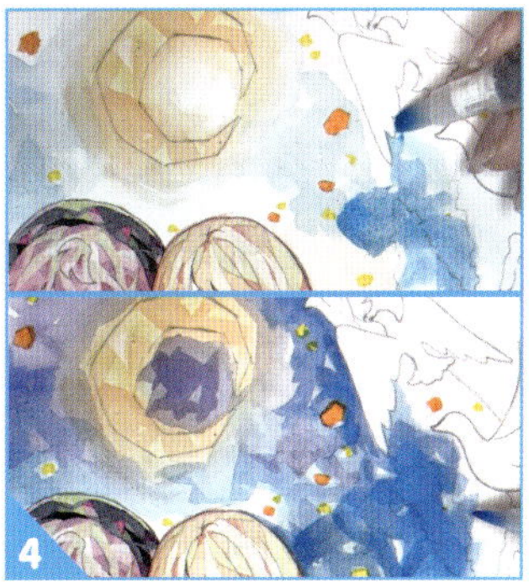

空を塗り重ねていく。パシフィックブルーを平筆でカクカクと重ねながら、バイオレットで暗い部分を塗って、どんどん濃くする。

お菓子の家を塗る

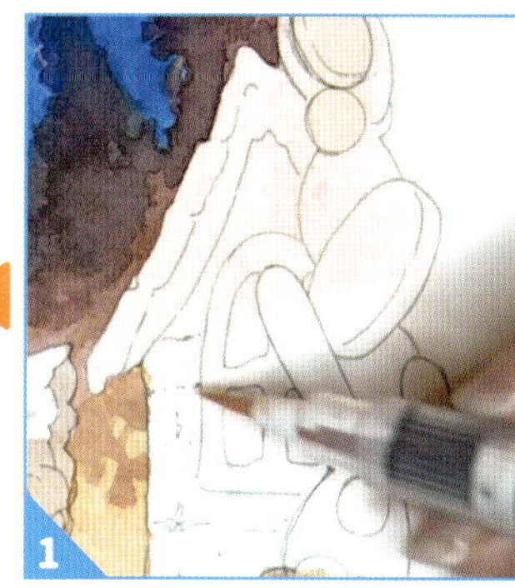

まずは全体を下塗り。ライトローズ、ローシエンナ、マゼンタを混ぜた淡いピンク色を水筆で薄く塗り広げる。

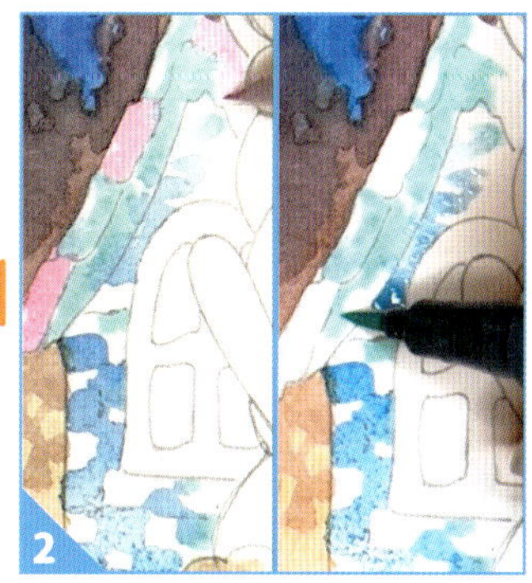

壁と屋根のレンガを塗る。パシフィックブルーを水筆で置いて、ミントはペンで直塗り、マゼンタは再び水筆で塗る。この3色を基本の色とする。

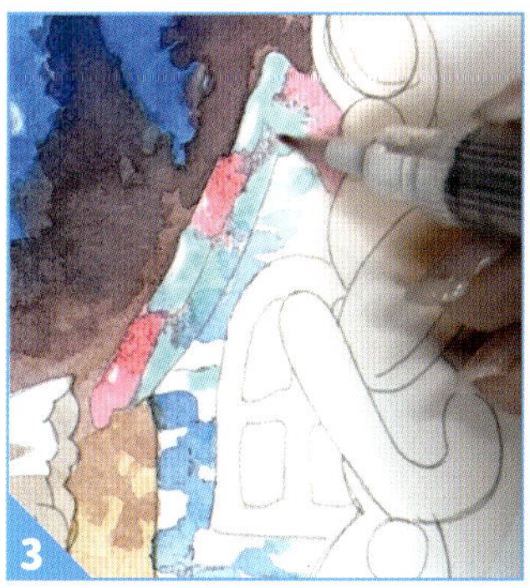

マゼンタを水筆に取って、にじませながら屋根や壁に重ねる。

夏目レモン　青色が浮いている気がしたので、馴染ませるために赤色を重ねました。

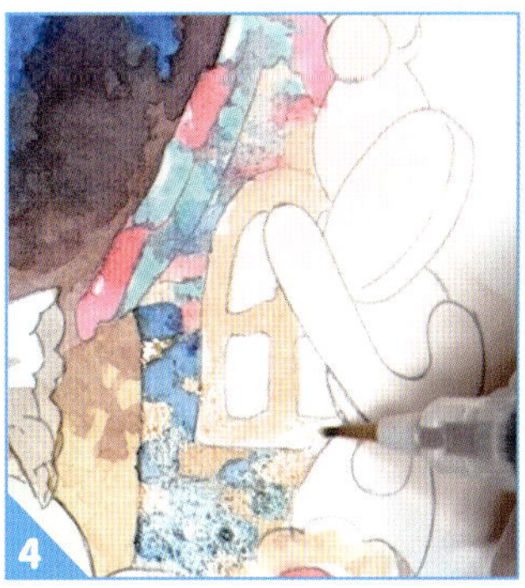

ローシエンナで壁のレンガと窓枠を塗る。そのまま下のほうにも重ねて混色する。

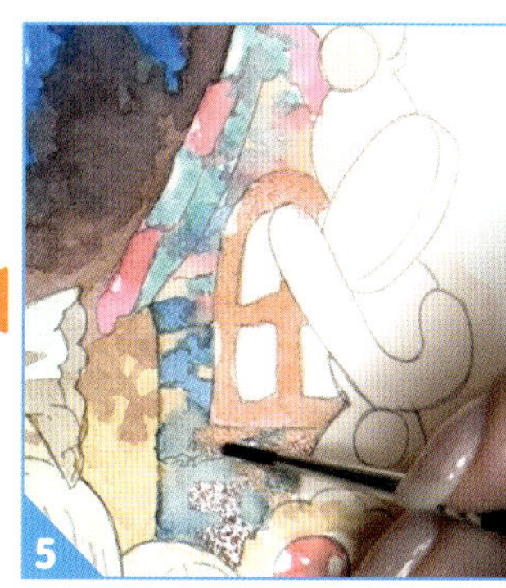

ローシエンナ＋マゼンタの赤茶色を窓枠に重ねて濃くし、そのまま壁の下のほうにも重ねたり、レンガを描いたりする。

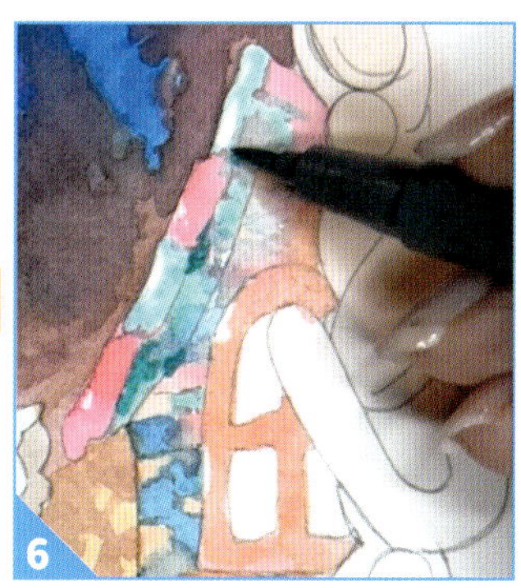

ターコイズを屋根にペンで直接重ねる。

夏目レモン　屋根の内側でカゲが落ちる部分なので濃くしました。

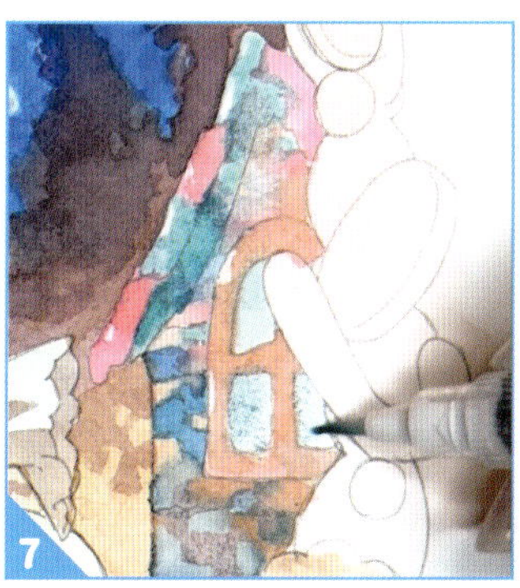

⑥を水筆でぼかしてなじませ、水筆にターコイズを取って窓にも色を伸ばす。

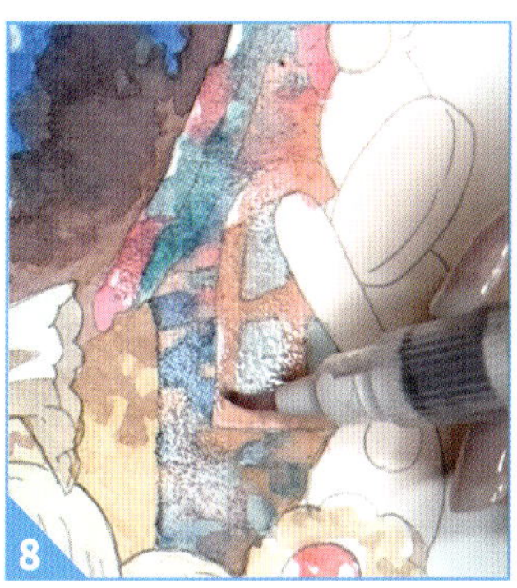

屋根や壁、窓など、全体にマゼンタを水筆で淡く重ねる。

夏目レモン　色にまとまりが出るよう、上から全体にマゼンタを重ねました。

まとめ

ヘンゼルとグレーテルをモチーフにしたメルヘンなイラストが完成！　今回は絵本のような世界観を目指したということで、いつものようにグラデーションで塗るだけでなく、平筆を用いてタッチを活かしたり、三角形でカゲを入れるデザイン的な塗りなど、多様な塗り方を見せてくれたのが印象的でした。また目指す表現に合わせて、ペンでの直塗り、水筆、極細筆の使い分けも参考になったのではないでしょうか。単色でも混色でも使いやすいので、ぜひ、みなさんも色々と塗り試してみてくださいね！

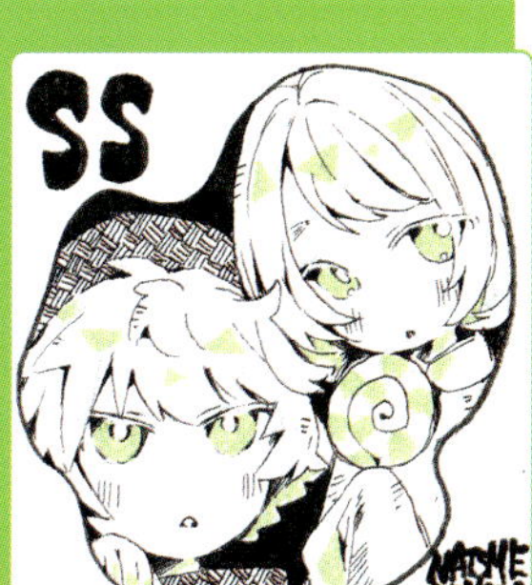

色紙プレゼント

夏目レモンさんの「ステッドラー ピグメント ブラッシュペン」の感想

夏目レモン　一度インクが乾くと、上から違う色を重ねてもにじまないので、躊躇なく色を塗ることができて、とても良いと思います。また濃い色はしっかりと鮮やかに発色し、薄い色は馴染みやすいので、用途にあわせて使い分けができるのも良いと思います。

好きな色について

●ライトローズ、ミント………濃い色を馴染ませる時など、何かと便利で使いやすかったです。

●ライムグリーン………差し色として、可愛く使いやすい色だと思います。

仕上げ

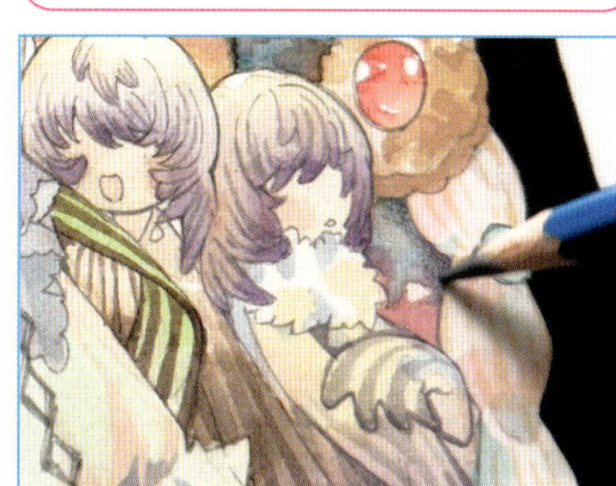

鉛筆（ステッドラー マルス ルモグラフ）で、部分的に線画をなぞったり、カゲを入れたりする。

夏目レモン　鉛筆のほうがガサガサとした質感を出せるので、より絵本っぽい雰囲気が出せるかなと思いました。また鉛筆でカゲを入れることで、額縁の中に収まっているような遠近感も出せると思いました。

CLIP STUDIO PAINT × SS

第1回ナビゲーター しいろ&明日見ゆうら

「CLIP STUDIO PAINT(クリスタ)」は、スモールエスに届くイラストで多く使われているだけでなく、使用したい画材の上位に入っているお絵描きアプリです。今回からデジタルイラストに挑戦する講座をスタートします。教えてくれるのは元々アナログで描いていて現在はCLIP STUDIO PAINTで描いている「しいろ」さんと、最近iPadを使い始めてデジタルイラストに挑戦したい「明日見ゆうら」さんの2人がナビゲーターを務めます！ 前半では、ラフから彩色までの工程とあわせてワークスペースのカスタマイズなど、CLIP STUDIO PAINTで描き始めるためのポイントやコツも紹介します。デジタル画材に興味はあるけれど使い方に不安があったり、自分に合った描き方を知りたいときの参考にしてみてください！ みなさんからも「こんな使い方をしてみたい」「こういった絵を描くときはどうすればいい?」など、CLIP STUDIO PAINTを使ってみて気になること、描き方について聞いてみたいことを募集しています！ 巻末のアンケートハガキに書いて送ってくださいませ。

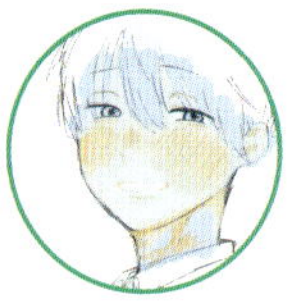

明日見ゆうら／高校1年生。SS(スモールエス)69号の巻頭イラストを担当した。少し不思議でファンタジックな世界が好き。
Threads【asumi_909__】

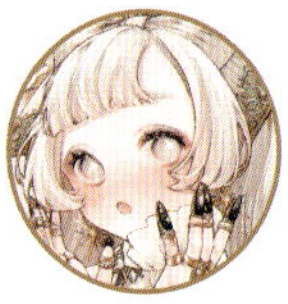

しいろ／SS(スモールエス)75号の巻頭イラストを担当。煌びやかな装飾やコスチュームとエレガントなカラーリングでドールのような美しい女の子たちを描く。
X(旧Twitter)【@shiiro_illust】
Instagram【shiiroillust】

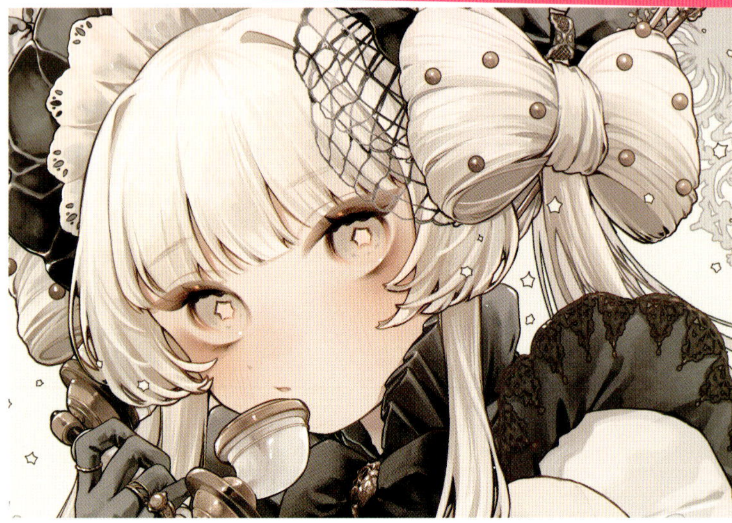

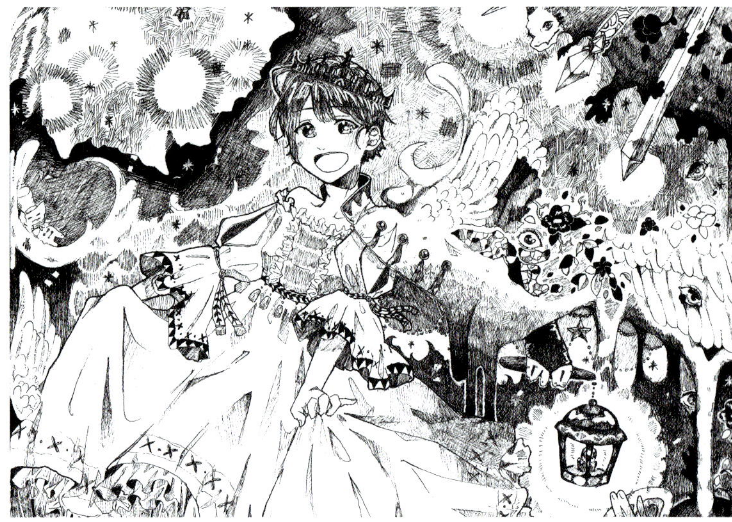

「CLIP STUDIO PAINT」初心者講座
デジタルイラストにチャレンジ 前編

CLIP STUDIO PAINTでデジタルイラストを描くときに準備するもの

スタイラスペン

筆圧対応ペン Apple Pencil／Apple Pencil(第2世代)
機種によって対応している種類が異なるため注意が必要です

筆圧対応ペン 2000円〜5000円で購入できるもの
絵に向いているペンなのか、レビューを参考にすると良いです

Apple Pencil以外でも描くことはできますが、筆圧対応していないと線や濃淡の強弱が反映されません。そのかわり対応機種に制限がなかったり充電が不要など、手軽に使える良さもあります。

筆圧非対応ペン

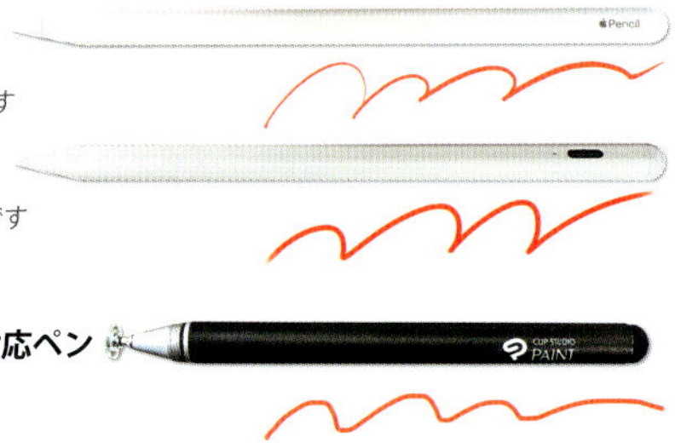

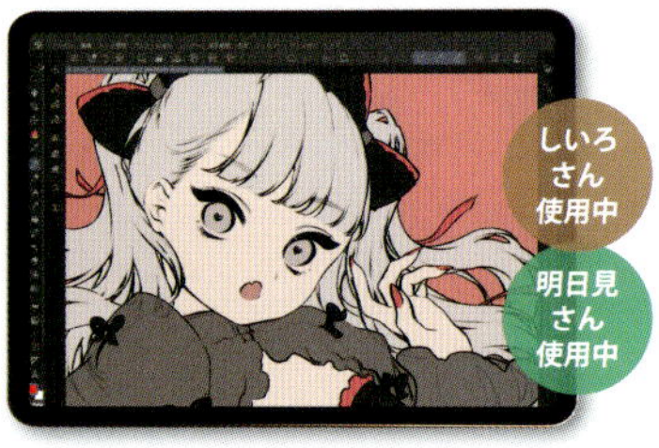

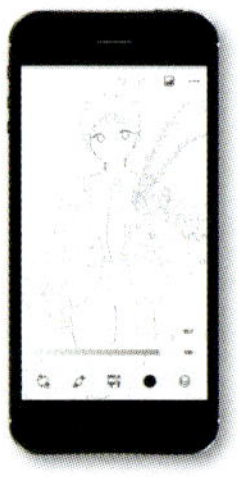

タブレット

【CLIP STUDIO PAINT for iPadを使用する際の動作環境】
・OS:iPadOS 16、iPadOS 17
・メモリ:3GB以上のメモリ必須 4GB以上推奨
・サイズ:10.5インチ以上のディスプレイサイズを推奨
・ストレージ空き容量:6GB以上の空き容量のあるストレージ

液晶サイズが大きいのでツールが見やすく描きやすいです。筆圧対応しているペンを使うことで紙に描く感覚で作画できます。

スマートフォン

【CLIP STUDIO PAINT for iPhoneを使用する際の動作環境】
・OS:iOS16、iOS17
・メモリ:3GB以上のメモリ必須 4GB以上推奨
・サイズ:5.5インチ以上のディスプレイサイズを推奨
・ストレージ空き容量:6GB以上の空き容量のあるストレージ

手軽さが◎。機能はパソコンやタブレットと変わらず本格的。表示もスマホ用に設計されています。指かスタイラスペンで描きます。

デジタルで描くとき、どんな作業環境や端末が自分に向いている?

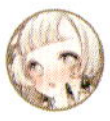
私はもともとアナログ画材でイラストを描いていました。そのときはコピックを使っていたのですが、学生でしたし、色を揃えるのが金額的に厳しくて…。絵を続けていくことを考えて、デジタルへの移行を考えました。はじめは一番身近なスマホで描いてみたのですが、小さい画面に描くことが思うようにできなくて…。大きな液晶で描こうと思い、お金を貯めて液晶ペンタブレットを買いました。そのときに一緒についていたソフトがCLIP STUDIO PAINTで、ずっと使っています。現在は液晶サイズが一番大きいiPad ProとApple Pencil(第2世代)も併用しています。タブレットでアイデア出しのラフや下描き、液晶ペンタブレットで清書するという使い分けをしているんです。

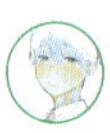
私は主にアナログ画材でイラストを描いていて、デジタル画材を触ったのは1年ほど前です。クラスメイトにデジタルで上手に描く子がいて、自分でも描いてみたくなりました。アプリを入れて指で描いてみたのですが画面が小さいので拡大させつつ描くので、全身を描きたいときに難しかったです。最近iPad Air(第5世代)を買ってもらい使いはじめたのですが、画面が広くて絵のバランスを確認しながら描けるのが良いなと思いました。ペンは自分で買ったので、2000円くらいのスタイラスペンです。Apple Pencilは高くて手が出ませんでした。

ひと工夫・CLIP STUDIO PAINTのワークスペースをカスタムしよう！

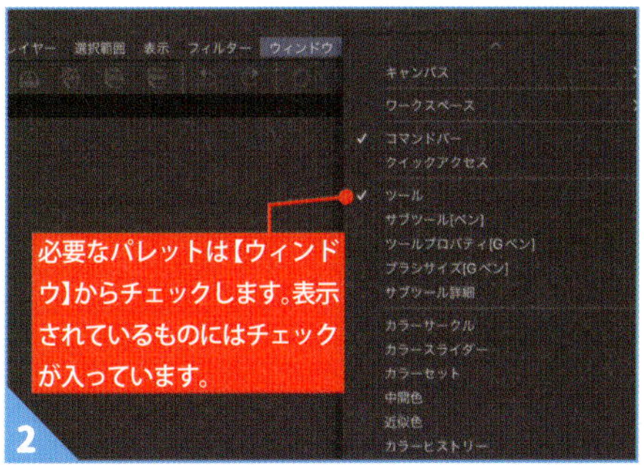

現在表示されている内容は【ウィンドウ】で確認できます。チェックが入っている機能が表示されています。非表示にしたい場合はチェックを外せばOK。

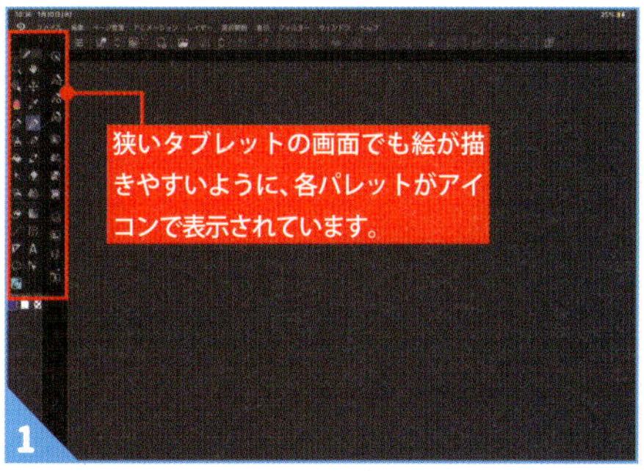

初期状態のワークスペース。使用頻度の高いパレットを常に表示したい場合やレイアウトを変えたいときは、自分の制作スタイルにあわせてカスタマイズしてみよう。

PC版と近い並びにしたいときは？

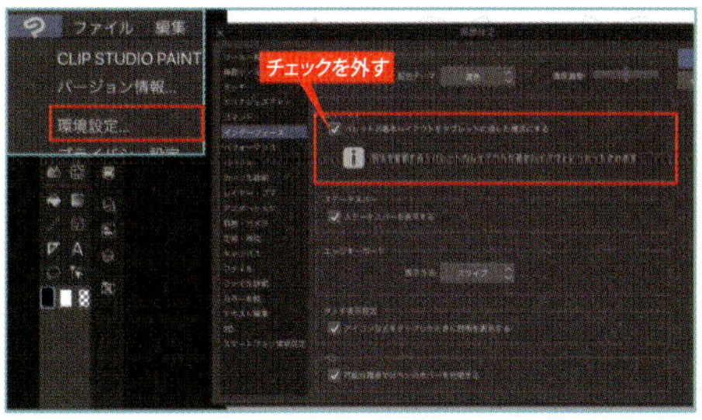

【環境設定→インターフェース】から「パレットの基本レイアウトをタブレットに適した構成にする」のチェックを外すとPCと同じレイアウトにすることができます。

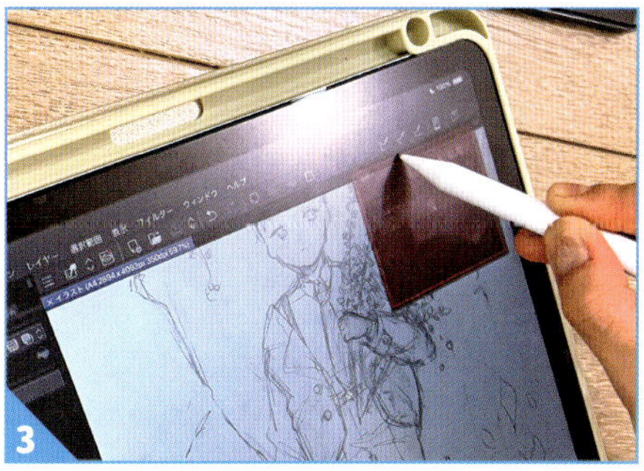

しいろさんのワークスペースを参考に、パレットを追加したり移動させていきます。指かペンでパレットを長押しすると赤く表示されます。その状態で位置を変えてみましょう。

しいろさんのワークスペース

よく使うパレットをメインに配置したワークスペース。左は作画に使うブラシとカラーサークル。右側に作画を補助するナビゲーターやレイヤーを並べています。関連するパレットを近くに置くと動線がスムーズになります。機能がありすぎて迷ってしまう人は「シンプルモード」も使ってみよう。

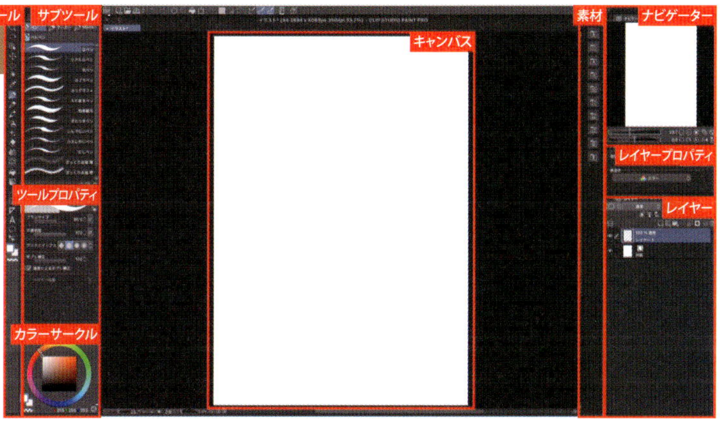

新機能・表示モードの切り替え

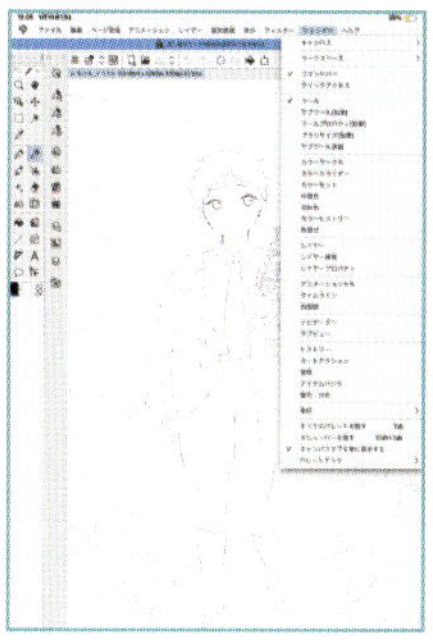

絵の向きにあわせて描きたいとき、タテ位置だとメニューが絵の上に重なるので少し見づらい印象です。【メニュー→シンプルモード／スタジオモード】に切り替えると作画に集中できる表示へ変更することができます。

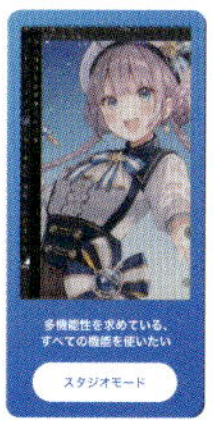

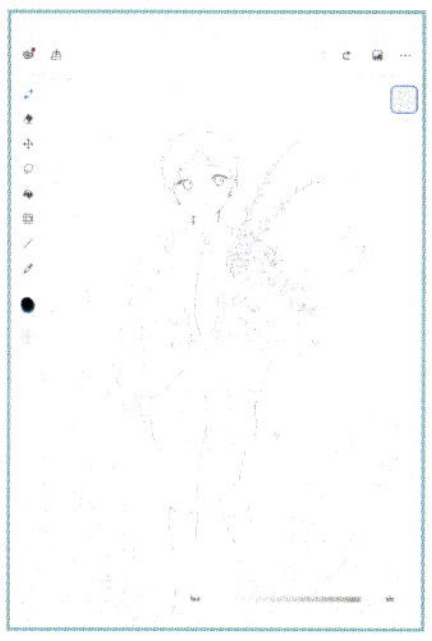

スマートフォン版Ver.2.0.5・タブレット版Ver.2.1.0から搭載されたシンプルモード。パレットを最小限に表示して、大きな画面で描くことができます。2種類の表示モードは簡単に切り替えられるので、ぜひ使ってみてください。

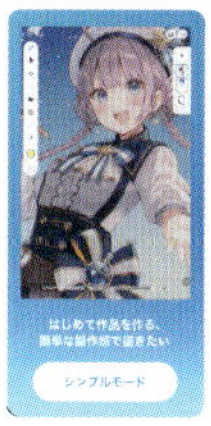

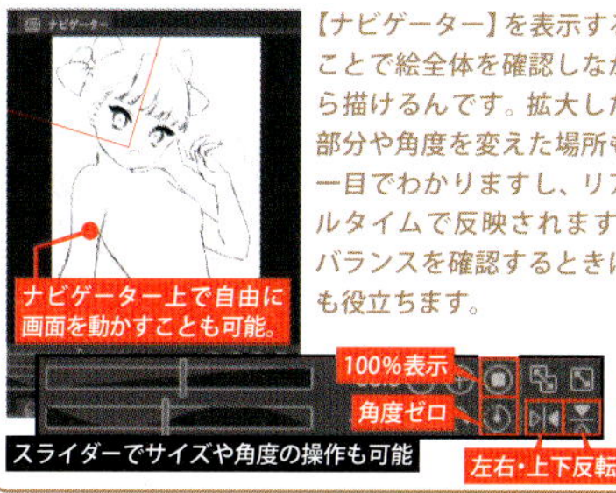

【ナビゲーター】を表示することで絵全体を確認しながら描けるんです。拡大した部分や角度を変えた場所も一目でわかりますし、リアルタイムで反映されます。バランスを確認するときにも役立ちます。

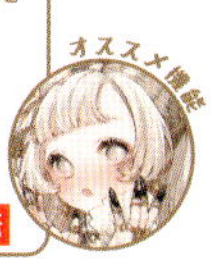

私は色を決めるときに【カラーサークル】を使います。色調を絞った絵を描くときはリングの移動する幅を限定するようにしています。また、明日見さんはリングの反対色をポイントで使うと話されていました。それもすごく効果的で良いですよね！お互いの色がキレイに見えます。

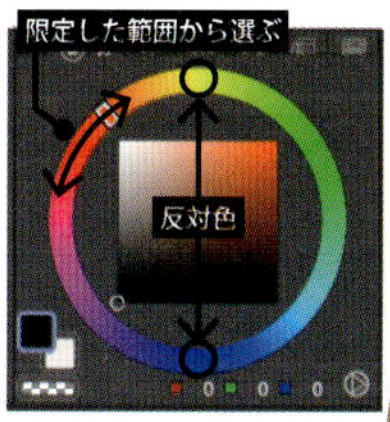

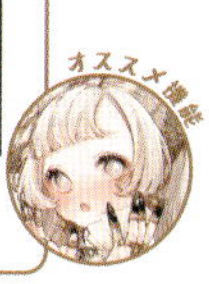

明日見さん実践編① アナログイラストをCLIP STUDIO PAINTに取り込んでみよう

なるべく角度がつかないように、取り込みたいアナログイラストを真上から撮影します。

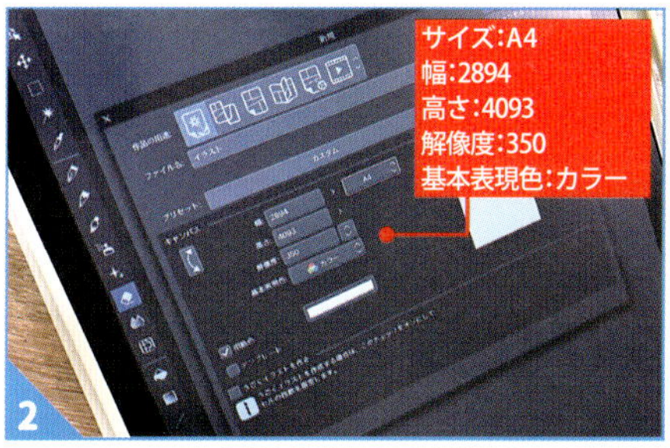

CLIP STUDIO PAINTを立ち上げて、写真を読み込みましょう。【ファイル→新規】で上図のような設定にしました。

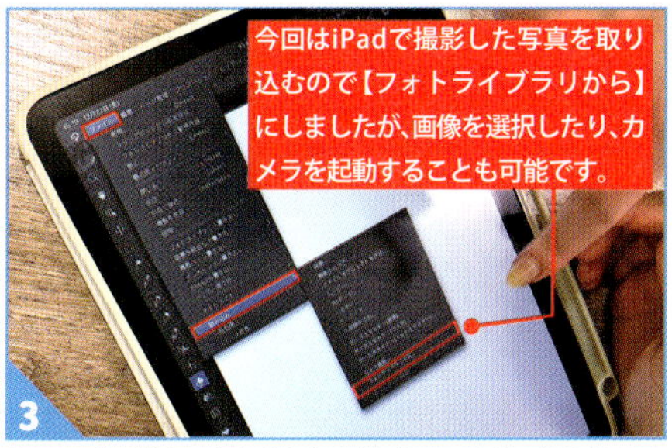

キャンバスが表示されました。次に【ファイル→読み込み→フォトライブラリから】で撮影した写真を選択。

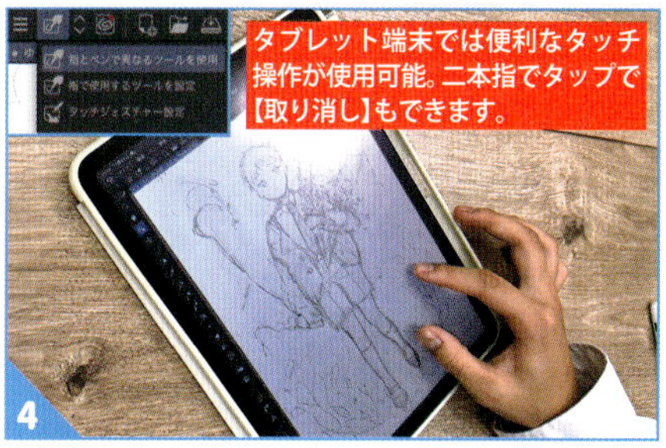

写真が配置されました。画像の位置やサイズが固定されていない状態なので、指やペンでサイズや角度を調整します。

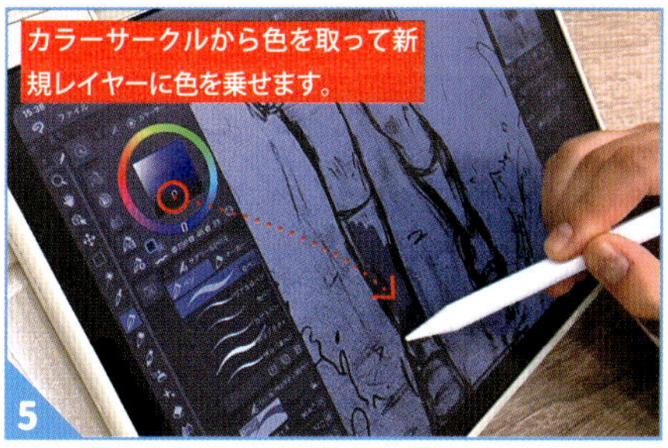

しいろさんに聞きつつ試し描き。色を選ぶことが苦手ということで、イメージする色を置いてみることにしました。

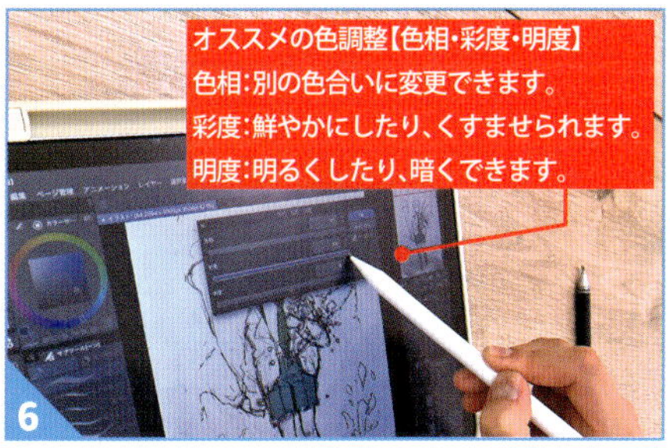

「自在に色を変えられるのがデジタルの良さ」としいろさん。【編集→色調補正→色相・彩度・明度】を使ってみました。

明日見さんが制作する様子の続きは47ページで紹介！

しいろさんのイラスト制作工程を紹介！

ラフを清書する

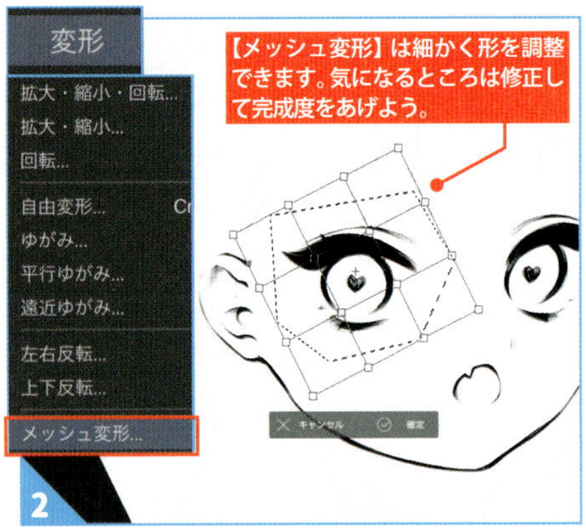

描いたあとで角度や形が気になったら調整します。選択範囲で囲んだら【編集→変形→メッシュ変形】で形を微調整。

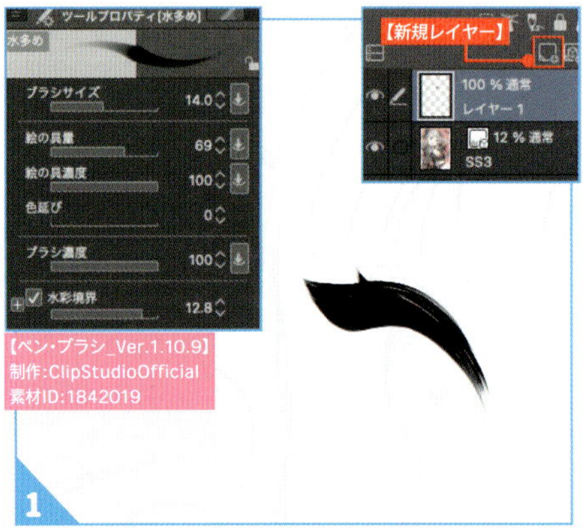

ラフのレイヤーの不透明度を薄く表示。新規レイヤーに【水多め】ブラシで線画を描きます。目元は線を重ねて表現。

POINT・しいろさんのラフの描き方

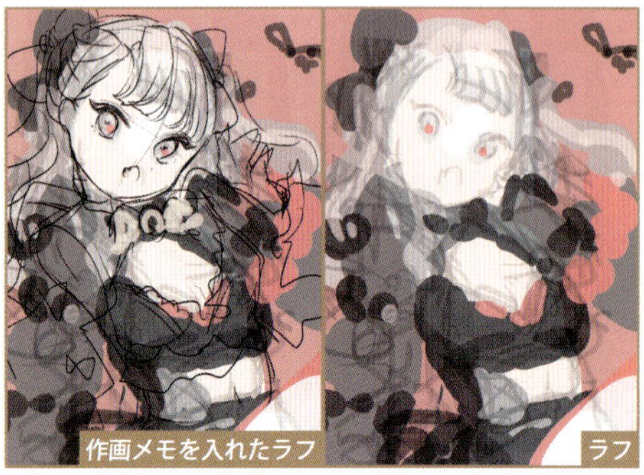

ラフに使うブラシはそのときの気分で選んでいます。共通するのは太めであること。ラフで決めたいことは全体の雰囲気や大まかなポーズなので、細部を気にせず、整いすぎないように意識しています。描く内容や色調が固まってから顔周りを中心に表情を描き入れたラフを作ります。あくまでもラフなので、描き込みすぎず、メモ程度の感覚です。

作画ポイント

線画完成

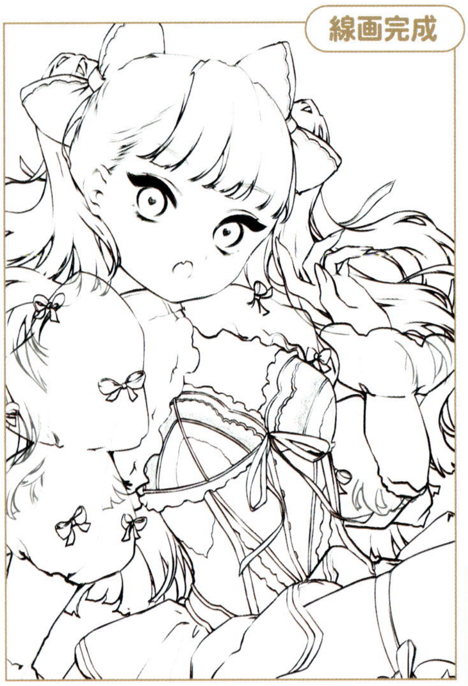

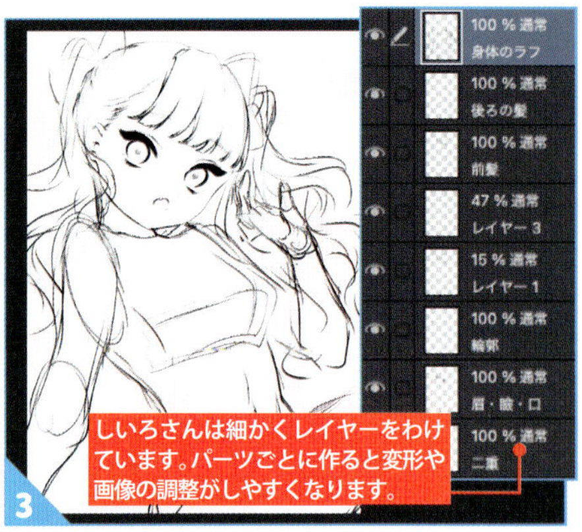

衣装を描く前にポーズのアタリを描き直します。いきなり服を描かず、人体のくびれや関節がどこにあるのか描いておくことで衣装のデザインとフィットします。

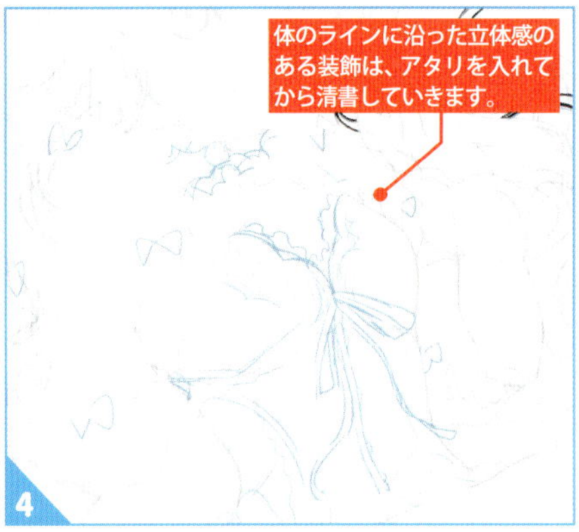

しいろさんは衣装を描く際のこだわりとして「現実でも着れる整合性」を重要視するそうです。描くときも服を着るように羽織は最後。インナーから描いていきます。

パーツごとにベタ塗りする

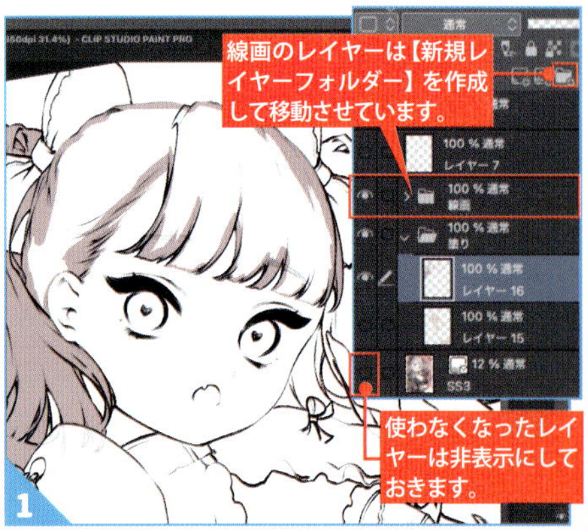

新規レイヤーを作成してベースの色を塗ります。まずは色がはみ出さないように髪のアウトラインをなぞりました。

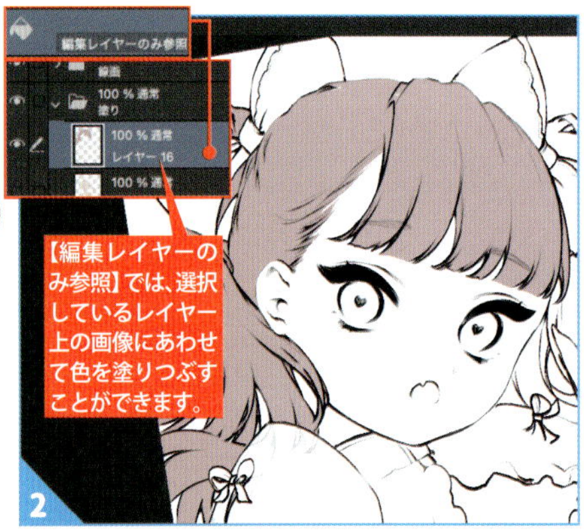

アウトラインの内側を【塗りつぶし】でベタ塗りします。今回は【編集レイヤーのみ参照】で進めました。

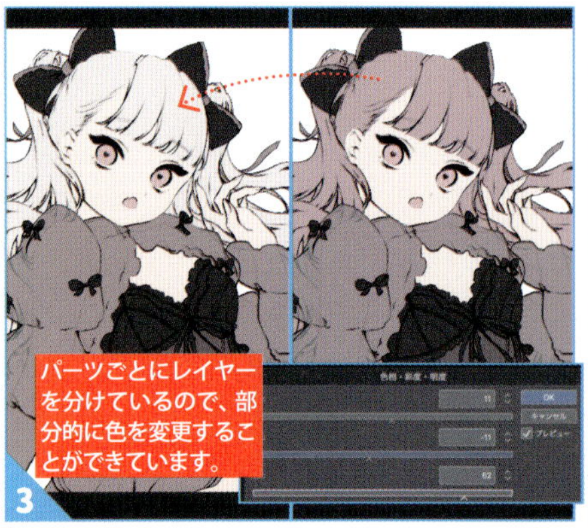

濃いめのわかりやすい色でベタ塗りした後、肌や髪色を【編集→色調補正→色相・彩度・明度】で調整していきます。

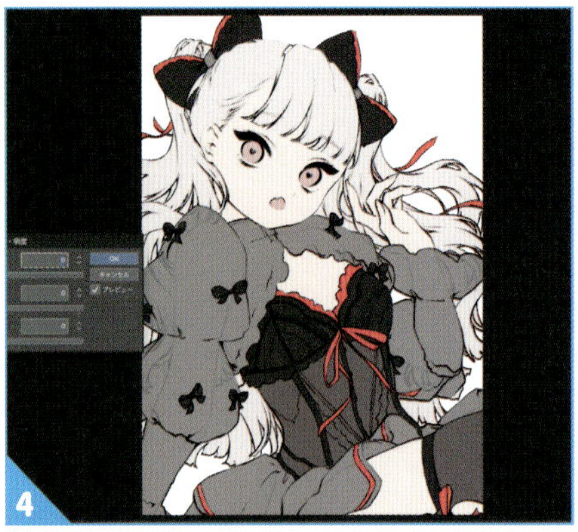

全体の色を塗り終えたら、ポイントカラーを入れました。最後に入れると色が埋もれずバランスも取れます。

下塗り完成

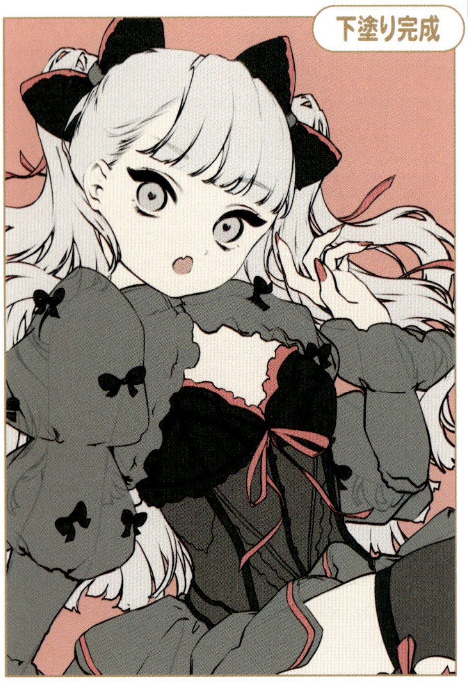

私のイラストは完成すると厚塗りのような仕上がりになりますが、線画を描いてベタ塗りするところまではアニメ塗りと近いです。後半で紹介する着色の工程で線画を部分的に潰したりトレスして、塗りと線を馴染ませていきます。

明日見さん実践編② 「CLIP STUDIO ASSETS」から気になるブラシをダウンロードしてみよう

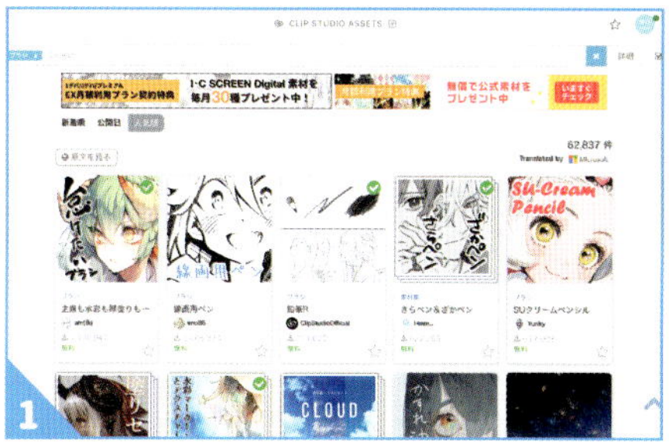

https://assets.clip-studio.comにアクセスして、検索バーに「ブラシ」と入れます。まずは「人気順」を見てみましょう。

調整済みのブラシがすぐに使えるところが魅力的です。ブラシごとに作例も紹介されていますよ。

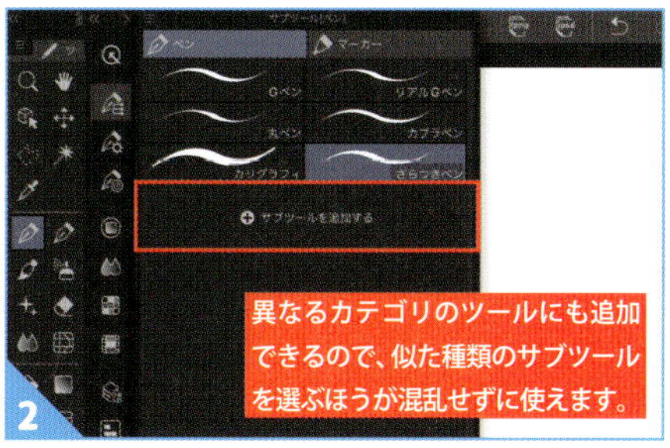

ダウンロードしたブラシを追加します。方法は複数ありますが、今回は【ペンやブラシなど加えたいツール→サブツール→サブツールを追加する】より追加します。

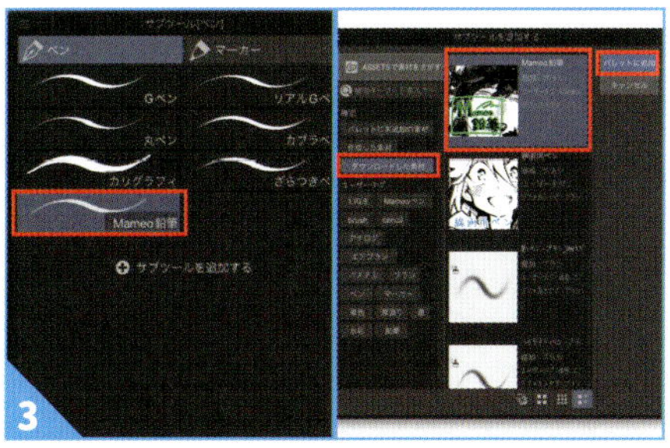

【サブツールを追加する→ダウンロードした素材→パレットに追加】で、ダウンロードしたブラシを追加することができました！　追加後はすぐに使うことができます。

明日見ゆうらさんのイラスト制作工程を紹介！

明日見さん実践編③ 線画に挑戦！

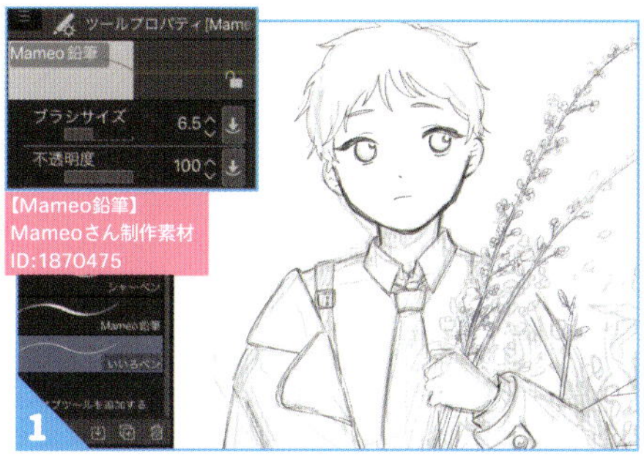

色のレイヤーを非表示に、ラフのレイヤーの不透明度を薄く表示。新規レイヤーに【Mameo鉛筆】で清書していきます。

線画は【Mameo鉛筆】で描きました。線が荒すぎず、なめらかに描けました。線を引いたら消しゴムで削っていく描き方なので、このなめらかな線が向いていました。

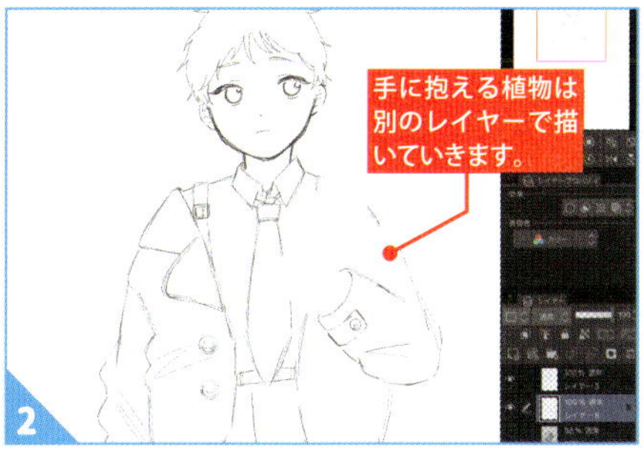

しいろさんの作画方法を参考に、少しずつレイヤーを分けながら描いていきます。

CLIP STUDIO PAINTは描き心地が良いと思いました。描いた所にしっかり線が引かれている感じがして感動したんです。アナログで描いているように描けた印象です。

POINT・線画を描く前に配色を考えよう

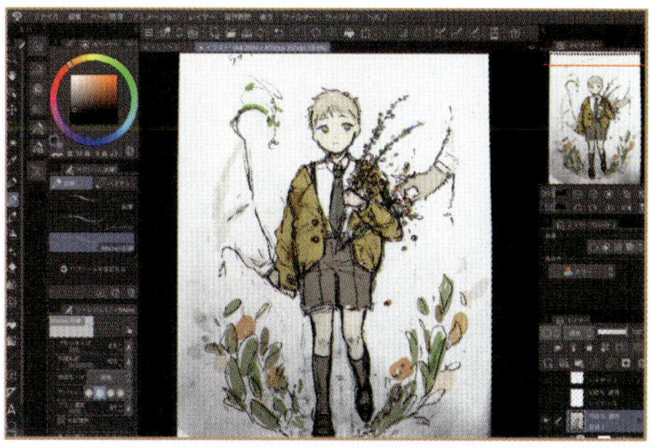

私は線画を描く前に色を考えています。イメージなので丁寧に塗る必要はなくて、ラフの上にザクザクと置くんです。デジタルは色を変えられる利点もありますが、無限に調整できるので彩色前に決めておくと良いですよ。パーツごとにレイヤーを分けておくと色を変えやすいので、レイヤーも細かく使ってみましょう。

アドバイス！

線画完成

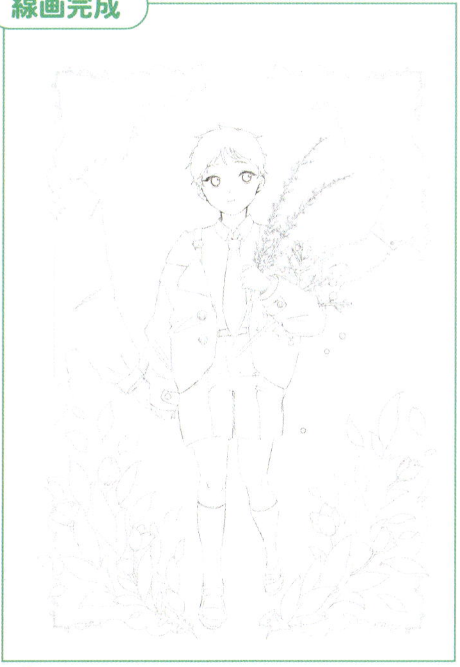

今まではアナログの線画をデジタルに起こしたとき、どうしても「アナログのほうが良かった」ということがあったのですが、今回はそれがなかったです。画面の広いiPadに変えて描きやすくなったこともあると思いますが、CLIP STUDIO PAINTのブラシの描き心地の良さもあると思います！

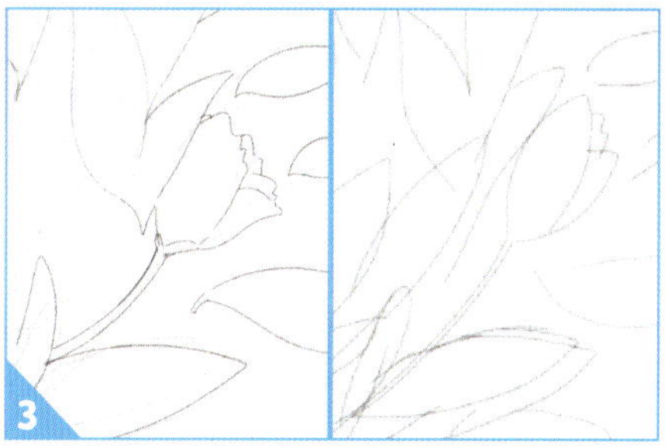

私は花や草木を描くのが苦手で、アナログの時は小さく描いて誤魔化していたのですが、デジタルは拡大して描けるので焦りました。このチューリップは資料を見つつCLIP STUDIO PAINT上でラフを描いて清書しています。デジタルなら描き直せるので、曲線が綺麗に引けるまで何度もチャレンジして完成させました。

足元を華やかにしたかったので、チューリップと植物に流れをつけて両脇に配置しました。しいろさんから「目線の誘導や情報量を考えつつ装飾を配置しています」と教えていただいたので、額縁を描いてみたいと思いました。左右対称のデザインにするために【対称定規】を使ってみました。半分描くと同じようにもう片側も描けるのがすごいです！

明日見さんが描いていて困ったこと・「定規ツールのガイド線を消したい」

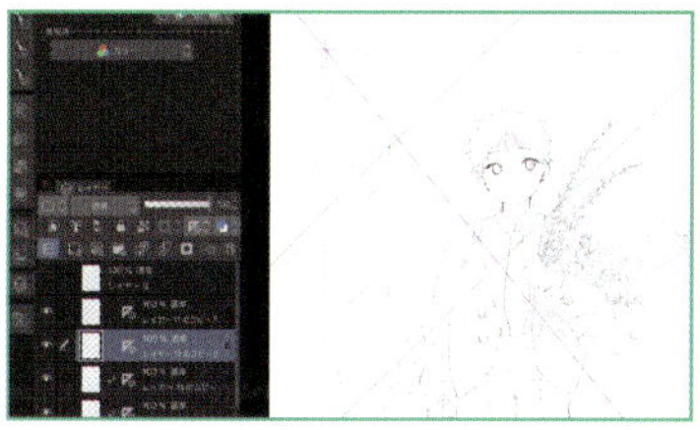

【定規】ツールを使用すると、紫や緑のガイド線が表示されます。絵の上に線が乗っているのは気になるので使い終えたら見えなくしたいですね。

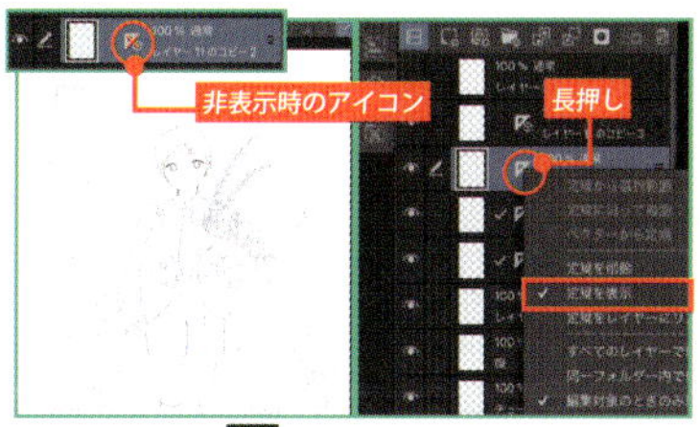

レイヤーにあるのアイコンを長押しするとレイヤーパレットのメニューが表示されます。【定規を表示】のチェックを外せば非表示に変わります。

【対称定規】を使うと画面にガイド線が出てくるのですが、使った後も表示されたままなのが気になったんです。レイヤーを変えれば見えなくなるのですが、消し方がわからず、そのまま進めました。

慣れるまでの時間は個人差があります。私自身は数ヶ月かかりました。早ければ1週間ほどでデジタルでも同じように描けるみたいです。その違いは、描いてきた絵柄や作画方法によるものだと感じるので、あせらず自分のペースで描いてみてください。慣れるまで、私はひたすら描きました。自分の描きたい絵を完成させることを続けていくうちに、使うツールや仕組みがわかってきますよ。

スマホで描いていたときはイラスト全体が見られず描きづらいなと思っていました。その頃は顔の線画→顔の彩色。次に体…といった感じで見えるところから作画していたので、バランスが崩れたときの修正が面倒でした。iPadはスマホに比べて格段に画面が広いので、全体のバランスを見ながら描けることが楽でした。作画方法も線画を細かく描き込めないから厚塗りにしていたので、線画が描けてすごく満足です。

後編では彩色の工程を紹介します。次回の講座もお楽しみに！

ＳＳで水彩絵具をつかいイラストの描き下ろし連載をしている七神マナが、普段とは異なる画材をお試し！ 今回は、100円ショップで売られている画材でイラストを描いていきます。紙、線画、着彩…すべての道具を100円ショップで揃えました。今号はイラストの着彩工程を紹介します。次号は、今回描いた絵を展示するための道具も紹介予定です。みなさんも身近にあるけれど、使ったことがない＆気になる画材があればぜひ、アンケートハガキでリクエストをお送りください～！

使用した画材／ケント紙（はがき）、トレースボード、イラスト用ミリペン（0.05・0.1・0.8）、20色 ツイン色鉛筆 パステル＆スモーキー、イラストマーカー「ベビーピンク＆ピンク」「アプリコットピンク」「パンプキンイエロー」「ペールラベンダー」「ブレンダー＆ウォームグレー」「ライトグレー」「オパールグリーン」「シナモンベージュ＆サフランイエロー」「ラセットブラウン」「パウダーブルー」

合計：2,000円（税込：2,100円）

教師：七神マナ

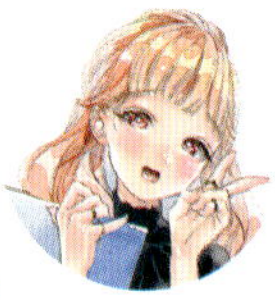

水彩を極めし匠。絵以外は何も出来ず、生活能力がかけている。かどちゃと出会い、毎日がハッピー♡

生徒：かどちゃ

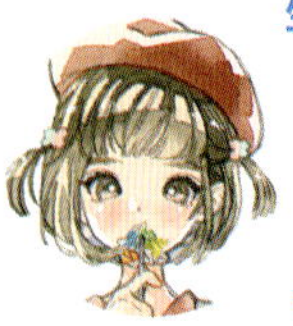

お絵かきの初心者。七神マナ先生の超絶水彩テクニックに惚れていて、今日もDNAを欲しがっている。

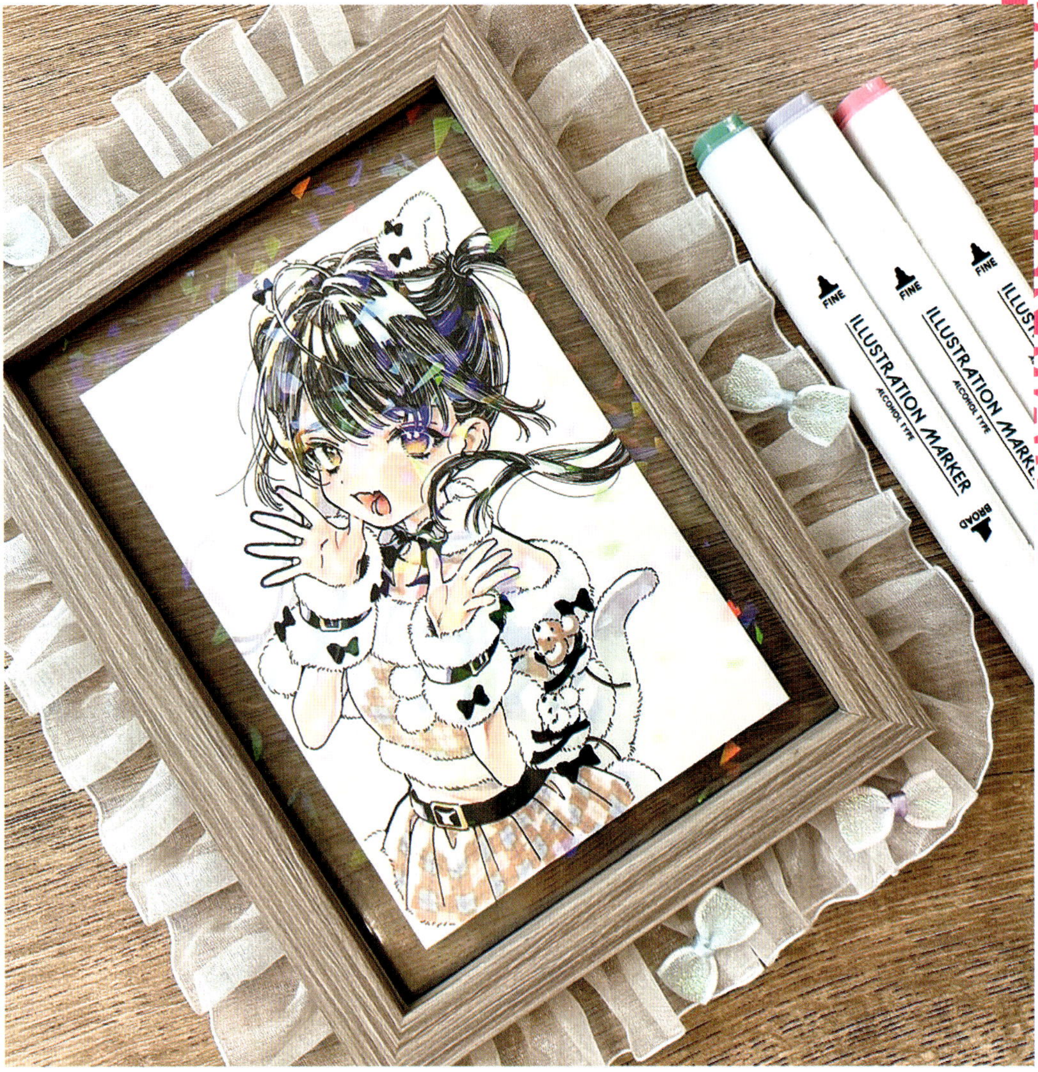

七神マナ先生と一緒に描く
100円ショップお絵かきチャレンジ！

今回使用する画材

七神先生、今回はかどちゃが調べた情報と一緒に紹介しますね！
七神先生はかどちゃが頑張って調べた調査結果を聞いていてください！

わ～♡　今日もかどちゃは可愛いね～♡　それに、頼りになる～！

Seria（セリア）

イラスト用ミリペン
価格：100円（税込110円）※１本ずつの価格です

ペンの中では比較的、硬めの水性ペンな印象ですね。「イラスト用」として販売されていて、感動です！ 水性ペンなので、水彩絵具と一緒には使えませんが、アルコールマーカー、漫画、モノクロイラストを描くのにはぴったりですね！

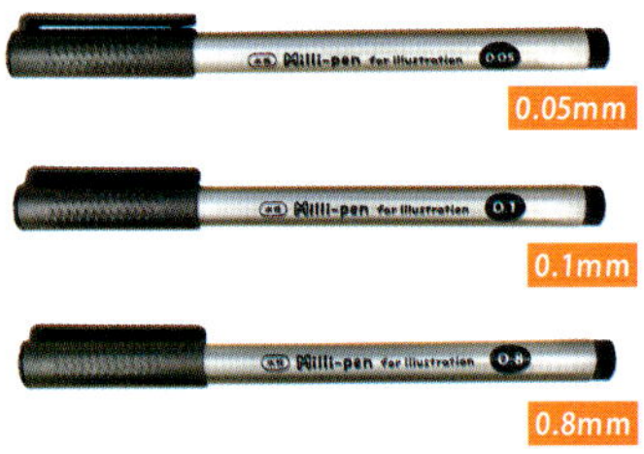

Can Do（キャンドゥ）

20色 ツイン色鉛筆 パステル＆スモーキー
価格：100円（税込110円）※10本入りの価格です

10本入りで100円の色鉛筆…すごいです！ 色によって硬さは違うけれど、比較的柔らかめな気が…。この色鉛筆は上下で、違った色をつかえるみたいなので、10本で20色の色数が揃う！ お得すぎますね～！

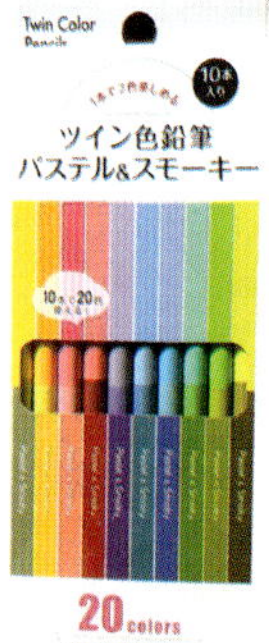

DAISO（ダイソー）

100円ショップごとに、様々なデザイン、そしてペン先があるみたいです！ インクの出方も違う気がします。今回、七神先生が使うDAISOのアルコールマーカーも、パッケージ上部の色が異なるものが、２種類ありました！ ペン軸は一緒だけど、それぞれのペン先が違いますね。ほかにも今回、七神先生はつかっていませんが、ペン軸が黒くてペン先も異なるタイプも。販売時期や店舗ごとに、取り扱いも異なるみたいです…。ネットストアでも購入できるので気になったら、チェックしてみるといいかもです！

トレースボード　Ａ５サイズ
価格：500円（税込550円）

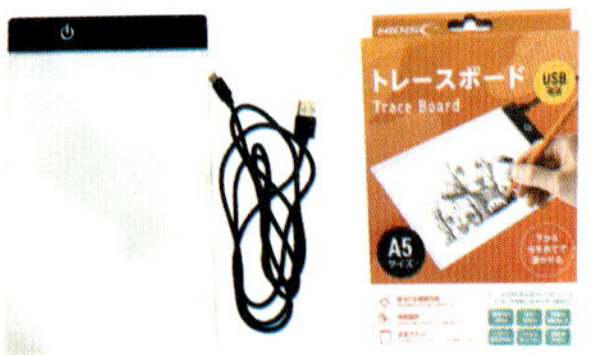

A5サイズのトレースボードは厚みも薄くてコンパクト！ 電源コードはUSBケーブルになっているみたいです。光は３段階で調節できるのも便利～！ 今回、七神先生が描いたはがきサイズは、A5サイズのトレースボードにぴったりでしたね♡

イラストマーカー（油性インク）
価格：100円（税込110円）※異なる色が２本入っています

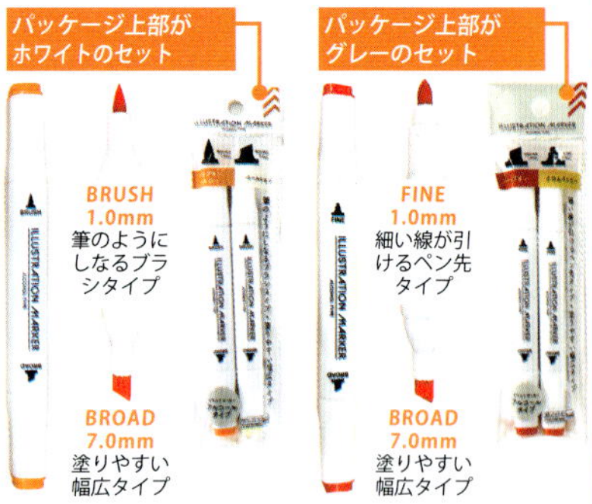

ケント紙（サイズ：はがき・厚み：261.6ｇ/㎡）
価格：100円（税込110円）　枚数：18枚入り

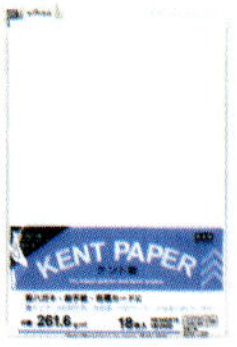

今回、七神先生が使用したケント紙は色を塗り重ねるから、一番厚みのあるタイプを選んでいるんですね！ ほかには、「209.3ｇ/㎡、22枚」「186.1ｇ/㎡、25枚」も取り扱いがあるみたいですね～。厚みによって枚数も違う…。ハガキサイズ以外だと、A4サイズのケント紙もあるので便利ですね！

線画をトレースする

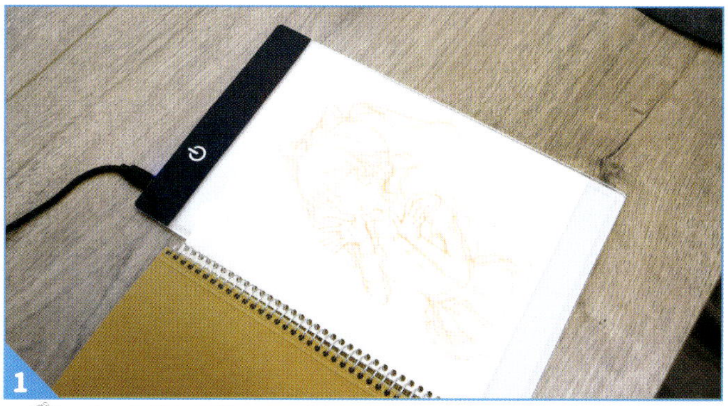

さっそく線画を描いていこうね♡　まずは、クロッキー帳に描いたラフの下にトレースボードを置くよ〜。ラフは、オレンジ色のシャープペンシルで描いているよ！

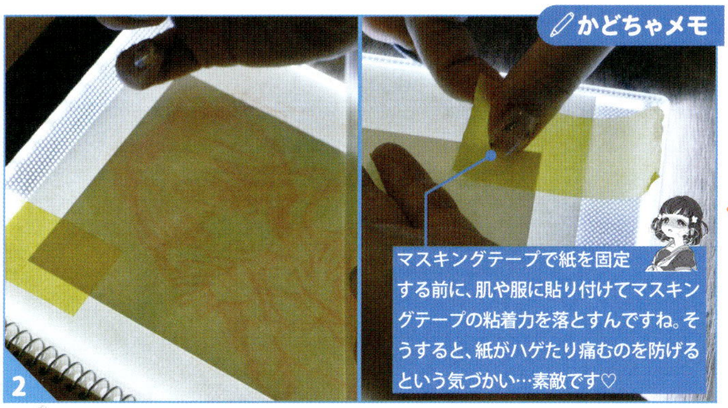

ラフの上に線画を描くケント紙を置くよ〜。線画を描いている時に紙が動いてズレしないように、マスキングテープで、トレースボード・ラフを描いた紙・ケント紙の３つを固定するよ！　今回はトレースボードがコンパクトだから、まとめて固定するよ〜。マスキングテープは左上、右下の２箇所に貼り付けたよ！

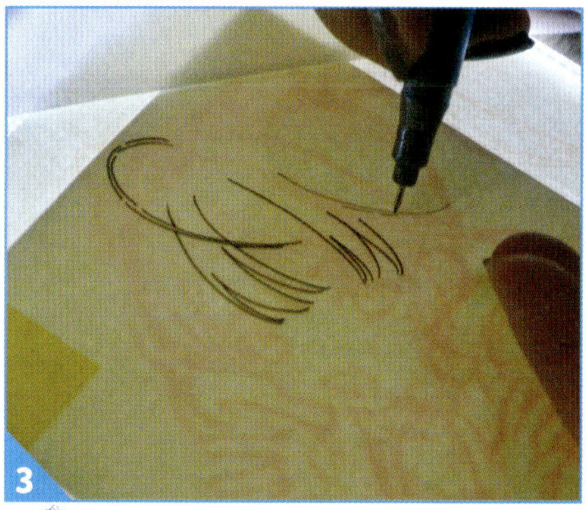

線画はSeriaの水性ペンの0.05mmと0.8mmをつかうよ〜。主に0.05mmでキャラクターを描いていくよ！　髪はつむじを意識しながら描こう♪

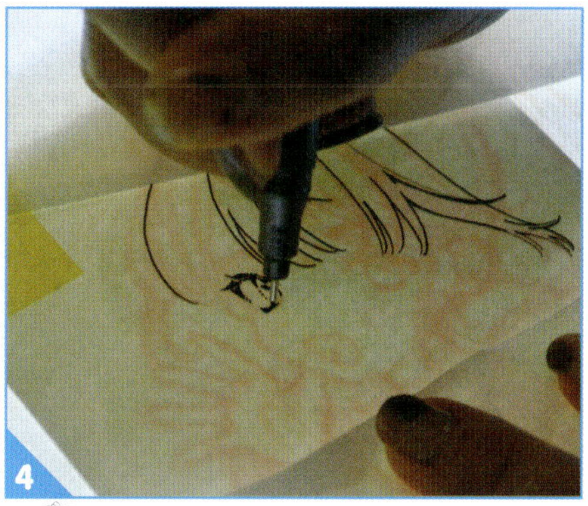

瞳は、点を打つように描くのがポイント！　線画はアウトラインだけ、0.8mmのペンをつかってキャラクターの存在感を引き立たせよう〜！

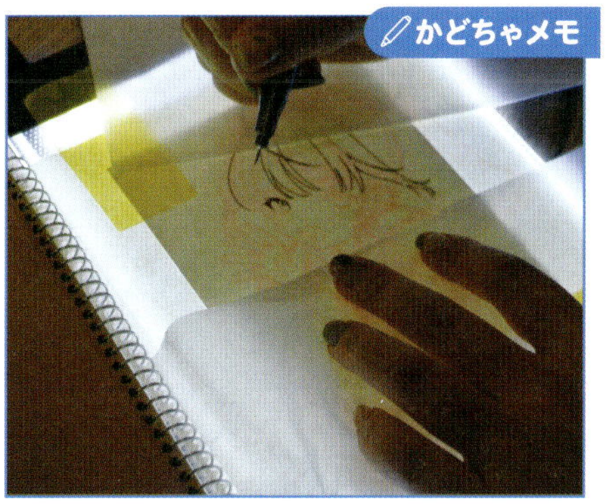

七神先生は、紙に皮脂がつかないように、紙の上にティッシュを敷いているんですね！　水彩紙のときにもつかえる神テクですね♡

肌を塗る

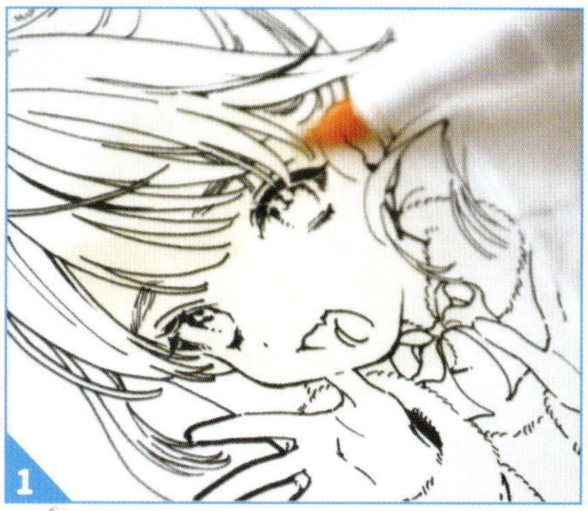

肌のベースはベビーピンクでベタ塗りしよ〜。前髪のカゲが落ちるおでこには、ベビーピンクを重ねて色を濃くすると立体感が出るよ♡　ムラができないように素早く塗ってね♪

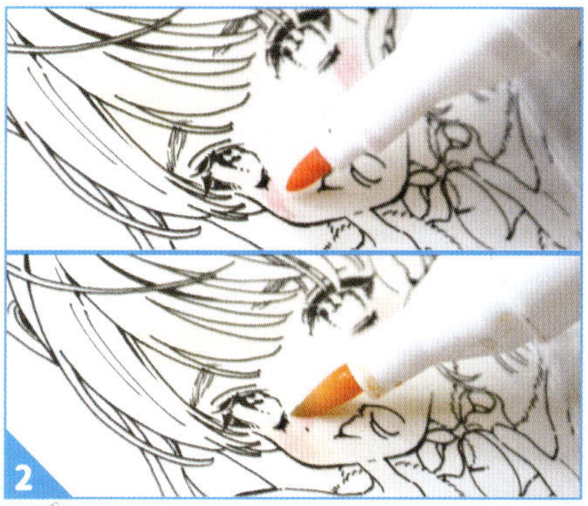

頬をヌリヌリしていこうね〜！　まず一番高い位置にピンクで斜線を引くように色を置いてね♡　上からベビーピンクを重ねてぼかしていこう〜。

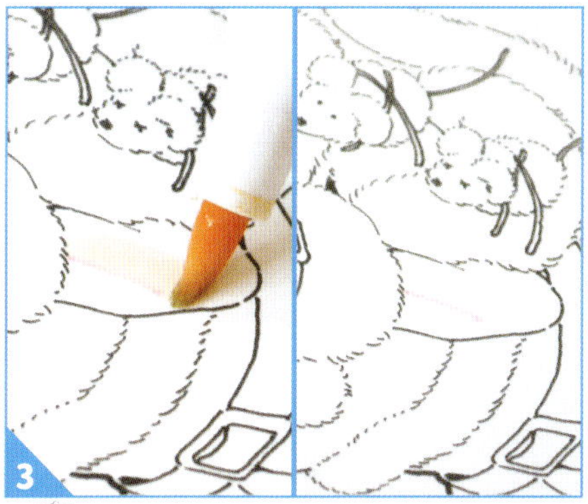

②でつかった２色で肌を塗り進めよう！　腕は、ハイライトを白抜きするためのアタリをピンクで描いて、ベビーピンクで境界線をぼかしながら肌をベタ塗りするよ〜！

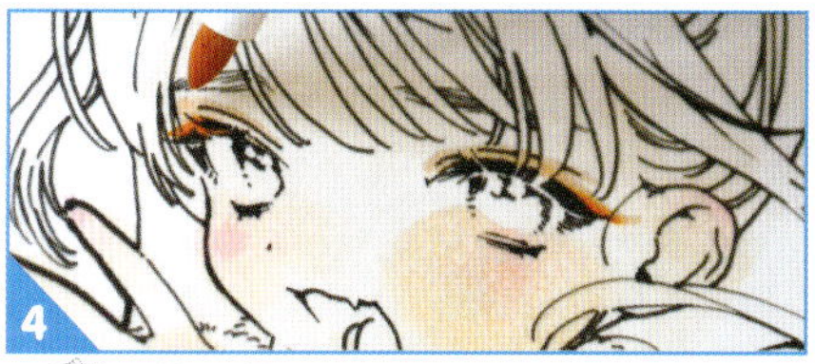

線画で描いた二重ラインとアイラインの隙間は、アプリコットピンクで塗るよ！　目尻にはパンプキンイエローを引いたよ♡

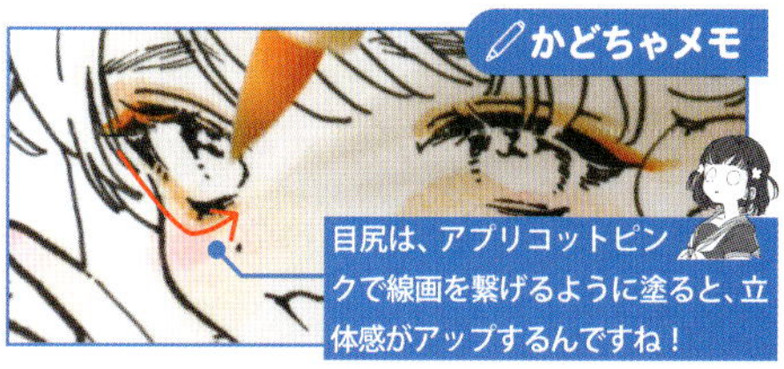

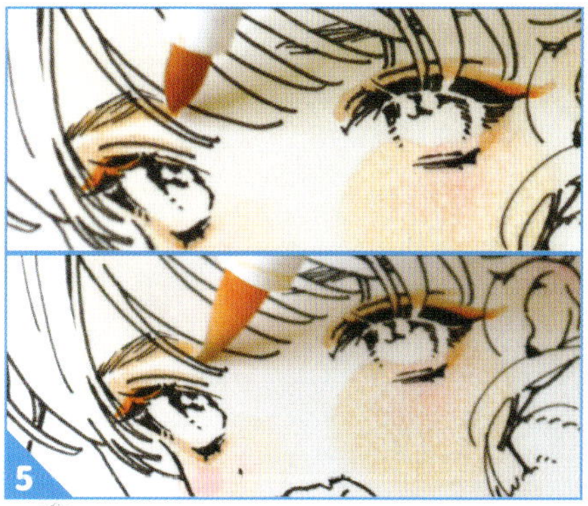

顔の立体感を出すね♡　眉毛の線をなぞるように上からパンプキンイエローを塗って、眉頭にわずかにアプリコットピンクでカゲを入れるよ〜。

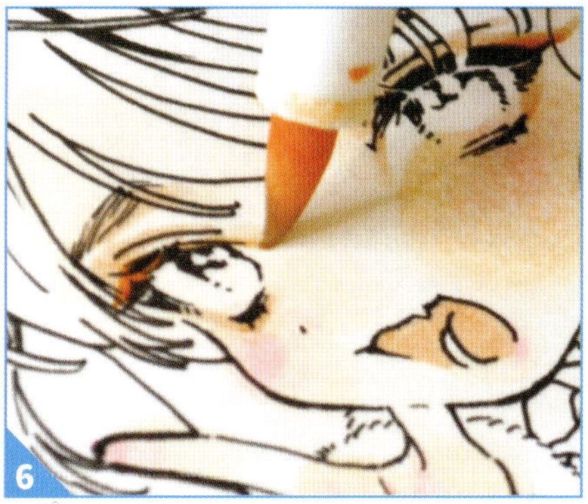

⑤で乗せた色をアプリコットピンクで、目頭側にさらに塗り伸ばすよ〜。寄り目のような印象にすることで、パチっと視線がキマるよ…♡

肌を塗る（つづき）

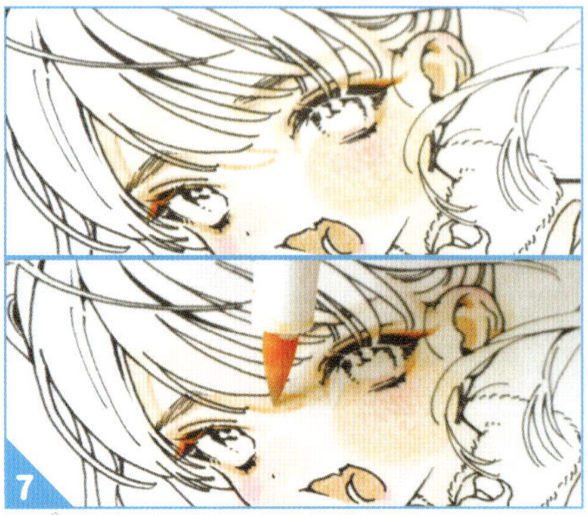

7 肌に落ちる前髪のカゲを描くよ〜！　カゲのアタリをアプリコットピンクで引いて、ベビーピンクでなかをベタ塗りシテね♡

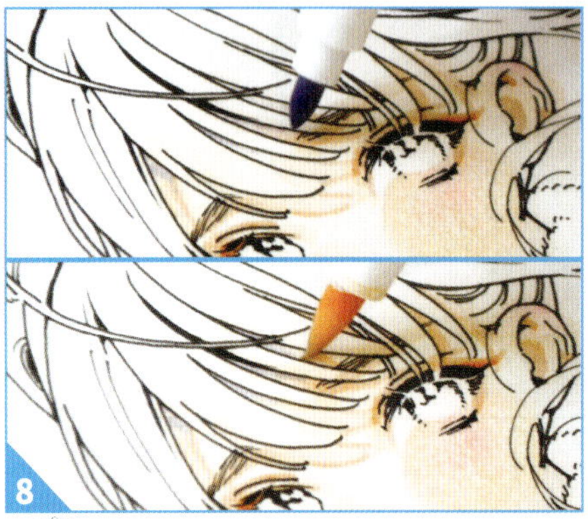

8 奥行きをさらに出したい場所にカゲを加筆するよ。ペールラベンダーを毛束の根元に置いて、ベビーピンクで毛先に向かって塗りのばそう〜！

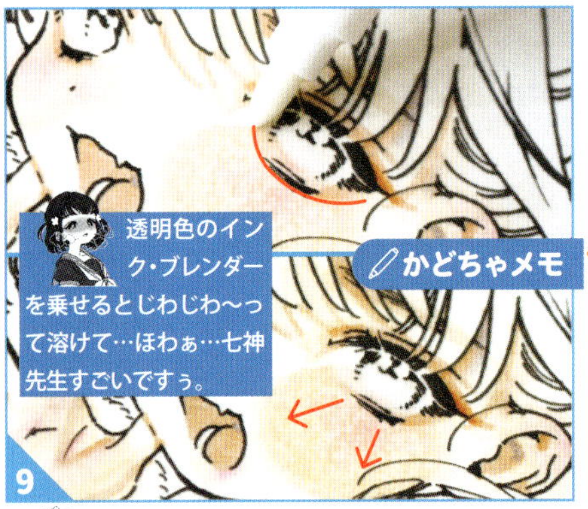

9 ハミ出た色はブレンダーで色を落とそうね！　落としたい色の上に重ねると、インクがジワジワ〜と溶けながら色が押し出されるよ♡

瞳を塗る

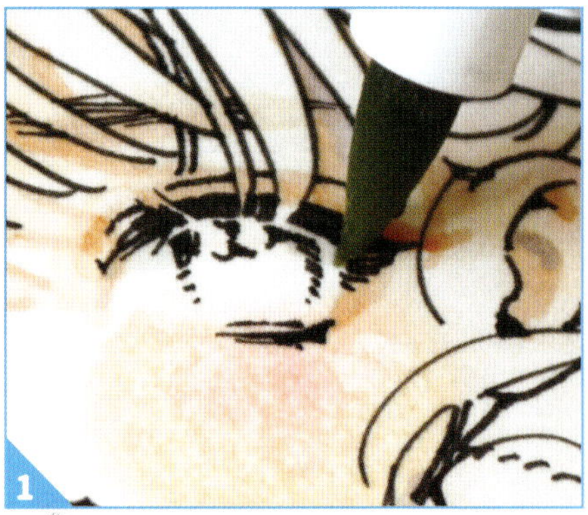

1 瞳にかかるまつげのカゲを白目に描くよ〜。まずは、瞳上部にライトグレーを半円型にベタ塗りシテね♡

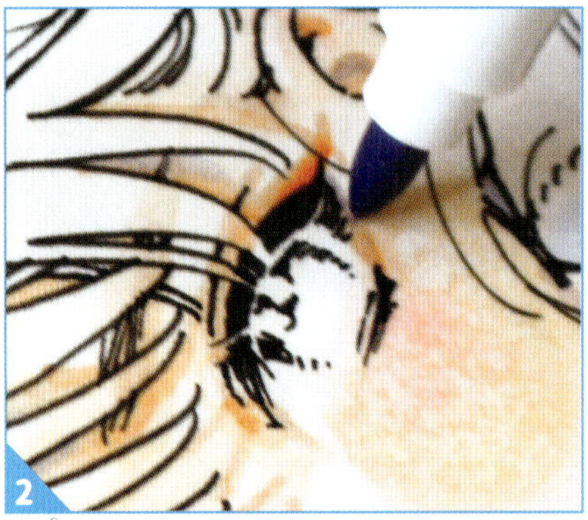

2 目尻（目の粘膜）にわずかにペールラベンダー乗せたよ♡　肌や服のカゲにペールラベンダーをつかったから、目元にも入れて統一感を出すよ♡

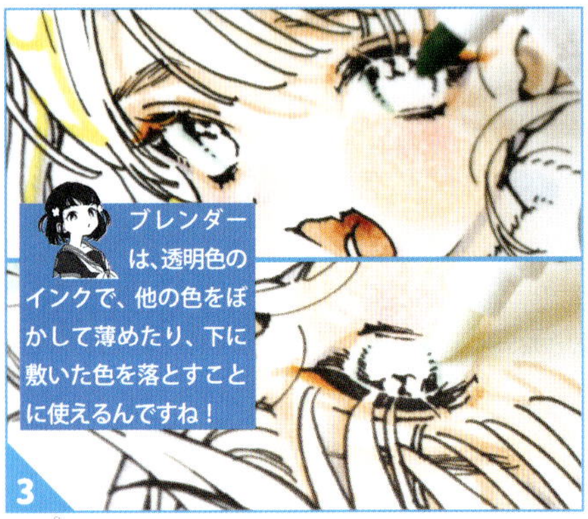

3 瞳のフチはオパールグリーンで線を引くよ〜！　色が少しハミ出たから、透明色のインク・ブレンダーで瞳下部はわずかに色を落としたよ！

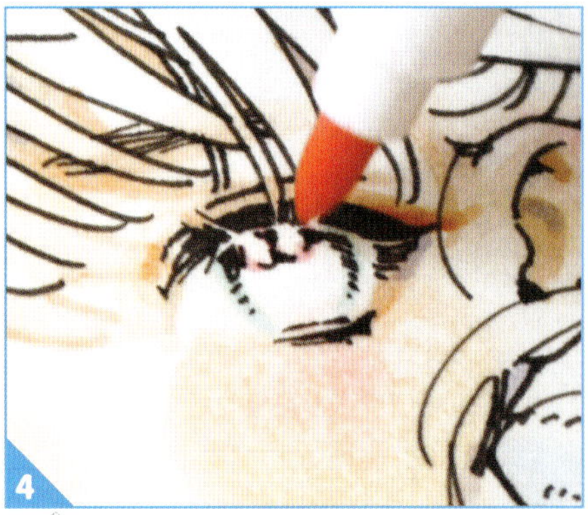

4 瞳の中に描いた線画のハイライトを囲うように、わずかにピンクを乗せるよ！　鮮やかな色を乗せることでみんなの視線を釘付けに…♡

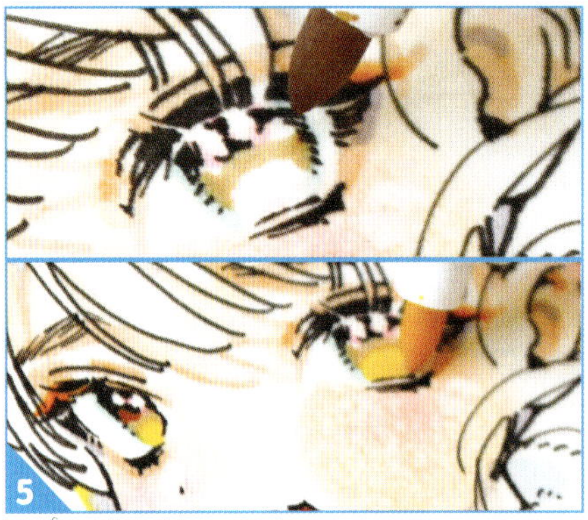

5 瞳下部を半円型に塗り残しながら、瞳上部にシナモンベージュをベタ塗り!!　塗り残した瞳下部にはサフランイエローを塗るよ〜♪

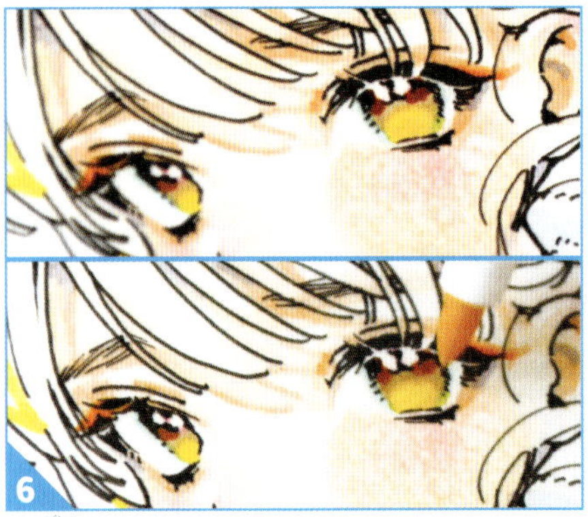

6 ④で塗ったピンクの横（ハイライトの下あたり）にラセットブラウンで点を描くよ〜。瞳下部にはサフランイエローを重ねて鮮やかな印象にシテ♡

服を塗る

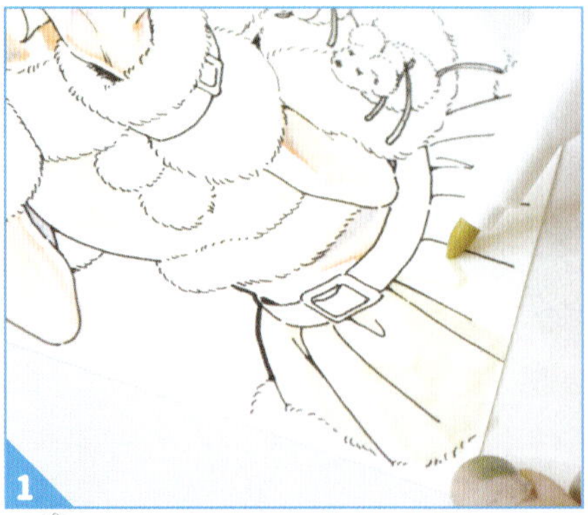

1 服は立体感を出すために、光が当たる場所は白抜きしながらベタ塗りをシテね♡　色は、ウォームグレーをつかったよ〜。

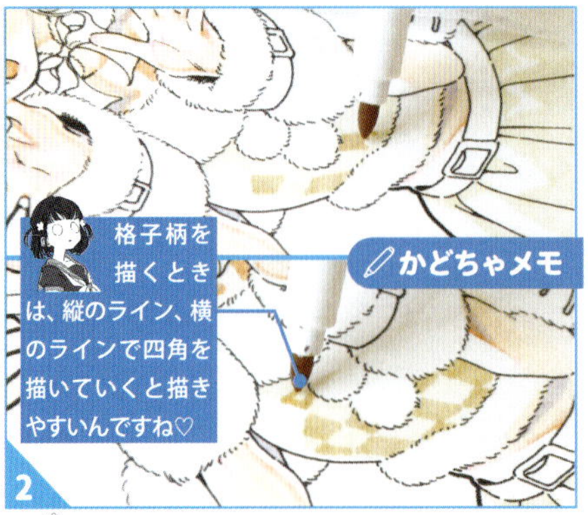

2 今回はタータンチェックのお洋服！　まずはシナモンベージュで四角を描くよ♪　格子柄になるように、スペースをあけながら…♡

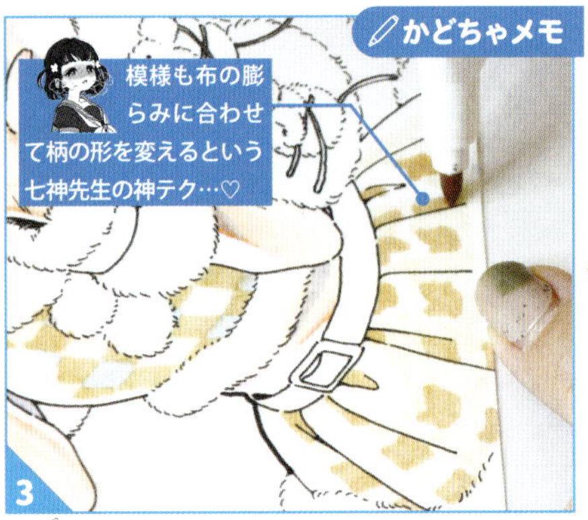

3 スカートも同様に格子柄を描いていくよ！　タータンチェックはギンガムチェックにステッチが入ったデザインで、冬らしくて可愛いよね〜♡

服を塗る（つづき）

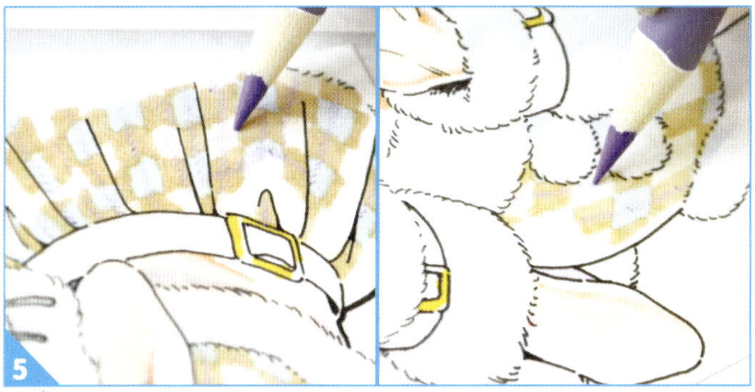

Can Doの「20色　ツイン色鉛筆　パステル＆スモーキー」で、質感を加えていくよ♪　ライラックでチェック模様の質感を表現！　④まで描いた四角の中央に線を引いてね！　線は、細やかな斜線を重ねて引いていくよ♡　縦と横、それぞれ紙の向きを変えながら、服の立体感にあわせて描くのがポイントだよ♡

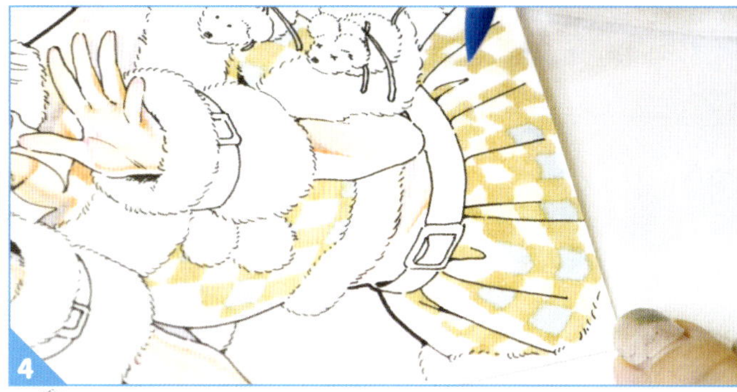

③までの工程で描いた格子柄の一部分に、パウダーブルーを乗せていこうね♡　お花模様のようなイメージで、四角が四つ集まった中央に、パウダーブルーを乗せていくと可愛くなるよ♡

髪を塗る

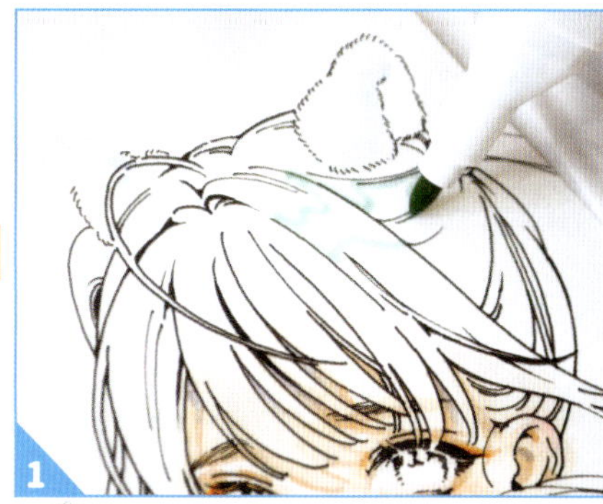

今回は黒髪を描くよ！　まずハイライトを塗り残すために、向かって右半分のハイライトのアタリをオパールグリーンで描くよ～♪

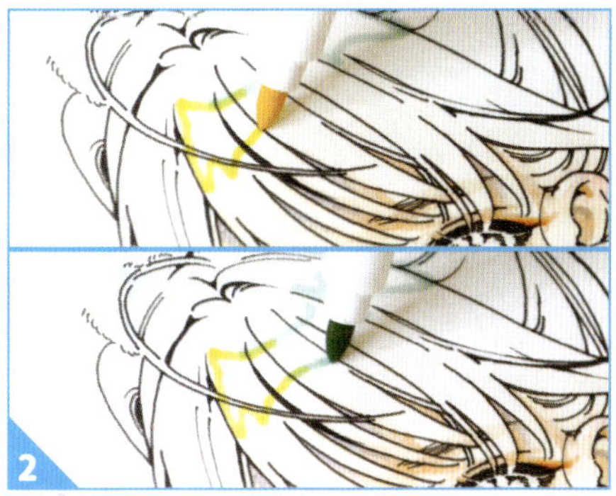

向かって左半分はサフランイエローで描くよ♡　オパールグリーンとのつなぎ目は何度か色を重ねてなじませるのがポイント！

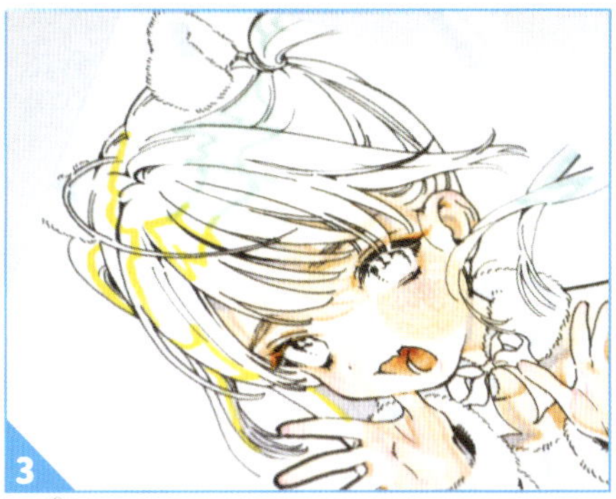

それぞれの色で、ハイライトのアタリを描いた状態はこんな感じ～♪　ツインテールの毛先あたりもハイライトを優しく描いてね♡

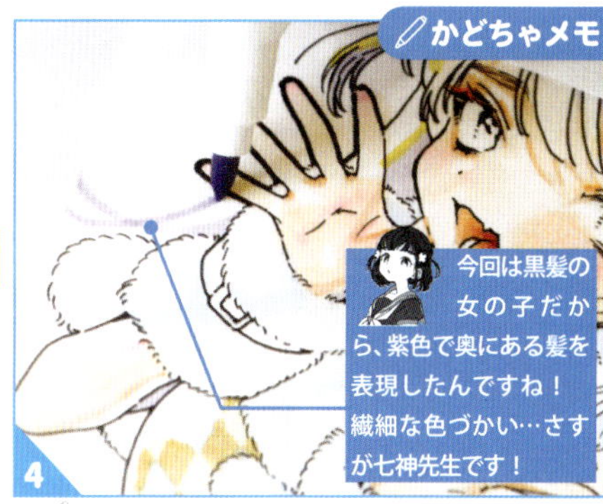

奥にある髪は主張しすぎないように、線画は描かずにマーカーだけで描くよ♪　色はペールラベンダーを使ったよ～。

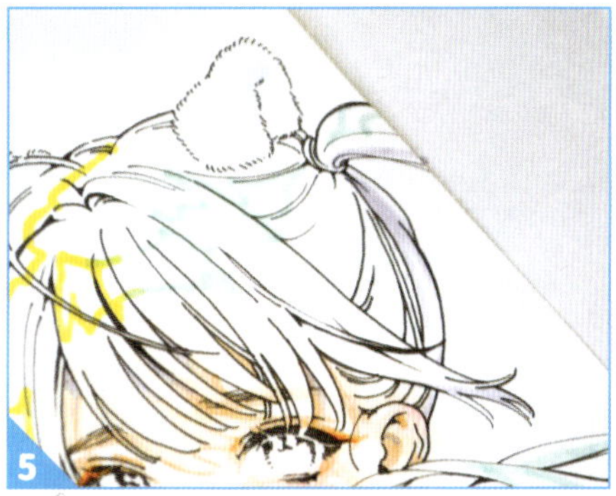

縛った髪や毛束の毛先にも奥行きを出すために、ペールラベンダーを乗せたよ～！　毛束を意識しながら、一部分に乗せるのがイイよ♡

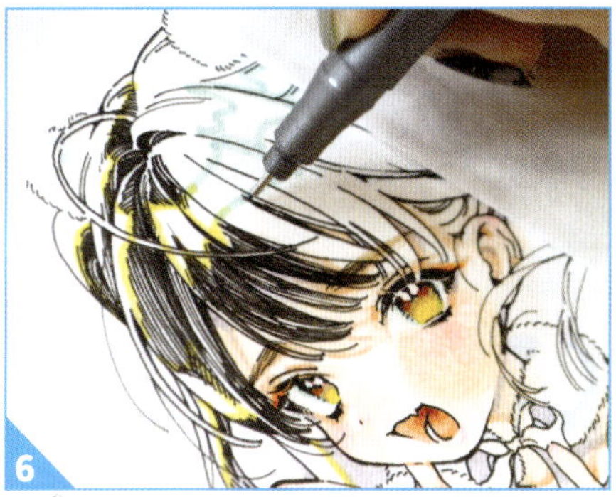

seriaの水性ペンの0.1mmで黒髪を描くよ！　透明感を出すために、ハイライトをガイドにしながら毛先に向かって線を引こうね♡

完成

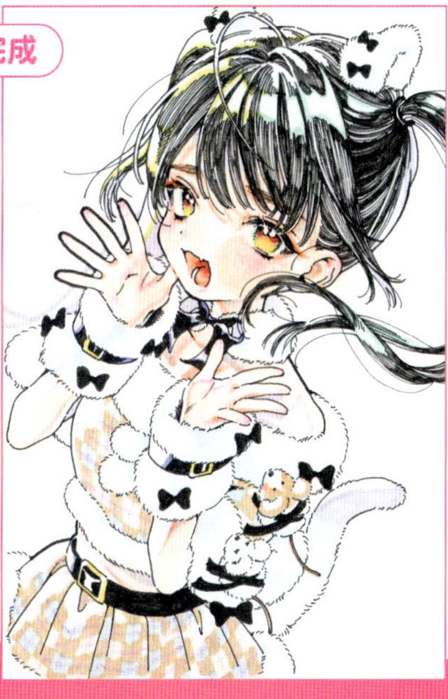

まとめ

マナ先生メモ

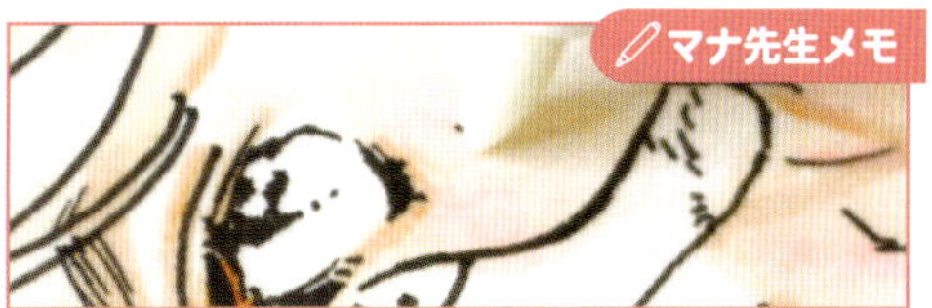

ブレンダーは便利！　肌の色を乗せたあとでも、鼻の白抜きができちゃう…♡　それに、インクが溶けてジワっとにじむから、水彩境界のような表現もすぐできちゃうね♡

使用した感想

え～！　すご～い♡　100均さんってなんでもあるんですね♡　スポーツとかなにかやってるんですかぁ？♡　100均のマーカーでいっぱい練習して、憧れの画材にステップアップしちゃおうね……♡

お金のないかどちゃでも2,000円（税抜）で、こんなに絵が描けるなら大満足です♡　七神先生の真似をして、100円ショップの画材で絵を描いてみます!!

かどちゃメモ

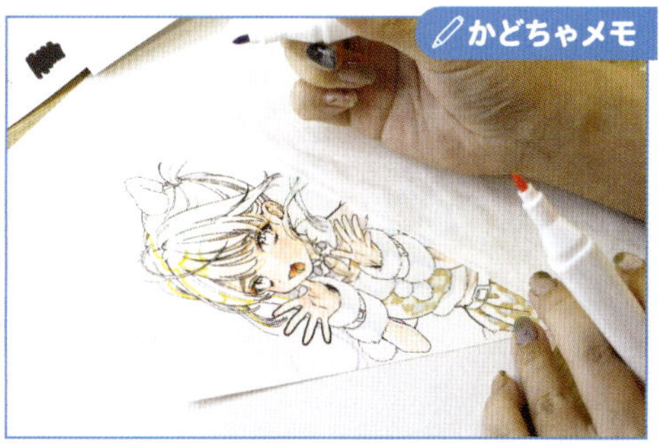

七神先生は色を塗るとき、紙の上にティッシュを敷いて肌が直接触れないようにしているんですね！　そうすることで絵に汚れがつかないようにしている紳士的な七神先生も素敵です♡　ほかにも、マーカーは二本持ちすることで、素早く色を持ち替えたり…。DAISOのマーカーは少しキャップが外しづらいことがあるので、使う色は事前に決めて、キャップを外した状態で近くに並べておくことで素早く色を塗るテク…かどちゃも真似します♡

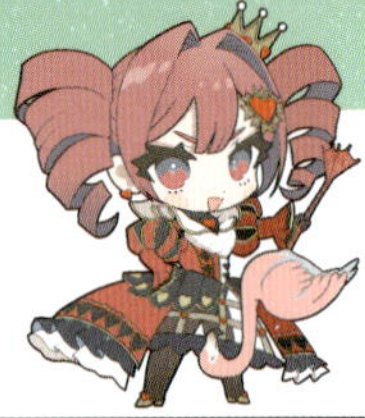

SS INTERVIEW

フレンド☆マッチング企画 香琳×真田しろ

絵を描く作家同士を結び合わせる(!?)ハッピーな不定期・新企画「フレンド☆マッチング」。ＳＳ編集部に居座りついた妖精・エンちゃんが、時にはいたずらに、時には大胆に、みなさんのお友達作りをお手伝いします！　記念すべき一組目は、人外の少年たちを魅力的に描く二人の作家・香琳さんと真田しろさんをマッチング♡　エンちゃんのラブのチカラで二人は友達になれるのか!?

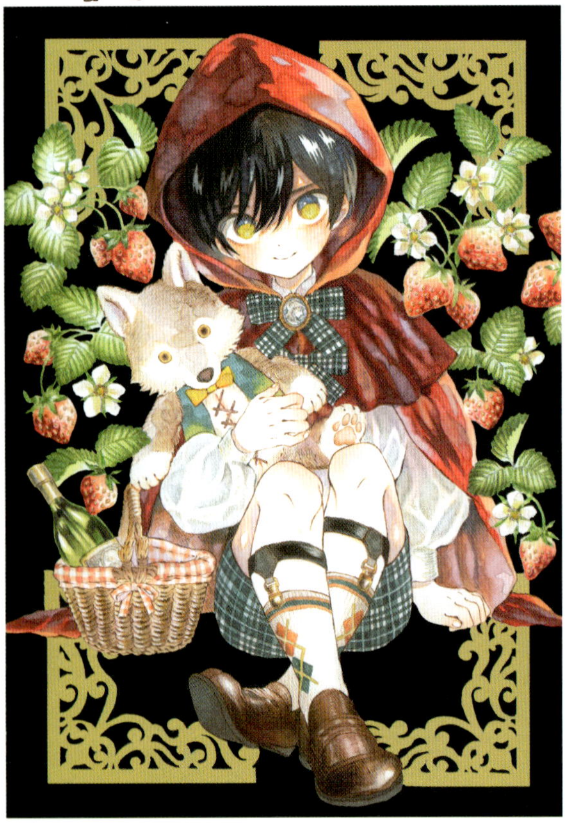

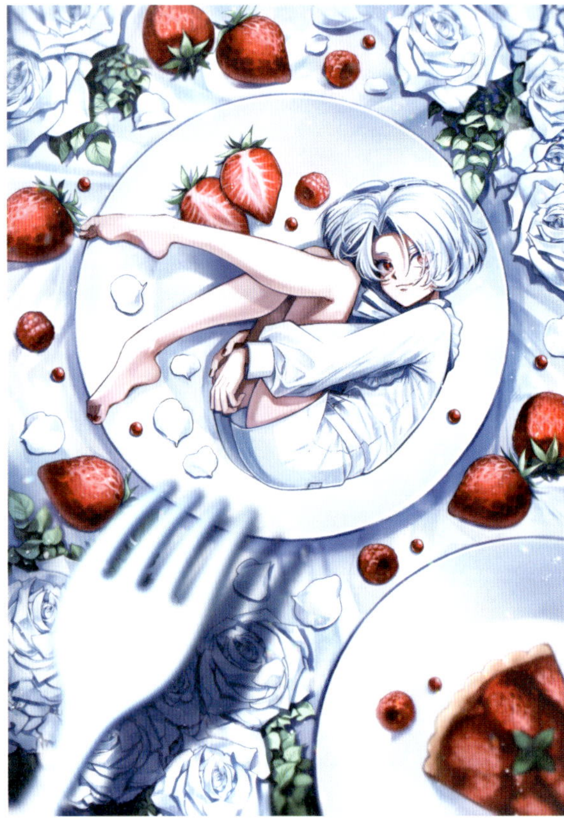

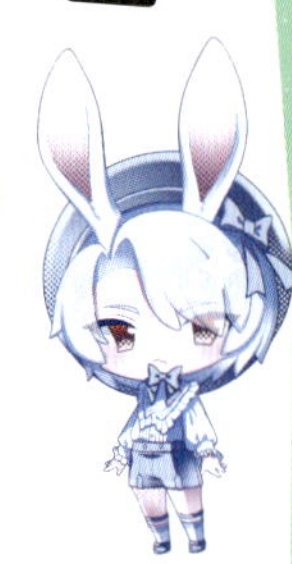

香琳（かりん）／大阪府在住。イラストレーター。主にコピックで少年少女を描く。デザイン的な背景にリアリティのある小物を散りばめることで心踊る世界を紡ぐ。最近では、壱百満天原サロメ（にじさんじ所属）の歌ってみた動画『聖少女領域』のイラストや、『コピックブースターボックス』のパッケージイラストを担当。さらに、本誌の投稿＆交流企画「SS学園」では古紺 團八のキャラクターデザインをおこなう。

X（旧Twitter）＝@11karin23

真田しろ（さなだ・しろ）／滋賀県在住。漫画家・イラストレーター。クラシカルな衣装を身にまとう少年たちをシャープな線と白銀色で描き出す。2022年「週刊少年チャンピオン12号」にて『赤鬼さんこちら』でデビュー。2023年には『魔入りました！入間くん』公式アンソロジー『放課後の！入間くん』の読み切りを「別冊少年チャンピオン」にて描き下ろし、同年に描いた『円環のラパン』は現在もwebコミック誌『MAGKAN』にて掲載中。

X（旧Twitter）＝@sanada_46

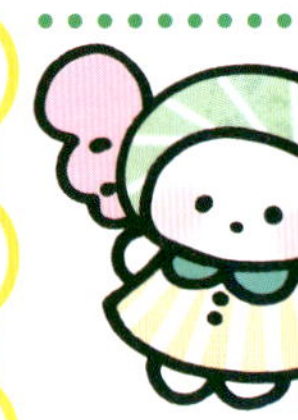

エンちゃん

ラブのチカラでみんなを盛り上げたい妖精。自由気ままに縁結びをする。

オレっちは妖精見習いのエンちゃんだゼ～。ＳＳ編集部で寝ていたら今日も「絵のお話ができる友達が欲しい」という思いを感じ取ったゼ。一体誰のお願いかナ～？　耳をすませてみよう…。

ん～。この絵の背景は、どちらの色にすべきか…。もし絵の描ける友達がいたら、相談できたのに～！

エン～っ！　急いで絵を描くのが好きな友達を探さなきゃ！　香琳ちゃんとフレンド☆マッチング率が高い絵描きさんを計測！　エンエンエンッ…。一〇〇％な相性の真田しろちゃんを発見！　二人をマイホーム「ギャラリーエクリ」（ＳＳ編集部の隣にあるギャラリー）に、妖精の力で召喚しよう！

ウワーー！　こ、こんにちは…！

ワーッ！　こんにちは！　ここは一体…!?

今日も、オレっちのラブのチカラで二人をあたためるゼ～☆　ところで二人ははじめましてなのかナ？

あ…、はい。ただ、コピックが凄い方だなと思って香琳さんの絵はＳＮＳなどで拝見していました。私は、アナログ画材が苦手なので、すごく尊敬しています。それに、キャラもキャワキャワで！

ありがとうございます！　私もしろさんの絵はＳＮＳで拝見していて、描かれるキャラの表情や吸い込まれそうな瞳が素敵だなと思っていました。

オッケー、リスペクトと感謝のキャッチボール、イイ感じだネ～。二人はＳＮＳで趣味の話をしたりしないの？

私は野球の話ばっかり（笑）。絵描きの皆さんはアニメや漫画の話をして交流を深めているように思うのですが、私は共感性羞恥が働きすぎてしまい、あまり物語を集中して見ることができないんです…。例えば、裏切られたシーンを見てしまうと、人一倍苦しくなるんですよね。感情移入をしすぎちゃって、気持ちが忙しくなってしまうので距離を置きがちです。漫画などで好きなものを共有する流れがないというか…。

そうなんですね。私は漫画やアニメをよく見ています。でも広く浅くという感じですかね。漫画も流行っている作品の最初の一巻を読んでみて、何がどう面白いのか、なぜ流行っているのか、どこが読者に刺さるのかを観察する感じでして。

すごい～！　私なんか「へえ～」ってしか読んだことない！

なので、中途半端に集めている漫画がたくさん本棚にあるんです！　例えばweb漫画だと、コロナ禍の時は「規制されて、自由がない」という時代性を反映している読み切り漫画が多かったりして。その時々で、読んでくれる人の心に刺さるものが描かれたりするじゃないですか。でも漫画を描く側として私が思うのは、時代とは関係なく、性癖で読者をタコ殴りにするような作品を描きたいなぁって（笑）。自分が働いている画塾の塾長にも「好きなもの描いたほうが伸びる」という話をされました。例えば漫画家さんの中には、人に語り掛ける感じで読者の心を動かす作家もいますけど、私は自分の好きなものを描いている方が楽しくて、それが読者にも刺されば良いなぁと思っています。

真田さんが描いた『円環のラパン』（以下、『ラパン』と表記）を見ました！　絵がうまい！　キャラの可愛さに反して内容が辛い苦しい！　って思いながら読んでいました（笑）。

ありがとうございます。『ラパン』は性癖を詰め込みました（笑）。

性癖タコ殴り漫画！　しろちゃんは見る側としての推しはいるのかナ？

「にじさんじ」や、「あんさんぶるスターズ!!」「ヒプノシスマイク」に、それぞれ推しはいます！ ただ、一番の推しは高校生の頃に読んだ『HELLSING』という漫画の主人公・アーカードです。二十世紀末の英国を舞台にした異能力バトルの物語なので、ちょっと中二病っぽいし、アーカードのセリフはクサイなって思うこともあります（笑）。ただ、悪役と戦うとき、悪い奴が可哀想になるほどにアーカードがめちゃくちゃ強いんですよ！

強いんだ！ 『ジャンプ』の主人公だと、敵に負けて悔しいから強くなりたい！ が王道なのに！

『ヤングキングアワーズ』だから王道とは違うのかも（笑）。あと、私は長髪男子が好きなので、作中に登場するインテグラに一目惚れしたのですが、読んでいくと「この人、女性やん！」ってなって！

えっ、女性!?（漫画を見ながら）これ初見じゃわからんな～。

ね！ 初見だと分からないと思います（笑）。

イギリスが舞台なのも、ビジュアル的にしろさんが好きそうですね。

たしかに！ 『HELLSING』は高校の頃に読んだのですが、その基盤に『鋼の錬金術師』（以下、『ハガレン』と表記）があります。『ハガレン』の影響で、ダークファンタジーが好きになりました。

『ハガレン』も、どちらかというと舞台は洋風ですよね？

確かにそうですね！ 香琳さんは学生時代、何を見ていましたか？

私が中学生の頃は『リボーン（家庭教師ヒットマンREBORN!）』がドンピシャの世代で、友達に勧められて未来編だけ買っていました（笑）。なかでも六道骸が好きで、中学生のときは絵柄の影響を受けていたと思います。推しでいうとソシャゲが多いのですが、『Fate/GrandOrder』なら源頼光が好きですね。胸が大きくて。大好きすぎてフィギュアも飾ってますからね。

パイモク…ってコト!?

いや、おっぱいが目的じゃなくて、本当にたまたまなんですよ！ 胸が大きくても、性格の好みはありますからね。でも、頼光ママはロケットみたいな乳してる…！

爆笑

性格はドコいったの～!?

ちゃんと性格も大事ですよ（笑）。源頼光は一見常識人ではあるのですが、自分自身でも気づいていない狂気や闇を抱えているところが好きです。源氏の棟梁として人の上に立って戦っているけど本当は戦が好きじゃなかったり、愛に飢えていたり、独占欲の強いところ、頼光ママを形成する全てが好きな要素です。それに見た目も頼光ママは全体的に和風で、紫寄りの色味がドンピシャです。あ、でもおっぱいはたまたまね？

ずっとおっぱいって言ってる……。

ほかにも、『ウマ娘』ではビワハヤヒデという紫色の勝負服を着た葦毛の子が好きです。ビワハヤヒデは天才の妹を持つ秀才ウマ娘です。お姉ちゃんのビワハヤヒデはいつも「ついで」扱いをされてきたからこそ、天才肌の妹に勝つために自分は頭脳を活かして対抗しようという気持ちがある。自分が置かれた境遇を乗り越えようとしているところがいいなと思います。

ビワハヤヒデはバスト93センチ。おっぱいがデカくて紫色のキャラが性癖なのかな？

いや、『原神』で好きになったキャラは白っぽくて涼しげな雰囲気でした。その子は小さい頃に忌み子として父親に捨てられたのですが、師匠や主人公と運命的な出会いをして、いい方向に導かれて自分の生きる道を確立していく。私は、推しには救われて欲しいし、

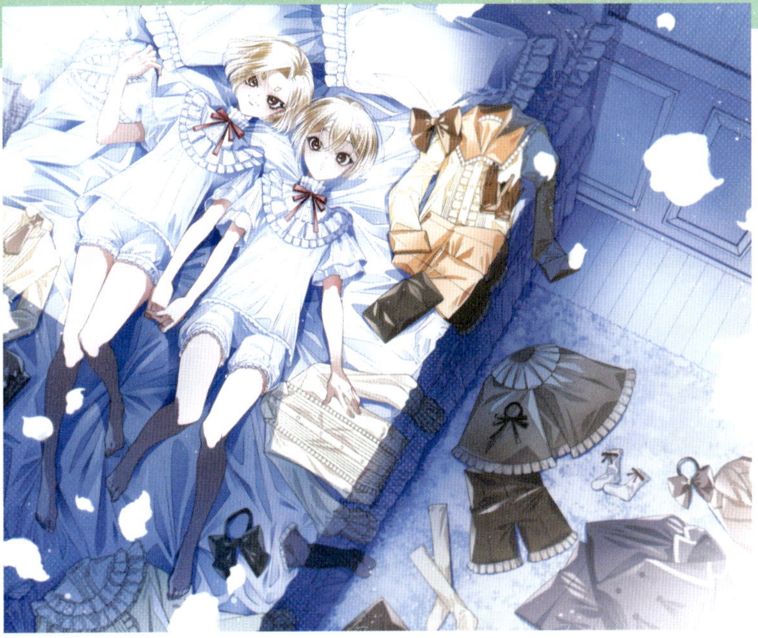

▲お気に召すままに／真田しろ

ショート丈のパンツから覗くやわらかな脚が魅惑的な一枚。ベッドに寝そべりこちらを見つめる眼差しに目を奪われる。さらに、床に散ったクラシカルなお洋服も彼らのいる部屋を楽園的に見せているように感じる。

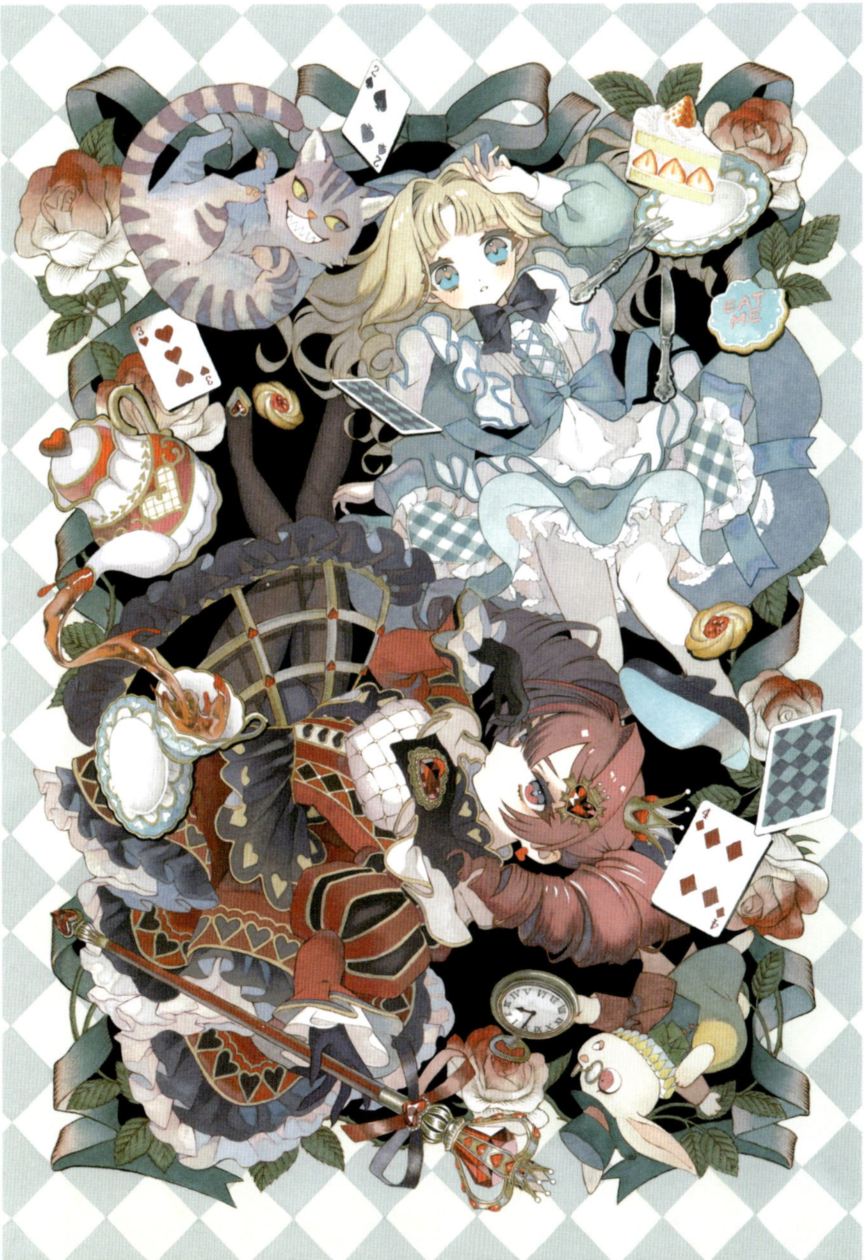

おとぎ話の少女たち／香琳▶

2023年に開催した個展『おとぎ話の少女たち』のメインビジュアル。対になるような構図とカラーリングで描かれたアリスの世界。深みのあるカラーリングに様々な画材でタッチを加えられたことで見応えのある作品となっているがわかる。ケーキや紅茶などリアリティのある描写も見事。

幸せになって欲しいんですよね。

私は、香琳さんとは逆で、抗えない運命みたいなものが好きなんですよね。『ラパン』の漫画を描くときも、強引にハッピーにはしなくてもいいな…と考えていたり…。

うわぁ〜！ 私は『ラパン』を読みながら最後、胸が辛すぎて〜っ！ 香琳さんは推しを幸せにしたいタイプなんですよね。私は幸せにならなくてもにっこりしながら受け入れられるタイプなので…（笑）。

全然違う〜（泣笑）!!

ここで解釈違いだぜ〜っ！ エ〜ン、友達探し企画なのに…（泣）。

いや、まだわかりあえるっ！ 心の奥底の癖の話はありつつも、私はなんでも好きなので〜。

そんな「怖くないよ〜」みたいな言い方されても（笑）。

ところでサ、二人は絵を描く際に通話とかするタイプなのかナ？

私は無音のほうが集中できるな〜。しろさんはどうですか？

その感覚はめっちゃあります！

共通点！ でも、作業通話をしないというマッチングだから、つながれない（泣）！

私は喋ると手が動かなくなってしまうので作業通話がダメなんですよ（笑）。

私も漫画を描く時はセリフも考えるので…。

漫画だと言葉が大事になってきますもんね。

そうです、言葉を操る作業をするので……。でも無音が寂しいときは川のせせらぎを流したり。あとは、イラストの時は音楽や配信をBGMにしながら描いています。

私は制作中に配信を流してしまうと、どうしても配信画面が気になって結局絵が進まなくなってしまうんです。一昨年、壱百満天原サロメさんの「歌ってみた」イラストを描いていた時期も、サロメ嬢の配信を流すと間違いなく見入って筆が止まってしまうので、締切の

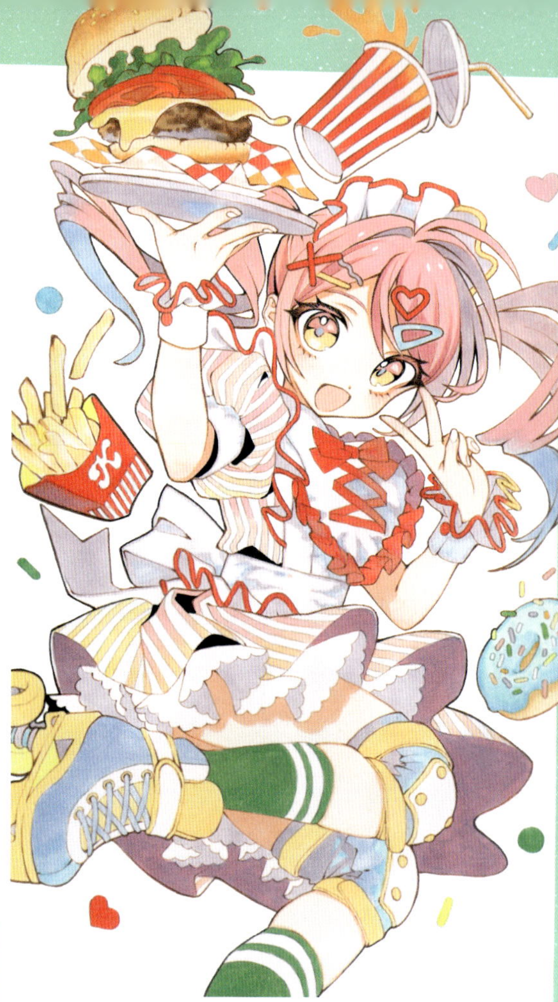

▲無題／香琳

コピックとコラボした『コピックブースターボックス』にてセレクトしたコピックスケッチ20色で描いたイラスト。ハンバーガーを乗せたトレイを片手にこちらを振り向いてピースをするポーズが愛らしい。ひねりのあるポーズに大きめのフリルスカートからは躍動感を感じる。配色も鮮烈な印象だ。

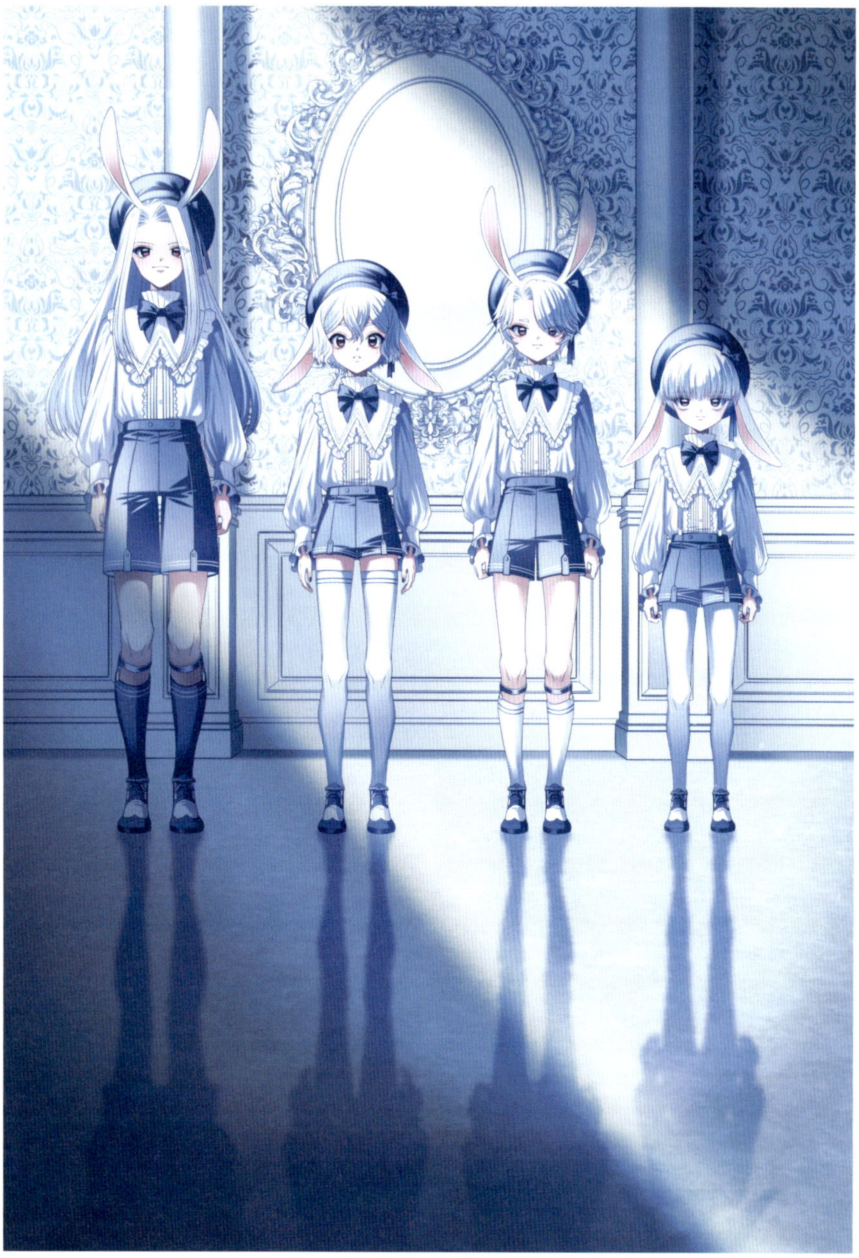

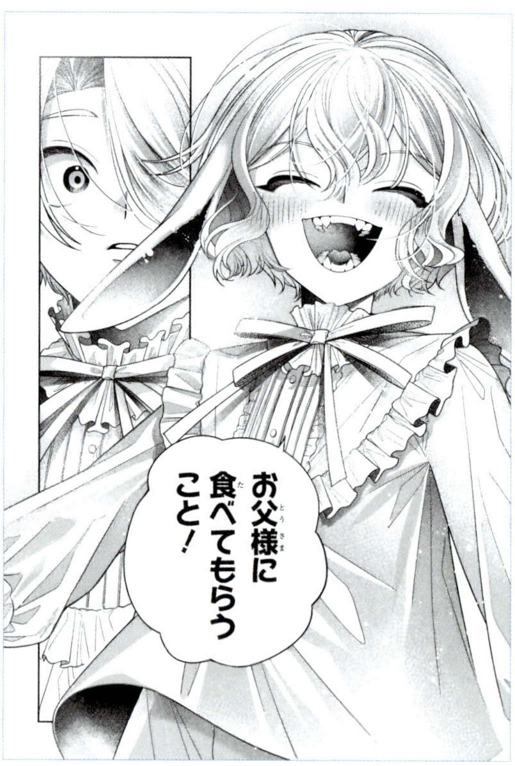

▲漫画『円環のラパン』／真田しろ

孤児院で育ったテディはある日、父と名乗る者から突然手紙が届く。手紙をもとに父の館へいくが、そのお屋敷には自分と同じ毛色や瞳を持つ兄弟が暮らしていた──。本作は現在も、webコミック誌『MAGKAN』にて掲載中。また、左図に掲載しているカラーイラストは漫画の読み切り掲載前に描いたもので、それぞれの顔立ちや衣装からはキャラクター性と共に真田しろのこだわりを感じる。

ために泣く泣く無音で描いていました（笑）。

無音ですわ！　香琳ちゃんはお笑いが好きなんだよネ？　それを流しながら描けないのかナ？

テレビでお笑いの大会がある日は、もう漫才を見るだけにしています。しろさんはお笑いを見ますか？

私も見ますが、「このコンビが好き」というのはないかも。ただ、ロッチの中岡さんはマジで、ピンポイントに好きなんですよ。思わず胸がときめくほどで…。

え〜〜！　ガチ恋!?

ん〜、ちょっとだけね♡

面白いなあ〜（笑）。

この話をすると、なぜか皆に笑われるんです（笑）。「イッテQ」を見ていると面白いし、怒ると声が高くなるんですよね。「なんなん！」みたいに、声が裏返ってしまうところが、めっちゃ好きなんですよ！　何においてもちょっとクセのあるキャラを好きになる。

イイネ〜。おおっと！　そろそろ本題に戻って絵のお話をしなきゃだぜ〜。二人は男の子をよく描くよネ？

私は骨格や膝を描きたいんです。しろさんの絵の膝を見たときに「お？　これはもしかして」って思いましたよ（笑）。私は、男の子を描くほうが好きではあるのですが、好きになるキャラはなぜか女性のほうが多いです。

私は小学生の頃は、ひたすら自分で少女漫画を描いていました。キラキラな絵柄で大好きな「ルパン三世」を描いたら、キラキラなルパンになっちゃって（笑）。それがキッカケで中学生の頃に、ちゃんと男の子らしい絵も描けるようになろうと思いました。それまでは、萌え系や少女漫画的な絵を描いていたのですが、好きなものが変わるにつれて男の子を描くようになり、次第に男性キャラばっかり描くようになりました。

メンズにフリルを身に付けさせるのも性癖かナ？

ギャップですかね。リボンやヒラヒラ&フリフリした布が付いた真っ白な服を着ているのに、男の子だというギャップが好きなのかもしれないです。

男の娘はどうかナ？

それはあんまり……。

私もそうかも〜！　男の娘は、見た目も女の子に寄っていて、少年に比べるとムチっとしていることが多いのかな〜って思うんです。ただ、私にとっては膝の骨格が大事！　赤ずきんなど、童話の男の子を描いたりしますが、アリスの衣装でも「男が可愛い服を着ている」ことが伝わるよう、アレンジします。それに、しいていえば男の娘よりは女装のほうが私は好きです。

あ〜、わかります。

う〜ん、奥深き少年好きたち…。しろさんの描く男の子は日光には当たらない室内育ちで、香琳さんが描く男の子は外で遊びまわるような健康的な男の子という印象があるよネ！

私は全身を描きたいという気持ちと、自分が描く衣装は和服が多いので、袖や袴がなびく方が見栄えが良いと思うんです。そうなるとアクティブな雰囲気になりますが、見るのは全然「室内で丁寧に育てられました」みたいな闇のある感じの男の子も好きです。

香琳ちゃんの男の子はふくらはぎもムキムキだよネ！

野球を始めスポーツ選手をよく見ているので、そういった骨格を描きたいというのはあります。ただ、だからといって大人の男性を描きたいとかではない。男らしさを少年にもちょっと落とし込めていたら嬉しいです。

逆に真田さんは柔らかい脚だよネ！　内ももが柔らかくて……。

え、触ったことがあるみたいな言い方してる（笑）！

評論家みたい（笑）。

描くなら『ラパン』のような仄暗い少年を描くのが好きかもしれないですね。見るのは何でも大好きなので、鼻に絆創膏を貼って、虫取り網を持って駆け回っている少年も可愛いなと思います。

あとは二人とも人外っぽい子は好きだったりするのかナ？

人外要素は好きです。生まれて初めて作ったオリジナルキャラは単眼の子でした。小さい頃は腕が四本ある子も描いていたんです。そこから、いまはライトなものに落ちついてきましたが、クリーチャーに近いキャラも大好きですね。最近も上半身と下半身が分かれていて、めっちゃデカい手を持つ子を考えようと思っていました。

クリーチャーはカッコいいですよね。描いてみたいけど自分の絵柄に落とし込むのが難しいなって…。人外や獣っ子は、全体的に見た時のフォルムとして私は好きです。ベースとして、和服を描きたいので、どうしてもキツネ耳がイイと思ってしまいます。尻尾は、シルエットで見たときに、動きとして欲しくて。他にケモ耳を描くなら、どちらかというとツンとした表情を描きたいのでネコ科が多いかもしれないです。ヤンチャな表情に八重歯も可愛いですよね。

なるほど〜。二人の好みもわかったところで、今日のラブタイムは終わりとしようっ！　オレっちから湧き上がるラブのチカラで二人は今日からズッ友だぜ☆　最後にみんなでコールしよう。いくぜ、フレンド〜？

マッチング〜！

ジャストオーライ！　ハッピー〝エン〟ド！

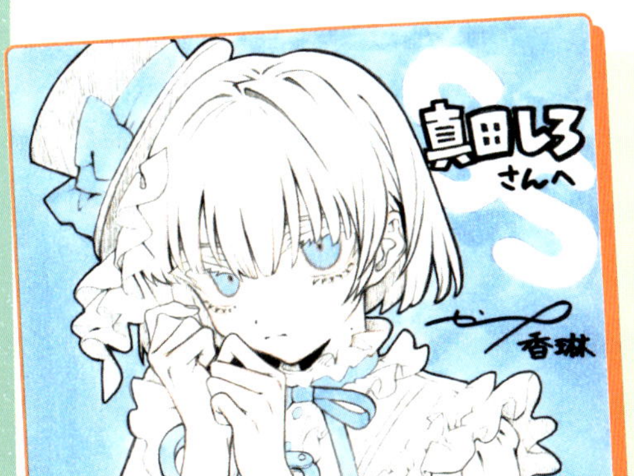

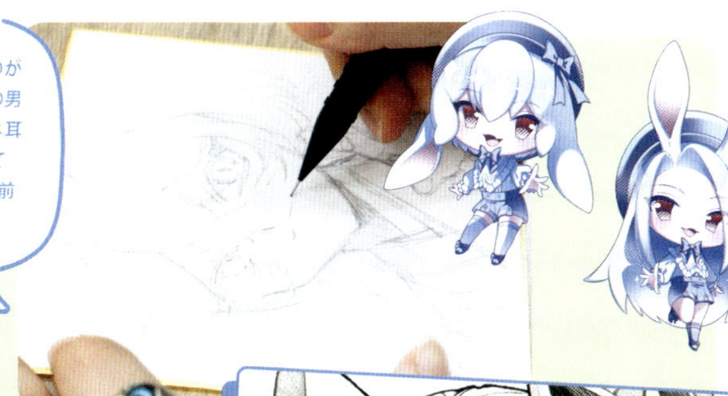

真田しろちゃんは、香琳ちゃんが描くのが好きだと話をしていた「和風＋キツネ」の男の子を描いたヨ〜！　ふわふわなキツネ耳に、クッと上がった口角に八重歯がとってもキュート！　分けた前髪から覗く眉毛も♡

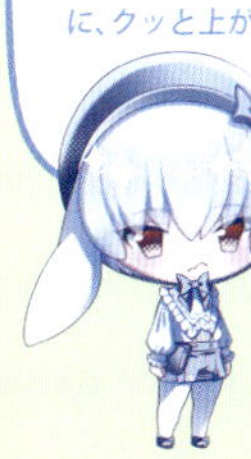

色紙プレゼント交換

「ギャラリーエクリ」で開催されたフレンド☆マッチング企画。友達といえば、プレゼント交換!?　最後はエンちゃんの指示のもと、二人で色紙交換をしました〜！

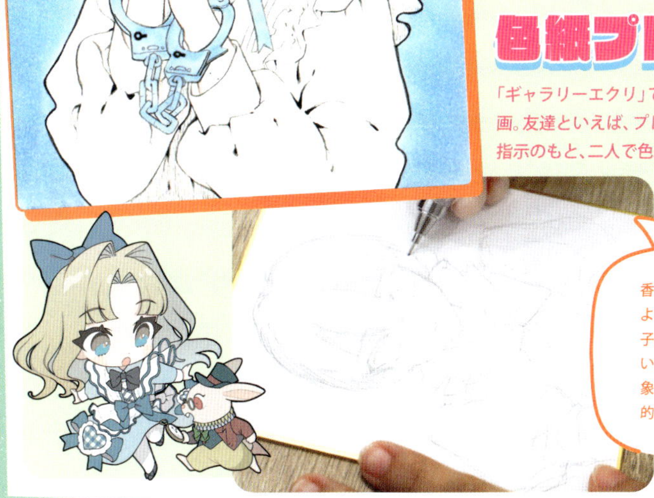

香琳ちゃんは、真田しろちゃんが普段よく描くと話をしていた「洋風な男の子」を描くことにしたヨ！　フリルいっぱいのお洋服に、クールな瞳が印象的。そこに手錠が加わることで刺激的な一枚に♡

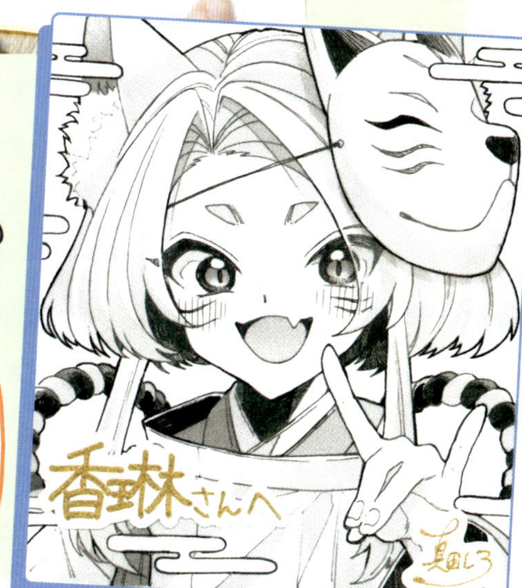

人体講座 がらくたおつむ

「顔・あたま」編

このコーナーでは、作家さんがどのようなことに気をつけてキャラクターを描いているのかを、作例とともにお伝えしていきます。今回は、「顔・あたま」編。キャラクターイラストでは一番メインになることも多い「顔・あたま」をがらくたおつむさんに描いていただき、意識したことなどを伺いました！

がらくたおつむ
pixiv ID【10023496】

正面

がらくたおつむ 目のデザインはいろいろな作品を参考にしながら、試行錯誤しました。何年もかかって、自分でも描きやすく、可愛いかなと思える形になりました。

キャラクターの目は作家の個性が出やすいパーツ。全体の形、黒目の中、まつ毛など、作家によってさまざまなデザインで描かれている。他の人の作品も参考にしながら、自分にあう描き方を考えてみて。

ラフ

がらくたさんは、「輪郭」→「耳」→「首」→「パーツ（目、髪など）」の順でラフを描く。

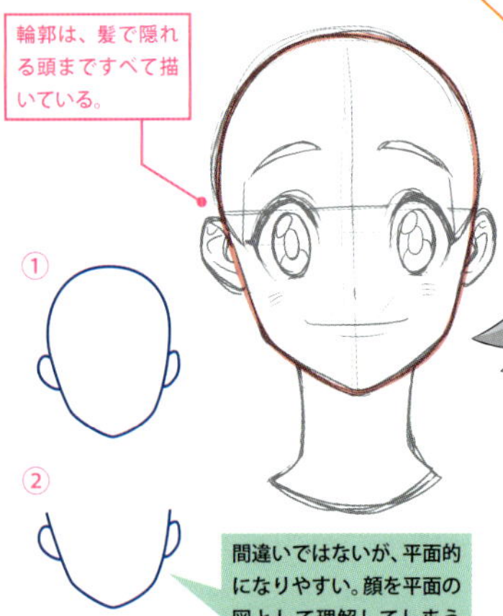

間違いではないが、平面的になりやすい。顔を平面の図として理解してしまうと、微妙な角度を描くことが難しくなる場合がある。

ONE POINT!

イラストでは、②のようにこめかみから下のみで顔の輪郭を描くことも多いが、①のように頭まで続けて描くことで、より立体として捉えやすくなる。うまく描けなくて悩んでいる人は、①がおすすめ。

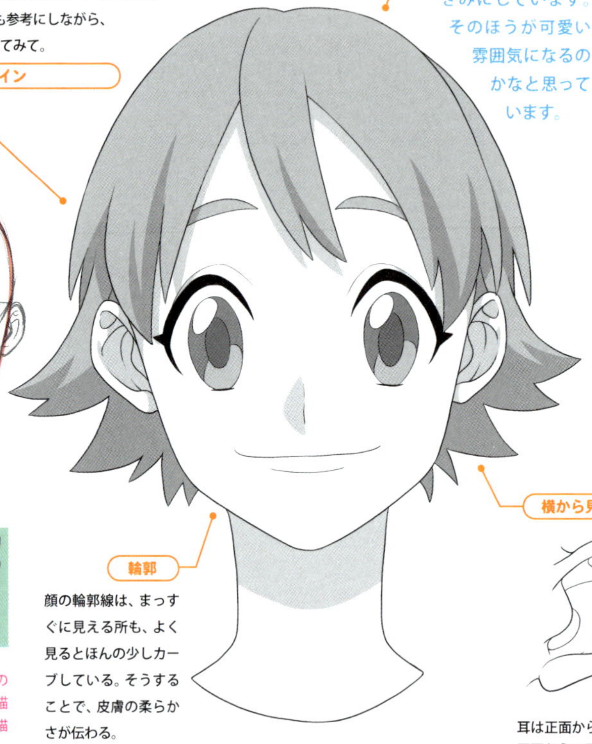

眉と目の距離

がらくたおつむ 女の子を描くときは、眉と目の距離を離しぎみにしています。そのほうが可愛い雰囲気になるのかなと思っています。

輪郭

顔の輪郭線は、まっすぐに見える所も、よく見るとほんの少しカーブしている。そうすることで、皮膚の柔らかさが伝わる。

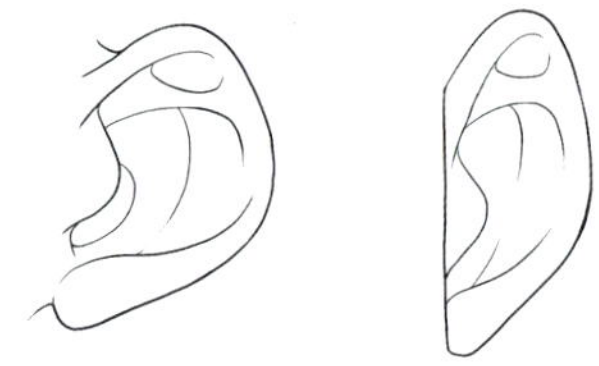

耳は正面からは角度がついて見える。横からの耳と正面からの耳では見え方が変わることも意識する。

Q 正面からの顔は、左右のパーツの位置や大きさを揃えることに苦戦する場合が多いと思います。がらくたさんはどうやって整えていますか？

A 時間をおくことが多いです。うまくいっていないかも、と思ったら、いったん席を立って、休憩して戻って来るとか。リセットして、客観的に絵を見ることで、どこを直したらいいか、気がつけることも多いです。紙の裏側から透かして、反転させて見て確認する方法はよく聞きますが、私の場合それを始めると無限に気になってしまって終わらないので、やらないようにしています。

Q ななめからの顔は、奥の目と手前の目の奥行きのつけ方、鼻の立体感などが難しいポイントです。ななめからの角度でこれらのパーツを描く際に何か工夫はしていますか？

A 顔全体の凹凸を意識すると良いのかなあと思います。その上で、目の立体感がうまく出せないときは、ぐるっと周りを囲うようなアタリ線を描いて、位置や形を調整してから、細部を描き込んでいきます。鼻は、眉からのつながりを意識しながら描くようにしています。

髪の毛

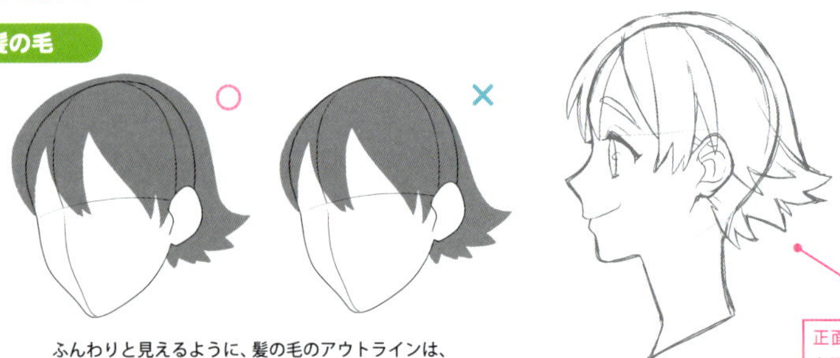

ふんわりと見えるように、髪の毛のアウトラインは、頭より少し外側に描かれている。

ななめ

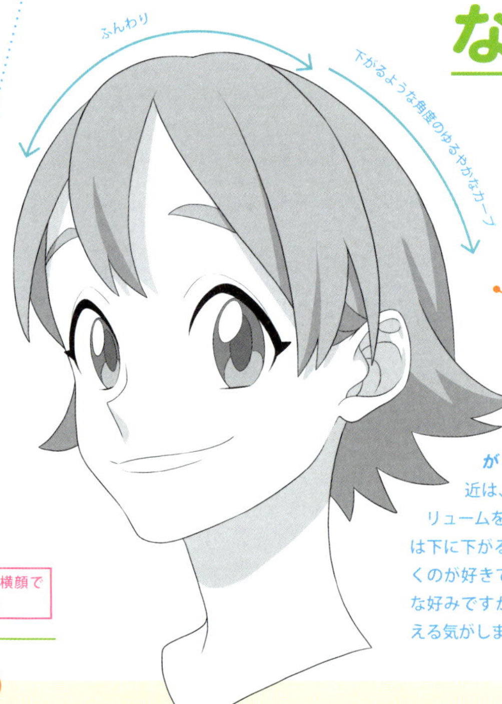

頭のシルエット

がらくたおつむ 最近は、前髪にふわっとボリュームを出して、後頭部の髪は下に下がるようなカーブで描くのが好きです。これは個人的な好みですが、より立体的に見える気がします。

パーツの描き込み

目の周りをぐるっと囲むアタリ（青線）。このアタリで位置や形を調整したあとで、①上まつげ（上まぶた）→②黒目→③下まつげ（下まぶた）の順に細部を描き込む。

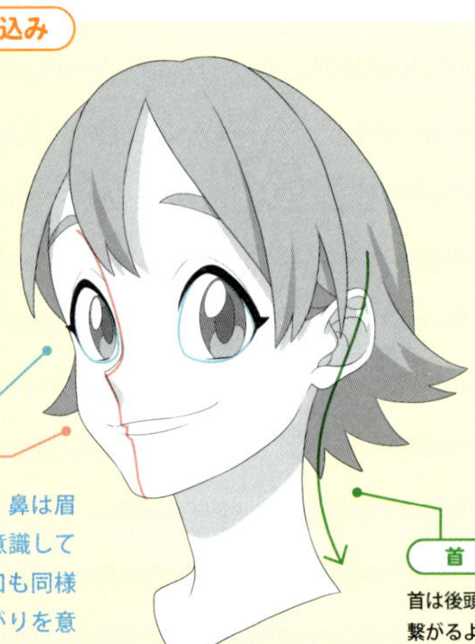

がらくたおつむ 鼻は眉からの繋がりを意識して描いています。口も同様に、鼻からの繋がりを意識しています。

首

首は後頭部から繋がるように描いている。

顔の立体感

まぶた

まぶたも意識する

目の周り

目の周りはくぼむ

頬

頬は膨らむ

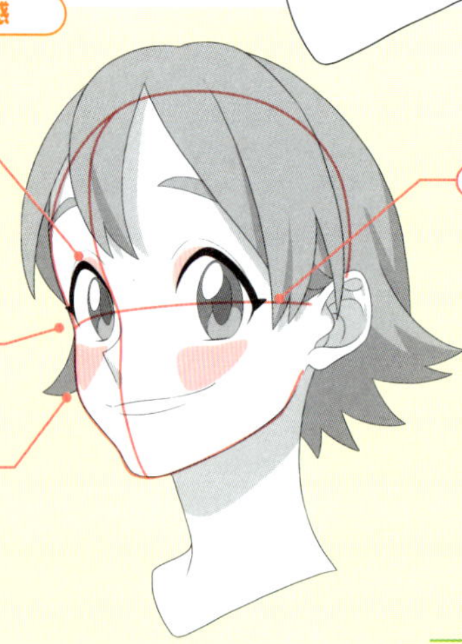

上から見た時のイメージ図

顔全体も、平面ではなく曲面になっていることを意識する。

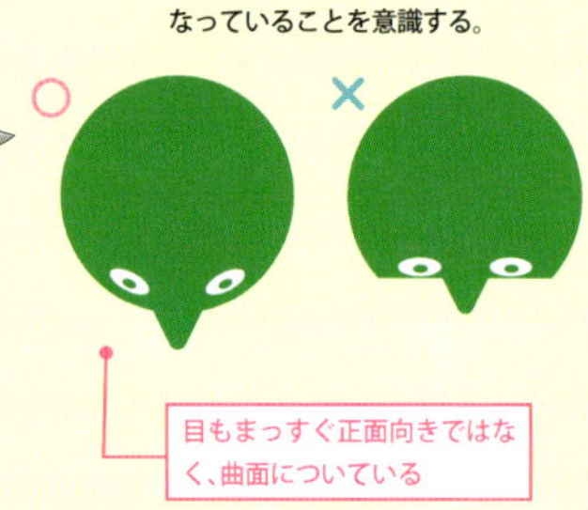

いろいろな顔立ち

がらくたさんに、色々な顔立ちの女の子を描いていただきました。

がらくたおつむ 顔立ちの描きわけは、以前似顔絵を描いていた経験が役に立ったと感じました。いろいろな顔立ちの人を、そのままリアルに描くのではなく、印象をとらえて絵にする練習になったと思います。

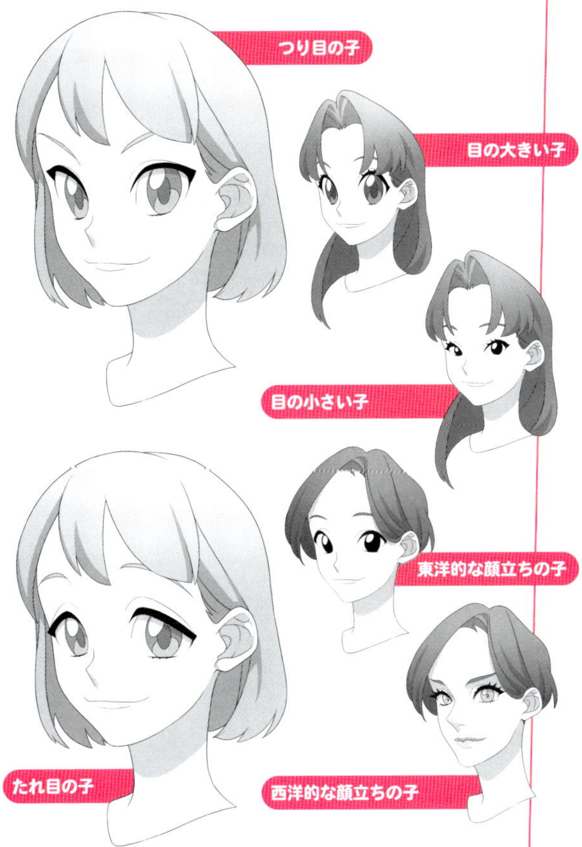

がらくたおつむ 今回は主に目の描きわけでご依頼いただいたので、目以外はほぼ変えずに描いてみました。西洋的な顔立ちの子だけ、輪郭も変えています。顔の輪郭だけでなく首も少し太くしていて、やや男子に近い造形です。

横

Q 横顔は、絵を描き始めた頃にうまくいかず悩む人が多いです。がらくたさんは、はじめ、どのようにして、横顔を描けるようになりましたか？

A はじめは、こういうふうに描きたい！と思う、好きな絵を見て真似していました。そこから、だんだん自分の絵柄が出来てきて、今の絵になりました。

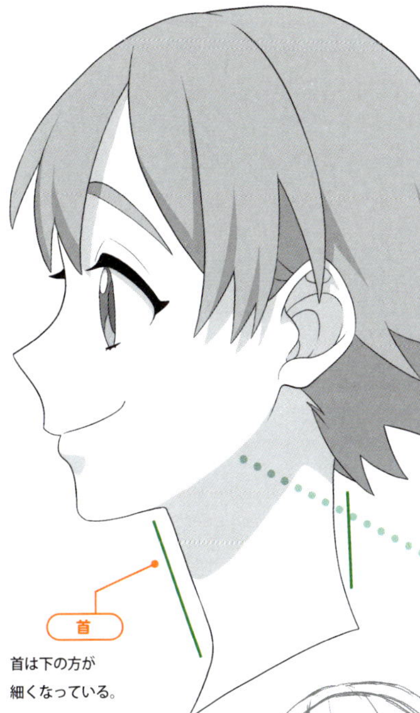

目の形

目は丸い眼球の一部が見えている、ということを意識して曲面で描くと良い。

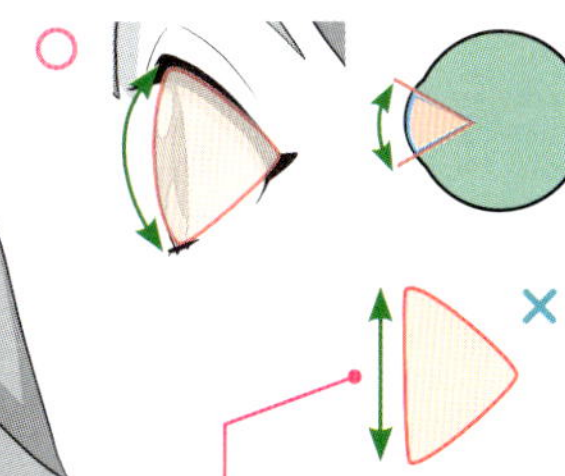

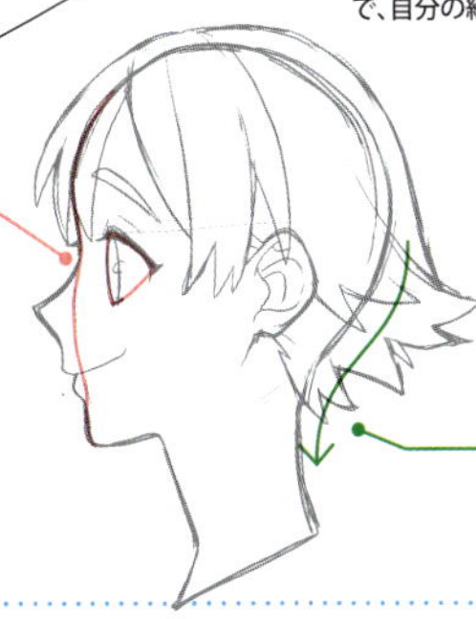

青年

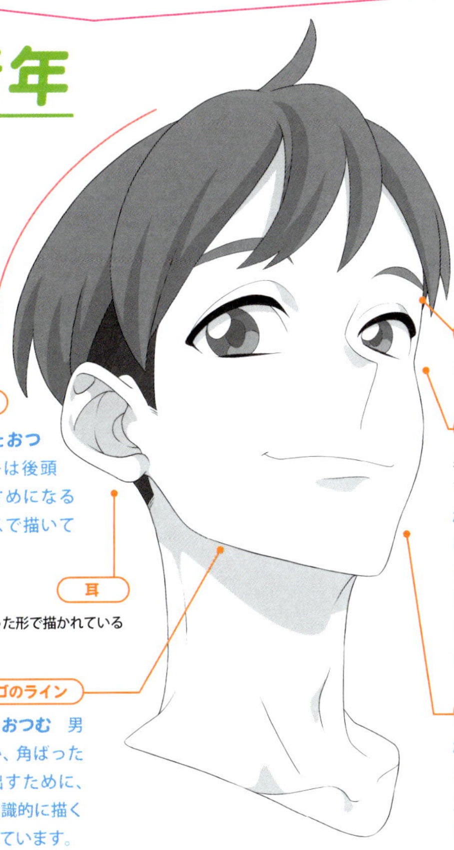

あたまの形の違い

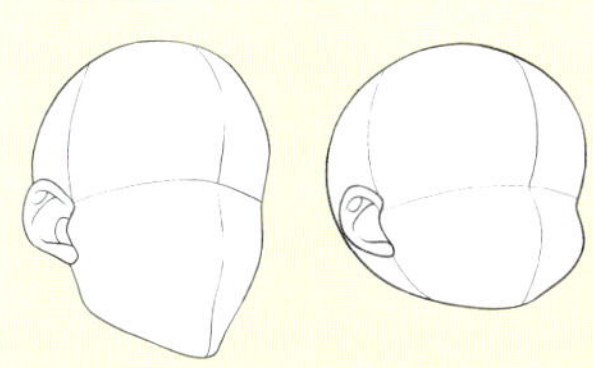

少年（子供）

がらくたさんの描く子供は、大人と比べるとデフォルメが強め。子供らしいバランスや丸いフォルムを、より強調して描いている。

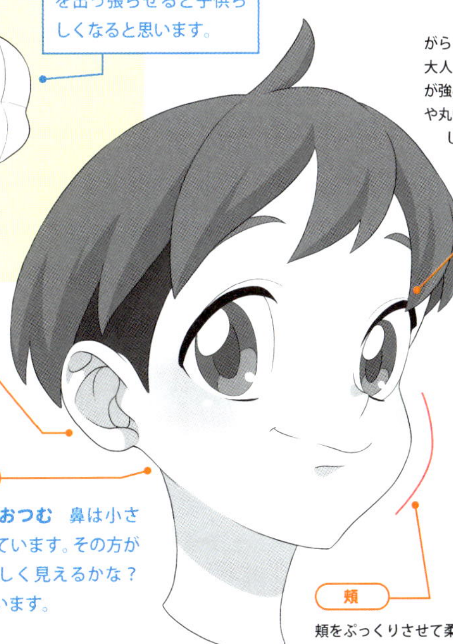

ラフ

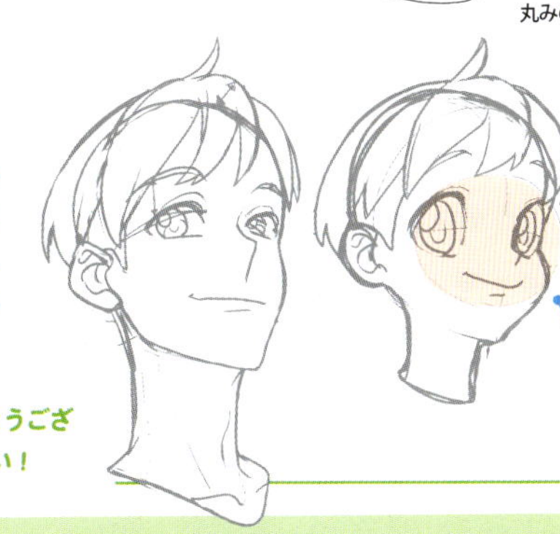

SS42号から掲載してきたがらくたおつむさんの人体講座は今回でいったん終了です。長い間ありがとうございました！ みなさんも講座を参考にしつつ、自分にあったキャラクターの描き方を探してみてください！

SS学園通信

はいどうも〜！ 絵澄えすです。今号のSS学園通信のはじまりです！ いろいろと学園のことをお伝えする係をつとめさせていただきます〜。

えす丸です。このコーナーは、SS学園の生徒たちのグラビアや、その活躍をとらえた物語を紹介する「SS学園通信」です。この後のページの投稿コーナーでは、SS学園の新しい生徒さんを紹介していますが、投稿者さんの描き下ろしも実施中！

それでは今回もSS学園通信を紹介しましょう。投稿作品からの描き下ろしは、まわたはなびさん！ マジック好きの悪魔ベネル・ジ・フィオールくんが、得意とする手品を学園で披露するお話です。

カードマジックを見せてくれていますね〜。他に登場するのは、ベネル・ジ・フィオール、ラビエル、ノノ・パロスィアンシア＝アリア・ニュンフェ、パーヴェル、赤四手、ベンデッタ・ルージュ、レイラ＝オブシディアン、百済さんたちです〜。

ショーの衣装も美しいです。SS学園は驚きのイベントがたくさんで楽しそう！ 私はマジックを体験したことがないから、見てみたいな〜。

僕も少年を集めてマジックを披露したいぞ！「私はあなたのとんでもないものを盗みました。まだ気付きませんか？ そう、あなたのココロです！」

きしょいマジックはやめてください…。今すぐ返してあげて。これからも、たくさんの生徒さんたちが交流している姿を見てみたいですね〜。そして、今回はすぴかさんによる白石桃乃ちゃんの4コマ漫画があります。アイドル「もものん」として愛される様子が良いですね〜。心ちゃんが作る衣装のために描いたデザイン画がかなり個性的だったり、甘いものが食べたくてミルキーにすり寄ってしまったり、ほっこりします。普段は甘いものを我慢しているようですね…。

アイドルだから体型維持が大変なのかもしれない。

ミルキーちゃんの香りでなんとか食欲をおさめてもらって…。また、陽ちゃん、心ちゃん、カナリアくんがファングッズを持って現れるシーンも良いです！ みんなに応援されて元気が出るもものん。微笑ましいですね〜。

もものんのコンサートはどんな感じなんだろうね〜。令和の今、なかなかソロのアイドルはいないみたいだから、気になります。私はSS学園でVTuberも見てみたいです。そして、今号はくりゅうさんの夜くんのグラビアもあります！ 美しいお姿！ ハッカーだからか怪しげなパソコンを開いていますね。晴臣くんや、千鶴くん、万くんたちがいて、交流のある人々ですね〜。頭に何かが乗っています。

こちらは、特殊能力生物のマシュ。触るとマシュマロみたいに柔らかいそうですよ。そして夜くんが無自覚に思いを寄せている心ちゃんも登場していますね。クッキーを手にしています…。この二人のお話も見てみたいです〜。さて、今回も雲母蘭湖ちゃんのパンツプロデュース・ストーリーがあります！ 古紺團八くんがおこなっている落語研究会のチャンネルにまつわるお話です。そういえば團八くんは和装だから、ノーパンなんですね…。限りなく肌色へ…。気になります。どうなっているのか。

團八くんと蘭湖ちゃんのチャンネルがコラボするという危険な状況で、團八くんはパンツの噺をしようとしてますね。そして、蘭湖ちゃんは案の定やらかしてしまうという…。

蘭湖ちゃんの思考回路はどうなっているのか…。しかしコンプライアンスに縛られた現代にあって、これくらい自由な若者は大事かもしれない…。今後も挑戦して欲しいです！

そうですね。今後もSS学園をよろしくお願いします。前号で発表したSS学園のアニメ化も進行したら、ご報告していきます。

皆さんによる学園生徒の投稿もお待ちしております！ よろしくお願いします〜。

SS学園24人選抜メンバー相関図

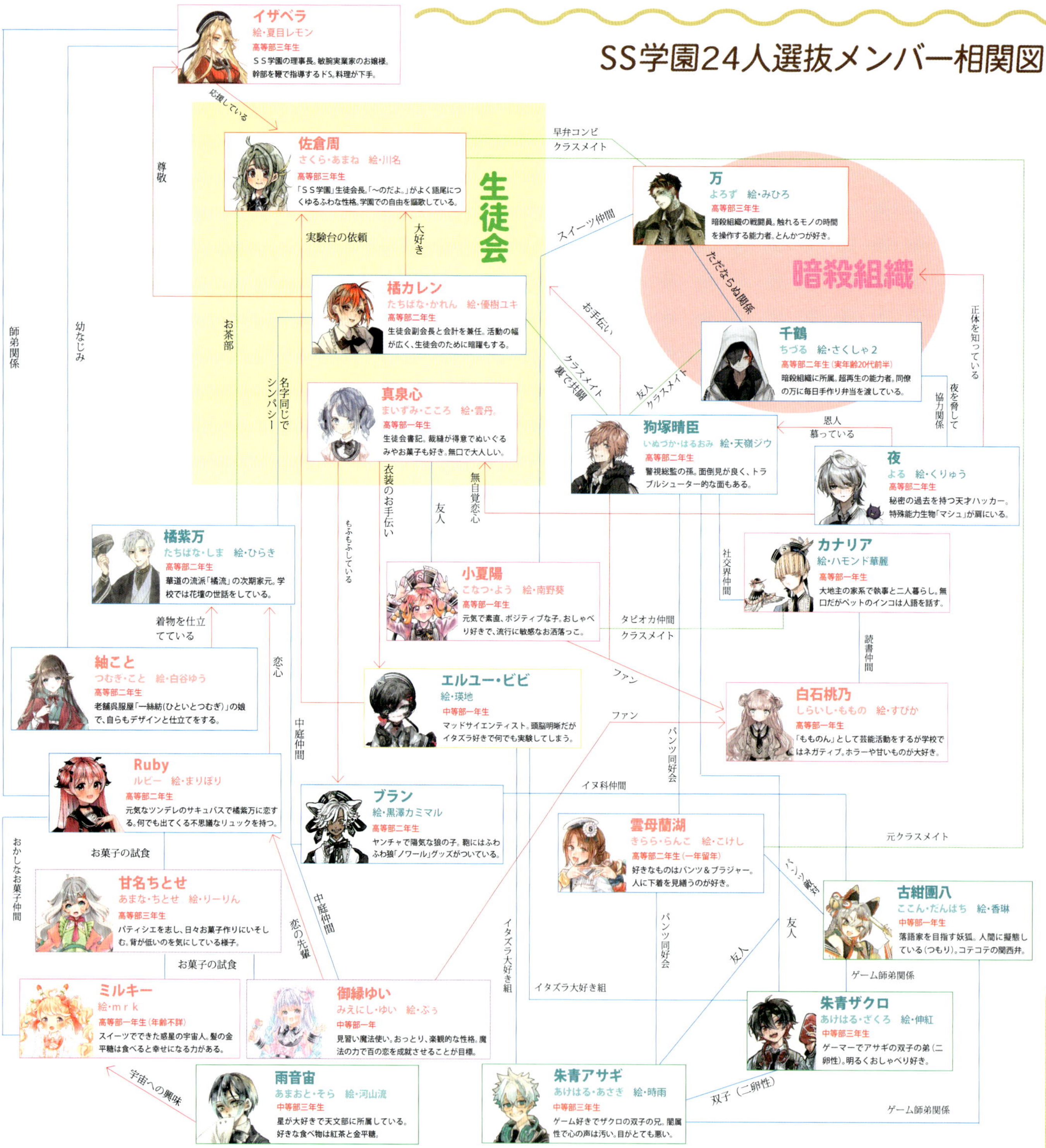

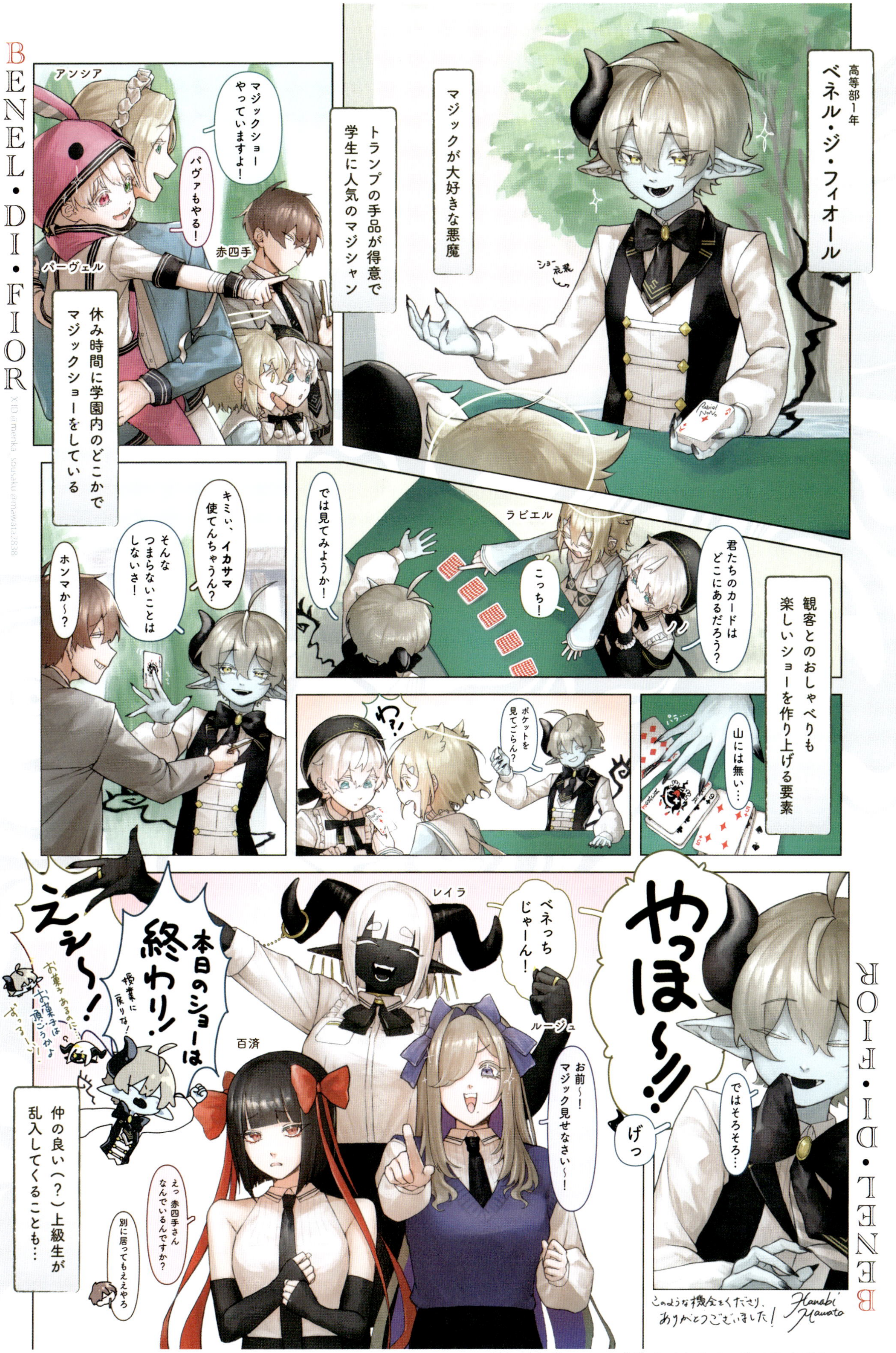

作：まわたはなび

出演：ベネル・ジ・フィオール、ラビエル、ノノ・パロスィ、アンシア＝アリア・ニュンフェ、パーヴェル、赤四手、ベンデッタ・ルージュ、レイラ＝オブシディアン、百済

SS学園4コマ「白石桃乃」の巻　作者：すぴか

みんな大好き♡

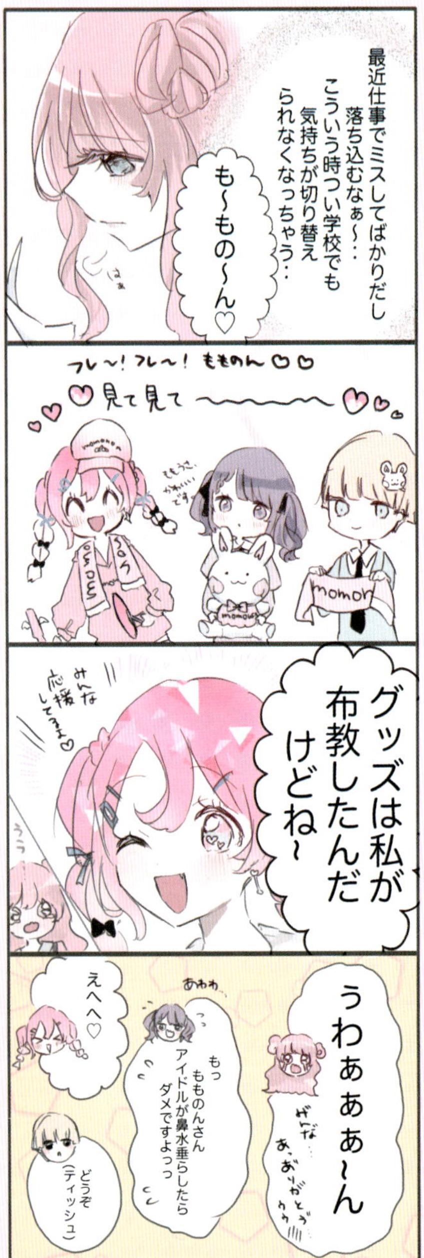

もものんホイホイミルキーちゃん

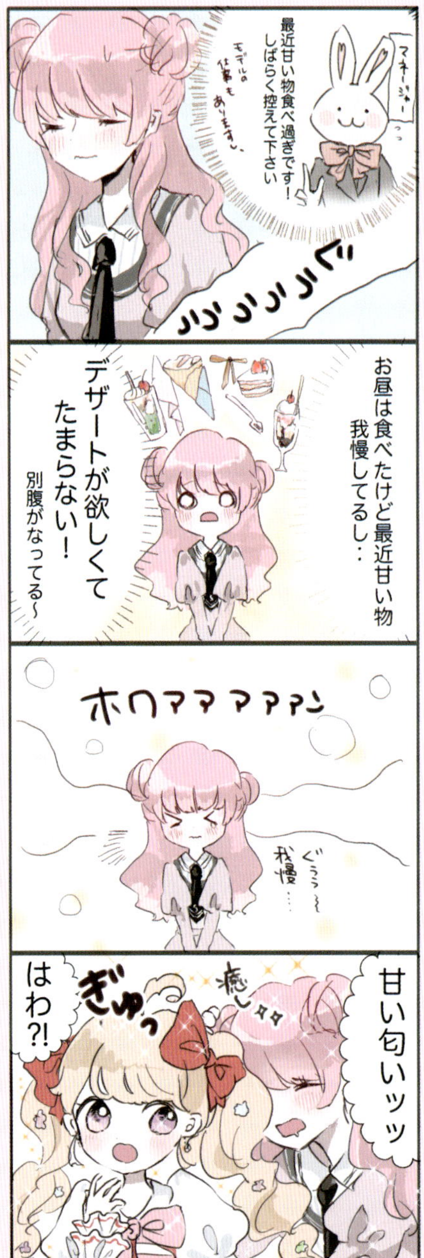

もものん画伯様

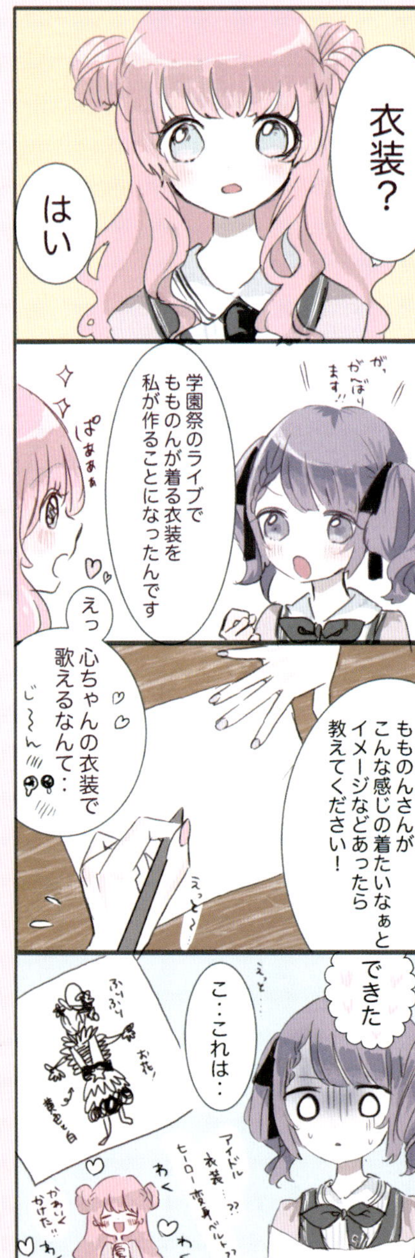

出演：白石桃乃、真泉心、ミルキー、カナリア、小夏陽

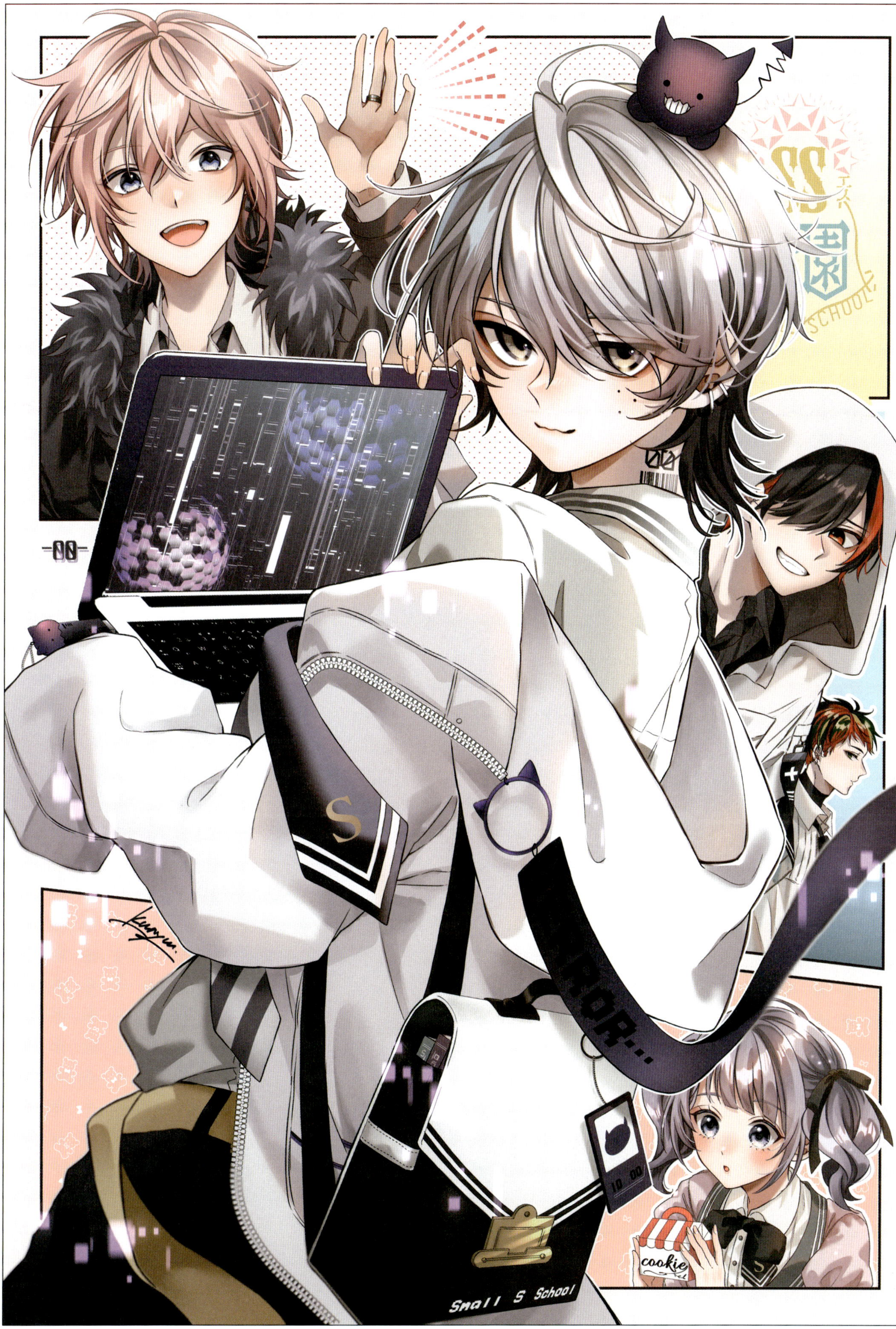

作:くりゅう　出演:夜、狗塚晴臣、千鶴、万、真泉心

ハッピーパンティーイヤー！　雲母蘭湖ですぅ～。新年にはハッピーパンティバッグ2024年をみなさんにプレゼントできたので、今年もパンツと幸せでいっぱいな一年になりそうですぅ！　さてさて、本日は古紺團八さんが所属しているSS学園落語研究会の配信チャンネルにお邪魔させていただきました～！　今年もパンツ同好会への入部お待ちしていますぅ！

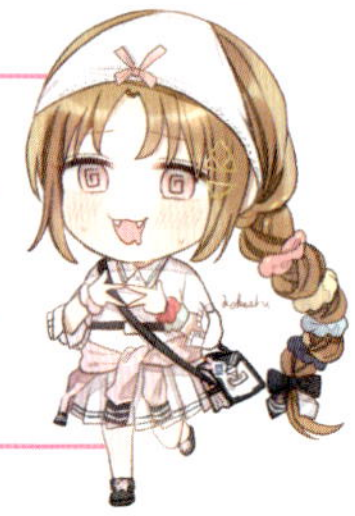

らんこのランラン PP
パンツ プロデュース

14まいめ

作：こけし

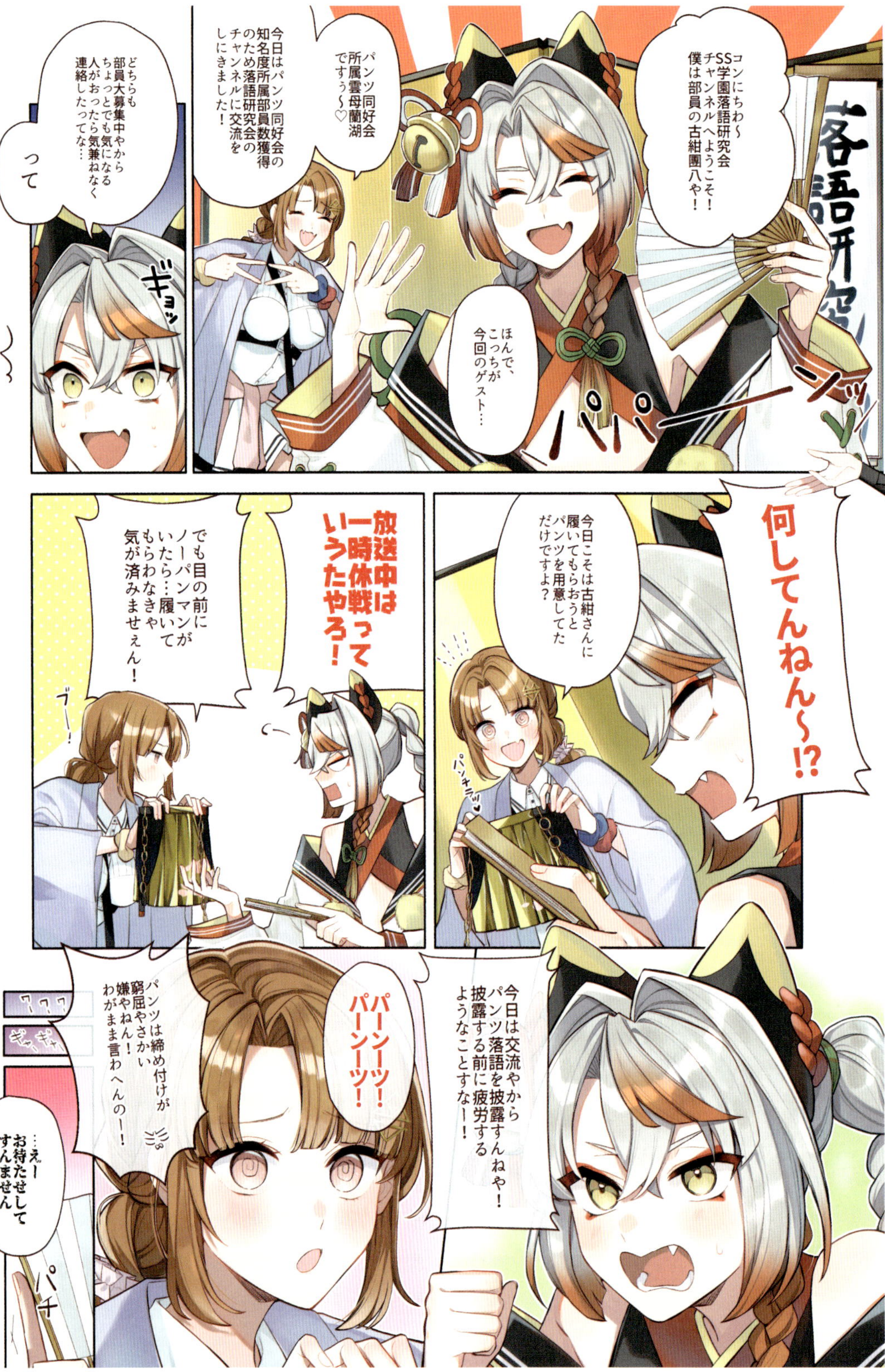

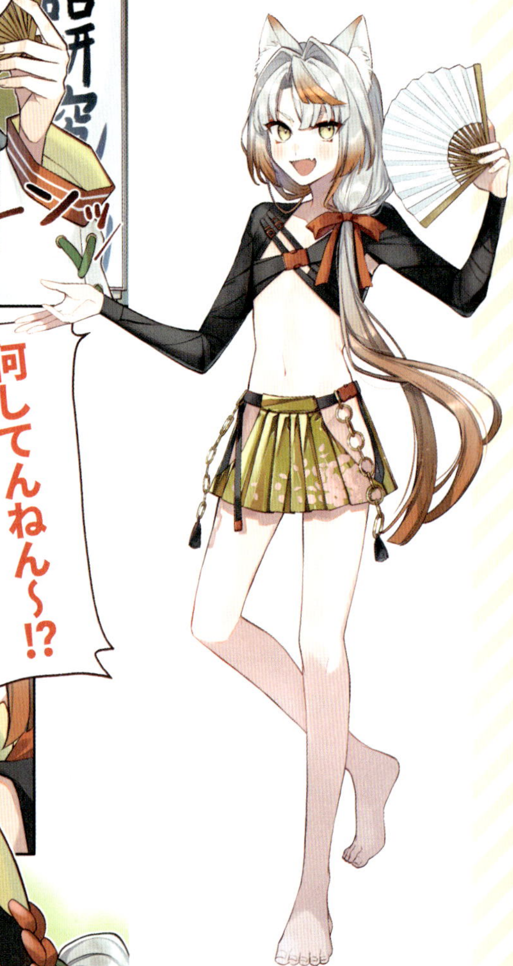

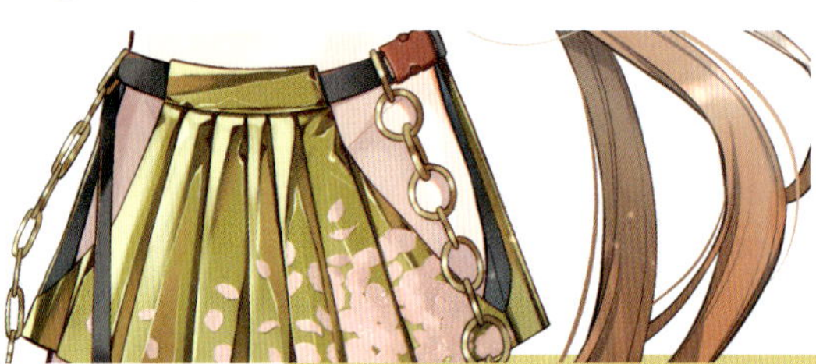

ノーパンライフ派の古紺さんが大喜びで履けるようなデザインを目指しましたぁ！　締め付けの少ない馬乗袴風のパンツです。キラキラのゴールド素材に桜の刺繍をして舞台の垂れ幕であるどんちょうを意識して仕上げていますぅ！　使いやすいように腰紐は差し込みバックルを使用。近代的なモチーフと和のモチーフを混ぜてみましたぁ！

古紺 團八（ここん だんぱち）

キャラクターデザイン：香琳
イラスト：こけし

中等部一年生の古紺さんは現在、落語研究会に所属しながら、落語家になるために色々なお勉強をしているそうです～！　時々、アサギさんとザクロさんと一緒にゲームをしている姿も見かけますぅ！　そして何より、古紺さんといえば、きららの宿敵(?)であるノーパンライフ派!!　古紺さん、今日こそきららの作ったパンツを履いてもらいますよぉ～！

雲母（きらら） 蘭湖（らんこ）

キャラクターデザイン：こけし
イラスト：こけし

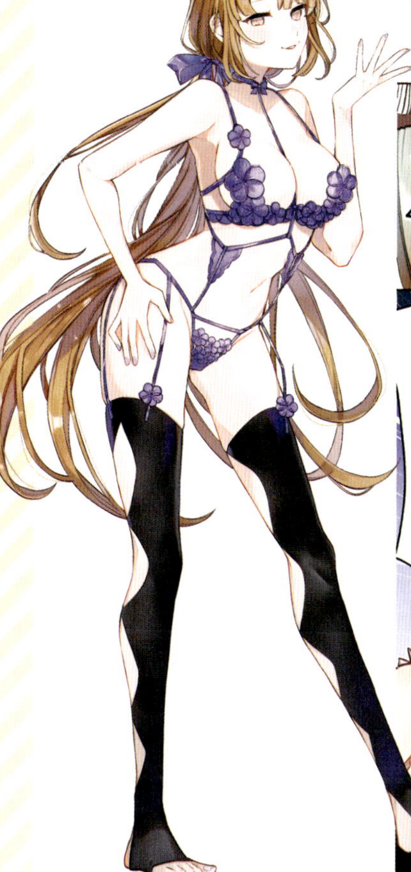

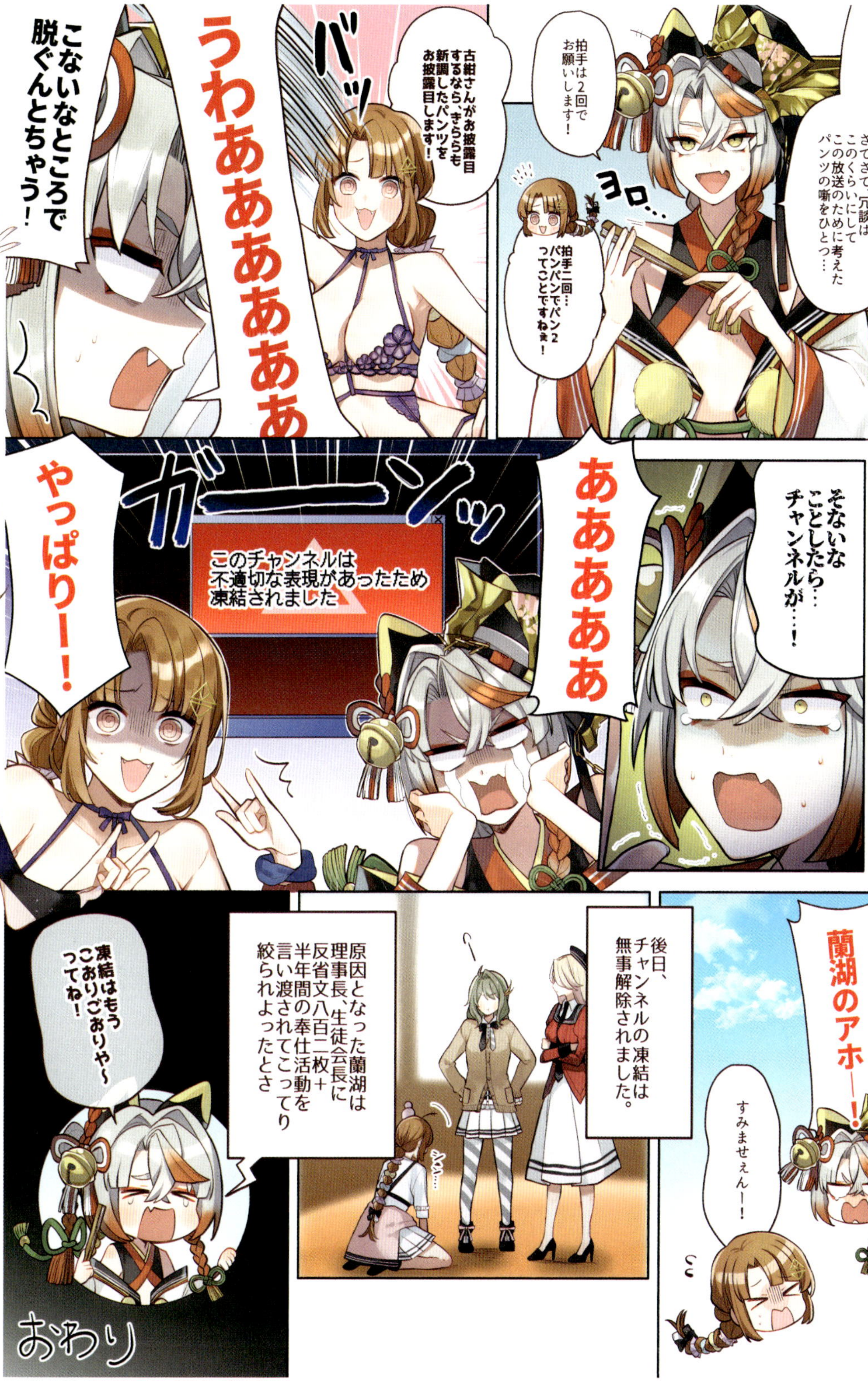

PP 高等部二年の雲母蘭湖ですぅ！ 苦手なものはノーパンと幽霊ですぅ…！ ノーパンの人が近くにいると、きららのパンツフィーリングがノーパンマインドを察知して、いても経ってもいられませんっ！ きららとパンツは切っても切れない…そう、作って着ることで繋がる関係です！ みなさんがハッピーでパンティな生活を過ごせるよう、パンツの可能性を探す旅に一緒にでましょう！

今日の プロデュースポイント P P ♥♡

PP 今回のパンツはセクシーさを意識してデザインしましたぁ！ パットやワイヤーといった補正力を高める部分が少ない代わりに大胆に脇側をオープン！ そしてフラワーモチーフのパーツで飾り付けてランジェリーとしての華やかさもプラスしました。チョーカー、ブラジャー、パンツ、ガーター全てが繋がって一つとなった、まさに身も心もパンツに心を委ねられるデザインとなっておりますぅ♡

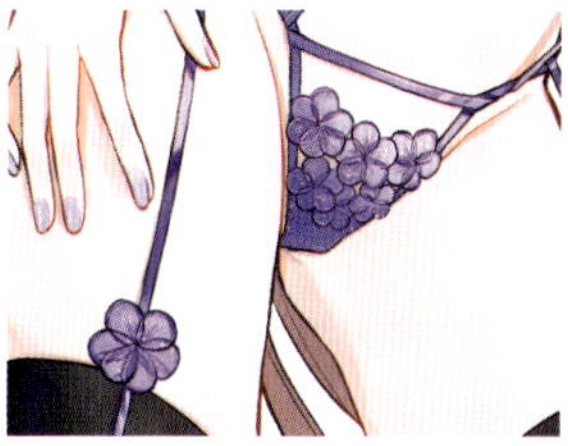

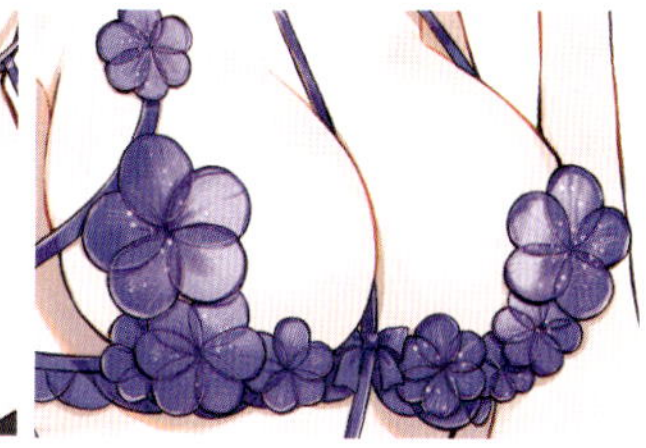

「SS学園」投稿ガイド

制服ベースデザイン：ハモンド華麗

「ＳＳ学園」の生徒を自分で考える際は、このデザイン画を参考に、制服を描いてください。

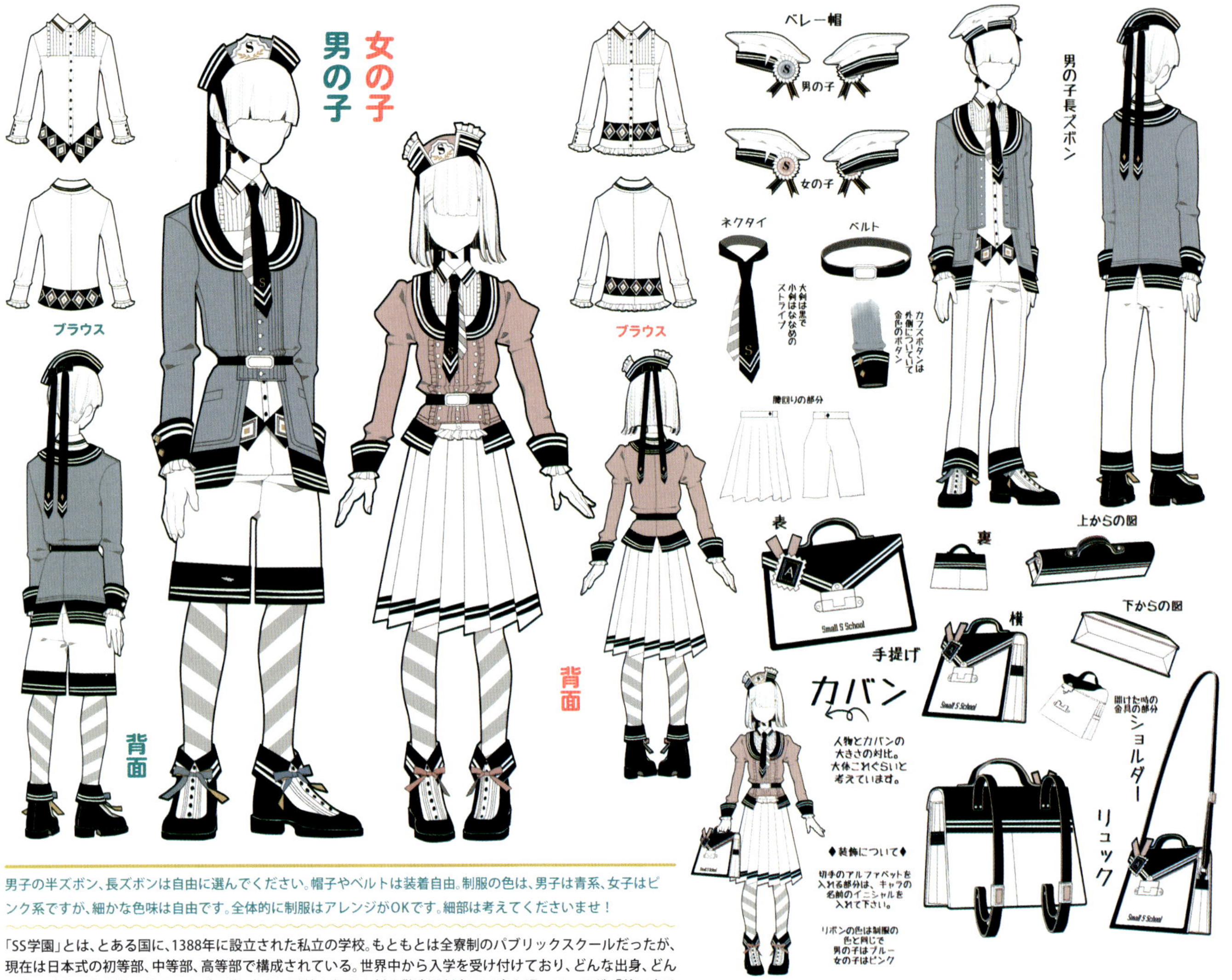

男子の半ズボン、長ズボンは自由に選んでください。帽子やベルトは装着自由。制服の色は、男子は青系、女子はピンク系ですが、細かな色味は自由です。全体的に制服はアレンジがOKです。細部は考えてくださいませ！

「SS学園」とは、とある国に、1388年に設立された私立の学校。もともとは全寮制のパブリックスクールだったが、現在は日本式の初等部、中等部、高等部で構成されている。世界中から入学を受け付けており、どんな出身、どんな生い立ちでも学校に入ることが可能。各国の政治を担う人材や警察関係者の子息も通っているが、「善に寄りすぎず、悪の美学も知れ」との教えから、闇社会や秘密組織の学生たちも在校。目立った立場の生徒も多いが、大半は普通の生活をする家庭の子供。様々な人と交流できるのも「SS学園」の魅力とされる。

入学案内

← SS 学園の説明

注意!!

【創作物への注意事項】 SS学園を扱った有償のグッズや同人誌の販売は今後OKになります。
その際は同人誌の奥付、グッズの場合は告知文の中で、以下の事項を記してください。
●「SS学園」は、雑誌「スモールエス」の誌面企画です
●制服ベースデザイン：ハモンド華麗　（※こちらは公式の制服を描いた場合に入れてください）
また、他の作家のキャラを描いて販売をする際は、必ずお互いの作家同士で了解をとってください。

「SS学園」の生徒イラスト投稿募集！

1枚の紙に自分が考えた「SS学園」の生徒、もしくは今号に掲載された生徒を描いてください。絵の中に、キャラクターの名前、紹介文を書き入れてください。なければ掲載できない場合があります。人物紹介の文体は自由です。また、複数のキャラを描いても良いですが、それぞれの名前がわかるようにしてください。

最初の人物紹介が掲載された生徒は、その後に自由な形式で、絵や漫画を描いてOK。ただ、皆が分かるように人物名は絵に入れる！

●生徒は人外やファンタジー設定でもＯＫ。生徒会長や理事長など、選抜メンバーで描かれたキャラ設定は避けてください。なお、血縁や恋人など、近すぎる固有の関係は避けてください。相手のキャラ設定に大きな影響が出ます。

●他の作家さんの生徒を描く場合は、その人のペンネームとキャラ名も絵に入れてください。

郵送時の応募コーナー名
「スモールエス●●号　SS学園係」

カラーイラスト、モノクロイラスト、1ページ漫画を募集します。掲載はカラーページです。

※●●には、送付時に募集している号数をお書きください。

※データ投稿の場合、応募コーナー名は投稿画面での選択式になります。応募時に「SS学園」を選択ください。

※絵の中に、キャラクターの名前と設定文を書き入れてください！　絵のみの投稿は不可。キャラ名と、初回はキャラ説明を入れるのが必須です。

NEXT

投稿の締切

2024 **2/22** 当日消印有効

「ＳＳ学園」公式設定資料集 発売中

「SS学園」の初代選抜メンバー18人のキャラクターの設定、学園の建物などの美術設定が収録されたSS学園公式設定資料集が、BOOTHで販売中。18人それぞれをメインとしたイラストや漫画作品も掲載されています。電子書籍です！ ぜひチェックしてみてください〜！

https://kikan-s-ss.booth.pm/

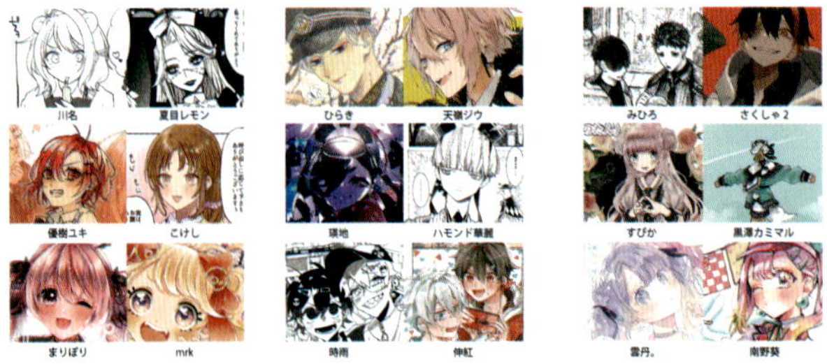

福岡県・梅田

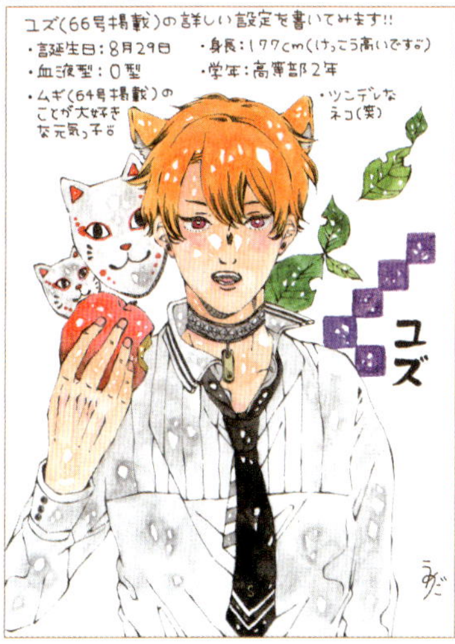

茨城県・めーたん・15歳

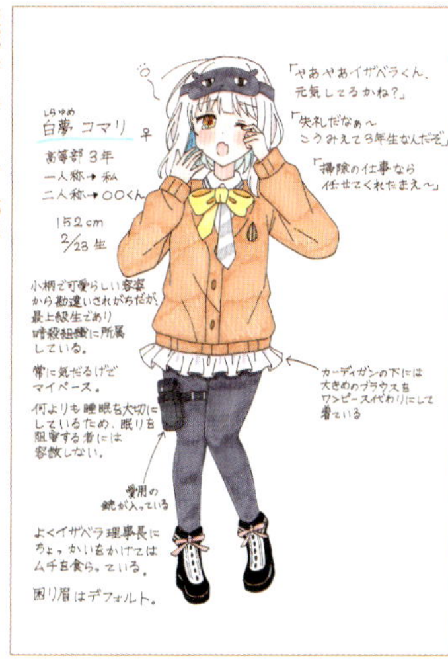

高知県・まろやか

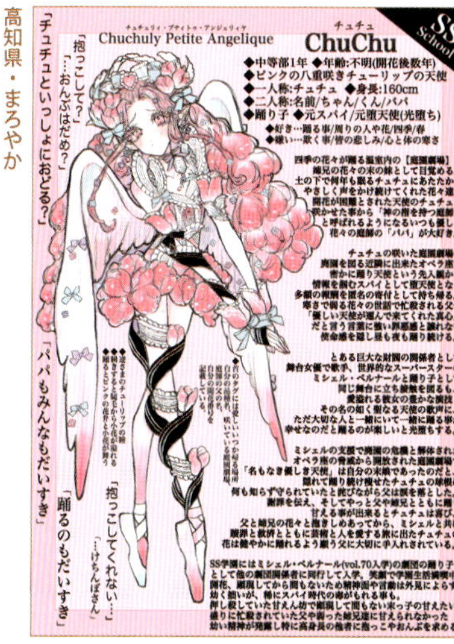

福岡県・杏蜜花

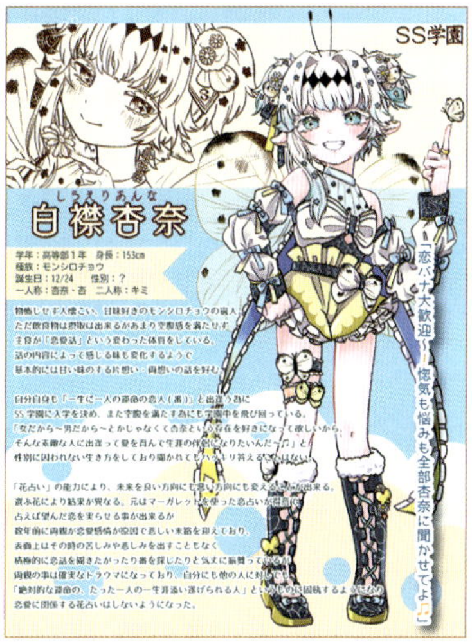

埼玉県・82

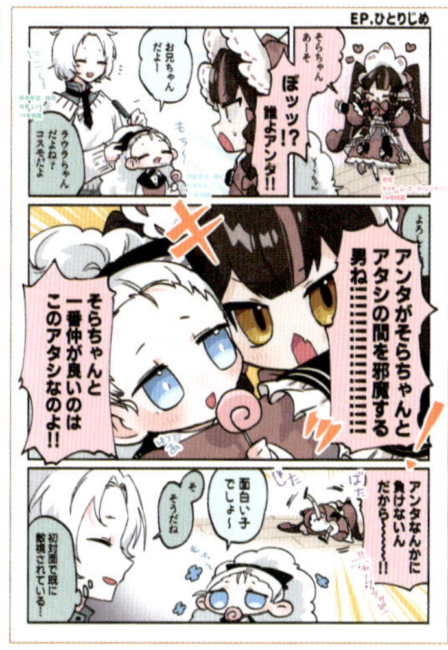

静岡県・白露憂（ゆゆてる。改め）

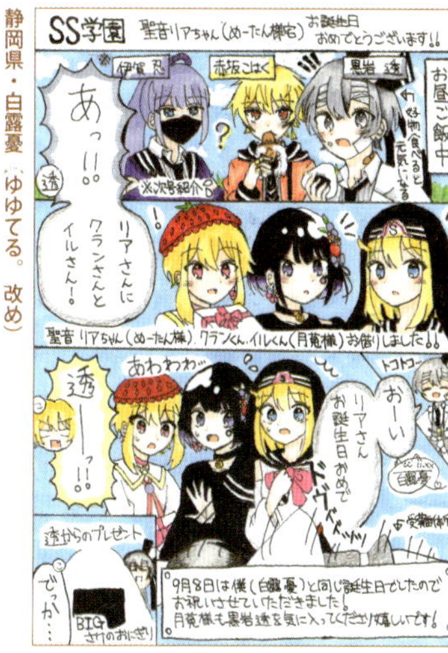

千葉県・ひなのうさぎ

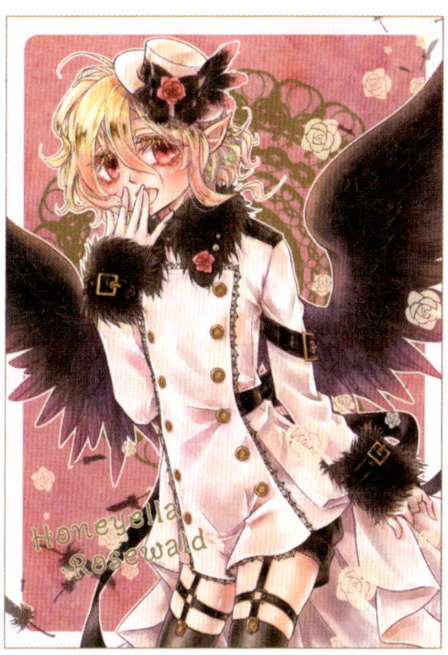

滋賀県・真田しろ

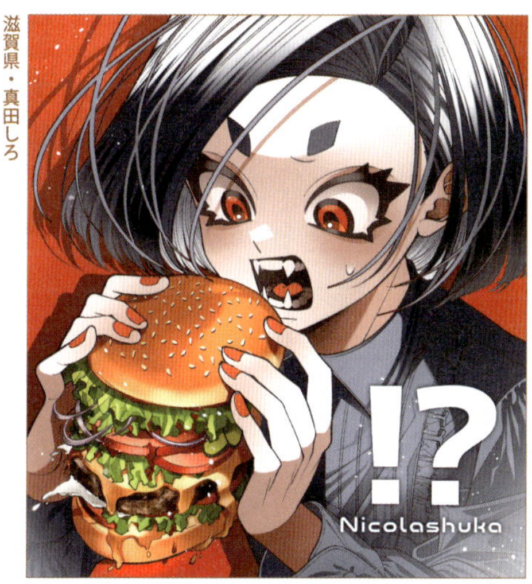

大阪府・ラブバード

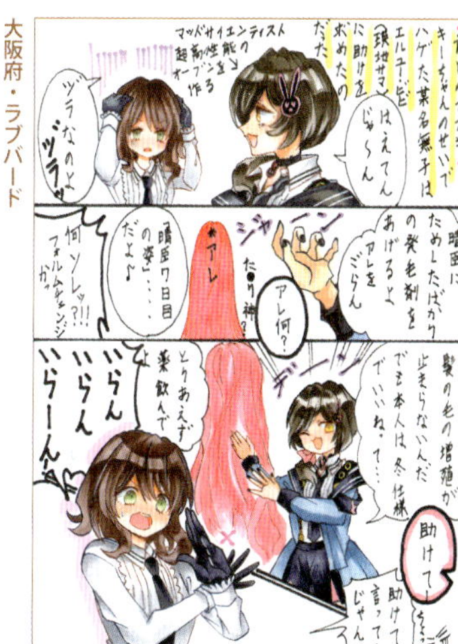

茨城県・志摩ほむら

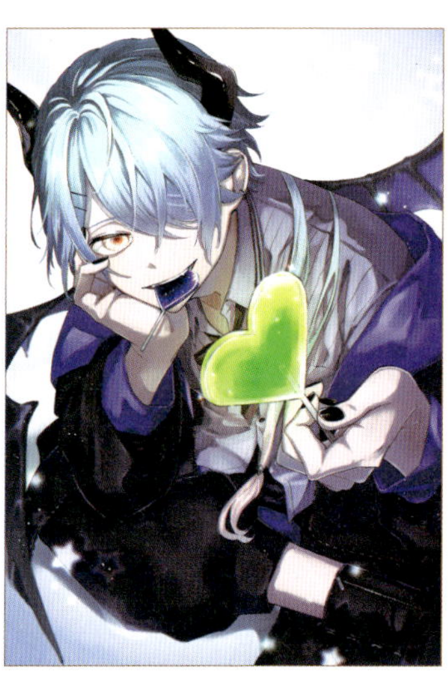

神奈川県・碧月しず

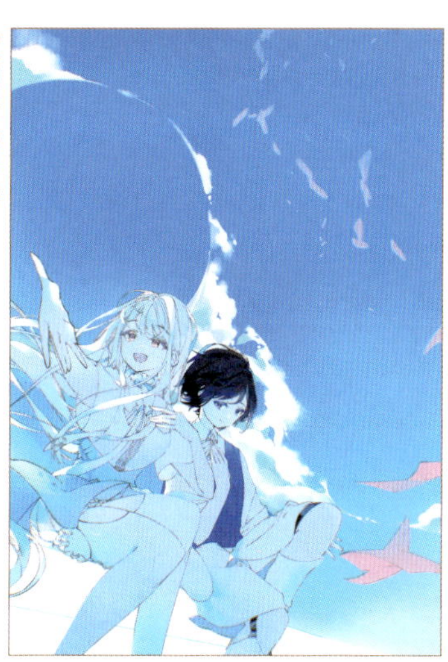

東京都・特命希望。

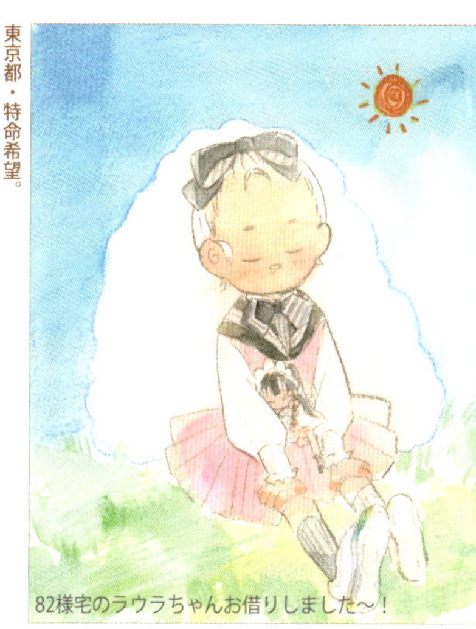

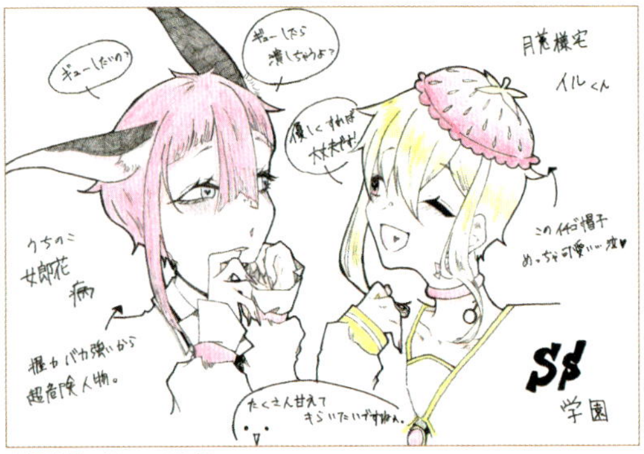

鹿児島県・Narr・15歳

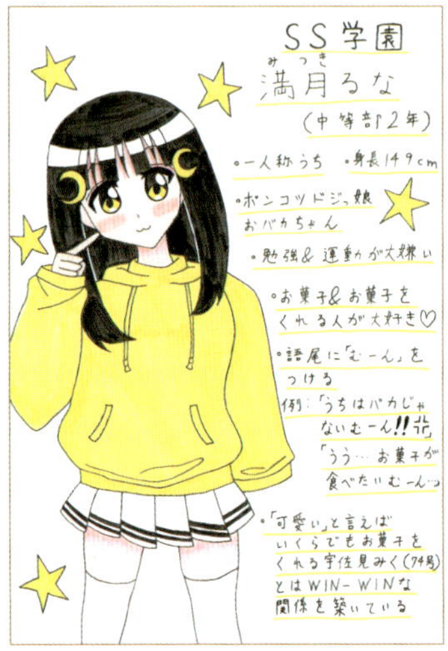

長野県・なす

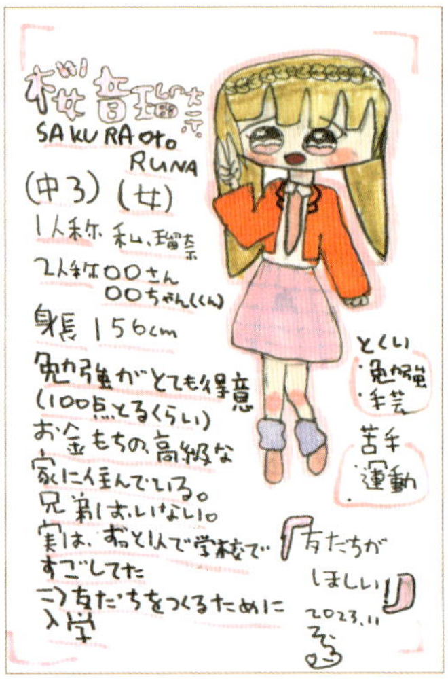

岐阜県・そらころ。・13歳

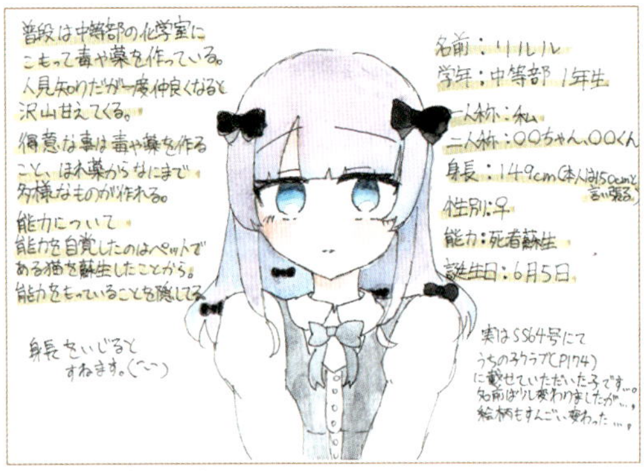

神奈川県・羅戯・18歳

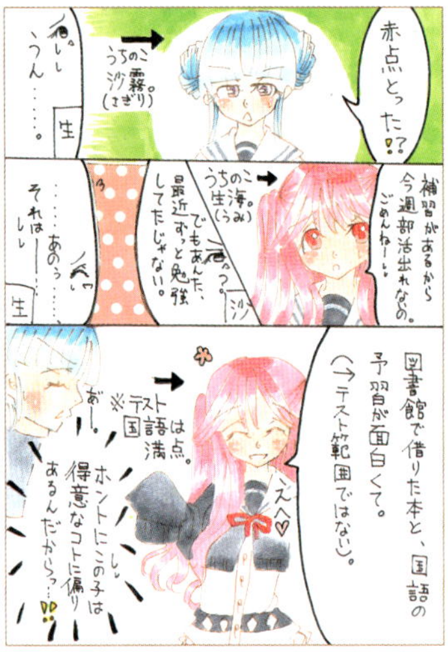

長野県・谷川りおん

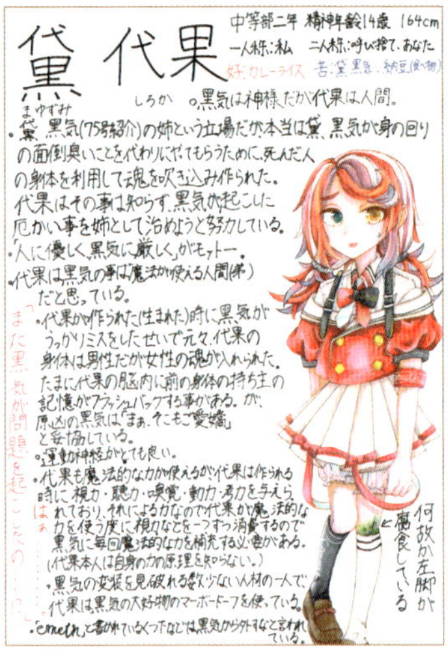

鹿児島県・ごまたに・14歳

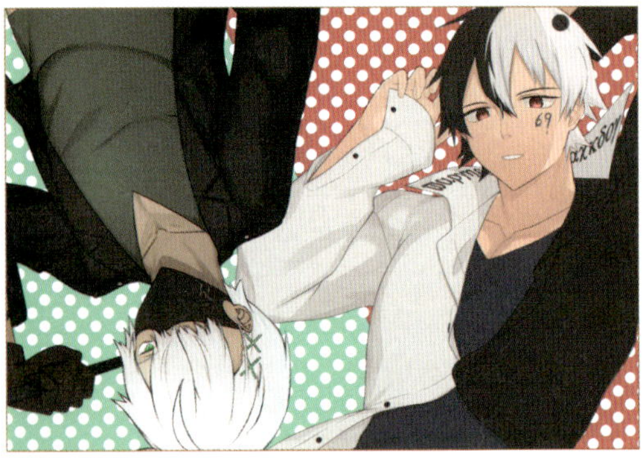

埼玉県・武右

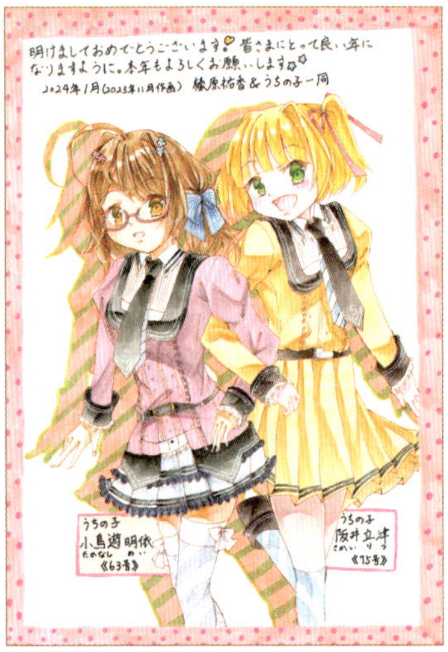

広島県・榛原祐香

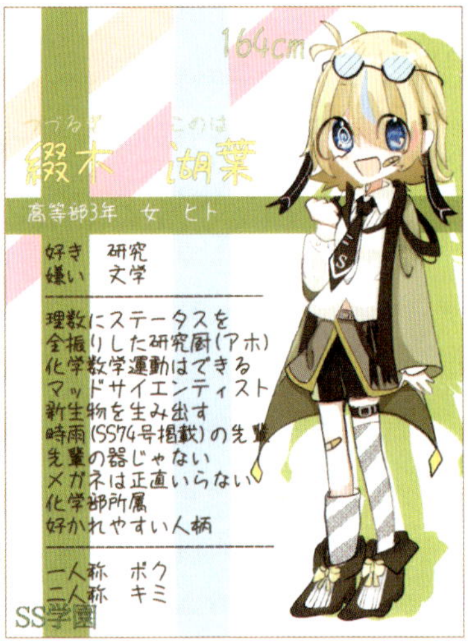

岩手県・放置された水筒・11歳

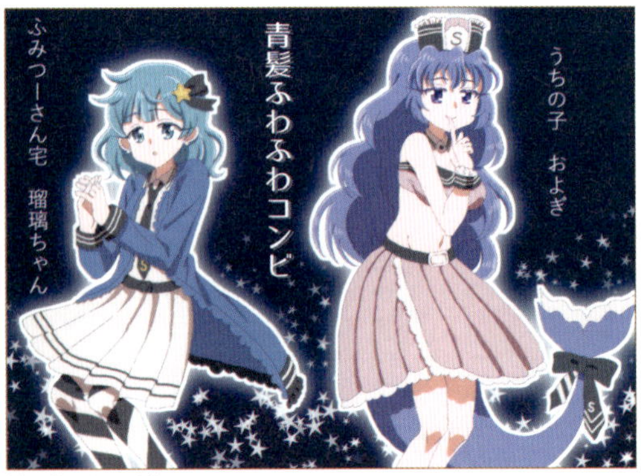

埼玉県・セコイ也

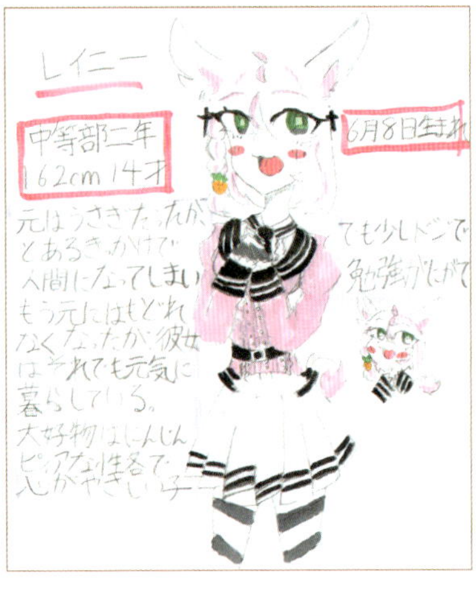

大阪府・和泉澤藍

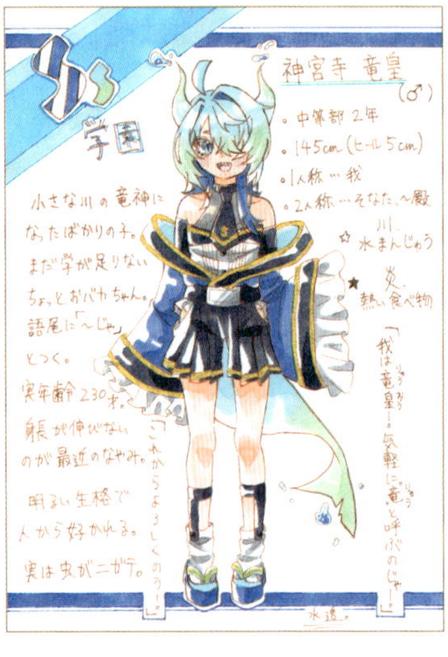

秋田県・水透。(はざまの僕。改め)・14歳

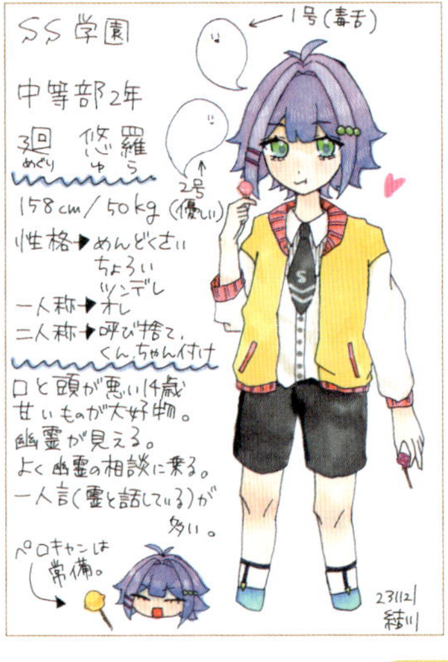

茨城県・結川みね(瀬野侑也改め)・14歳

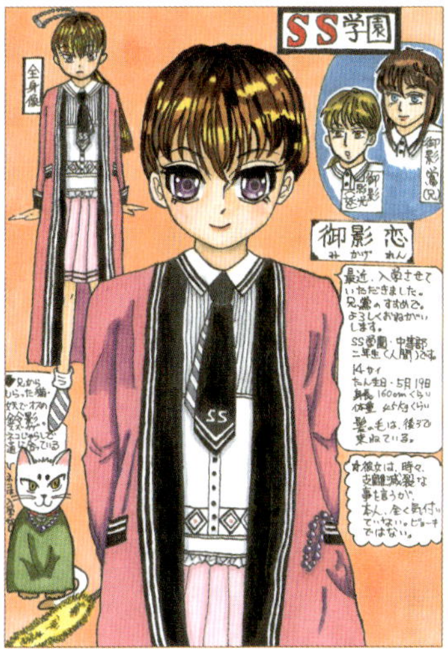

広島県・貴希

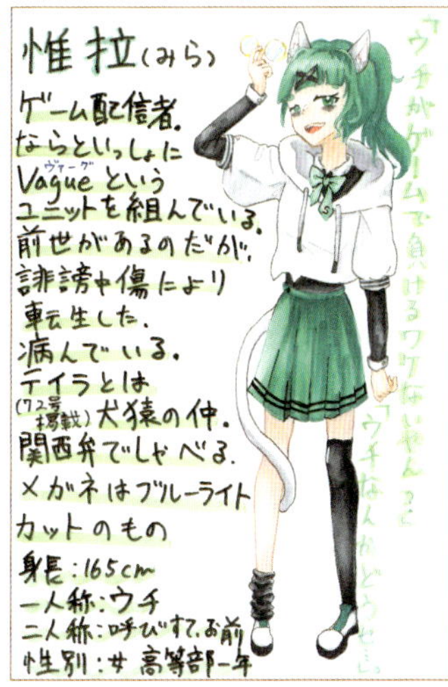

兵庫県・包み草

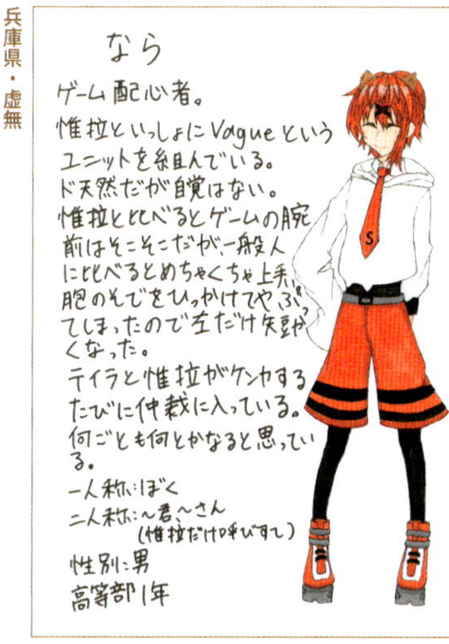

兵庫県・虚無

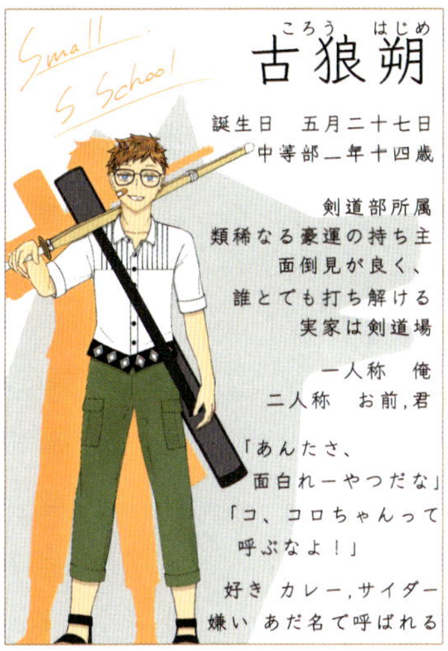

佐賀県・ふかみいろは・20歳

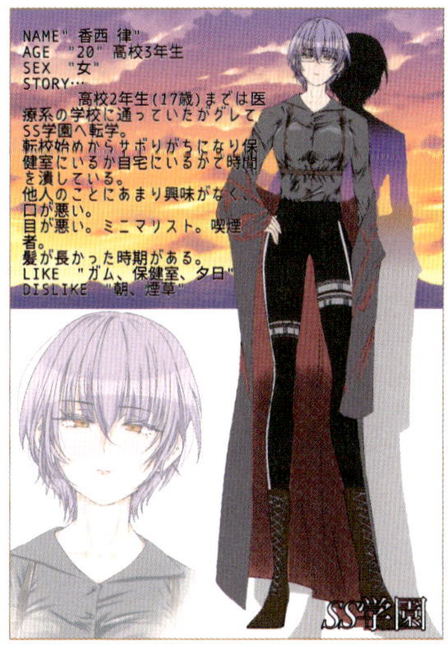

福島県・舞彦

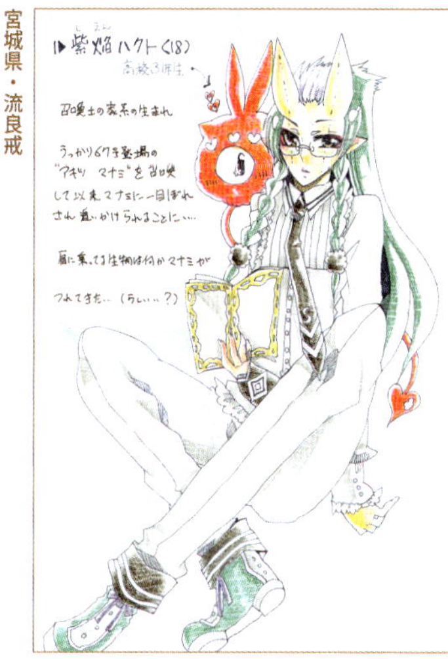
宮城県・流良戒

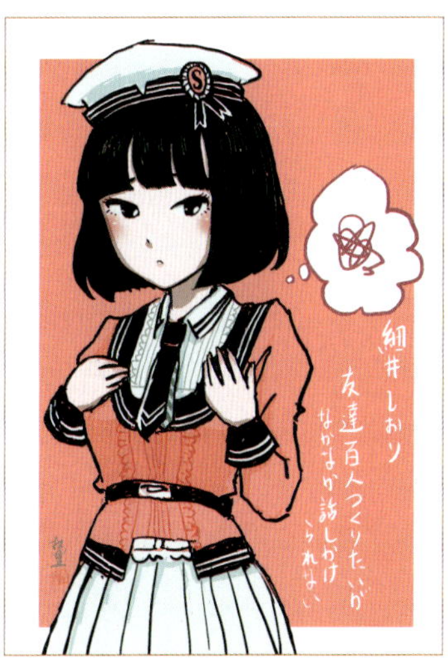

東京都・小川まつり

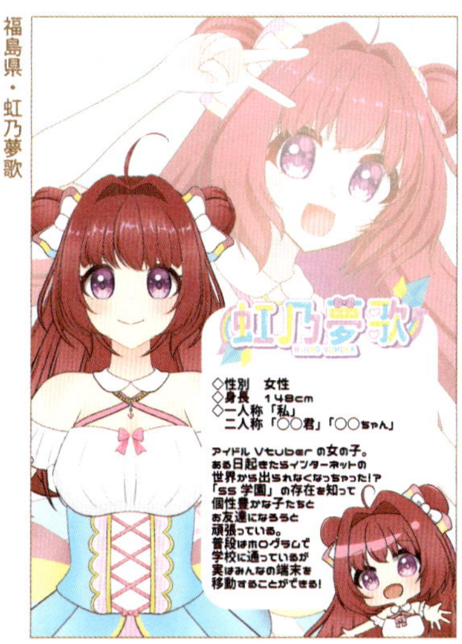

福島県・虹乃夢歌

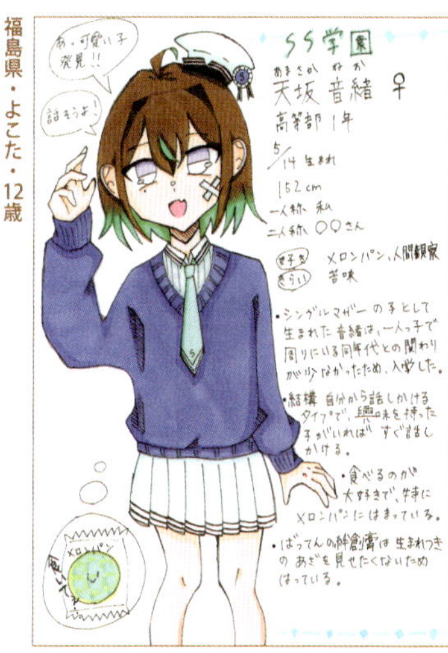

福島県・よこた・12歳

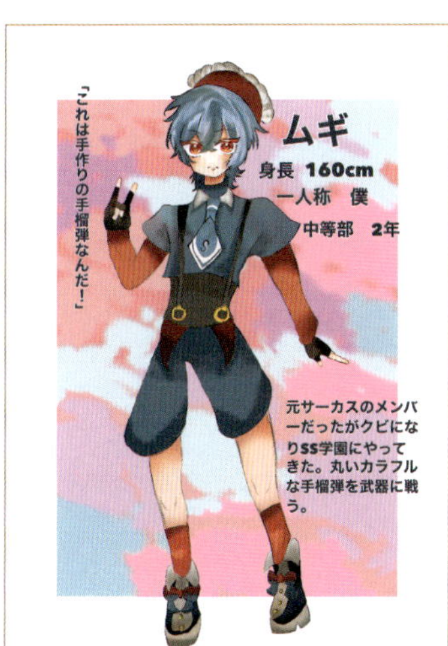

滋賀県・夏空結香（YU-NA改め）・12歳

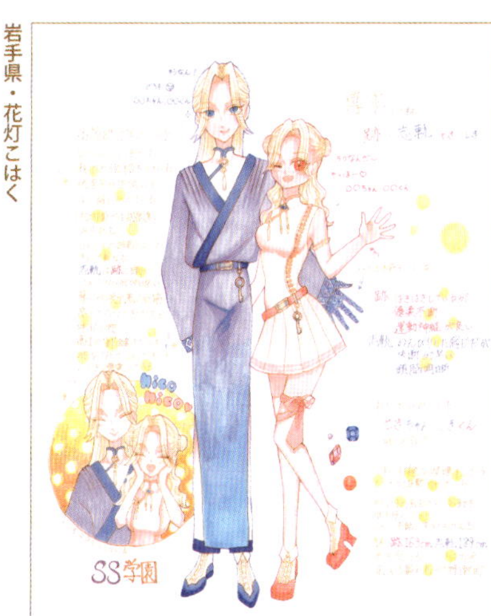

岩手県・花灯こはく

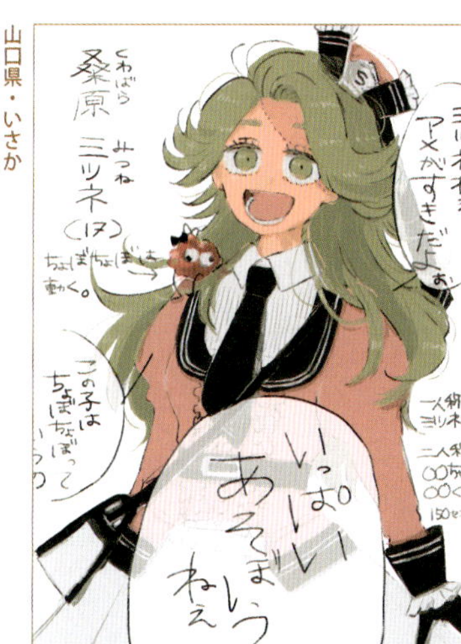

山口県・いさか

奈良県・あい・17歳

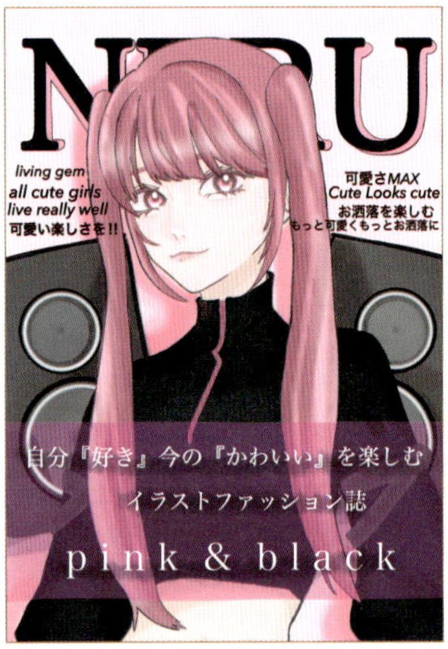

沖縄県・ウロト

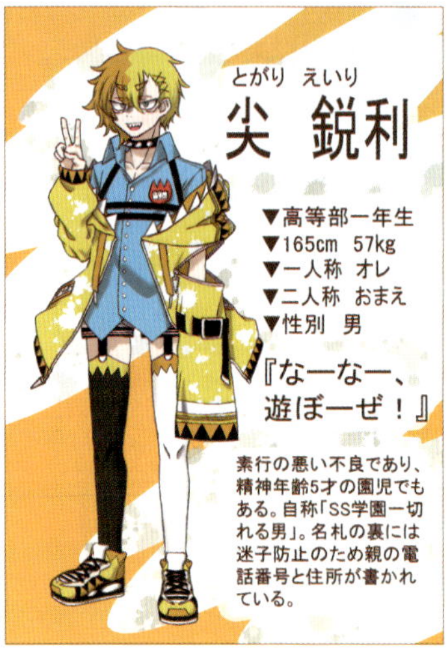

福岡県・まちゅ

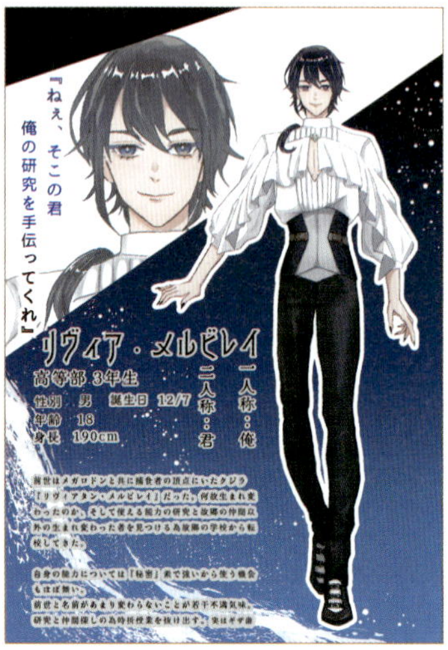

長野県・咲良

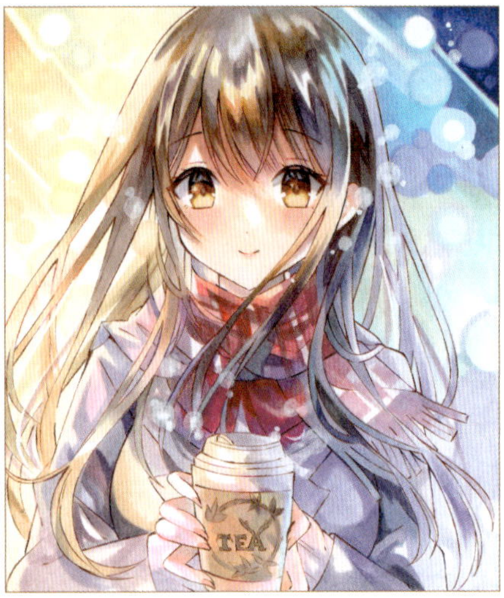

茨城県・白米たきナ

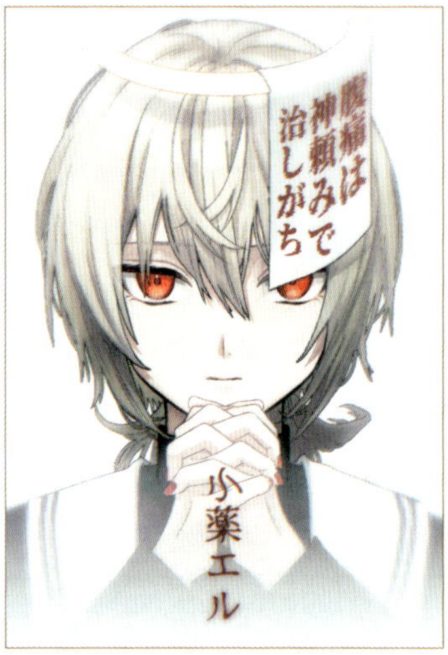

和歌山県・キ海月

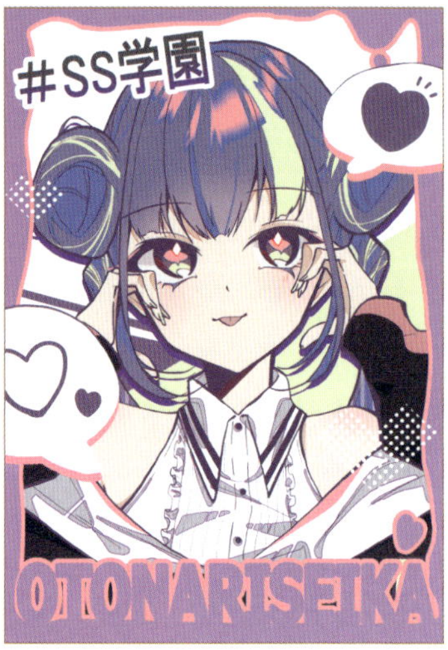

福岡県・杏蜜花

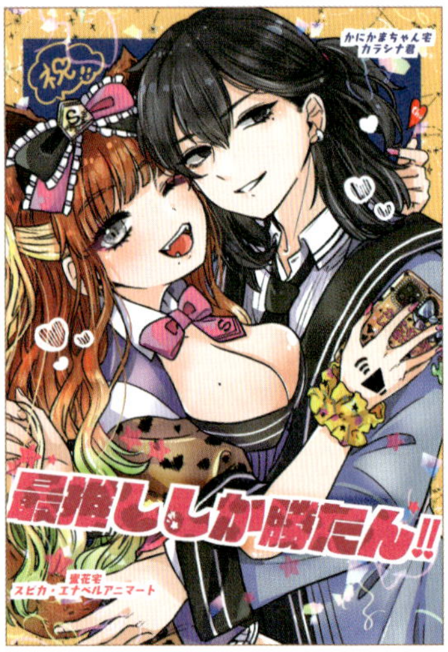

鹿児島県・ミセト

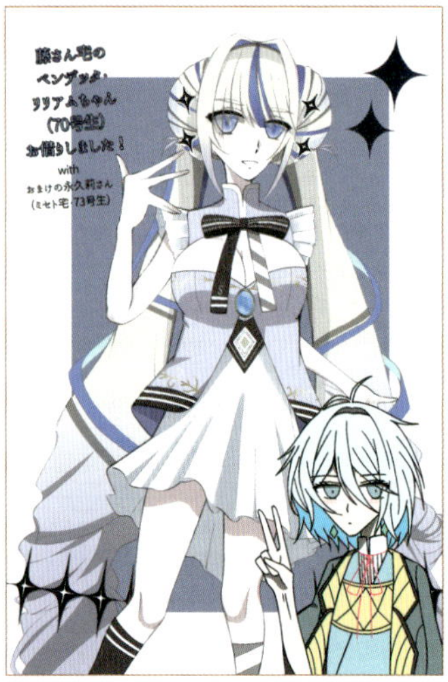

佐賀県・紅葉

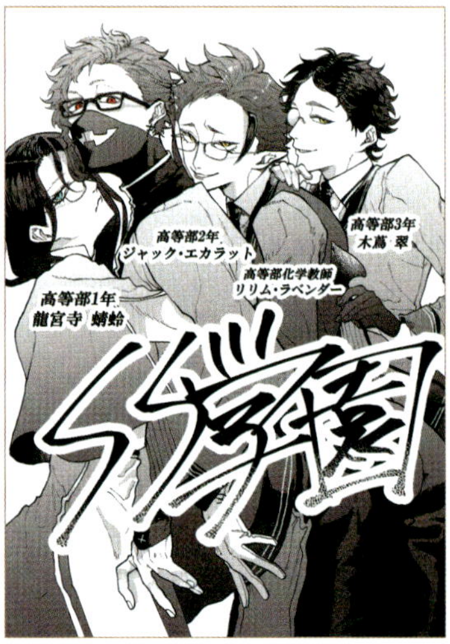

神奈川県・石垣

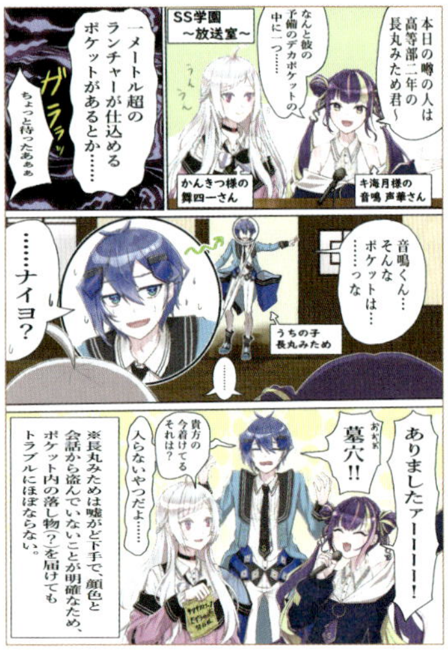

茨城県・志摩ほむら

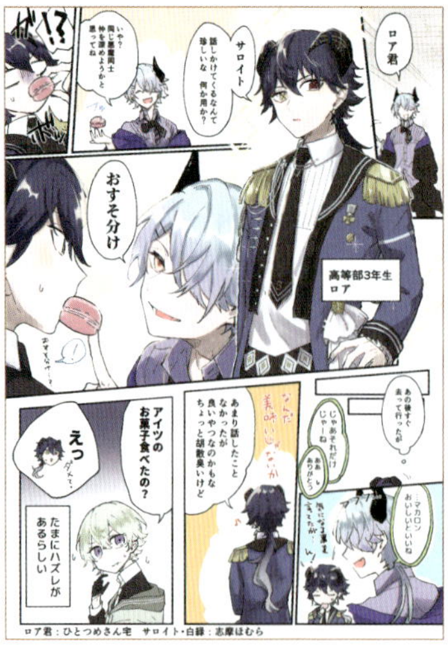

群馬県・RB

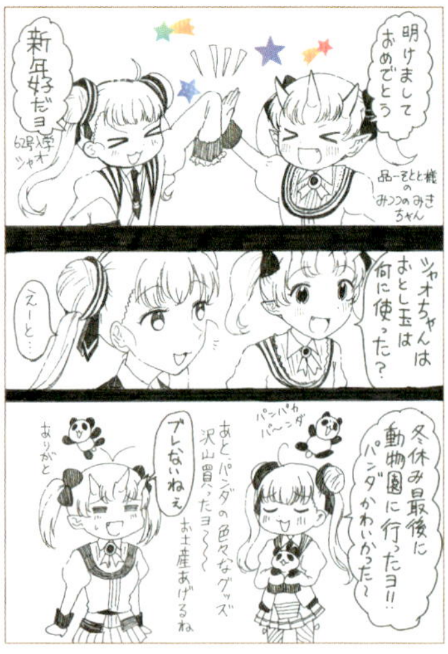

SS GAKUEN

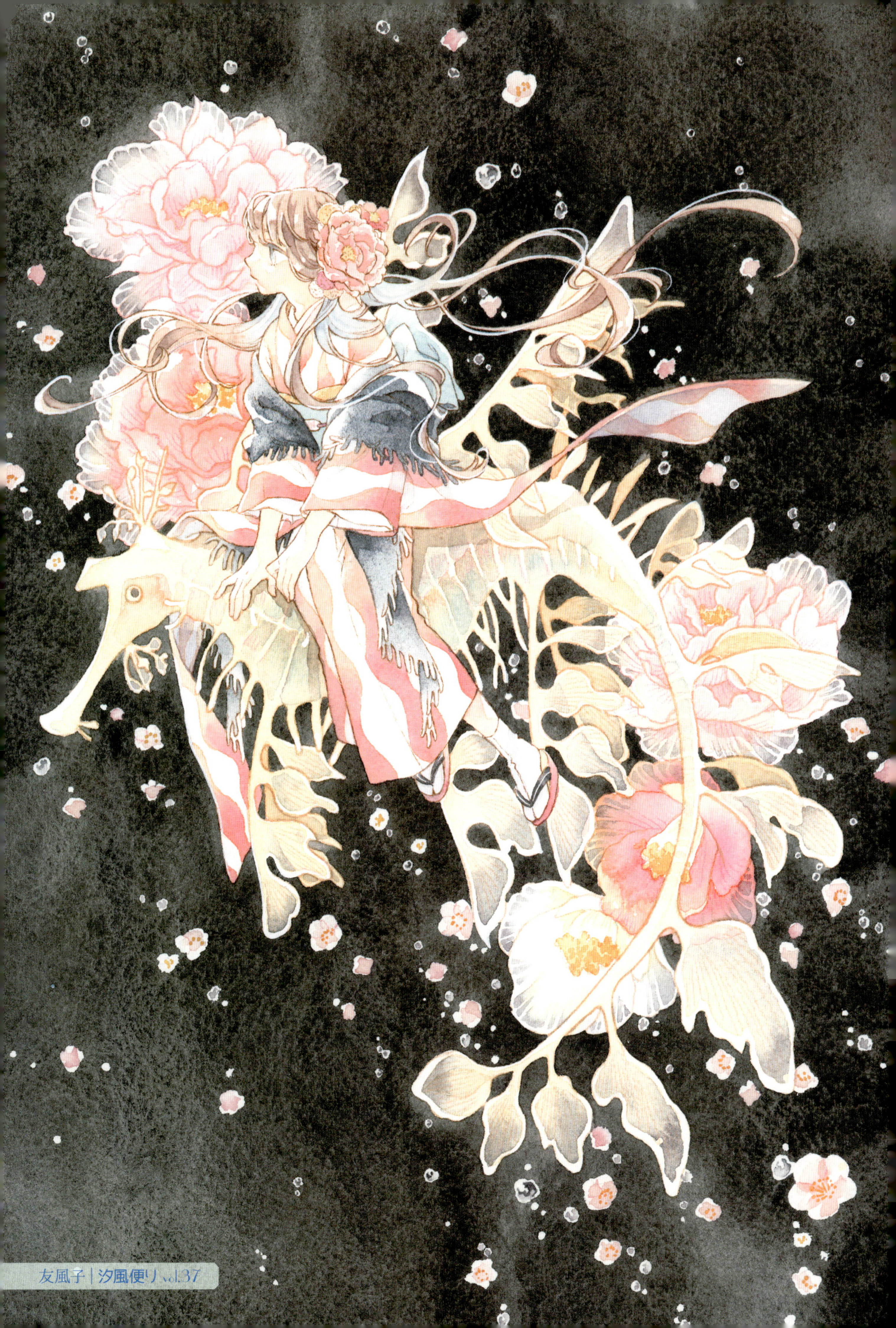

友風子 | 汐風便り vol.37

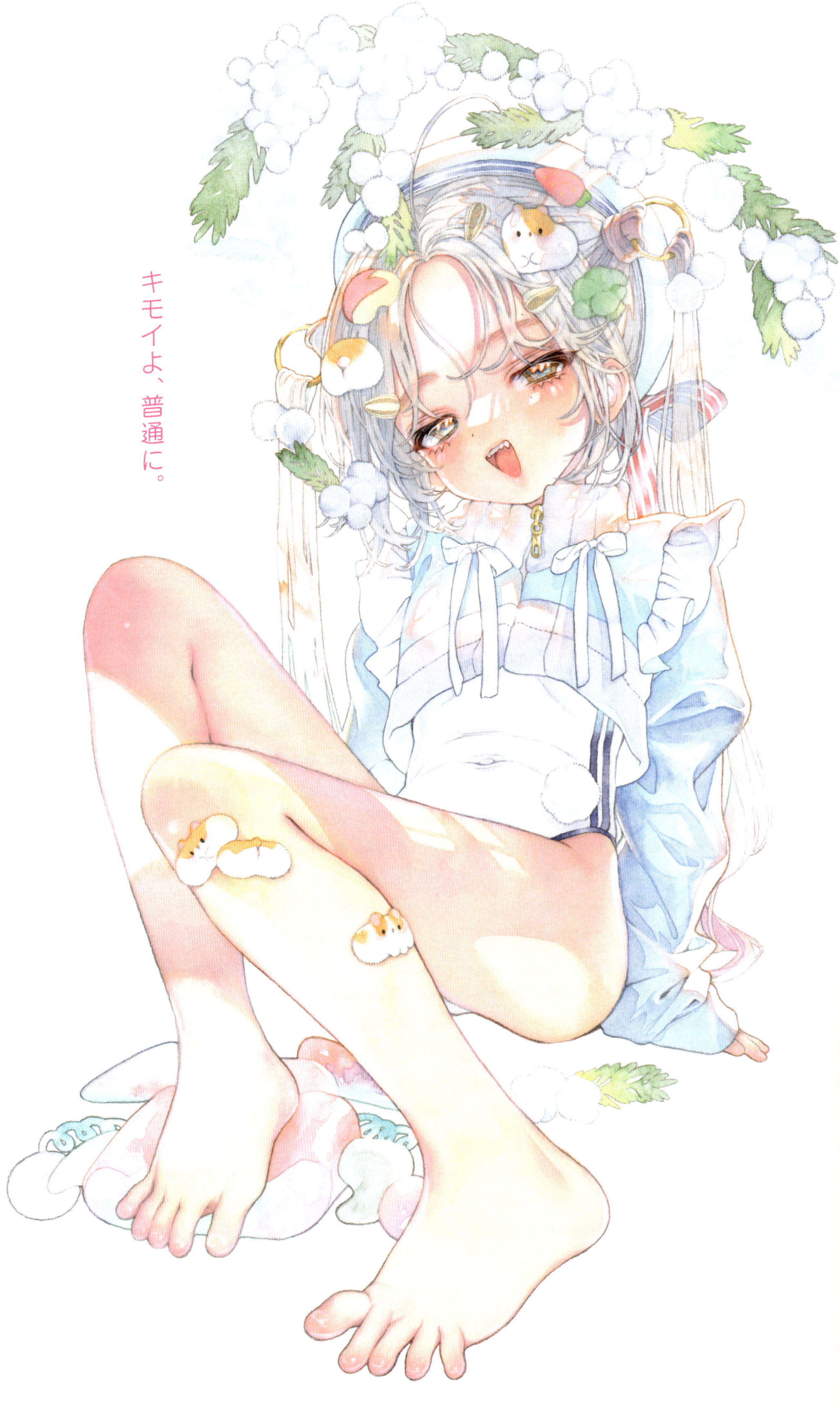

七神マナ｜あなたの可哀想なおんなのこへ　23人目
スモールエスの擬人化

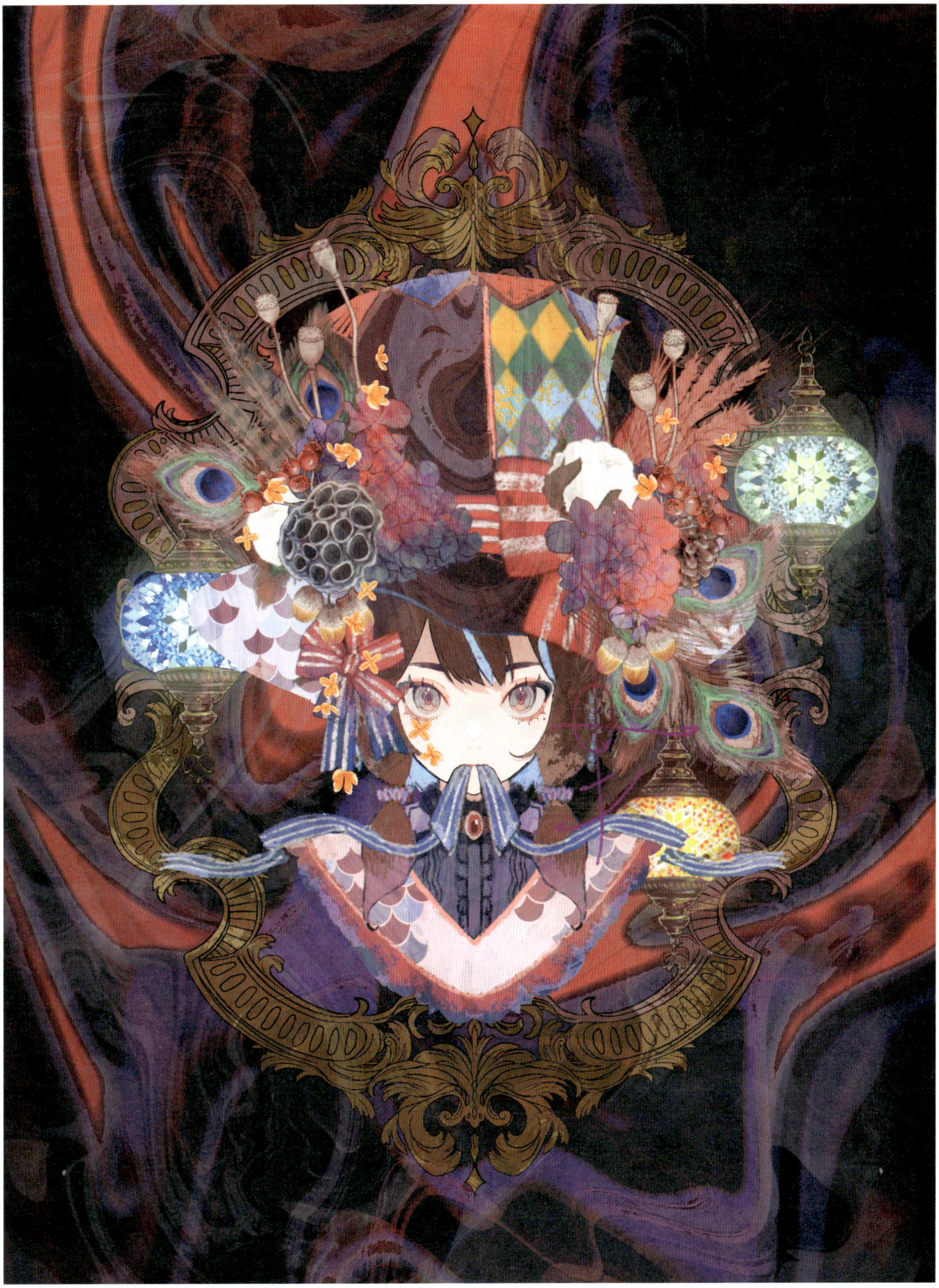

東京都・はむメロン【CLIP STUDIO PAINT・Procreate】

今号も投稿ありがとうございます～！　今回のフリー扉の絵は、はむメロンさん。「大好きなハロウィンモチーフを沢山詰め込んだイラストです」とのコメント。配されたアイテムが美しく、印象的に仕上がっています！　赤や紫の色味も素敵です。

ランプの光が綺麗～。72ページのanじぇらさんは、和やレトロの作品を描かれています。赤色が生きて、装飾も雰囲気たっぷりです。hikaさんは「あざやかなオレンジを使ってみようという気持ちで描きました！」とのことで、黒い背景も髪のオレンジを生かしていますね！エッジの効いた全体のシルエットも印象的です。白ノさんは、「チェック耳のうさぎぬいぐるみをテーマに描きました」とのことで、青と赤のカラーリングやスカート部分のチェックの装飾も可愛い！　茉莉花ももさんは色の国がテーマ。赤、青、黄の衣装、カメレオンに孔雀が圧巻の美しさ！

そして、73ページの雲丹。(うに)さんは、ハロウィンのイメージですが、青の階調が美しくて味わい深い。女の子のポーズも良いですね～。potatoさんは「『白薔薇の箱入り娘』という題名で、白薔薇と和な衣装を組み合わせたいなあと挑戦しました！ 恥ずかしがりやな子です！」とのこと。薔薇をかたどった装飾も細やかで圧巻です！

炁いたさんはピンクと水色の配色も可愛く、顔まわりの装飾もキラキラとときめきます！こけしさんは「りんごとバラの紅茶をイメージしたパンツ」とのことで刺繍のところやフリルのデザインも可愛い！ 74ページのりふさんはプリンがとても美味しそう！

うさぎさんも可愛いですね。「幸せの色ってきっとこんな色」というタイトルだそうです。月鈴蘭さんは「【私の中の煌めき】赤と緑を基調にレトロとモダンを織り交ぜて制作しました」とのことで、ジュエリーのデザインが華やかですね～。眼差しもとても魅惑的です。星花水さんの水色の透明感が美しいです。上のほうの白い色味とのバランスも印象的です。

くまちょさんの作品はオオカミ双子が美麗で、画面全体の演出も素敵です！　今号も投稿ありがとうございました。次回もぜひ皆さんの作品をお待ちしております！

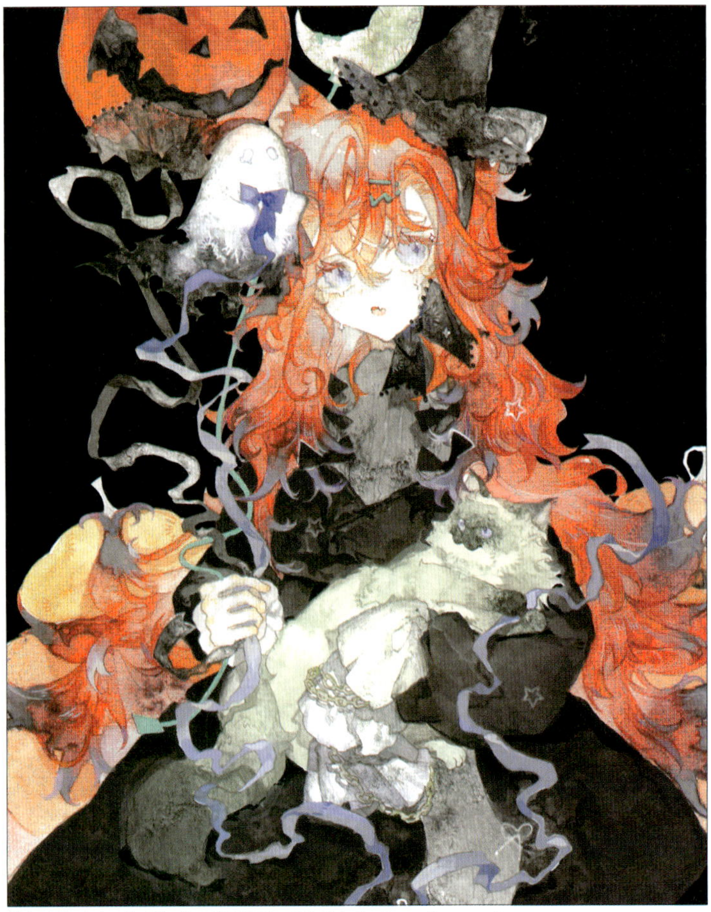

神奈川県・hika【コピック・水彩絵具・アクリルガッシュ・Procreate】

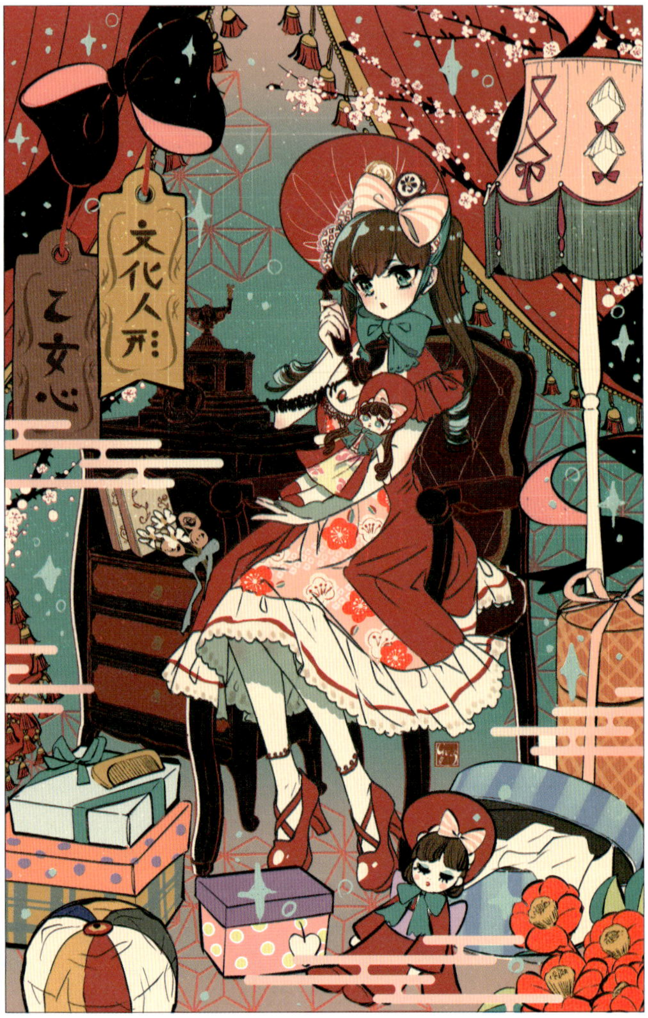

千葉県・an じぇら【CLIP STUDIO PAINT】

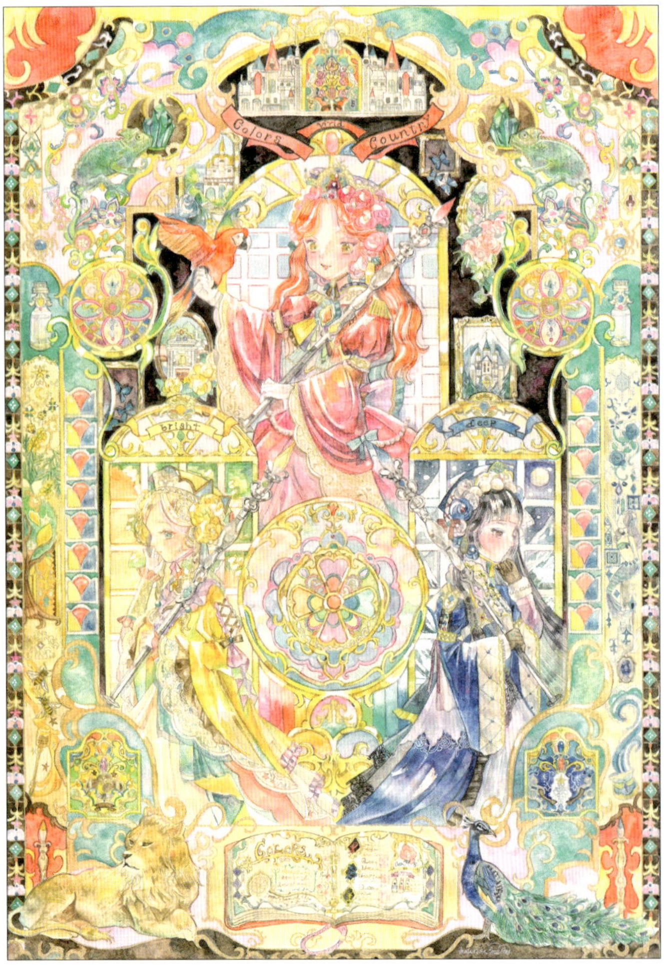

大阪府・茉莉花もも【透明水彩・色鉛筆・顔彩】

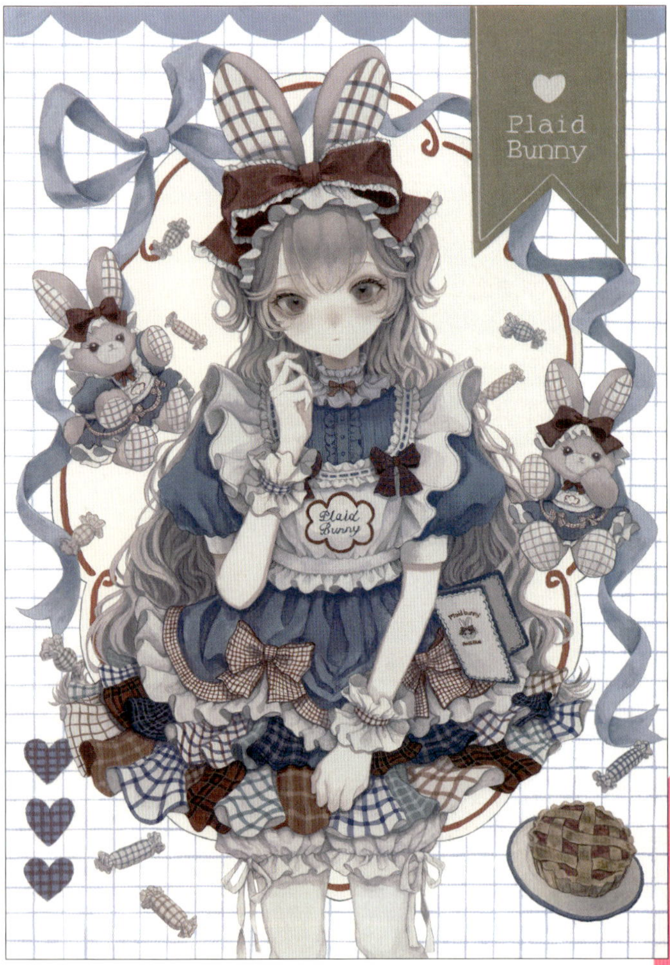

大阪府・白ノ【アクリルガッシュ】

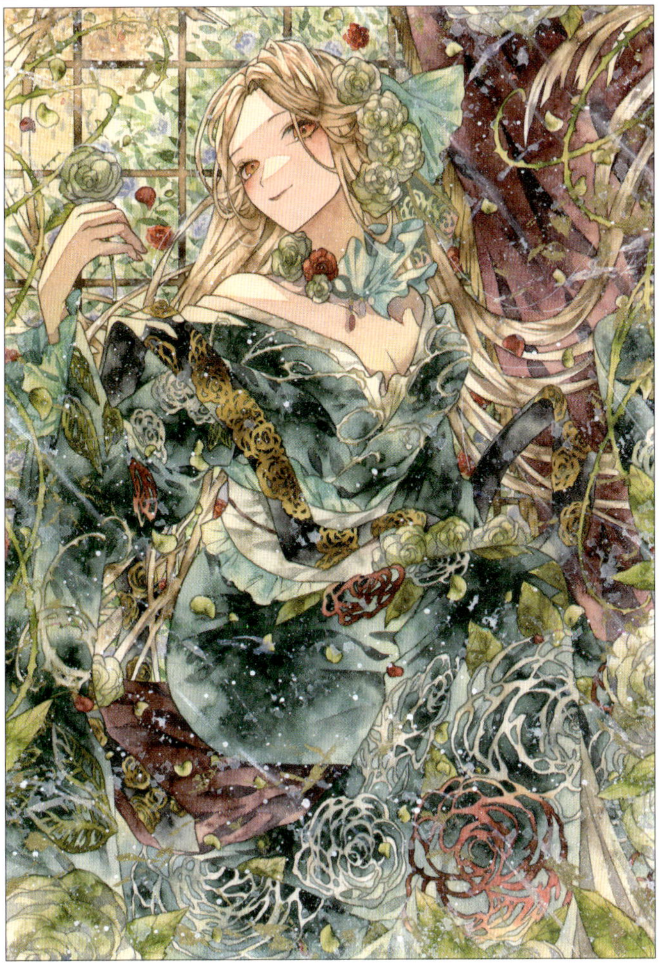

大阪府・potato【透明水彩・コピックマルチライナー】

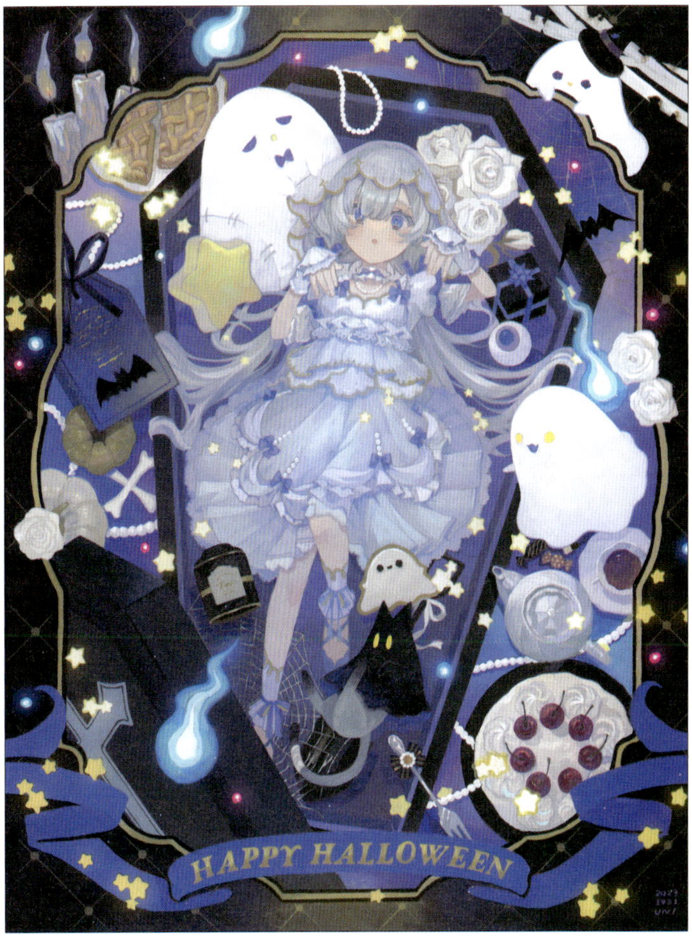

埼玉県・雲丹。(うに)【アクリルガッシュ・CLIP STUDIO PAINT】

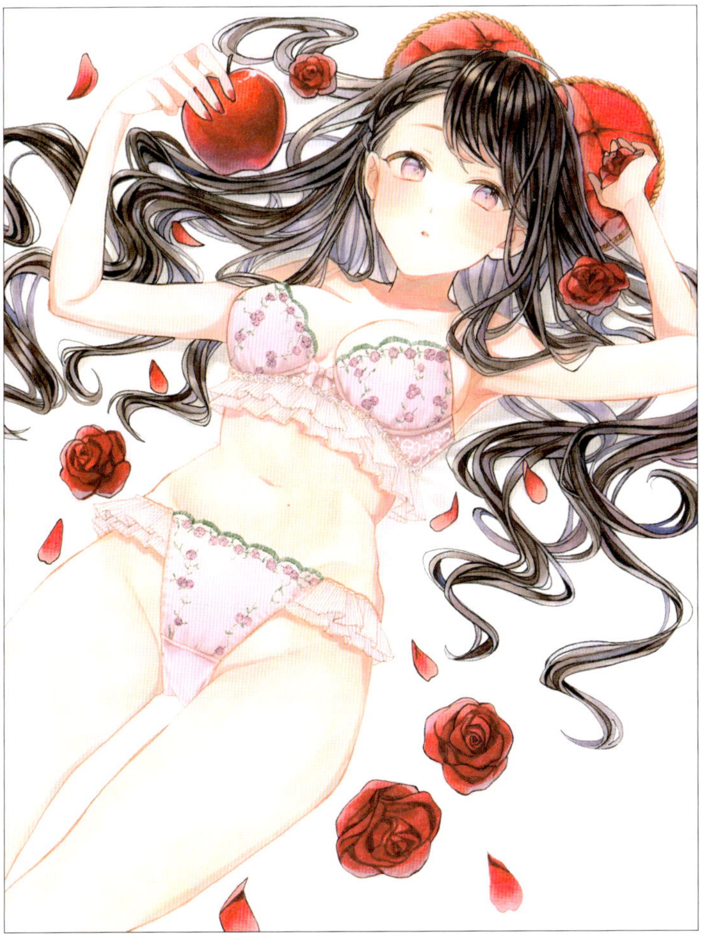

愛知県・こけし【コピック】

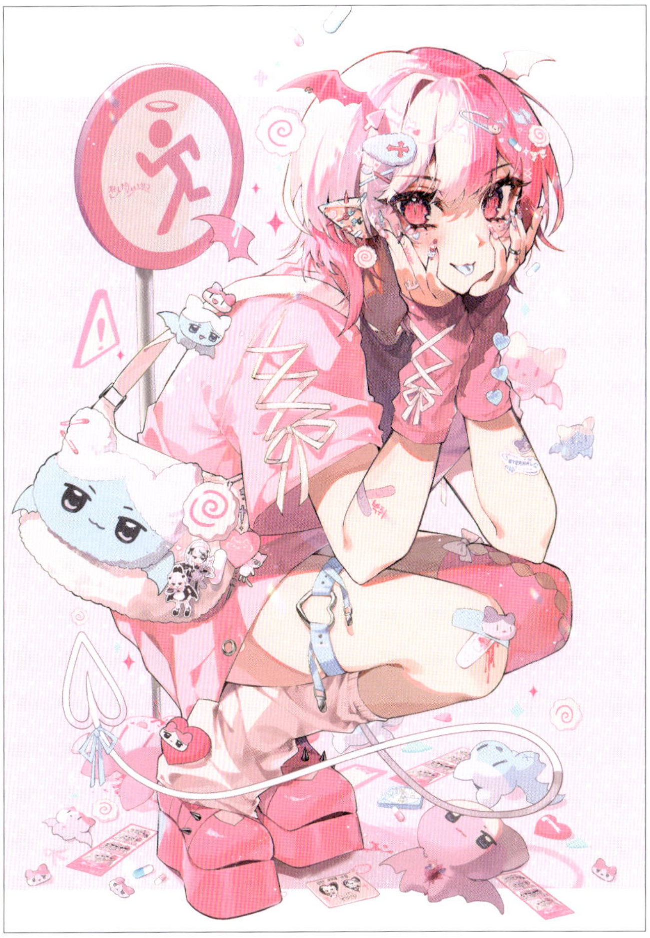

東京都・ゑいた【アイビスペイント X】

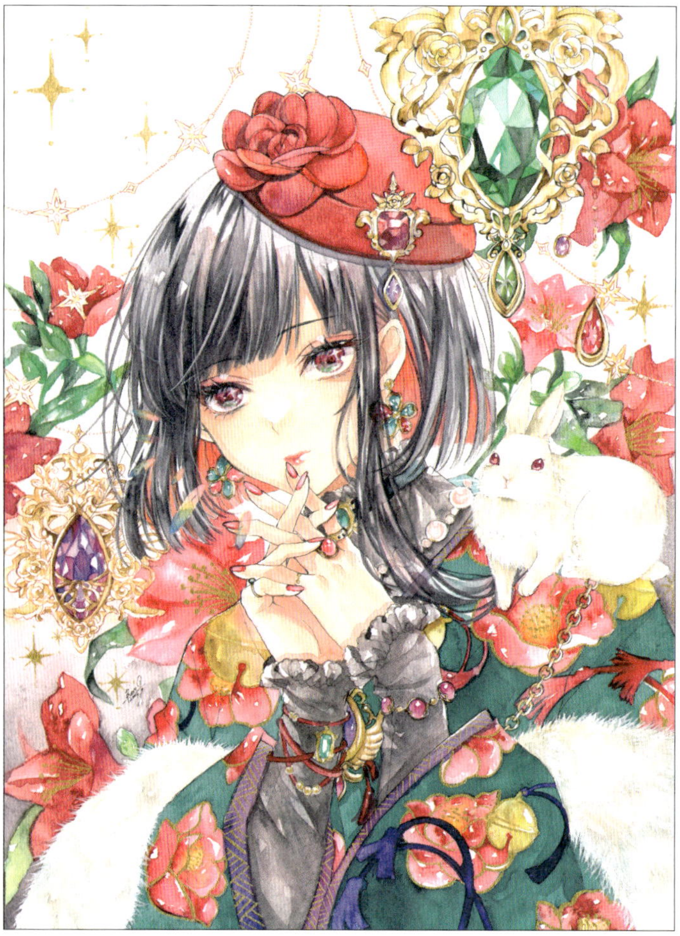

北海道・月鈴蘭【透明水彩】

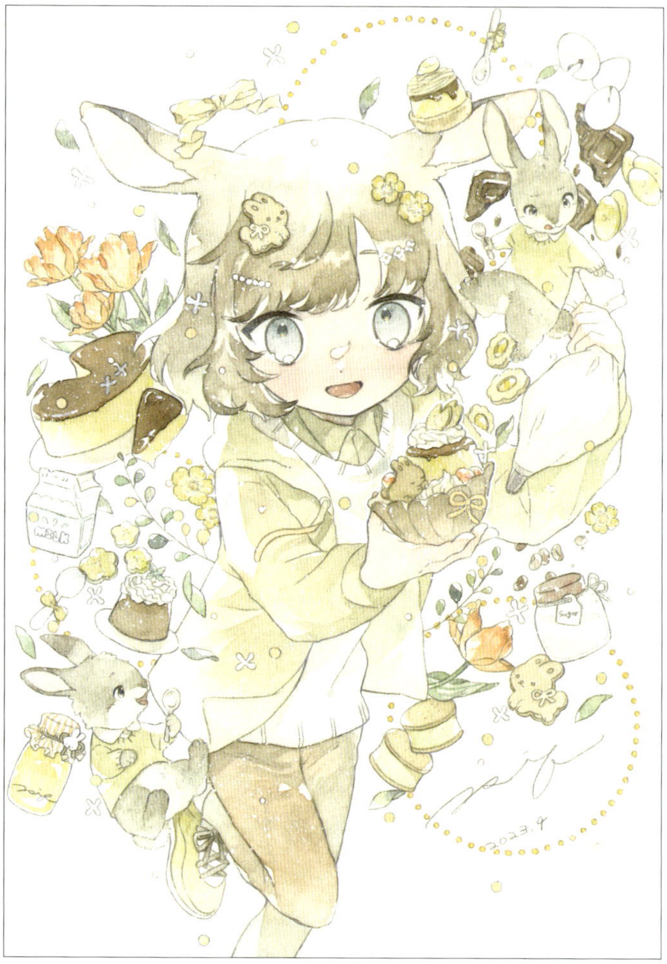

滋賀県・りふ【アルビレオ水彩紙・透明水彩・アクリルガッシュ・顔彩・シャープペンシル】

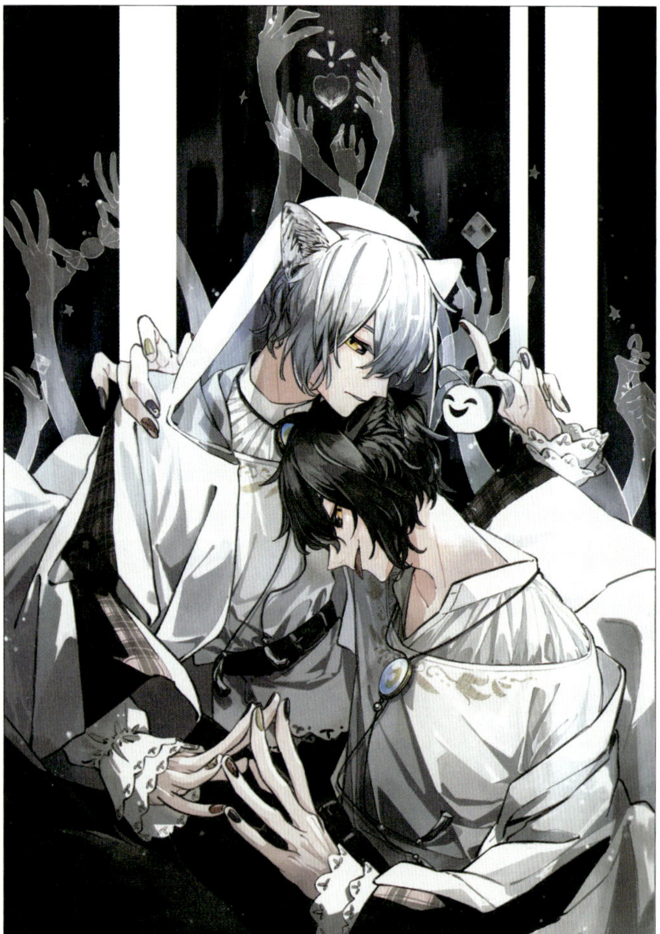

岐阜県・くまちょ【CLIP STUDIO PAINT PRO】

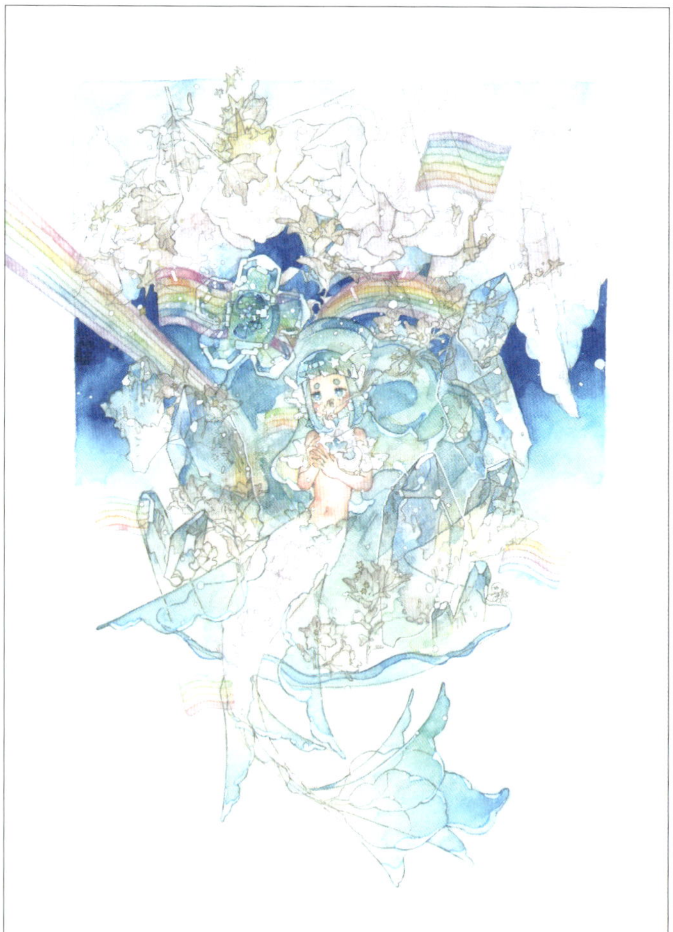

新潟県・星花水【透明水彩・アクリル絵具】

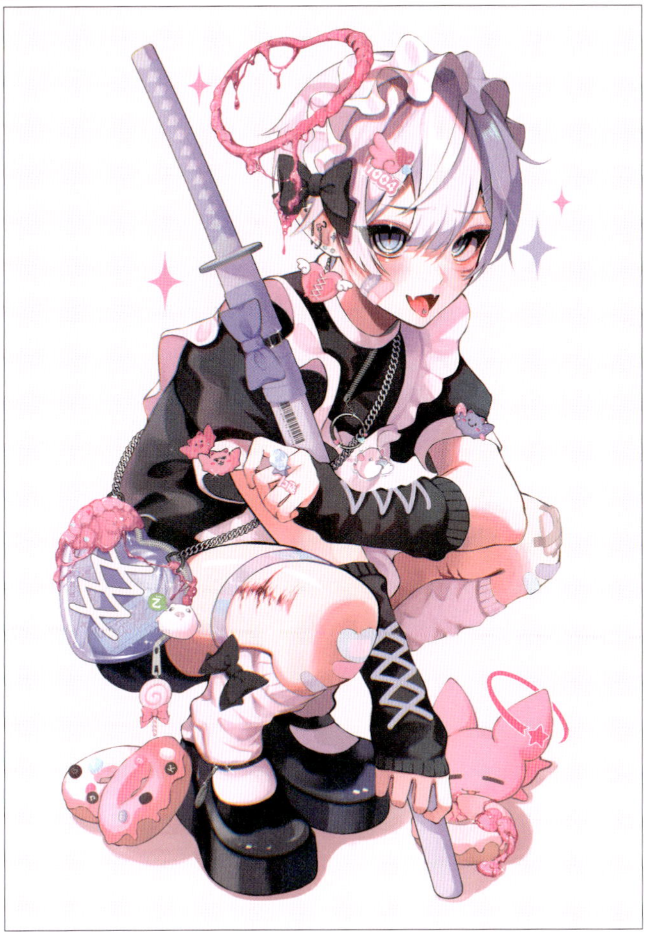

京都府・上ノ句【アイビスペイント】

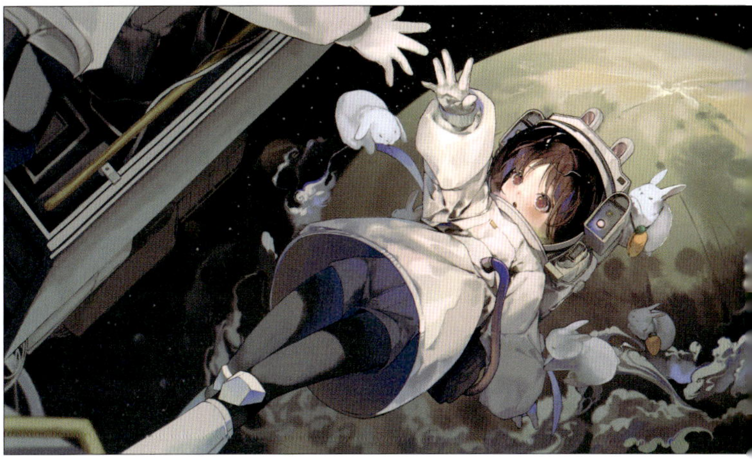

新潟県・深谷れぅ【CLIP STUDIO PAINT】

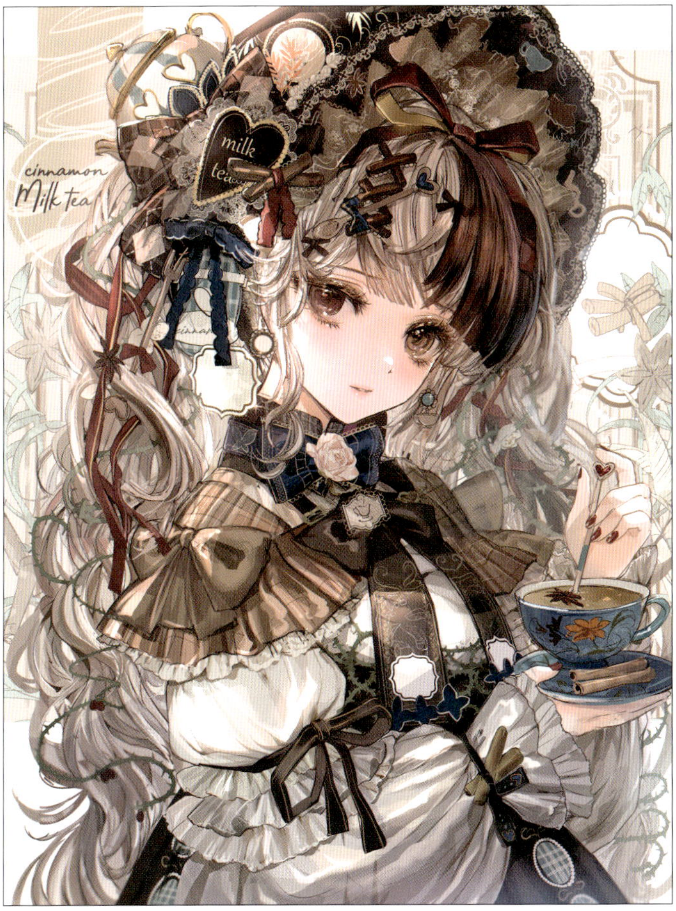

兵庫県・こもりひっき【CLIP STUDIO PAINT・Photoshop】

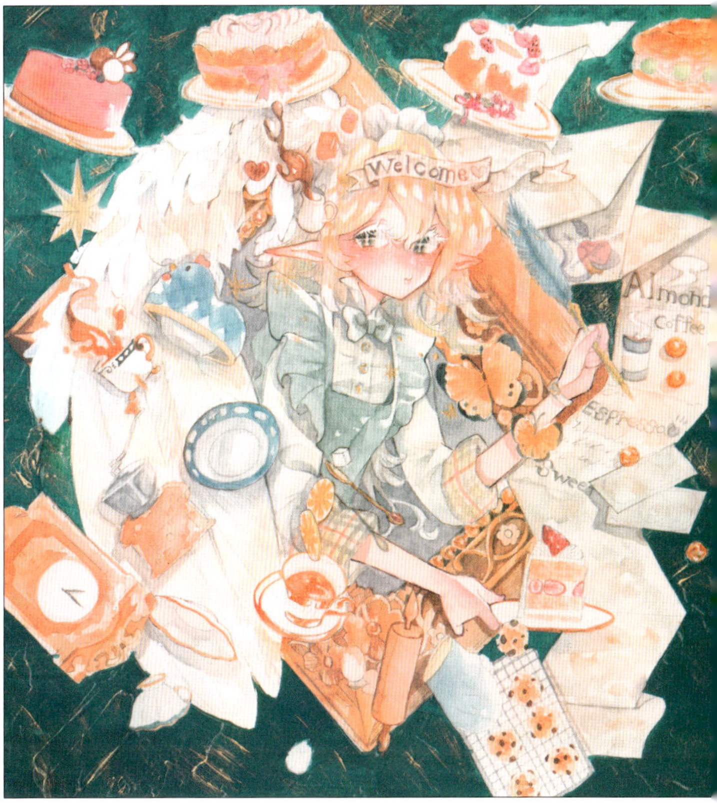

東京都・虎鹿【透明水彩・アクリルガッシュ・モデリングペースト】

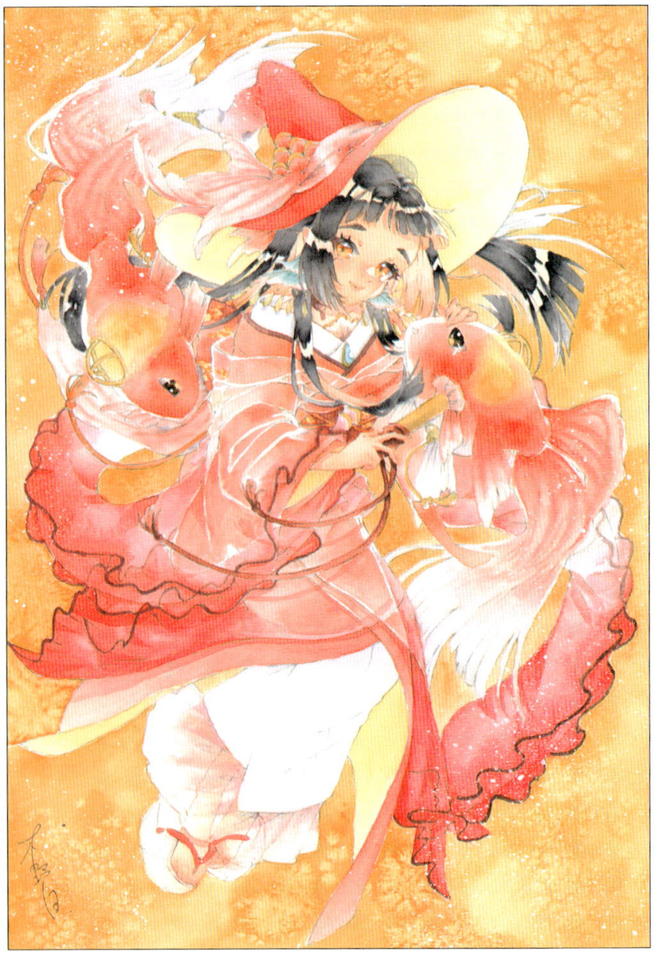

埼玉県・木野白【透明水彩・ポスターカラー・塩・ランプライト水彩紙】

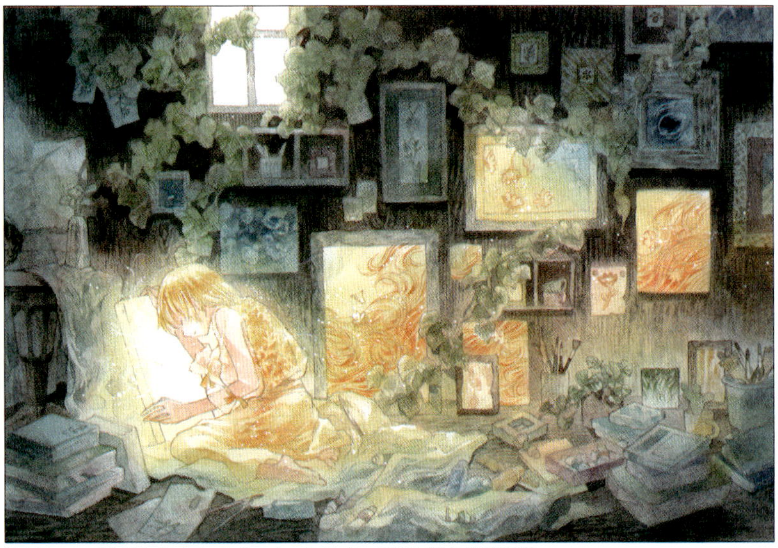

栃木県・mg3/ めぐみ【Be アートペーパー・ミリペン・透明水彩・不透明水彩】

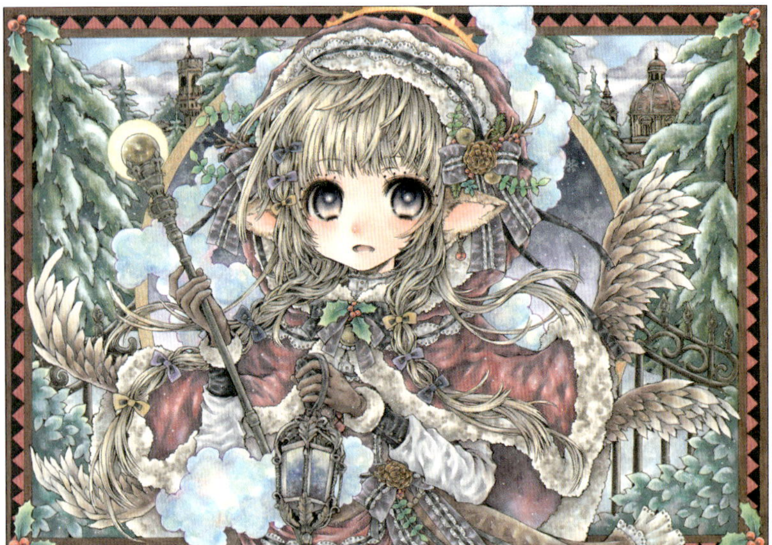

大阪府・ハルサメマナナ【コピックマルチライナー・コピック・ホワイト・ホワイトトーン・ケント紙】

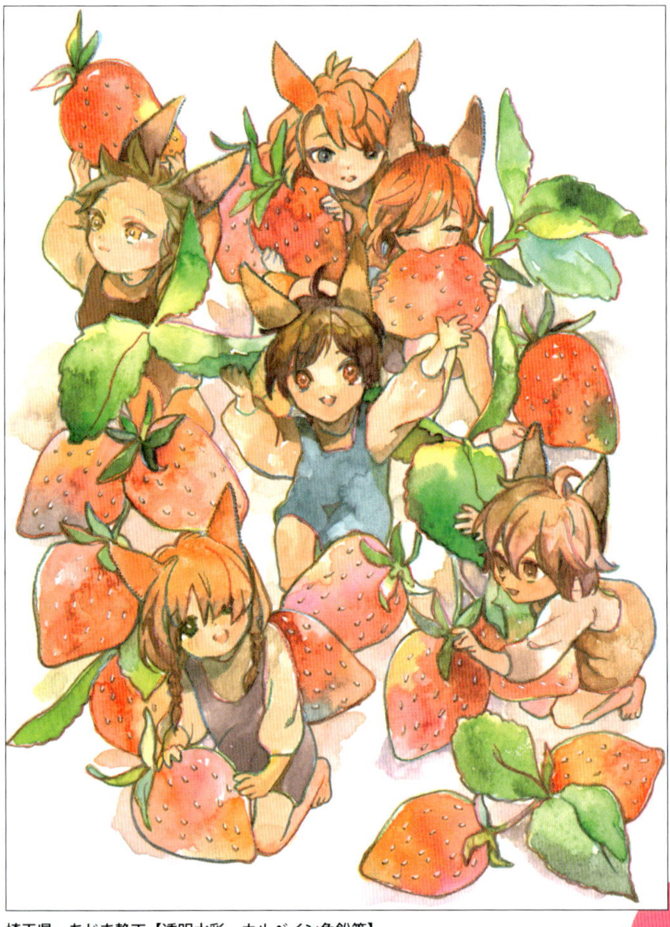

埼玉県・あじま静丁【透明水彩・ホルベイン色鉛筆】

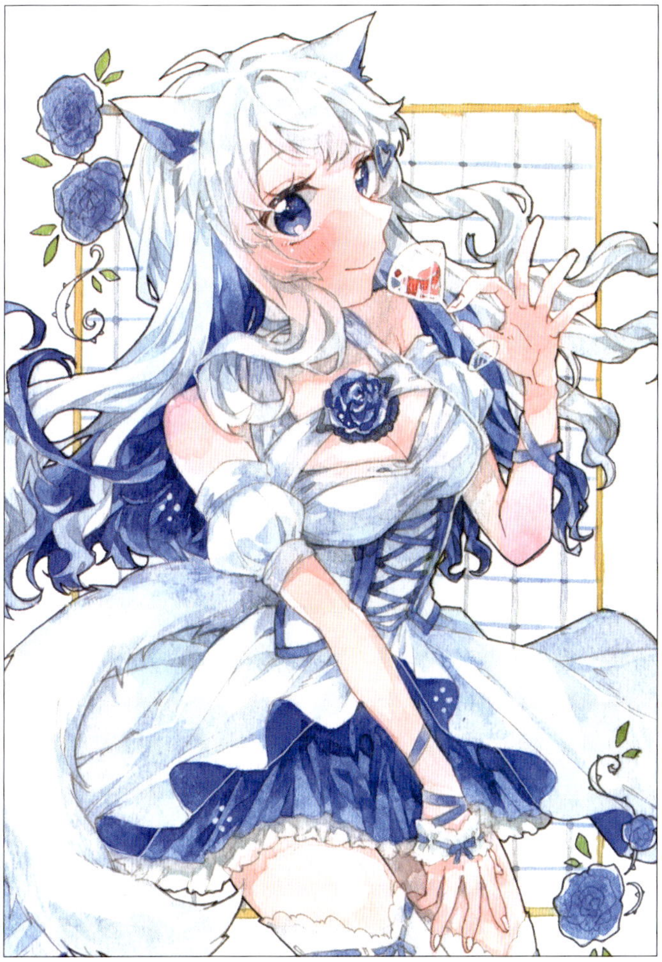

北海道・伸紅【透明水彩】

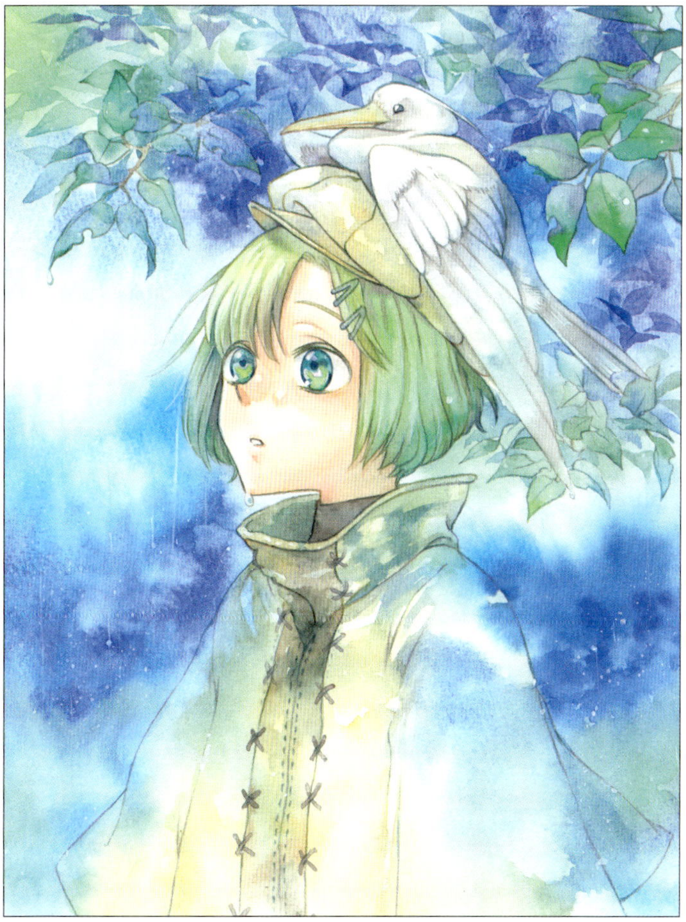

千葉県・こお【カラーインク・サクラマット水彩・色鉛筆・画用紙】

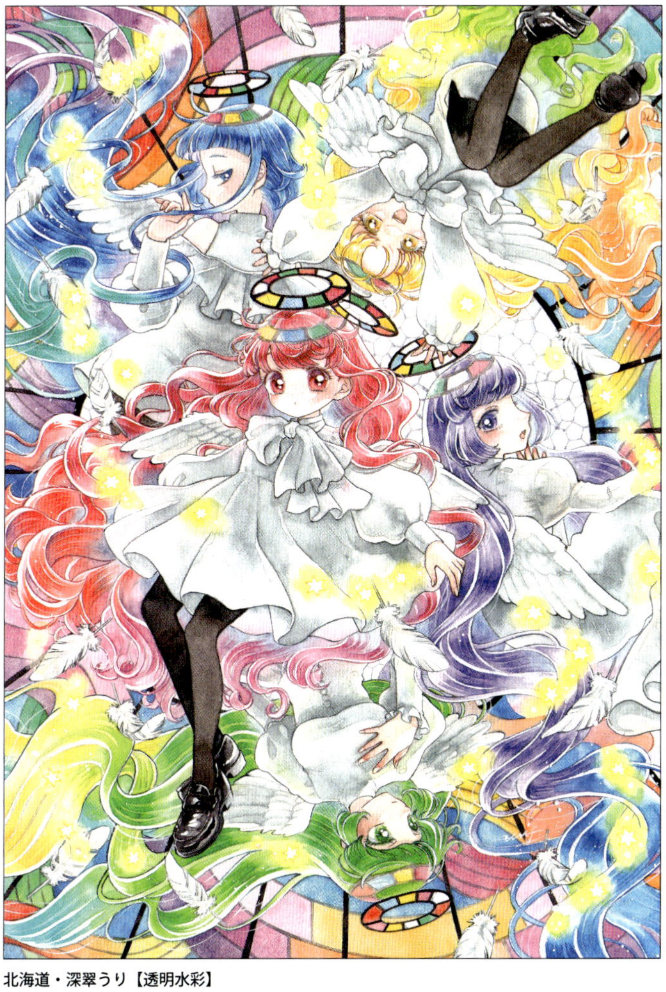

北海道・深翠うり【透明水彩】

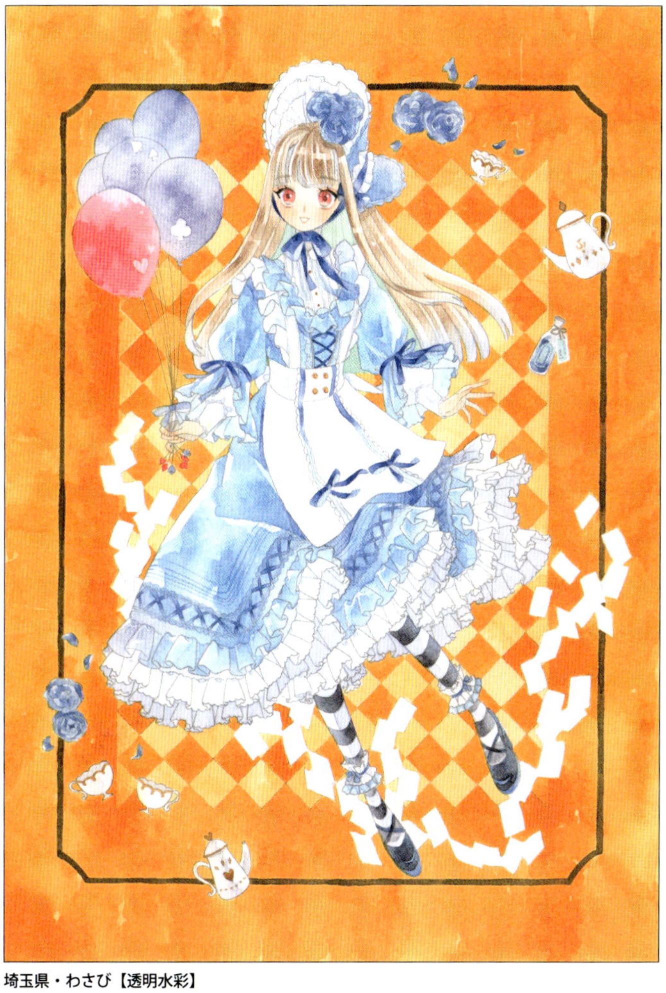

埼玉県・わさび【透明水彩】

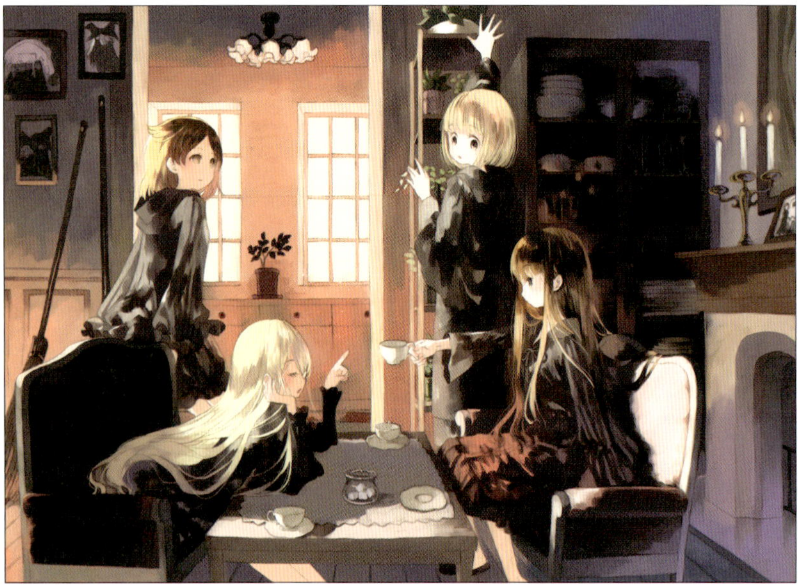

長崎県・なんぶ【Corel Painter 2021】

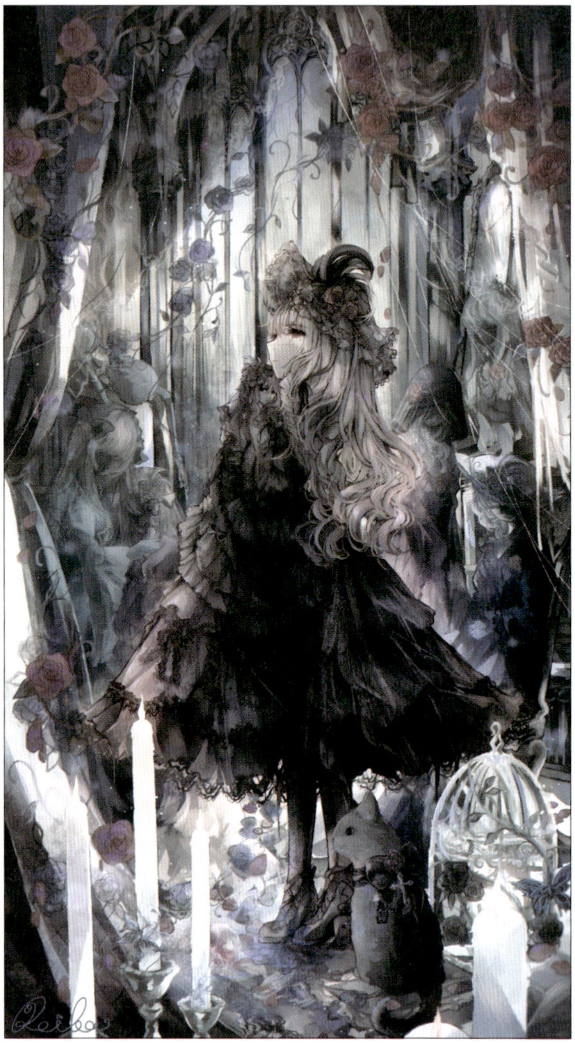

埼玉県・彩咲れいか【CLIP STUDIO PAINT・Photoshop】

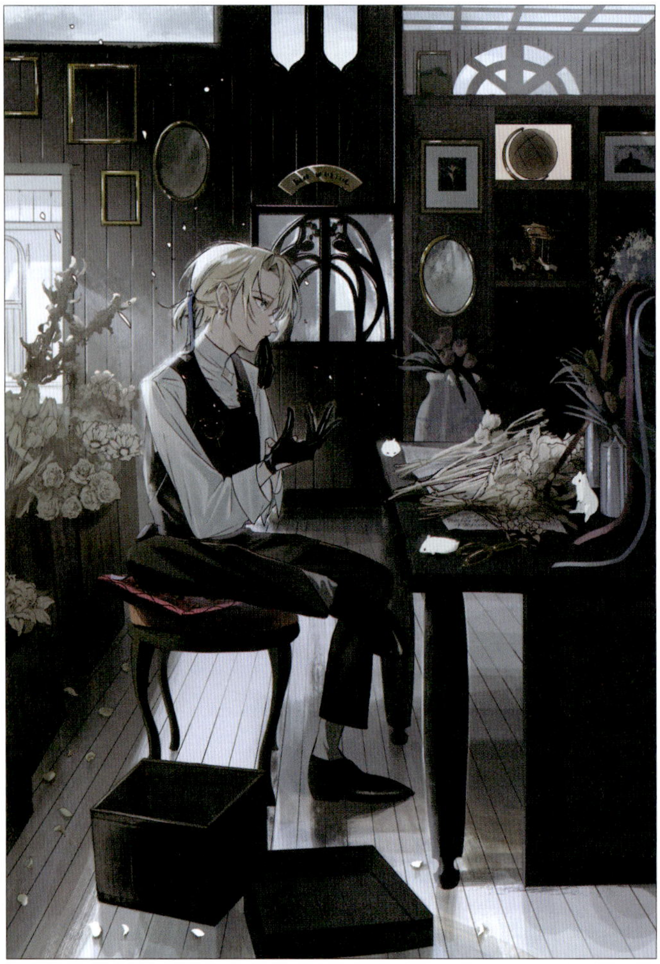

栃木県・こまる【CLIP STUDIO PAINT】

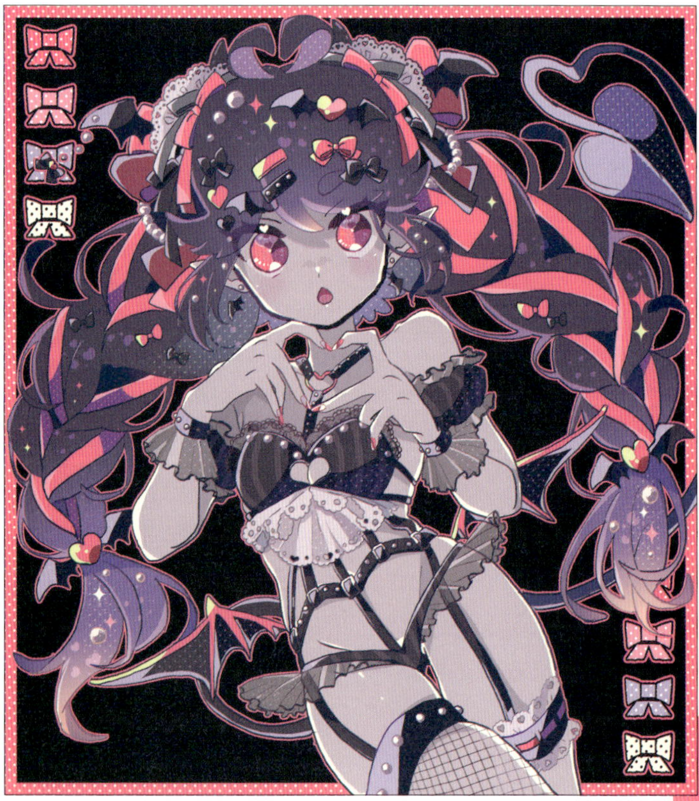

福島県・いきてる【CLIP STUDIO PAINT】

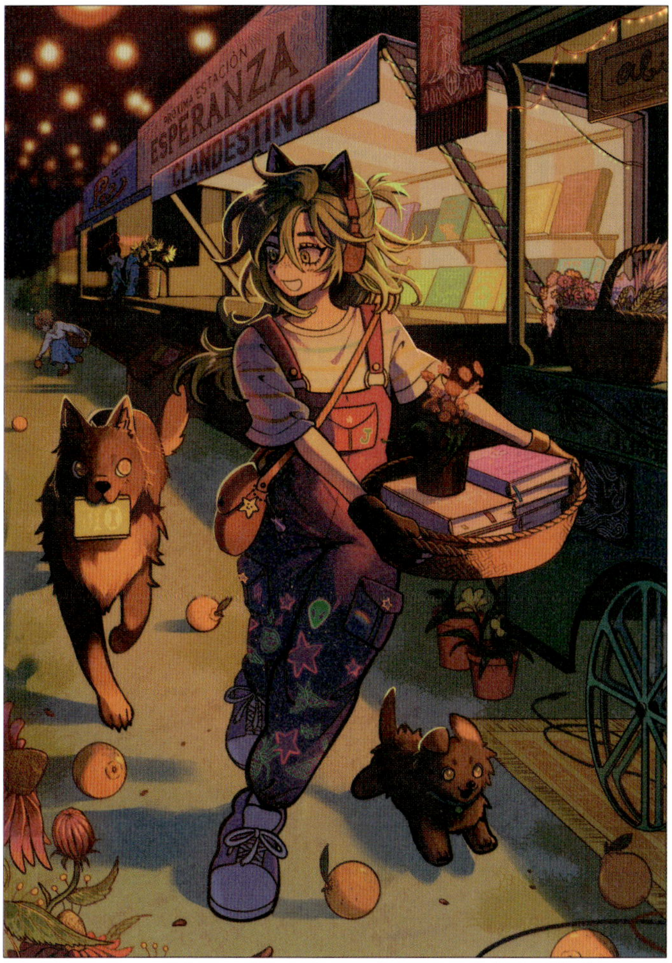

愛知県・Yumisden【Procreate】

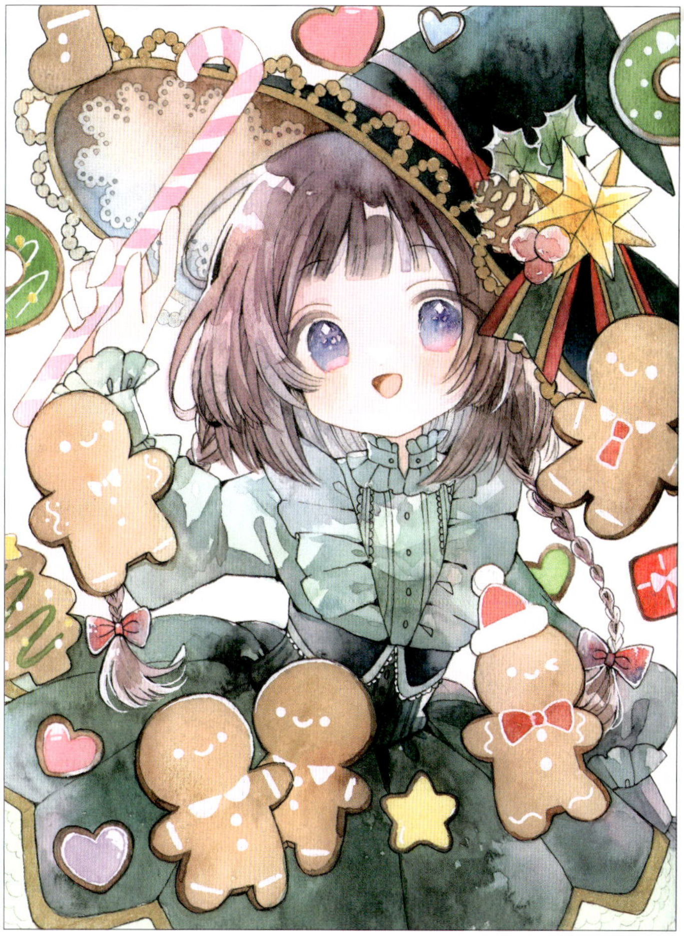

岩手県・くりせ ゆう【透明水彩・顔彩・コピックマルチライナー】

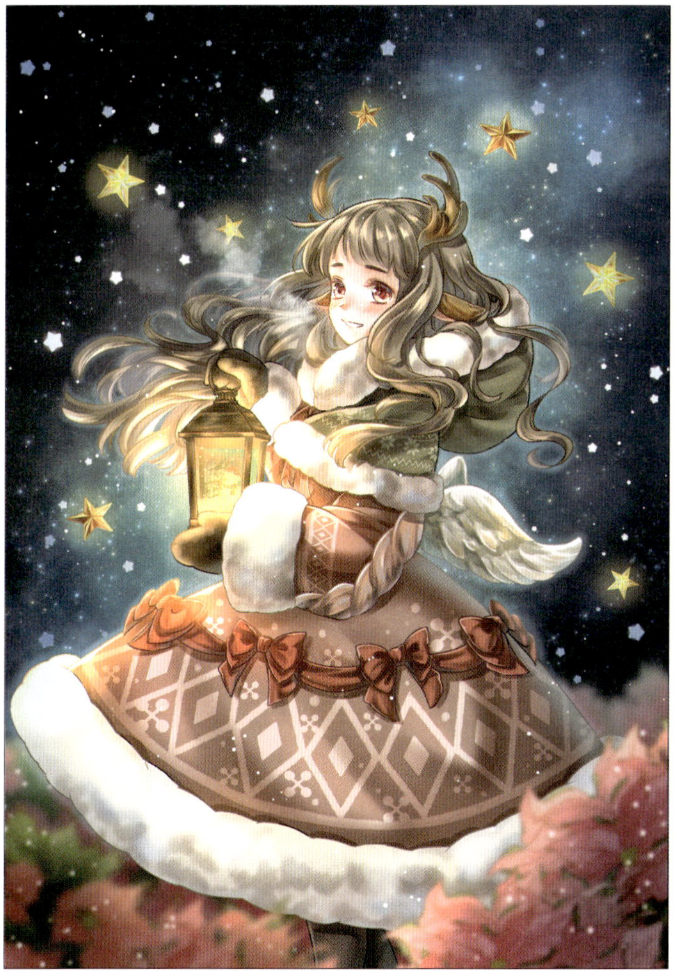

石川県・なかだ絵眞【CLIP STUDIO PAINT】

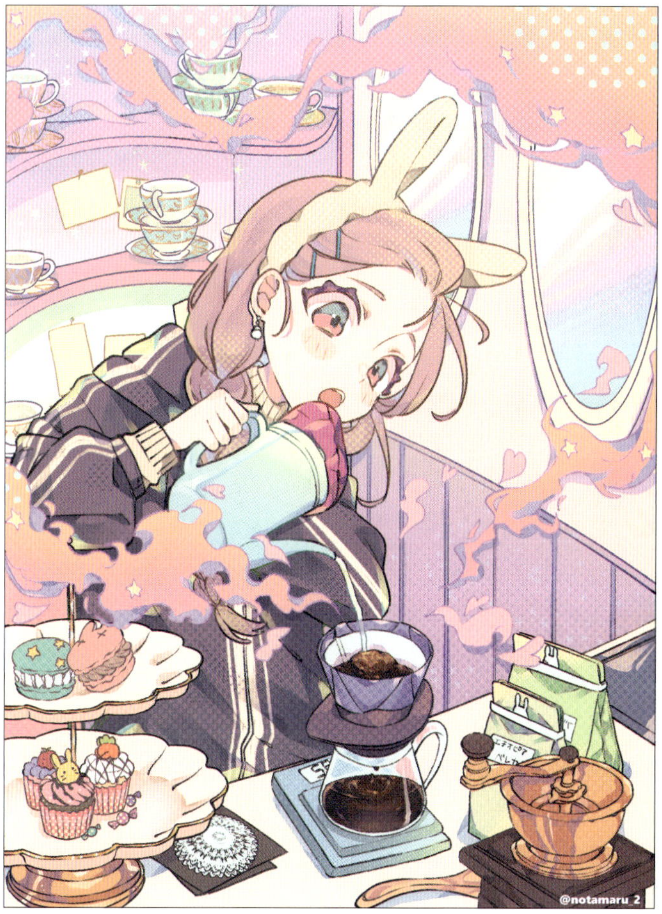

大阪府・のた丸・28歳【CLIP STUDIO PAINT EX】

千葉県・前川泉【SARASA（紫）・アルコールマーカー・色鉛筆・ホワイト・ネイル用ラメ・Beアートペーパー】

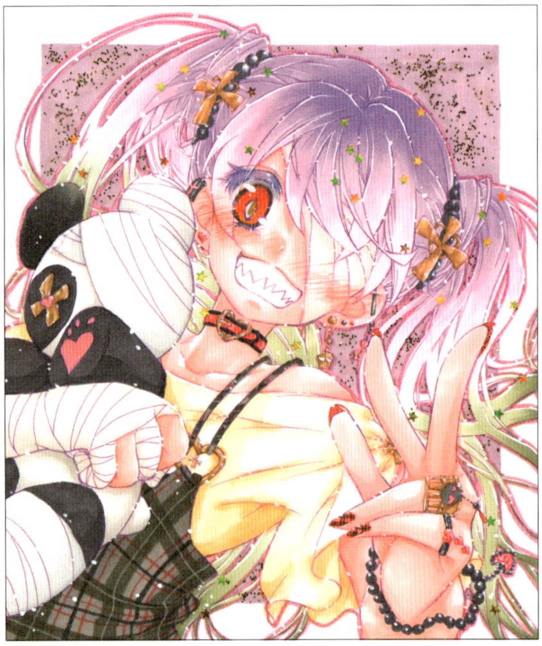

福岡県・こね田ぱん【CLIP STUDIO PAINT EX】

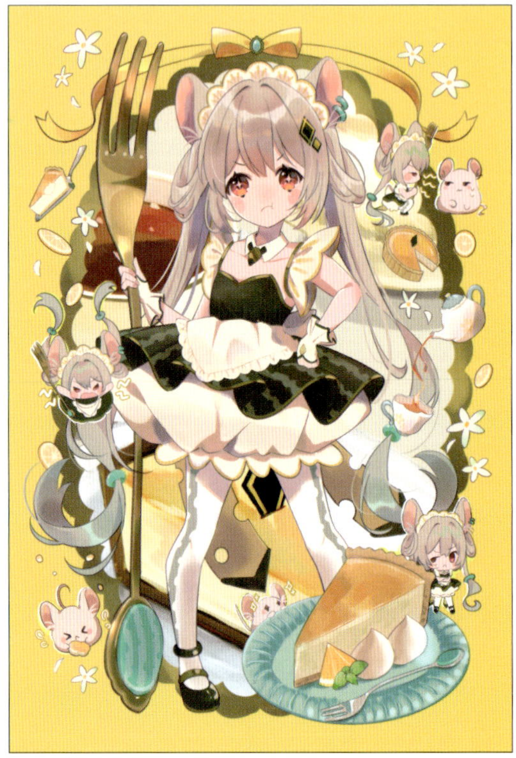

新潟県・チュチュ

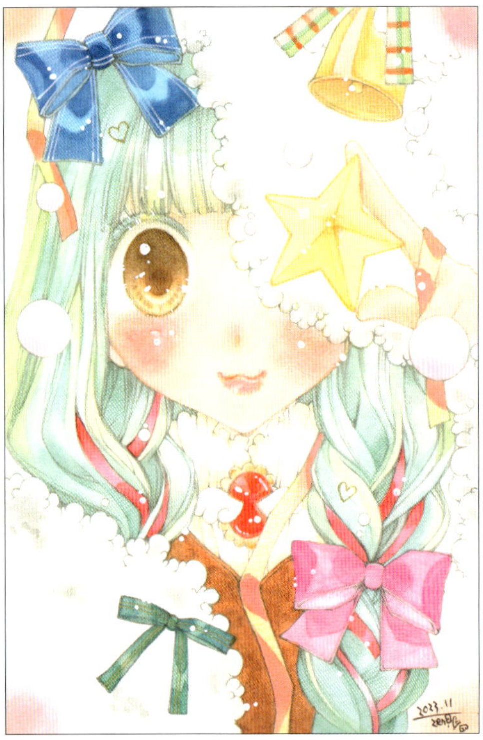

鹿児島県・ハゲヅラ・42歳【CLIP STUDIO PAINT PRO】

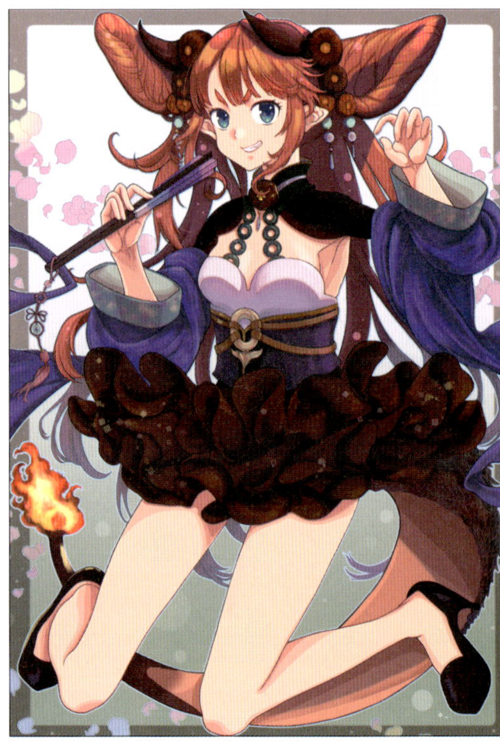

滋賀県・真田しろ【iPad・CLIP STUDIO PAINT】

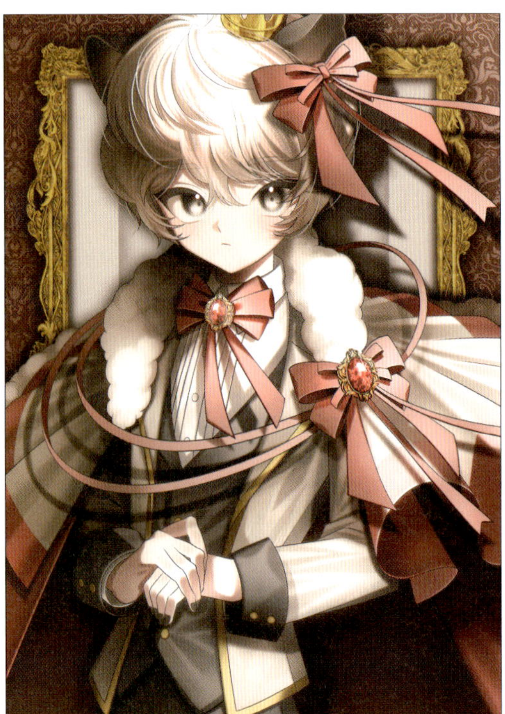

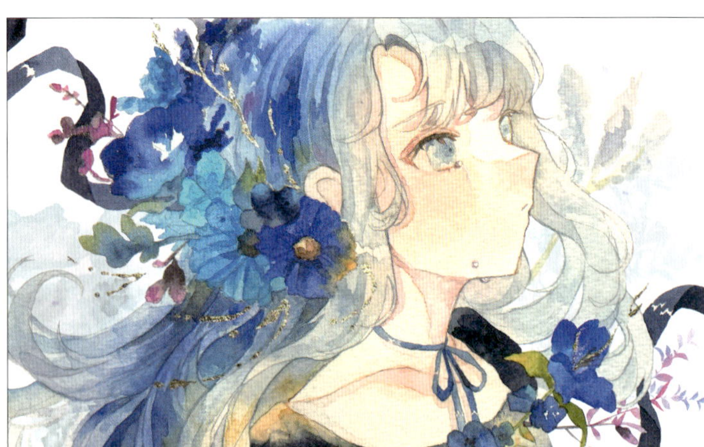

山梨県・あおやぎ【透明水彩・CLIP STUDIO PAINT】

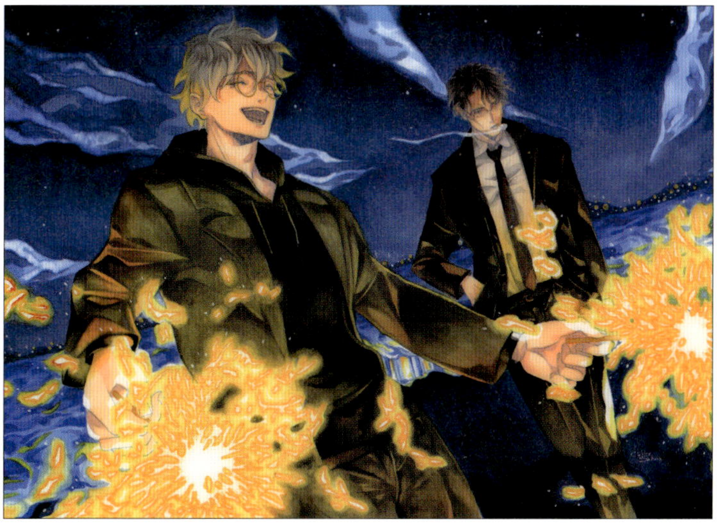

埼玉県・統原一【コピック】

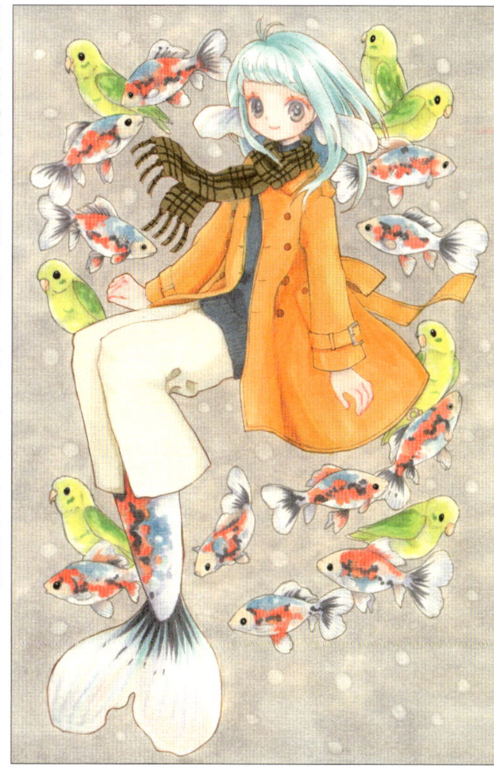

石川県・彩鳥【コピック・色鉛筆・コピックマルチライナー・アルビレオ水彩紙】

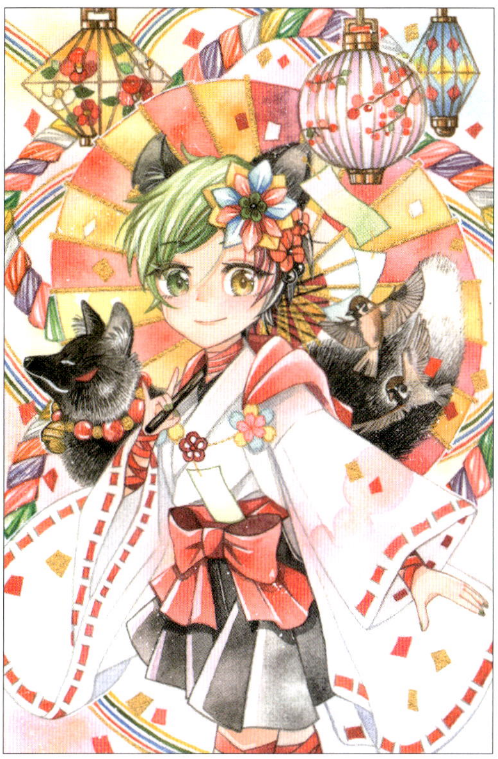

栃木県・那月屋しおん【透明水彩・色鉛筆・コピックマルチライナー】

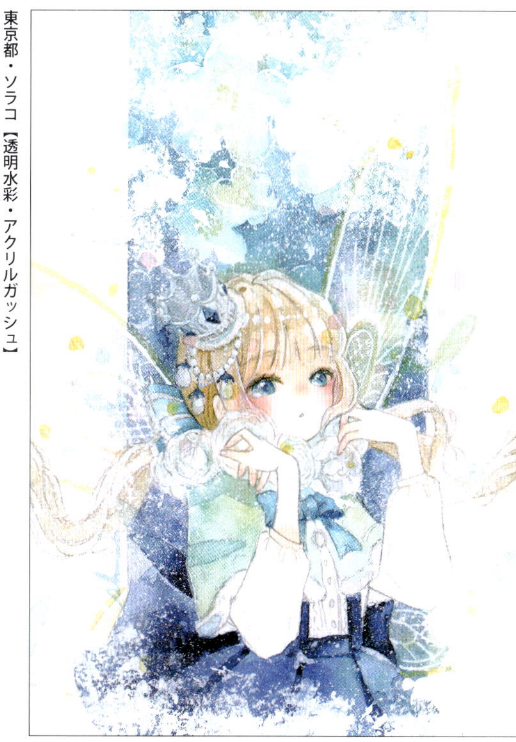

東京都・ソラコ【透明水彩・アクリルガッシュ】

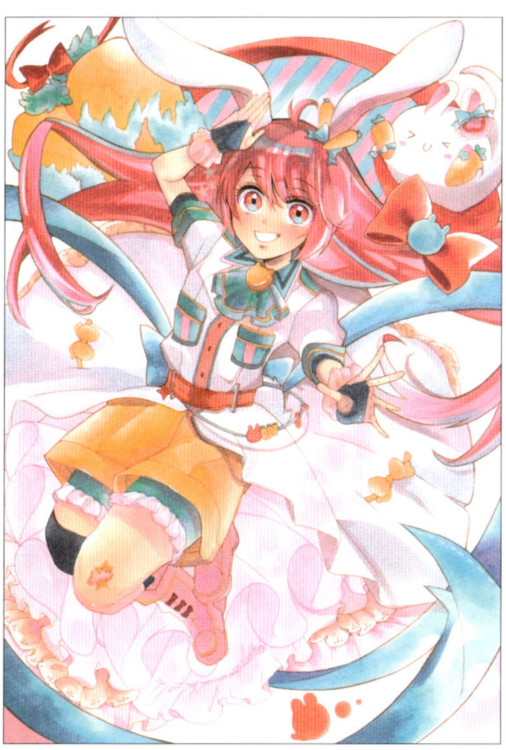

福島県・風波【コピック・色鉛筆・マルマンスケッチブック】

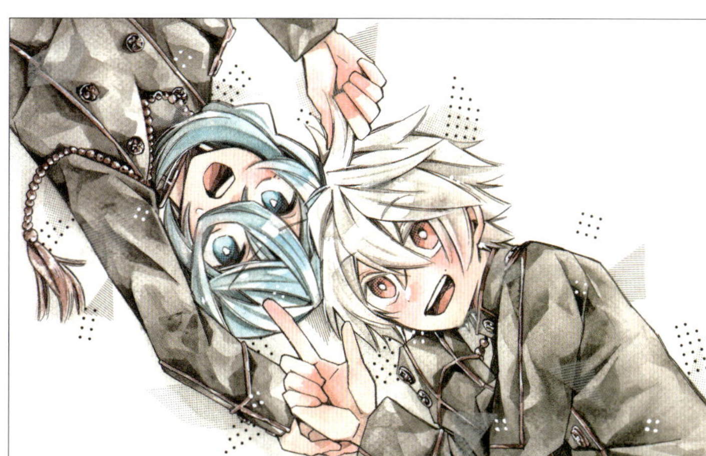

神奈川県・るりるり・38 歳【透明水彩・SARASA・ポスカ・スクリーントーン・キャンソン紙】

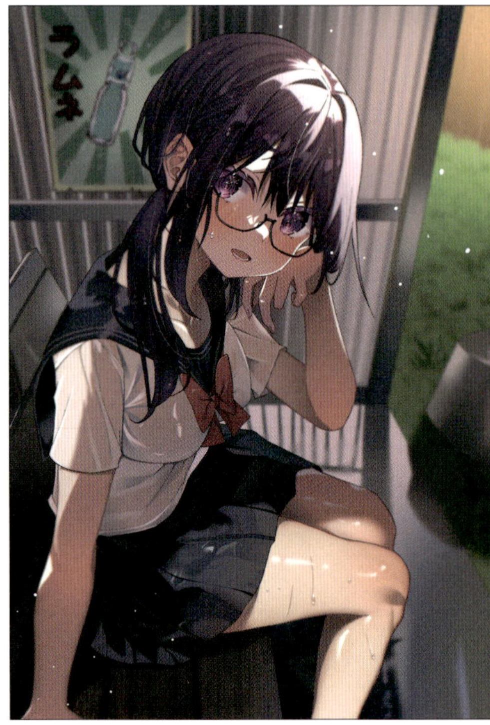

大阪府・有馬ササ・18歳【CLIP STUDIO PAINT】

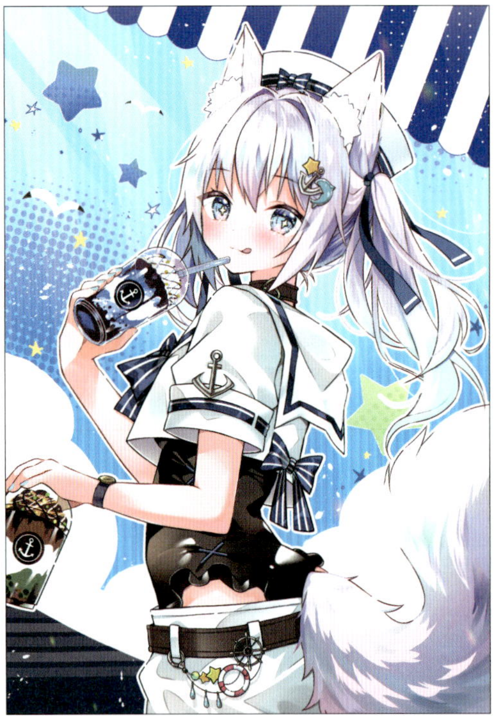

広島県・とうか【CLIP STUDIO PAINT】

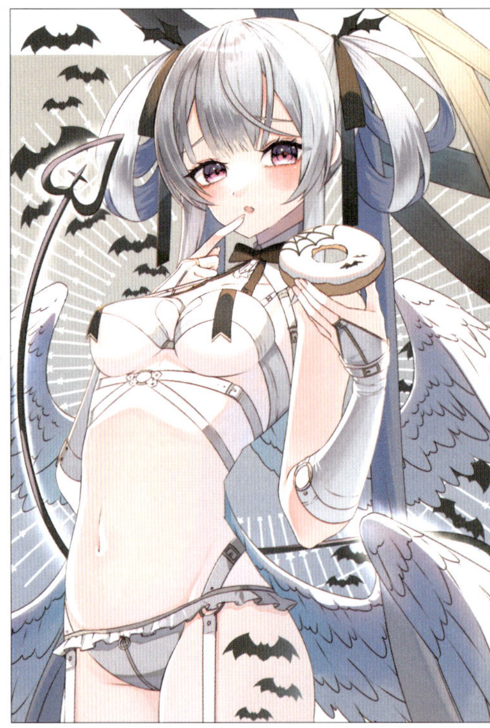

福島県・桃寸（もす）【CLIP STUDIO PAINT・SAI】

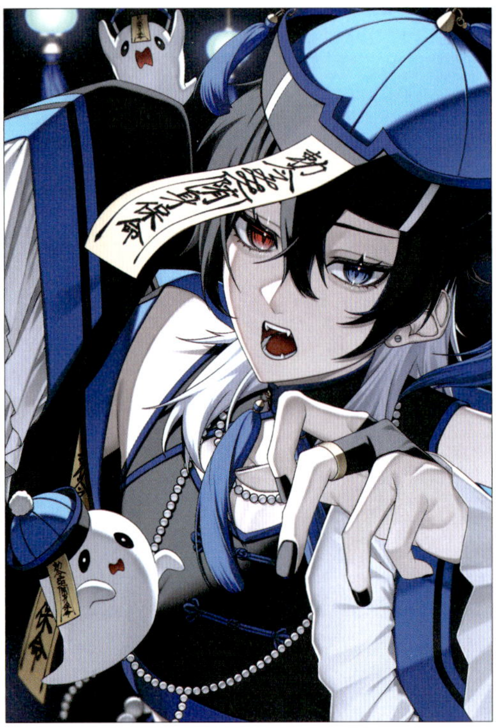

愛知県・排気ガス【CLIP STUDIO PAINT EX】

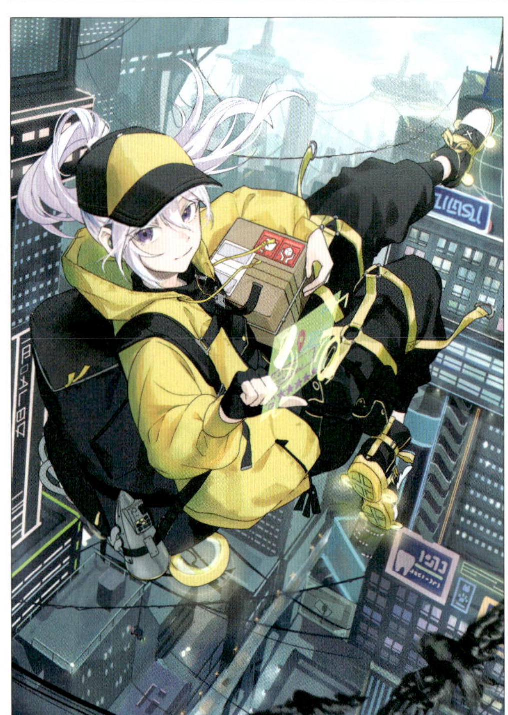

福岡県・ゆえに【CLIP STUDIO PAINT】

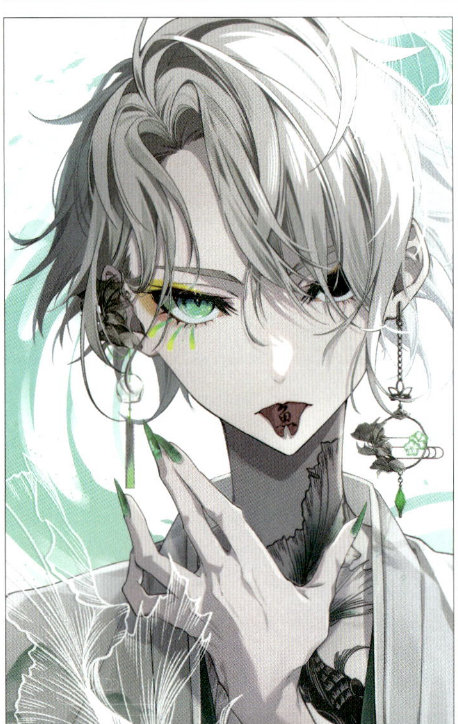

埼玉県・ゆきしろ。【CLIP STUDIO PAINT】

兵庫県・ahare

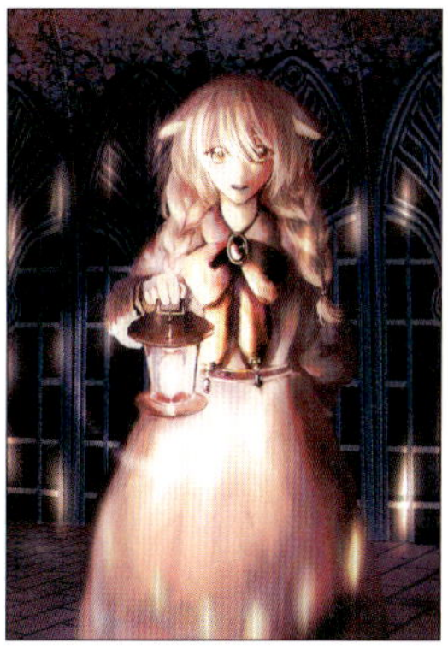

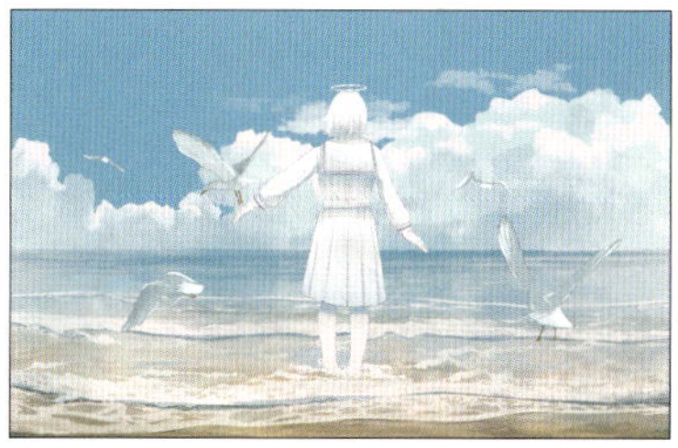

岩手県・琹音

埼玉県・ひらい祐夢

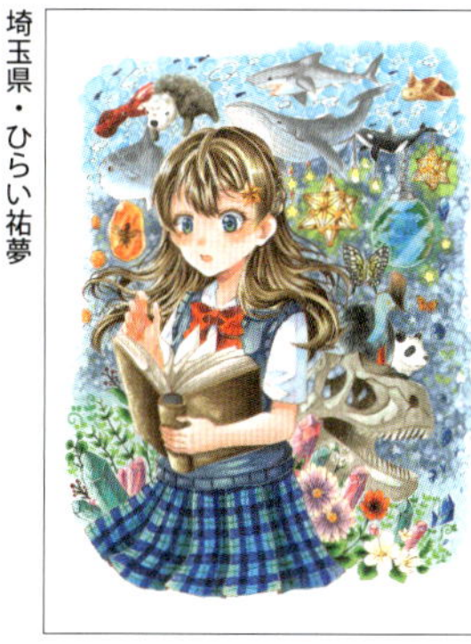

大阪府・†ツ†・18歳

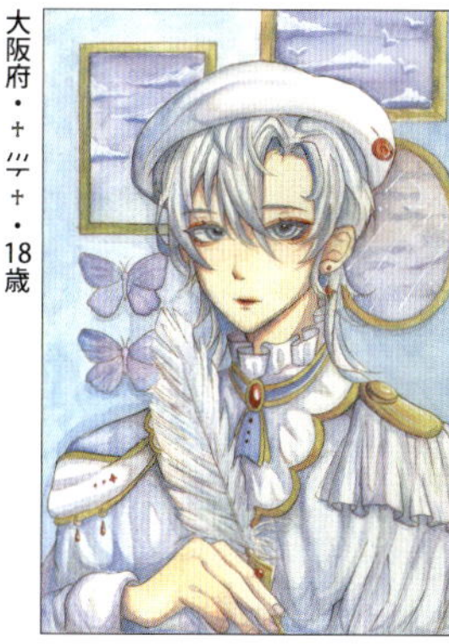

神奈川県・削木・31歳

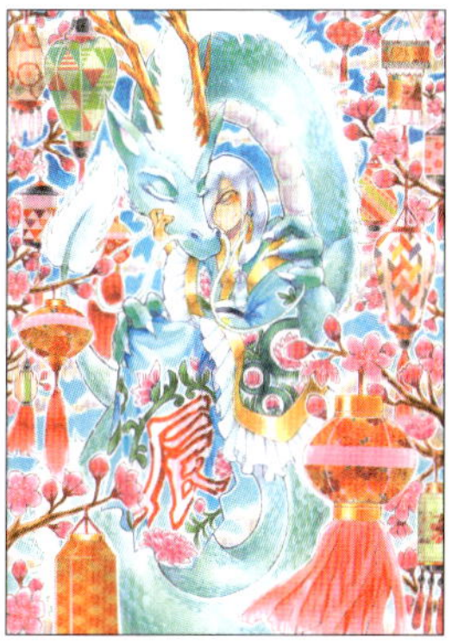

神奈川県・dolce 毒

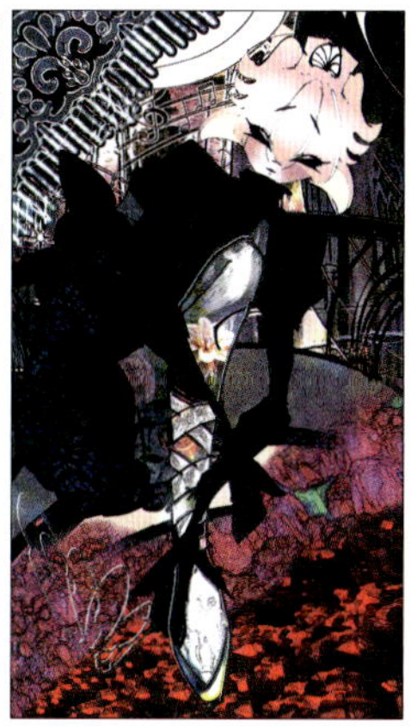

大阪府・Beylance

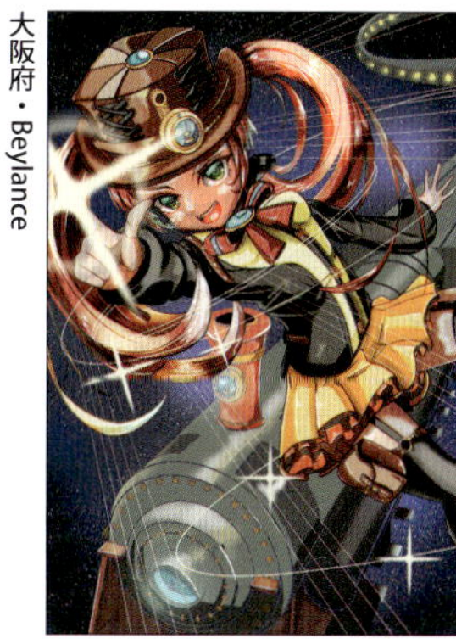

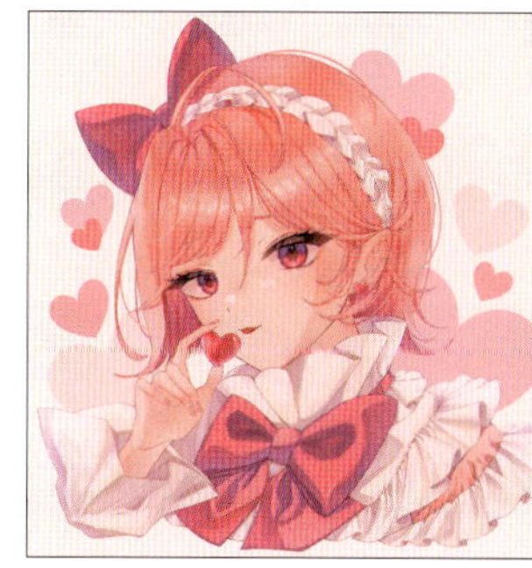

秋田県・木惺

岐阜県・maura・19歳

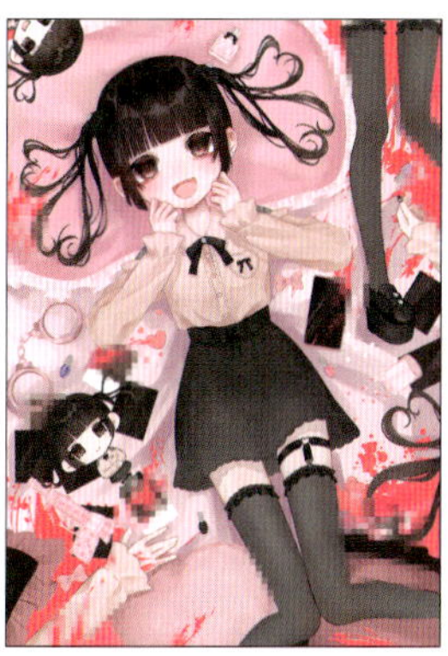

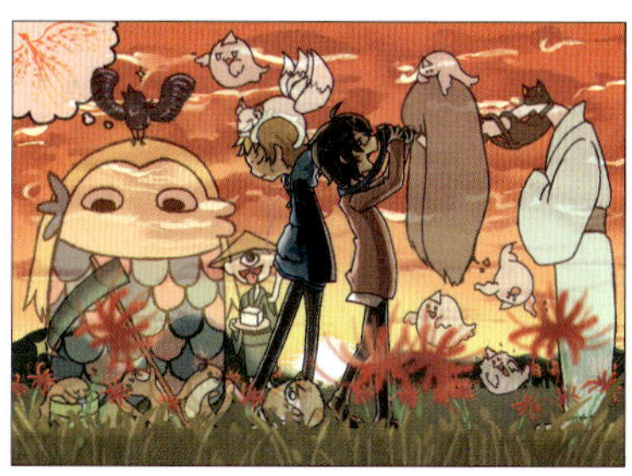

三重県・和鈴・21歳

兵庫県・kabe

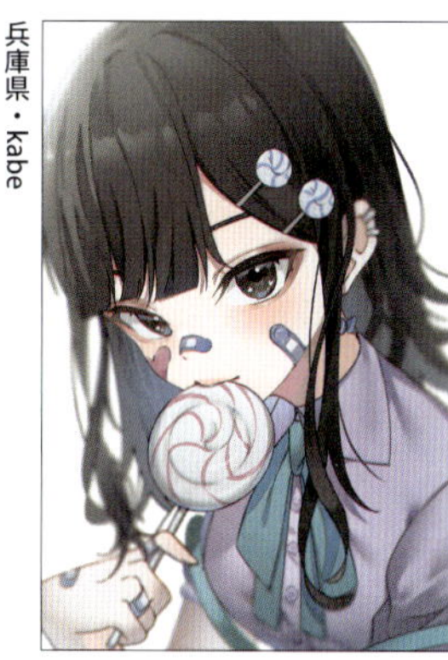

大阪府・Hru・17歳

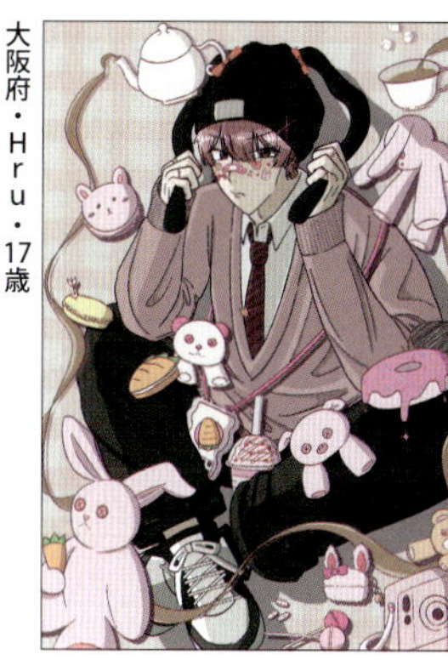

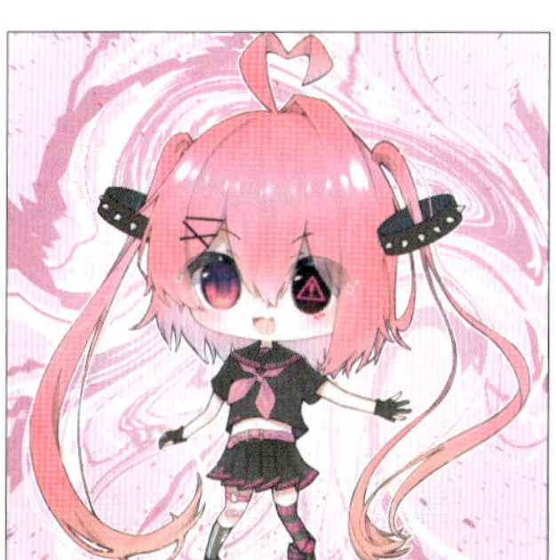

茨城県・猫島

兵庫県・QUCA

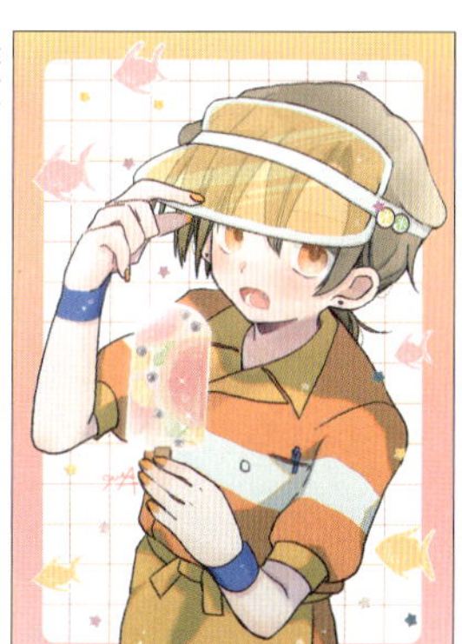

兵庫県・みけねこ・18歳

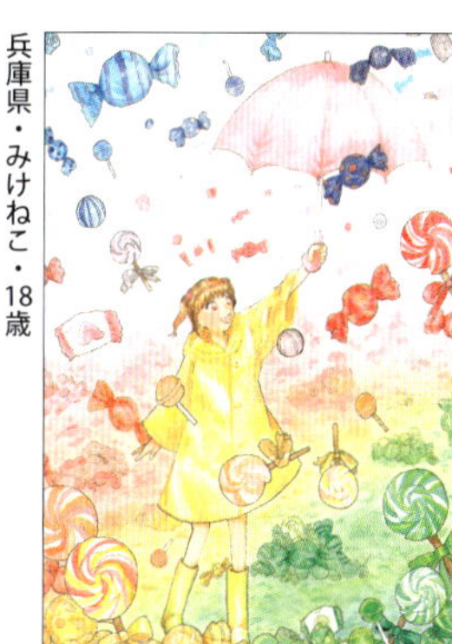

千葉県・nanohana

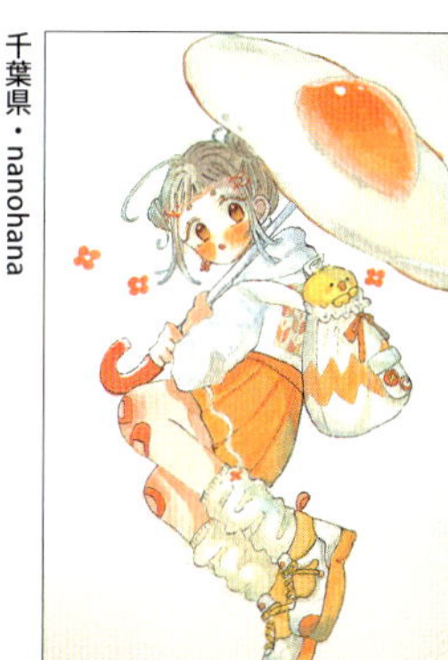

大阪府・tentekomai

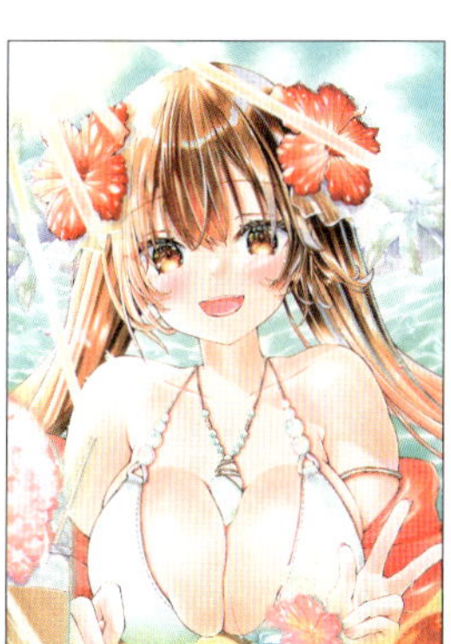

秋田県・Shiu・23歳

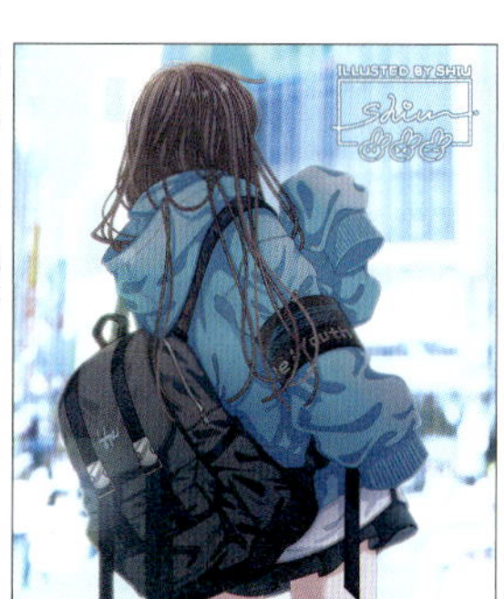

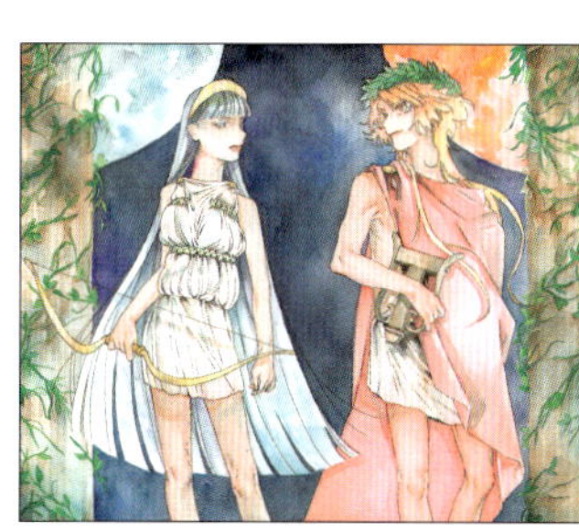

長崎県・南無

山梨県・sau

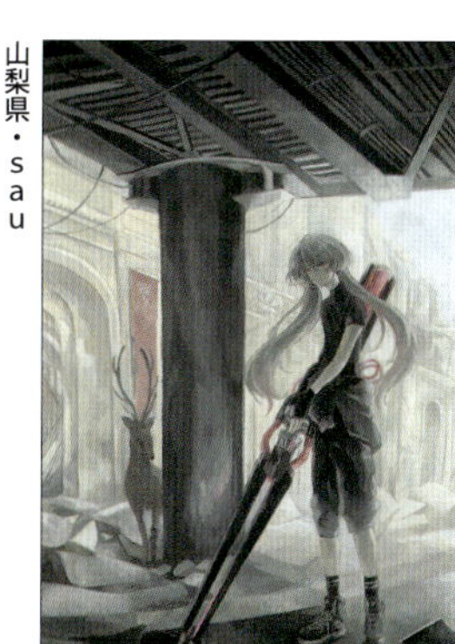

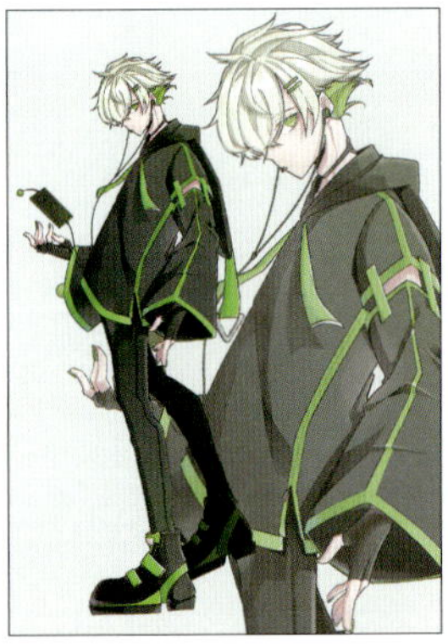
福島県・アモ

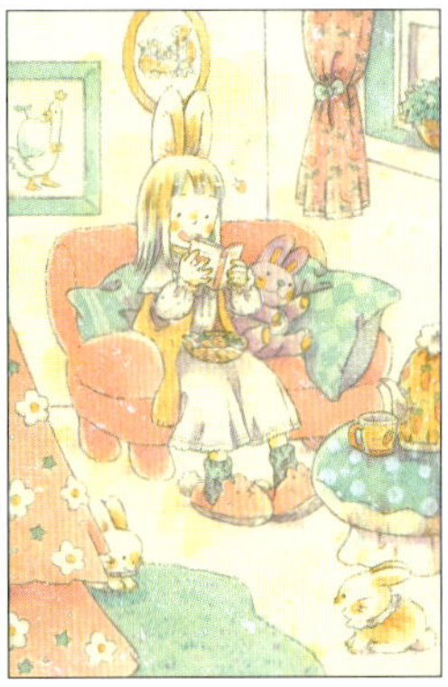
福岡県・ヒサ・42歳

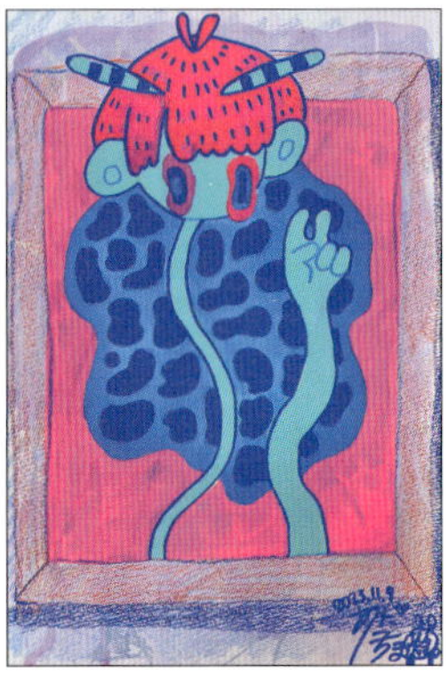
愛知県・あけだにちほ・29歳

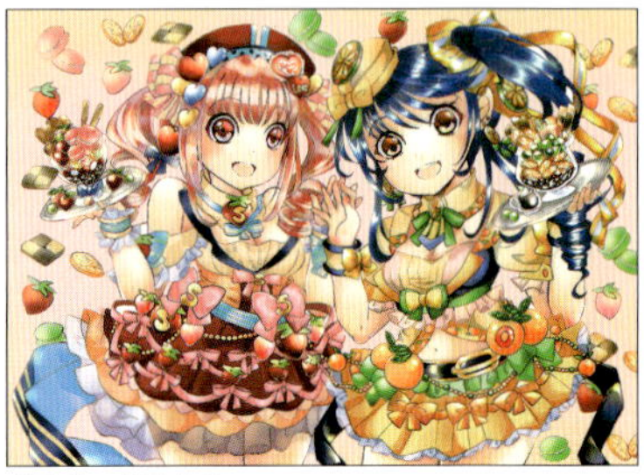
群馬県・白詰白華

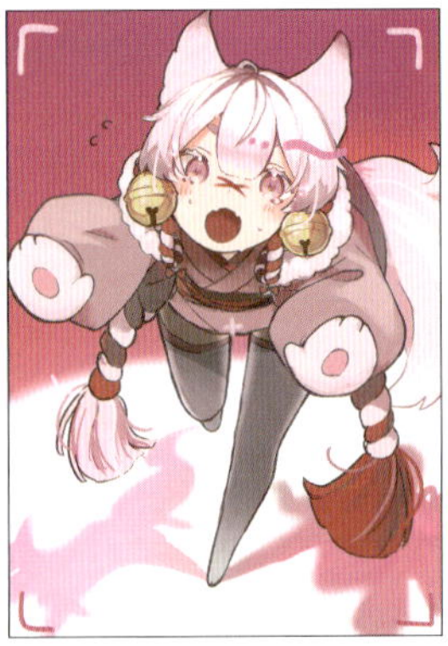
香川県・えとぺん・18歳

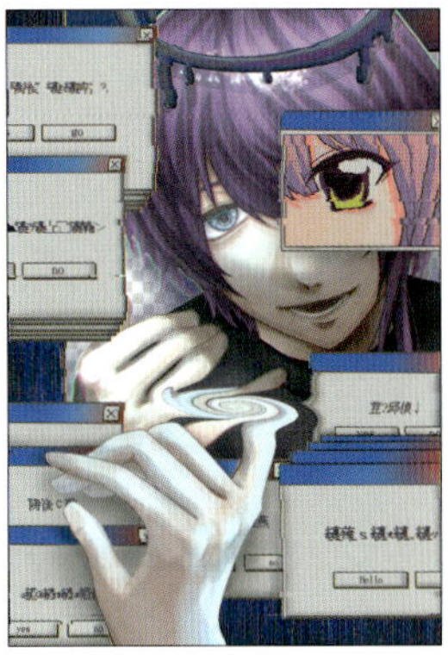
兵庫県・うゆお

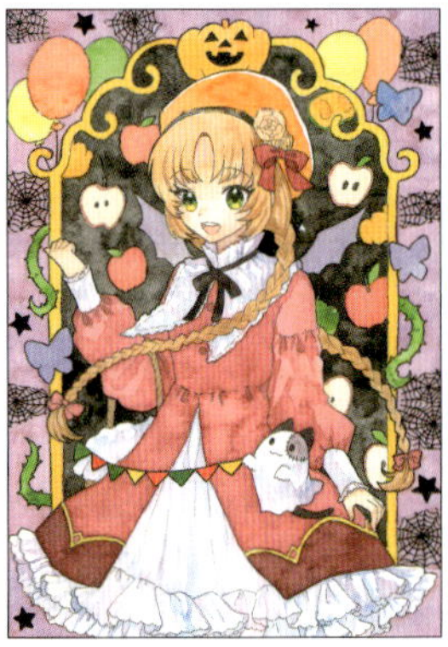
群馬県・RB

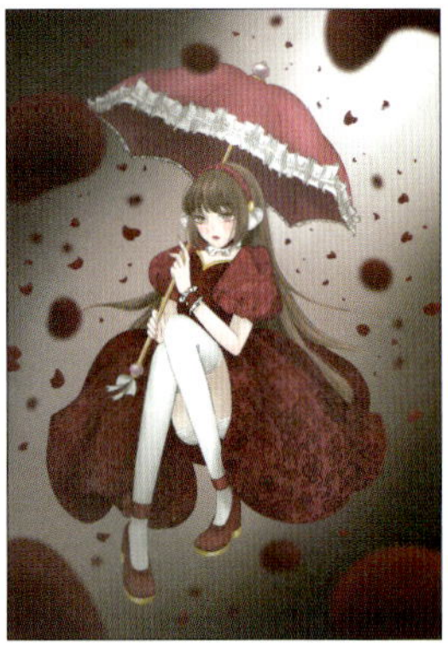
岡山県・いなり

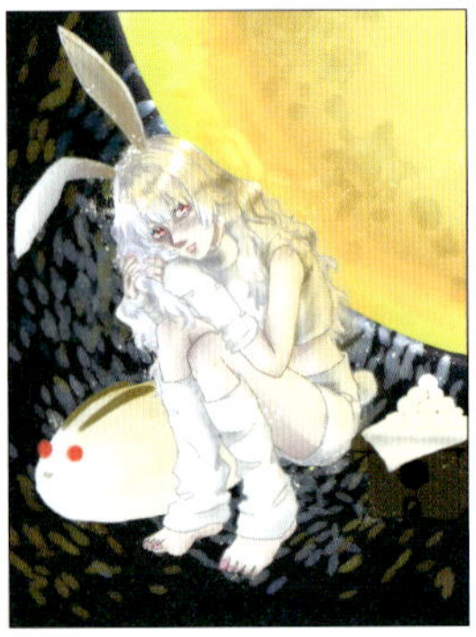
福岡県・かまぼこのまるやき・24歳

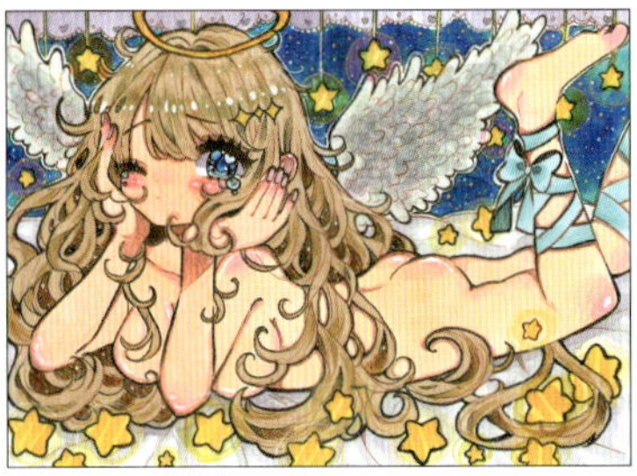
青森県・ももうさぎ・26歳

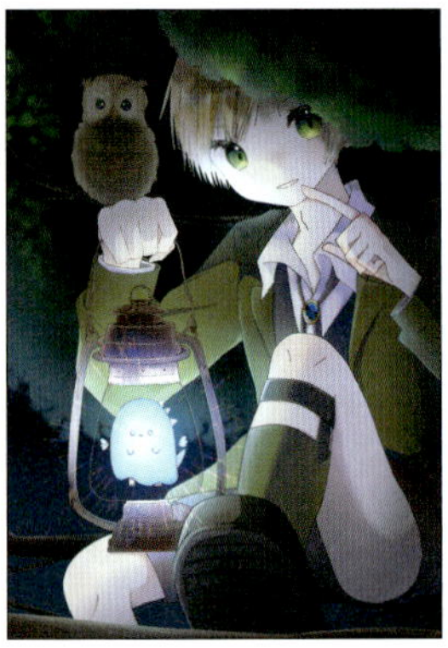
兵庫県・カズヤ。

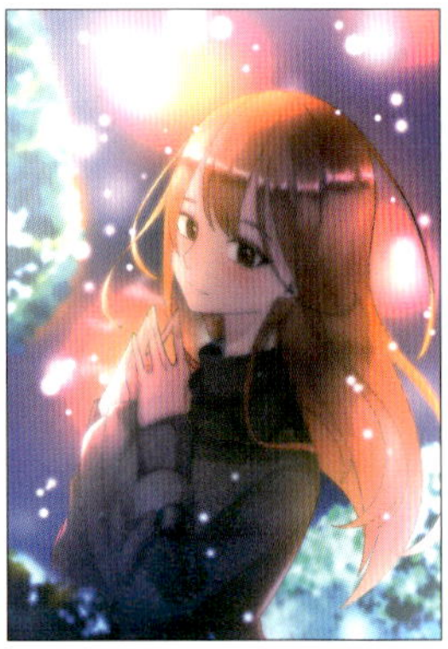
新潟県・オズ

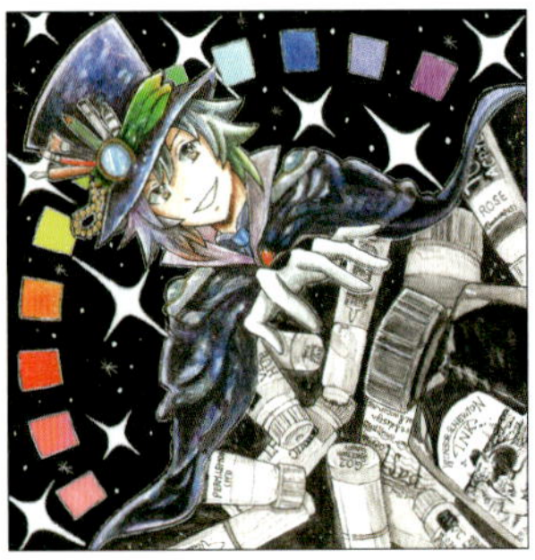
神奈川県・マヨミ

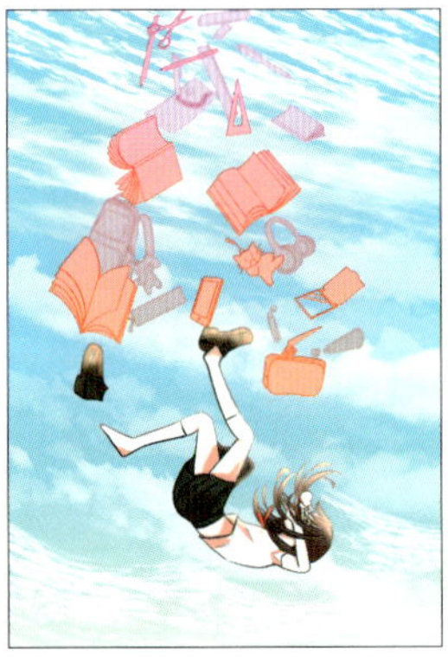
くぅ（・」・）

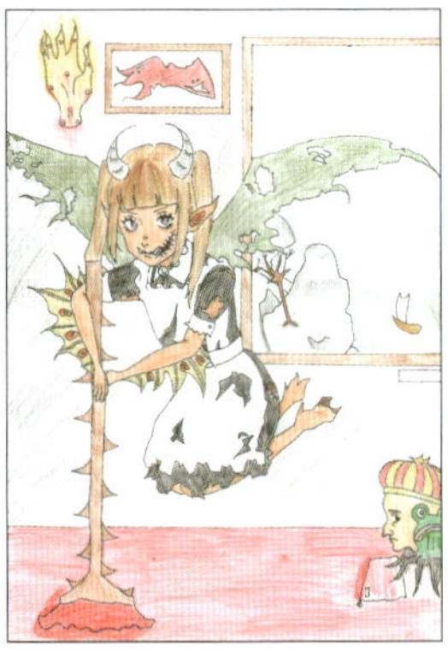
埼玉県・笛木唯愛・17歳

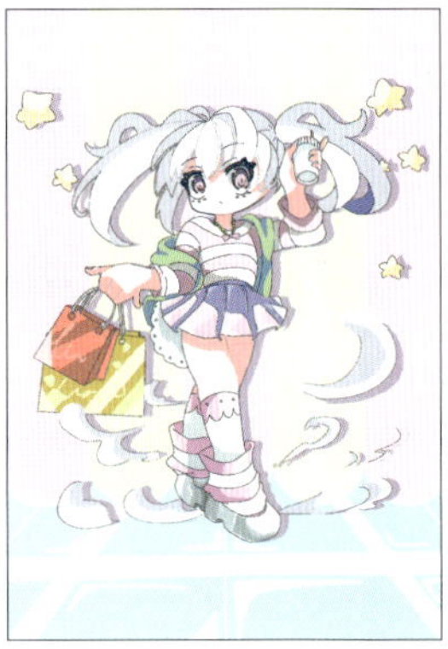
神奈川県・キカいオん・16歳

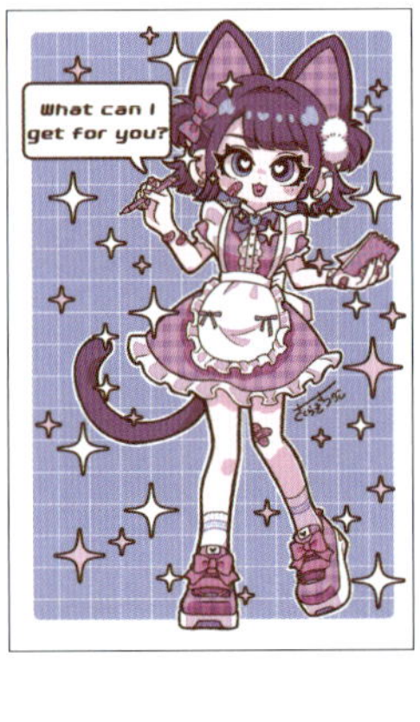

埼玉県・さくらぎちりこ

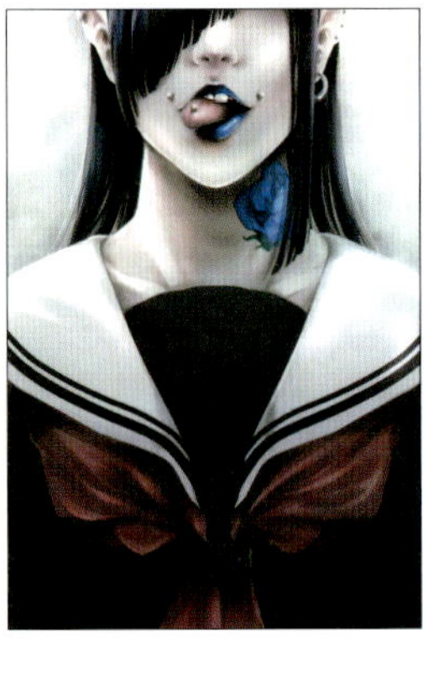
大阪府・まゆすけ・31歳

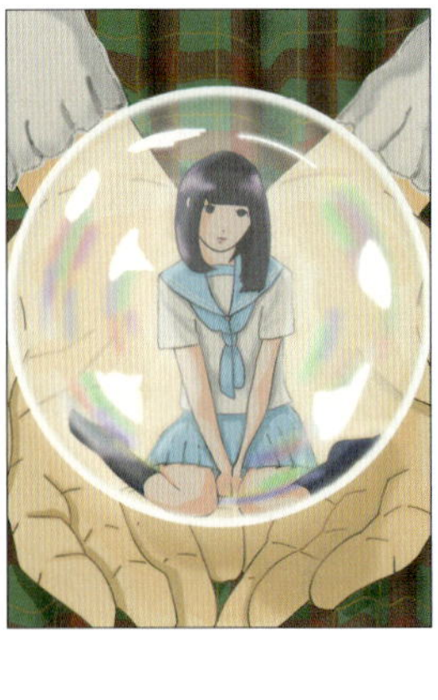
大阪府・こっとん35%・17歳

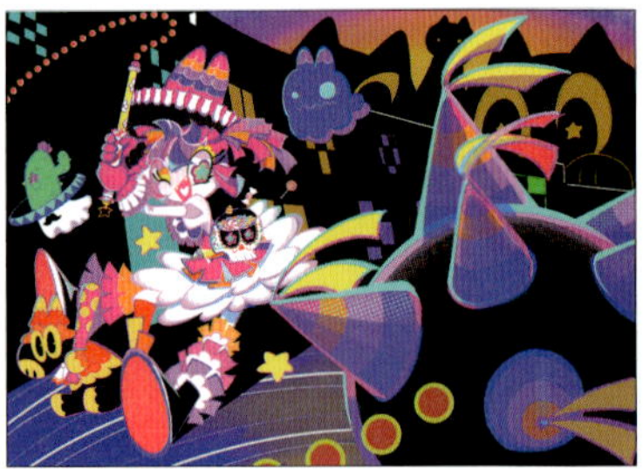
新潟県・特・中中

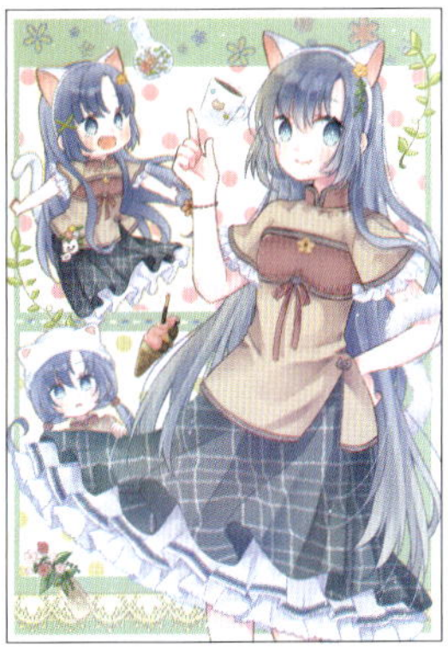
新潟県・シュン。

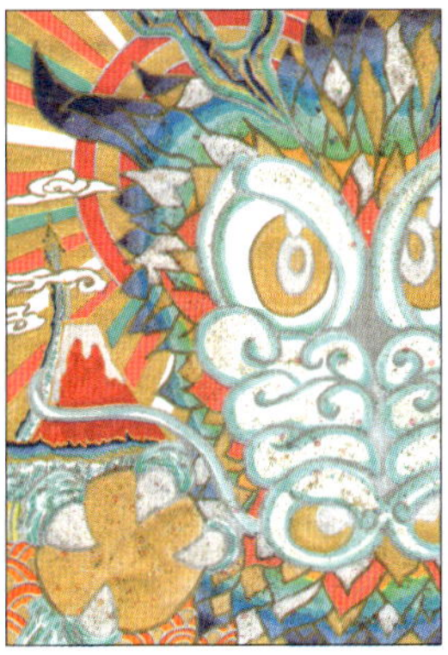
茨城県・天使のサンダル

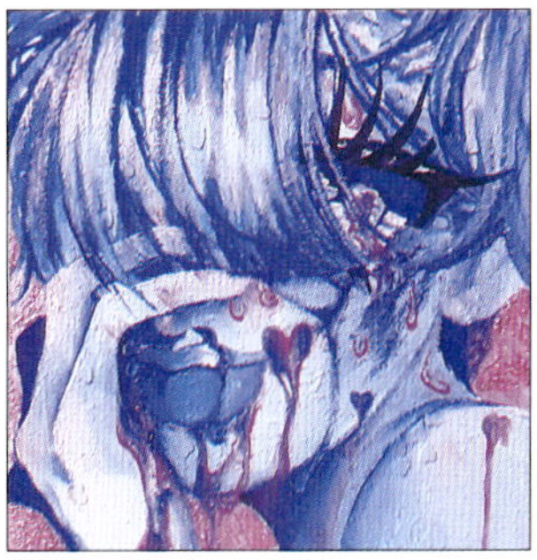
福岡県・ぶた / とんじる子

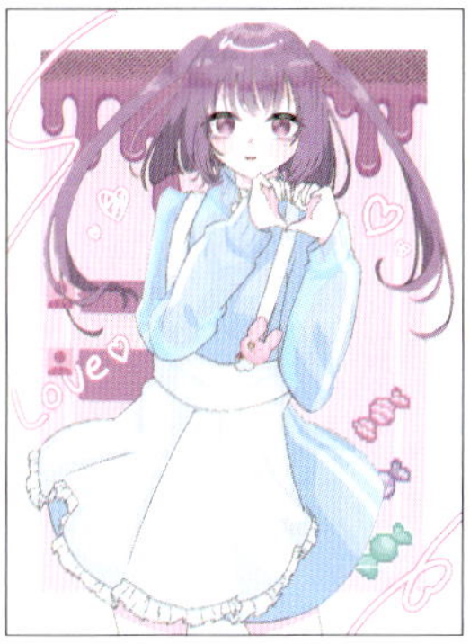
兵庫県・しゃけくらげ。・14歳

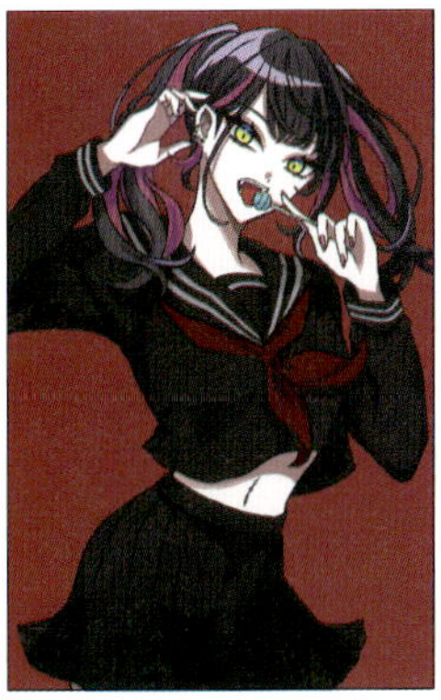
奈良県・ツジアイ

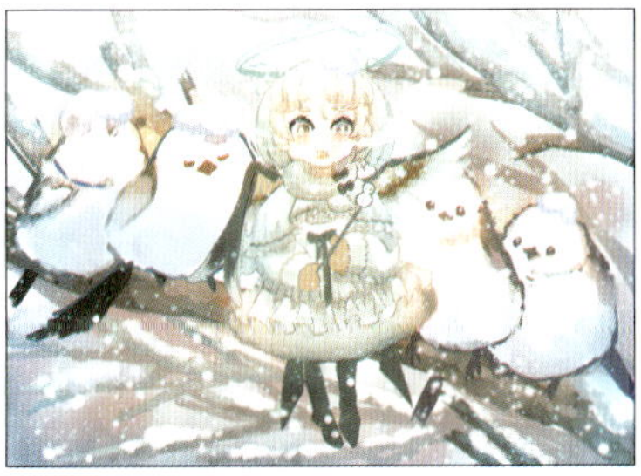
群馬県・男爵いもらー

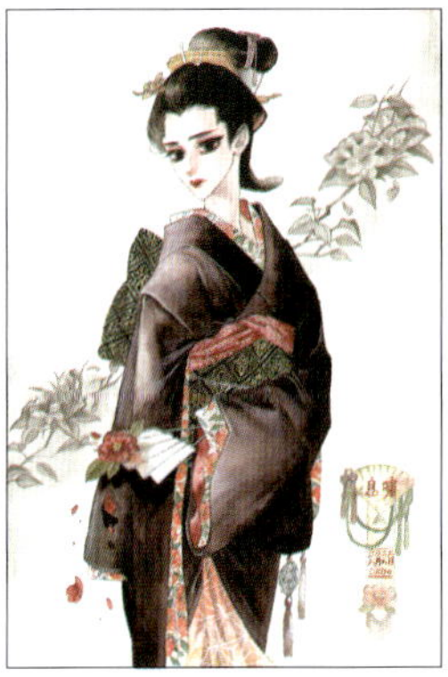
長野県・Okiso

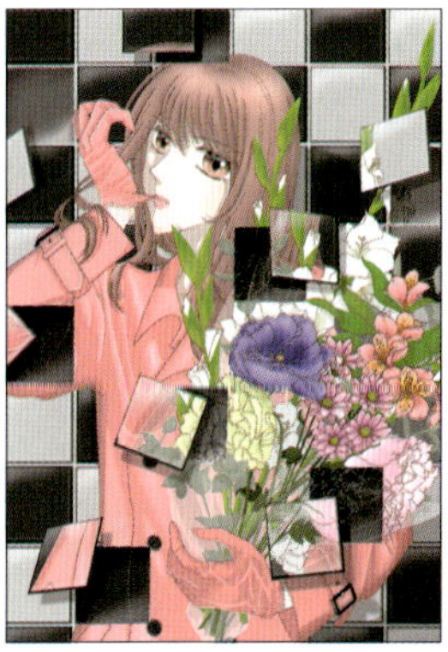
北海道・そのい蒼湖

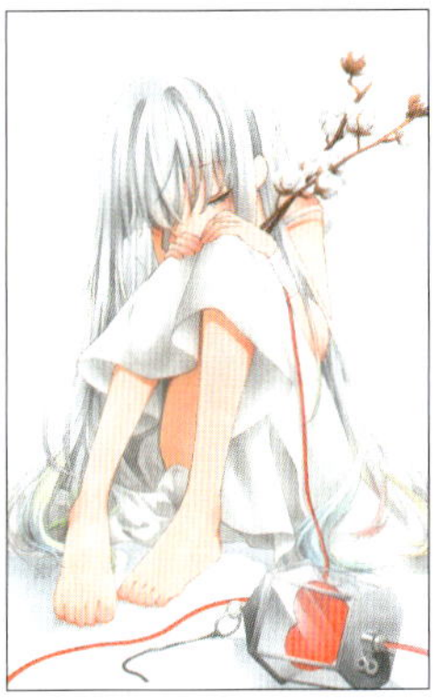
兵庫県・ねこの庵

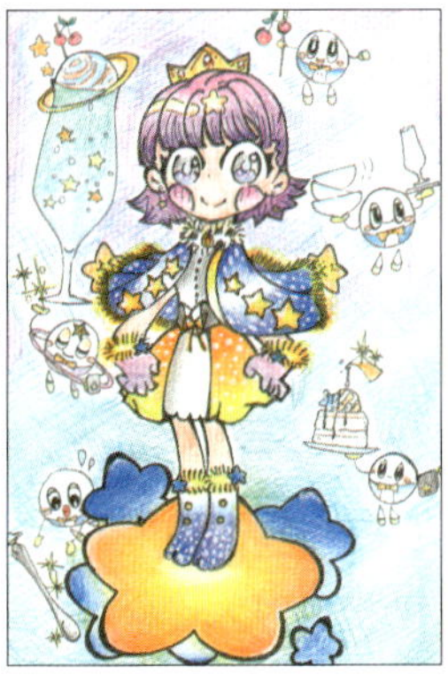
東京都・納豆こつぶ・13歳

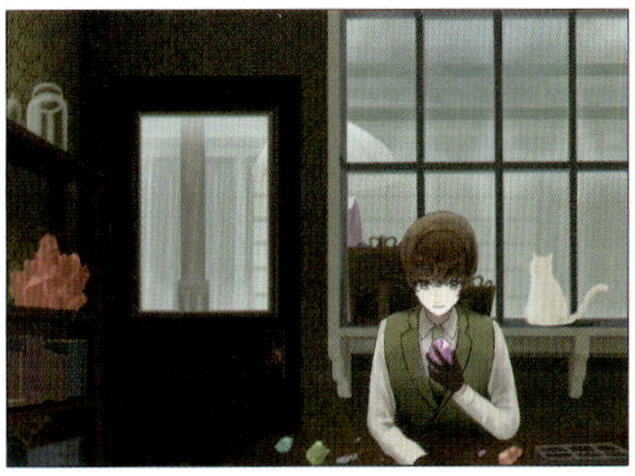
岡山県・△星宮みやび・20歳

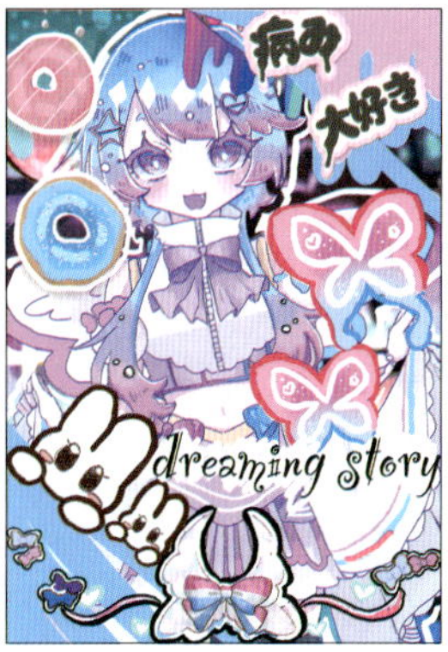

北海道・とろ・17歳

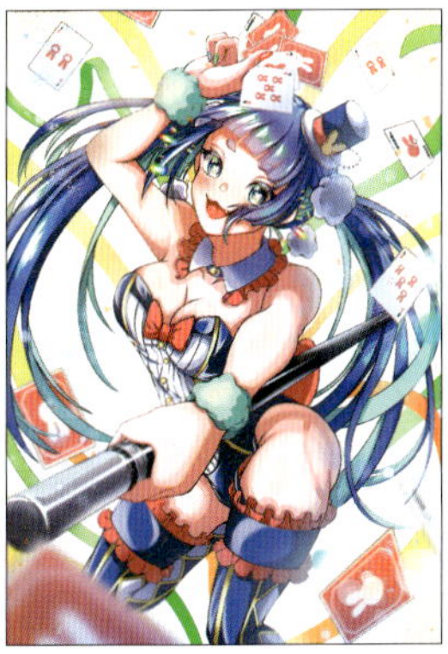
愛知県・ふどー

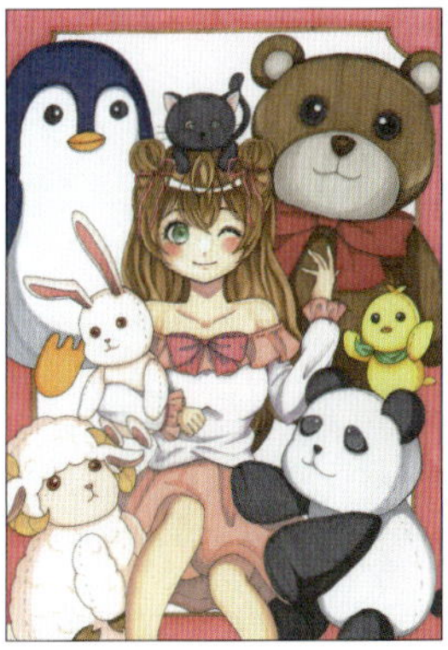
大阪府・ひよりんご・19歳

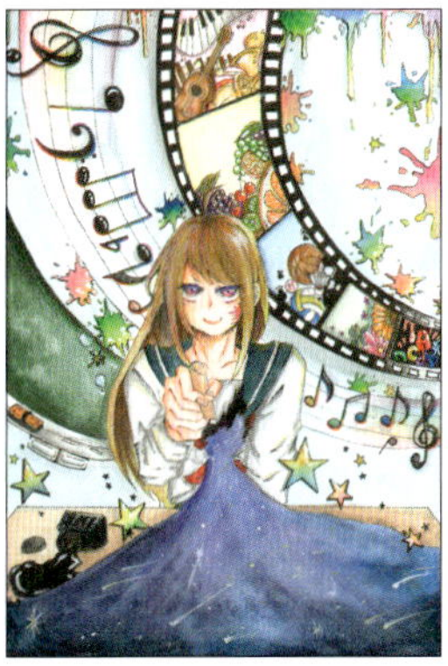
大阪府・関紀子・18歳

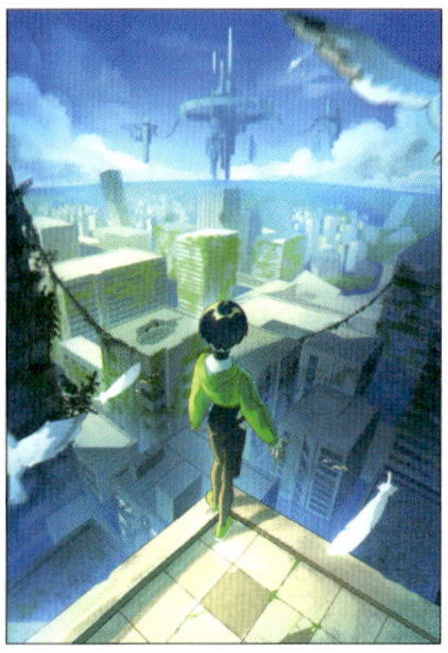
大阪府・はちゅ

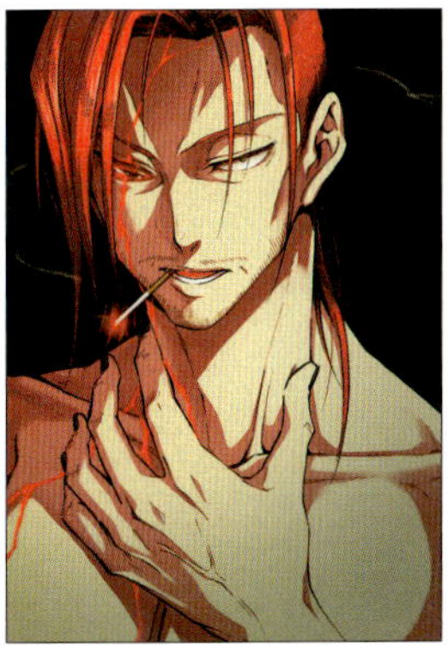
東京都・マユコ

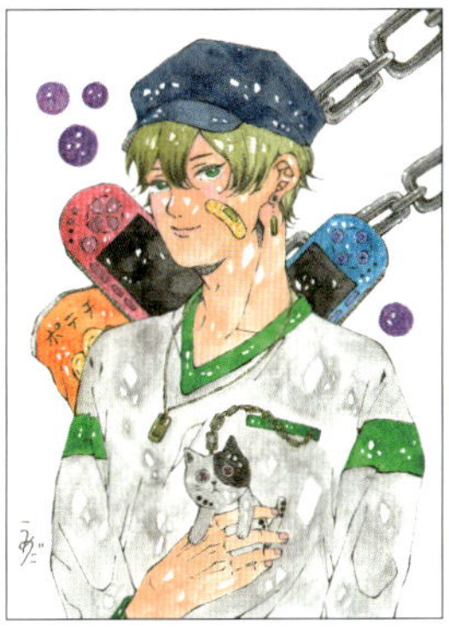
福岡県・梅田

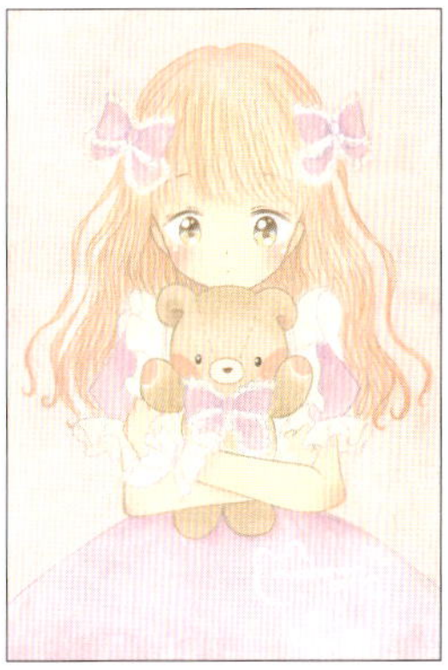
奈良県・ましゅまろここあ

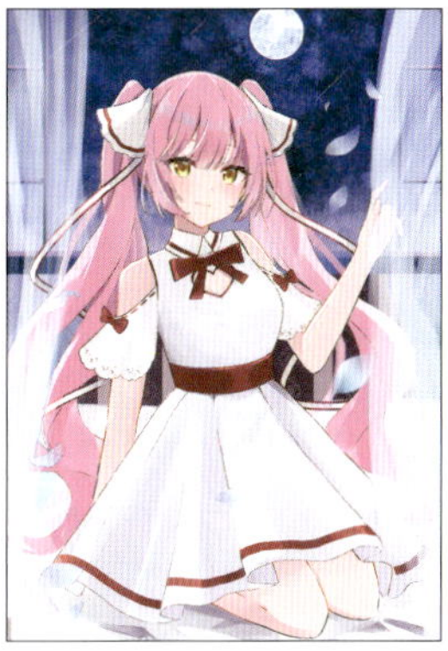
大阪府・ぽてとぅ

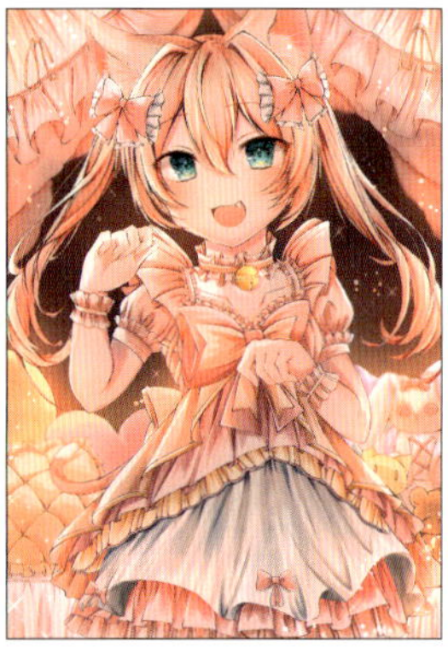
大阪府・もふまろ・18歳

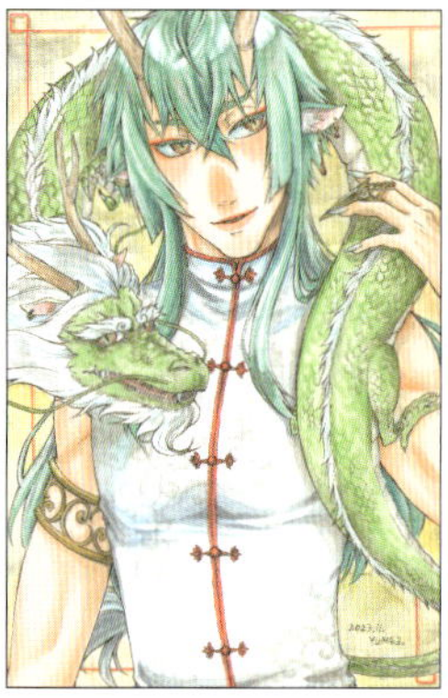
福岡県・夢見月

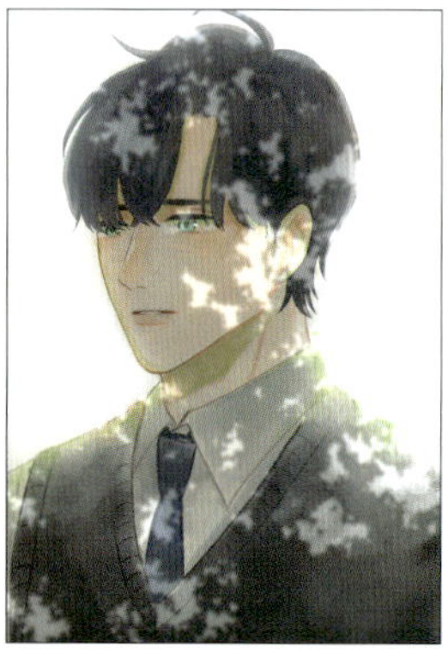
大阪府・むむと

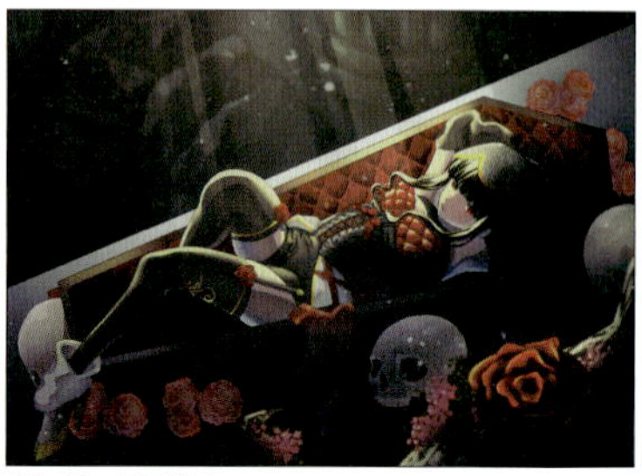
愛知県・夏野菜カレー

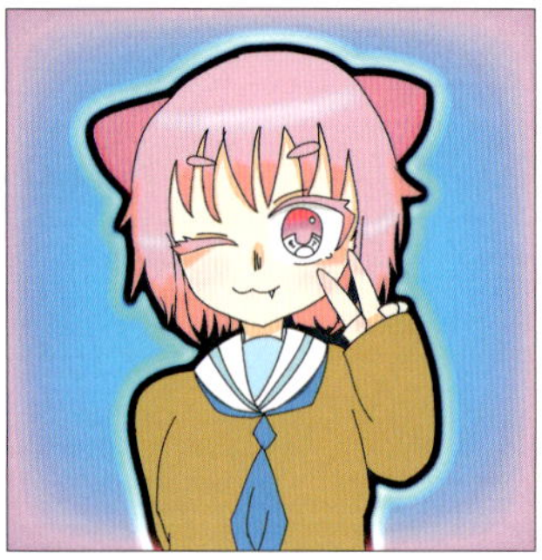
広島県・とんかつ・12歳

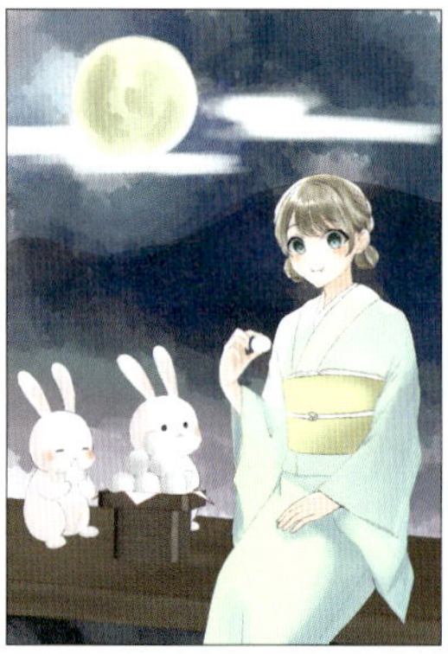
大阪府・ゆゆ

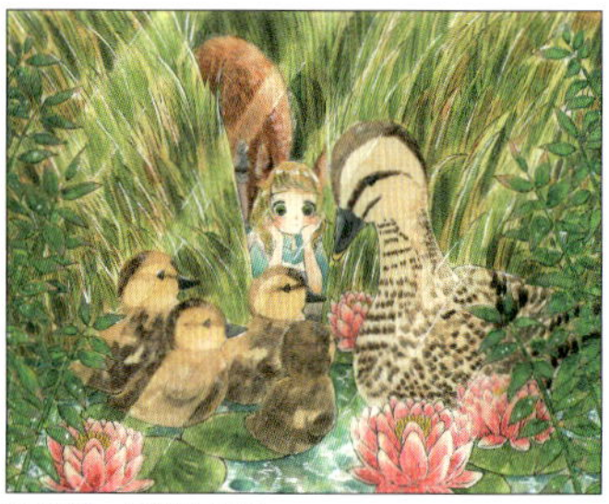
東京都・加藤もりあ

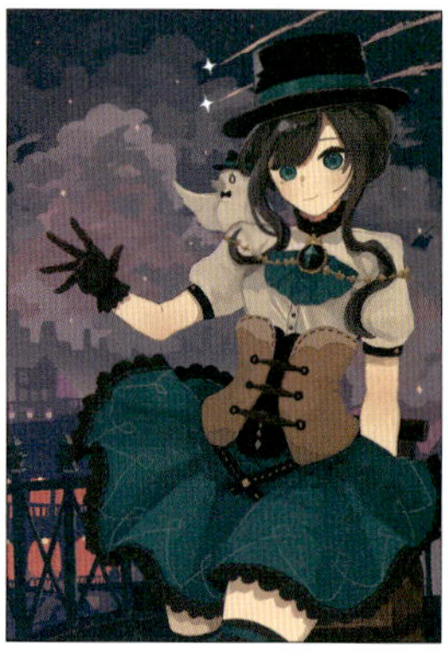
奈良県・ユチョ・18歳

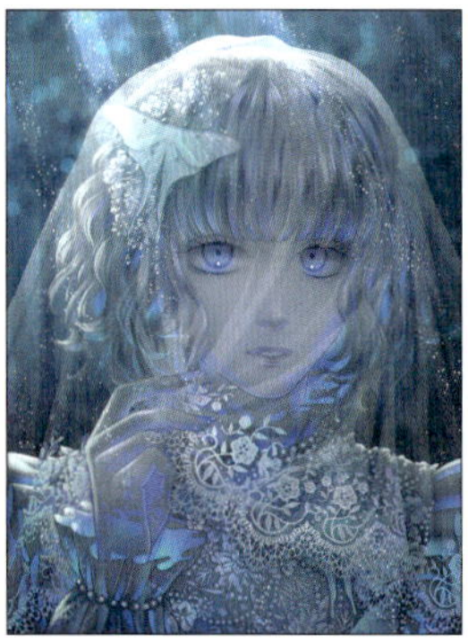
大阪府・鮎川砂月

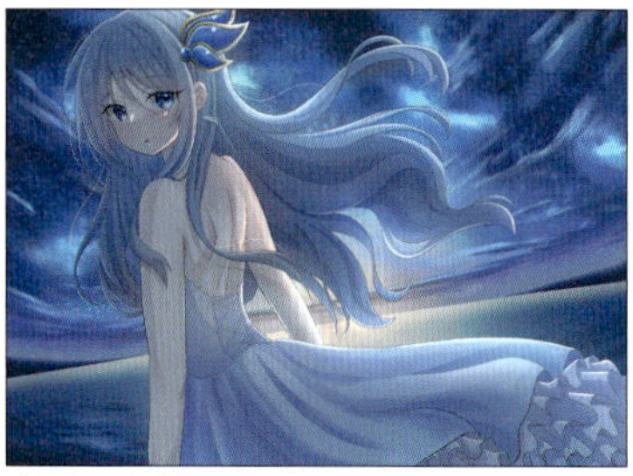
兵庫県・まぴ・18歳

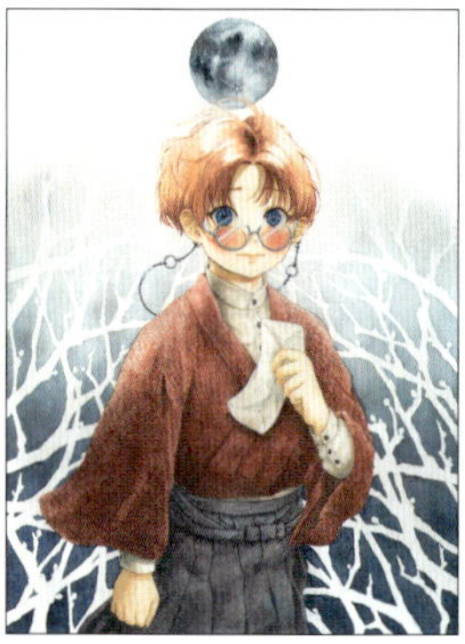
埼玉県・レニ

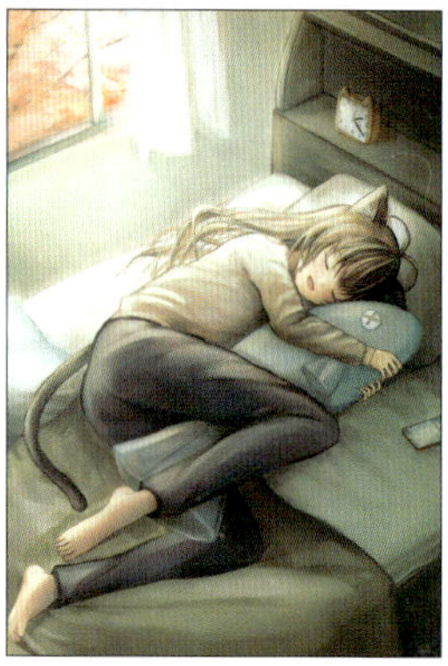
福岡県・りぐれ

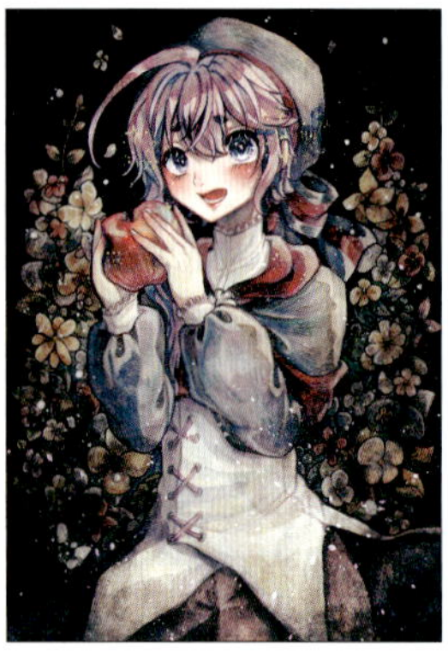
埼玉県・皆見成海

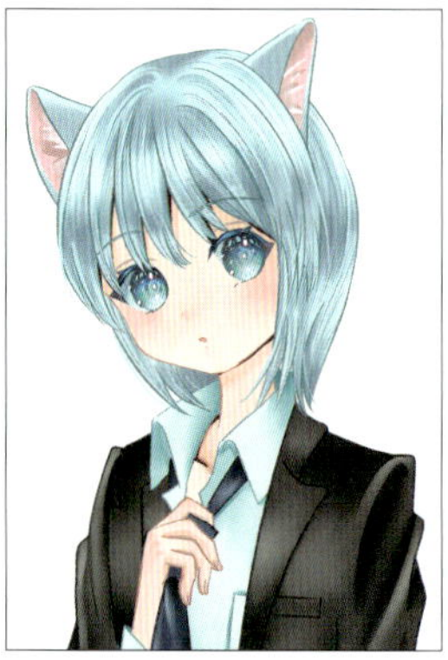
東京都・花糸撫子

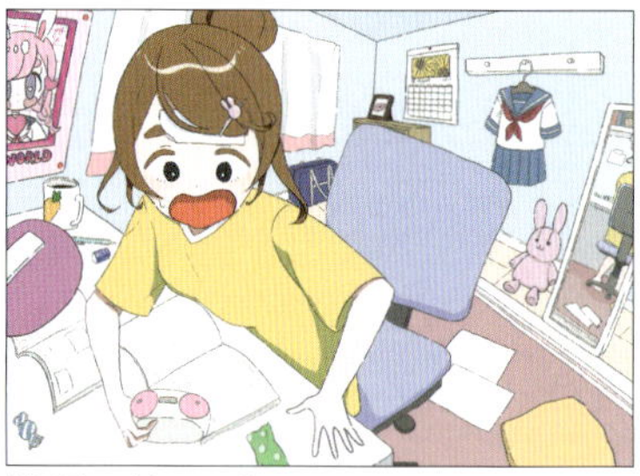
福岡県・べあ・20歳

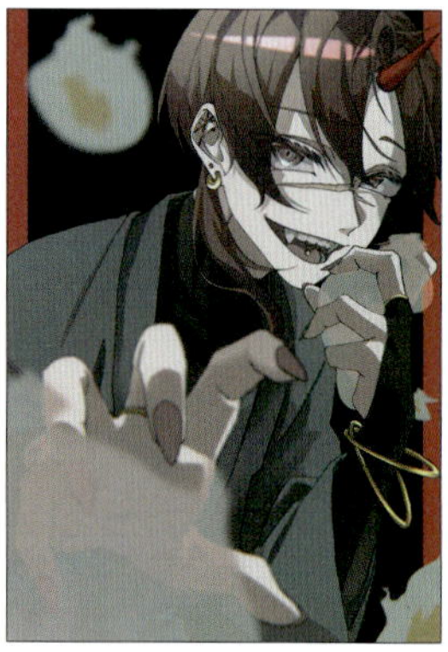
福島県・庵冥

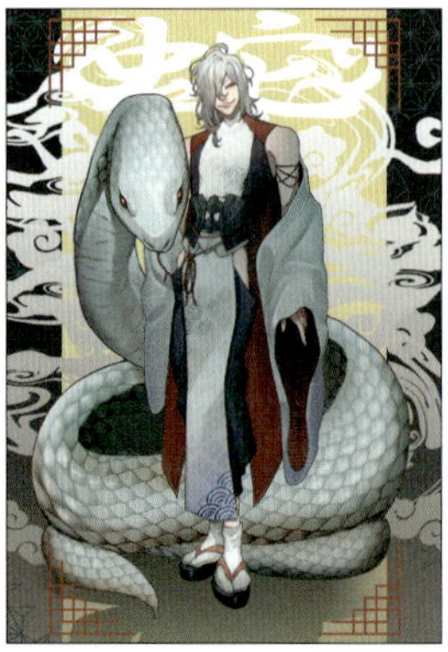
佐賀県・紅葉

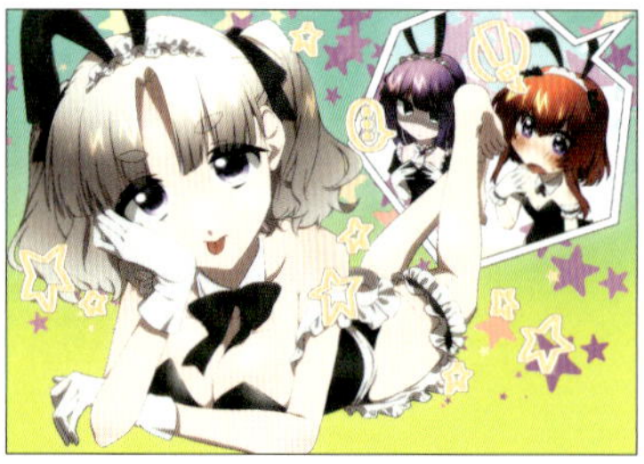
岡山県・ぷるたべ

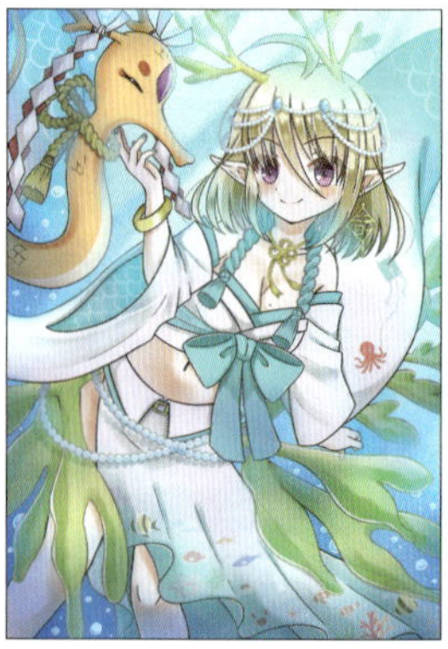
新潟県・茅瀬

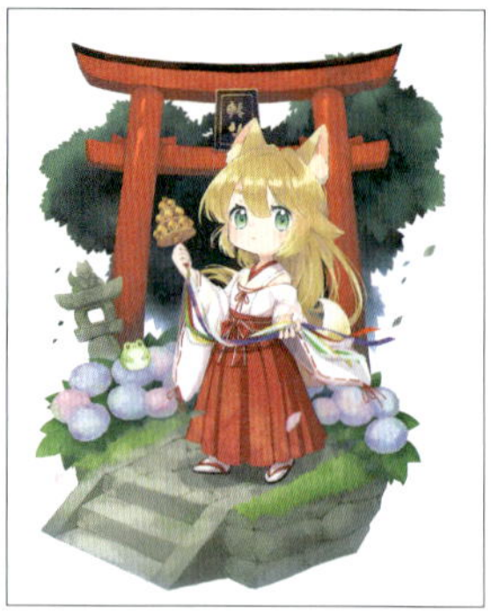
神奈川県・外側ゆーこ

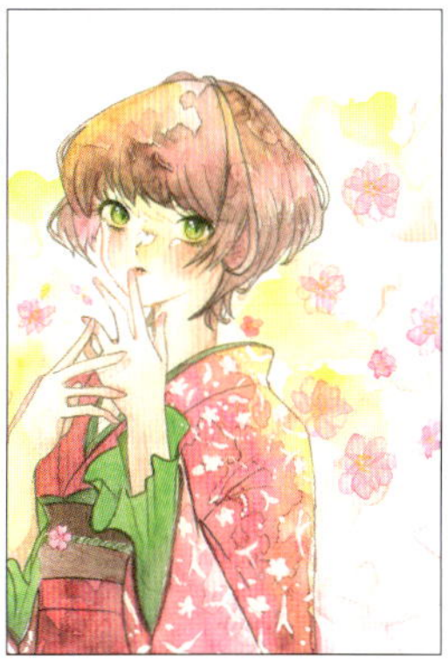
千葉県・順麻

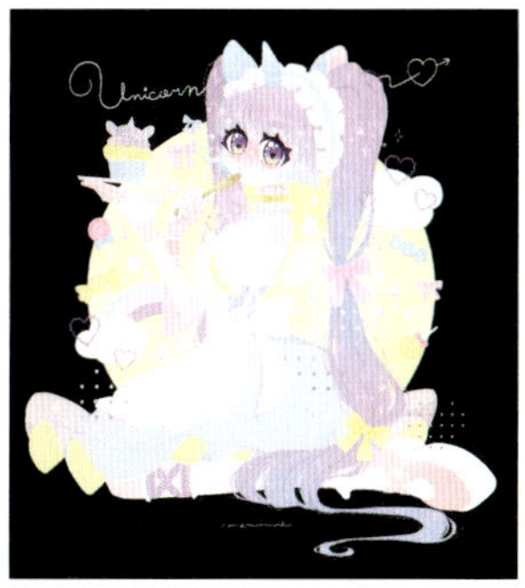
千葉県・春乃めみも

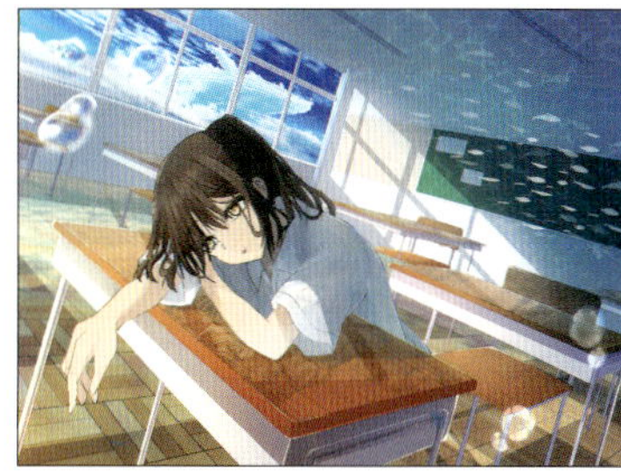
愛知県・さばかん

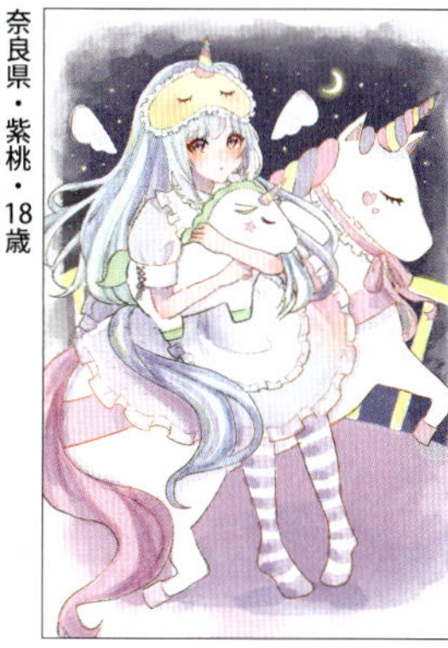
奈良県・紫桃・18歳

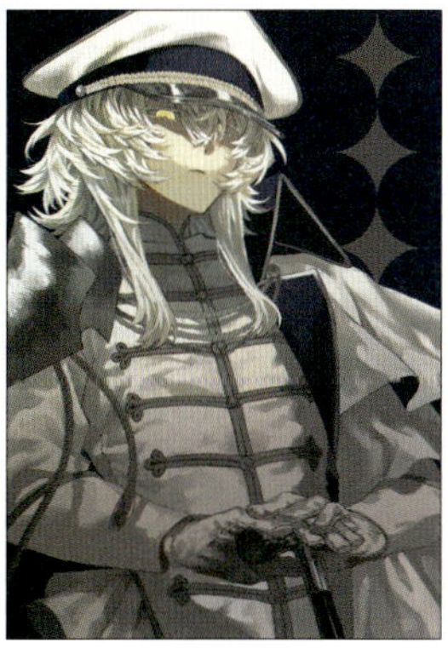
岡山県・小津名

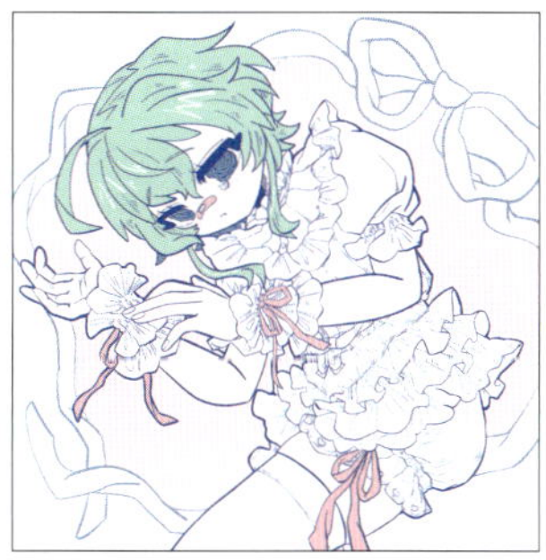
東京都・ジズ

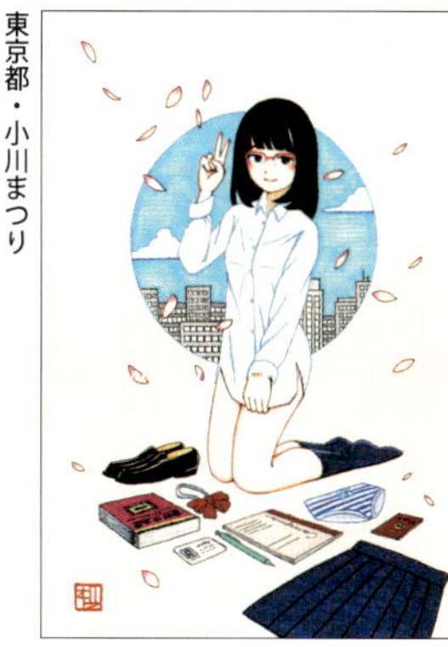
東京都・小川まつり

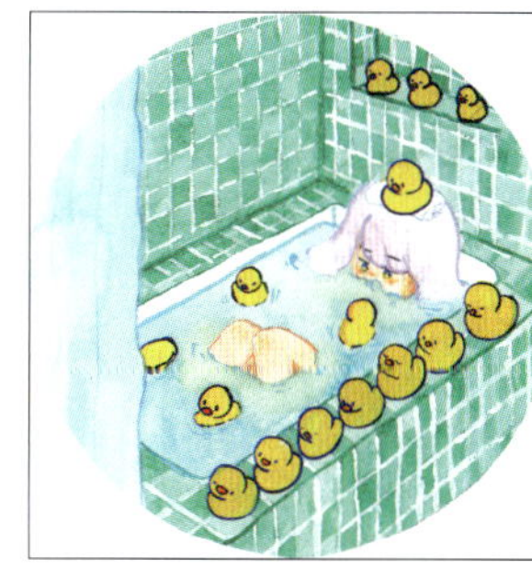
兵庫県・a.m.・18歳

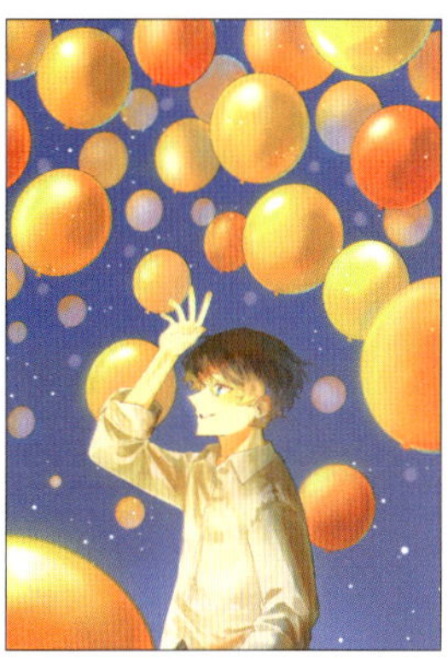
大阪府・星丸

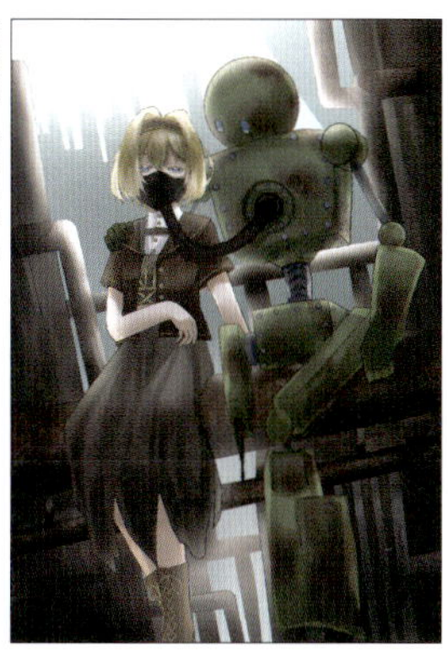
福岡県・水戸ひいろ

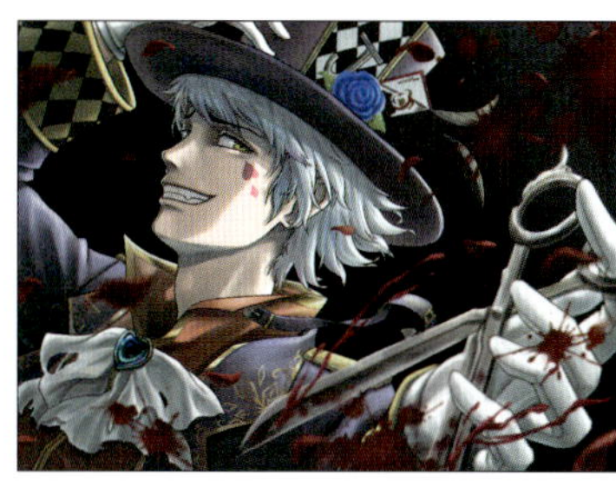
滋賀県・おせろ

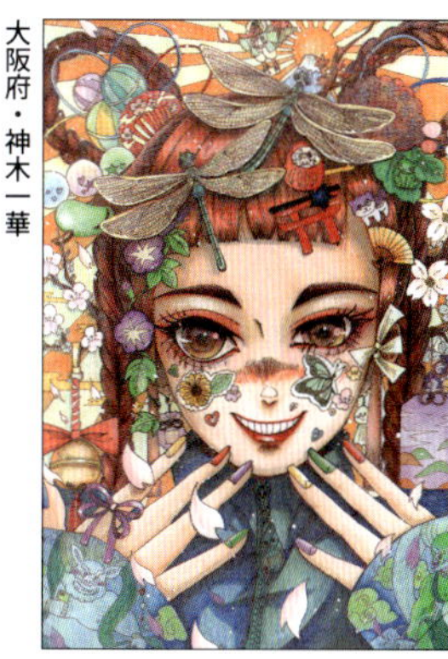
大阪府・神木一華

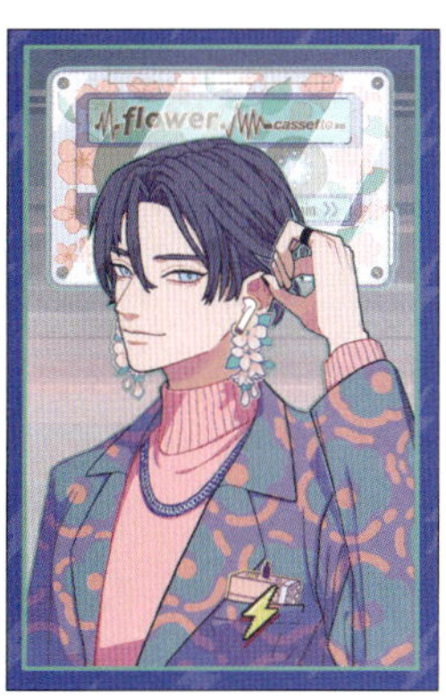

栃木県・川崎真実

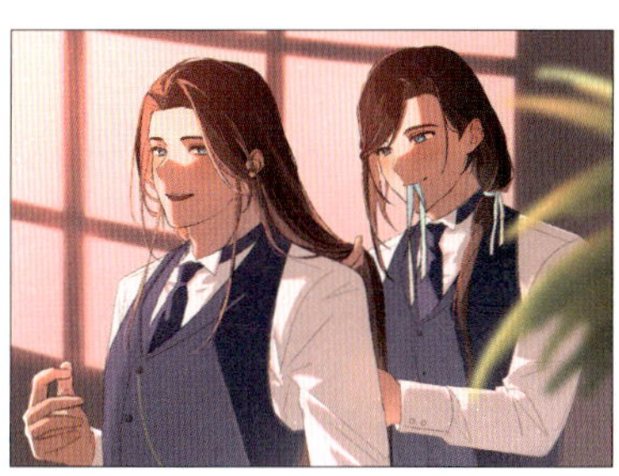
大阪府・うもう・18歳

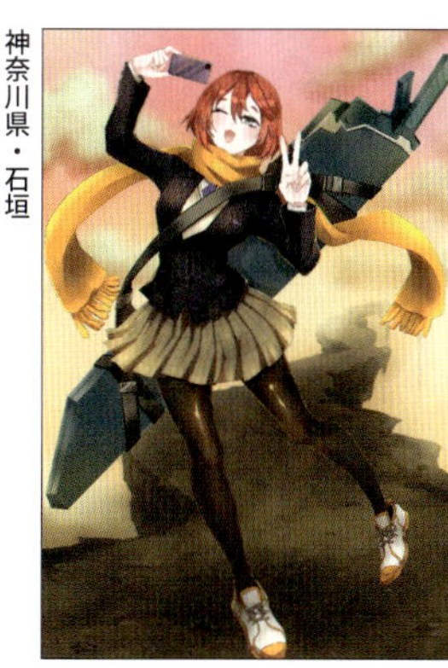
神奈川県・石垣

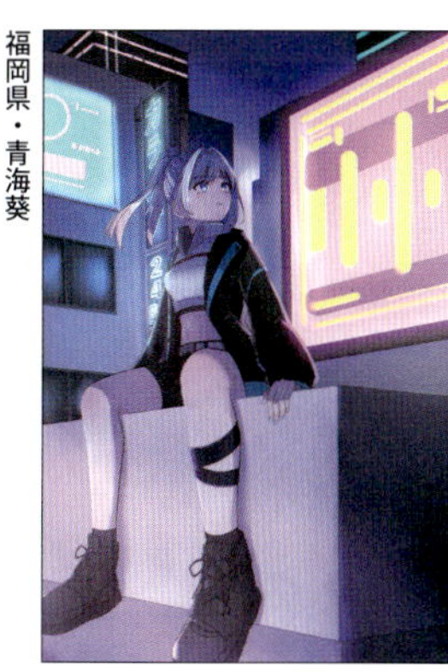
福岡県・青海葵

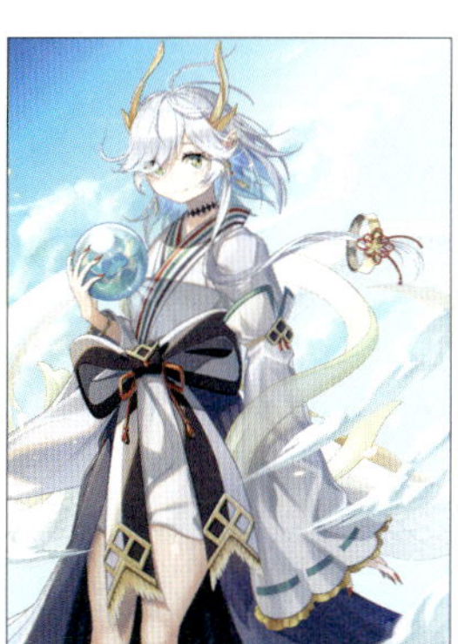
愛知県・桃子

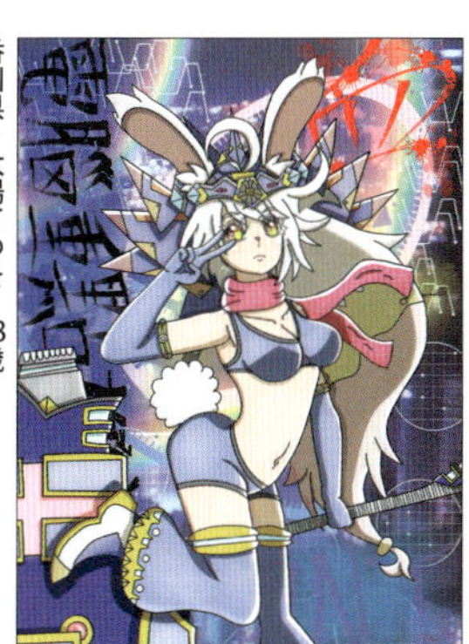
香川県・太陽てつを・18歳

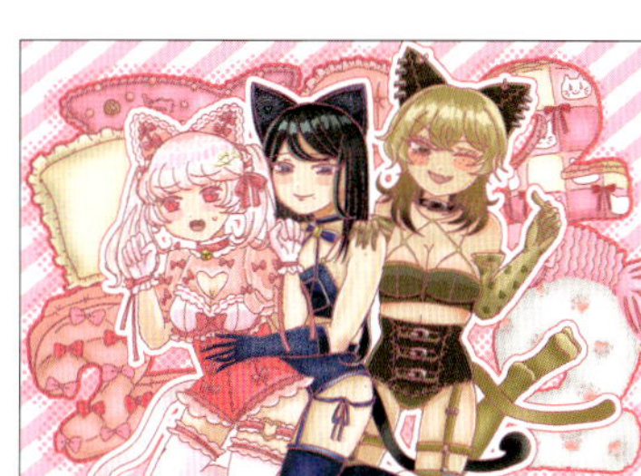
東京都・イナバナ

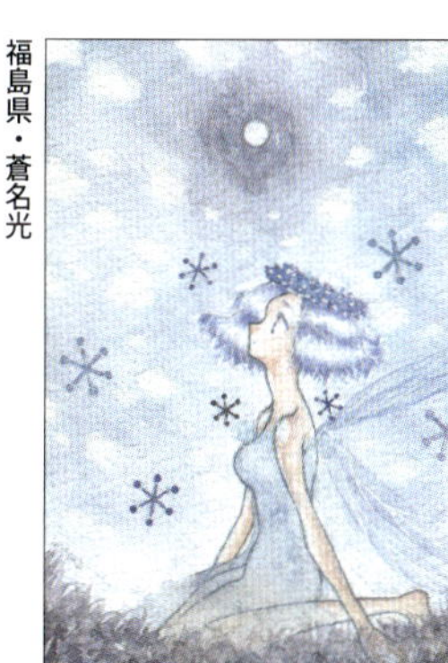
福島県・蒼名光

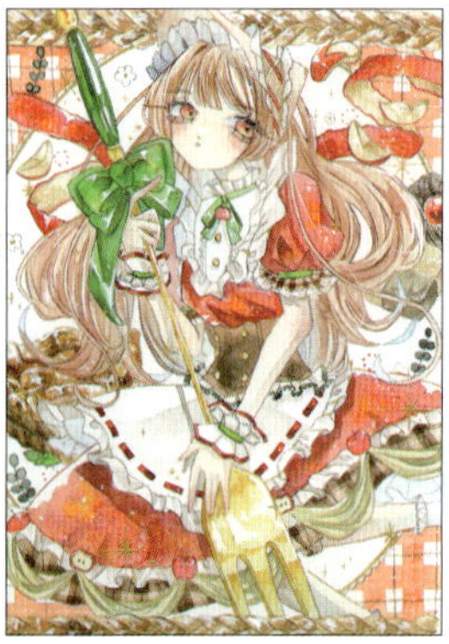
京都府・日差し・22歳

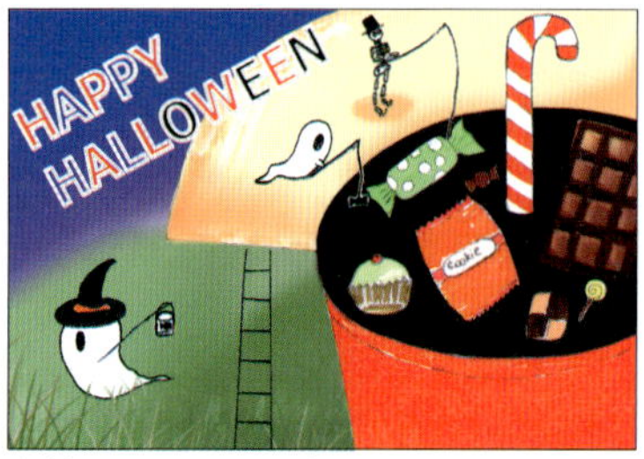

東京都・TATSUMI・12歳

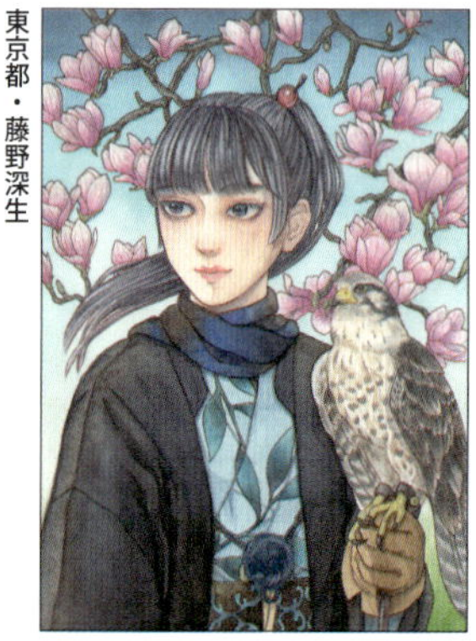
東京都・藤野深生

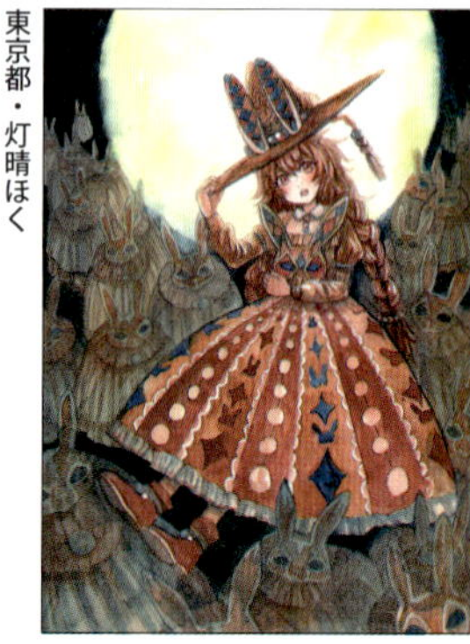
東京都・灯晴ほく

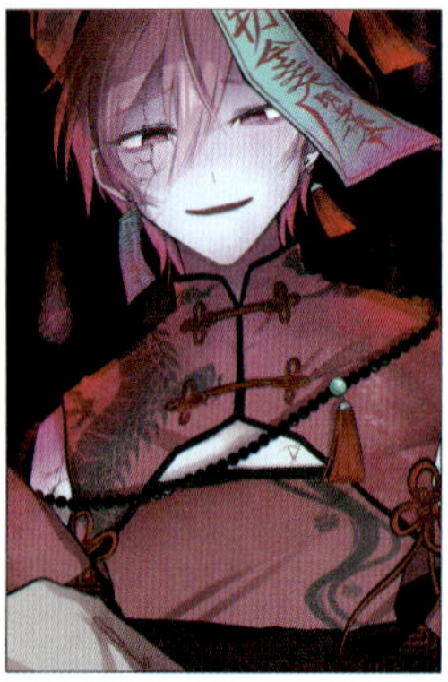
福島県・八羽

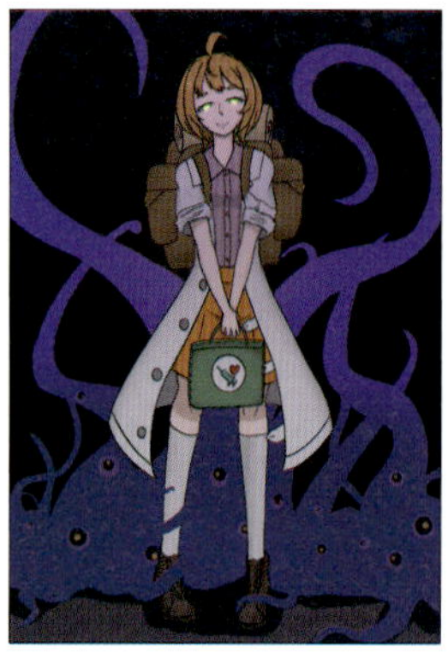
香川県・麦茶

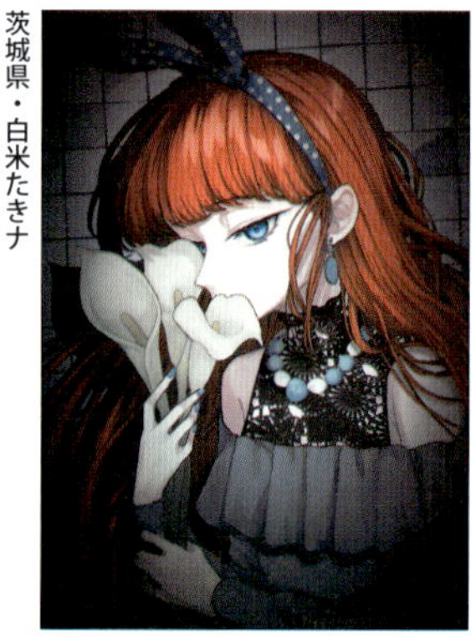
茨城県・白米たきナ

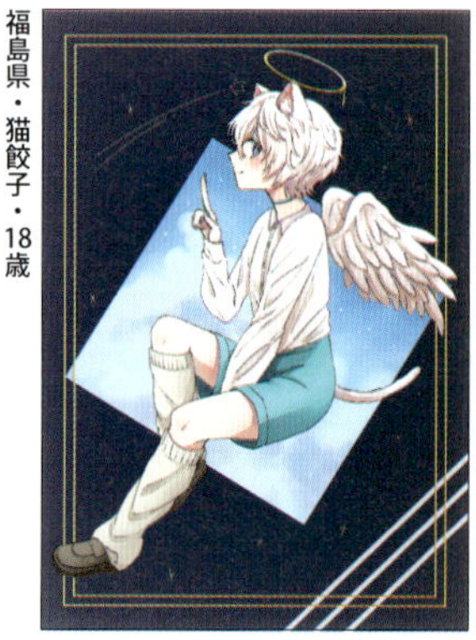
福島県・猫餃子・18歳

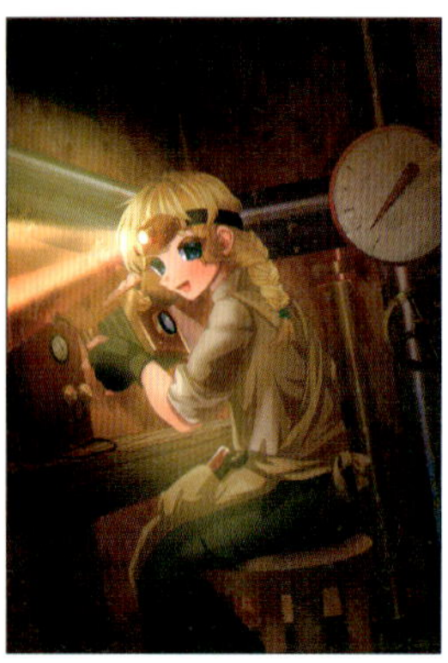
福岡県・唯一・19歳

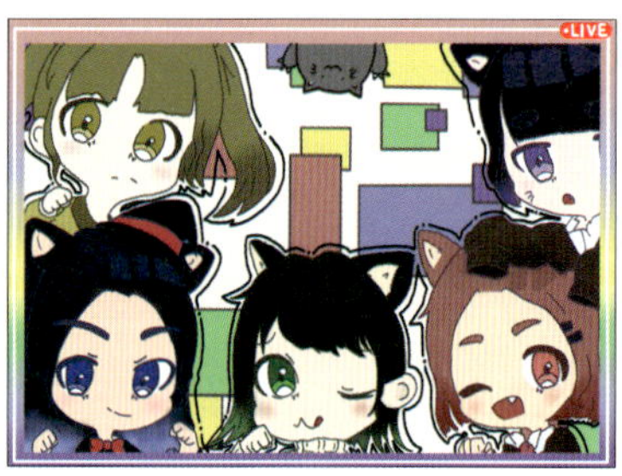

神奈川県・Cheese

愛知県・薬味

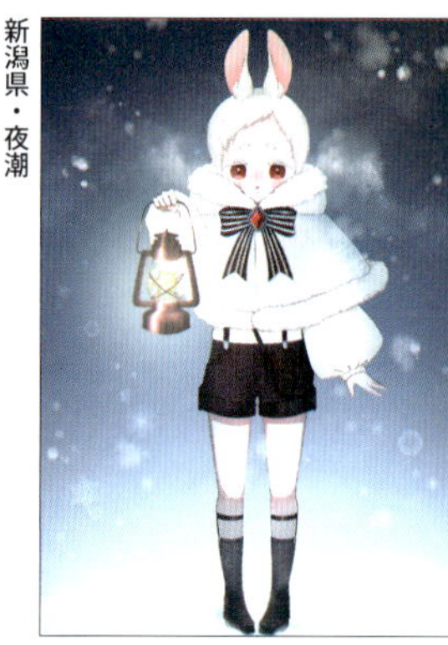
新潟県・夜潮

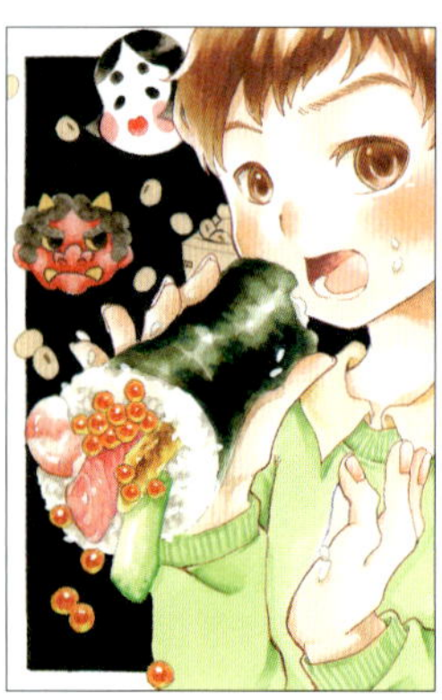
千葉県・林檎椿

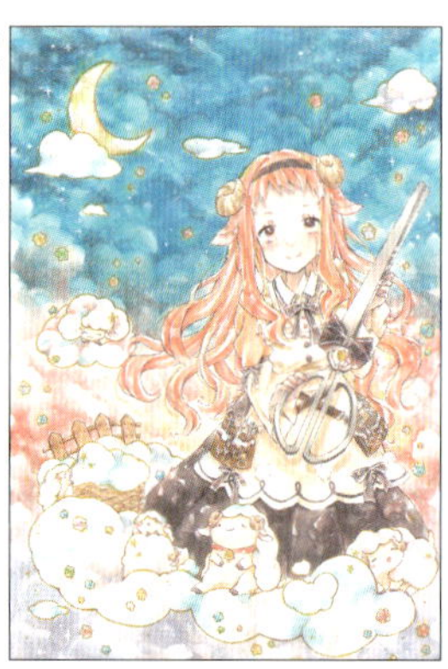
神奈川県・梨玖

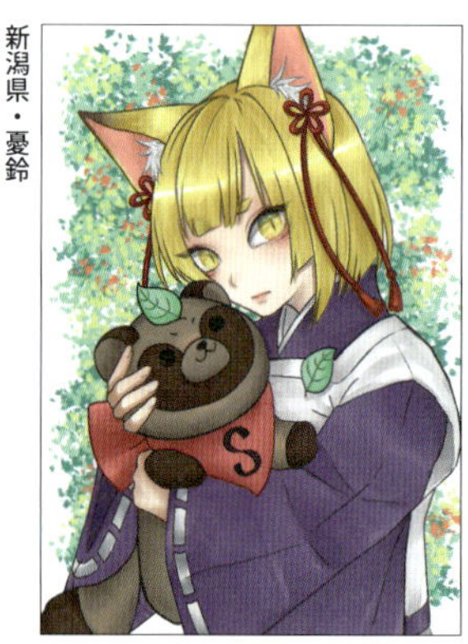
新潟県・憂鈴

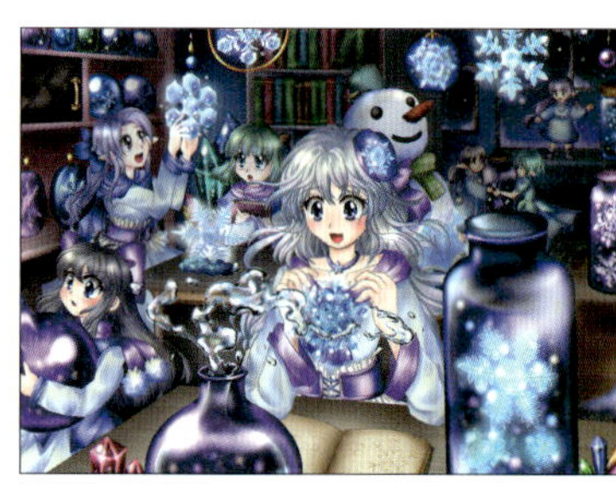
愛媛県・槻海藍

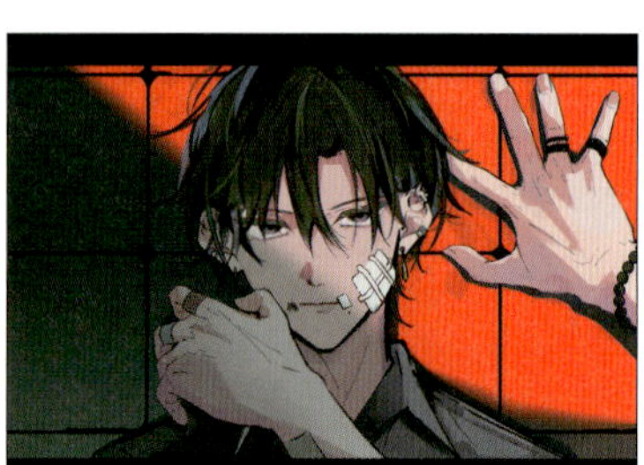
愛知県・Ao。

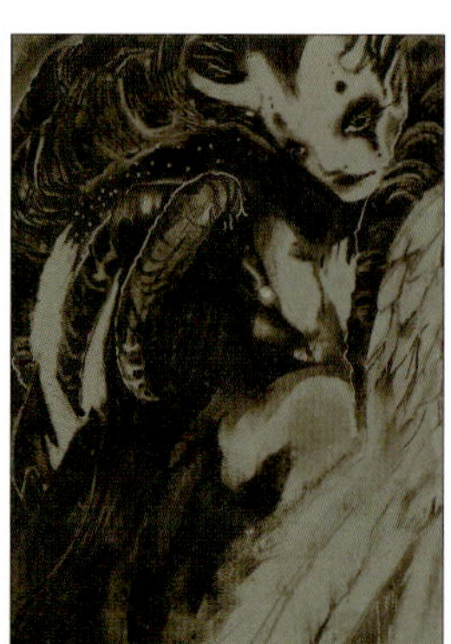
新潟県・露堂遥晞

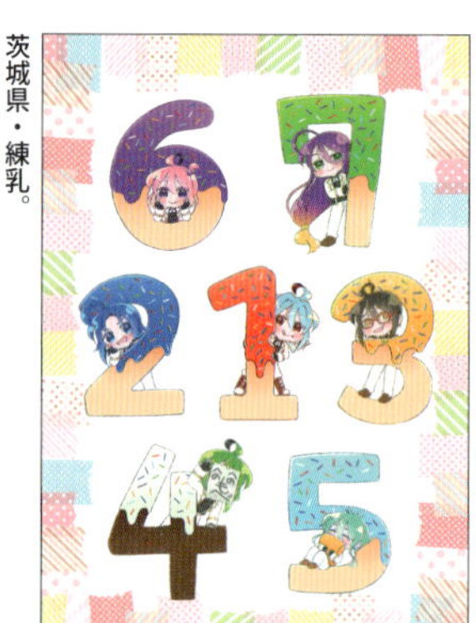
茨城県・練乳。

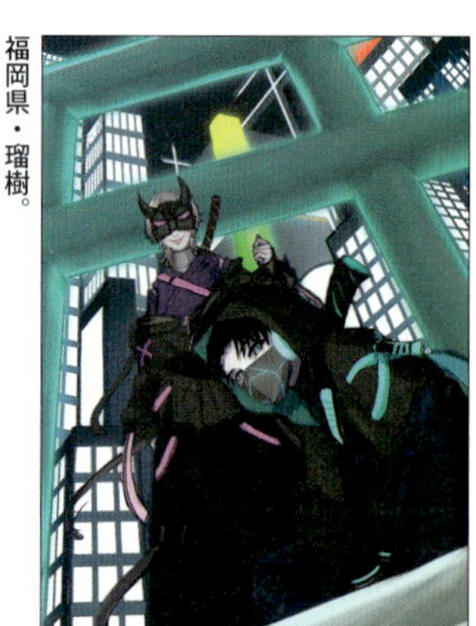
福岡県・瑠樹。

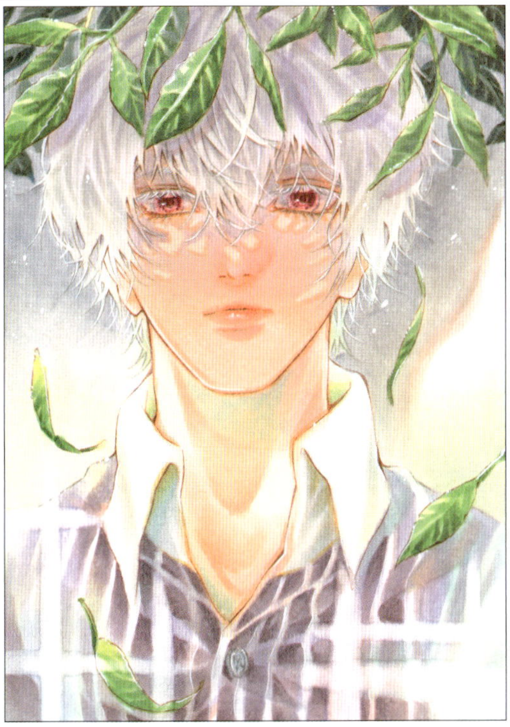

埼玉県・参崎シュリ【コピック・アルビレオ水彩紙】

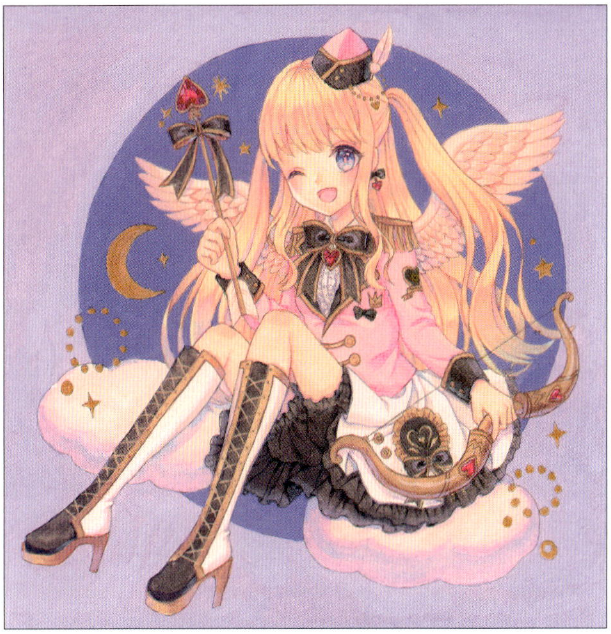

福岡県・存子【アクリルガッシュ】

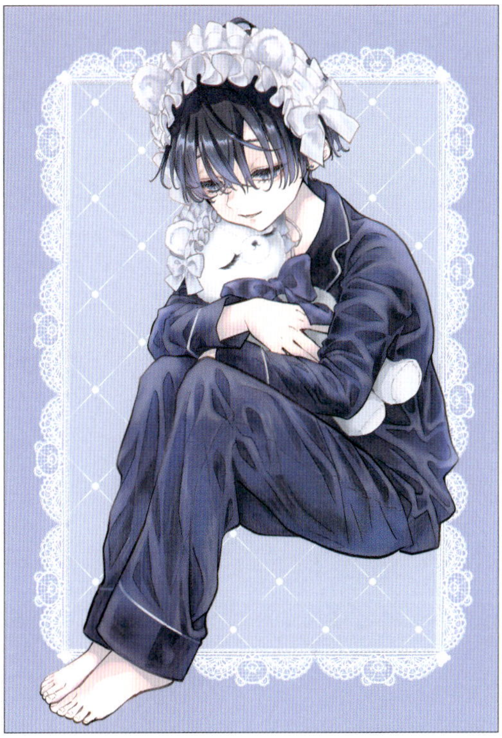

長野県・ましき【CLIP STUDIO PAINT】

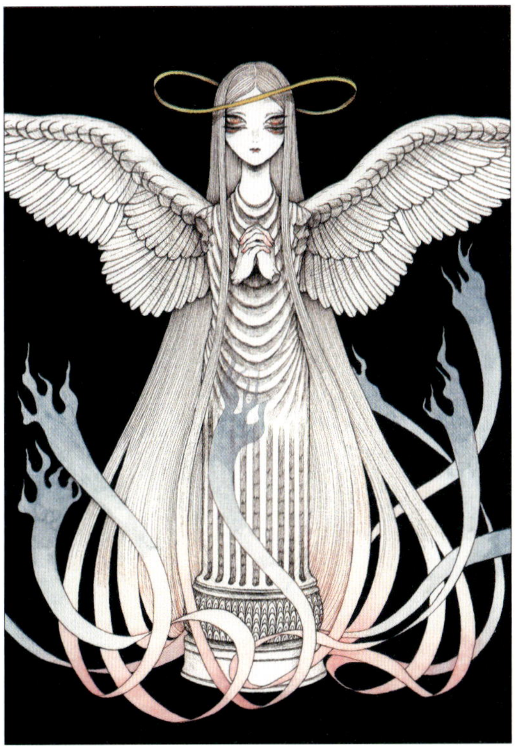

石川県・庭一【HI-TEC-C・透明水彩・インク】

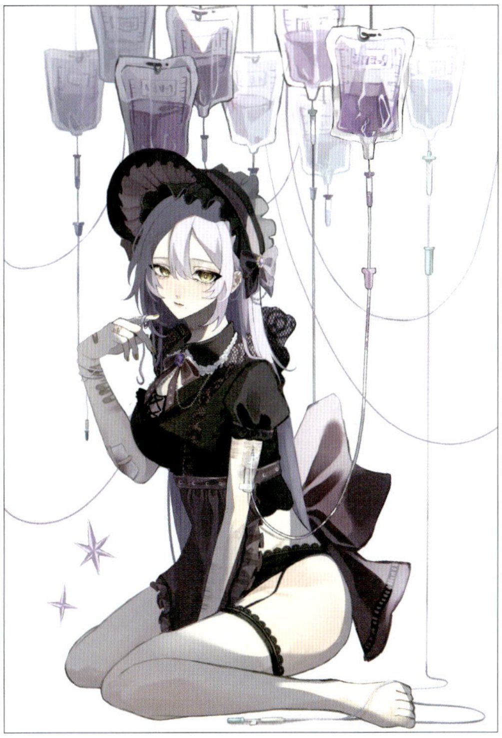

岐阜県・せちゅ【CLIP STUDIO PAINT】

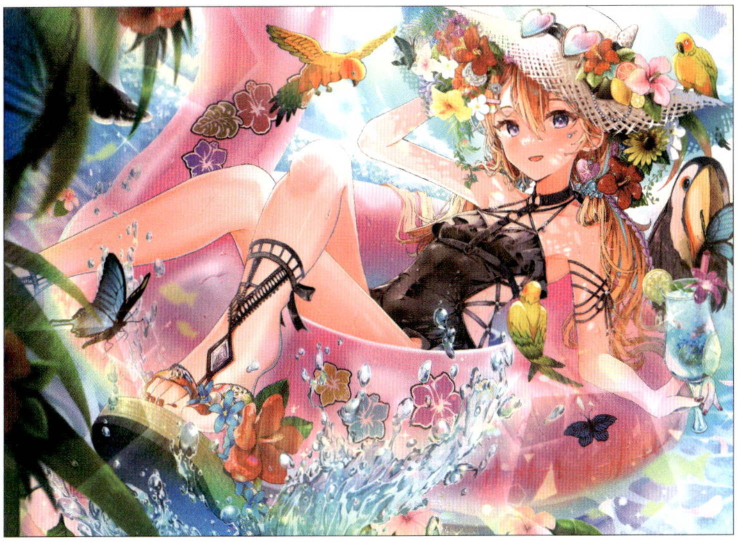

愛知県・りな【CLIP STUDIO PAINT】

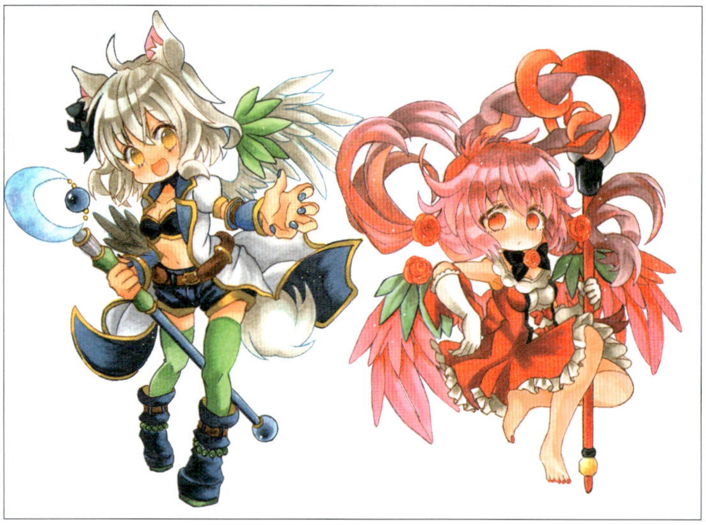

大阪府・ラブバード【コピック・コピックマルチライナー・ホワイト・マルマンスケッチブック】

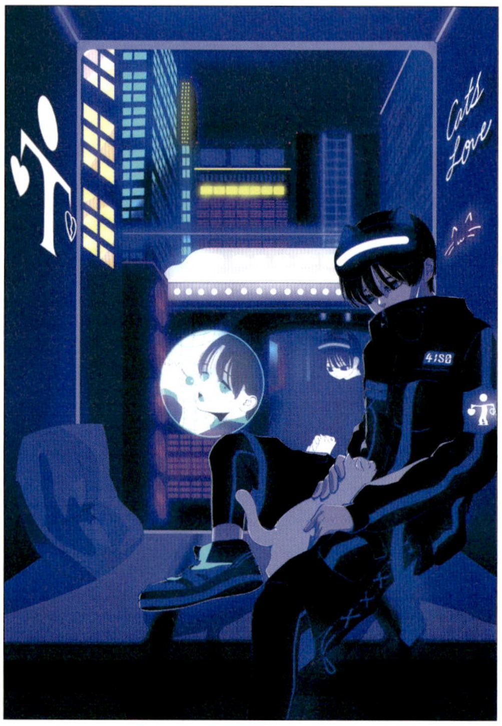

福岡県・アイラ・19歳【CLIP STUDIO PAINT】

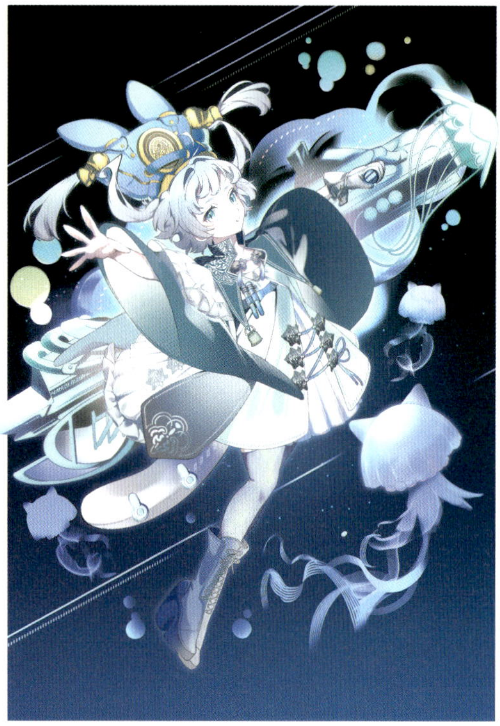

福島県・G―3【CLIP STUDIO PAINT PRO】

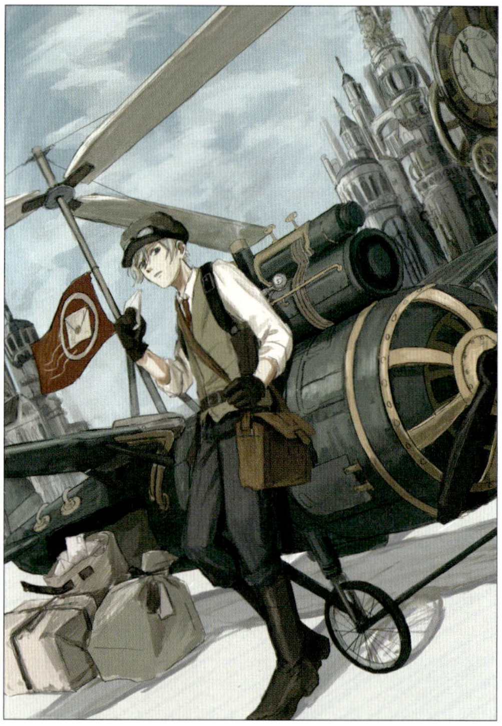

福岡県・スミビヤキ【iPad】

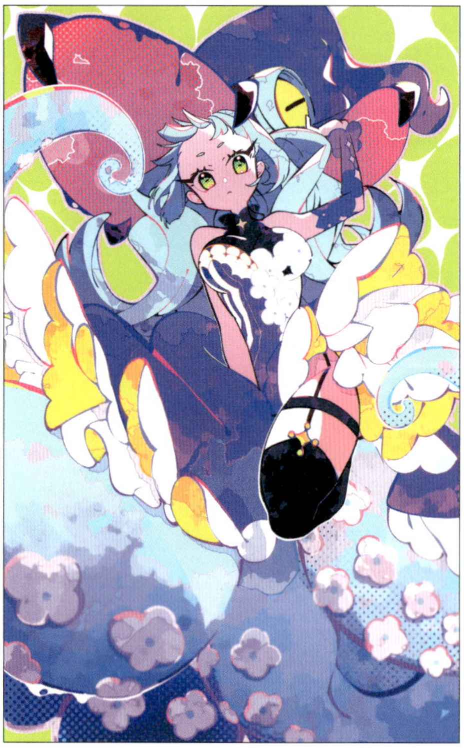

神奈川県・つくもきょー子【CLIP STUDIO PAINT】

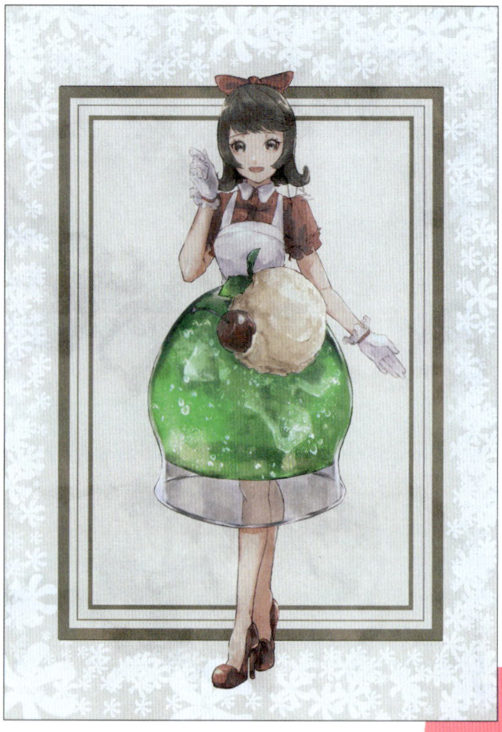

千葉県・しき【CLIP STUDIO PAINT】

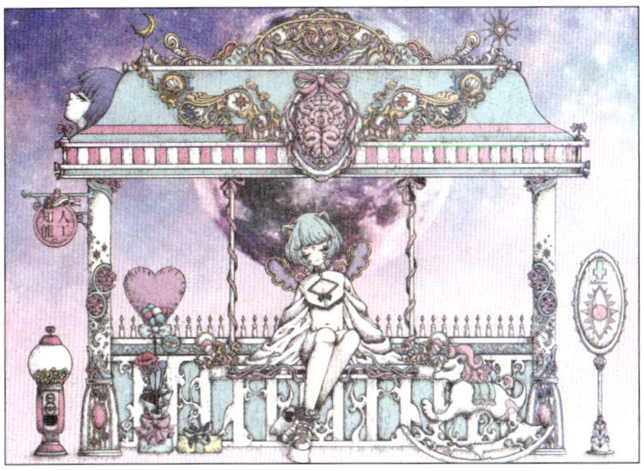

群馬県・来栖彰

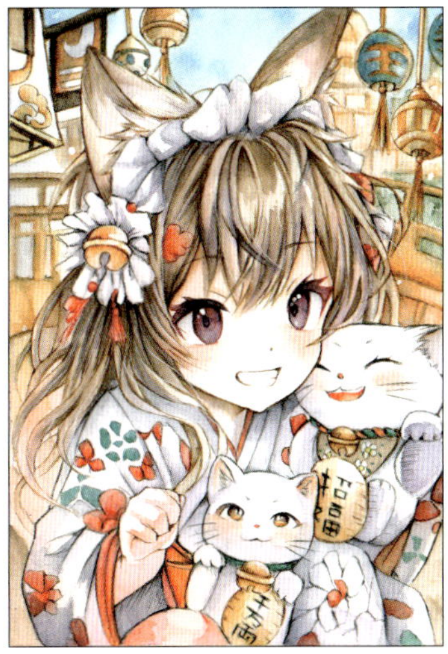

愛知県・☆きらぼし☆

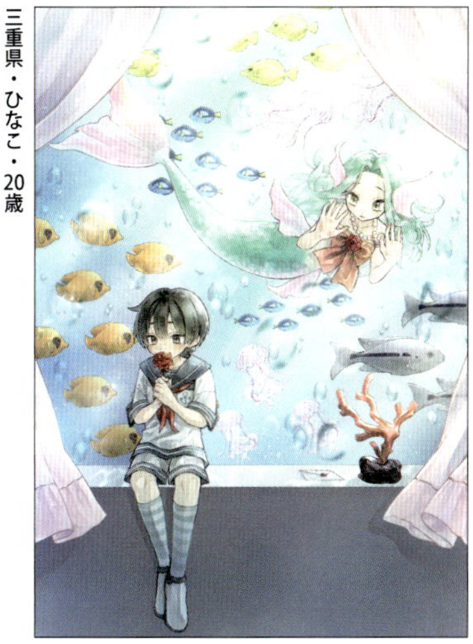

三重県・ひなこ・20歳

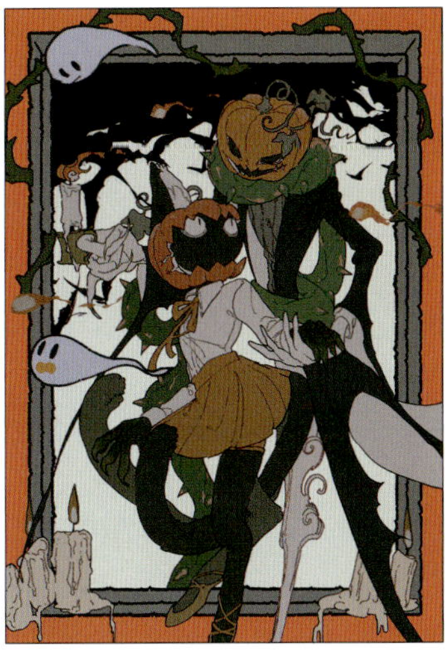

福島県・HANATSUKI

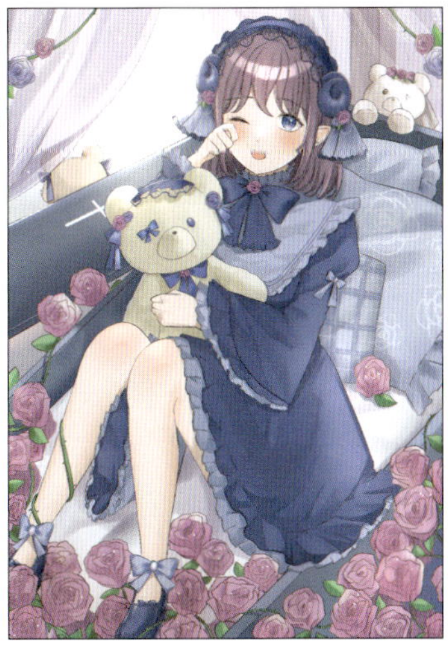

大阪府・白浜よる

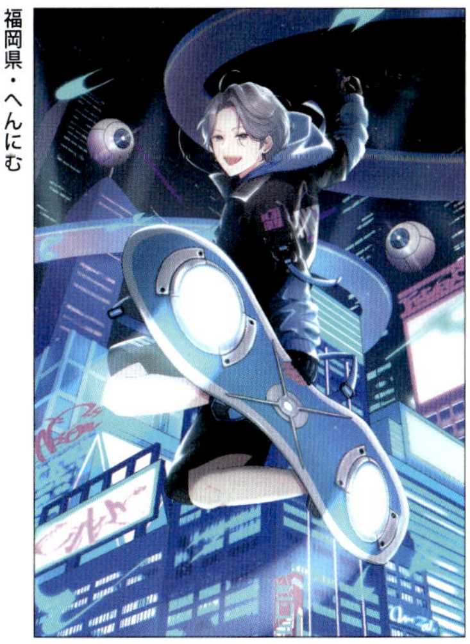

福岡県・へんにむ

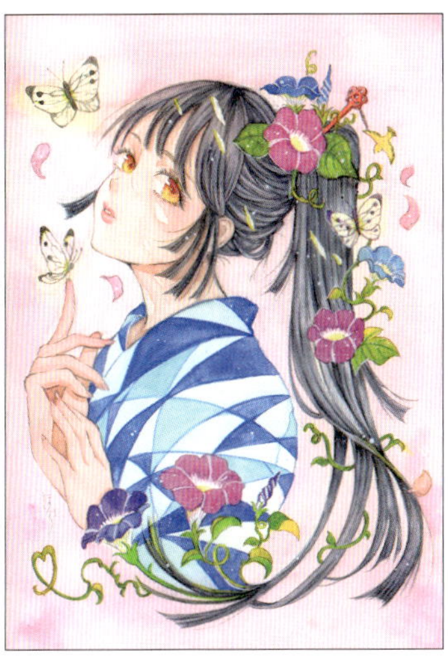

北海道・ほかり

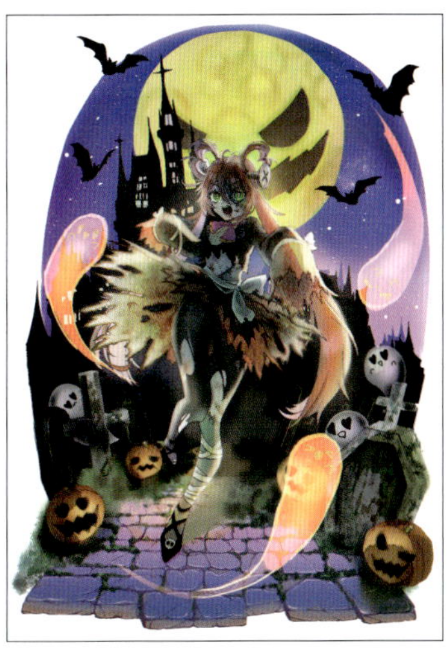

福岡県・ーwー

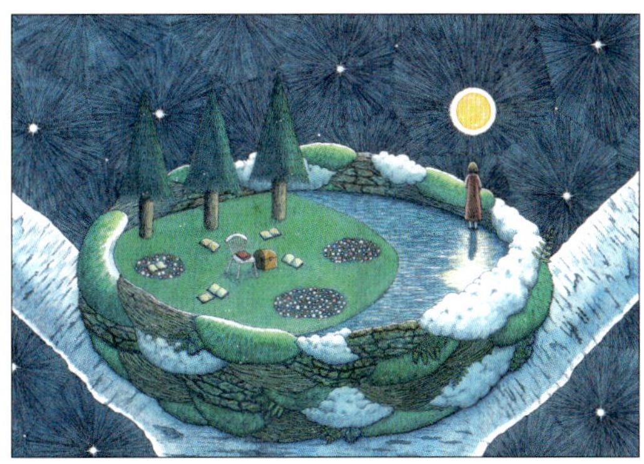

神奈川県・夜野

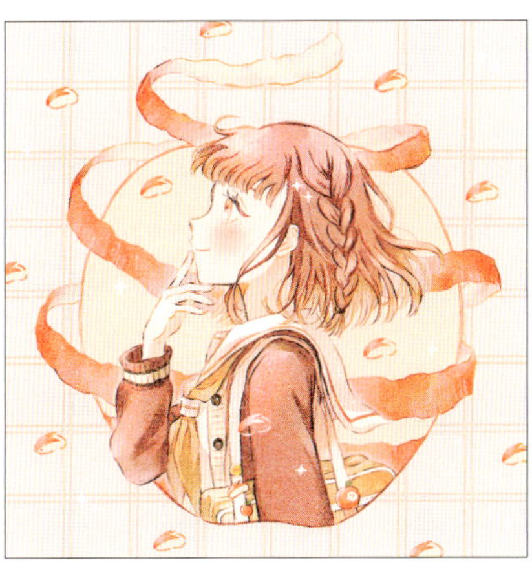

東京都・緑乃

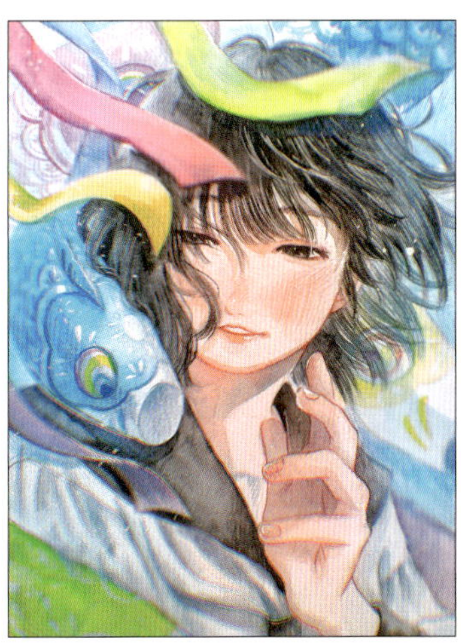

北海道・mink

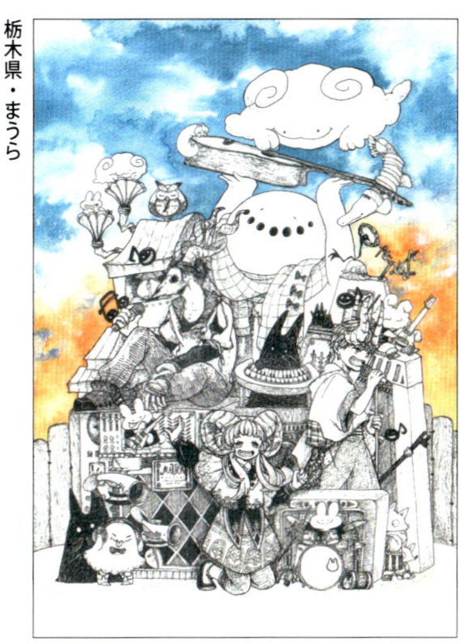

栃木県・まうら

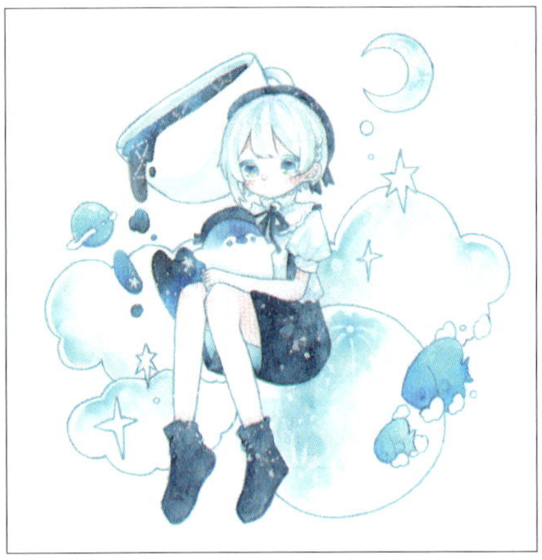

大阪府・月架

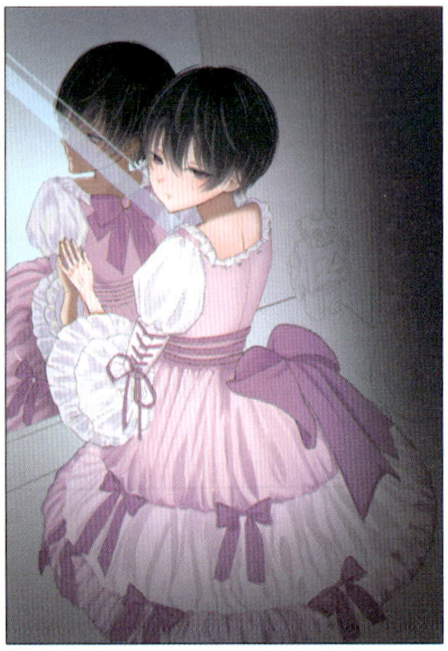

福岡県・seyu・19歳

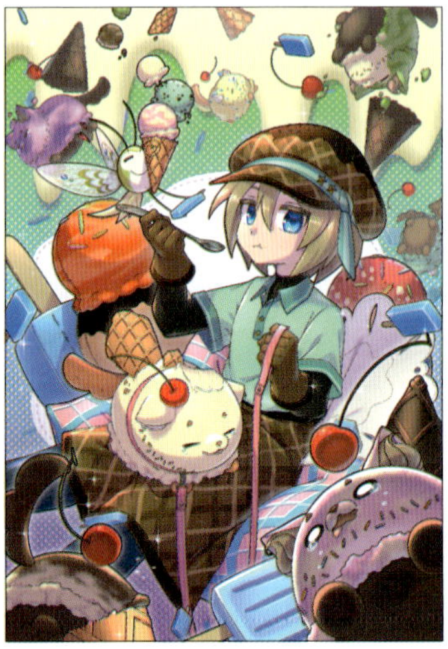

愛知県・みょともり

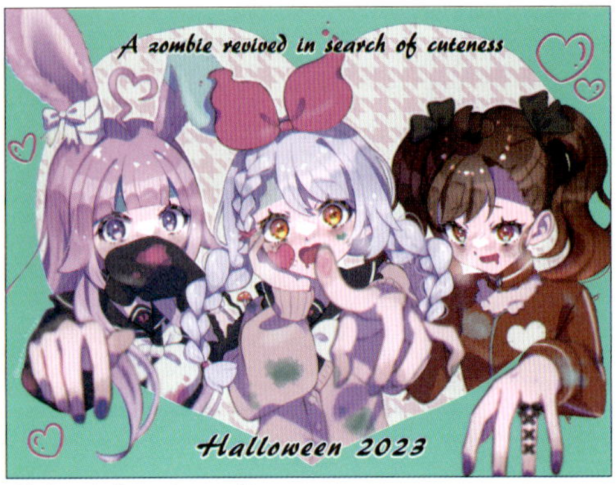

愛知県・水咲コエル・19歳

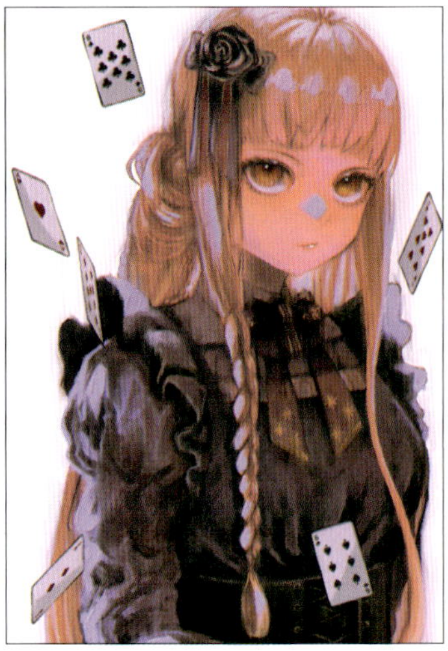

兵庫県・やおもて

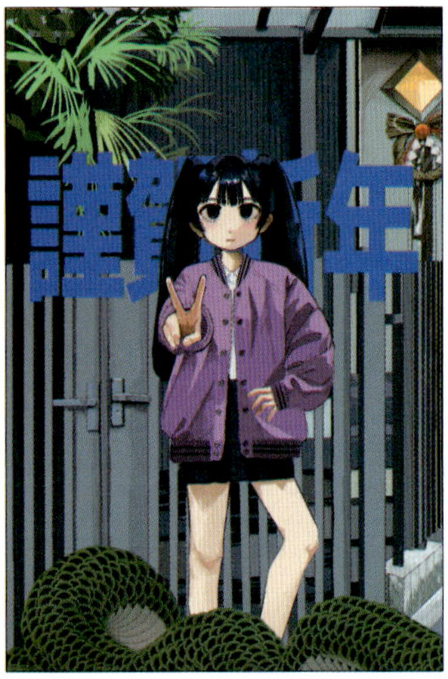

京都府・あはちゃ・18歳

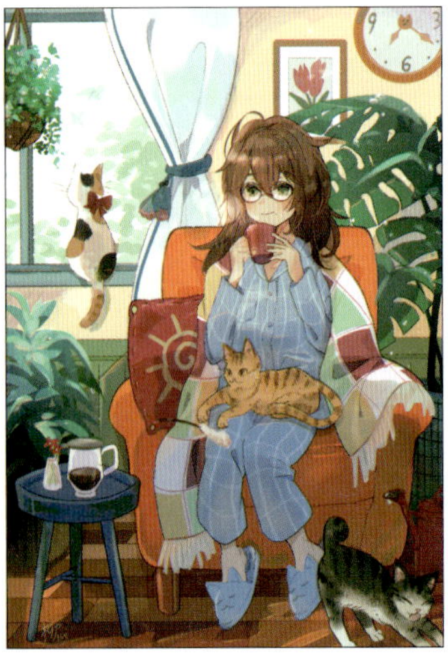

福岡県・柳ハルタ

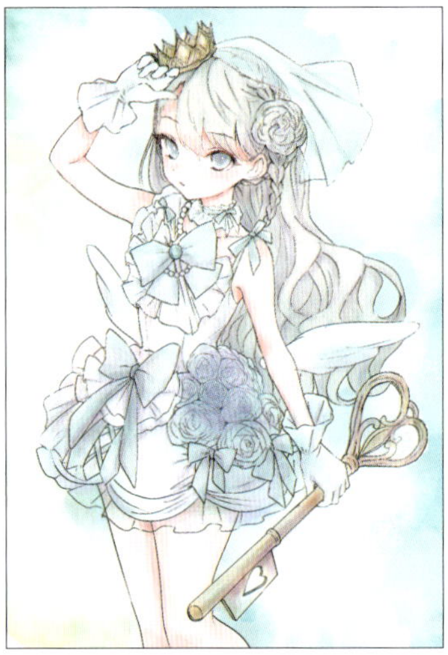

大阪府・おじさん・20歳

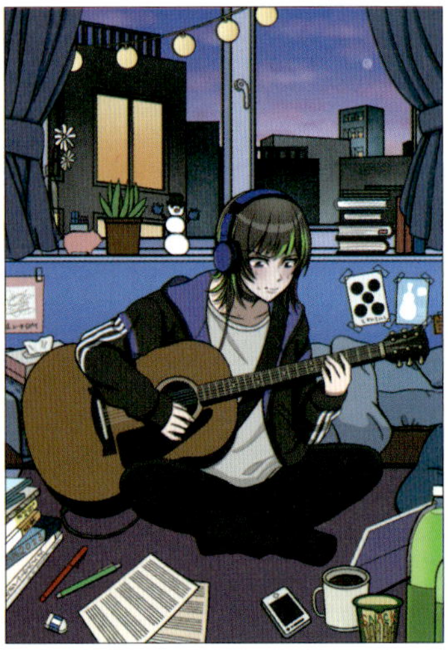

福岡県・ゆき・20歳

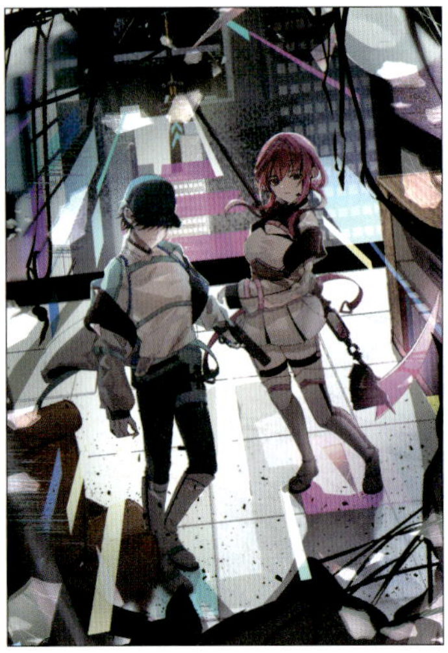

福岡県・卯崎らみ

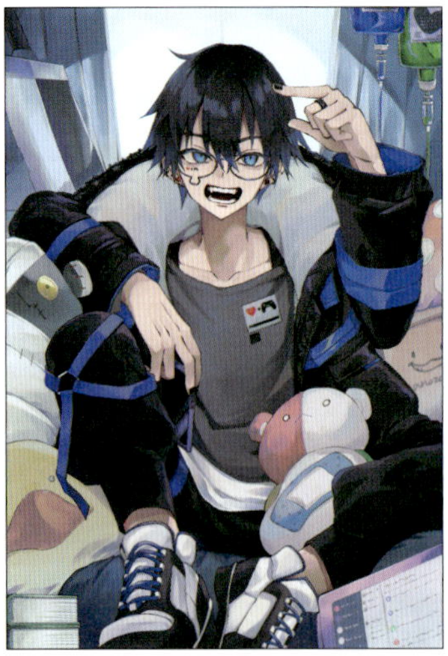

東京都・かさねこ屋

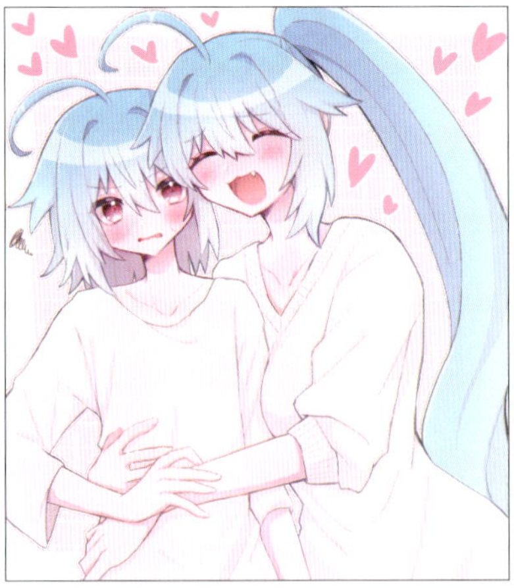

鹿児島県・鏡音ももこ・21歳

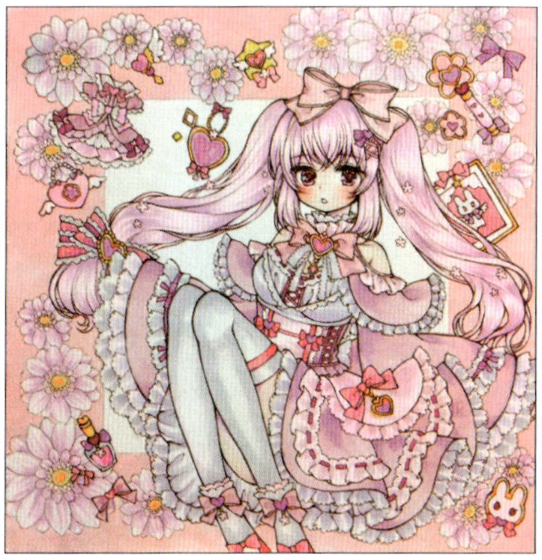
長崎県・ゆにこ

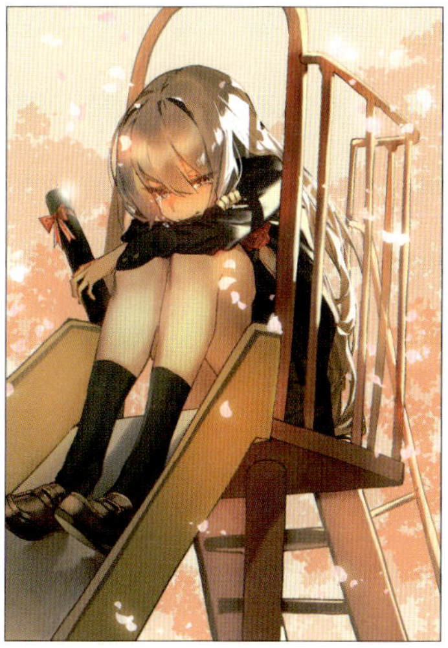
新潟県・がらぴい

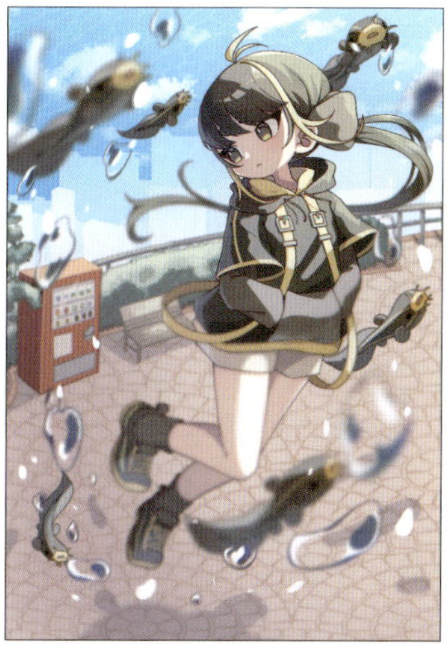
新潟県・鉛寺ほのか

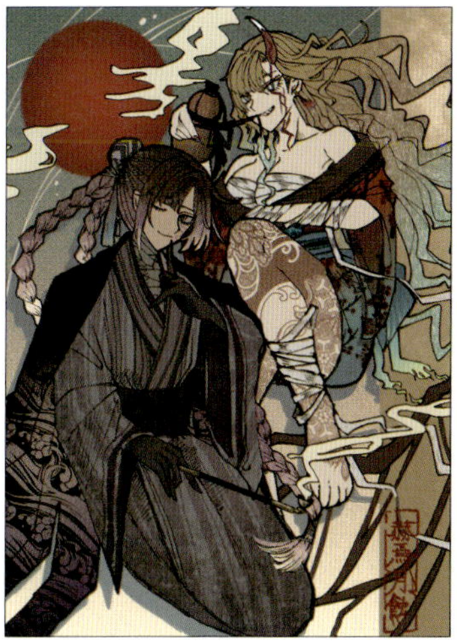
新潟県・きゅうり・17歳

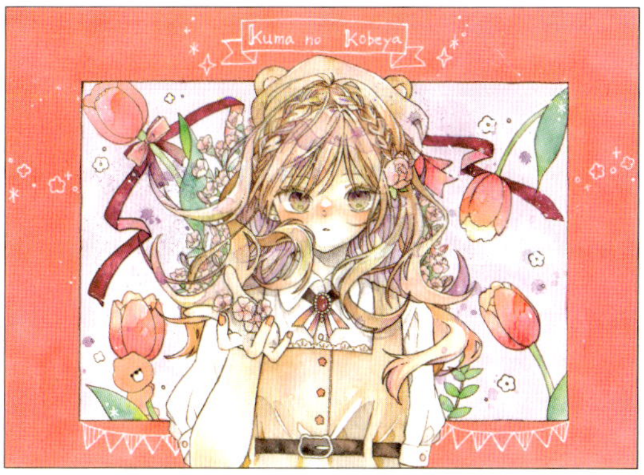

神奈川県・秋瀬

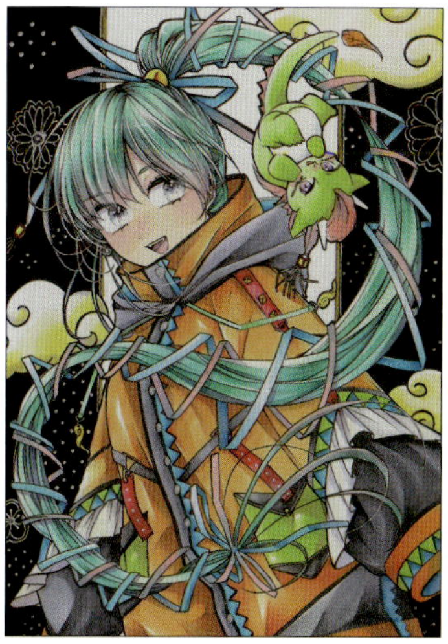
大阪府・紅梅アヤ

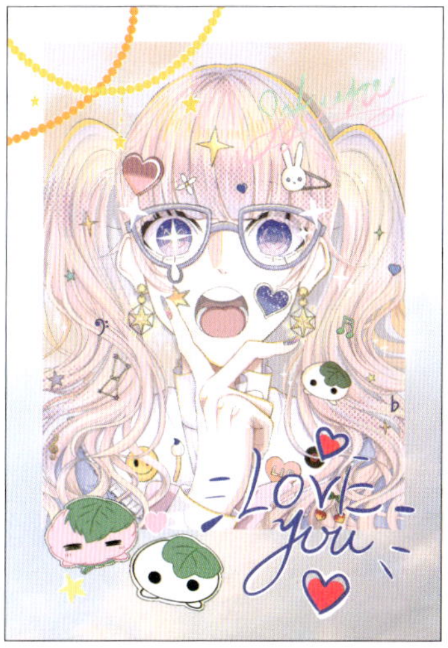

兵庫県・さわも

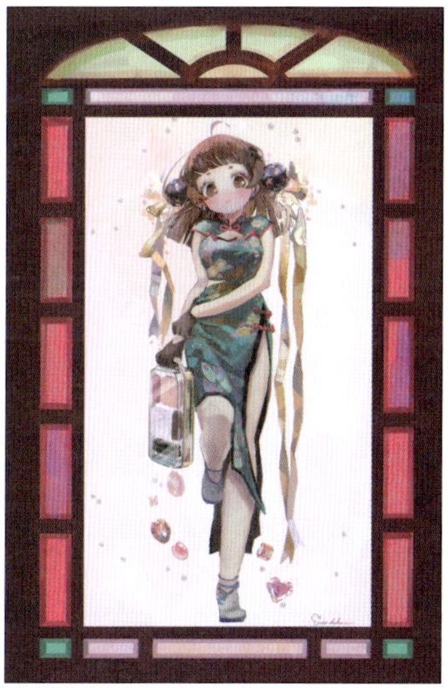
兵庫県・里ひかり

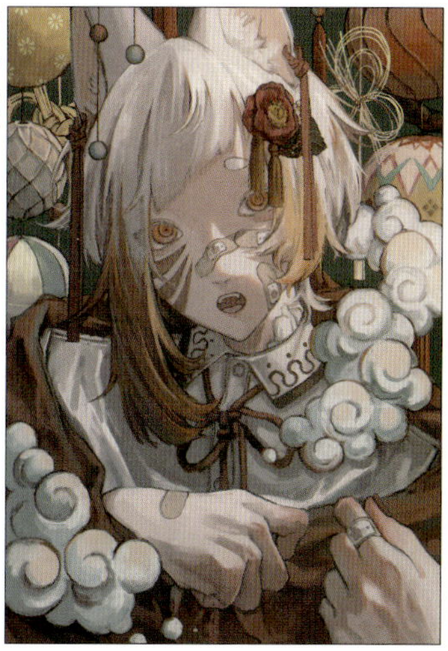
香川県・樹都

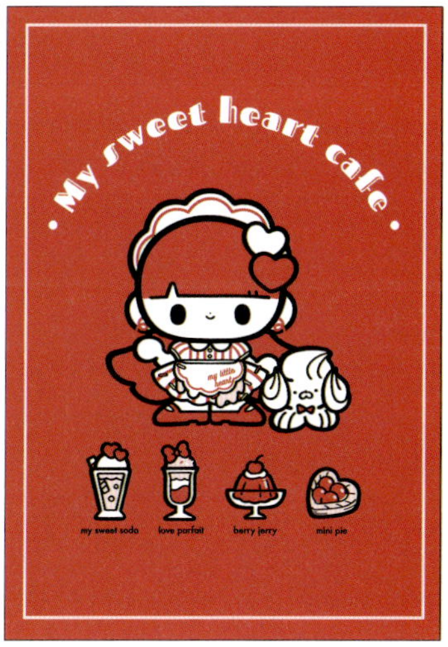

東京都・たかくら

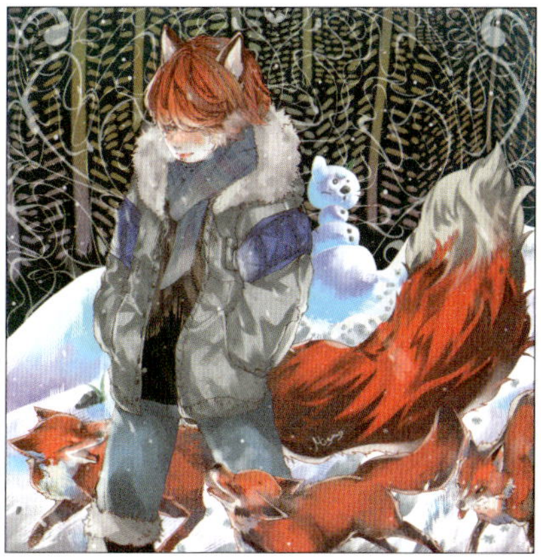
東京都・ひかるみめい

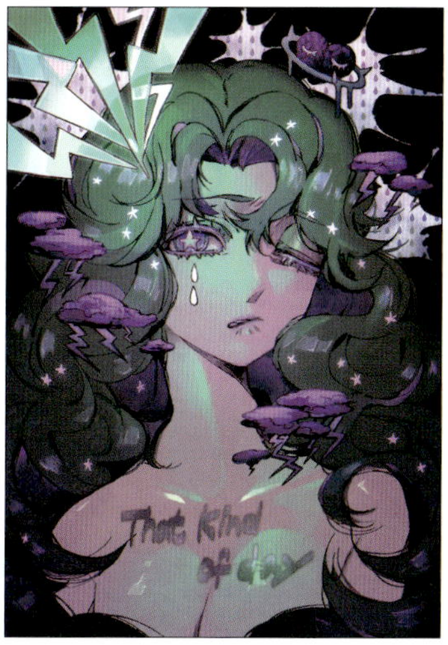

宮城県・針尾pipi

岡山県・水野カスミン

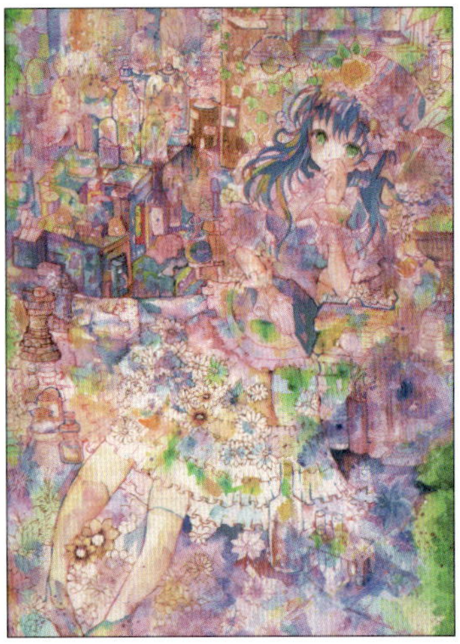

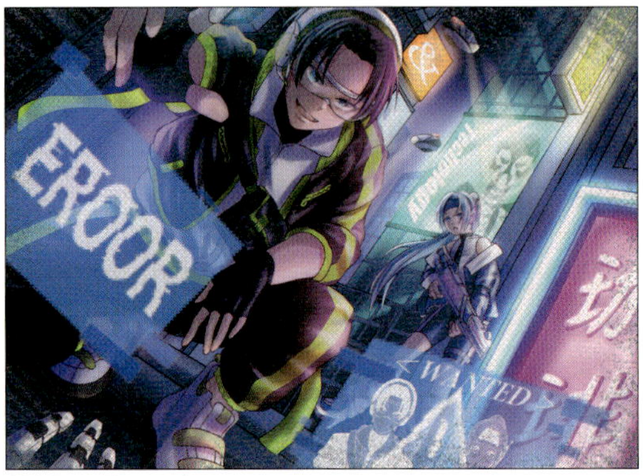

福岡県・↗ナナメ・19 歳

千葉県・タカミン

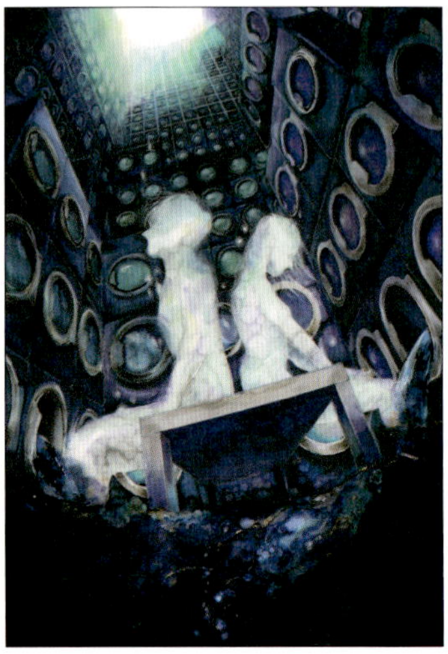

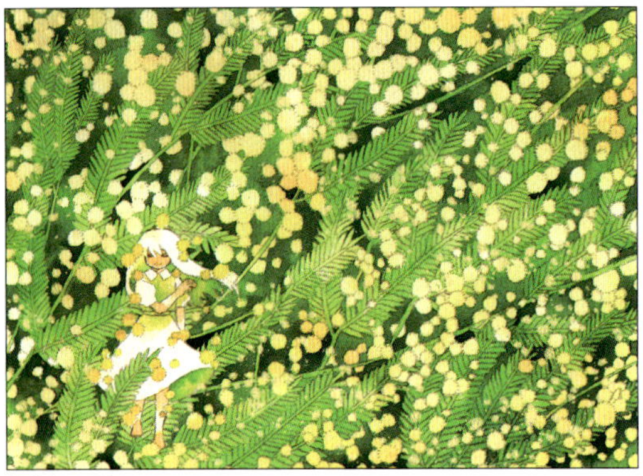

東京都・異邦

福岡県・たるこ・19歳

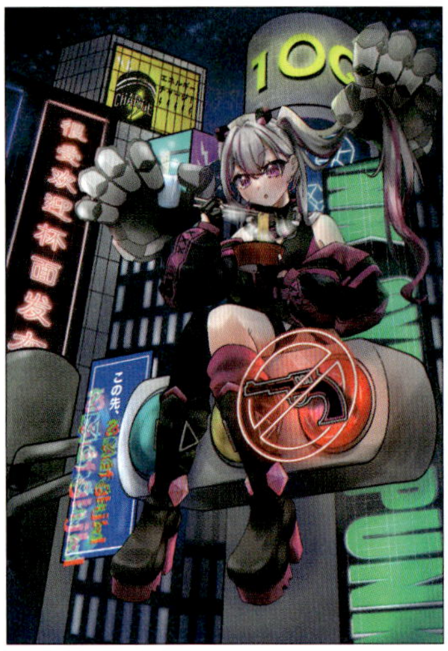

青森県・斉木琴

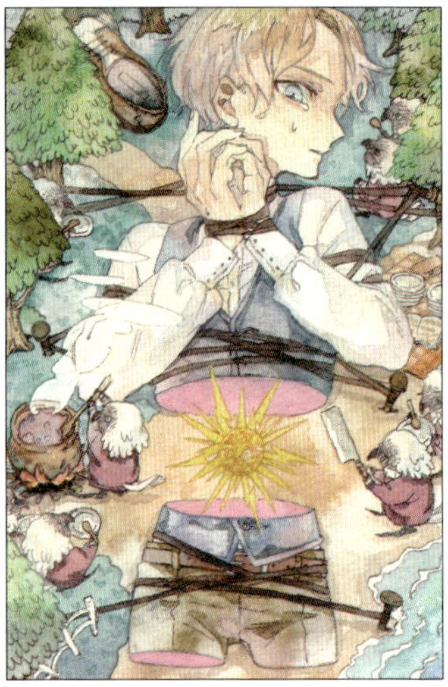

京都府・昊凪ルナ

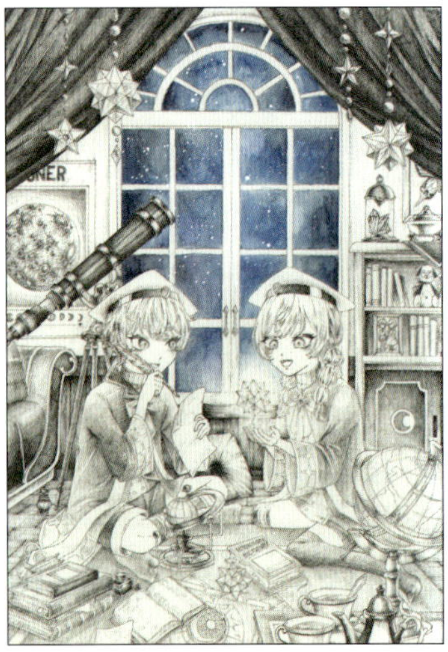

千葉県・天宮雪見

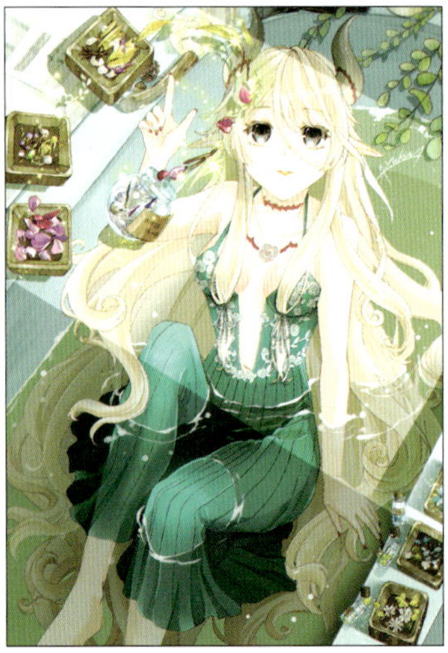

東京都・はちす

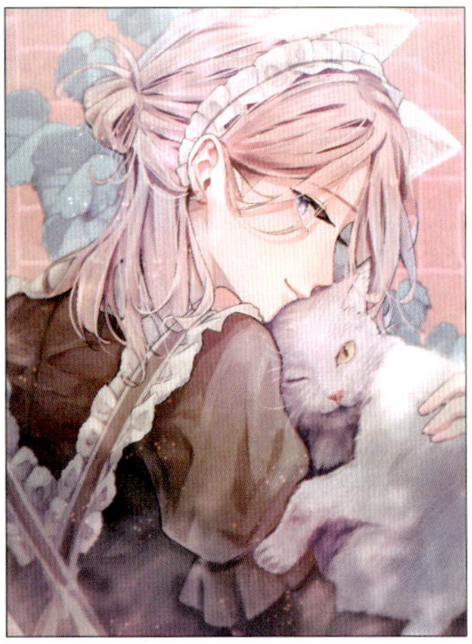

新潟県・バニラパン

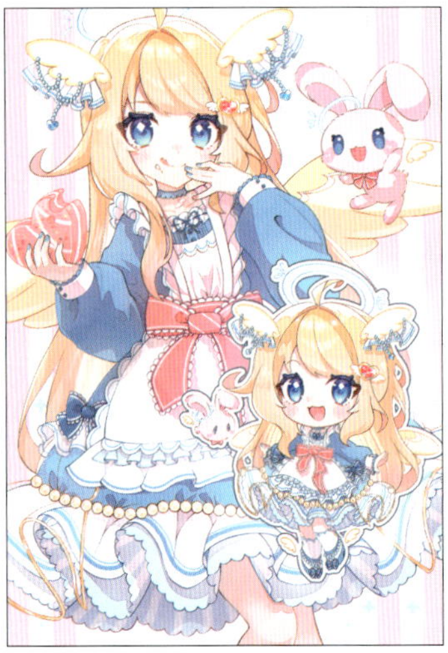

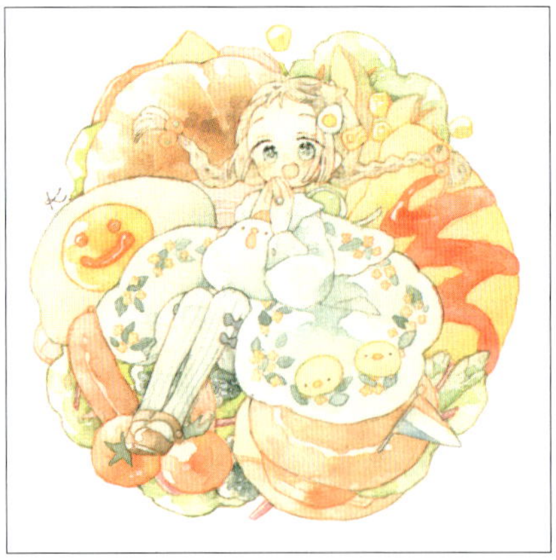

愛知県・kurone

静岡県・塔野アカリ

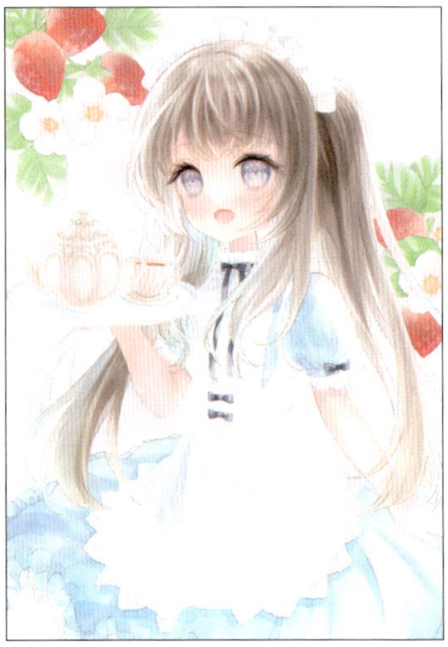

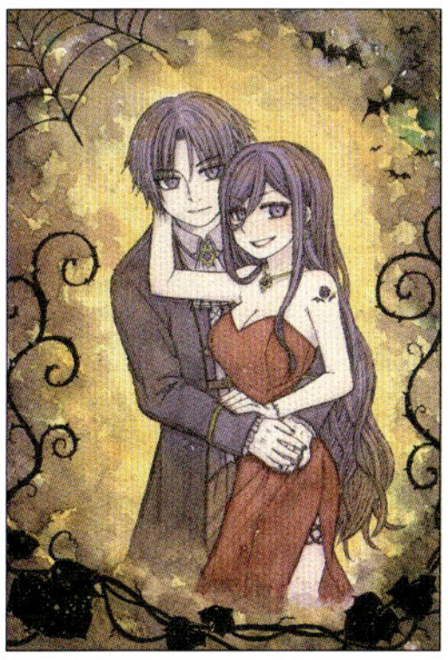
静岡県・Aide

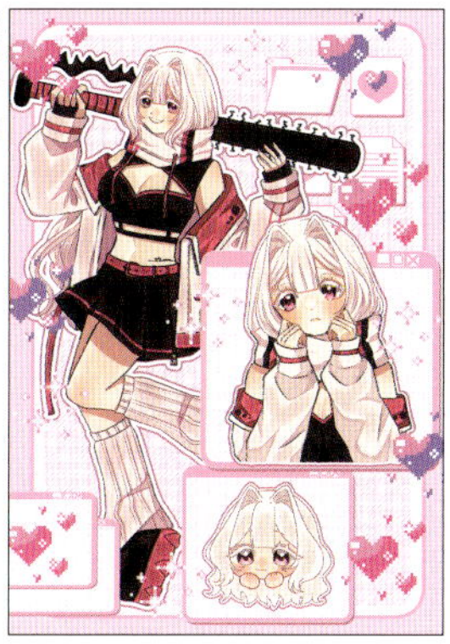
愛知県・10

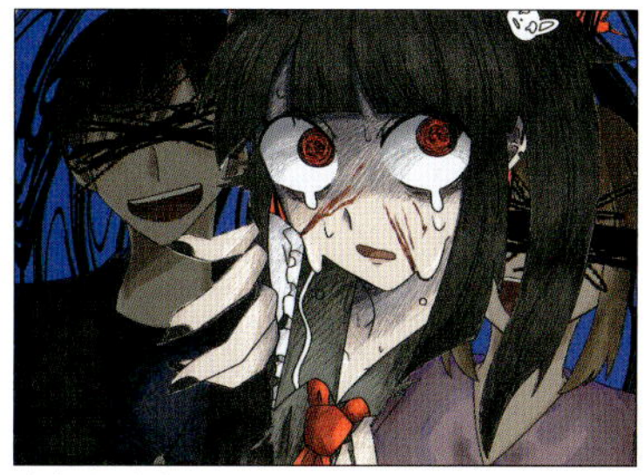
兵庫県・六亮

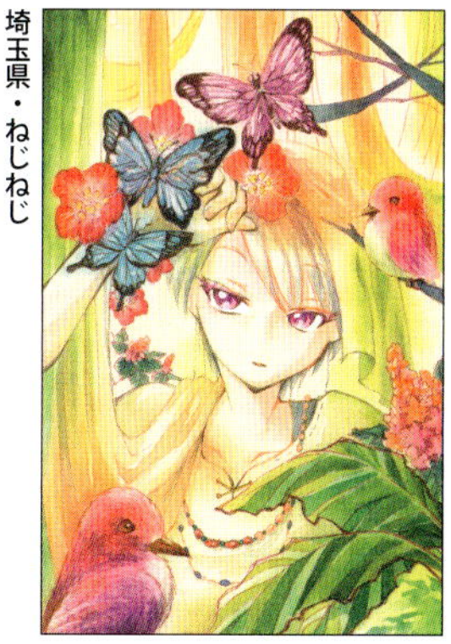
埼玉県・ねじねじ

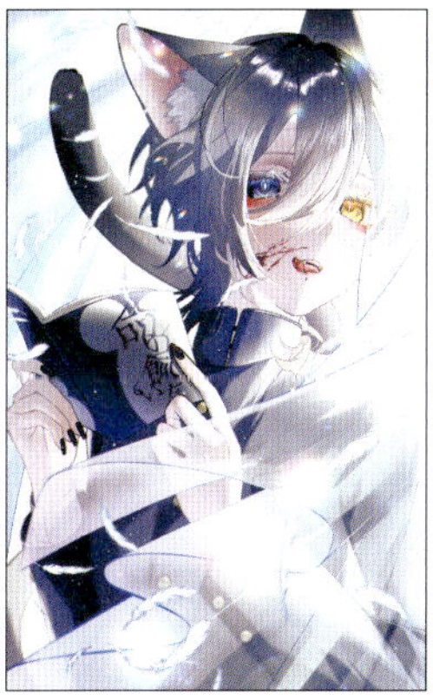
静岡県・IZUMO

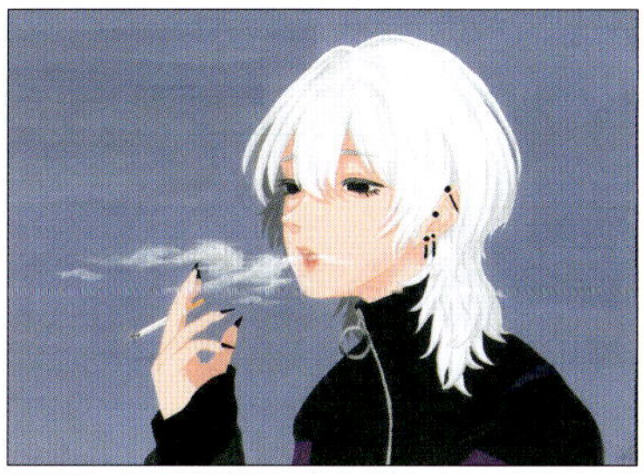
大阪府・Me.・19歳

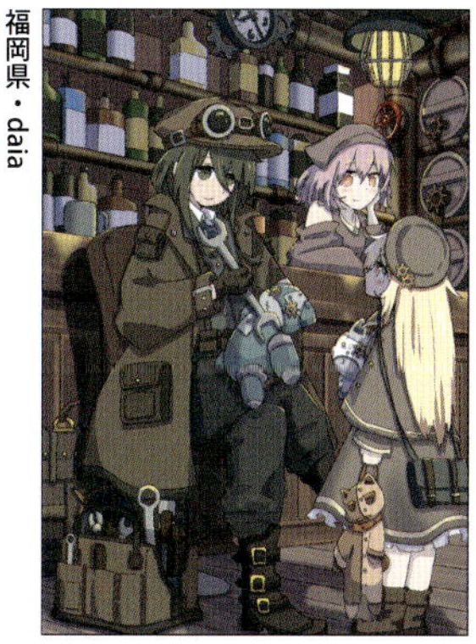
福岡県・daia

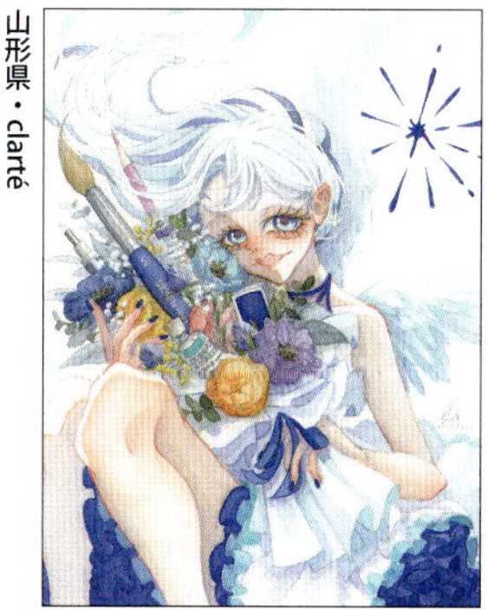
山形県・clarté

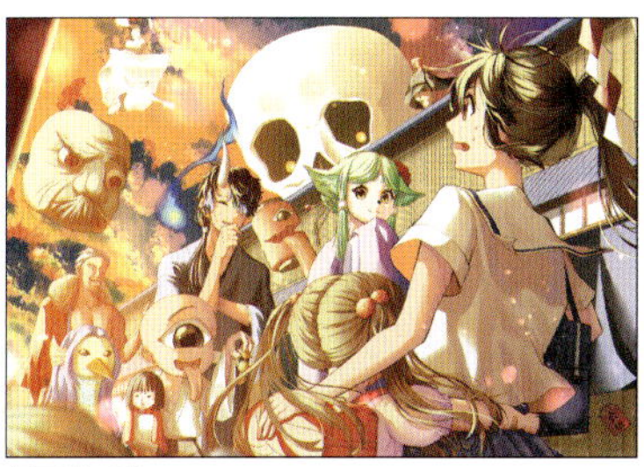
福岡県・琳

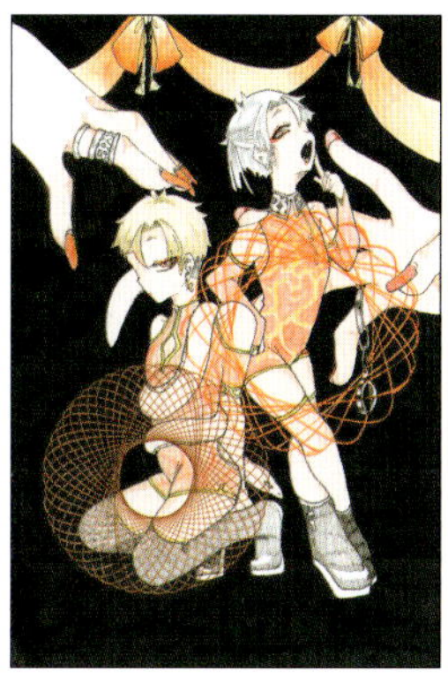
鹿児島県・Narr・15歳

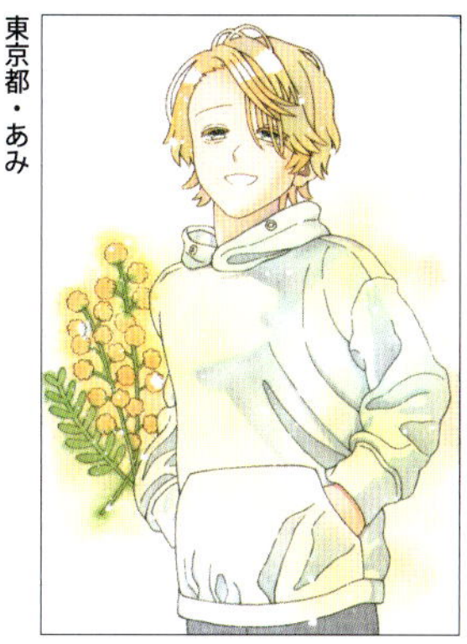
東京都・あみ

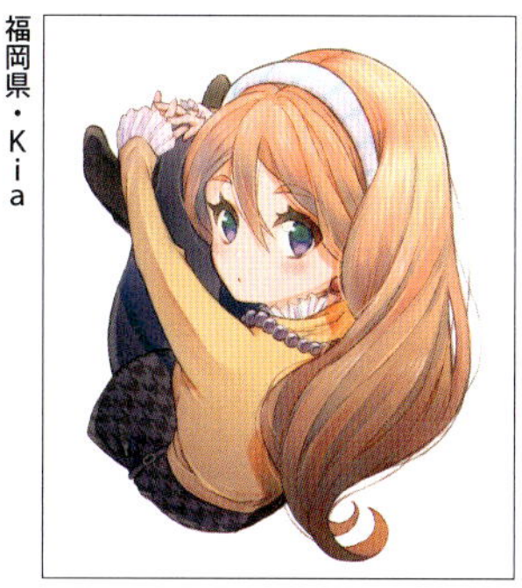
福岡県・K i a

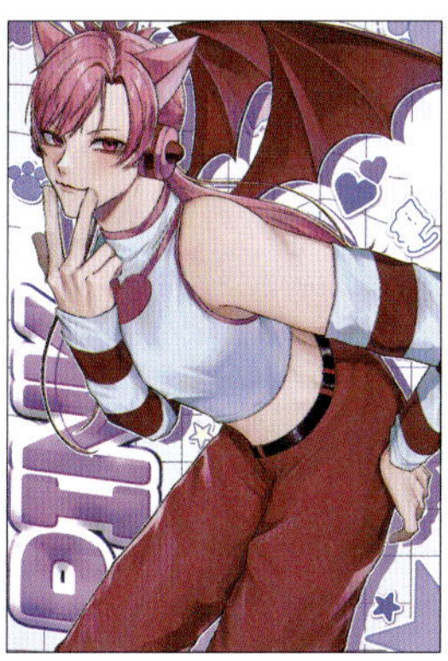
愛知県・sero

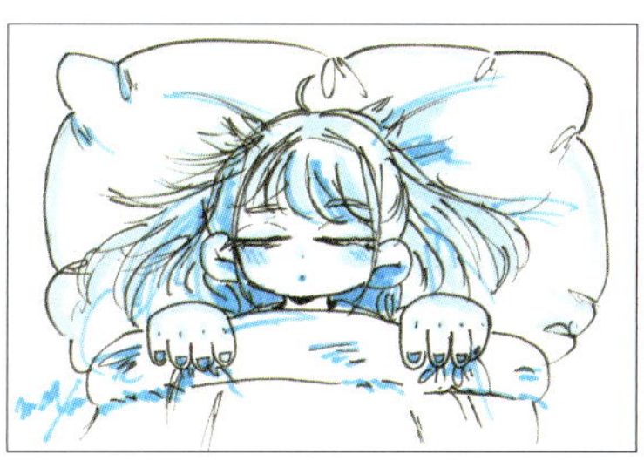
山口県・まや・10歳

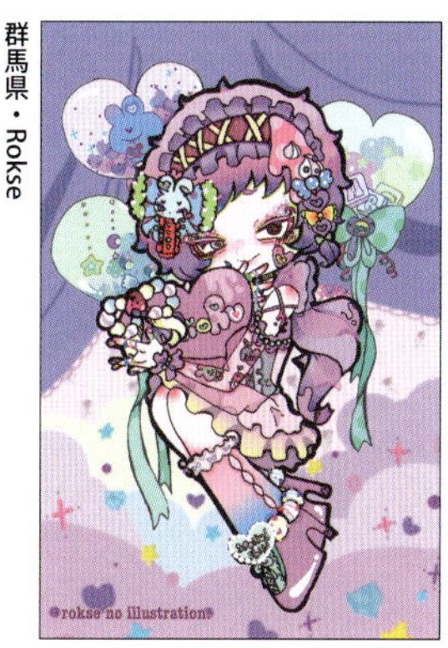

群馬県・Rokse

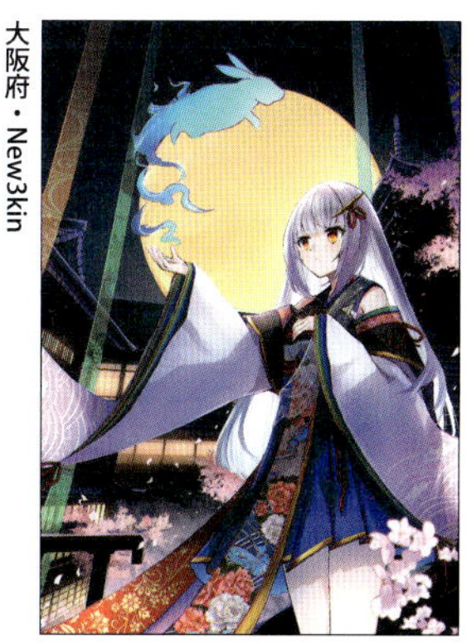
大阪府・New3kin

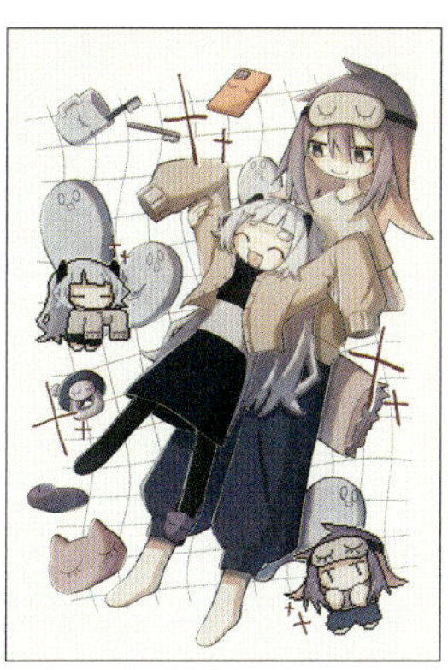
大阪府・あほげ

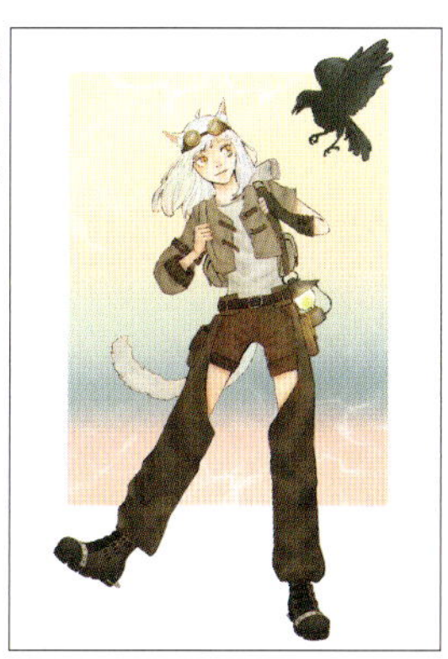
島根県・vivi

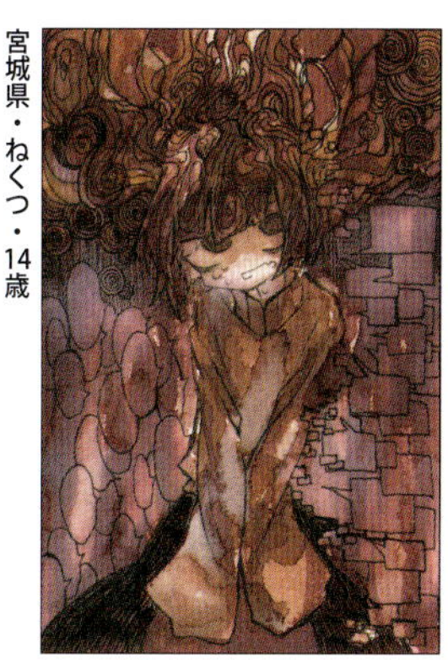
宮城県・ねくつ・14歳

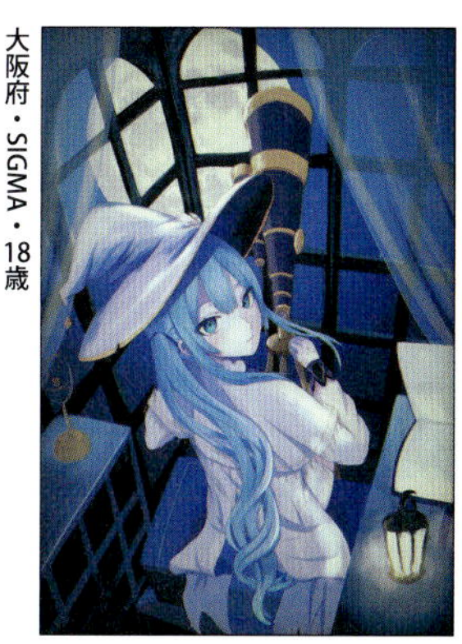
大阪府・SIGMA・18歳

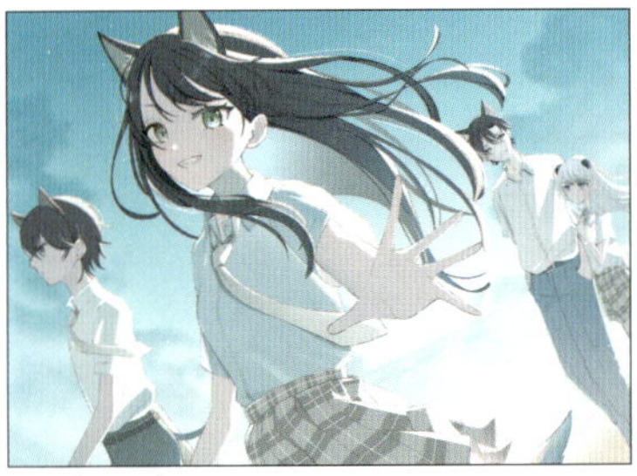
大阪府・明楽

北海道・GENN
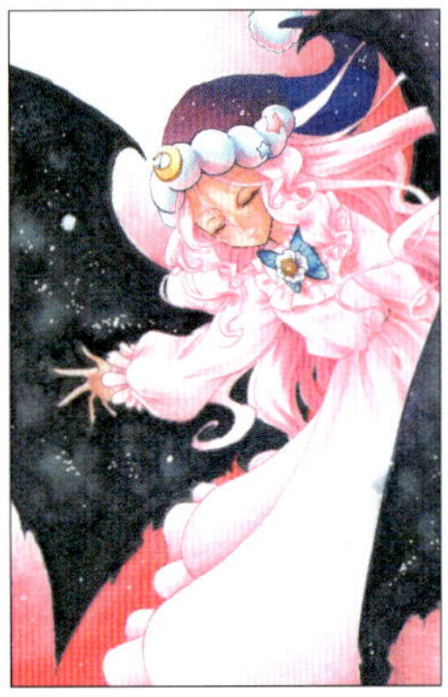

福岡県・うな・19歳
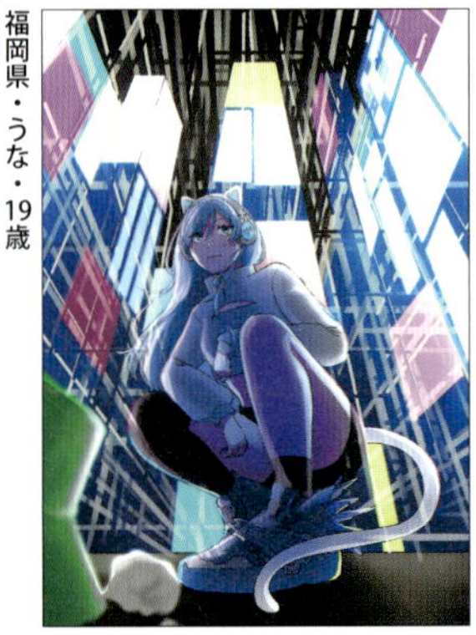

北海道・あんぱん。
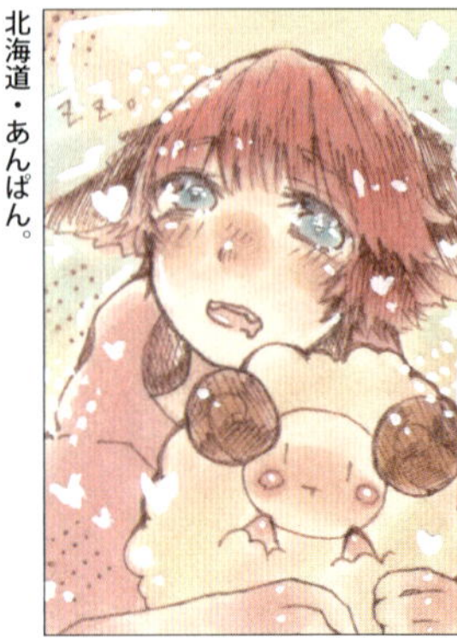

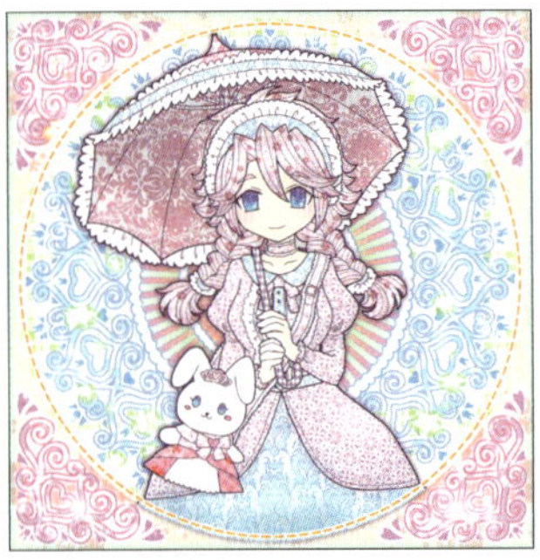
東京都・星野めぐみ

宮城県・おだ
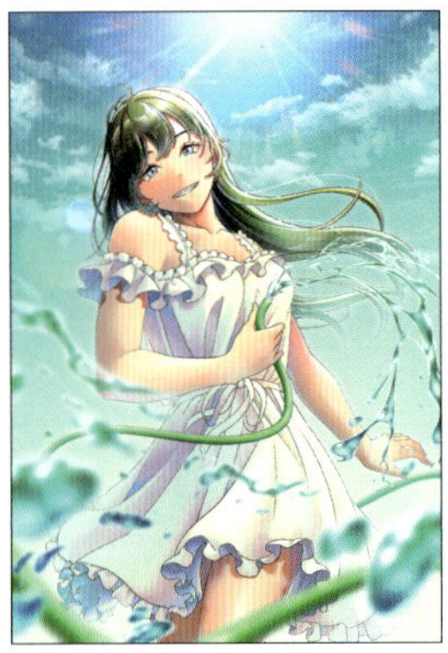

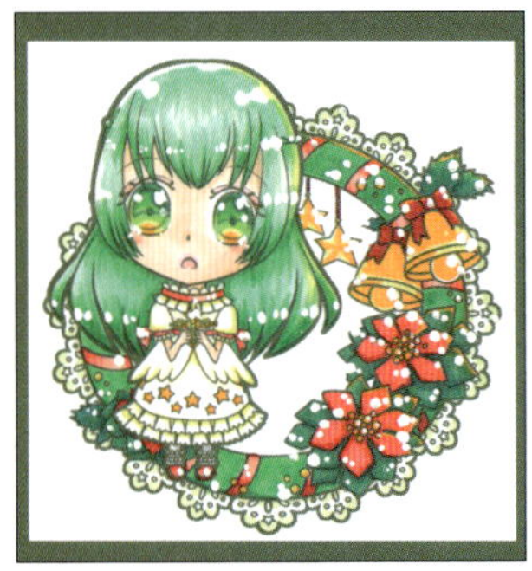
山口県・森瀬奈貴・39歳

石川県・えな
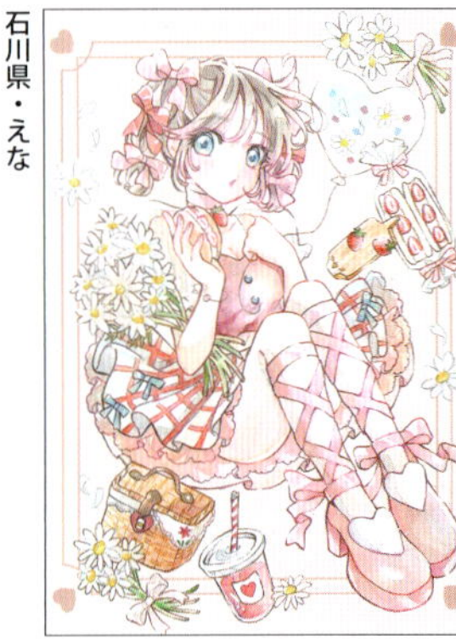

千葉県・きたる
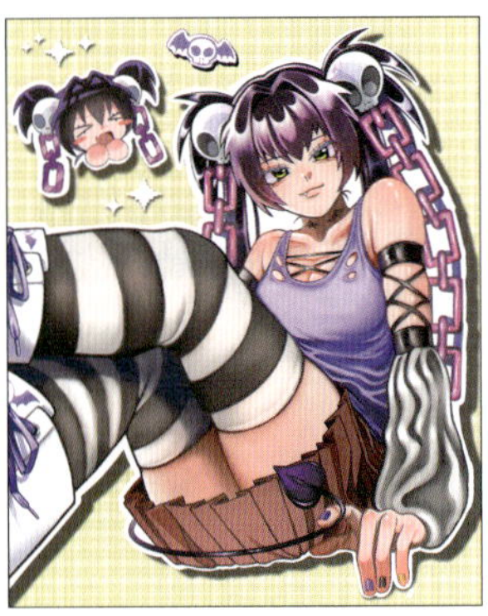

大阪府・和桜恋・11歳
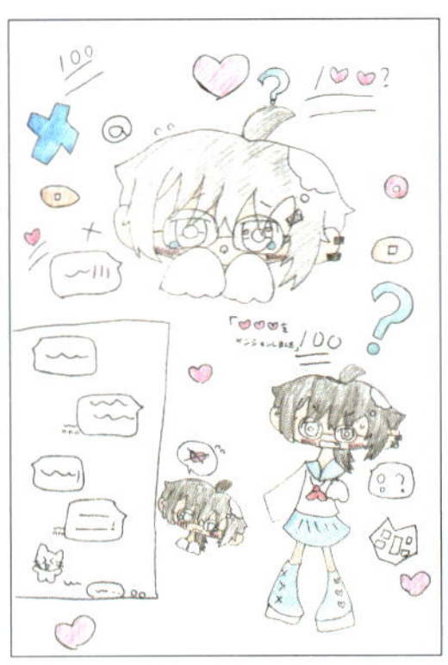

東京都・カモノはむ・11歳
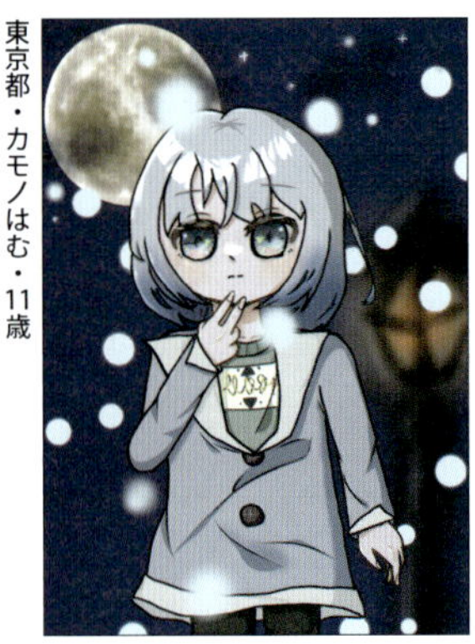

大阪府・かほ・18歳
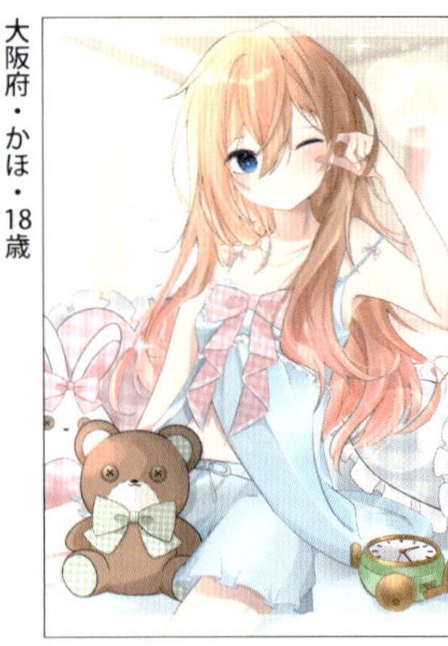

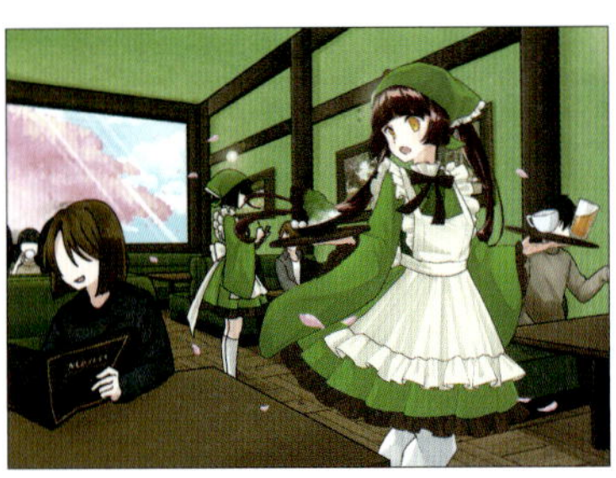
福岡県・風

兵庫県・ぐまいも
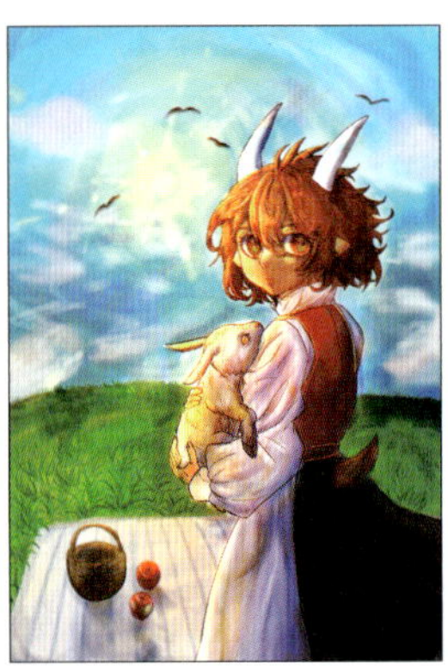

岩手県・PM3時の影
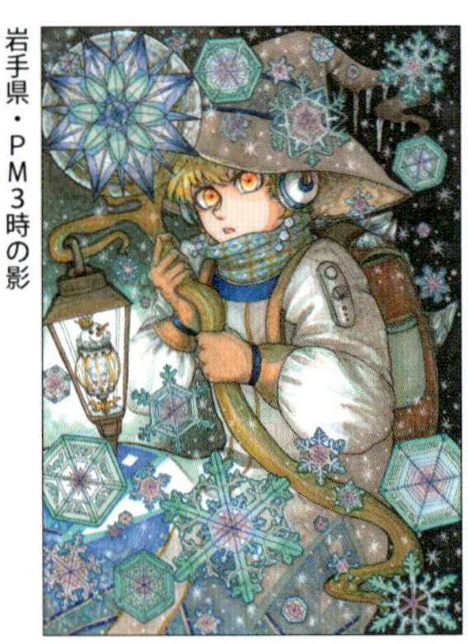

新潟県・キロジ
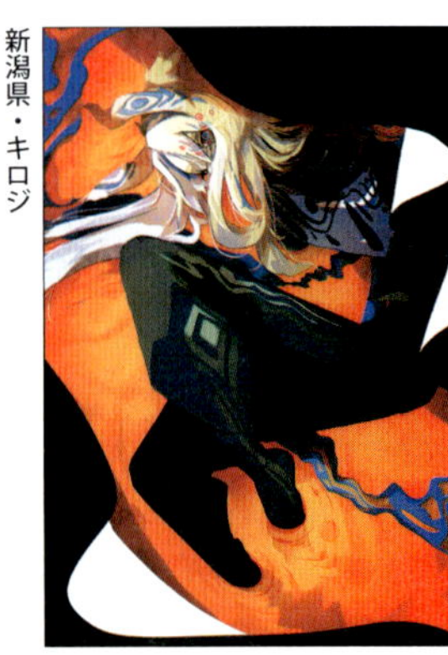

東京都・セキ
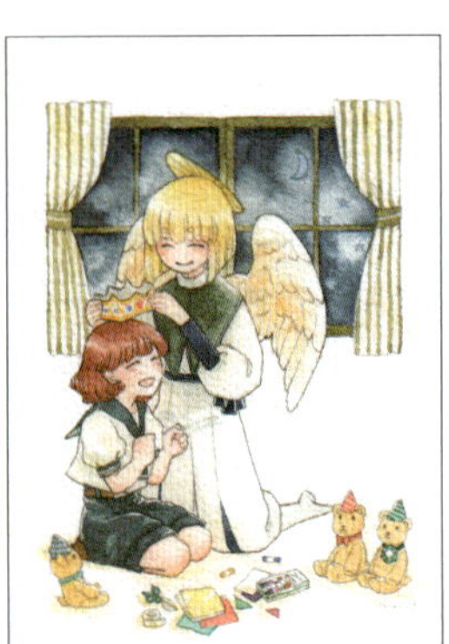

福島県・髏々咲すかる
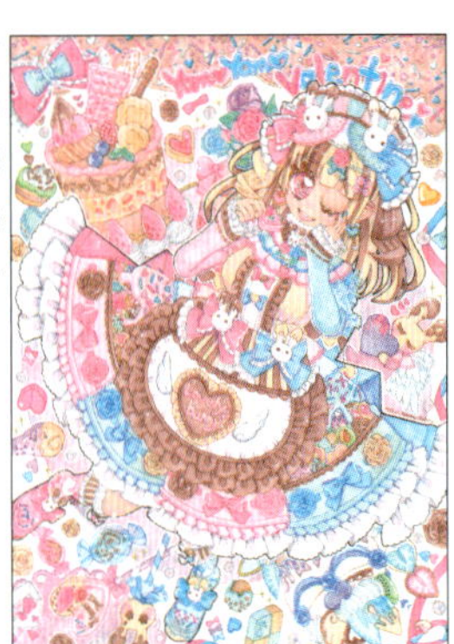

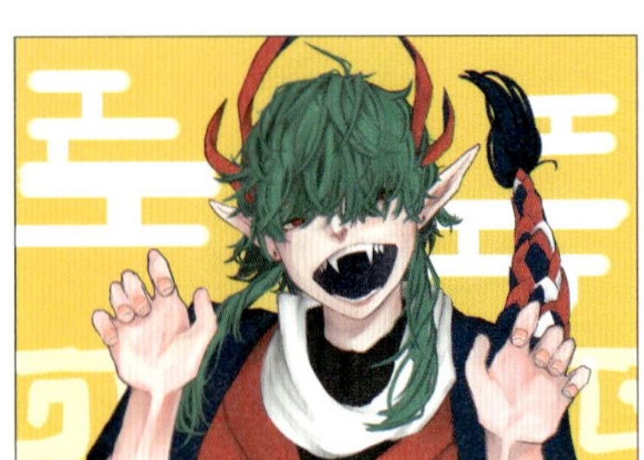
香川県・しゃけなす・19歳

千葉県・さざはら
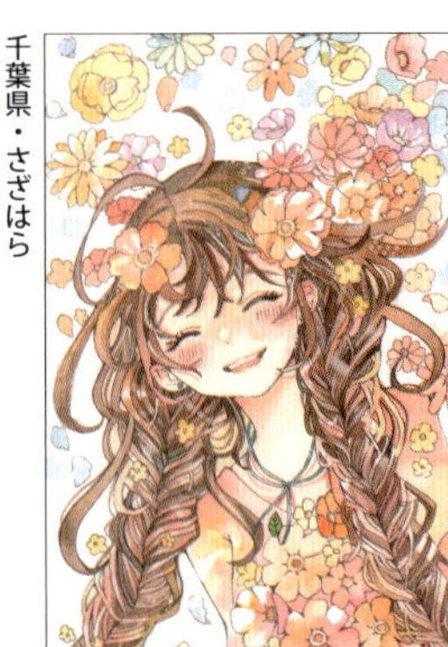

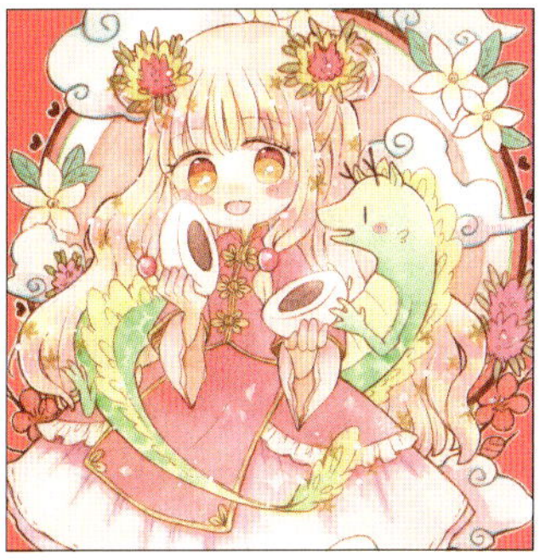
兵庫県・桜羽こすも

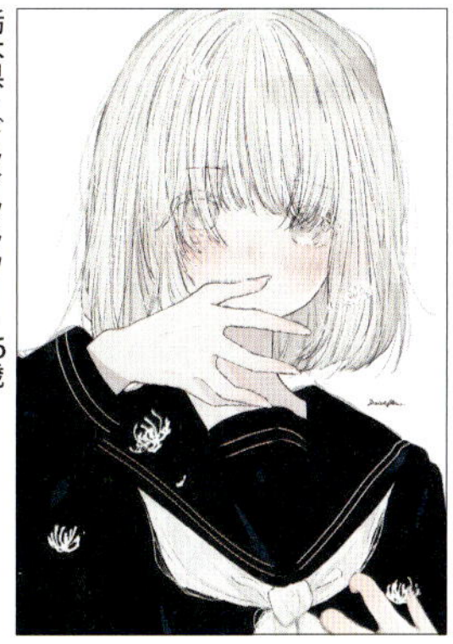
栃木県・ドライフラワー・16歳

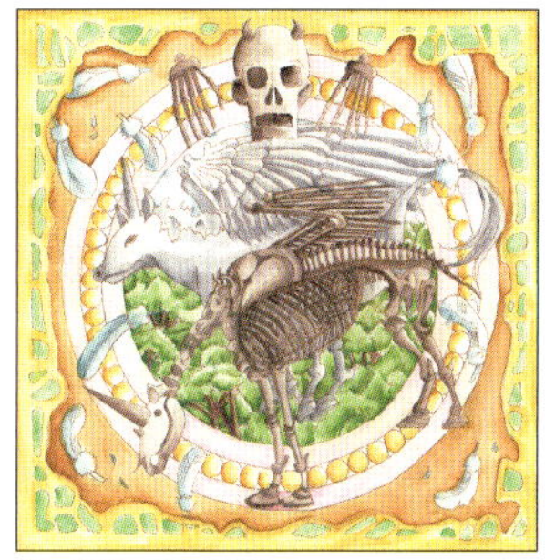
神奈川県・沢渡冷緒

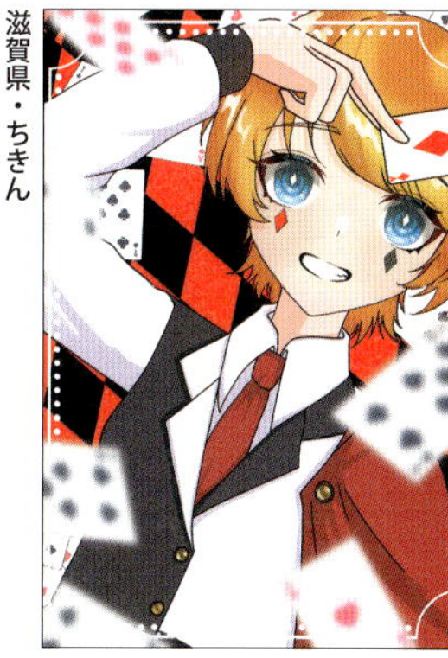
滋賀県・ちきん

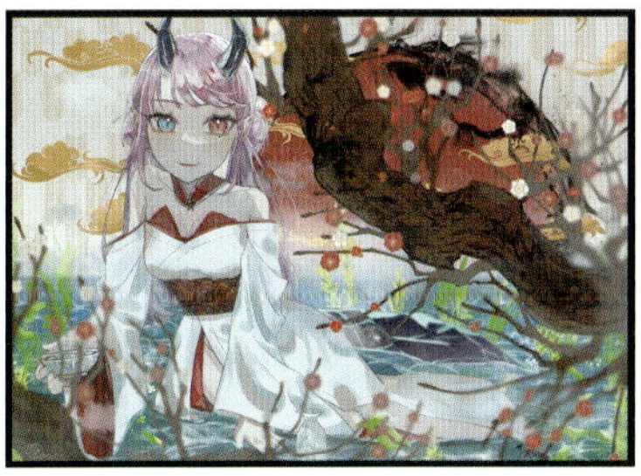
福岡県・四ツ目海月

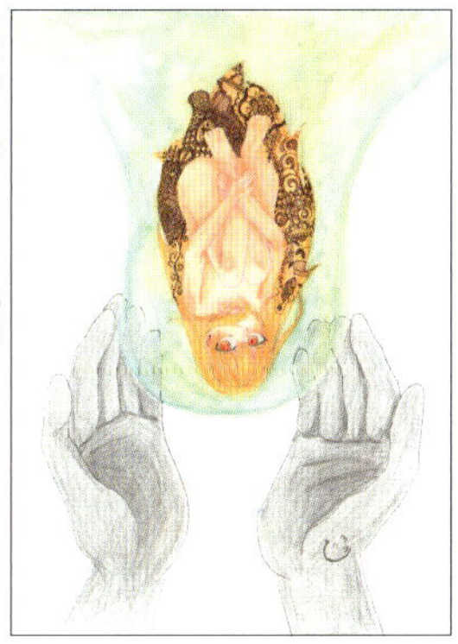
兵庫県・紅井とさか・16歳

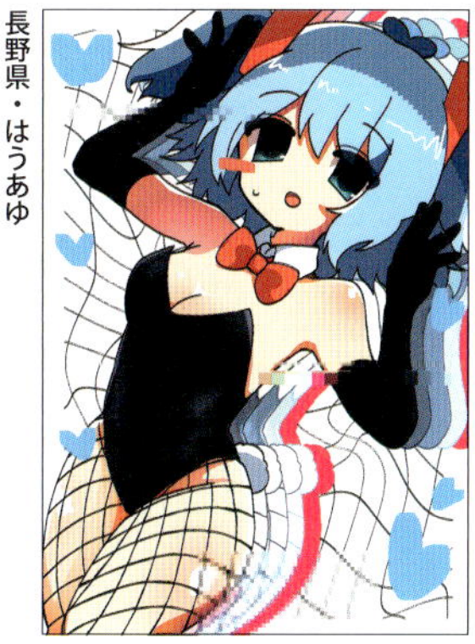
長野県・はうあゆ

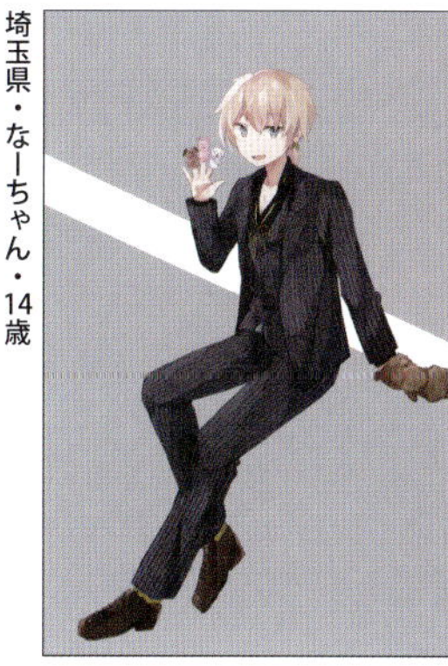
埼玉県・なーちゃん・14歳

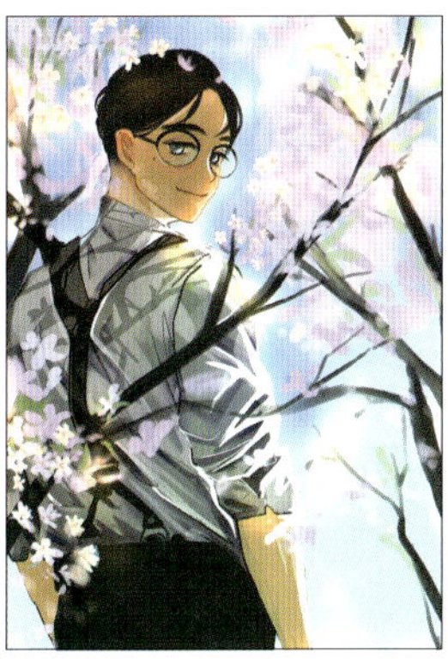
福島県・フルーツ

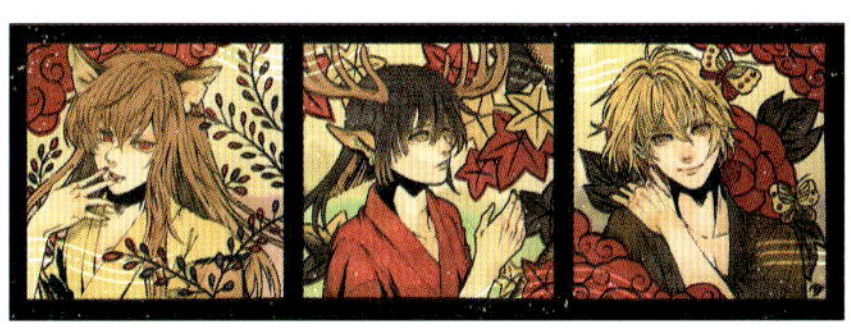
新潟県・朔

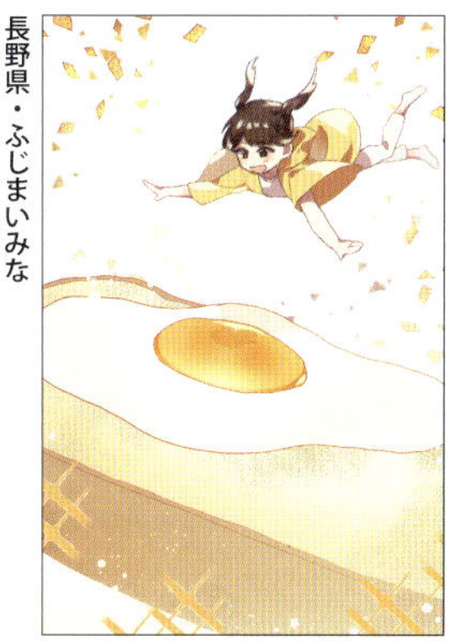
長野県・ふじまいみな

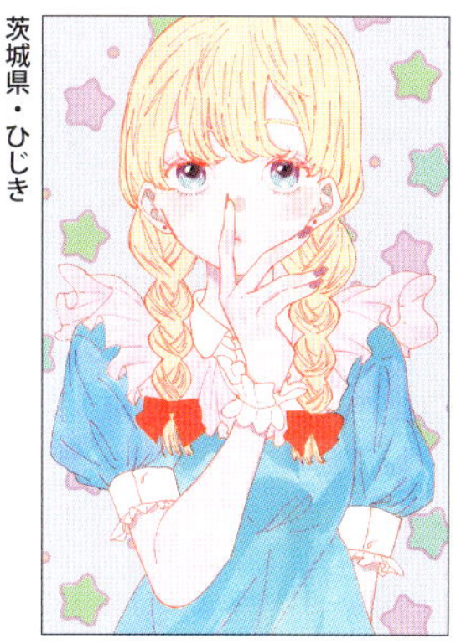
茨城県・ひじき

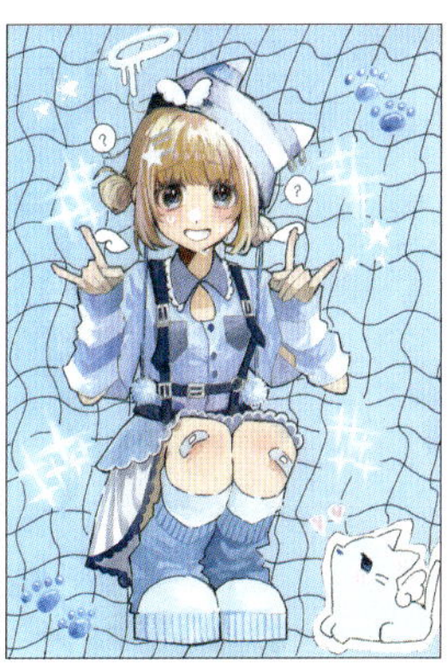
大阪府・み。・19歳

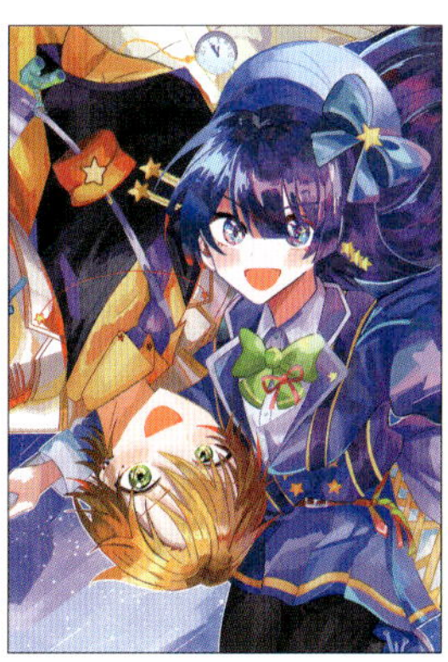
兵庫県・まさまさき

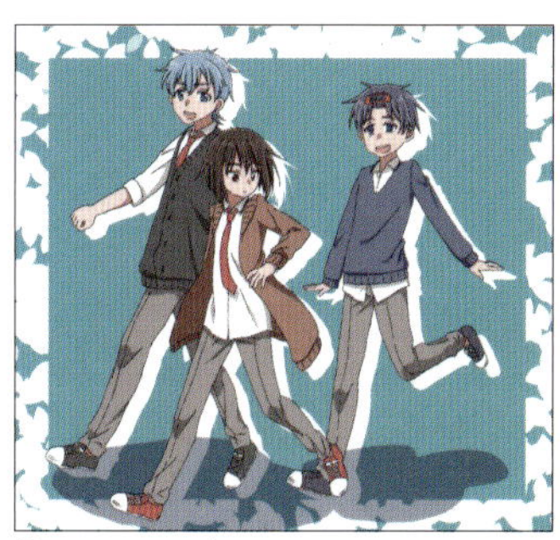
埼玉県・セコイ也

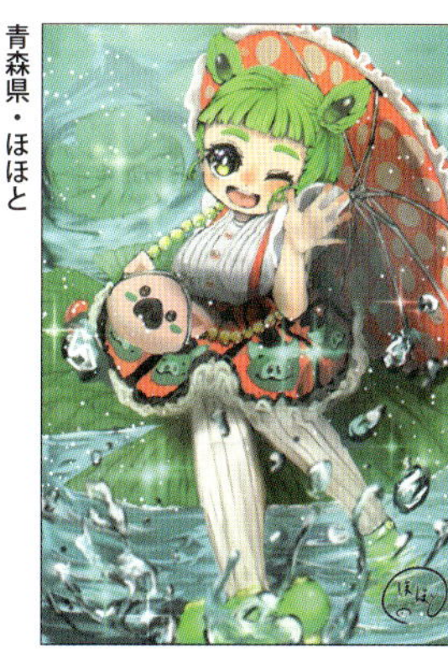
青森県・ほほと

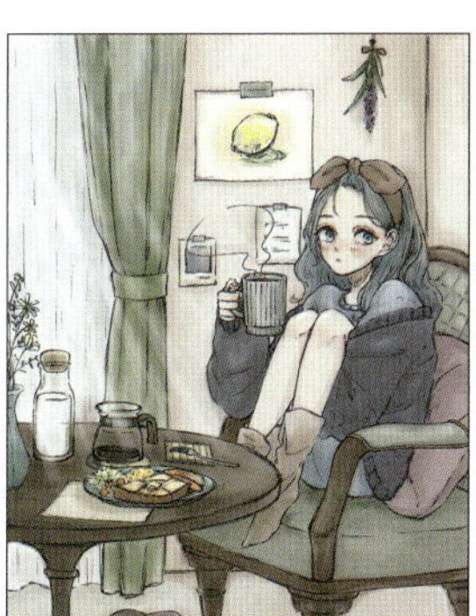
東京都・ゆだ

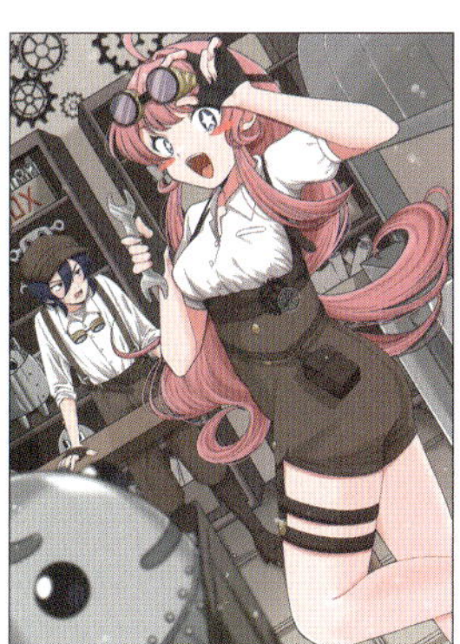
福岡県・もちもちうさぎ

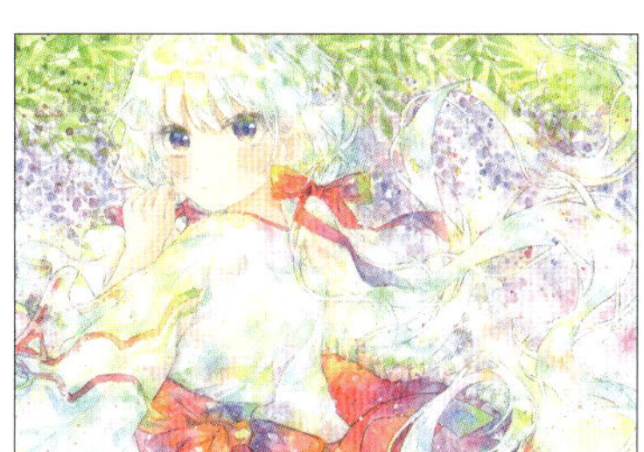
京都府・彩月さき

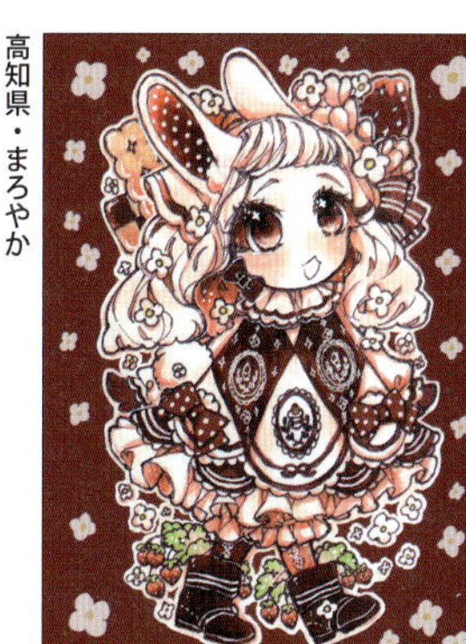
高知県・まろやか

愛知県・レモンローズ
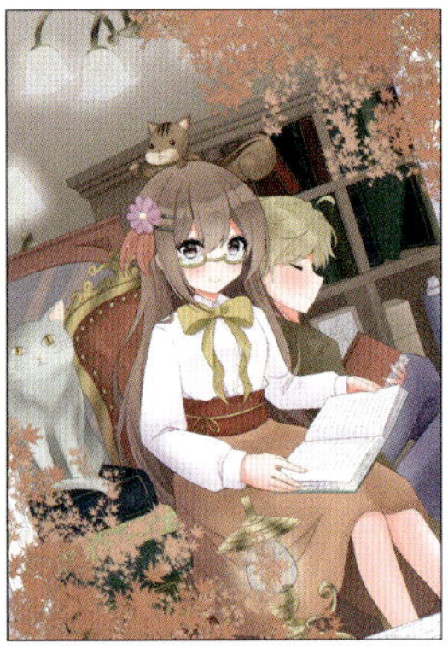

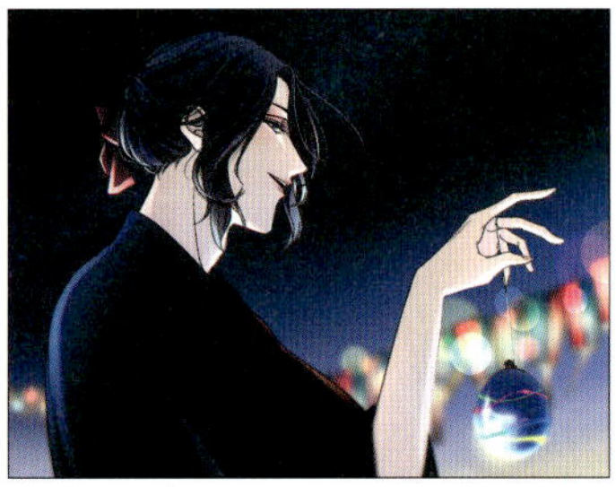
兵庫県・ゐずも

香川県・るーてぁん
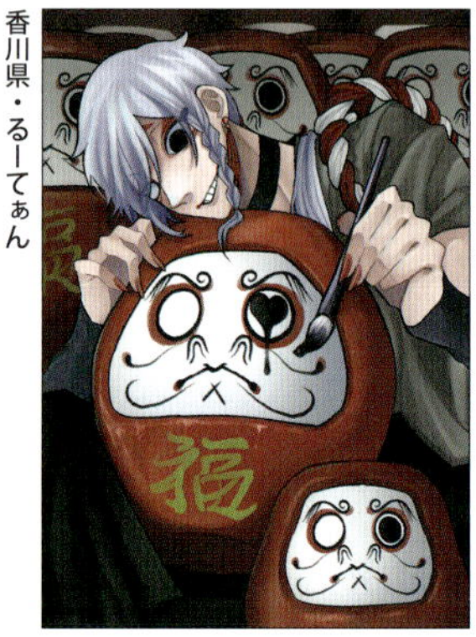

宮城県・よざ
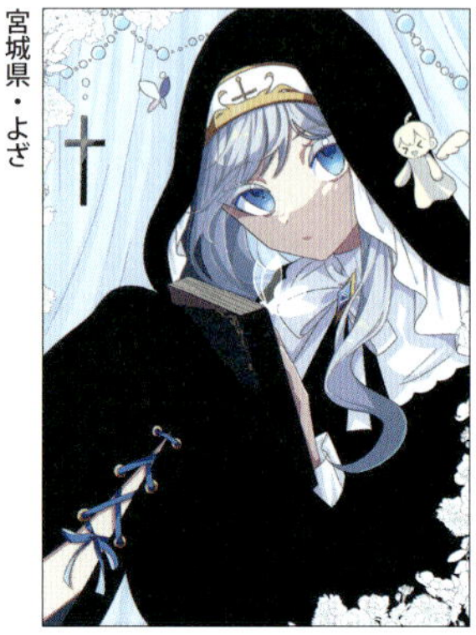

福岡県・雨衣丸・16歳
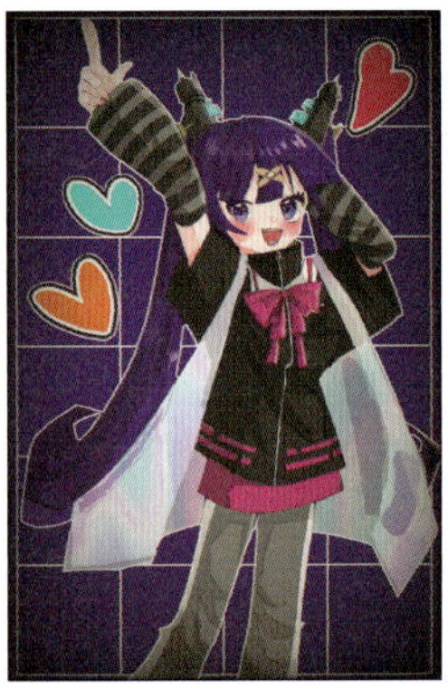

福岡県・羽峰はる
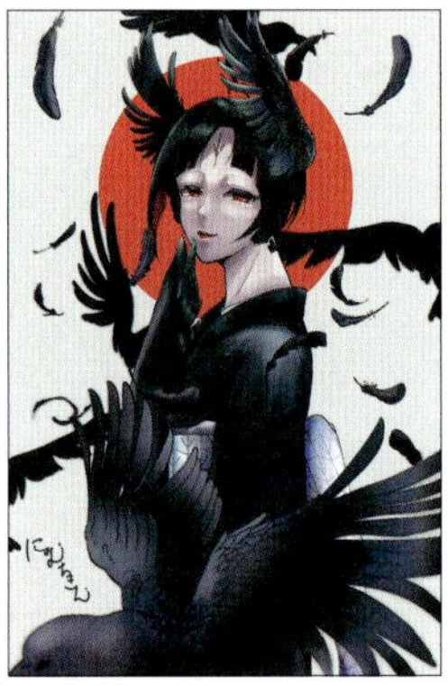

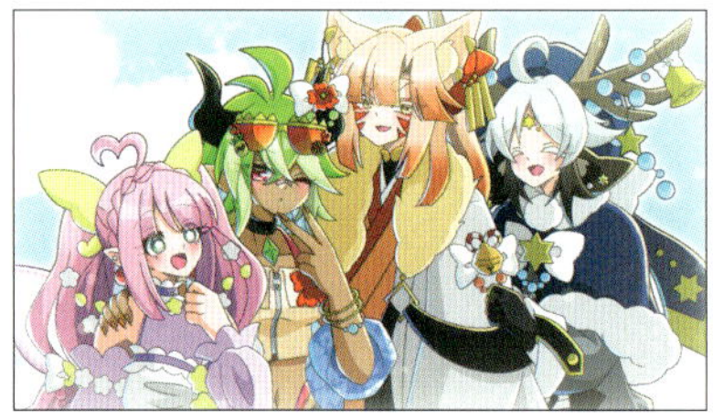
岡山県・リョーガ

福岡県・杏蜜花
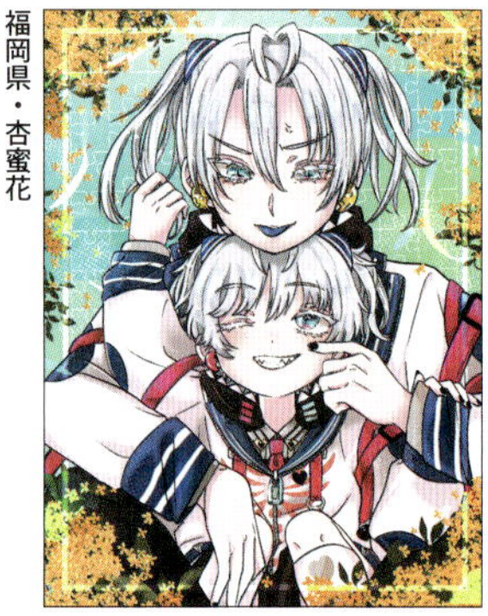

新潟県・化2。
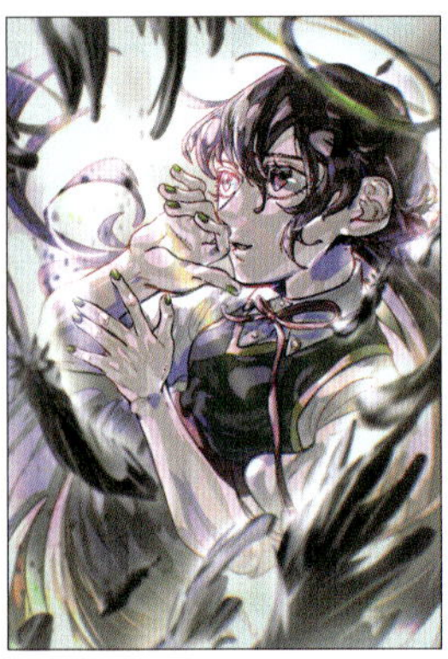

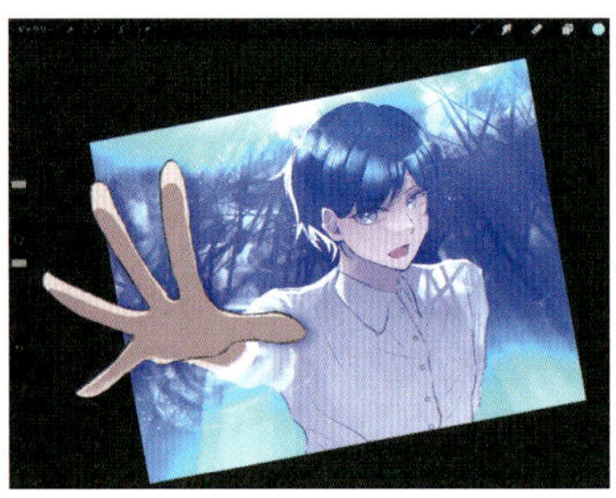
広島県・りつ・12歳

青森県・影ちょす
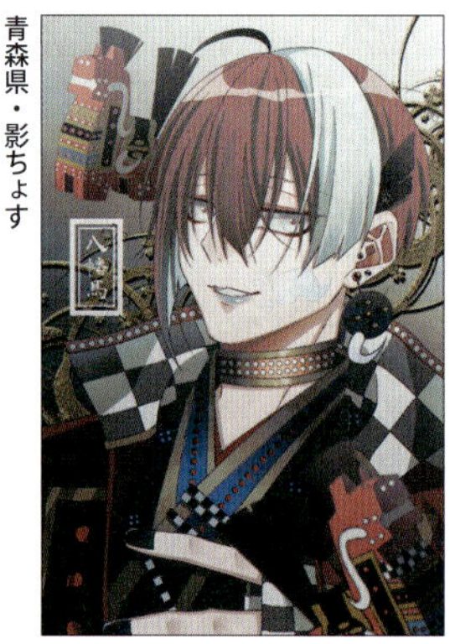

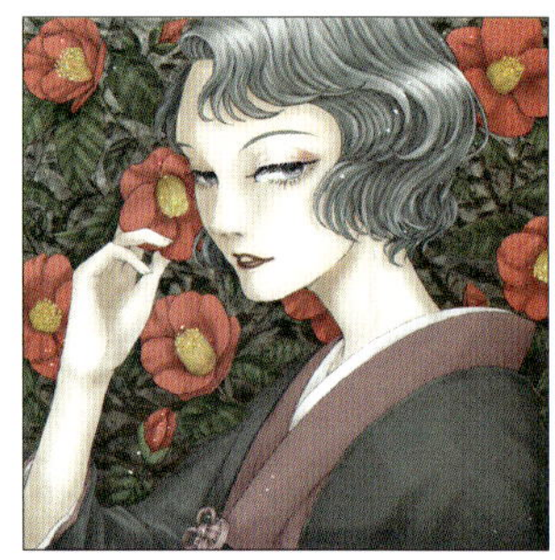
沖縄県・Liz

新潟県・丸野ちき
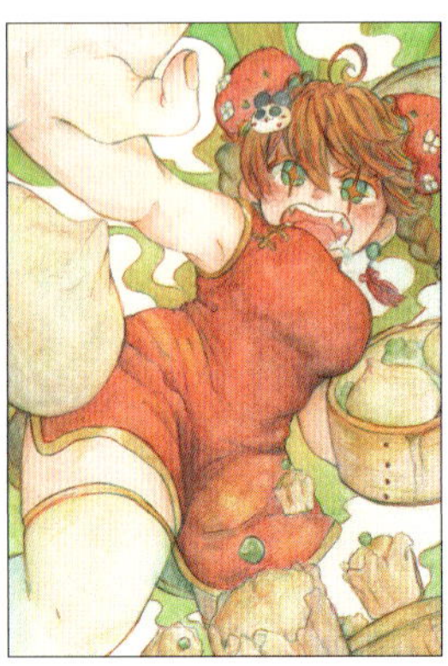

福岡県・海月ライカ
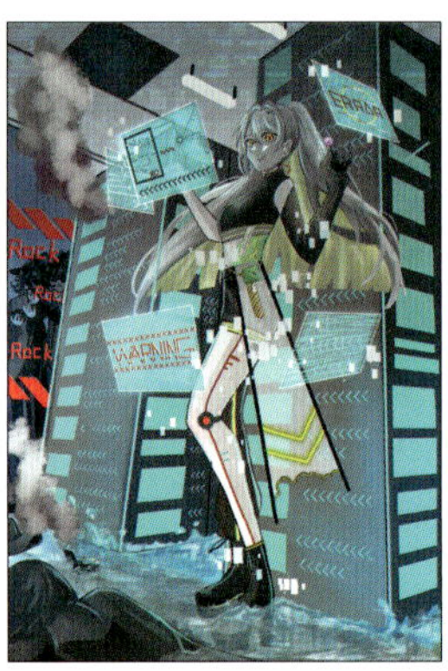

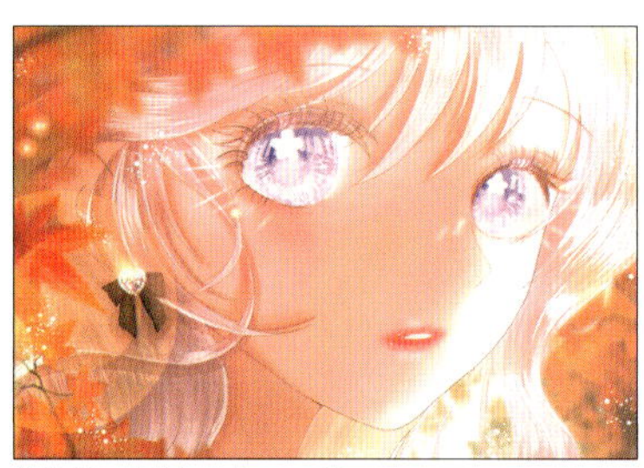
東京都・めるちゃん・28歳

滋賀県・花月穂汰琉・17歳
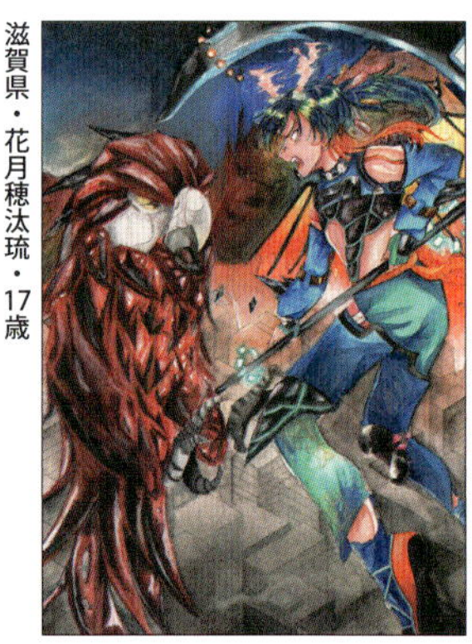

兵庫県・狗・22歳
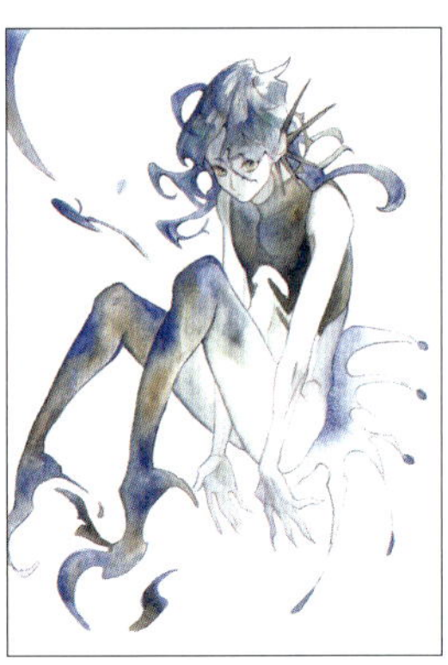

和歌山県・月夜魅れいん
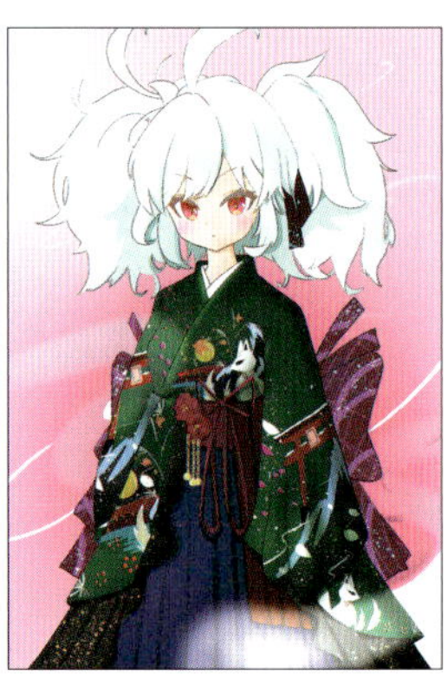

愛知県・紅城音愛
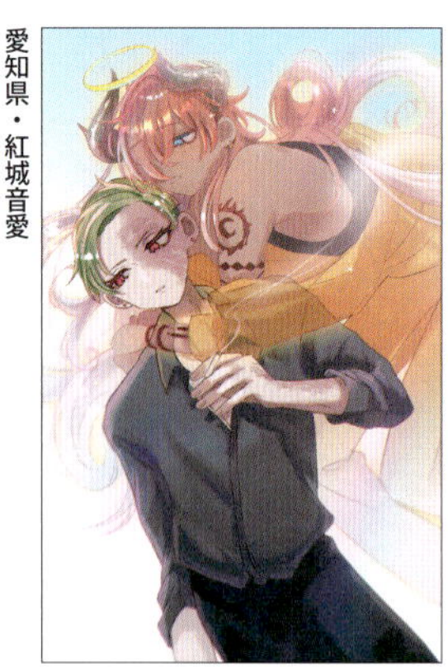

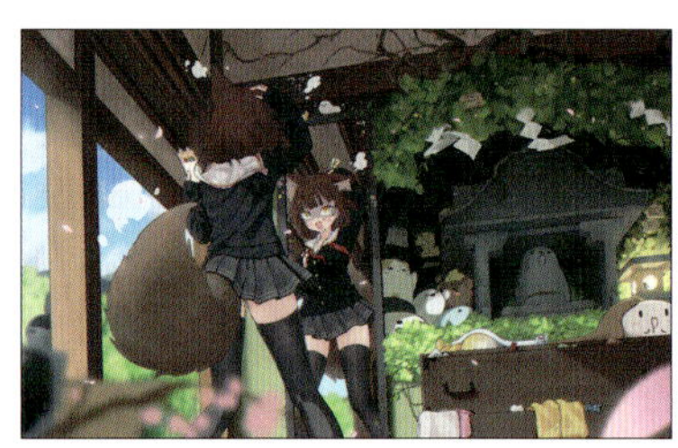
福岡県・さかな

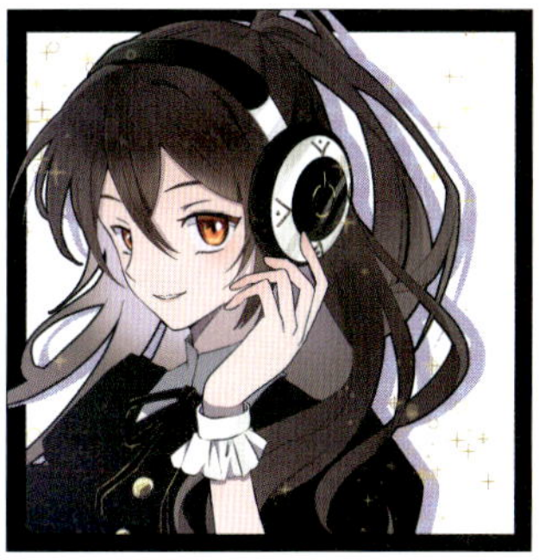
大阪府・彩藤ありさ

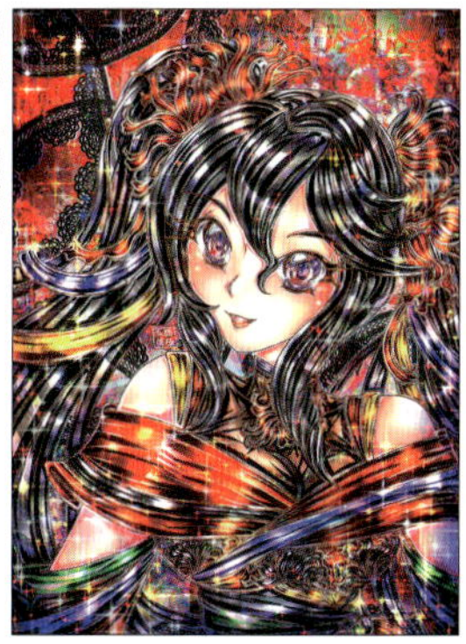
石川県・骨光環鳴

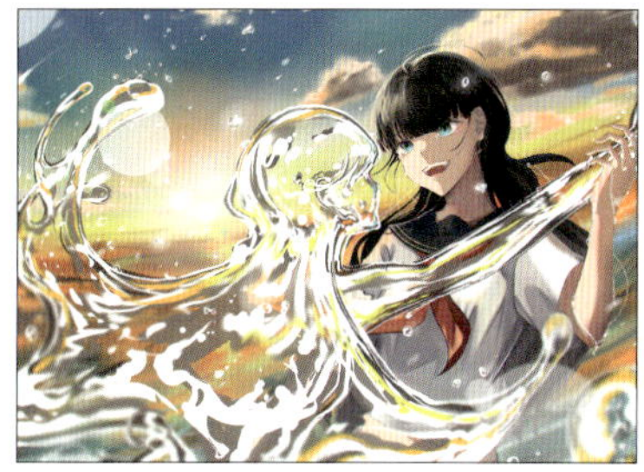
大阪府・くまたこす・18歳

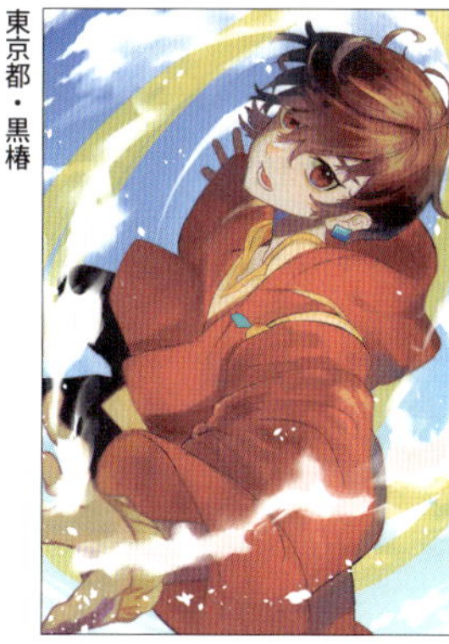
東京都・黒椿

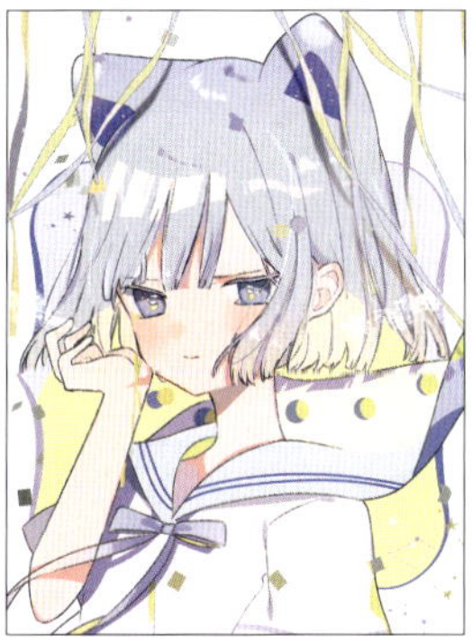
埼玉県・獅子座ネリ

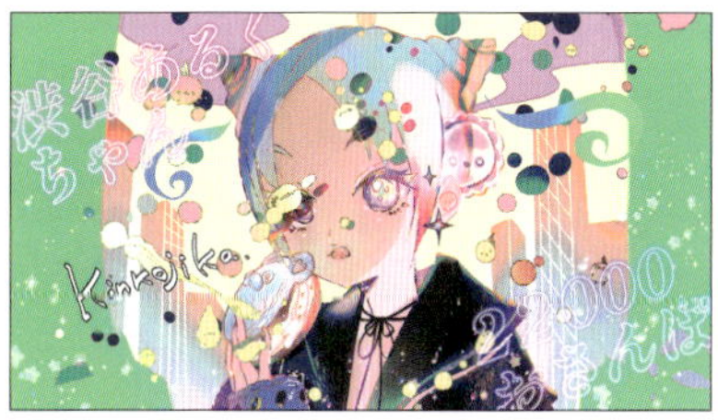
埼玉県・キンコジカ

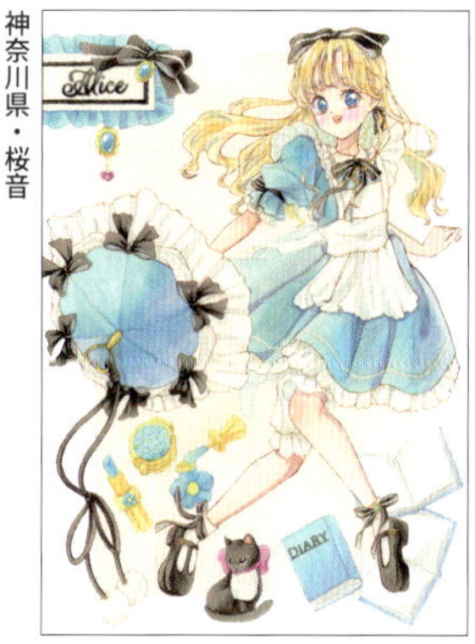
神奈川県・桜音

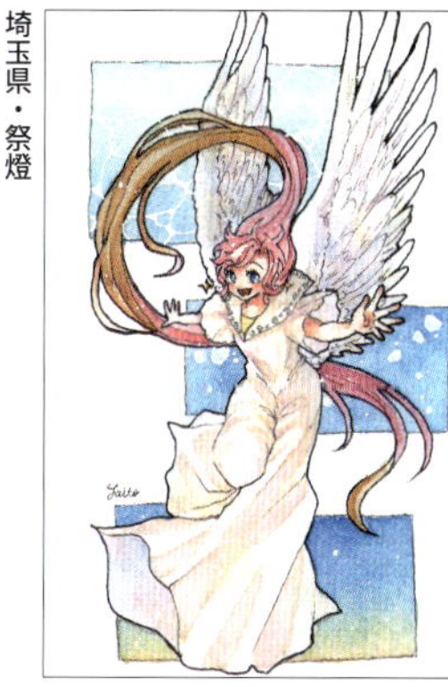
埼玉県・祭燈

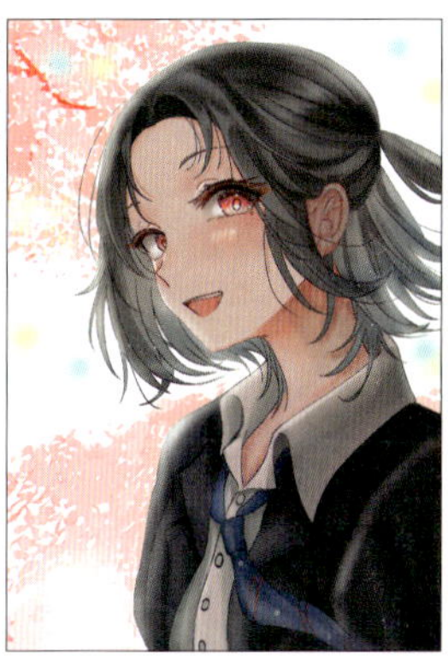
徳島県・七色美月

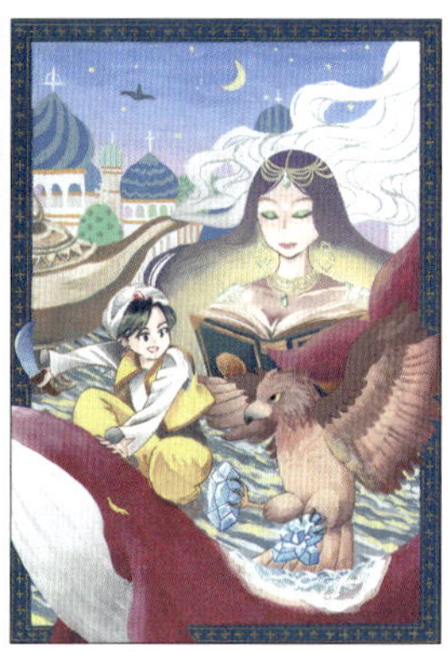
東京都・鹿沢みのり

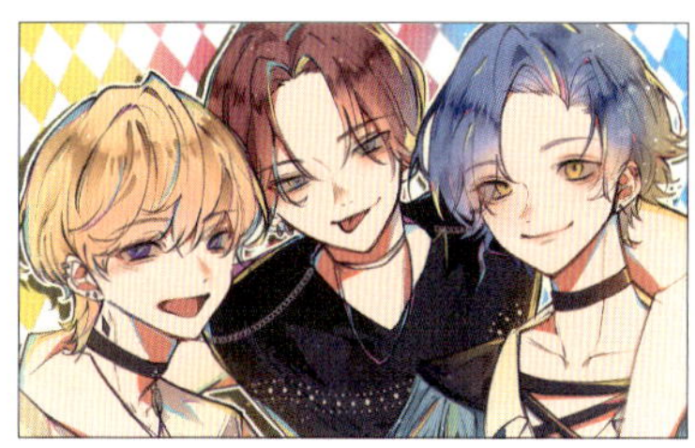
福島県・KISA

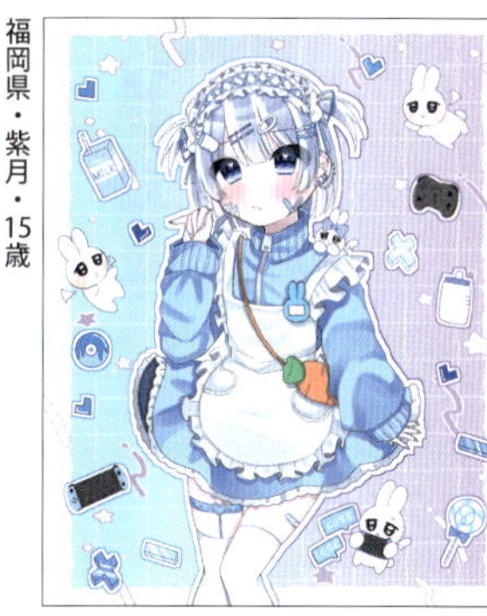
福岡県・紫月・15歳

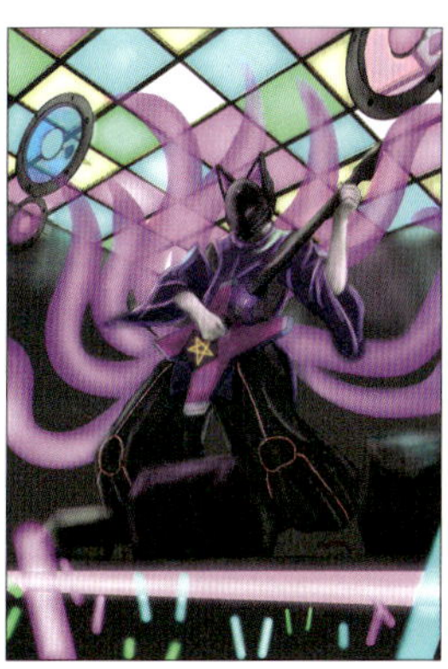
福岡県・猫詩乃未来・19歳

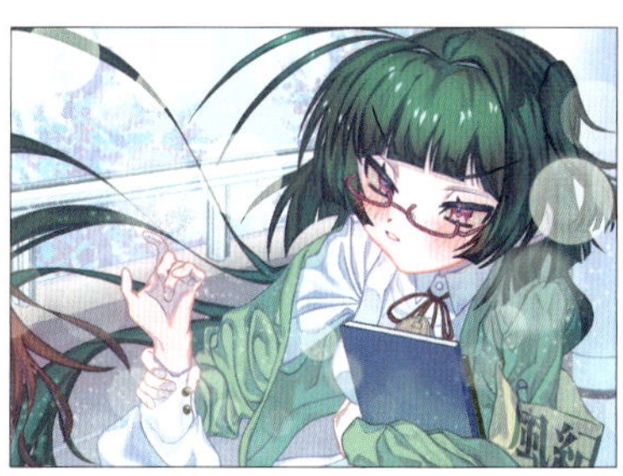
愛知県・ChiLL・19歳

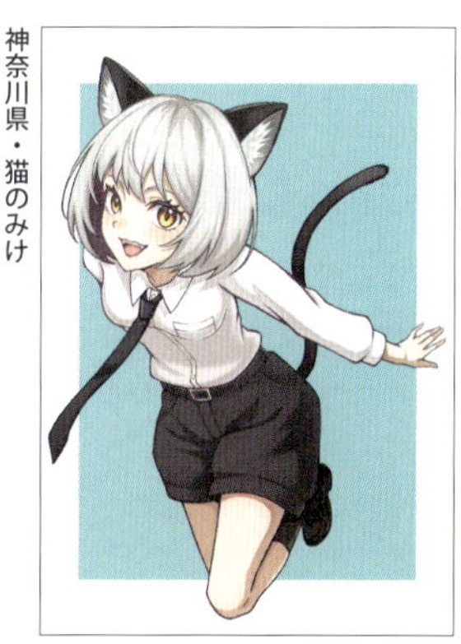
神奈川県・猫のみけ

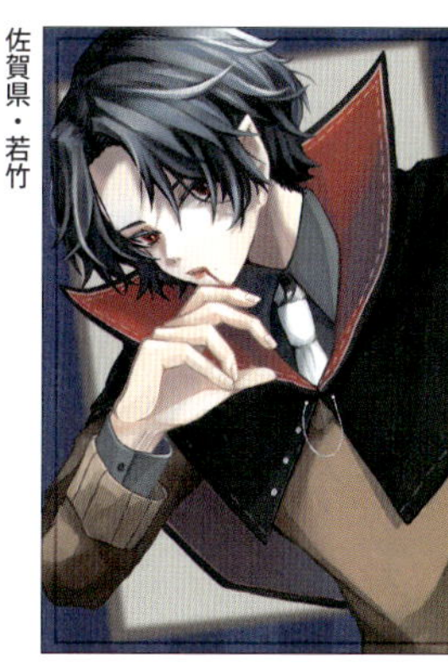
佐賀県・若竹

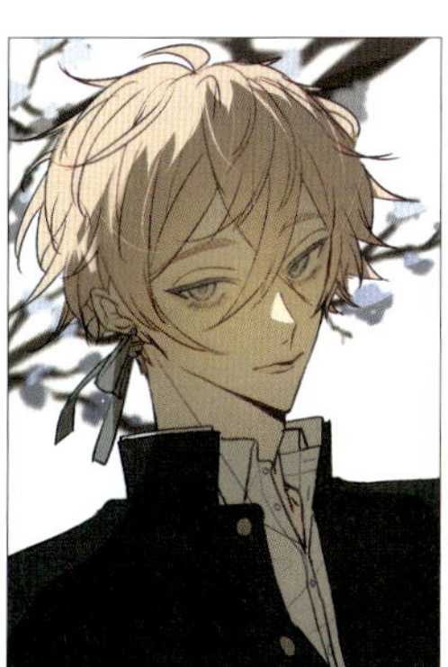
群馬県・遊佐

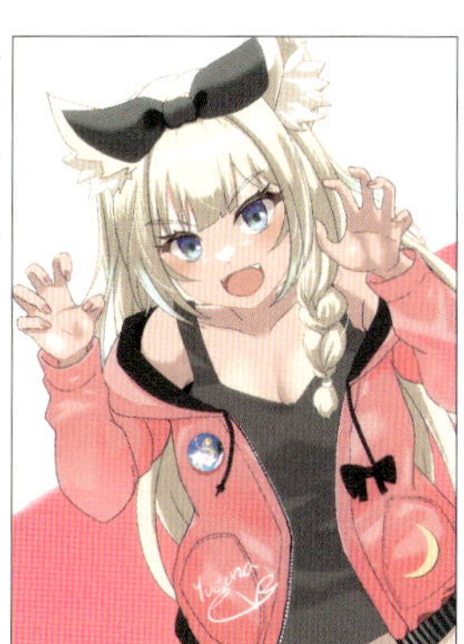
北海道・柚七イブ

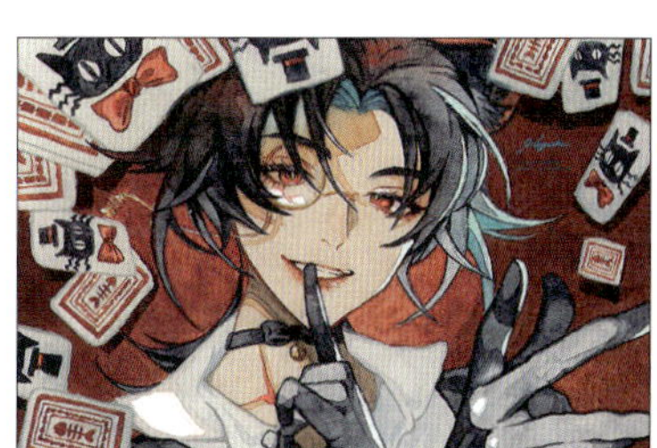
愛媛県・4284

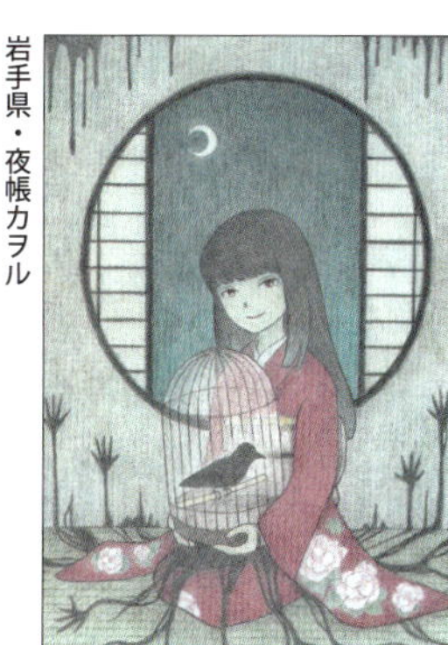
岩手県・夜帳カヲル

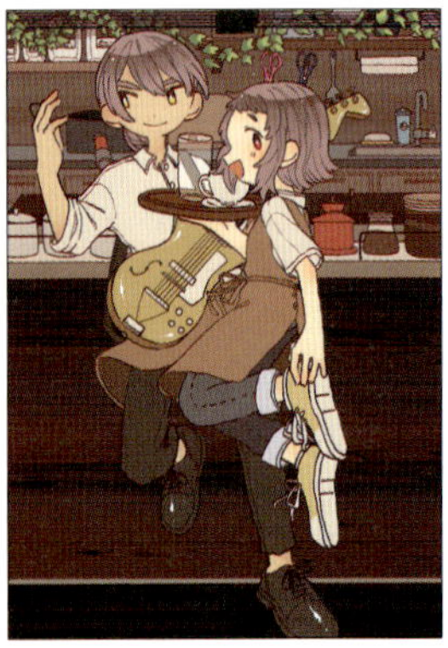
福島県・goo.

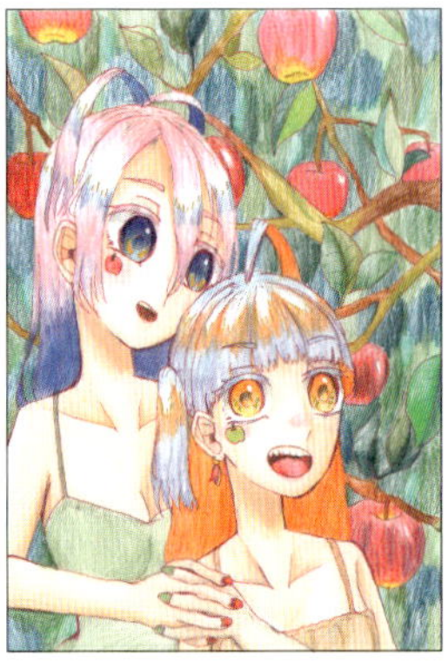
神奈川県・おちょ・12歳

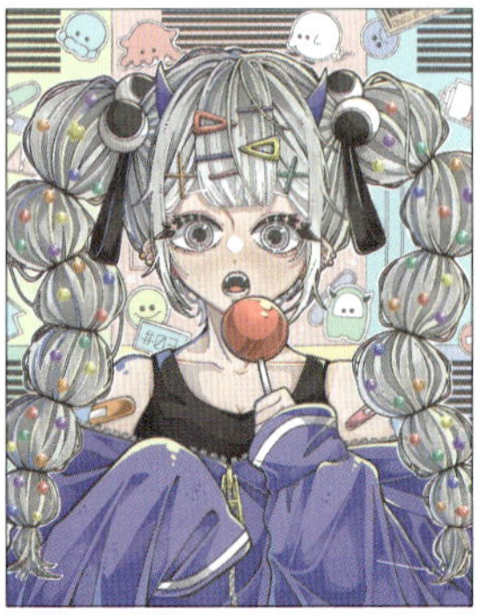
京都府・cocoa

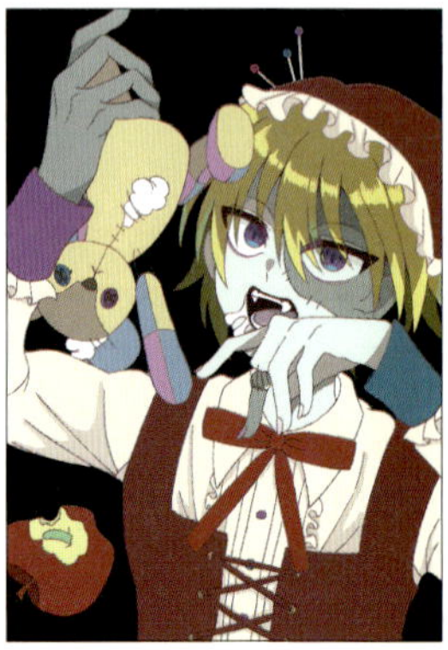
大阪府・81×・18歳

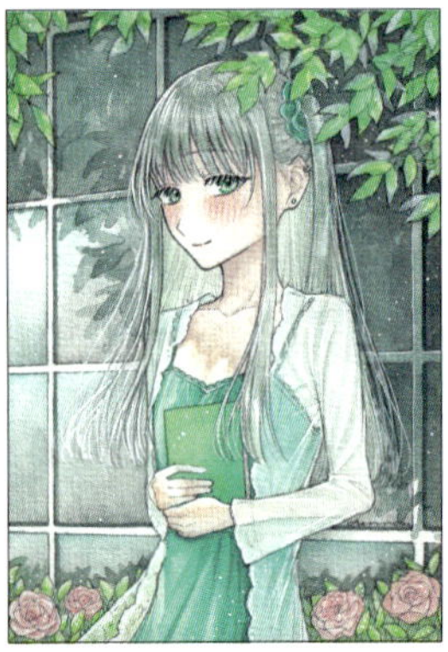
沖縄県・junna

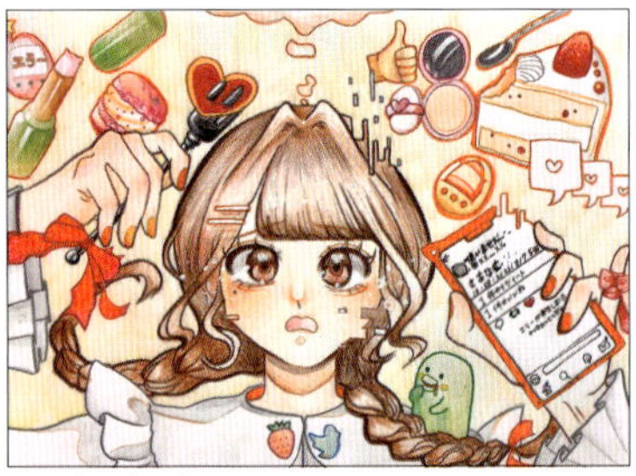
大阪府・羊頭宵

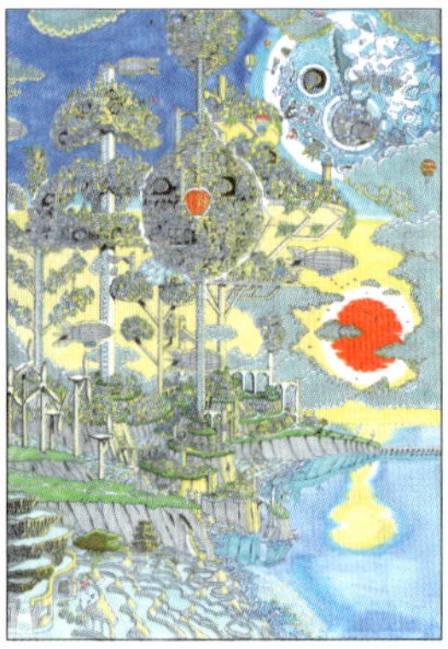
青森県・木花才太

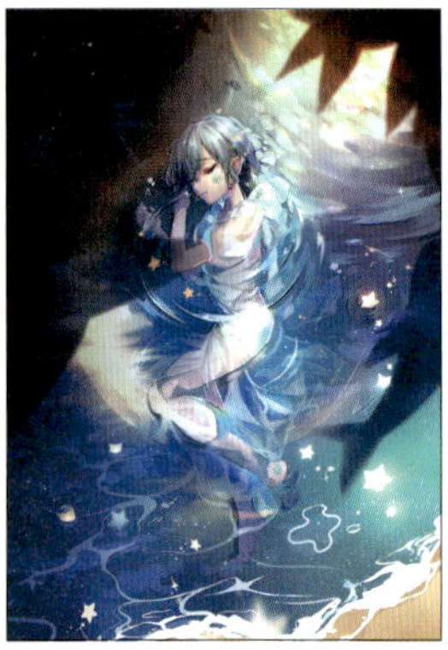
愛知県・hanamaru

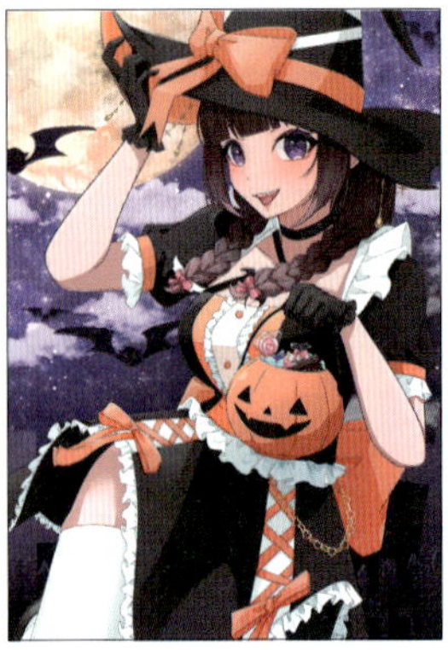
奈良県・NAGISA

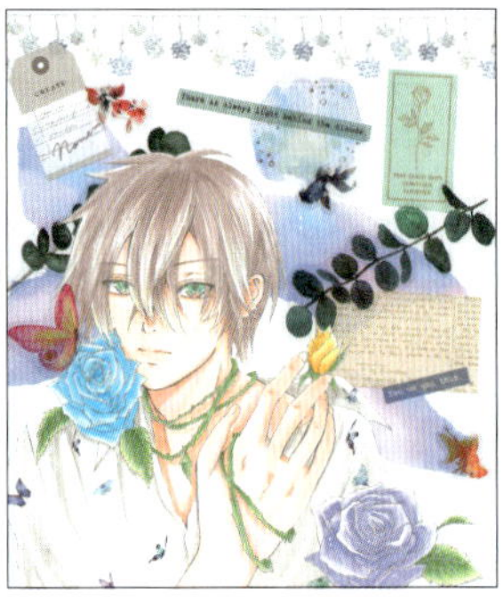
兵庫県・獅子冬・32歳

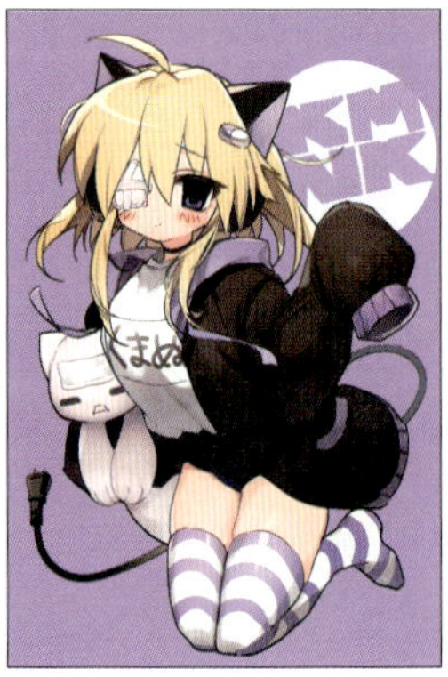
新潟県・KMNK

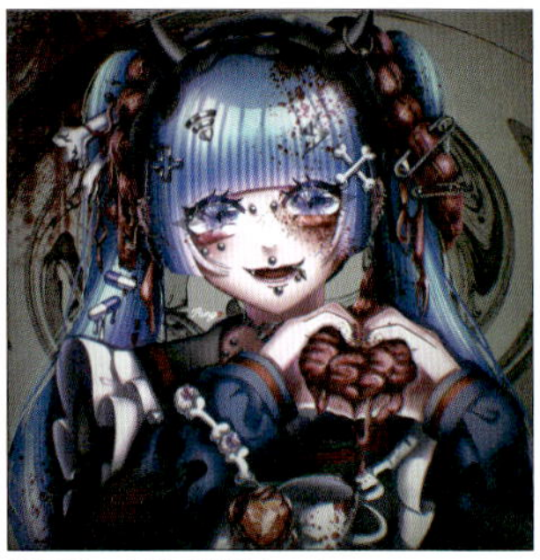
埼玉県・来世の林檎しゃん

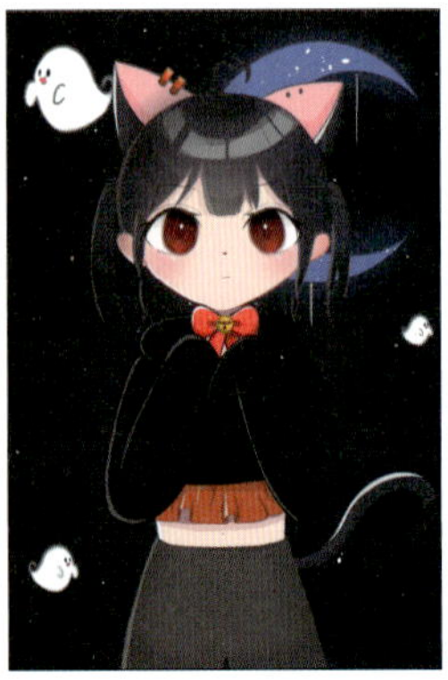
東京都・SAKURA・10歳

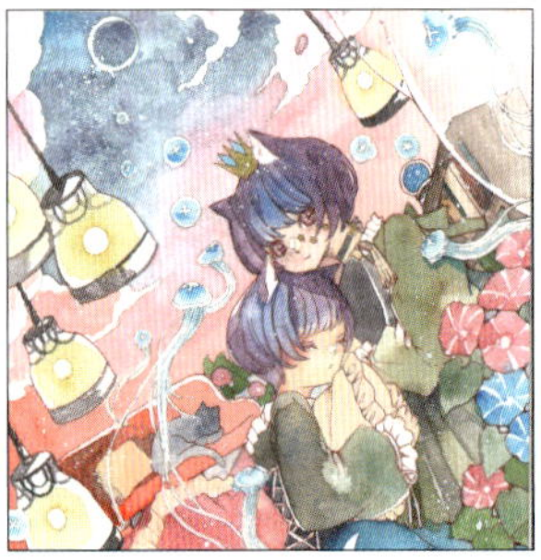
宮城県・雪月ふーか

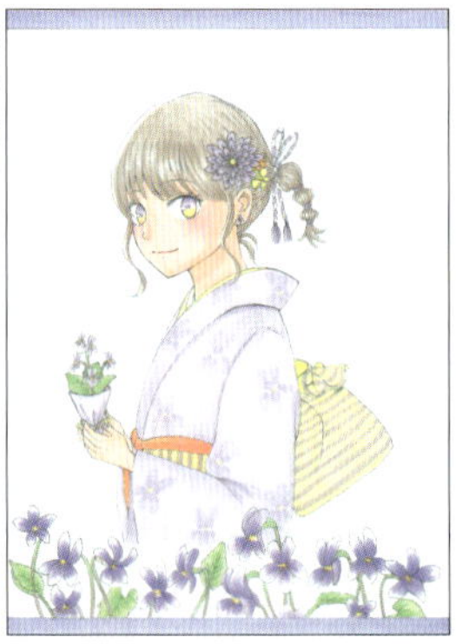
兵庫県・涼色

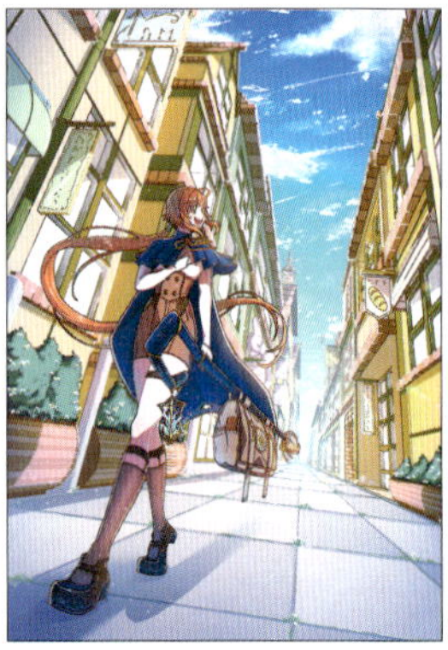
埼玉県・nova

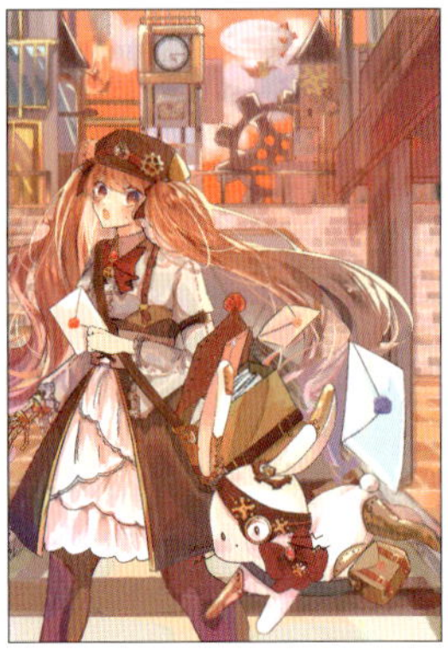
福岡県・あめ

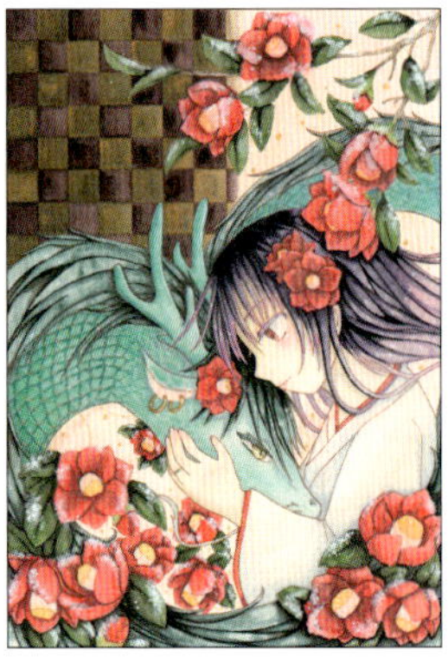
島根県・永井あゆみ

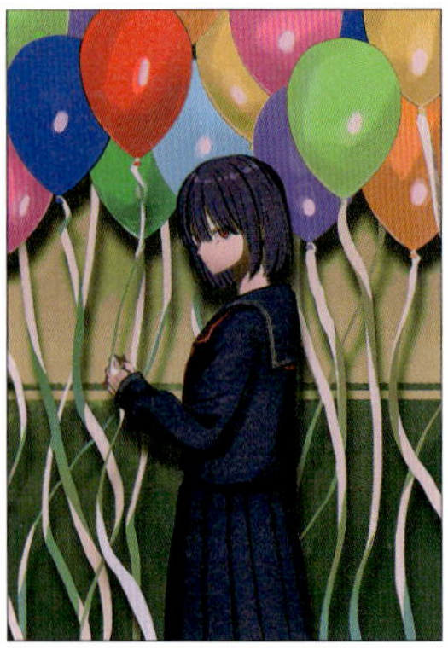
大阪府・yo

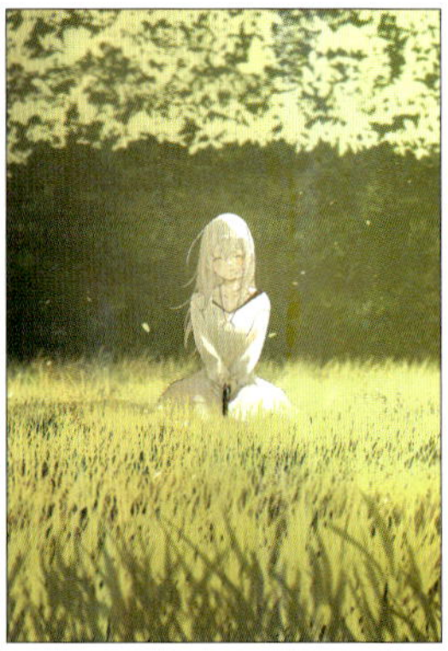
岐阜県・soramick

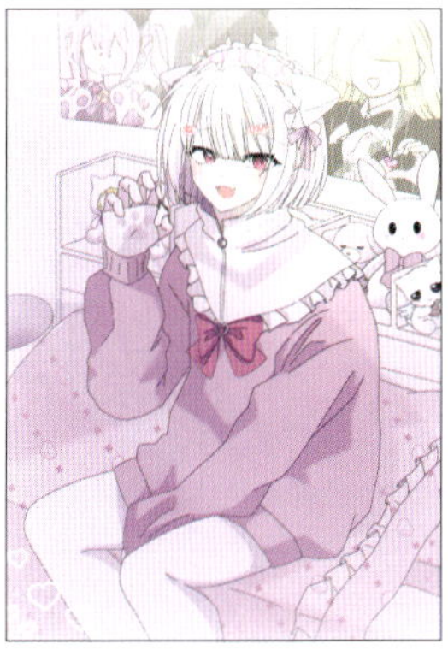
大阪府・えるにゃ

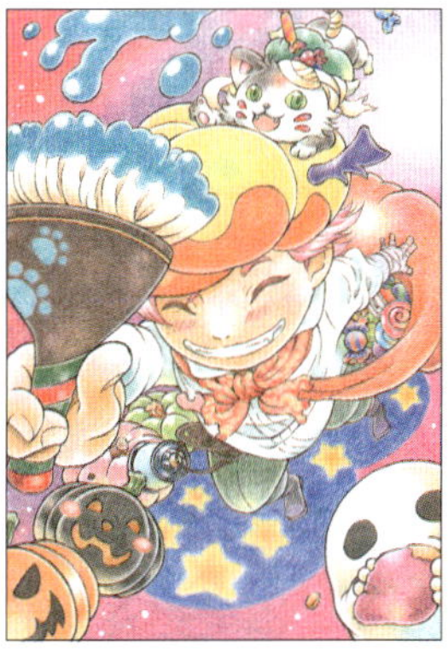
秋田県・鈴河馬

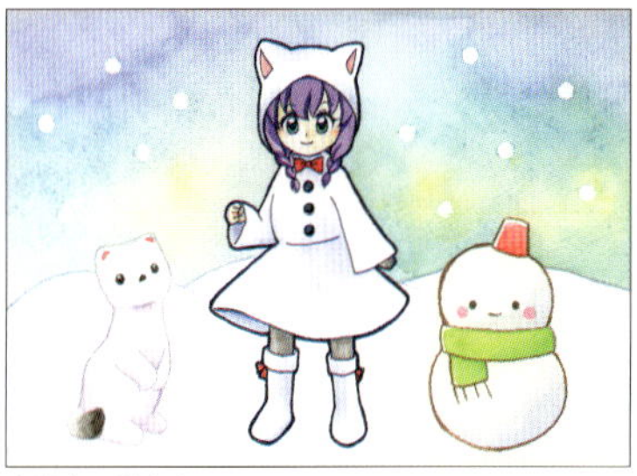
京都府・梅山えみ

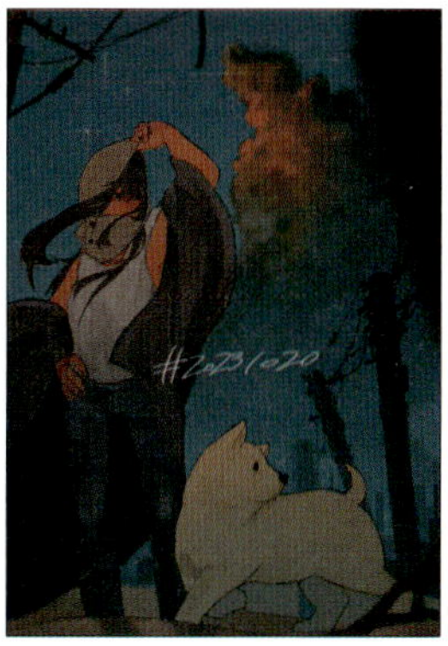
北海道・うぢとら

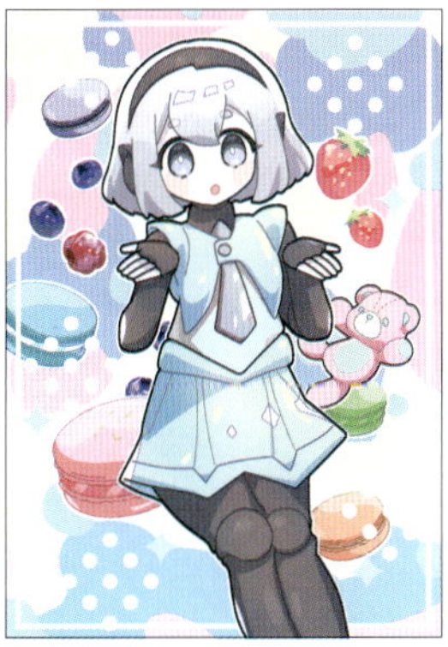
埼玉県・かるら

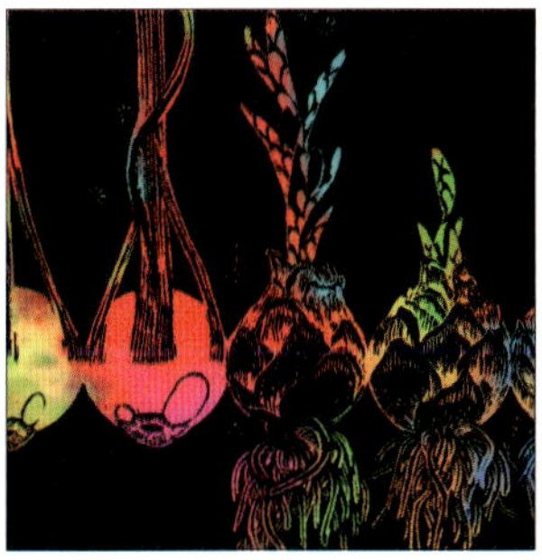
北海道・佐口想

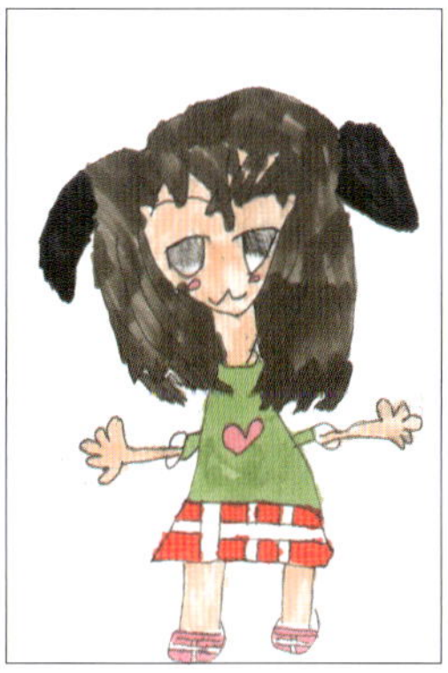
福島県・ドラキイ・8歳

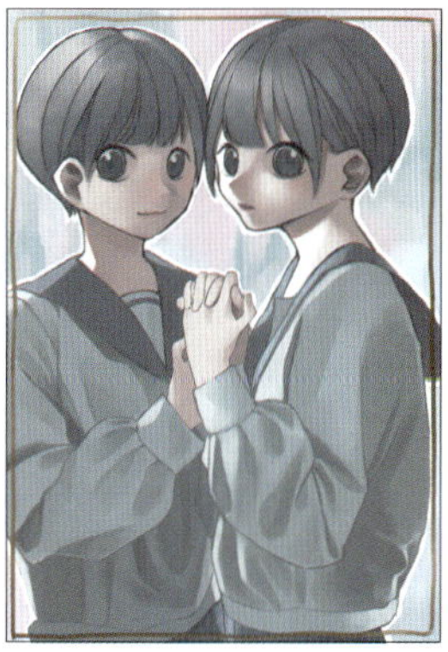
石川県・かさぶた・15歳

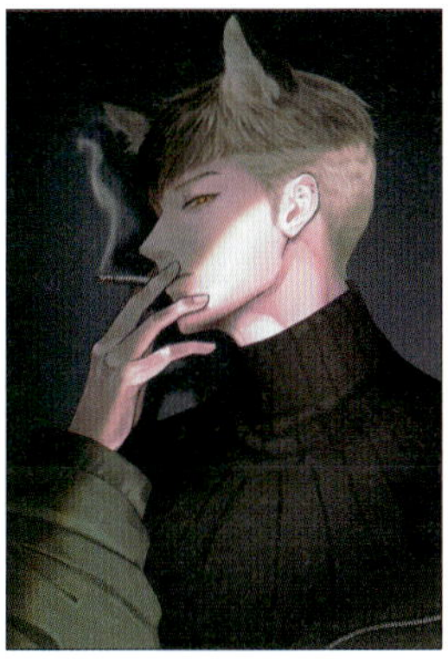
千葉県・くろむ

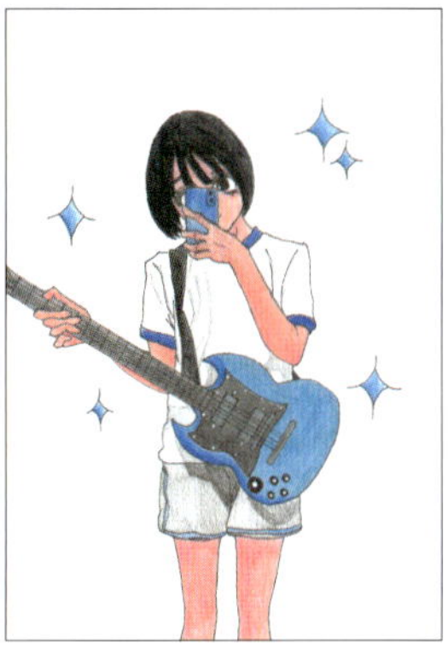
兵庫県・おたんこなす・13歳

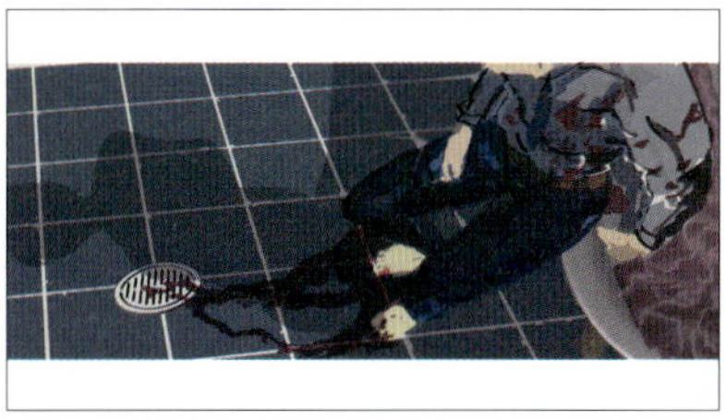
長野県・睡眠中

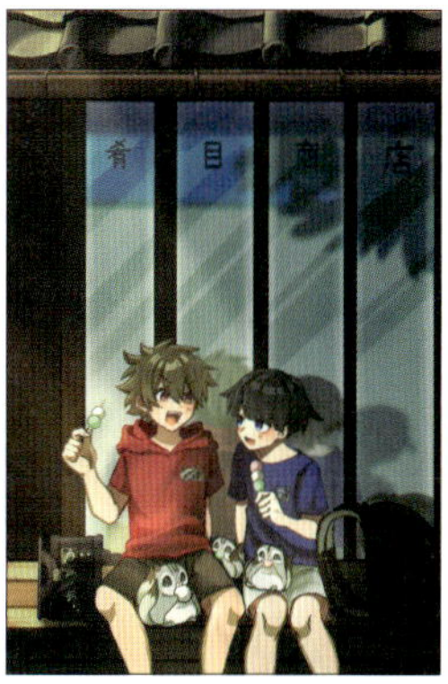
北海道・ギフカデ

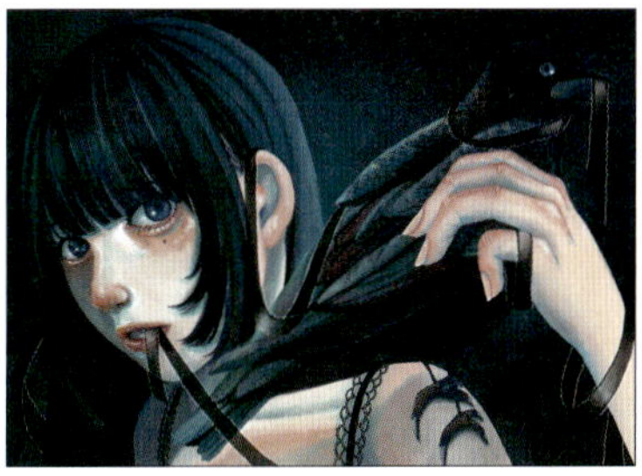
兵庫県・車厘

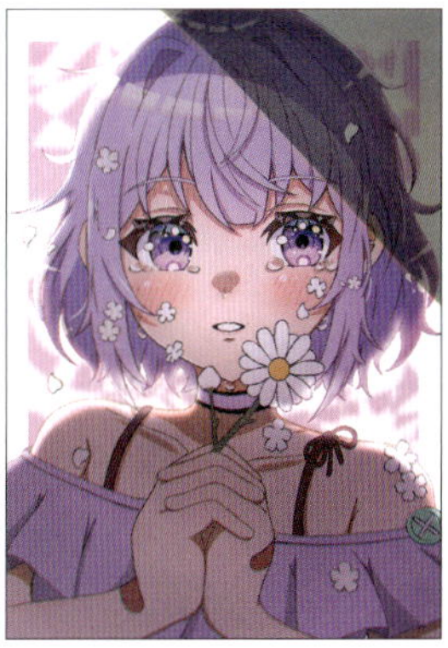
埼玉県・ココテル

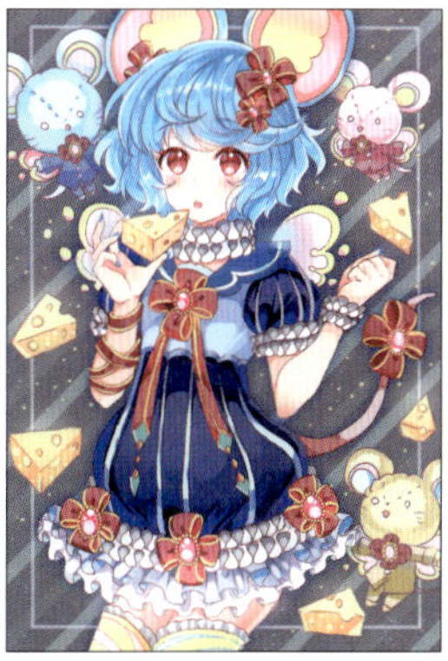
愛知県・虎目ちりか

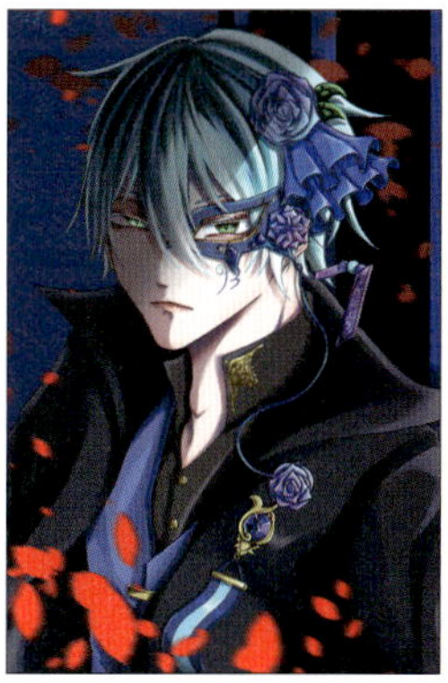
福島県・けい

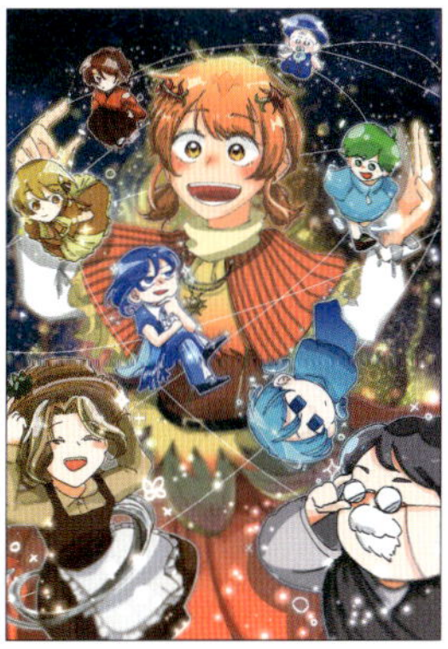
兵庫県・たろし

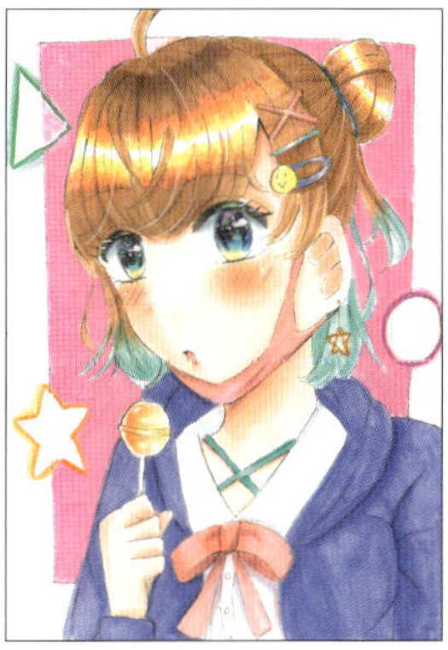
山梨県・しおりんご・11歳

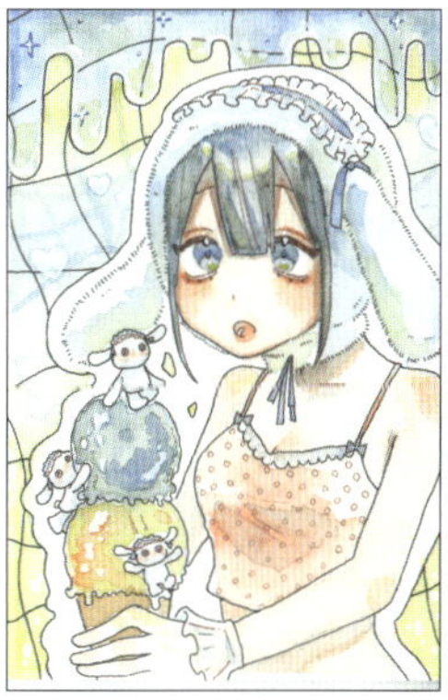
福島県・ずい

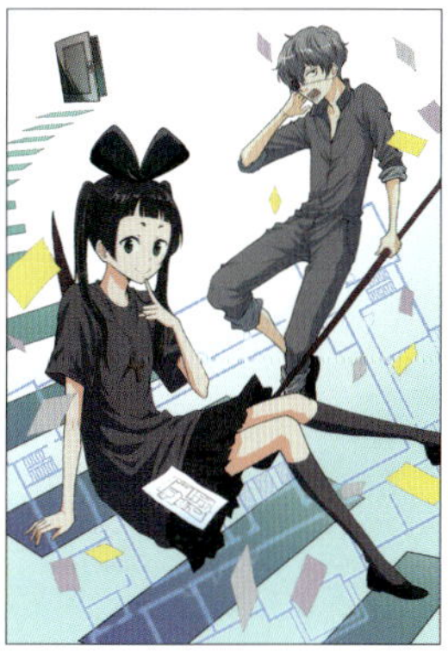
奈良県・サビヲシカ

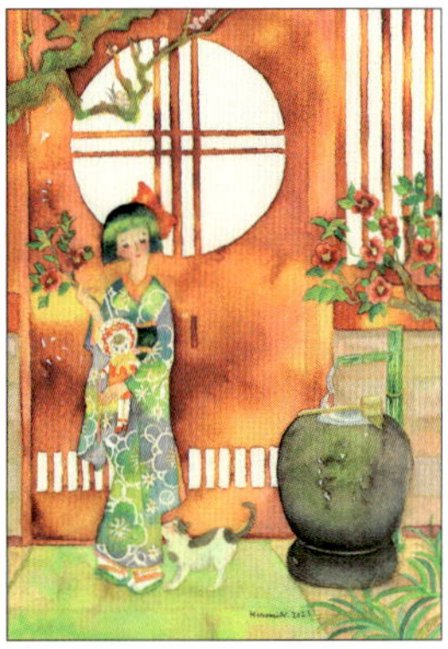
鹿児島県・ニシヒロミ

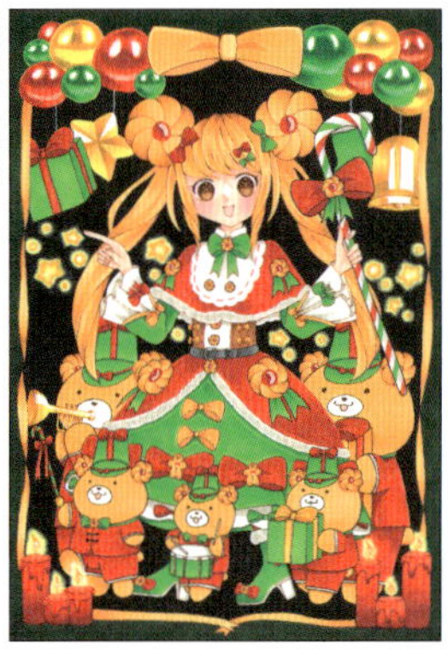
北海道・夢現まーや

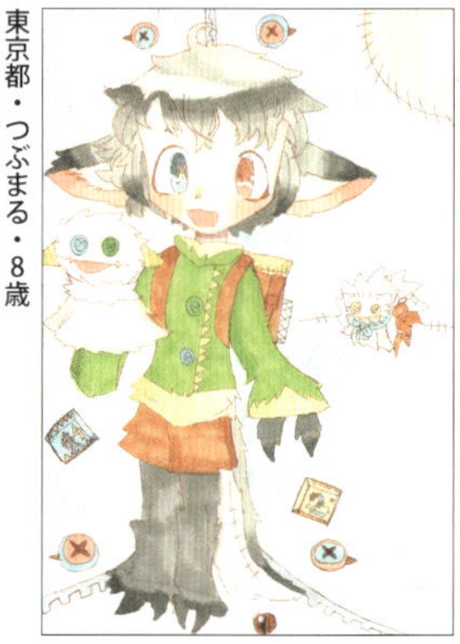
東京都・つぶまる・8歳

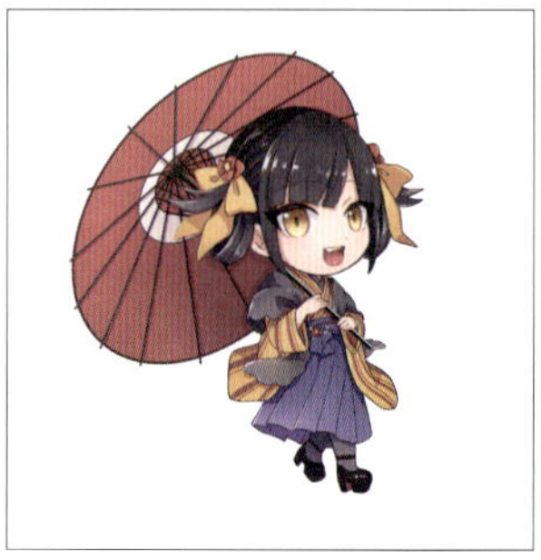
岡山県・ろーれらい

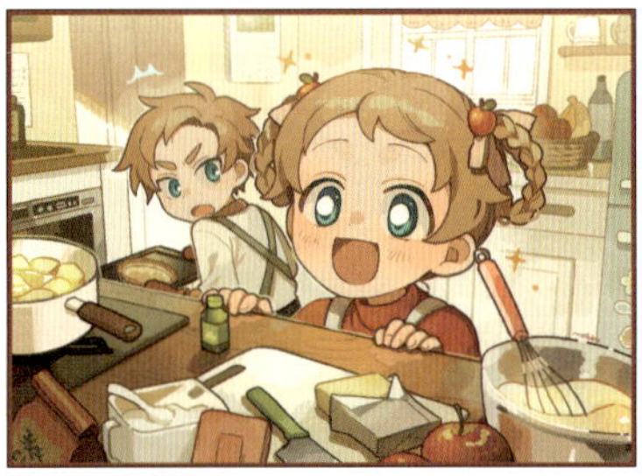
静岡県・今井諸子

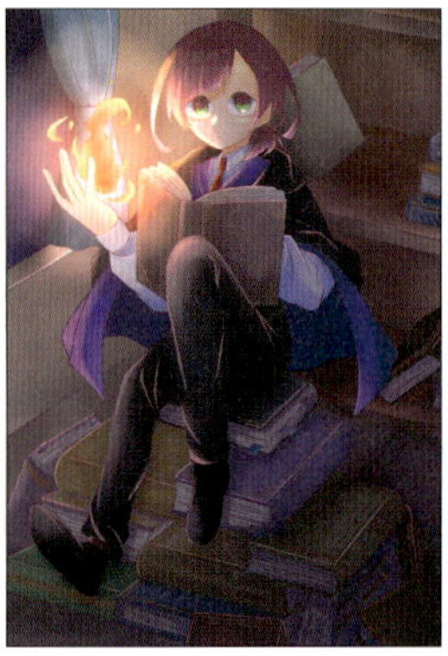
大阪府・パンダコッタ

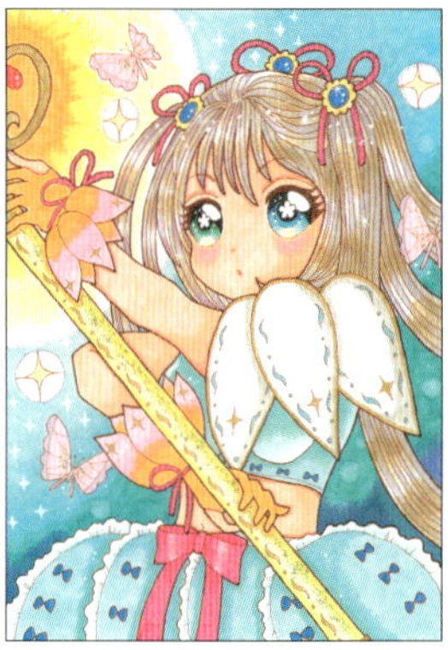
兵庫県・メルシー

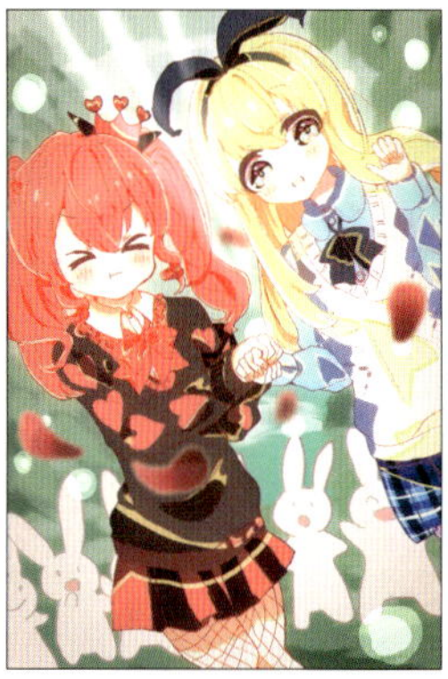
神奈川県・のにのー

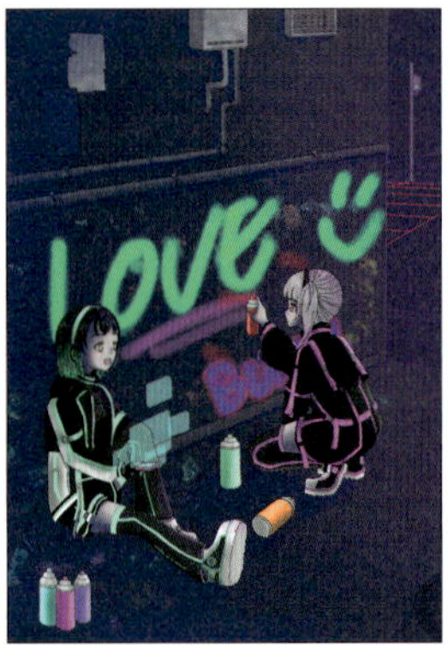

福岡県・ぷりんあらもーど

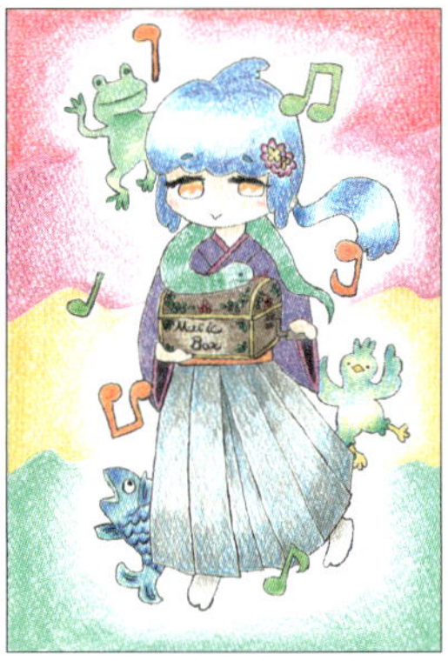
石川県・香糸月むく

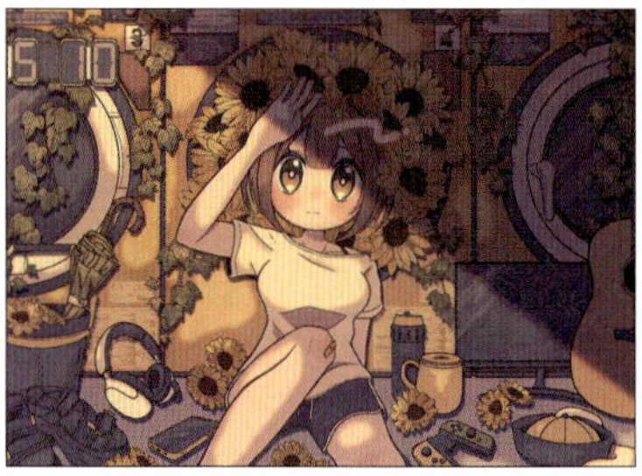
兵庫県・何事

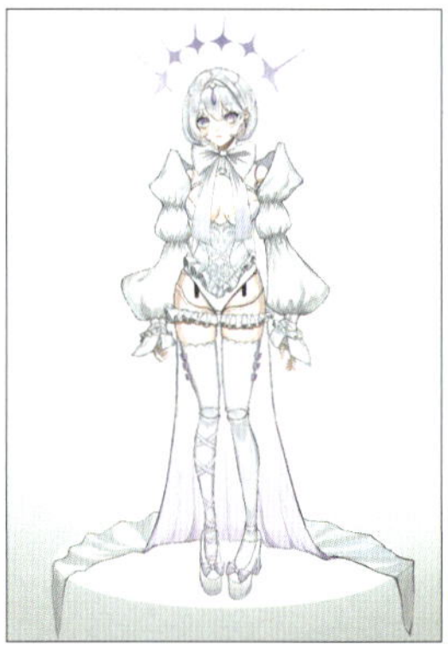
福岡県・ピヨ胤・19歳

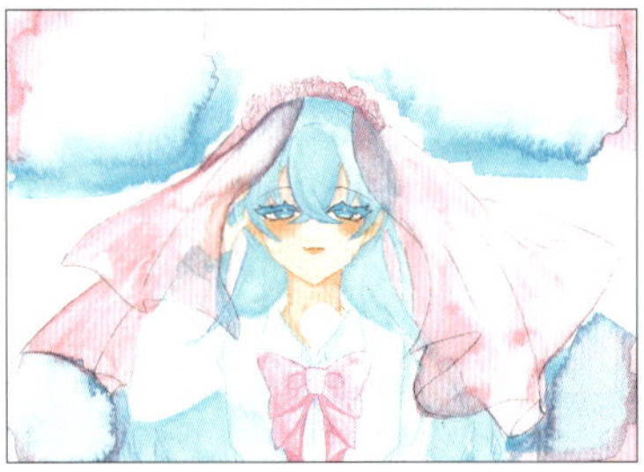
兵庫県・黄色あげは

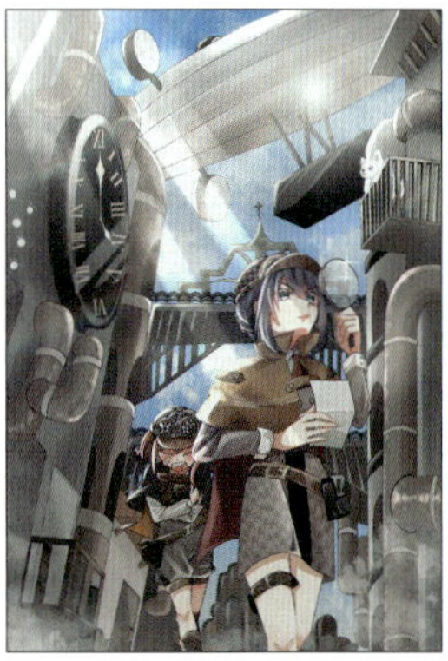
福岡県・まろ。

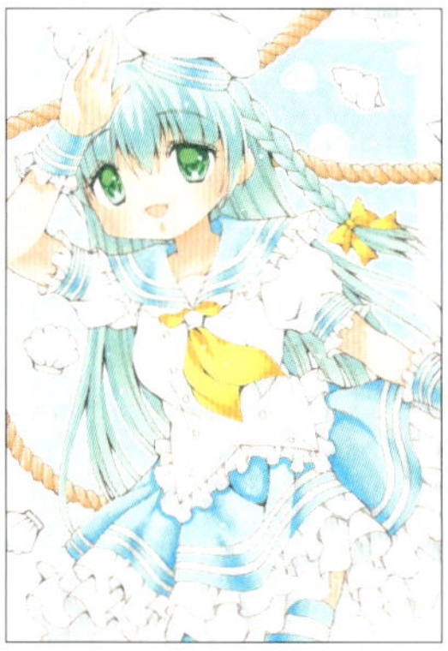
滋賀県・泉あひる

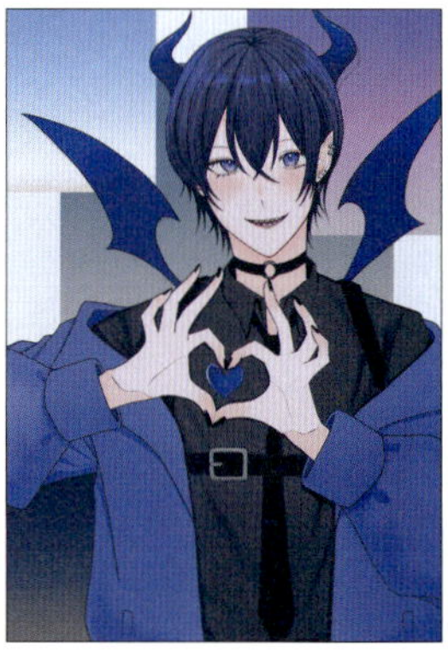
福島県・ほろよい

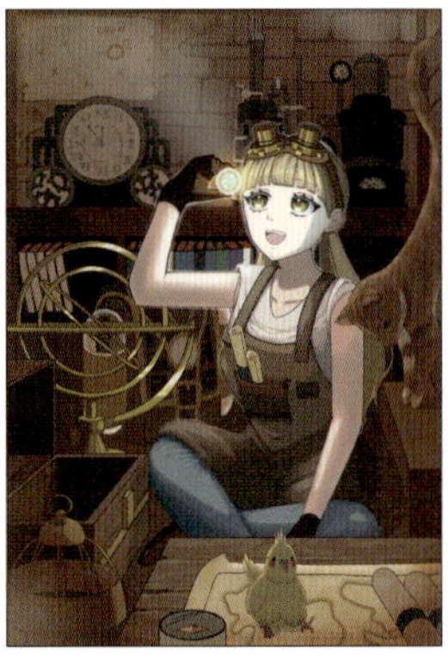
福岡県・やえちゃん・19歳

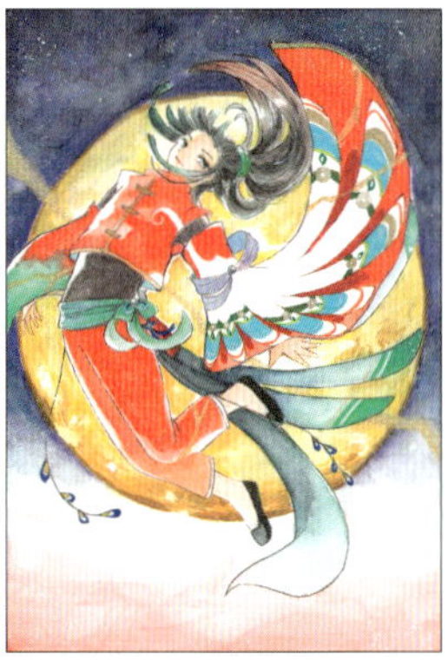
石川県・化野あしら

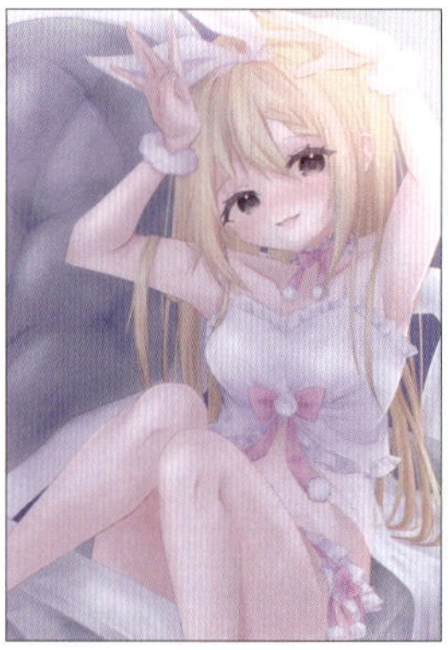
兵庫県・もがみ

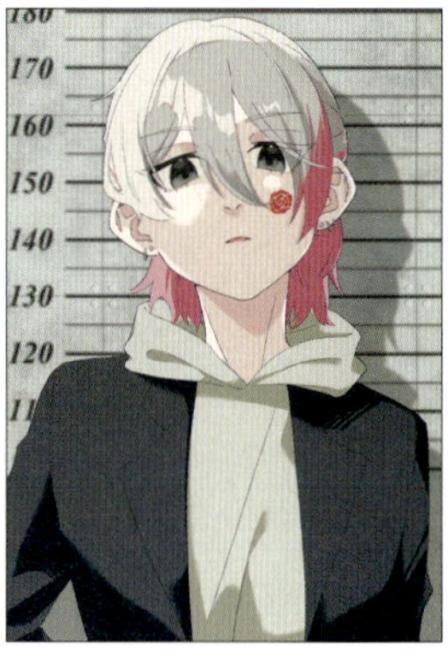

香川県・めもん

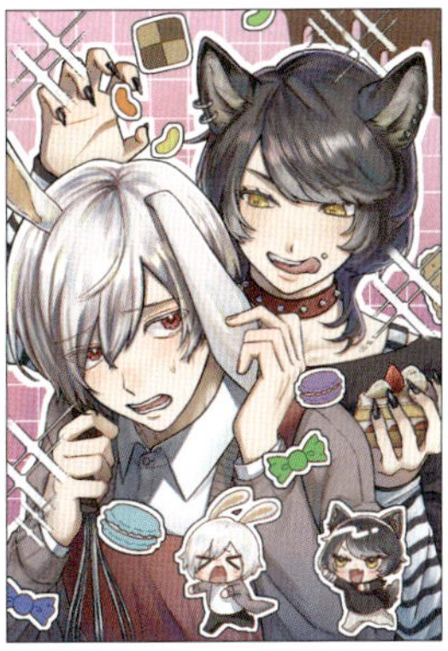
新潟県・らる・18歳

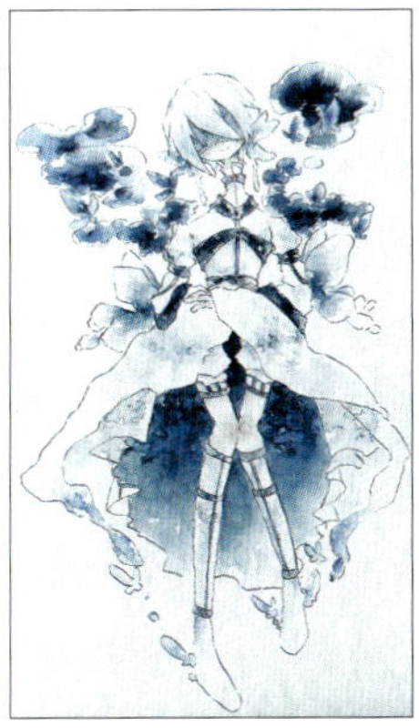
山梨県・ヨルトキト

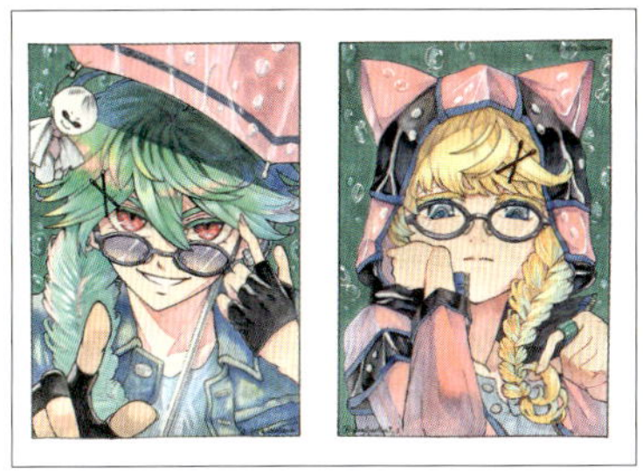
三重県・宇ノ沢茂

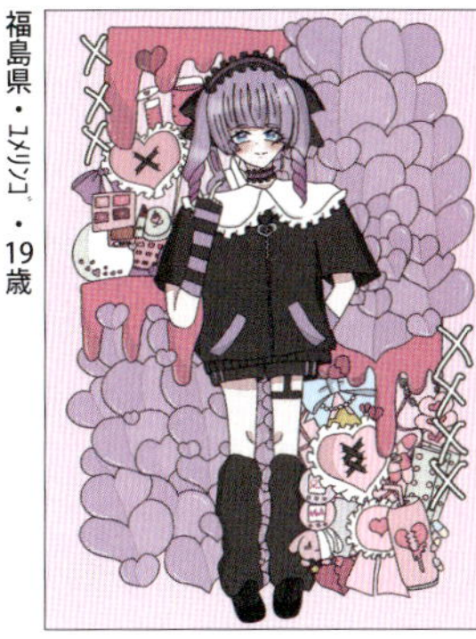
福島県・ﾕﾒﾘﾝｺﾞ・19歳

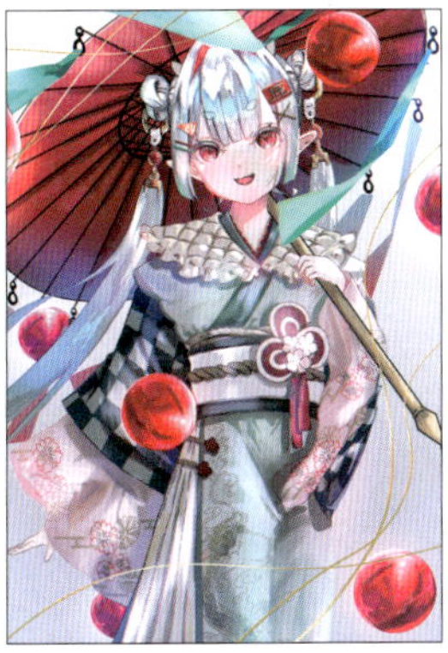
千葉県・んにょら

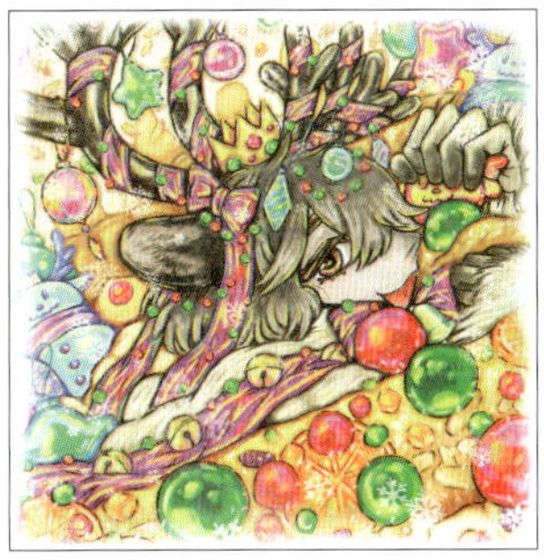
秋田県・ヒビュウ

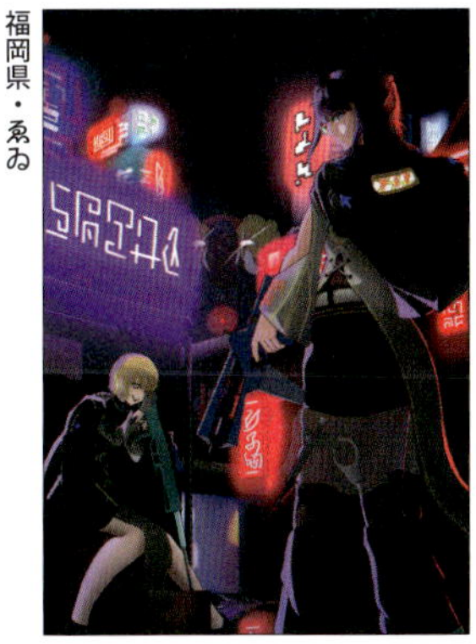
福岡県・ゑゐ

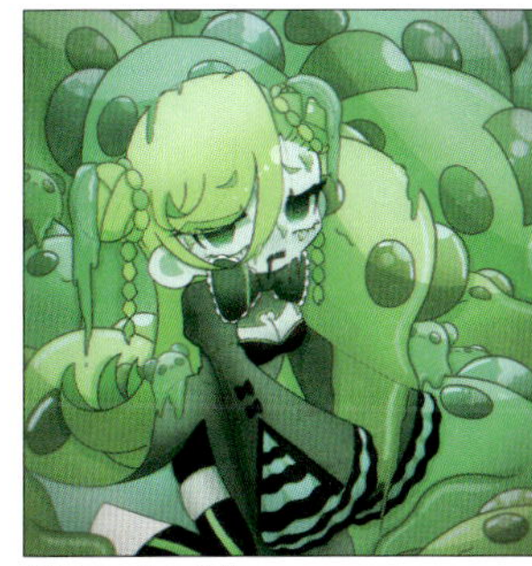
大阪府・よしはる

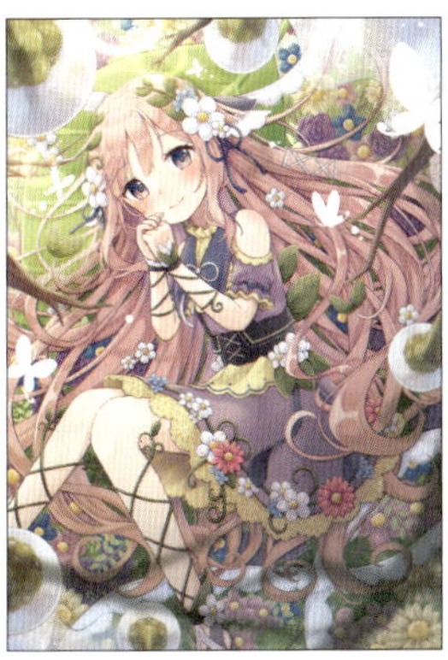
愛媛県・秋乃みん

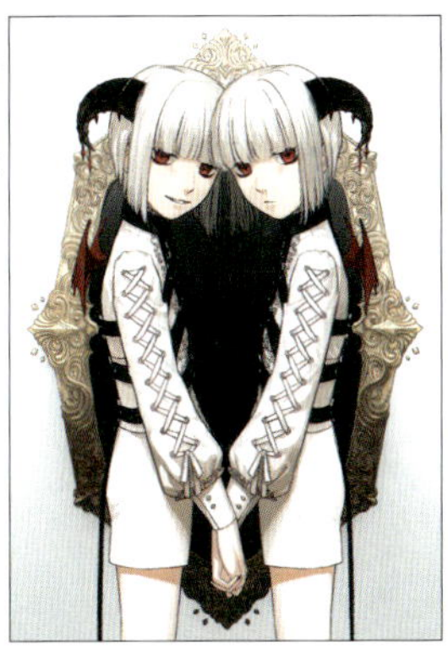
千葉県・周祢ツユ

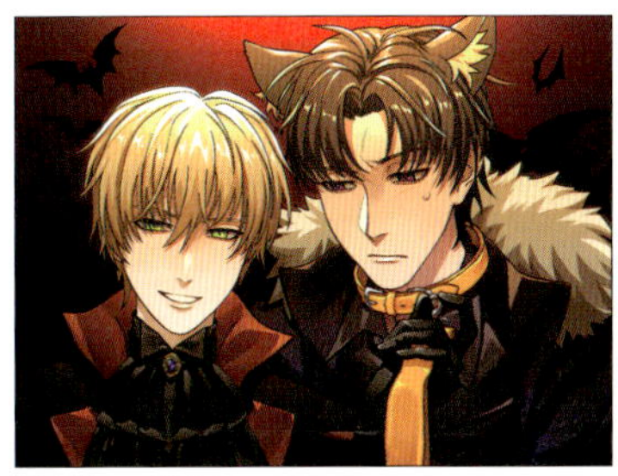
東京都・一鐔亥玄

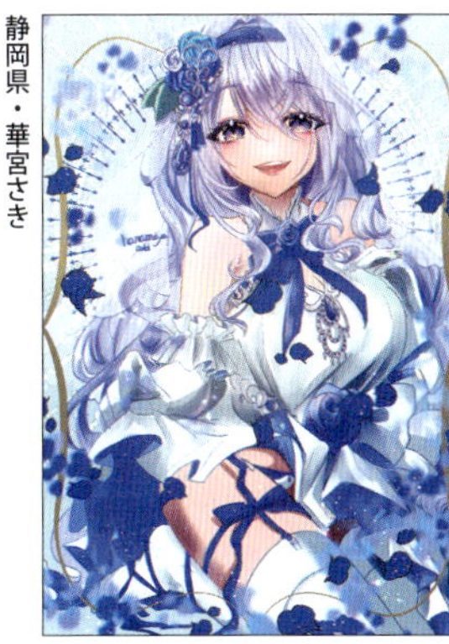
静岡県・華宮さき

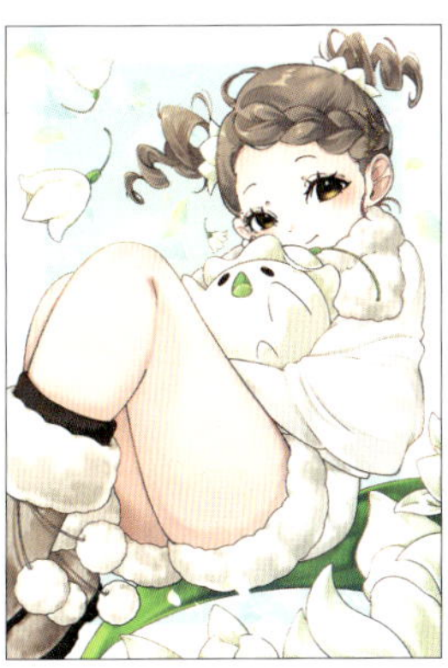
新潟県・小倉さく

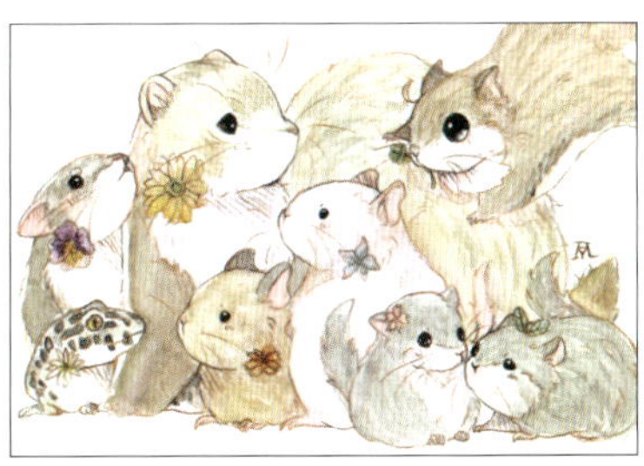
神奈川県・伊達

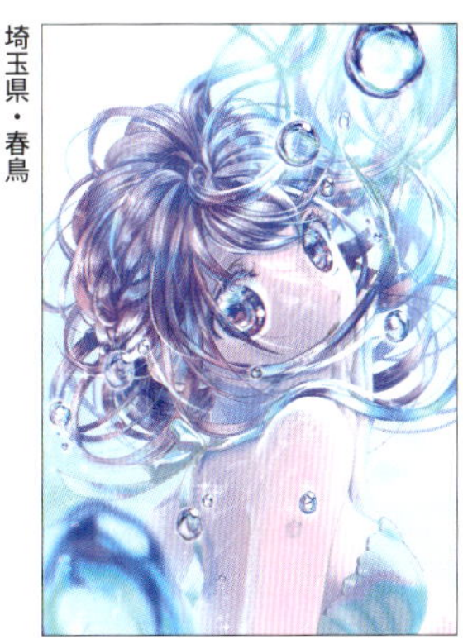
埼玉県・春鳥

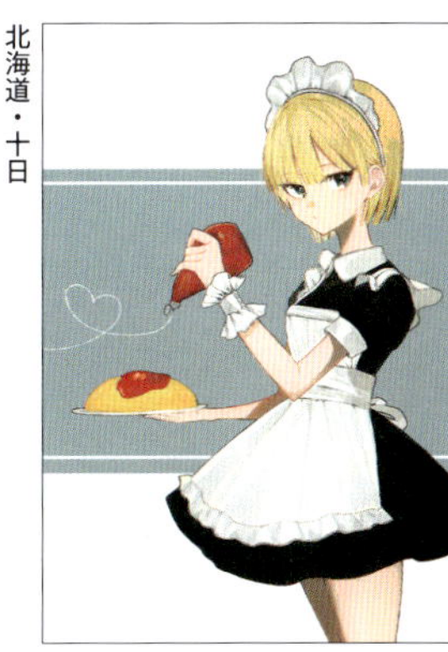
北海道・十日

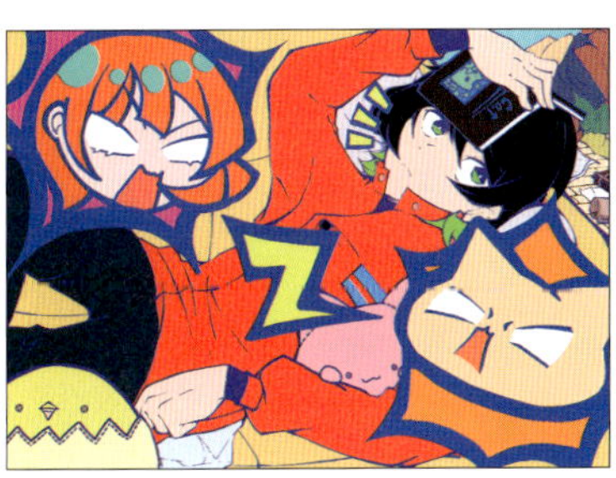
大阪府・マミ・マミタ

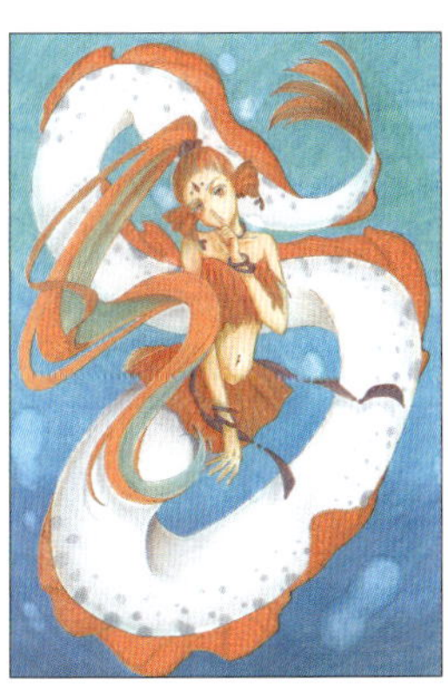
大阪府・星凪

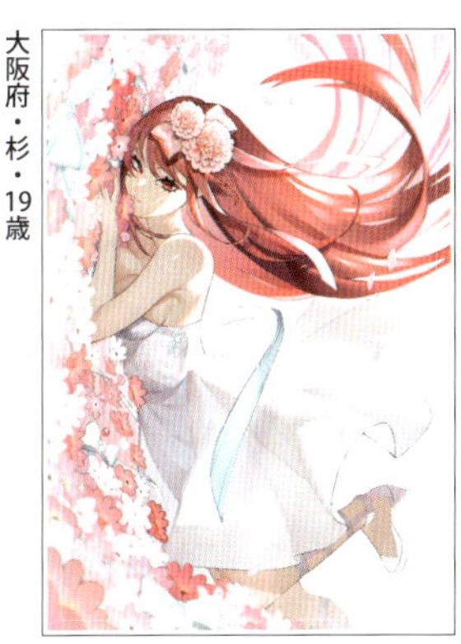
大阪府・杉・19歳

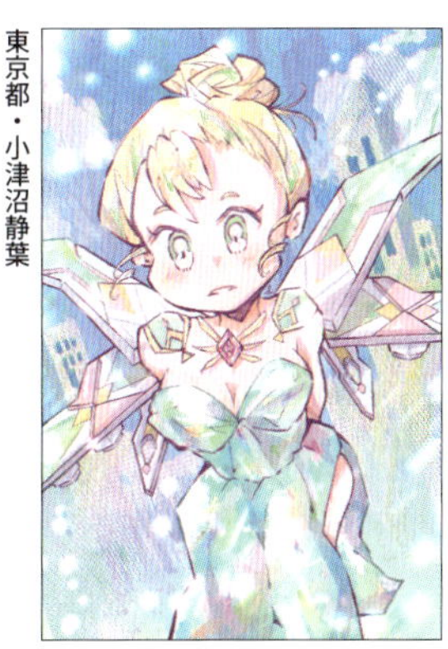
東京都・小津沼静葉

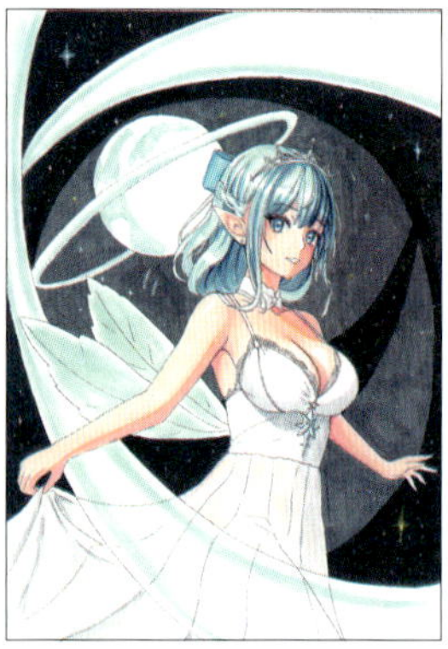
大阪府・大黒猫・22歳

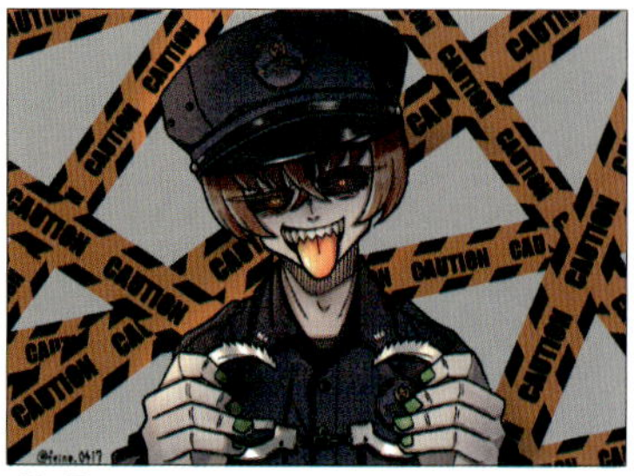

愛知県・フェイン

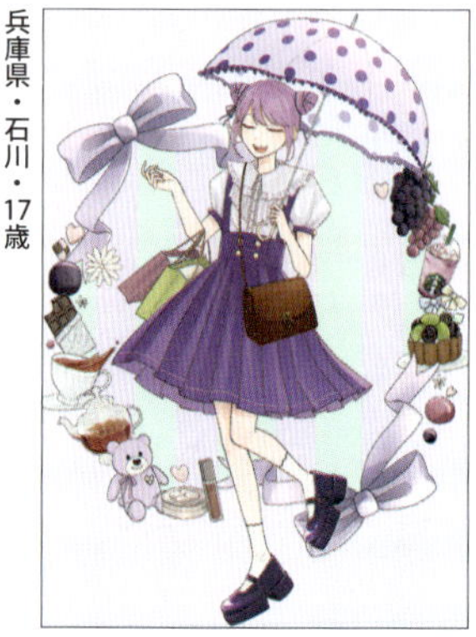
兵庫県・石川・17歳

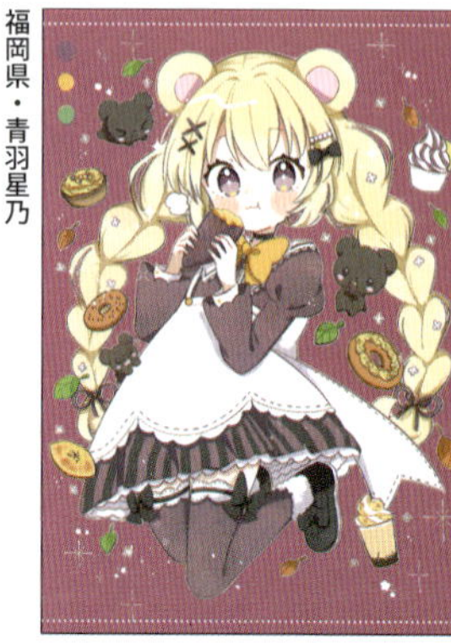
福岡県・青羽星乃

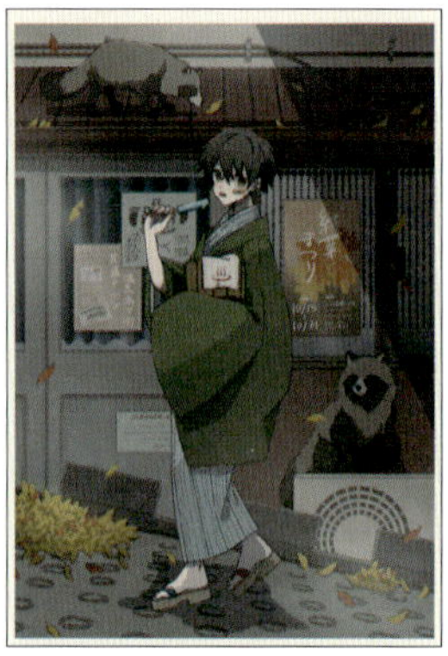
福島県・茶茶釜

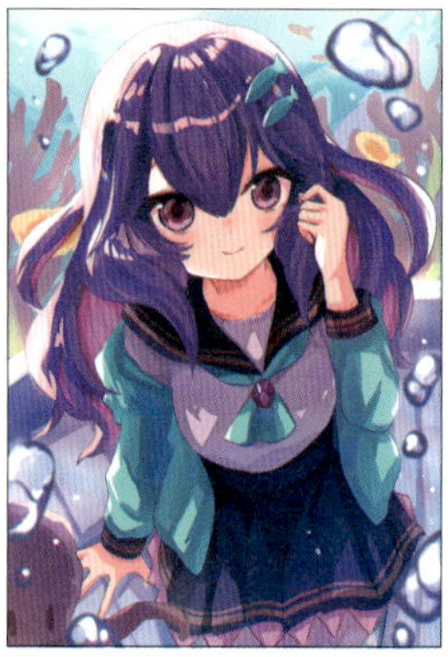
和歌山県・知正

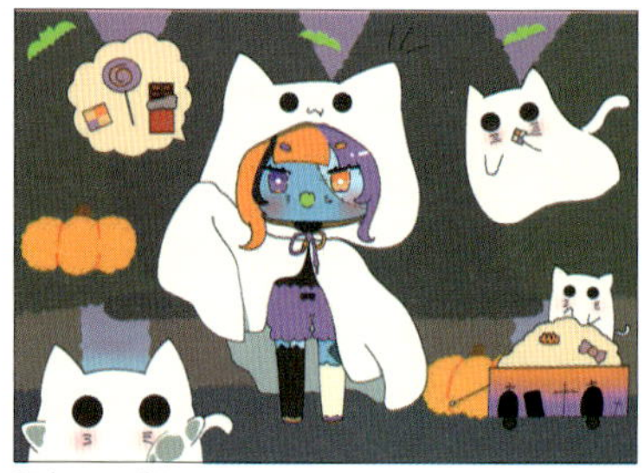
福島県・ぱすた

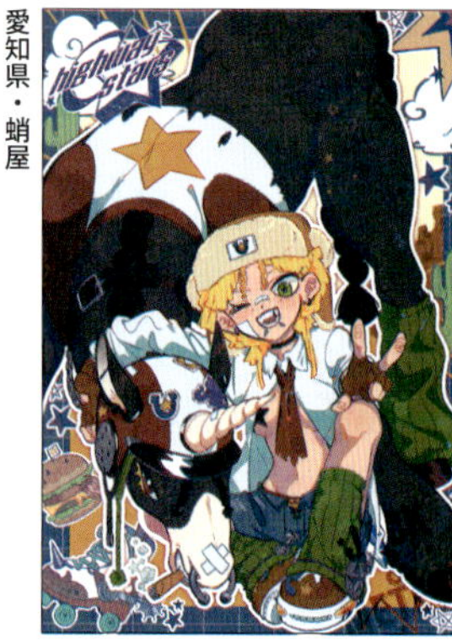
愛知県・蛸屋

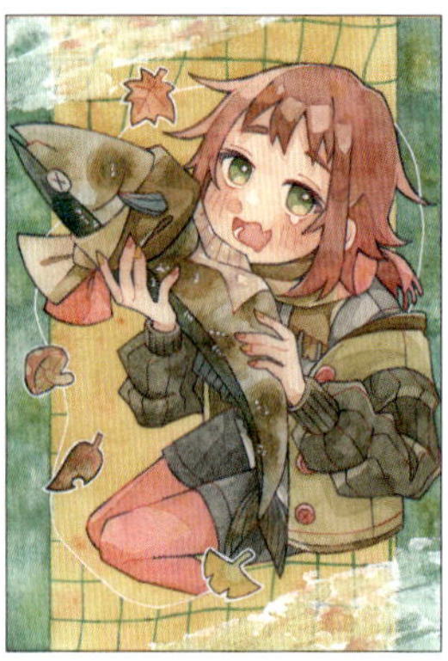
北海道・日常かんぱにー

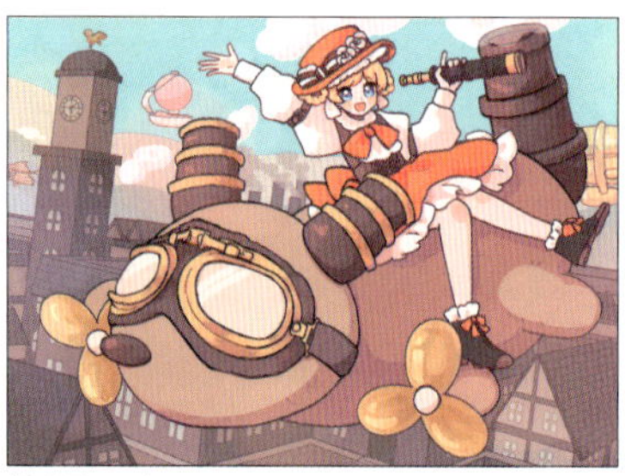
福岡県・のじ

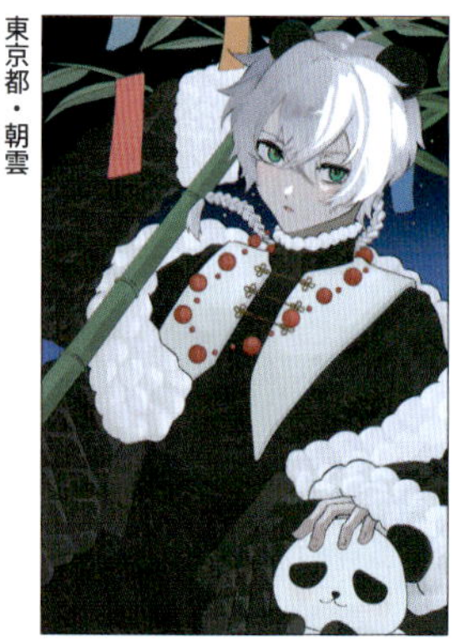
東京都・朝雲

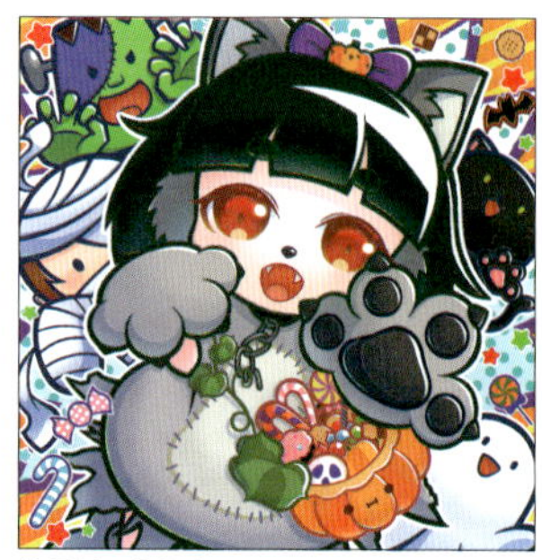
静岡県・なしみ

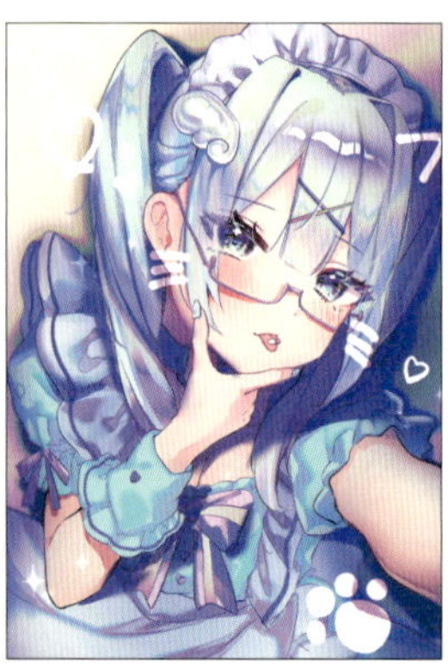
福岡県・杜若あんこ

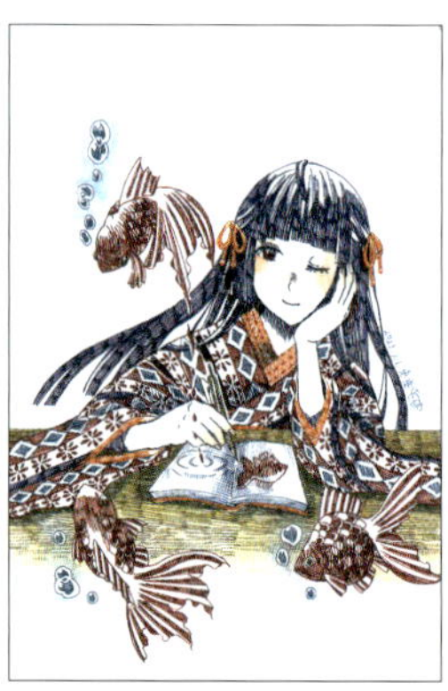
岐阜県・兎亜

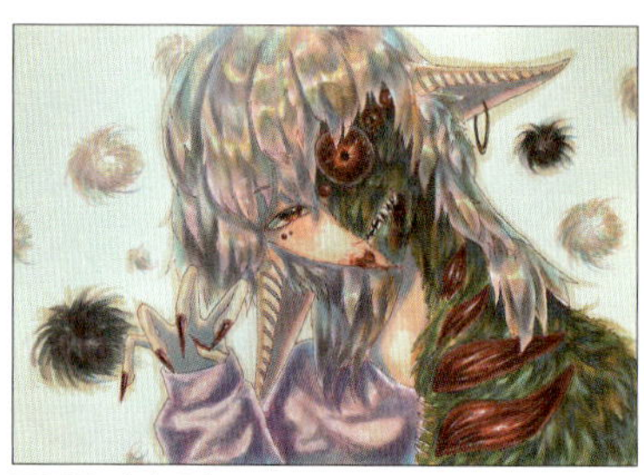
石川県・なたみね

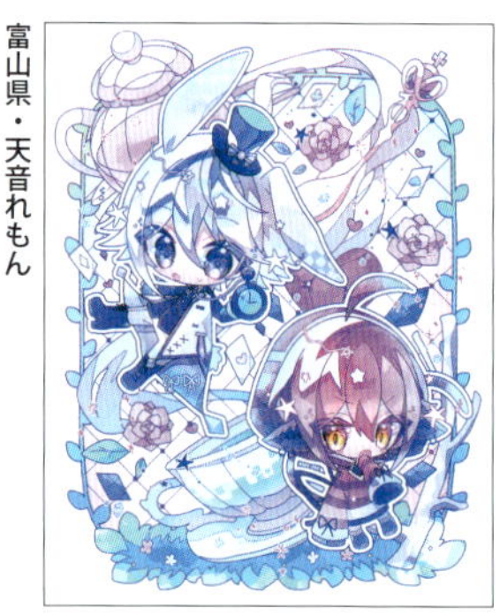
富山県・天音れもん

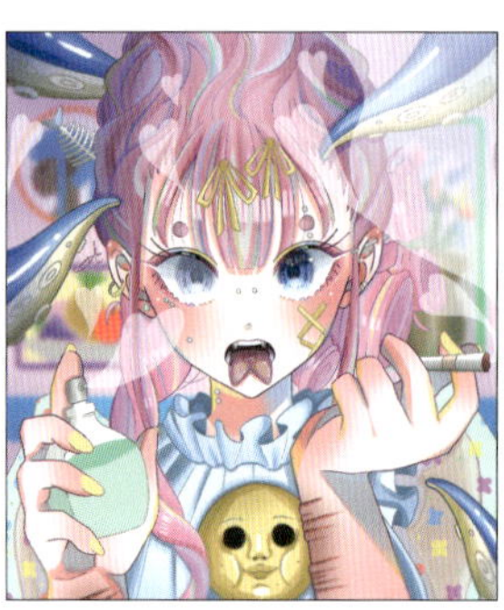
大阪府・長渡典也・18歳

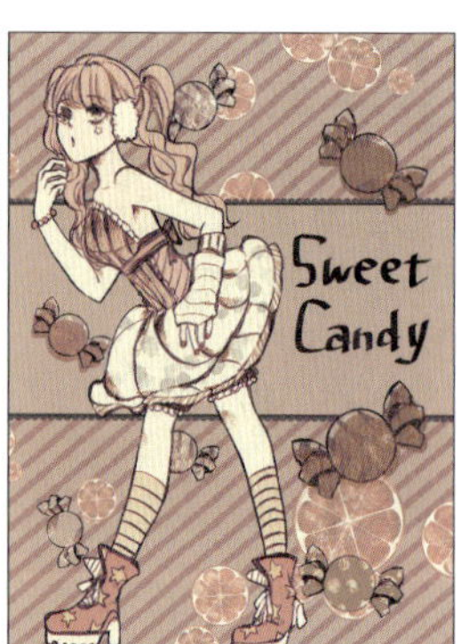

栃木県・藤丘乃衣

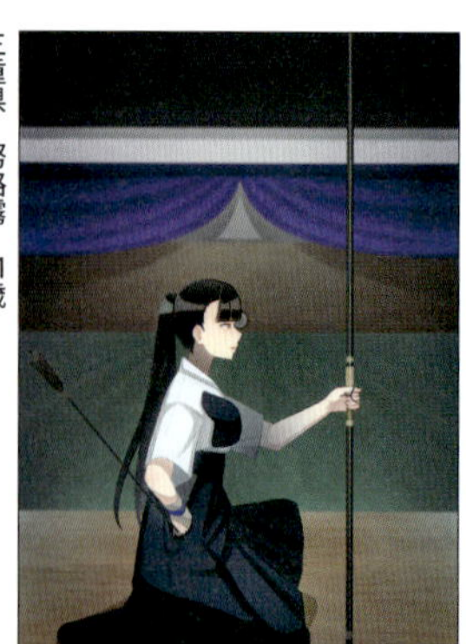
三重県・努路霧・21歳

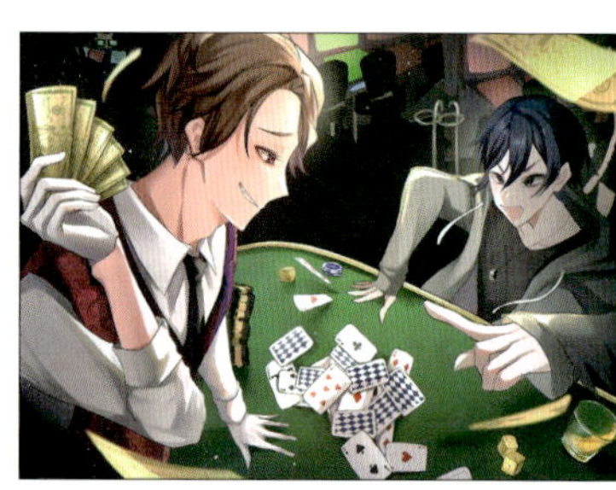
福岡県・そゆ

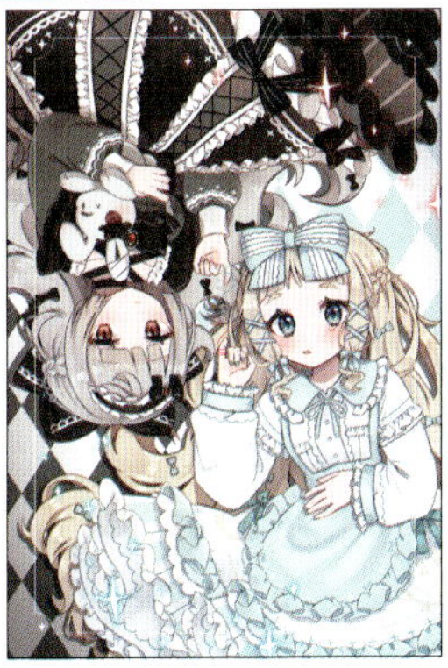
東京都・碧空こはく。

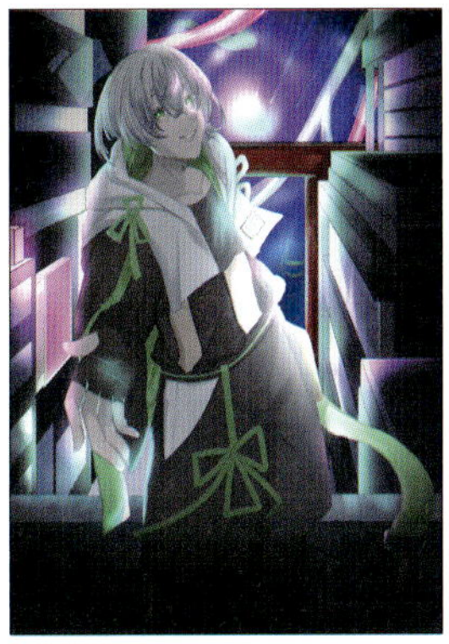
福岡県・鉢屋蜂

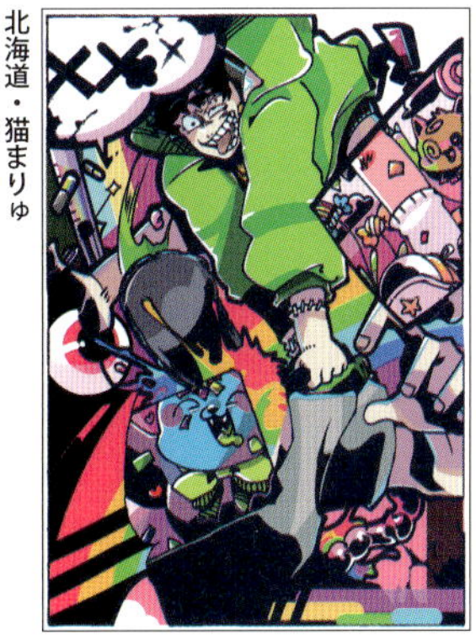
北海道・猫まりゅ

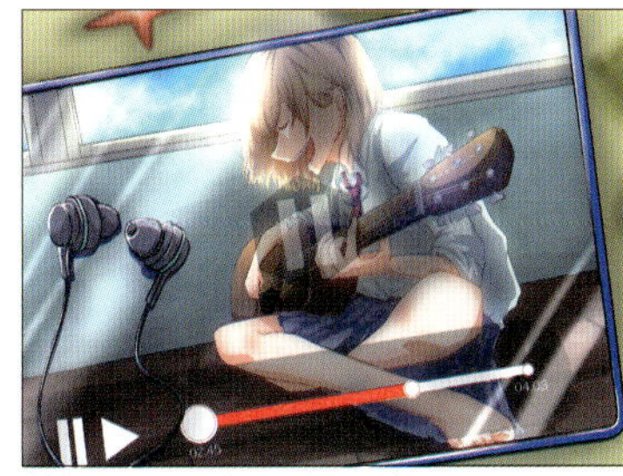
新潟県・しののめめののめ・19歳

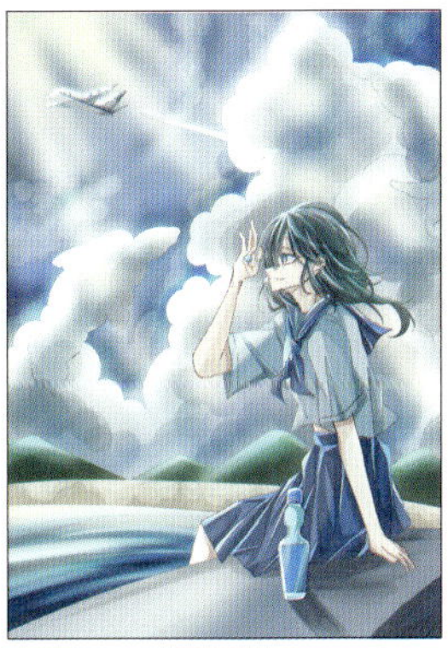
大阪府・湊世

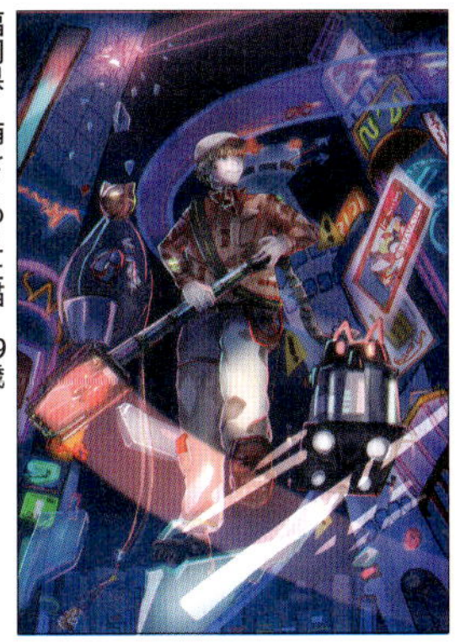
福岡県・鮪をくわえた猫・19歳

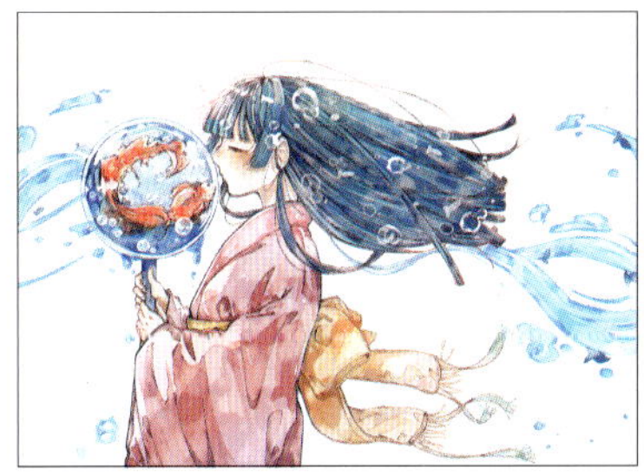
大阪府・おみそ。・18歳

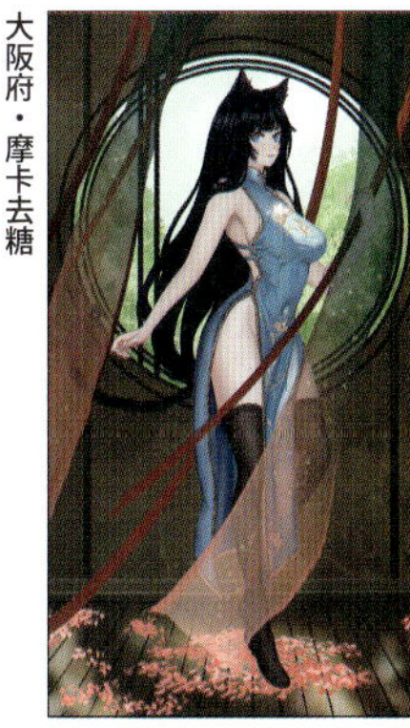
大阪府・摩卡去糖

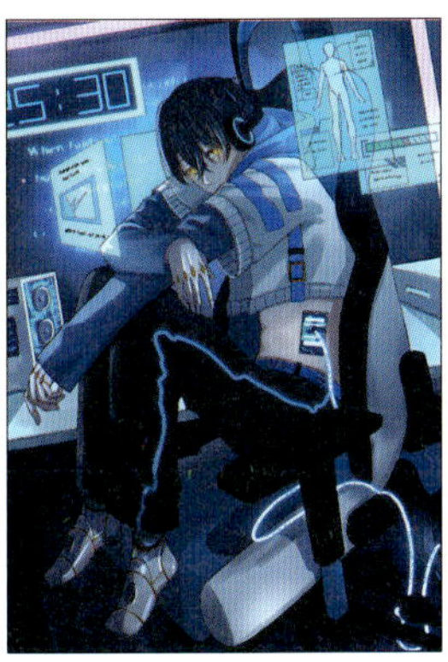
熊本県・猫屋あさ

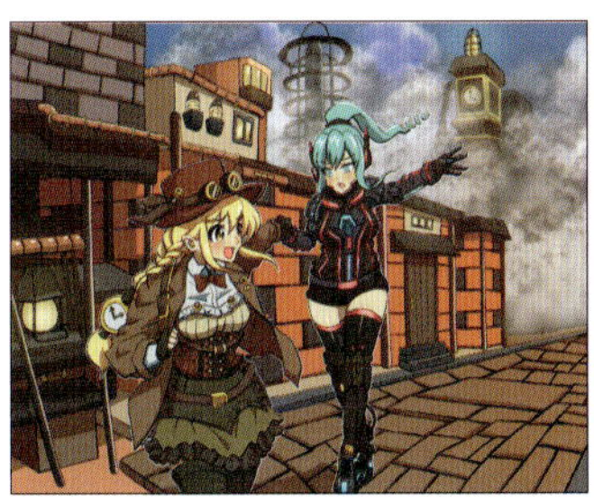
福岡県・Shiya

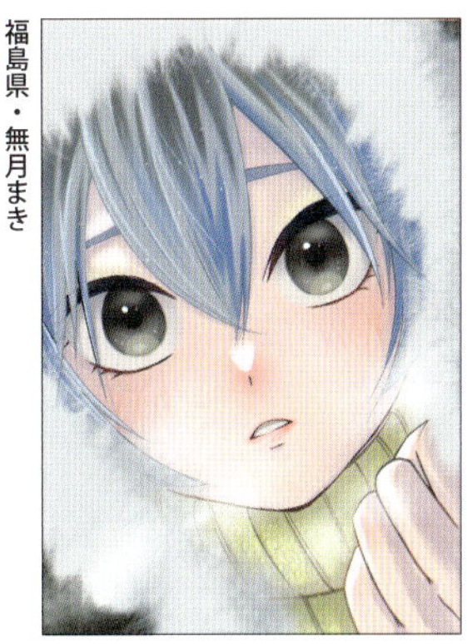
福島県・無月まき

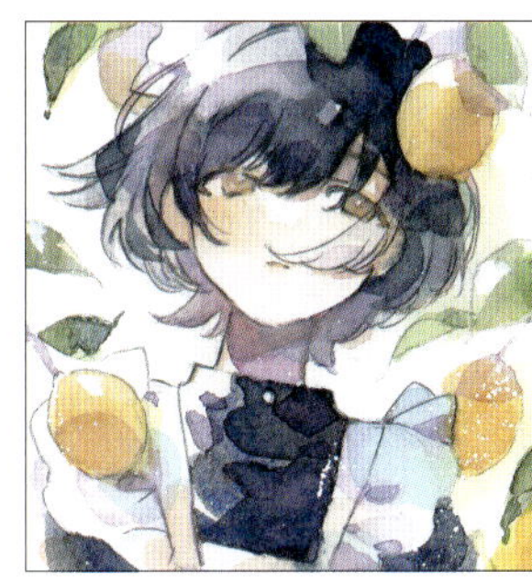
滋賀県・len

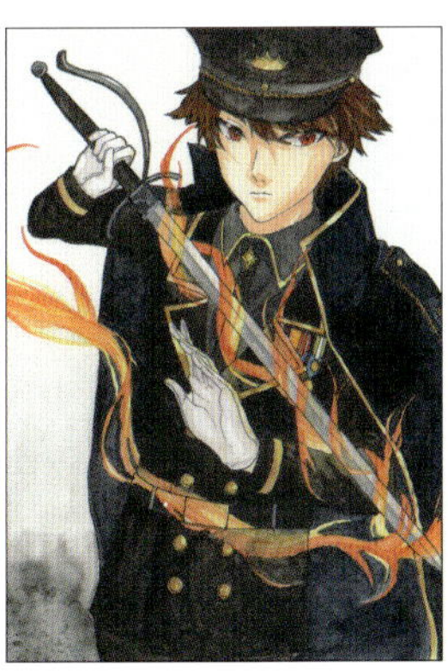
兵庫県・要

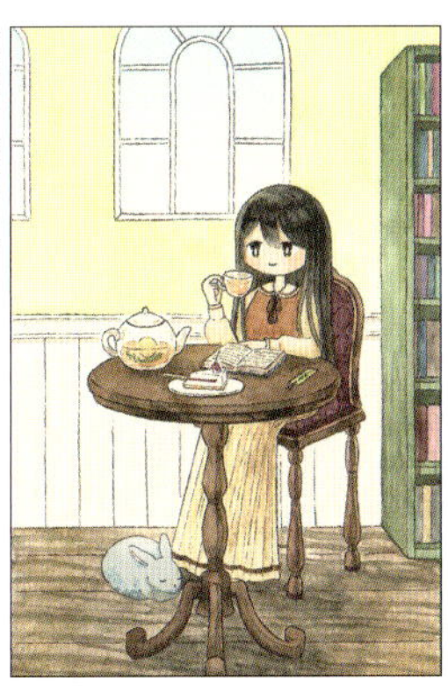
大阪府・融月りる

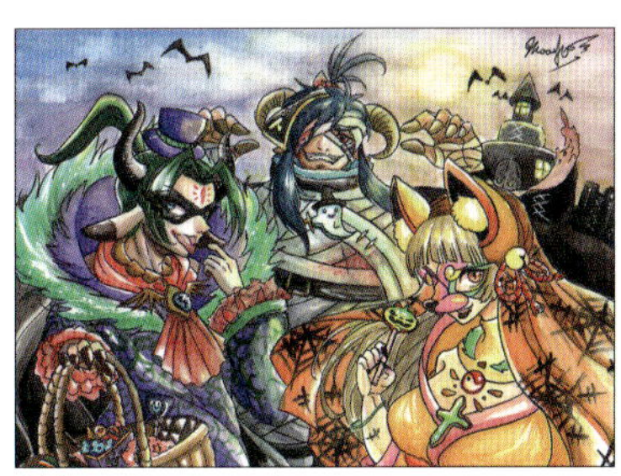
宮城県・Maaya・15歳

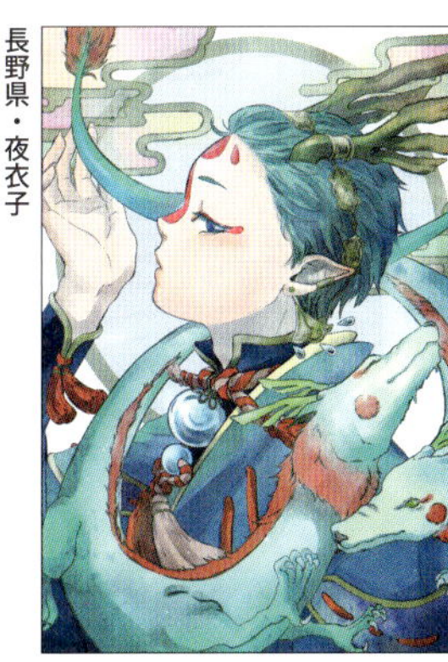
長野県・夜衣子

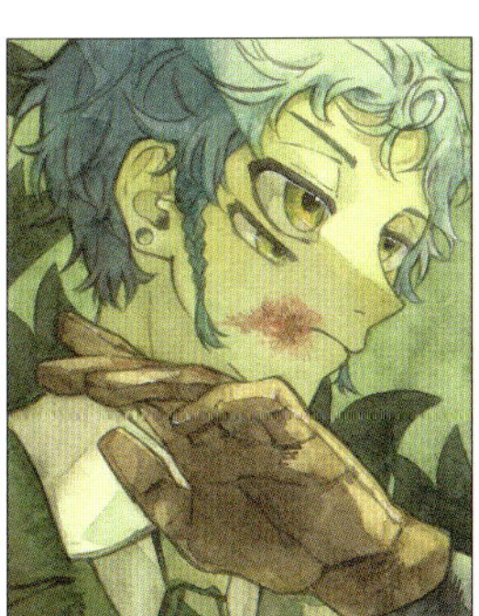
京都府・遙々壱

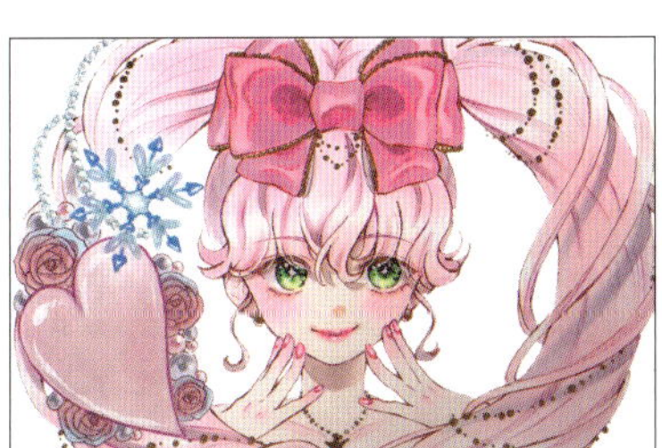
香川県・kuru.e

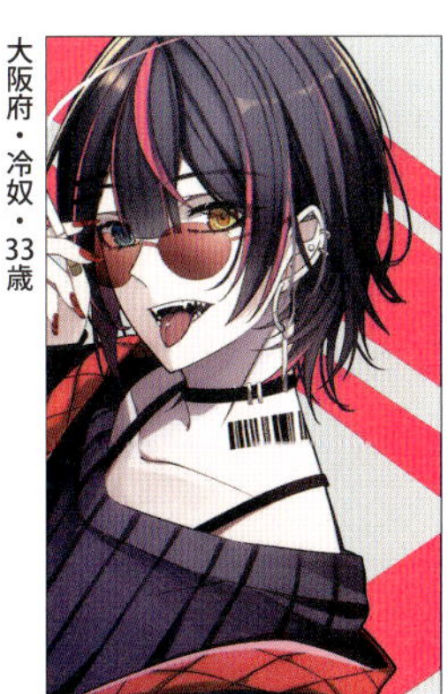
大阪府・冷奴・33歳

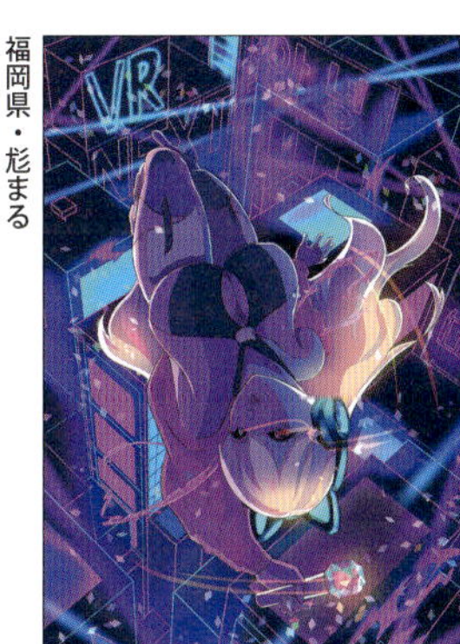
福岡県・彪まる

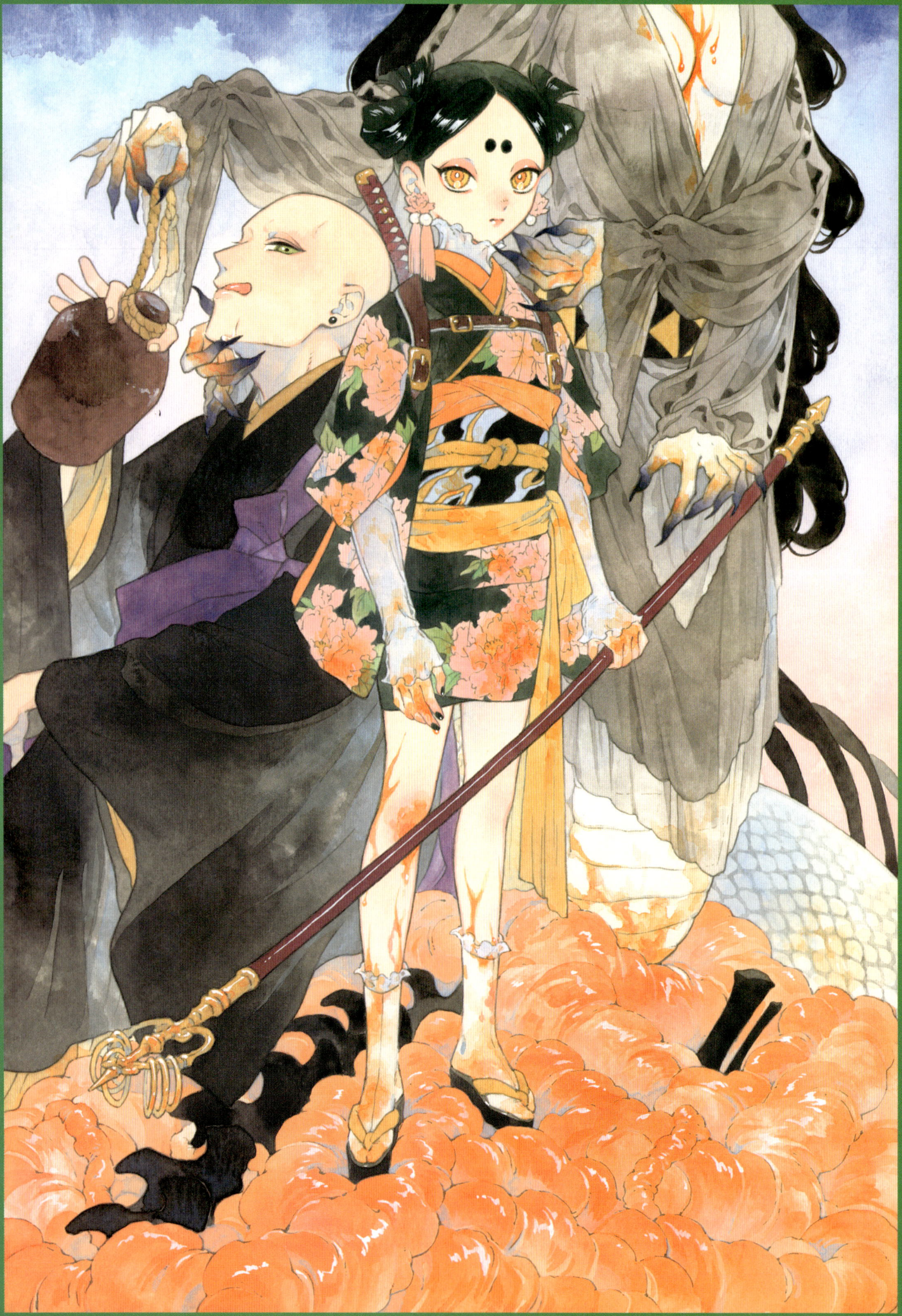

熊本県・ひらき【アクリルガッシュ・ヴィファアール水彩紙】

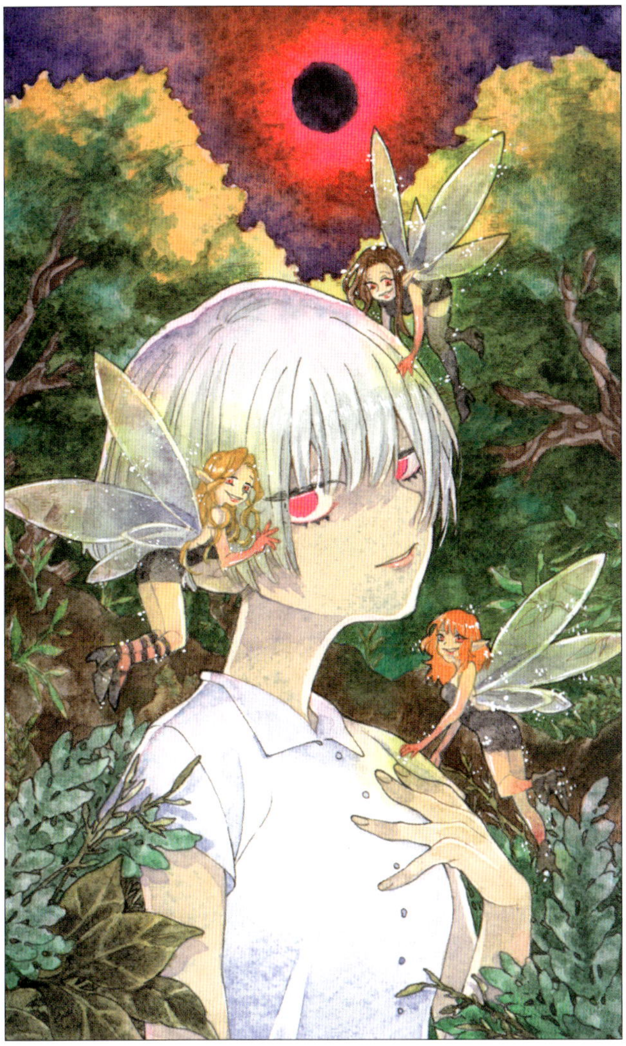

静岡県・黒羽【透明水彩・アルシュ水彩紙】

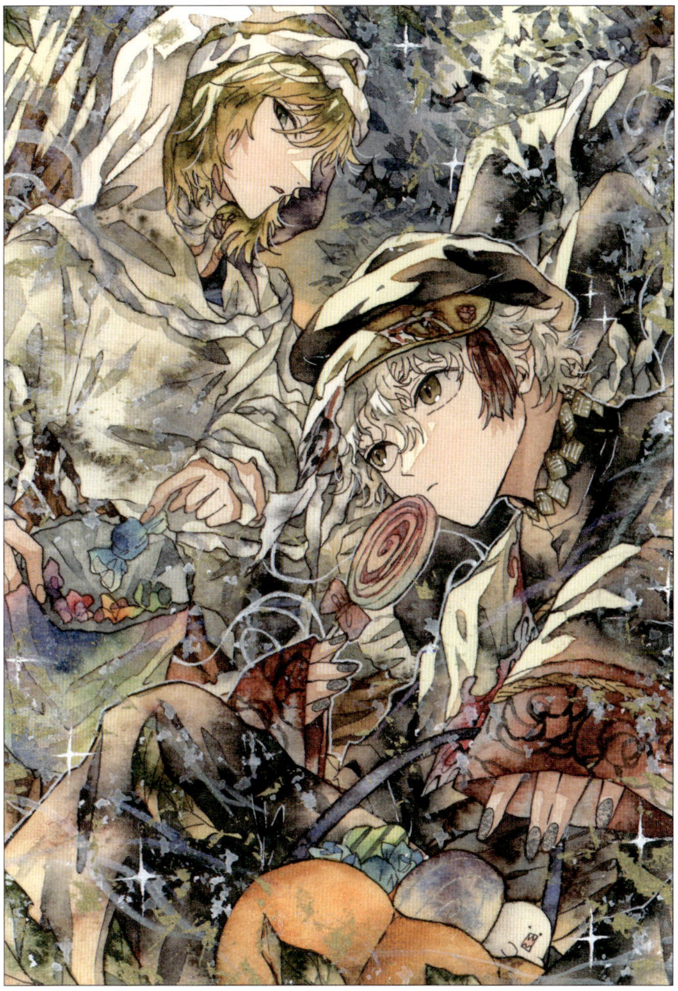

大阪府・potato【透明水彩・コピックマルチライナー】

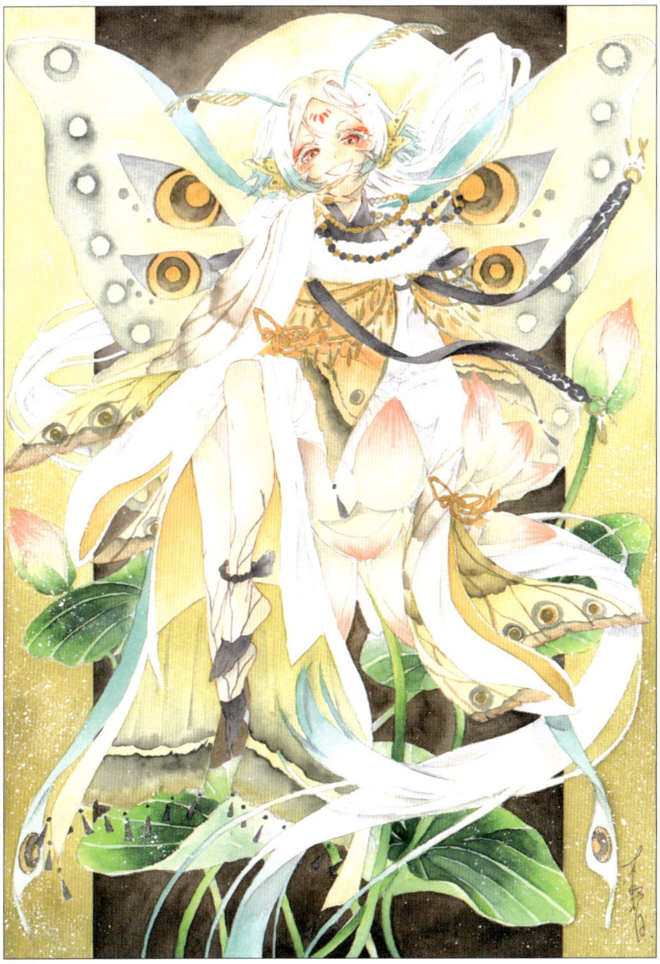

埼玉県・木野白【透明水彩・ランプライト水彩紙】

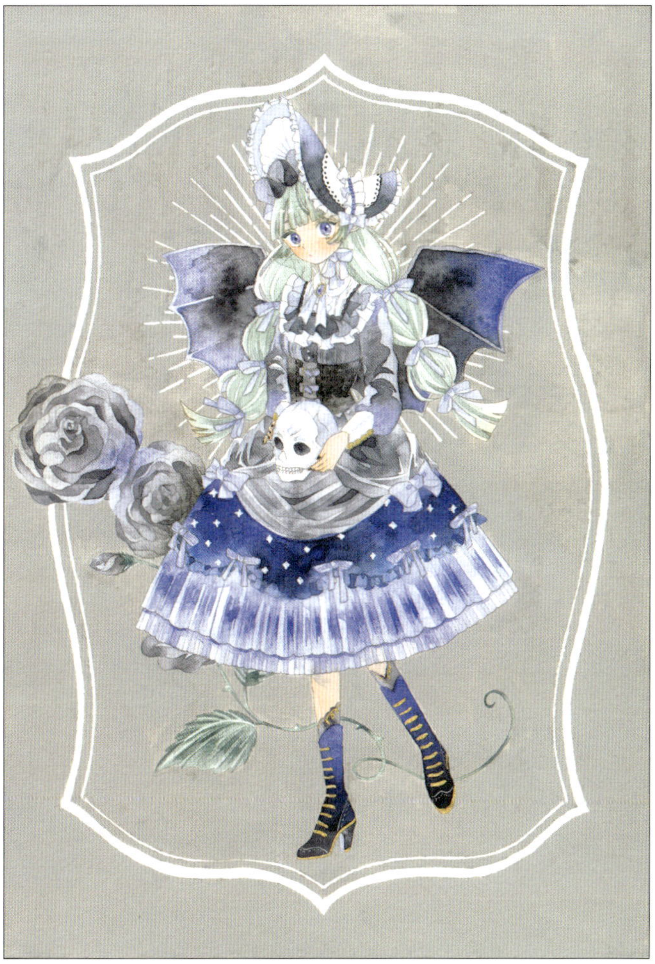

埼玉県・わさび【透明水彩・アクリルガッシュ】

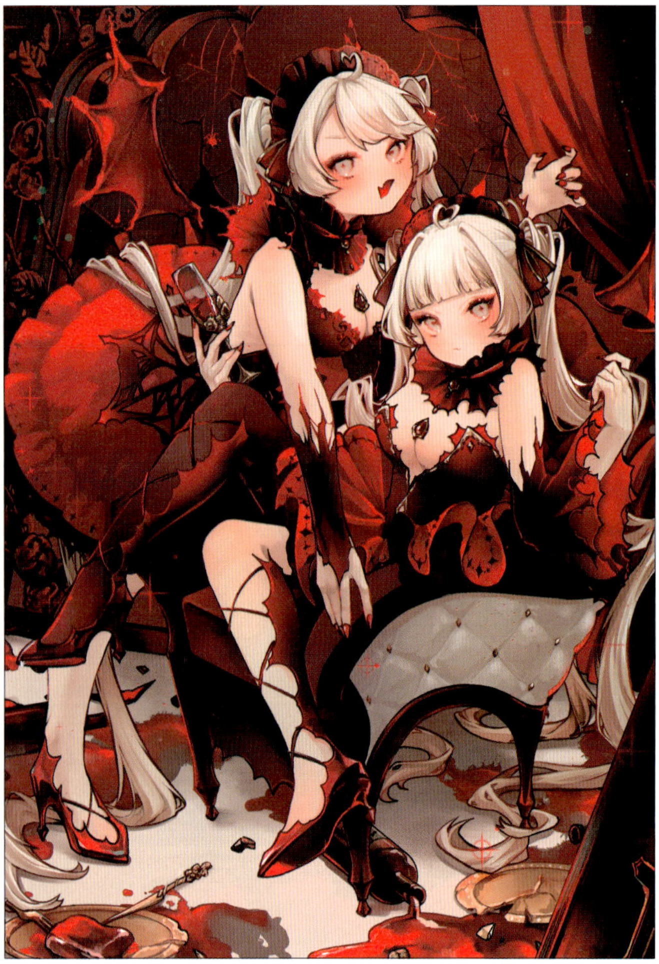

東京都・しいろ【CLIP STUDIO PAINT】

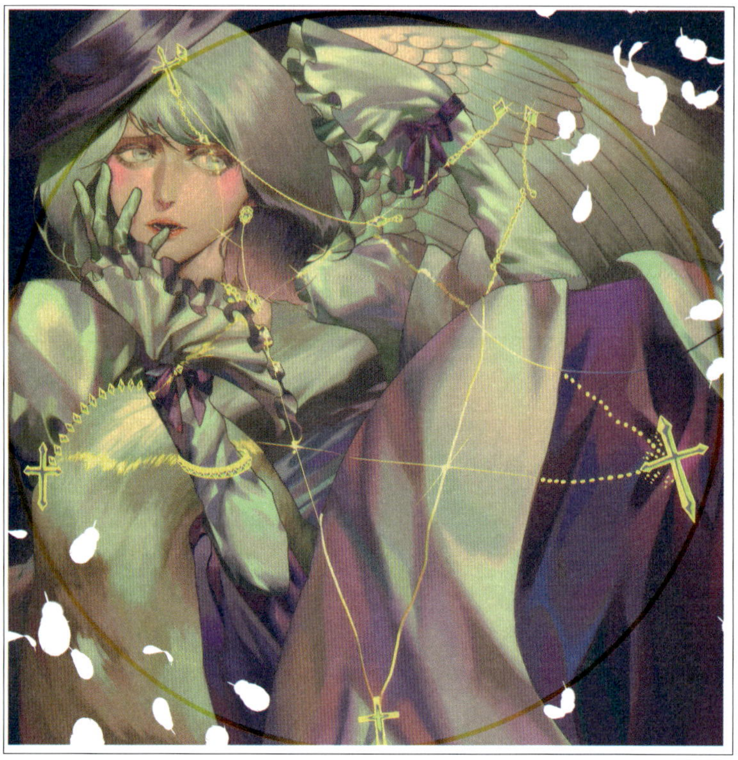

大阪府・ゆあ【CLIP STUDIO PAINT】

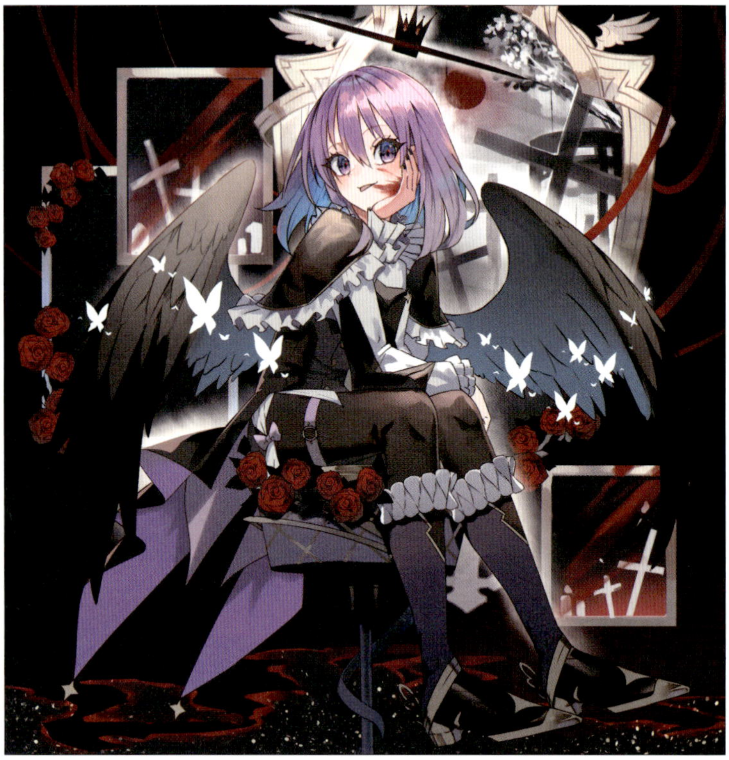

福島県・桃寸（もす）【SAI・CLIP STUDIO PAINT】

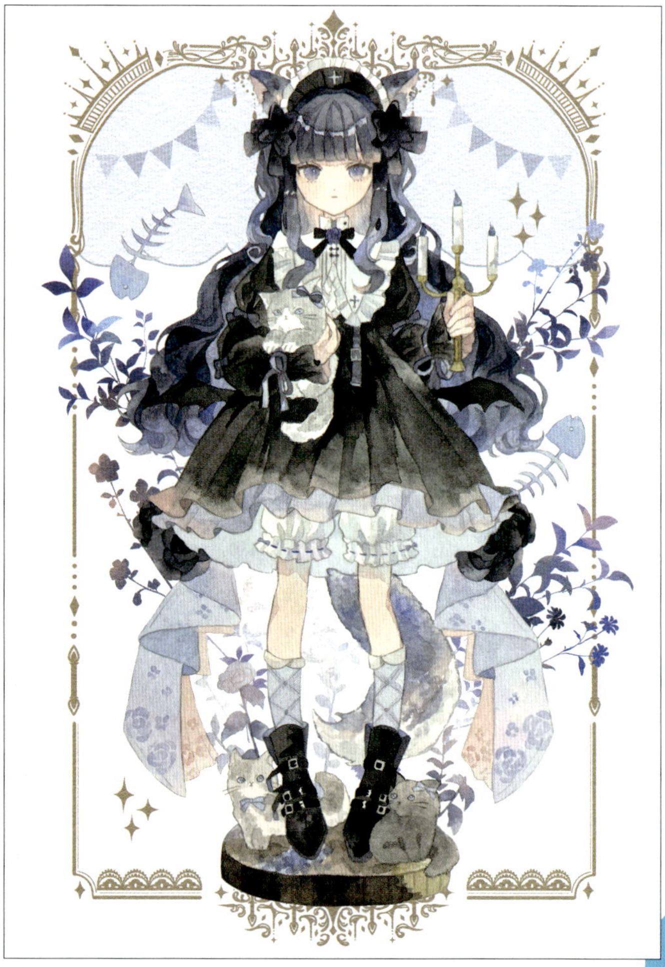

山梨県・あおやぎ【透明水彩・CLIP STUDIO PAINT】

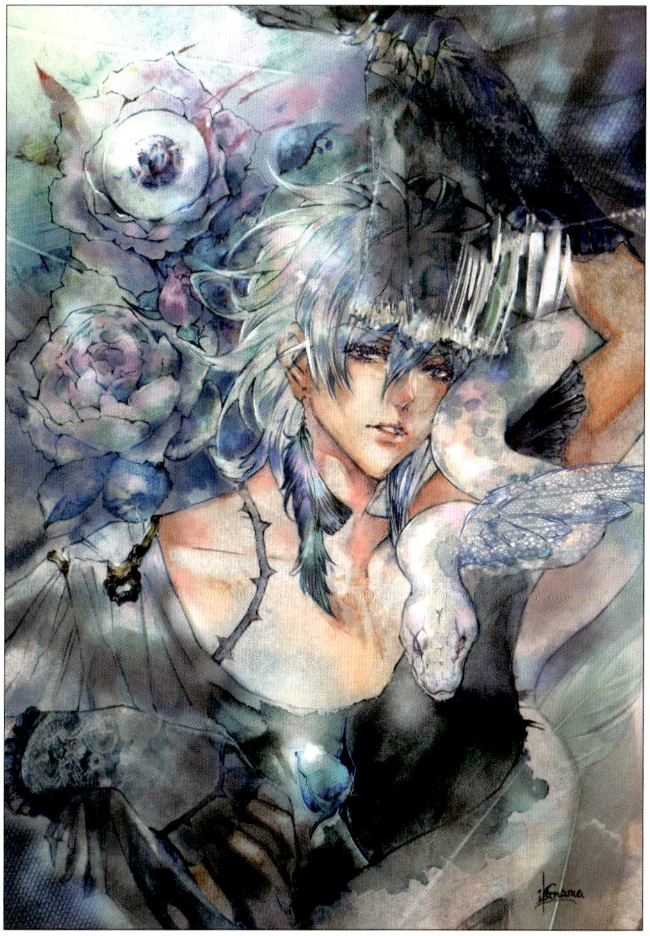

新潟県・鳥屋部カナメ【水彩絵具・Photoshop2018・Painter2020】

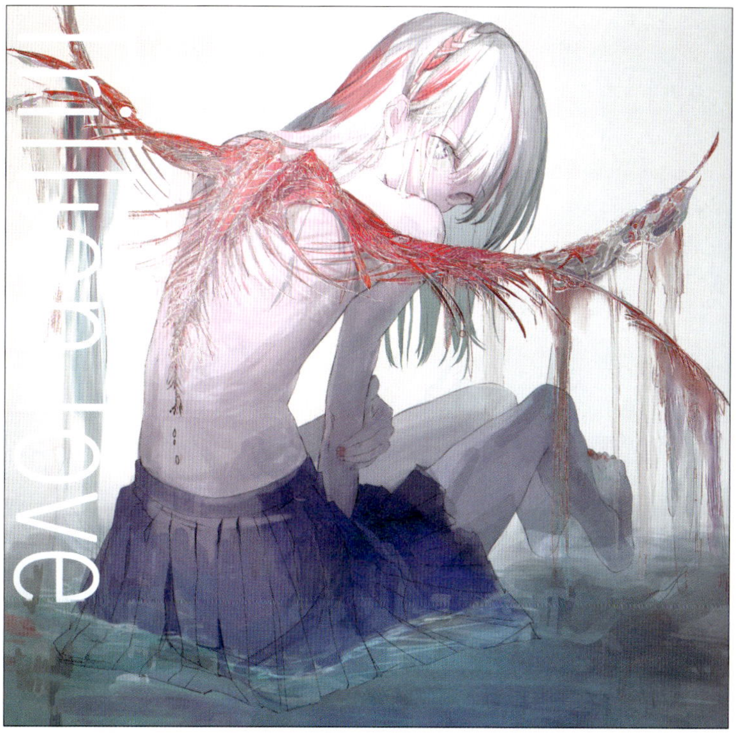

東京都・あおれもん・17歳【アイビスペイント】

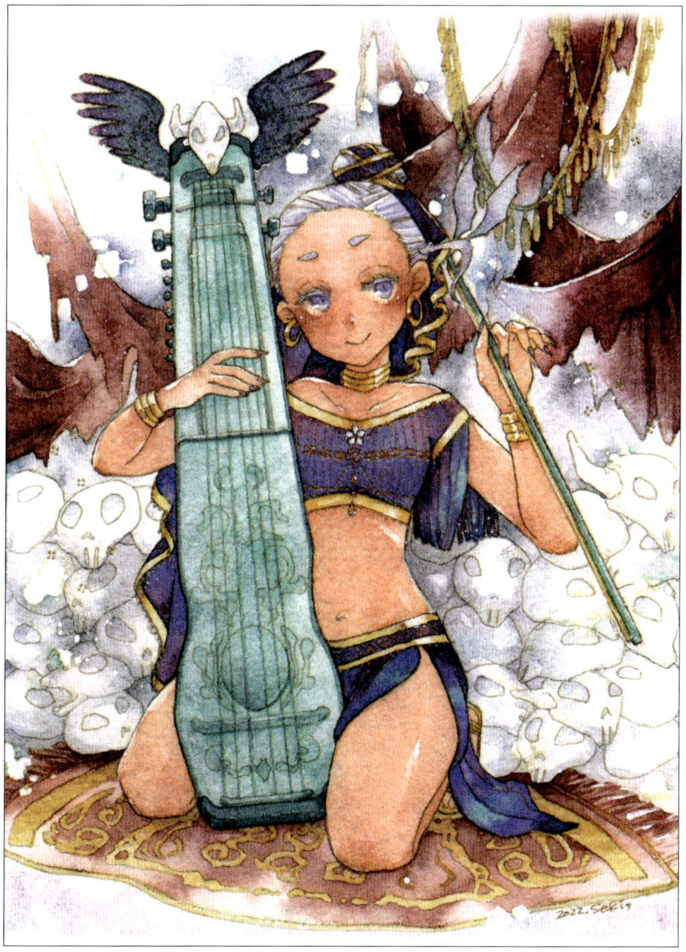

東京都・セキ【透明水彩】

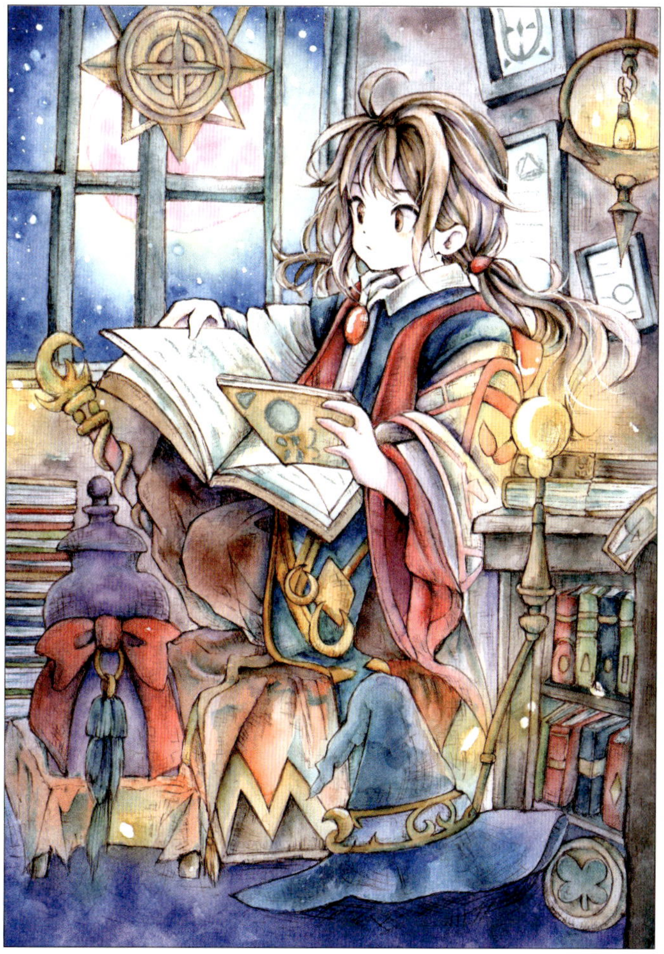

愛知県・☆きらぼし☆【透明水彩・ウォーターフォード水彩紙】

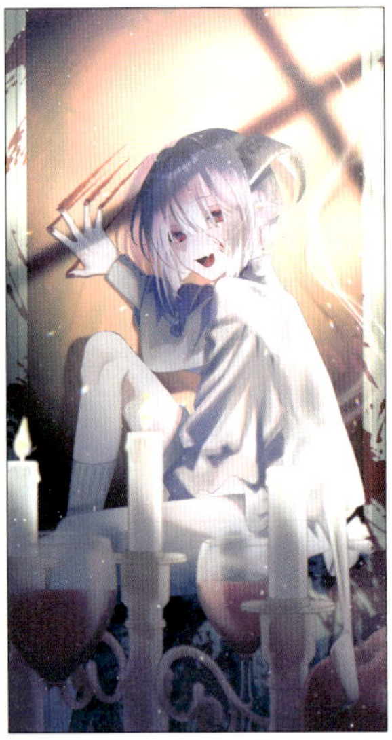
静岡県・IZUMO

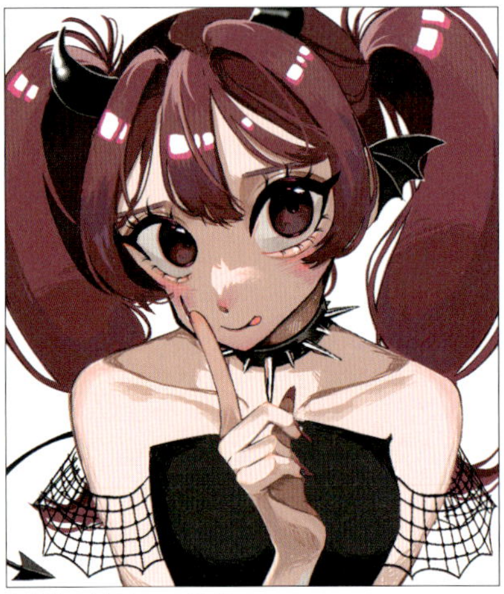
京都府・あはちゃ・18歳

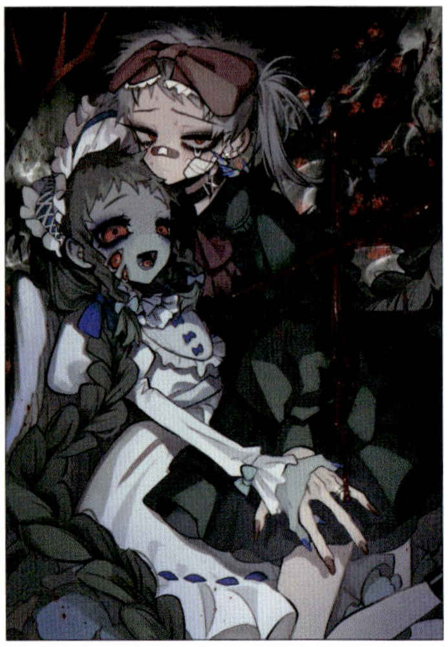
埼玉県・82

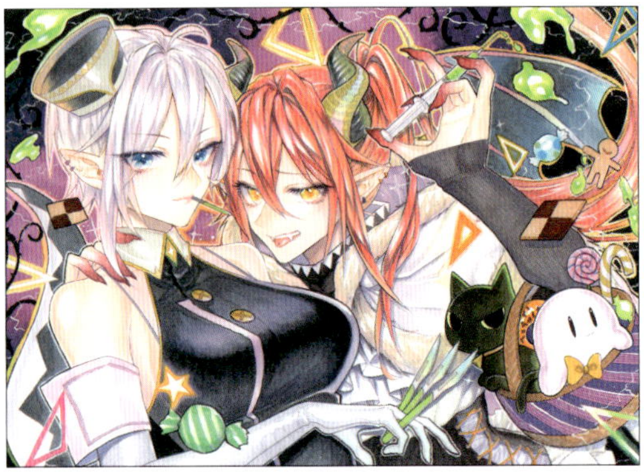
千葉県・シギノヤキ

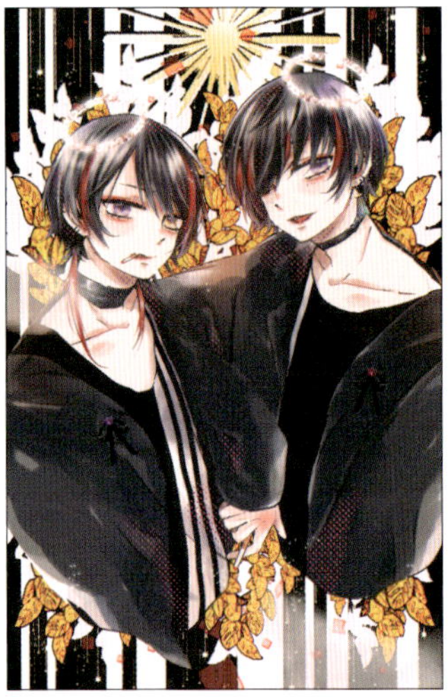
キャラクター・まめた&イラスト・ぱんねこ（合作）

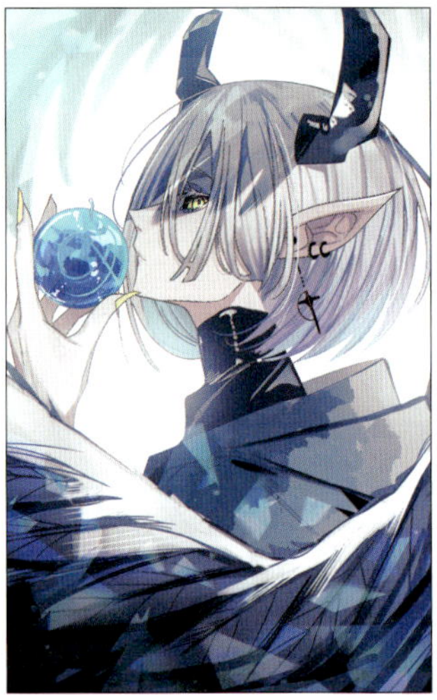
大阪府・遊山しゃき

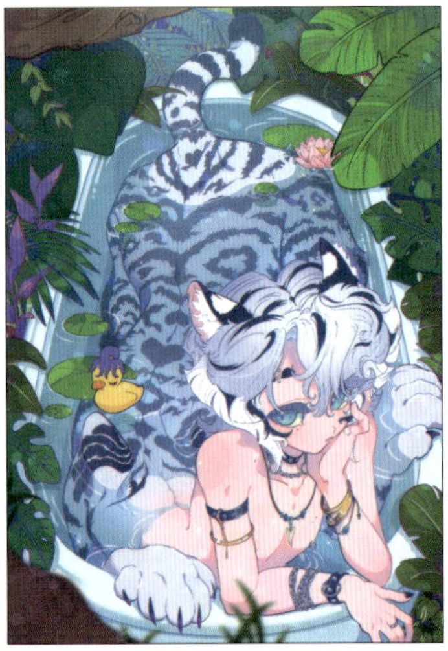
愛知県・蛸屋

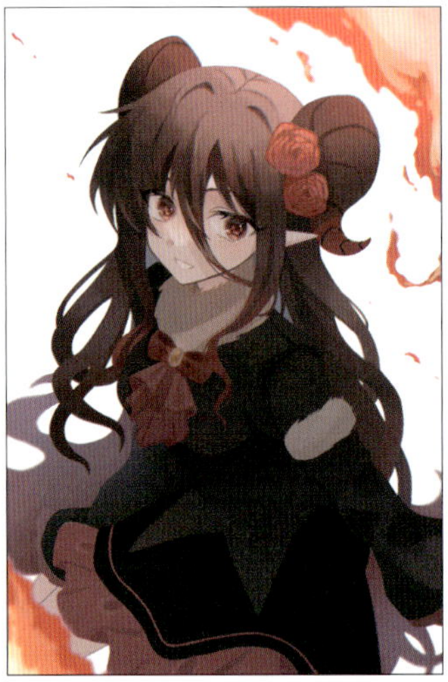
山口県・あおね

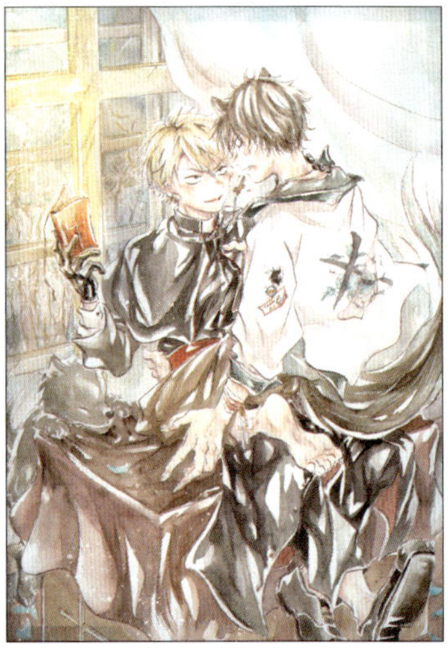
埼玉県・はっさく

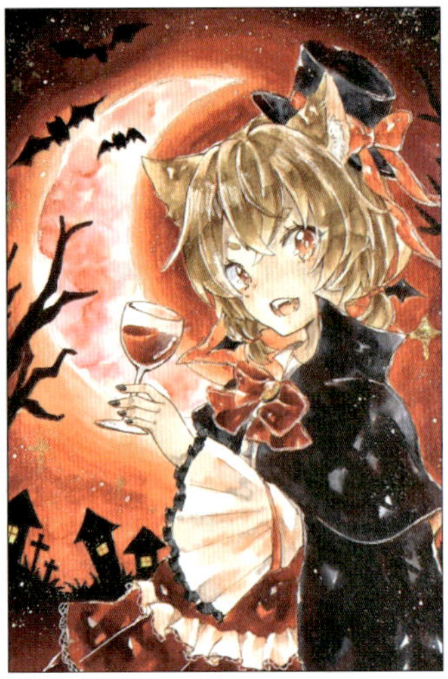
神奈川県・梨玖

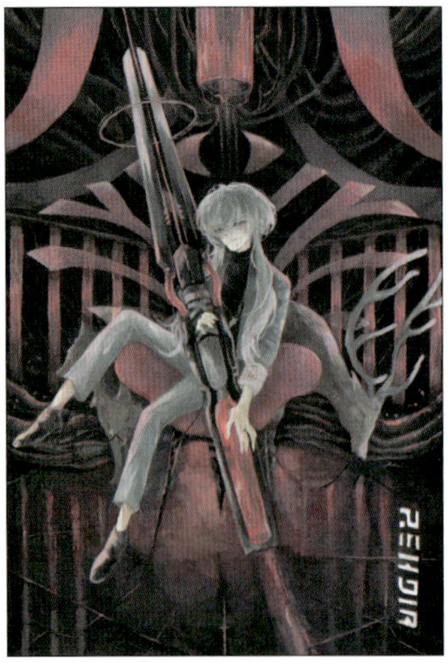
山梨県・sau

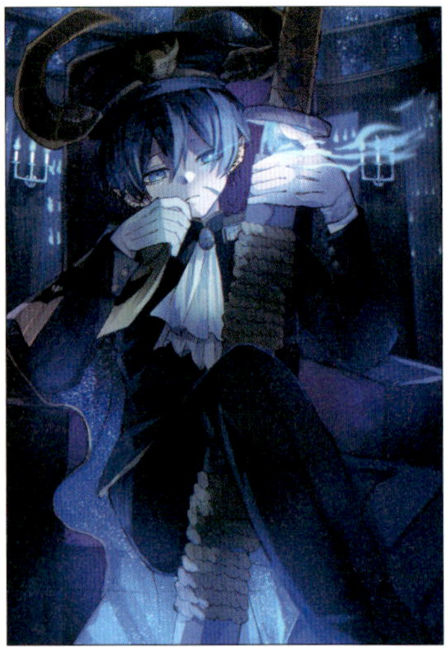
京都府・saneko.

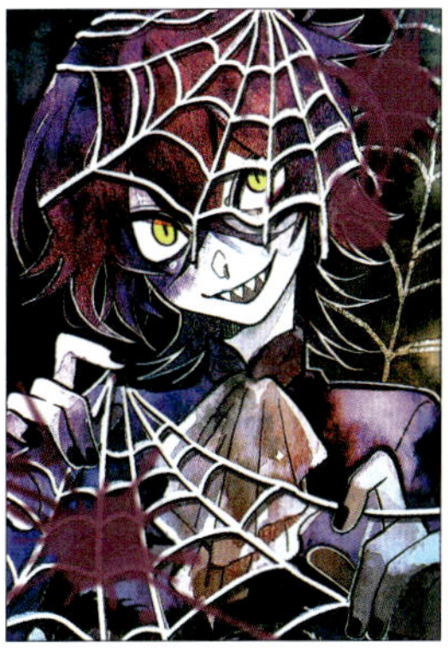
新潟県・ariko

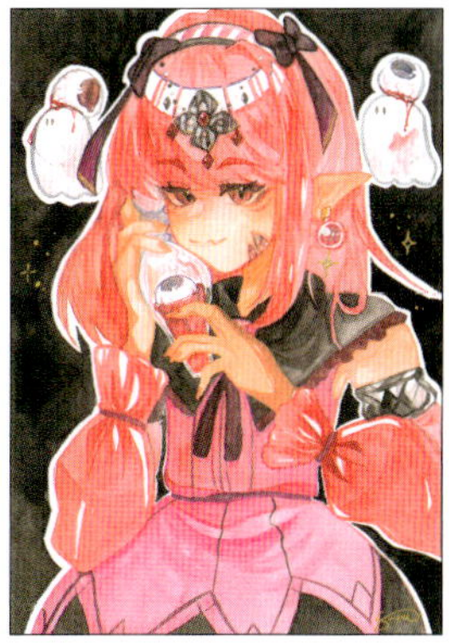
東京都・8-ru

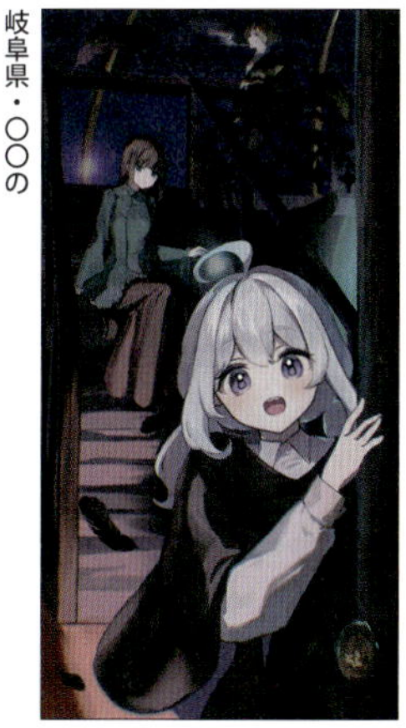
岐阜県・○○の

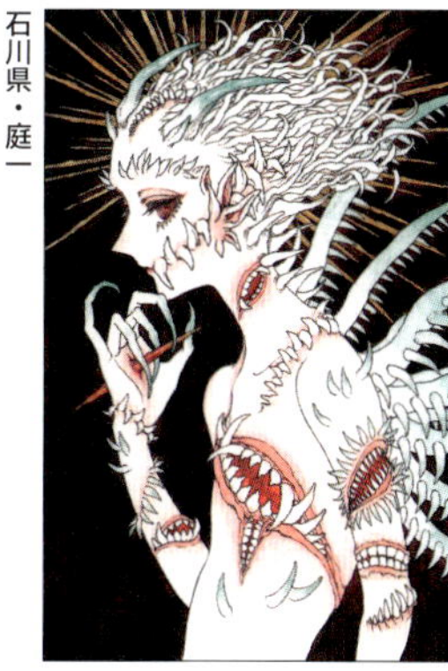
石川県・庭一

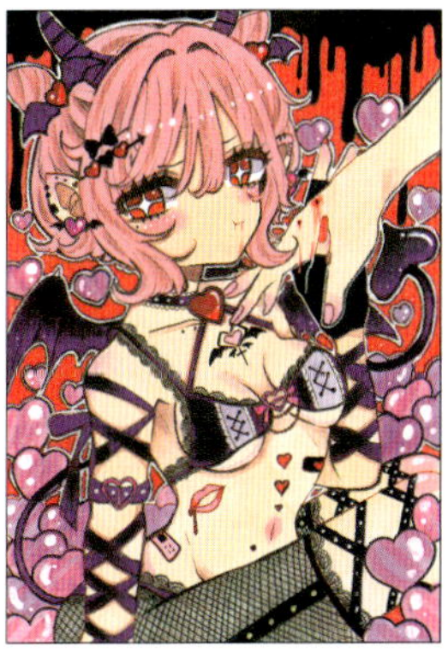
青森県・ももうさぎ・26歳

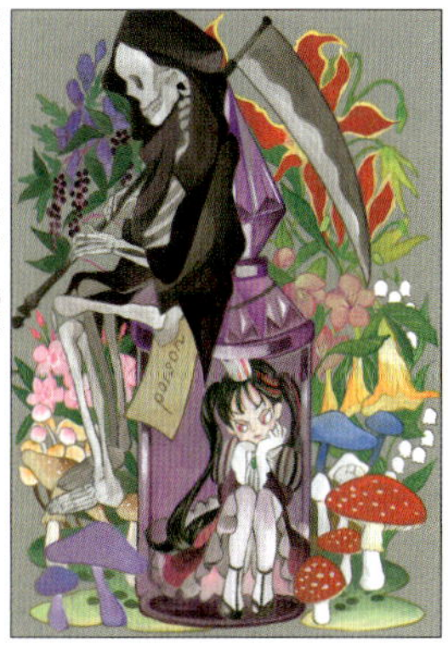
埼玉県・新倉なつな・38歳

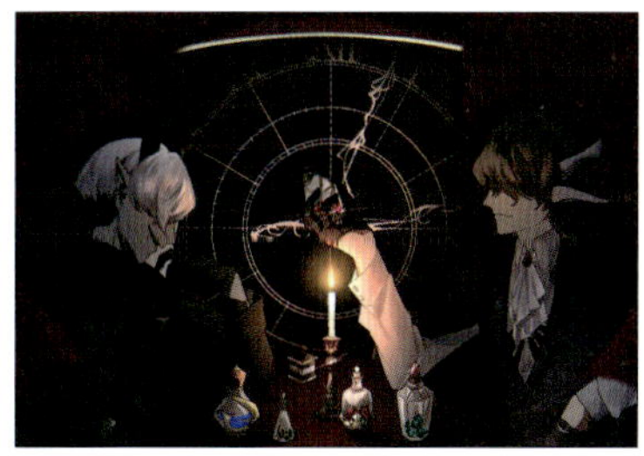
福島県・庵冥

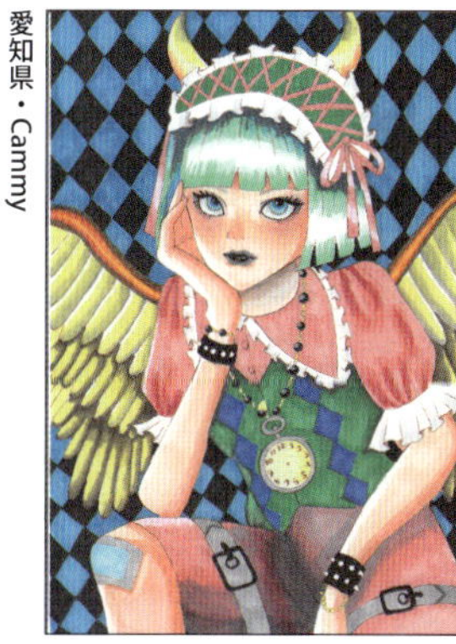
愛知県・Cammy

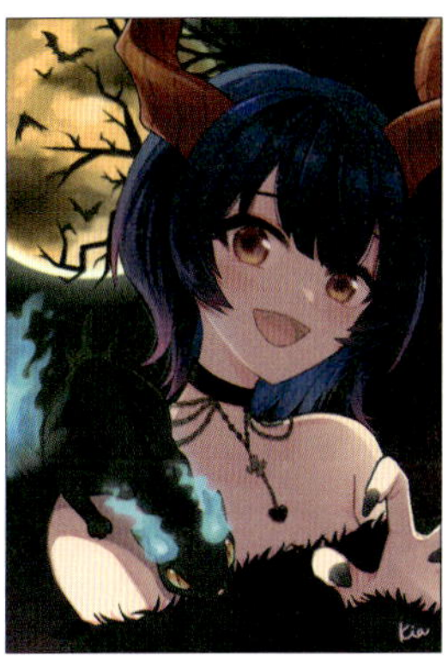
福岡県・Kia

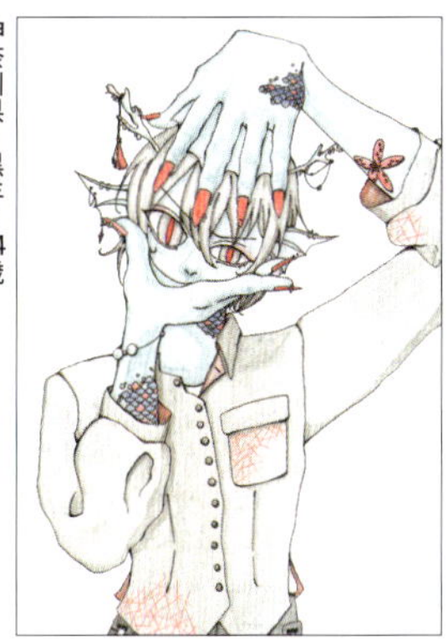
神奈川県・黒羊・14歳

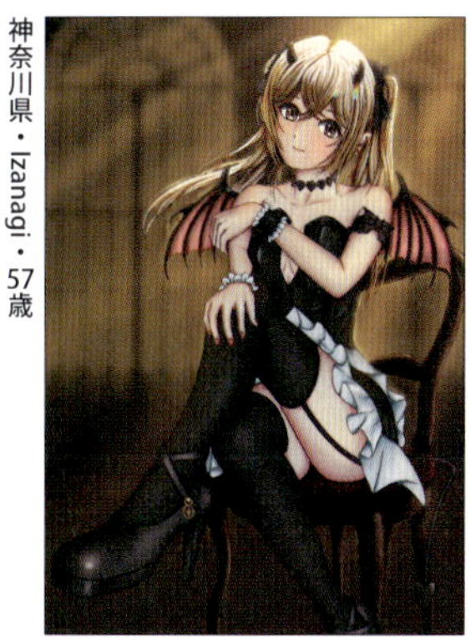
神奈川県・Izanagi・57歳

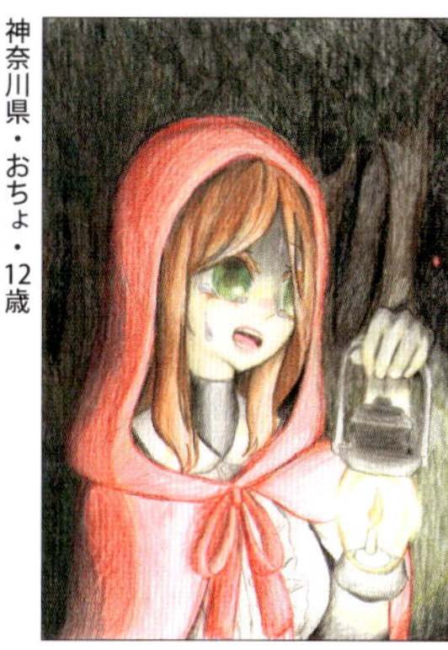
神奈川県・おちょ・12歳

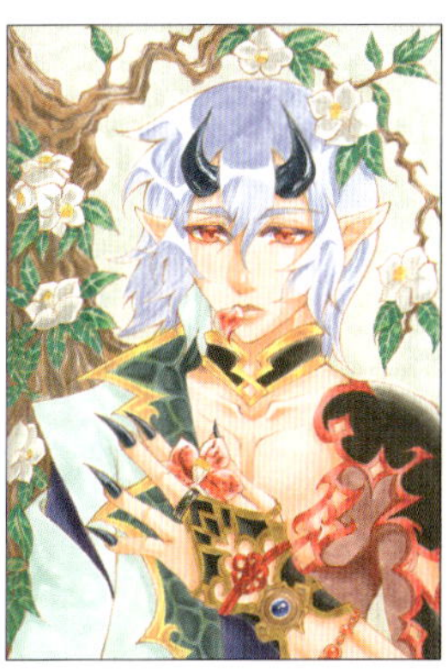
岡山県・いもまっちゃ

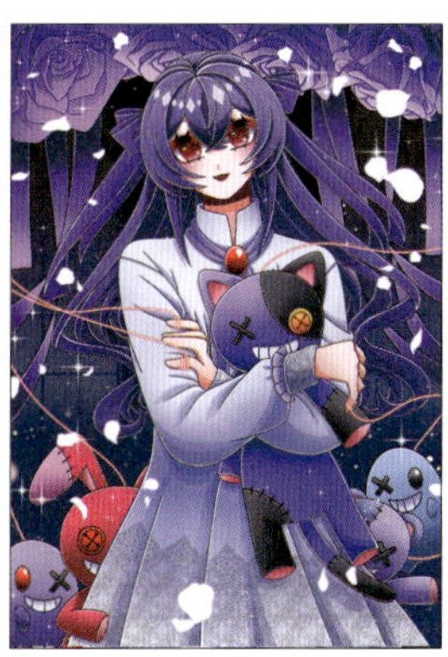
新潟県・NEVE

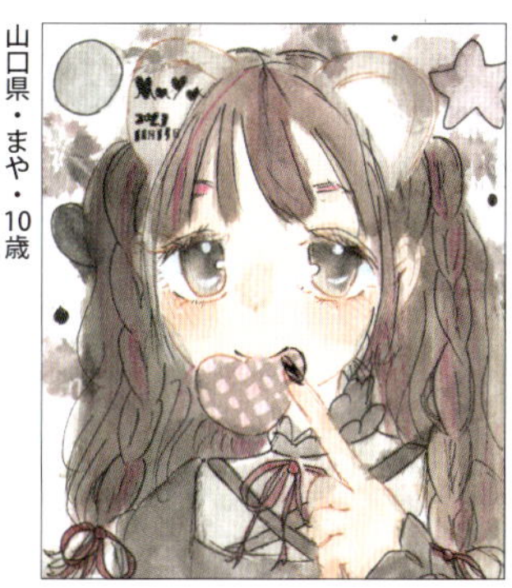
山口県・まや・10歳

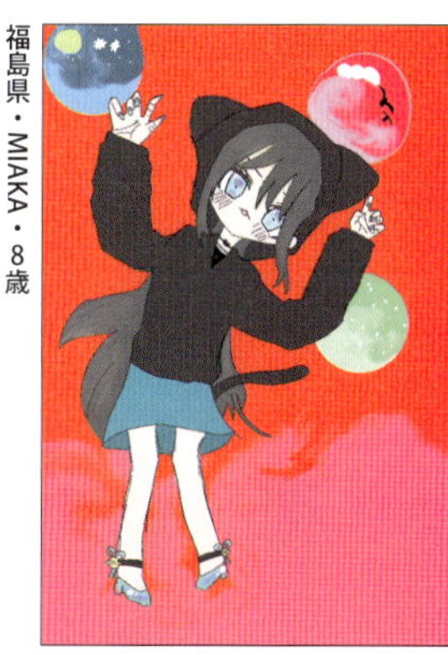
福島県・MIAKA・8歳

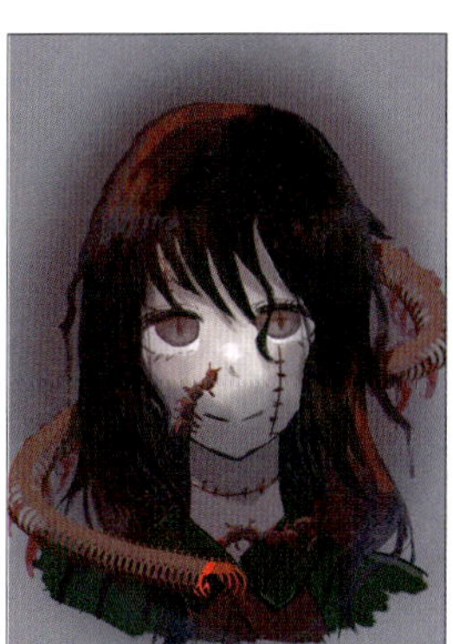
滋賀県・アイス・12歳

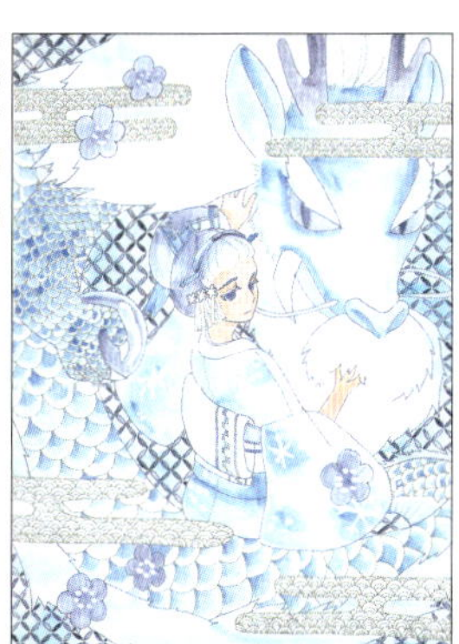
宮城県・如月祐

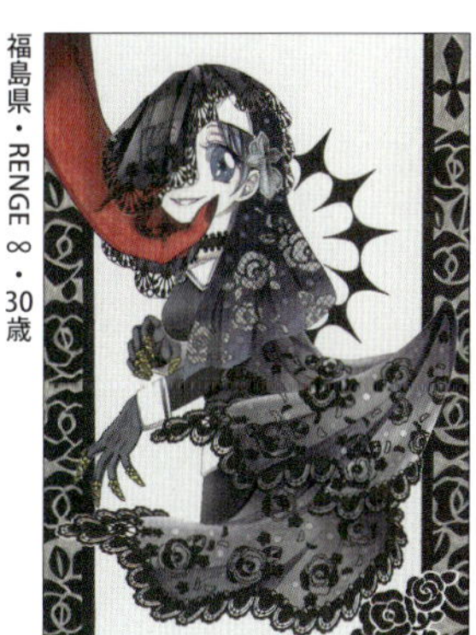
福島県・RENGE∞・30歳

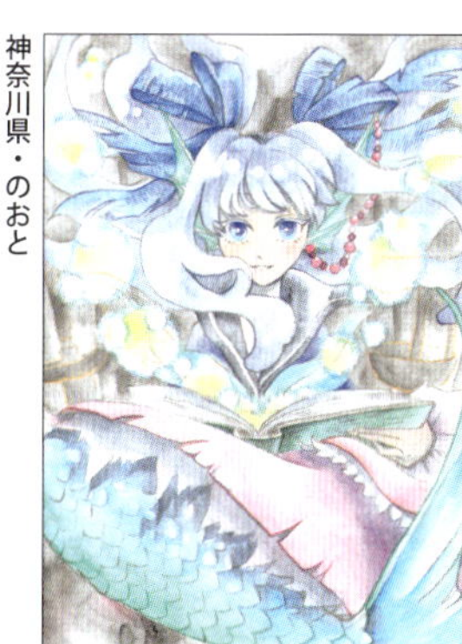
神奈川県・のおと

埼玉県・たこばた・18歳

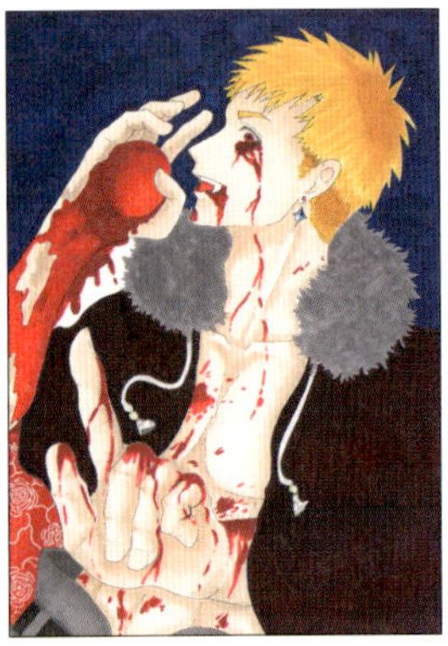

滋賀県・おせろ

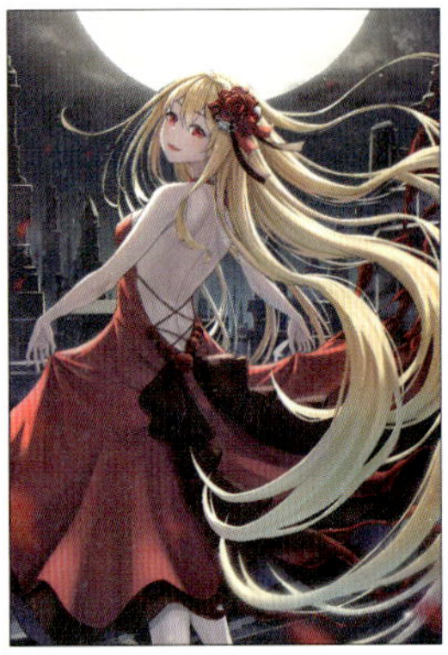

福岡県・まそら・35歳

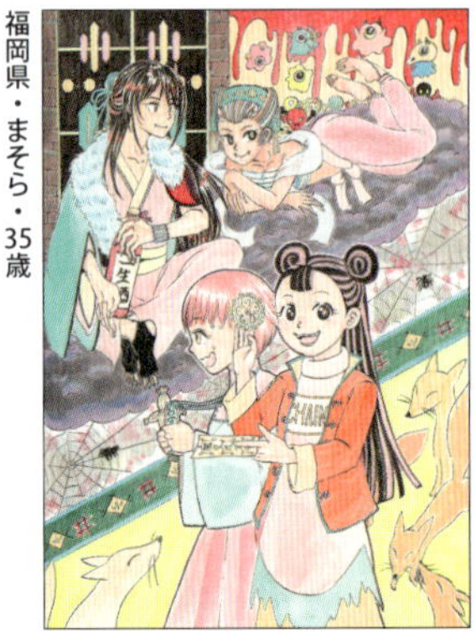

埼玉県・うらにわ・18歳

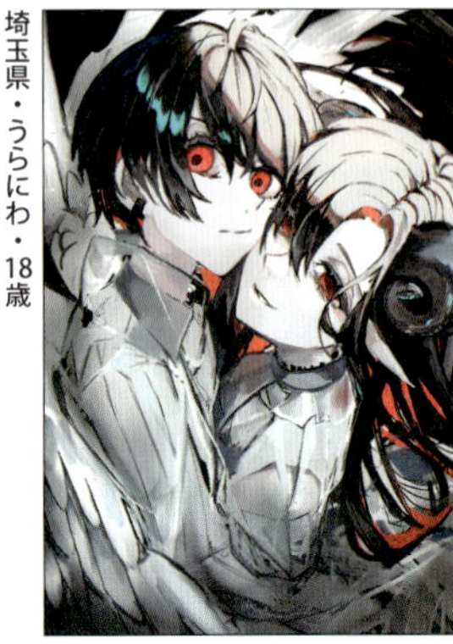

東京都・かりがり

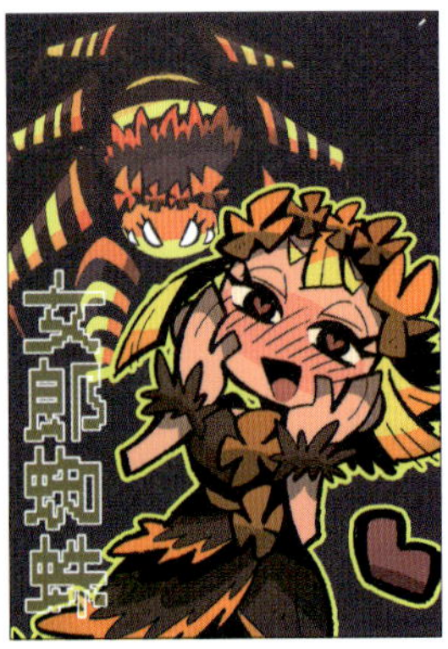

徳島県・いくらねこ

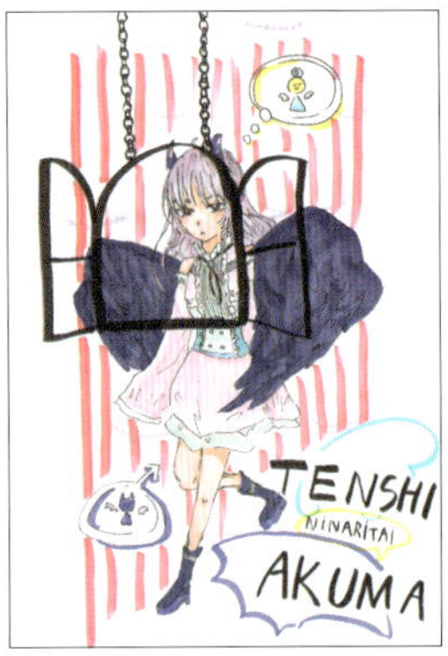

石川県・かさぶた・15歳

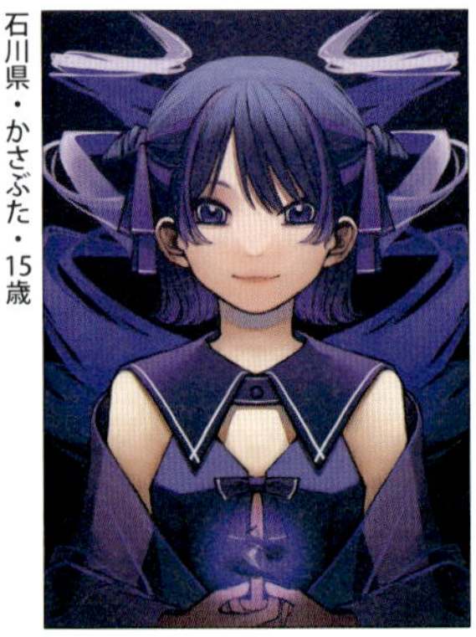

埼玉県・フッカ・18歳

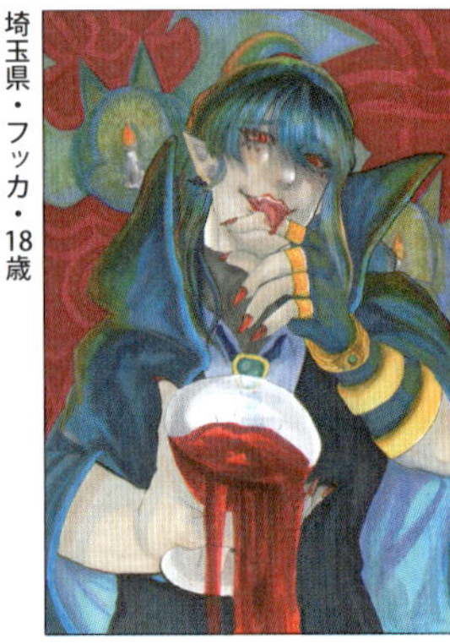

島根県・永井あゆみ

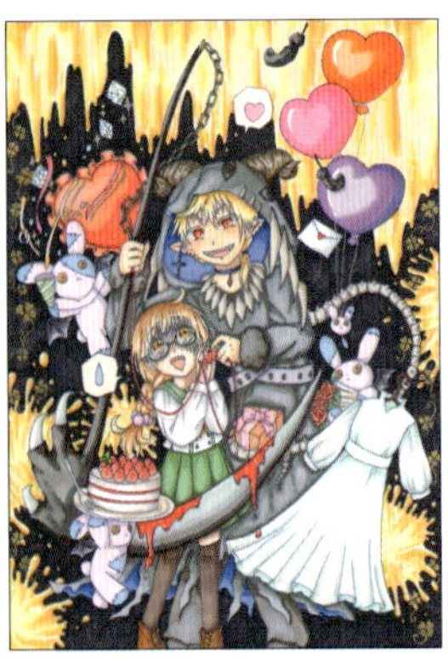

茨城県・くぐる

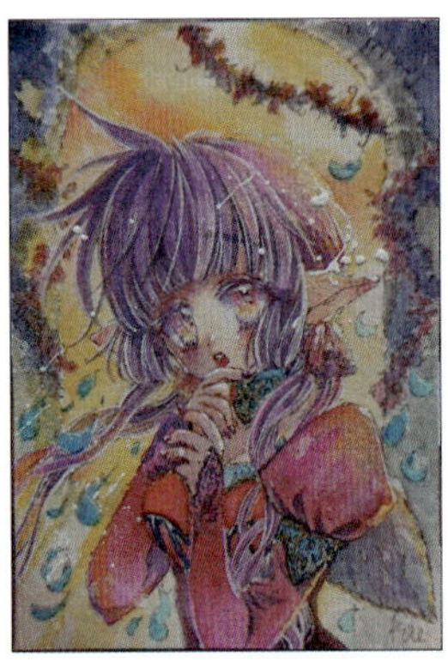

沖縄県・いちごあめ

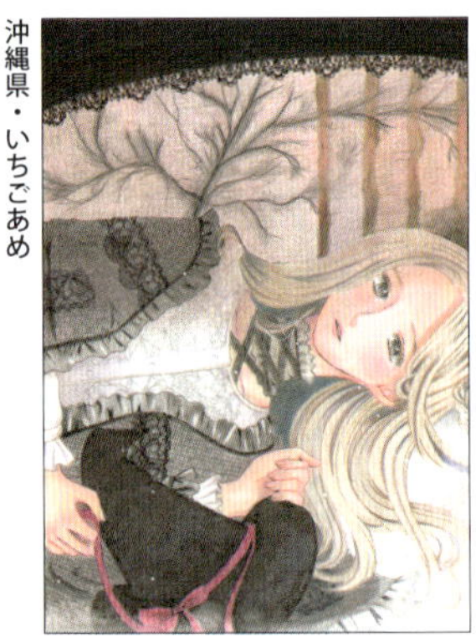

新潟県・きゅうり・17歳

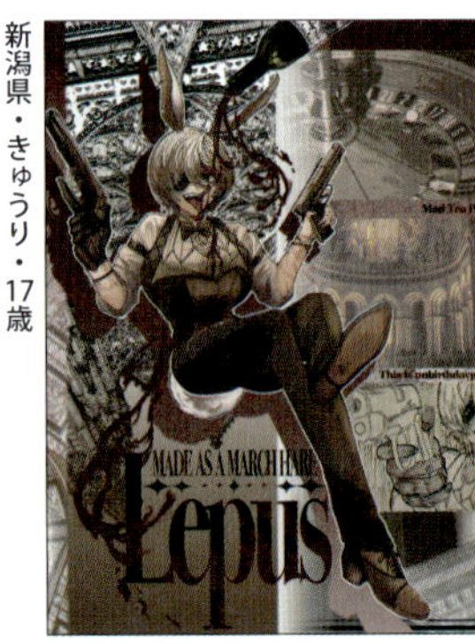

愛知県・さくぱんだ。・21歳

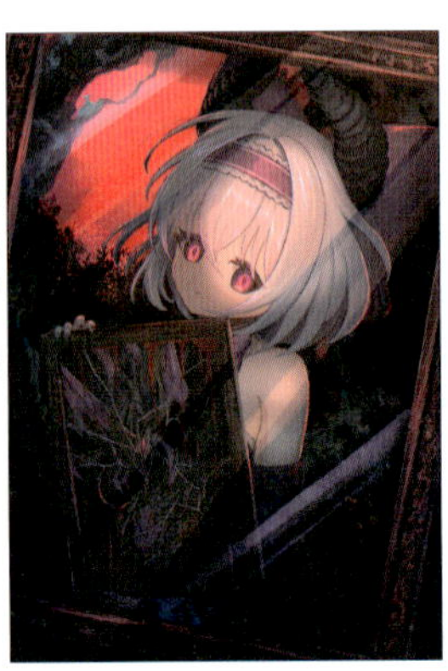

北海道・夢現まーや

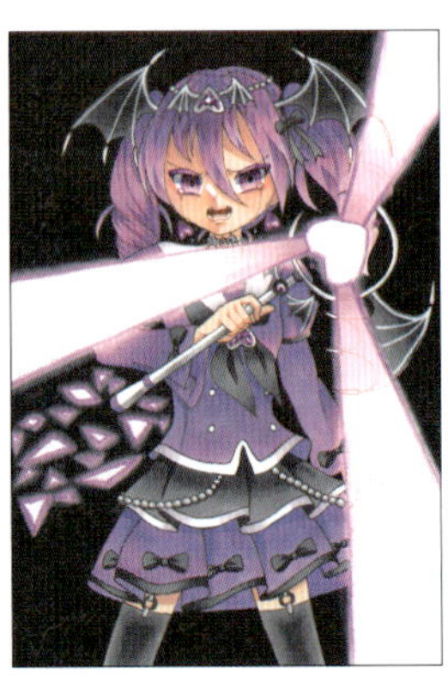

福岡県・さきみのる

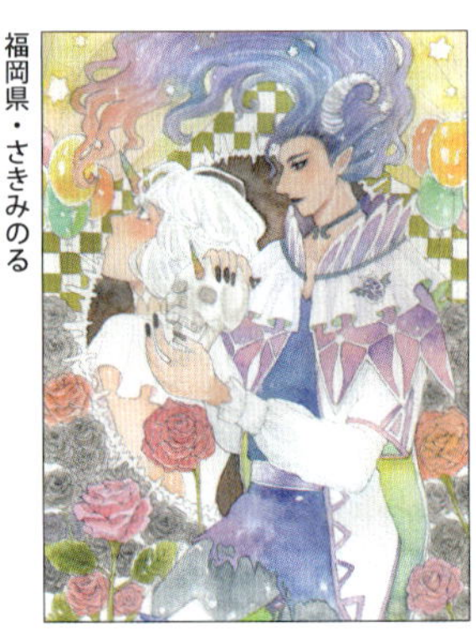

福島県・髏々咲すかる

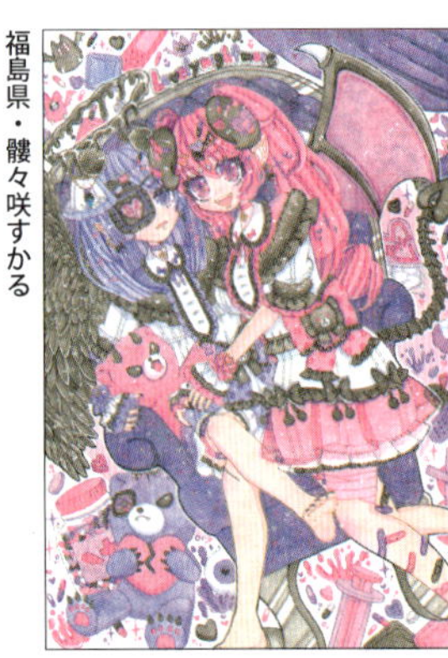

茨城県・海斗

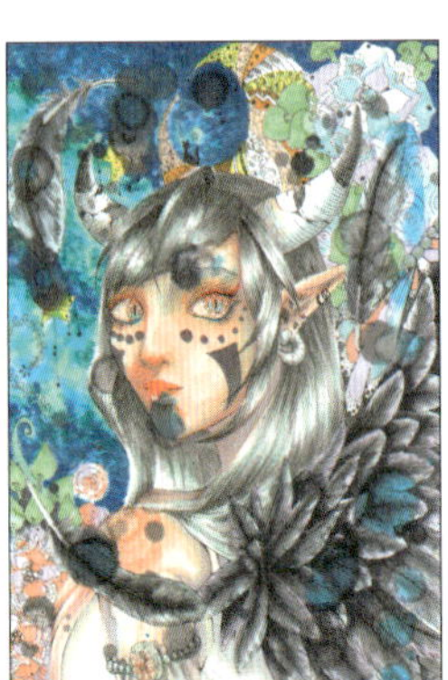

埼玉県・たんさん。

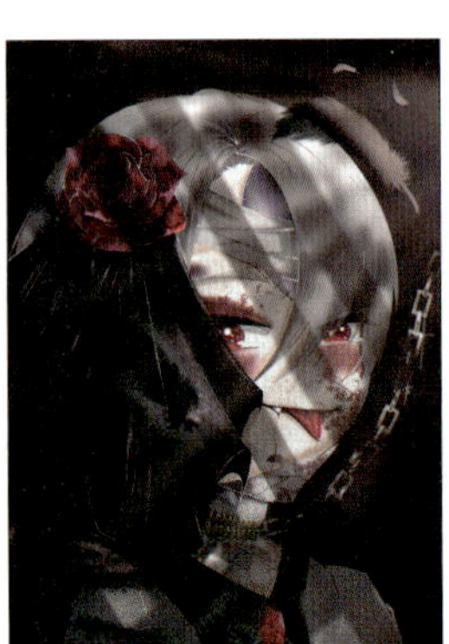

大阪府・りむ・23歳

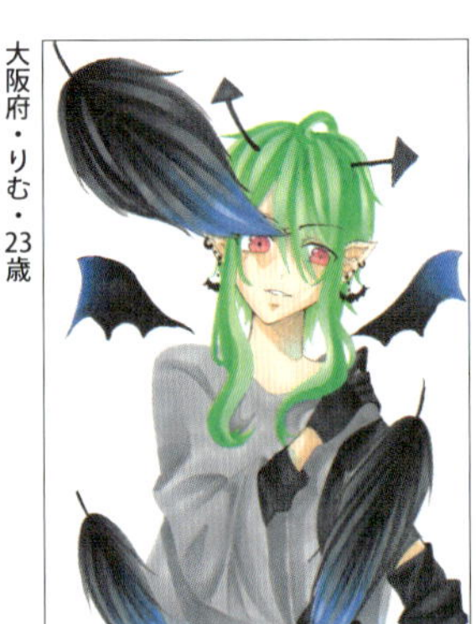

秋田県・さば味噌定食

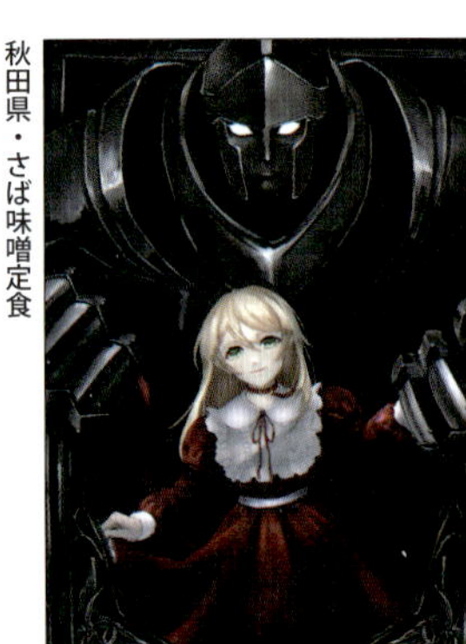

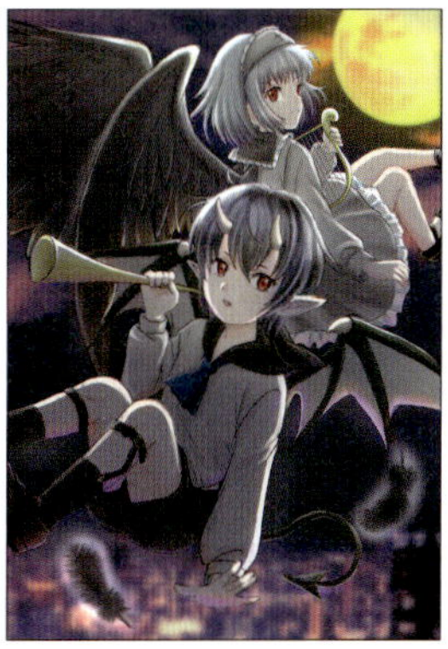
神奈川県・ぷちぷち

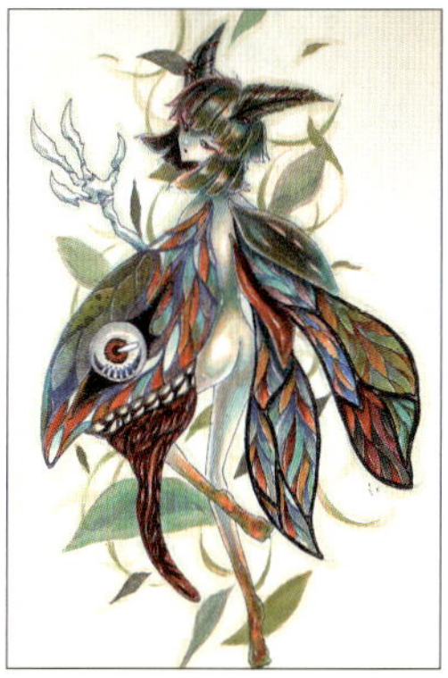
石川県・なたみね

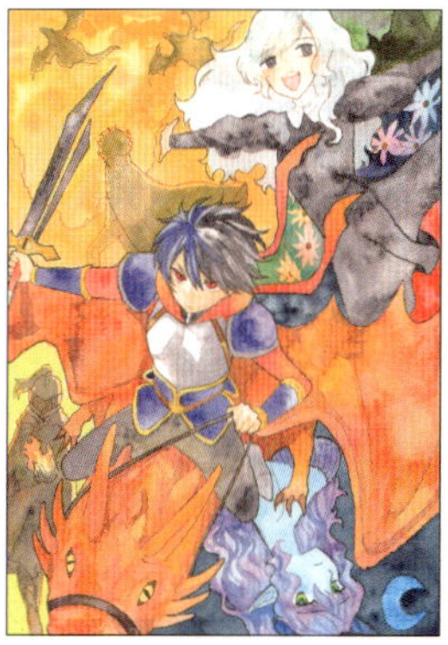
群馬県・RB

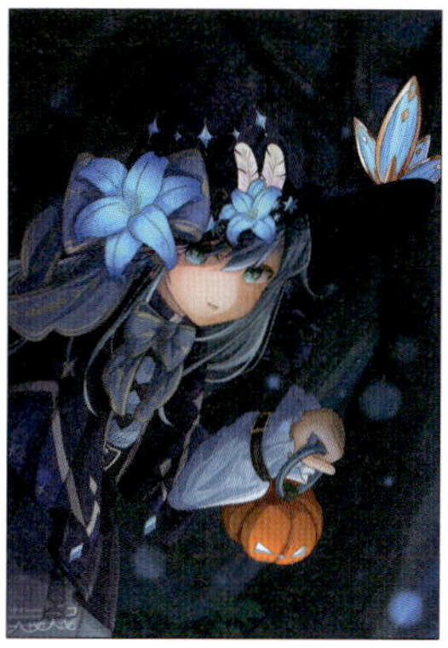
福岡県・チトセ雨

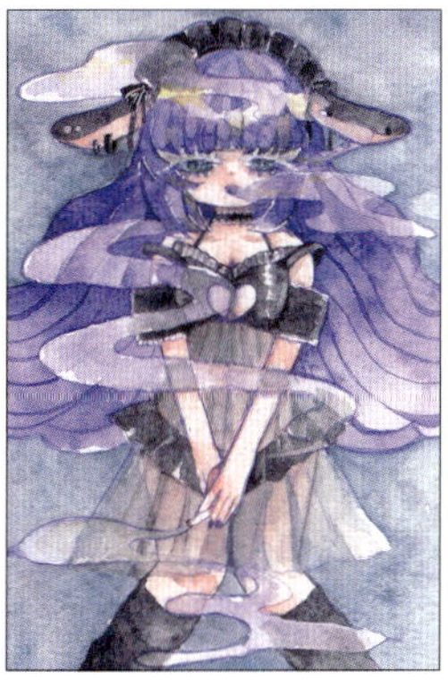
新潟県・ろっこ

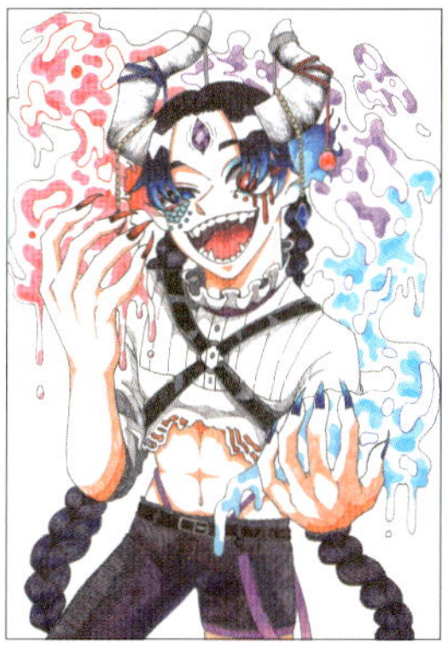
大阪府・うちゃ

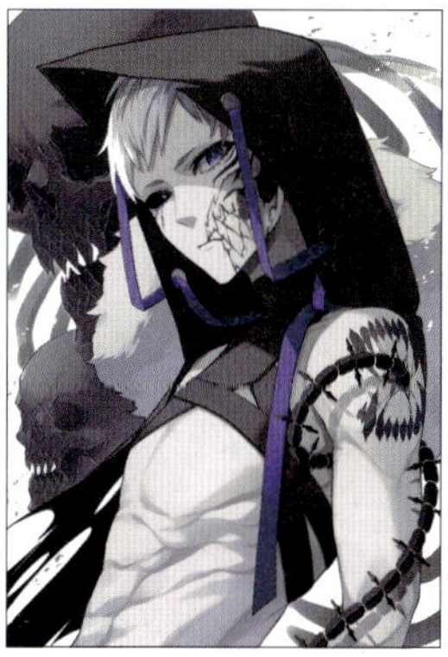
埼玉県・ゆきしろ。

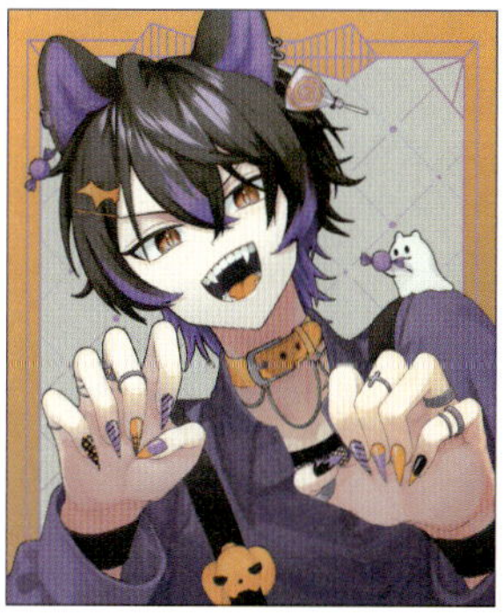
茨城県・白米たきナ

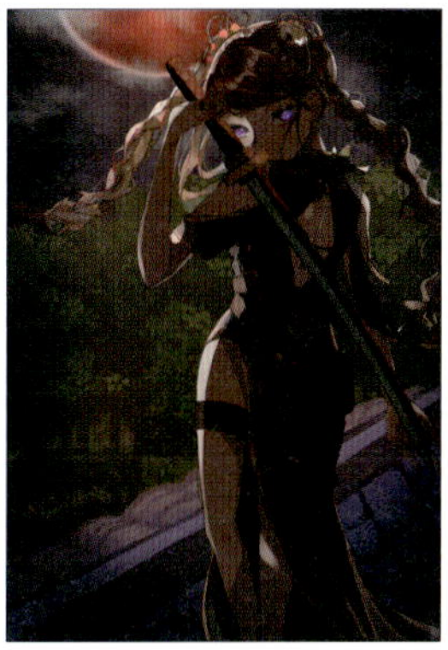
福岡県・四ツ目海月

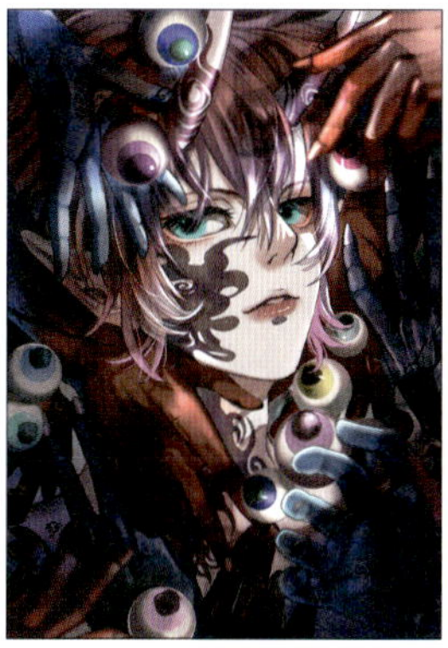
新潟県・朔

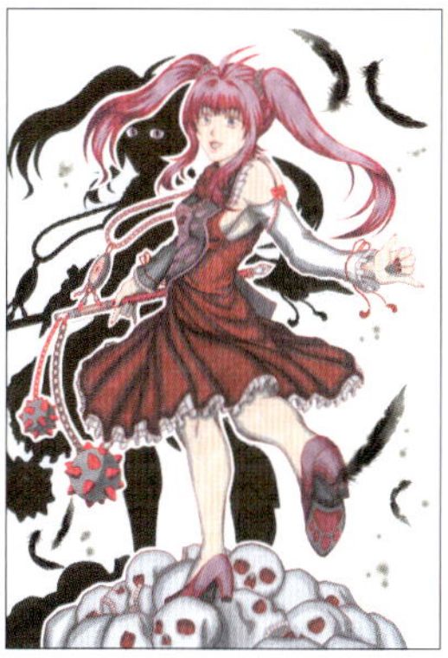
長野県・紅朱雀

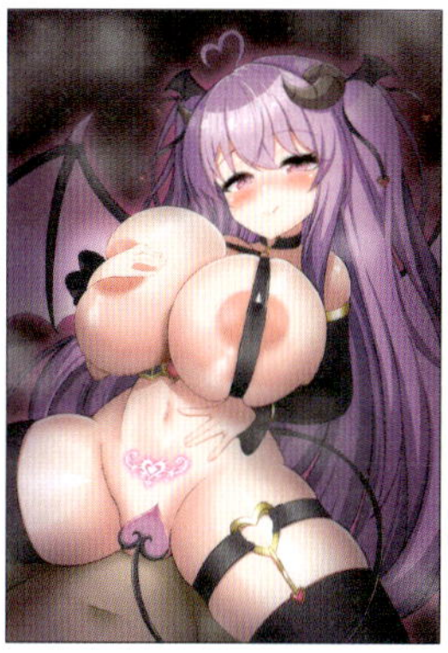
新潟県・夏原アル・20歳

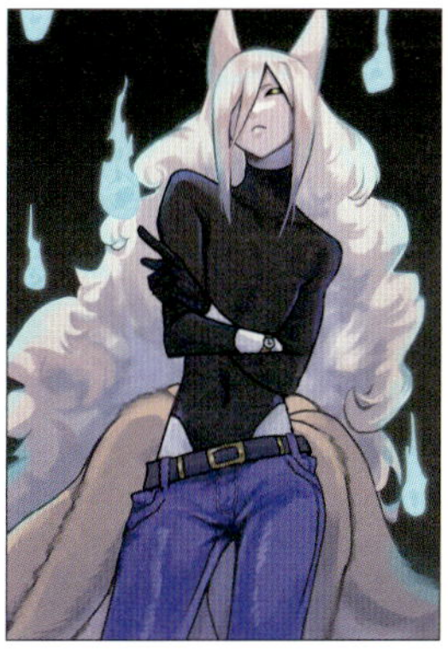
徳島県・田払

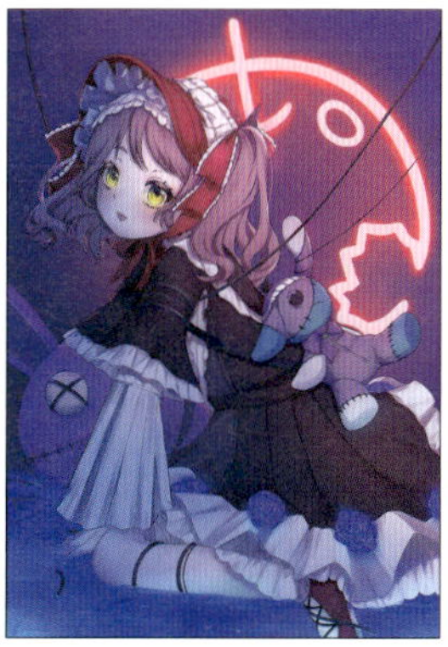
新潟県・茶十煎

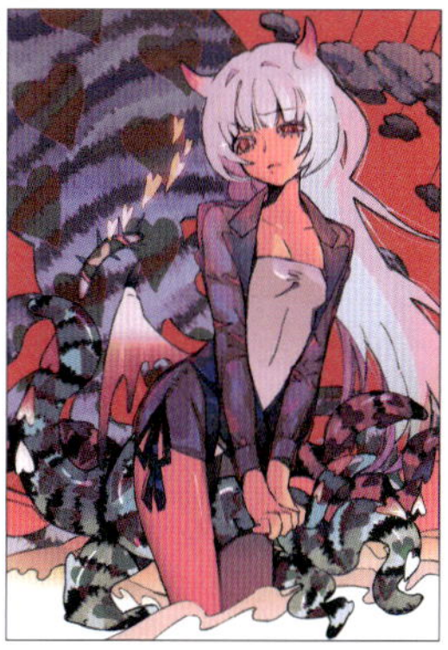
宮城県・針尾 pipi

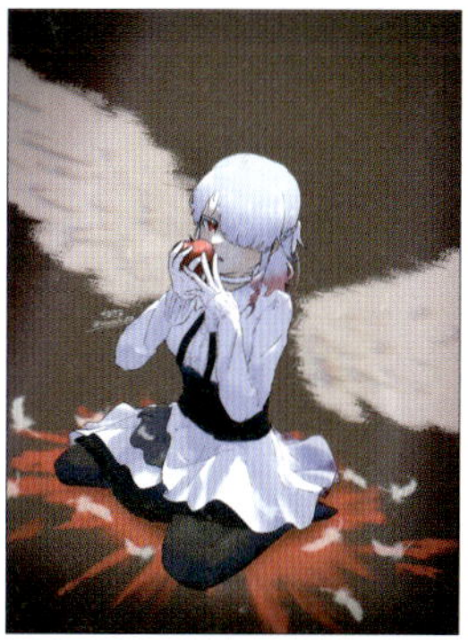
愛知県・小鳥遊千秋＊

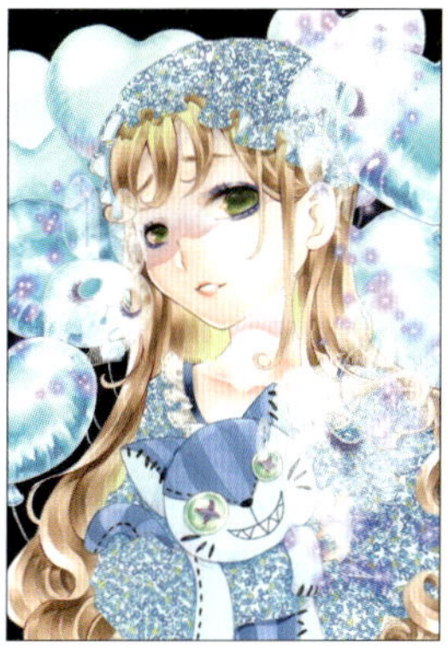
千葉県・林檎椿

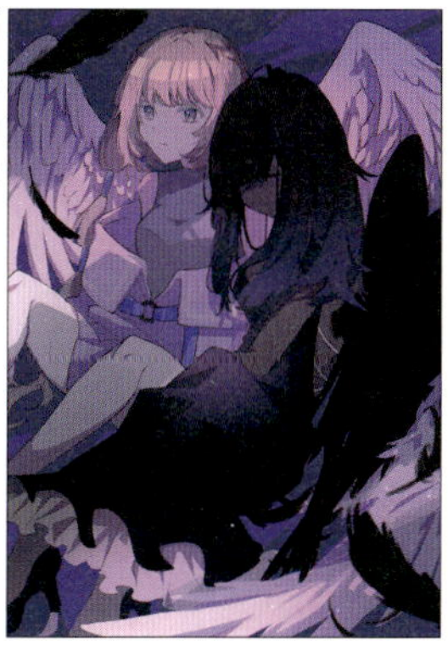
福岡県・柳ハルタ

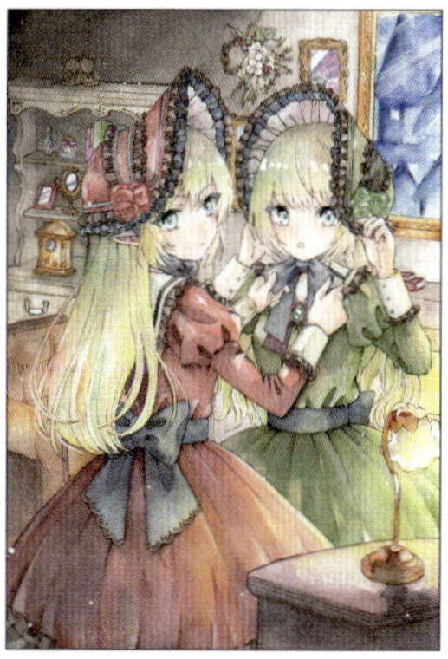
新潟県・もねぎ

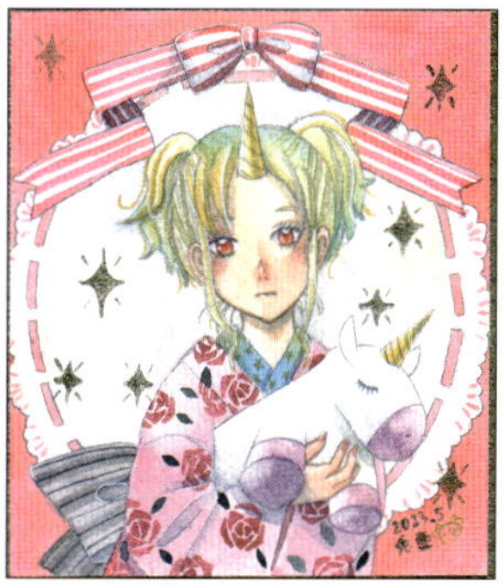
岐阜県・兎亜

投稿者のお名前の後に「C」と「S」のマークがついています。
「COMIC UP」宛に届いた応募作品は「C」、「エス編集部」宛に届いた作品は「S」でございます。

COMICUP × S magazine illustration contest

イラストコンテスト結果発表

中国最大規模の同人誌即売会「COMIC UP」と、「SS（スモールエス）、季刊エス」による合同イラストコンテスト。上位入選作品は今年開催予定のCOMIC UP会場でも展示されます（時期は追ってお知らせ予定）。双方で募集をつのり、たくさんの作品が届きました。金賞は「COMIC UP」から応募くださったillumiさん。細やかにデザインされた衣装の素晴らしさと、風を感じる演出が素晴らしいです。銀賞のshevaさんの夢幻的な夜景と光の美しさ、muiumiさんによる男の子の生活をとらえた臨場感ある作品も素敵でした。金賞、銀賞の受賞者には、副賞として雑誌描き下ろしを依頼いたします。ご参加ありがとうございました。

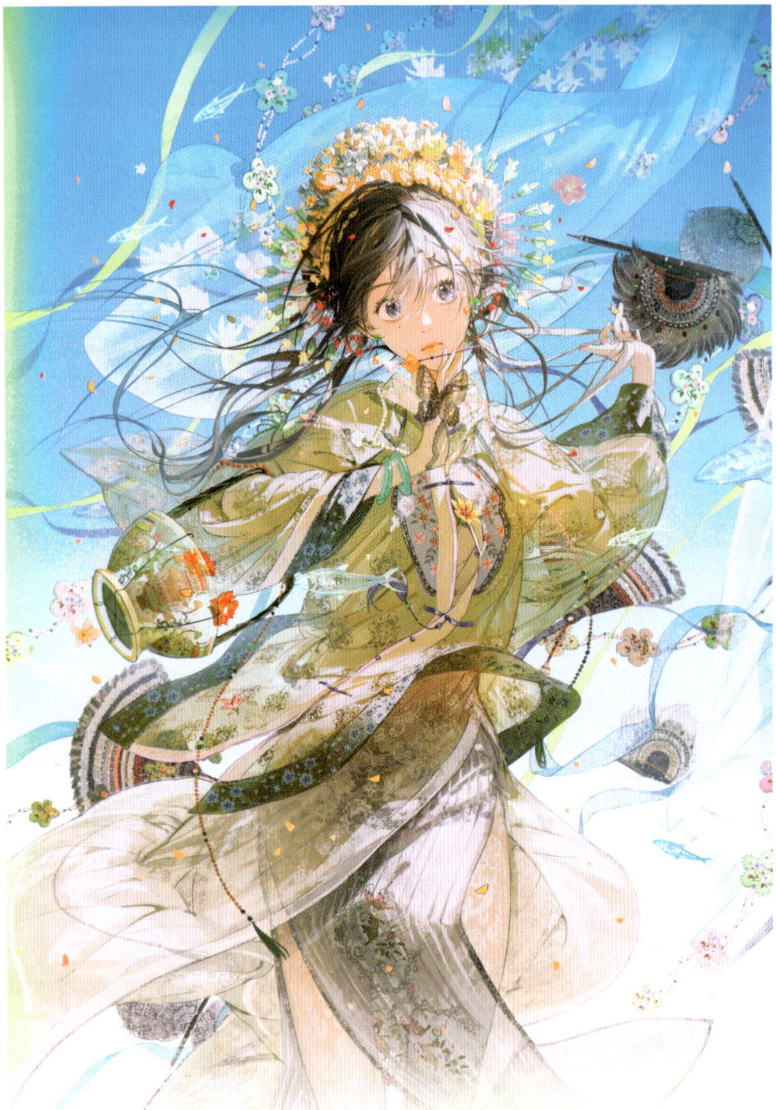

金賞

illumi C

W受賞 米山舞賞

色と光、流れの構成が華やかで気持ちよく、思わず目を奪われる作品です。にも関わらず、装飾の細かさなどが構図の邪魔をせずこの方の絵に対する熟練度を感じます。民族衣装アレンジなどのファッション性も高いですし、他の作品ももっと見たくなる作家性がある方で素晴らしいです。個人的にはテクスチャの質感や画面端の感光表現がツボなので、印刷がとても向いてそうだなと感じました。（米山舞）

W受賞 PIE Comic賞

ハイライトを活かした独特な透明感の表現や、ふわりと舞う衣服や花びらの空気感に感情を動かされる素晴らしいイラストです。描写がとても丁寧で細部まで描き込まれているにもかかわらず、全体に心地よい抜け感と軽妙さがあり、候補作品の中でも最も画面の完成度が高いと感じました。人物の指先から装飾のディテール、シワの入り方一つ一つにも、作者さんの確かなこだわりが伝わってきます。ぜひ画集を出版させてください！（PIE Comic）

銀賞

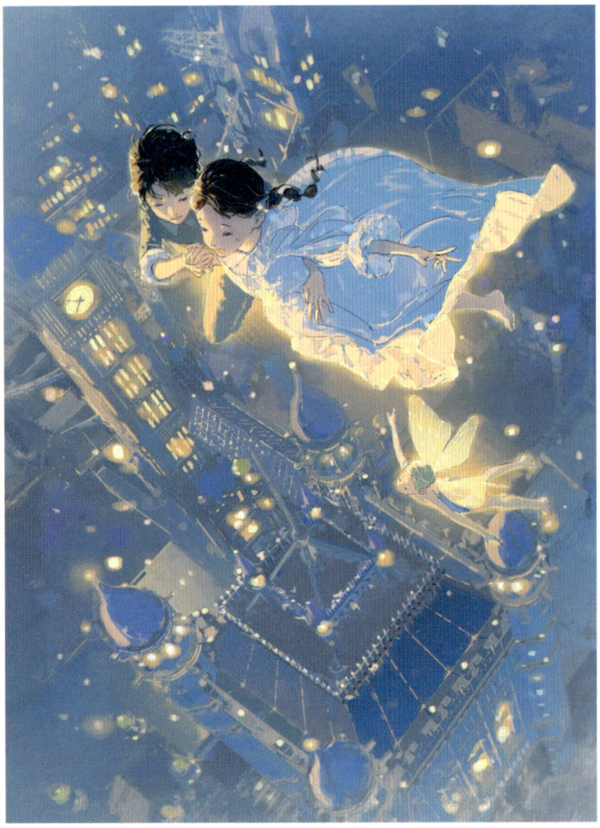

丁丁框sheya C

muiumi S

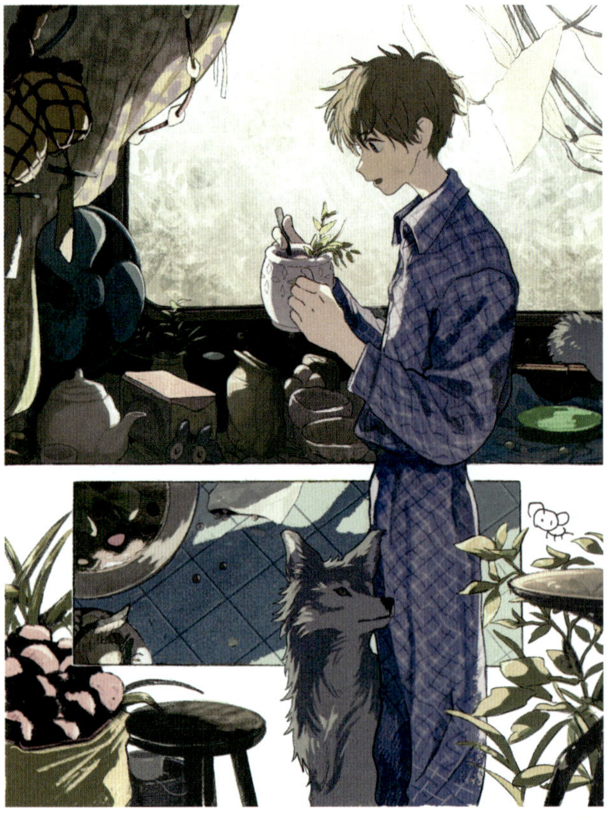

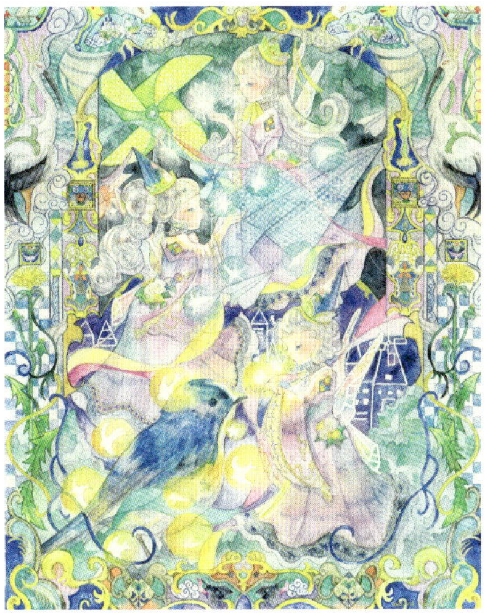

茉莉花もも Ⓢ

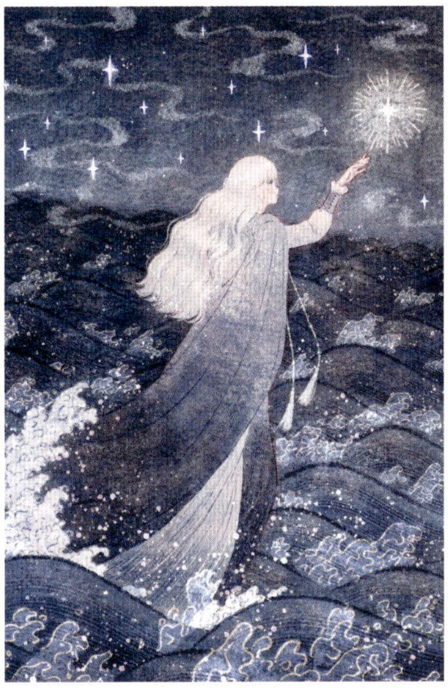

熊不里 Ⓒ

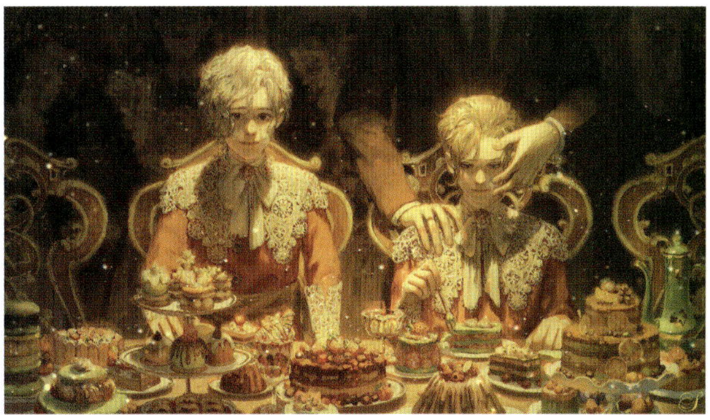

冥儿 Ⓒ

ゆゆはる Ⓢ

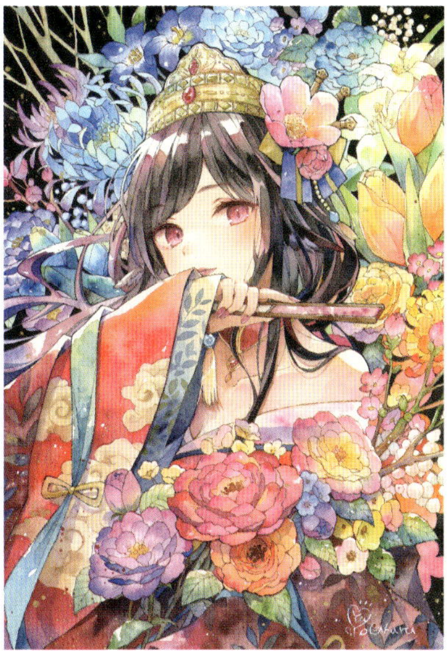

銅賞

個人賞

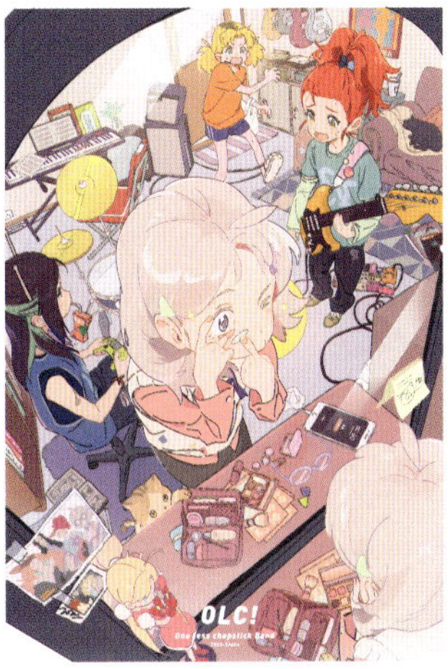

Troka Ⓒ

村田蓮爾賞

ガールズバンドのそれぞれの表情やポーズから性格がよく描けています。要素が多いのに色の統一感があって落ち着いて見れますね。魚眼の難しい構図ですが小物の配置も考えられていて良い絵です。（村田蓮爾）

さくしゃ2賞

難しい構図でありながら、これだけの人数を画面内に違和感なく配置できているその技術力に脱帽です！　大胆なデフォルメ、POPな色、淡いトーンでありながら、画面を引き締める低い明度が然るべき位置に置かれているためイラストのメリハリが着いてます。物も人も多いのに無駄がない。デフォルメの引き算が画面をスッキリとさせている。これこそイラストの真骨頂だと思います。（さくしゃ2）

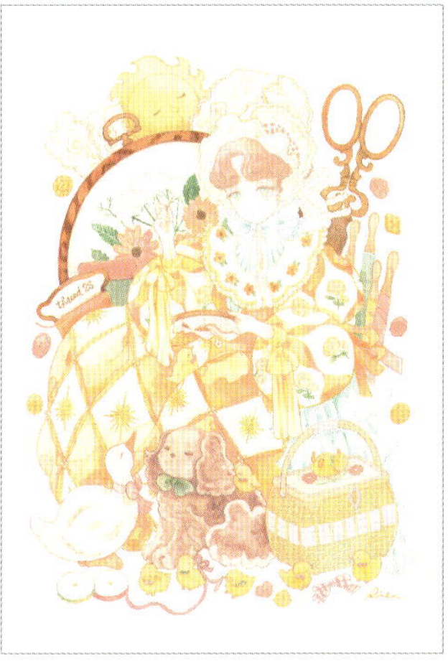

rie Ⓢ

PIE Comic賞

キルトパターンとフリルレースのキャラクターデザインがとても可愛らしく、目を惹かれるイラストです。また、人物の周囲に配置されたふわふわの動物たちや裁縫アイテムといった複数のモチーフ選びも秀逸で、組み合わせに隙がなく、描きたい作品の世界観が確立されている印象です。暖色調のあたたかい配色も、やわらかい水彩タッチの雰囲気にぴったりと合っています。画面の構成力が非常に高い作者さんだと感じました。（PIE Comic）

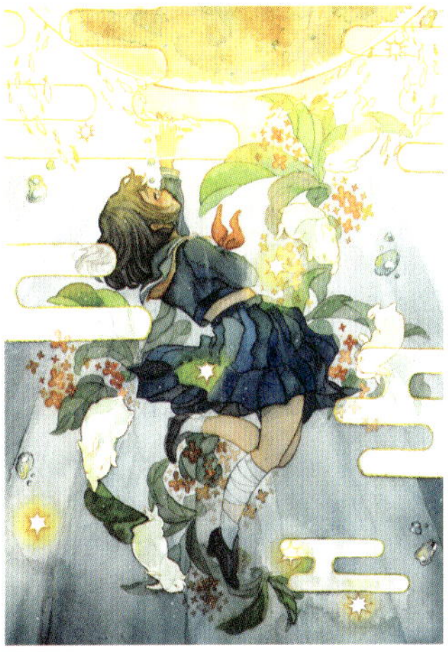

mis@ Ⓢ

さくしゃ2賞

構図のバランスが非常によく、一目で惹き込まれる大変美しいイラストです。月に手を伸ばす少女と、その周りを囲むうさぎによって画面上から下まで上手く視線誘導されており、画面全体をストレスなく見ることが出来ました。またコントラストも見事で、暗いセーラー服と白いうさぎ、月と水中（？）の明度対比も見ていてとても心地よいです。（さくしゃ2）

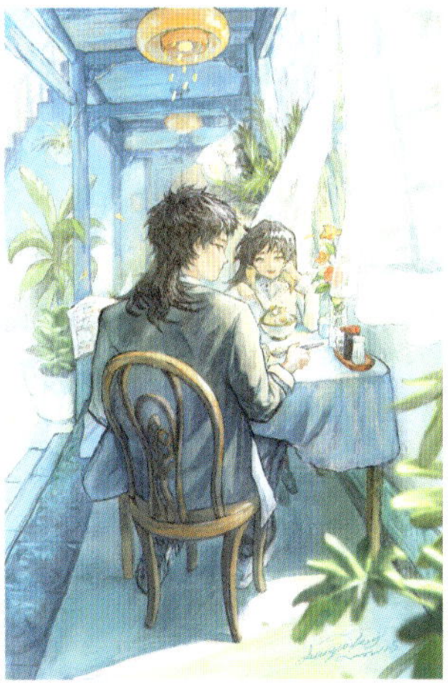

今野久时 Ⓒ

エス編集部賞

日常のワンシーンを切り取った作品。家屋や食卓などの風景と人物を丁寧に描写しながら、柔らかなタッチにとってあたたかい時間を演出しています。この作品には、光や風といった自然現象の表現が大きな役割を果たしています。人の生活を照らす、それら「自然の環境」によって、私たちは輝いて、動いていく。生命の息吹を感じさせてくれる絵です。（エス編集部）

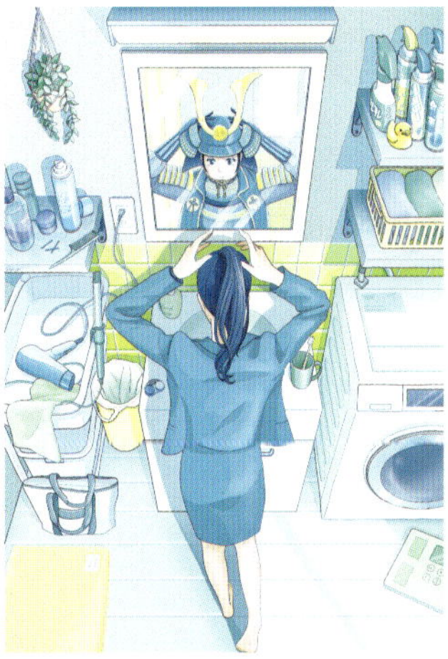

Juno Ⓢ

米山舞賞

昔と今の日本らしさを表現しつつも、テーマにに沿った構図が秀逸な作品でパッと見て分かる、というイラストに必要な明瞭さがある素晴らしい作品だなと感じました。青・黄・白の構成が上手くそのまま小説の装画にできそうなくらいデザインされていて、小物の丁寧さなども作家さん"らしさ"が伺えます。小物なども日常に登場するものばかりで、細かい部分を見るのも楽しいし、いい意味で背伸びがなく気持ちのいい絵だと思ったので個人賞に選定させて頂きました！（米山舞）

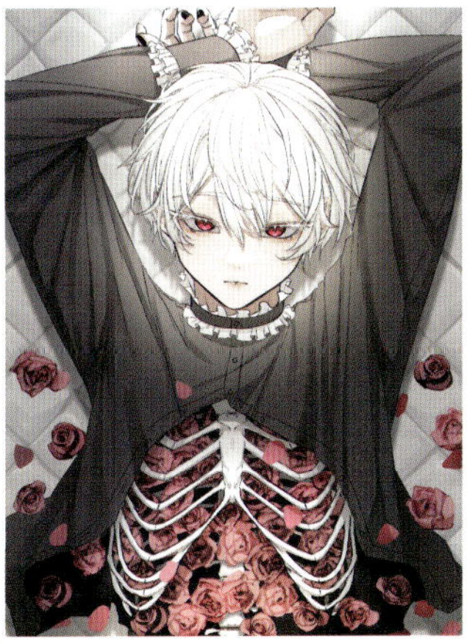

ろくにね Ⓢ

村田蓮爾賞

モチーフにインパクトがあります。真紅の薔薇と白い肋骨、赤目と白髪でうまく対になっていますね。手を上にあげたポーズも視線誘導に効果的です。（村田蓮爾）

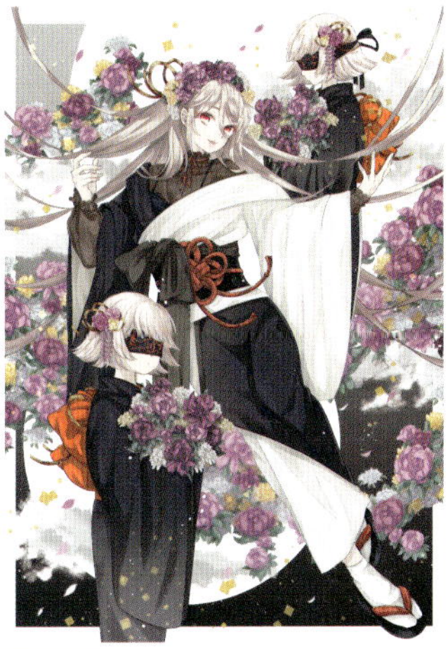

なかだ絵眞 Ⓢ

エス編集部賞

ドレスアップされた着物は日本と西洋の両方の要素があり、独唱的なデザインが魅力的。また、着物に模様をつけずに、代わりに人物の周りを花で飾ったアイディアも良いです。柄がないことで、衣装のシルエットの美しさが際立ちます。画面は華やかですが、抑制の効いた格好良さも持ち合わせていて秀逸です。（エス編集部）

入選

投稿者のお名前の後に「C」と「S」のマークがついています。「COMIC UP」宛に届いた応募作品は「Ⓒ」、「エス編集部」宛に届いた作品は「Ⓢ」でございます。

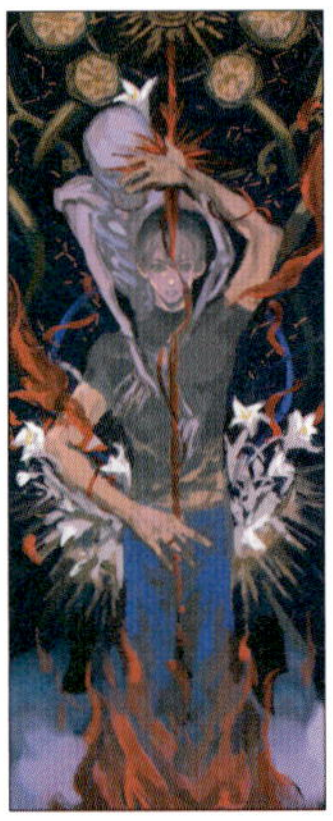
贰灵也Ⓒ

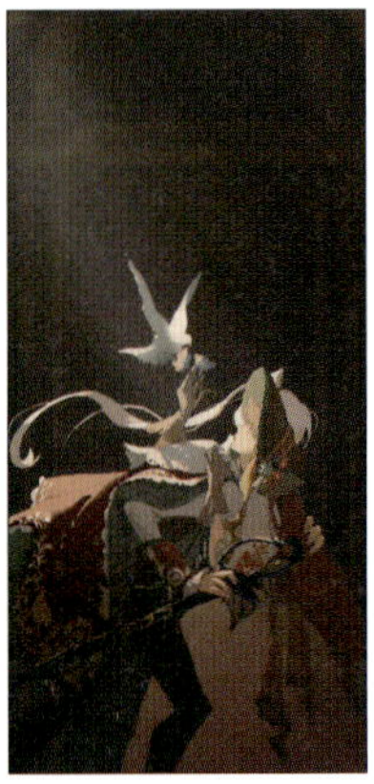
虫鸣·Ⓒ

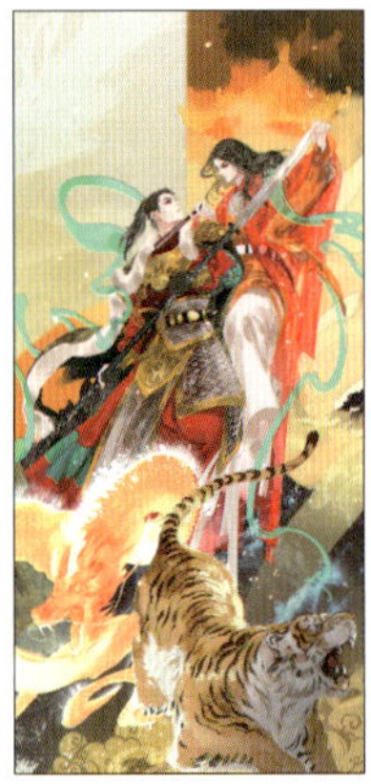
百川社Ⓒ

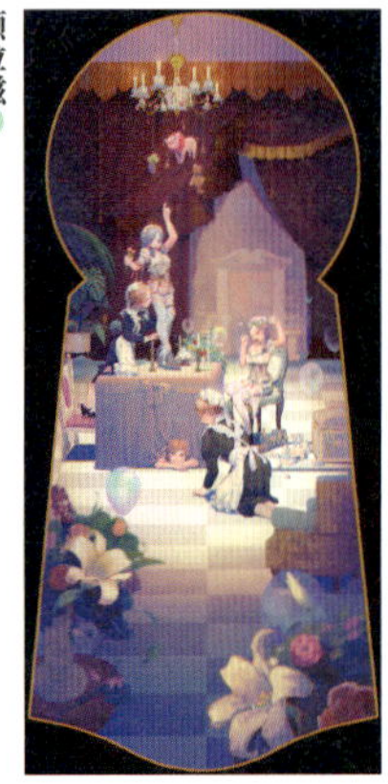
颗粒糍Ⓒ

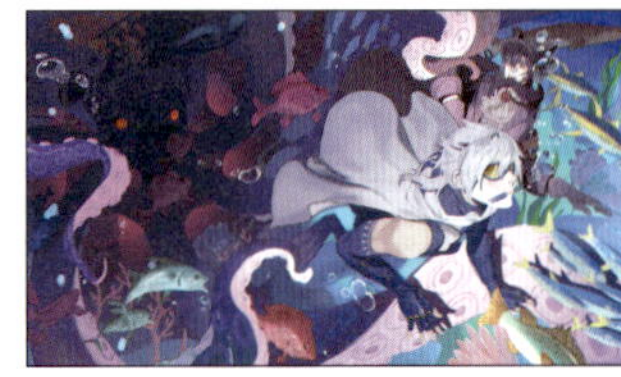
EnRyoⒸ

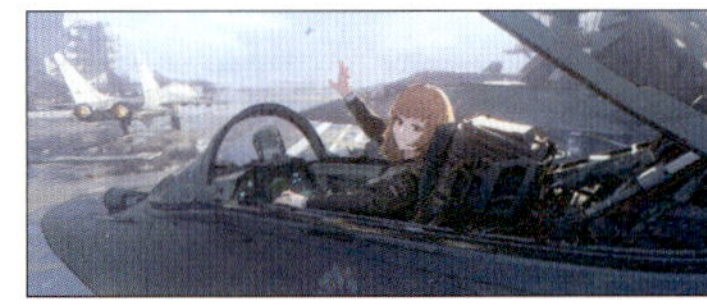
闪光菠萝皮Ⓒ

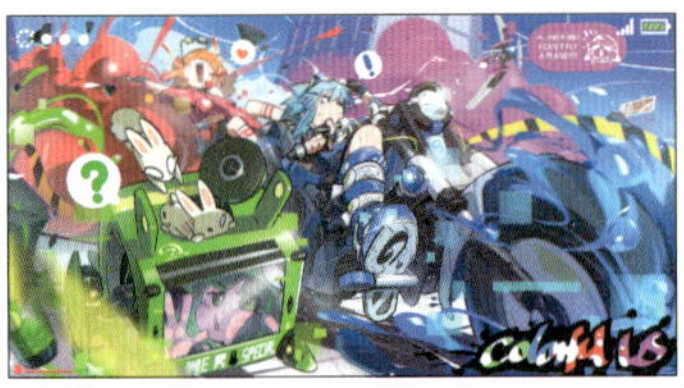
一问号一Ⓒ

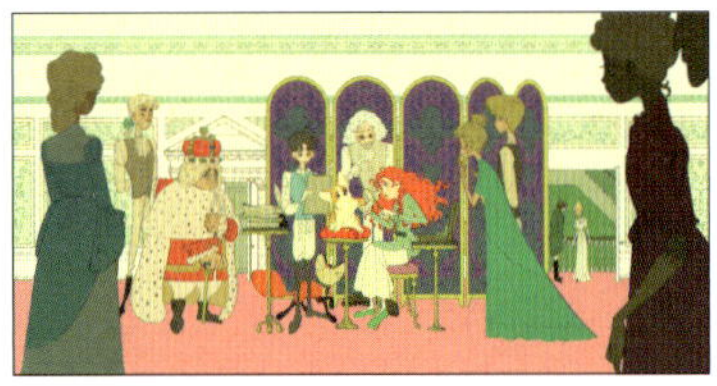
HELENJEE_Ⓒ

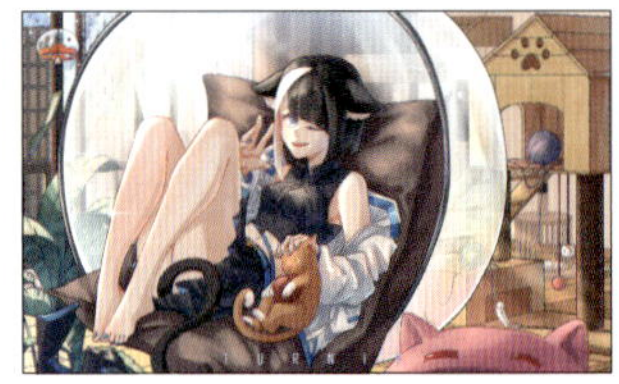
TURNIPⒸ

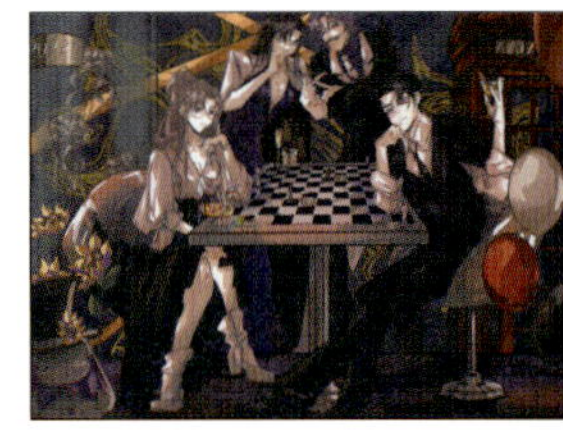
DaviniaⒸ

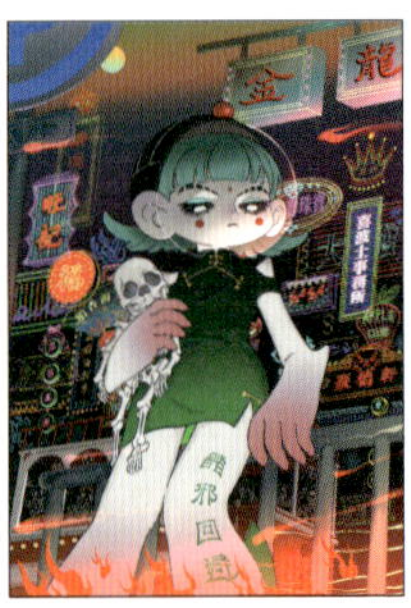
HIPBOXSASAⒸ

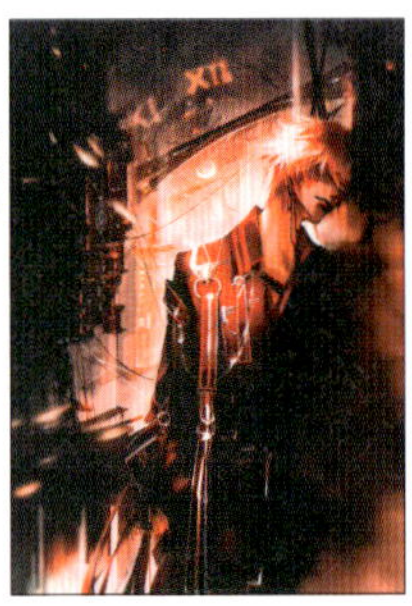
JLZ霜小Ⓒ

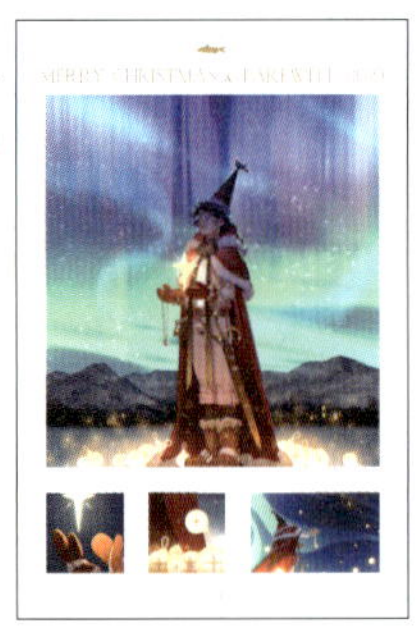
a nianⒸ

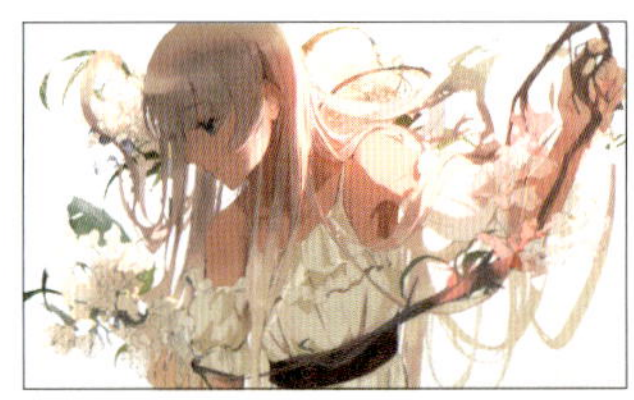
sumaniⒸ

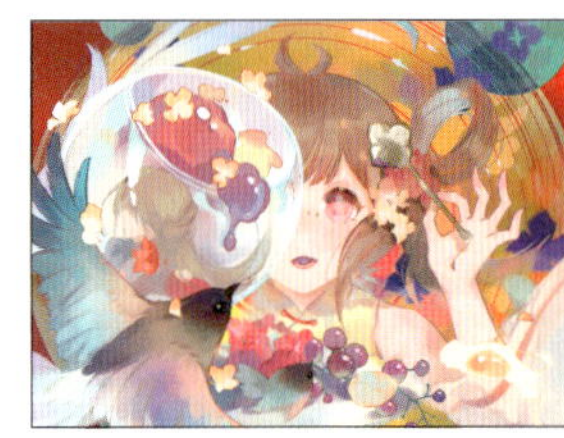
海鲜白Ⓒ

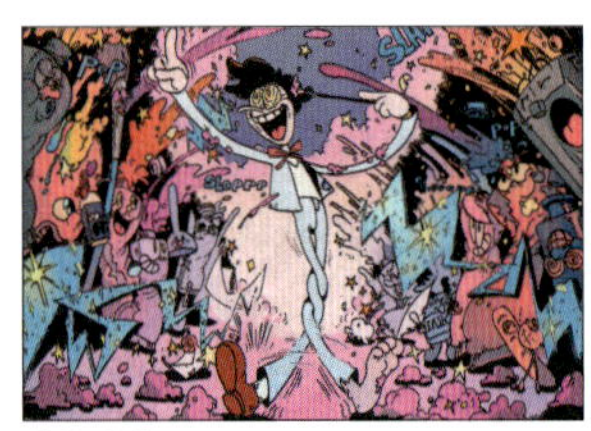
酸性點陣Ⓒ

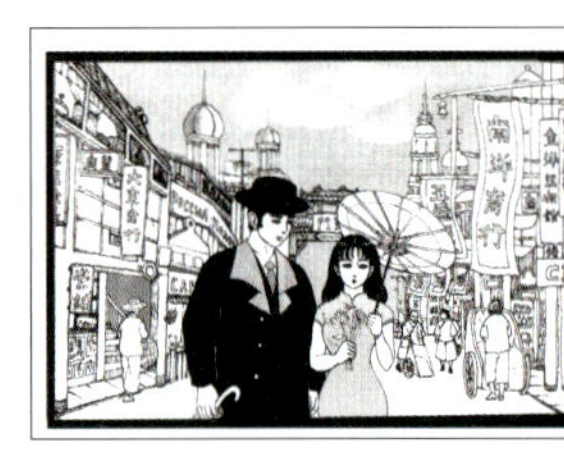
manooⒸ

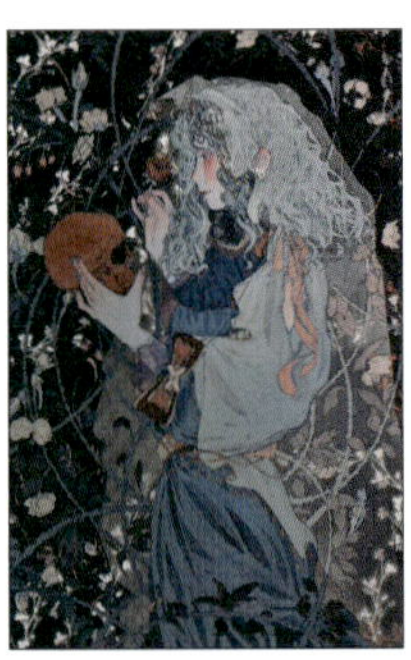
KONOoooⒸ

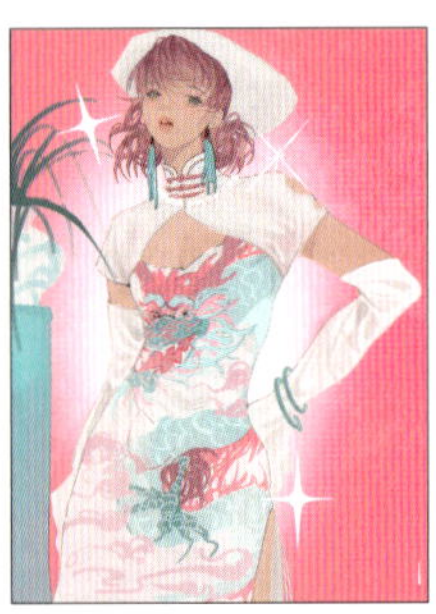
susieeeeⒸ

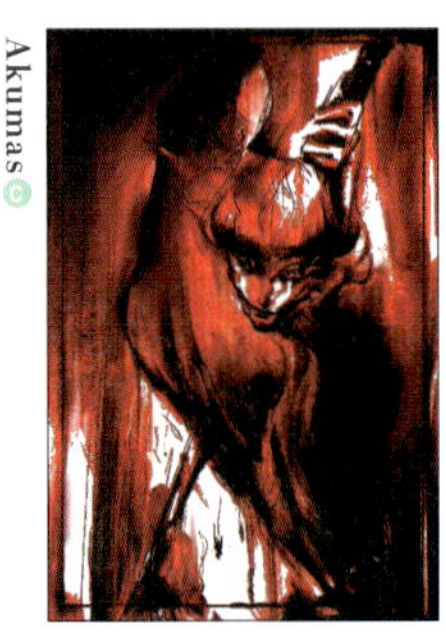
AkumasⒸ

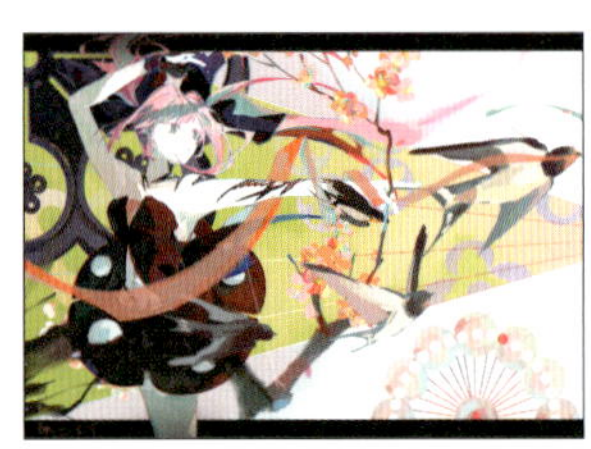
春耳Ⓒ

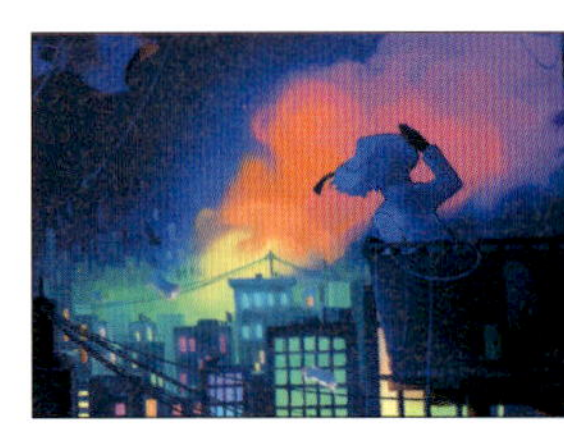
NEEEEE_Ⓒ

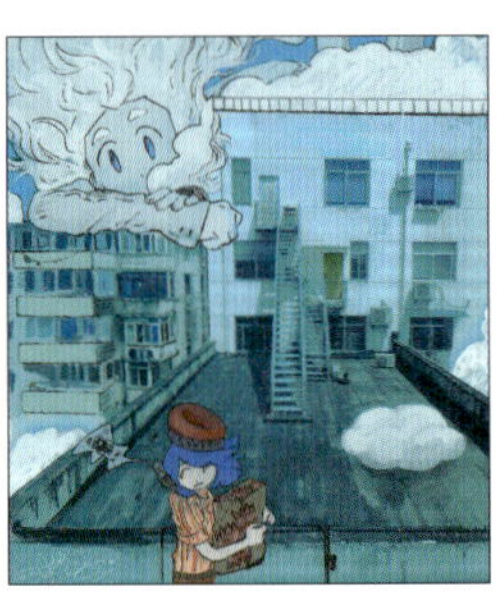
胡卢Ⓒ

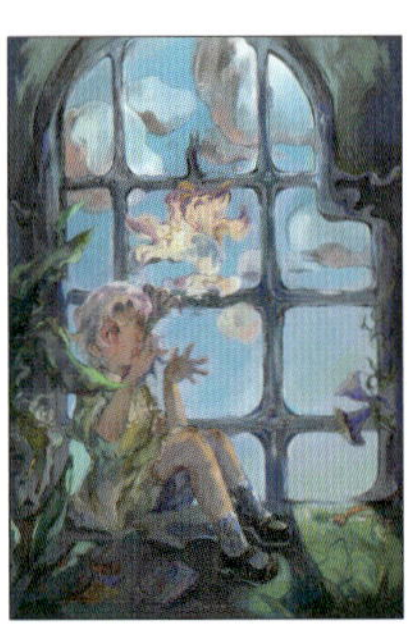
SCHIⒸ

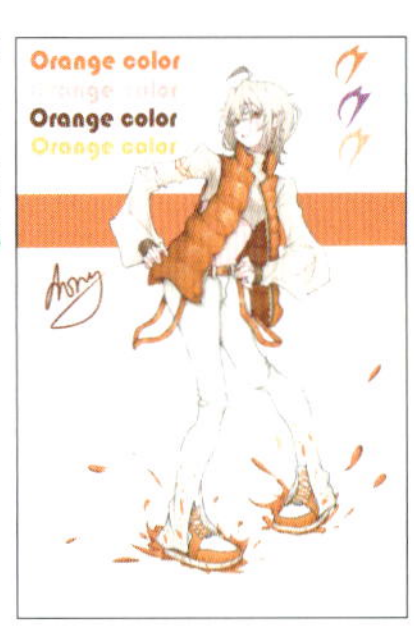

BassacattttⒸ

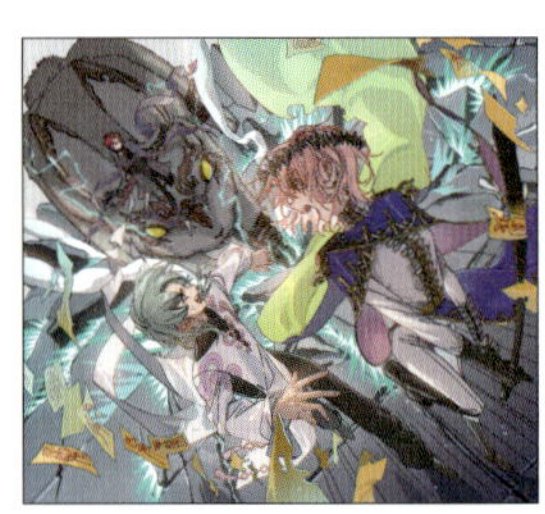
NEENⒸ

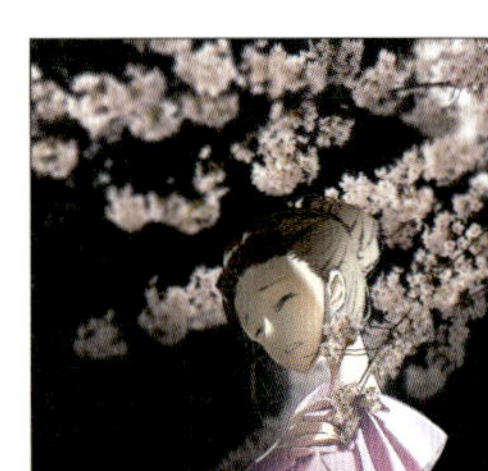
巡茶kinoⒸ

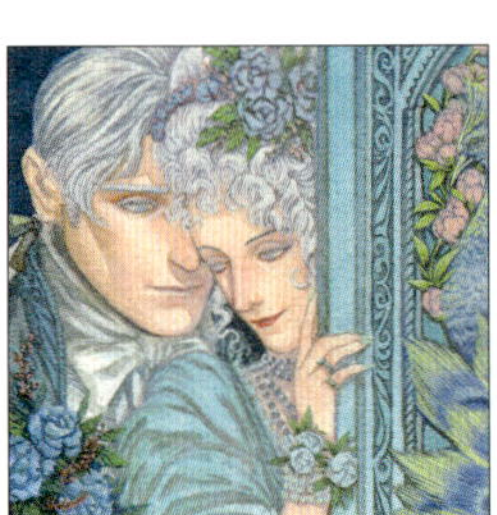
fidelioⒸ

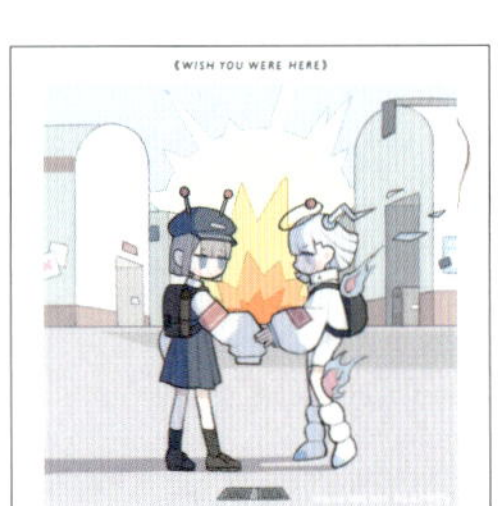
儿维不是猕猴桃Ⓒ

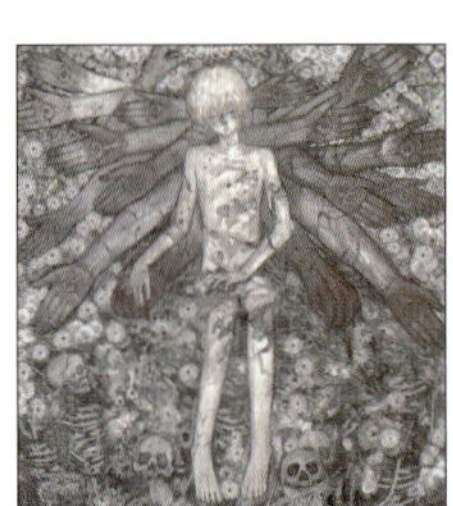
LEIZIⒸ

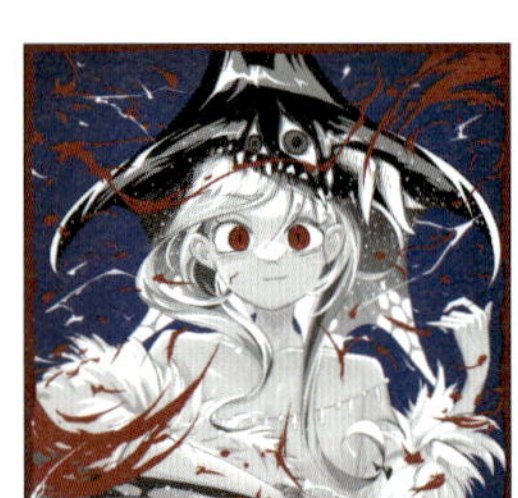
sxsxsxⒸ

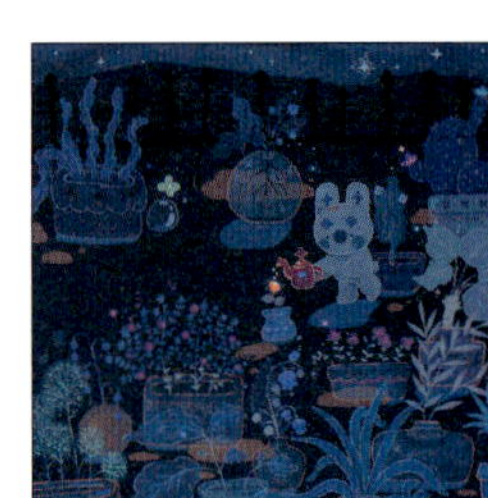
KOXⒸ

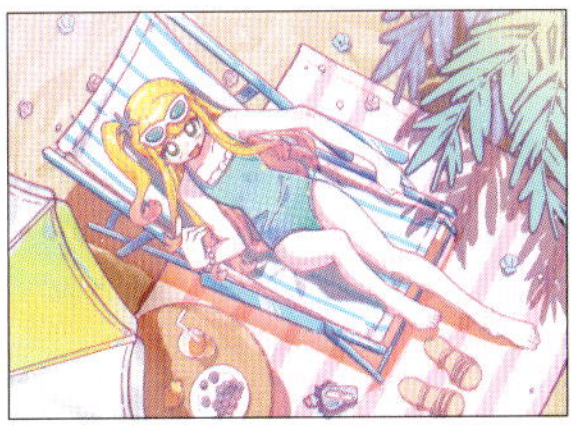
碳烤松果

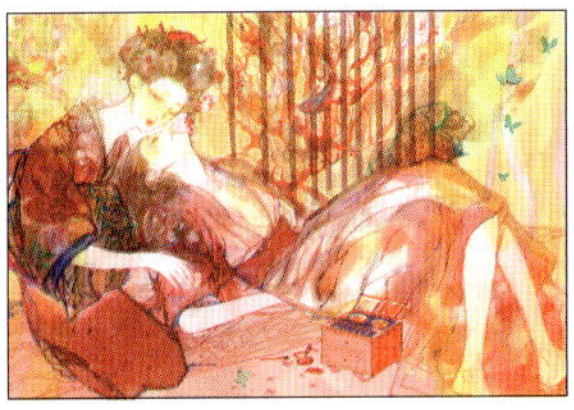
末梦蝶

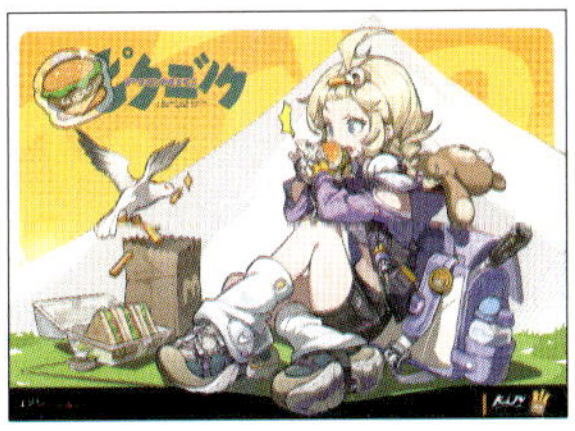
蓝盐酸盐

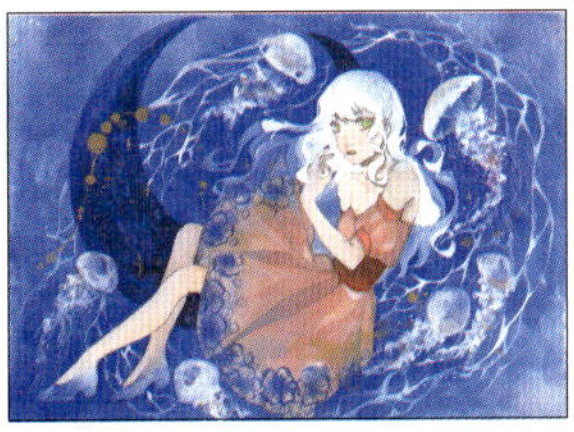
许深行

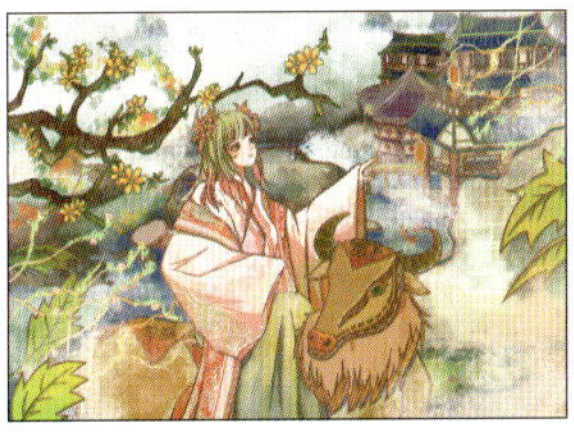
关关雎啾

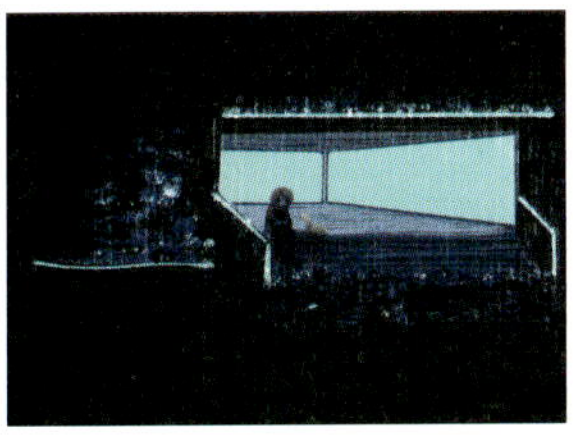
椋皮儿

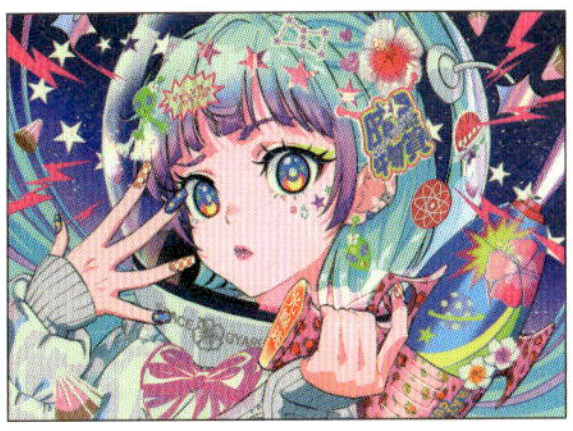
ちゃまこう

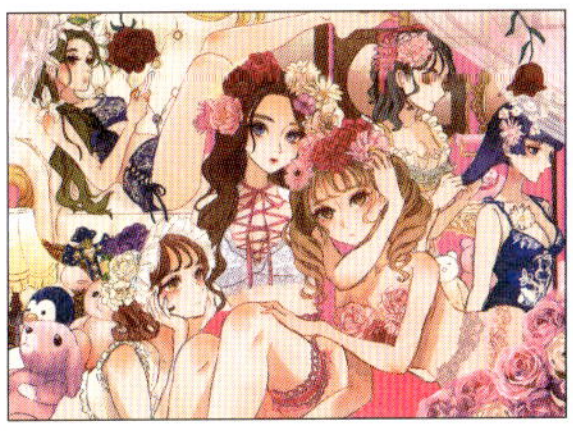
衿元さしみ

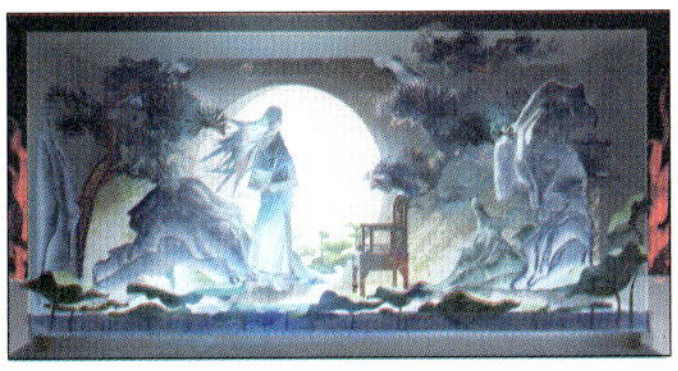
织雾安转

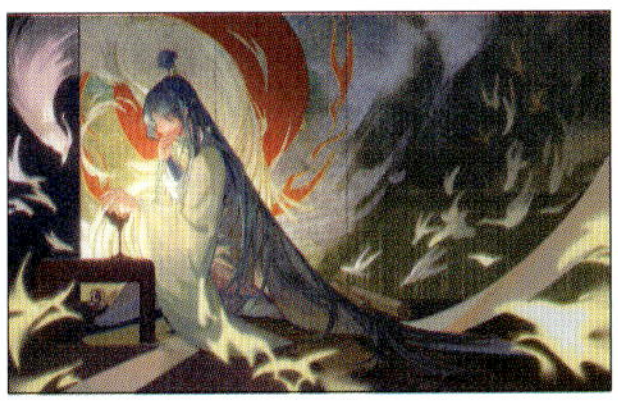
无端妄想

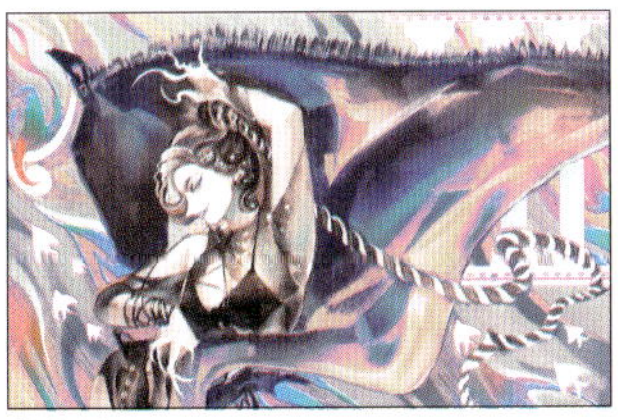
谷山双一

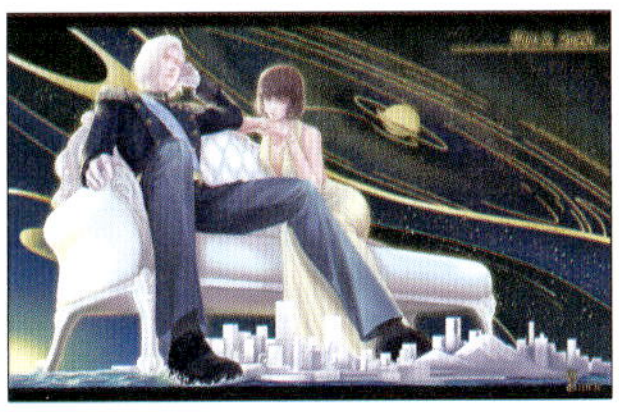
疯狗吉文

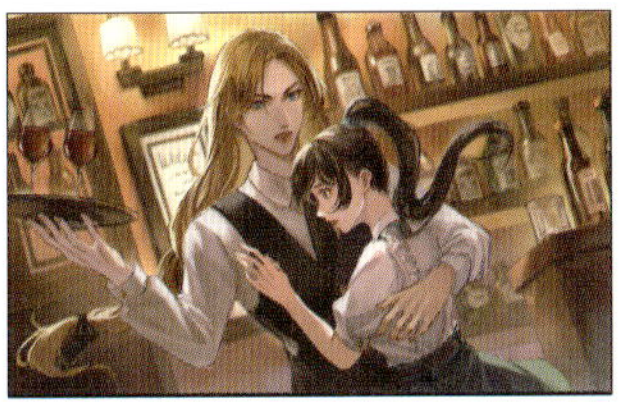
瀛川

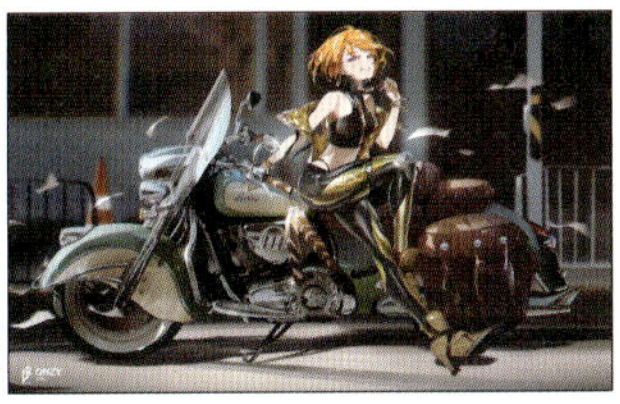
QNZY

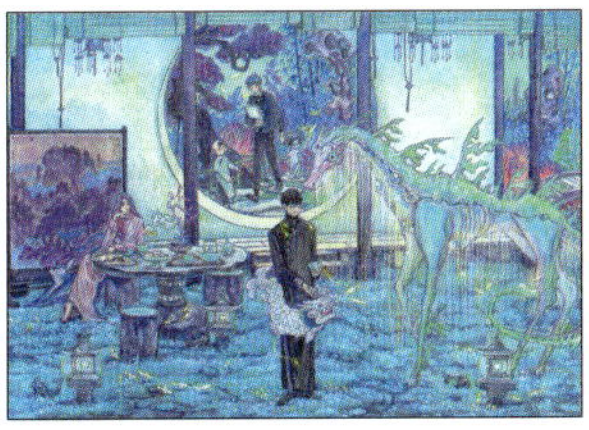
懿晏YIYAN

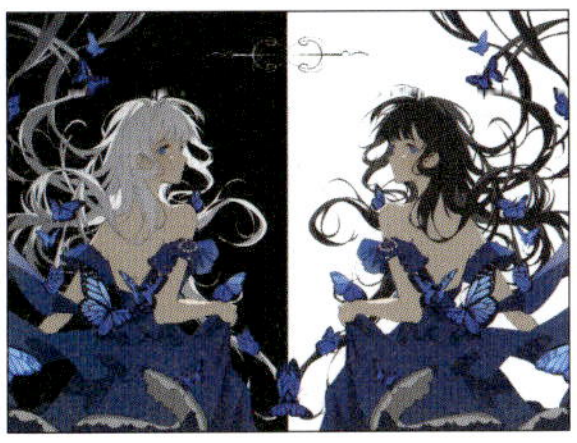
栖鹤

江鸟
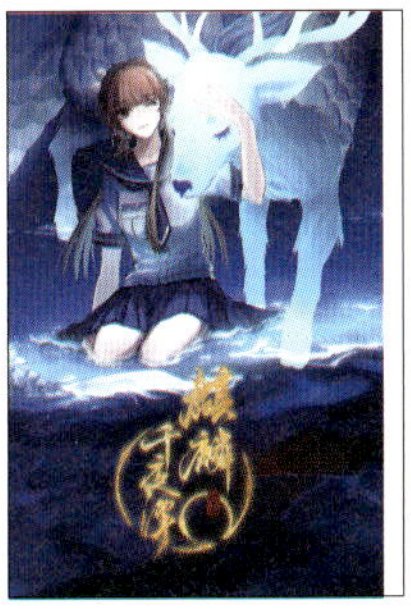

火虫
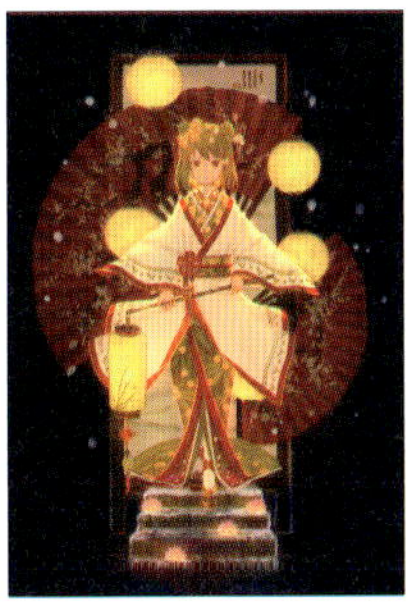

四夢灯
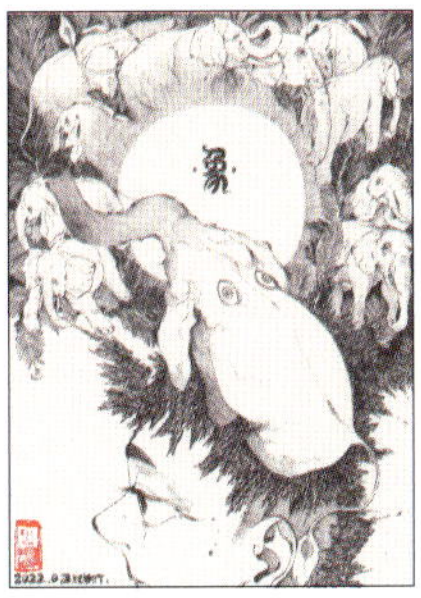

氏日尧
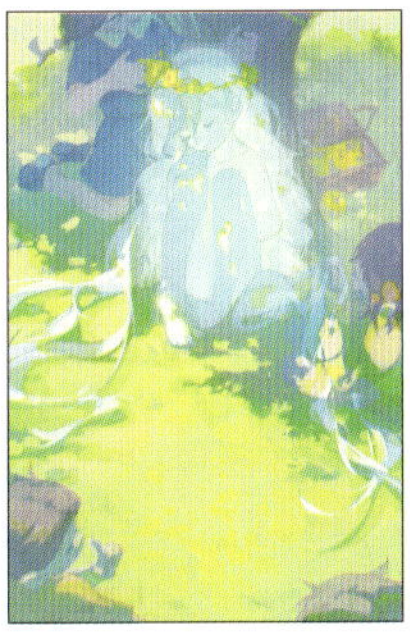

xxxxxIE.
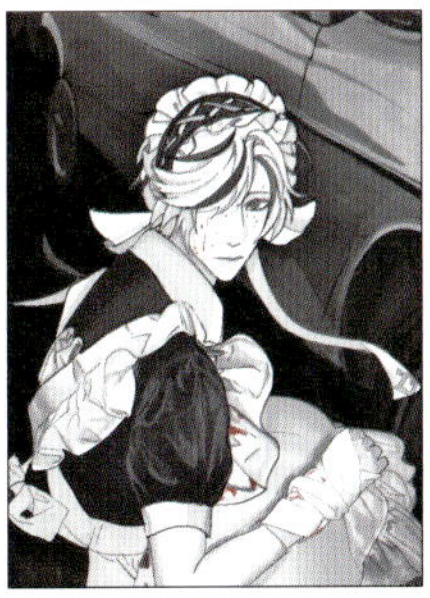

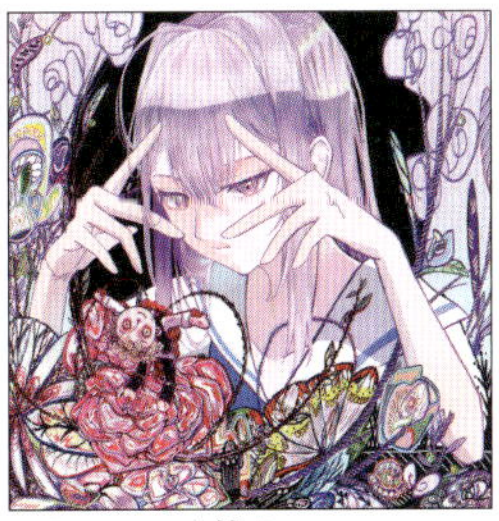
uniseason小箱

雨音
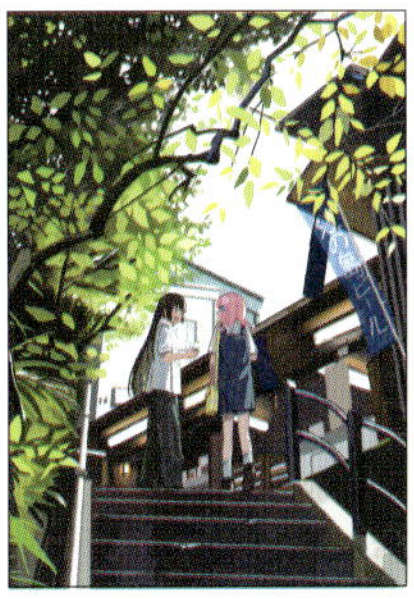

赫无铭
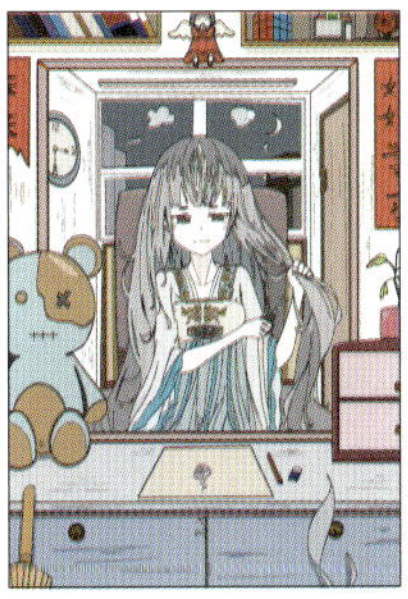

Tailhe尾巴涂涂鹊
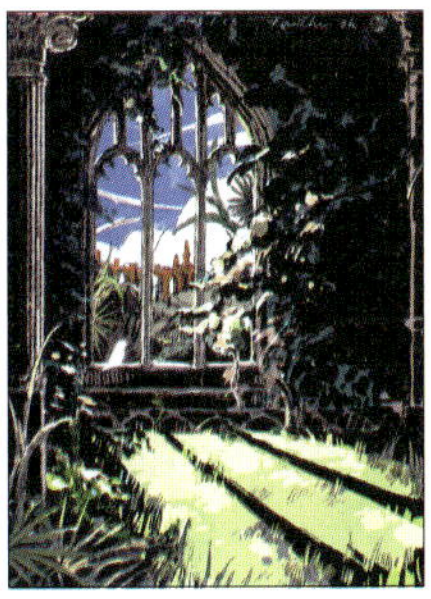

空想人
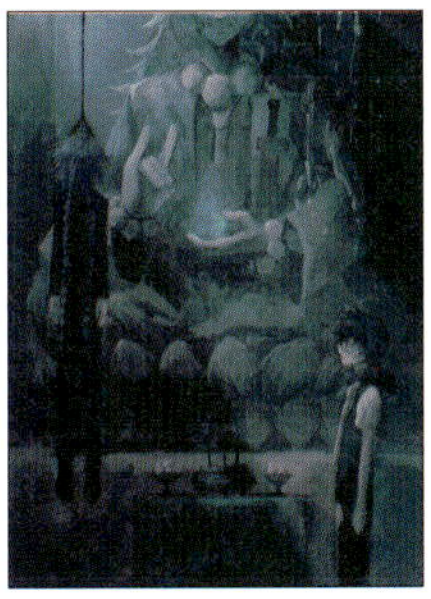

宇文Yuwen
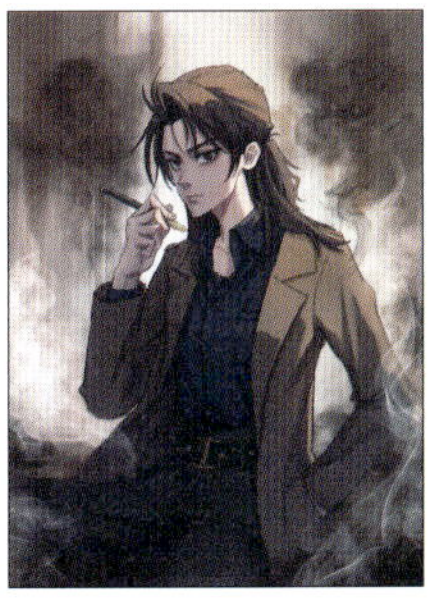

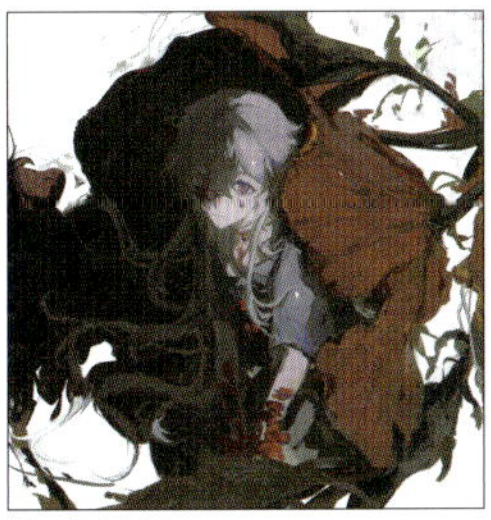
给口饭吃好吧

Neyes
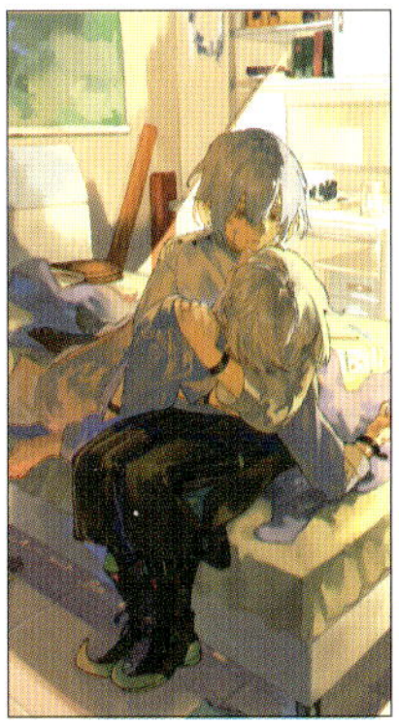

群白不白
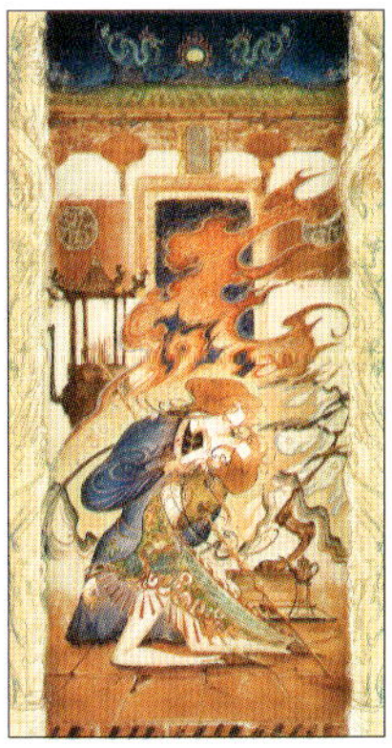

KIKI輝気
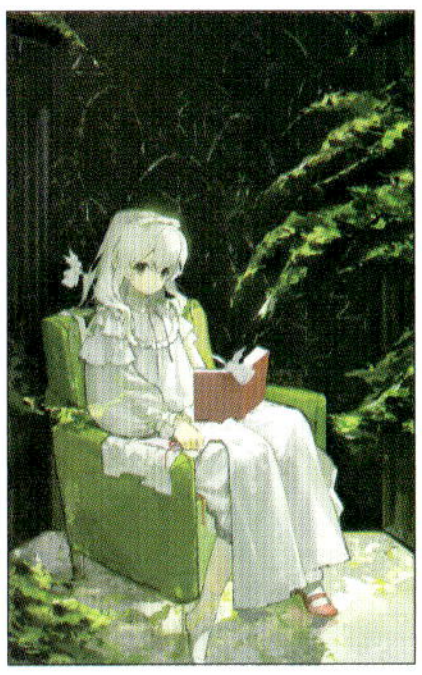

HaiSei
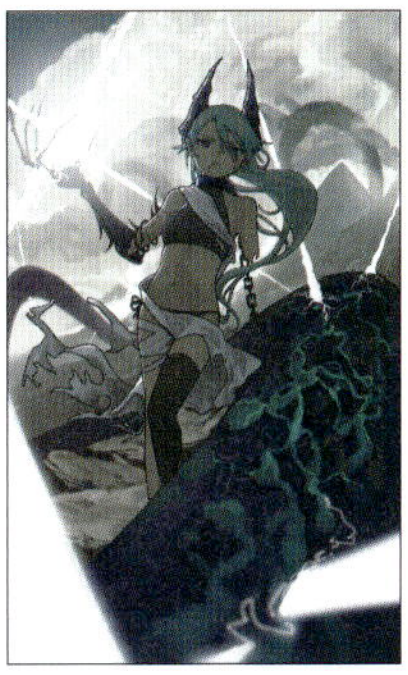

鹿间
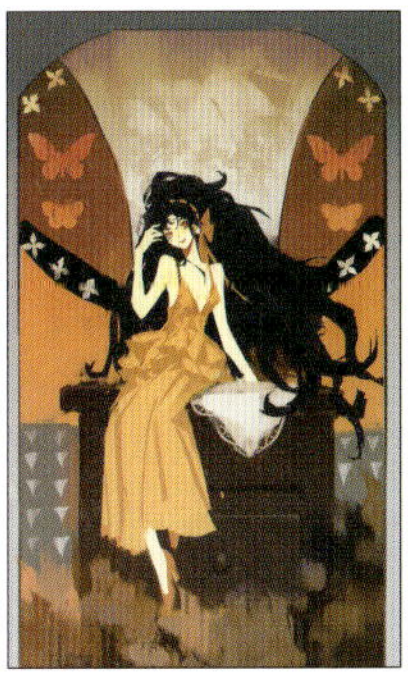

入選

投稿者のお名前の後に「C」と「S」のマークがついています。「COMIC UP」宛に届いた応募作品は「Ⓒ」、「エス編集部」宛に届いた作品は「Ⓢ」でございます。

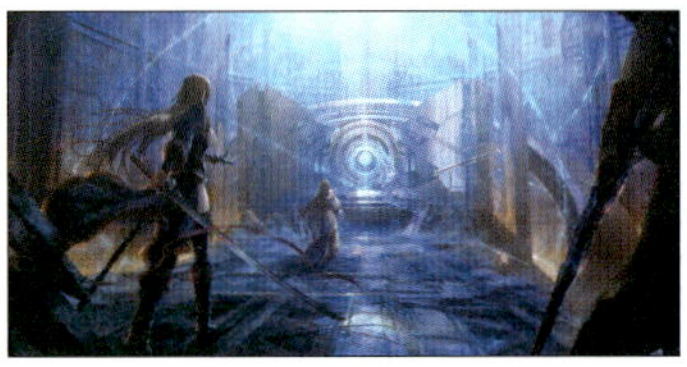

啓(ヒロ)Ⓢ

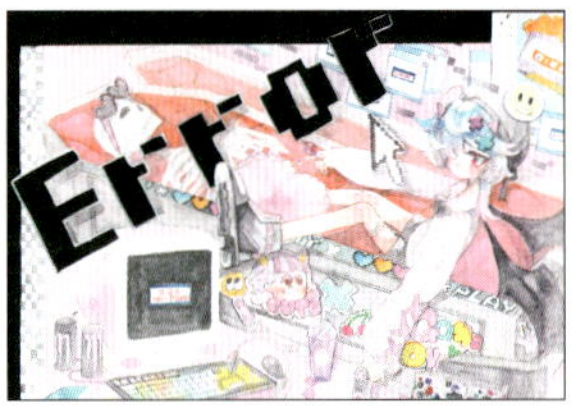

虎鹿Ⓢ

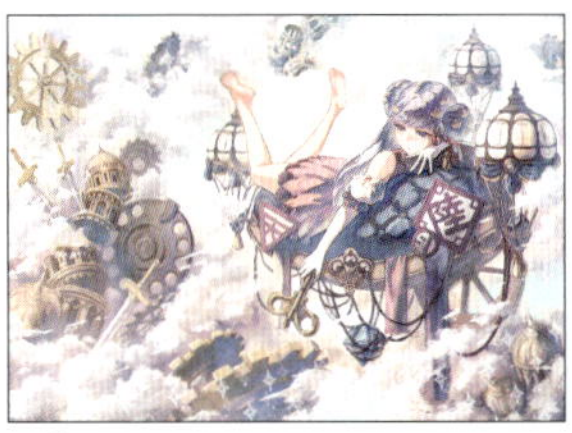

楪葉つづりⓈ

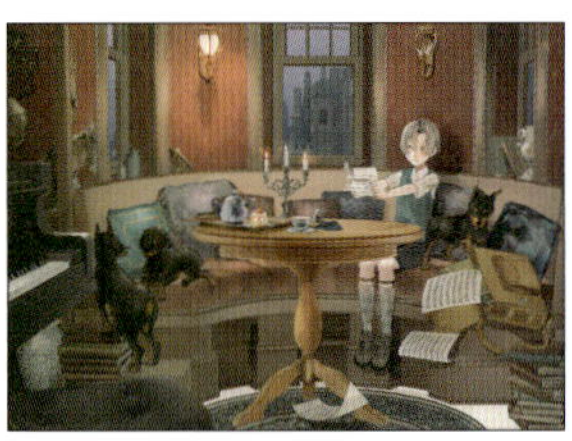

人二九犬Ⓢ

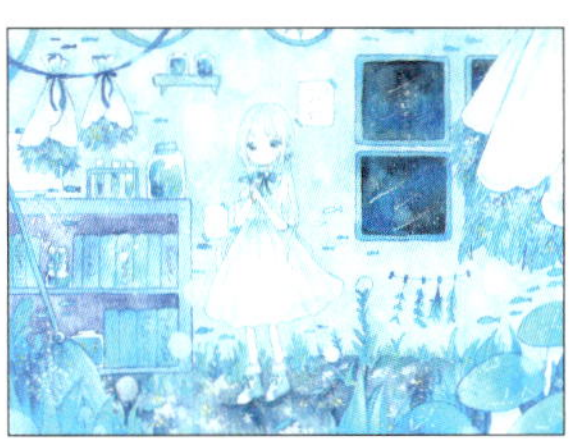

月架Ⓢ

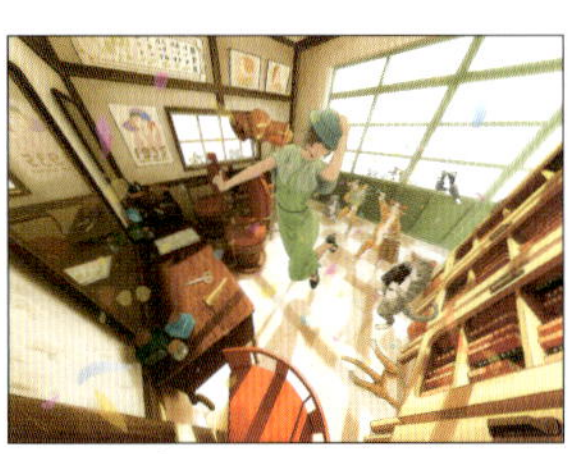

Itten·30歳Ⓢ

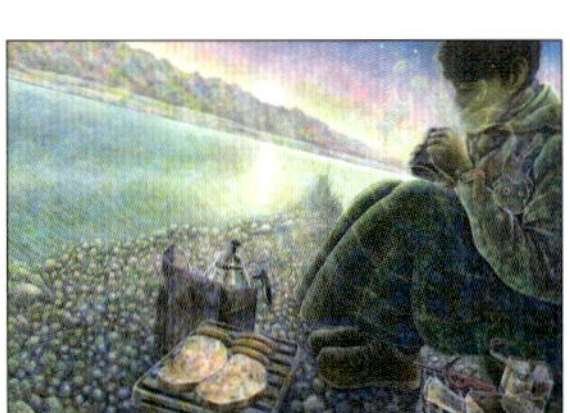

河野正孝Ⓢ

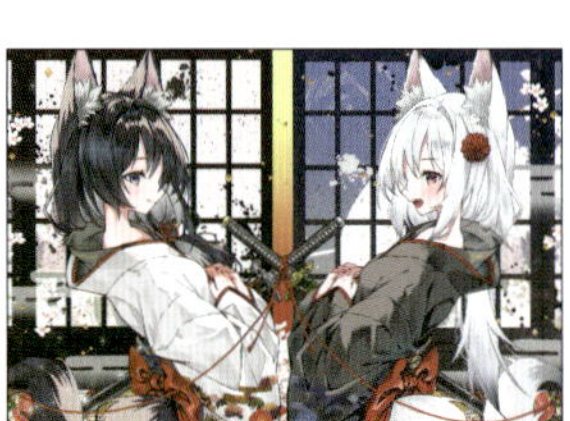

とうかⓈ

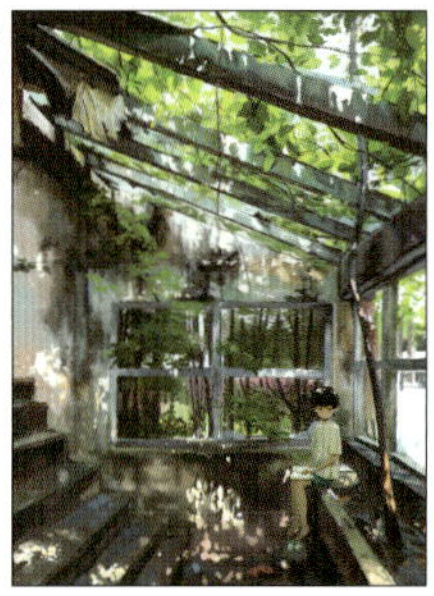

毛毛鱼kilakilaⒸ

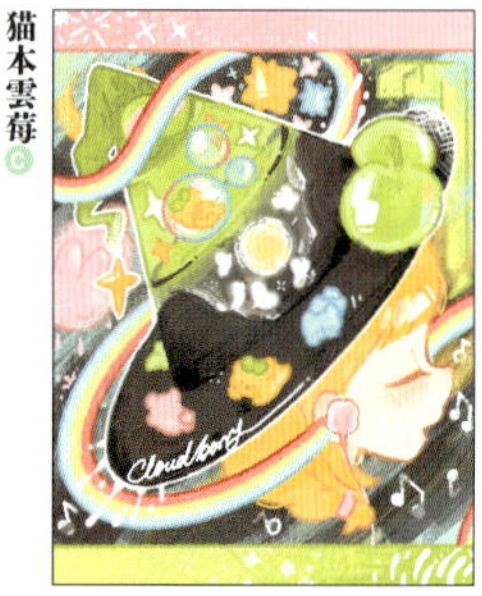

猫本雲莓Ⓒ

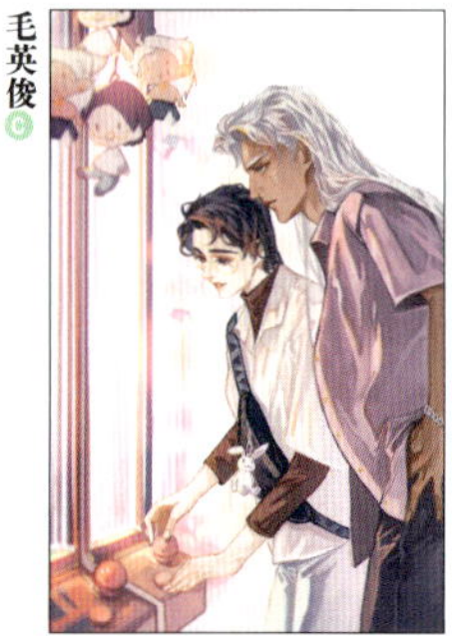

毛英俊Ⓒ

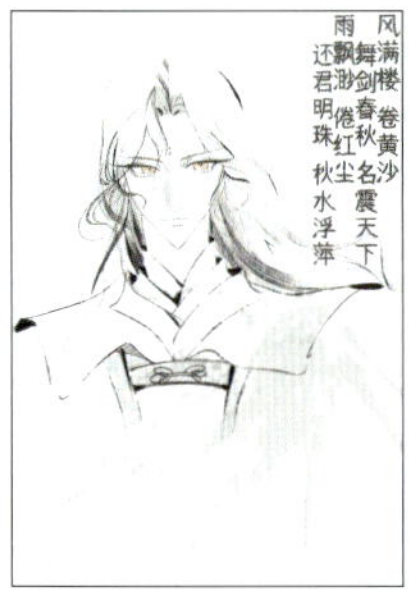

殘月虛無Ⓒ

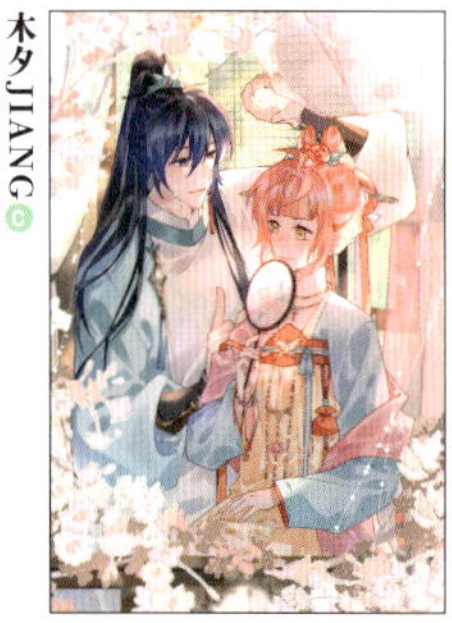

木夕JIANGⒸ

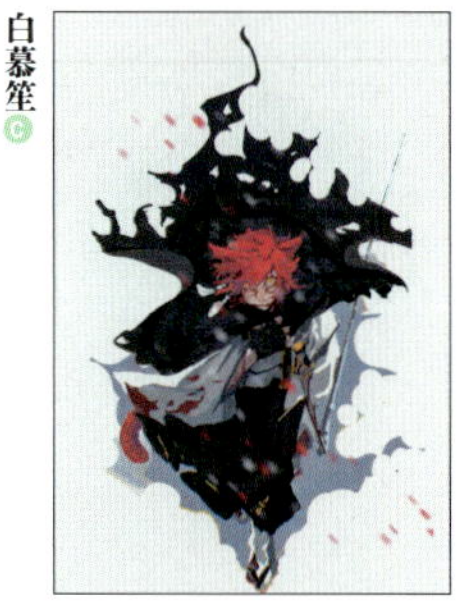

白慕笙Ⓒ

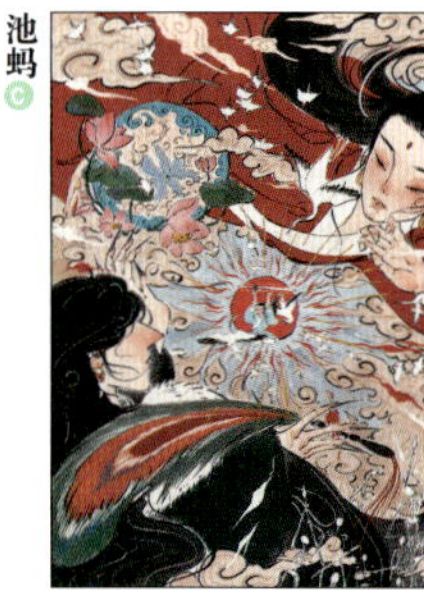

池蚂Ⓒ

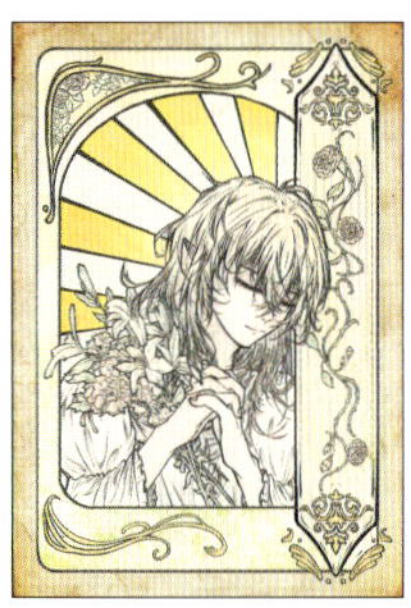

咕喵Ⓒ

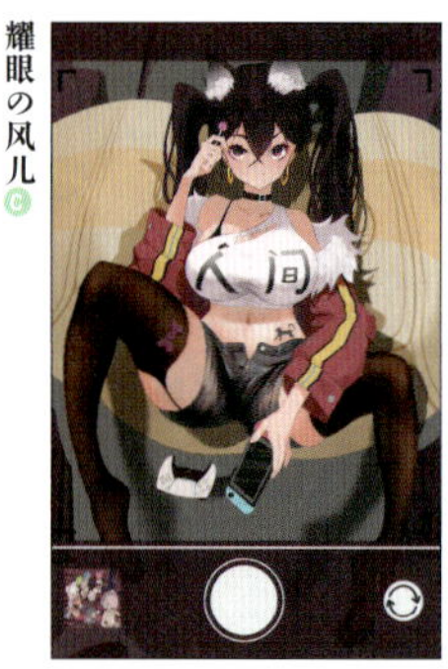

耀眼の凤儿Ⓒ

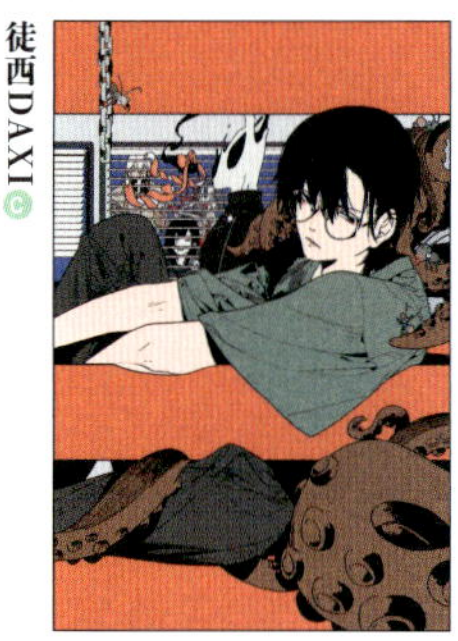

徒西DAXIⒸ

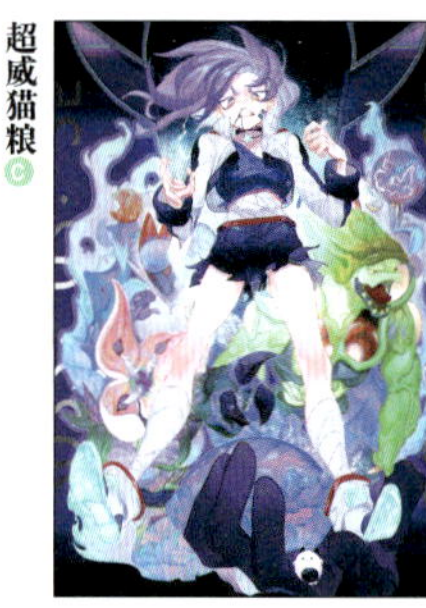

超威猫粮Ⓒ

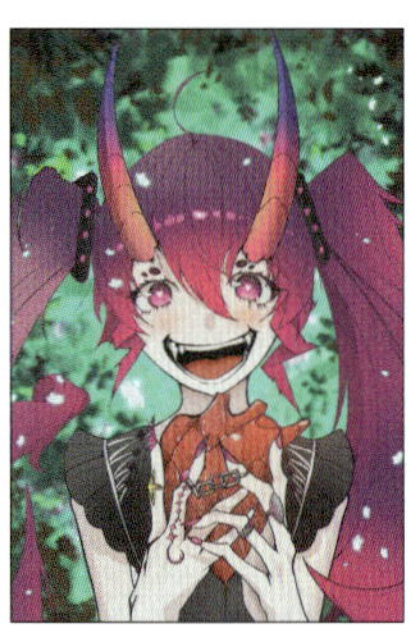

龙研京贰Ⓒ

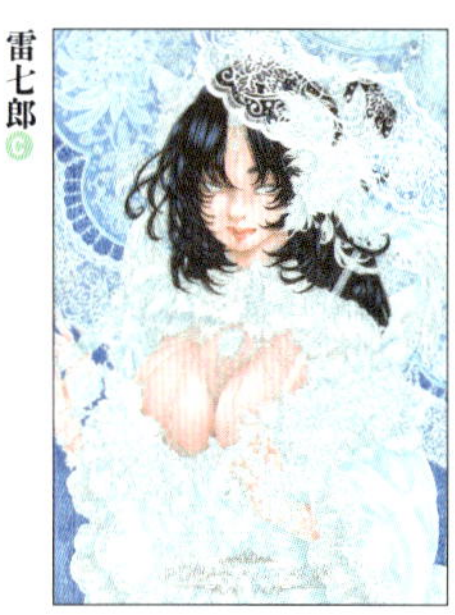

雷七郎Ⓒ

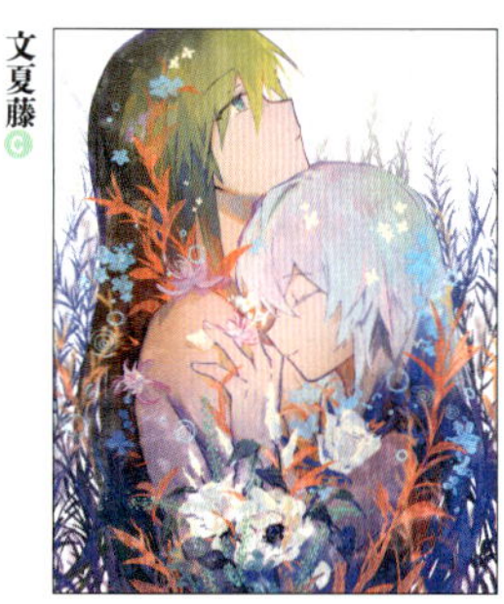

文夏藤Ⓒ

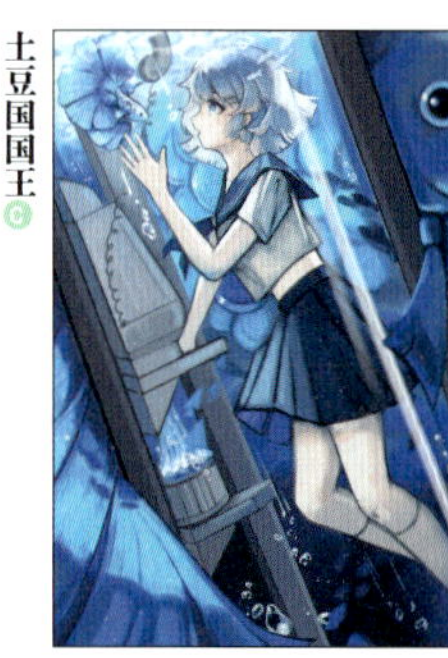

土豆国国王Ⓒ

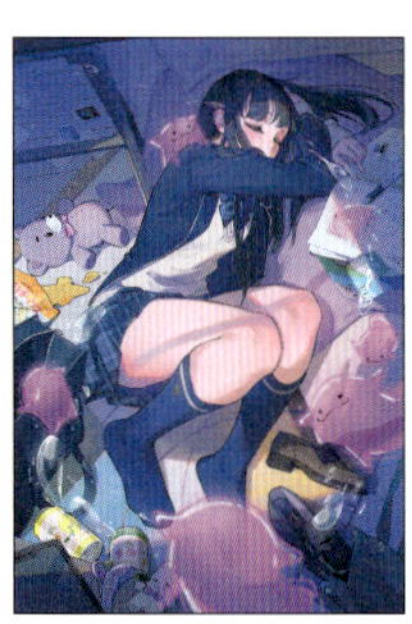

啊皮袄Ⓒ

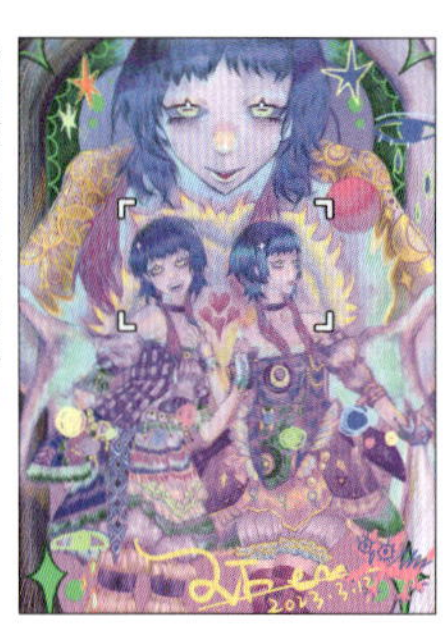

冷酷杀手坐拥千万资产Ⓒ

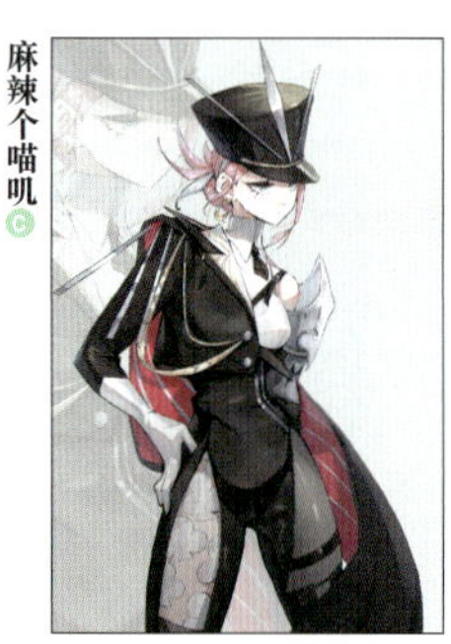

麻辣个喵叽Ⓒ

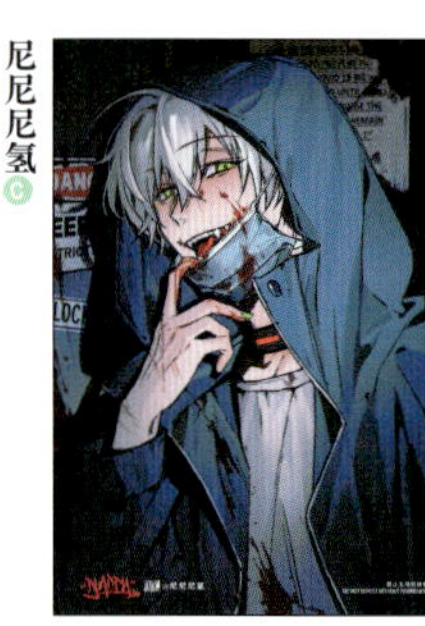

尼尼尼氢Ⓒ

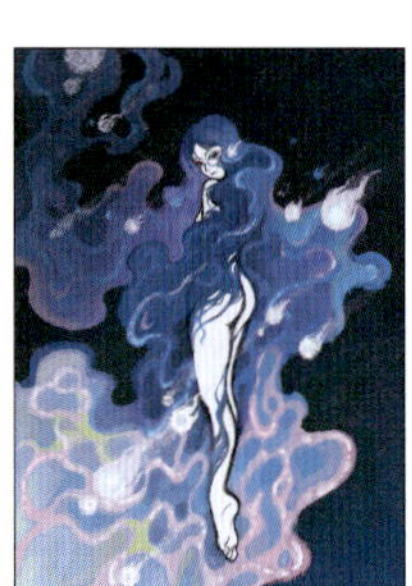

路过的墨镜橘Ⓒ

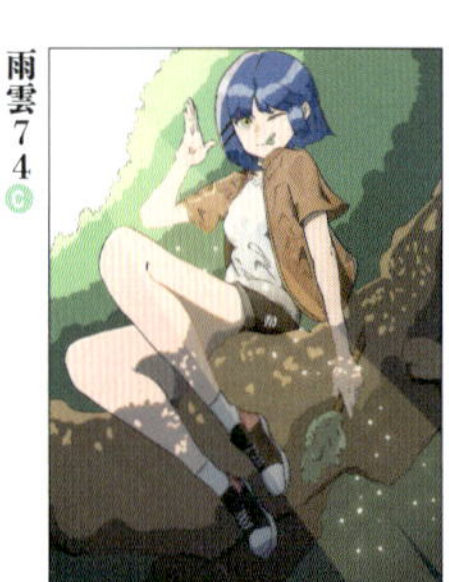

雨雲74Ⓒ

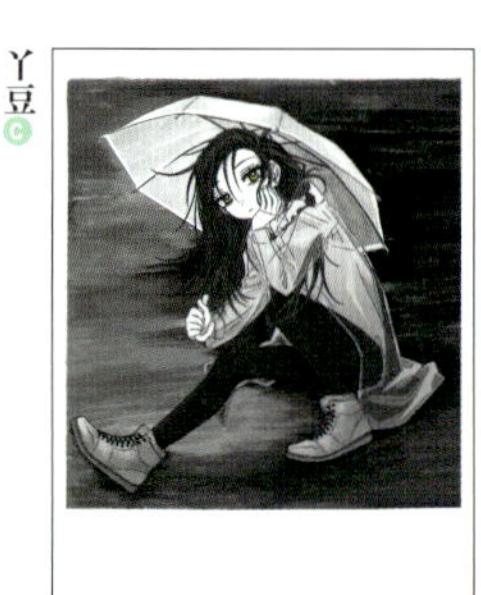

丫豆Ⓒ

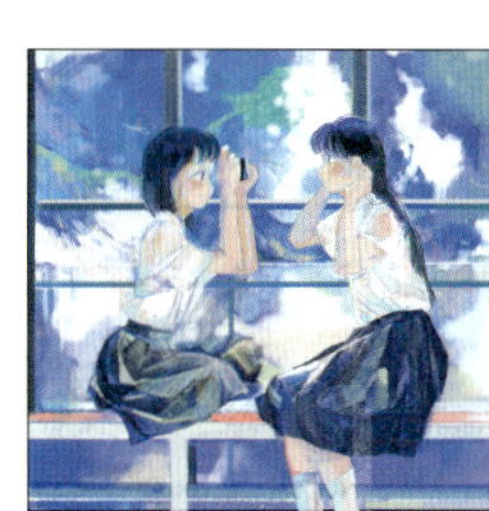

日立RILiⒸ

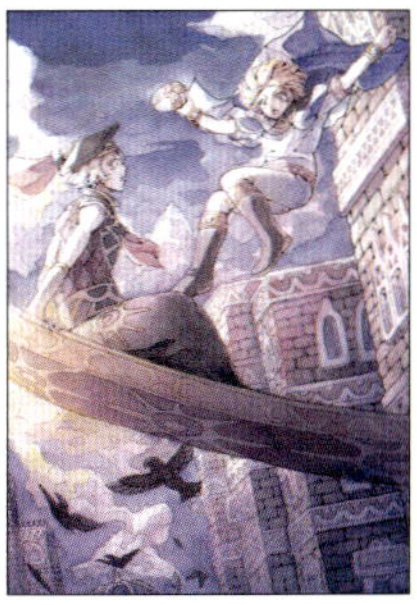
ホネ山 S

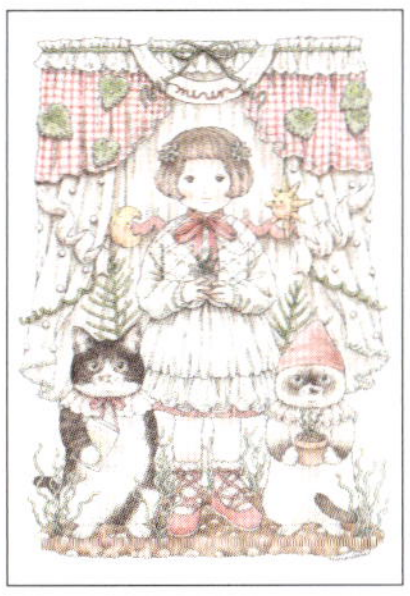
みりん S

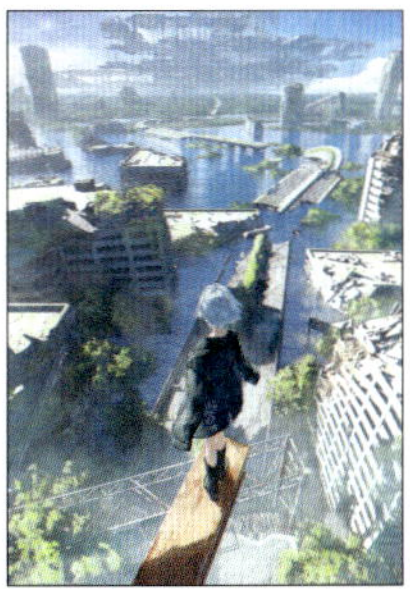
行間 S

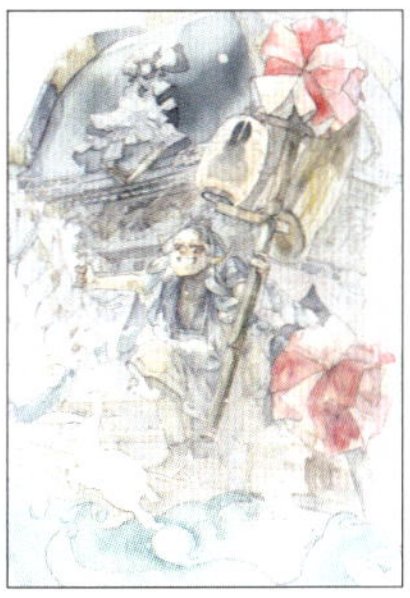
戎井幸一 S

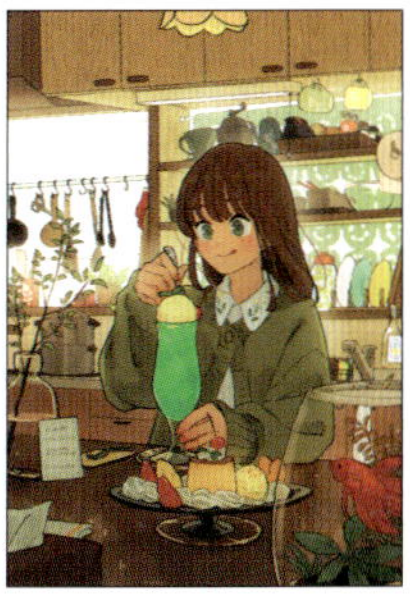
松峰 S

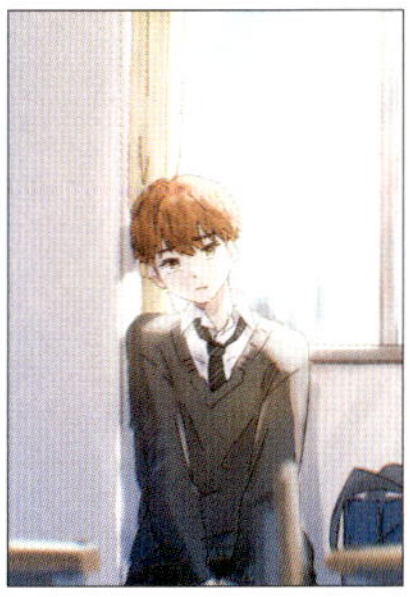
深海渚・17歳 S

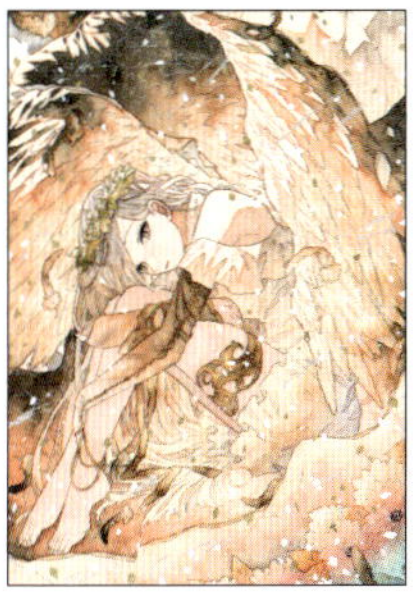
potato S

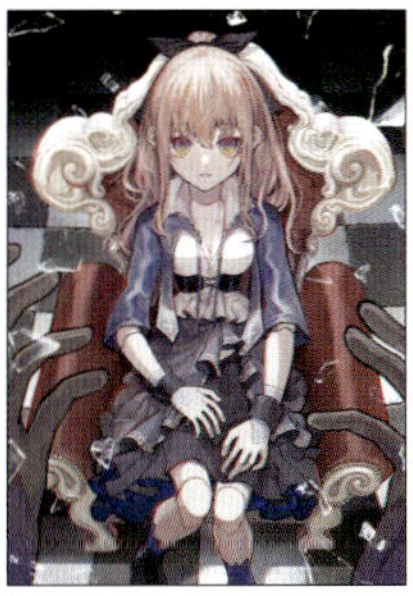
yanorio S

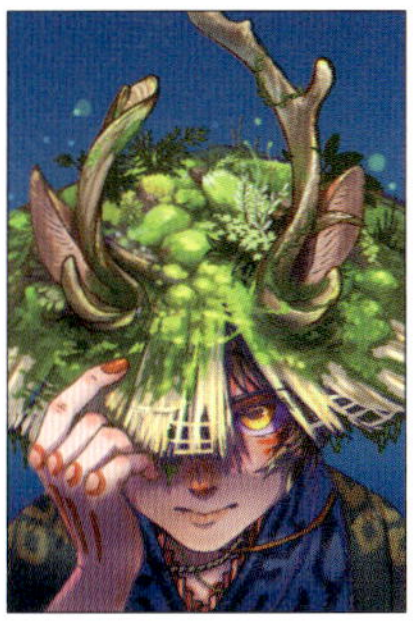
yuku・25歳 S

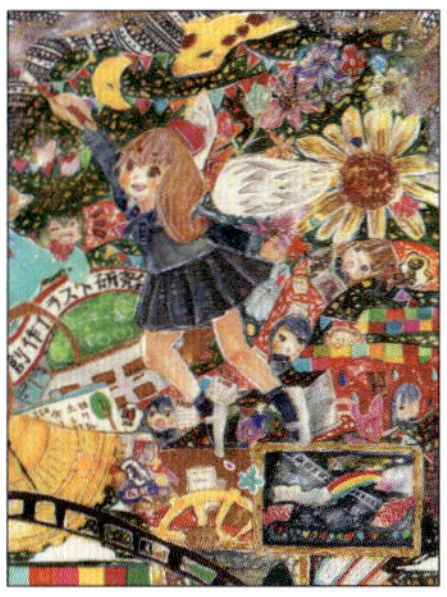
コウアイ S

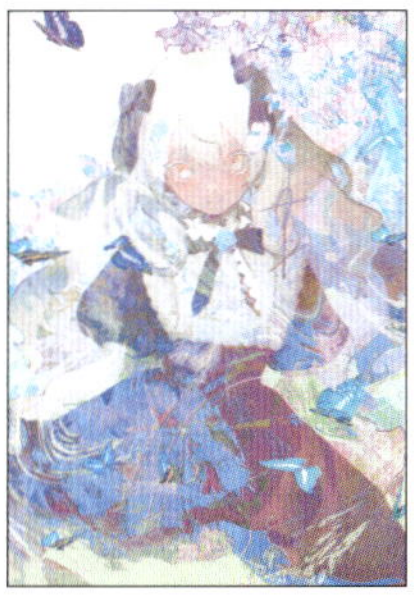
はむメロン S

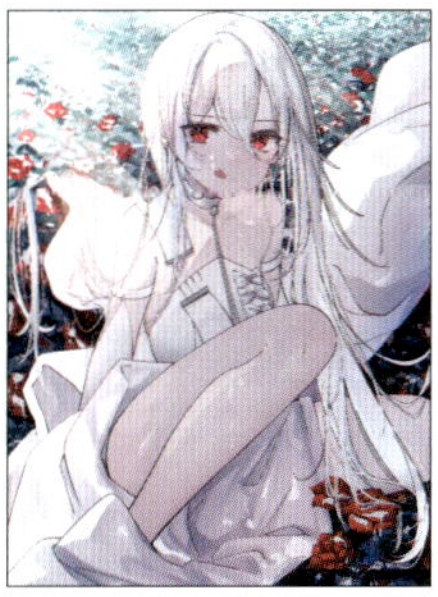
ひえのひろ S

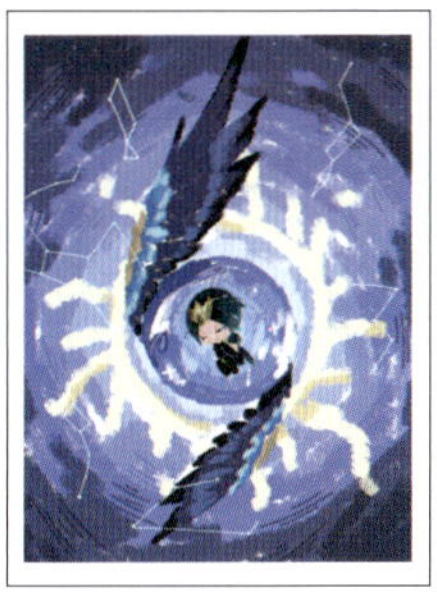
闲鱼二块一条 C

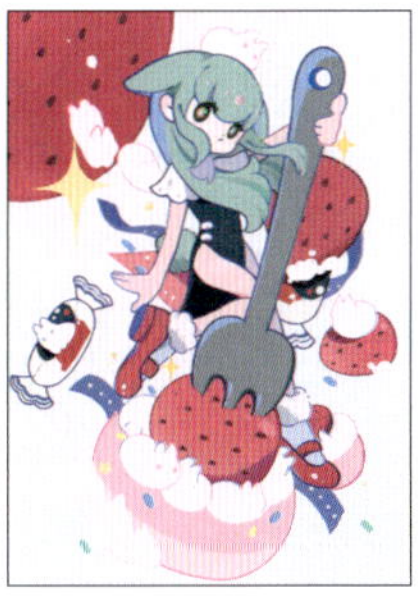
这是一只枭枭枭 C

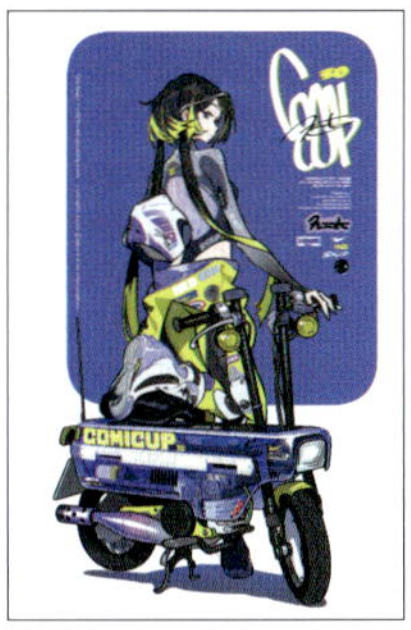
屉子巴德 C

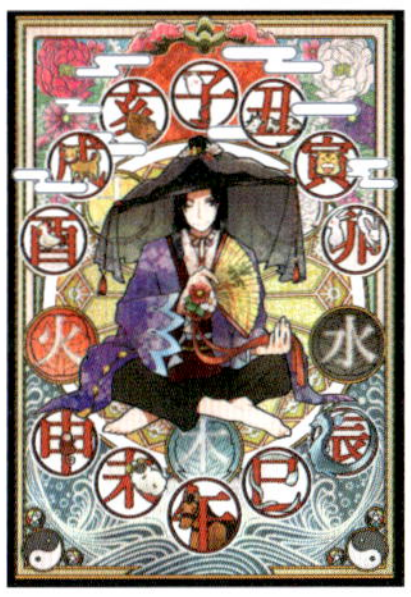
削木・31歳 S

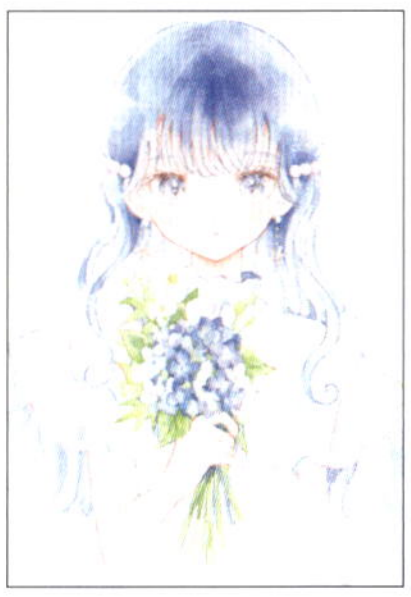
Hau S

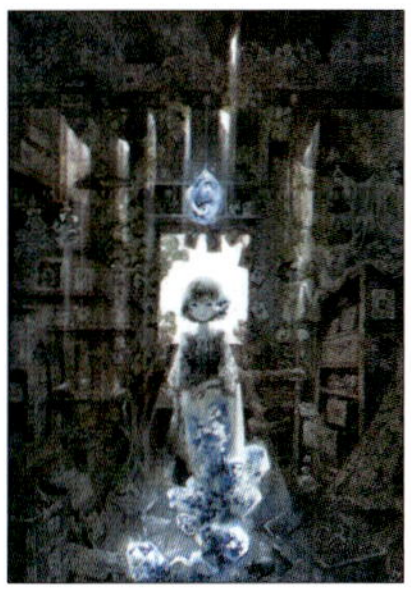
mg3／めぐみ S

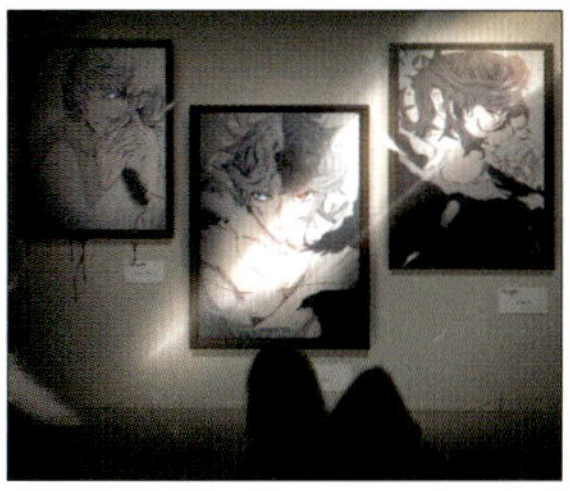
ねんじゅも・17歳 S

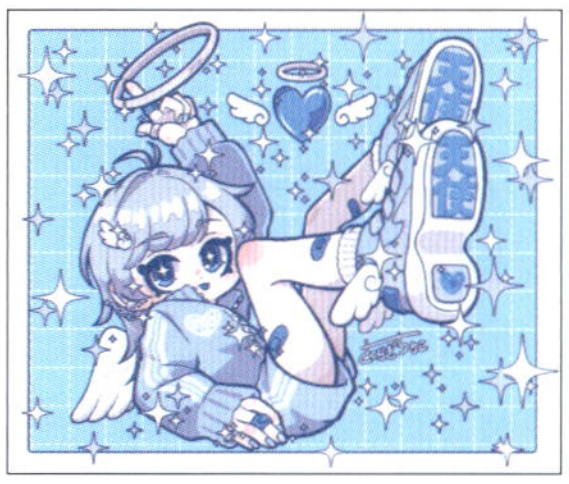
さくらぎちりこ S

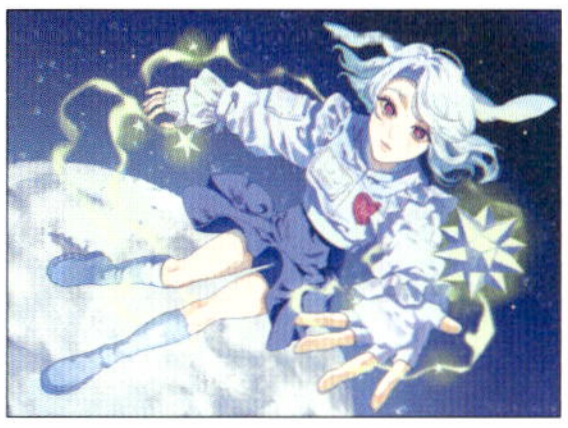
甘南月 S

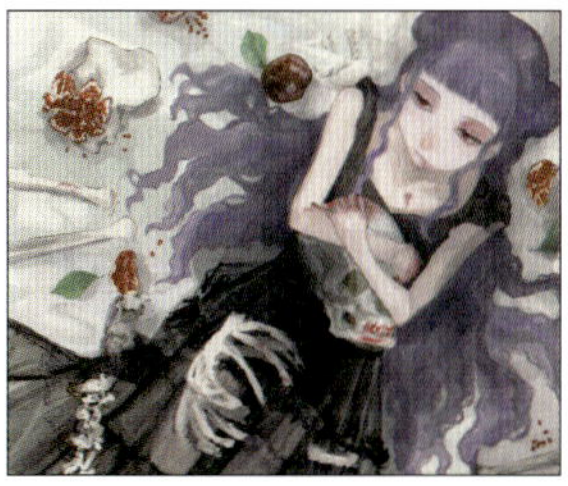
桐原なち・24歳 S

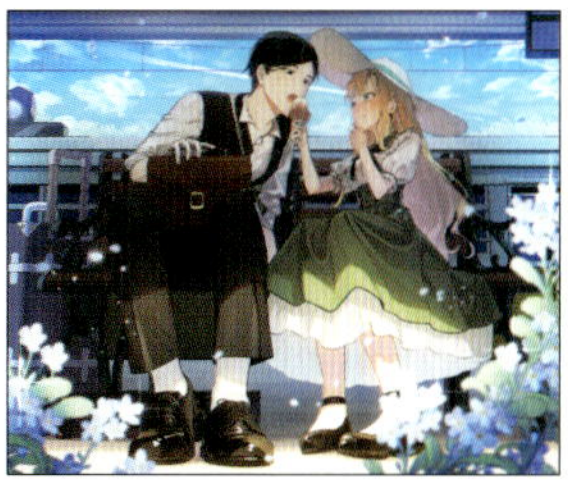
ayabu S

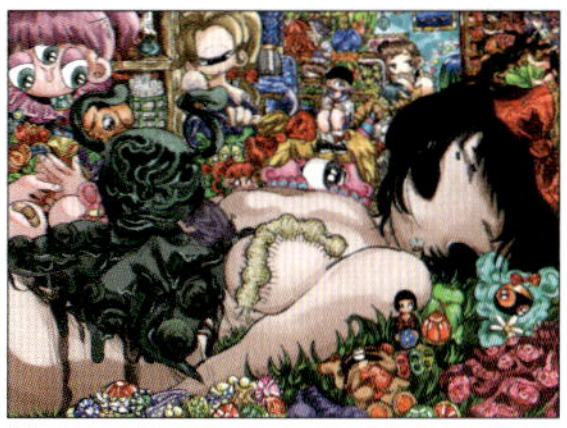
月子・16歳 S

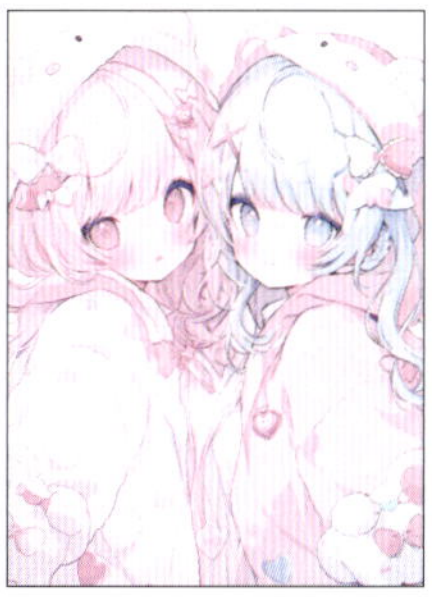
萝莉酱 C

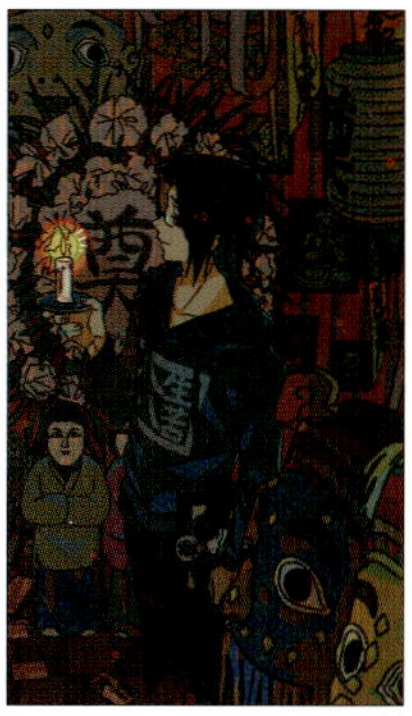
琉瑛 C

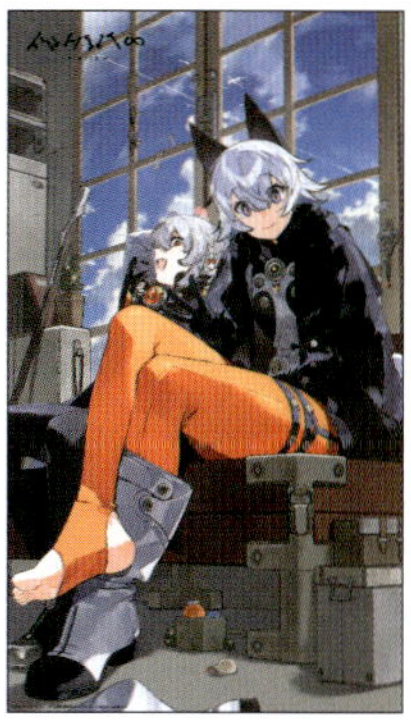
クレイト C

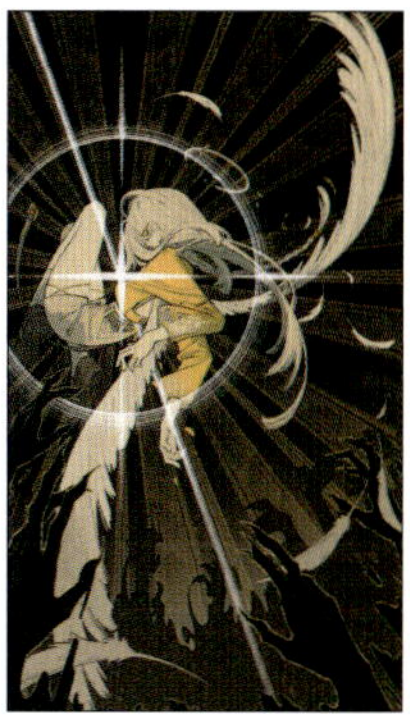
Akatuki C

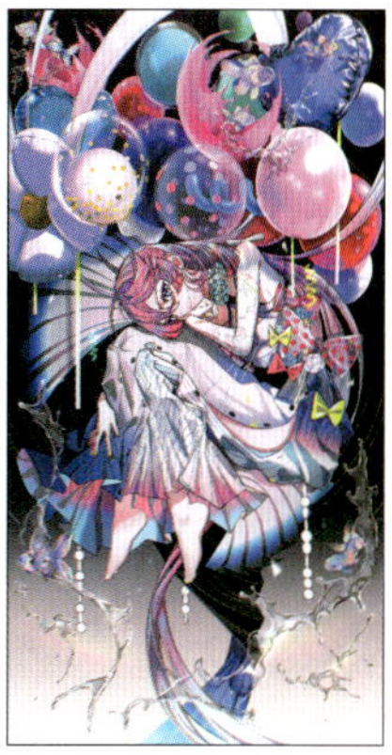
彩椛 C

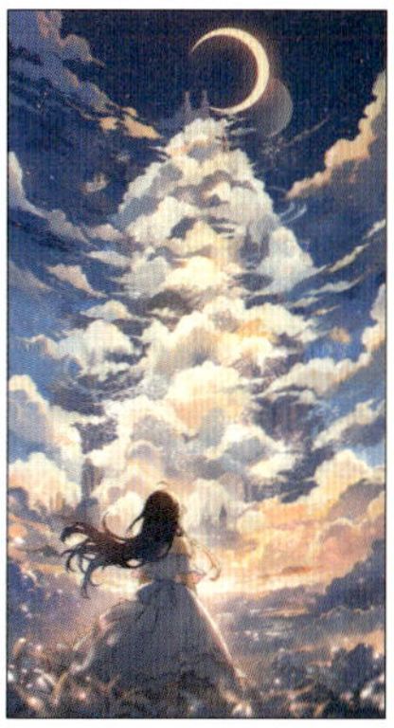
白峰かな S

入選

投稿者のお名前の後に「C」と「S」のマークがついています。「COMIC UP」宛に届いた応募作品は「Ⓒ」、「エス編集部」宛に届いた作品は「Ⓢ」でございます。

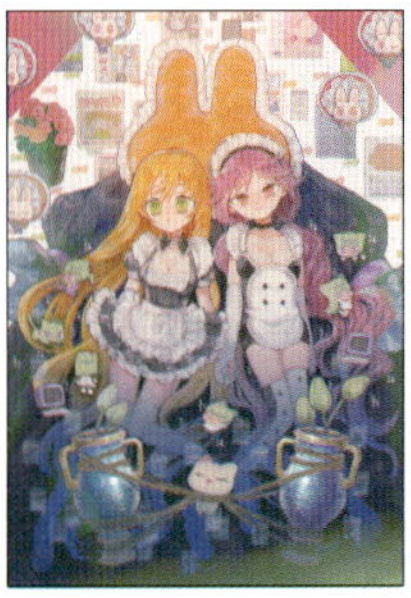
パールカラーⓈ

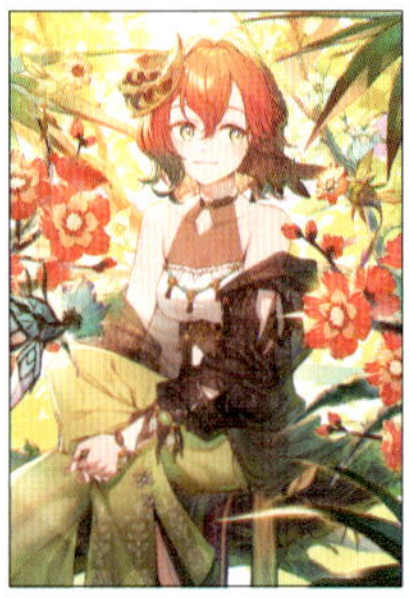
syowⓈ

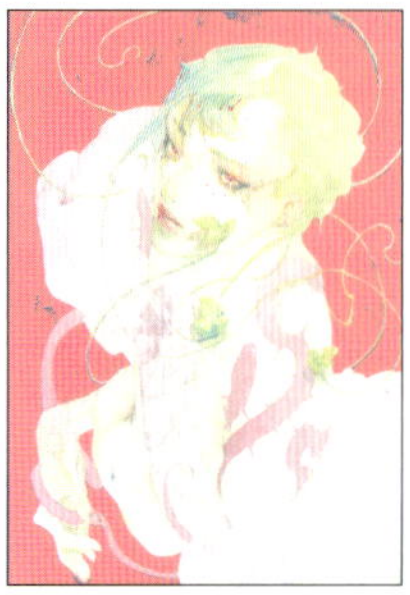
雀夏宏Ⓢ

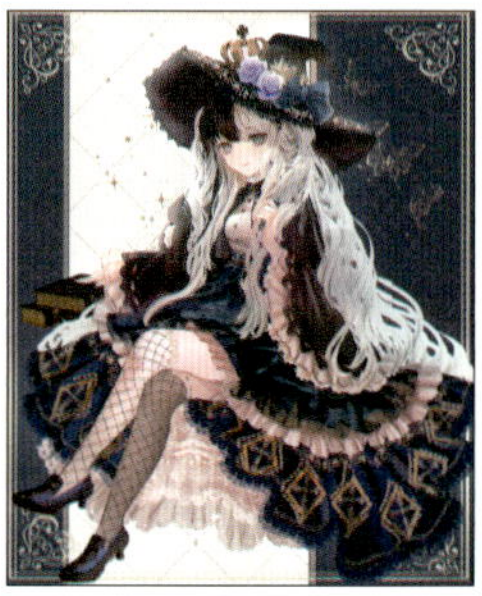
こもりひっきⓈ

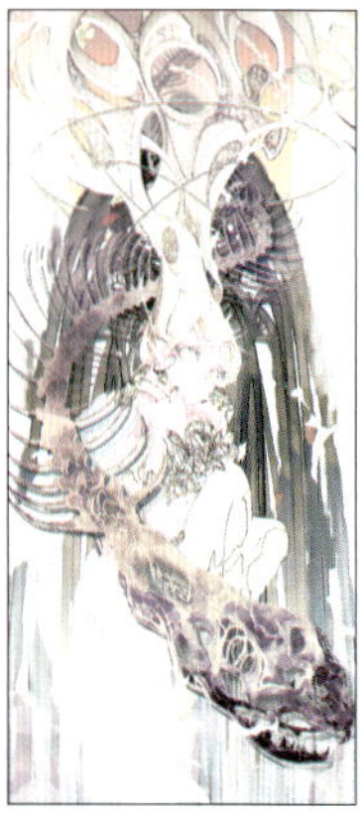
†くーがー緋色†Ⓢ

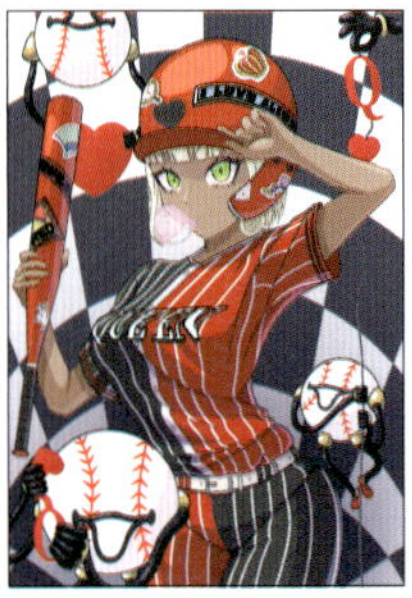
こうれん・20歳Ⓢ

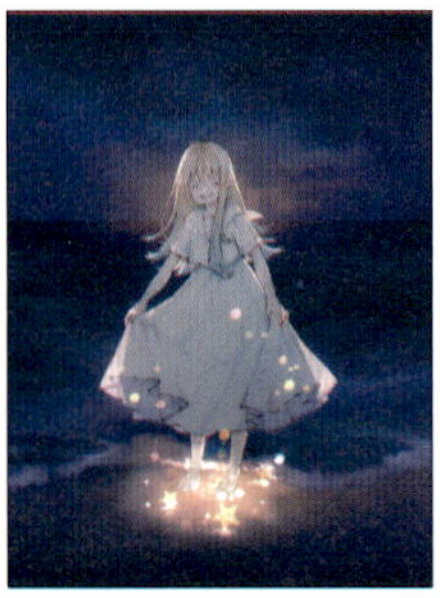
あんなⓈ

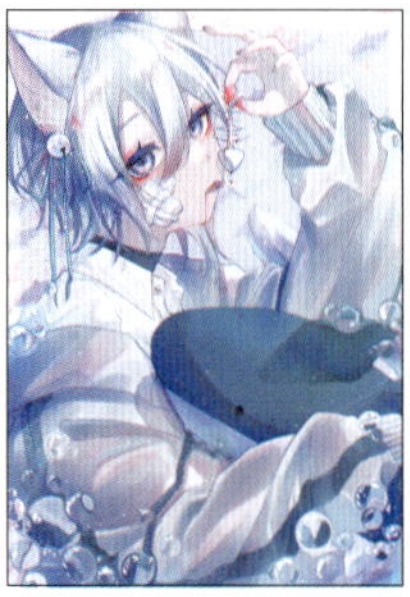
IZUMOⓈ

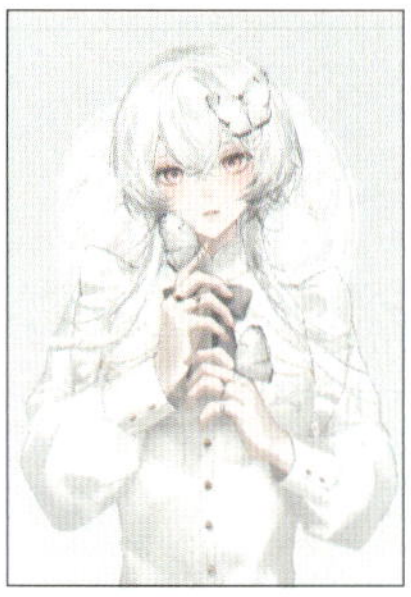
梅之シイ・27歳Ⓢ

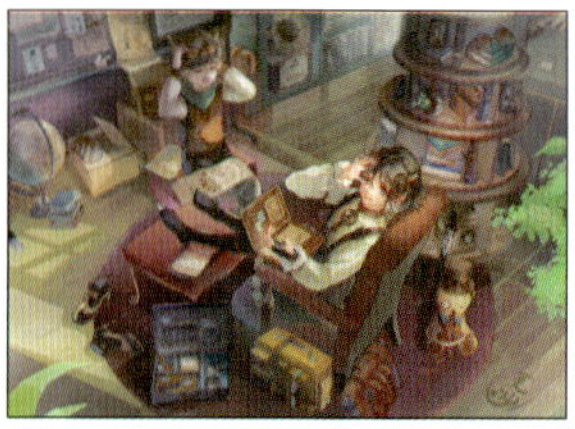
三日月更紗Ⓢ

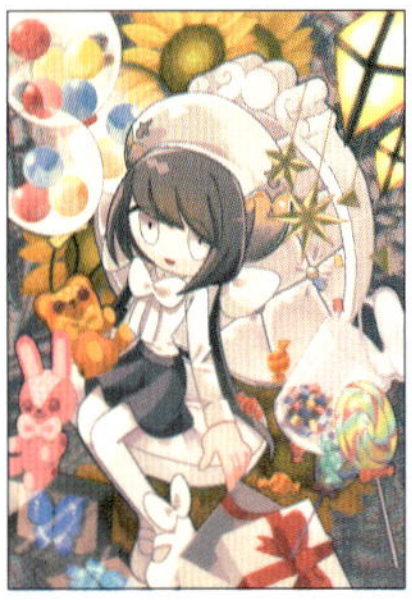
MITSUKADOⓈ

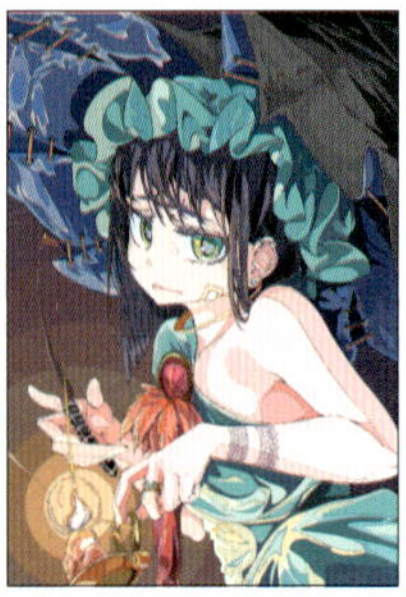
いりすあつし・35歳Ⓢ

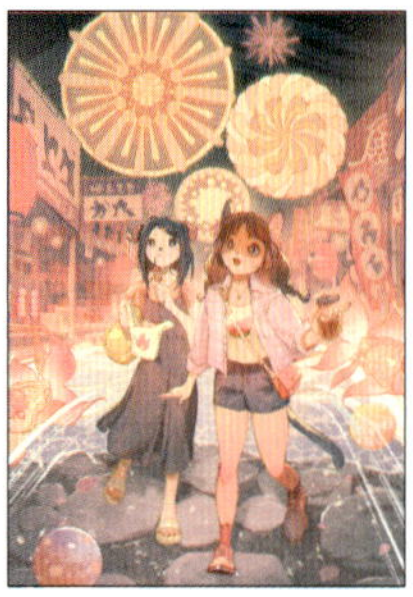
LsuⓈ

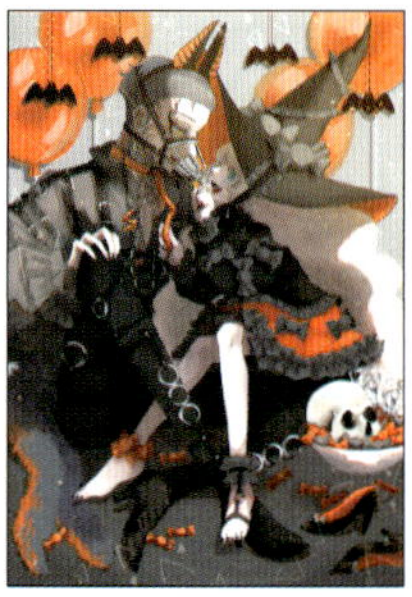
白鯨堂こちⓈ

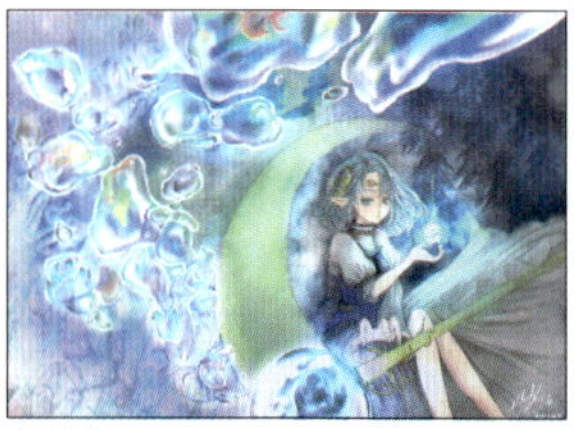
上地式Ⓢ

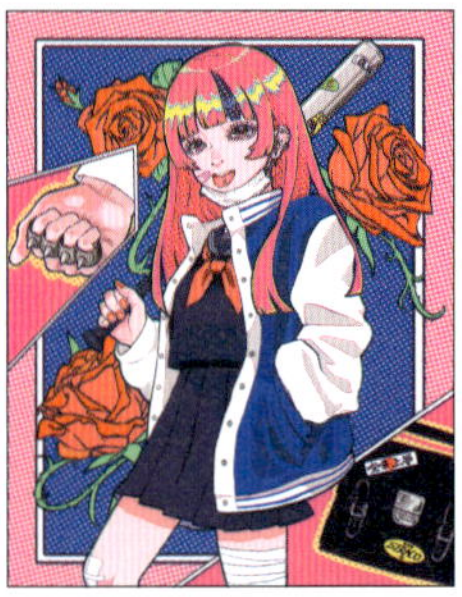
しらこⓈ

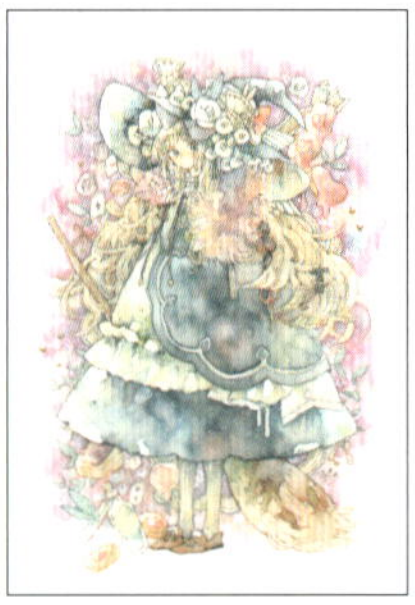
kuroneⓈ

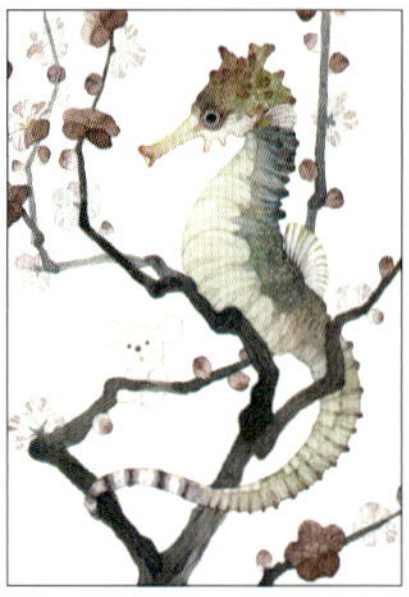
こまちみゆた・38歳Ⓢ

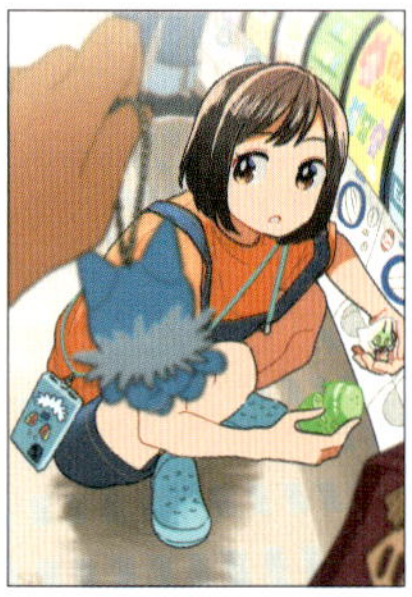
526Ⓢ

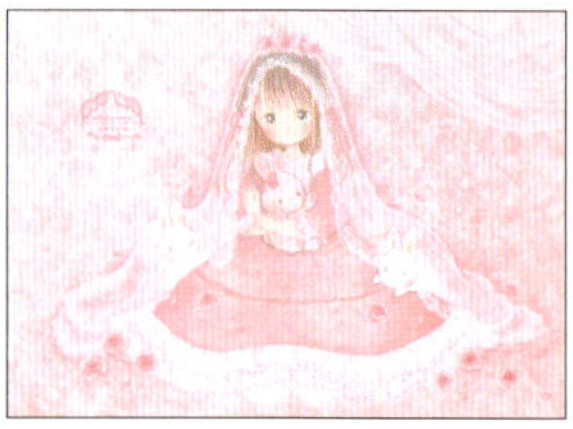
ましゅまろここあⓈ

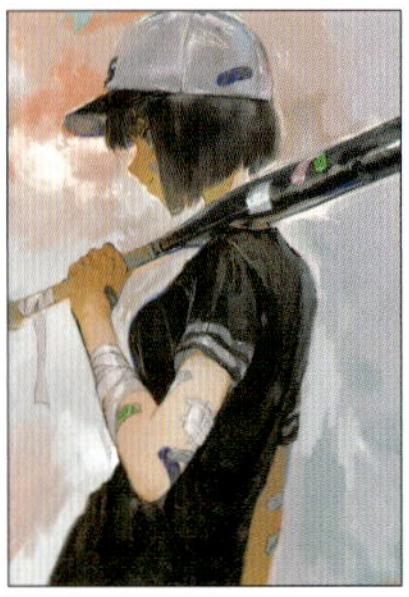
すえちーⓈ

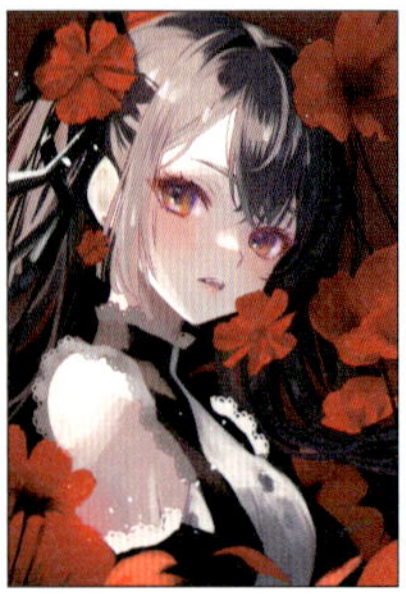
サイユⓈ

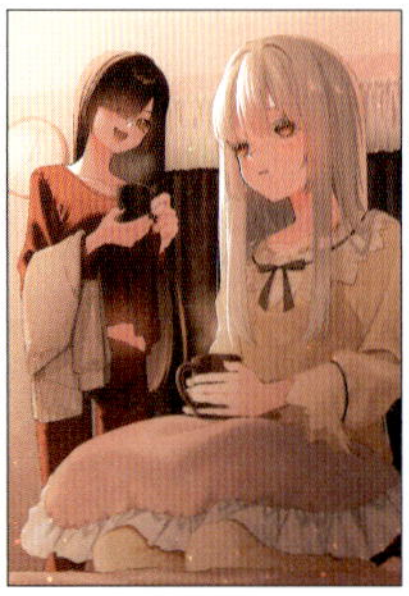
えもさく・20歳Ⓢ

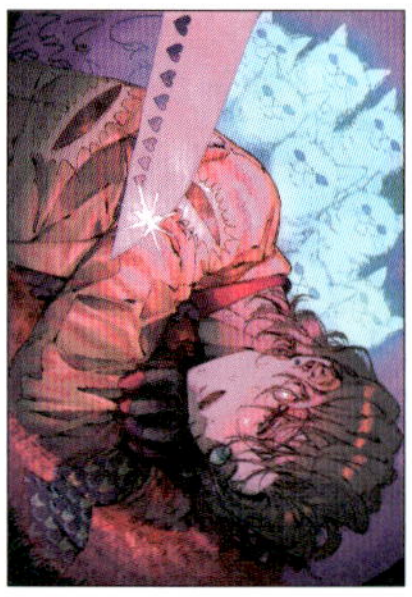
pipiⓈ

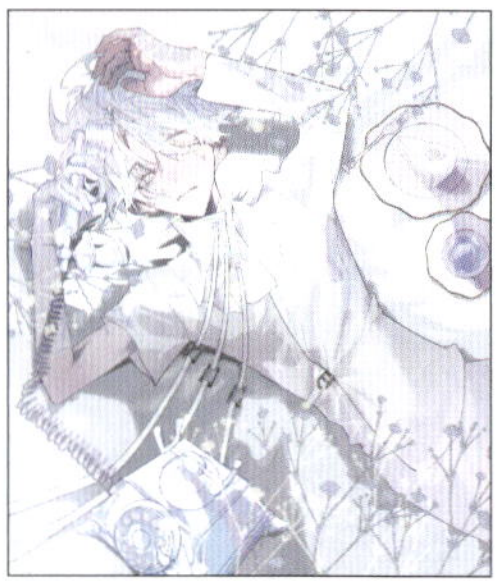
えなが彪ミⓈ

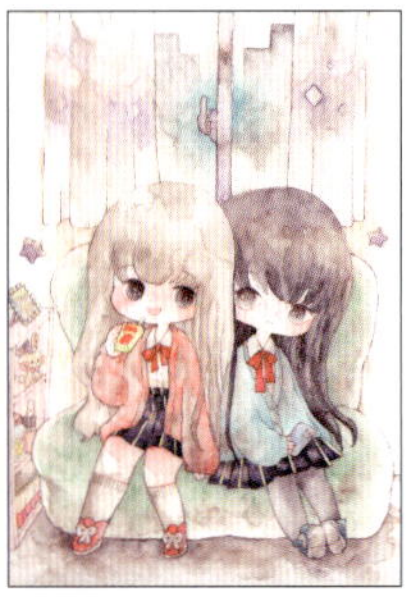
ともいちらⓈ

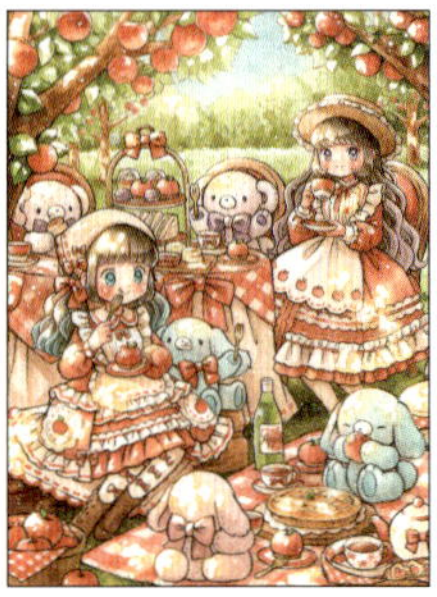
さかのまちⓈ

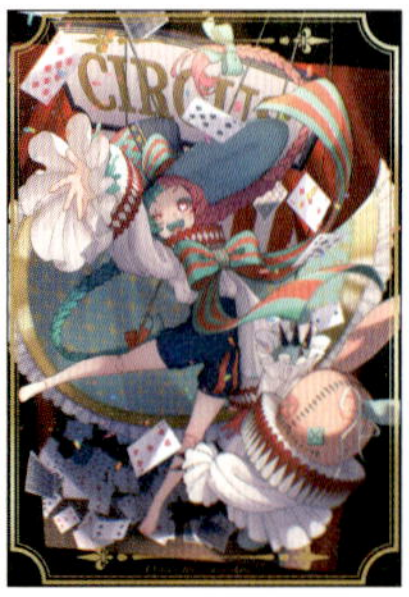
がお豆・19歳Ⓢ

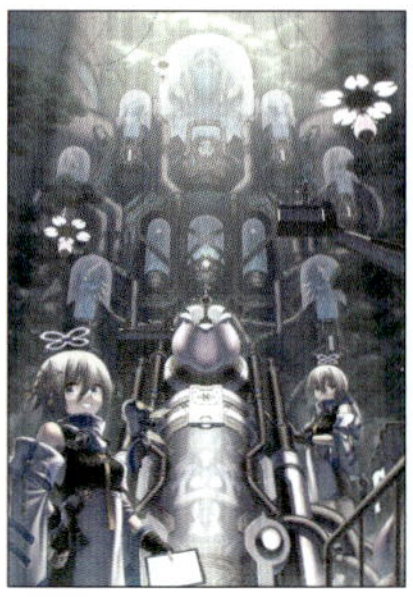
RIYOⓈ

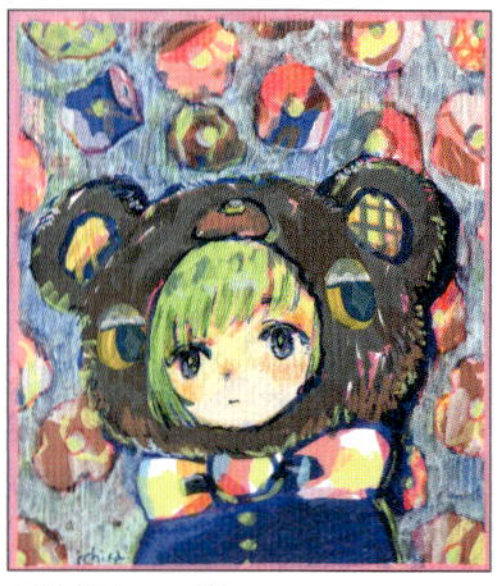
壱太助丸・39歳Ⓢ

82
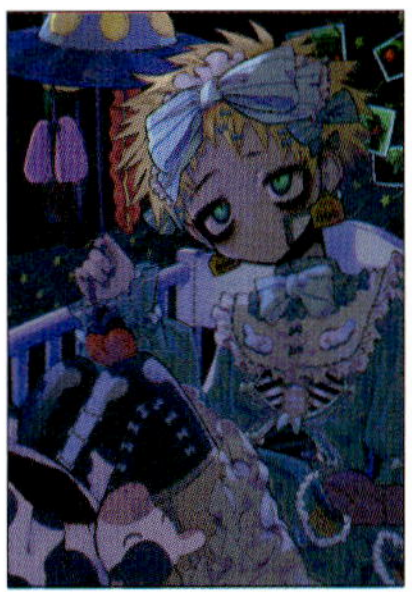

真崎奈津芽
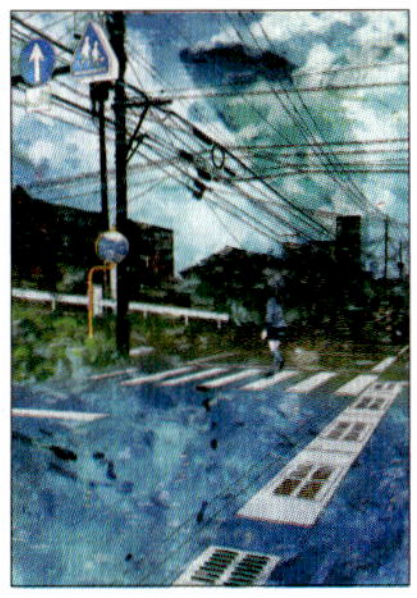

ろーれらい
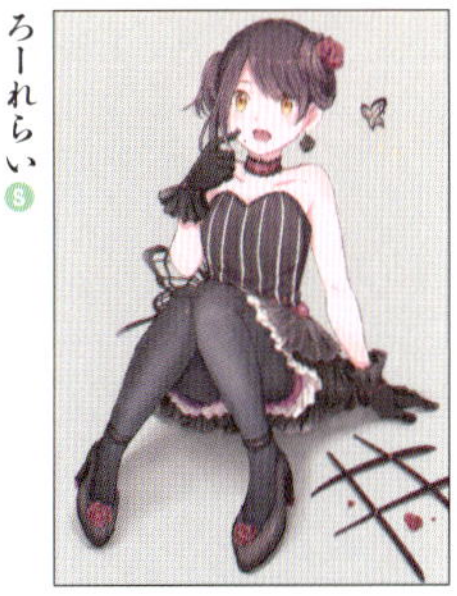

なつめみく
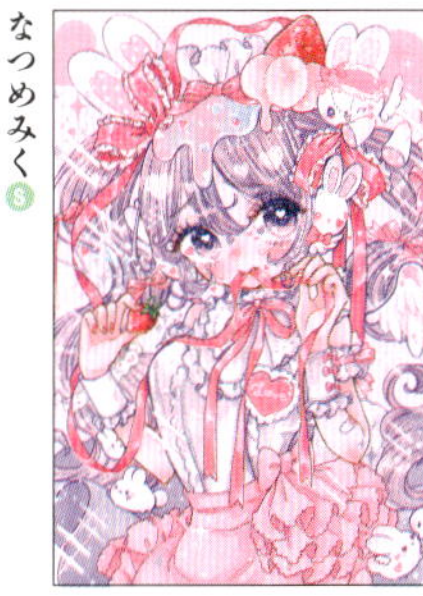

月波
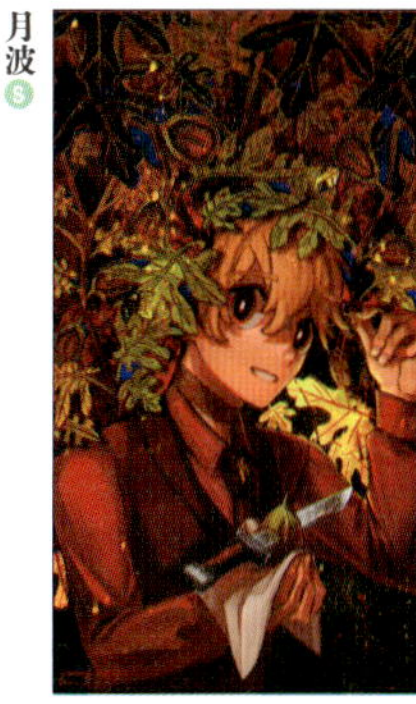

照留セレン
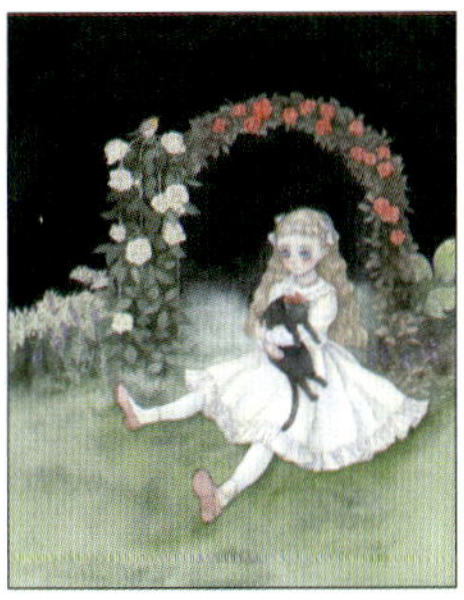

月夜魅れいん
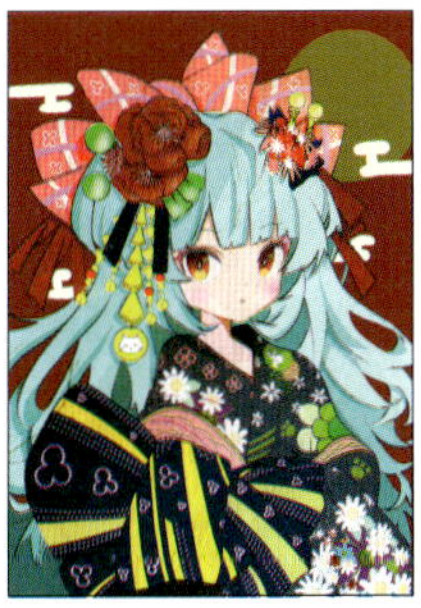

んち・18歳
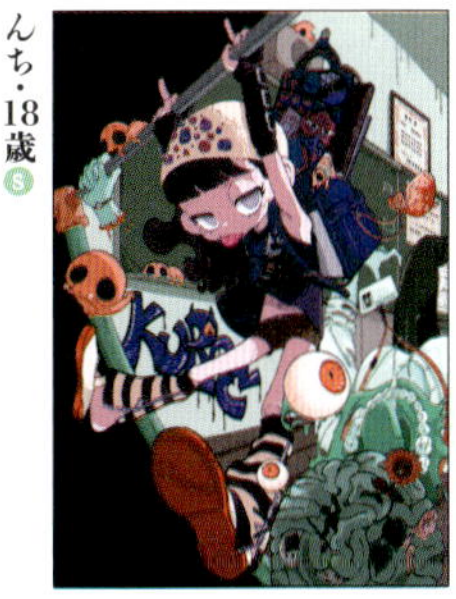

なぽ・17歳
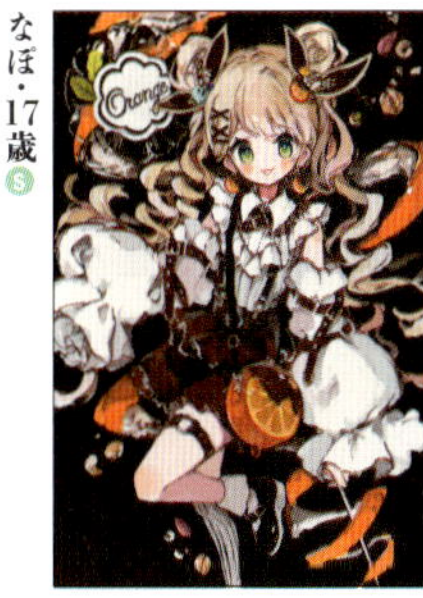

木乃伊みいら
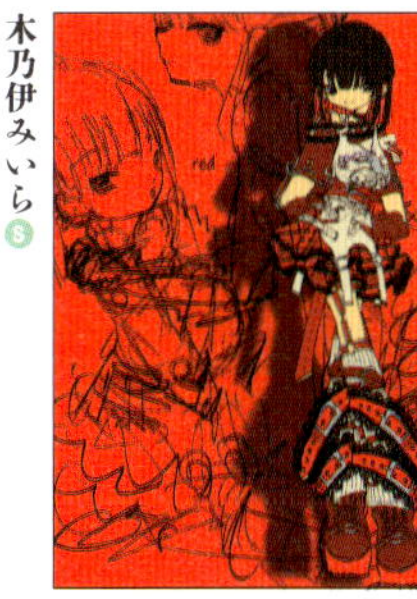

遊凪・25歳
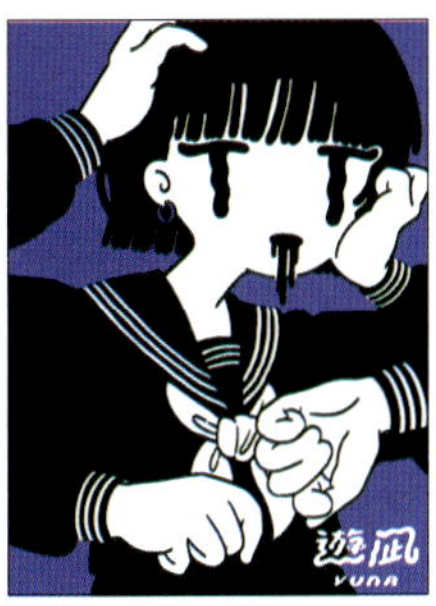

真田しろ
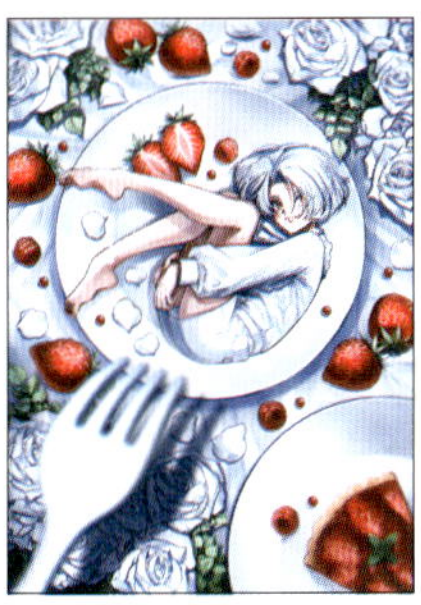

紅梅アヤ
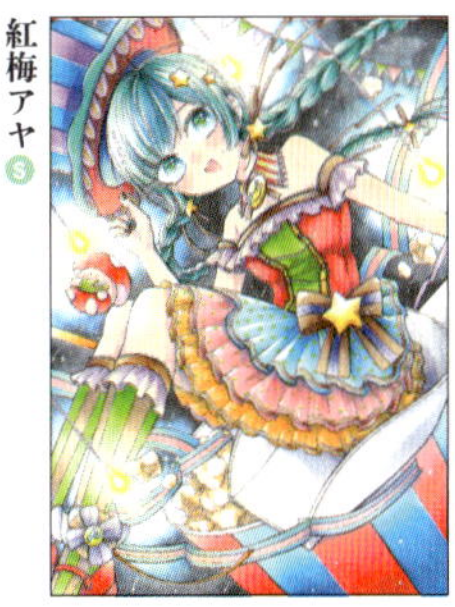

画々市
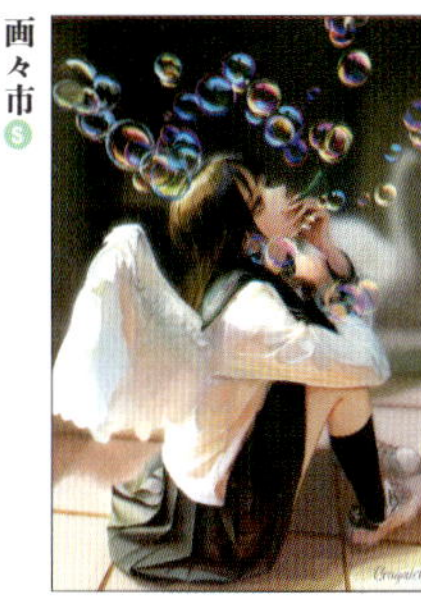

君谷くゆる
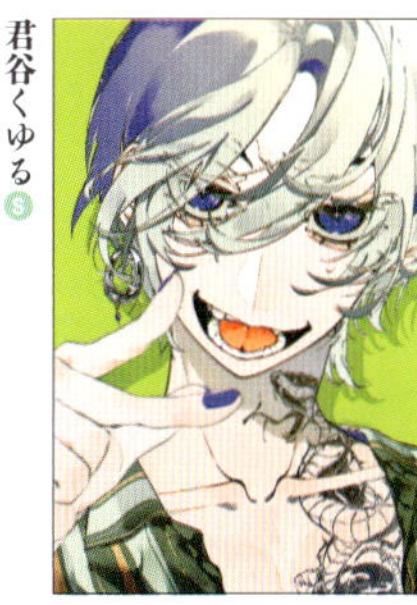

梨玖
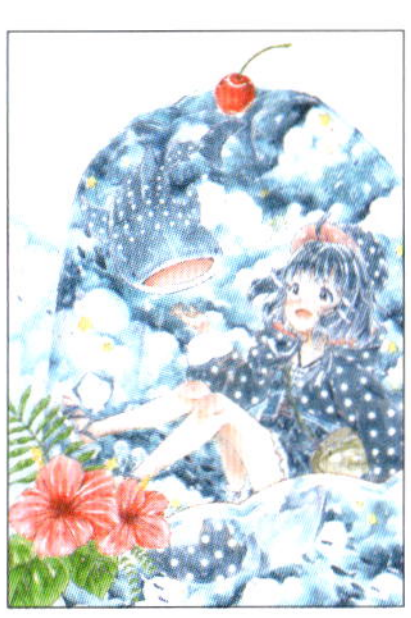

清水わかこ
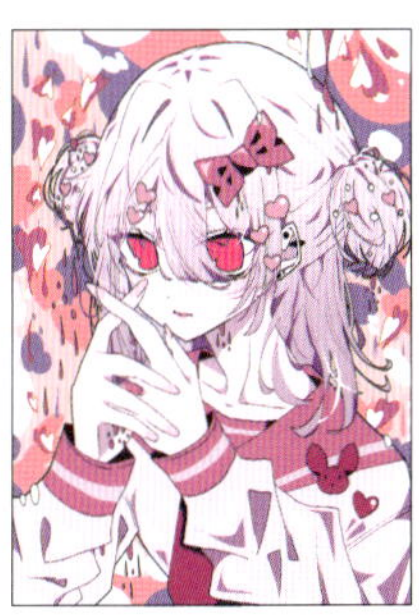

黒崎来
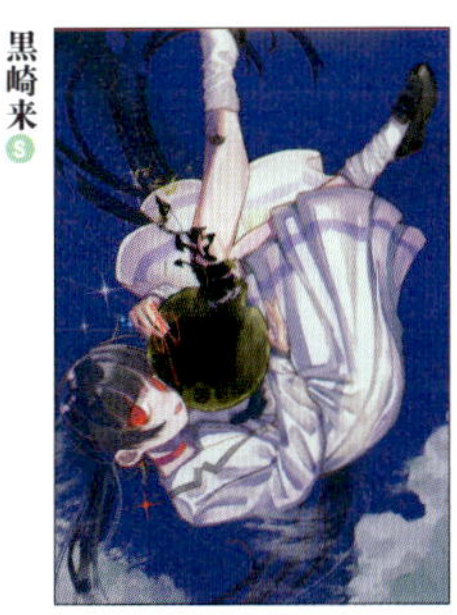

ミツ蜂
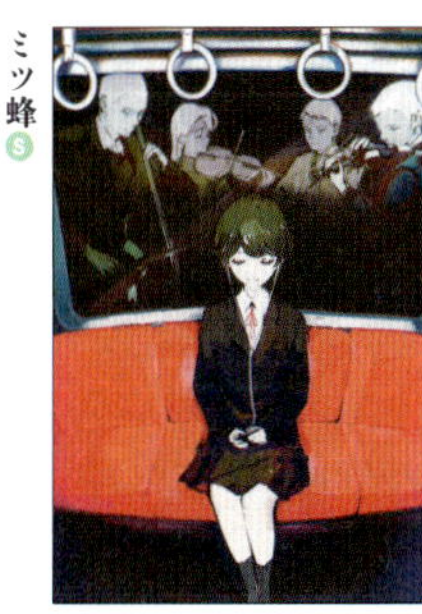

こーみ
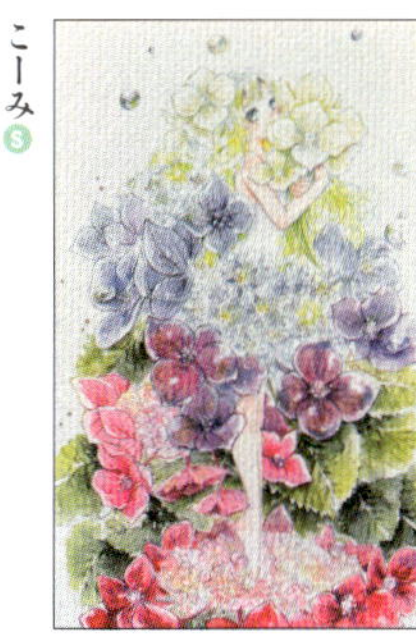

梵0628s
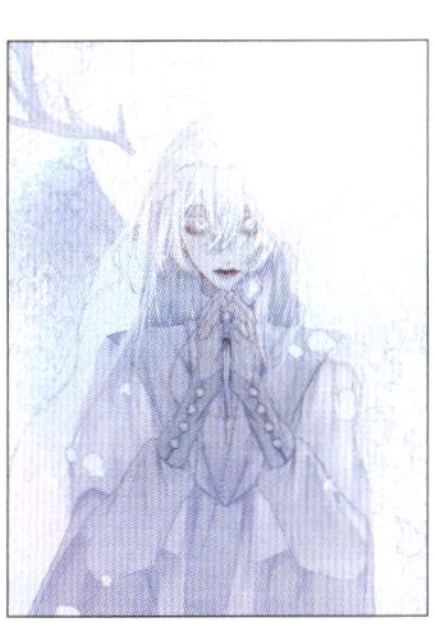

充実犬
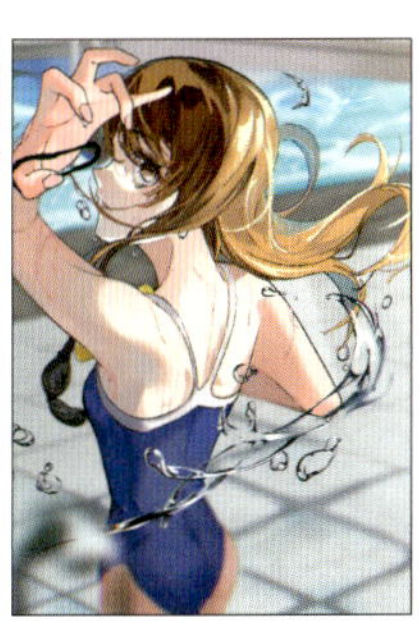

栗色
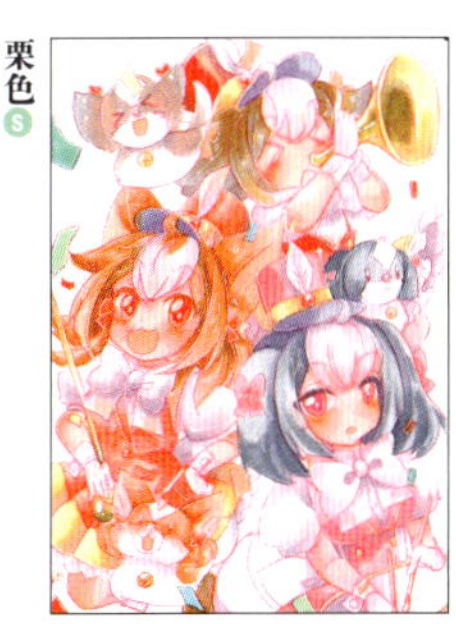

のあ・23歳
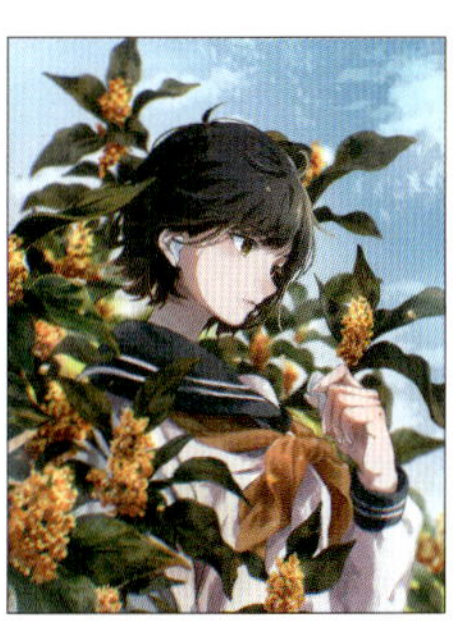

天体図鑑
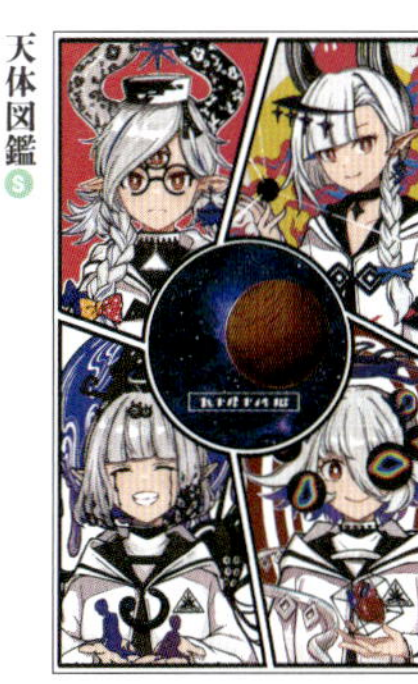

化2。
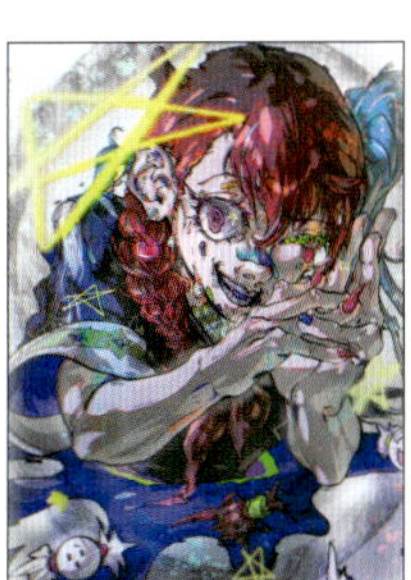

日常かんぱにー
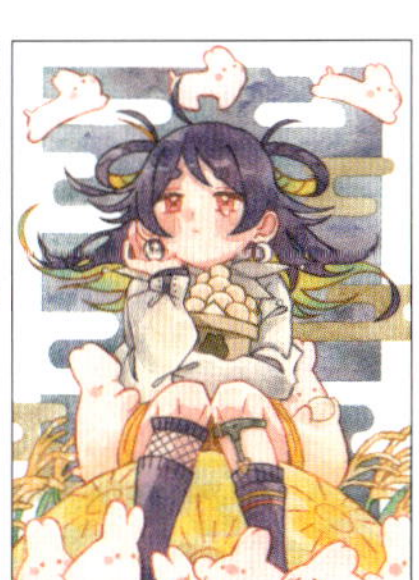

緒川
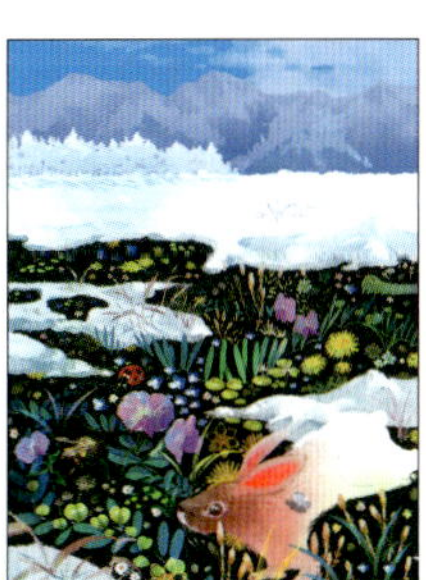

レニ
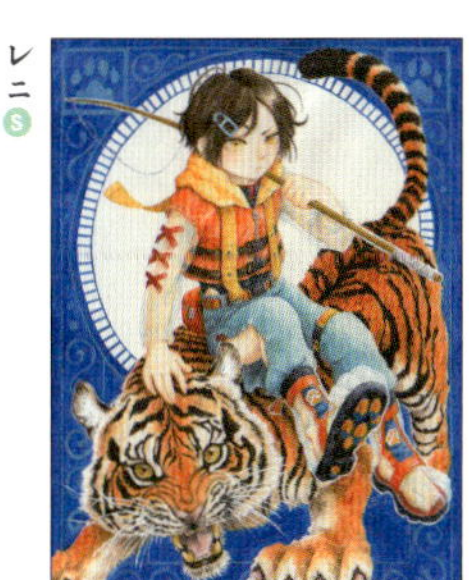

氷
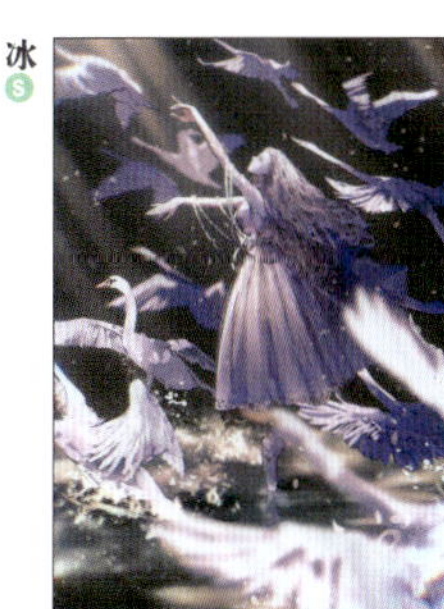

たくさんのご投稿ありがとうございました！

S Search

前号のアンケートで聞いた、「ＳＳ」読者の使っている画材、好きなアニメや絵描きさんなどを紹介！

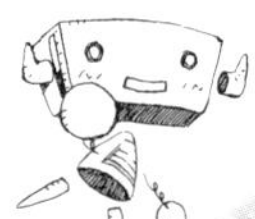

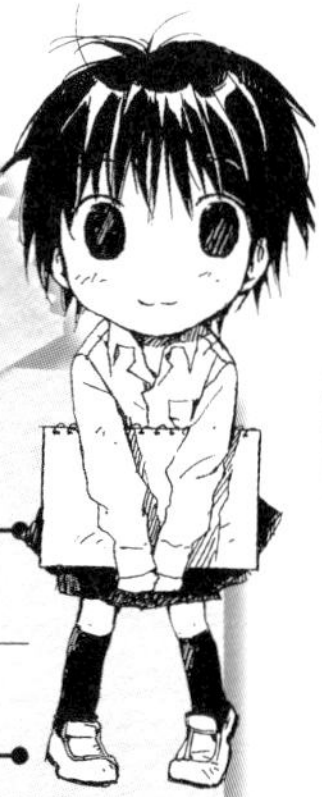

使ってみたい画材やソフト

デジタルであるCLIP STUDIO PAINTを使いたい人が一番多いですが、アナログではアクリルが上位に！

1位　CLIP STUDIO PAINT
2位　水彩絵具
3位　アクリル絵具
4位　Photoshop
5位　アイビスペイント
6位　コピック
7位　顔彩（呉竹）
8位　ハルモニア（分離色系の水彩）
9位　レンブラント（固形水彩、透明水彩）
10位　インク

使ったことのある画材やソフト

今号もコピックが1位！　水彩も多く、デジタルではアイビスを使う人が多いことがわかりました。

1位　コピック
2位　水彩絵具
3位　アイビスペイント
4位　アクリル絵具
5位　CLIP STUDIO PAINT
6位　色鉛筆
7位　Photoshop
8位　SAI
9位　メディバンペイント
10位　ABT

【アオミノウミウシ】
あの青い体…好き♡けど毒をもってる…。でも、そこもギャップもえで好きです♡
広島県・とんかつ・12歳

【宇宙】
ほっとします。冬の星はとても輝いているように見えます。
北海道・さまわ あい・34歳

【短髪のお兄さん】
細身の短髪のお兄さんも筋肉質の短髪のお兄さんも好きです。紅葉様に激しく共感しております…！ 紅葉様の描かれるお兄様方、セクシーでとっても魅力的です！
長野県・たけし

【芸人さん】
似顔絵がかけるようになりました。3次元の方々を推すと絵の幅が広がります！
京都府・あはちゃ・18歳

【軍事的なもの（兵器、軍服等）、動物)】
もっともっと知りたい！ のめりこみすぎ。
東京都・MilkedDrink

【カービィ、マホロア】
とてもかわいいです!! まるっとしたフォルムや顔のバランスとか全てがかわいいです！
愛知県・佳月白・14歳

【鉱物】
産地によって同じ鉱物でも全く違う魅力があるので中々この沼から出られません…
兵庫県・手鞠

【Snow Manさん】
九人九色の個性派たちのわちゃわちゃに笑わせてもらっています。
埼玉県・セコイ也

【Newspeakさん】
聴く度に夕暮れのひんやりとした空気感を思わせるような、胸がギュッとなる曲が好きです。
岡山県・四つき汰

【フカヒレさん】
フカヒレさんの描く子たちはかみがさらさらで、はかない感じが最高に大好きです…!!
静岡県・白露 憂

次号も皆さんの画材や好きなものについてご紹介できたらと思います。
巻末のアンケートハガキの記入欄に、自分の好きなものを書いて送って下さい！
アンケートハガキは切手を貼らずに送れますので、お気軽にどうぞ〜！

好きなボカロPや歌い手

1位　まふまふ
2位　40mP
3位　DECO*27
4位　ピノキオピー
5位　かいりきベア
6位　いよわ
7位　Ado
8位　ハチ
9位　天月
10位　Syudou

好きな絵描きさん

1位　さくしゃ2
2位　夏目レモン
3位　お天気屋
4位　上倉エク
5位　優子鈴
6位　望月けい
7位　友風子
8位　アボガド6
9位　藤ちょこ
10位　優樹ユキ

好きな漫画、アニメ

1位　『葬送のフリーレン』
2位　『ブルーロック』
3位　『呪術廻戦』
4位　『文豪ストレイドッグス』
5位　『HUNTER×HUNTER』
6位　『薬屋のひとりごと』
7位　『殺戮の天使』
8位　『魔王城でおやすみ』
9位　『魔入りました！ 入間くん』
10位　『地縛少年花子くん』

好きなゲーム

1位　スプラトゥーンシリーズ
2位　プロジェクトセカイ
3位　どうぶつの森シリーズ
4位　ポケットモンスターシリーズ
5位　ぷよぷよシリーズ
6位　ブルーアーカイブ
7位　スイカゲーム
8位　ツイステッドワンダーランド
9位　ファイナルファンタジーシリーズ
10位　マリオブラザーズシリーズ

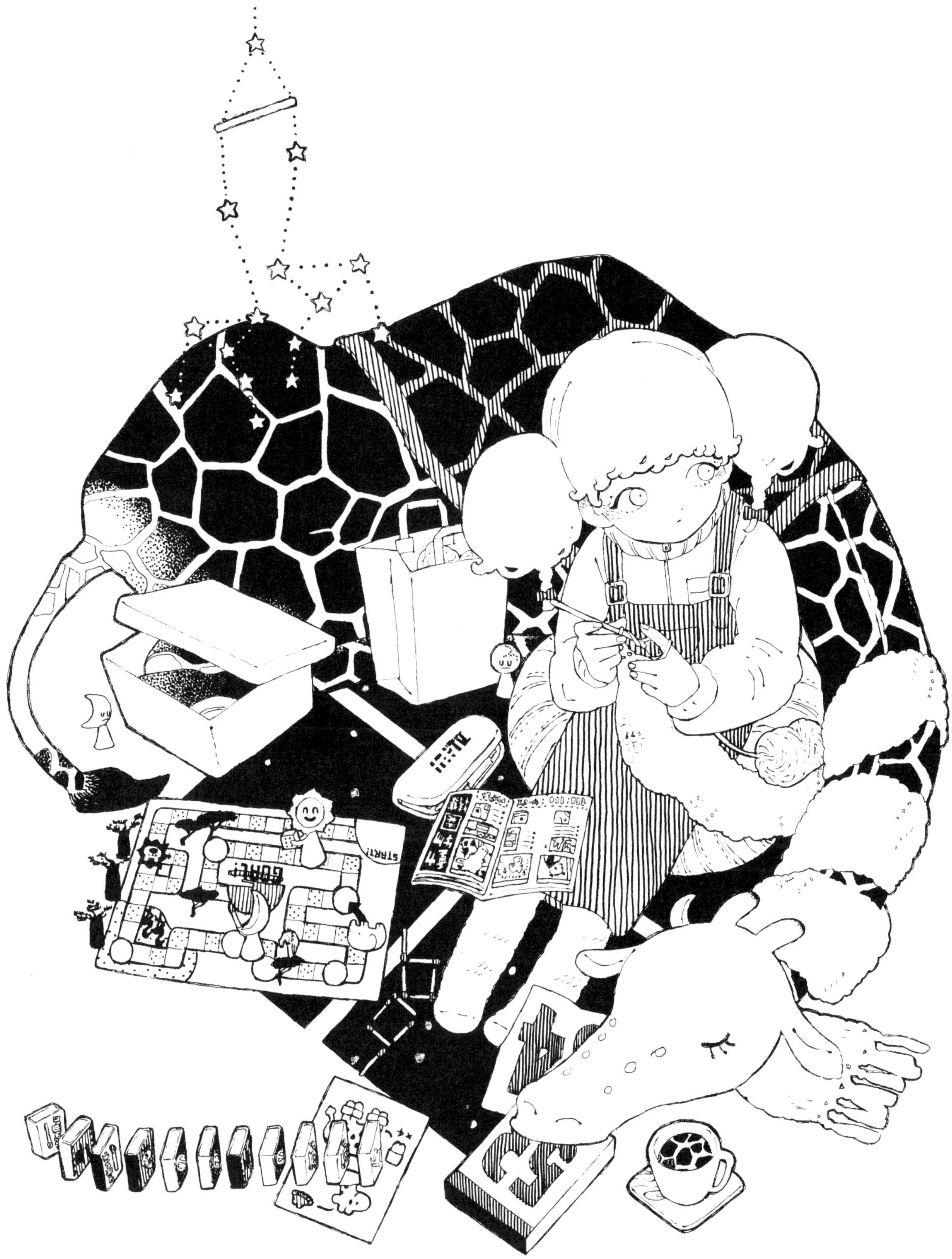

岐阜県・ずめ子【丸ペン・ミリペン・ミューズ漫画原稿用紙】

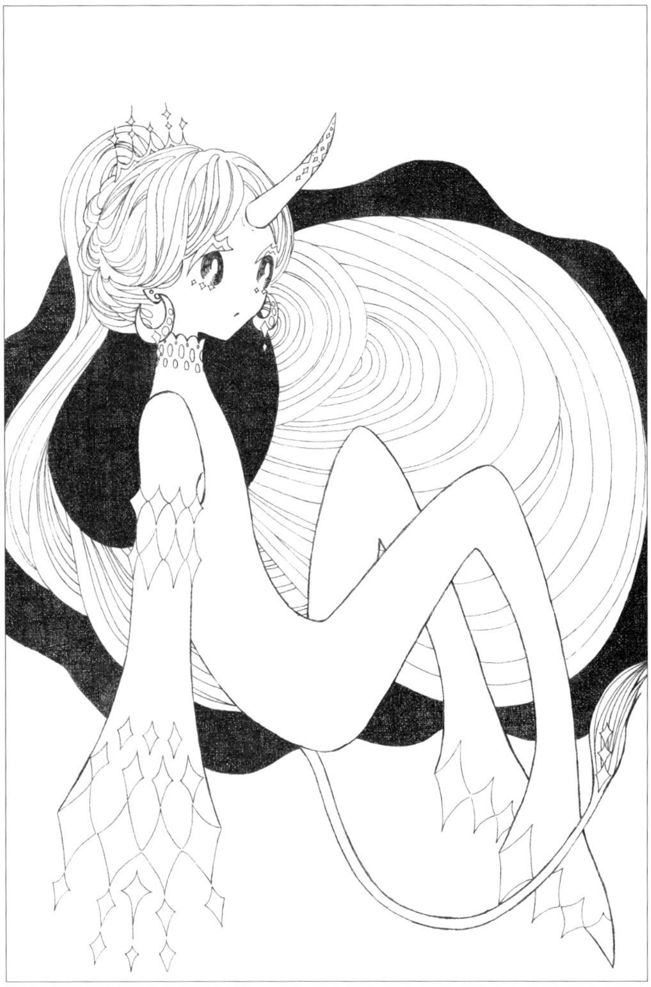

青森県・iki【juice up 03】

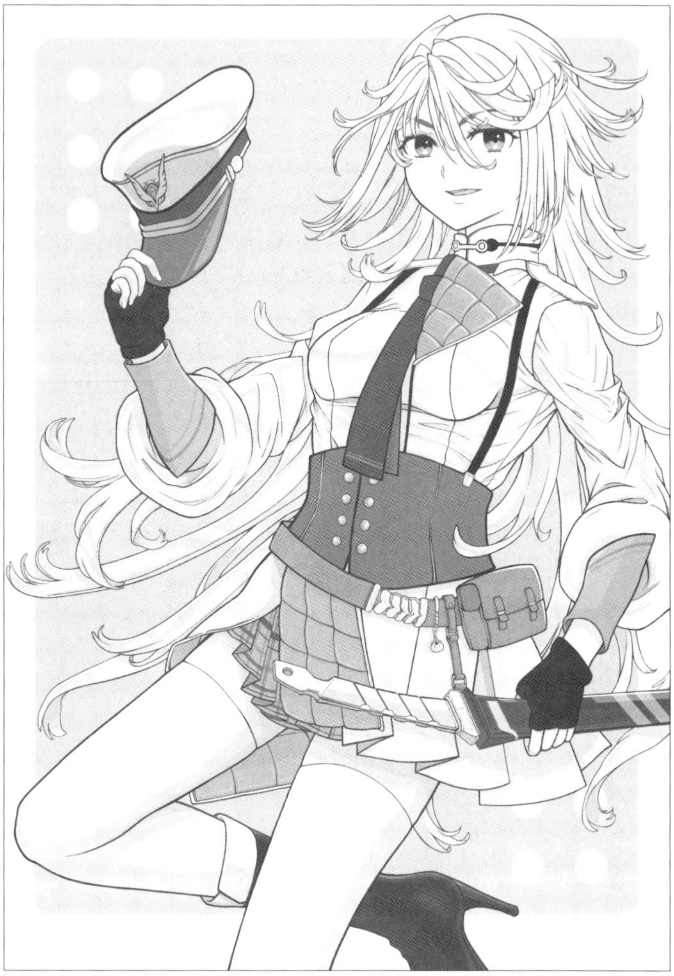

鹿児島県・ハゲヅラ・42歳【CLIP STUDIO PAINT PRO】

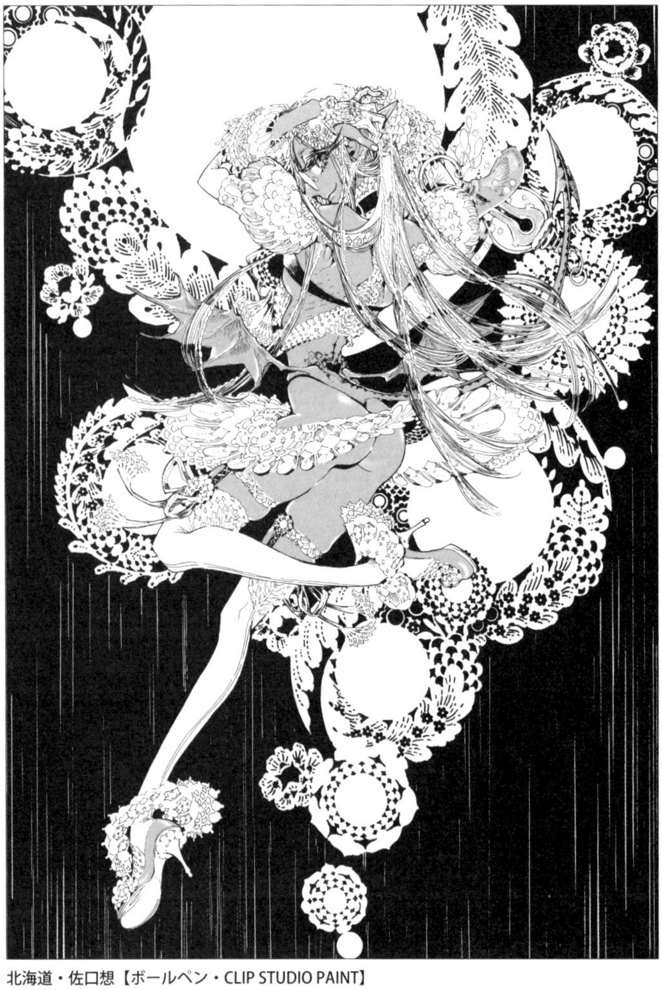

北海道・佐口想【ボールペン・CLIP STUDIO PAINT】

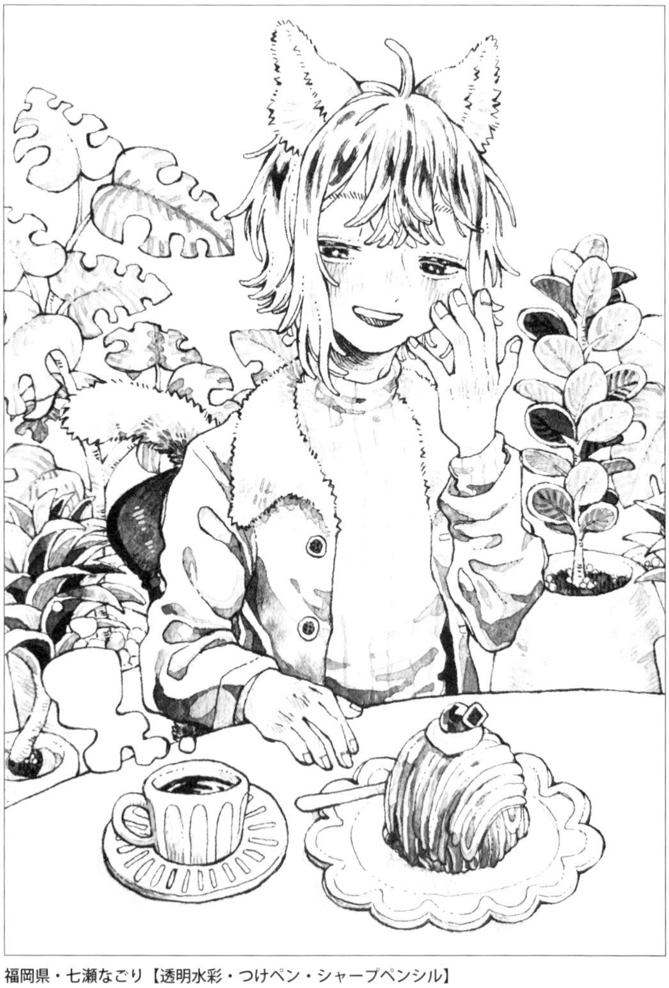

福岡県・七瀬なごり【透明水彩・つけペン・シャープペンシル】

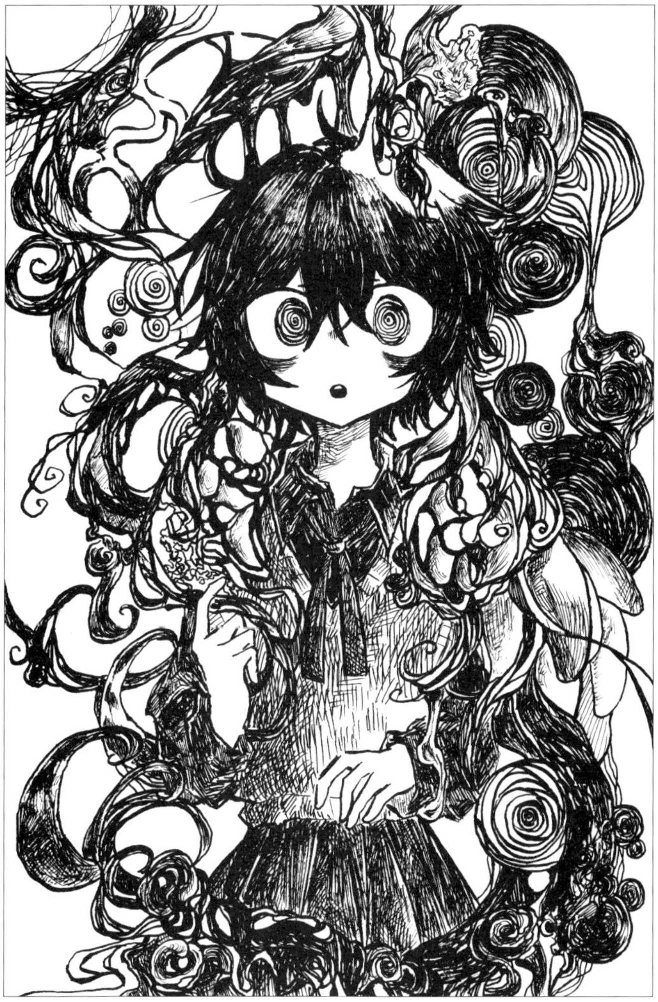

宮城県・ねくつ・14歳【ピグマ・タチカワGペン・丸ペン・ＡＲＴ漫画インク・SARASA・ケント紙】

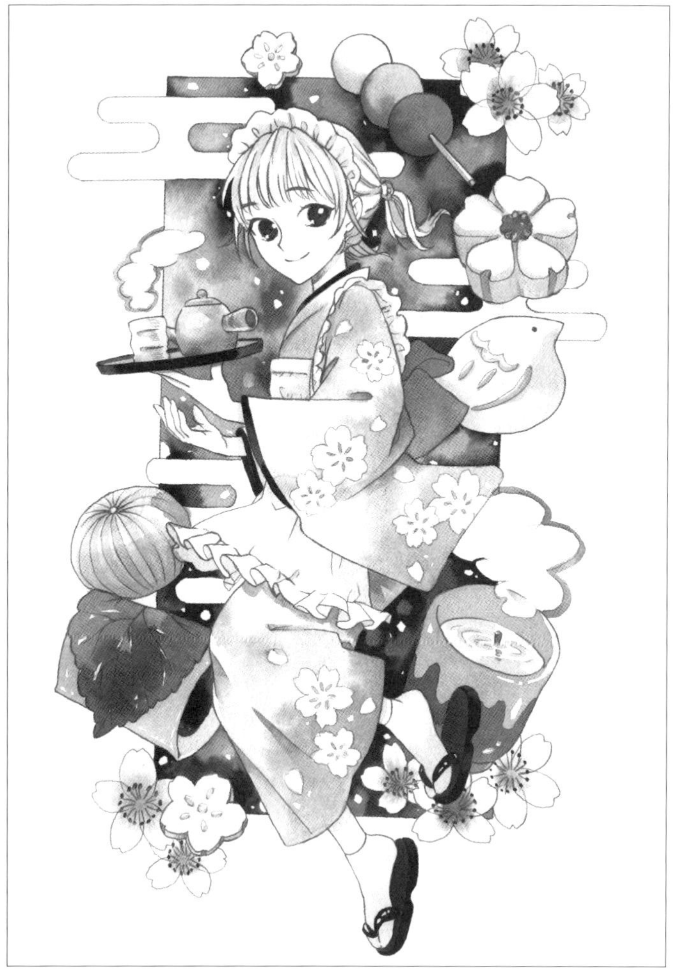

千葉県・こお【シャープペンシル・サクラマット水彩（黒）・画用紙】

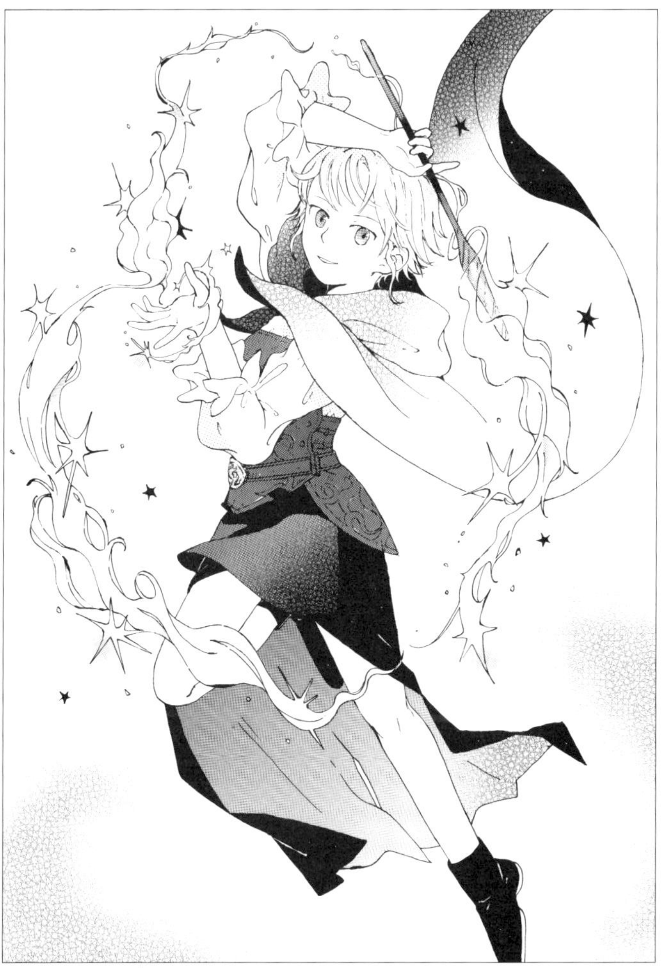

福岡県・ヒサ・42歳【丸ペン・漫画インク・トーン・筆ペン・アイシープレミアムホワイト・漫画原稿用紙】

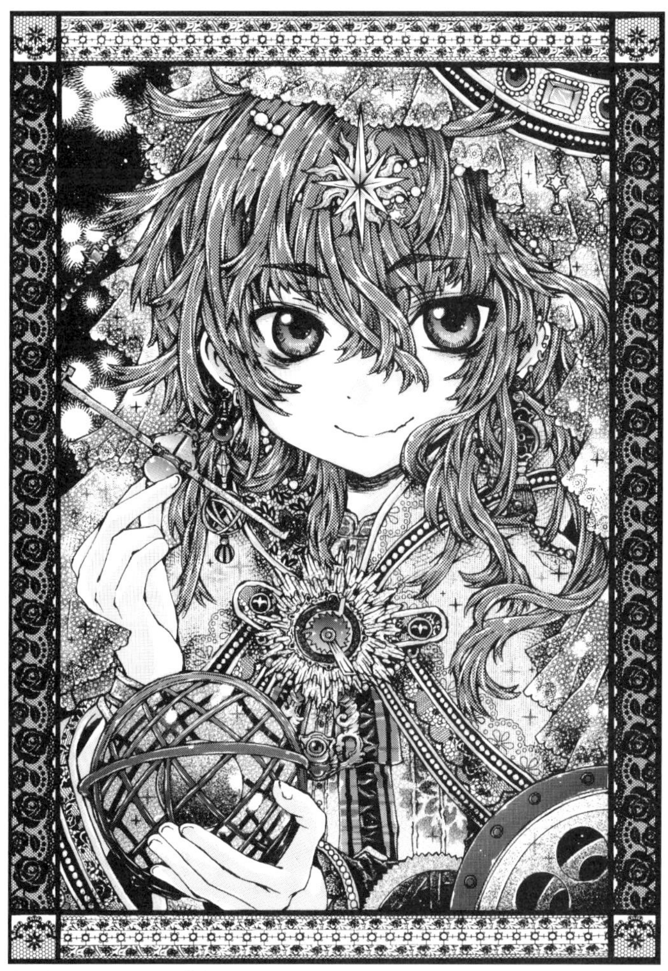

大阪府・ハルサメマナナ【グラフィックライナー・スクリーントーン・漫画原稿用紙】

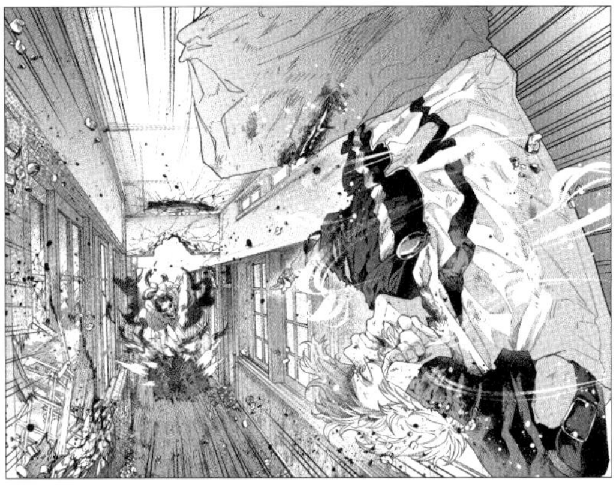

佐賀県・紅葉

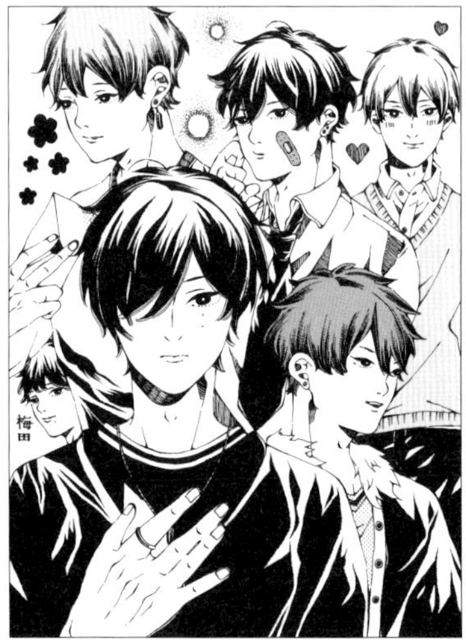

福岡県・梅田

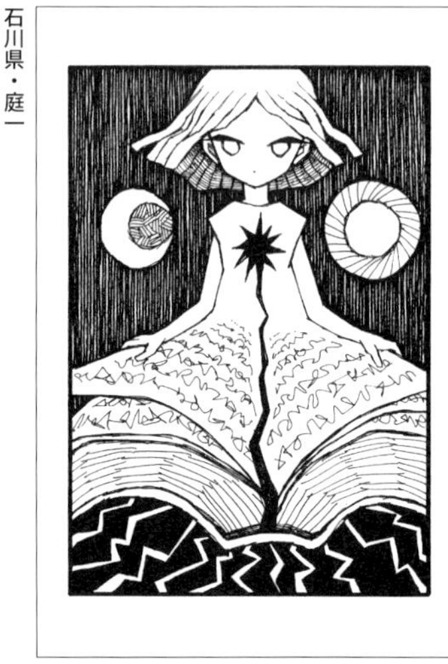

石川県・庭一

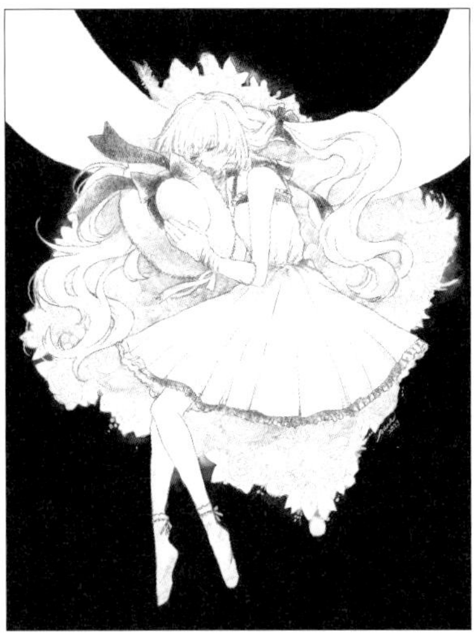

山梨県・sau

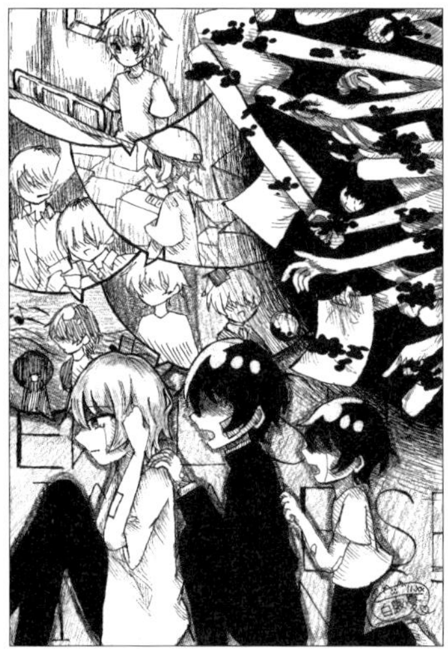

静岡県・白露憂（ゆゆてる。改め）

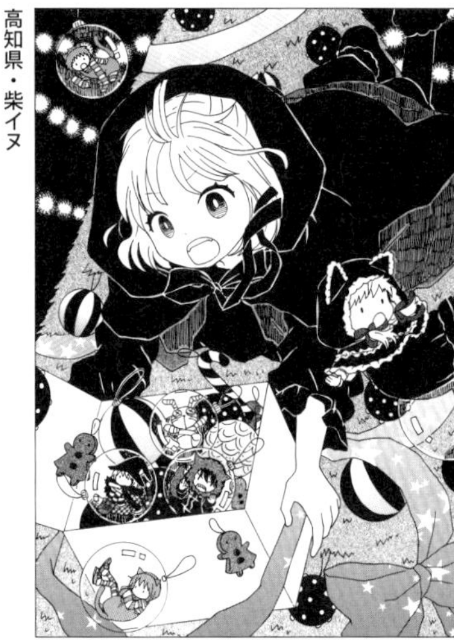

高知県・柴イヌ

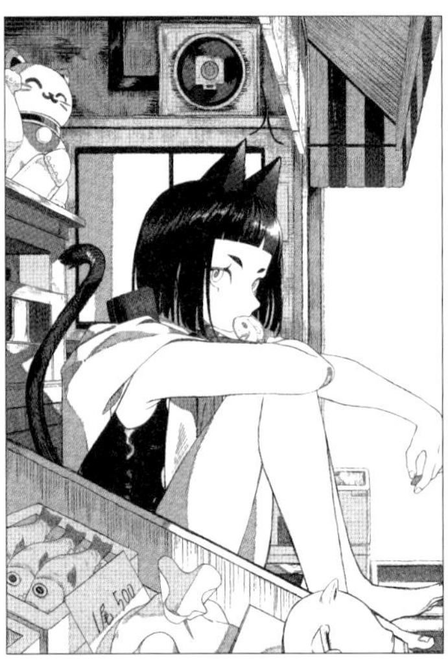

広島県・ぶろっこりー

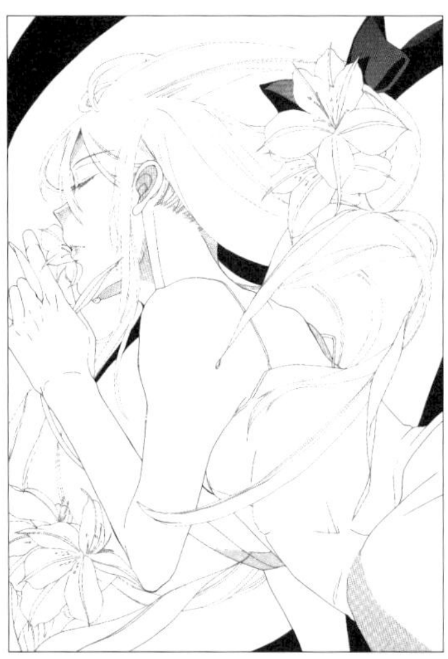

福島県・風波

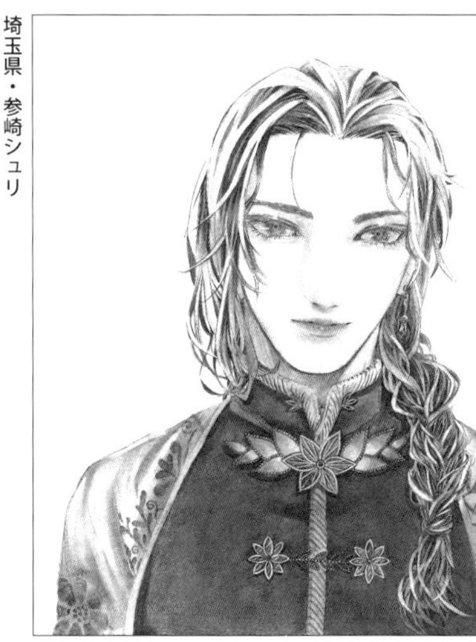

埼玉県・参崎シュリ

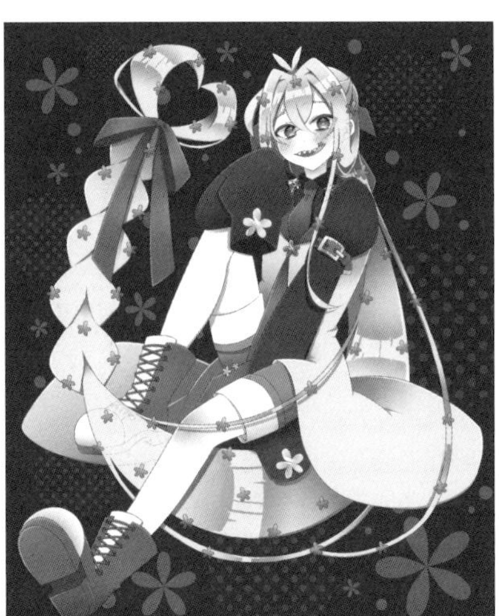

茨城県・練乳。

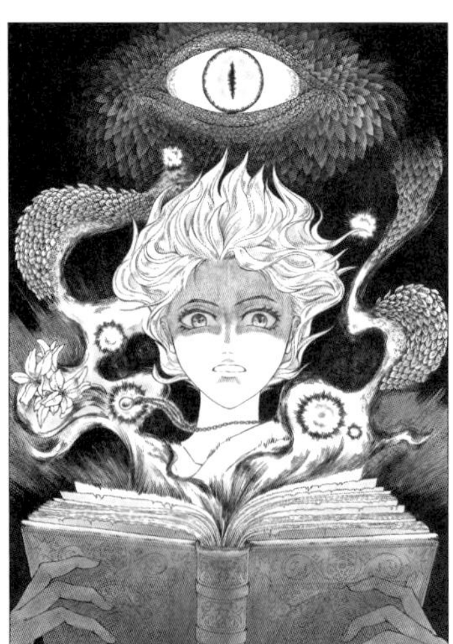

東京都・一鐘亥玄

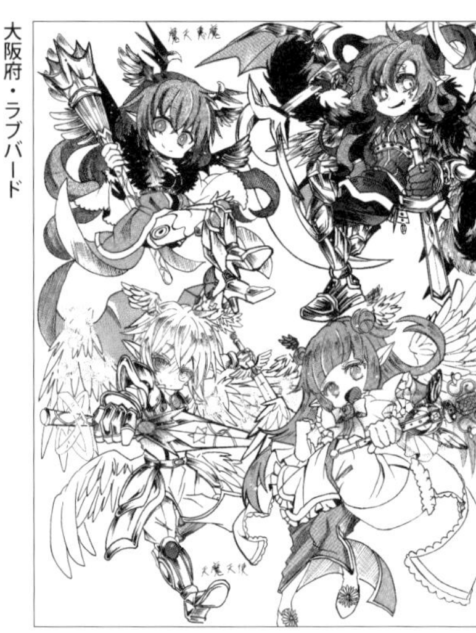

大阪府・ラブバード

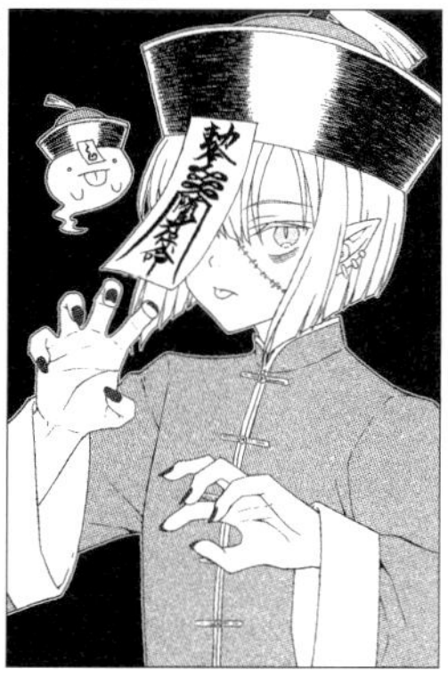
広島県・夜万尋

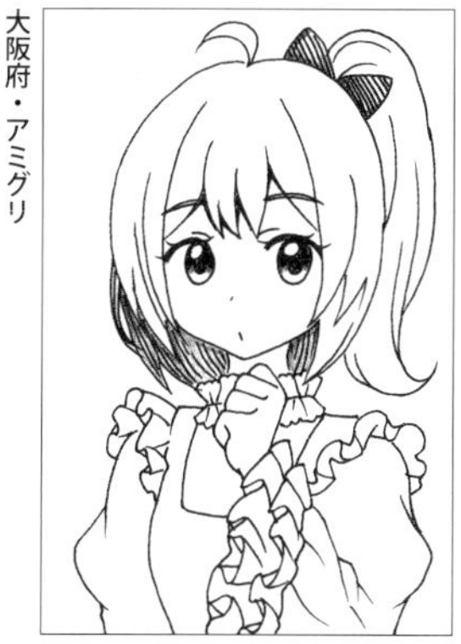
大阪府・アミグリ

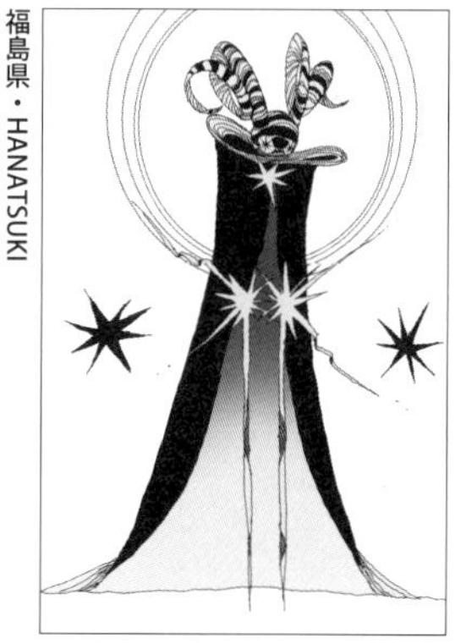
福島県・HANATSUKI

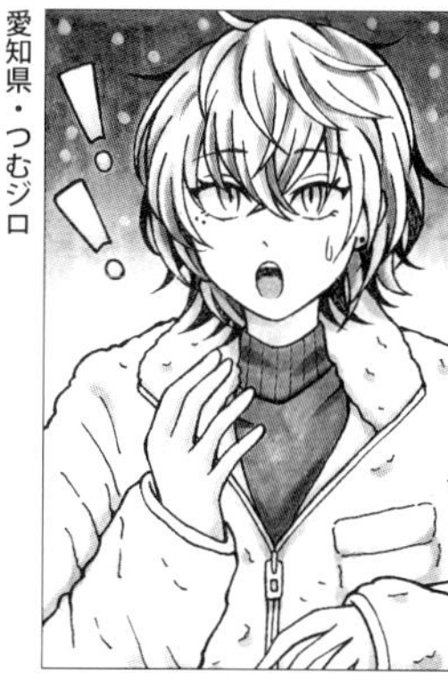
愛知県・つむジロ

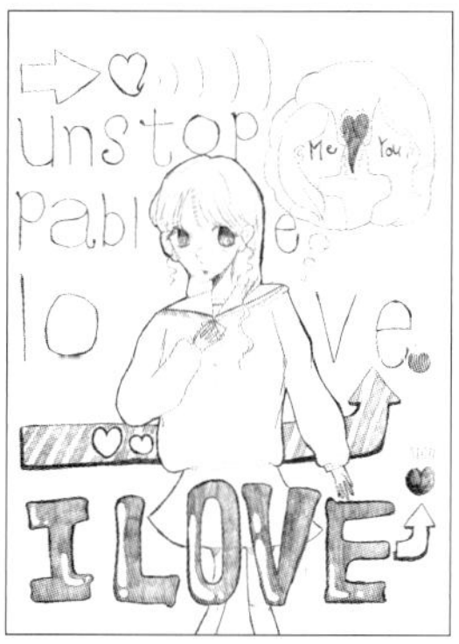
埼玉県・tapioka ゆっぷ・11歳

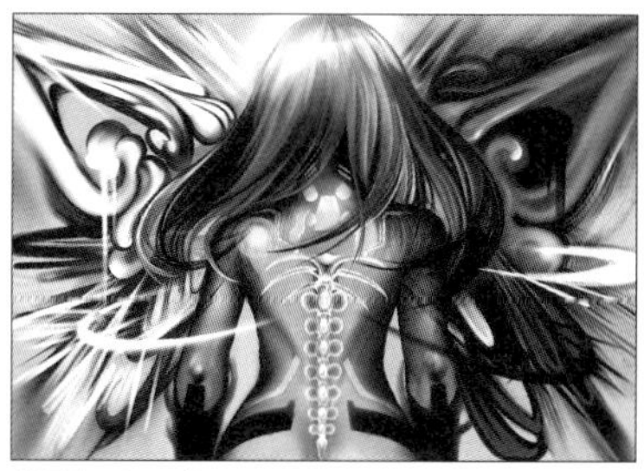
大阪府・Patsuko

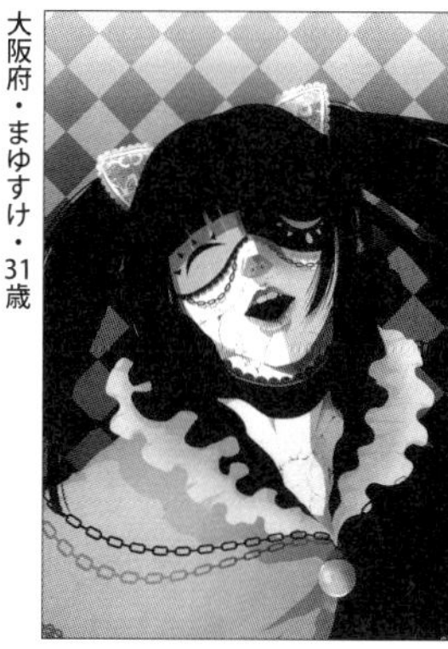
大阪府・まゆすけ・31歳

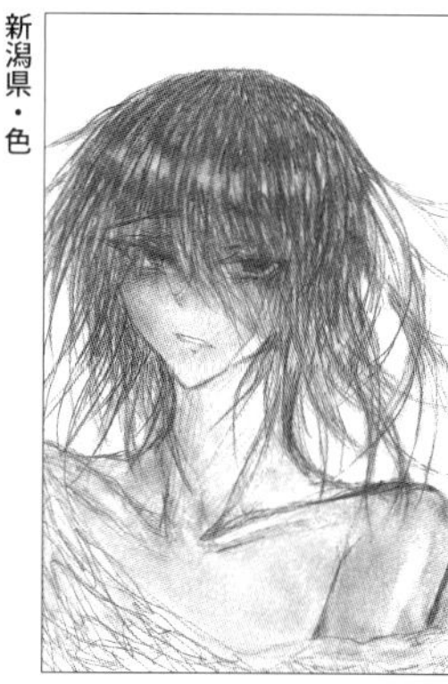
新潟県・色

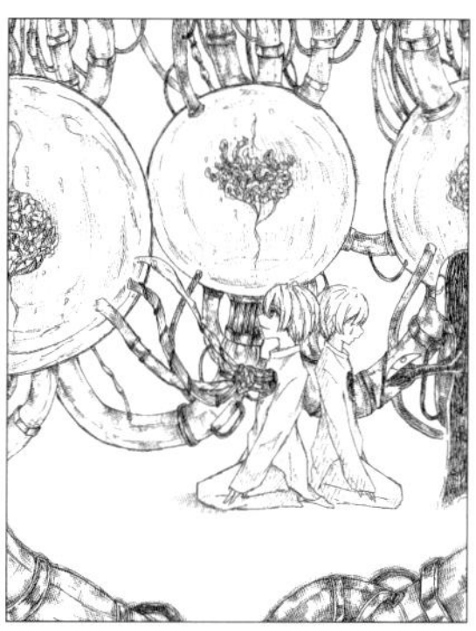
神奈川県・眠夜トーカ。

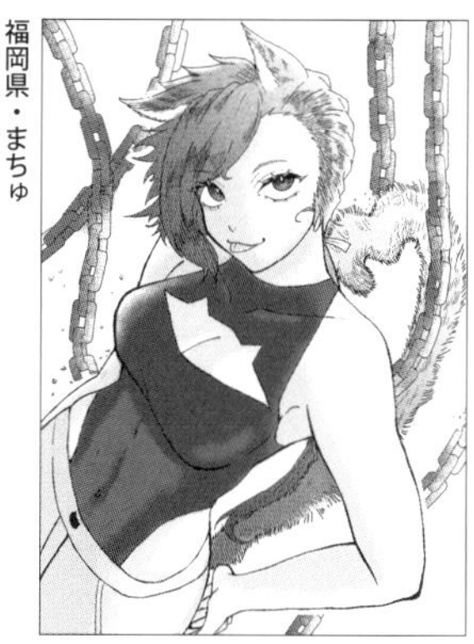
福岡県・まちゅ

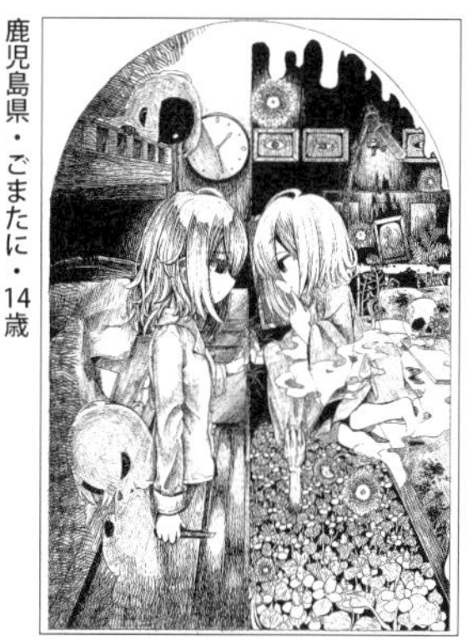
鹿児島県・ごまたに・14歳

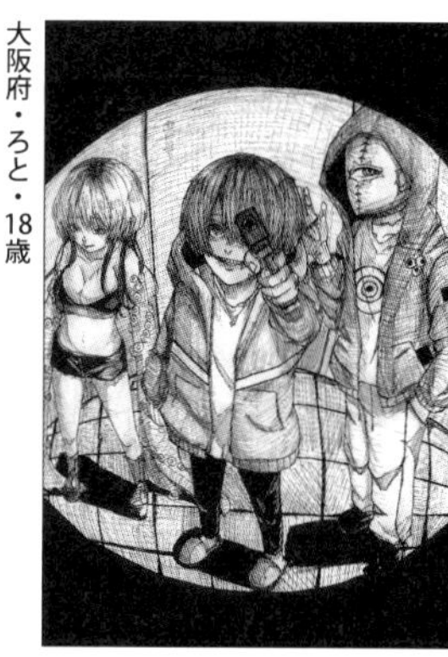
大阪府・ろと・18歳

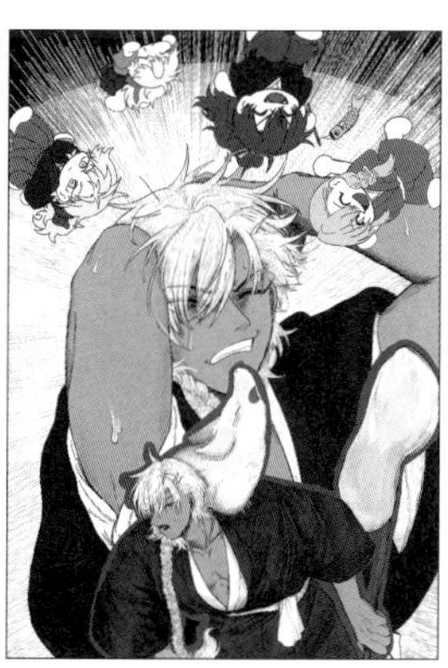
大阪府・ヤー坊

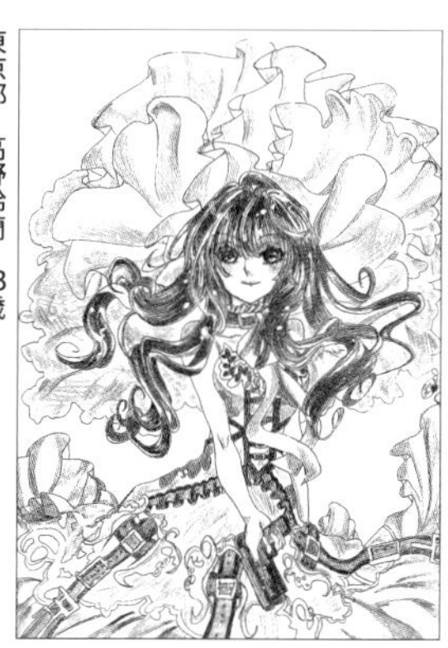
東京都・高野鈴蘭・23歳

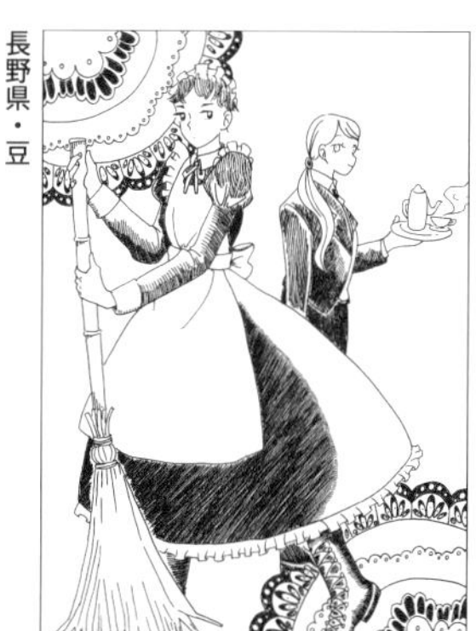
長野県・豆

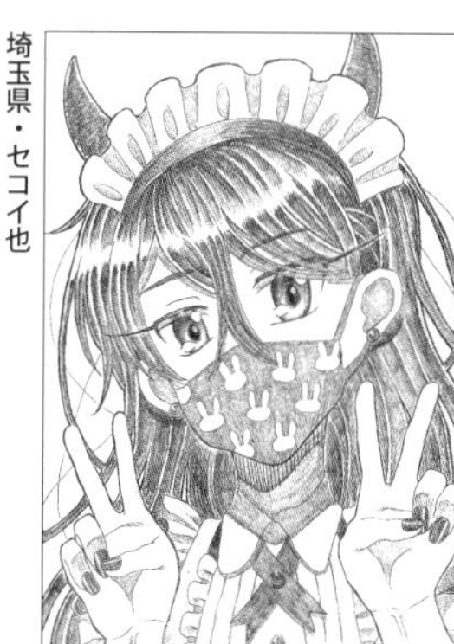
埼玉県・セコイ也

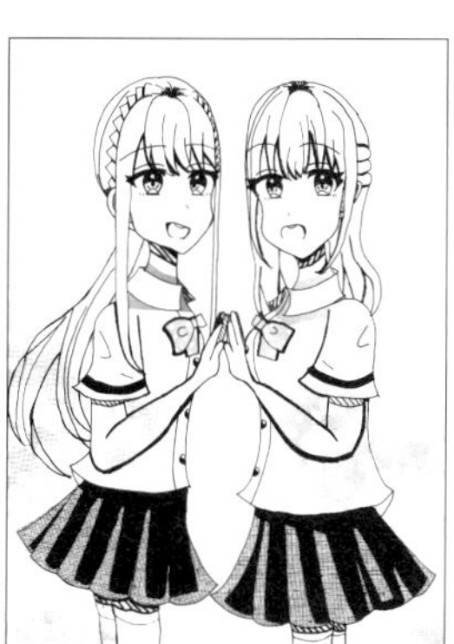
滋賀県・齋藤香胡・13歳

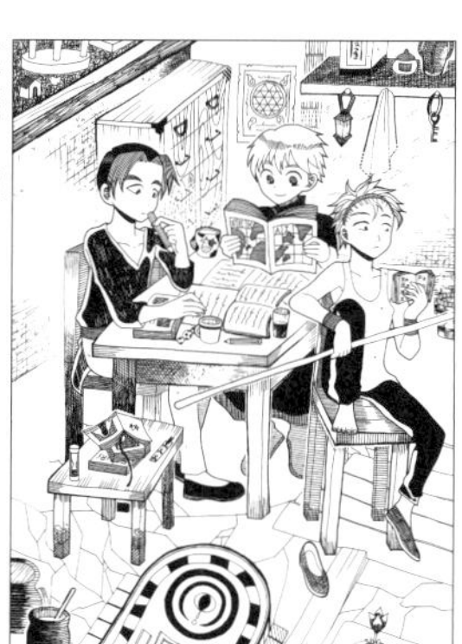
東京都・泉谷

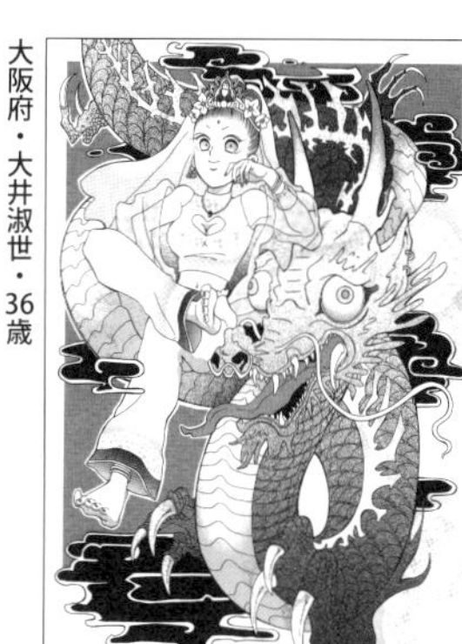
大阪府・大井淑世・36歳

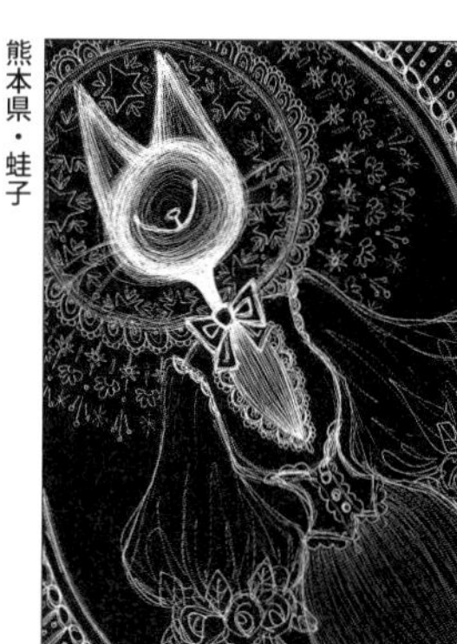
熊本県・蛙子

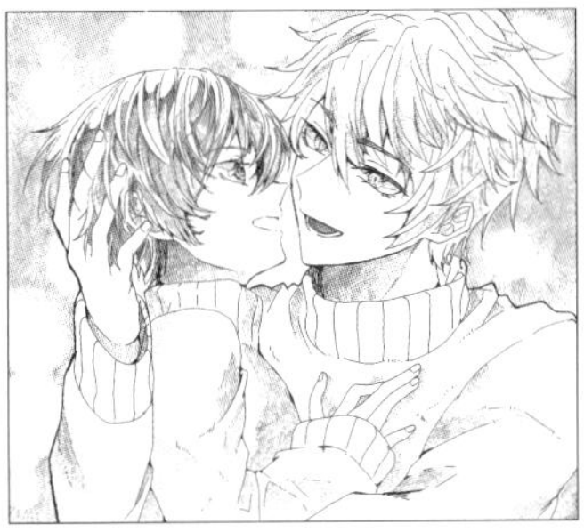

北海道・シズ

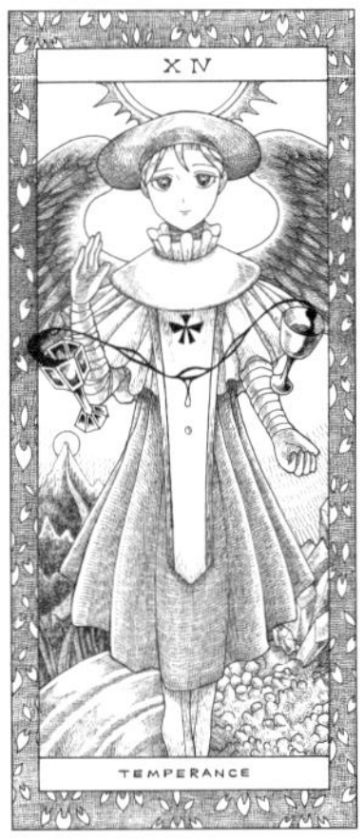

北海道・木村マ衣

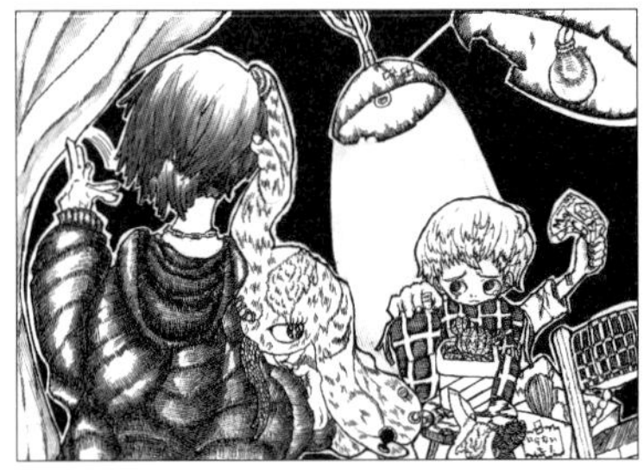

和歌山県・ひろいうみ

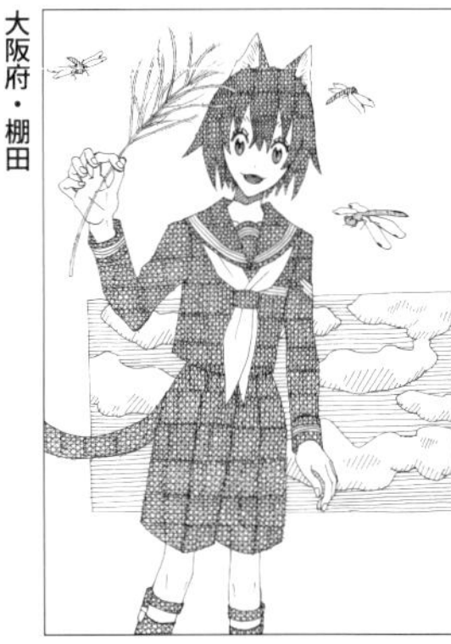

大阪府・棚田

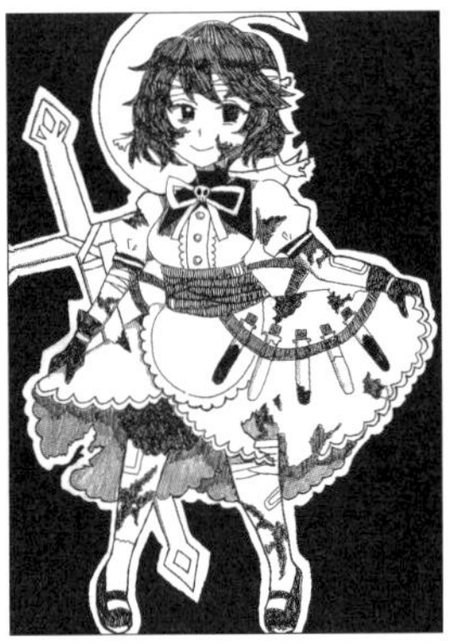

茨城県・みずたま

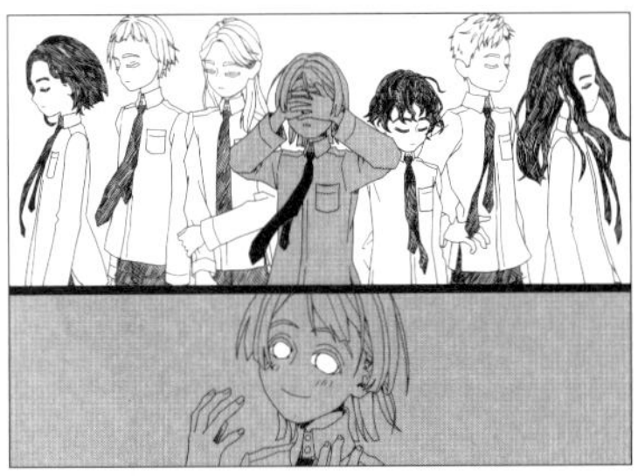

三重県・森野もりの

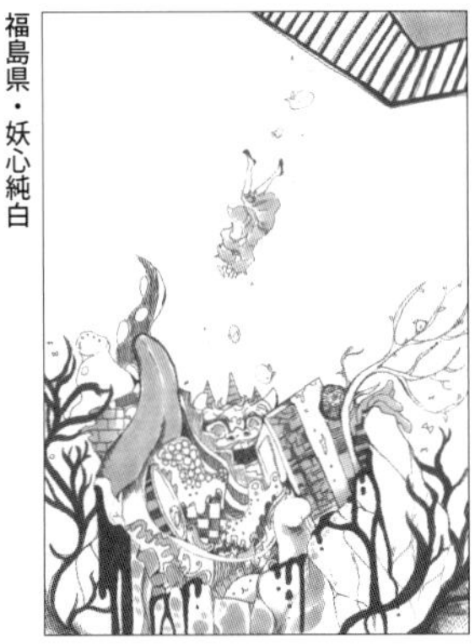

福島県・妖心純白

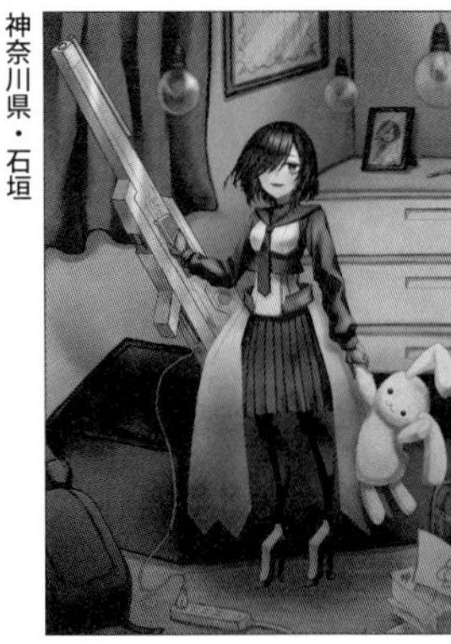

神奈川県・石垣

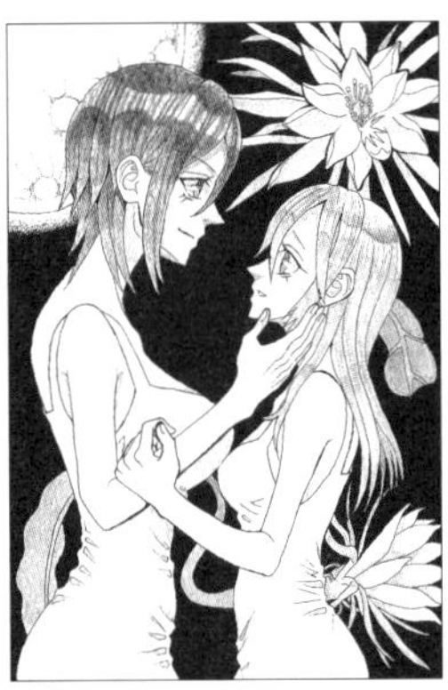

兵庫県・タロ・33歳

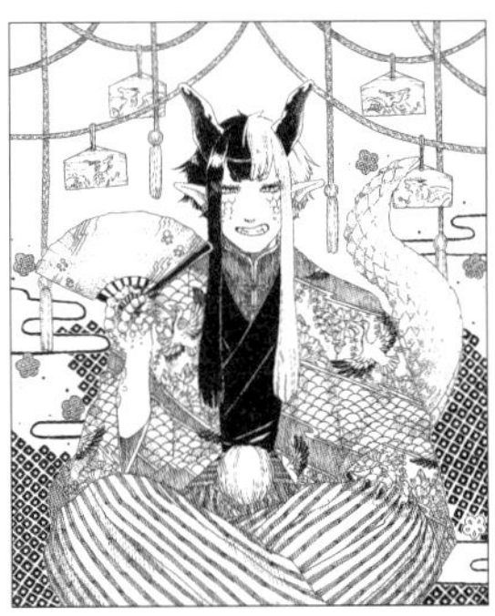

群馬県・八咫雅

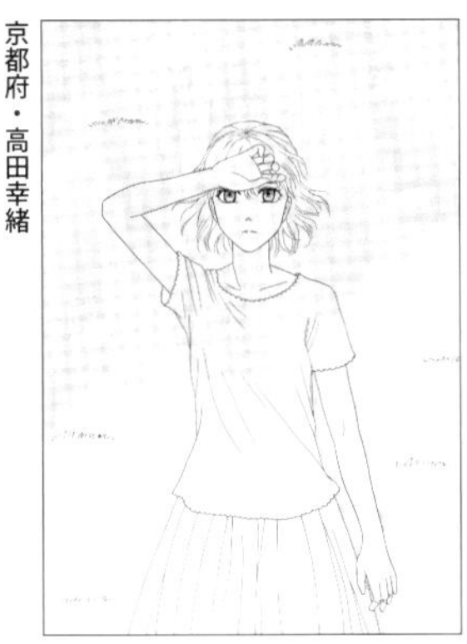

京都府・高田幸緒

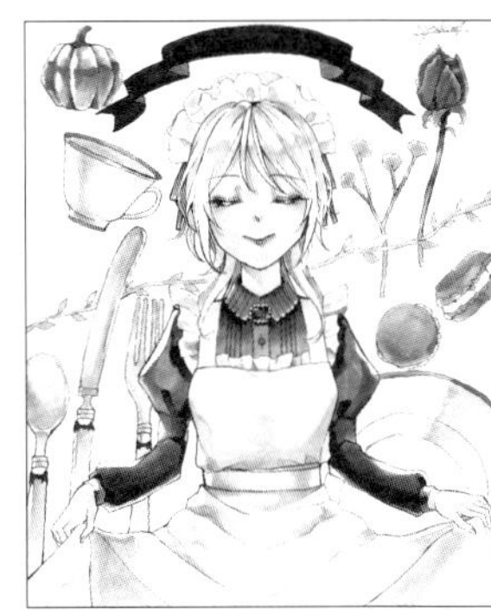

千葉県・天宮雪見

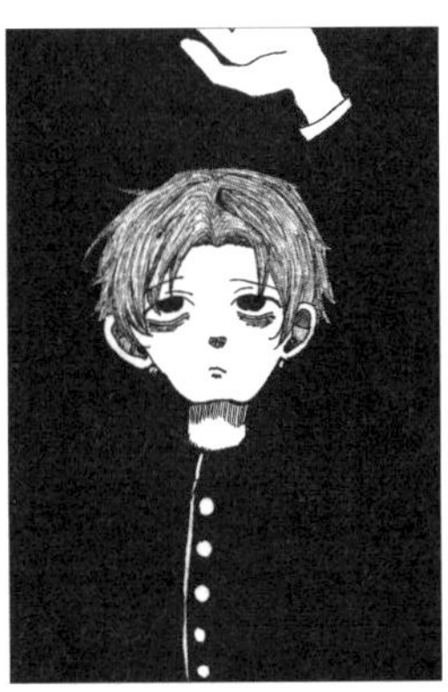

神奈川県・黒羊・14歳

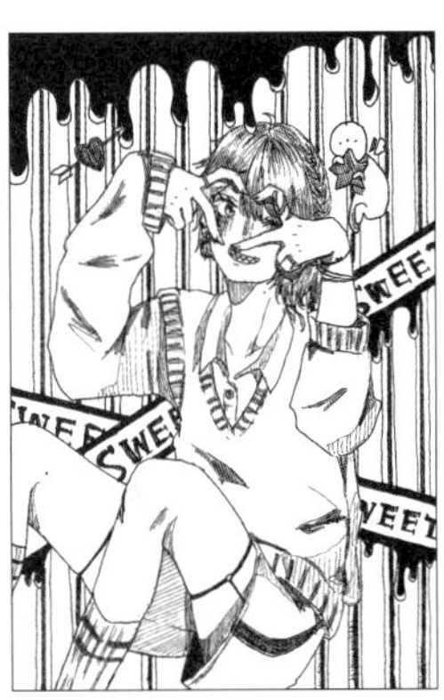

長崎県・ー□○▲（ムグラ）

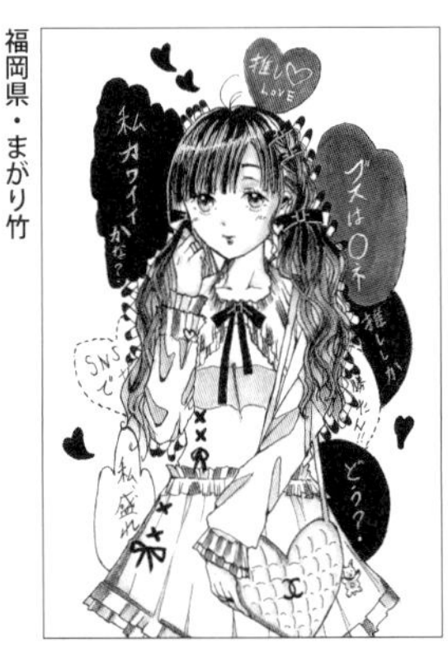

福岡県・まがり竹

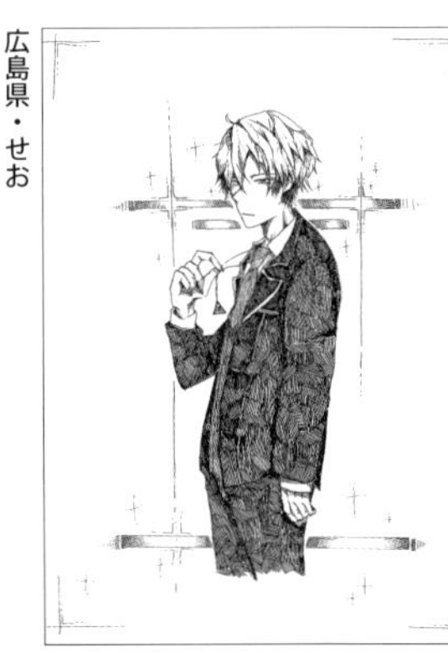

広島県・せお

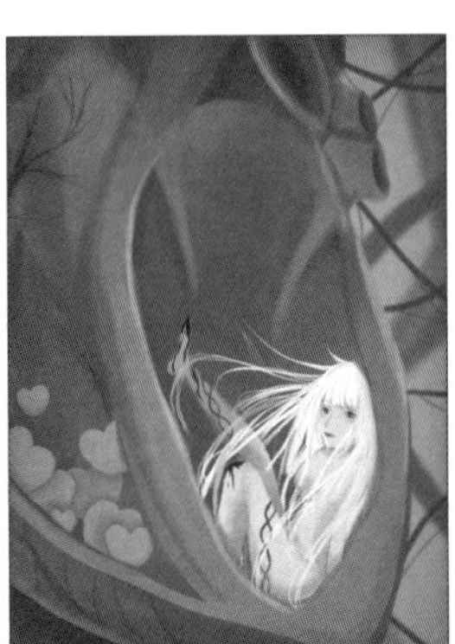

熊本県・未明欄・16歳

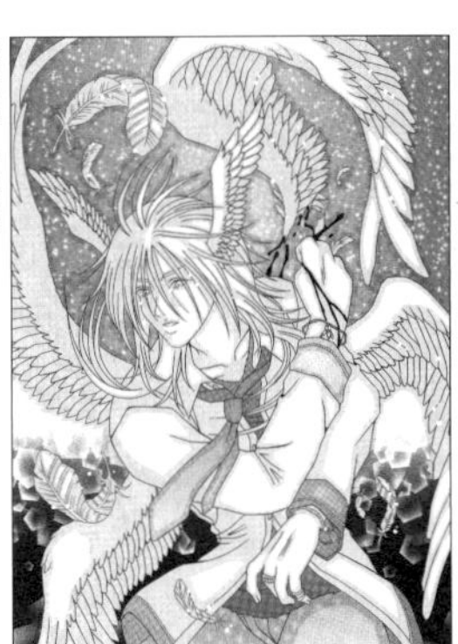

長野県・紅朱雀

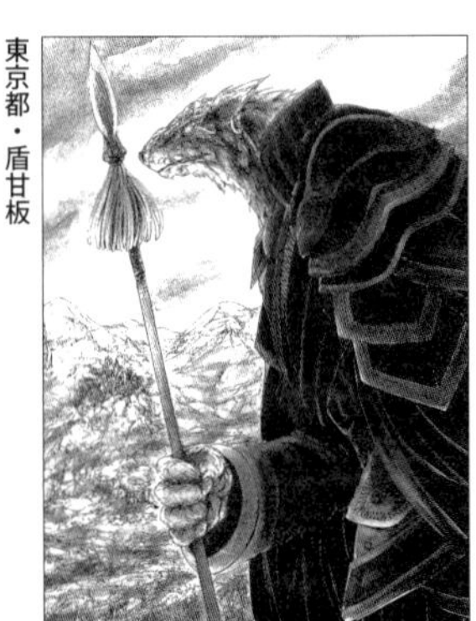

東京都・盾甘板

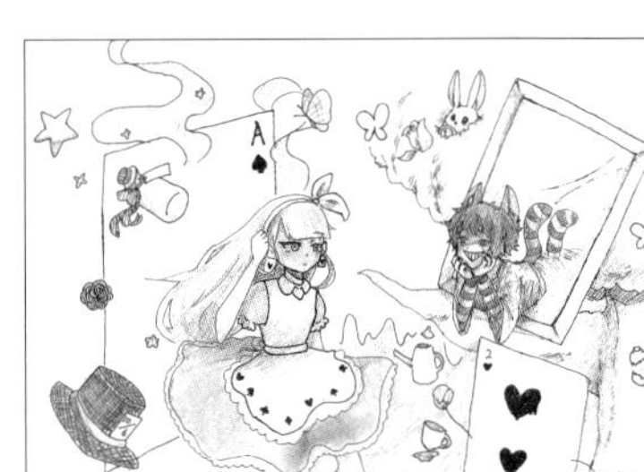

Chi2 &しうべ（合作）

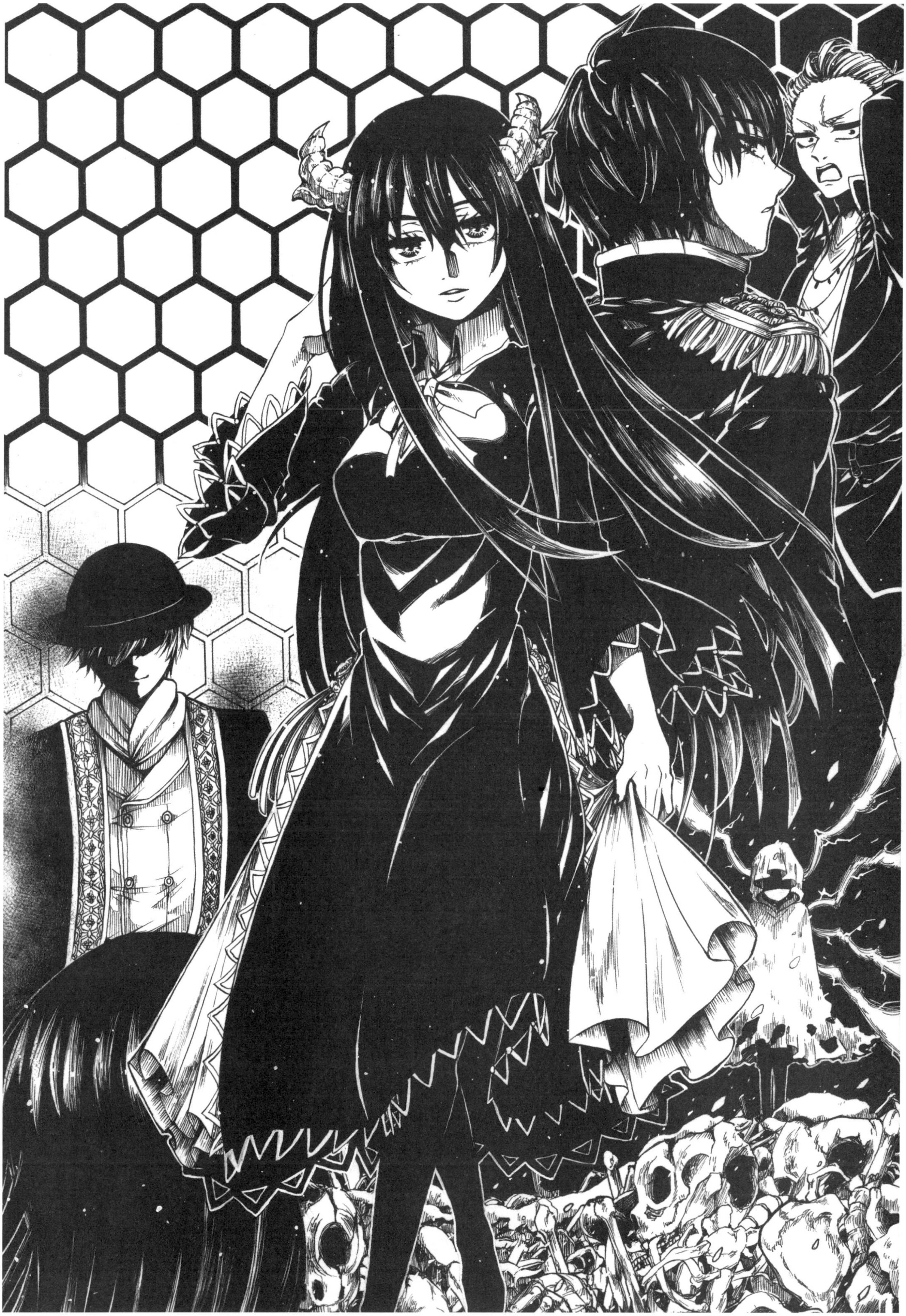

神奈川県・璃緒【Gペン・パイロットインキ・コピックマルチライナー（黒 0.1 ／ 0.3）・
ゼブラマッキー（極細／太）・ゼブラマッキーケア（超極細）・ミスノンホワイト・ガーゼ・アイシー漫画原稿用紙】

北海道・伸紅【透明水彩・つけペン】

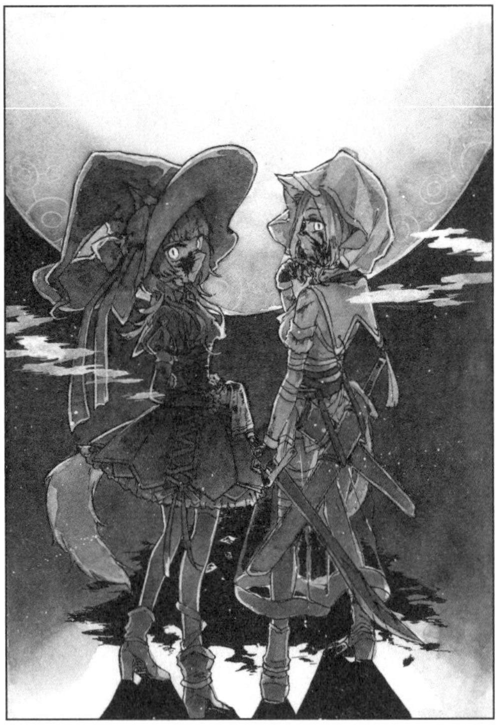

青森県・斉木 琴【uni-ball signo】

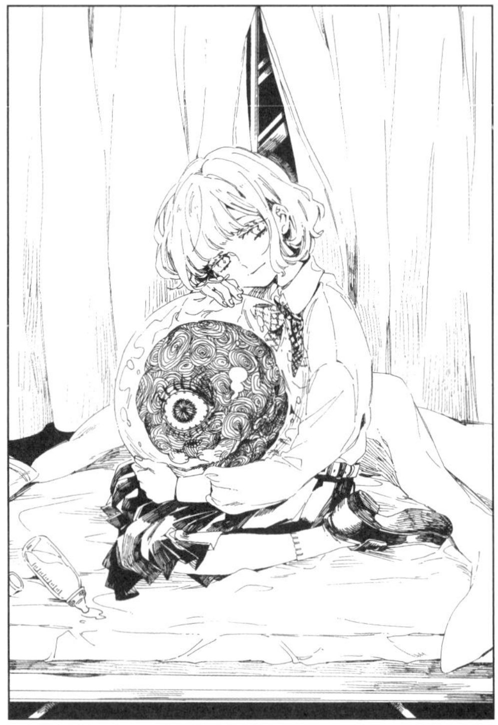

埼玉県・参崎シュリ【シグノ・コピックマルチライナー・スクリーントーン・ケント紙】

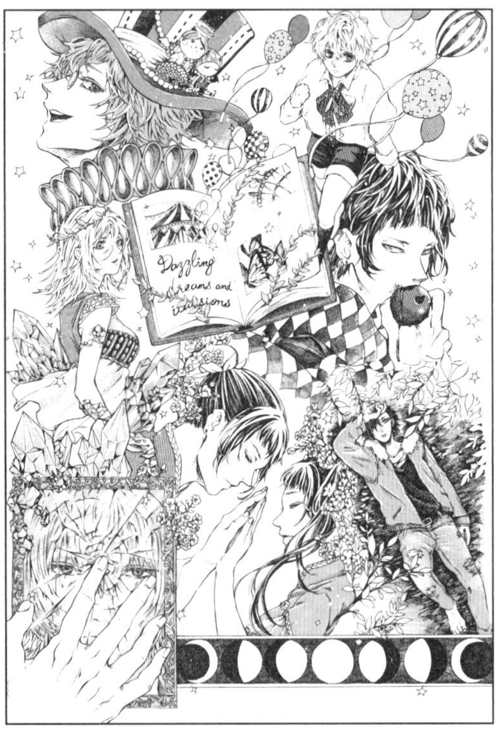

神奈川県・るりるり・38歳【コミックスーパーブラック・Gペン・丸ペン・ドクターマーチン・筆ペン・修正液・スクリーントーン・メンディングテープ・アイシー漫画原稿用紙（A4/135kg）】

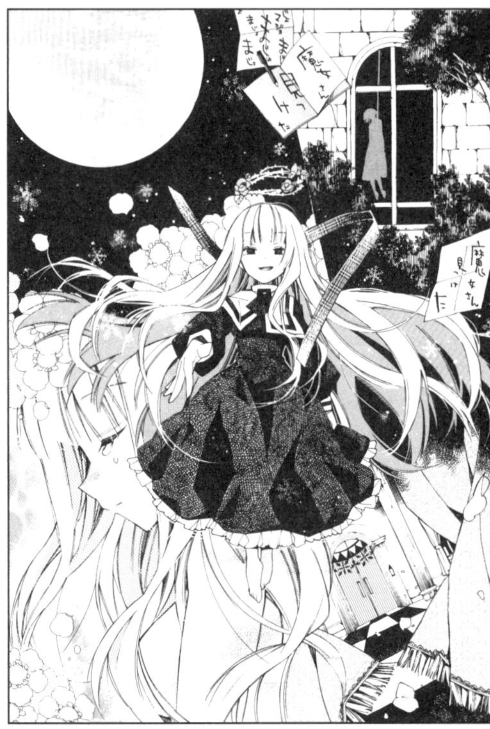

福岡県・洋梨ジュース【丸ペン・筆ペン・マッキー・コピックマルチライナー・コピックホワイト】

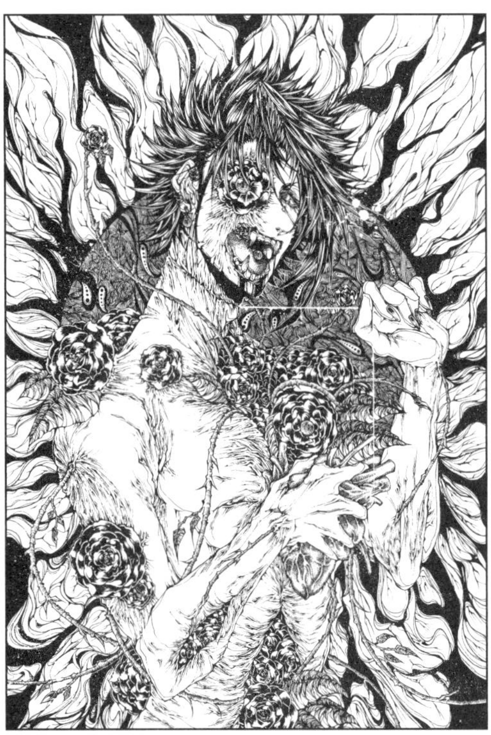

福岡県・無月【コピックマルチライナー・コピック・シャープペンシル・シグノ（白）】

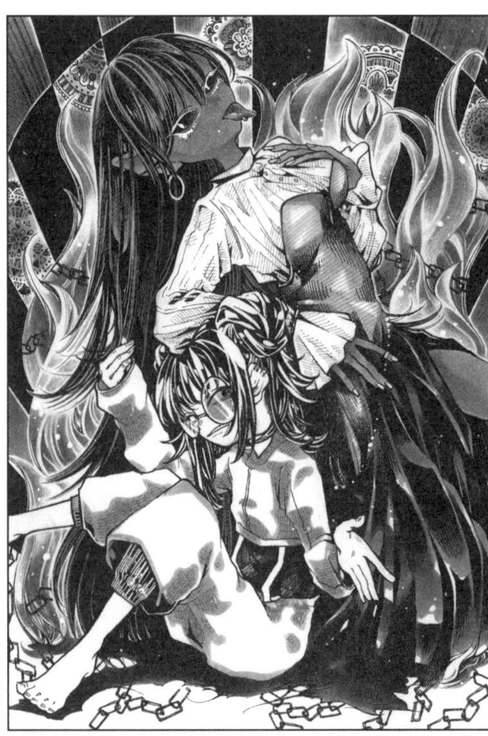

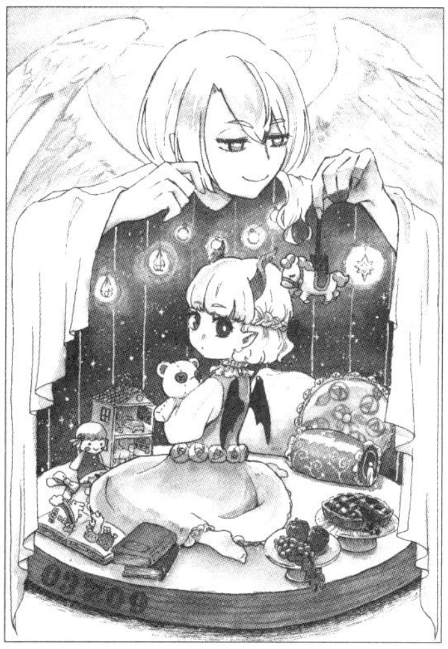
宮城県・まめもひ

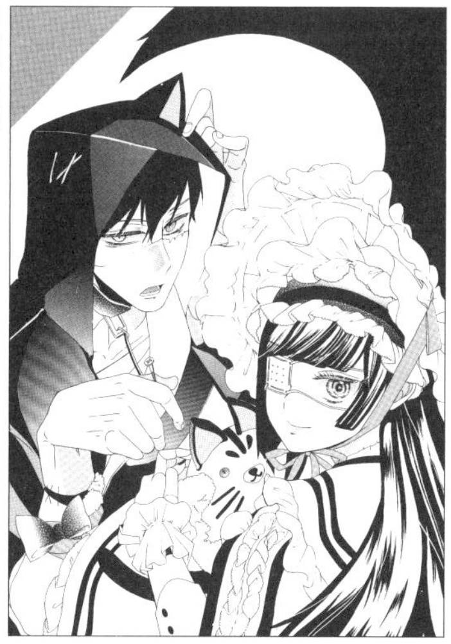
福島県・風波

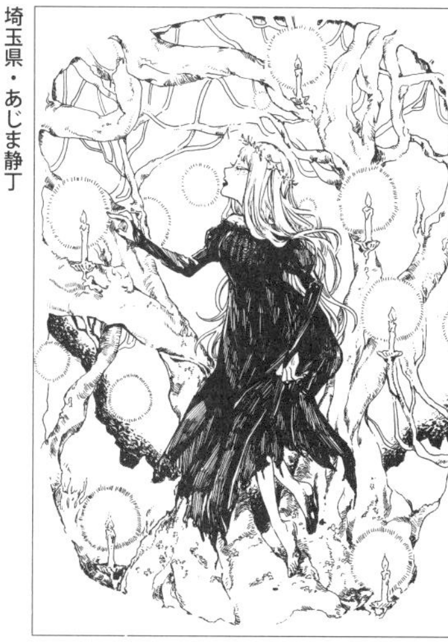
埼玉県・あじま静丁

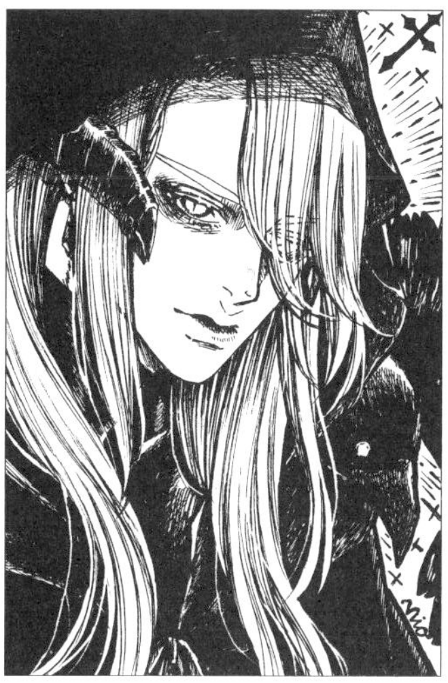
宮城県・Nio

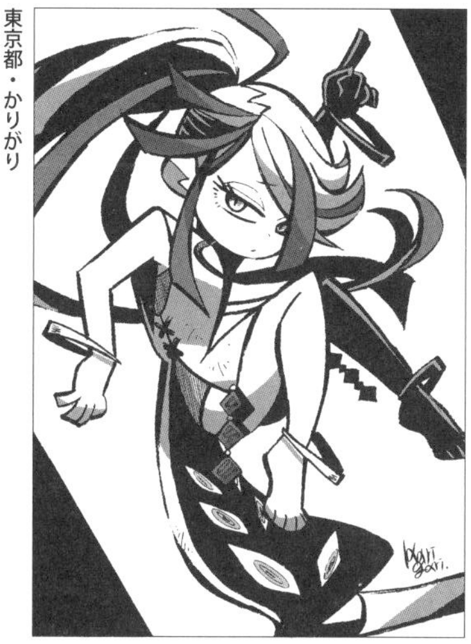
東京都・かりがり

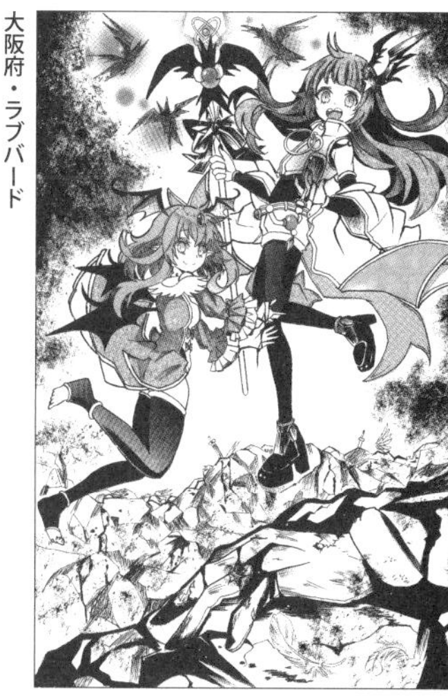
大阪府・ラブバード

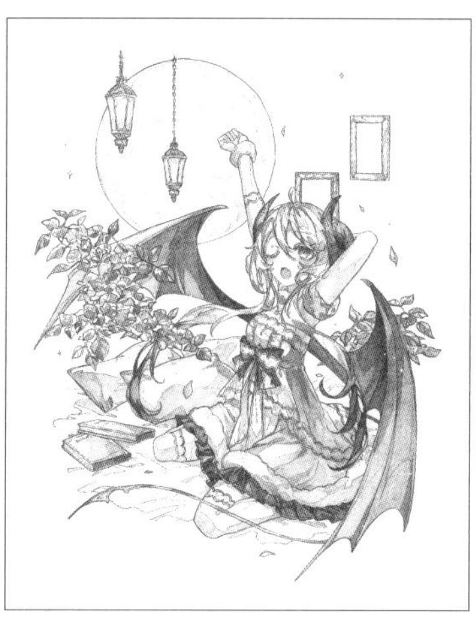
静岡県・鴉堂

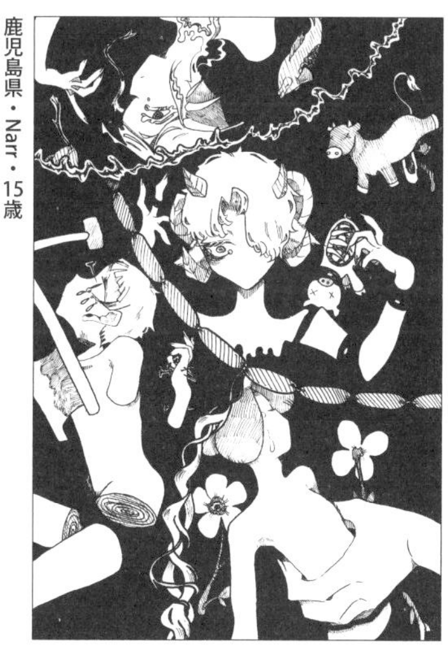
鹿児島県・Narr・15歳

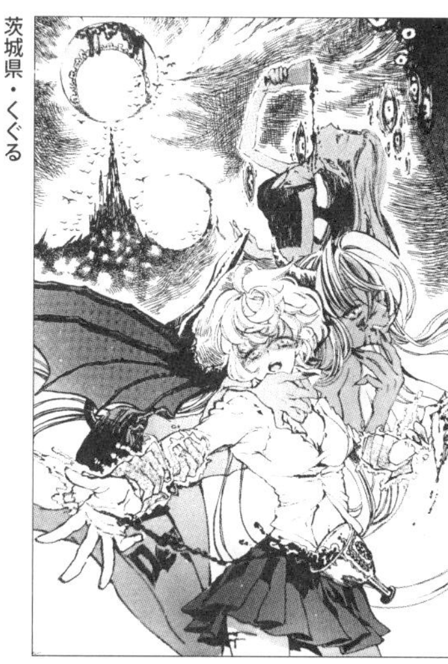
茨城県・くぐる

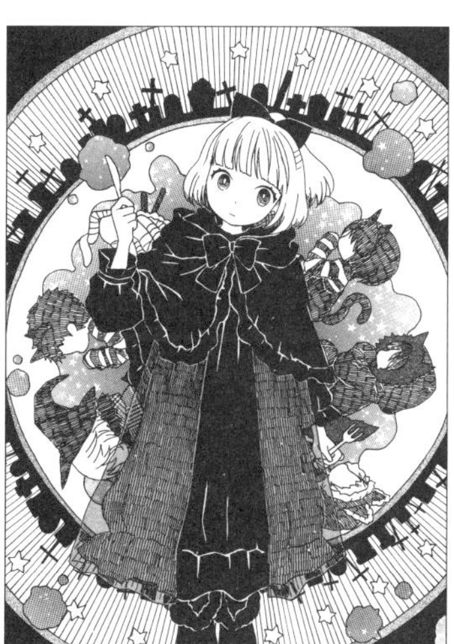
高知県・柴イヌ

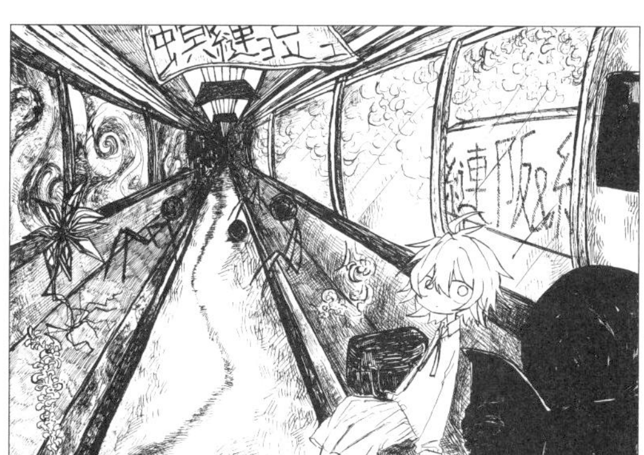
宮城県・ねくつ・14歳

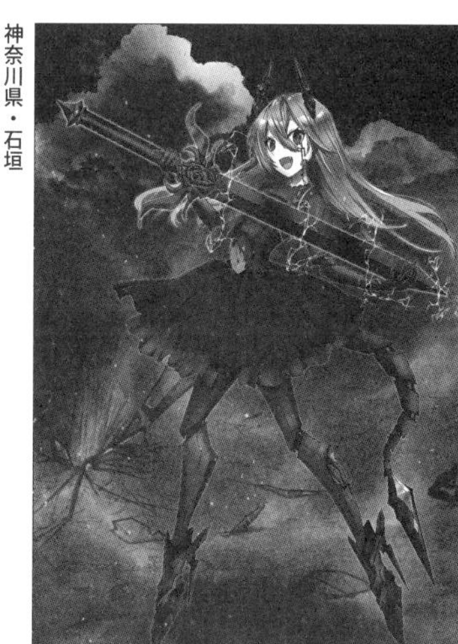
神奈川県・石垣

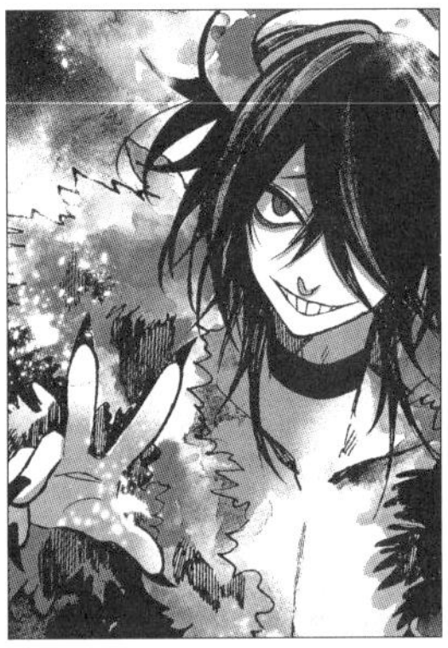
新潟県・ariko

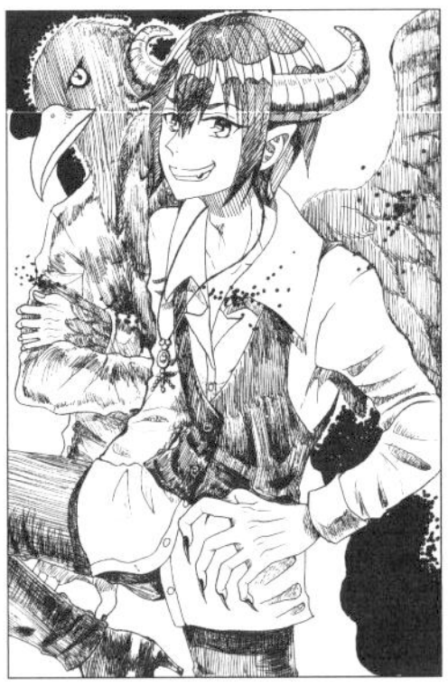
兵庫県・タロ・33歳

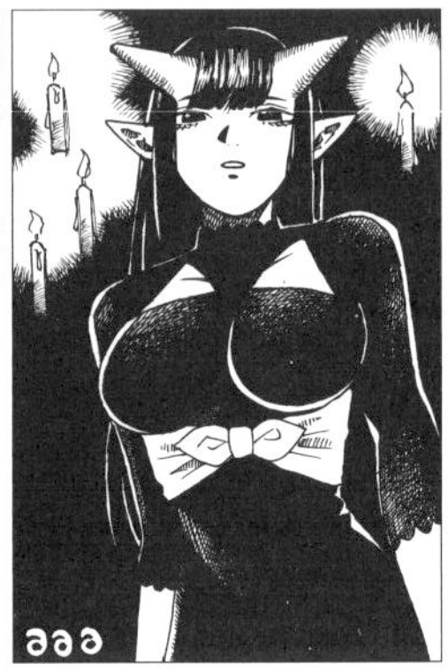
神奈川県・par_tial_d_san

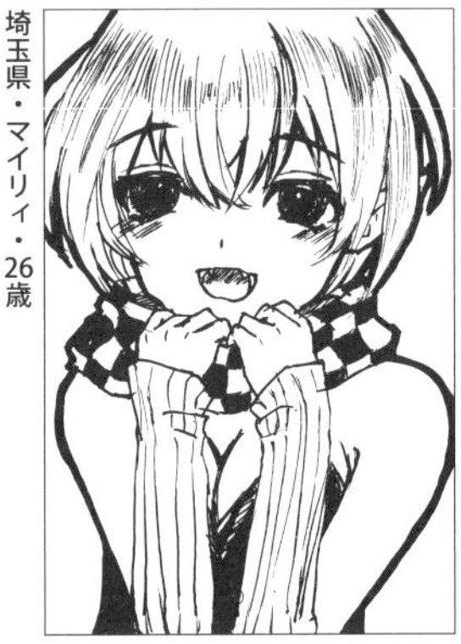
埼玉県・マイリィ・26歳

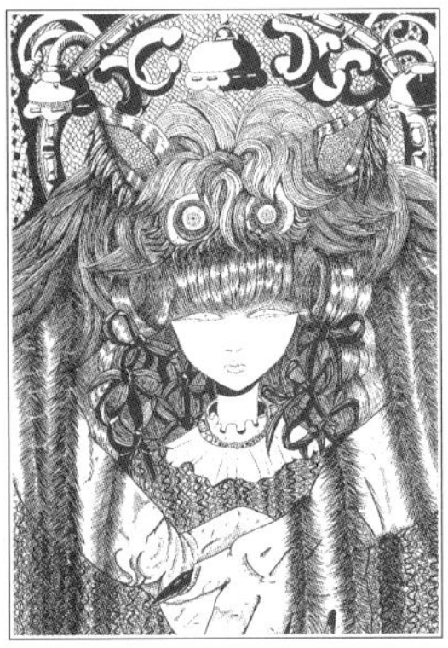
埼玉県・クレマチス

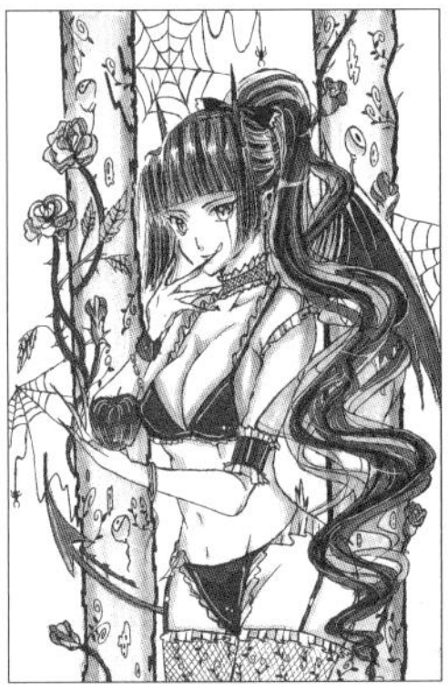
福岡県・まがり竹

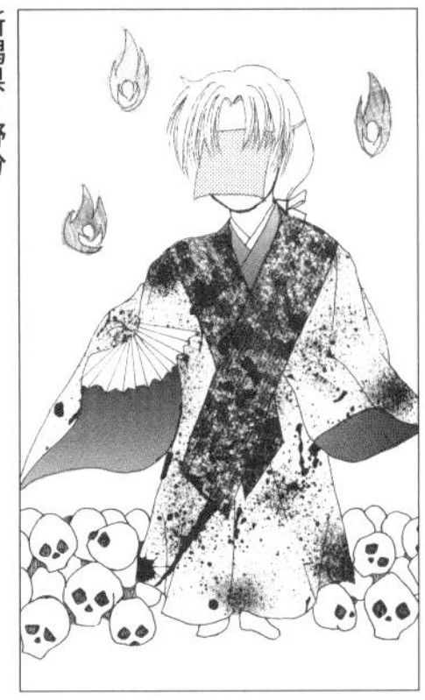
新潟県・野分

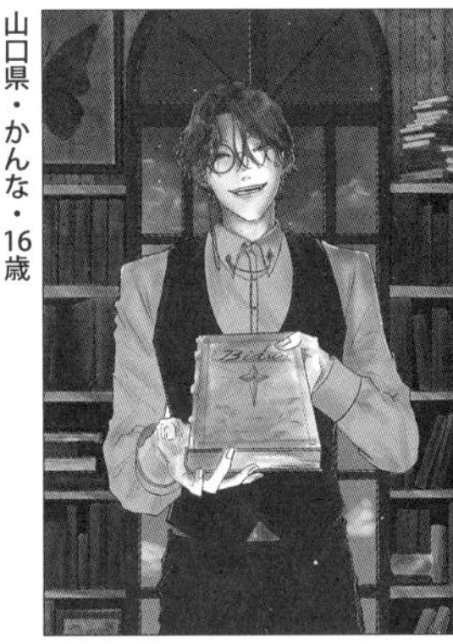
山口県・かんな・16歳

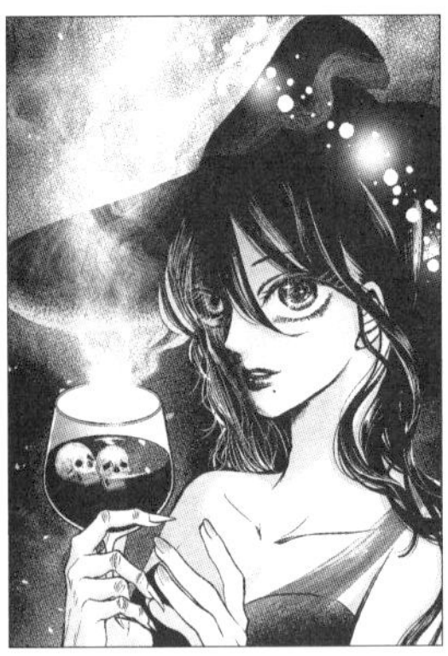
千葉県・タカミン

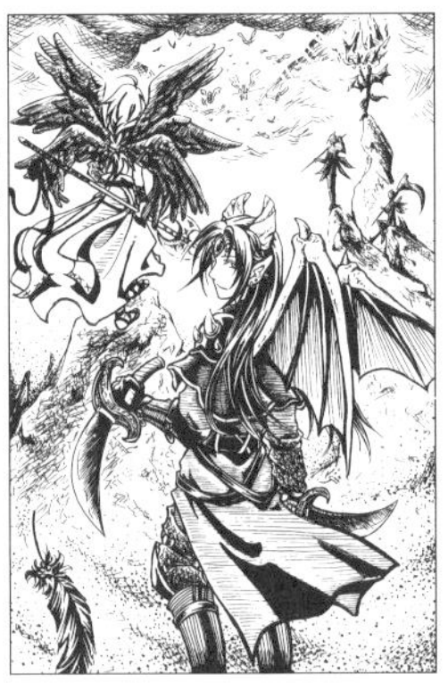
千葉県・橘世海

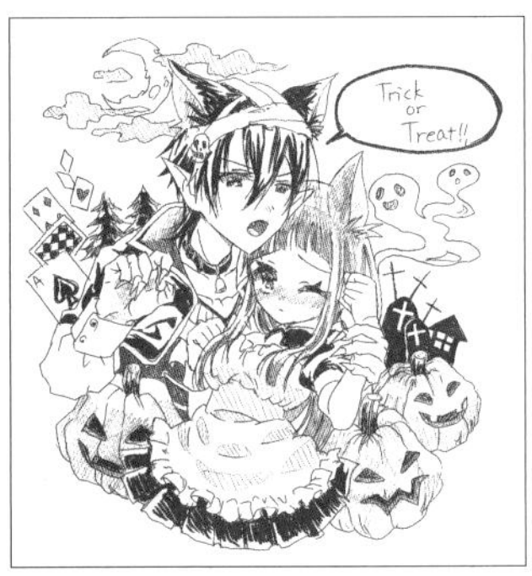

広島県・水沢翔太郎

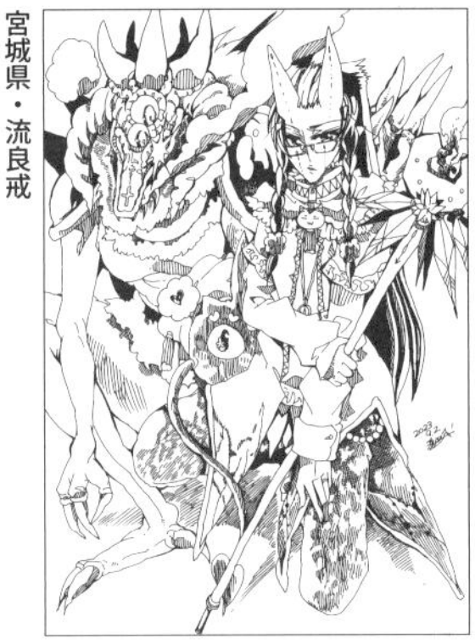
宮城県・流良戒

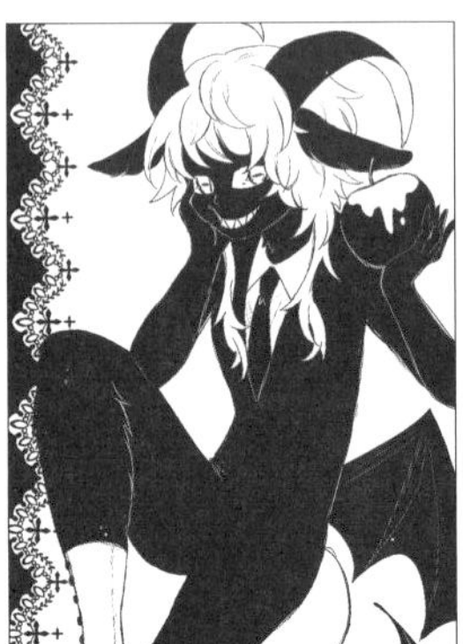
千葉県・宛名

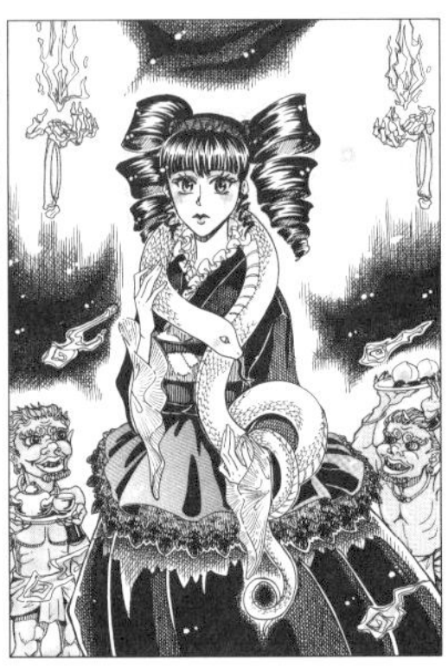
長野県・小林求・47歳

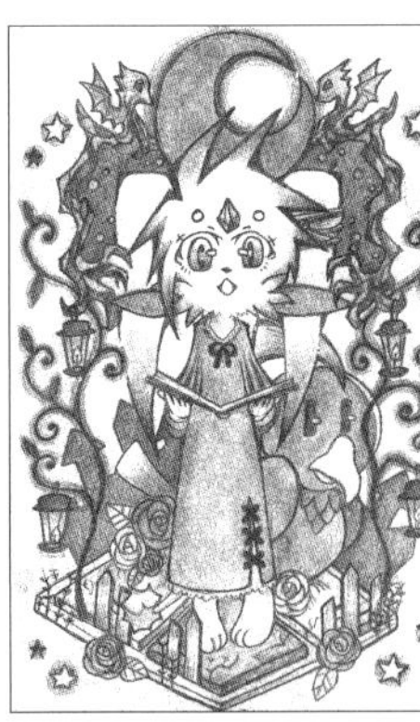
東京都・さけ

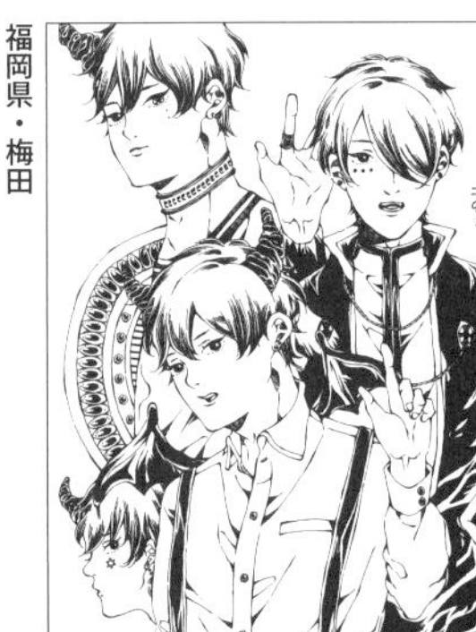
福岡県・梅田

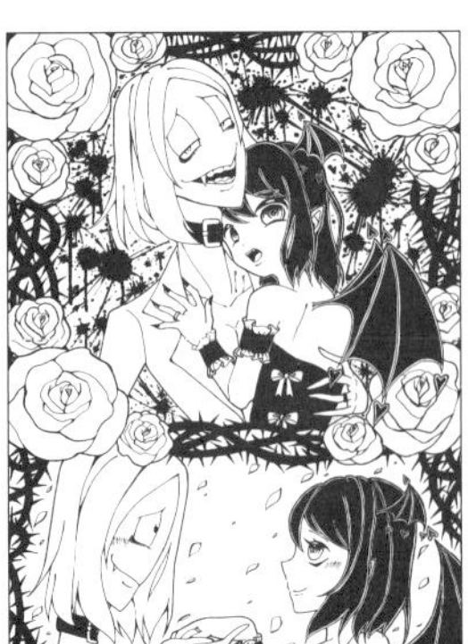
北海道・夢現まーや

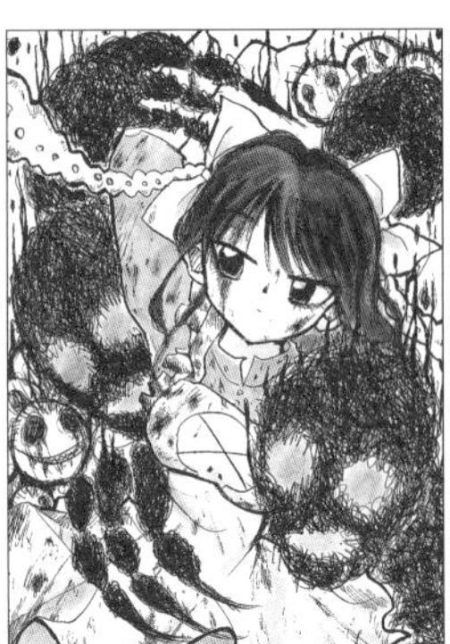
岡山県・のりあき・16歳

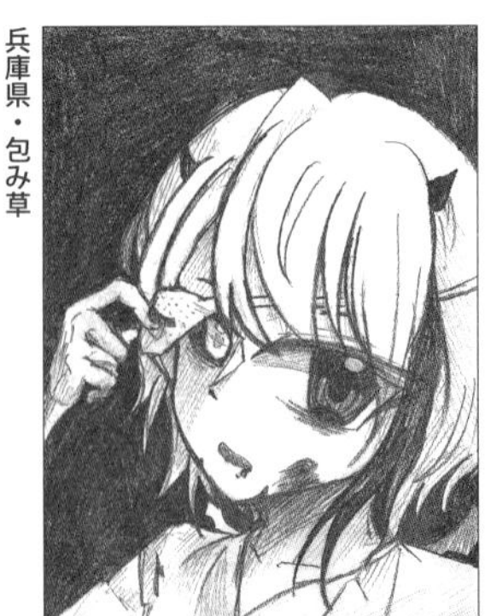
兵庫県・包み草

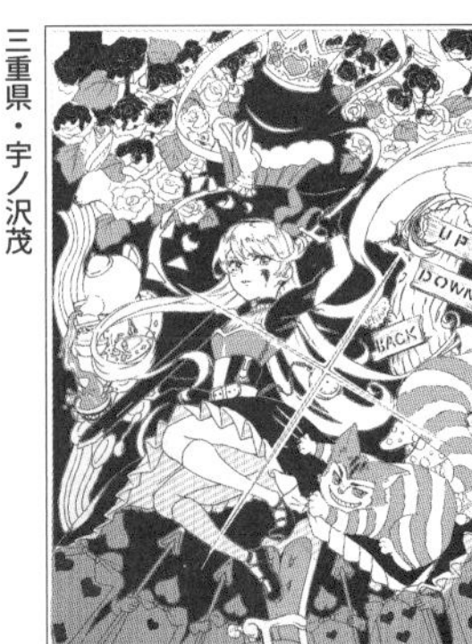

三重県・宇ノ沢茂

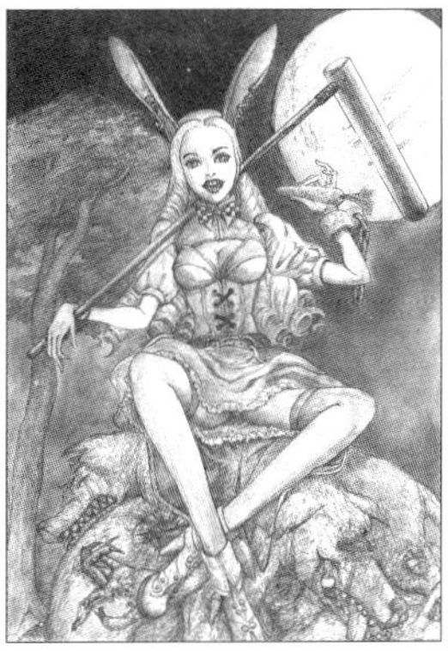
鳥取県・樵学・54歳

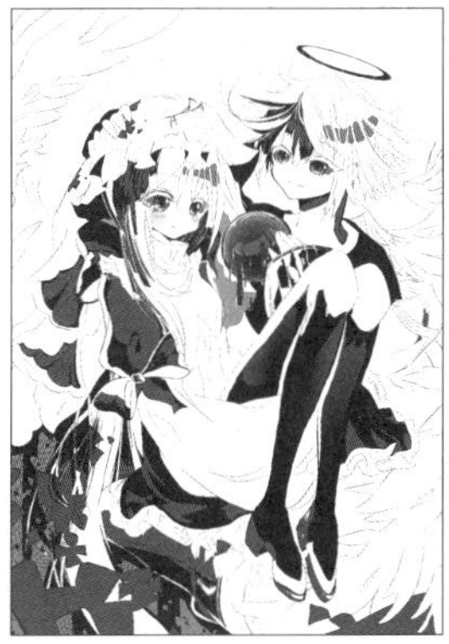
愛知県・四季万里

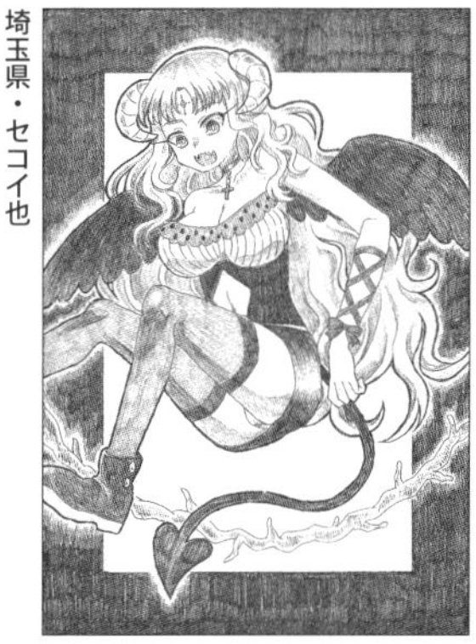
埼玉県・セコイ也

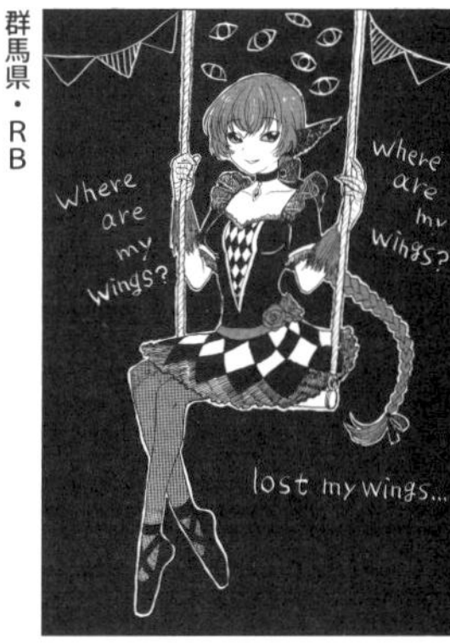

群馬県・RB

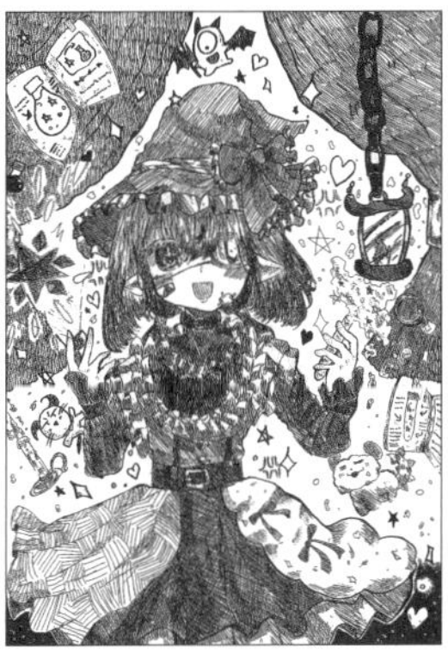
神奈川県・おくら・12歳

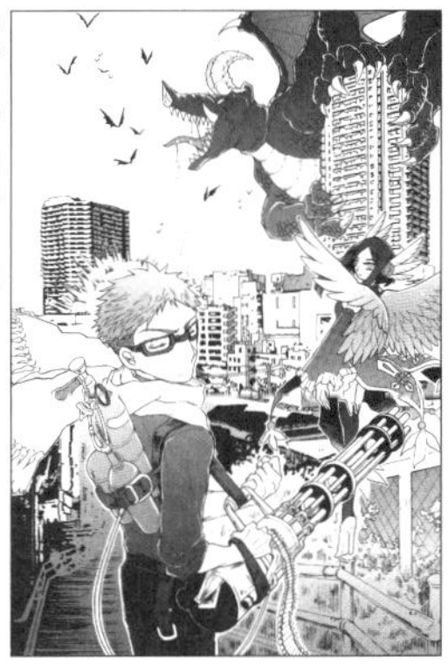
神奈川県・削木・31歳

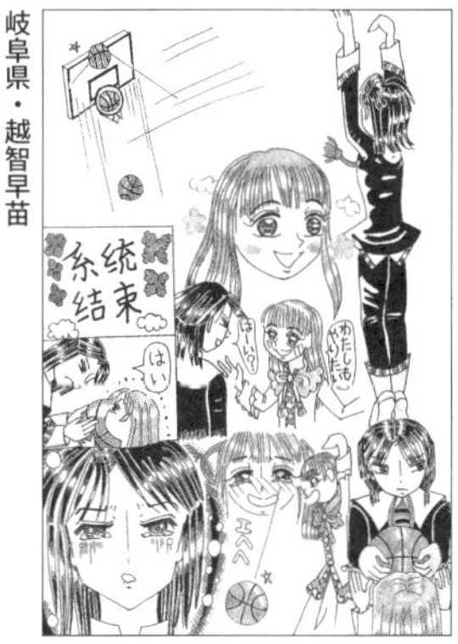
岐阜県・越智早苗

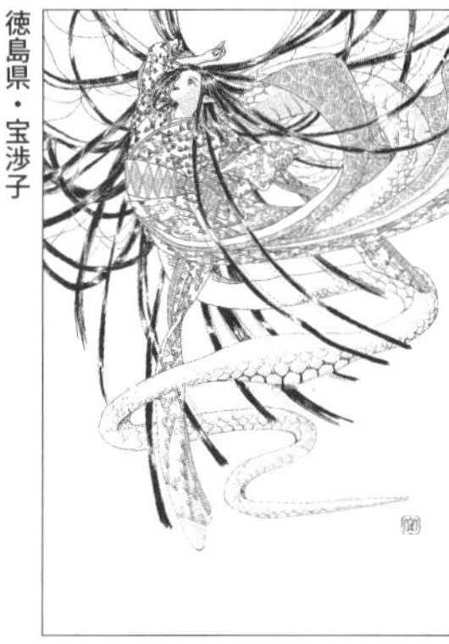
徳島県・宝渉子

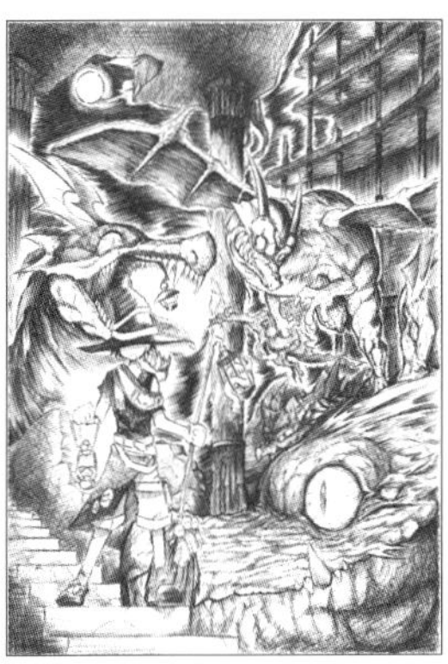
埼玉県・又賀琉之介・16歳

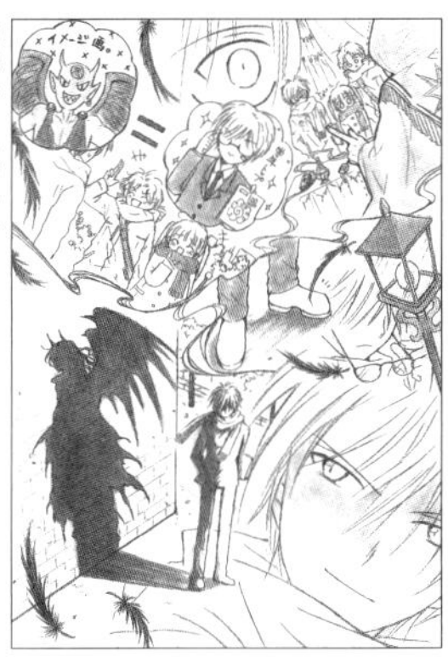
茨城県・あおいみう

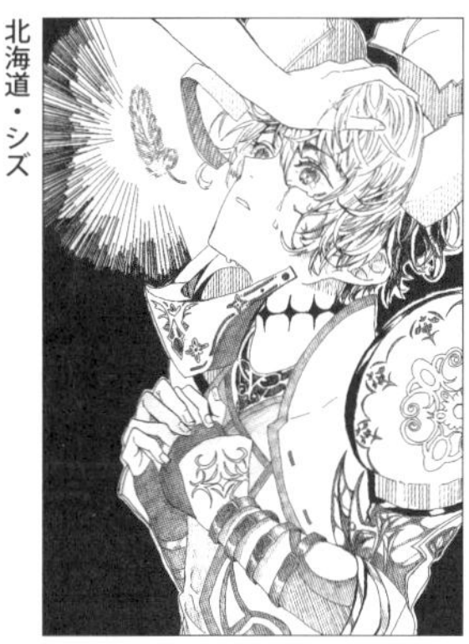
北海道・シズ

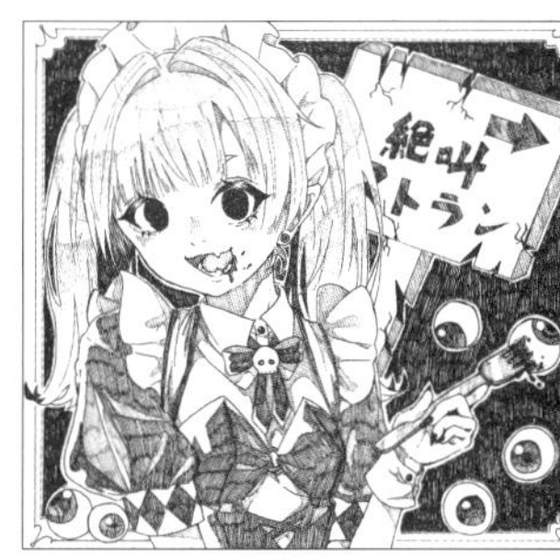
秋田県・水透。（はざまの僕。改め）・14歳

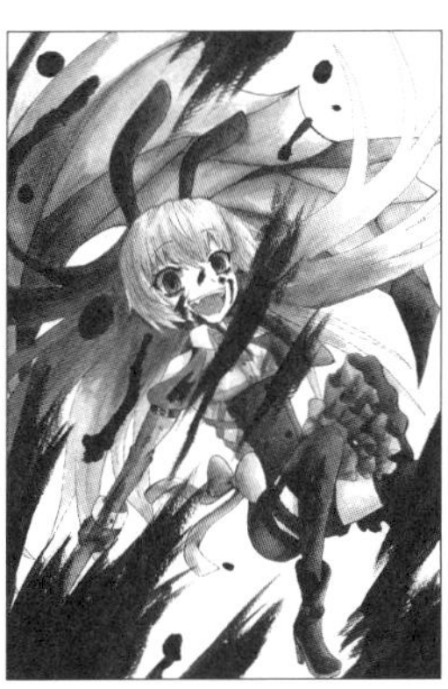
北海道・星神ステラ（神守天音 改め）

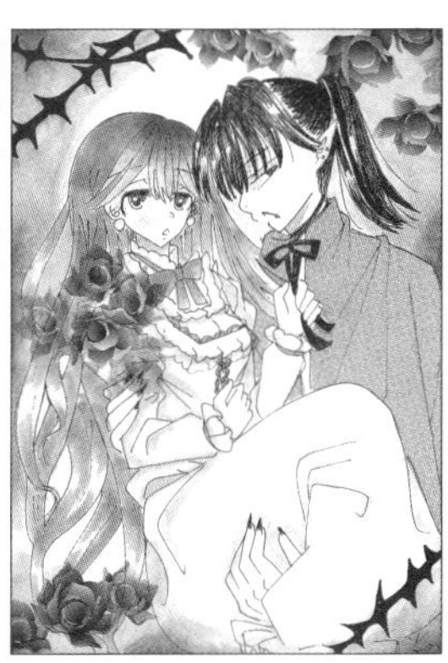
長野県・谷川りおん

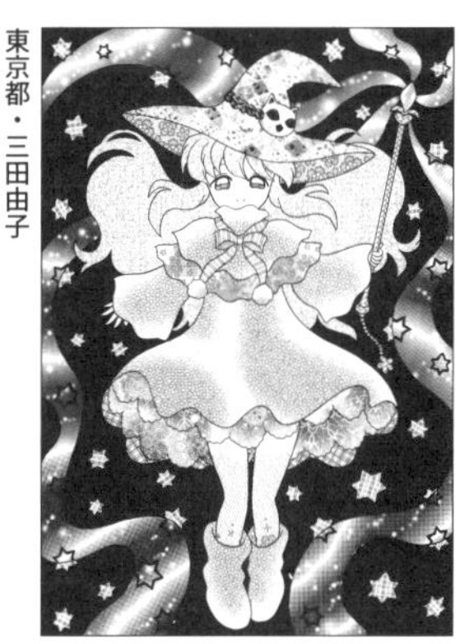
東京都・三田由子

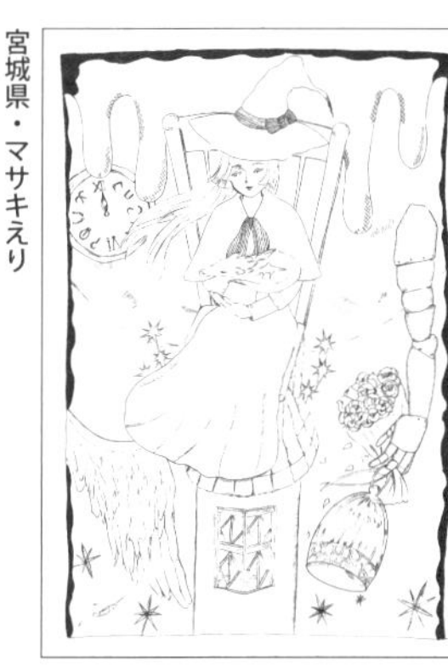
宮城県・マサキえり

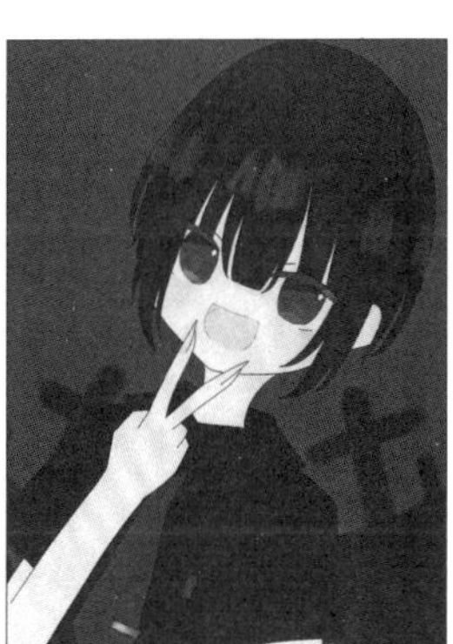
愛知県・瑠璃萩

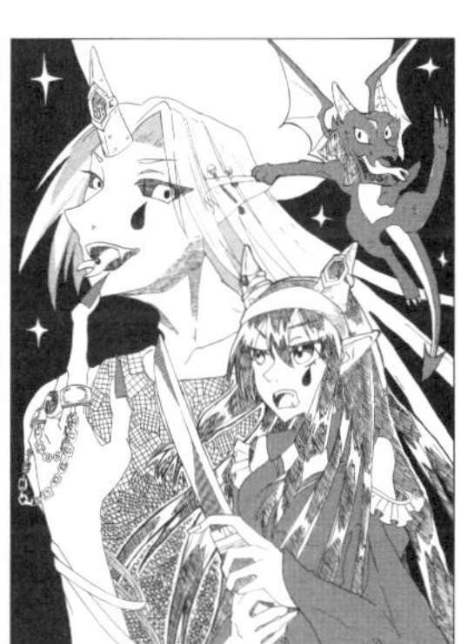
神奈川県・天猫なる・19歳

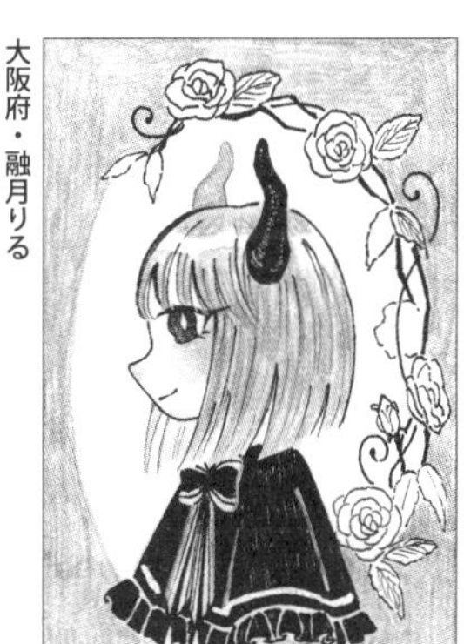
大阪府・融月りる

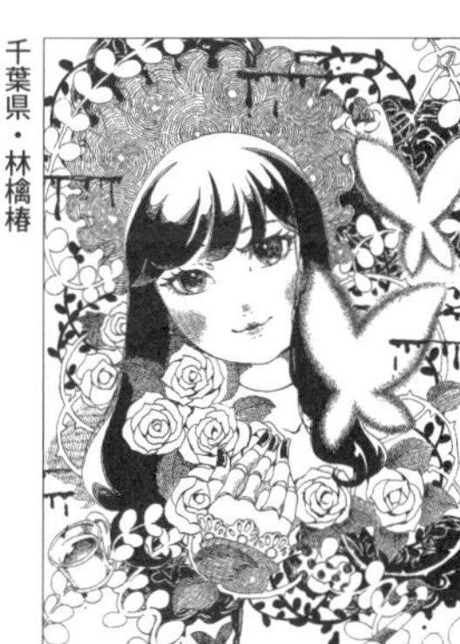
千葉県・林檎椿

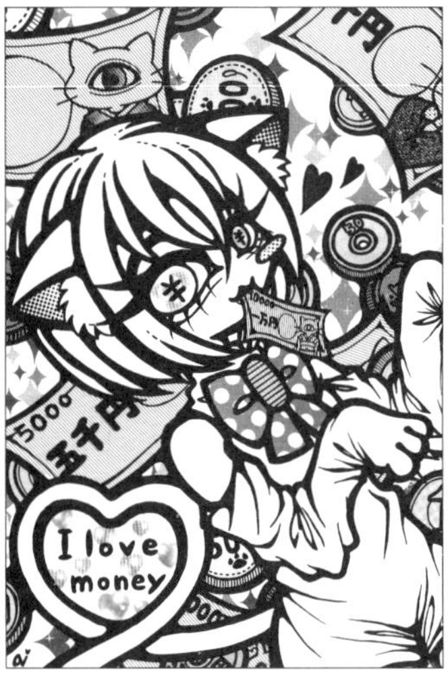

埼玉県・甘飴スミレ

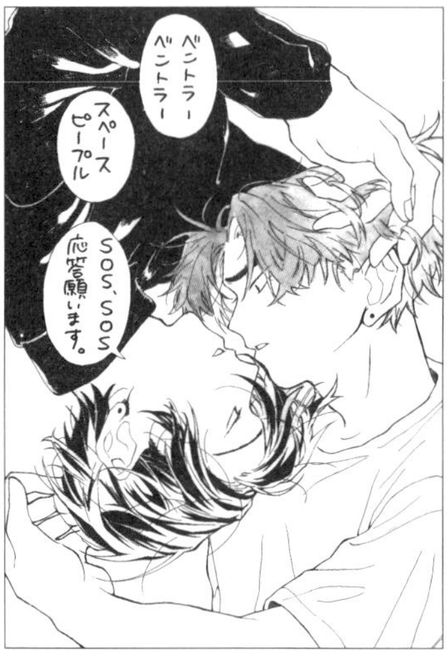

沖縄県・田中君

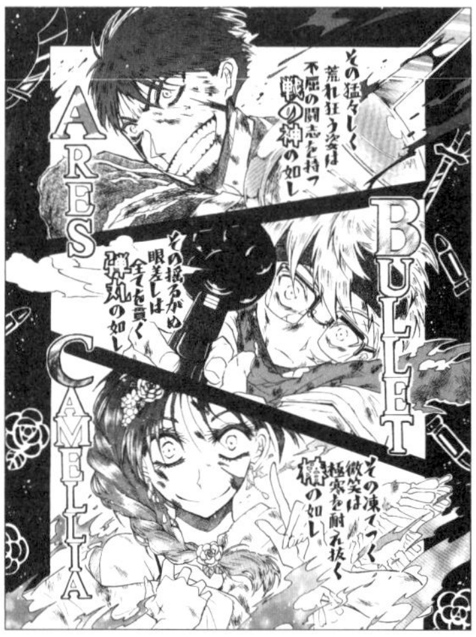

神奈川県・削木・31歳

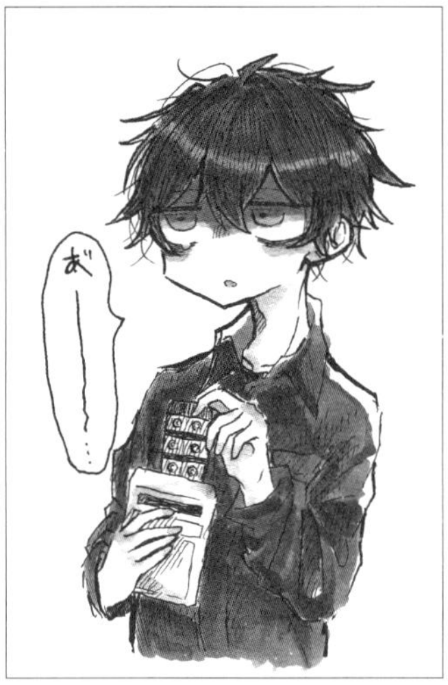

宮城県・ねくつ・14歳

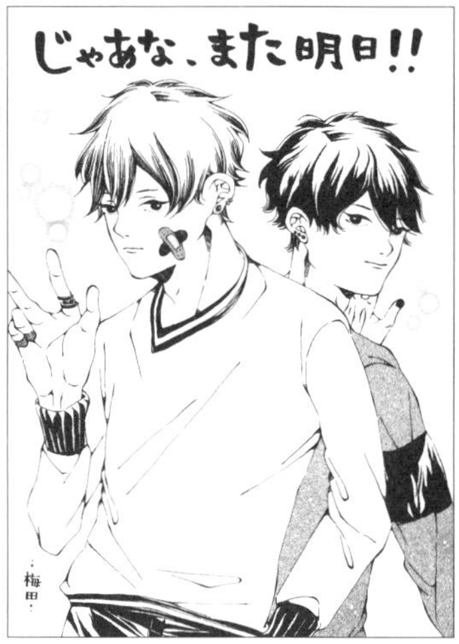

福岡県・梅田

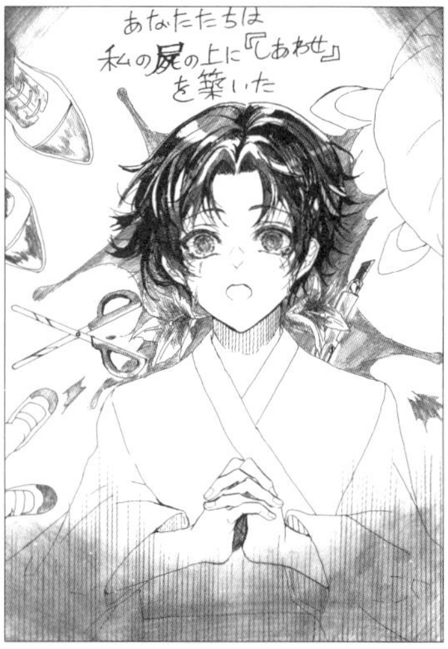

北海道・シズ

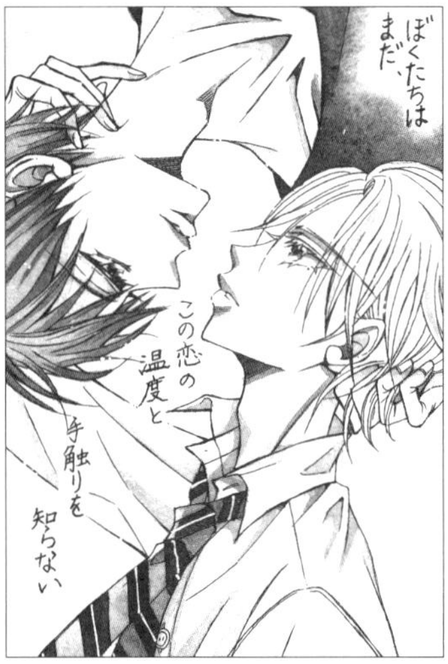

静岡県・紗雪

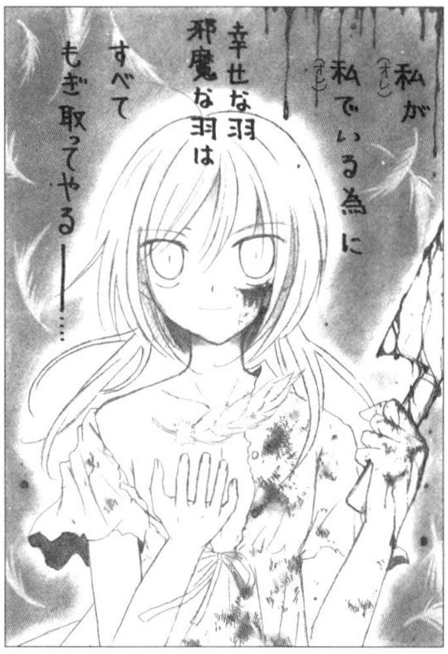

茨城県・あおいみう

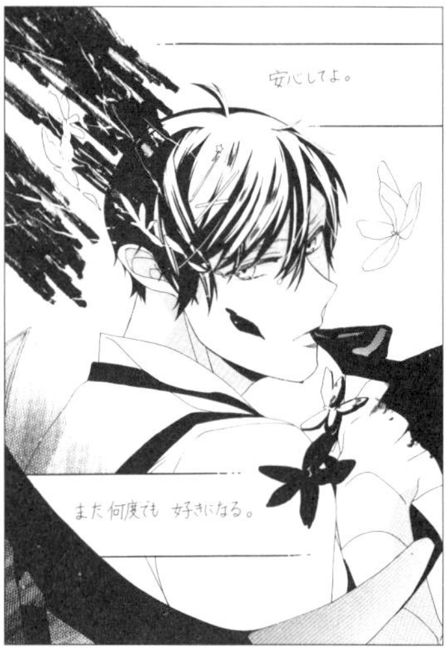

福島県・風波

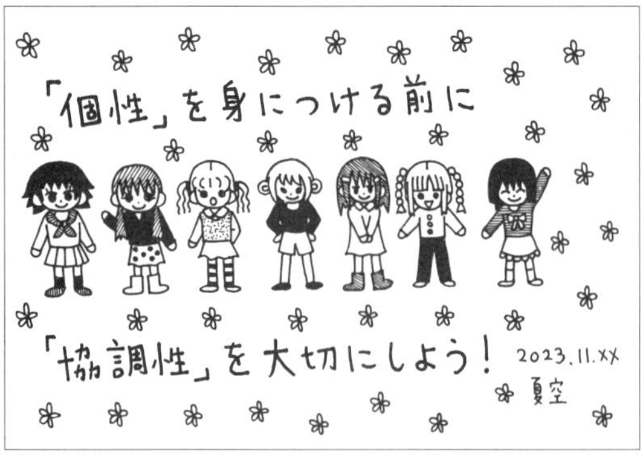

兵庫県・夏空

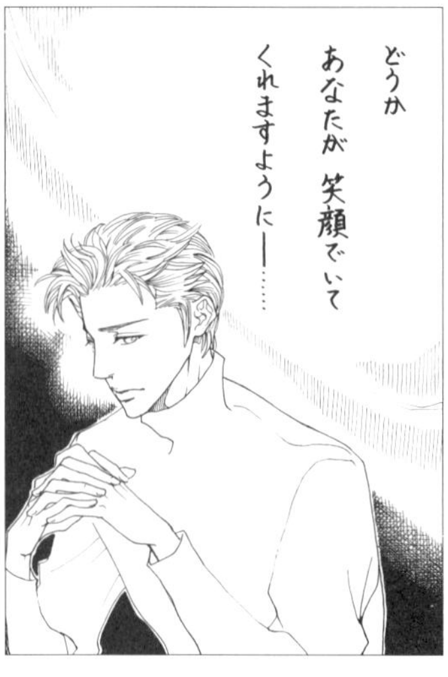

長野県・小林求・47歳

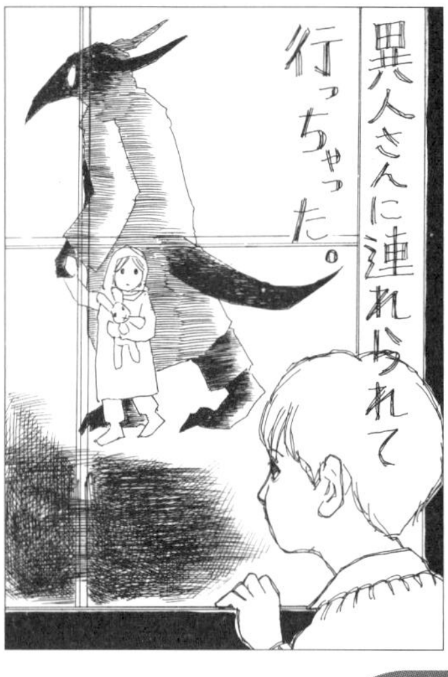

福島県・Azzurro.

S STORY

絵と文字、セリフや詩、モノローグetc.で綴る絵物語のコーナー

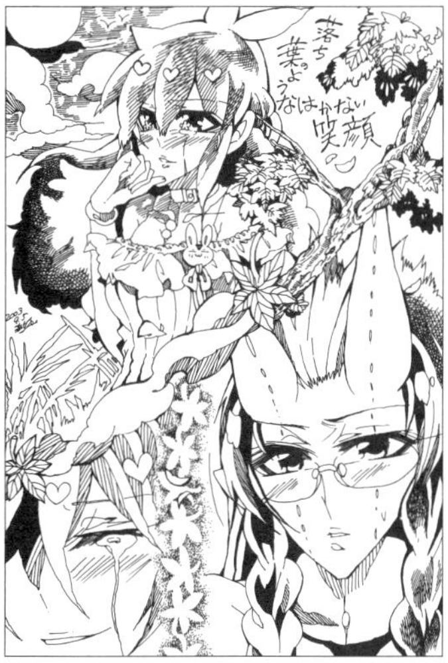

宮城県・流良戒

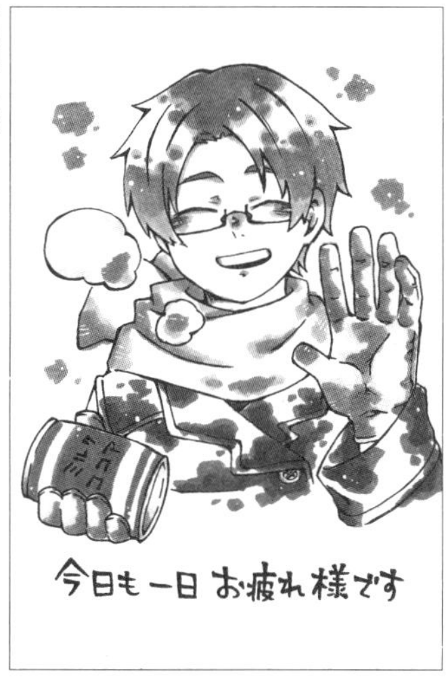

新潟県・真継

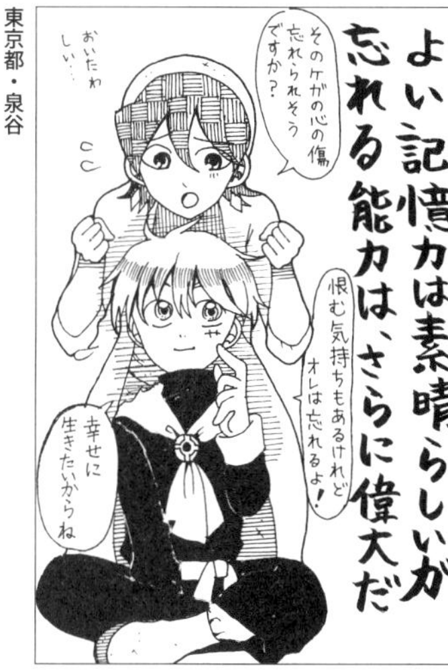

東京都・泉谷

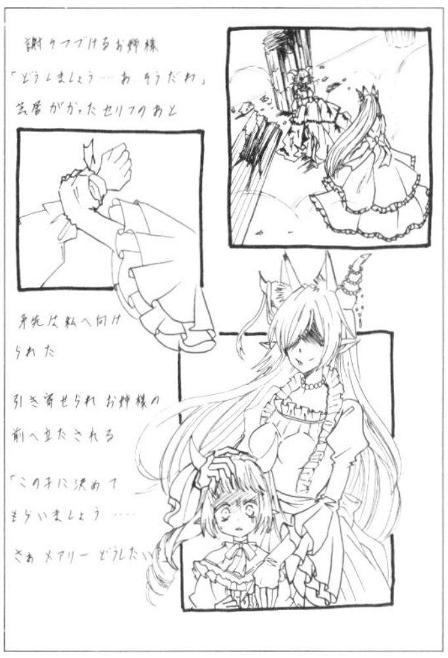

大阪府・ラブバード

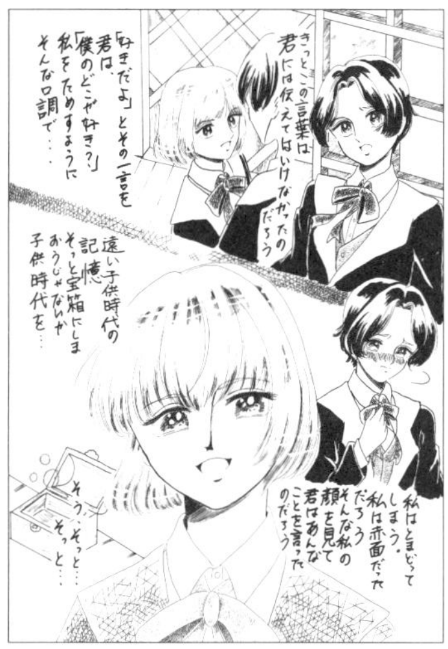

千葉県・伯ミシェル・18歳

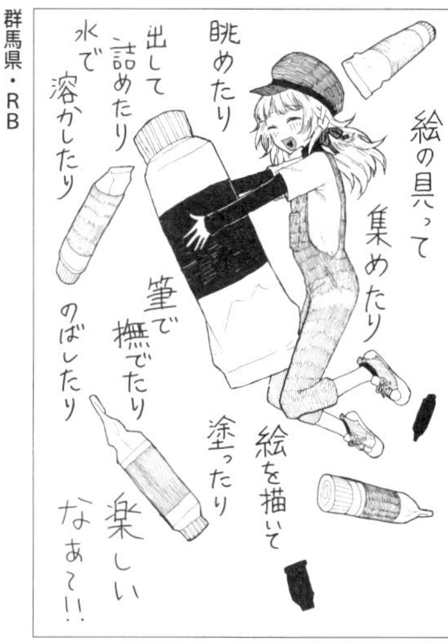

群馬県・RB

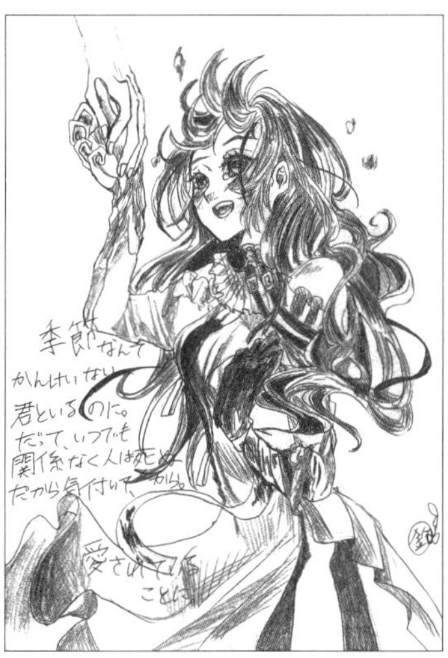

東京都・高野鈴蘭・23歳

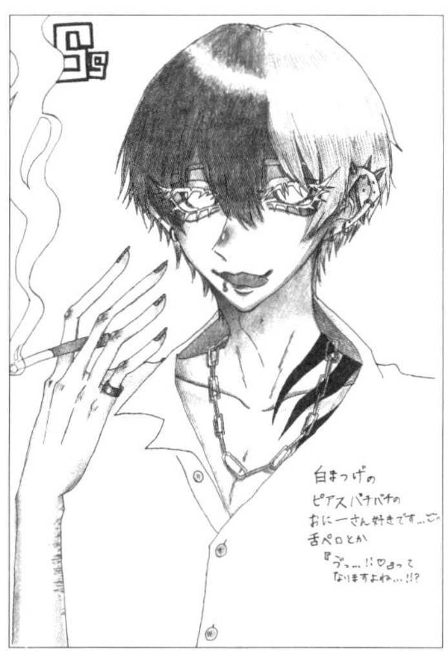

福岡県・リタ・13歳

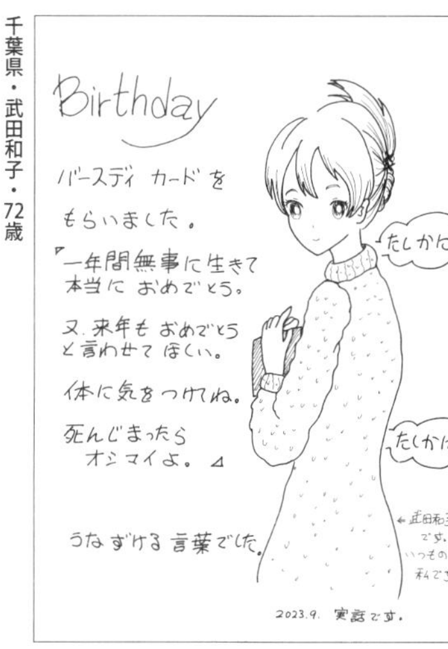

千葉県・武田和子・72歳

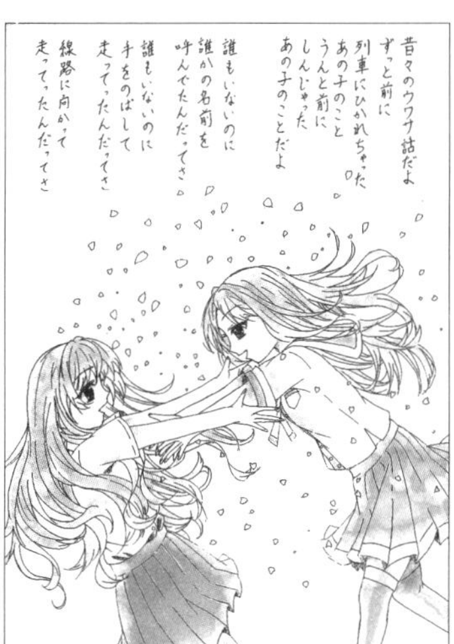

広島県・榛原祐香

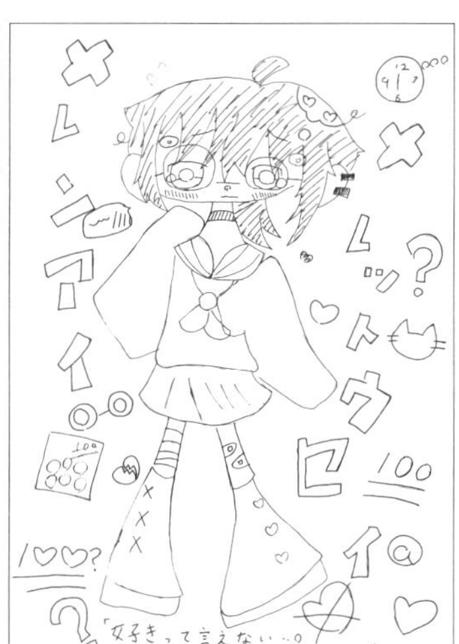

大阪府・和桜恋・11歳

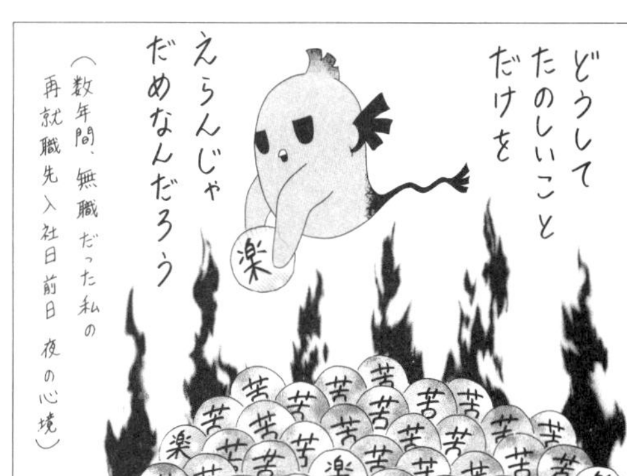

東京都・三田由子

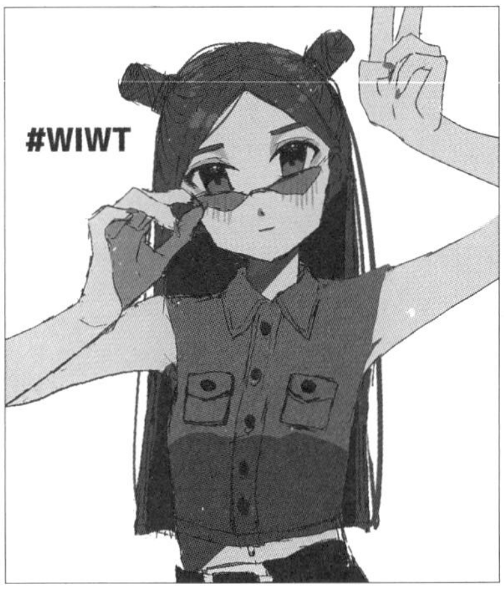

京都府・あはちゃ・18歳

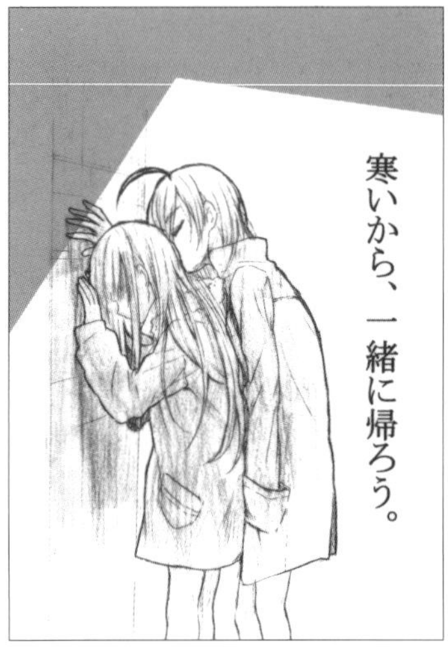

埼玉県・セコイ也

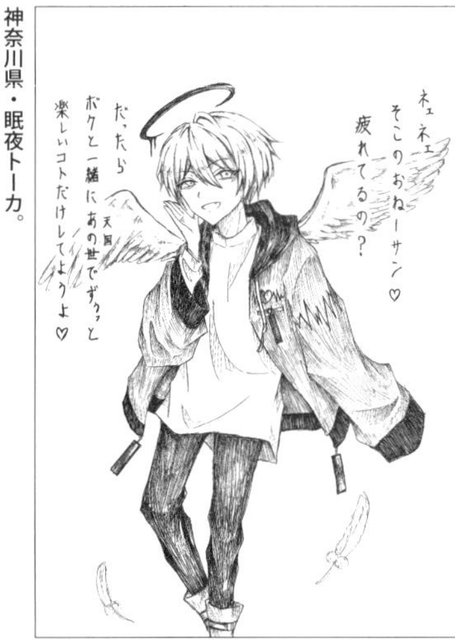

神奈川県・眠夜トーカ。

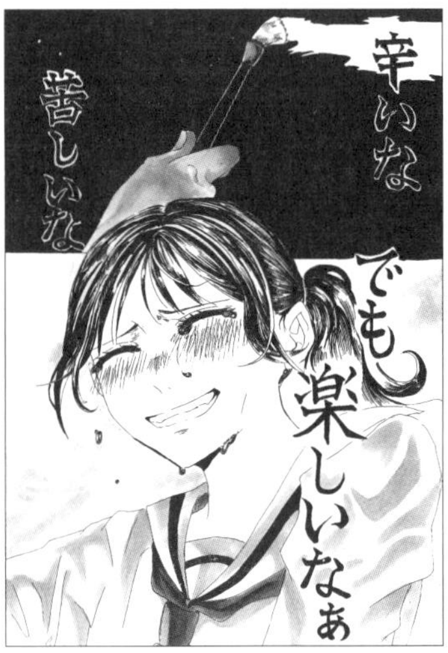

静岡県・冬華・15歳

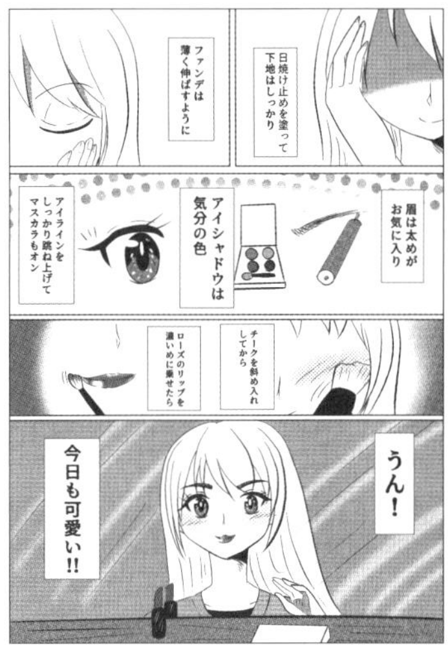

埼玉県・水岸ほたる

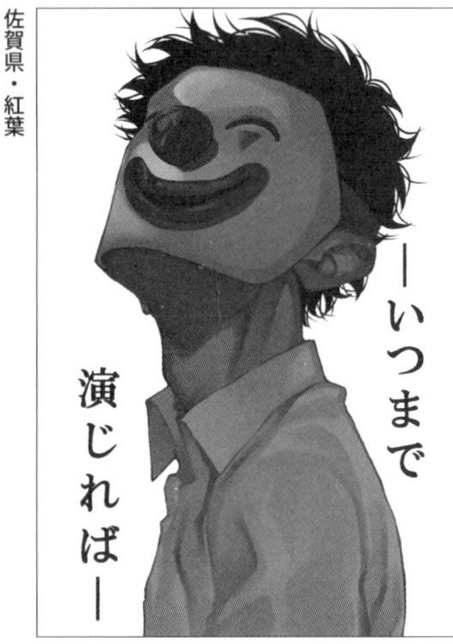

佐賀県・紅葉

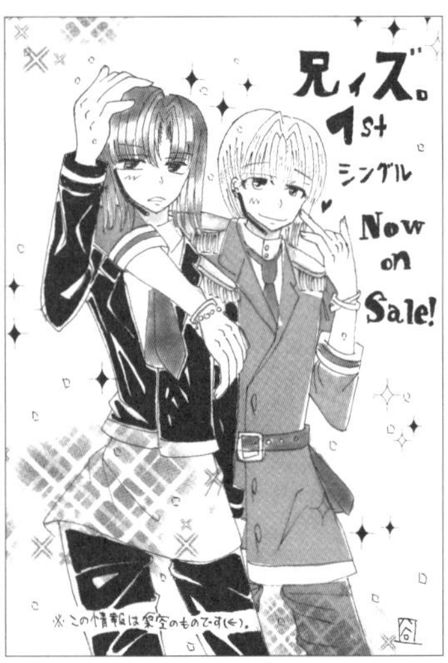

長野県・谷川りおん

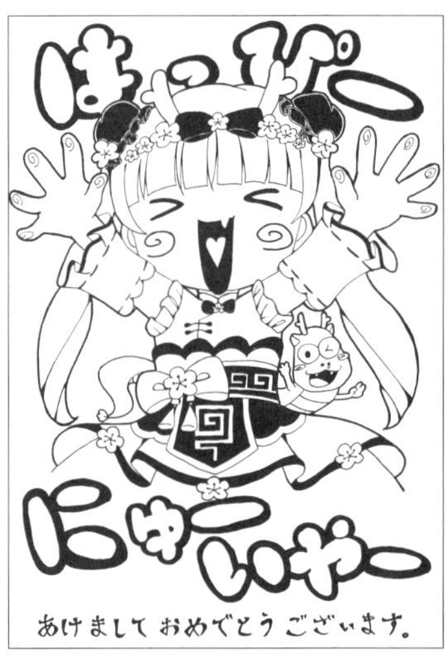

北海道・夢現まーや

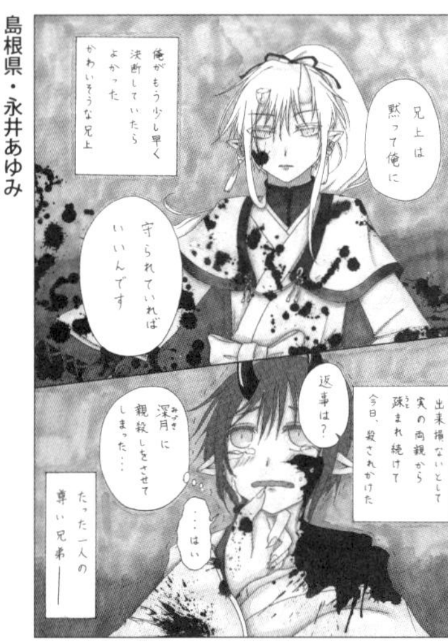

島根県・永井あゆみ

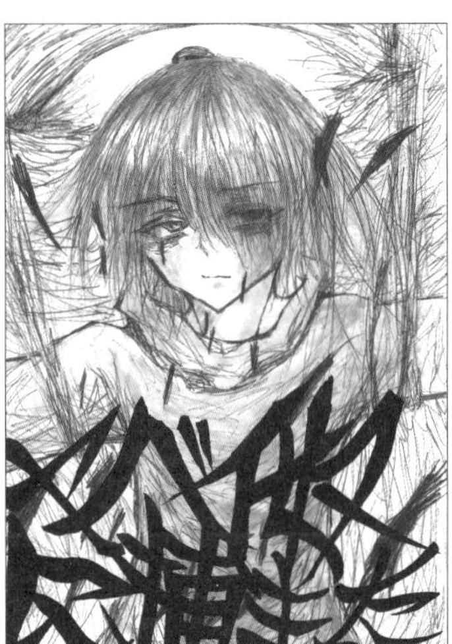
新潟県・色

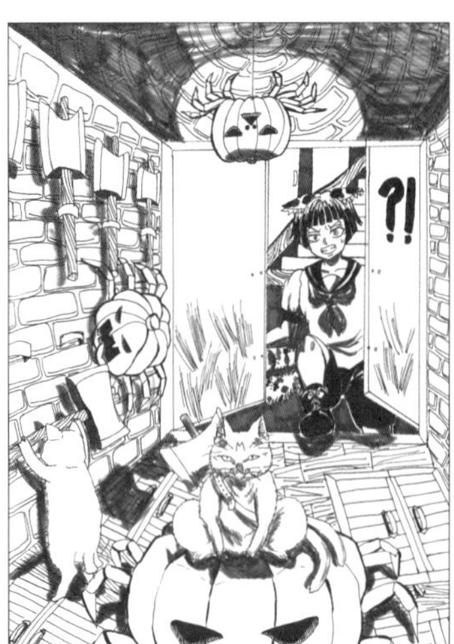

岩手県・あひるフロスト

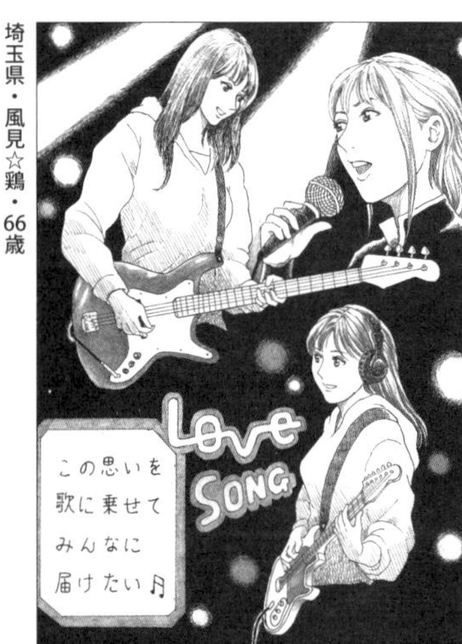

埼玉県・風見☆鶏・66歳

S STAGE

自由に描いた1ページ漫画劇場

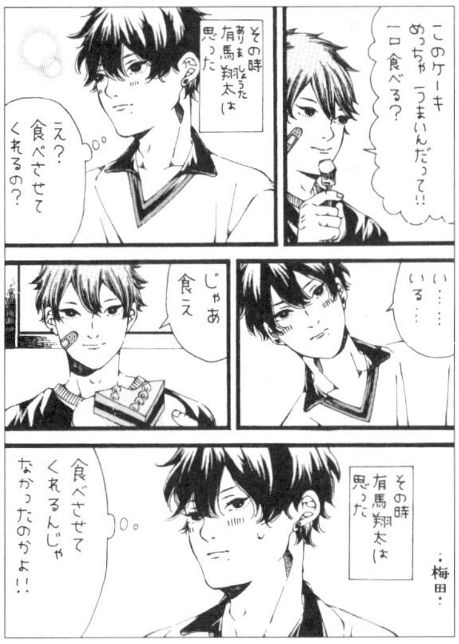

福岡県・梅田

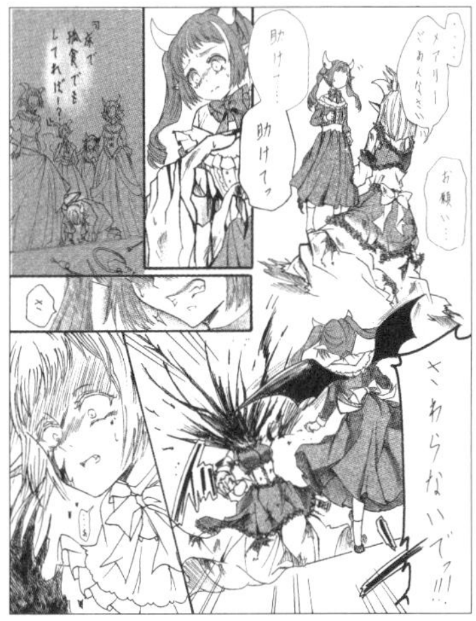

大阪府・ラブバード

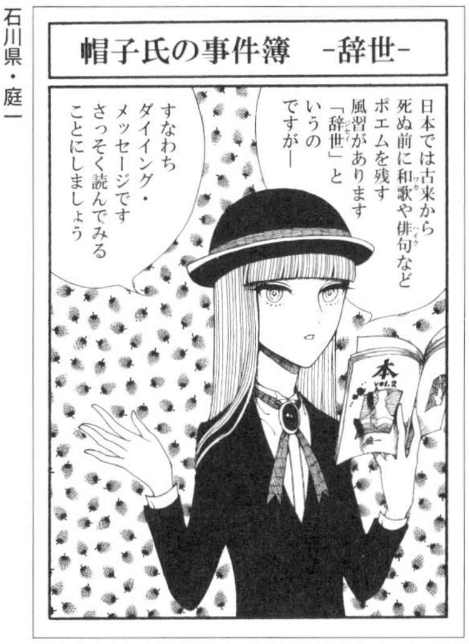

石川県・庭一

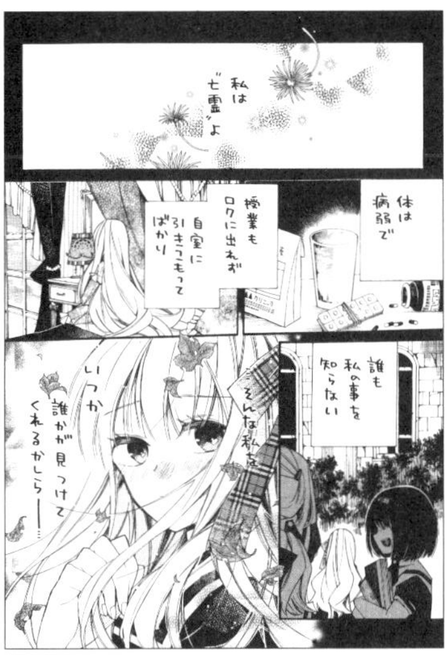

神奈川県・るりるり・38歳

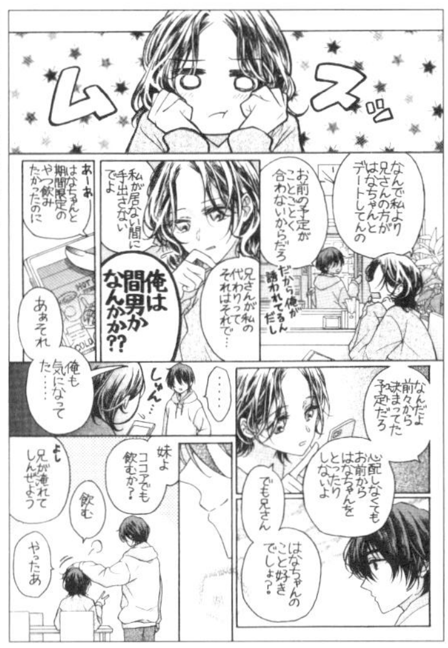

沖縄県・すきっぱねずみ

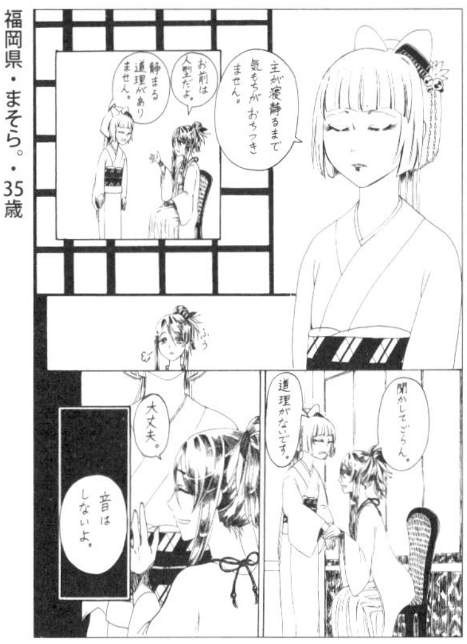

福岡県・まそら。・35歳

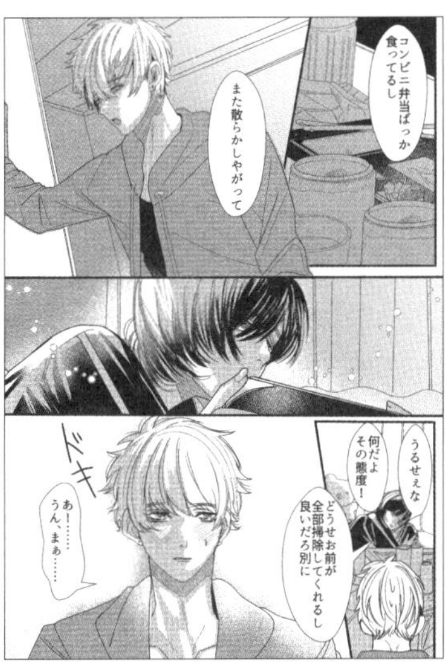

埼玉県・とらおとの

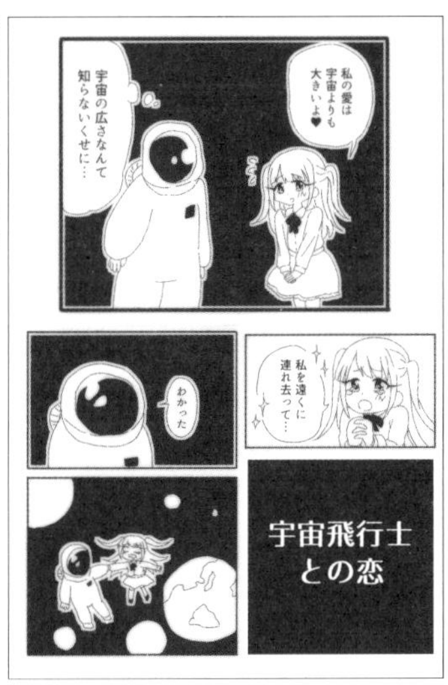

埼玉県・セコイ也・27歳

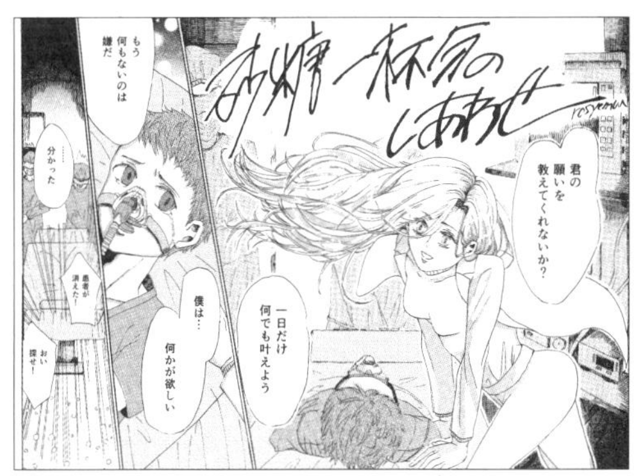

鳥取県・rosyemu

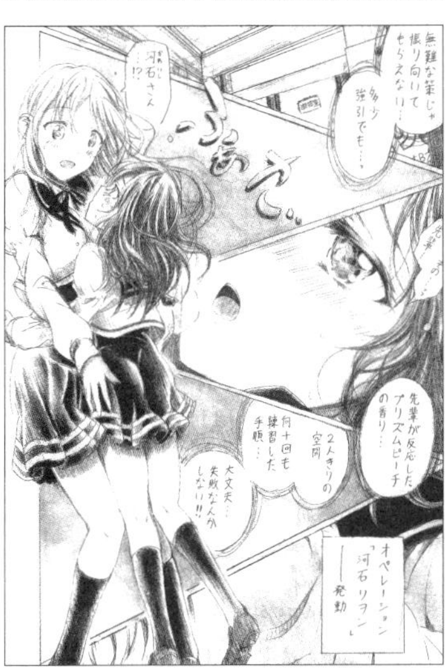

東京都・盾甘板

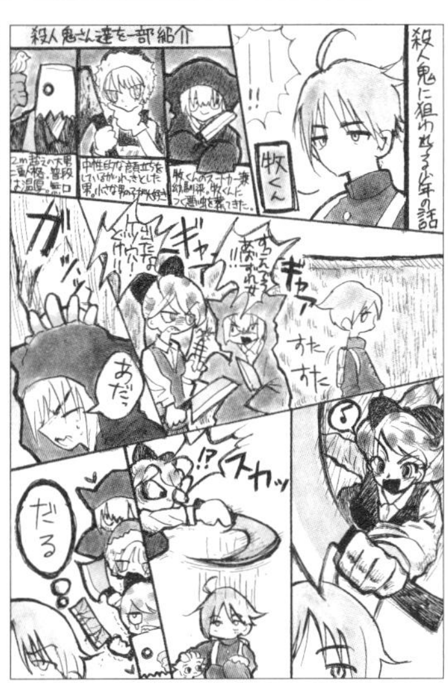

岡山県・のりあき・16歳

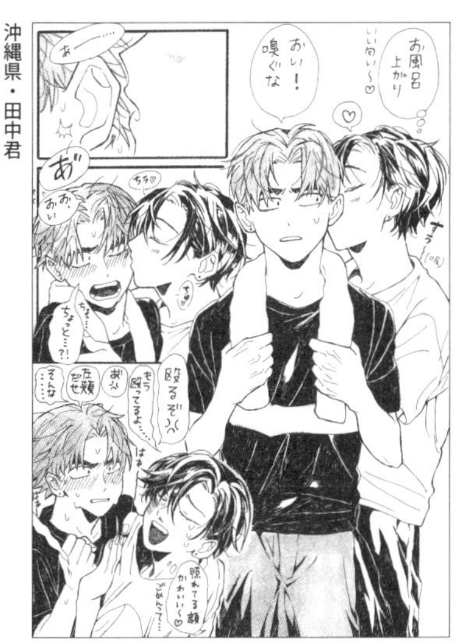

沖縄県・田中君

長崎県・橘らのま

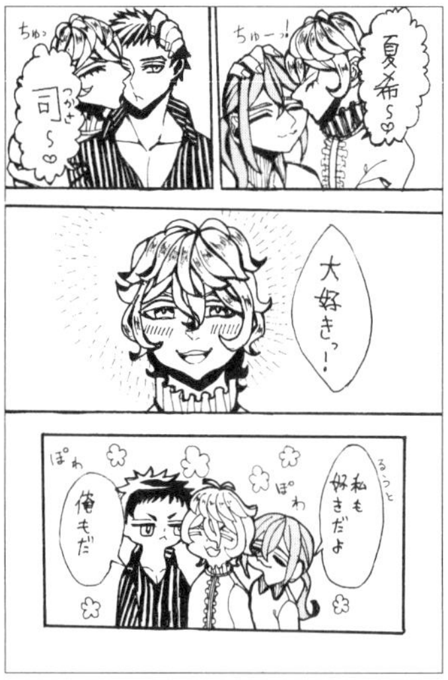

東京都・泉谷

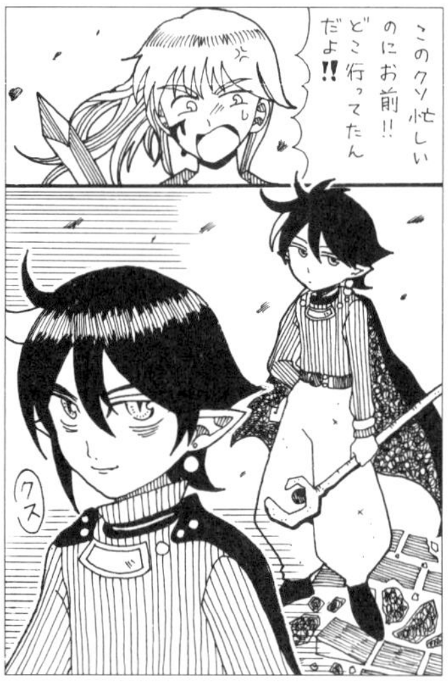

高知県・柴イヌ

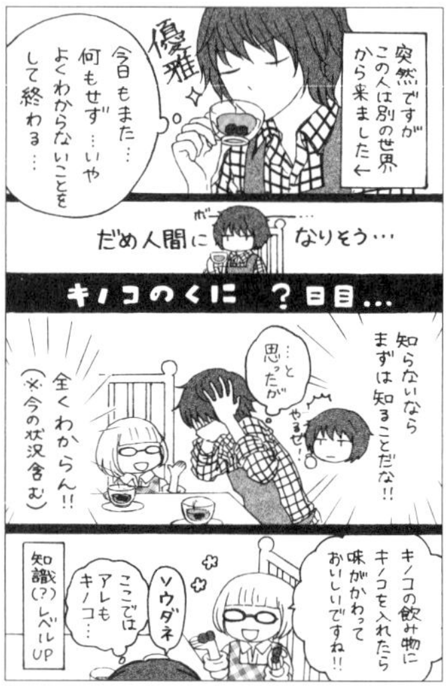

埼玉県・水岸ほたる

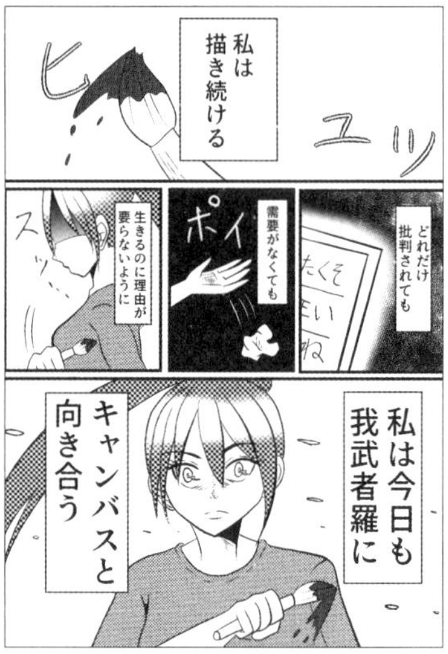

滋賀県・真田しろ

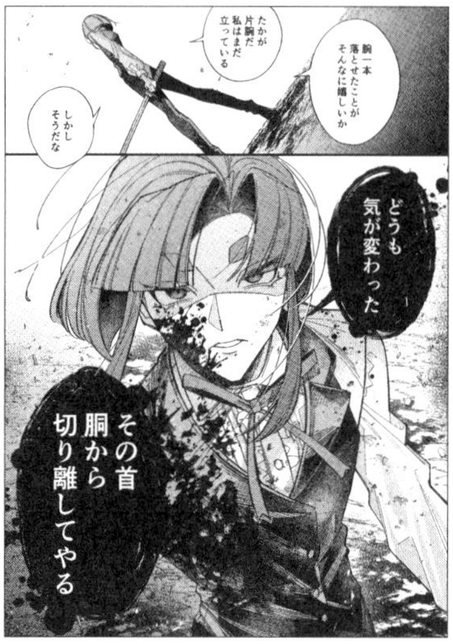

佐賀県・紅葉

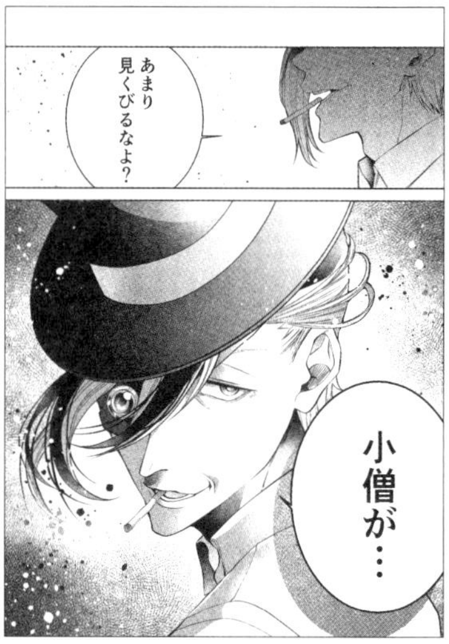

香川県・あさぎあい・35歳

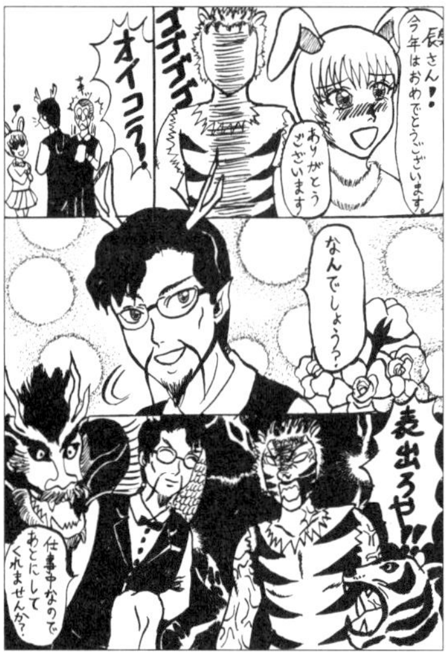

東京都・三田由子

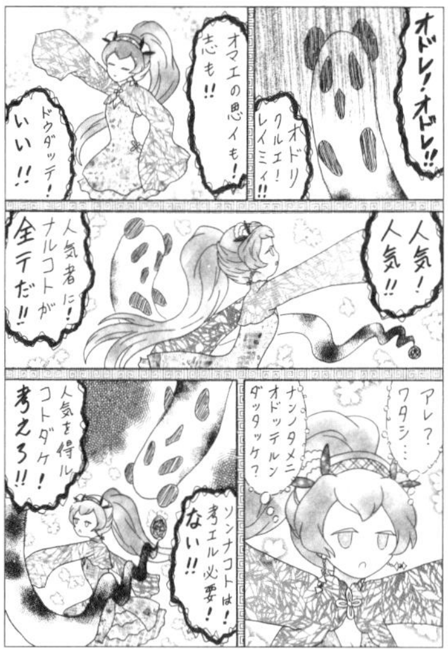

千葉県・伯ミシェル・18歳

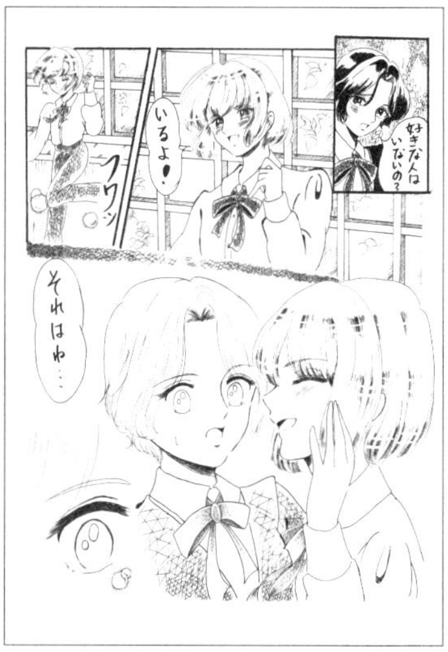

島根県・永井あゆみ

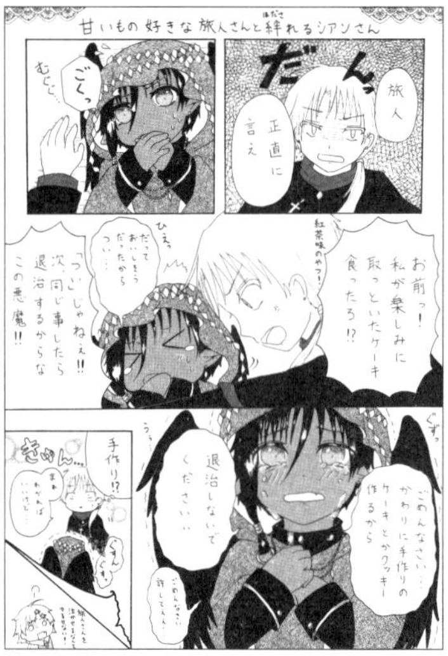

静岡県・冬華・15歳

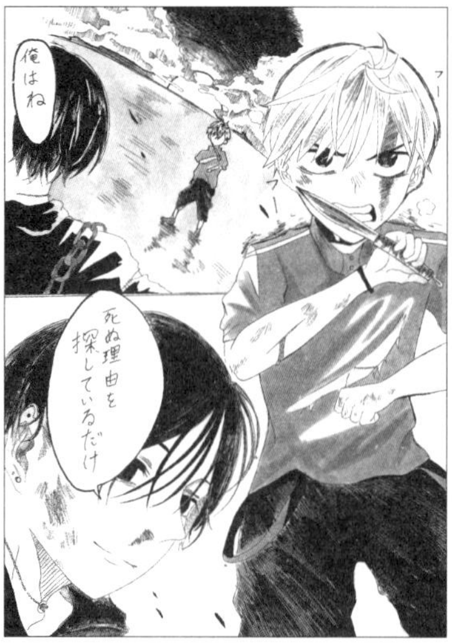

広島県・榛原祐香

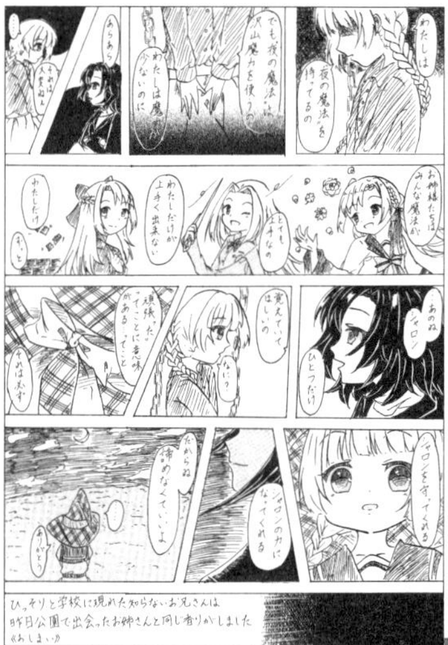

S STAGE

S STAGE

自由に描いた1ページ漫画劇場

長野県・谷川りおん

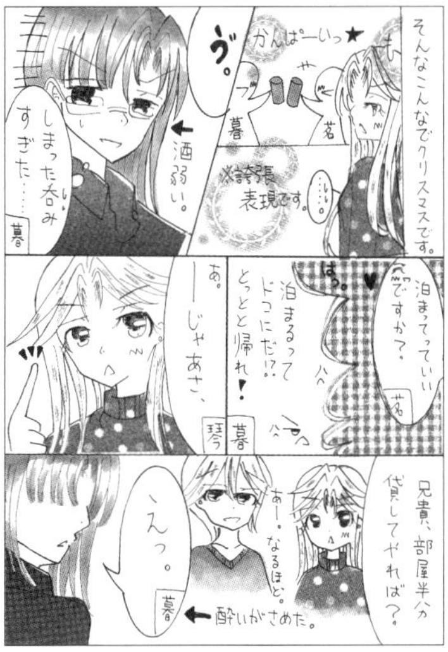

兵庫県・シャケ

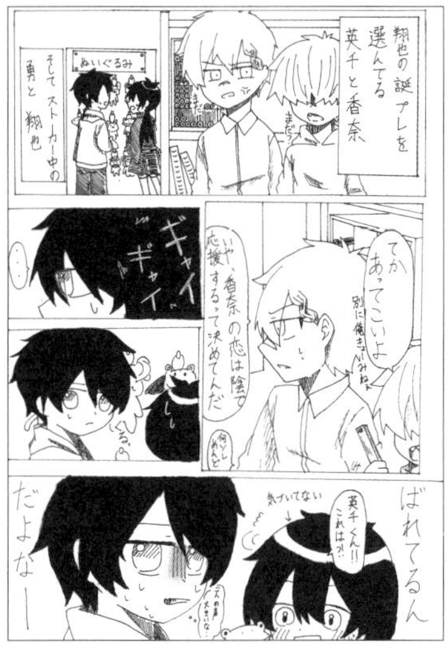

大阪府・大井淑世・36歳

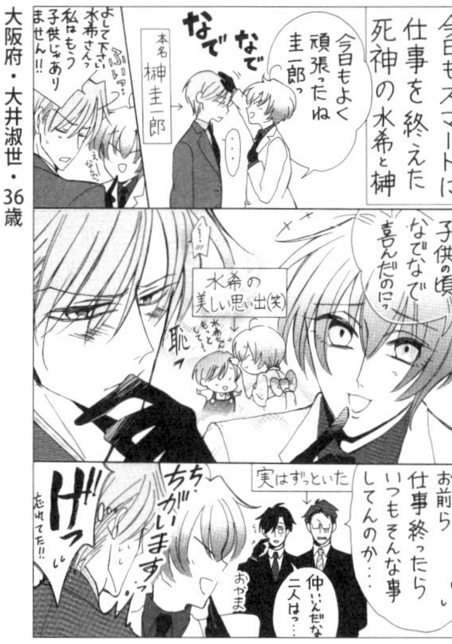

秋田県・とづき

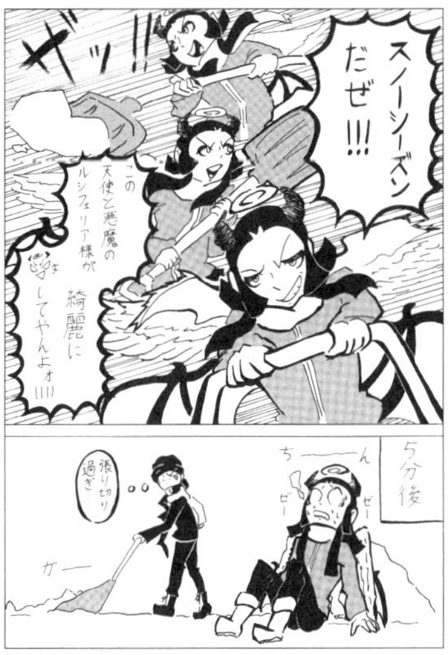

埼玉県・風見☆鴉・66歳

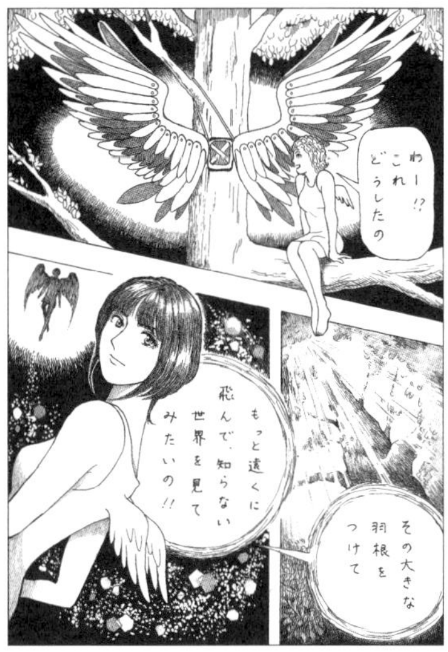

長野県・紅朱雀

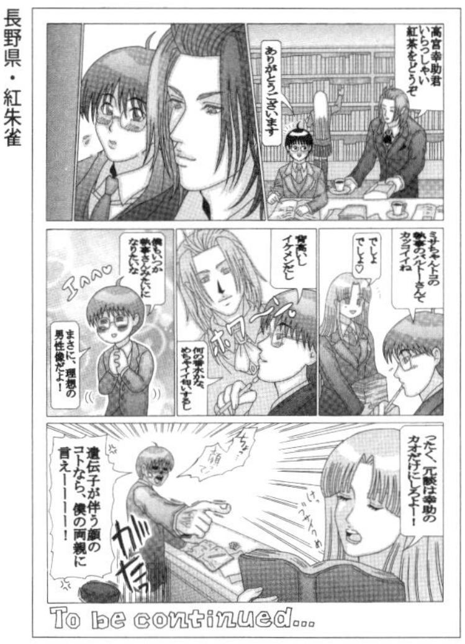

兵庫県・綿道草

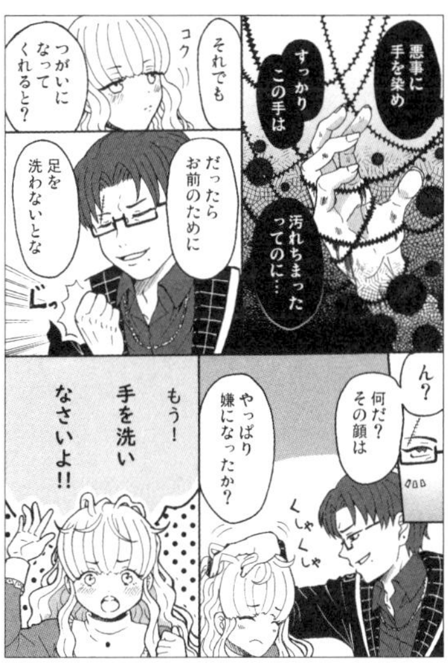

神奈川県・萩原あろ

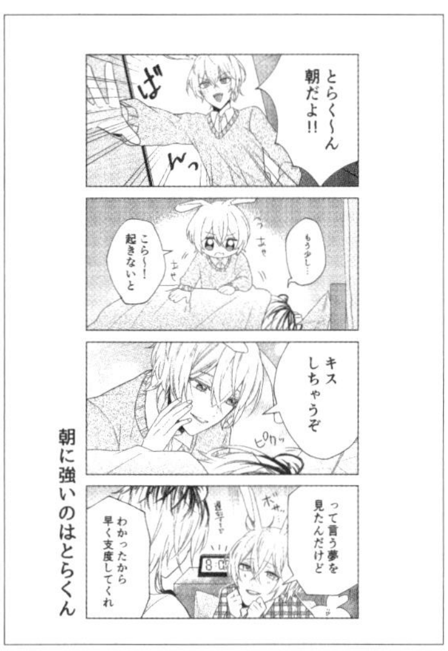

朝に強いのはとらくん

広島県・水沢翔太郎

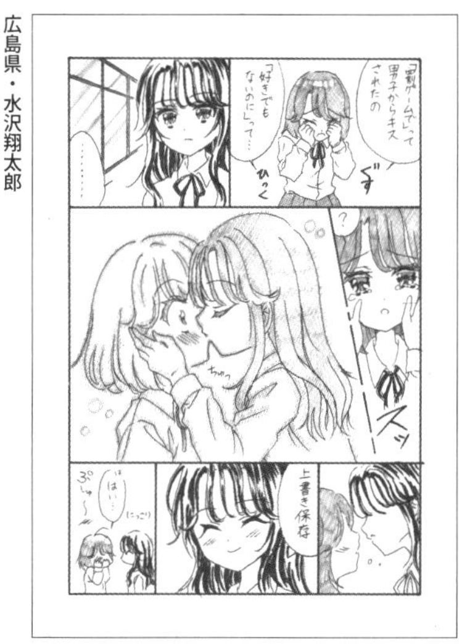

茨城県・あおいみう

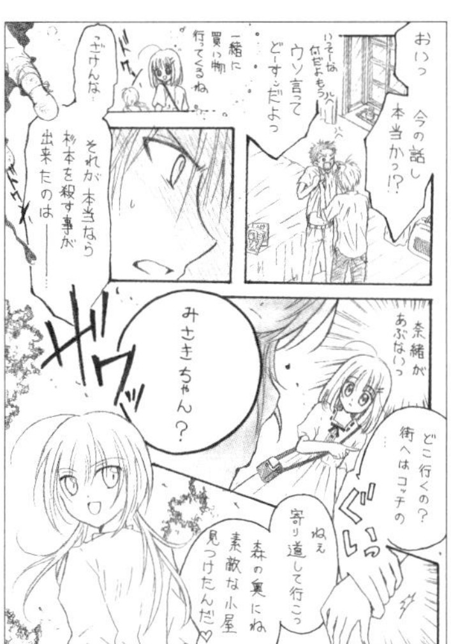

広島県・貴希

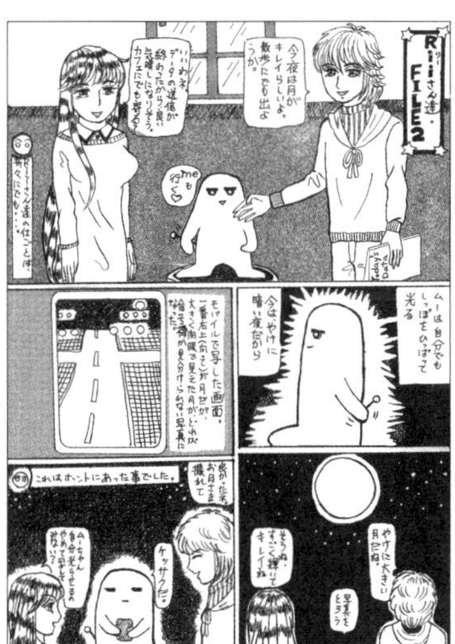

岩手県・あひるフロスト

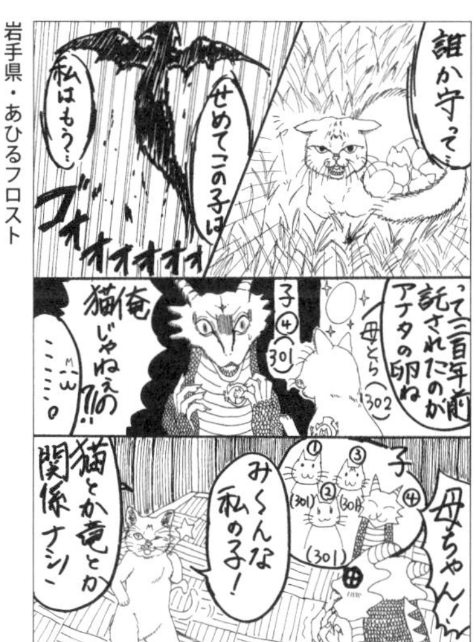

新潟県・真継

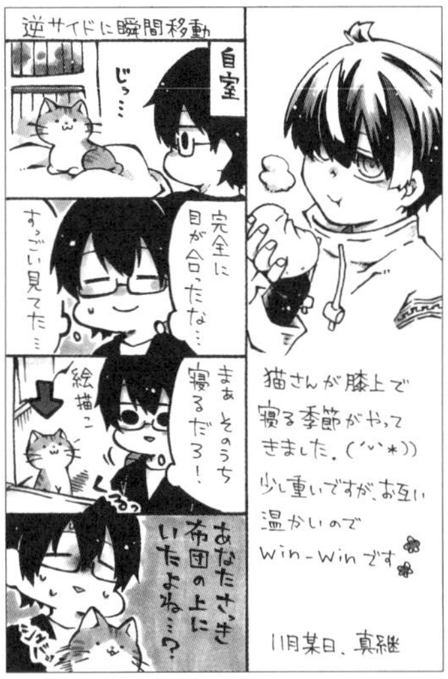

長崎県・Ⅰ□○▲ムグラ

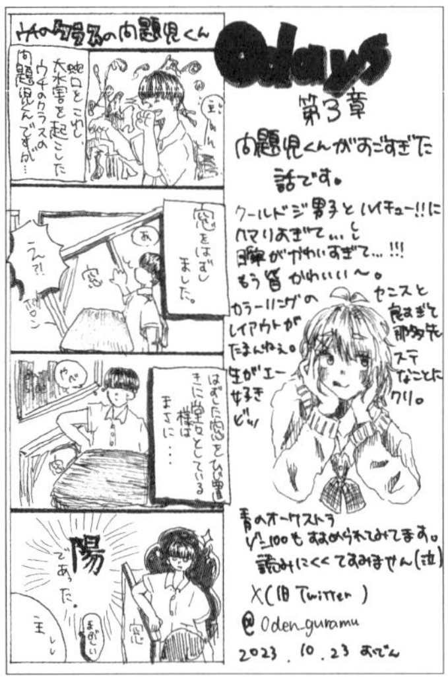

宮城県・ねくつ・14歳

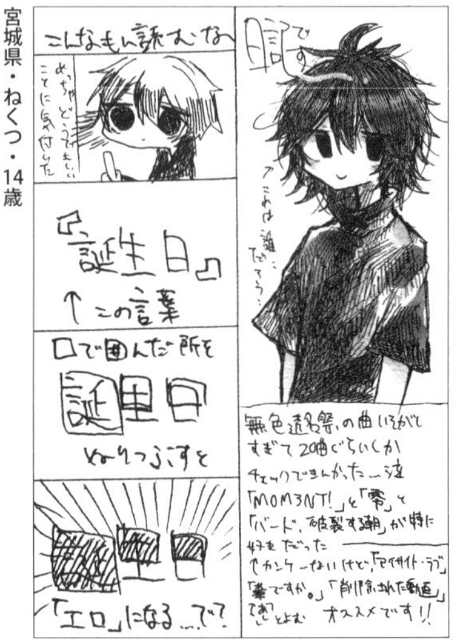

岡山県・のりあき・16歳

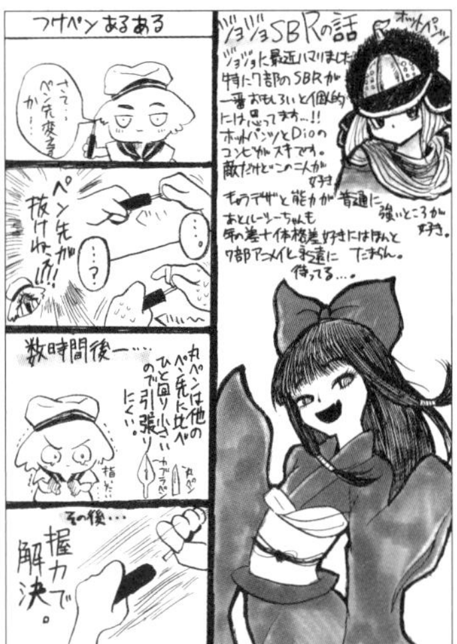

茨城県・結川みね（瀬野侑也改め）・14歳

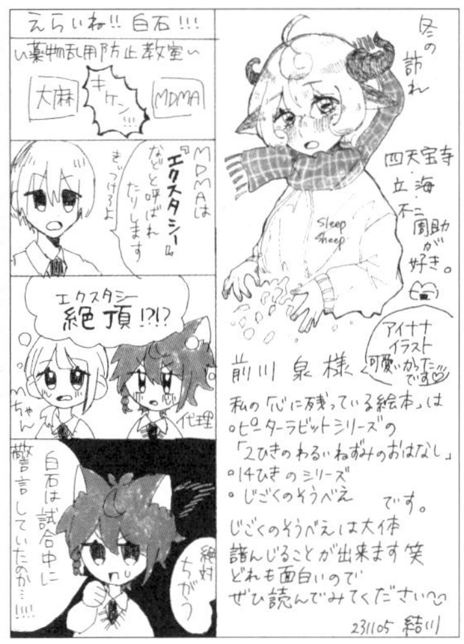

静岡県・白露憂（ゆゆてる。改め）

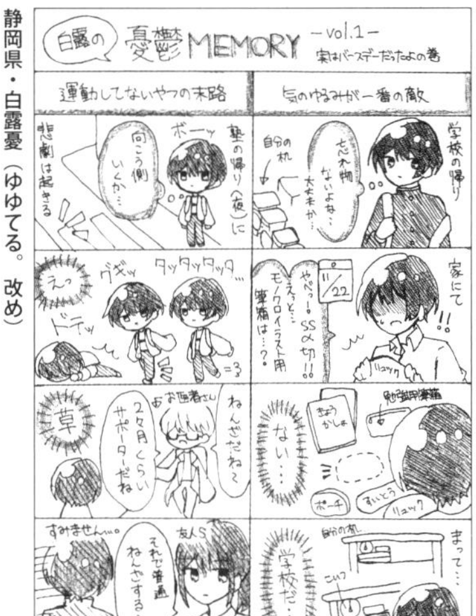

大阪府・ラブバード

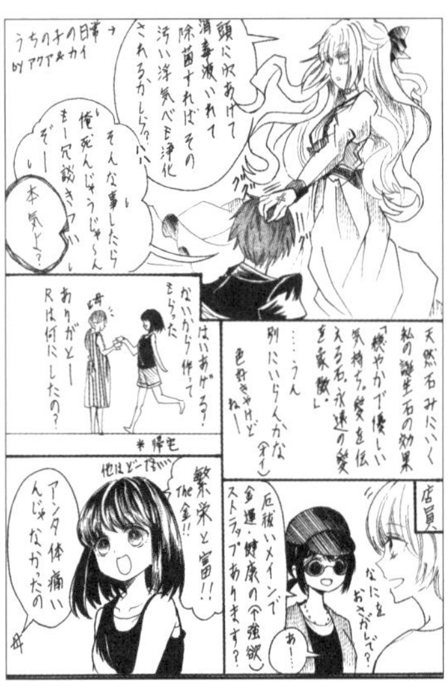

神奈川県・るりるり・38歳

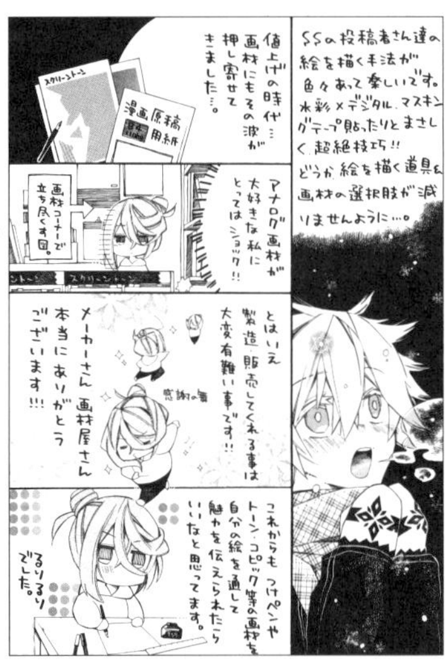

鹿児島県・S。・14歳

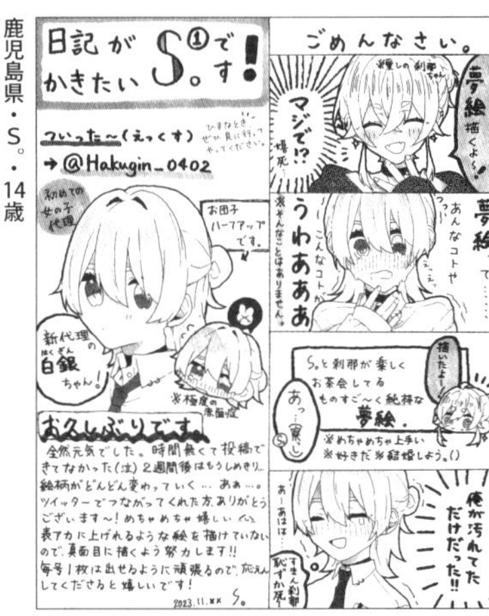

東京都・特命希望。

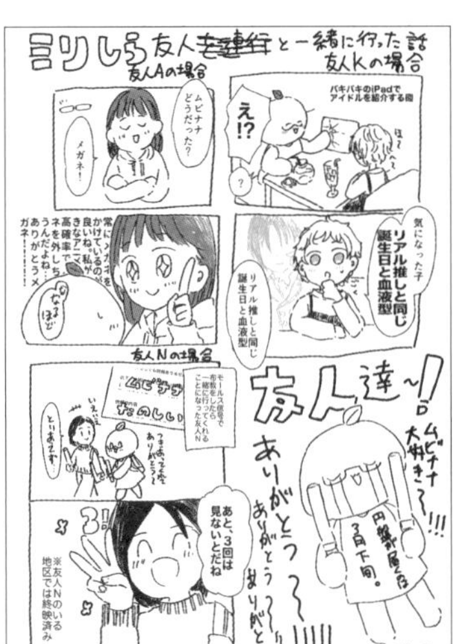

青森県・斉木琴

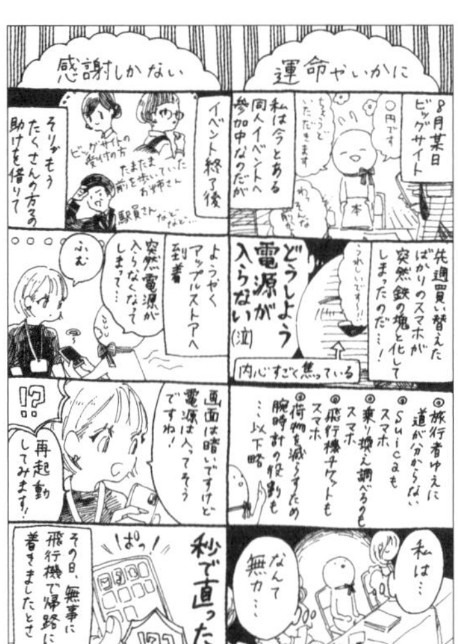

鹿児島県・鏡音ももこ・21歳

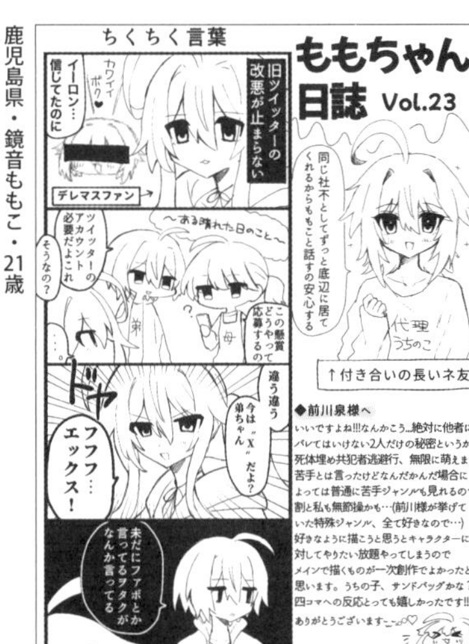

S SOMETHING

みんなの近況などを描いた四コマ漫画を紹介!

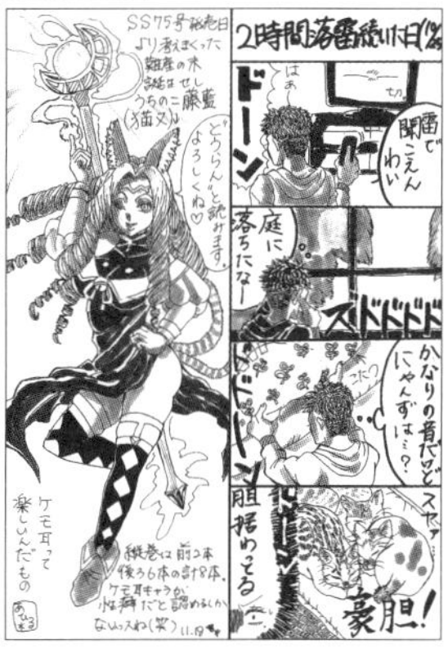

岩手県・あひるフロスト

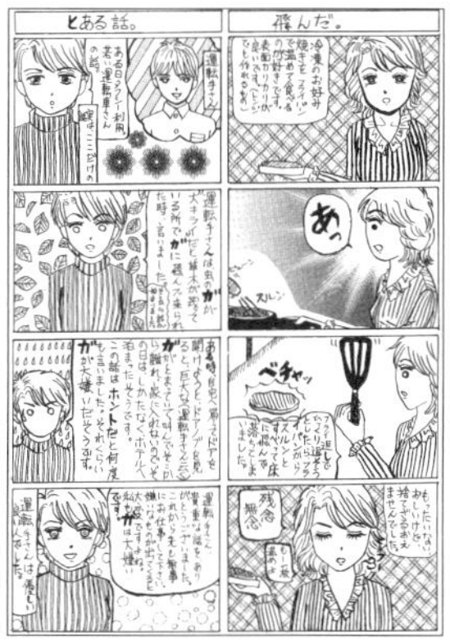

広島県・貴希

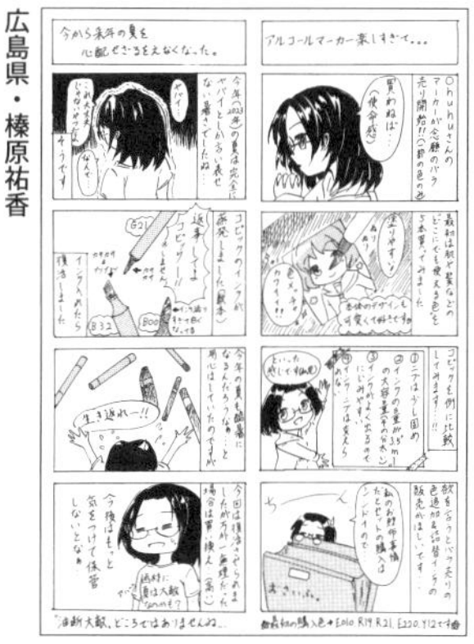

広島県・榛原祐香

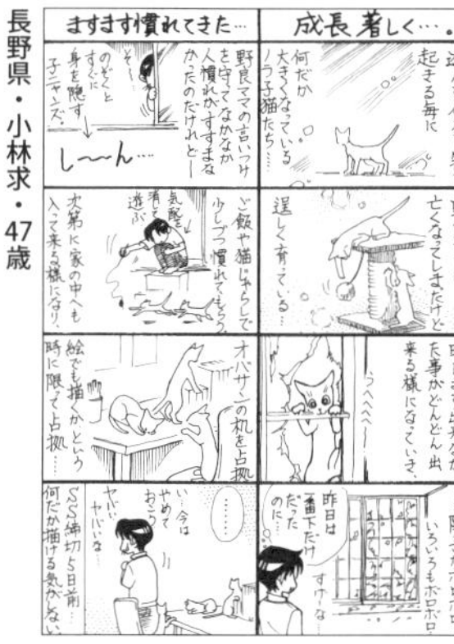

長野県・小林求・47歳

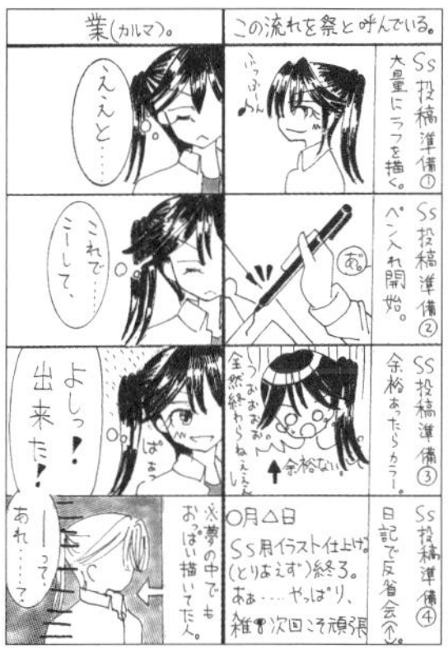

長野県・谷川りおん

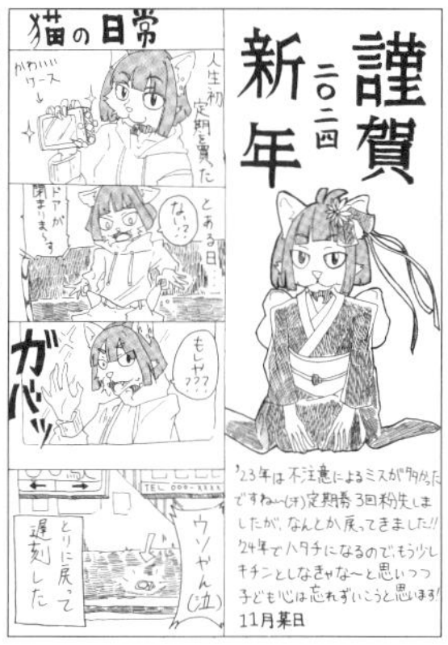

神奈川県・天猫なる・19歳

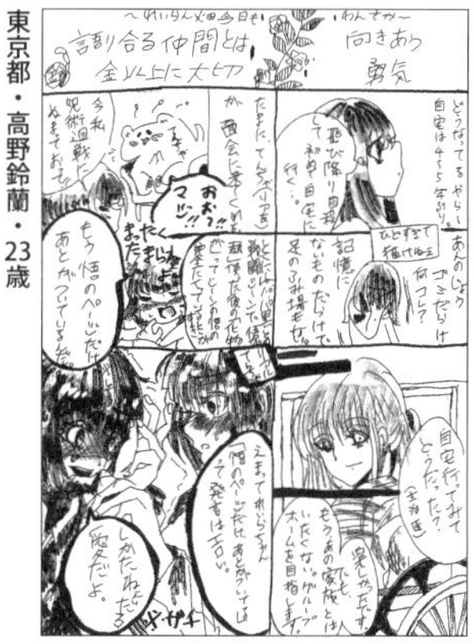

東京都・高野鈴蘭・23歳

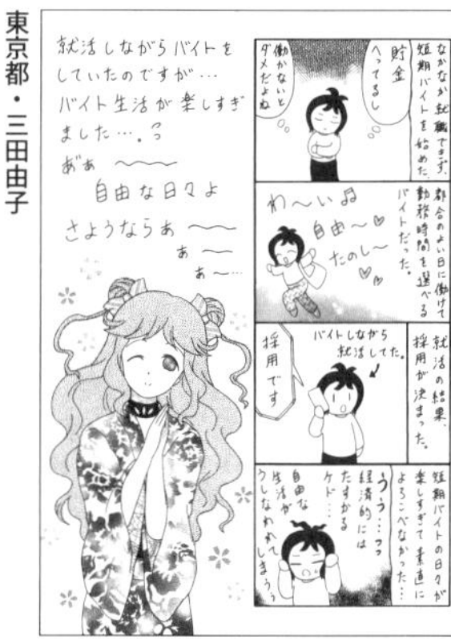

東京都・三田由子

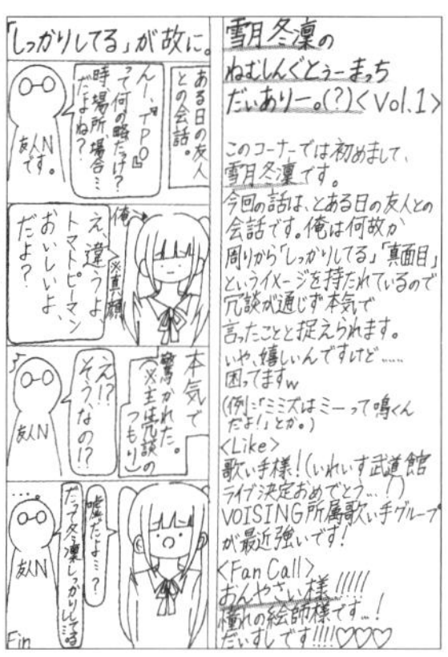

神奈川県・雪月冬凛・17歳

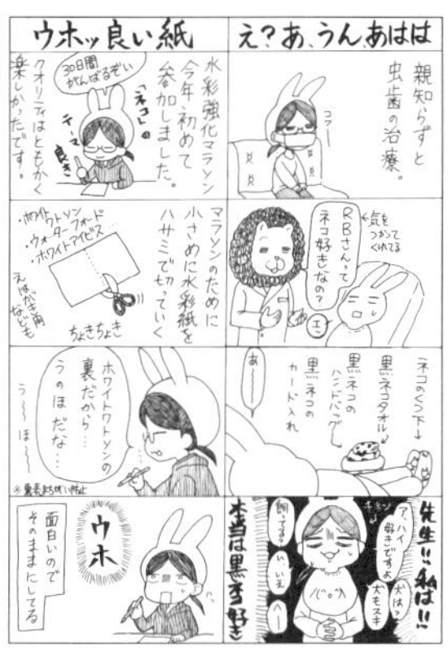

群馬県・RB

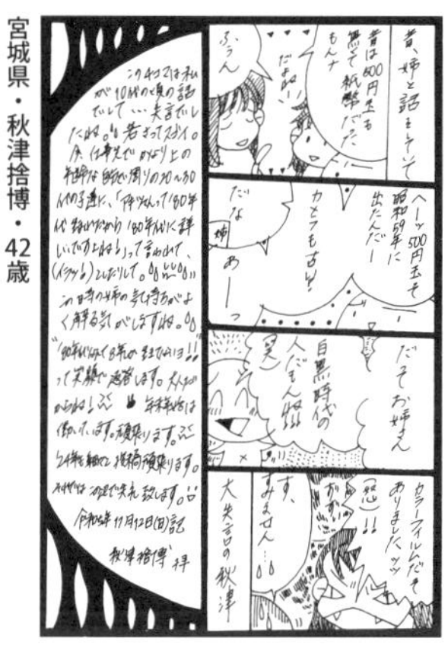

宮城県・秋津捨博・42歳

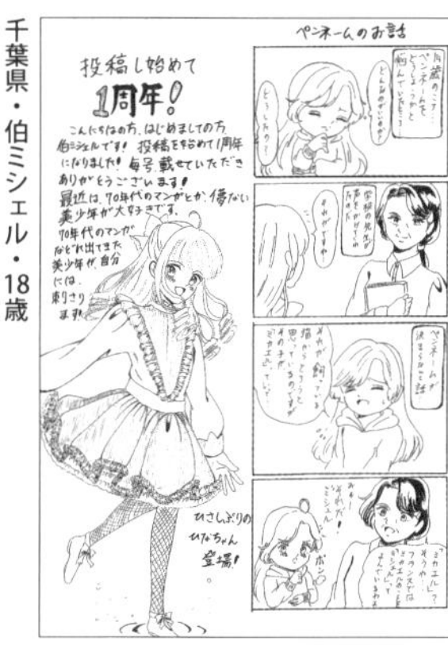

千葉県・伯ミシェル・18歳

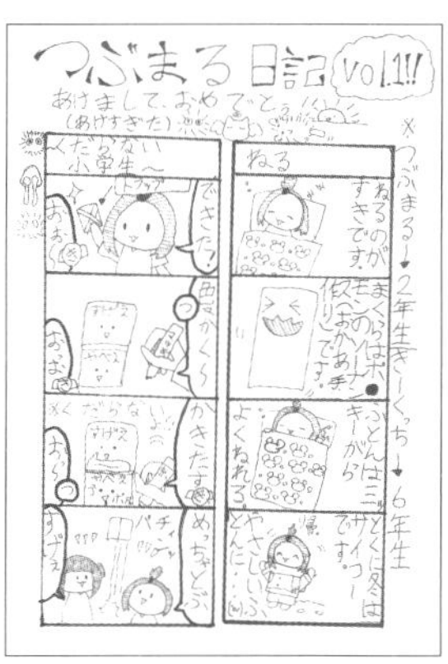

東京都・つぶまる・8歳

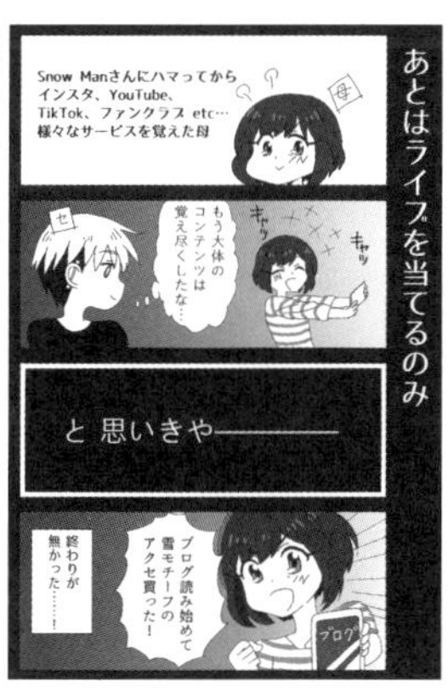

埼玉県・セコイ也

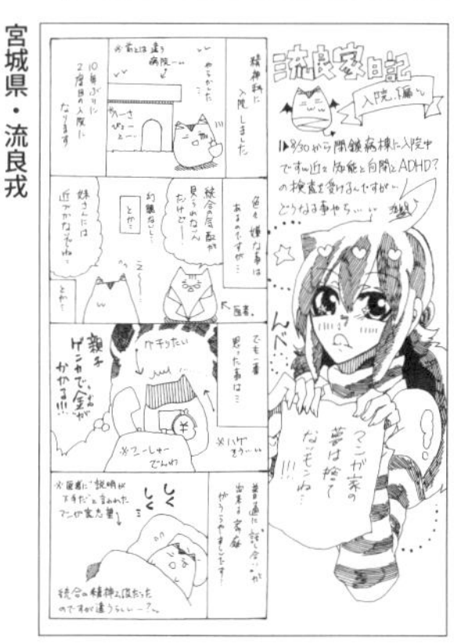

宮城県・流良戎

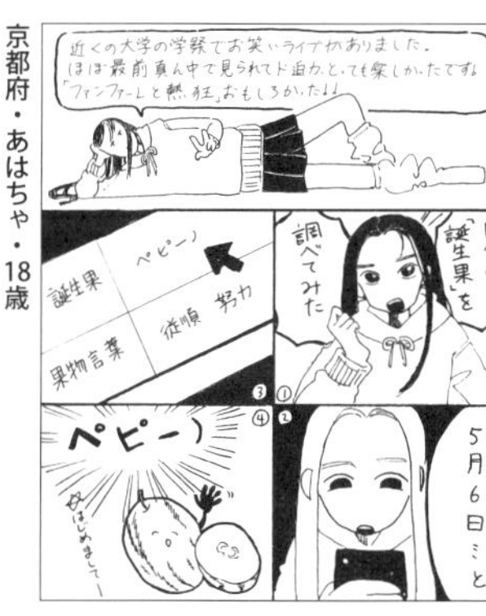

京都府・あはちゃ・18歳

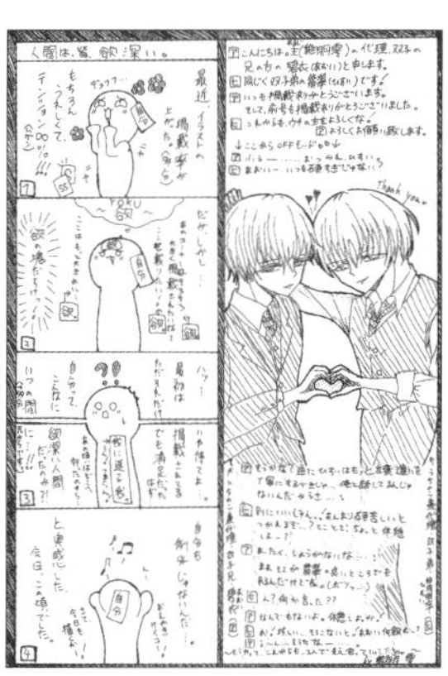

埼玉県・黎羽月零

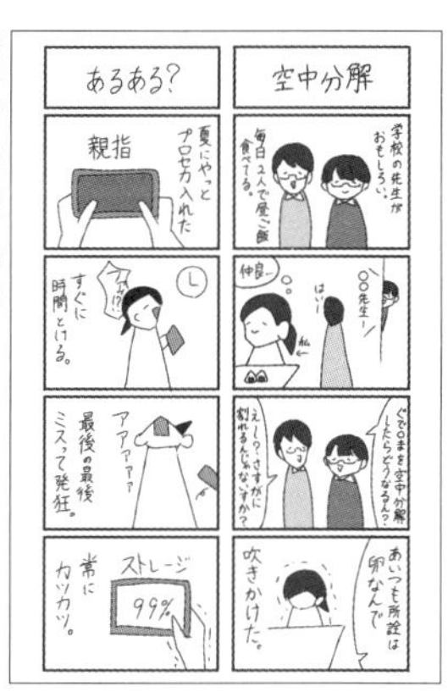

熊本県・未明欄・16歳

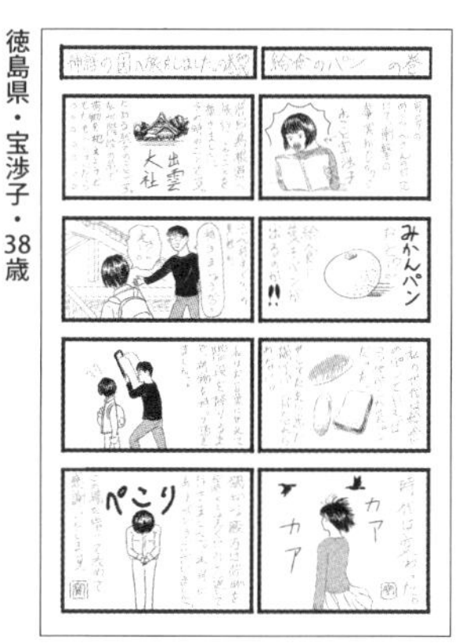

徳島県・宝渉子・38歳

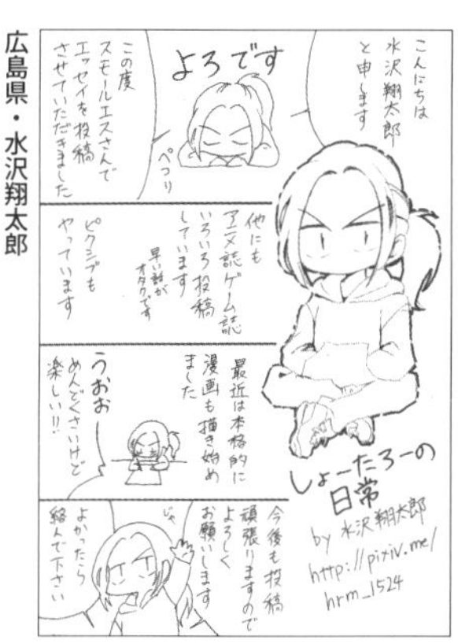

広島県・水沢翔太郎

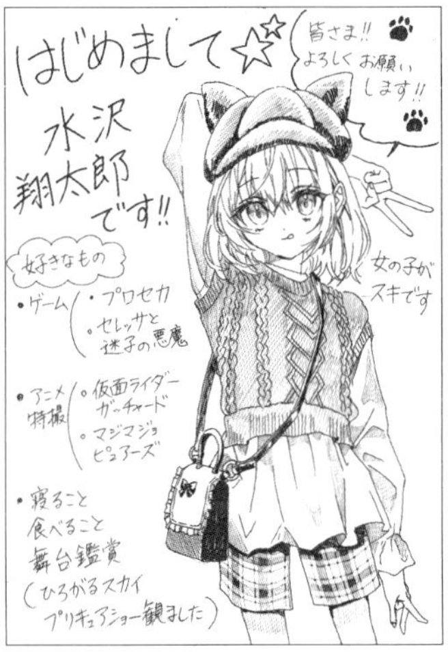

広島県・水沢翔太郎

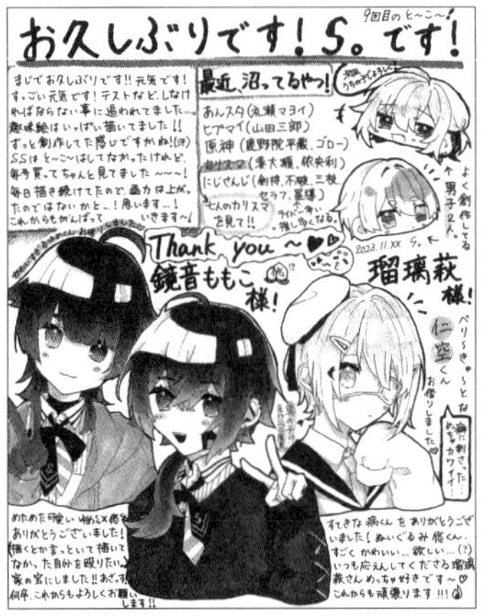

鹿児島県・S。・14歳

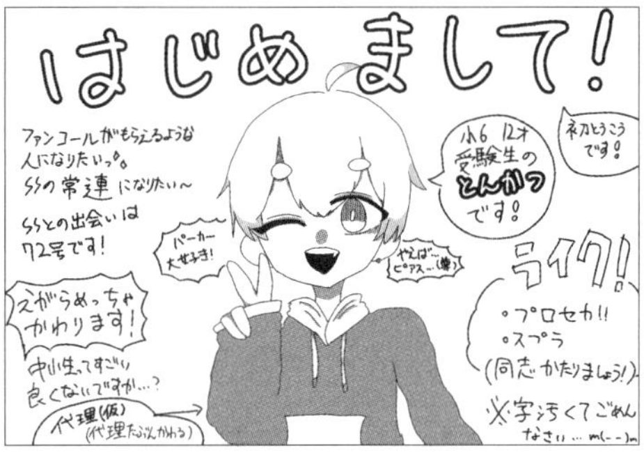

広島県・とんかつ・12歳

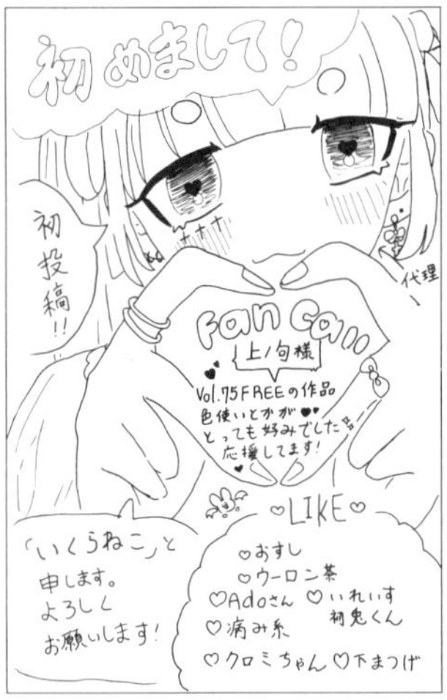

徳島県・いくらねこ

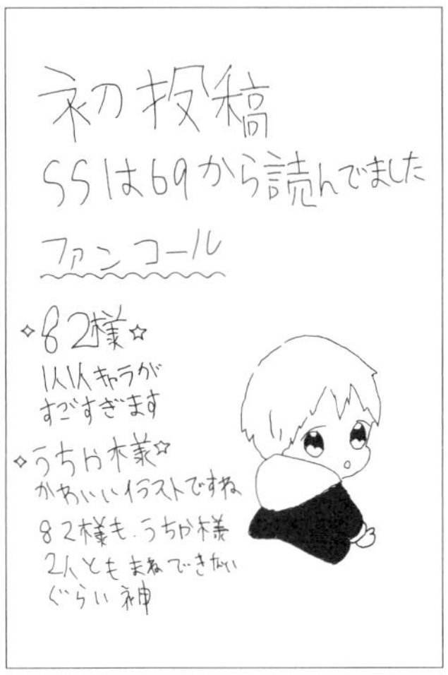

佐賀県・ほしぞら

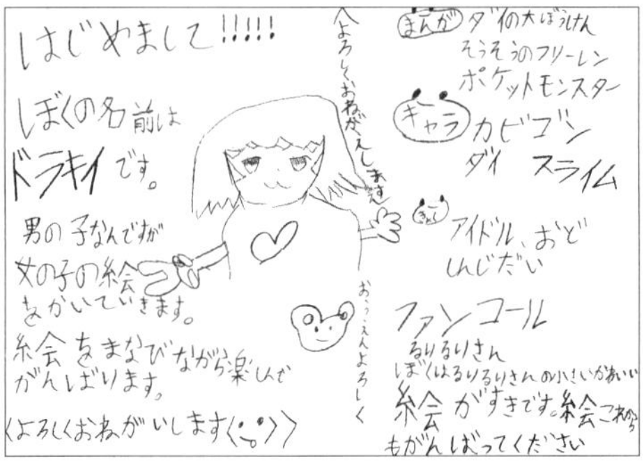

福島県・ドラキイ・8歳

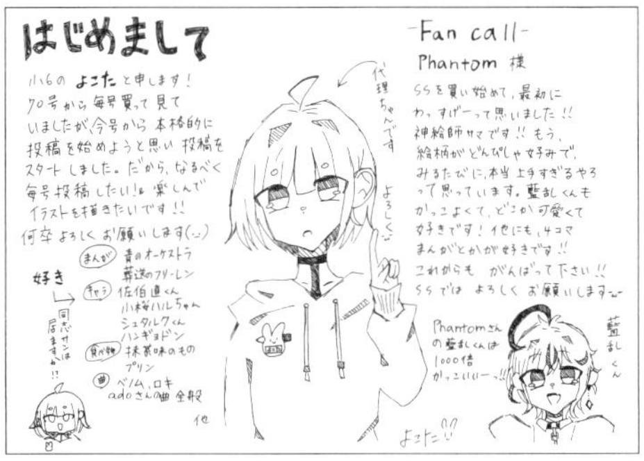

福島県・よこた・12歳

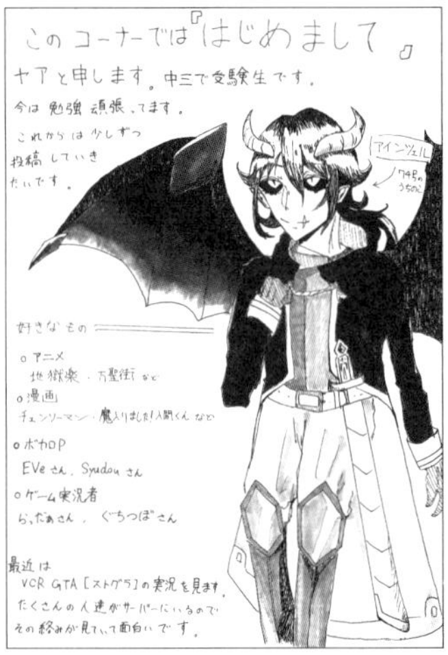

宮城県・ヤア・14歳

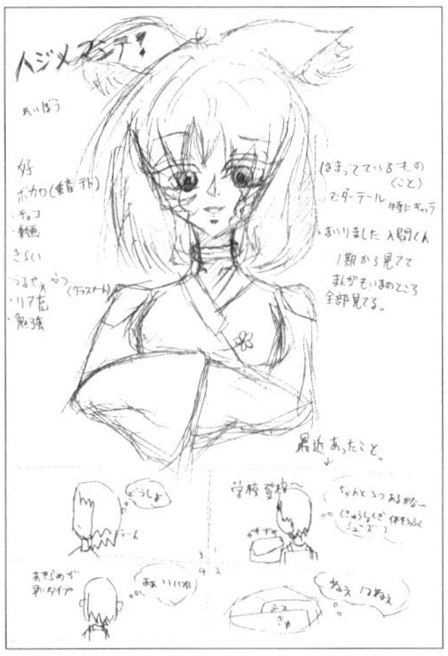

れいぼう26℃・11歳

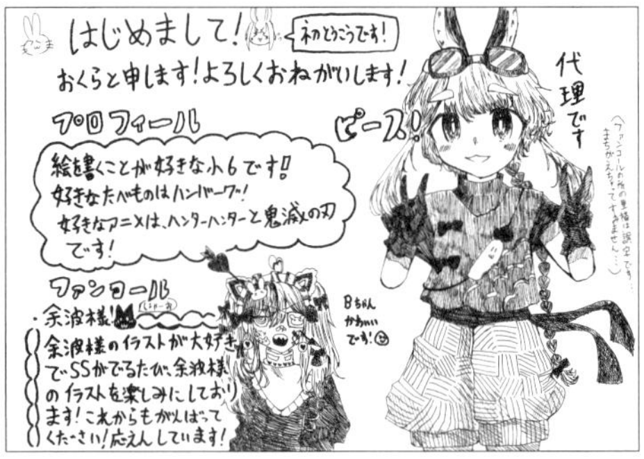

神奈川県・おくら・12歳

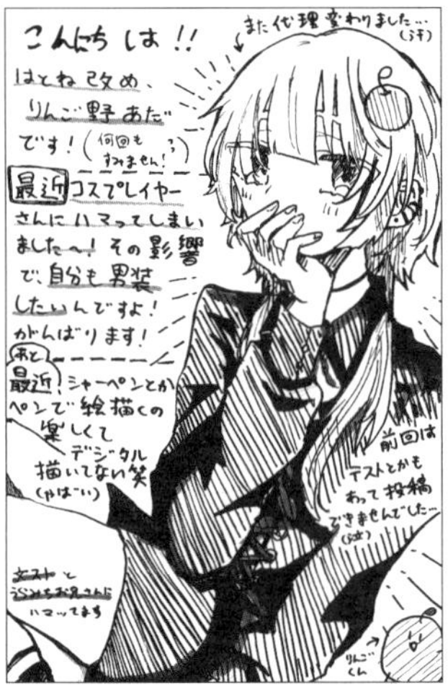

栃木県・りんご野あだ(はとね 改め)

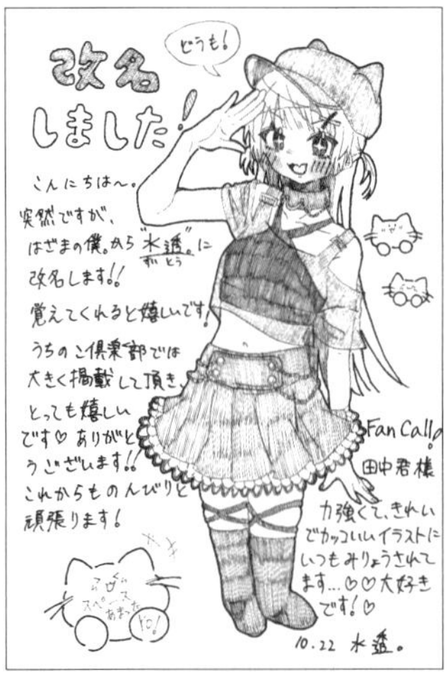

秋田県・水透。(はざまの僕。改め)・14歳

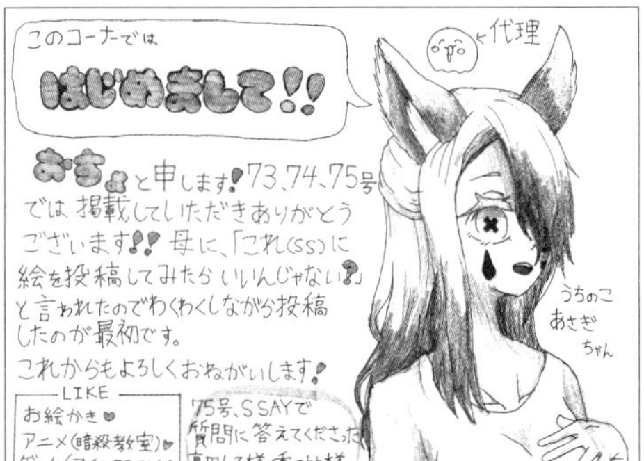

神奈川県・おちょ・12歳

S SAY

フリートーク的な文字投稿コーナー。近況や、みんなへの報告などいろんな話題を紹介！

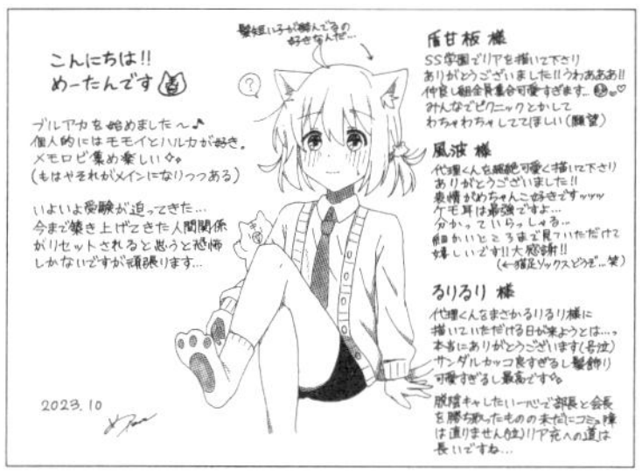
茨城県・めーたん・15歳

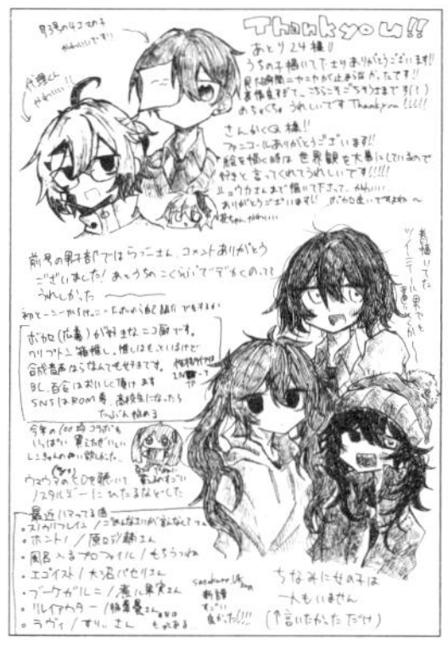
宮城県・ねくつ・14歳

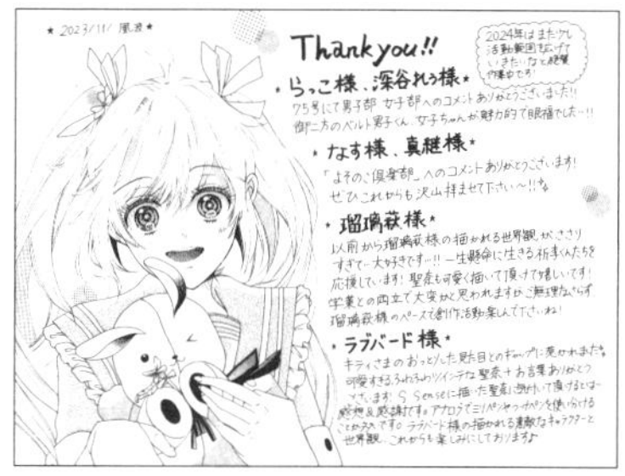
福島県・風波

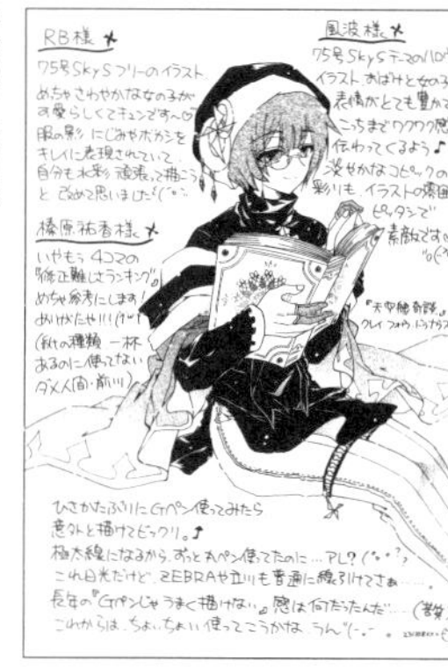
千葉県・前川泉

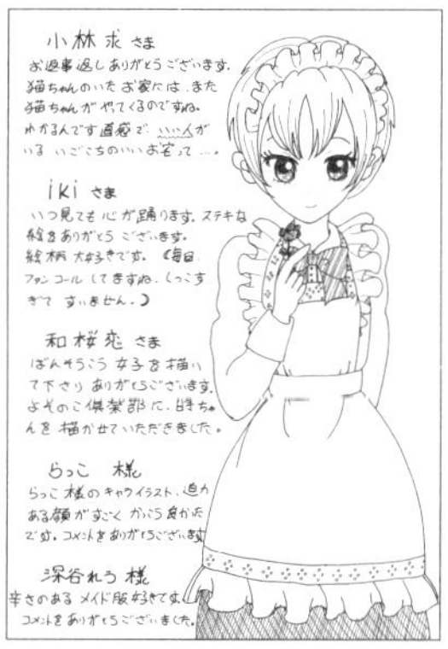
千葉県・武田和子・72歳

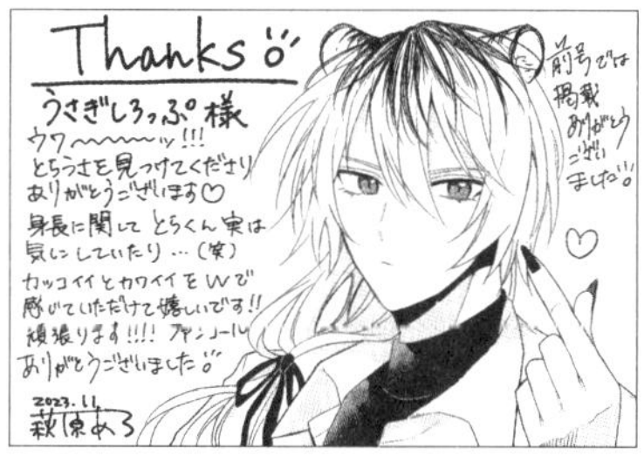
神奈川県・萩原あろ

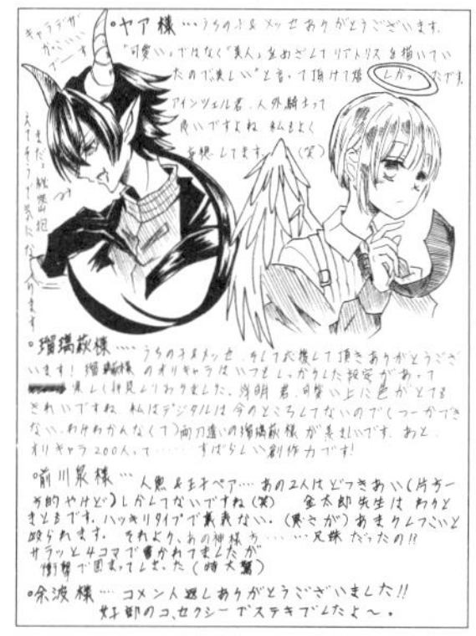
大阪府・ラブバード

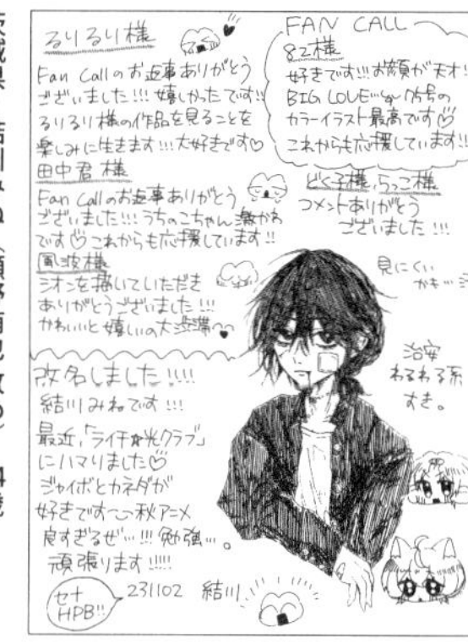
茨城県・結川みね（瀬野侑也 改め）・14歳

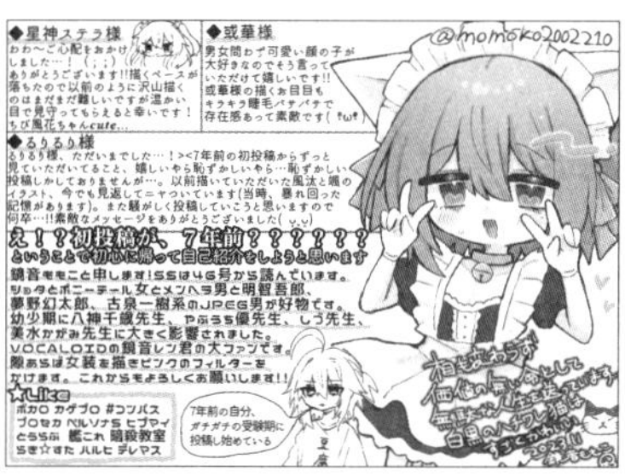
鹿児島県・鏡音ももこ・21歳

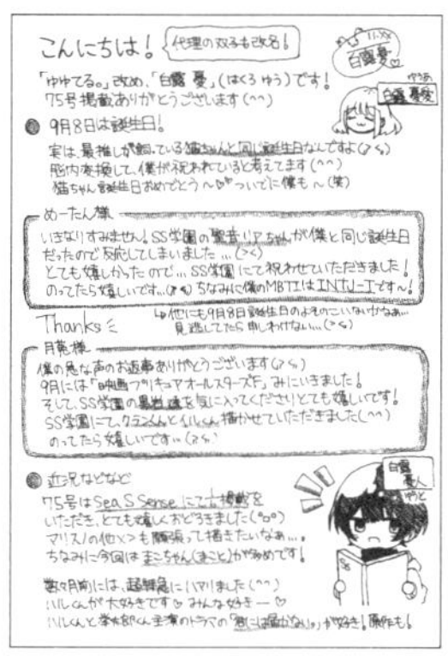
静岡県・白露憂（ゆゆてる。改め）

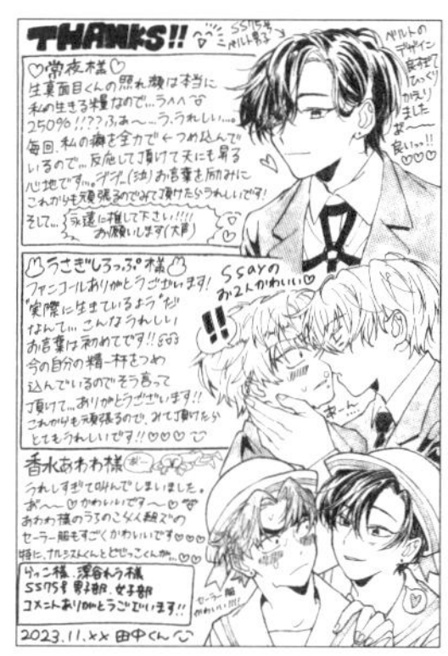
沖縄県・田中君

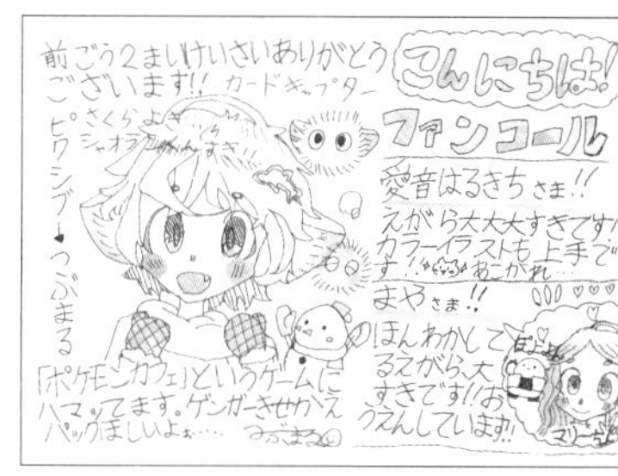
東京都・つぶまる・8歳

皆さん、こんにちは～。SSナビゲーターの絵澄えすです。

えす丸です。みなさんのお便りを紹介する「S say」のコーナーです。テクニックに関する質問から、近況報告、進路や絵柄についてのお悩みなど、文字投稿もぜひお送りくださいませ。

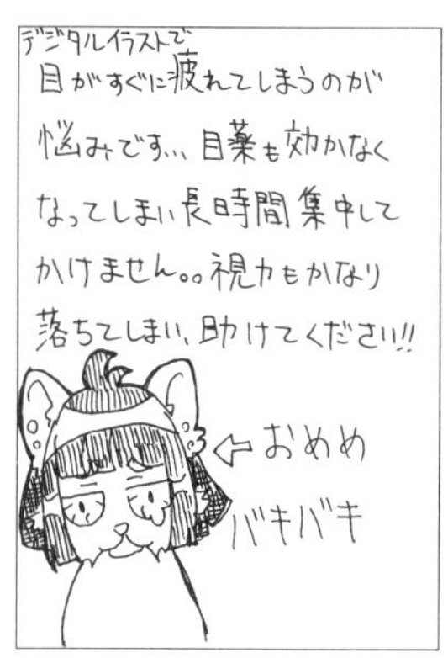

神奈川県・天猫なる・19歳

絵を描いていると、目が疲れてしまうというオハガキです。

絵を描く人には必ずある悩みですよね。potatoさんはどう思いますか？

potato 私もたまに同じような状態になります！　きっと睡眠不足、目の乾燥、頭の筋肉が凝っている、ということなのかなと思っています。私の場合は、目が疲れると頭が痛くなって何もできなくなってしまうので、生活の中でできることを試しています。効果があるかどうかは個人差があると思いますが、私のやっていることをお伝えしますね。デジタルイラストを描く時にまばたきの回数が減っていると気づいてから、意識してまばたきをするようにしています。スマホやPCに触り過ぎたなと思ったら、窓から見える外の風景をぼーっと見るのもおすすめです！　それから、テレビ等の機械を通して見る物に気を付けたら若干マシになるはず…！　これをしても無理！　という方はものすごく頭の筋肉が凝っているのだと思います。絵を描く時に、長時間続けて描こうとしなくていいと思います。一時間ごとに数分でもいいので休憩を取ることも、目を休めるための大事な作業だと思います。私も挑戦中の身ですが、生活を一度見直してみてくださいませ。ご無理なさらないように頑張ってください…！

お医者さんのように的確なアドバイス！　まばたきの数が少ない、頭の筋肉が凝るというのもあるのですね。マッサージも含めて、休め方を考えて実践するのが良いですね。ぜひ試してみてください～。

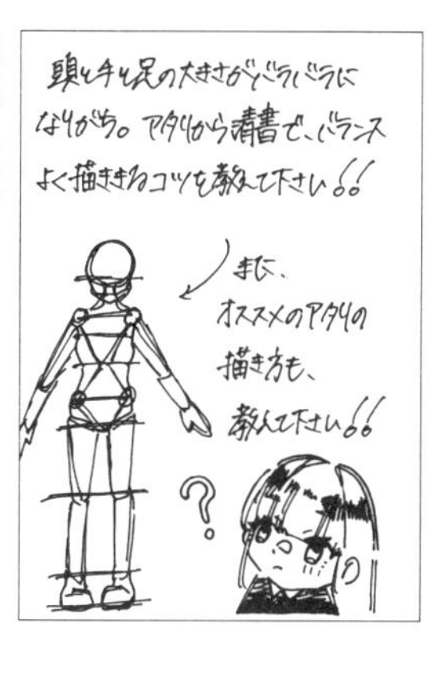

兵庫県・ゆのか

頭と手と足のバランスですか～。頭が大きくなってしまうことあります…。

人によって好きなサイズ感もありますけれど、おかしく見えないようにはしたいですよね。がらくたおつむさんに聞いてみましょう。

がらくたおつむ もし、自分がこの場合の悩みにぶち当たったら…取り敢えず、構図を付けたりパースでごまかす気がします。立ち絵などでも、足を曲げたりして動きを付けてごまかすと思います。解決になってないかもですが…。

確かに構図やポーズ次第で見え方が変わってくるので、人物がどういう状態なのかも大事ですね。その見え方で自然な形を選ぶ必要がありますよね。夏目レモンさんはどう思いますか？

夏目レモン 描かれているアタリを見ますと、横の軸はしっかり取っているので、縦の軸、体の正中線を描いてみたほうがいいのかなと思いました。あとは実写を見ながらパースに合わせた関節の位置や大体の長さ、可動域を把握していくことが大事だと思います。

夏目レモンさんは「パースに合わせた」と言っていますが、これも構図のお話ですね。正中線は、人体の真ん中を通る線です。真正面だと中心に見えますが、人物の頭部で言えば、右を向いた状態の斜め構図だと、右側に寄ったアーチ型になりますし、左を向くと左寄りのアーチになります。頭部は球状だからです。真正面から人物を描くことってあまりなくて、大抵は斜めから見た構図を描きますよね。その場合、奥にある側が小さく見

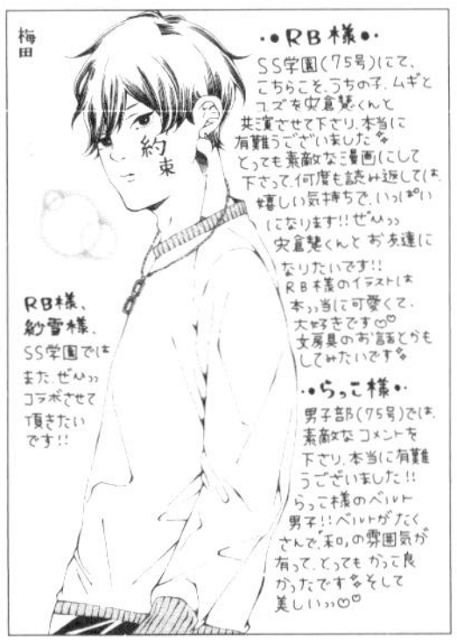

福岡県・梅田

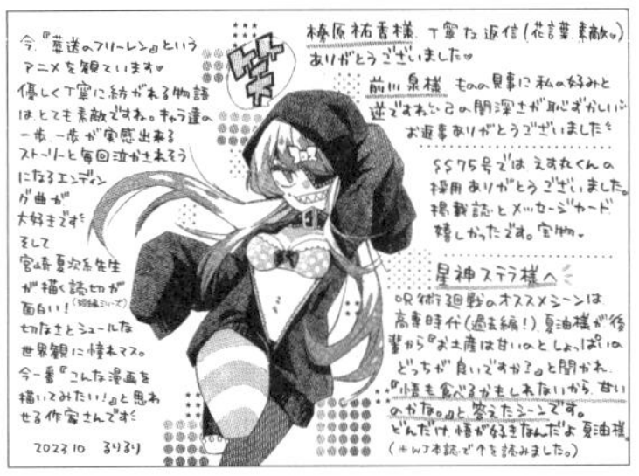

神奈川県・るりるり・38歳

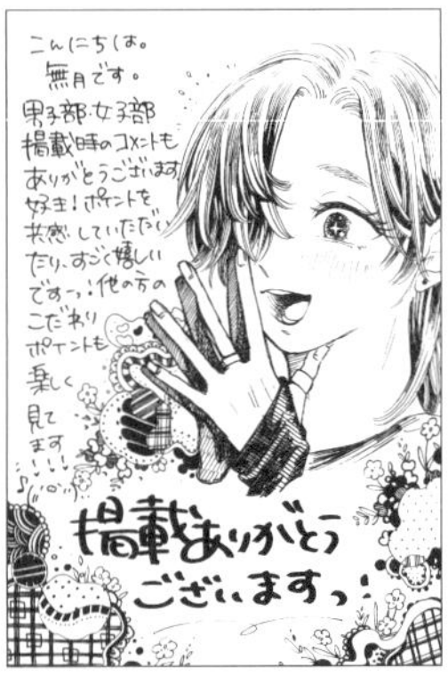

福岡県・無月

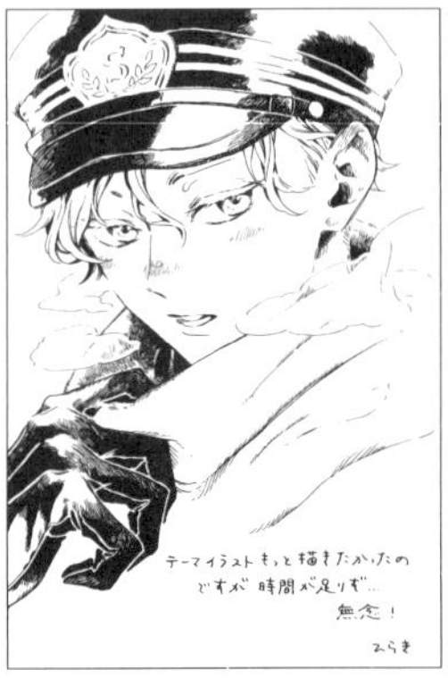

熊本県・ひらき

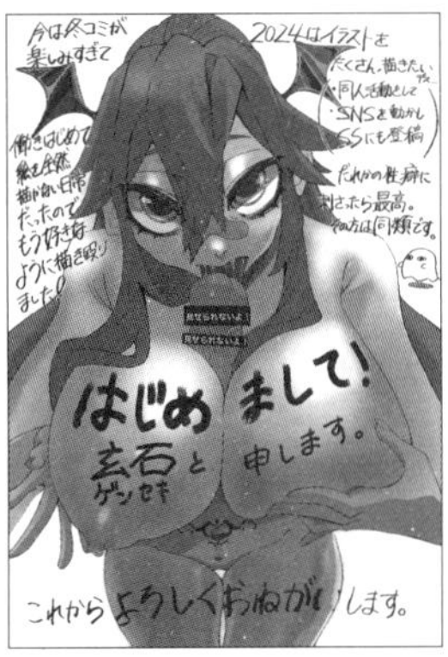

神奈川県・玄石

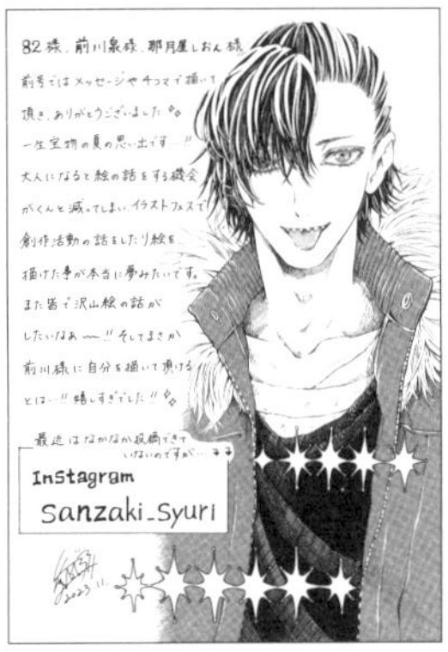

埼玉県・参崎シュリ

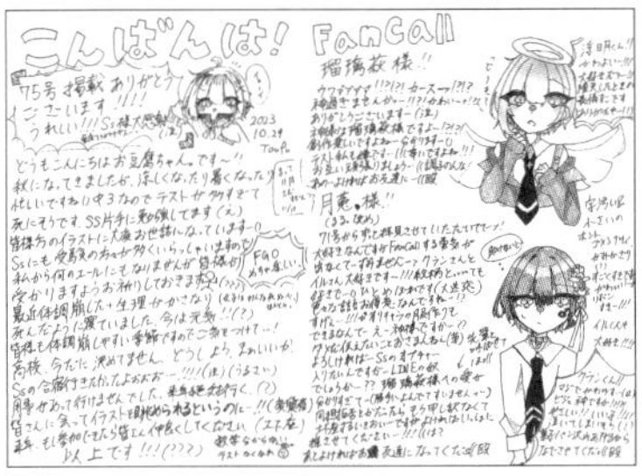

大阪府・お豆腐ちゃん。・15歳

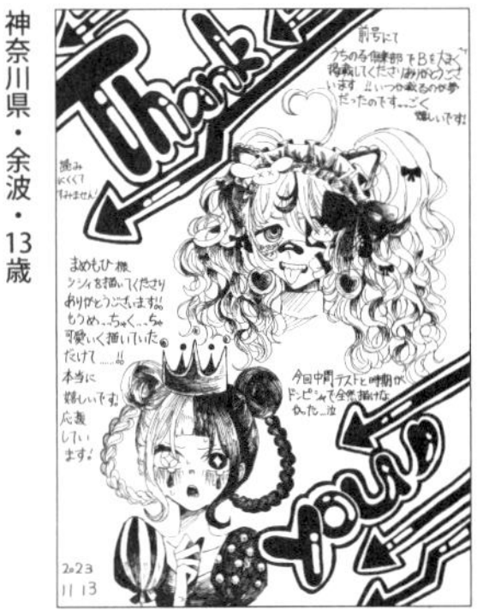

神奈川県・余波・13歳

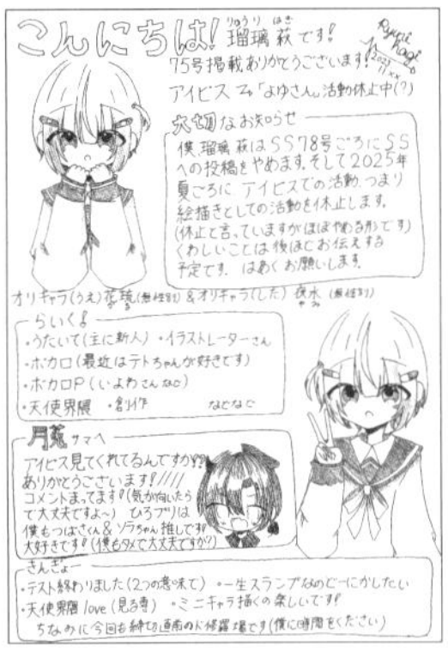

愛知県・瑠璃萩

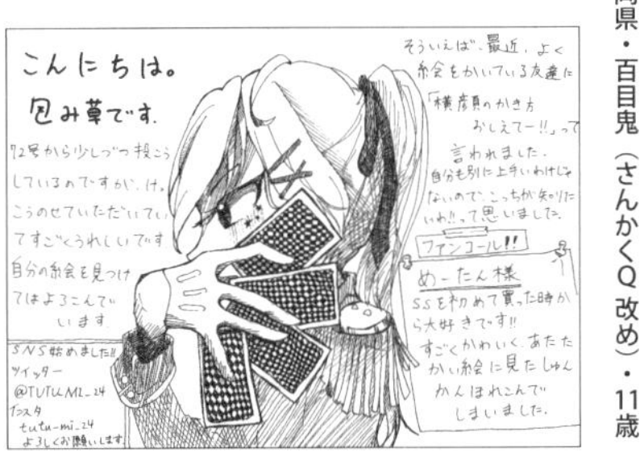

兵庫県・包み草

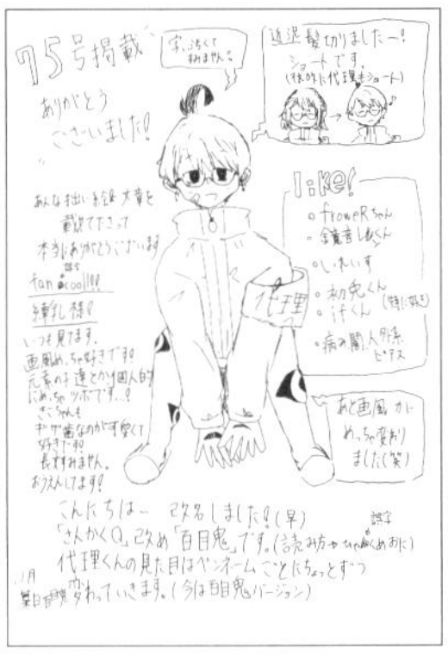

静岡県・百目鬼（さんかくQ改め）・11歳

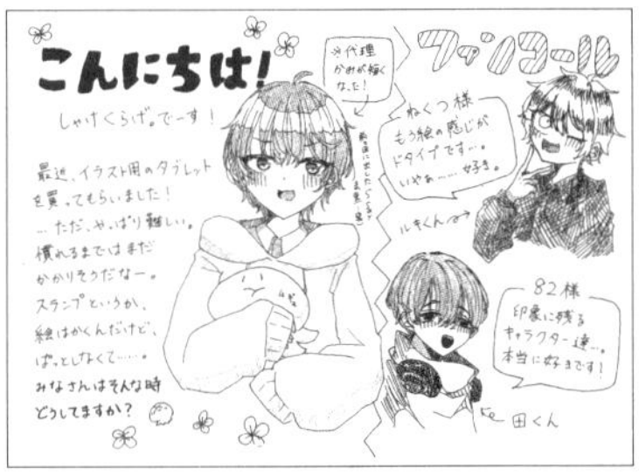

兵庫県・しゃけくらげ。・14歳

える。風景と同じで、人体にもパースが付きますから。この時に、奥にある手足を大きく描いてしまうとバランスが悪くなります。絵が変に見える場合は、このように「立体である人体のパース表現」がうまくいってないことが多いです。その点に一度注目して、描いてみてはいかがでしょうか？

宮城県・如月祐

質問です。
水彩でイラストを描く方で水張りをしてから作品制作される方。
水張りパネルはどれくらい用意していますか？
私はA4サイズのものを2つしか用意していないので、時々足りないように感じることもありますが、買いすぎて管理できなくなるのも怖いです。
買い足すか悩んでいます。

水彩で描く際の水張りについてのオハガキです。準備についてなどですね。紙が水で濡れると、たわんでベコベコになるので、それを防ぐ方法が「水張り」です。ただ、水張りをしない人もいます。そのあたりを含めて幅広く聞いてみましょう。くりせゆうさんはどうですか？

くりせゆう　私はF4（一枚）とSM（二枚）のパネルを所持していますが、最近はほとんど水張りなしで制作してるので出番は少なめです。お買い物時、自分に本当に必要か悩む場面は多いですよね。私の場合は長く迷ってる物は思い切って購入して、後悔しそうになっても「買わないでずっとモヤモヤしてるより良かった」と自分に言い聞かせています。水分量や使用する紙にもよりますが、水張りせずに描いてみるのも良いかと思います。私はウォーターフォード水彩紙（300g/㎡）に水を多く使わず描いているためか、たわみが気になりにくいと感じて、水張りをしなくなりました。試してみて「やっぱり必要だ」となったら購入にも踏み切りやすくなるかと思います！

waki　私はよく描くサイズより一回り大きいものを二枚くらい買います。水彩は乾くのに時間がかかるから、同時進行して描けるように二枚買ったりしています。大きめのパネルに紙を置いて、紙の周りにマスキングを貼って固定します。ちょっと横着かもしれませんが、留まってはいるし、OKかと思います。ただ、パネルに水張りするより、ブロックタイプの紙を買って、それを剥がさずに描く方法もありますよね。ラフをトレースすることは出来なくなりますけど。

potato　私は水張りの代わりに、着彩の前に紙を水でヒタヒタに濡らしています（※編集部注：potatoさんのメイキングの三七ページ参照）。その時に、濡れてもいいあまり反らない板やボードのようなしっかりとした紙を下に敷いています。この紙は、水彩紙を購入した時に、一番後ろに入っている厚紙を活用することが多いです。それを大体二〜三枚ほどストックしています（紙なので、あまり寿命は長くないです…）。水で濡らす時に、紙をものすごくびちょびちょにすると、反らずにぴたっと板や厚紙に紙が引っ付くのですが、その状態にまでして乾かすと若干反ることもあります。けれど、たわんだりはしないです。ただ、びちょびちょを通り越した水の量だと、紙の上に空気が入るのか、デコボコします。厚みがあまりない水彩紙は特にそうなります…。まだ水張りのパネルは使ったことがないのですが、いつか買って挑戦したいと思っています。私の場合は一度に塗る枚数が一〜二枚なので、パネルなら二枚欲しいなあと思います。少しでも参考になれたら嬉しいです。

皆さんありがとうございます。パネルの枚数に関しては二枚くらいのようですね。ただ、パネルを使った水張りを、必ずしも皆さんがしていないこともわかりました。ブロックで売っている水彩用紙をつかう人も確かに多いです。最初からまっすぐに固定されているから、たわみにくい。描いた後にその一枚をはがすものですね。水彩で描く人は、自分の使う水分量にもよりますから、いろんな方法を試してみてくださいませ。

鹿児島県・S。・14歳

全国の神絵師さんの方々にききたいのですが…
受験生のときってどんな感じで絵を描いてたんですか!?
私、来年受験生なもので…
みなさんが受験生のときは、どれぐらいのペースで描いていたのか、また絵を描くことを控える方法などを教えていただけたら幸いです！
（ひまがあったら勉強ではなく、絵を描いてしまう。。。）

S SAY

フリートーク的な文字投稿コーナー。近況や、みんなへの報告などいろんな話題を紹介！

宮城県・流良戒

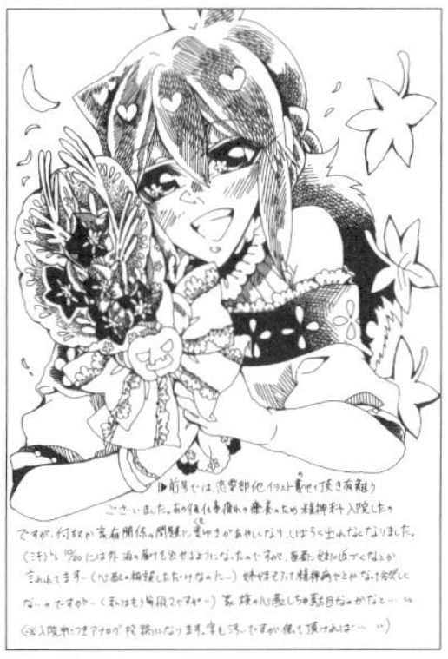

長崎県・橘らのま

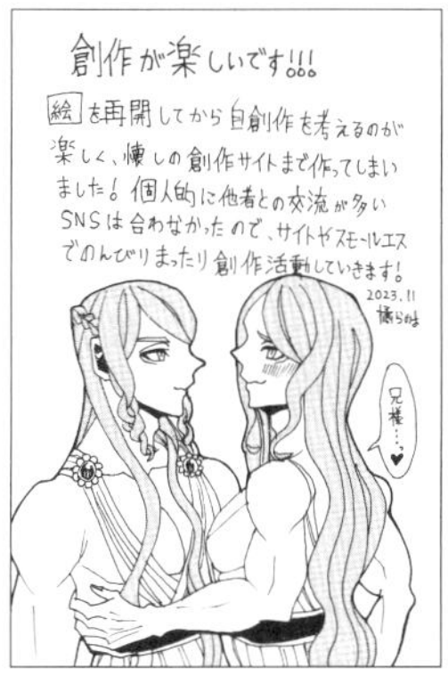

長崎県・ー□○▲

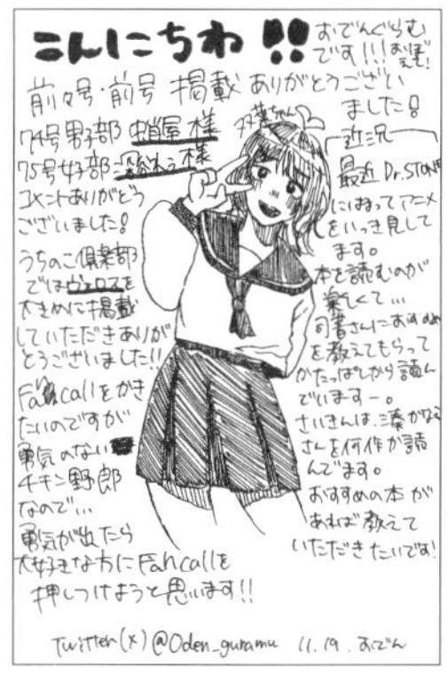

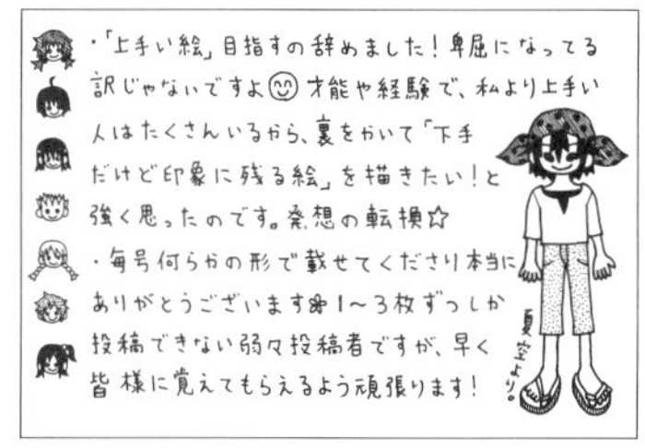

兵庫県・夏空

岡山県・のりあき・16歳

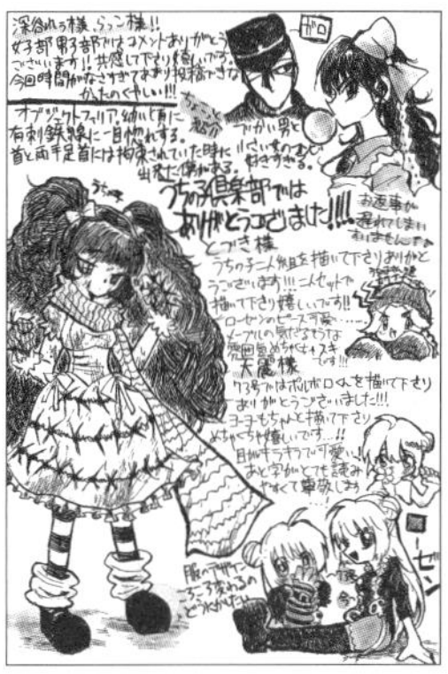

大阪府・和桜恋・11歳

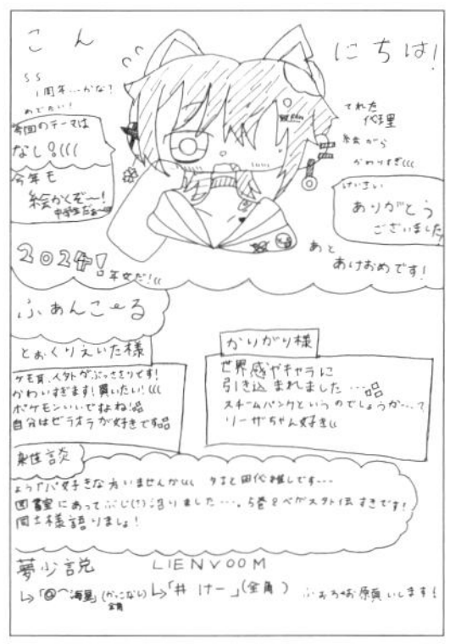

大阪府・大井淑世・36歳

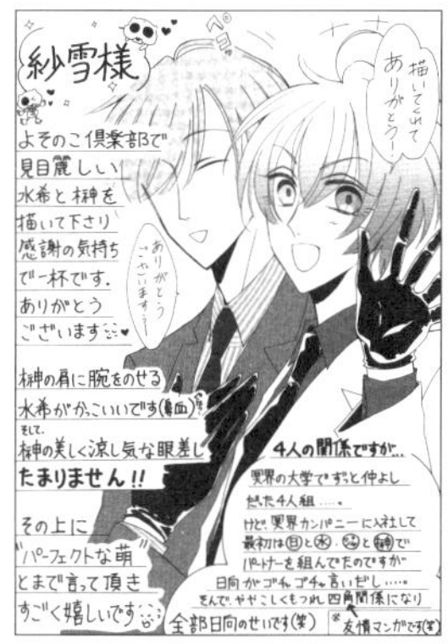

群馬県・RB

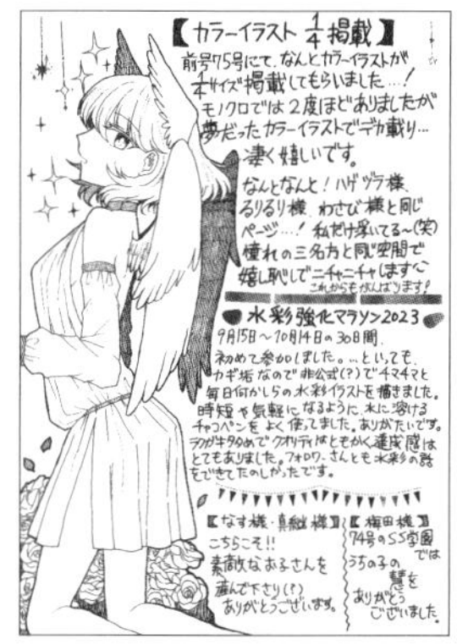

東京都・品一そとと

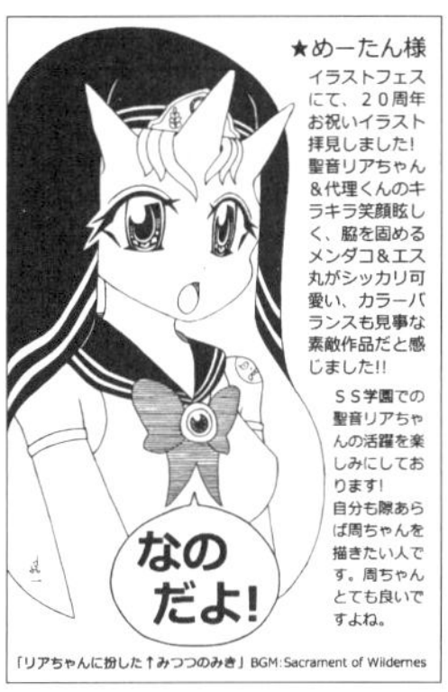

埼玉県・うさぎもち・10歳

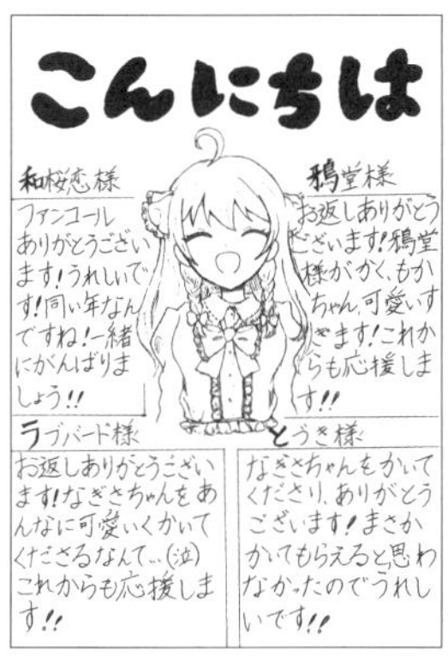

神奈川県・眠夜トーカ。

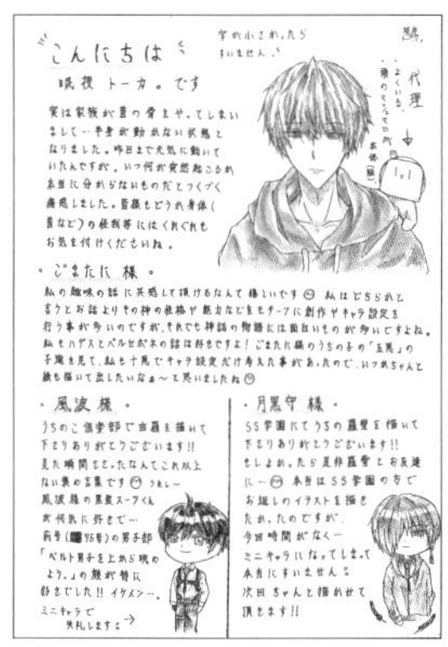

鹿児島県・ごまたに・14歳

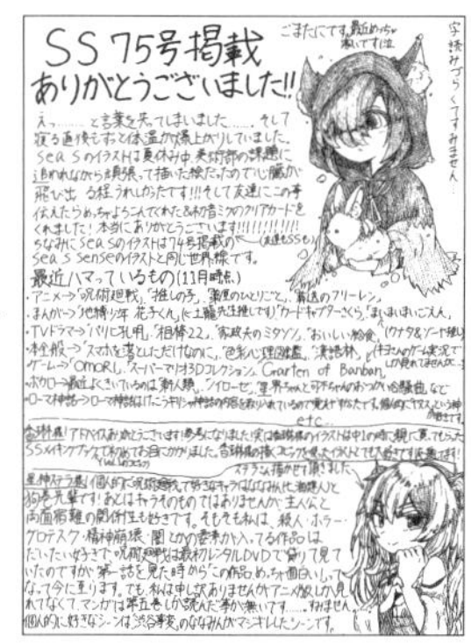

受験のとき、どのように絵を描いていくか。気になるところです。くりせゆうさんとwakiさんはいかがですか？

くりせゆう　私は日々の勉強ノルマを決めて、それをクリアしたら好きなことをしていました。勉強しなきゃいけないのに…と心に引っかかるのを少しでも減らすため、「罪悪感なく気分転換できる！」くらいを目安にノルマを決めていました。絵のペースが落ちたという記憶はないので、何気なくだらっとしていた時間が減ったのかもしれません…！　勉強はもちろん大切ですが、好きなことは心のエネルギー補給やモチベーション維持にも繋がると思います。どちらとも上手に向き合えたら理想ですね。受験応援しています！

waki　私は行きやすい学校に進みました。自分が行く学校のレベルにもよりますよね…。学歴は取り返せないので、勉強が必要な学校に進むには、勉強を頑張るのが良いですよね。ただ、私は毎日、絵を描いていました。あと、美術系の学校でなくても絵は描けますし、大人になってから描き始めた神絵師もたくさんいると思います。一方で受験勉強は、「何かを成し遂げる努力をする」という力を身につけるきっかけにもなると思います。結局は、その時の優先順位が高いものをおこなうのが一番かもしれません…。

ありがとうございます。お二人とも絵を描いていたんですね。よく聞くのは、絵を描く時間を減らすということではなく、スマホを見る時間を減らすということです。ダラダラ過ごすことに気を付けるため、スマホ、ネットを見ている時間を減らすと、絵を描くことは、達成感や充実感など、精神的にも良いので、意外と減らさずとも良いかもしれませんよね。

静岡県・ひなげし・13歳

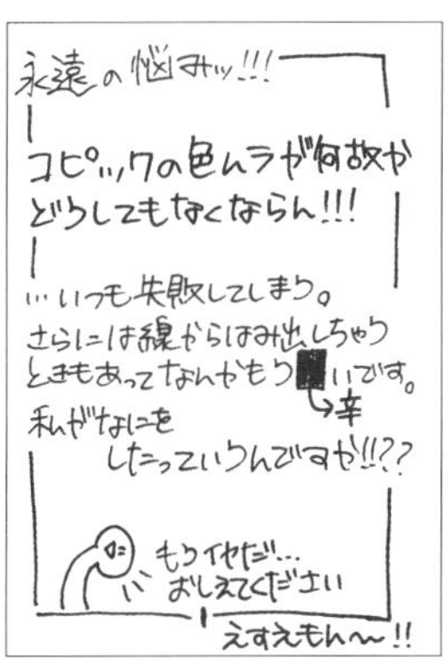

コピックの色ムラについてのオハガキです。南野葵さんはどう思いますか？

南野葵　私は下地の段階では気にしませんが、色にもよりますよね。色ムラが出来にくい色、出やすい色があると思います。あと、コピックの色番でいうと、濃い色は合わせた時にムラが出やすいから使わないとかでしょうか。あとは、広い面積で塗らないように気をつけるとか。インクをたっぷり使ったり、紙にこだわる方法もあると思います。塗るときは、染み込ませながらぐっと力を入れて筆を払い、払った先に色を重ねないで、何度も塗り重ねるのが良いかもしれません。はみ出しは加筆して、先でなぞって隠します。なので、事前に線画を薄くしておくと良いですね。線画を濃くしているとガチガチになってしまうけど、着彩時に調整出来るようにしておくんです。

ありがとうございます！　コピックはスピードが大事ですから、先に塗った色が乾かないうちにすばやく塗り重ねたり、ストロークの向きを変えないようにするなど、筆跡のエッジが立ってしまう部分をなじませるように心がけると良いと言いますよね。紙によっても変わってくるので、数種試すのも良いかもしれません。

茨城県・結川みね・14歳

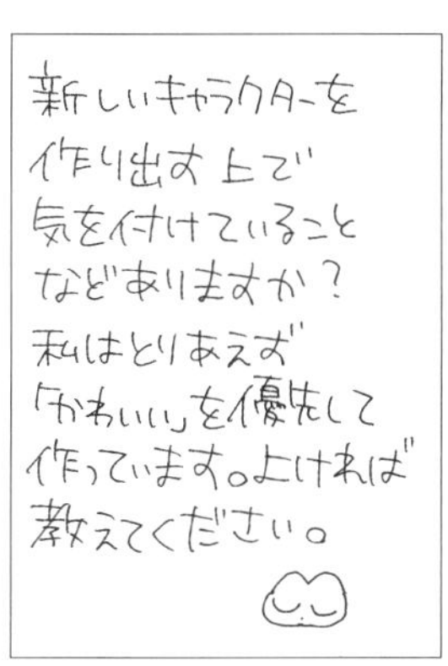

キャラクター作りで気を付けていること…。南野葵さんはいかがですか？

南野葵　こだわりを優先させるのが良いですよね。ペアで作るなら、二人のバランスを見たり、テーマがあれば対比となるように考えたりします。あと、私はキャラクターのシルエットは気にしています。バストアップにしてもそのキャラだとわかるように髪型を工夫したりします。また、性格を決めているなら、それに合わせたビジュアルにするのが良いですね。例えば

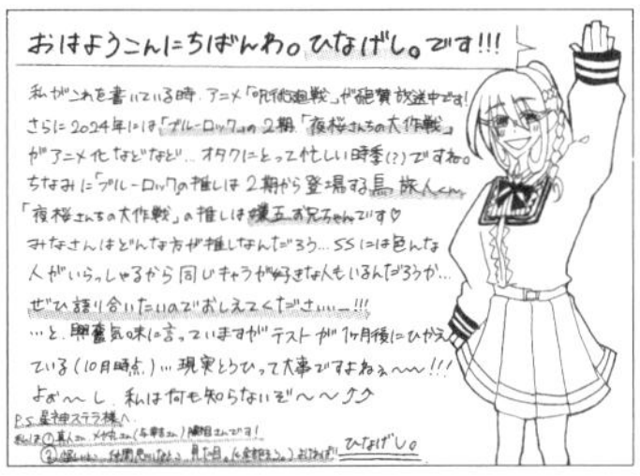

静岡県・ひなげし。・13歳

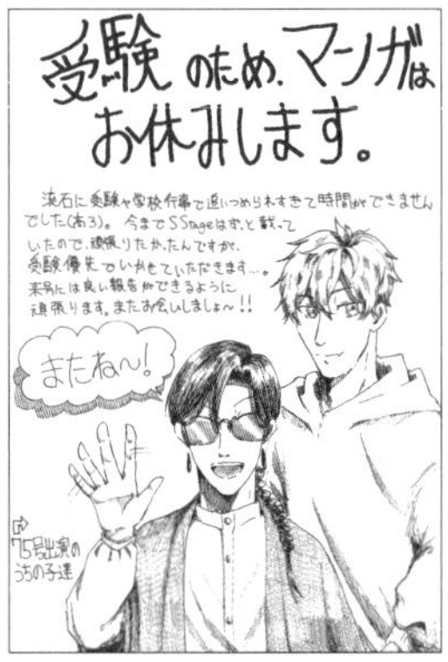

福島県・ゆあうお・18歳

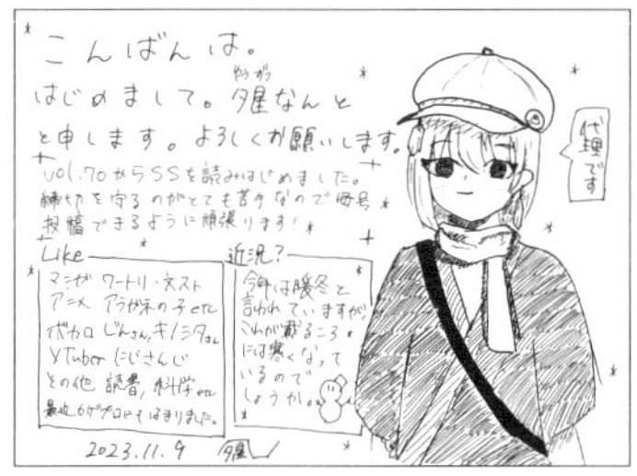

東京都・夕星なんと

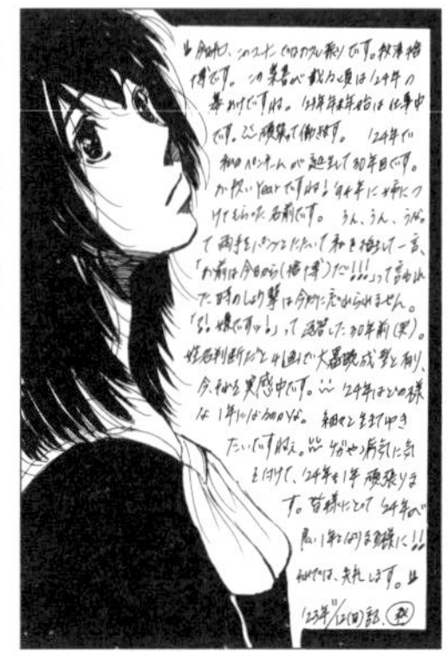

宮城県・秋津捨博・42歳

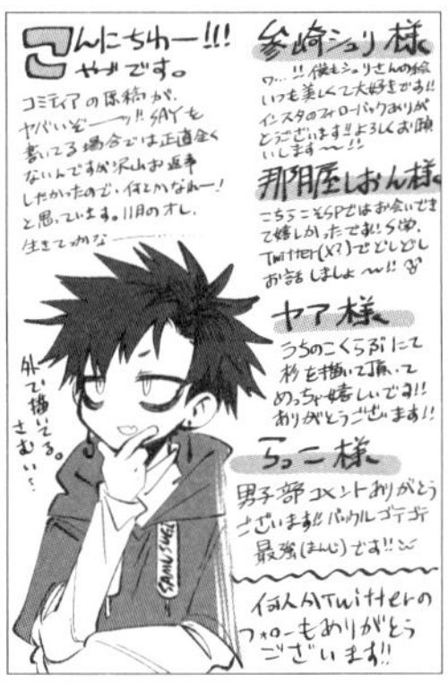

埼玉県・82

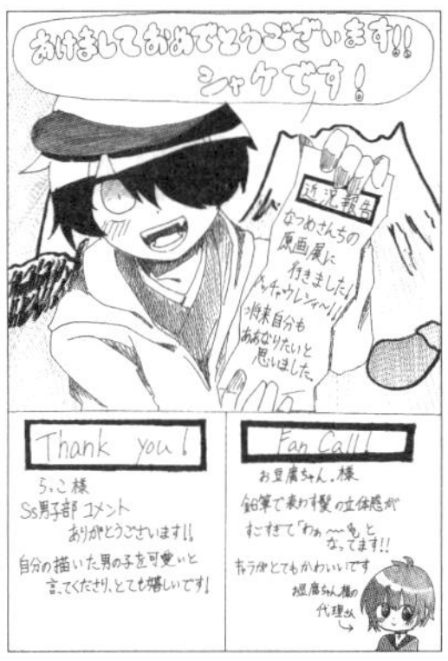

兵庫県・シャケ

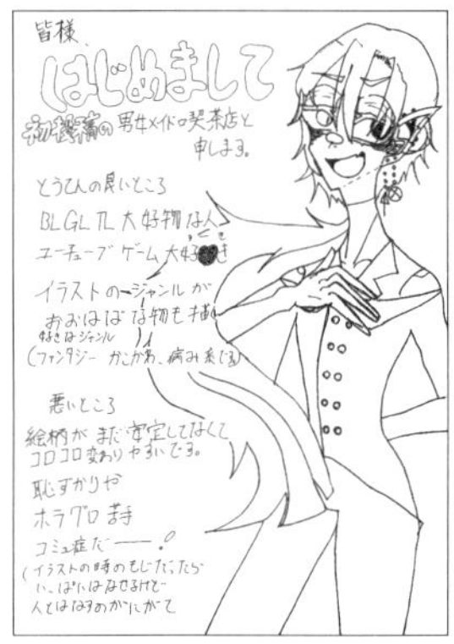

鹿児島県・男女メイド喫茶店

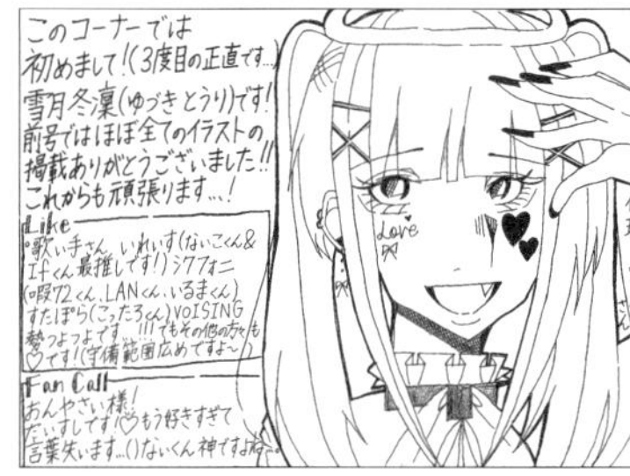

神奈川県・雪月冬凜・17歳

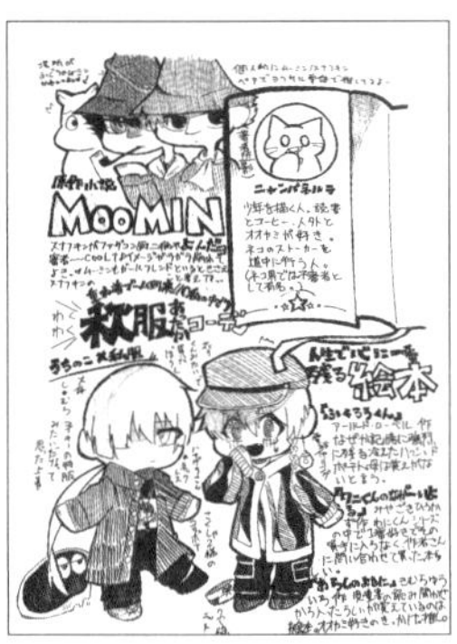

長野県・ニャンパネルラ

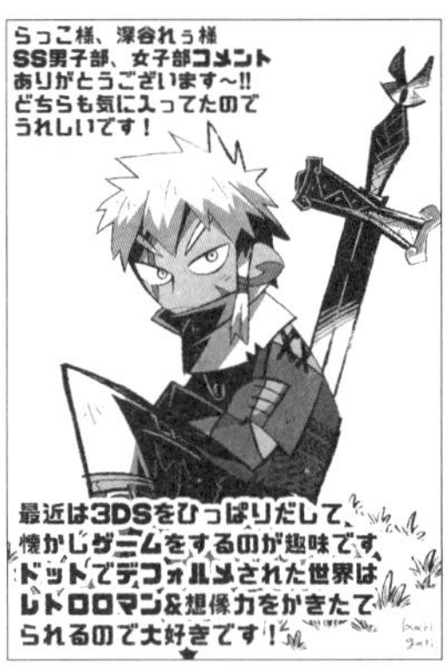

東京都・かりがり

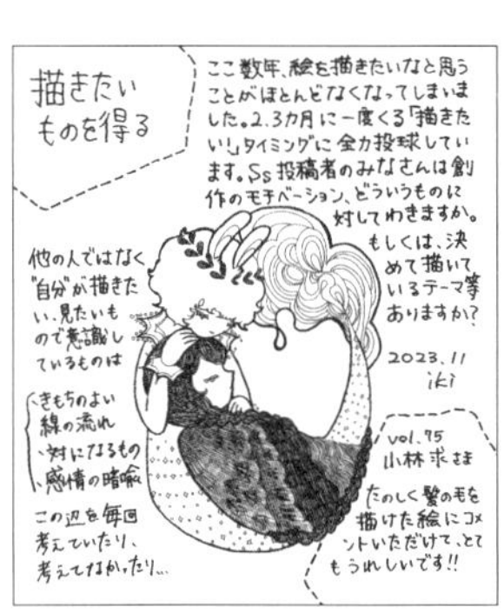

青森県・iKi

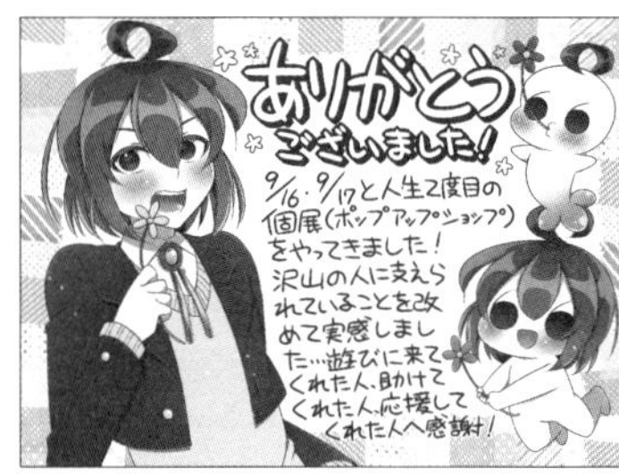

茨城県・練乳。

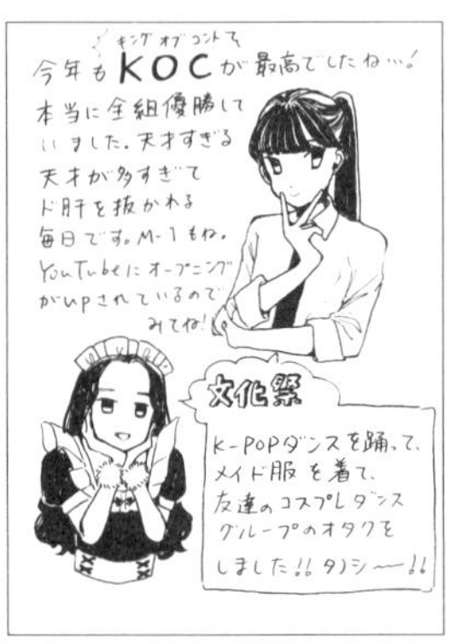

京都府・あはちゃ・18歳

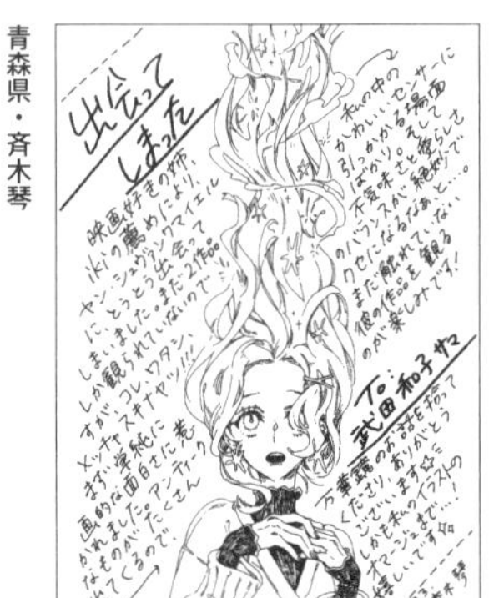

青森県・斉木琴

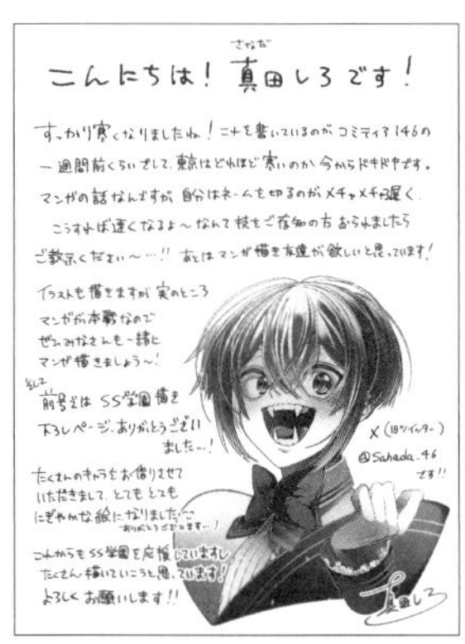

滋賀県・真田しろ

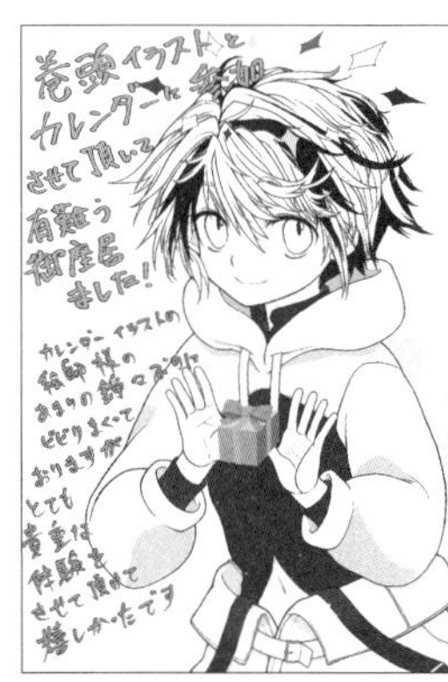

鹿児島県・ハゲヅラ・42歳

控えめな子なら肩は出さない。脚を出すにしてもタイツをはかせるなどします。服の趣味は気にして描いていきます。

シルエットは大事だと言いますよね。また、性格に合わせて服装や表情を心がけると、そのキャラに実在感が出て、生命力を持っていくので良いですよね。ぜひ皆さんもいろいろ描いてみてくださいませ～。

一枚絵についての質問です

ラフができて実際に描き始めたはいいものの、試行錯誤するうちによく分からなくなって途中でやめてしまうことが多いです。

うまく最後まで描くコツはありますか？

中途半端なデータばかり手元に残ってしまっています。

ラフの時点で精査できておらず、絶対に描きたい絵になっていないような気もしています。

佐賀県・ふかみいろは・20歳

最後まで描くコツをお聞きしたいとのこと。南野葵さんはどう思いますか？

南野葵 何か「絶対描きたい！」というものを決めると良いですよね。手癖で描いてる場合は練習として考えるほうが良いかもしれません。絵を完成させる時は、例えば「手を見せたい」「脚を見せたい」「ニーハイを描いてみよう」など、一つでも良いから目標を決めて、「完成させるんだ」という気持ちを持つことが大事だと思います。小さい完成を積み重ねる感じで、「今日はラフできたから寝よ！」などと、寝かせることも大事だと思います。徐々に完成させていく方法もありますよね。

確かに途中で止めるのは、目的がないからとも言えますよね。SSの投稿者さんたちは、SSの締切が来るから、それに間に合わせることを目標とされる人も多いです。絵の内容的な目標もそうですが、時間が来たら仕上げるという風に「完成を前提とした制作」も効果的だと聞きます。そういう習慣を作る。いろんな角度からゴールを決めて、完成させていただけたら嬉しいです。

そうですね。参考にしていただけると嬉しいです。他にもいろんな話題をオハガキでお寄せくださいませ。絵についての質問や気になる話題、今号のハガキへの御返事もお待ちしております～。

※人物紹介の文体は自由。セリフを言わせても良いです。
※複数のキャラを描いても良いですが、それぞれの名前がわかるようにして下さい。
※自分のうちのこが掲載されていても、他人のうちのこを描いた作品なら、複数掲載されます。

UCHINOCO CLUB

自分のオリジナルキャラクター「うちのこ」を発表して交流する投稿コーナー

自分のオリジナルキャラクター、つまり「うちのこ」を発表して交流する投稿コーナーです！　皆さんの「うちのこ」のキャラクターイラストを描いて、その紹介文章も同じ画面のなかに描いて下さい。そして、さらに交流ができたら楽しいのではないかと思い、その「うちのこ」を見ている他の投稿者さん、読者さんにも描いてもらってOKとします。このコーナーは、自分の「うちのこ」を描いて送るだけでなく、誌面に掲載された他の絵描きさんの「うちのこ」を描くことでも楽しめます。自分の「うちのこ」と、他の投稿者さんの「うちのこ」を共演させて描くのもOK！　皆さんのオリキャラを紹介しあって、描きあって遊びましょう！　掲載イラストにはSS編集部でコメントを入れさせていただきます〜！　また、新コーナー『うちのこきゅん場面』(通称：『うちきゅん』)では、毎号SS編集部が出すお題に合わせて、皆さんのうちのこがどんなリアクションや表情をするのかを募集します〜！

「うちのこ倶楽部」応募ガイド

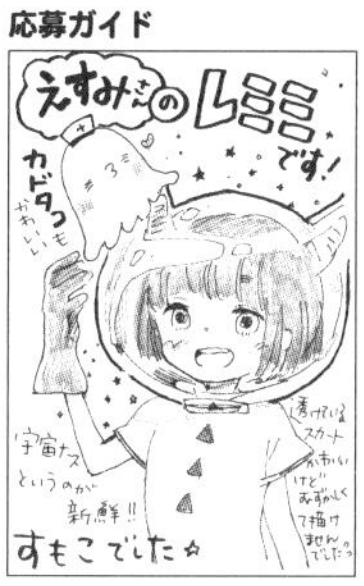

1枚の紙に自分のオリジナルキャラクターの絵、その名前、キャラ紹介文を描いてください。他の投稿者さんのオリキャラを描く場合は、その人のペンネームとキャラ名もわかるように描いてあげて下さい。(上図はその作例です) オリキャラは人間以外でもOK。動物や架空の生き物、ミニキャラも自由に描いて下さい。

第7回「うちのこきゅん場面」

次回、第7回目のお題は、うちのこが「ニーハイを履いたら」です！　さらなるうちのこの魅力を伝えていきましょ〜ッ！

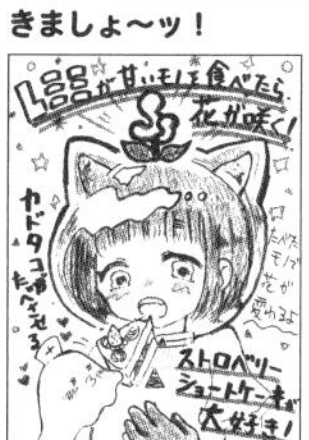

『うちのこきゅん場面』(通称：うちきゅん)では、お題に沿って皆さんのうちのこのリアクションや表情、セリフなどを描いてください(上図はその作例です)。うちきゅんお題募集中〜！

宮城県・ねくつ・14歳

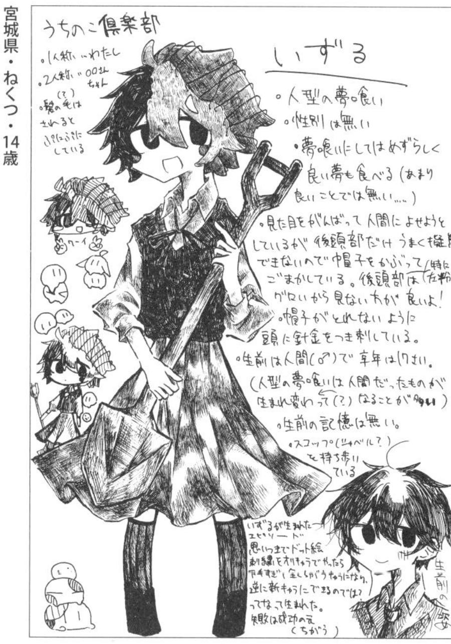

悪い夢だけでなく、良い夢までも食べる「夢喰い」のいずる。ぷにぷにな髪を触ってみたいな〜。

滋賀県・真田しろ

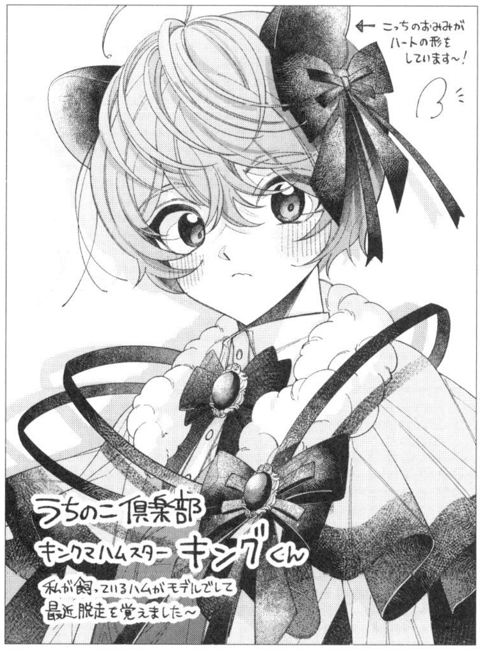

片耳ハートがトレードマークのキンクマハム・キングくん♡　アホ毛に大きなリボンがキュート！

神奈川県・璃緒

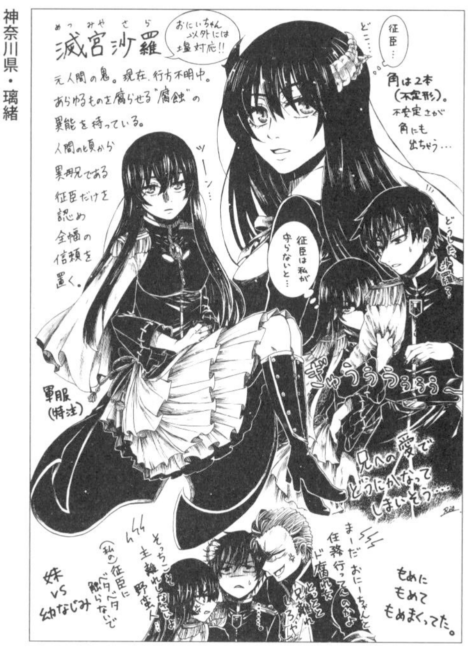

うちのこ史上最強のブラコンな鬼が現れた!?　幼なじみと兄を取り合う姿が微笑ましいね♪

岡山県・のりあき・16歳

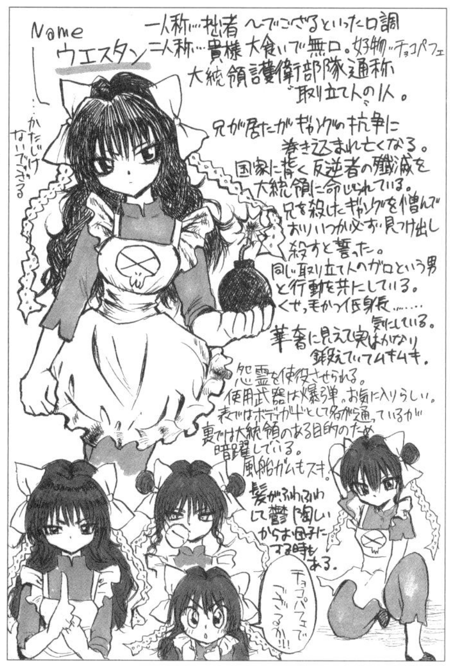

大統領護衛部隊「取り立て人」として戦うウエスタン。お団子ヘアーがとっても似合っててキャワ♡

大阪府・大井淑世・36歳

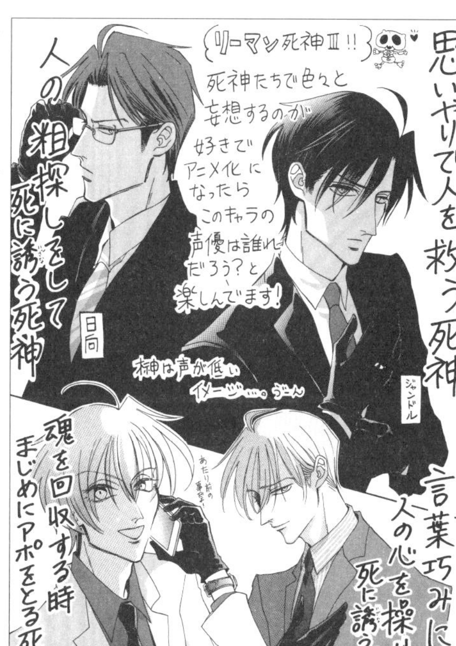

リーマン×死神という大井淑世さんのフェチ溢れるうちのこたち！　ミステリアスな榊、推せるッ!!

栃木県・那月屋しおん

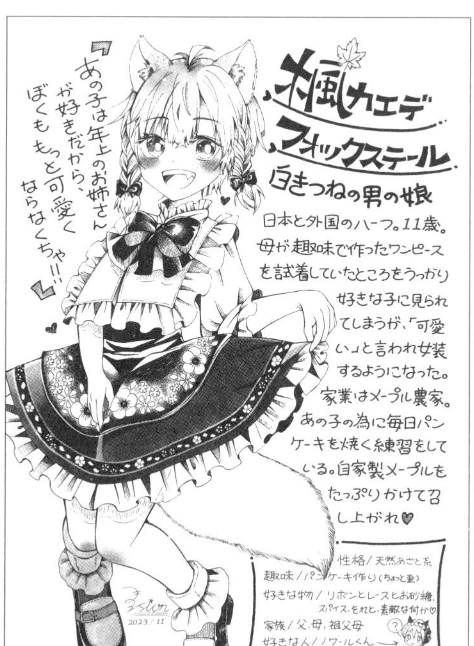

好きな人のために努力する白きつねの男の娘♡　ノワールくんと両思いになれますように〜！

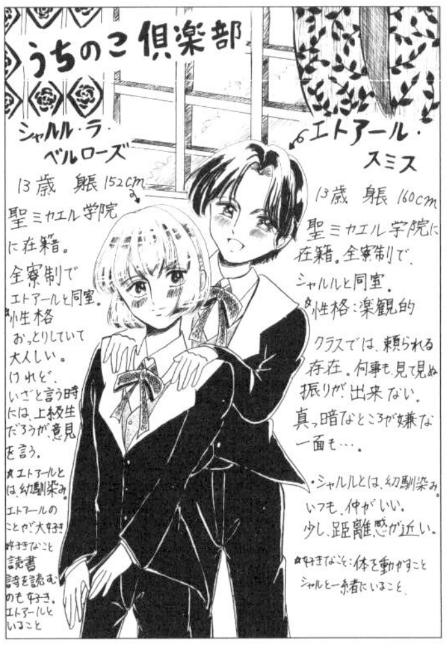

千葉県・伯ミシェル・18歳
幼馴染みなシャルルとエトアール。二人の関係と距離感にドキドキ…♡

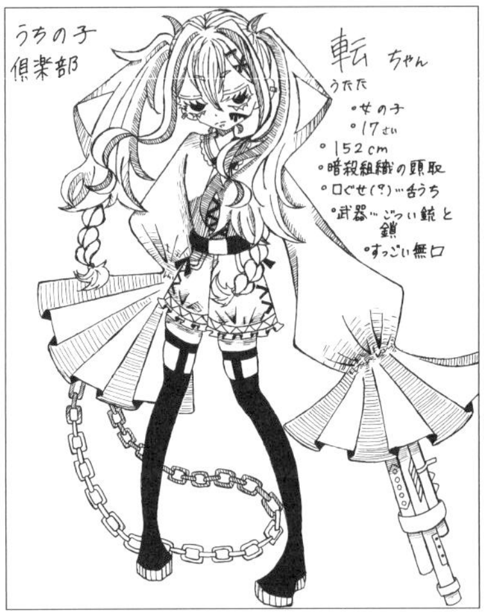

鹿児島県・蜜柑百々凛・14歳
クールな佇まいがカッコいい転ちゃん★ お洋服もおしゃれで好き！

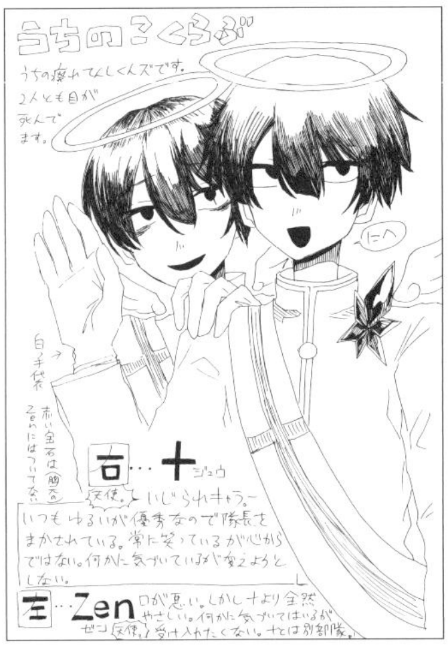

大分県・蟹羽（岡 改め）
目は死んでるけど天使というギャップを持つ二人。この世界が気になる！

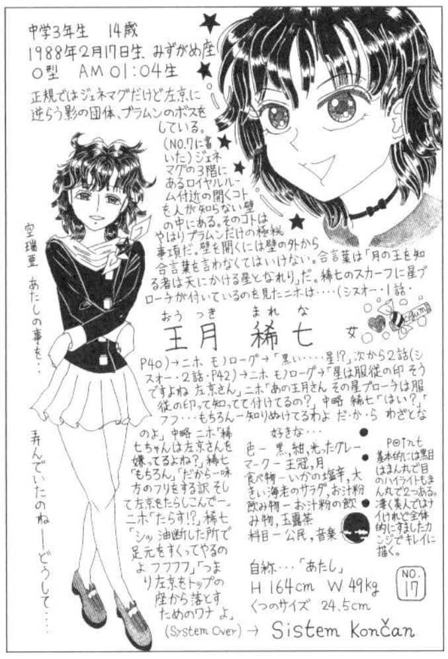

岐阜県・越智早苗
艶やかなオーラを纏う王月稀七。妖しげに微笑む姿に引き込まれる……。

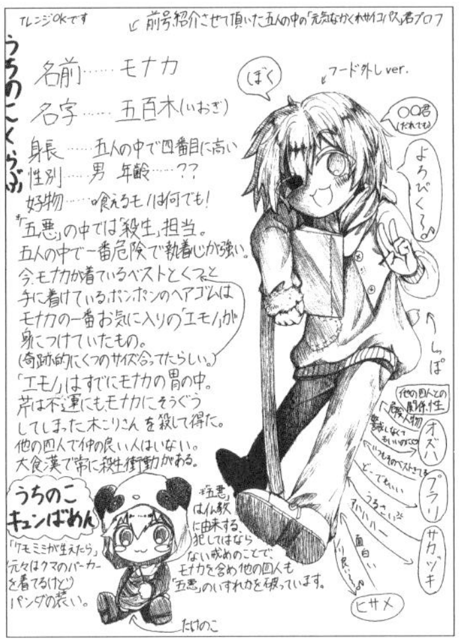

鹿児島県・ごまたに・14歳
元気な隠れサイコパス・モナカ★ 小さく生えたしっぽを触ってみたい～。

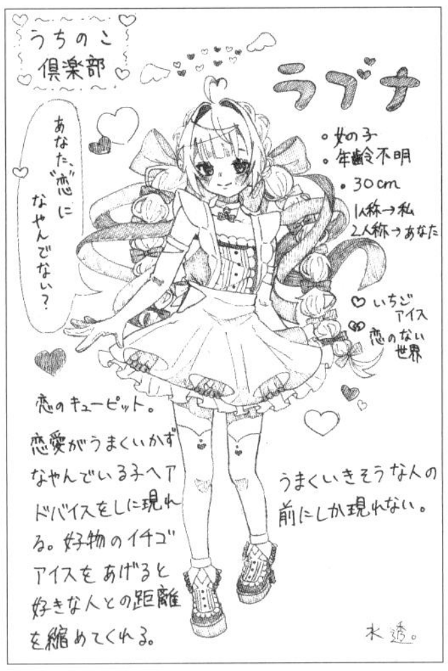

秋田県・水透。（はざまの僕。改め）・14歳
恋のキューピット・ラブナ♡ リボン&フリルいっぱいの服がラブリー♡

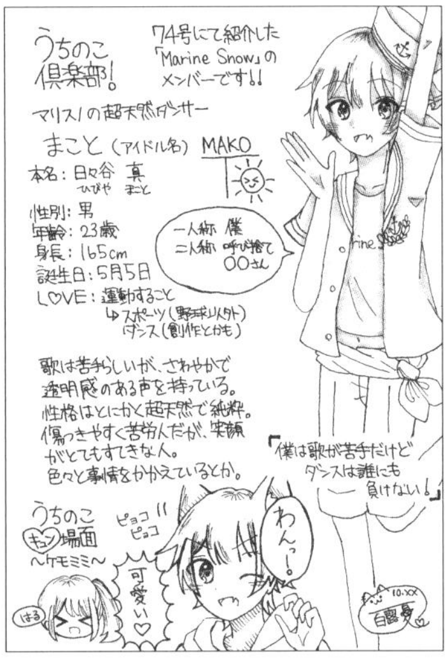

静岡県・白露憂（ゆゆてる。改め）
超天然ダンサー・まこと。あざとさMAX♡ な、ケモミミ姿…堪らないッ。

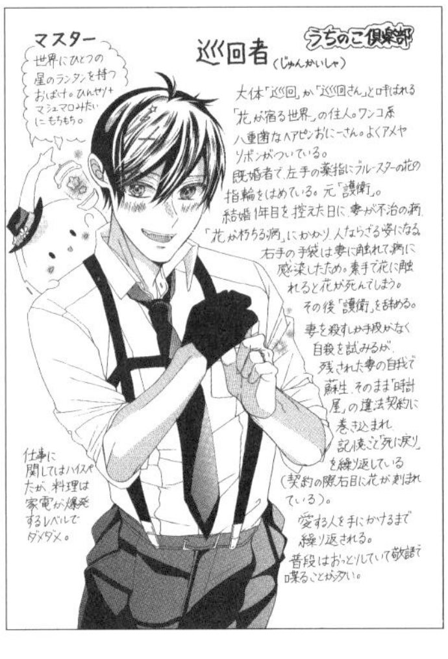

福島県・風波
仕事はできるが料理が苦手な巡回者。もちもちマスターが可愛くて好き♡

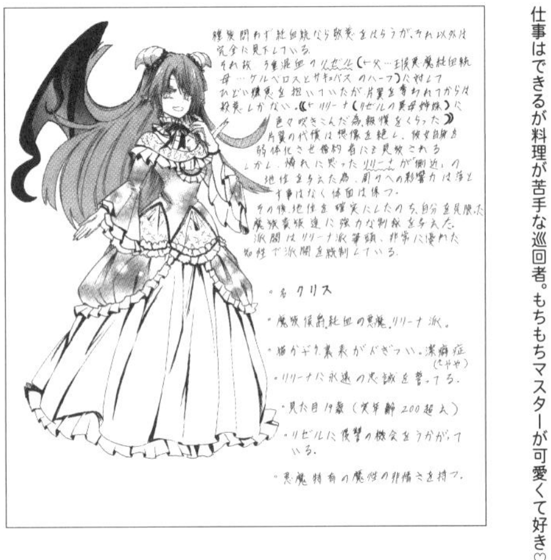

大阪府・ラブバード
純血の悪魔・クリス。佇まいからクリスの気高き雰囲気を感じる…。

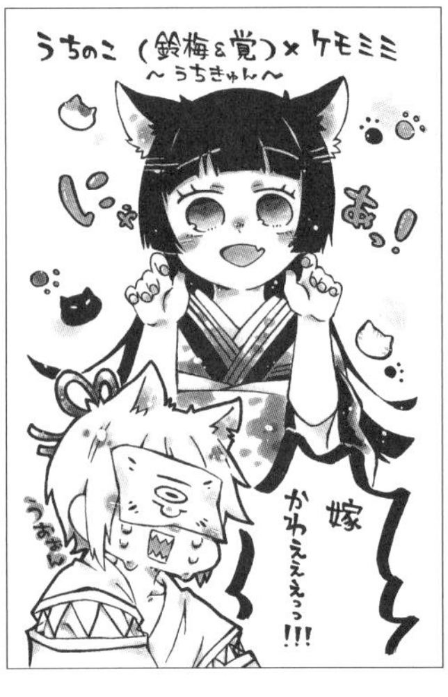

新潟県・真継
真継さんちのうちきゅん場面♡ 黒髪＋猫耳は最強コンボ★ かわぇぇ！

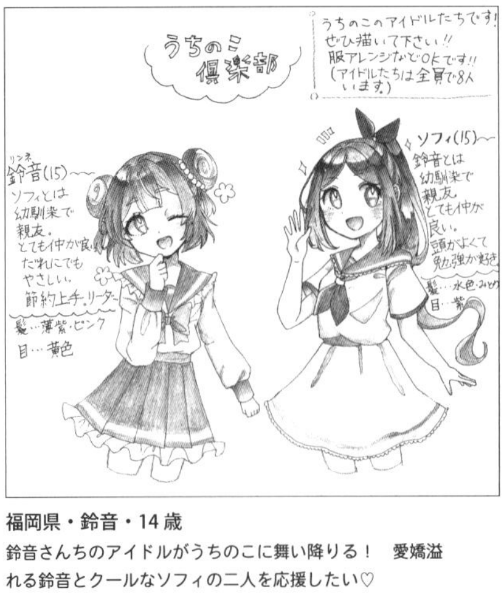

福岡県・鈴音・14歳
鈴音さんちのアイドルがうちのこに舞い降りる！ 愛嬌溢れる鈴音とクールなソフィの二人を応援したい♡

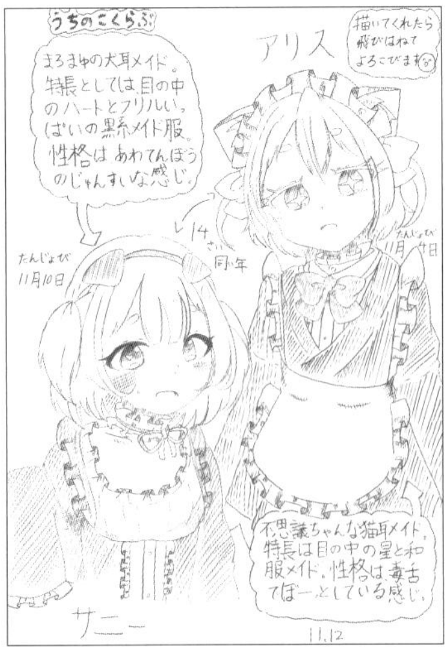

鹿児島県・真央音（咲月 改め）・11歳
犬耳メイドのサニー&猫耳メイドのアリス。瞳の星が可愛いアリス推し♡

UCHINOCO CLUB

自分のオリジナルキャラクター「うちのこ」を発表して交流する投稿コーナー

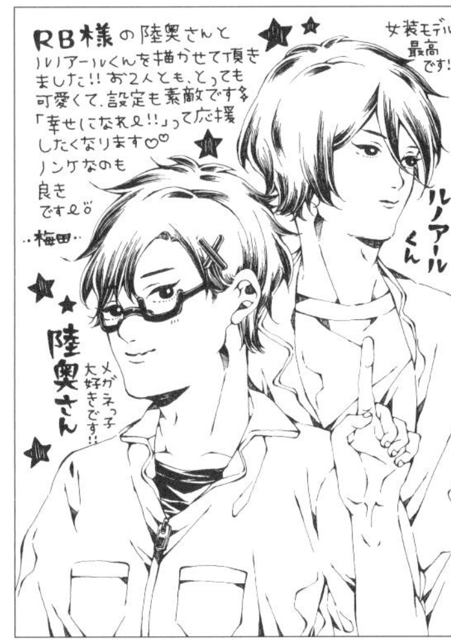

福岡県・梅田

梅田さんの描くRBさんちのこ。梅田さんの興奮が伝わってくるよ〜♪

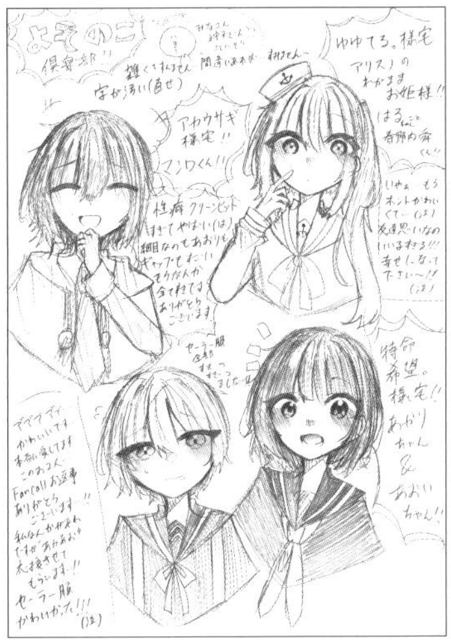

大阪府・お豆腐ちゃん。・15歳

お豆腐ちゃん。のよそのこパーティ★ 生き生きとした表情がイイね！

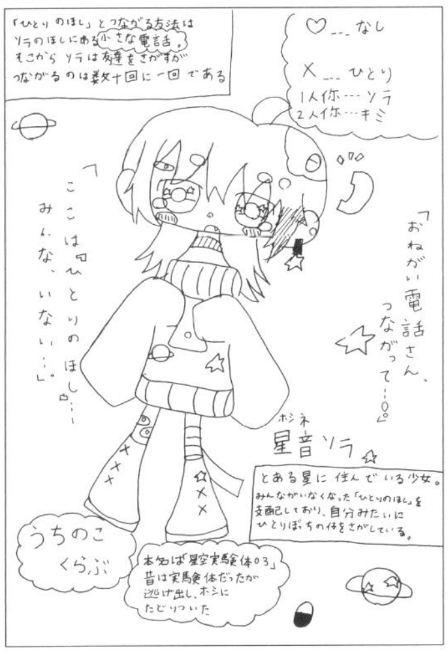

大阪府・和桜恋・11歳

「ひとりのほし」にいる星音ソラ。いつかソラと電話でお話してみたいな。

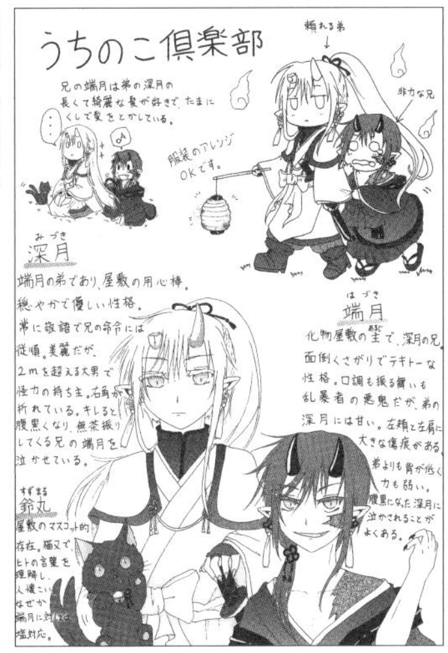

島根県・永井あゆみ

化物屋敷で暮らすイロイロと正反対な兄弟。鈴丸と遊んでみたいな〜♪

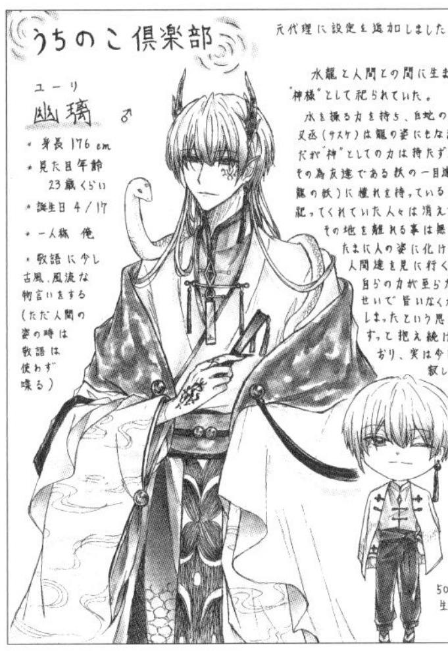

神奈川県・眠夜トーカ

水龍と人間のハーフの幽璃。手や顔の模様にクールに微笑む姿がイイね★

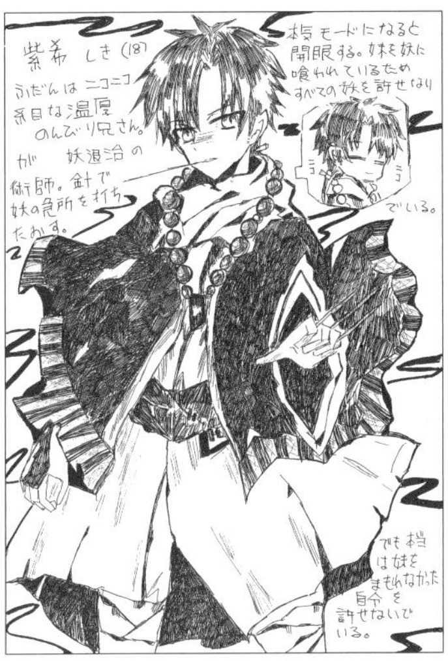

静岡県・春巻き

妖退治の術師・紫希。普段の糸目も開眼後も堪らないカッコよさ！ 好き♡

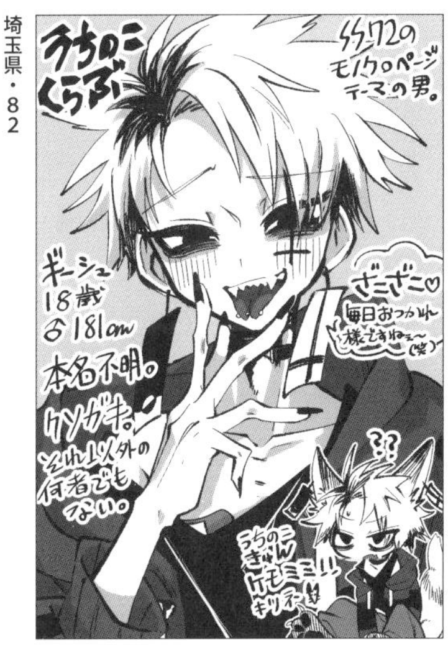

埼玉県・82

82さんちの最新のクソガキ♡ ギザギザの歯&スプリットタンにドキドキ♡

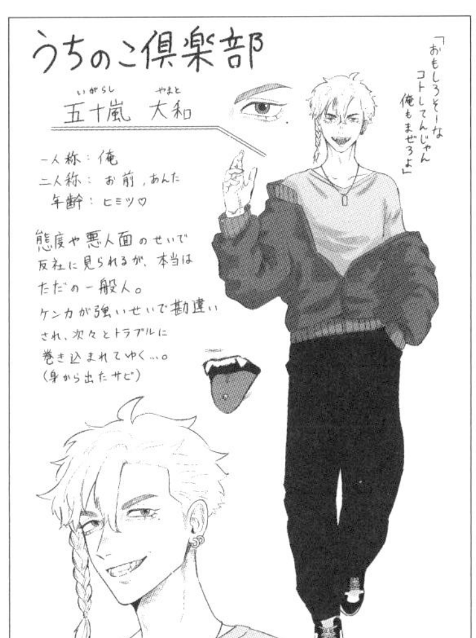

島根県・vivi

勘違い(?)されがちな一般人・大和。つり眉＋タレ目＋ほくろがグッとくる…っ！

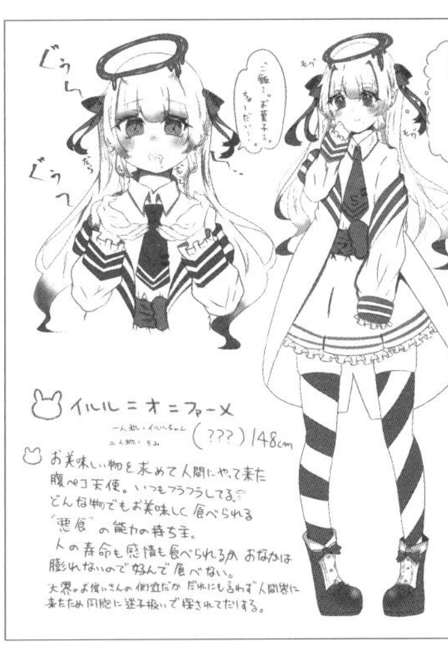

栃木県・うさた。

腹ペコ天使がうちのこクラブにもやってきた!? グラデの髪が可愛いね！

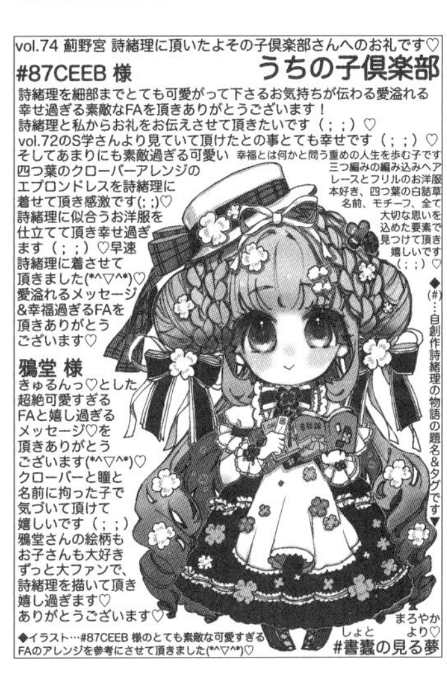

高知県・まろやか

まろやかさんから、FAへのお返事だぁ！ これからも交流してネ★

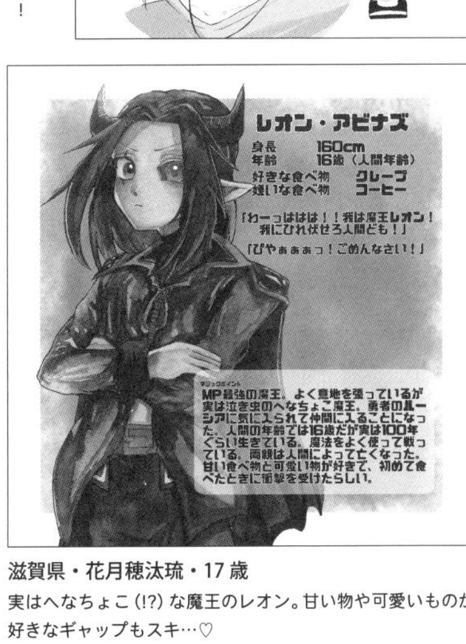

滋賀県・花月穂汰琉・17歳

実はへなちょこ(!?)な魔王のレオン。甘い物や可愛いものが好きなギャップもスキ…♡

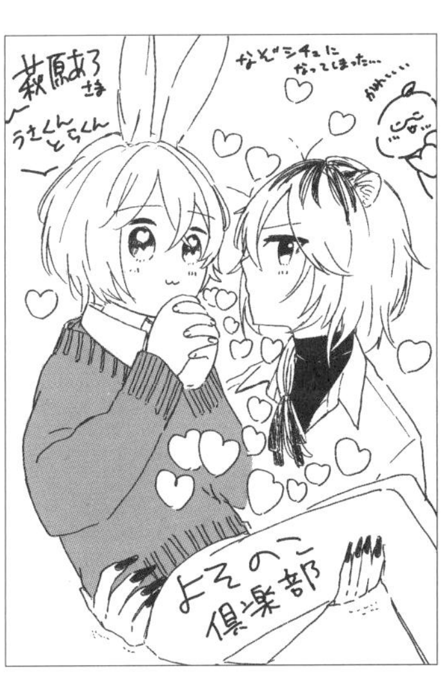

東京都・特命希望。

萩原あろさんちの二人。プルプルしながら姫抱きする、きゅんシチュ素敵♡

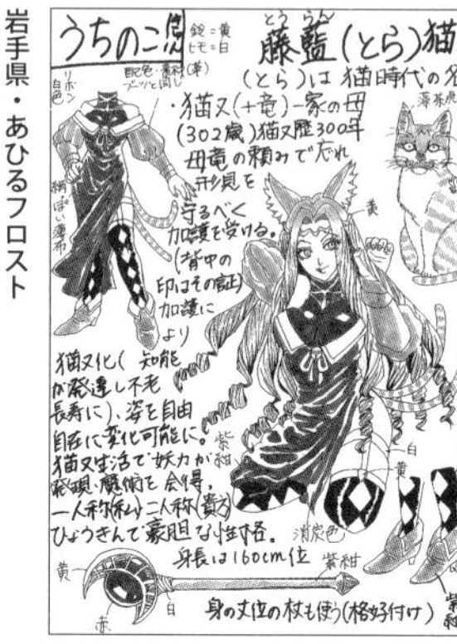

岩手県・あひるフロスト

猫又化した藤藍♡　カーリーなヘアスタイルが美しき♡

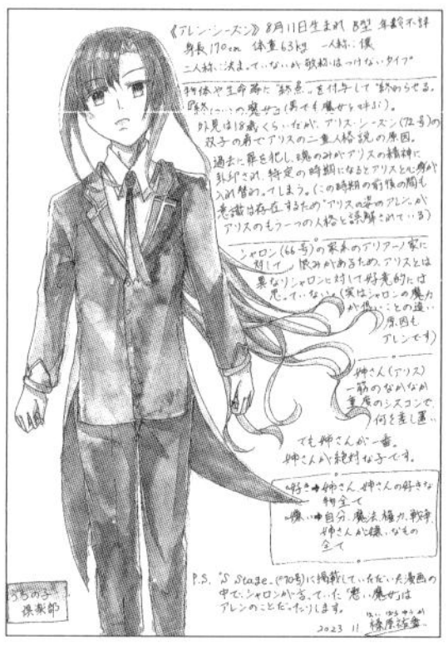

広島県・榛原祐香

物体や生命等に"終点"を付与し"終わらせる"魔女、カッコいい！

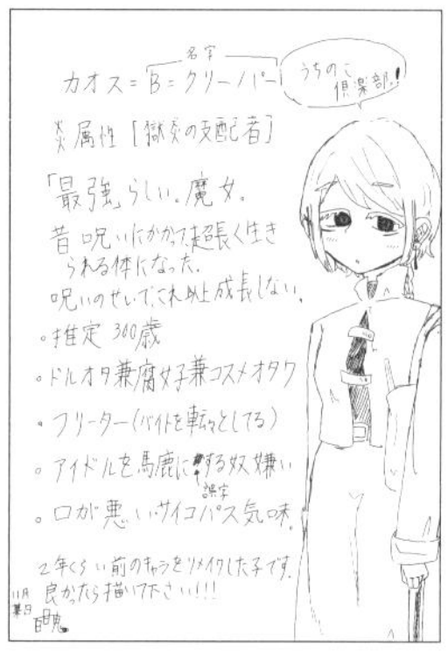

静岡県・百目鬼（さんかくQ改め）・11歳

炎属性、最強（!?）の魔女・カオス。おっとり顔がきゃわ♡

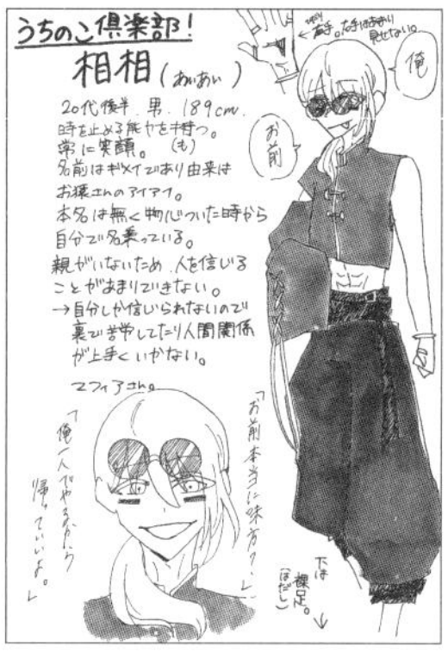

静岡県・ひなげし。・13歳

時を止める能力を持つ相相。ニヒルな笑みがセクスィッ！

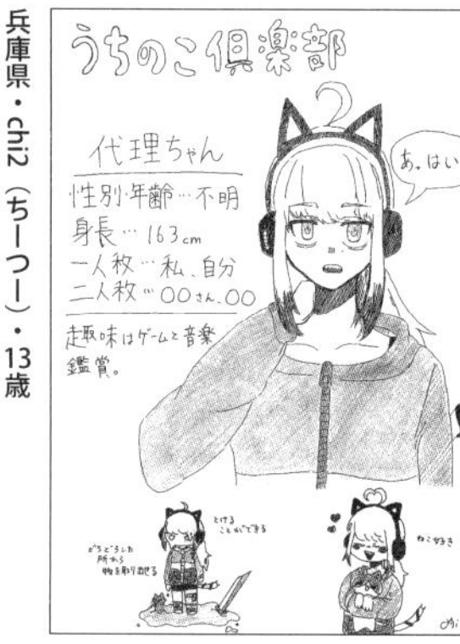

兵庫県・chi2（ちーつー）・13歳

猫好きな代理ちゃん♡　溶けることができるの…!?

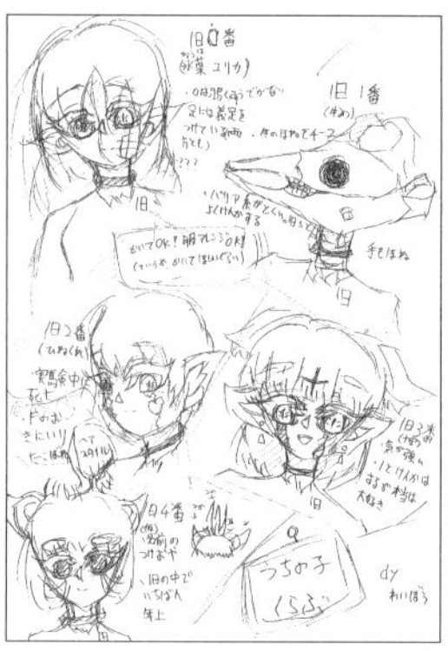

れいぼう26℃・11歳

牛骨頭の旧一番のインパクトッ！　皆のビジュが良すぎ！

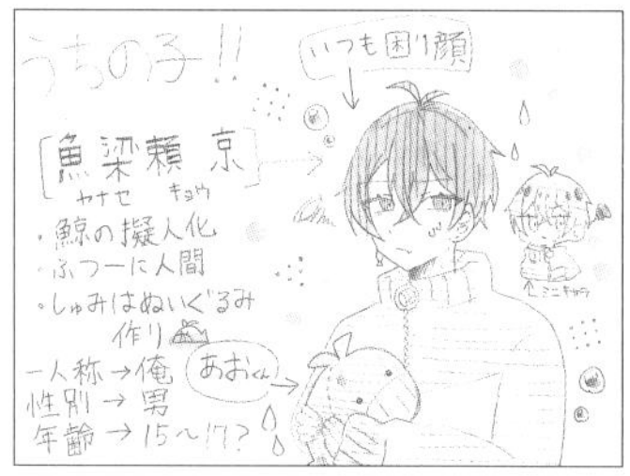

福岡県・あとり 24・14歳

鯨の擬人化・京の困り顔、可愛すぎません??　アホ毛も良〜〜〜ッ！

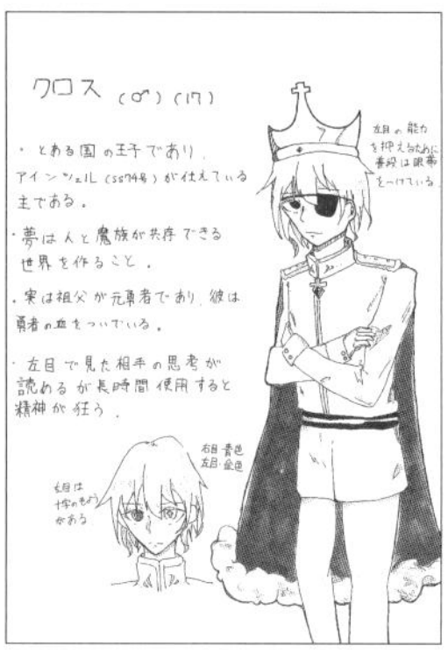

兵庫県・シャケ

勇者の血を継ぐとある国の王子・クロス。十字の瞳を持つ!

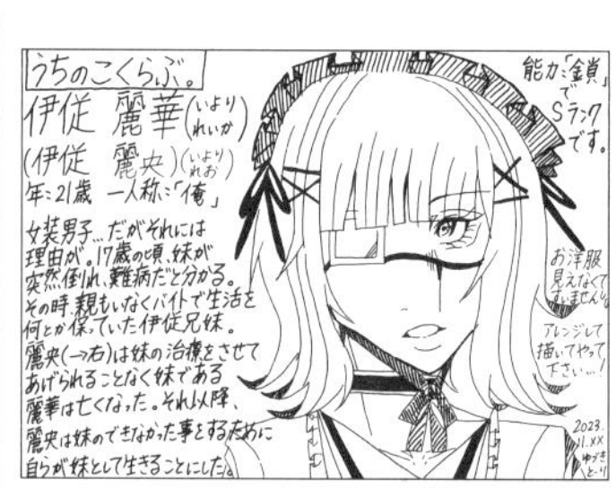

神奈川県・雪月冬凛・17歳

眼帯女装男子好き〜!!　妹のためを思っての行動に号泣（涙腺崩壊）。

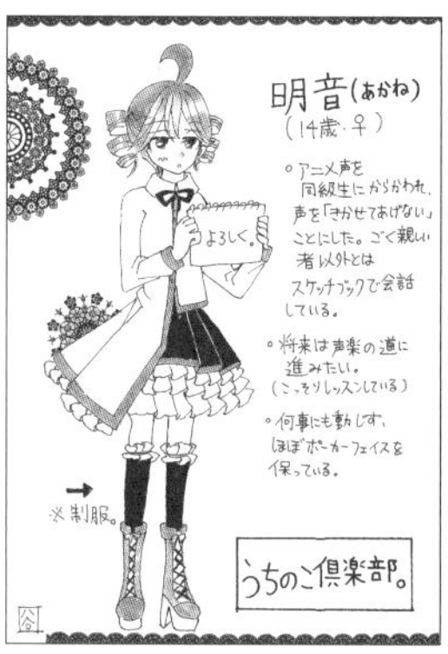

長野県・谷川りおん

ポーカーフェイスな明音♡　声をきかせてほしい〜！

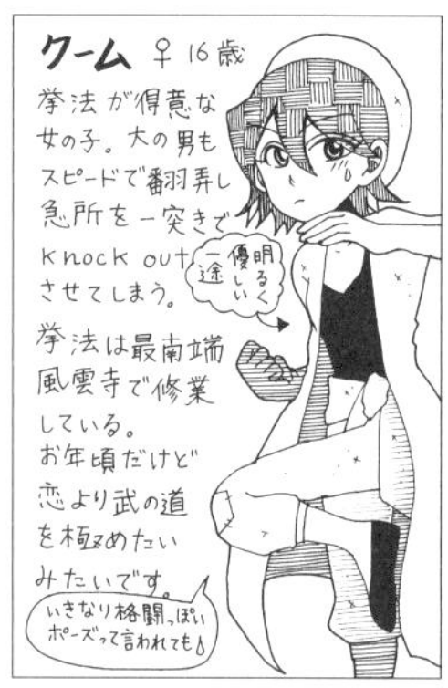

東京都・泉谷

拳法が得意なクームが好き！　私のことを守って〜〜♡

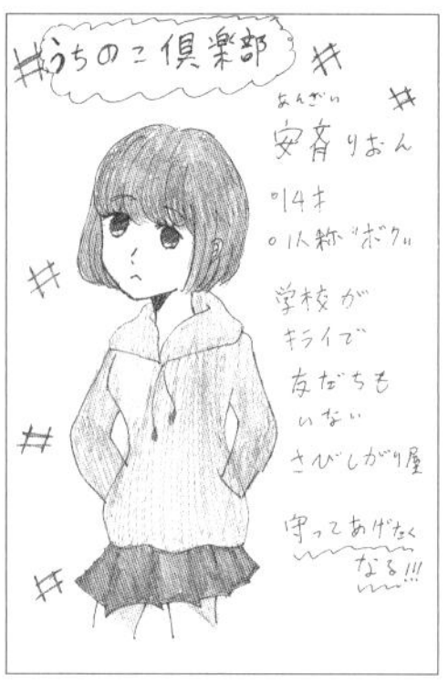

香川県・mizuka

さびしがり屋りおんを守ってあげたい。への字の口が可愛い♡

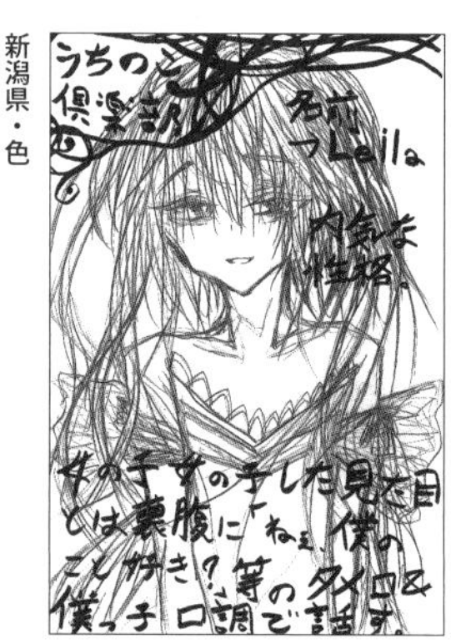

新潟県・色

僕っ子口調大好きなんですよ…見た目とのギャップ萌!!!

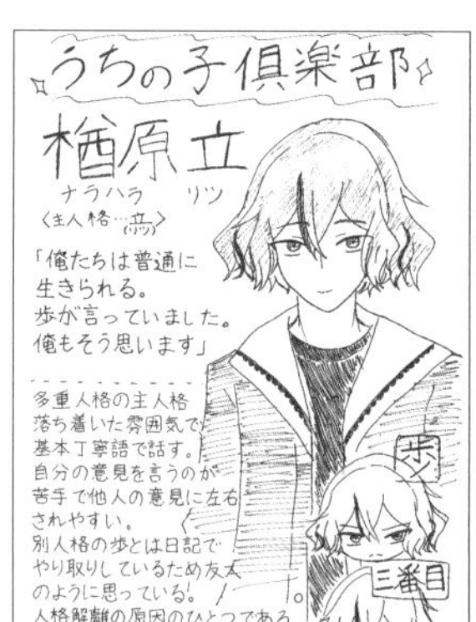

群馬県・ぐみ猫

多重人格な立の台詞が心にグサァ!!　ウェーブヘアーラブ♡

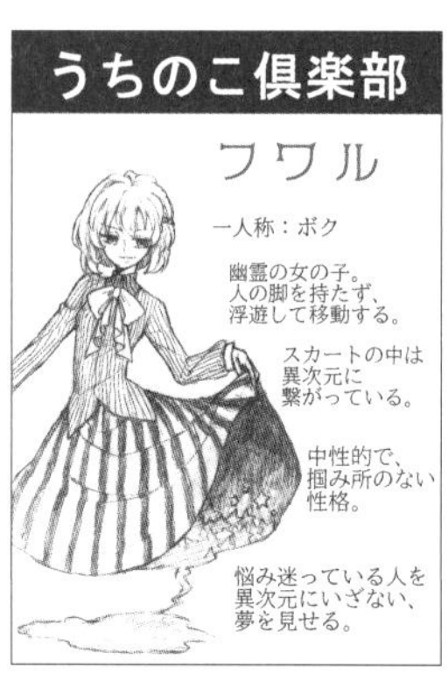

埼玉県・セコイせ

スカートの中に異次元が広がるフワル。微笑みが素敵ッ！

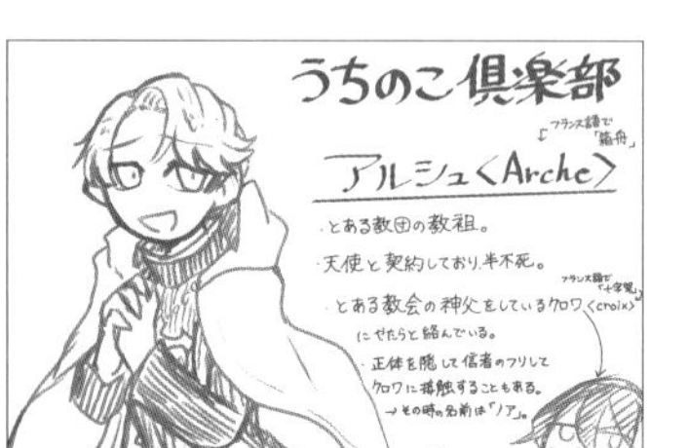

愛知県・燈佳

天使と契約して、半不死のアルシュ。クロワとのやりとりが見たい〜！

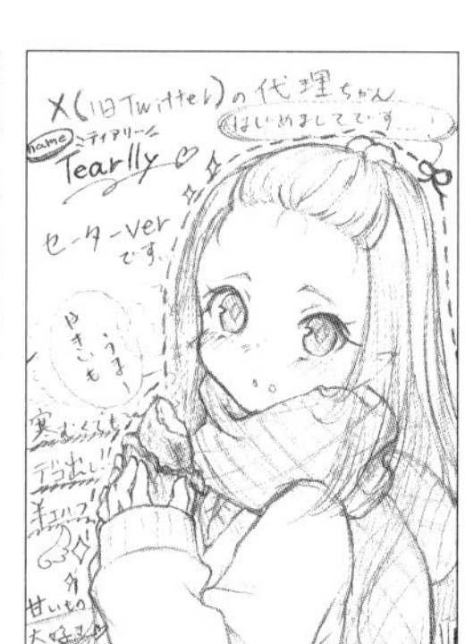

福岡県・すずめのこのこ

代理ちゃんのデコ出し半エルフ！　食べ物をあげたい可愛さ♡

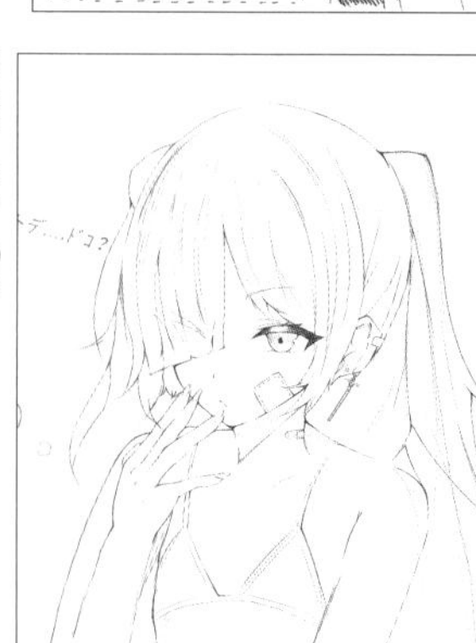

福島県・ゆう・19歳

ぽわーっとした表情が可愛すぎる〜！　怪我っ子だね(ﾖｼﾖｼ)

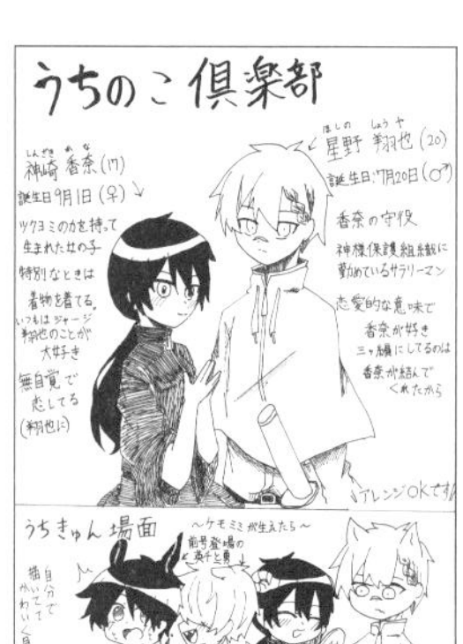

兵庫県・シャケ

香奈と翔也の関係に萌え倒れるッ！　ケモミミ姿♡♡

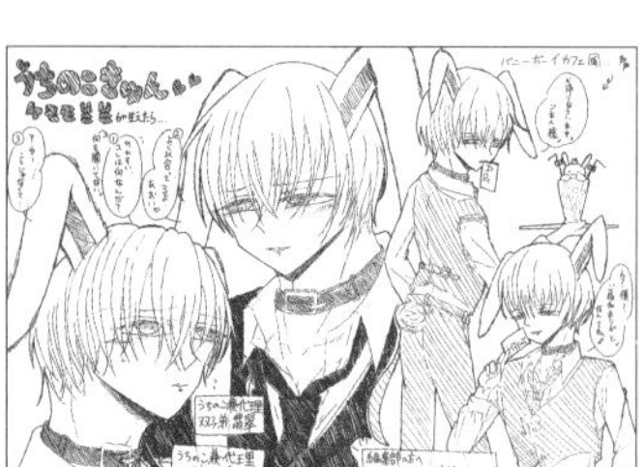

埼玉県・黎羽月零

バニーボーイカフェはココですか!?（鼻血）　二人の会話がなんかエロい!!!!

UCHINOCO CLUB

自分のオリジナルキャラクター「うちのこ」を発表して交流する投稿コーナー

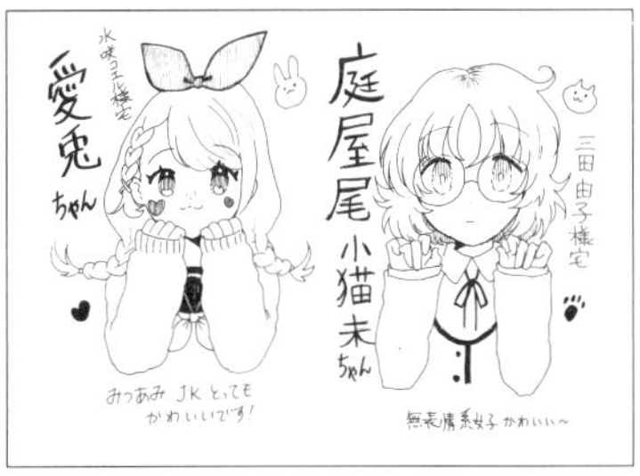

群馬県・RB

無表情系女子たまらんですよねぇ！　愛兎のきゅるん感もキュートすぎる～～！

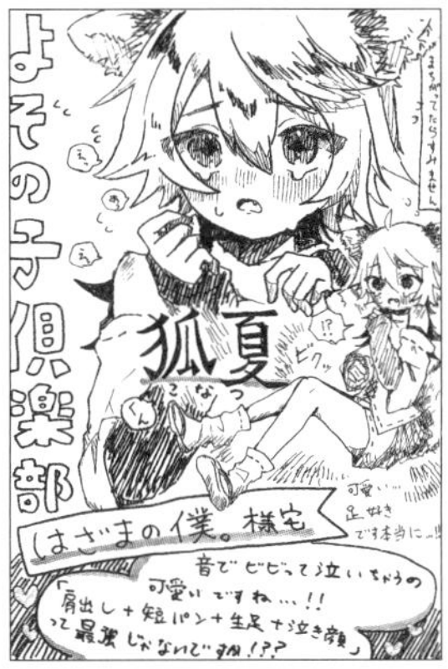

栃木県・りんご野あだ（はとね改め）

メソメソ顔にきゅんきゅ～～ん!!!　そして生足の破壊力。

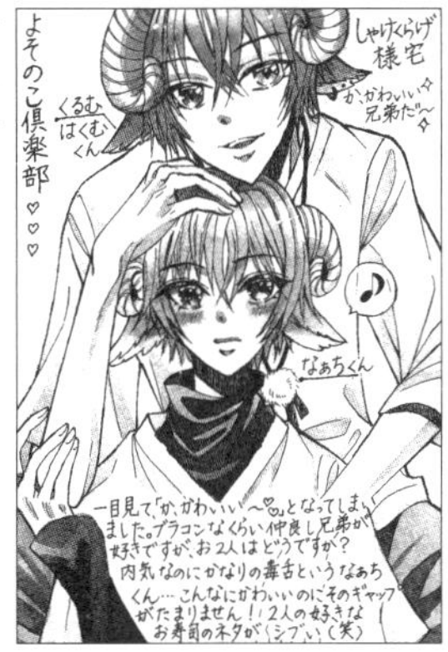

静岡県・紗雪

可愛い兄弟すぎ癒される～　ずっと二人を見守り隊ッ！

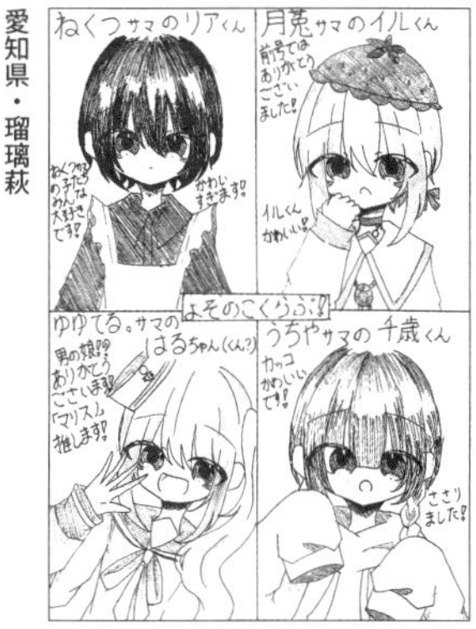

愛知県・瑠璃萩

瑠璃萩さんのよそのこクラブ☆　はるの笑顔めちゃキャワ！

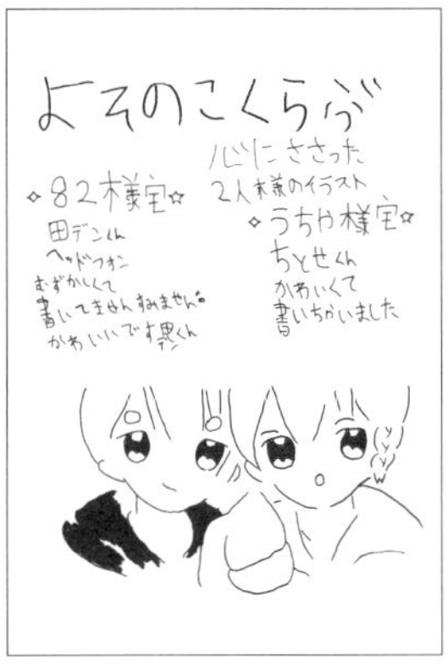

佐賀県・ほしぞら

ほしぞらさんの心に刺さりまくりよそのこ♡　二人とも可愛い♡

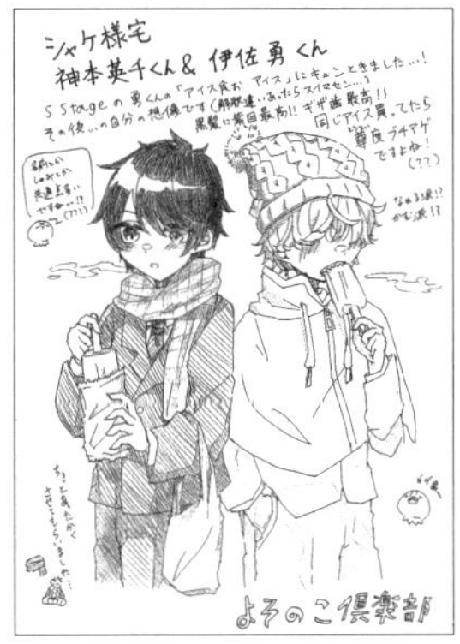

兵庫県・しゃけくらげ。・14歳

ハァーッツアイスをかじるギザ歯っ子可愛すぎん!?（尊）

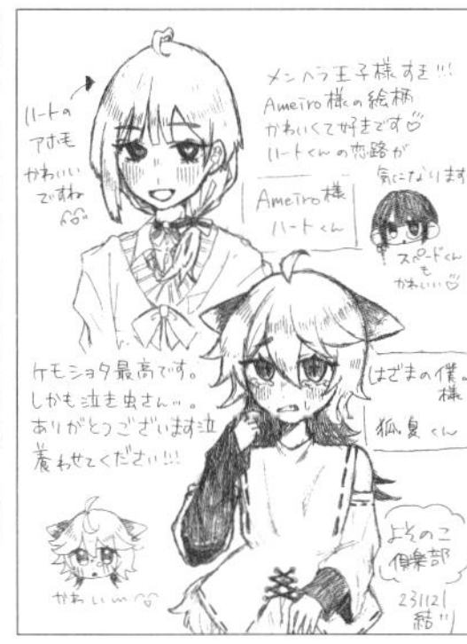

茨城県・結川みね（瀬野侑也 改め）・14歳

ハートのアホ毛、良いよね♡　ケモショタを共に養おう……！

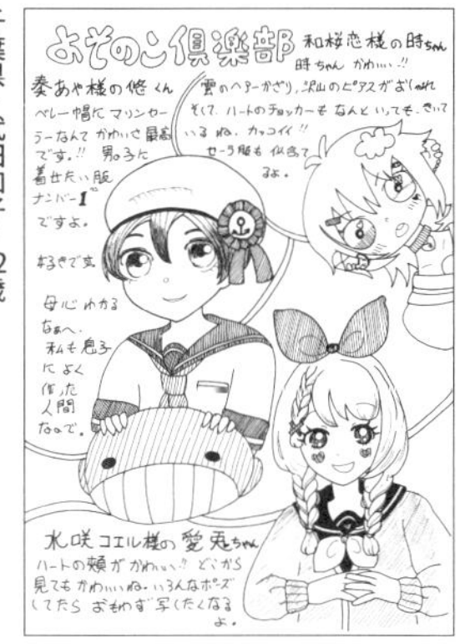

千葉県・武田和子・72歳

男の子に着せたいの分かる（感激）　三人とも可愛すぎる♡

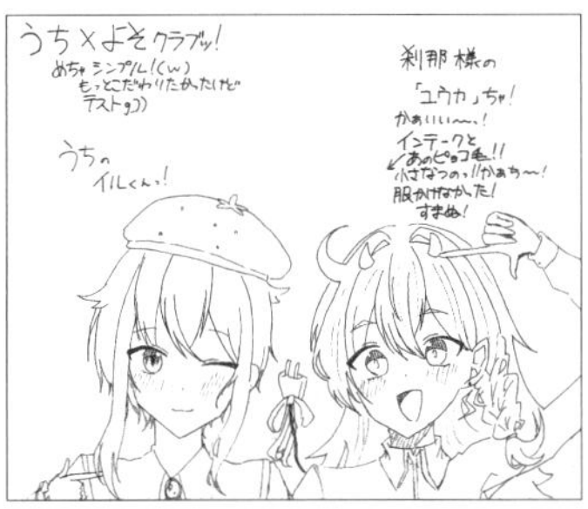

岡山県・月兎

うちよそクラブ!!　イルとユウカで仲良くツーショ♡

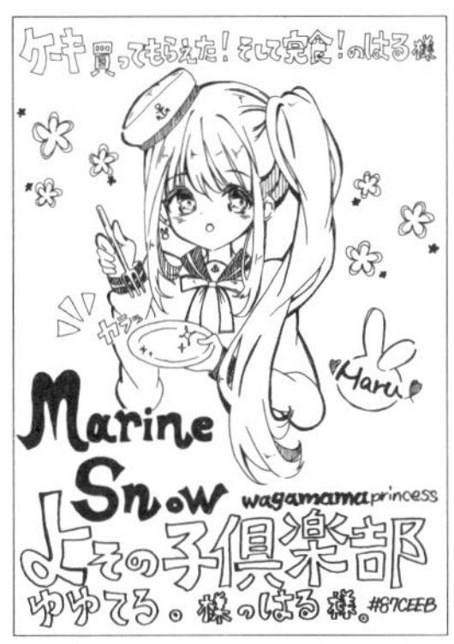

三重県・#87CEEB

ケーキ完食なはる☆　ぽわわ～っとしたお顔に癒され～♪

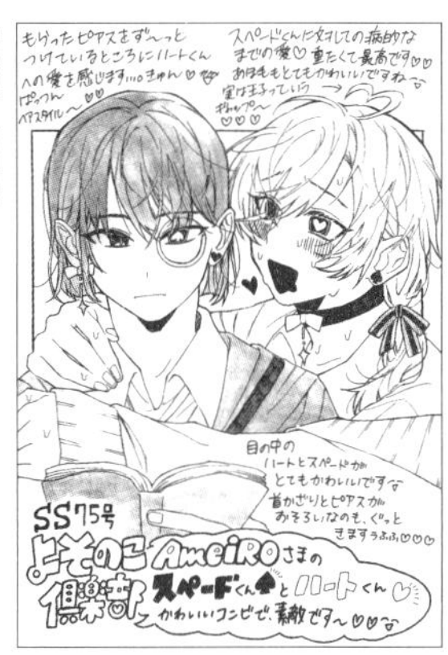

沖縄県・田中君

二人の愛情表現の違いが良すぎます…最強コンビ…ッ！

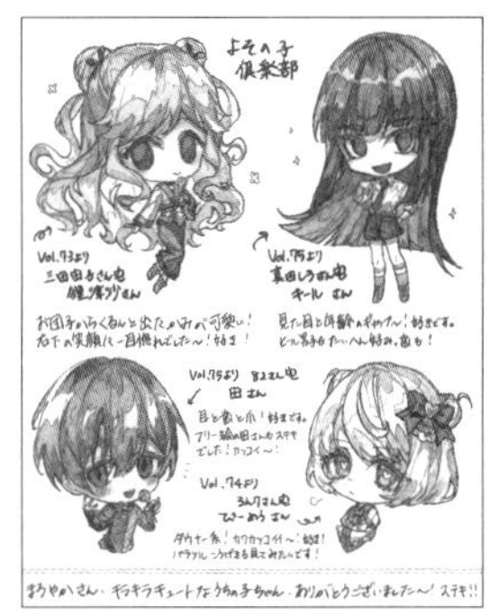

静岡県・鴉堂

鴉堂さんタッチの田が可愛すぎるーッ！
びーめう可愛いかっこいい♡

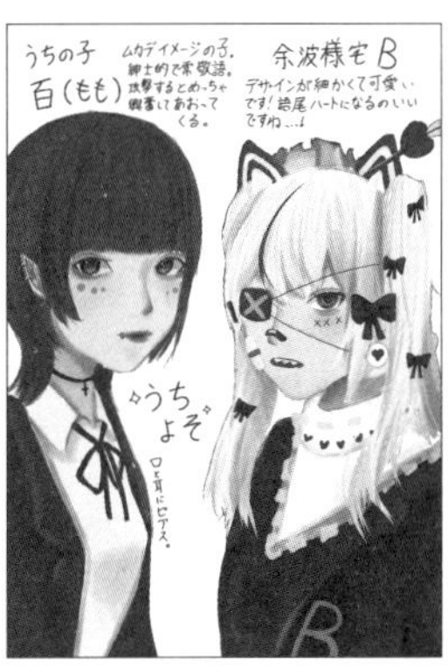

熊本県・未明欄・16歳

百とBがクールすぎてサイコー！　並んでる姿がイイ♡

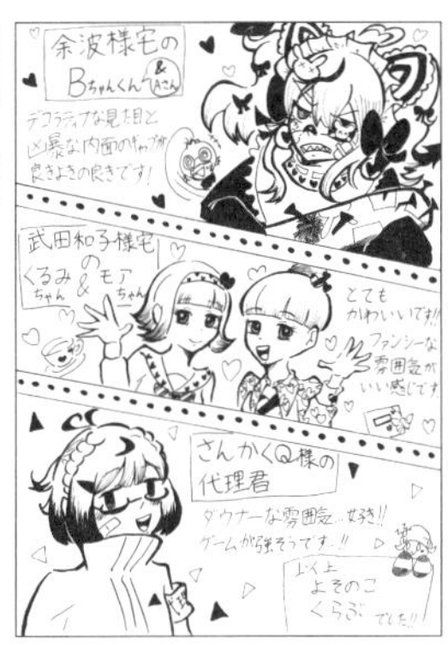

秋田県・とづき

いろんなよそのこが可愛すぎる～!!　賑やかハッピー☆

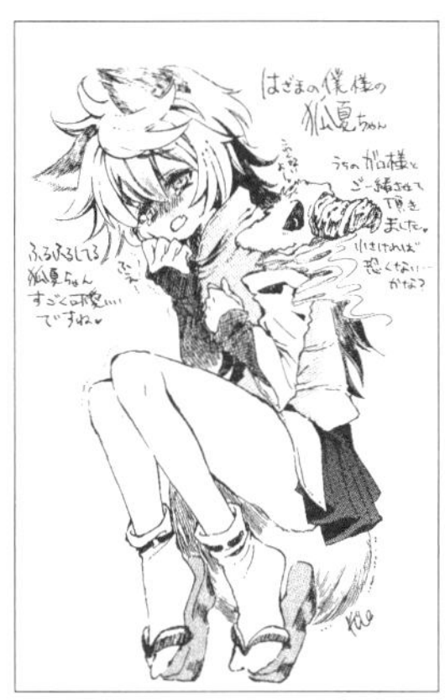

茨城・くぐる

そんなに震えて可愛すぎるよ～～！　ガロ様の優しさ♡

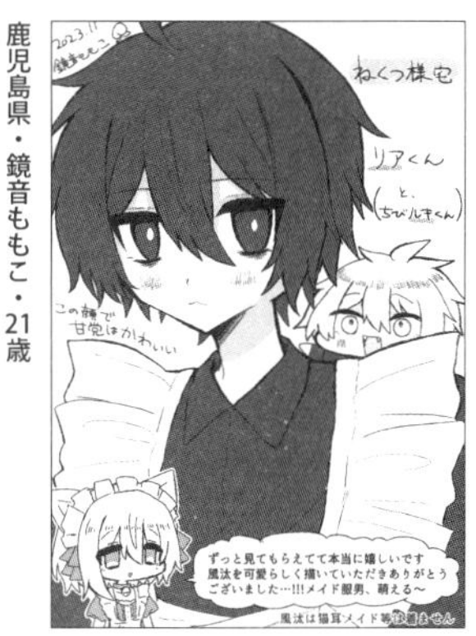

鹿児島県・鏡音ももこ・21歳

メイド服男萌えますわ～！　顔面国宝な可愛さだね♡

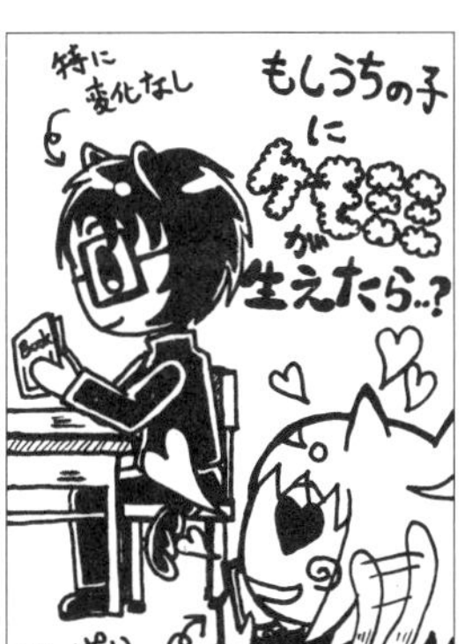

山口県・森瀬奈貴

可愛いケモミミ姿、私も写真撮っていいですか♡（パシャ）

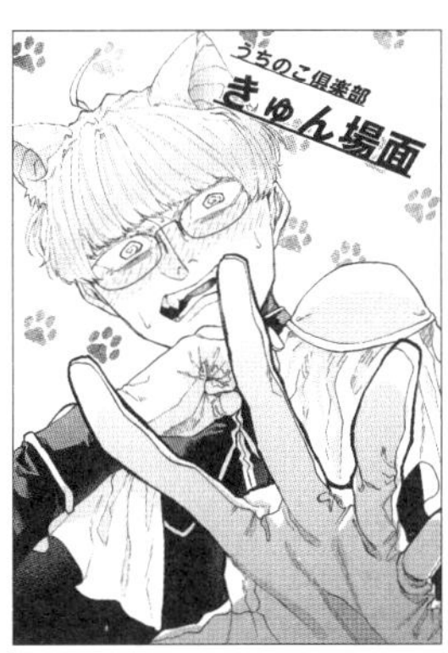

佐賀県・紅葉

ケモミミを見られて照れてる表情がたまらん～（感激）

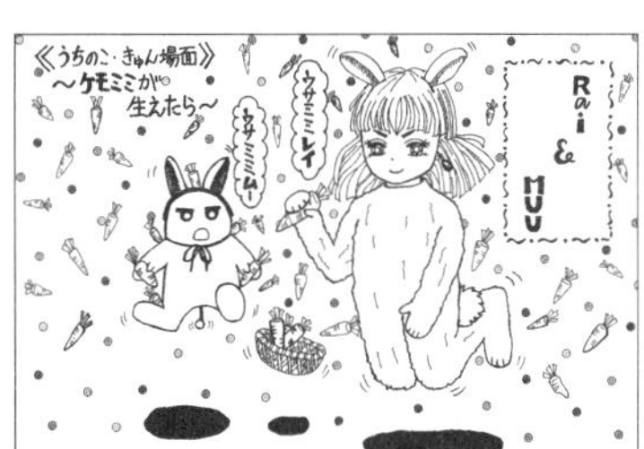

広島県・貴希

うさみみににんじんふよふよ空間☆　仲よくあったかタイムだね♡

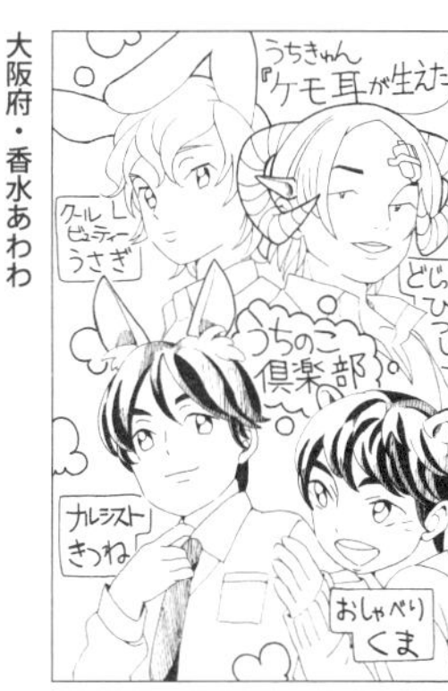

大阪府・香水あわわ

どじっこひつじキマシタッ！　どのケモミミも好きぃ…♡

みつあみ男子 特集

NAVIGATOR

日花子

【日花子】さんのコメントと一緒にお送りします！

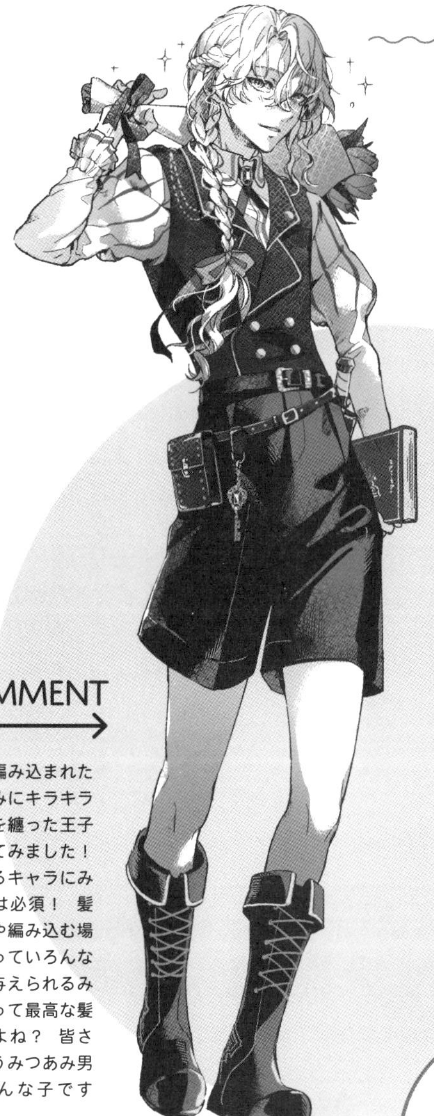

COMMENT

綺麗に編み込まれたみつあみにキラキラオーラを纏った王子を描いてみました！　品のあるキャラにみつあみは必須！　髪の長さや編み込む場所によっていろんな印象を与えられるみつあみって最高な髪型ですよね？　皆さんが思うみつあみ男子はどんな子ですか？

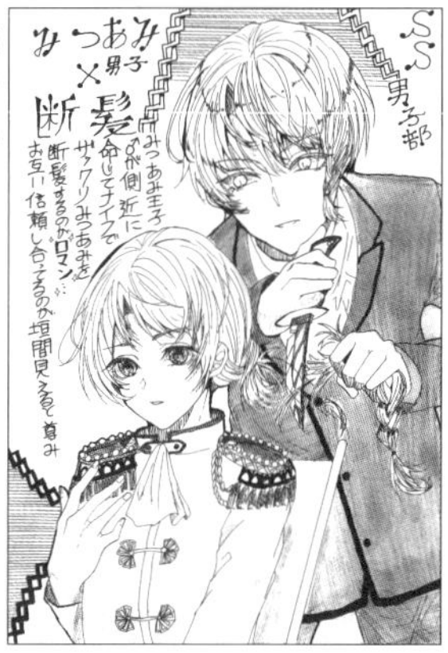

北海道・シズ

みつあみをバッサリ切る瞬間の髪がほどけていく感じがめっちゃいいですよね！　王子と側近の関係性も気になります…！（日）

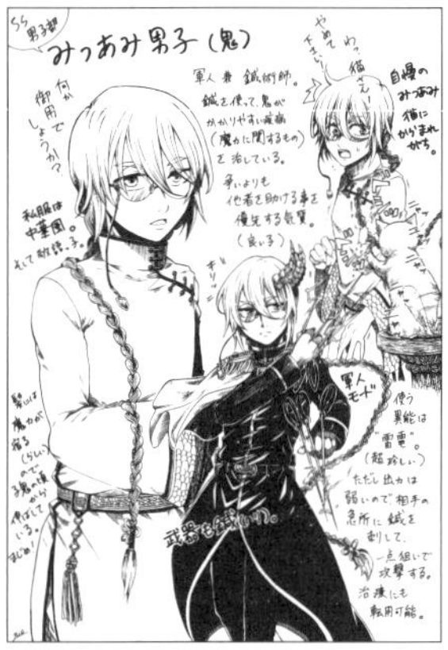

神奈川県・璃緒

仕事時のまじめでクールな雰囲気から一転して猫にみつあみをベシベシされた時の焦りの顔がいい！　猫に敬語もかわいい（日）

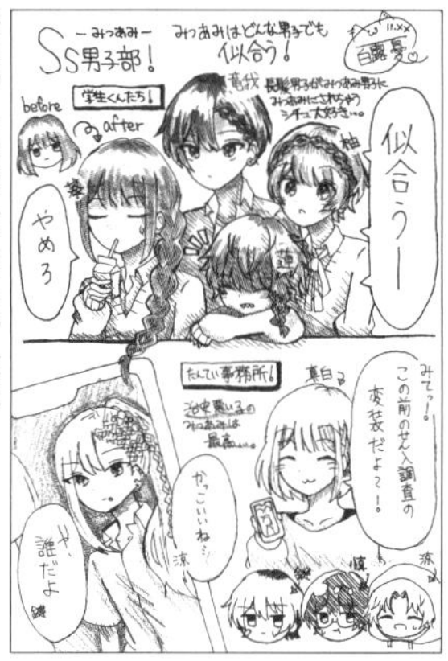

静岡県・白露蔓（ゆゆてる。改め）

みつあみアレンジのバリエーションが沢山あってどれも似合いますね！　長髪男子は髪をいじられる運命…（日）

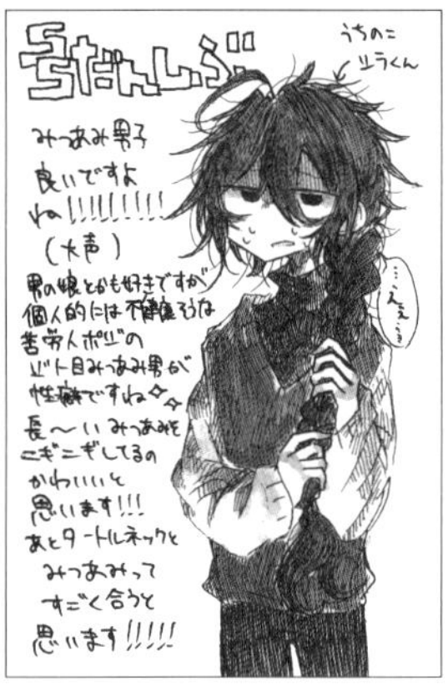

宮城県・ねくつ・14歳

自分のみつあみを触りながら話すのが癖になっている感じ、すごく想像できます！　絵柄とも相まってどこか愛らしいです！（日）

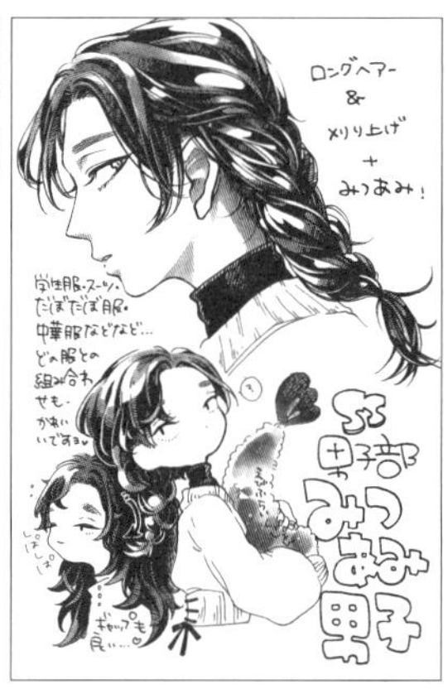

福岡県・無月

みつあみの形状からエビフライは思いつきませんでした!!　納得です！　髪をおろした時のくせ毛もよい…（日）

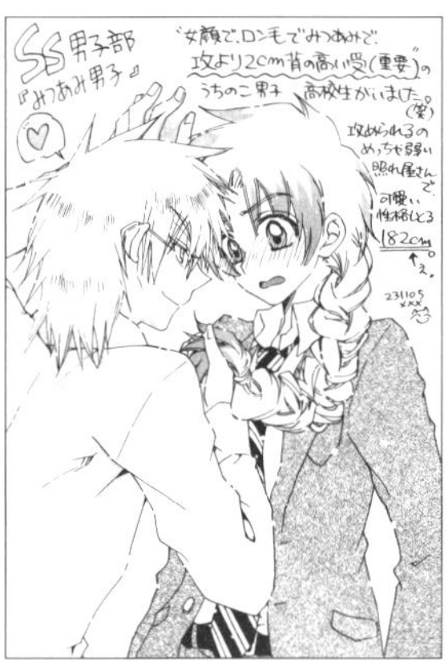

千葉県・前川泉

顔もかわいい、みつあみもかわいい、性格もかわいい、けど182センチ!?　身長をみるとやはり男子なんだな〜と、それもギャップ！（日）

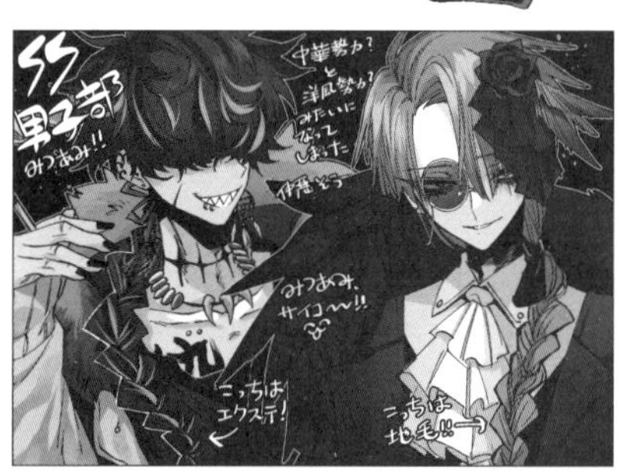

埼玉県・82

犬猿の仲だけど結局仲良しな二人では？　中華くんも洋風くんもどちらもみつあみがジャストフィットで仲良し！　あとかっこいい！（日）

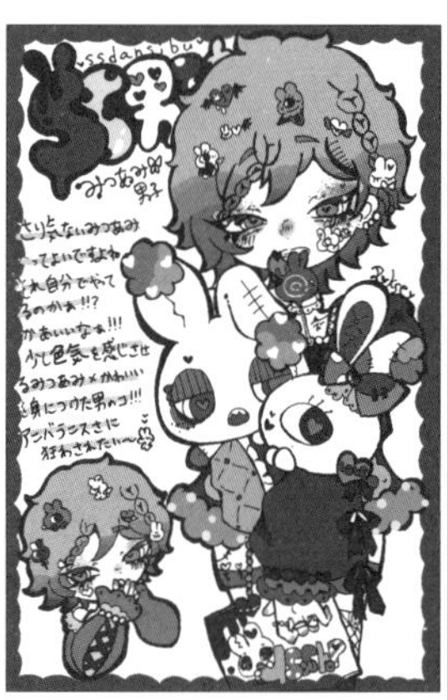

群馬県・Rokse

さり気ないみつあみにかわいいヘアアクセと小物類…細かい所までこだわりが詰まっていてかわいい！　色付きでも見てみたいです…！（日）

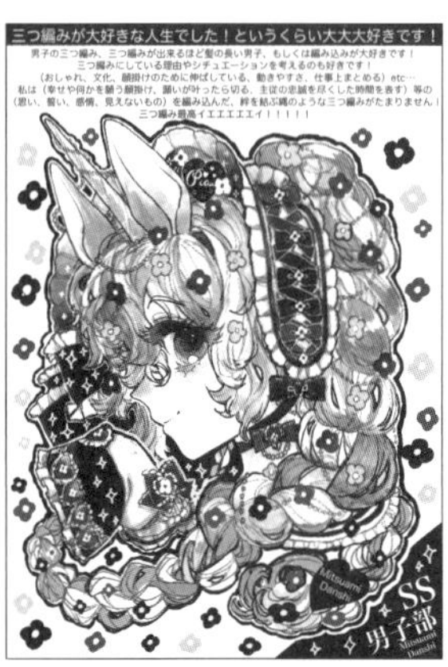

高知県・まろやか

みつあみ愛がとても伝わってくる！　絆を結ぶ縄ってすごくいい言葉ですね！　イラストの花やアクセで飾ったみつあみも好きです！（日）

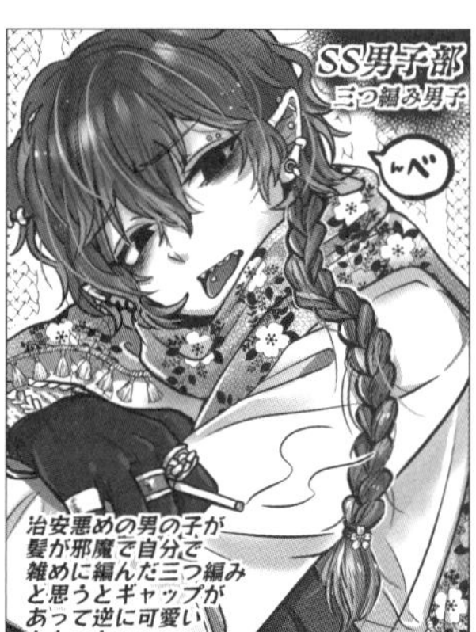

福岡県・杏蜜花

治安悪めでもみつあみができる器用さが隠せませんよね〜。表情も悪く見せようとしているところがかわいい…！（日）

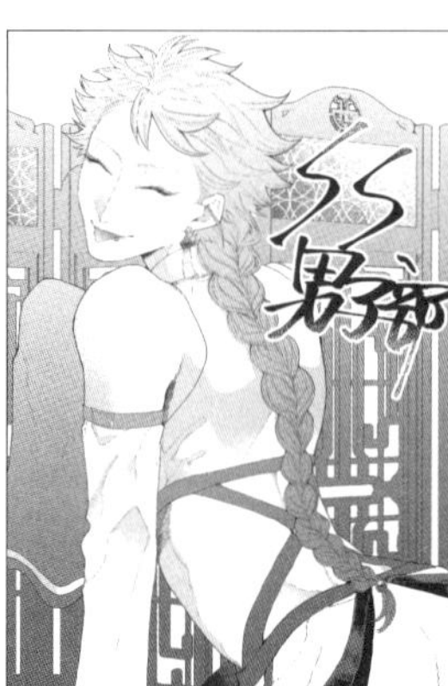

佐賀県・紅葉

腰まで伸びたきめ細かいみつあみが美しいです！　背後から振り返るポーズはみつあみが一番映えますね…！（日）

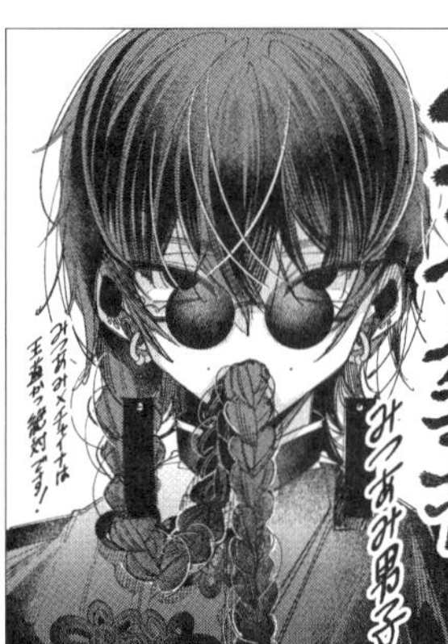

滋賀県・真田しろ

やはり王道は最強ですね！　正面から長いみつあみをくわえている構図の絵力が強すぎて圧倒されます!!　全てカッコイイ!!（日）

NEXT

次回は「スーパークロップ男子」を募集

クロップ丈のレザートップス×ゲイチェストハーネスを身につけたバニーボーイ、胸筋部分がパックリひらいたスーパークロップから片乳ピアスがチラリと覗くメンズコンカフェ店員のエッチなお兄さん、クロップ丈のマリンスタイルのアイドル少年など…、「スーパークロップ男子」にまつわるツボをお待ちしています！

SS DANSHI-BU

「男子のこんなトコがたまらない！」という思いを皆で発表！ 第46回は「みつあみ男子」特集をお届け！

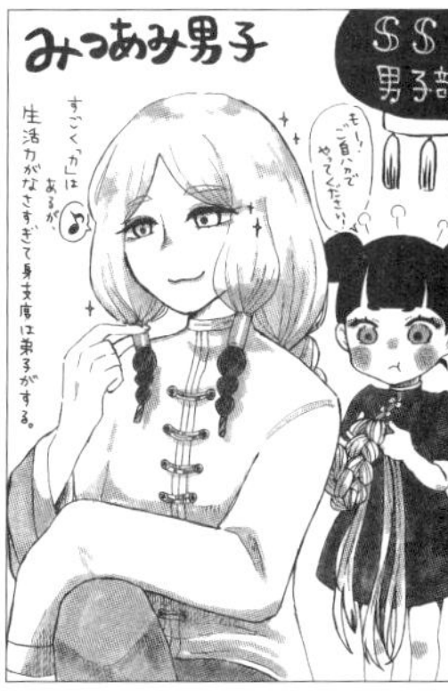

宮城県・まめもひ

弟子がみつあみをしてくれると信じて髪を伸ばしているのでしょうか… いい師弟関係です！ 師匠の表情からも嬉しさが滲み出ている！（日）

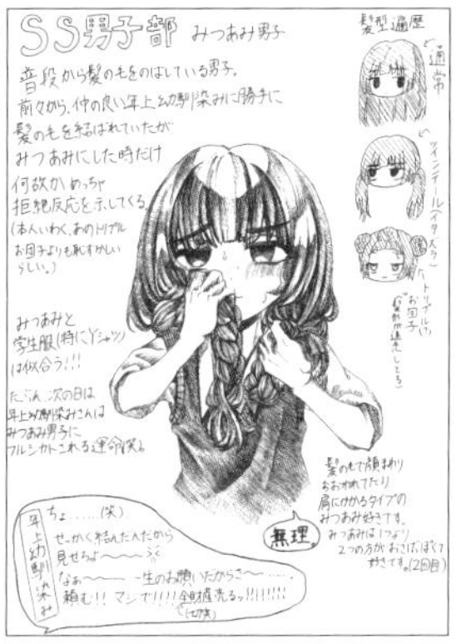

鹿児島県・ごまたに・14歳

年上幼馴染みさんにみつあみをさせることを許したが段々と恥ずかしくなってしまったのか…みつあみで顔を隠す仕草が完璧です！（日）

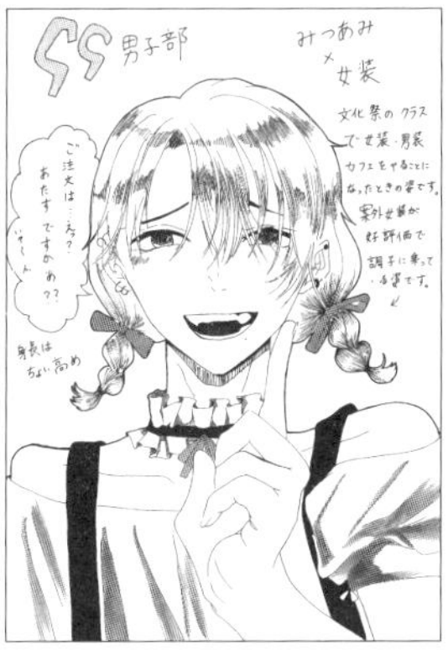

静岡県・冬華・15歳

表情から自分の女装がイケてると思っているのが察せます（笑）体格は男らしいのに顔の良さでどんな髪形も似合ってしまいますよね！（日）

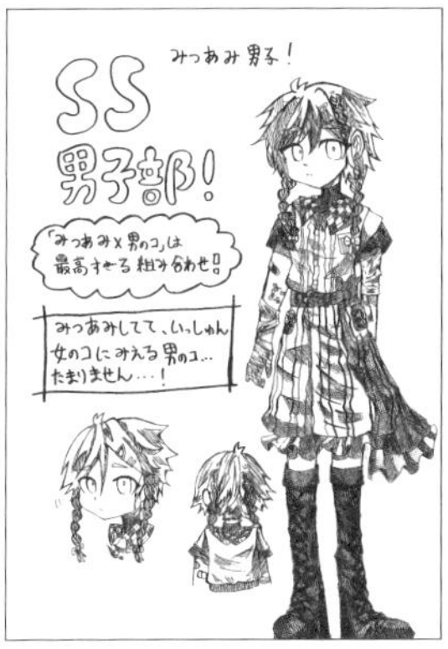

神奈川県・おくら・12歳

かわいさもかっこよさも兼ね備えているキャラですね！ 狙っていない中性的な雰囲気、私も好きです！ 衣装も絶妙!!（日）

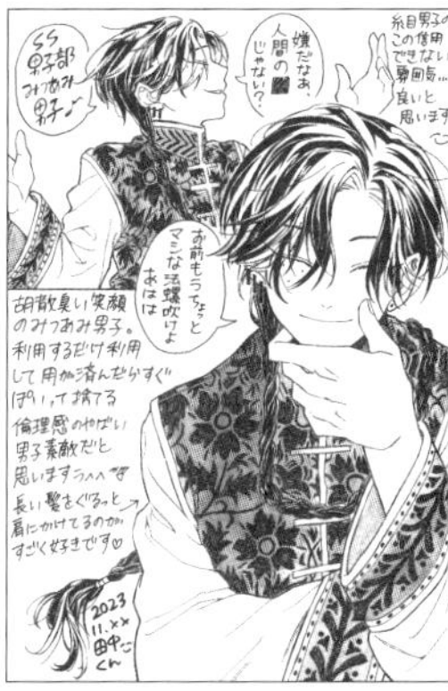

沖縄県・田中君

裏では何を考えているのか分からない笑顔ってどこか惹かれますよね！ 長いみつあみを肩にかける方法があるとは！ いい魅せ方ですね（日）

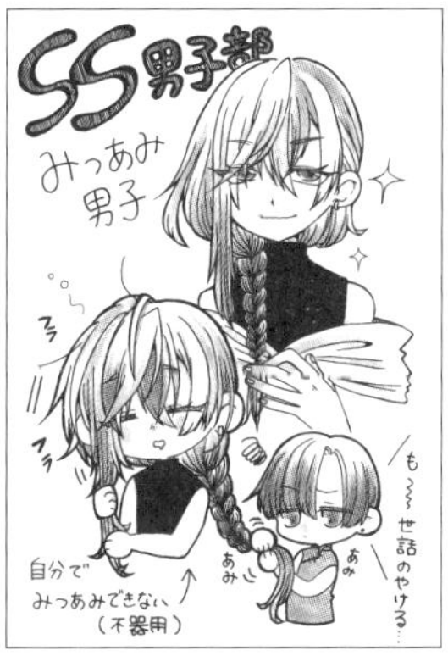

愛媛県・なご。

何でもできるストイックな人だと見せかけて実はみつあみができない不器用くん…ギャップを知ると沼りそうなキャラです…！（日）

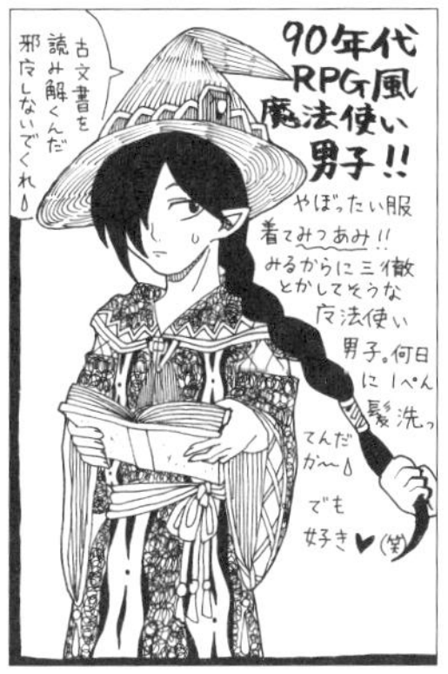

東京都・泉谷

魔法使いにみつあみは間違いない組み合わせですよね！ 魔法以外に無頓着なところもまたいいです…（日）

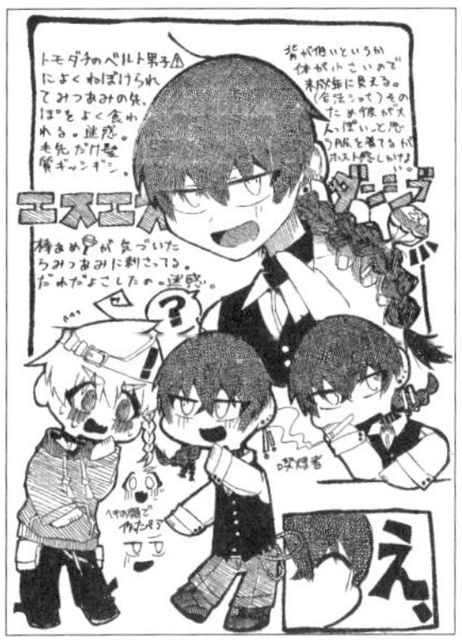

長野県・ニャンパネルラ

髪を伸ばしてみつあみにしても大人っぽさが出せないみつあみ男子君かわいい!! 開き直って棒あめをなめていた方が似合うかも？（日）

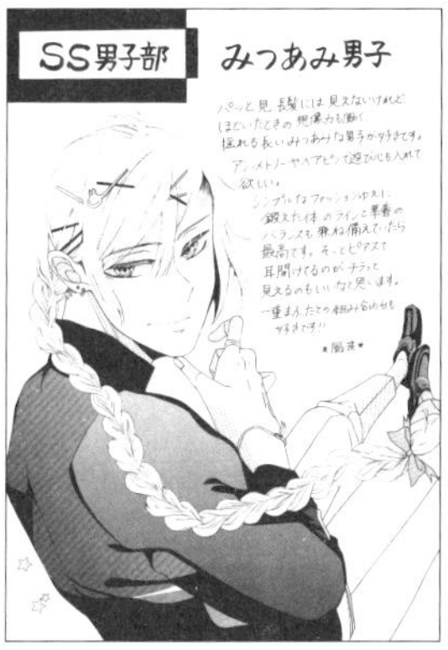

福島県・風波

シュッとした目元にみつあみは洗練された印象があってかっこいいです！ ほどいたときの想像もアレンジも多様で無限大ですね…！（日）

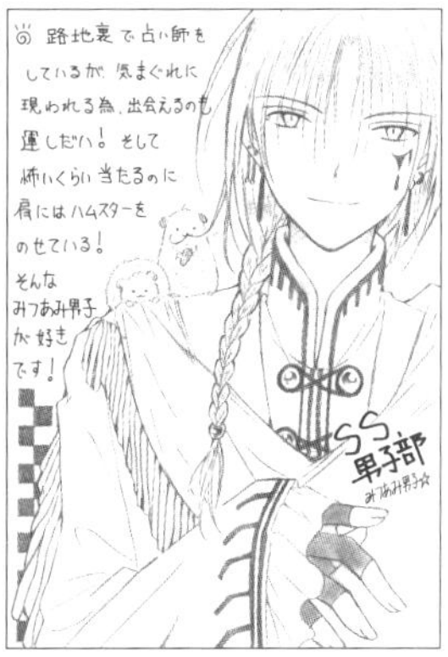

茨城県・あおいみう

実力もあり希少な存在なのに肩にハムスターはかわいすぎる！ ハムスターがみつあみにぶら下がっている光景が目に見えます！（日）

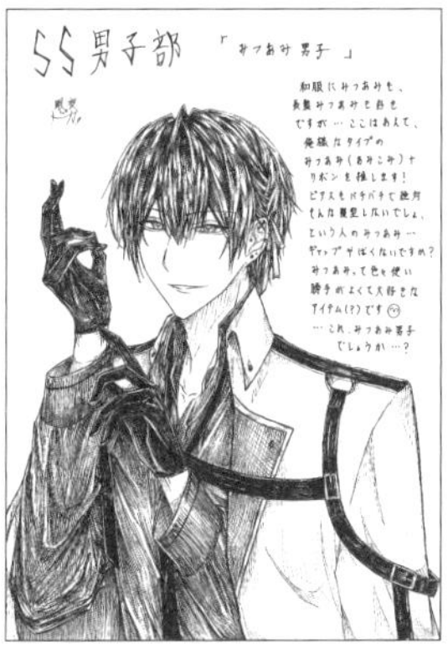

神奈川県・眠夜トーカ。

俺様系にみつあみリボンは思いつきませんでした！ 自分で編み込んでいる姿も見てみたいですね！ 立派なみつあみ男子です！（日）

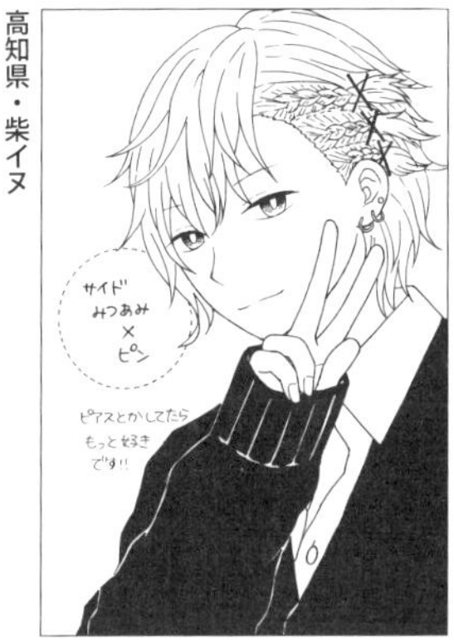

高知県・柴イヌ

耳上にみつあみはめっちゃ好きです!! あと片側の髪は下ろしていて萌え袖なのもポイントですね…ピアスもよく映えてます！（日）

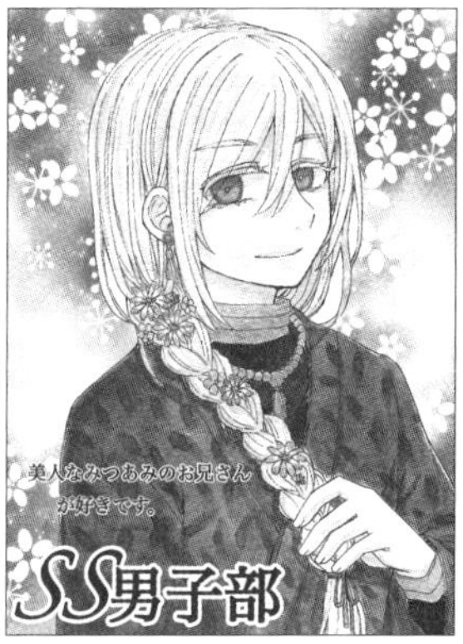

静岡県・Aide

シンプルに美人みつあみお兄さん優勝です！ 更に飾られたお花がお兄さんの可憐さを増幅させています…！（日）

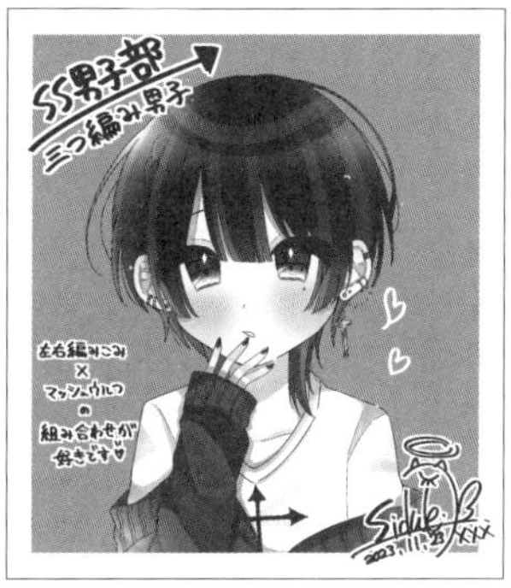

福岡県・紫月・15歳

マッシュウルフに左右編み込みはかっこよさもかわいさもあって天才の組み合わせです！ プラスで耳のピアスも最高!!（日）

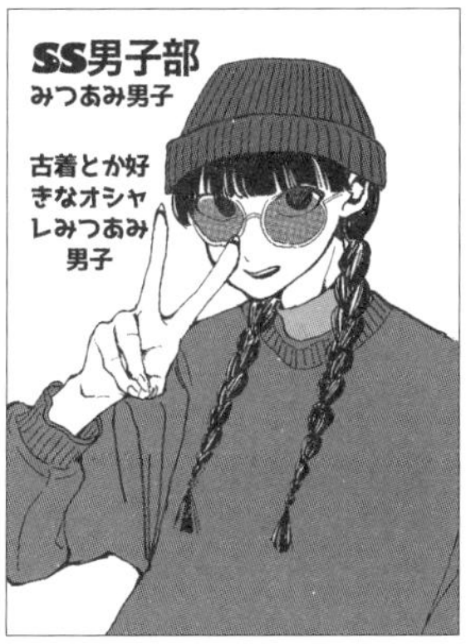

京都府・あはちゃ・18歳

古着にみつあみ男子はオシャレの極みですね！ この子にしかできない唯一無二な雰囲気！ こんな子にコーデを組んでもらいたい（日）

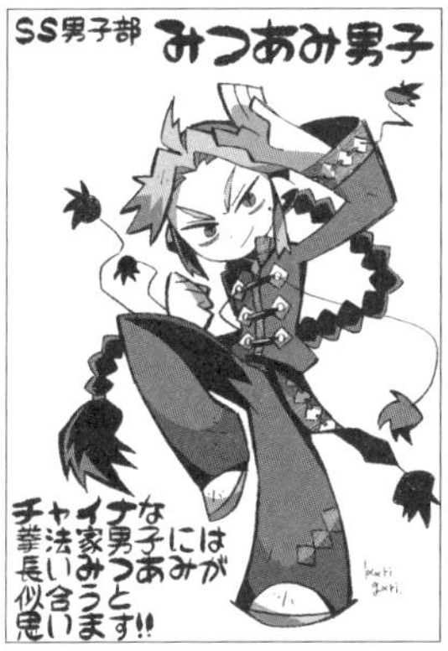

東京都・かりがり

シャープなデフォルメキャラにチャイナ服とみつあみが相性ばっちり！ 蹴りを入れながらみつあみが揺れる様がまたいい！（日）

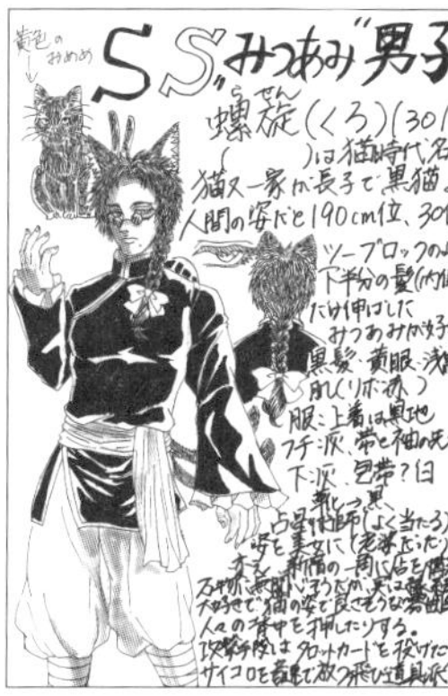

岩手県・あひるフロスト

変身したり占い要素を取り入れた攻撃をしたりなど、斬新な設定がすごい！ 30代にみつあみはダンディさが増してかっこいいです！（日）

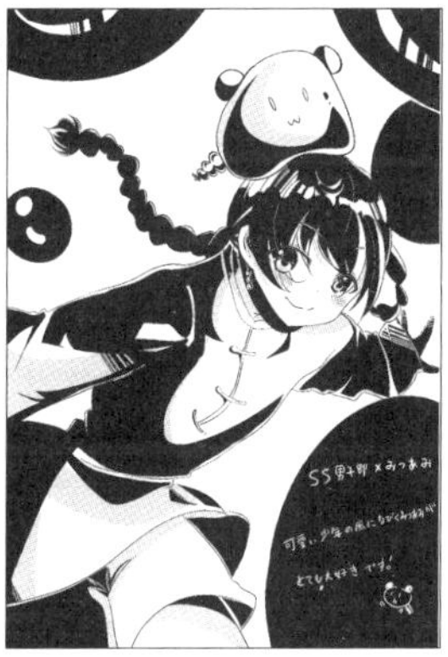

三重県・リンシード

風になびくみつあみ私も好きです！ 少年ならではの髪のサラ艶感ってありますよね〜！ この子の髪を触ってみたいです…（日）

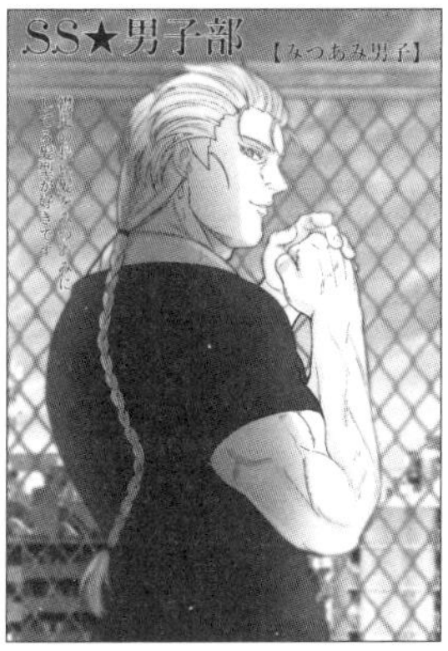

栃木県・MOONSTAR

襟足のみつあみが男性の強さを助長していますね！ 風でみつあみがなびく姿なんかも絶対最強ですよ！（日）

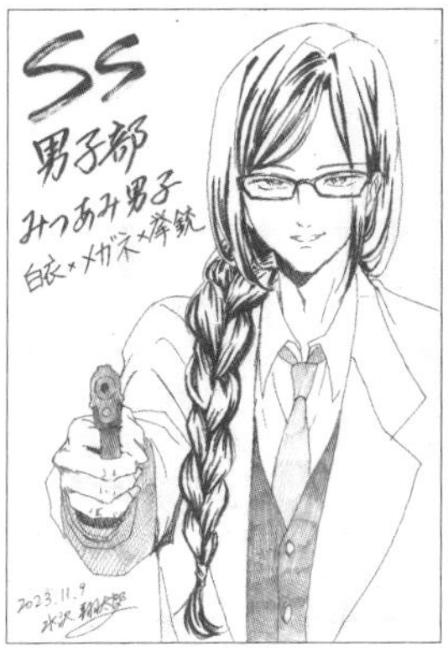

広島県・水沢翔太郎

拳銃が追加されるだけでなにか壮大なストーリー性が生まれますね…！ 綺麗なみつあみからは真面目さが見えますがその裏には…？（日）

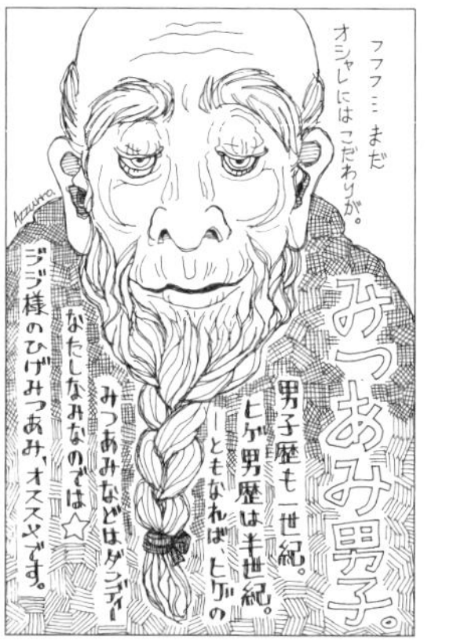

福島県・Azzurro.

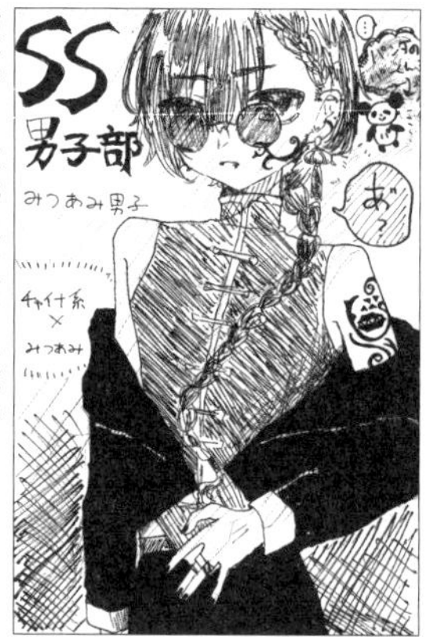

栃木県・りんご野あだ（はとね改め）

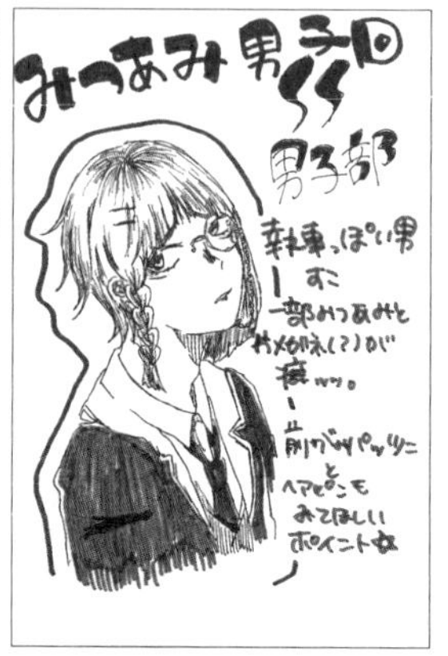

長崎県・ー□○▲ムグラ

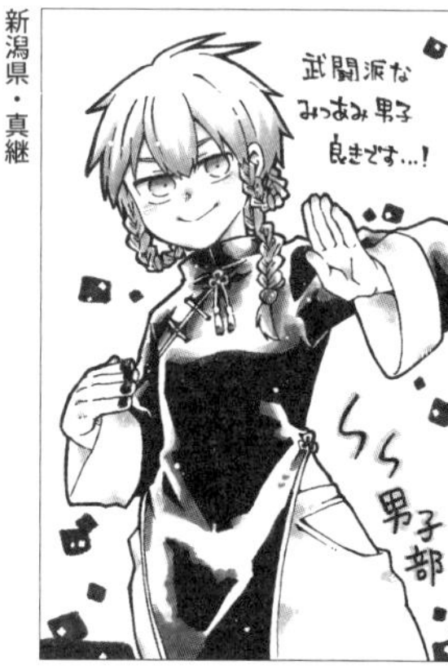

新潟県・真継

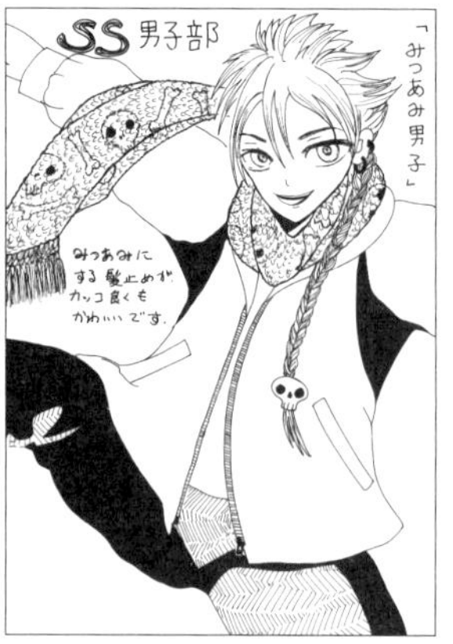

千葉県・武田和子・72歳

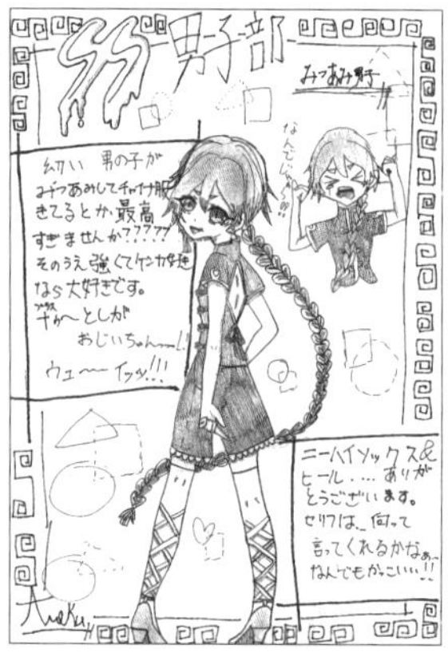

鹿児島県・天久

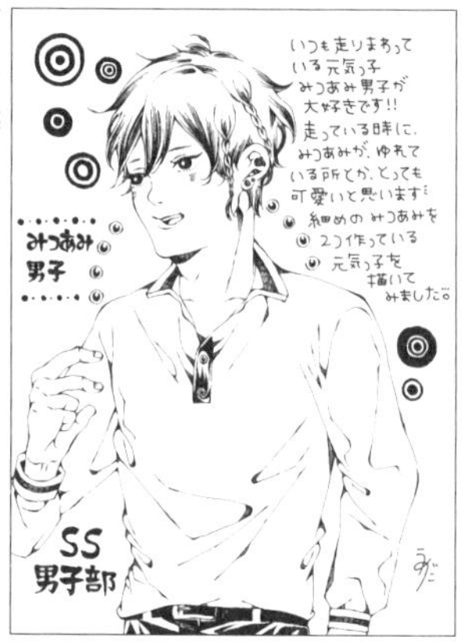

福岡県・梅田

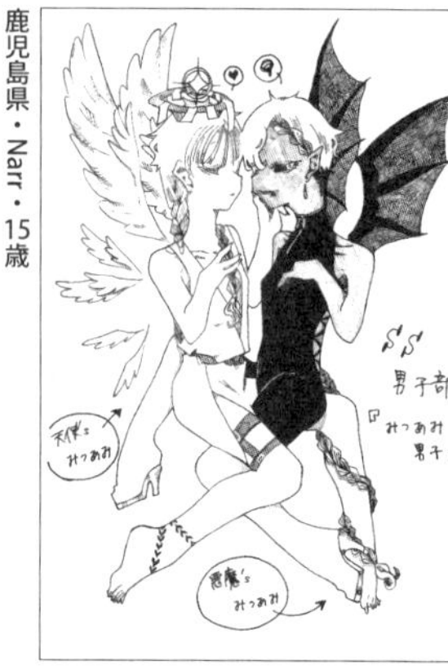

鹿児島県・Narr・15歳

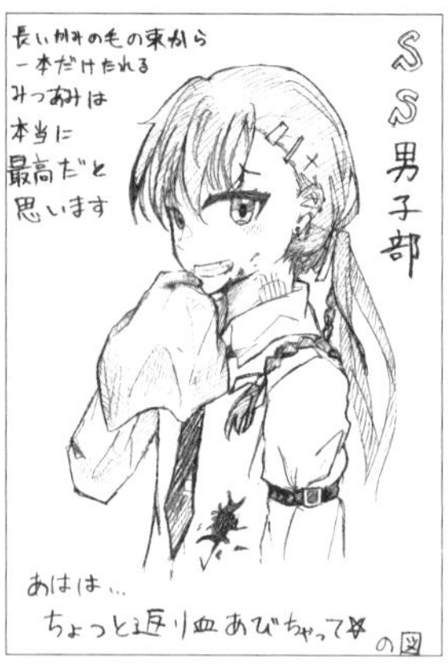

兵庫県・包み草

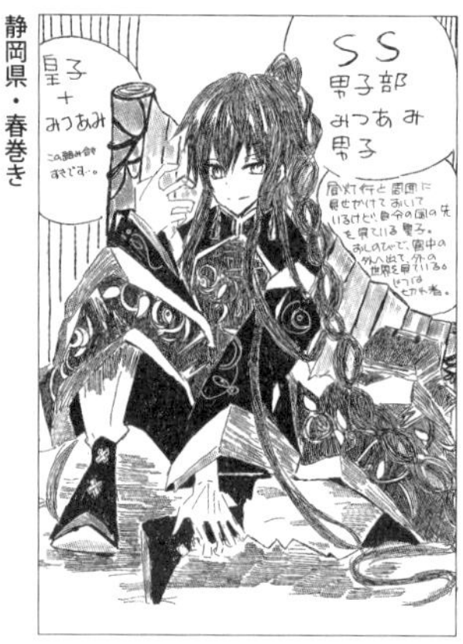

静岡県・春巻き

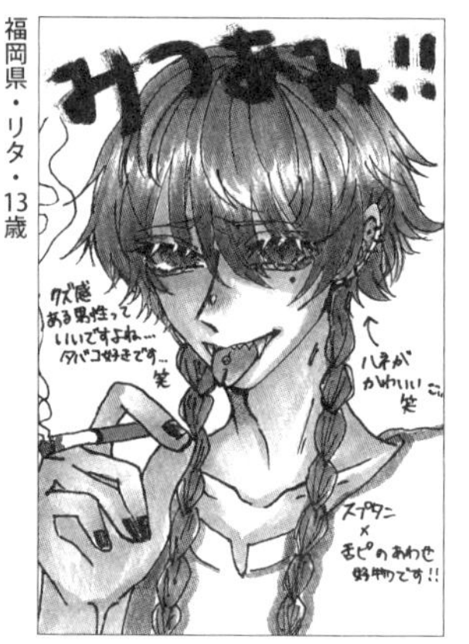

福岡県・リタ・13歳

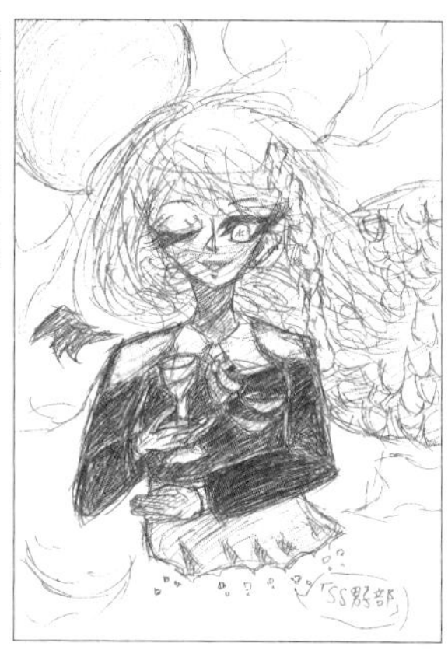

れいぼう26℃・11歳

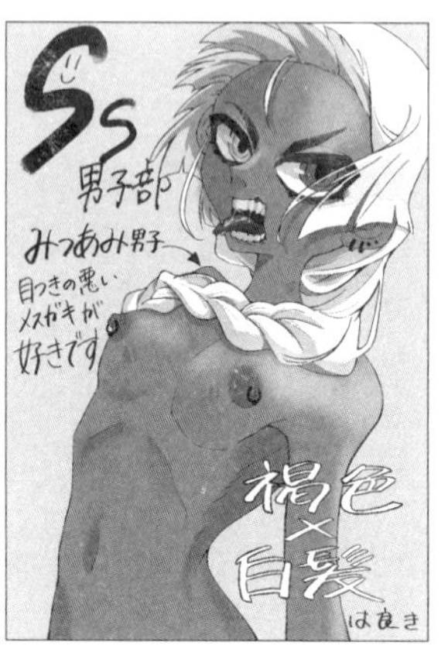

神奈川県・玄石

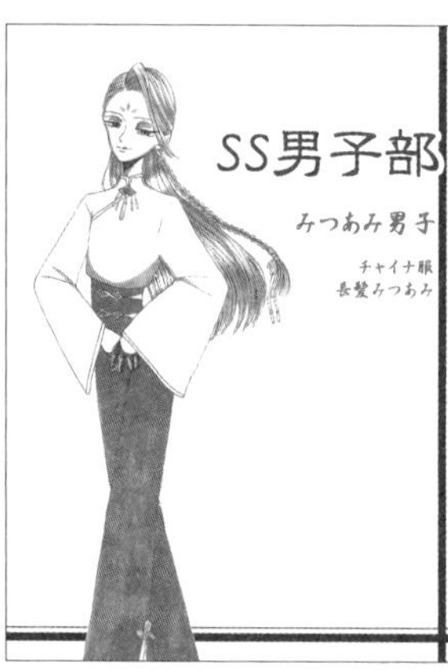

岩手県・花灯こはく

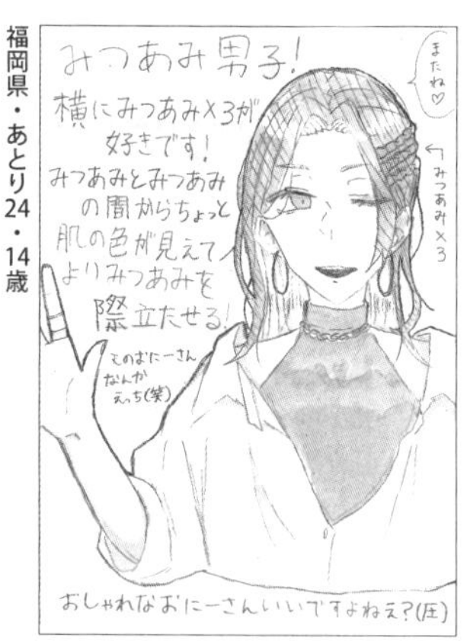

福岡県・あとり24・14歳

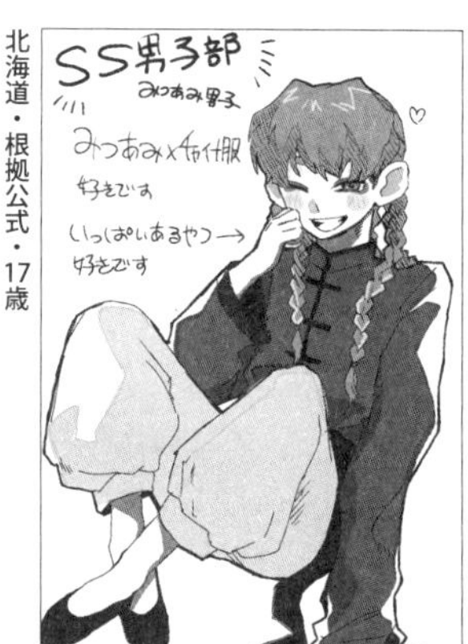

北海道・根拠公式・17歳

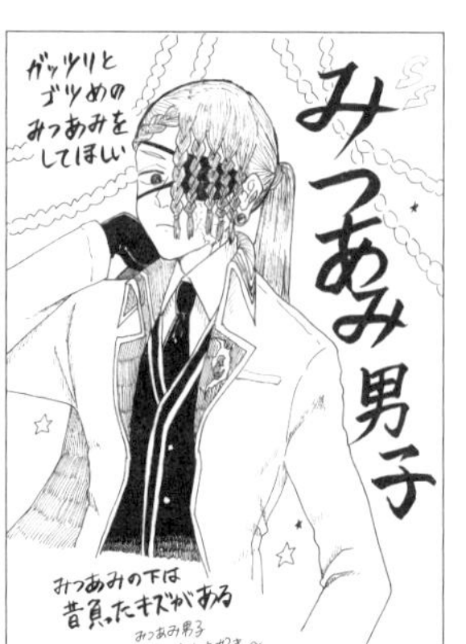

群馬県・RB

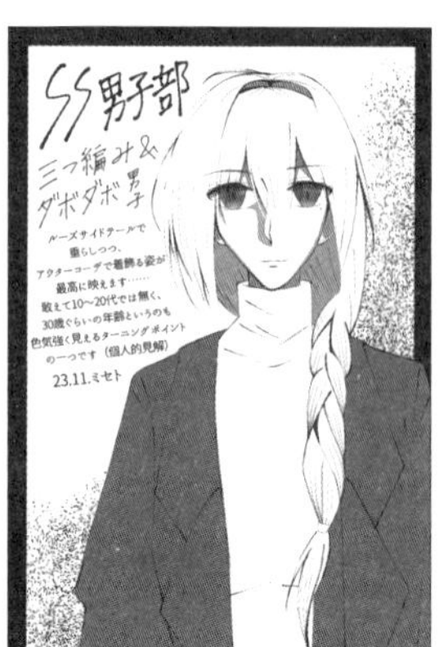

鹿児島県・ミセト

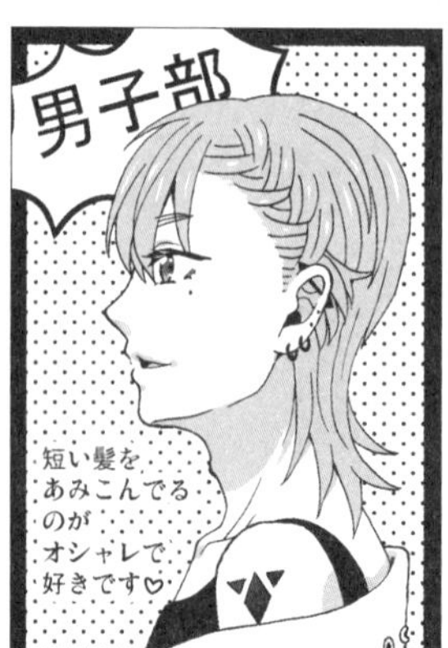

兵庫県・綿道草

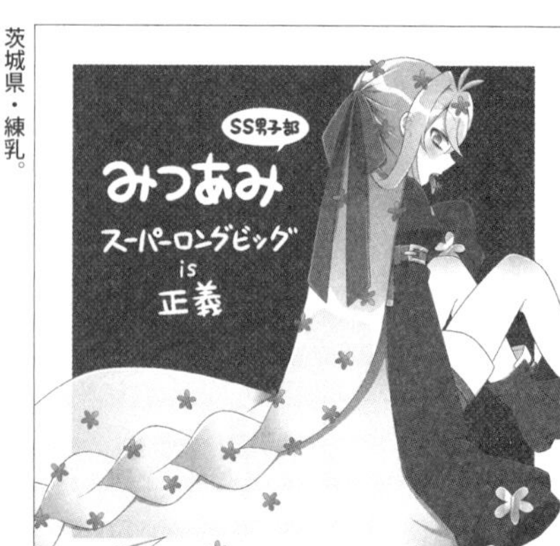

茨城県・練乳。

MINAMINO AOI
ILLUSTRATION BOOK

petinamto

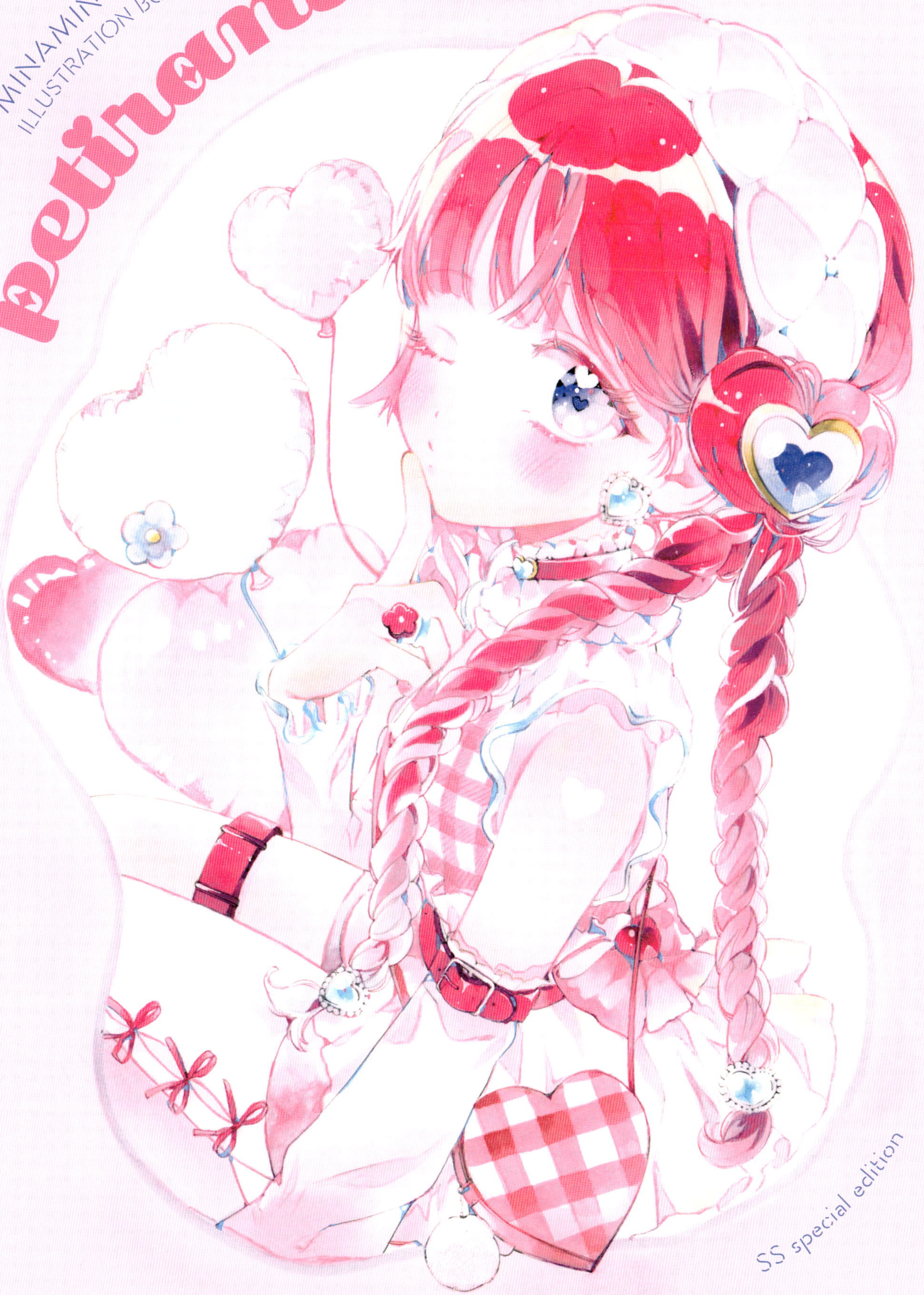

SS special edition

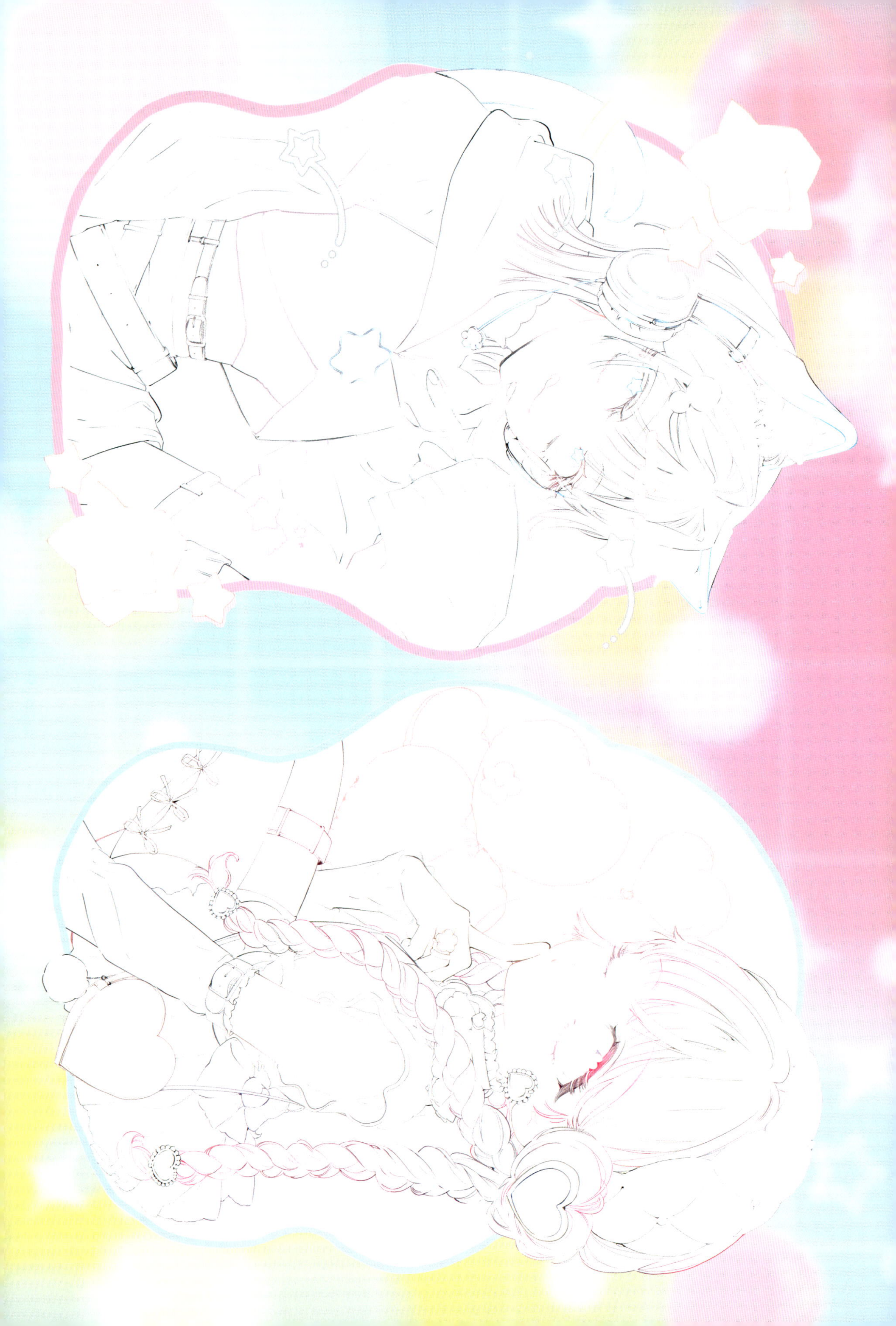

南野葵個展「ほ〜り〜ほっく！」メインビジュアル（2023.12）

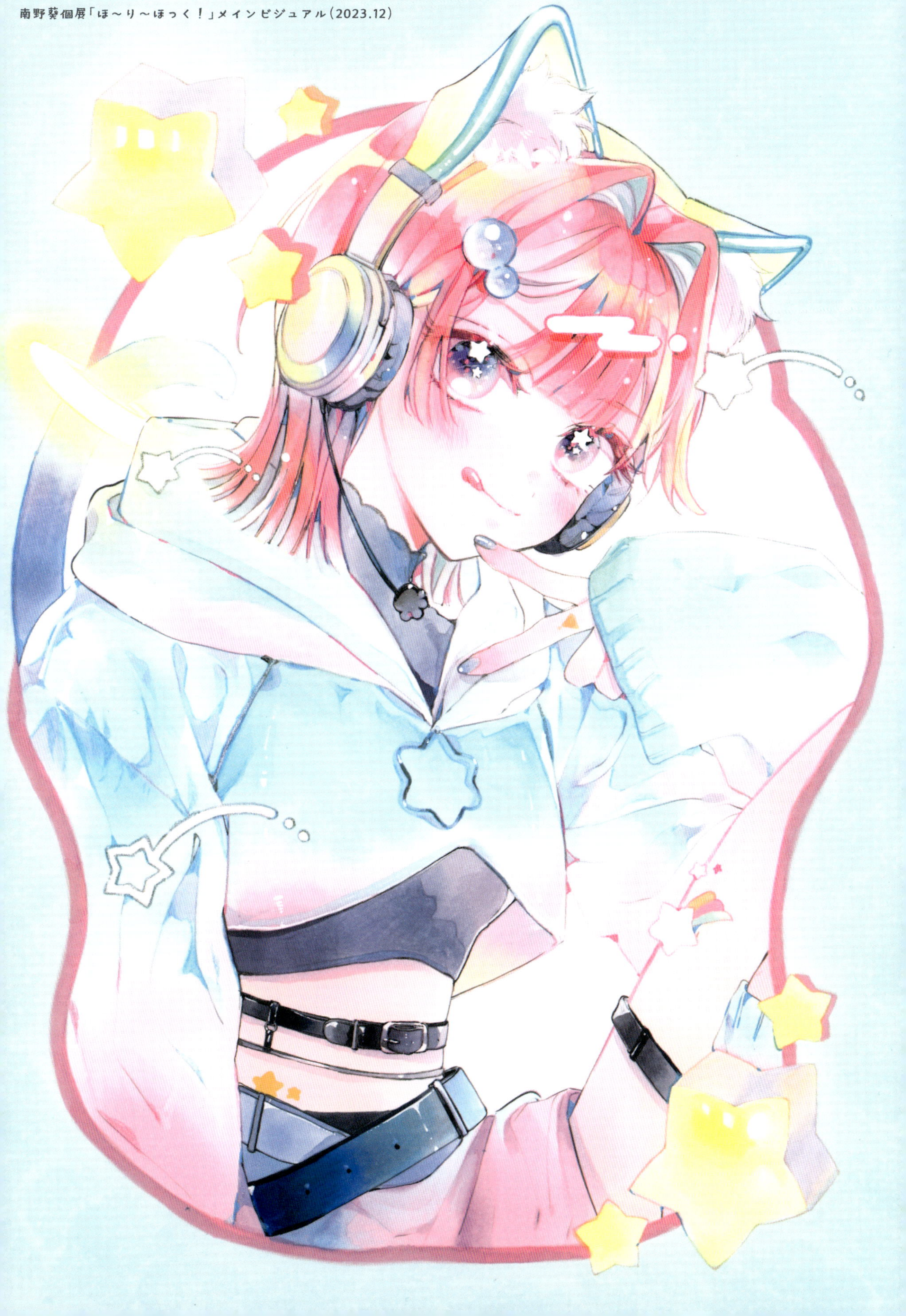

◀「いと」▼「まこ」(2023.12)

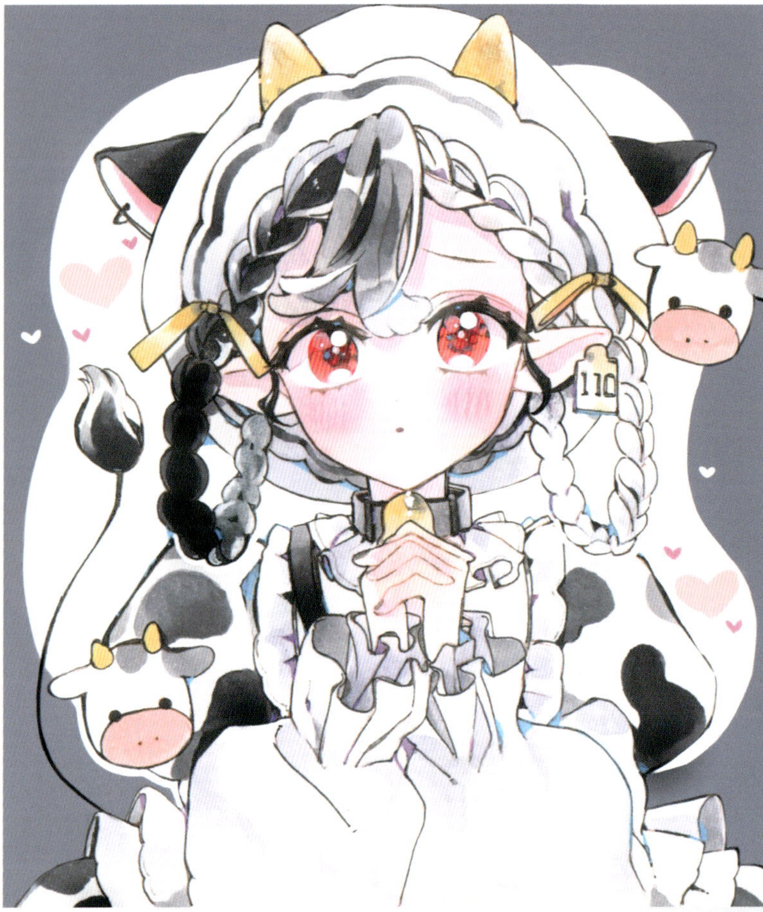

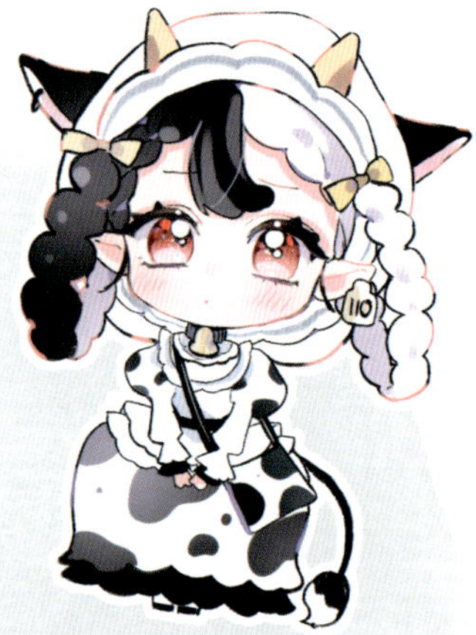

ito

maco

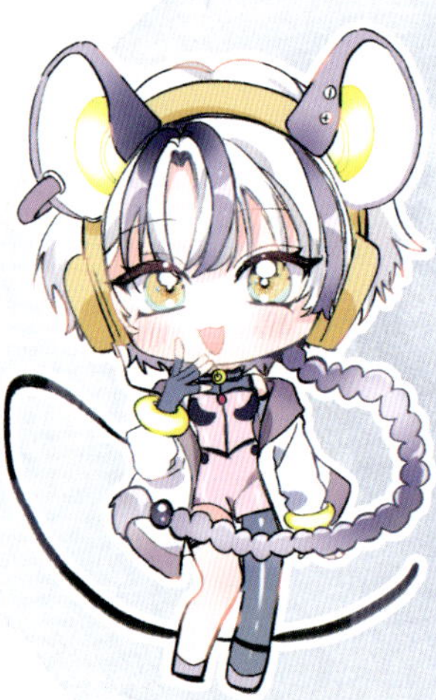

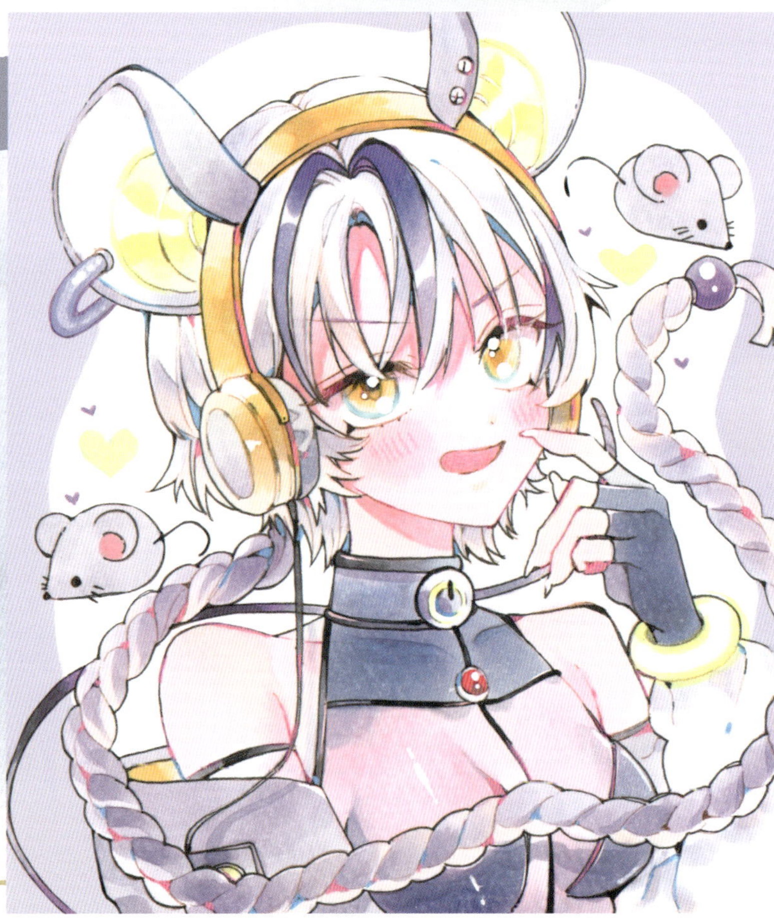

▶「にーこ」▼「ゆに」(2023.12)

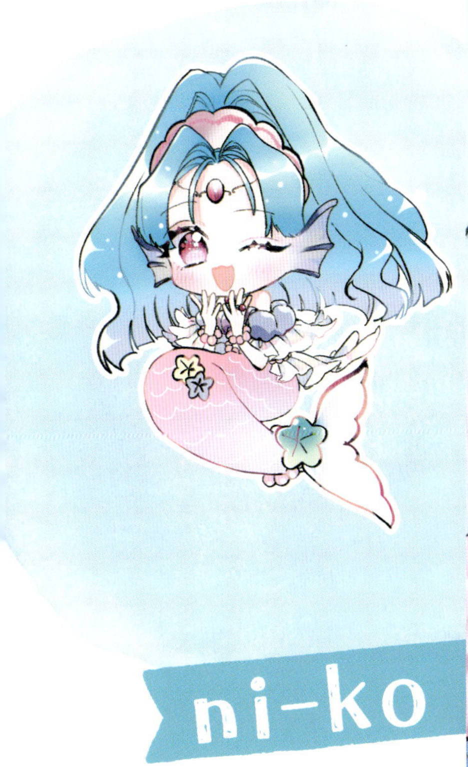

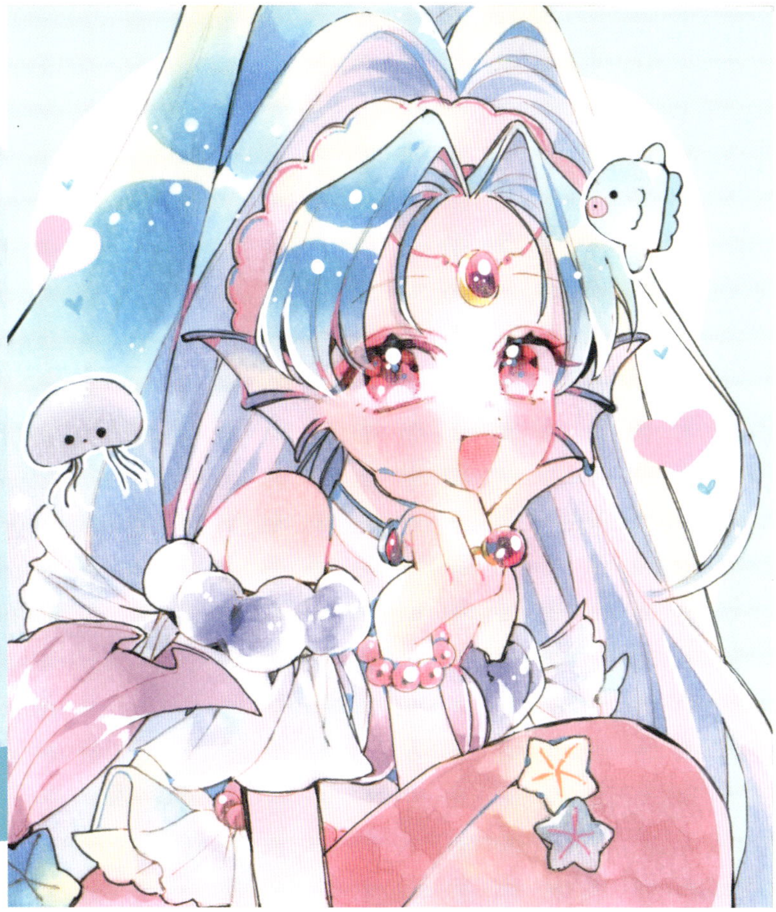

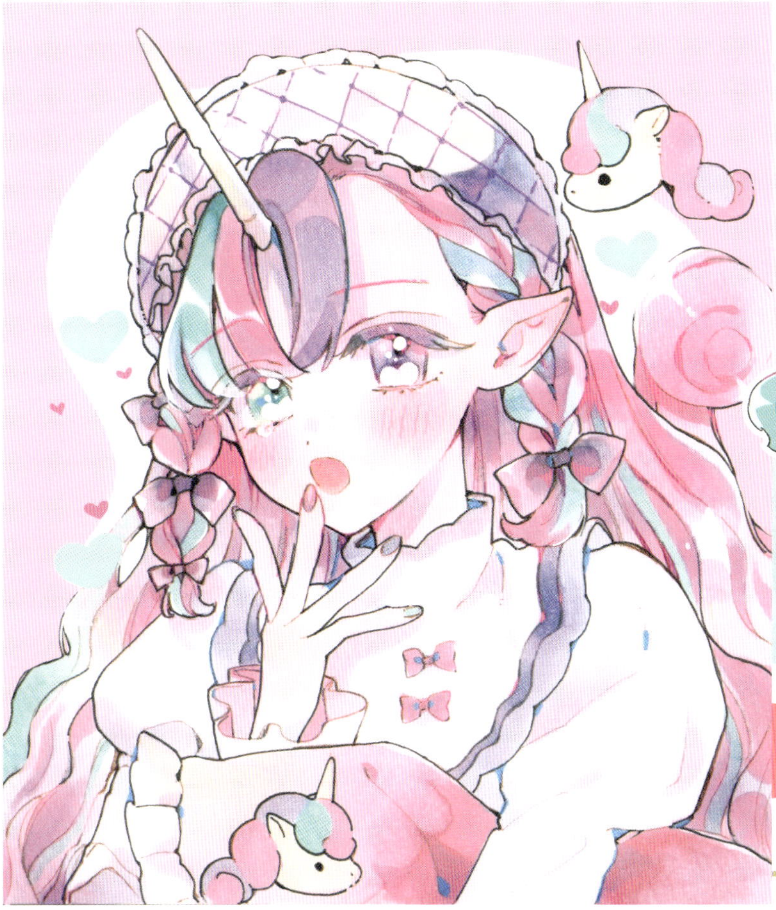

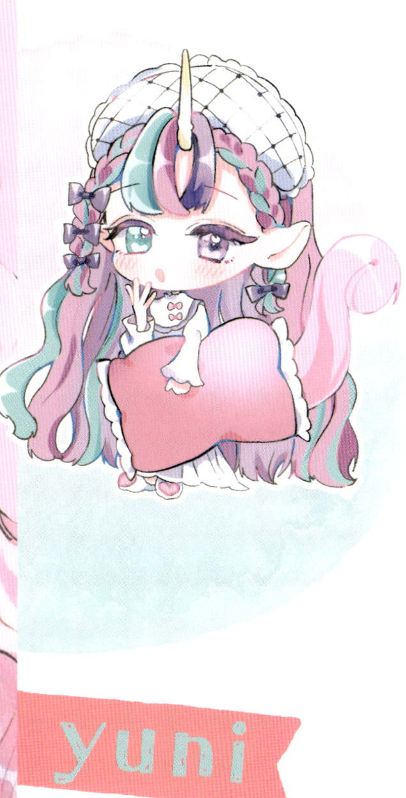

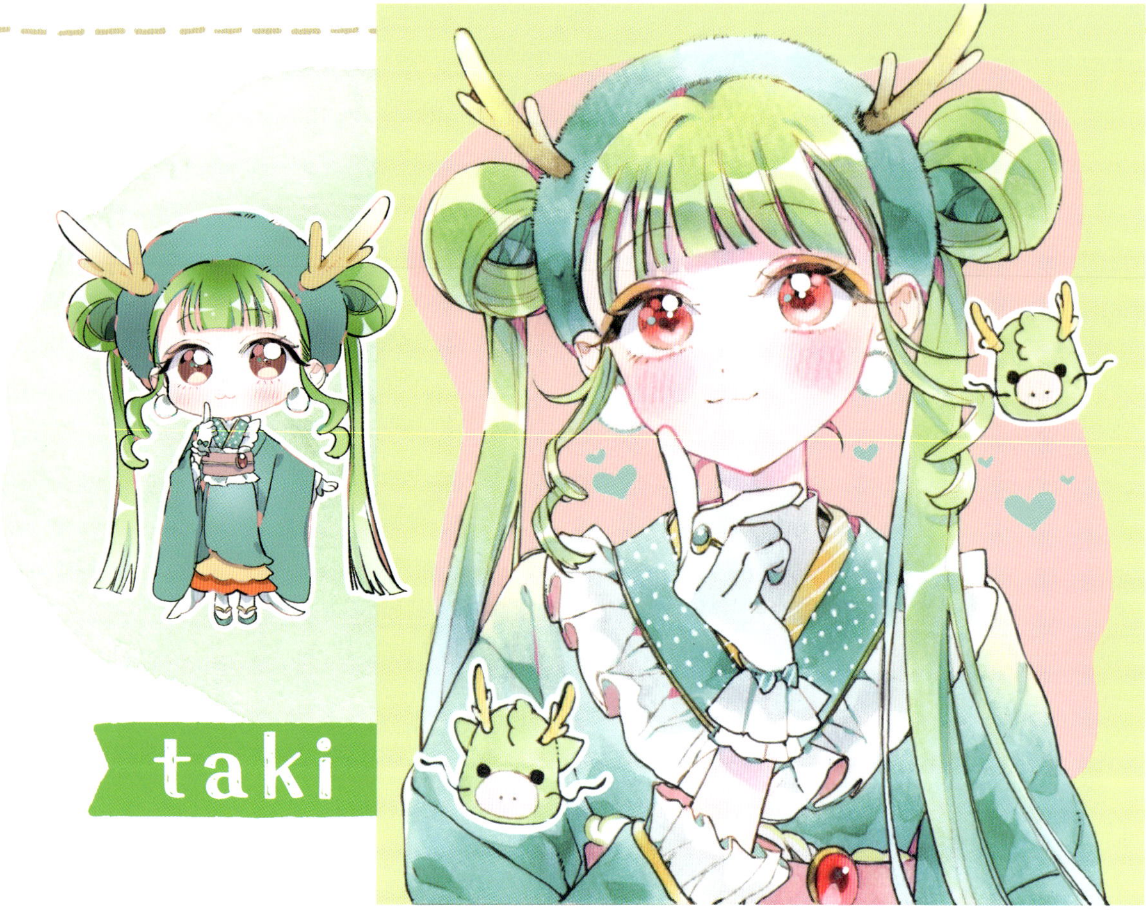

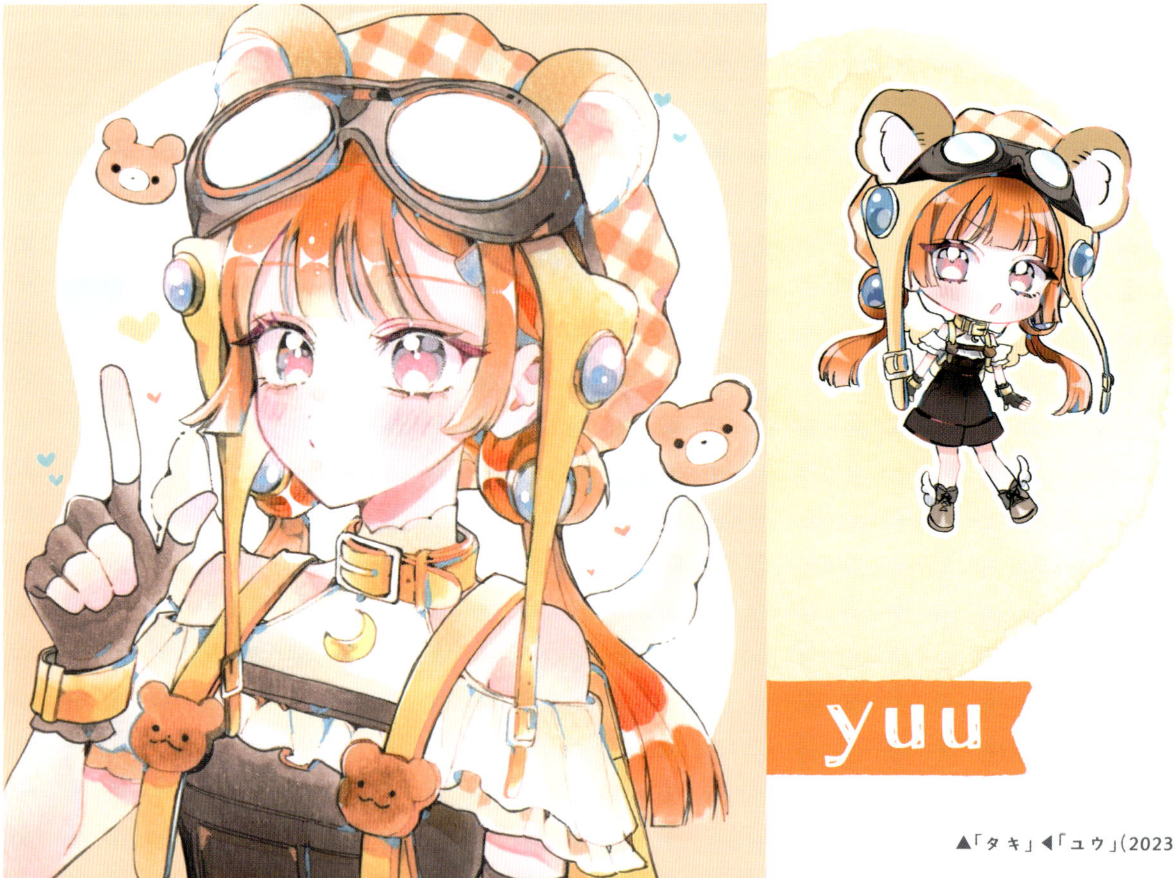

▲「タキ」◀「ユウ」(2023.12)

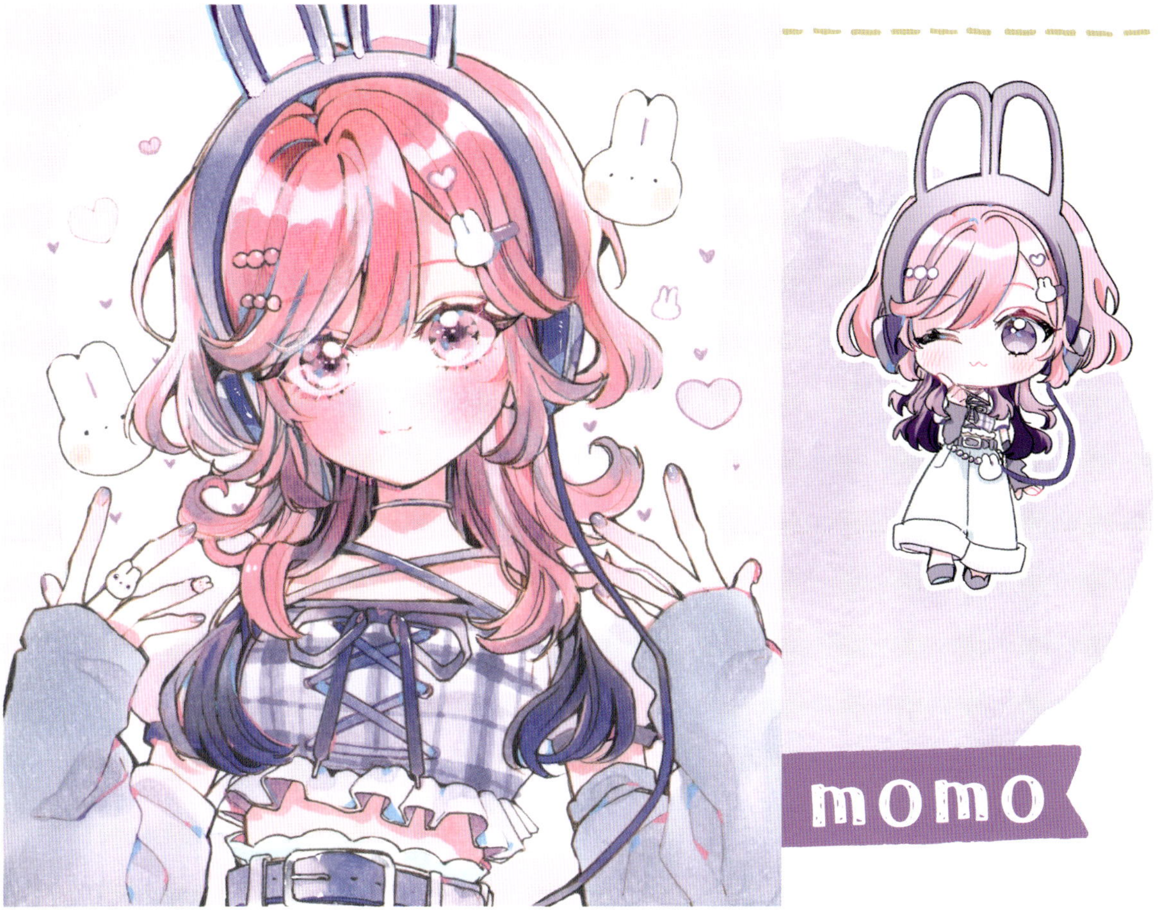

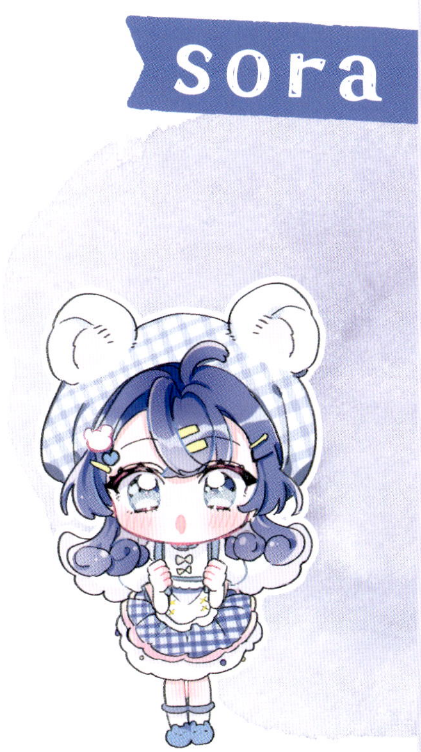

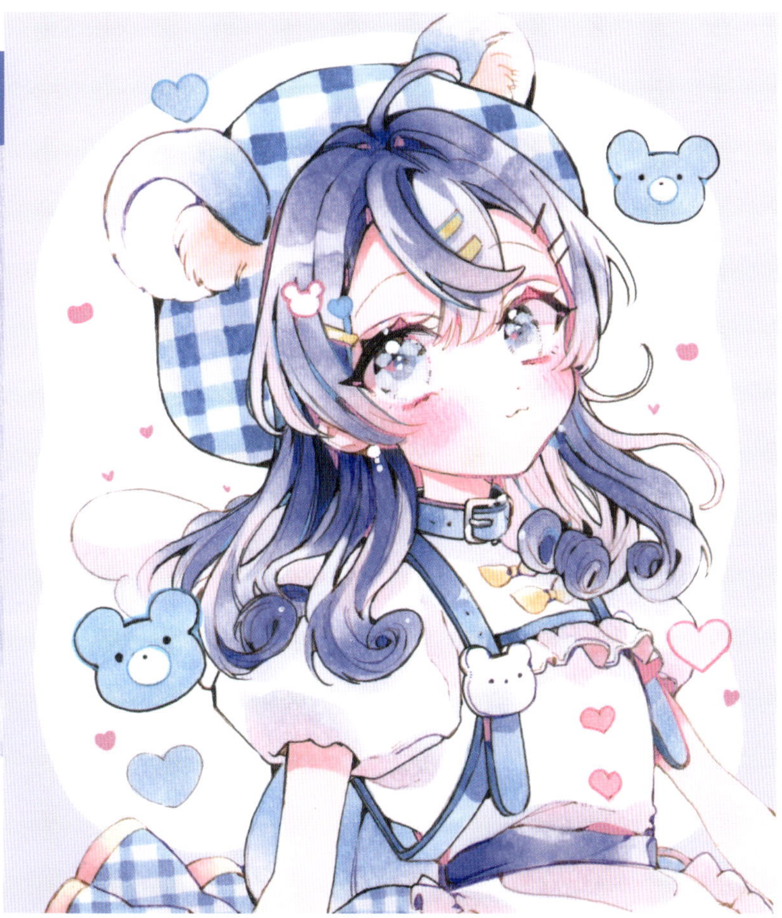

▲「もも」▶「ソラ」(2023.5)

◀「みみ」▼「むぎ」(2023.5)

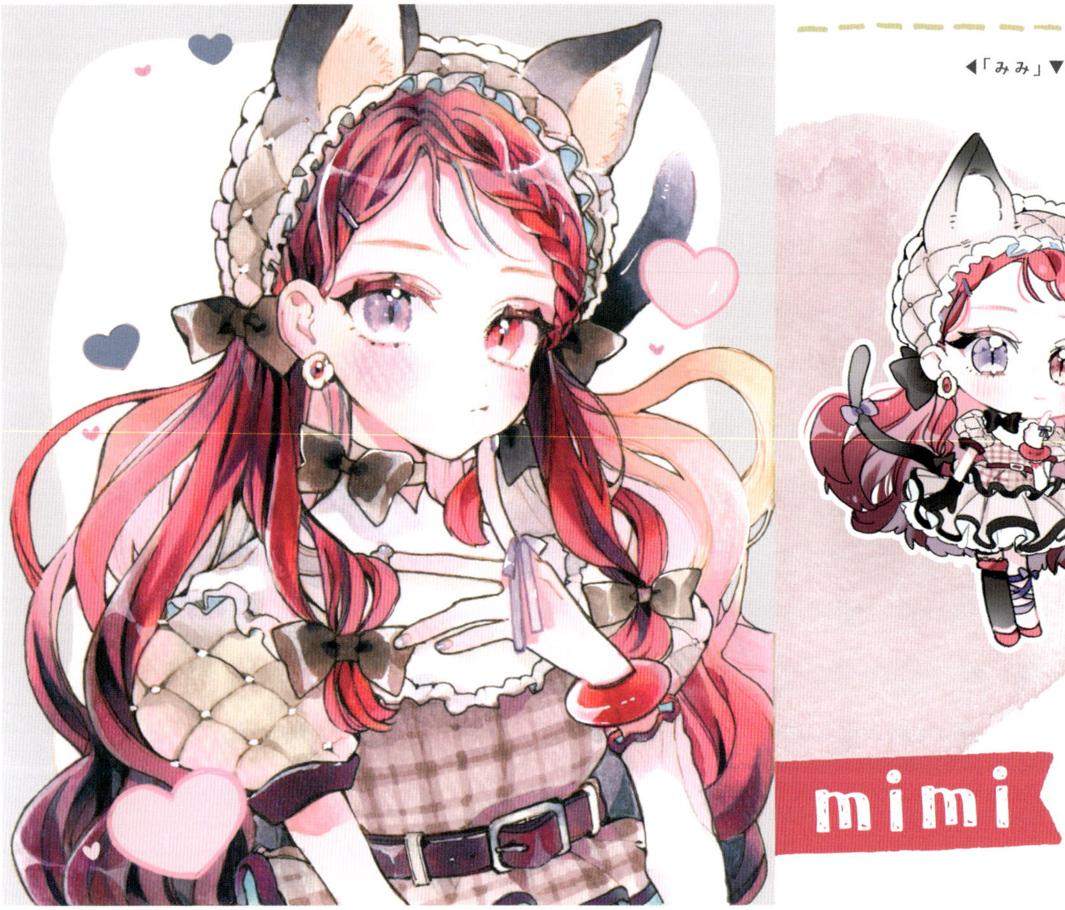

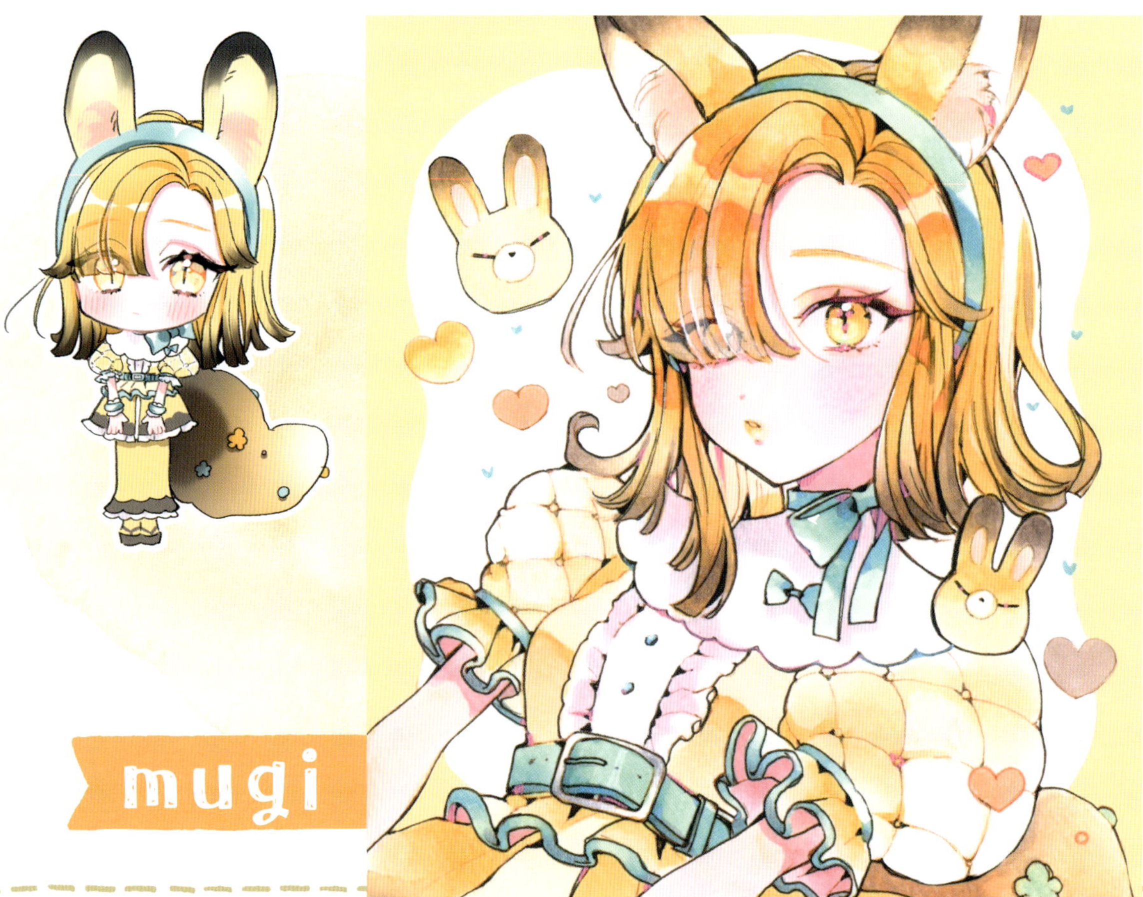

▶「ここ」▼「ルル」(2023.5)

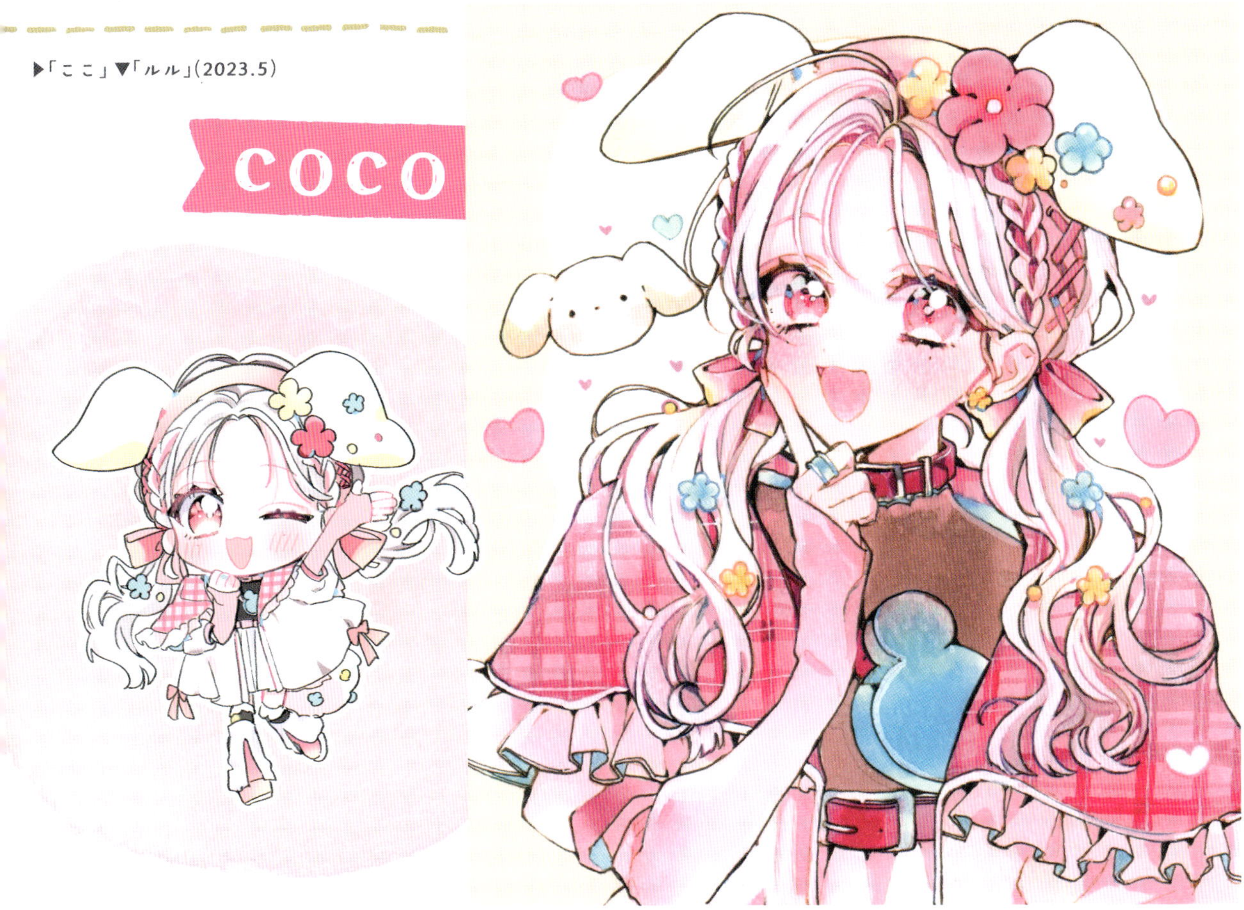

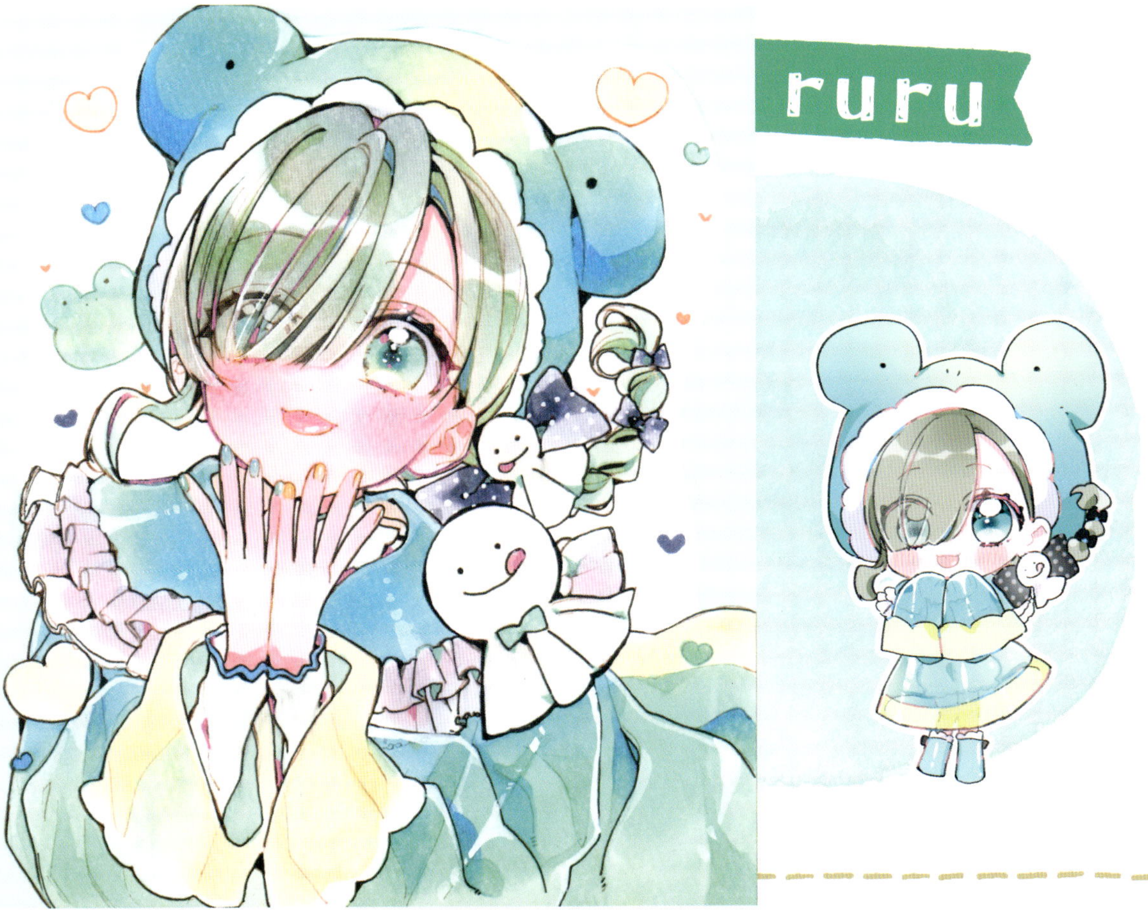

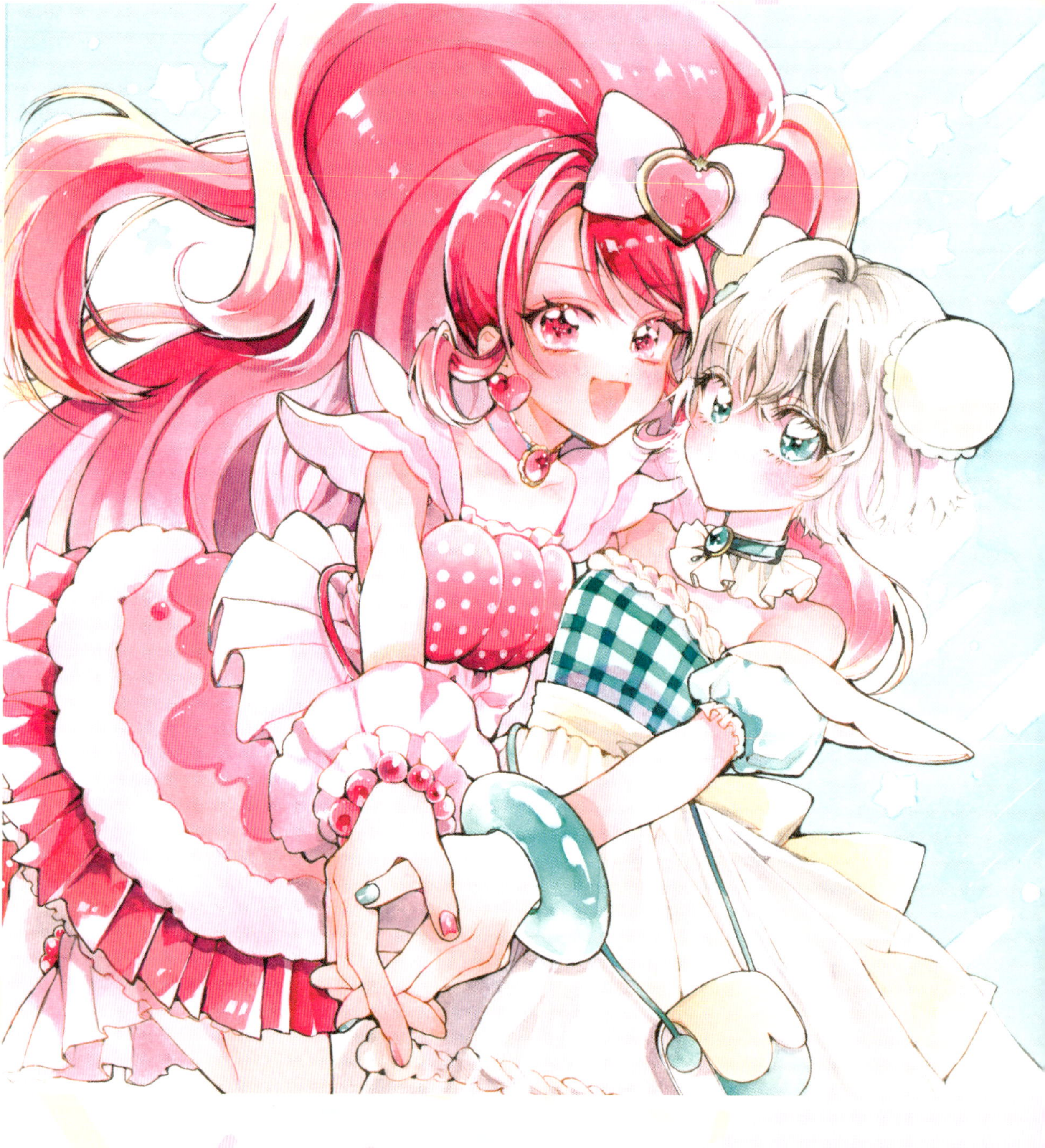

▲「SS(スモールエス)」67号【ターレンス エコライン】カラーインクメイキングイラスト(2021.9)

▶Gallery glad.「ときめき！Twinkle Stars展」メインビジュアル(2023.6)

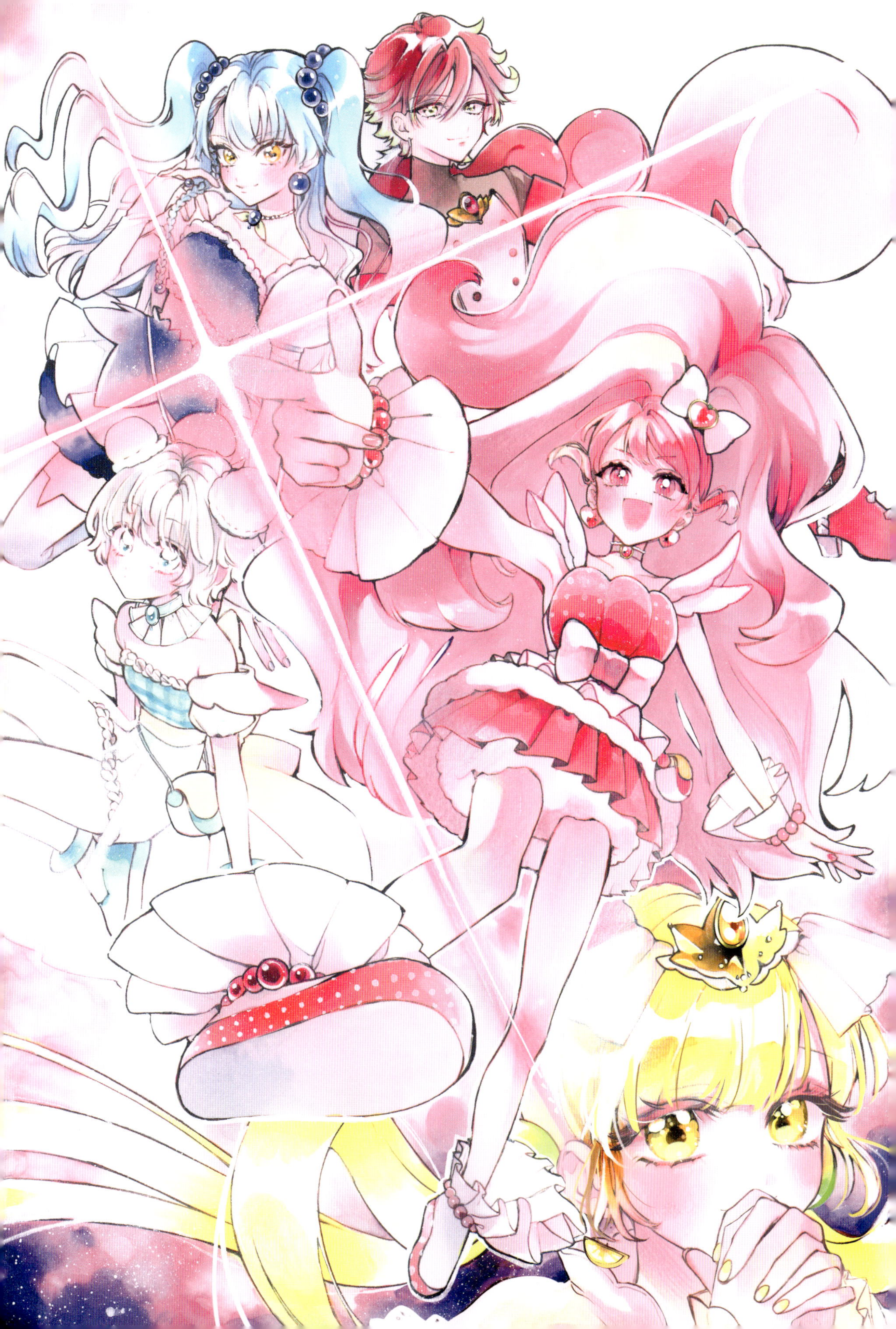

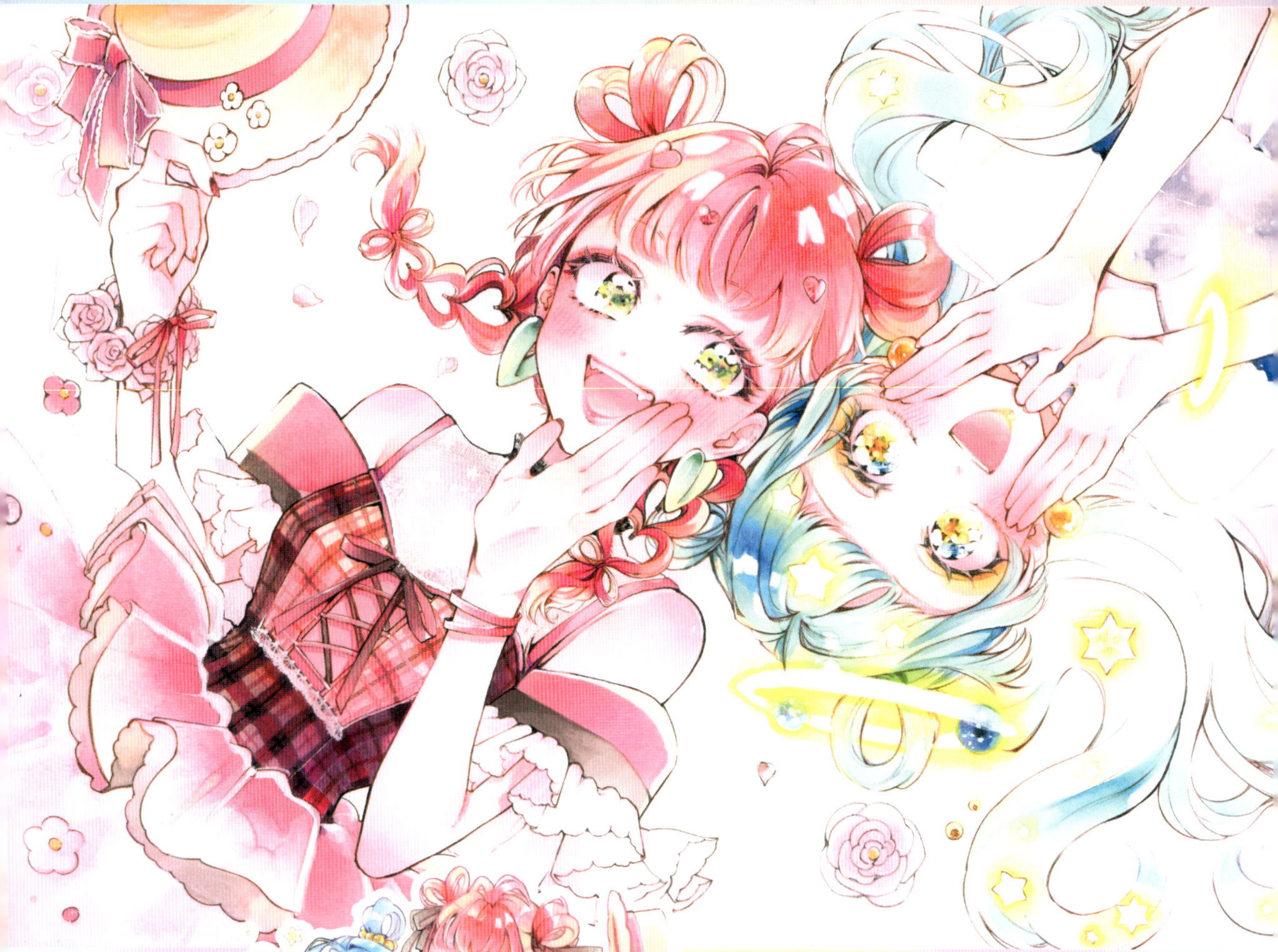

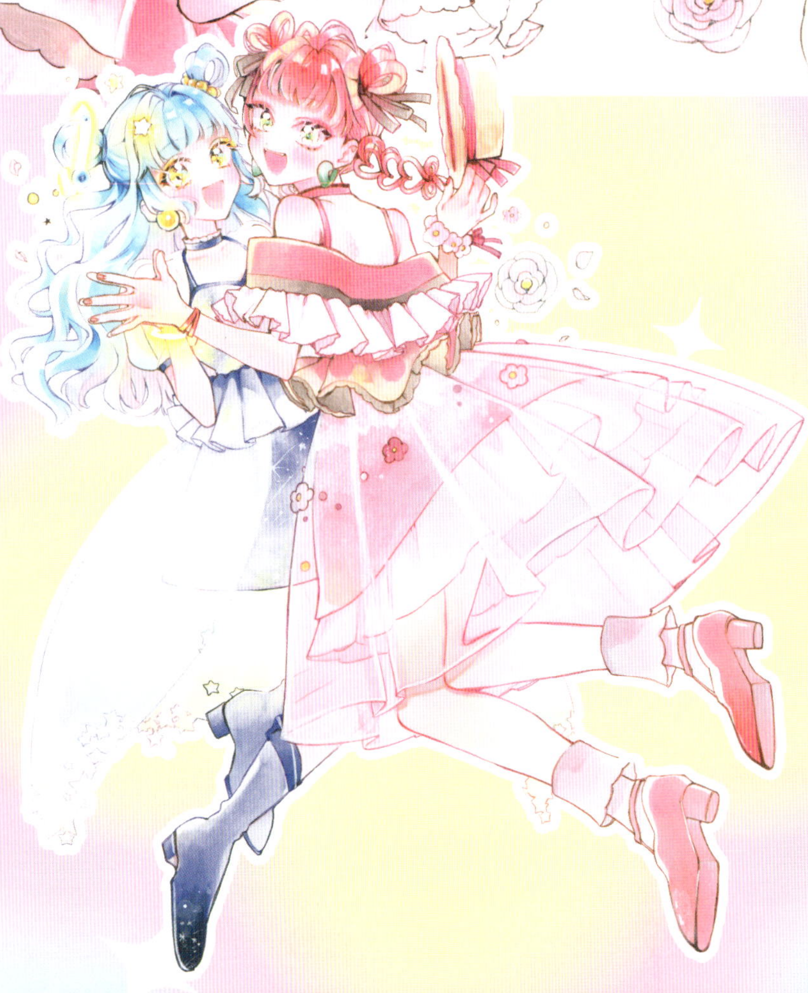

▲個展「あおいいろ」メインビジュアル〈左が愛（ちか）、右が星（しょう）〉（2020.12）

◀個展「あおいいろ」描き下ろしイラスト（2021.3）

◀「SS学園」小夏 陽（2020.2）
▶「SS学園」小夏 陽（2023.12）〈イラスト集「petiranto」描き下ろし〉

< Profile > 高等部一年生
元気で素直、ポジティブな子。おしゃべり好きで、流行に敏感なオシャレっ子。

小夏 陽

SS GAKUEN

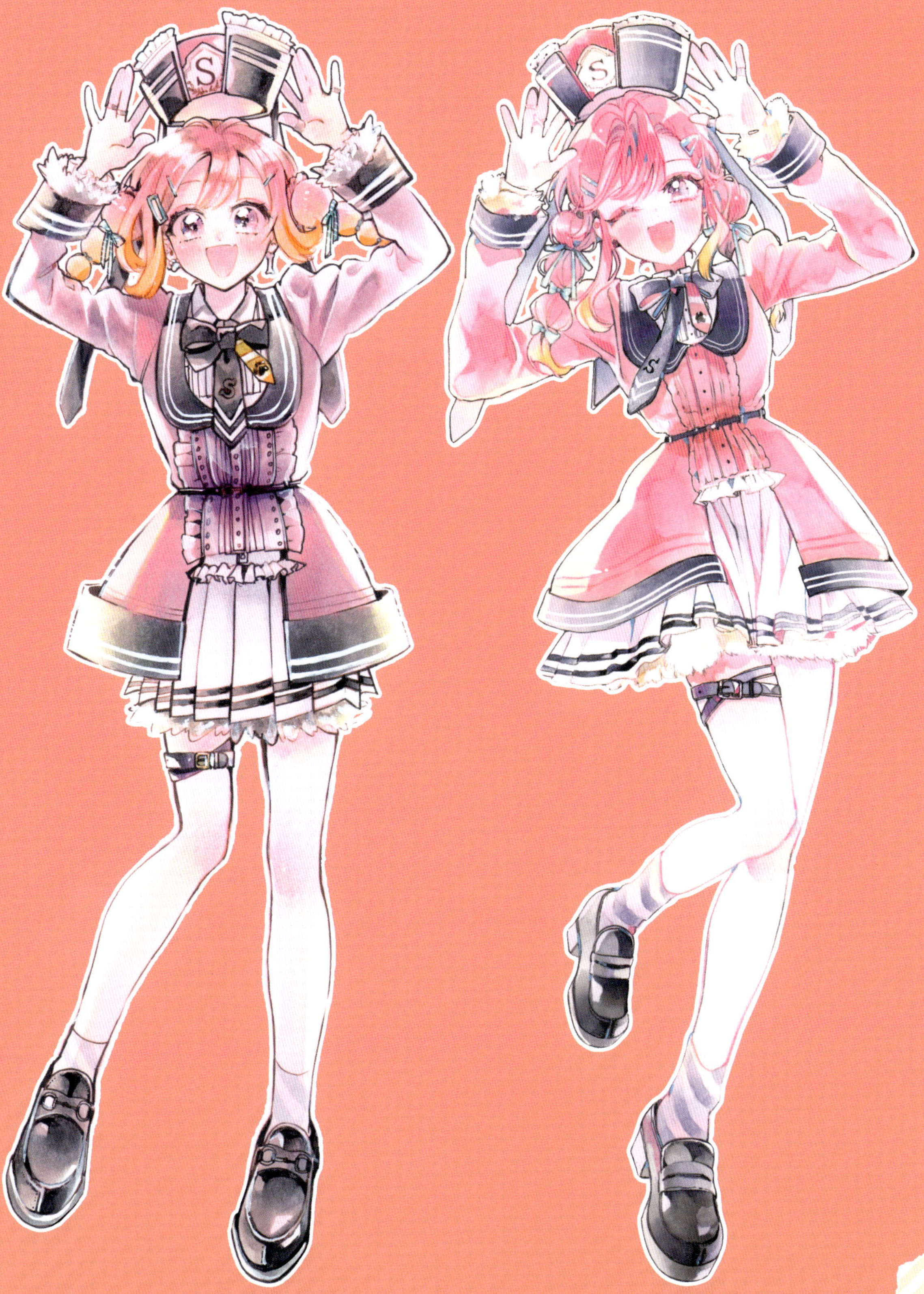

※制服デザイン：ハモンド華麗

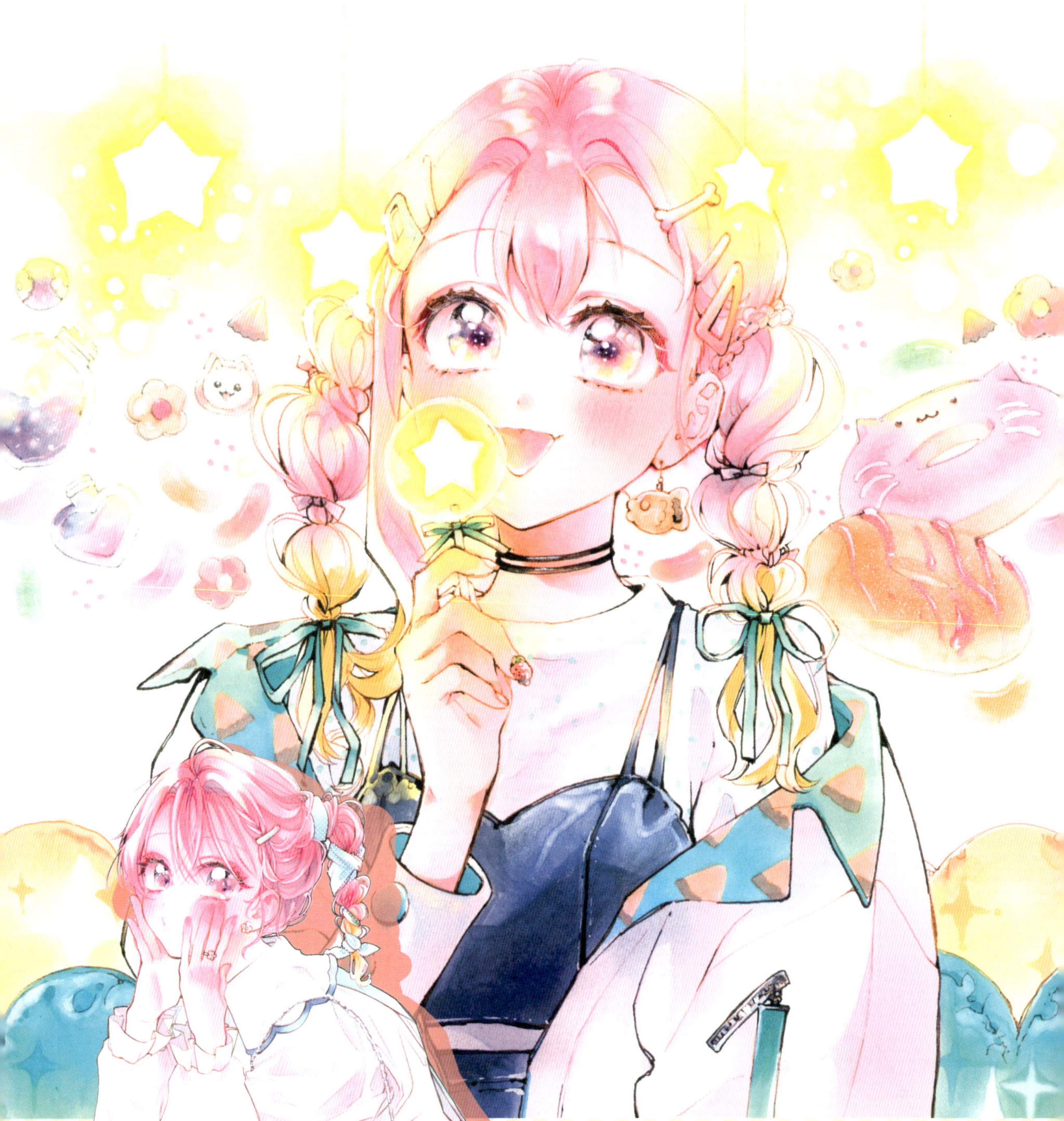

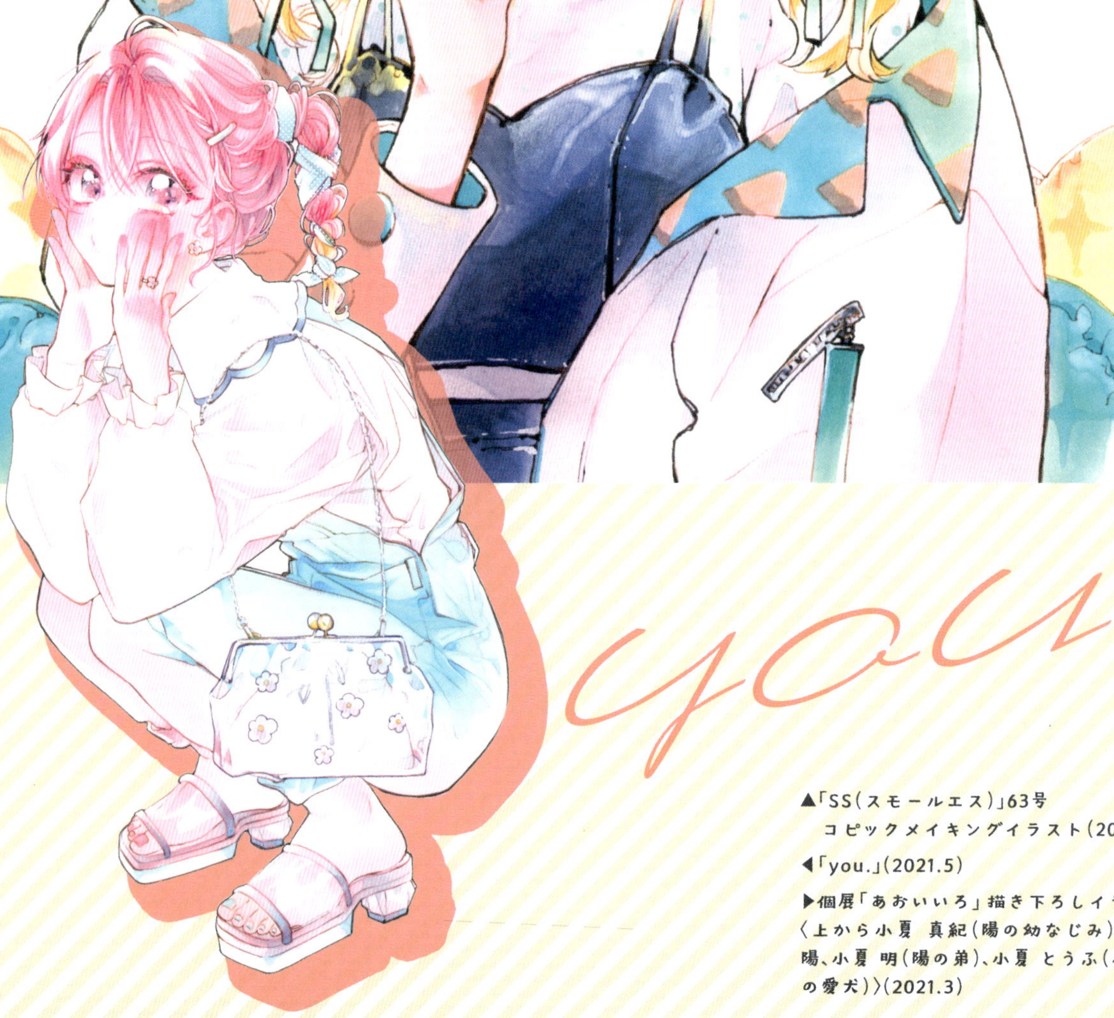

▲「SS（スモールエス）」63号
コピックメイキングイラスト（2020.9）

◀「you.」（2021.5）

▶個展「あおいいろ」描き下ろしイラスト〈上から小夏 真紀（陽の幼なじみ）、小夏陽、小夏 明（陽の弟）、小夏 とうふ（小夏家の愛犬）〉（2021.3）

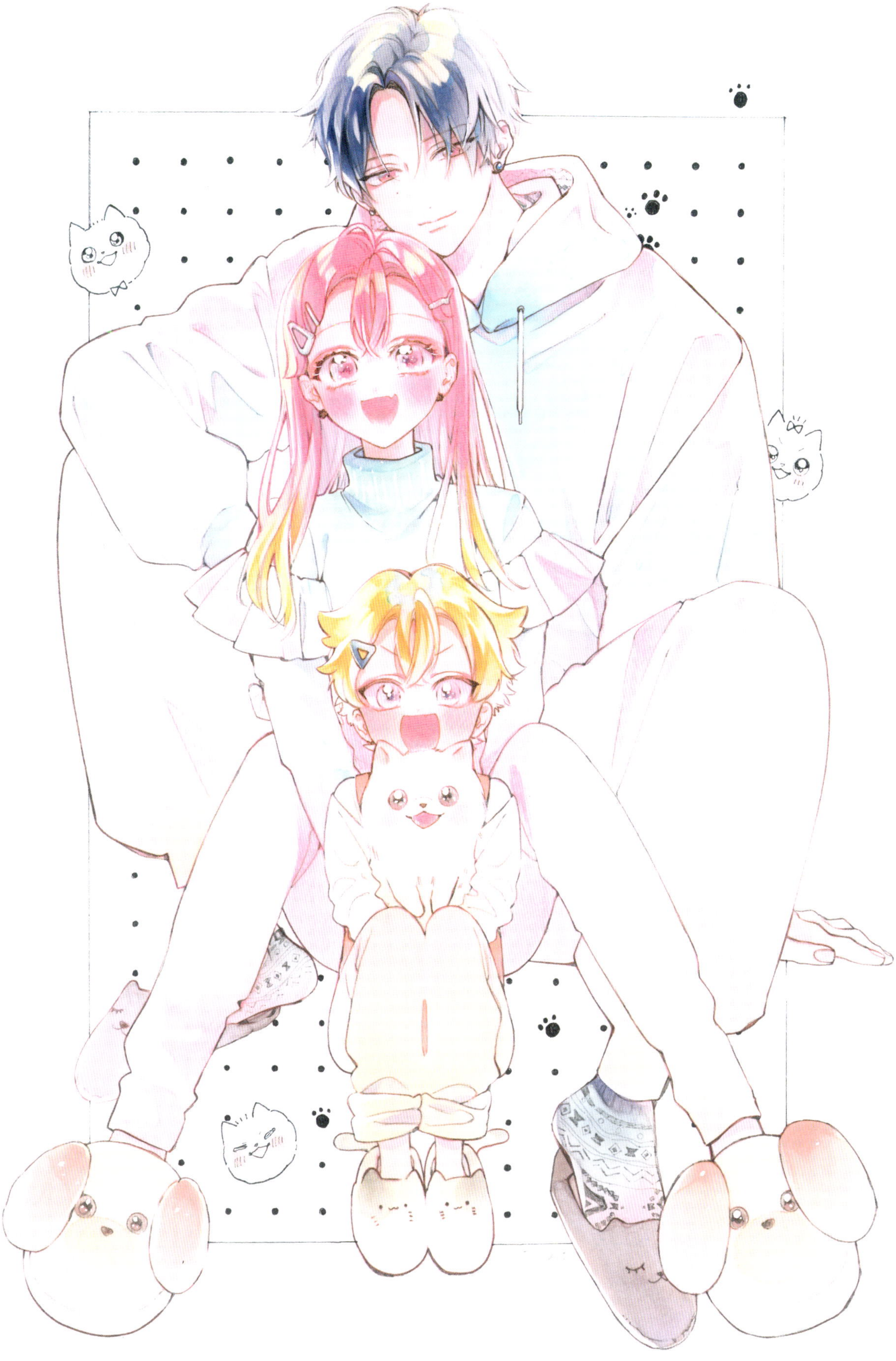

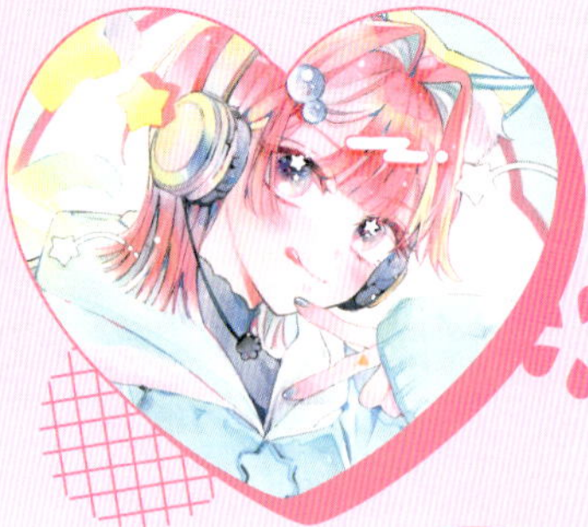
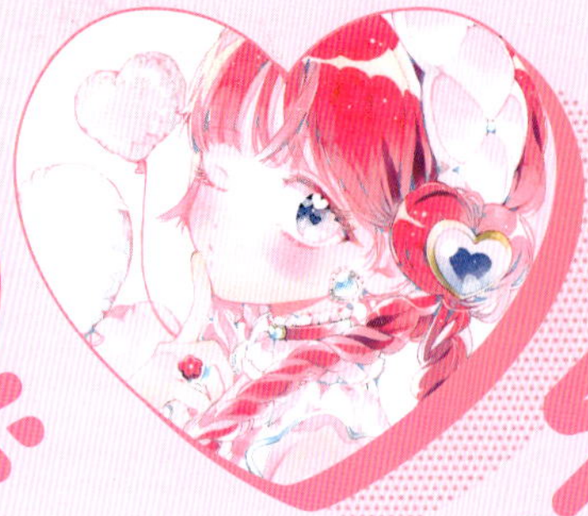
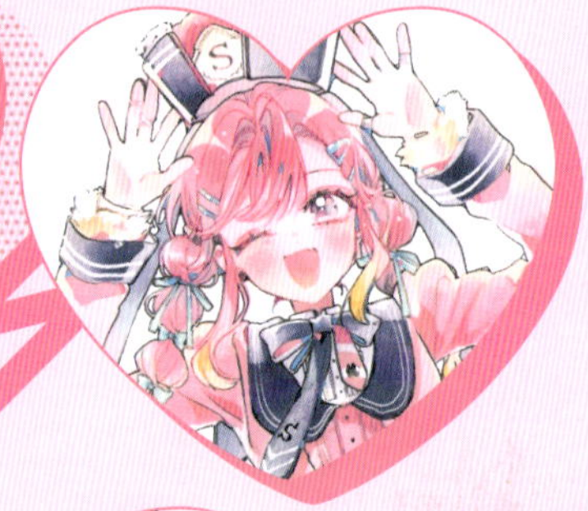
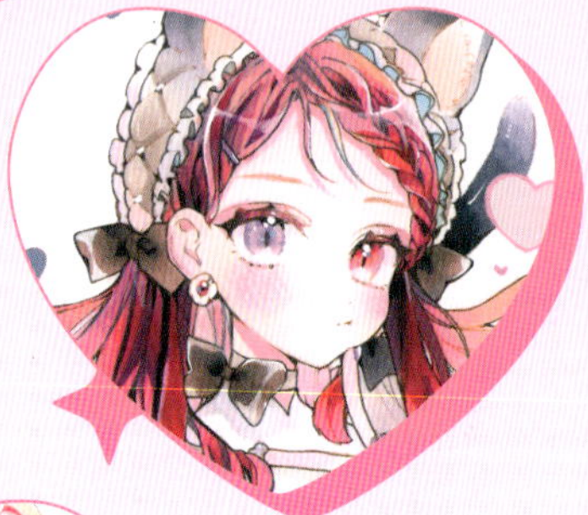
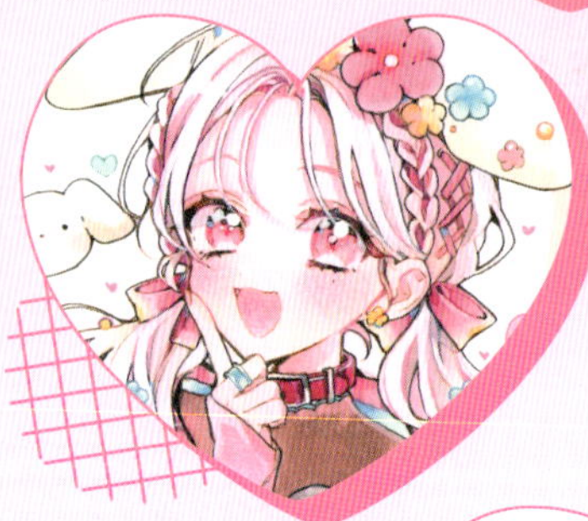
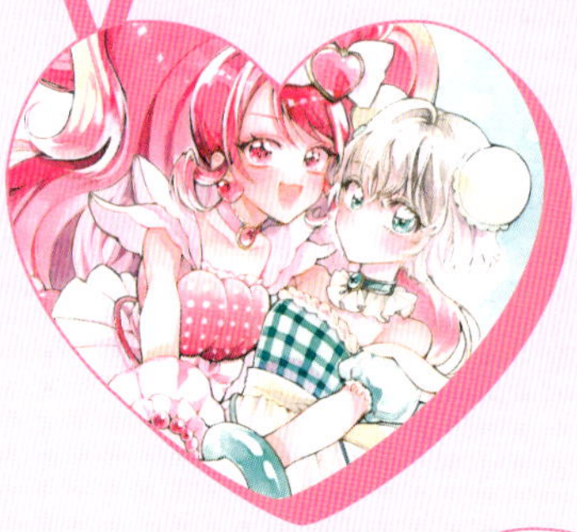

MINAMINO AOI
ILLUSTRATION BOOK

petirant

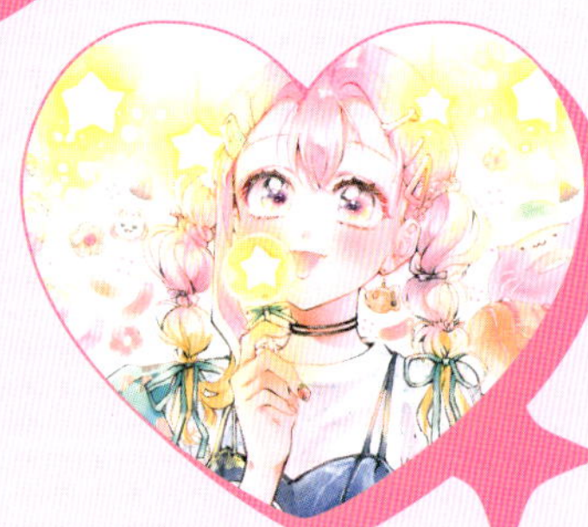
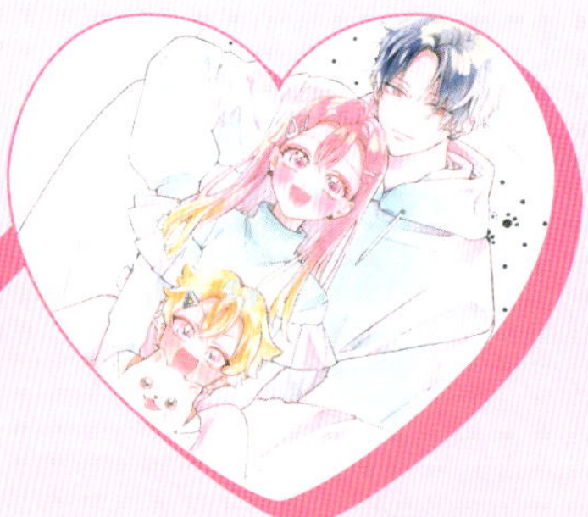
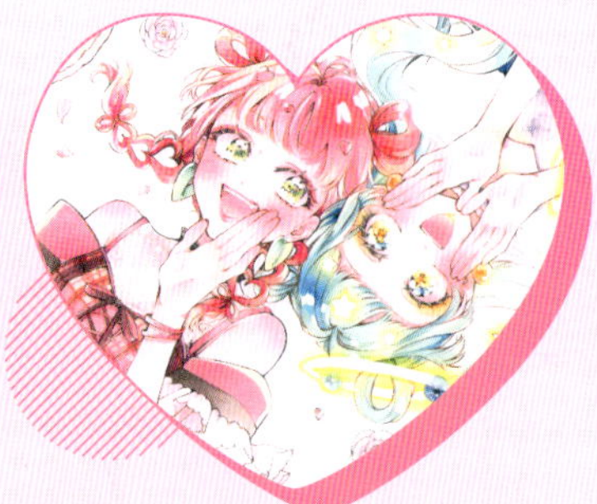
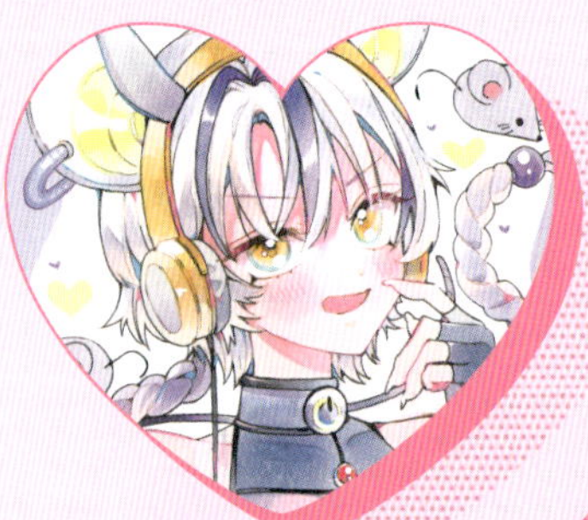
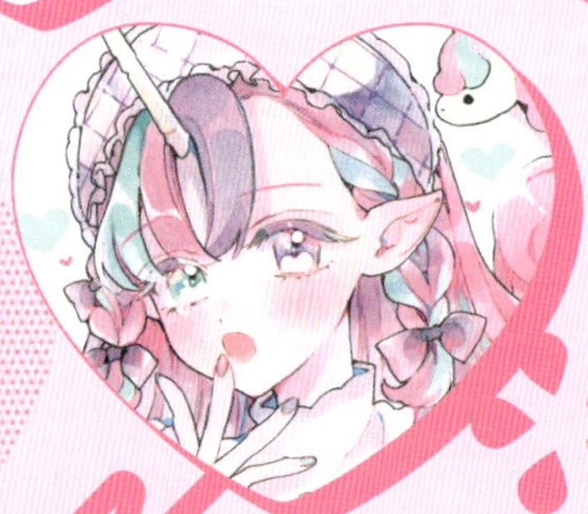
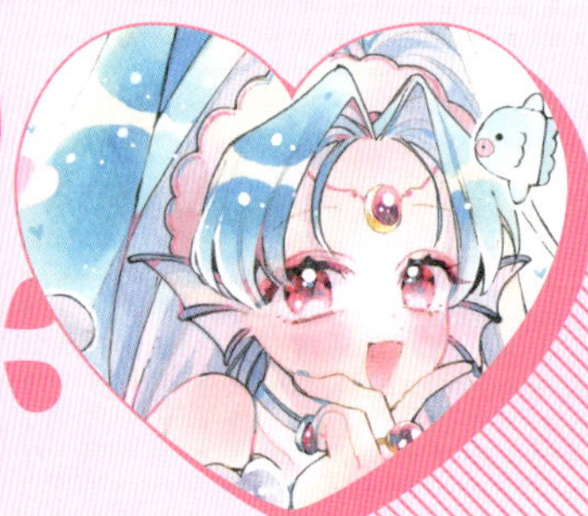

SS(スモールエス)2024年3月号 特別付録

みつあみ女子特集

SS JOSHI-BU

「女子のこんなトコがたまらない！」という思いを皆で発表！ 第46回は「みつあみ女子」特集をお届け！

NAVIGATOR

わさび

【わさび】さんのコメントと一緒にお送りします！

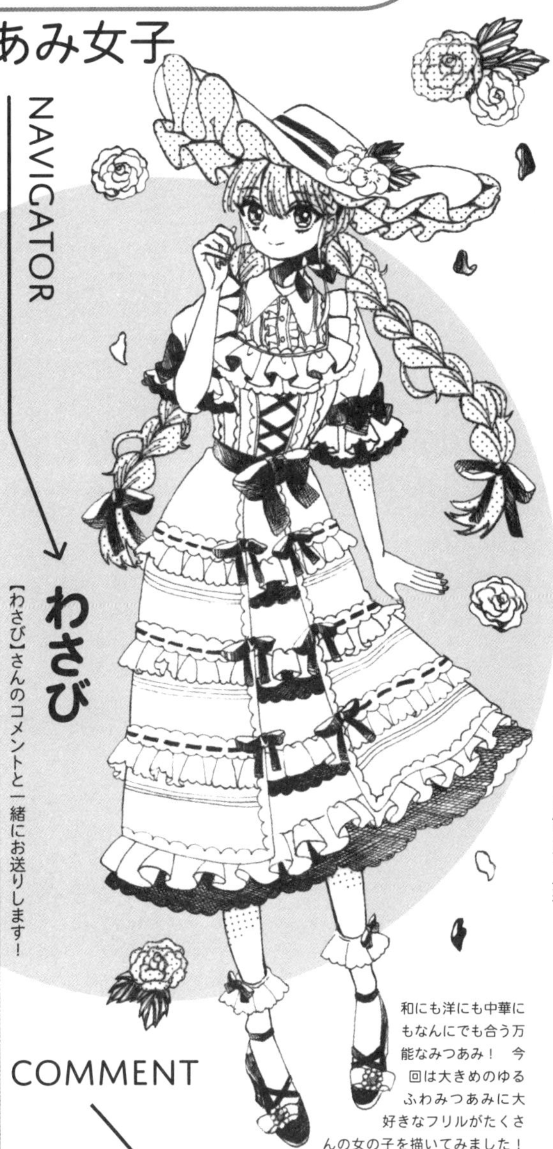

COMMENT

和にも洋にも中華にもなんにでも合う万能なみつあみ！ 今回は大きめのゆるふわみつあみに大好きなフリルがたくさんの女の子を描いてみました！ では、皆さんのみつあみ女子を見ていきましょう!!

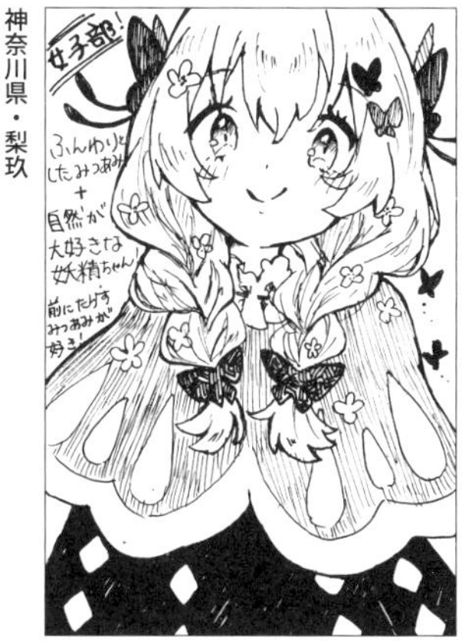

神奈川県・梨玖
ゆるふわなみつあみがとってもカワイイ！ みつあみだけでなく雰囲気もゆるふわでステキです〜。蝶々の髪飾りも良きです！（わ）

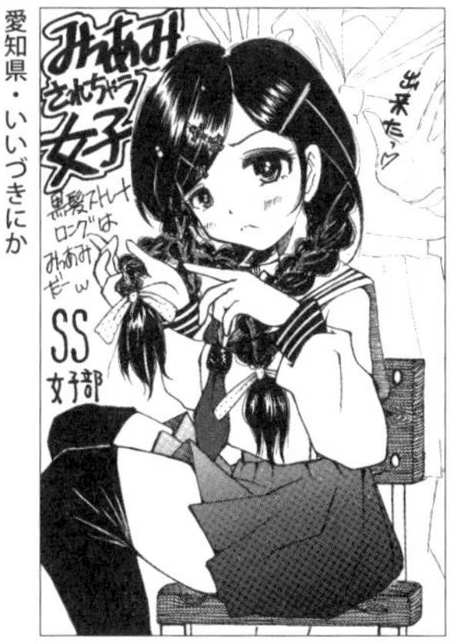

愛知県・いいづきにか
髪の毛がツヤサラで編んじゃいたい友達の気持ちもわかる〜！ まんざらじゃない彼女も私は見逃しませんよ！（わ）

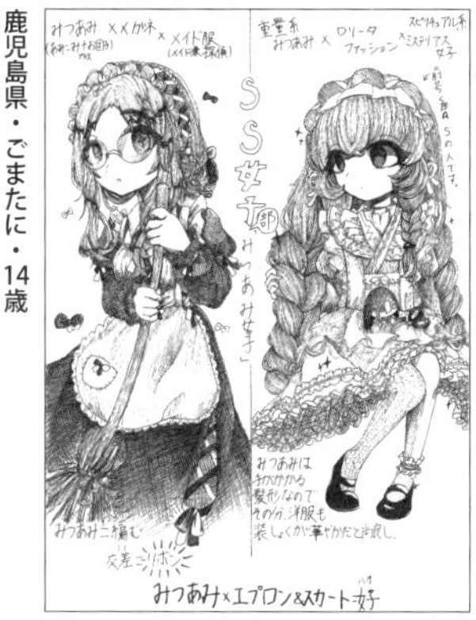

鹿児島県・ごまたに・14歳
編み込みのクラシカルメイドさんもステキですし、ゆるふわみつあみのフリルたくさんの娘もステキですし…甲乙つけがたい！（わ）

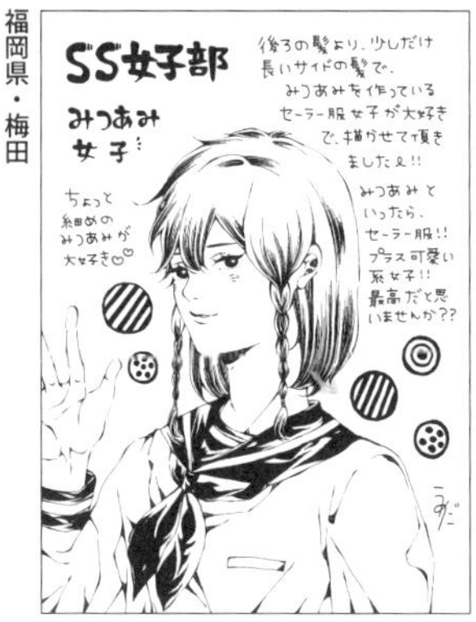

福岡県・梅田
セーラー服と細かめのみつあみとは新しい扉です！ ウルフヘアー感もあいまって、かっこかわいいです〜!!（わ）

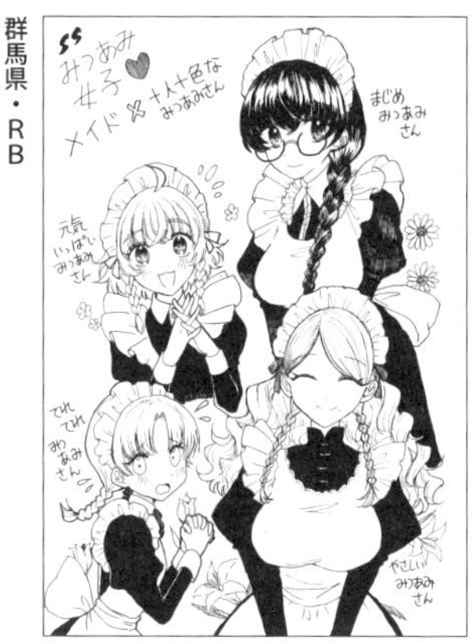

群馬県・RB
4人とも本当にカワイイ……カワイイ!!（語彙力！） やっぱりみつあみって変幻自在で万能ですよね。眼福です。ありがとうございます（わ）

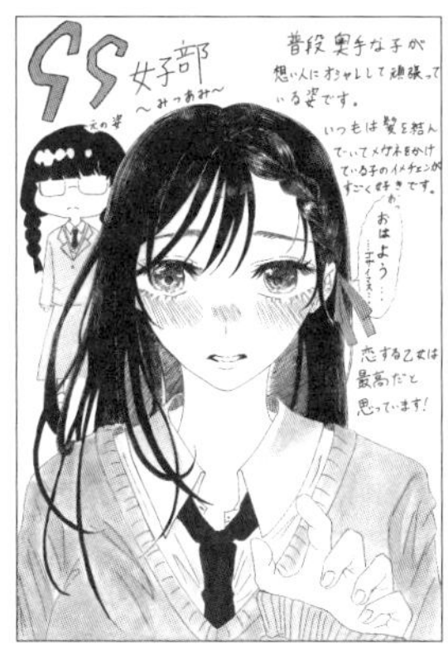

静岡県・冬華・15歳
元の姿もステキですが、恋する乙女な方もステキ〜。みつあみ付けているリボンもカワイイ!! 私も恋する乙女は最高だと思います！（わ）

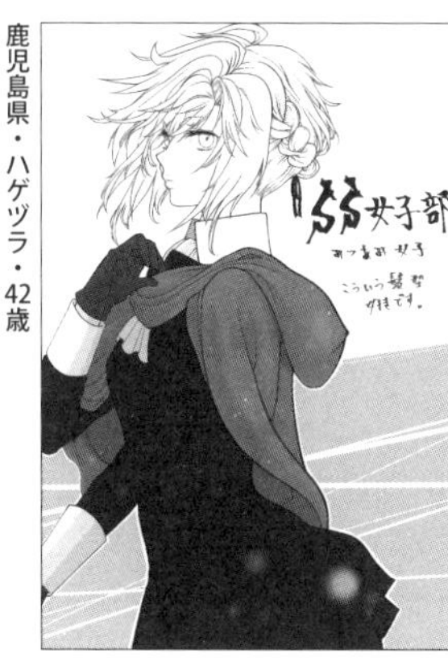

鹿児島県・ハゲヅラ・42歳
セクシー&クールなお姉様！ でも、みつあみをリボンで結んでいたりと、可愛さもあり全てを兼ね揃えていますね！（わ）

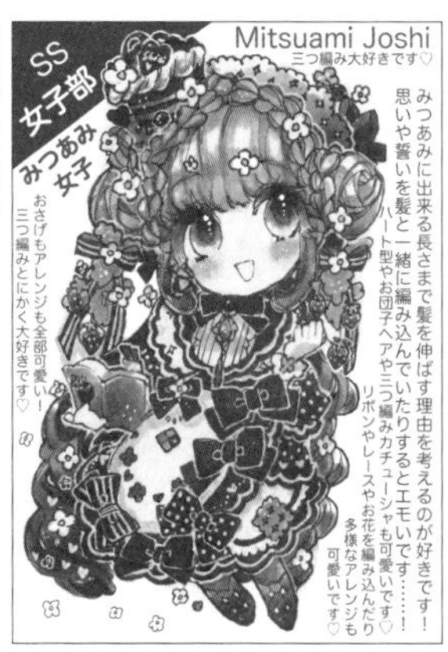

高知県・まろやか
髪を伸ばす理由！ なるほど…（考え中）、確かにエモいですね!! 私はいじらしい理由を考えちゃいますね。アレンジもステキです〜（わ）

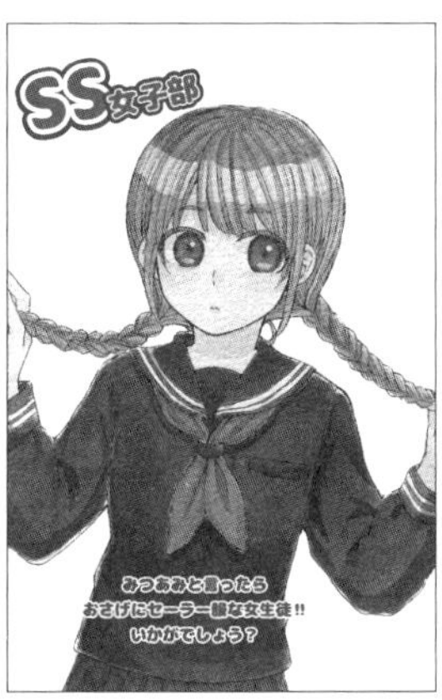

静岡県・Aide
まさに王道のセーラー服×みつあみ！ 自分で結んでいるのか、はたまた誰かに結んでもらっているのか、気になります〜（わ）

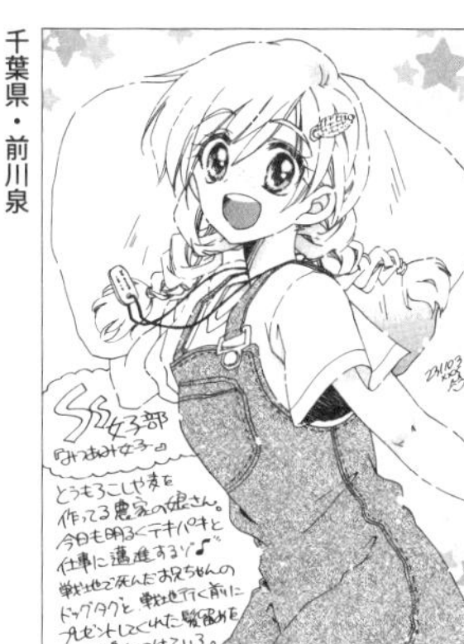

千葉県・前川泉
元気で明るくて太陽みたいな娘なのに、お兄ちゃんが亡くなっていてドッグタグと髪留めをつけている…。健気（涙）（わ）

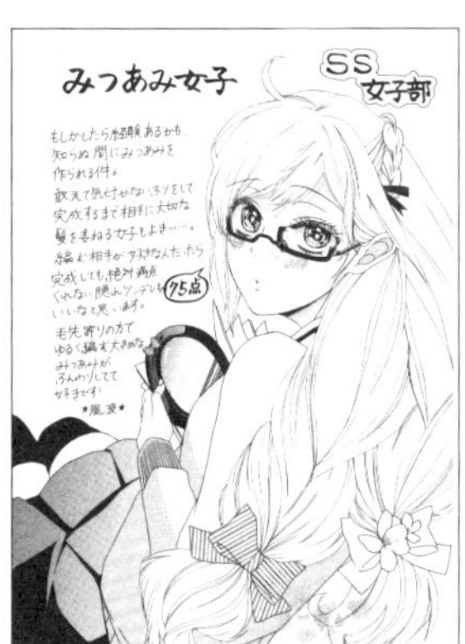

福島県・風波
好きな人には辛口採点しちゃう君が好き!! 編むのはやめられません！ メガネもステキ！（わ）

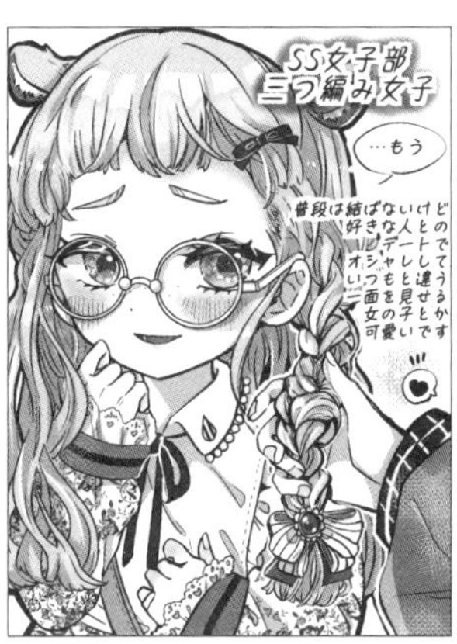

福岡県・杏蜜花
好きな人のために、朝早く起きて試行錯誤しながら結んでいる姿が目に浮かびます！ ギャップってたまりませんよね！（わ）

宮城県・レージン
カワイイだけではなくセクシーにもなるみつあみ。タイトなワンピースも似合っていて、売れるの間違いなしですね！ 聞きに行きます!!（わ）

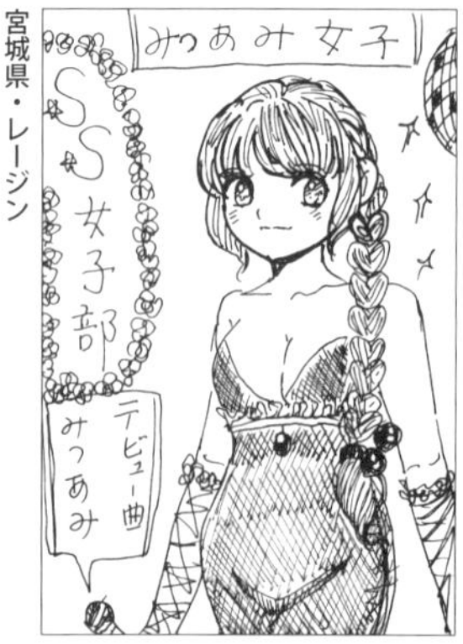

宮城県・ねくつ・15歳
上から下まで全身黒でコーデされていてミステリアスさが倍増ですね。キョトン顔でみつあみを持っている姿も良いですね～（わ）

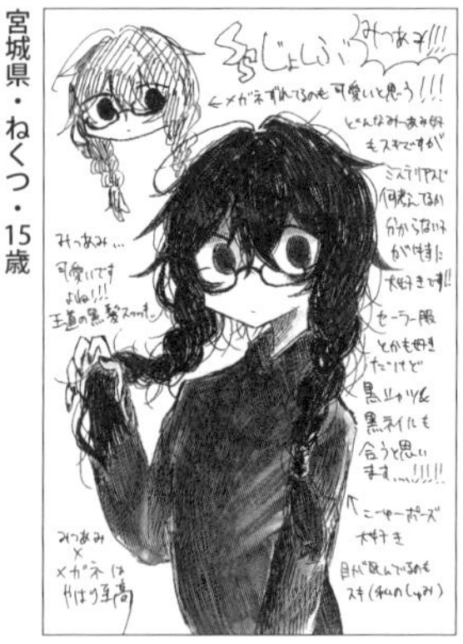

秋田県・水透。（はざまの僕。改め）・14歳
大好物のフリルに、みつあみもロングですごいカワイイです！ ケモミミ帽子も似合っています！ お友達になってください!!（わ）

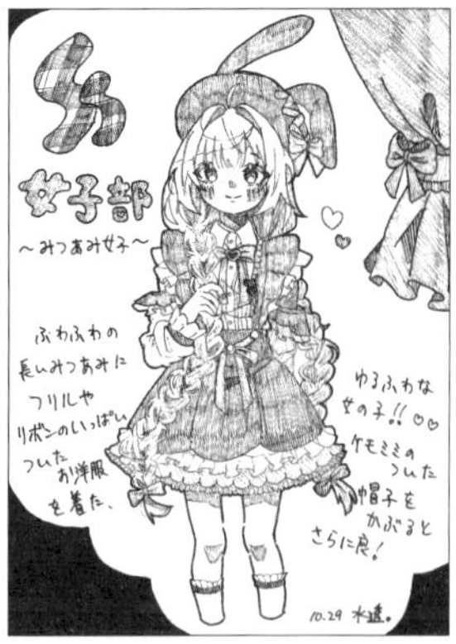

愛知県・佳月白・14歳
結び目で幼くも大人っぽくも見えるみつあみ。低めの輪っかで大人ガーリーでステキ!! 一緒にショッピングしたいです！（わ）

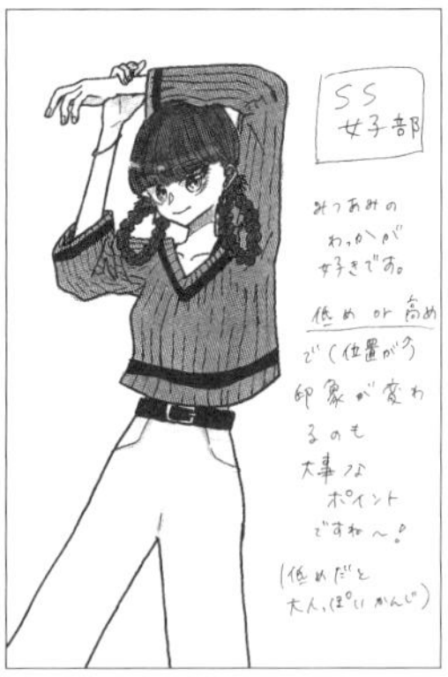

沖縄県・田中君
チャイナっ娘～！ 正義感が強くて『弱い者いじめは許さない！』感がステキ～！ みつあみが武器になっているのもカッコいい!!（わ）

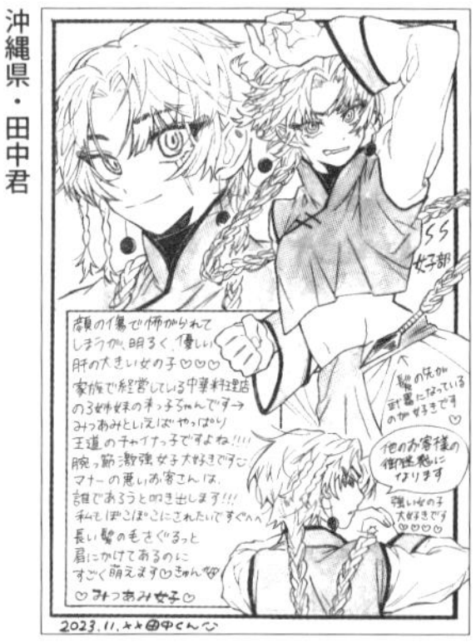

兵庫県・しゃけくらげ。・14歳
はっ!! 私にもその写真くださいい！ 二人共みつあみ似合ってます！ 髪にも服にもリボンがついていてステキ!!（わ）

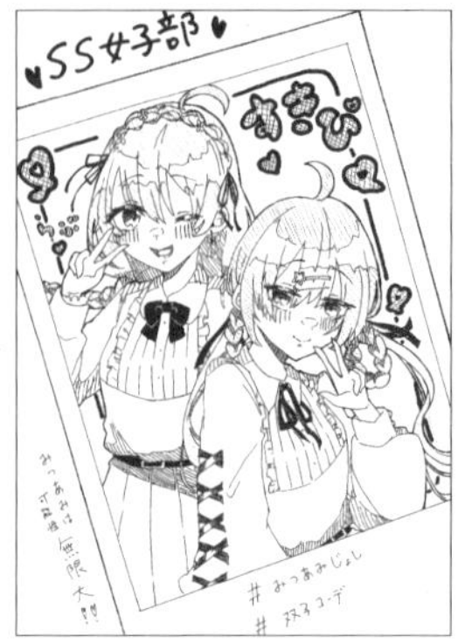

東京都・泉谷
朝40分もかけて大好きな人のためにみつあみを結うなんて…！ 恋する乙女は頑張れちゃう!! 私も陰ながら応援しています！ 頑張れー!!（わ）

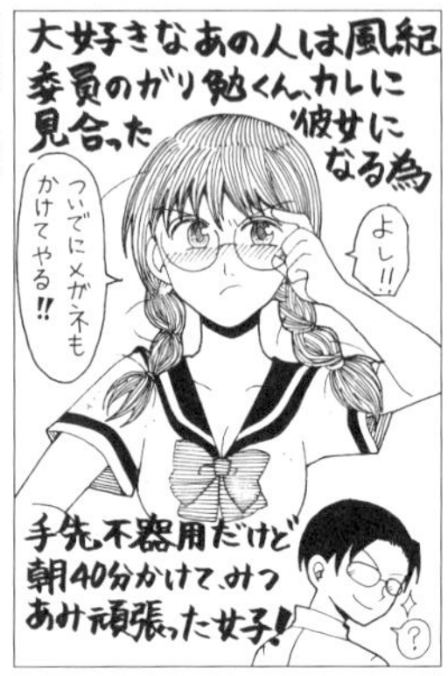

高知県・柴イヌ
構造不明のみつあみ！ 私も大好きです～!! 揺れるのもカワイイですが、ぱっつん前髪もカワイイ～。チャイナ風異世界も良き!!（わ）

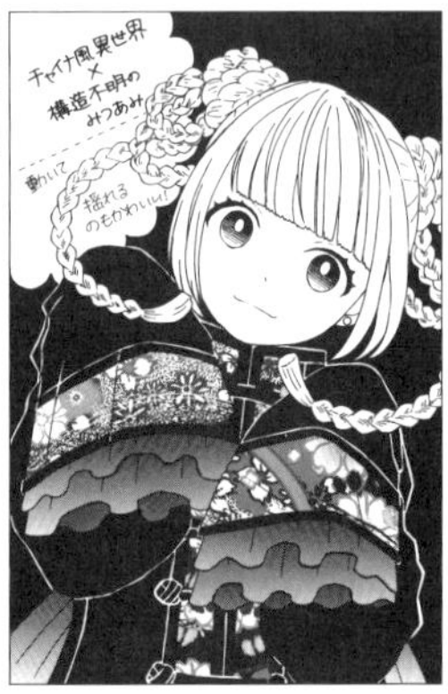

岡山県・のりあき・16歳
一見強そうに見えるけど、おしゃれも忘れない！ 首元のスカーフとドクロマークもギャップがあって最強です！（わ）

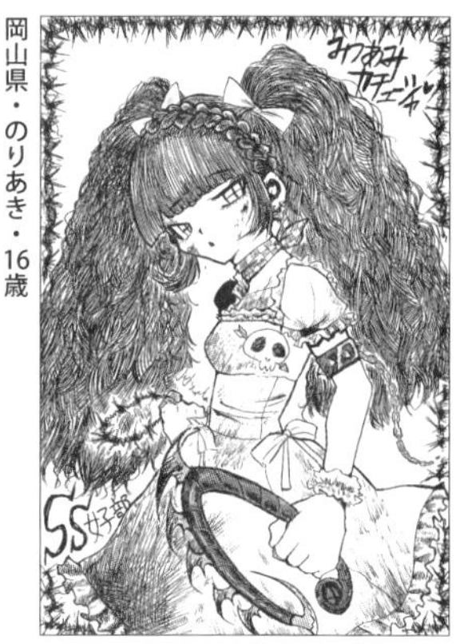

兵庫県・手鞠
こちらも王道の魔女っ娘×みつあみ！ 編み込みも似合ってます～。動きのあるみつあみ、スカートもフワッとしてステキ～（わ）

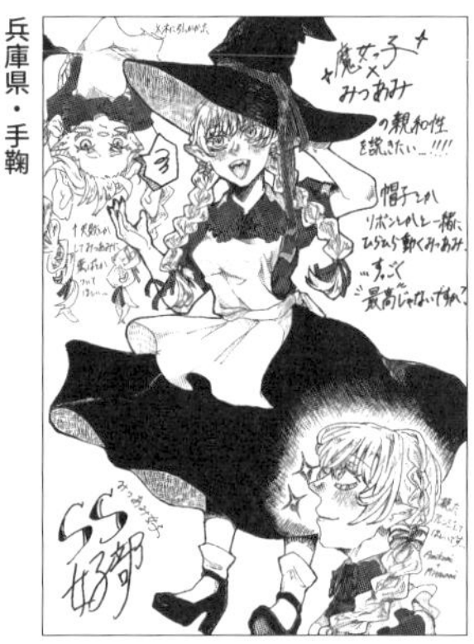

千葉県・武田和子・72歳
スチームパンク!! 胸元のベルトやコルセットも似合ってます！ 髪飾りもステキで世界に一つの一点物ですね。手作りでしょうか？ 気になります！（わ）

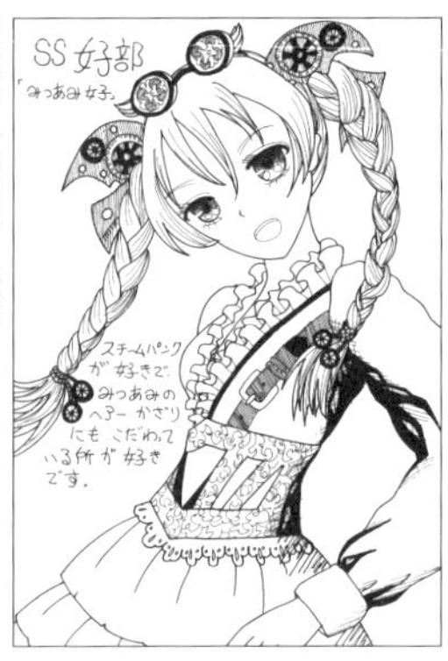

千葉県・伯ミシェル・18歳
春風になびいて揺れるみつあみ。冬なのに春を感じます。眩い笑顔もステキで一緒にピクニックしたいですね（わ）

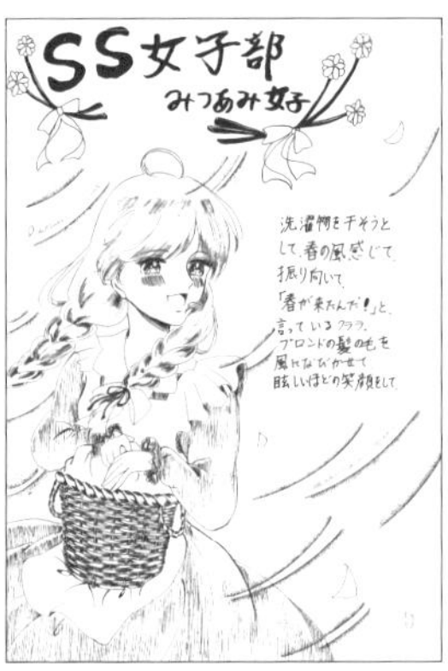

長野県・めいりん・18歳
自作のぬいぐるみカワイイ！ 女の子の表情もカワイイ！ ほっぺの赤みが良き。ロングヘアーとみつあみの相性も抜群ですね～（わ）

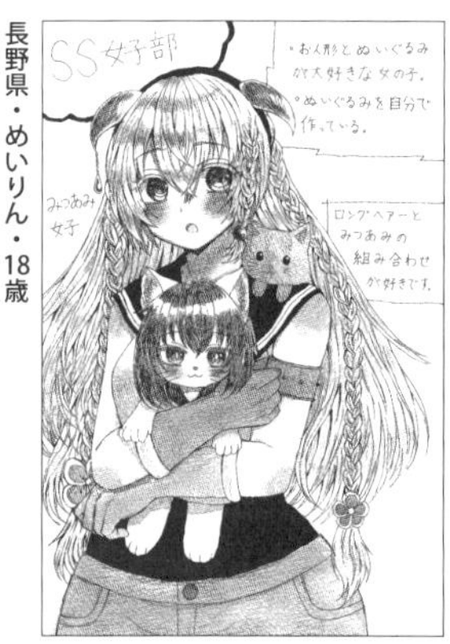

愛知県・henachoco
髪だけでなく洋服や小物にもみつあみがあってカワイイ！ カーディガンもステキ～！ 髪飾りのリボンもカワイイ!!（わ）

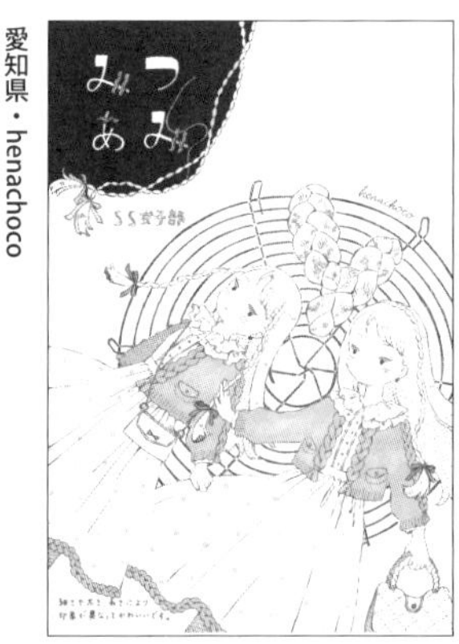

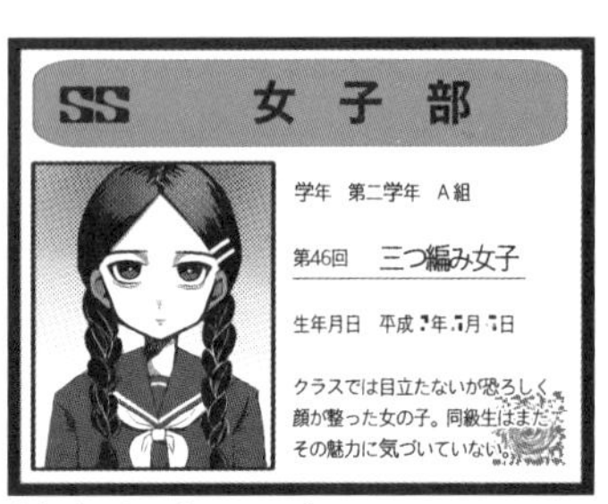

京都府・あはちゃ・18歳
いや、周りが気付いていなくても私は気付いてました!! その魅力はいつ開花するのでしょうか？ 皆、早く気付いてー！（わ）

東京都・かりがり
ドラゴン×みつあみ！ 新鮮です！ でも、意外とすごい合う～。お魚食べてるのもカワイイ!! ぱっつんは正義!!（わ）

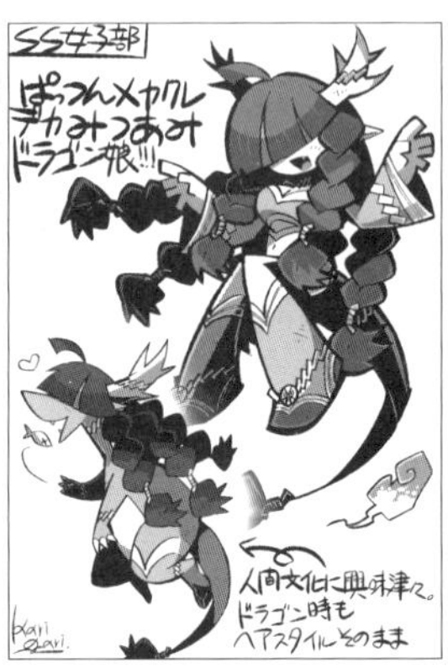

高知県・ぱんねこ
吸血鬼なのに大好きなのは生き血より甘いケーキ!! 一番好きなケーキはなんでしょうか？ 教えて下さーい!!（わ）

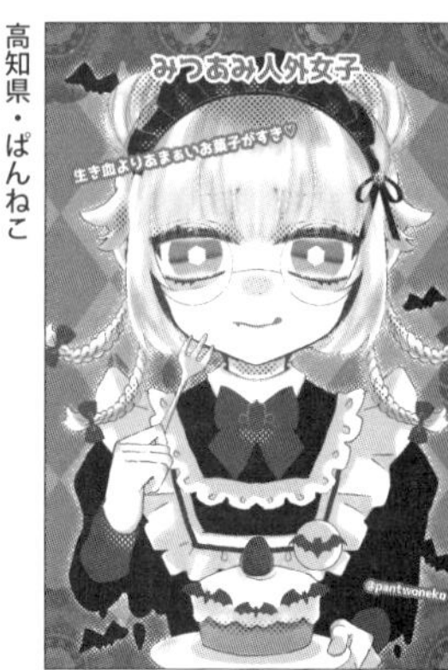

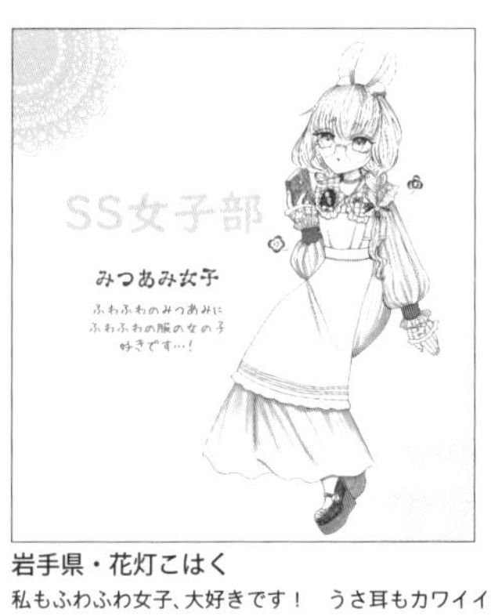

岩手県・花灯こはく
私もふわふわ女子、大好きです！ うさ耳もカワイイ～。エプロンドレスもふわっとしていてステキです！（わ）

広島県・水沢翔太郎
わ！!! みつあみの最後の方がハートの形になってすごいカワイイ！ 手の仕草もステキです！ 水玉のリボンも良いです～！（わ）

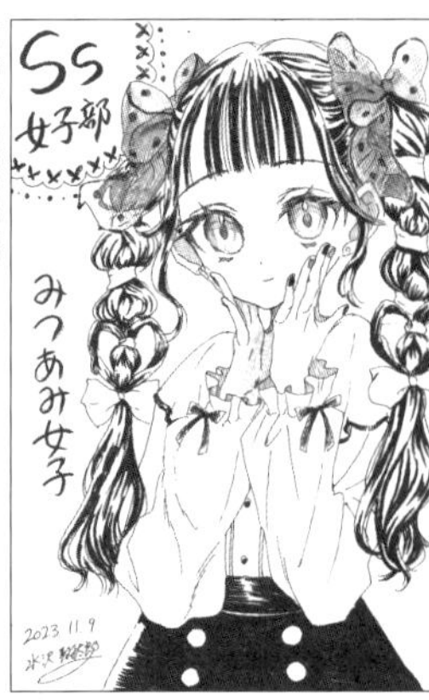

京都府・梅山えみ
袴ー!! そしてみつあみ～!! 前に垂らしているのもカワイイ～。改めて最高の組み合わせだと私も思います!!（わ）

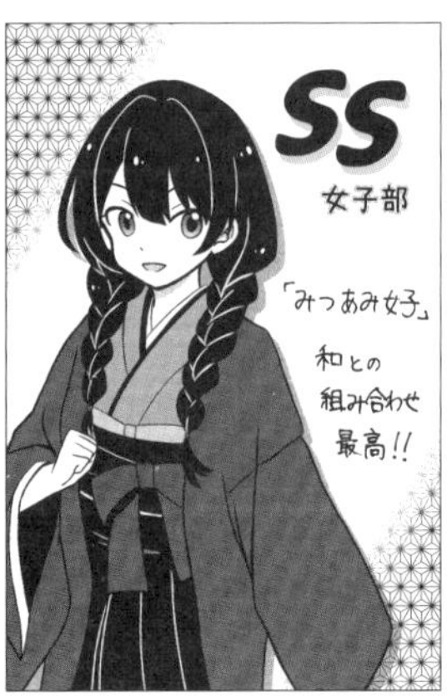

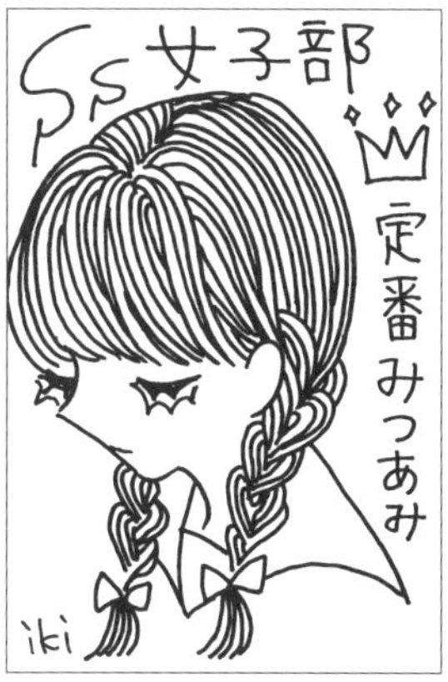

青森県・iki

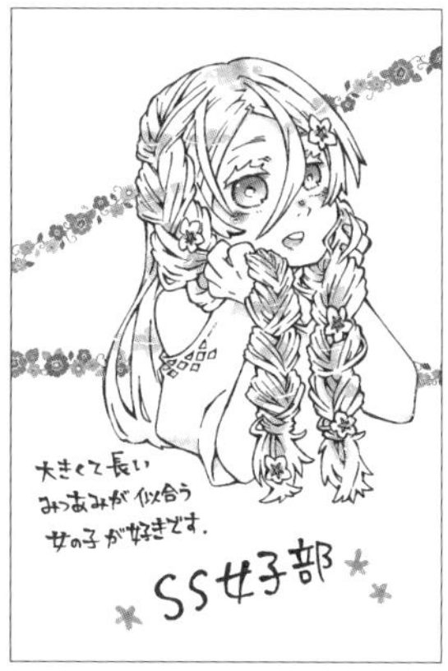

新潟県・真継

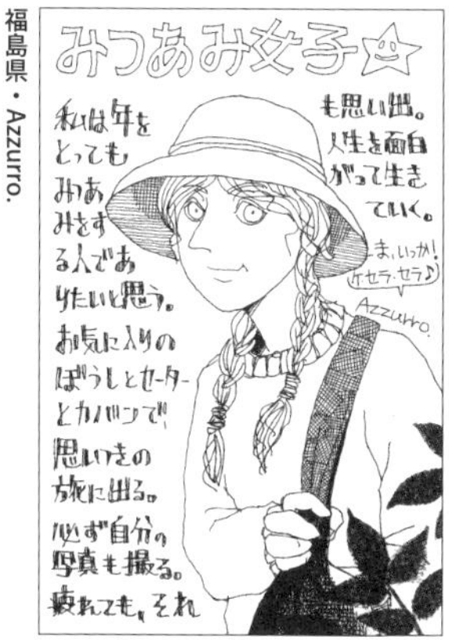

福島県・Azzurro.

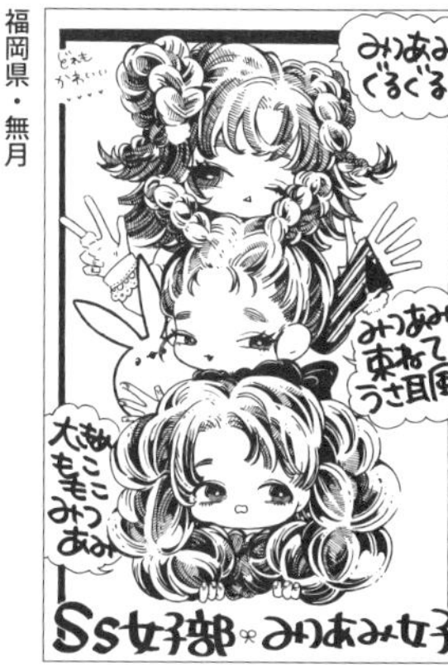

福岡県・無月

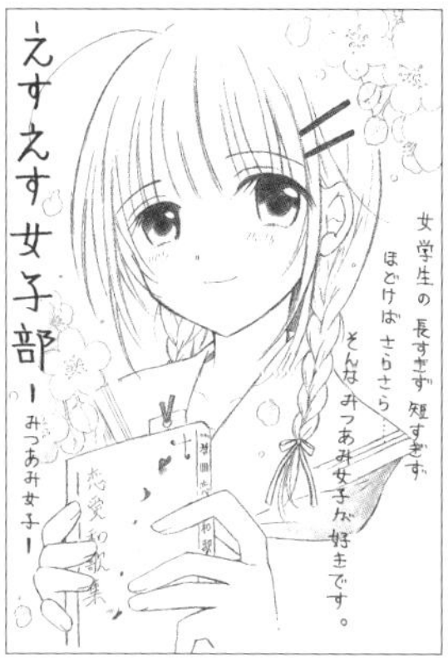

茨城県・あおいみう

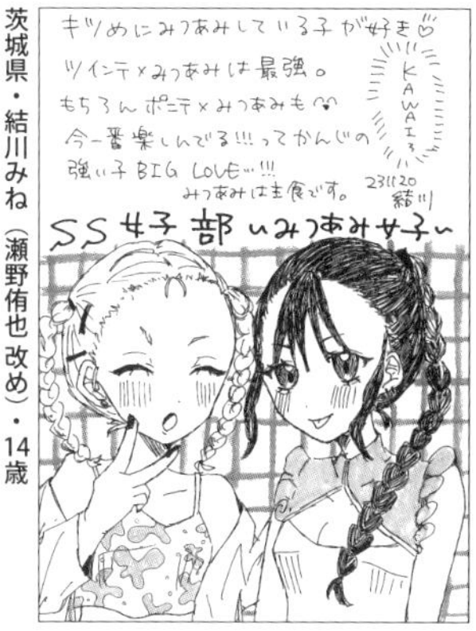

茨城県・結川みね（瀬野侑也改め）・14歳

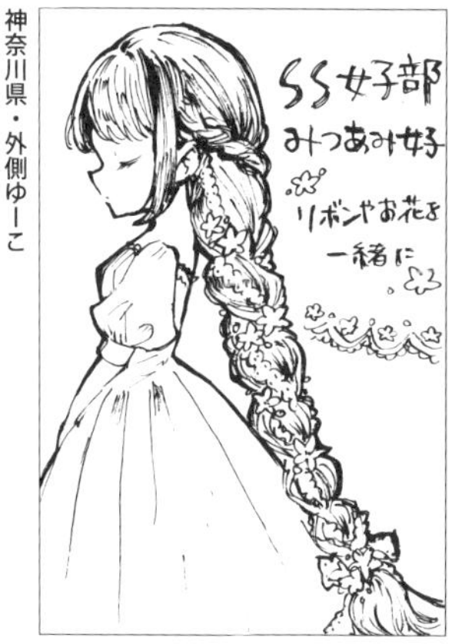

神奈川県・外側ゆーこ

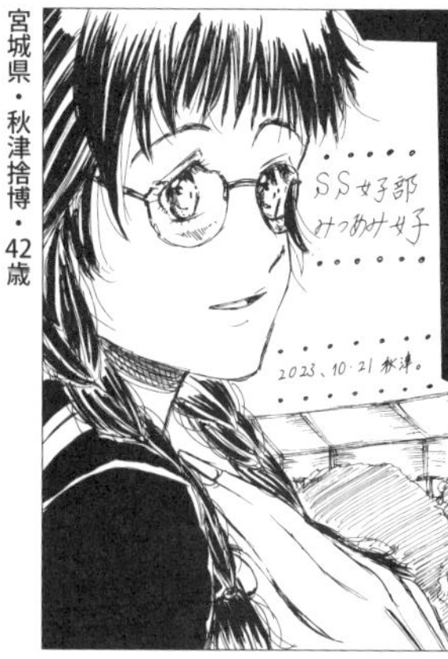

宮城県・秋津捨博・42歳

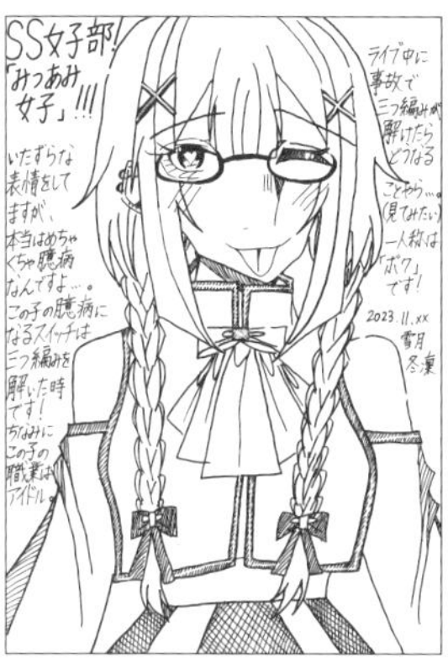

神奈川県・雪月冬凛・17歳

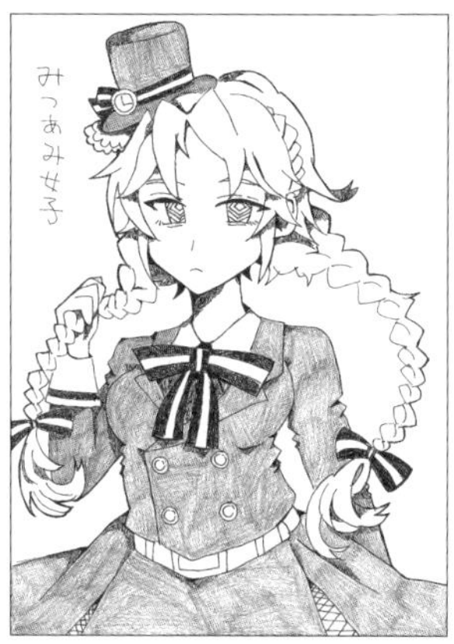

茨城県・みずたま

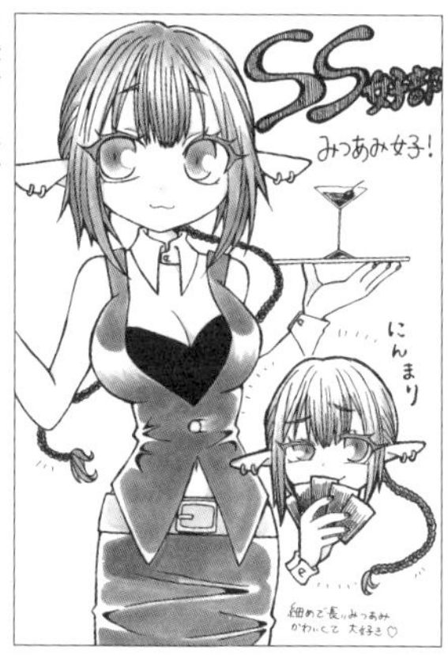

愛媛県・なご。

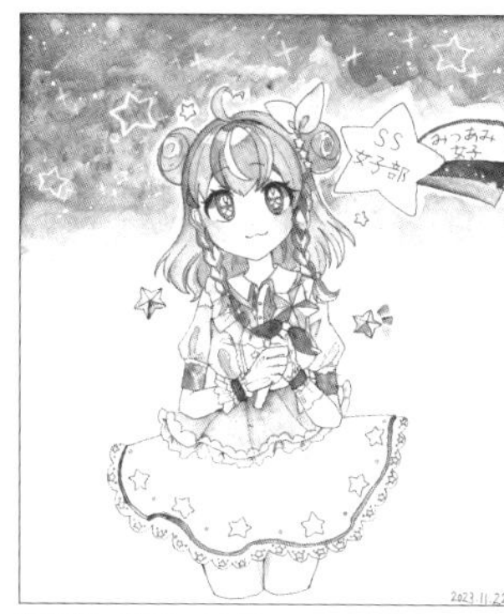

福岡県・鈴音・14歳

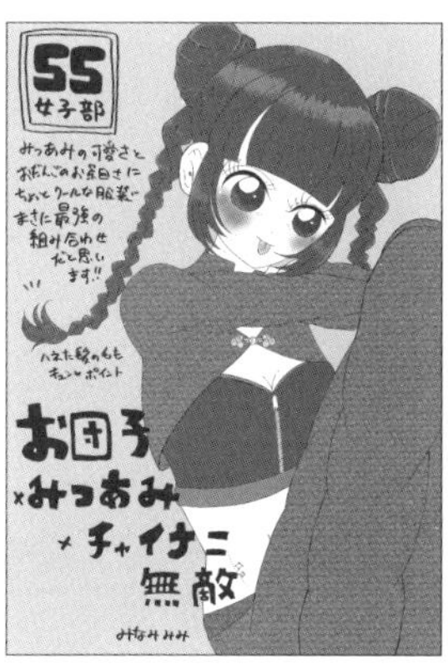

兵庫県・みなみみみ

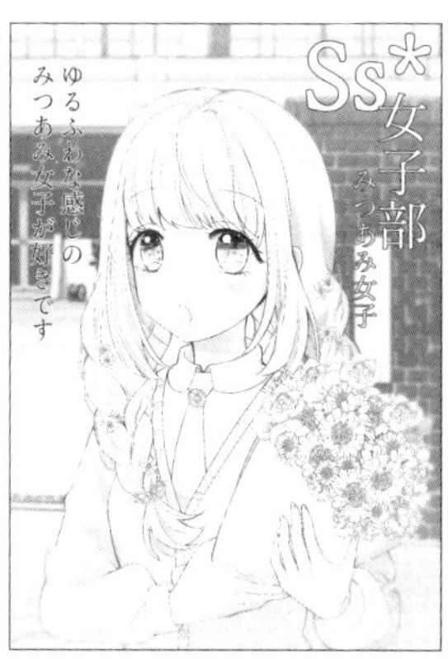

栃木県・MOONSTAR

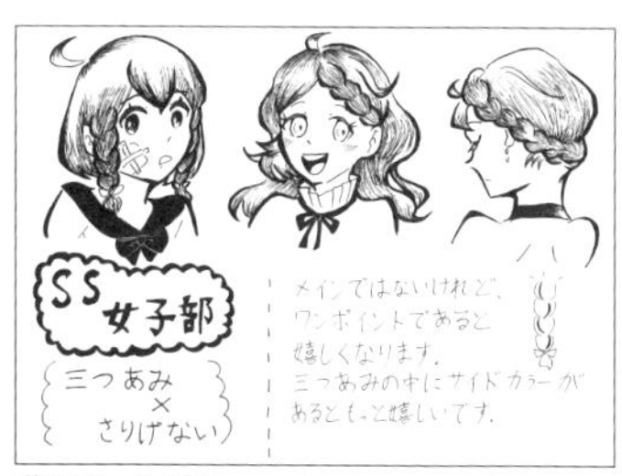

秋田県・とづき

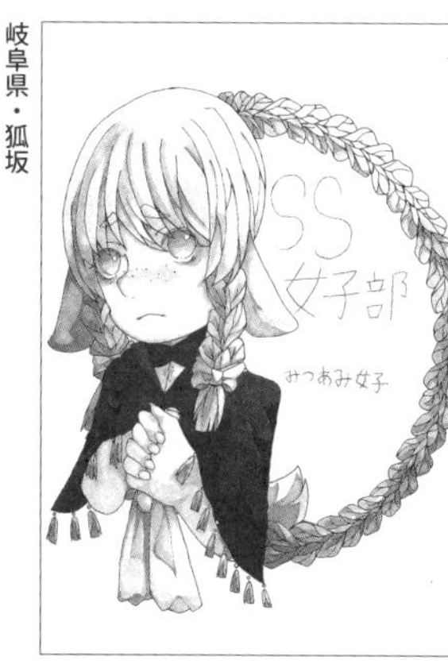

岐阜県・狐坂

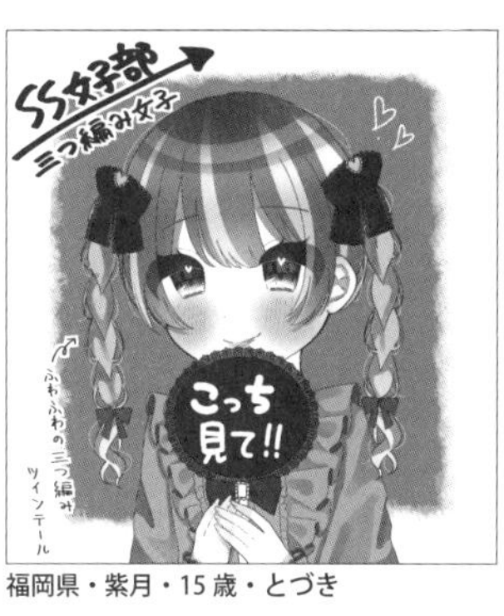

福岡県・紫月・15歳・とづき

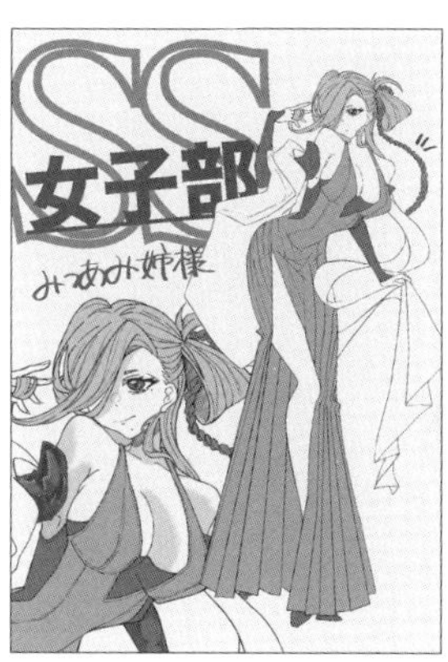

神奈川県・玄石

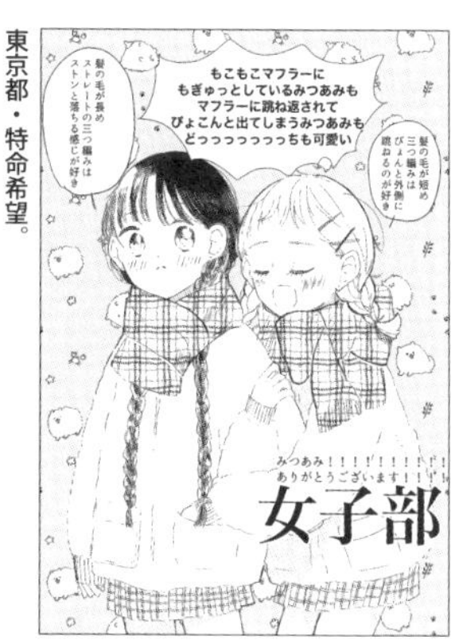

東京都・特命希望。

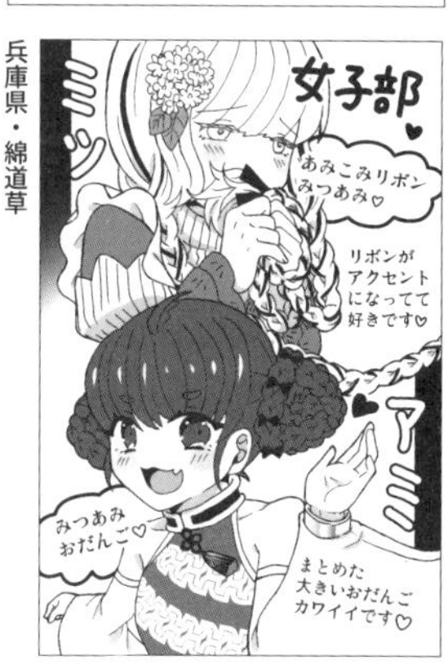

兵庫県・綿道草

NEXT

次回は「スーパークロップ女子」を募集

おヘソや腹筋、鎖骨、おっぱいの谷間が見えるスーパークロップファッションの女の子を募集します〜！　袖がダボっとしたスーパークロップ丈のジャージを着る天使界隈・地下アイドル、スーパークロップ丈のセーラー服を着てボロボロになるまで戦う光属性の女の子、グラマラスなボディにピチピチとしたトップスでカットアウトから胸チラする夜のセクシーお姉さんなどなど…、みなさんのあらゆる「スーパークロップ女子」にまつわるツボをお寄せください〜！

SS恋愛部

恋愛や性についての話題は、身の回りの友人とは話しにくいもの。でも他の人はどうなのか気になりませんか？　だから「SS」誌上で自分の考えや体験を話し合ってみましょう。初恋の話題、告白の仕方、実際の恋愛体験談、好きな人の間に起きたトラブル、同性を好きな気持ち、恋愛には興味がない、自分は男でも女でもない。幅広い話題もしていきたいです。「SS恋愛部」にご相談をお寄せください〜！

ＳＳ恋愛部　投稿募集

皆さんが恋愛や性について感じていること、恋愛体験談をオハガキでお寄せください。人にはなかなか話せないし、聞けないこと。ここで皆さんが話してくれたら、知らなかったこと、聞けなかったことにふれることができます。特別なことでなくて大丈夫。自分では何でもないと思うことでも、他の人にとっては新鮮です。ＳＳ編集部も相談のお答えをしますし、ゲストも迎えながら、皆さんのお話を一緒に考えていきましょう！　ぜひ協力してください〜！

(例:以下のような実体験や具体例を交えつつ語ったりしていきましょう)

●恋愛をする機会がないので、皆がどうしているのか知りたい。
●告白した、告白された。そのときどうしたか、という体験談。
●いま恋愛が楽しい！　素敵な体験をした、という自分の恋愛報告。
●いま交際中の相手がいるけれど、うまくいかないから相談したい。
●自分は女性ではなく、無性／男性であると感じる。同じ人はいますか？
●同性を好きな気持ちがある。思いを伝えるべきか悩んでいる。
●性欲はあるが、自分が性体験をする想像がつかない。どうしたらいいか。
●皆が恋愛前提なのが困る。自分は一人で生きたい。同じ人はいますか？

——今回も恋愛部をよろしくお願いします。前回の続きを、スミさんとホシさんに伺います。前回は、スミさんがこれまで二回くらい、雷に打たれたように急に人を好きになる体験をしたというお話と、ホシさんがオンラインゲームで知り合った人と、初めて会った日にお付き合いを決めたという話を聞きました。ホシさんはその人が12〜13人目のお相手だったと。今回は、まずスミさんから、好きになった人との顛末をお聞きしたいと思います。

スミ　はい。自分は、小四〜中二まで好きだった人がいて、それが初めての恋愛でした。ずっと友達の関係で、まぁ、相手には彼女ができて、その相談とかも受けていました。結局フラれたんですけれど…。

——相手には彼女がいたけれど、スミさんは気持ちを伝えたんですね？

スミ　成り行きと言いますか…。みんなで遊びに行った後、家が近い男子二人と私の三人で帰っていたんです。その時にふざけたノリで私の好きな人が、「お前絶対好きな人いるだろ〜？」って聞いてきて。私は「いないよ〜(笑)」って答えてました。彼には彼女がいたから言うつもりはなかったんです。でもずっと「言えよ〜」「おいおいおい〜？」ってふざけてきて。だから「いやまぁ、いるよ…」って答えたら、「え、どこのクラス？　どういう見た目？　同じ学校？　当てるからヒント！」みたいに、突っ込んできたんですよ。

——焦っちゃいますねー。

スミ　家にもう少しで着くって時に、もうあまりに言われすぎたから、「いや、お前だよ…」って言いました。

——おわぁ〜！

スミ　そしたら彼は「あ…」「え？」みたいな(笑)。

——フリーズ。

スミ　それで、「いや…俺、彼女いるけど」って言って。「いや、知ってるよ」みたいな。それで家に着いて、何かちょっと泣いちゃって。

——泣いちゃったか〜。

スミ　家族と夜ごはん食べていたらインターホンが鳴って、その彼が家に来たんです。

——え？　え〜！

スミ　で、「どうしたん？」って聞いたら、「ちゃんと告白してくれたのに、それに対してあまりに軽い返事しちゃったから、謝りに来た」って言われて。

——素敵です…。

スミ　マンションの外で話しました。「告白してくれて嬉しかった。ありがとう」っていうのと、「友達として凄く仲良くできて好きだから、不仲にはなりたくない」ってことと、「ごめんね」って言われました。

——え、もう聞いてて泣きそう。

スミ　頭まで下げられて。なんか「俺には彼女がいるからさ」って…。私も「ごめんね、知ってる！　私も知ってたんだけどね！」と話して。それが最初の恋愛でした…。

——そこからは友達として過ごしたの？

スミ　友達ではあったんですけど、その後から私が学校とかで声をかけると、ちょっと気まずそうにしていました。残念だなーみたいな。中学の卒業式の時に手紙交換はしたんです。「頑張ってねー」ってやり取りしたまま、ずっと会ってません。

——そうですかー。切ないけど、丁寧な関係で良いと思います…。それでは、ホシさんにも聞きますけど、前回に、お付き合いした相手は多かったと聞きました。その豊富さは、自分が好きというだけでなく、向こうからも告白されていますよね…？

ホシ　そうですね…。自分から行ったのが二回、三回くらい？

——ということは十回以上は相手から…？

ホシ　はい。なんか分かんないですけど、もともとは片思いが長いタイプだったんですよ。小学校から高一くらいまではずっと同じ人が好きでした。

——そうでしたか。その人を好きになったきっかけは？

ホシ　物静かな性格が好きでした。小学校の時に同じ通学班で、私とその先輩一人しかいない二人だけの通学班だったんです。家から小学校までは結構遠くて、二五分くらいありました。私がどんなに速く歩いてもその先輩は黙ってついて来てくれました。それが好きだったのかもしれない。

——そうかー。こういう話は普通、遅すぎるのを合わせてもらうんだけど、速いのね…。

ホシ　私が先頭を歩いていました(笑)。速く歩いても、ついて来てくれるという絶対的な信頼感を感じられて、好きだった。

——その人に告白はしたんですか？

ホシ　中二のときに一応しました。昔の携帯は、メール画面の背景色と文字色を変えられたんですけれど、バレンタインデーのとき、茶色の背景に茶色の文字で、ずーっと下の位置に「好きです」って書きました。気付かれないような告白ですね(笑)。その後は特に何もなかったんですけど…。

——なるほどー。それは自分が好きだった話だけど、その後は怒涛の好かれる側になるのですね…。

ホシ　一応、そうですね…。モテ期が来たのかもしれない(笑)。

——これ聞きたいけれど、どういう風に好かれてきたんでしょう？

ホシ　私は女子高だったから男子がいなくて、文化祭の時だけ男の子が入ってくるんですね。で、そういう時に「ちょっと来てくれませんか？」って言われて、「見た目が自分のタイプだったので連絡先を教えてください」というような感じです。

——一目惚れジャン!?

ホシ　いや、それは絶対にないと思います。多分私がチョロそうだったからですよ。押しに弱そうだから多分みんな来たんだと思う。

——そんなんで十数人から告白されない(笑)。でも、当時はどんどん好かれることが信じられないというか、不思議な気持ちだったんですね？

ホシ　その前は片思いしかしてなかったし、叶ってもいないので、そんな自分が好かれているって信じられなかったんですよね。理解が出来なかった…。

——そういうものなんですね…。では、またスミさんに聞いてみましょう。先ほどの人の後に、好きになった人の話を聞かせてくれますか？　前号で、「廊下ですれ違った瞬間にズンと来た」と言っていた人。

スミ　はい。その人は、最初は印象が良くなかったんですよ。教室にいたときにぶつかっちゃって、「あ、ごめん」って言ったら、「は？キモ」ってめっちゃ怖い顔で言われたんです。それが出会いなんですけど、その子が私と仲の良い男子たちと絡むようになって、話す機会が増えました。それで連絡先を交換するようになったんです。その流れで、前回お話した「廊下ですれ違った瞬間にズン！と来て、急に好きになった」出来事がありました。それからは、学校のグループＬＩＮＥで相手から通知が来たりすると、こっちはもう好きになってるから、「はっ！　はっ！」みたいになったりしていました。通知欄を眺めて、「どうやって返信しよう」って、布団で一人で「どうしよー」とかやってて。

ホシ　かわいい(笑)。

スミ　でも二人で遊んだこととかも全然なくて。

——通話ではどういう話をしていたの？

スミ　普通に学校であった出来事ですね。電話が来て「今ヒマ？」って聞いてくると、やること全てやって「ヒマだよ！」って。それで通話の時間が三〇分、一時間、二時間と増えていきました。そんな風に「わー、好きだー」って日常を過ごしていたら、だんだんその子を誰かに取られるのが嫌だと思うようになったんです。そいつの口癖が「あー、彼女欲しいわー」だったんですよ。で、彼と仲良くしている女の子が他にも居ました。なんか嫌だなー」と思うようになって。そういう気持ちが重なって「あ、これが付き合いたいってことかな」、「これが告白する理由なのかな」って気付いて。でも前にフラれた経験をしているから、言うのが怖くて。フラれたら友達でもなくなっちゃうのが怖くて、まだ止めておこうみたいな。で、そんな風に思う日々が続いていたんですけど、ここでデジャブが来るんですよ。

SS RENAI-BU

SS RENAI-BU
～絵を描くみんなの恋愛を考えてみる～

匿名希望

好きな男性が退所して約6ヶ月目の今、上司に、「●●さん（男性）は今2年振りに彼女ができて、現をぬかしているヨ」って言われて、ふぅっと何かが通り抜けた気持ちになりました。
（私の恋も終ったなァ）って感じました。前に2人で出かけた時にお土産屋で「あるトに」って買い物していて、（恋人かな）って。その通りでした。
この2年間、バレンタインチョコあげたりして楽しかったなぁ。そっと前に言わない様にして早目にチョコあげてました。
今年は前の友チョコのみかぁ…。
前に2人で出かけられて本当に嬉かったです。
他の人には言いにくい事も沢山話して、色々聞いてもらって、すみません、って常々感じてます。
●●さんの事書くのもこれで終わりかな。
めんどらしい恋、ただただ今は自分のために頑張ります。このコーナーに沢山載せて頂いて嬉しかったです。ありがとうございました。前向きに歩いてゆこう!!

神奈川県・雪月冬凛・17歳

SS恋愛部。
皆様こんにちは、雪月冬凛（ゆづき とうり）です。
最近やっと涼しくなりましたね…。今年は暖冬らしいですね。
そんな前置きはさておき、悩みがまた出現しました。
それは、「自分が人を好きになる（Loveで）のは
もしかしたら思い込みなのかもしれない、
そう思い込ませているだけなのかもしれないな」と
ふと思ってしまいました。
というか、これに関しては自覚が正直あります…。
俺は推しへの恋（リアコ）もしたことありますが、
何かそれとそれ以外は違う感じで。
焦っている所もあるとは思っているのですがね…。
どうでしょう、皆様はこういう経験ありますでしょうか。
無い、という方もある、という方も良ければ意見を下さい…！

最近は忙しい（少し）ので（にしては原稿書いてるな…）
疲れている事も多いですが、推しコンテンツやら色々と
自分の好きなものに助けてもらいながらこの冬を乗り切りたいです。皆様もご自愛ください!!
無理しないでね
2023.11.XX 雪月冬凛

真希

SS恋愛部 ◎前号も掲載、ありがとうございました！
お返事遅くなりました…お許し下さい。
星神ステラ様（神守天音様）
SS74号お返事ありがとうございます。
こんな自分の投稿でも読んで下さる方がいるんだと何だか感動してしまいました。（泣）
そして、SS75号SSayコーナーにて、切れてしまった記事の補足も、ありがとうございます。（新しいペンネームも素敵です☆）
↓ここからお返事のお返事↓
自分も星神ステラ様のように、たまにでもいいので、僕、若しくは俺と皆の前で堂々と言ってみたいです。（泣）
星神ステラ様がおっしゃっていたように、「僕、若しくは俺＝男」という決めつけが多い事には、確かに共感致します。
また、もしも、言うのであれば、信用出来る方の前で言うのが、差別や偏見がまだ残っている現在としては、最善な気が自分もしてます。
女性の方がズボンを履いていても、違和感が無いように、偏見や決めつけが少しでもなくなると良いですよね…。
（男は○○！女は○○であるべき！男は××は、女は××は駄目！等々…）
自分は生まれた性こそ女ですが、心は男です。（SS恋愛部、SS73、74、75号参照）
男性の方が苦手と、SS74号で拝見致しました。文書やSNSのように、対面しなければある程度は大丈夫、とのことですが、もしかしたら、このお返事で不快に思われるかもしれません。
少しでも不快に感じられましたら、すみません…。
最後に、改めて、お返事ありがとうございました☺
僕！。俺！。
書くことは、こんなにも容易いのに、たった一言なのに、いざ、言うとなると、どんなに難しいか…。
（告白かよ。ってね…）
SS74号掲載記事の（以下）切れてしまった部分の補足↓
……自分を女扱いする（←悪気がないのは分かっている）だからこそ、本当に辛い。
真希

宮城県・流良戒

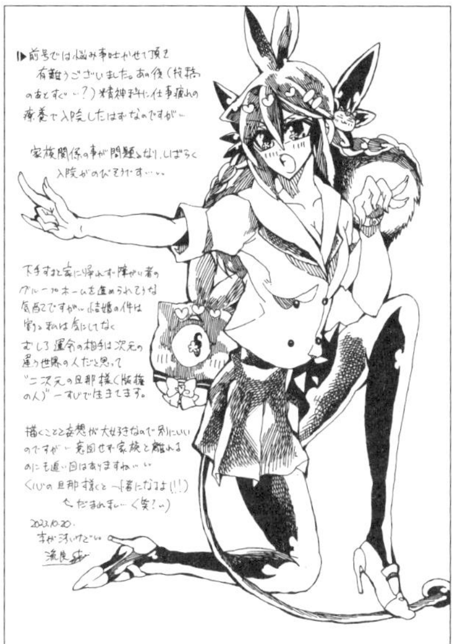

——デジャブ。「これ前に体験した…」という感覚のことね。

スミ　そいつと私と、共通の友達である男子の三人でグループ通話をしていました。男子二人はゲームをしていて、私はそこに会話で入るような通話をしていたんですが、ふいに私の好きな人が「そう言えばさ。好きなやついる？」って（笑）。

——ん…。ループものやってます？

スミ　その時は人間関係の話題をしていて、「あの先生はいいよね」とか話した流れで、「そう言えば好きな奴いる？」みたいな。

——聞かれすぎでしょ！

スミ　で、もう一人の男子が「いやー、俺はー」みたいに喋り出して。

——お前じゃない！

スミ　私も「いや、いないなー」って言ったんです。でも「いや、絶対いるだろ？」って突っ込まれて。これ…、私、この流れどっかで見たことあるなって思ったんですよ。

——見たことある。

スミ　でもね、今回こそは絶対に言わないぞと。

——はいはい。

スミ　でも本当にしつこくて（笑）、十分間くらいずーっと「え？　絶対いるじゃん」って突っ込まれて。「え？　なんで言えないの？　別の学校なの？」みたいな。「え？　もしかして俺らの知ってる奴？」と。

——待って待って、この展開。

スミ　で、その結果、同じセリフ。「いや、お前なんだけど？」みたいな。

——きゃー！　言っちゃったの？

スミ　めっちゃもう、ジェットコースターが落ちる時くらいの心臓の速さになりました。言った後は沈黙。で、もう一人の友達が「俺抜けた方がいい？」って。

——あ、友達いた（笑）。

スミ　私の好きな人が「あ、そうね。ごめん、ちょっと二人にさせて」と言って、二人のLINE通話に移りました。

——ドキドキしちゃう。

スミ　「答えを今聞きたいか、それとも後日聞きたいかどっち？」って言われたから「そりゃ、今」って答えました。「今お願いします」って。そしたら、「俺のことどれくらい好き？」って聞かれたんですよ。

——うんうん。

スミ　少し戸惑っていたら、「じゃあ、例えば1から10までだったら？」って聞かれて、めっちゃ即答で「100！」って言いました。

ホシ　可愛い～。

スミ　そしたら、相手が「え？　まじ？」みたいな感じになって、「まぁ、じゃあ、お願いします」ってことになりました。

——お願いします!?　すごーい！

スミ　なんか相手がそう言って。私は、「何が起こったの？」みたいな。

一同　（笑）。

スミ　何が起こったの？　こんなことある？って。完全にフラれる準備をしていたんです。私、良いとこないしな～と思って。でもイエスがきたから、えーっと？　今なんて？　となって、電話越しに「えっ？　まじで!?　まじ？　えっうそ!?　ほんとだよね？」とか騒いで。

ホシ　めっちゃいいー（笑）。うれしーねー。

スミ　「はしゃぎすぎだろ」って言われました。

——良かったです～。それで成就したら、次の日から関係は変わりましたか？

スミ　次の日から私が距離を取り始めてしまいました（笑）。彼女ってどうしたらいいの？ってなったんです。友達としての距離感はつかめていたけど、彼女としての距離感はつかめなくて、どれくらいの感じで歩いたらいいの？　どれくらいの頻度でLINEを返すの？　みたいになりました。相手は全然普通にしていたんですけど。テンパりすぎて話題が思いつかなくて「今日、いい天気だね」とか（笑）、もう何を言ったらいい？　みたいな。

——意識してしまったんですね。それでは、実際の付き合い始めのお話は次回に続きます！　今号もありがとうございました。

SS恋愛部 応募ガイド

●「文章」、「イラスト＆文字」で募集します。
掲載ページはモノクロです。
●ペンネームを通常の投稿と変えたい場合は、「SS恋愛部」用のペンネームを使用。ただし返却時の整理用に通常ペンネームも明記。
●プライバシーが気になる人は、県名を伏せても大丈夫。
●相談の参考にするために年齢はお書きください。
●一緒に相談するために、SS編集部から連絡することがあります。

●応募先
通常のイラスト投稿と同じ宛先です。
150-0041
東京都渋谷区神南1-13-3 アーク神南ビル2F
スモールエス●●号 SS恋愛部 係

※●●には、送付時に募集している号数をお書きください
※他の投稿と同じ封筒でOK。「SS恋愛部」用のペンネームを使用した場合、返却時の整理用に通常のペンネームも明記のこと。

「ＳＳ」投稿の応募要項

注意！　イラストの裏面に必要な応募事項（住所や氏名など）の記載がない場合、イラストを載せられないことがあります。

カラーイラスト投稿コーナー

※サイズ：ハガキ～Ａ４サイズまでなら大きさは自由。

Sky S

●Sky Sは自由に描いたカラーイラストと、テーマイラストの２コーナーを大募集！

1、「Sky S　フリー」自由に描いてもらったカラーイラスト。

2、「Sky S テーマ」次号のテーマは「お気に入りの衣装」（あなたのキャラに似合うお気に入りのコスチュームや普段着を特集）です。

※「SS学園」絵の中に必ずキャラ名と説明を明記。 詳しくはSS学園ページを見てね！

カラーイラストのサイズは ハガキから A4 まで

※これより小さいと絵が小さくしか掲載できません。

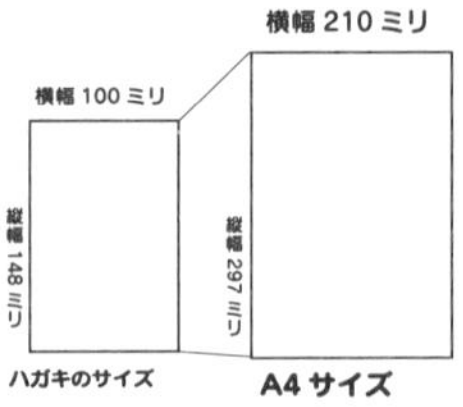

モノクロイラスト投稿コーナー

※サイズ：ハガキ～Ａ４サイズまでなら大きさは自由／★封筒の表にコーナー名を明記

Sea S

●Sea Sは9個のコーナーで、イラストや文章、漫画を大募集！
巻末ハガキは、切手を貼らずに無料で出せるので、そちらでの投稿も大歓迎！

1、「Sea S Sense」自分のセンスで自由に描いてもらった白黒イラスト。

2、「Sea S Select」毎号テーマをセレクトして募集するコーナー。
次号のテーマは「お気に入りの衣装」（あなたの描くキャラクターに着せるお気に入りの衣装を特集）です。

3、「S Stage」自由に描いた１ページ漫画劇場。１枚で１ページマンガを描いてください。

4、「S Something」近況や好きなものを題材にした４コマ漫画。エッセイ漫画のように自分が登場する漫画です！

5、「S Story」絵と文で綴る作品。１枚のなかに絵と詩やモノローグ、セリフを配してください。

6、「S Say」フリートーク文字投稿。近況や好きなものを語ったり、絵についてのお悩みなども待っています。

7、「女子部」「男子部」女子＆男子の「ココが好き！」「グッとくる」というポイントを描いて送ってね。毎回違うナビゲーターが登場します！

8、「うちのこ倶楽部」自分のオリジナルキャラクター、「うちの子」を絵と文で描こう！詳細はうちのこの最初のページ！

9、「SS恋愛部」皆さんの恋愛体験談、お悩み、気になる話題を送ってください。イラスト付きも歓迎です！（新コーナー）
※SS恋愛部では、投稿者の方にメールやリモートでお話を聞きたいので、メールなどの連絡方法をお書きください。

※「S Say」「SS学園」「うちのこ倶楽部」の文字は小さいと読めないので、ご注意を！

モノクロイラストのサイズはアンケートハガキのフリースペースから A4 まで

※サイズの小さいイラストは、小さくしか掲載できませんのでご了承下さい。

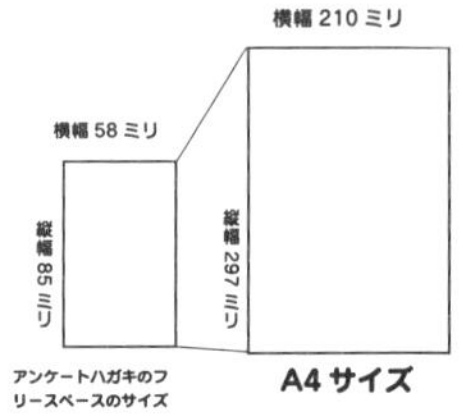

「S Stage」１ページマンガの原稿例

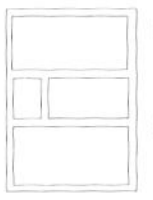

「S Stage」もハガキ～A4 サイズまでの大きさで応募下さい。１ページ漫画を１枚の中でコマ割りして描いていただければオッケー。

「S Something」４コママンガの原稿例

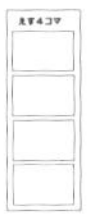

「S Something」もハガキ～A4 サイズまでの大きさで応募下さい。サイズは自由ですが、コマを４つに割った漫画でお願いします。一枚の紙に２本描いてくださっても大丈夫です。

「S Story」絵と文の原稿例

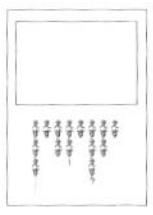

「S Story」もハガキ～A4 サイズまでの大きさで応募下さい。形式は自由です。左図のように上に絵、下に文字というもののほか、全面に絵を描いて、その背景として文字を並べてもらっても良いです。

★応募要項

以下の要項を作品の裏面に記入し、各コーナー宛にお送りください（複数作品応募される場合も必ず全部の絵に書いて下さい）

1、SS何号の、どのコーナー宛のイラストなのか明記

2、郵便番号、住所、氏名、ペンネーム、年齢（非公開希望の方は「非公開」と明記。年齢は郵送時のもの。掲載時の年齢を気にする必要は無し）
電話番号またはメールアドレス（原稿依頼のための連絡先）

3、作品に関して一言

4、使用画材（Ssayのコーナーで集計を取るので、お書き下さいませ。アナログ投稿は、用紙の種類、メーカーも書いてくれると嬉しいです）

5、SNSの活動歴（TwitterやPixivのアカウント。例【@esuesu】）、「ＳＳ」への掲載歴（初投稿の人は特に明記してください）。

※ネットの投稿サイト（Pixiv等）や自分のHPなど、過去どこかに発表したことのあるイラストも、SSに投稿可能です。

★注意事項

1、作品の天地左右がわかりにくいイラストは裏に明記すること。

2、返却希望の人は投稿時と同額の切手を貼った自分の住所氏名を書いた封筒を同封し、作品の裏に赤で「要返却」と書くこと。

3、投稿イラストには、全部で何枚あるか全てコーナーを通して全部のイラストの裏面に番記する。※封筒は１つにまとめて入れて大丈夫です。
（例えばSkySに１枚、SeaSに２枚の計３枚を投稿した場合、原稿の裏に１／３、２／３、３／３と書いて下さい。1枚の場合は、1／1）

4、投稿するイラストのサイズは、ハガキ～Ａ４サイズまでなら自由です。形は四角でも円形でも自由です。

※返却を希望される方は、必ず「要返却」と書いて返却用封筒を同封してください。
不足していると、返却に時間がかかる場合があります。どうぞよろしくお願いします。

この号に掲載されているイラストの返却時期について

SS76号に掲載された作品、投稿したイラストの返却時期は、SS78号の発売日（2024年7月20日）前後となります。返却を希望されている方は、お待ち下さい。よろしくお願い致します。

★ＣＧ作品は、プリントアウトか、ネットワークでお送り下さい　★投稿作品は電子版でも掲載されます

〒150-0041　東京都渋谷区神南1丁目13-3　アーク神南ビル2F
SS編集部「SS（投稿するコーナー名を書く）」係

送付先住所！

※「SS」のお姉さん雑誌「季刊エス」の投稿コーナー「Star S」や「Space S」への投稿と同じ封筒でも受け付けます。
その場合は、両方の投稿が入っている事がわかるように封筒に明記してください。（例：Star S＆SkySフリーあて）
また、「SS」投稿用の絵の裏に「SS」係宛と書いてください。複数枚での投稿の方は、その中からどれかを「SS」宛にしてくださればオッケー。

SS77号に投稿するイラストの返却時期は、SS79号が発売される前後（2024年10月）になります。

●ネットワーク投稿も受け付けます。

季刊エスのサイト【http://s-ss-s.com/】に設置しているメールフォームから送ってください。
サイトにネットワークで投稿する際の詳しい注意事項も掲載しているので、よく読んでから送ってね。
※解像度はサイズ原寸で300dpiが理想です。それより低い解像度の場合は、掲載サイズが小さくなる恐れがあります。

● 締切：2024年2月22日（木）※当日消印有効（ネットワーク投稿は当日送信有効）

● 発表：「SS」第77号 発売日 2024年4月20日予定

電子版も発売開始！

SS71号で告知いたしましたが、SSの72号の内容から、電子書籍の発売がスタート！
現在、SS72～SS75の電子書籍が発売！　今後も発売していきます。
よろしくお願いします！

編集後記

以前にある人からこういう話を聞きました。ネットなどでイラストを見た時、その絵が女の子を描いたものだったとして、「この絵はネットでグラビアなどを画像検索して、それを参考に描いたものだな…」と気付くような場合がある。それは悪いことではないけれど、その絵描きさんの人生を思うとき、「ネットでグラビアを画像検索して絵を描く行為」はちょっと味気ない…。画像検索している人生のひとときは、あまり素敵な時間とは言いづらい。だから少し残念な気持ちになる。それを聞いて、「なるほど」と思いました。確かに、絵を描くときに資料をネットで探すことは一般的です。効率が良いし、絵を仕上げることが目的なので、その手段として参考程度に写真を見て、後は自分の想像力や描写力で仕上げれば、個性ある作品になるでしょう。問題はありません。でも、先ほどのお話に照らすと、絵を描く行為の本質を改めて考えさせられます。例えばある老人に、長年連れ添った妻がいるとします。その女性と思い出の地を訪れて、ふとその姿を見たとき、かつての記憶がどっと押し寄せる…。出会った頃から現在までの軌跡を感じ取り、言葉に出来ない感情が呼び起こされる。この思いをとどめたい、今、目に焼き付いたこの瞬間を絵に描きたい…と思って仕上げた。仮に、こんな風に思いや物語性があれば、絵ももちろんですが、それを描いた動機や描く行為そのものも感動的です。描くべきだった一枚、その人にしか描けない一枚だったと言えます。今は、ネットで多くの人物像や風景を見ることが出来て、「イメージの前例」はあふれています。絵に興味があれば、描きたくなるような人物や風景はネットで見つけることが出来ます。そこに触発されることもあると思いますが、「絵を描きたいと感じる行為」が、自分だけが体験した、自分の物語ならば、もっと素敵だと思います。人生のうちのどこかで、その瞬間を逃さないことも大事だと思います。ただ、特別に波乱万丈の体験をしなければいけないということではありません。散歩で見つけた花が綺麗とか、些細なことでも、自分が発見して、そのひとときが幸せであれば十分だと思います。描く行為の本質に触れる体験をどこかで持っておけば、あなたの人生と絵はより深く結びつき、自分に一層の感動を与えてくれると思います（ノ）

イラスト投稿ガイド

160ページとあわせてよく読んでね！

● イラスト送付先住所（渋谷です！）
〒150-0041 東京都渋谷区神南1丁目13-3 アーク神南ビル2F
スモールエス編集部「（応募コーナー名を書いてください）」

現在の投稿先は渋谷です。イラストの水濡れが心配な方は、ビニール袋に入れて投稿くださいませ！

投稿イラストの裏面に必要事項を記入する
※読み間違いを防ぐために、丁寧に書いて下さい！

★住所、氏名などの必要事項は、必ず全てのイラストの裏に記入して下さい。封筒や別紙に記入するのは不可です！

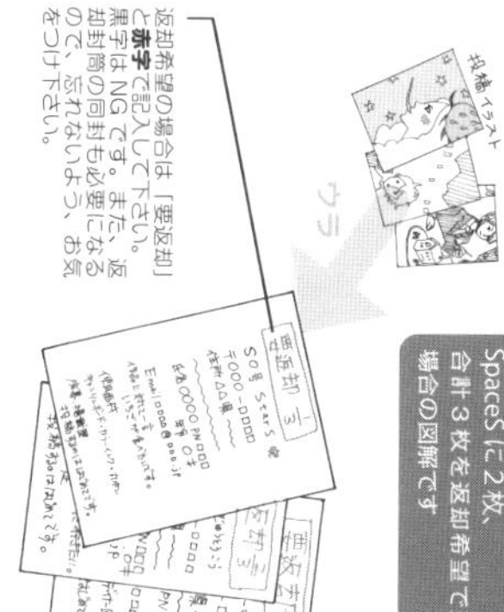

返却希望の場合は「要返却」と**赤字**で記入して下さい。黒字はNGです。また、返却封筒の同封も必要になるので、忘れないよう、お気をつけ下さい。

返却用封筒の用意

イラストを返却する時に、これに入れてお返ししますので、返却を希望する場合に必ず必要となります。返却用封筒が無いとイラストの返却が出来ませんので注意して下さい！

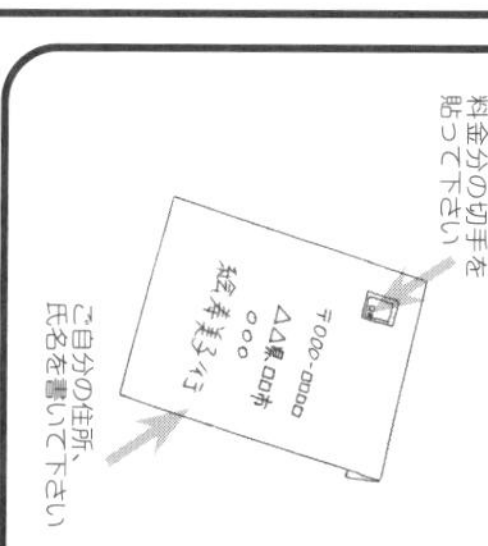

イラストの返却を希望する場合 →
イラストの返却が不要の場合 →

宛名（編集部の住所・コーナー名）、差出人を書いた封筒に入れ、切手を貼る

リターンアドレスが書かれているか、切手の料金が足りているか確認！郵便料金は下の料金表を参考にして下さい。
★重さは自宅のキッチンスケールで量れます。はかりが無い場合など、必要な料金が分からない時は郵便局の窓口で出しましょう。

23.5cm×12cm よりも大きなもの、または厚みが 1cm よりもあるものは定形外郵便の料金となるので要注意!!

郵便料金表

	定型内	定形外	角形2号厚み3cm以上の定形外
25gまで	84円	120円	200円
50gまで	94円		
100gまで		140円	220円
150gまで		210円	300円
250gまで		250円	350円

★上記は、10月1日以降の新価格を掲載！
※A4、B5、A5サイズ等は定形外郵便となるため郵送には最低120円かかります。

投稿やハガキに記載された情報は、投稿作掲載、原稿依頼、プレゼント発送という誌面での企画にしか使用いたしません。

POST CARD

料金受取人払郵便

渋谷局承認
7528

差出有効期限
令和7年
3月14日まで
切手は不要なので送ってね！

150-8790
202

東京都渋谷区神南1-13-3
アーク神南ビル2F

「SS スモールエス」編集部
vol.76
アンケート 係

この雑誌で面白かった記事は?（裏面の番号から5つまで）
[ ][ ][ ][ ][ ]

メイキングと投稿絵はどちらを見たいですか?
□メイキング
□投稿イラスト

サイン色紙は転売・譲渡禁止。当選者にはその契約を締結した後に発送します。

希望プレゼント番号: 第1希望 ○ 第2希望 ○

住所: □□□-□□□□
都道府県

氏名:　ペンネーム:

性別:　職業:　年齢:
□掲載時に年齢を載せない

電話番号:

メールアドレス:

※太枠内は投稿作品を掲載せる際に誌面に掲載します。

プレゼントの応募締切りは2024年2月22日(木)消印有効です

「SS（スモールエス）」 vol.76 プレゼント

プレゼントの応募締切は
2024年2月22日（木）当日消印有効です

1

CLIP STUDIO PAINT PRO
1 デバイス 2 年版アクティベーションコード
1 名様
提供：株式会社セルシス
（Win/mac/iPad/iPhone/Android/
Chromebook のいずれか 1 台で利用可能

2

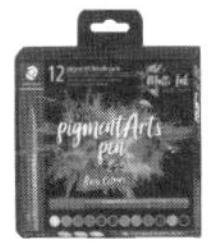

ステッドラー ピグメント
ブラッシュペン 12 色セット

3 名様
提供：ステッドラー日本株式会社

3A **3B**

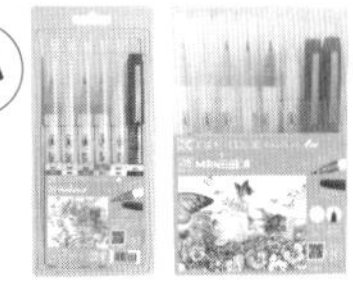

3A は、リアルブラッシュ＋ MANGAKA ／ 12V
3B は、リアルブラッシュ＋ MANGAKA ／ 24V
数量：各 2 名様＝合計 4 名様
提供：株式会社呉竹

4

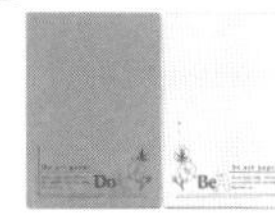

ドゥーアートペーパー
ビィーアートペーパー
パッド 2 冊セット
5 名様
提供：株式会社ミューズ

5

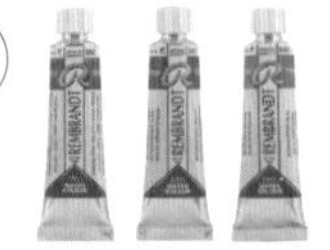

レンブラント透明水彩絵具
847 インターフェレンスバイオレット
862 カメレオンバイオレットブルーグリーン
865 スパークブルー
各 10ml チューブ 3 色セット
3 名様
提供：株式会社ターレンスジャパン
（既存の包装材を使用しますため、中身と包装材の表記が一部異なります事、ご了承ください）

6 **メイキング登場作家 サイン色紙とサイン本**

サイン色紙は各1名ずつ。
希望される方は具体的に
⑥-●とAからはじまるアルファベットも一緒にご記入ください。

⑥-A:南野葵
⑥-B:waki
⑥-C:potato
⑥-D:夏目レモン

7 **PIE COMIC ART イラストTシャツ**

さいとうなおき、吉田誠治、八館ななこのTシャツをランダムでプレゼントします！ MとLサイズのみ！

⑦-SM（さいとうなおきM）
⑦-SL（さいとうなおきL）
⑦-YM（吉田誠治M）
⑦-YL（吉田誠治L）
⑦-NM（八館ななこM）
⑦-NL（八館ななこL）

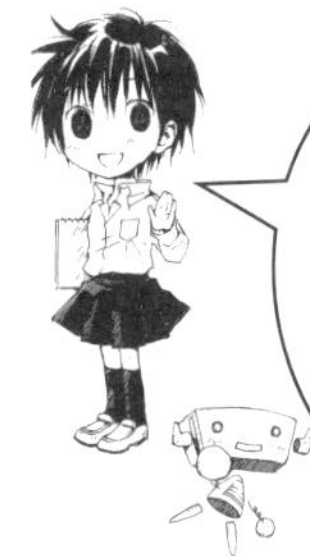

皆さん！
SSの背表紙に入れる「えす丸」のイラスト大募集！ サイズは右の図です。3センチ四方の正方形！ アンケートハガキに3センチの枠を描いて、その中に絵を描いてくれるなどして、送ってください！ 絵の感じは、今号の背表紙を例として見てみてください～！

スモールエスのギャラリーエクリのお知らせ

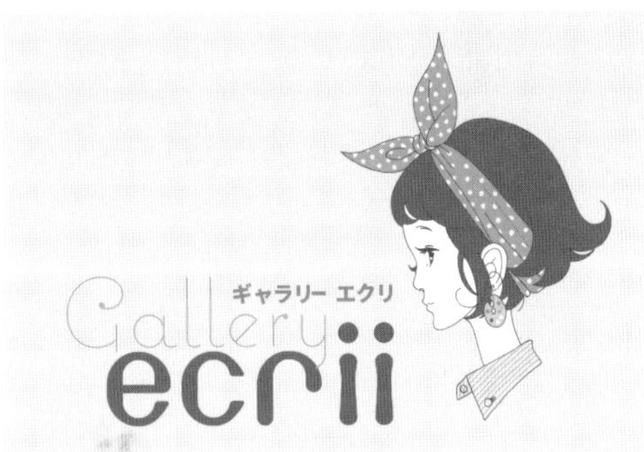

「ギャラリーエクリ」では、スモールエスや季刊エスにゆかりのある作家さんの展示を開催！
～今後の予定（内容や期間は変更の可能性あり）～

■南野葵個展「ほ～り～ほっく！」
1月20日～2月4日（火、木、金、土、日のみ）

■多田由美個展
2月10日～2月25日（火、木、土、日のみ）

★アクセス
渋谷駅から徒歩7分

東京都渋谷区神南1丁目13-3
アーク神南ビル2F
（Googleマップで
「ARK神南」として表示されます）

TEL 03-6455-0223

エスエス 2024 vol.76
（アンケートのためのリスト番号）

1	表紙・ピンナップ：南野葵
2	Nagisa　描き下ろし
3	針尾pipi　描き下ろし
4	くりせゆう　描き下ろし
5	桃っ子　描き下ろし
6	SS 表紙イラストメイキング：南野葵「コピック」
7	南野葵　インタビュー
8	SS メイキング：waki「レンブラント透明水彩絵具」
9	SS メイキング：potato「呉竹 リアルブラッシュ」
10	「夏目レモンの色んな画材をつかってみよう！」ステッドラー ピグメントブラッシュペン
11	CLIP STUDIO PAINT初心者講座 しいろ・明日見ゆうら
12	七神先生と一緒に描く100円お絵描きチャレンジ！
13	「香琳×真田しろ」座談会
14	がらくたおつむの人体講座
15	SS学園 すぴか／くりゅう／こけし／まわたはなび　投稿コーナー
16	イラスト連載：友風子「汐風便り」
17	イラスト連載：七神マナ「あなたの可哀想なおんなのこ」
18	カラーイラスト投稿コーナー　Sky S
19	COMICUP×S magazine イラストコンテスト結果発表！
20	モノクロイラスト投稿コーナー　Sea SからS Sayまで
21	うちのこ倶楽部
22	「男子部」ナビゲーター「日花子」
23	「女子部」ナビゲーター「わさび」
24	SS恋愛部
25	特別付録　南野葵ミニイラスト集「petiranto」

SS 2024.vol.76

★SSのXや記事の中では、通常ペンネームで感想を掲載させて頂きます。
コメントの掲載がNG、またはペンネーム不可で匿名希望の場合は□にチェック！
□匿名希望　□掲載NG

フリースペース（絵や文章など、Sea S投稿用にもどうぞ！）
投稿コーナー名　　ペンネーム

■投稿ページ「Sky S」「Sea S」のイラストで気に入った絵を作家名で教えてください（それぞれ3人まで）
Sky S（　　　　）
Sea S（　　　　）

■今号の登場作家、投稿作品への感想をお書き下さい。

■絵の描き方や好きなものを聞いて、新コーナーで紹介したいので、以下にお答えください。
使ったことのある画材やソフト（　　）
今後使ってみたい画材やソフト（　　）
使用画材へのコメント（　　）

好きなアニメや漫画（　　）
好きな絵描きさん（　　）
好きなボカロPや歌い手（　　）
好きなゲーム（　　）
ジャンル問わず好きなもの（　　）
好きなものへのコメント（　　）

■時間がもったいないけれど、作品を楽しみたいときの対処法は？
□同時に並行　□移動中　□倍速視聴　□切り抜きやショート　□事前に展開を把握

■「SS」の表紙を描いて欲しい作家は？（イラストレーター、ネットやボカロ系絵師などで）

■理想的は恋愛は？　あるいは恋愛より理想的だと思える人間関係は？（恋愛部で匿名で紹介予定）
（例：内面を愛してくれる、VRでの交流、性的でない関係、同じ趣味仲間の同居、ロボットに癒される）